Bayern ohne Klöster ?

Die Säkularisation 1802/03 und die Folgen

Bayern ohne Klöster ?

Die Säkularisation 1802/03 und die Folgen

Eine Ausstellung
des Bayerischen Hauptstaatsarchivs

München, 22. Februar bis 18. Mai 2003

Ausstellungskataloge der Staatlichen Archive Bayerns
herausgegeben von der Generaldirektion der Staatlichen Archive Bayerns
Schriftleitung: Albrecht Liess
Nr. 45: Bayern ohne Klöster? Die Säkularisation 1802/03 und die Folgen.
Eine Ausstellung des Bayerischen Hauptstaatsarchivs

2. Auflage

München 2003

Ausstellung und Katalog:
Rainer Braun und Joachim Wild
in Zusammenarbeit mit:
Monika Ruth Franz, Sabine Frauenreuther, Gerhard Fürmetz,
Caroline Gigl, Joachim Glasner, Annelie Hopfenmüller,
Gerhard Immler, Gerhard Leidel,
Alexandra Scharmüller, Elisabeth Weinberger
Ausstellungsorganisation: Monika Ruth Franz

Bezugsadresse: Bayerisches Hauptstaatsarchiv, Postfach 221152, 80501 München

ISBN 3-921635-70-5
ISSN 0932-5042

Umschlagbild: Abbruch der Kirche des Münchener Franziskanerklosters, zeitgenössische Darstellung (Katalog Nr. 179)

Gestaltung des Buchumschlags: Pierre Mendell Design Studio, München
Gesamtherstellung: Danuvia Druckhaus Neuburg GmbH, 86633 Neuburg a.d.Donau

Inhalt

Leihgeber

Andechs, Archiv des Priorats Andechs der Abtei Sankt Bonifaz München

Andechs, Kloster Andechs, Kultur- und Veranstaltungs GmbH

Augsburg, Staatsarchiv Augsburg

Augsburg, Thomas Steck

Bamberg, Historisches Museum Bamberg

Bamberg, Naturkunde-Museum Bamberg

Bamberg, Otto-Friedrich-Universität, Verwaltung der Lyzeumstiftung

Bamberg, Staatsbibliothek Bamberg

Dietramszell, Florian von Schilcher, Ph.D.

Dillingen, Generalat der Dillinger Franziskanerinnen

Eichstätt, Diözesanarchiv Eichstätt

Eichstätt, Domschatz- und Diözesanmuseum Eichstätt

Esslingen, Dr. Ing. Martin Hahn

Freising, Bayerische Staatsbrauerei Weihenstephan

Freising, Dombibliothek Freising

Freising, Firma Feller Bayern Loden GmbH

Freising, Landratsamt Freising

Freising, Stadtarchiv Freising

Gotteszell, Historischer Verein Gotteszell

Klosterneuburg, Stiftsmuseum

Kulmbach, Bayerisches Brauereimuseum

Landshut, Staatsarchiv Landshut

Landshut, Stadtarchiv Landshut

Lichtenfels, Kath. Pfarramt Mistelfeld, Kirchenstiftung St. Michael

Memmelsdorf, Schloss Seehof, Dr. Alfred Schelter

Metten, Benediktinerabtei

München, Architekturmuseum der Technischen Universität München

München, Archiv der Paulaner Brauerei

München, Archiv des Bayerischen Landtags

München, Archiv des Erzbistums München und Freising

München, Bayerische Akademie der Wissenschaften, Archiv

München, Bayerische Staatsbibliothek

München, Bayerische Staatsgemäldesammlungen

München, Bayerisches Landesamt für Denkmalpflege mit Bild- und Luftbildarchiv

München, Erzbischöfliches Archiv München

München, Bayerisches Landesvermessungsamt

München, Historisches Archiv der Spaten-Franziskaner-Bräu KGaA

München, Mineralogische Staatssammlung

München, Museum Reich der Kristalle

München, Mutterhaus der Barmherzigen Schwestern

München, Provinzialat der Armen Schulschwestern von Unserer Lieben Frau

München, Provinzialat der Barmherzigen Brüder vom hl. Johannes von Gott

München Provinzialat der Bayerischen Kapuzinerprovinz

München, Staatliche Graphische Sammlung

München, Staatliche Münzsammlung München

München, Staatsarchiv München

München, Stadtarchiv München

München, Münchner Stadtmuseum

München, Universitätsbibliothek München

München, Wittelsbacher Ausgleichsfonds

Murnau, Ernst Echter

Murnau, Schlossmuseum Murnau

Neuburg a.d.Donau, Friedrich Kaeß

Neuburg a.d.Donau, Stadtmuseum im Weveldhaus

Ottobeuren, Benediktinerabtei

Passau, Archiv des Bistums Passau

Regensburg, Bischöfliches Zentralarchiv Regensburg

Rosenheim, Wilhelm Karl

Rottenbuch, Gebhard Schauer

Ursberg, St. Josephskongregation der Franziskanerinnen

Walderbach, Kreismuseum Walderbach

Waldsassen, Kath. Stadtpfarramt Waldsassen

Walleshausen, Kath. Pfarramt Mariä Himmelfahrt

Wildsteig, Prof. Dr. Thomas Finkenstaedt

Würzburg, Historisches Archiv der Koenig & Bauer AG

Für Rat und Unterstützung wird gedankt

Hans Albert, Provinzialat der Barmherzigen Brüder vom hl. Johannes von Gott, München

P. Dr. Josef Alt SVD, Archivum Generale Societatis Verbi Divini, Rom

Dr. Karl-Otto Ambronn, Staatsarchiv Amberg

Dr. Hans Ammerich, Diözesanarchiv Speyer

Sr. M. Radegund Bauer, Provinzialat der Armen Franziskanerinnen von Mallersdorf, Mallersdorf-Pfaffenberg

Dr. Renate Baumgärtel-Fleischmann, Diözesanmuseum Bamberg

Dr. Thomas Bechmann, Naturkunde-Museum Bamberg

Prälat Dr. Sigmund Benker, Dombibliothek Freising

Sr. Stefanie Bernhard, Stift Neumarkt-St. Veit

Albrecht Bögle, Rottenbuch

Lothar Braun, Bamberg

Matthias Bresky, Archiv des Erzbistums München und Freising

Dr. Claudia Bubenik, Bayerische Staatsbibliothek, München

Dr. Werner Chrobak, Bischöfliches Zentralarchiv Regensburg

Sigrid Daum, Bayerisches Brauereimuseum, Kulmbach

Dr. Fridolin Dressler, München

Richard Dusch, Archiv der Paulaner Brauerei, München

Anton Echter, Murnau

Dr. Barbara Eschenburg, Städtische Galerie im Lenbachhaus, München

Rupert Feller, Firma Feller Bayern Loden GmbH, Freising

Dr. Peter Fleischmann, Staatsarchiv Augsburg

Sr. Christa Früchtl, Generalat der Schwesternschaft der Krankenfürsorge des Dritten Ordens, München

Sr. M. Cordis Ganslmeier, Provinzialin der Südwestdeutschen Provinz der Schwestern vom Guten Hirten, Würzburg

Fr. David Gantner OSB, Archiv der Erzabtei St. Ottilien, St. Ottilien

Horst Gehringer, Stadtarchiv München

Martin Glaab, Kloster Andechs

Rudolf Goerge M.A., Landratsamt Freising

Dr. Roland Götz, Archiv des Erzbistums München und Freising

Hermann Goß, Brauerei Bischofshof e.K., Regenburg

Eva Graf, Stadtarchiv München

Wolfgang Grammel, Stadtarchiv Freising

Dr. Brigitte Gullath, Bayerische Staatsbibliothek, München

Josef Hackl, Münchner Stadtmuseum

Abt Wolfgang Hagl OSB, Benediktinerabtei Metten

Dr. Regina Hanemann, Historisches Museum Bamberg

Sr. M. Roswitha Heinrich OSF, Generalat der Dillinger Franziskanerinnen, Dillingen

Dr. Leo Hintermayr, Eichstätt

Dr. Rupert Hochleitner, Museum Reich der Kristalle, München

Barbara Höglmeier, Historischer Verein Neuburg a.d.Donau, Neuburg a.d.Donau

Fr. Alexander Hoppert OSB, Benediktinerabtei Ottobeuren

Dr. Reinhard Horn, Bayerische Staatsbibliothek, München

Dr. Marion Hruschka, Marktarchiv, Murnau a. Staffelsee

Ingrid Huber, Bayerische Staatsgemäldesammlungen, München

Willi Huber, Gstadt a. Chiemsee

Dr. Walter Irlinger, Bayerisches Landesamt für Denkmalpflege, München

P. Dr. Michael Kaufmann OSB, Metten-Michaelsbuch

Ulrich Klebl, Klosterbrauerei Kreuzberg, Bischofsheim a.d.Rhön

Dr. Birgitta Klemenz, Archiv der Benediktinerabtei St. Bonifaz München und Andechs

Beate Klemm, Mutterhaus der Barmherzigen Schwestern vom hl. Vinzenz von Paul, München

Gottfried Kley, Oberlandesgericht München

Dr. Dietrich Klose, Staatliche Münzsammlung München, München

P. Rudolf Knopp OH, Provinzial der Barmherzigen Brüder, München

Dr. Beate Kocks, Andechs

Walter König, Bayerischer Brauerbund e.V., München

Sr. M. Germana Körner IBMV, Provinzoberin der Englischen Fräulein, München

Lic. theol. Susanne Kornacker, Archiv des Erzbistums München und Freising

Wolfgang Kraus, Gotteszell

P. Konstantin Kurzhals OCD, Provinzial des Theresianischen Karmels der Unbeschuhten Karmeliten, München

Sr. Agnes Langenkamp FMA, Don Bosco-Schwestern Rottenbuch

Dr. Bruno Lengenfelder, Diözesanarchiv Eichstätt

Dr. Heinrich Letzing, Augsburg

Prof. Dr. Wolfgang Locher, Institut für Geschichte der Medizin der Ludwig-Maximilians-Universität München

Dr. Wolfram Lübbeke, Bayerisches Landesamt für Denkmalpflege, München

Prof. Dr. Franz Machilek, Bamberg

Dr. Matthias Maeuser, Naturkunde-Museum Bamberg

Msgr. Dr. Paul Mai, Bischöfliches Zentralarchiv Regensburg

Dr. Walter Maiwald, Maiwald Patentanwalts GmbH, München

Msgr. Dr. Josef Maß, München

Sr. M. Canisia Maurer, Generalökonomin der St. Josephskongregation der Franziskanerinnen, Ursberg

Karl-Heinz Mayer, Historisches Archiv der Koenig & Bauer AG, Würzburg

Dr. Helmut Mayr, Bayerische Staatssammlung für Paläontologie und Geologie, München

Prof. Dr. Christoph Meinel, Universität Regensburg

Dr. Eva Moser, Bayerisches Wirtschaftsarchiv, München

Dr. Wolfgang Müller, Universitätsbibliothek München

Dr. Erwin Naimer, Archiv des Bistums Augsburg

Sr. M. Consolata Neumann SSND, Provinzialat der Armen Schulschwestern von Unserer Lieben Frau, München

Angelika Obermeier, Bayerische Staatsbibliothek, München

Dr. Ernst Petritsch, Österreichisches Staatsarchiv, Haus-, Hof- und Staatsarchiv, Wien

Dr. Peter Pfister, Archiv des Erzbistums München und Freising

Dr. Corinna Rösner, Die Neue Sammlung, München

Ute von Rücker, Kaut-Bullinger & Co, Taufkirchen bei München

Dr. Martin Rüth, Staatsarchiv Landshut

Johann Rauch, Bayerisches Landesamt für Denkmalpflege, Abt. Z, München

Brigitte Salmen, Schlossmuseum Murnau

Jörg Schabesberger, Historisches Museum Bamberg

Gebhard Schauer, Rottenbuch

Dr. Martin Schawe, Bayerische Staatsgemäldesammlungen, München

Prof. Dr. Bernhard Schemmel, Staatsbibliothek Bamberg

Georg Schrepfer, Otto-Friedrich-Universität Bamberg, Verwaltung der Lyzeumstiftung

Sr. M. Adelinde Schwaiberger, Generaloberin der Barmherzigen Schwestern vom hl. Vinzenz von Paul, Mutterhaus München

Max Seeberger, Deutsches Museum, München

Günter Steiner, Staatsarchiv Augsburg

Dr. Michael Stephan, Staatsarchiv München

Erwin Stoiber, Staatsarchiv Amberg

Dr. Cornelia Syre, Bayerische Staatsgemäldesammlungen, München

Dr. Werner Taegert, Bamberg

Gerhard Tausche, Stadtarchiv Landshut

Dr. Alfred Tausendpfund, Staatsarchiv München

Sr. M. Edith Thill, Provinzhaus der Schwestern vom Göttlichen Erlöser (Niederbronner Schwestern), Neumarkt i.d.OPf.

Wiebke Tomaschek, Staatliche Graphische Sammlung, München

Angelika Tondera, Bayerisches Oberstes Landesgericht, München
Lois Treml, Historischer Verein Gottezell
Dr. Elisabeth Vaupel, Deutsches Museum, München
Dr. Andrea Wegener, Deutsches Museum, München
Prof. Dr. Alfred Wendehorst, Archiv der Universität Erlangen-Nürnberg, Erlangen

Sr. M. Manuela Wiesheu IBMV, Provinzialat der Englischen Fräulein, München
Andrea Wittkampf, Universitätsarchiv Bamberg
P. Ludwig Wörle OFMCap, Guardian von St. Joseph, Bayerische Kapuzinerprovinz, München
Dr. Herbert W. Wurster, Archiv des Bistums Passau

Fotonachweis

Andechs, Archiv des Priorats Andechs der Abtei Sankt Bonifaz München: Nr. 84
Andechs, Kloster Andechs, Kultur- und Veranstaltungs GmbH: Nr. 131c
Augsburg, Staatsarchiv Augsburg: Nr. 40b
Augsburg, Thomas Steck: S. 454
Bamberg, Historisches Museum Bamberg: Nr. 99
Bamberg, Naturkunde-Museum Bamberg: Nr. 98b, S. 386
Bamberg, Staatsbibliothek Bamberg: Nr. 123, 136, S. 388
Dietramszell, Familie von Schilcher: Nr. 185
Dillingen, Generalat der Dillinger Franziskanerinnen: Nr. 219d
Eichstätt, Domschatz- und Diözesanmuseum Eichstätt: Nr. 45
Esslingen, Dr. Martin Hahn: Nr. 182a,b
Freising, Bayerische Staatsbrauerei Weihenstephan: S. 347
Freising, Dombibliothek Freising: Nr. 117
Freising, Firma Feller Bayern Loden GmbH: Nr. 165a-c
Freising, Landratsamt Freising: Nr. 158a
Freising, Stadtarchiv Freising: Nr. 164
Gottezell, Historischer Verein Gottezell: Nr. 138
Kulmbach, Bayerisches Brauereimuseum: Nr. 81
Landshut, Stadtarchiv Landshut: Nr. 15b
Malmaison, Musée national du château: Nr. 3
Marburg, Bildarchiv Foto Marburg: Nr. 2

Memmelsdorf, Dr. Alfred Schelter: Nr. 169b
Metten, Benediktinerabtei: Nr. 224b,d
München, Archiv der Bayerischen Kapuzinerprovinz: Nr. 221c-e
München, Archiv des Erzbistums München und Freising: Nr. 96, 134a,b
München, Bayerische Akademie der Wissenschaften: S. 450
München, Bayerische Staatsbibliothek: Nr. 7, 14a, 54a, 119, 212b, S. 528
München, Bayerische Staatsgemäldesammlungen: Nr. 100
München, Bayerisches Landesamt für Denkmalpflege: Nr. 16b, 37c, 92, 116, 133b, 168b, 169a,c, 170, 175b, 181b, 220b, 224e, 227–232
München, Historisches Archiv der Spaten-Franziskaner-Bräu KGaA: S. 363
München, Mutterhaus der Barmherzigen Schwestern: Nr. 216b
München, Provinzialat der Armen Schulschwestern von Unserer Lieben Frau: Nr. 222b,c
München, Provinzialat der Barmherzigen Brüder vom hl. Johannes von Gott: Nr. 217c
München, Provinzialat der Bayerischen Kapuziner-provinz: Nr. 221b
München, Staatsarchiv München: Nr. 77, 87, 126a
München, Stadtarchiv München: Nr. 18a, 22a, 27c

München, Münchner Stadtmuseum: Nr. 85, 145
München, Universitätsbibliothek München: Nr. 118b
Murnau, Ernst Echter: Nr. 86
Murnau, Brigitte Salmen: Nr. 89b,c
Neuburg a.d.Donau, Friedrich Kaeß: Nr. 124a
Neumarkt-St. Veit, Altersheim St. Veit: Nr. 107
Ottobeuren, Benediktinerabtei: Nr. 37b
Passau, Archiv des Bistums Passau: Nr. 178a,b
Regensburg, Bischöfliches Zentralarchiv Regensburg: Nr. 106

Rottenbuch, Gebhard Schauer: Nr. 105b
Ursberg, St. Josephskongregation der Franziskanerinnen: Nr. 39
Wien, Österreichisches Staatsarchiv, Haus-, Hof- und Staatsarchiv: Nr. 131a,b
Wildsteig, Prof. Dr. Thomas Finkenstaedt: Nr. 172
Würzburg, Historisches Archiv der Koenig & Bauer AG: Nr. 175a, 177a,b
Privat: Nr. 8, 31, 130, 218c,d
München, Bayerisches Hauptstaatsarchiv: alle übrigen

Autoren

Brandl, Martin, Dr., Volontär, Bayerisches Landesamt für Denkmalpflege
Braun, Rainer, Dr., Archivdirektor, Bayerisches Hauptstaatsarchiv (R.B.)
Demel, Walter, Prof. Dr., Universität der Bundeswehr München
Franz, Monika Ruth, M.A., Dipl.-Archivarin (FH), Archivamtfrau, Bayerisches Hauptstaatsarchiv (M.F.)
Frauenreuther, Sabine, Dipl.-Archivarin (FH), Archivoberinspektorin, Bayerisches Hauptstaatsarchiv (S.F.)
Fürmetz, Gerhard, M.A., Archivrat z.A., Bayerisches Hauptstaatsarchiv (G.F.)
Gigl, Caroline, M.A., Dr., Archivrätin, Bayerisches Hauptstaatsarchiv (C.G.)
Glasner, Joachim, Dipl.-Archivar (FH), Archivinspektor, Bayerisches Hauptstaatsarchiv (J.G.)
Greipl, Egon J., Dr., Generalkonservator des Bayerischen Landesamts für Denkmalpflege
Heydenreuter, Reinhard, Dr. habil., Archivdirektor, Bayerisches Hauptstaatsarchiv
Hopfenmüller, Annelie, M.A., Dr., Archivoberrätin, Bayerisches Hauptstaatsarchiv (A.H.)

Immler, Gerhard, Dr., Archivoberrat, Bayerisches Hauptstaatsarchiv (G.I.)
Koch, P. Laurentius OSB, Benediktinerabtei Ettal, Ettal
Leidel, Gerhard, Dr., Archivoberrat, Bayerisches Hauptstaatsarchiv (G.L.)
Müller, Winfried, Prof. Dr., Universität Dresden
Pörnbacher, Johann, M.A., Dr., Archivrat z.A., Staatsarchiv Bamberg
Pötzl, Walter, Prof. Dr., Kath. Universität Eichstätt
Rupprecht, Klaus, Dr., Archivrat, Staatsarchiv Bamberg
Scharmüller, Alexandra, Dipl.-Archivarin (FH), Archivoberinspektorin, Bayerisches Hauptstaatsarchiv (A.S.)
Stauber, Reinhard, Dr. habil., Priv.-Doz., z. Zt. Universität Innsbruck
Weinberger, Elisabeth, M.A., Dr., Archivrätin z.A., Bayerisches Hauptstaatsarchiv (E.W.)
Weiß, Otto, Dr., Wien
Wild, Joachim, Prof. Dr., Direktor des Bayerischen Hauptstaatsarchivs (J.W.)
Winhard, P. Wolfgang OSB, Benediktinerabtei Schäftlarn, Ebenhausen

Zum Geleit

Die Säkularisation 1802/1803, also die Beseitigung der geistlichen Staaten des Alten Reichs und die Aufhebung und Enteignung der landsässigen Klöster und Stifte ist ein Vorgang, dessen Bedeutung für die revolutionären politischen, territorialen, gesellschaftlichen, wirtschaftlichen, kulturellen und kirchlichen Veränderungen in Bayern und Deutschland im 19. Jahrhundert kaum überschätzt werden kann. Die Säkularisation und ihre Folgen: Das ist ein bis heute umstrittenes und von Wissenschaft und Öffentlichkeit immer noch kontrovers diskutiertes Thema. Zahlreiche Veranstaltungen im Jahr 2003, in dem sich die Verabschiedung des Reichsdeputationshauptschlusses als der gesetzlichen Grundlage der Säkularisation zum 200. Male jährt, werden das anhaltende Interesse an diesem historischen Vorgang und seiner rechten Bewertung erneut unter Beweis stellen.

Die Staatlichen Archive Bayerns haben zur Säkularisation einen doppelten Bezug. Einmal verdanken sie der Vermögenssäkularisation der Klöster und Hochstifte einen wesentlichen, ja entscheidenden quantitativen und qualitativen Beständezuwachs. Allein in das Bayerische Hauptstaatsarchiv sind aus den Archiven der Hochstifte und Domkapitel, der Reichsstifte und der mediaten Klöster sowie der geistlichen Ritterorden etwa 220 000 Urkunden neben umfangreichen anderen Archivunterlagen gelangt. Das waren weit mehr und zudem bis ins 8. Jahrhundert zurückreichende Urkunden als das Archiv aus der landesfürstlich-wittelbachischen Überlieferung besaß, die erst im 13. Jahrhundert einsetzte.

Der zweite Bezugspunkt der Archive zur Säkularisation ist die Tatsache, dass sie nicht nur die schriftliche Überlieferung über den politisch-administrativen Ablauf dieser „Revolution von oben" – von den Unterlagen der Staatsspitze bis zu den Akten der Klosteraufhebungskommissare – verwahren, sondern auch die Akten über die Säkularisationsfolgen in ihrer ganzen Breite, von der konkreten Verwertung des ehemaligen Kirchengutes oder dem Umgang mit den Ordensangehörigen bis zur Entwicklung eines neuen Staats-Kirchen-Verhältnisses im 19. Jahrhundert.

Als Beitrag zur Säkularisationsdiskussion 2003 hat deshalb das Bayerische Hauptstaatsarchiv eine Archivalienausstellung vorbereitet, in deren Zentrum die Aufhebung der Klöster und vor allem die Folgen dieses für Bayern fundamentalen Ereignisses stehen. Anhand von Schriftstücken, Architekturzeichnungen, Gemälden, Fotos und Modellen wird der Frage nachgegangen, wie Staat und Gesellschaft mit dem materiellen und geistigen Kloster- und Kirchengut umgegangen sind.

Der wissenschaftliche und streng quellenbezogene Ansatz soll dazu beitragen, die Beurteilung der Säkularisation zu versachlichen und ihr die vielfach noch vorhandene Emotionalität zu nehmen. Es ist verständlich, dass mit der Radikalität, Einseitigkeit, Ideologisierung und Polarisierung des historischen Vorgangs eine ebenso radikale, einseitige, ideologisierte und polarisierende Beurteilung korrespondiert. Aber nach 200 Jahren sollte es möglich sein, den Klischees und Legenden die aus den Quellen erarbeitete historische Wirklichkeit gegenüberzustellen.

Ich danke Herrn Direktor des Hauptstaatsarchivs Prof. Dr. Joachim Wild und Herrn Archivdirektor Dr. Rainer Braun (Bayerisches Hauptstaatsarchiv) für die engagierte, sensible und kenntnisreiche Erarbeitung der Ausstellungskonzeption. Zugleich bedanke ich mich bei ihnen und bei den zahlreichen Mitarbeiterinnen und Mitarbeitern aus dem Bayerischen Hauptstaatsarchiv und von außerhalb für die vielen Textbeiträge und Exponatbeschreibungen, durch die nicht nur neue Forschungsergebnisse vorgelegt, sondern auch weitere wissenschaftliche Arbeiten angeregt werden. Für die sorgfältige Katalogredaktion habe ich einmal mehr dem Schriftleiter der Reihe „Ausstellungskataloge der Staatlichen Archive Bayerns", Herrn Ltd. Archivdirektor Albrecht Liess (Generaldirektion der Staatlichen Archive Bayerns), und seinen Mitarbeiterinnen zu danken. Mein Dank gilt den zahlreichen Leihgebern und den vielen Damen und Herren, die uns mit Rat und Tat unterstützt haben. Um Ausstellungstechnik und bestmögliche Präsentation kümmerten sich in bewährter Weise die Foto- und Restaurierungswerkstätten des Bayerischen Hauptstaatsarchivs.

Ich wünsche der Ausstellung und dem Katalog nicht nur viele interessierte und aufmerksame Besucher und Leser, sondern auch, dass der besondere und eigenständige Beitrag des Bayerischen Hauptstaatsarchivs zur Säkularisationsdiskussion des Jahres 2003 als solcher erkannt wird und dadurch in der gewünschten Weise wirksam werden kann.

Prof. Dr. Hermann Rumschöttel
Generaldirektor der Staatlichen Archive Bayerns

KATALOG

*Freiherrndiplom für Georg-Friedrich
von Zentner (Kat. Nr. 14b)*

17

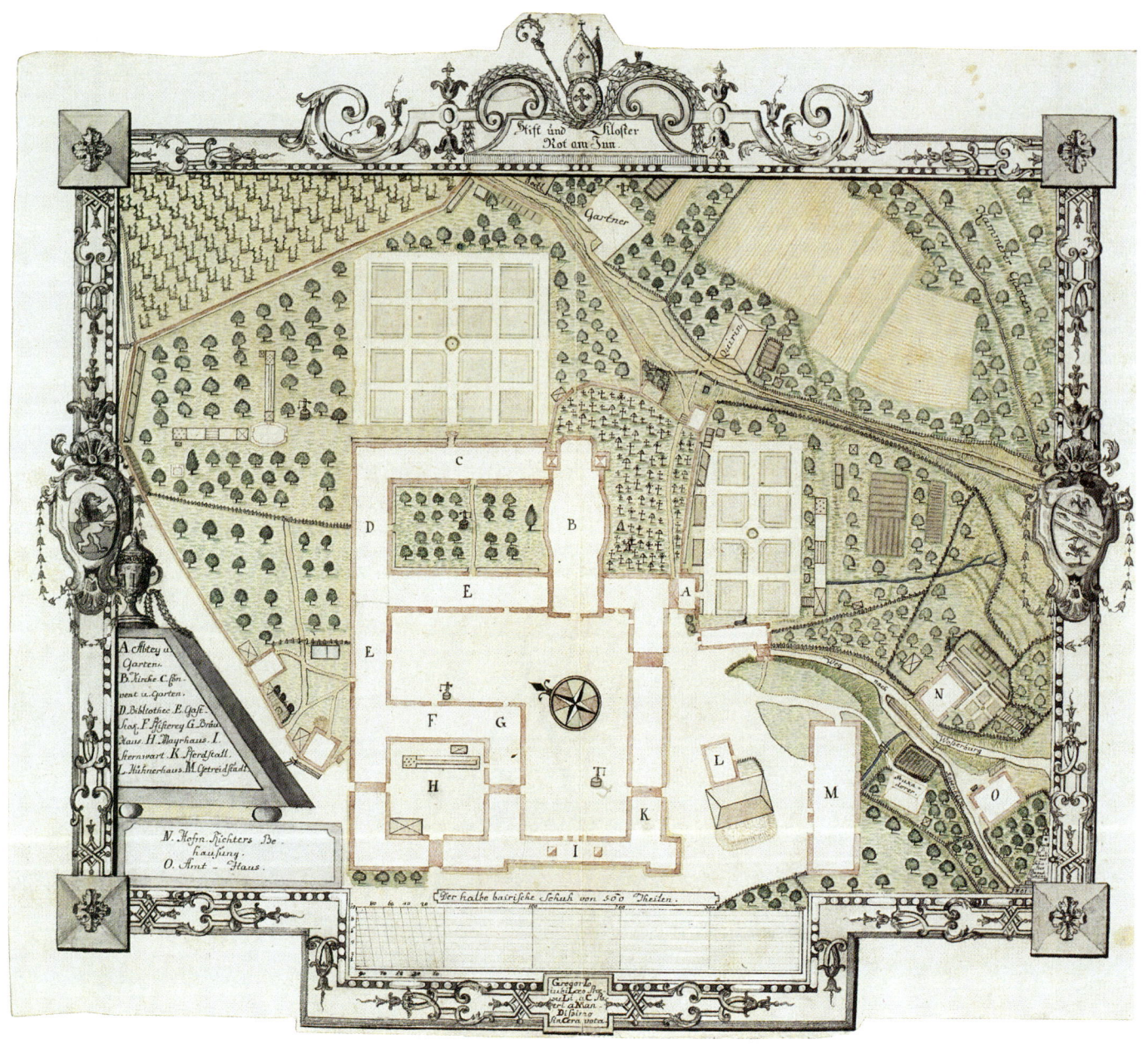

Grundriss des Benediktinerklosters Rott am Inn um 1800 (Kat. Nr. 27a)

18

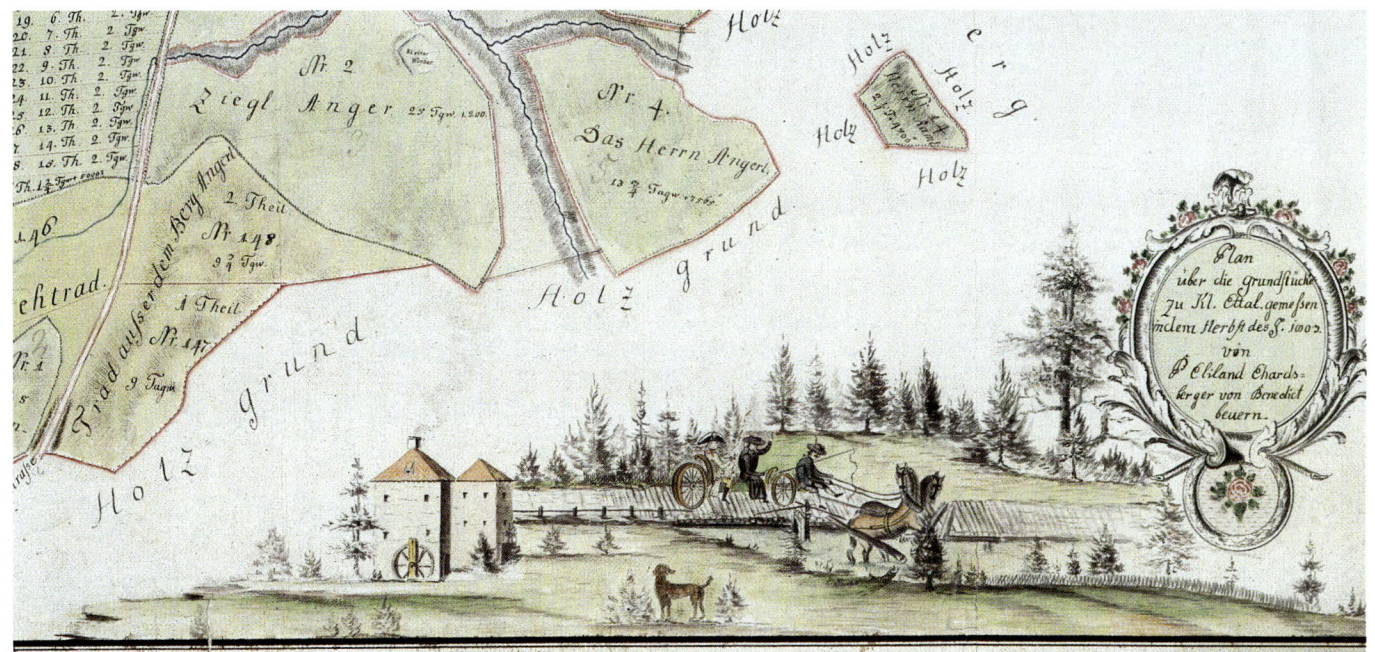

Der Unfall der Lokalkommission auf dem Weg nach Ettal 1803 (Kat. Nr. 30)

Die Überfahrt der Aufhebungskommission 1803 nach Herrenchiemsee (Kat. Nr. 31)

Bayerische Chevaulegers zu Pferd 1804 (Kat. Nr. 32b)

Der Kaisersaal im Kloster Ottobeuren (Kat. Nr. 37b)

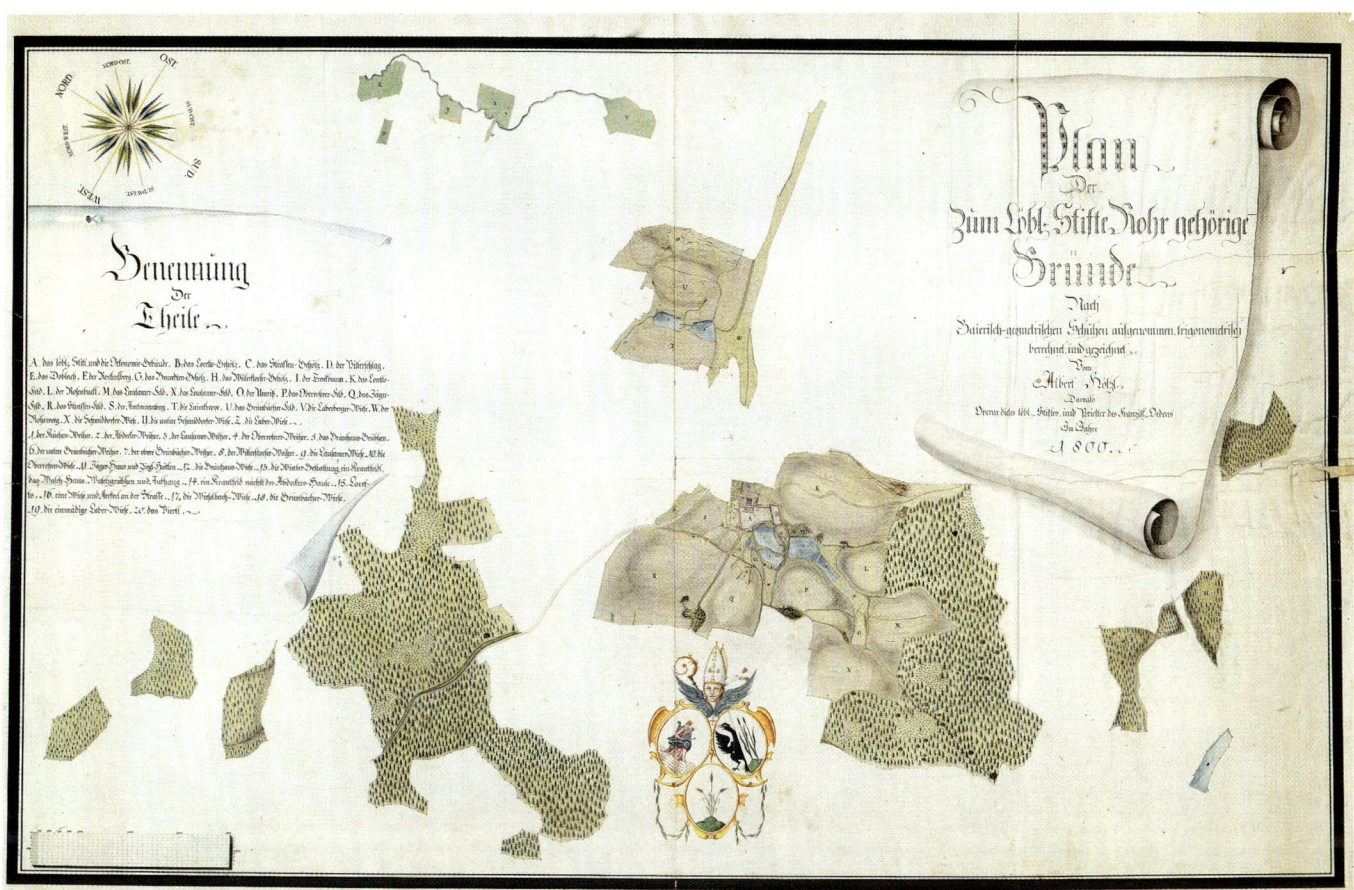

Die zum Stift Rohr gehörigen Gründe vor 1802 (Kat. Nr. 60)

Das Ampertal bei der Zisterze Fürstenfeld 1604 (Kat. Nr. 69)

24

Werbeplakat der Klosterbrauerei Andechs um 1920 (Kat. Nr. 84)

Der Erzengel Michael aus der Klosterapotheke Rottenbuch als Seelenwäger (Kat. Nr. 86)

26

Präparierter Flussbarsch aus dem Bamberger Naturalienkabinett (Kat. Nr. 98b)

Die Reliquie des hl. Felicianus in der Klosterkirche Rottenbuch (Kat. Nr. 105b)

Rahmenbedingungen und Ablauf

Die Säkularisation und die Neuordnung Europas um 1800

Hatte das mittelalterliche und frühneuzeitliche Europa sich nur langsam und in kaum merklichen Schritten verändert, so erfuhr es ab 1789 in nur einer Generation eine völlige Neuordnung. Die französische Revolution fegte in Frankreich die Monarchie hinweg, zerstörte Kirchen und Klöster und dehnte die Grenzen Frankreichs bis zum Rhein aus. Das Deutsche Reich, unfähig eine gemeinsame Linie zu finden und militärisch effizient vorzugehen, musste sich dem französischen Diktat beugen. Umgekehrt nahmen die weltlichen deutschen Fürsten begierig ihre im Frieden von Lunéville eröffnete Chance wahr, sich für ihre linksrheinischen Verluste durch eine Säkularisation der geistlichen Territorien reichlich schadlos zu halten. Es war Bayern, das im Reichsdeputationshauptschluss in letzter Sekunde die Aufhebung auch der landsässigen Klöster zugunsten der Staatskasse durchsetzte.

War auf europäischer Ebene Napoleon die beherrschende Figur, so auf bayerischer Maximilian Josef Graf Montgelas, der als maßgeblicher Politiker und leitender Minister unter Kurfürst bzw. König Maximilian I. Joseph die bayerische Politik bestimmte. Für Montgelas war die Säkularisation nur ein, wenn auch entscheidender Baustein, den bayerischen Staat ohne Rücksicht auf bisherige verfassungsrechtliche Garantien völlig neu zu strukturieren. Mit der Aufhebung der Klöster wurden die bayerischen Landstände entscheidend geschwächt. Zwischen 1803 und 1806 verloren die kleineren weltlichen Reichsstände ihre Reichsunmittelbarkeit zugunsten Bayerns (Mediatisierung), das am 1. Januar 1806 unter Napoleons Protektion zum Königreich erhoben wurde. Die endgültige Aufhebung der Landstände am 1. Mai 1808 eröffnete einer neuen Verfassung, der Konstitution, die Bahn. Im Bestreben, alle öffentliche Gewalt in einem straffen Staatsabsolutismus zu bündeln, schaltete Montgelas die Zwischengewalten aus, um ein neues einheitliches Staatsvolk formen zu können. Die Liste seiner Reformen ist lang und umfasst alle Lebensbereiche. Schlusspunkt dieser stürmischen und zuweilen revolutionären Phase ist der Wiener Kongress 1814/15, der Europa eine neue Friedensordnung bescherte. *J.W.*

1 Die Französische Revolution

Eroberung der Bastille am 14. Juli 1789.

Die 1370–1382 als Festung erbaute Bastille diente seit der Zeit Richelieus als Staatsgefängnis, wurde allerdings unter König Ludwig XVI. dafür kaum noch genutzt. Im Zuge der immer erbitterter werdenden Auseinandersetzungen um die Bildung einer Nationalversammlung, die der König nicht zugestehen wollte, kam es ab dem 12. Juli 1789 zu Zusammenstößen zwischen Volksansammlungen und Truppenteilen. Die aufgewühlte Masse griff zu den Waffen und berannte am 14. Juli die Bastille, weil man dort ein Waffenlager vermutete und überhaupt die Bastille als Symbol des Despotismus empfand. Nach kurzem Kampf übergab der Festungskommandant die Bastille den Angreifern, die an der Festungsbesatzung wütend Rache nahmen, den Kommandanten enthaupteten und die wenigen dort einsitzenden Gefangenen befreiten. Mit diesem Sieg nahm die Revolution in Paris ihren unaufhaltsamen Verlauf.

Diese in Frankreich entstandene Darstellung der Erstürmung der Bastille wurde vielfach kopiert und erreichte auch in Deutschland zeitgenössisch eine hohe Verbreitung und Bekanntheit.

Radierung, 20 x 24 cm, Denkbuch der Franzoesischen Revolution, hrsg. von Franz Eugen Freiherrn von Seida und Landensberg, Memmingen 1815, Tafel VIII (gezeigt wird ein Foto).

München, Bayerische Staatsbibliothek, 4 Gall.rev. 47 k-1.

LITERATUR: Freiheit, Gleichheit, Brüderlichkeit. 200 Jahre Französische Revolution in Deutschland (Ausstellungskataloge des Germanischen Nationalmuseums), bearb. von Rainer Schoch, Nürnberg 1989, S. 251 Nr. 68. *J.W.*

l'eau bénite"), Kapitelle des Chorumgangs und Reste vom Tympanon des Hauptportals.

Anonymes Aquarell aus dem Jahr 1818 (Collection Rambuteau), gezeigt wird ein Foto (Bildarchiv Foto Marburg).

LITERATUR: Bruno Marguery-Melin, La déstruction de l'abbaye de Cluny 1789–1823, Cluny 1985. *J.W.*

2 Radikale Säkularisation in Frankreich

Die in der Französischen Revolution zerstörte Abtei Cluny, Ansicht von 1818.

Die Benediktinerabtei Cluny, im Département Saône-et-Loire gelegen und 910 von Wilhelm von Aquitanien gegründet, war im 10. und 11. Jahrhundert Ausgangs- und Mittelpunkt einer umfassenden Erneuerung des Mönchtums, aber auch der Weltgeistlichkeit und Laienwelt („Cluniazensische Reform"). Äußeren Ausdruck fand die Bedeutung Clunys in einem der gewaltigsten Basilikabauten der Romanik im Stil der burgundischen Bauschule. Die fünfschiffige Basilika war mit 555 Fuß die längste Kirche der Welt, besaß eine Vorkirche, zwei Querschiffe und außer den beiden Westtürmen noch fünf Glockentürme; um die Apsis reihten sich fünf Kapellen. Die reiche Ausstattung mit Skulpturen galt als Musterbeispiel romanischer Bildhauerkunst.

Einst eines der mächtigsten Klöster Europas, fiel auch Cluny dem Klosteraufhebungsdekret der Konstituierenden Versammlung vom 13. Februar 1790 zum Opfer: die Mönche wurden vertrieben, die Bibliotheks- und Kunstschätze verschleudert, die Glocken in republikanische Kanonen umgegossen, die Klosteranlage samt Basilika von den Bürgern der Stadt niedergerissen, was sogar Napoleon zum Kommentar veranlasste: „Allez! vous êtes des vandales!" Erhalten blieben nur einige Flügel der Abteigebäude, von der Kirche der südliche Arm des Hauptquerschiffs mit dem oktogonalen Turm („Clocher de

3 Napoleon, der Umgestalter Europas

„Bonaparte franchissant le Grand-Bernard".
Bonaparte überquert den Großen St. Bernhard.
1801

Napoleon (1769–1821) ist die politische und militärische Zentralfigur für die Neugestaltung Europas zu Beginn des 19. Jahrhunderts. Seit 1799 als Erster Konsul, seit 1804 als Kaiser stand er an der Spitze Frankreichs, das in den beiden siegreichen Koalitionskriegen (1792–1797, 1798–1801/02) gegen die deutschen Staaten unter der Führung Österreichs erhebliche territoriale Gewinne erreichte: In den Friedensschlüssen von Campoformio 1797 und Lunéville 1801 erhielt Frankreich sämtliche Gebiete links des Rheins sowie umfangreiche Teile Oberitaliens zugesprochen, wogegen die von den Gebietsabtretungen betroffenen deutschen Fürsten anderweitig entschädigt werden sollten. Obwohl die Modalitäten dieser Entschädigungen nicht von vornherein festgeschrieben wurden, war offenkundig, dass vor allem säkularisierter geistlicher Besitz und mediatisierter Besitz kleinerer Reichsstände dafür würde herhalten müssen. Bayern gehörte wegen des Verlustes der linksrheinischen Kurpfalz sowie der Herzogtümer Jülich und Zweibrücken zu den Staaten, die die höchsten Entschädigungsansprüche geltend machen konnten.

Das Bild des französischen Malers Jacques-Louis David (1748–1825) zeigt Napoleon beim Übergang mit der französischen Armee über den Großen St. Bernhard im Mai

1800. In der Felsplatte, auf der Napoleons Pferd sich aufbäumt, ist der Name Bonapartes über jenen Hannibals und Karls des Großen eingegraben – eine historisch hochkarätige Verknüpfung. Die Heroisierung Napoleons als charismatischer Führer und Feldherr wird umso deutlicher, wenn man sich vergegenwärtigt, dass er während dieser Alpenüberquerung tatsächlich auf einem gewöhnlichen Maulesel geritten ist.

Öl auf Leinwand, 272 x 232 cm (gezeigt wird ein Farbfoto).
Malmaison, Musée national du château.

LITERATUR: Antoine Schnapper, Jacques-Louis David und seine Zeit, Fribourg 1980.   J.W.

4 Der Frieden von Lunéville

Kaiser Franz II. teilt den Reichsständen den Abschluss des Friedens von Lunéville mit.
1801 Februar 9

Während des Zweiten Koalitionskriegs zwischen dem Deutschen Reich und Frankreich hatte Österreich im November 1800 die kriegerischen Handlungen gegen Frankreich wieder aufgenommen. Doch die verheerende Niederlage der österreichischen Truppen, auf deren Seite auch Bayern kämpfen musste, in der Schlacht bei Hohenlinden am 3. Dezember 1800 führte rasch zu Friedensverhandlungen. Die österreichische Delegation leitete Ludwig Graf Cobenzl, die französische Joseph Bonaparte. Der am 9. Februar abgeschlossene Frieden von Lunéville beendete den Reichskrieg gegen Frankreich, aber bei den Friedensverhandlungen wurden weder der Reichstag noch die Reichsstände einbezogen. Entsprechend gewunden und entschuldigend teilte der Kaiser in einer Reichstagsdrucksache die für ihn unabänderlichen Ergebnisse mit. Im Grunde diktierte Frankreich dem besiegten Österreich die Bedingungen: alle linksrheinischen Gebiete fallen an Frankreich und für die Entschädigungen der von Gebietsverlusten betroffenen Fürsten

4

wird das Prinzip der Säkularisation geistlicher Territorien festgelegt. Frankreich beabsichtigte damit, einerseits in den Säkularisationen einen revolutionären Anspruch zu verwirklichen, andererseits die weltlichen Territorien mittlerer Größe zu stärken, um damit den Einfluss Österreichs im Reich zu schwächen.

Drucksache, 35,5 x 22 cm.

München, Bayerisches Hauptstaatsarchiv, MA 4419.

DRUCK: Philipp Anton Guido von Meyer, Corpus Juris Confoederationis Germanicae, Teil 1: Staatsverträge, 3. Aufl. Frankfurt am Main 1858, S. 1–4.

LITERATUR: Karl Otmar Freiherr von Aretin, Heiliges Römisches Reich 1776–1806. Reichsverfassung und Staatssouveränität (Veröffentlichungen des Instituts für europäische Geschichte Mainz 38), Wiesbaden 1967, Teil I, S. 345–360. – Karl Härter, Reichstag und Revolution 1789–1806. Die Auseinandersetzung des Immerwährenden Reichstags zu Regensburg mit den Auswirkungen der Französischen Revolution auf das Alte Reich (Schriftenreihe der Historischen Kommission bei der Bayerischen Akademie der Wissenschaften 46), Göttingen 1992, S. 567–570. *J.W.*

5 Der Reichsdeputationshauptschluss: 89 Paragraphen verändern das Alte Reich

Im Reichsdeputationshauptschluss, dem letzten Fundamentalgesetz des Alten Reiches, werden als Folge des Friedens von Lunéville den von den Gebietsabtretungen an Frankreich betroffenen weltlichen Reichsständen zur Entschädigung Territorien und Besitzungen geistlicher Reichsstände und landständischer Klöster überlassen.
1803 Februar 25, Regensburg

5

— 24 —

128. Schwäbische Grafen. 130. Fränkische Grafen.
129. Wetterauische Grafen. 131. Westphälische Grafen.

1) Das Direktorium im Reichsfürstenrathe bleibt, wie es vorher war.

2) Die Alternirungen, welche bisher statt hatten, werden auch künftig beobachtet, und die verschiedenen Häuser sowohl als die Aeste des nehmlichen Hauses haben sich über neue Alternirungen zu vergleichen.

3) Durch den Aufruf der Stimmen wird dem höhern oder gleichen Range der Fürsten unter sich gar nicht präjudizirt und die Rechte eines jeden bleiben vorbehalten.

4) Die Stimmen der säkularisirten Fürstenthümer bleiben an ihrer alten Stelle, so daß die zwey Bänke (latera) können beibehalten werden, wenn es das fürstliche Kollegium rathsam findet.

5) Die Fürsten, welche Stimmen, die auf den ehemals geistlichen zur Entschädigung erhaltenen Landen hafften, auszuüben haben, erlangen dadurch kein Recht zu einem höhern Range, als sie vorher hatten.

6) Die Fürsten, welche für ihre verlohrnen Stimmen neue erhalten, behalten den Rang ihrer vorigen Stimmen.

7) In Gemäsheit der hier zum Grunde gelegten 10ten Strophe werden nun auch die 9 übrigen Strophen eingerichtet.

§. 33.

Das unbedingte Privilegium de non appellando kömmt allen Kurfürsten für alle ihre Besitzungen, desgleichen dem Landgrafen von Hessen-Darmstadt für seine alten und neuen zu statten, und es wird dem Gesammthause Nassau für seine alten und neuen Besitzungen verwilliget werden.

§. 34.

Alle Güter der Domkapitel, und ihrer Dignitarien werden den Domänen der Bischöfe einverleibt, und gehen mit den Bisthümern auf die Fürsten über, denen diese angewiesen sind. In den zwischen mehrere vertheilten Bisthümern werden die, in den einzelnen Theilen befindlichen Güter dieser Art mit denselben vereiniget.

§. 35.

Alle Güter der fundirten Stifter, Abteien und Klöster, in den alten sowol, als in den neuen Besitzungen, katholischer sowol, als A. C. verwandten, mittelbarer sowol, als unmittelbarer, deren Verwendung in den vorhergehenden Anordnungen nicht förmlich festgesetzt worden ist, werden der freien und vollen Disposition der respektiven Landesherrn, sowol zum Behuf des Aufwandes für Gottesdienst, Unterrichts- und andere gemeinnützige Anstalten, als zur Erleichterung ihrer Finanzen überlassen, unter dem bestimmten Vorbehalte der festen und bleibenden Ausstattung der Domkirchen, welche werden beibehalten werden, und der Pensionen für die aufgeho-

5

— 25 —

gehobene Geistlichkeit nach den unten theils wirklich bemerkten, theils noch unverzüglich zu treffenden näheren Bestimmungen.

§. 36.

Die namentlich und förmlich zur Entschädigung angewiesenen Stifter, Abteien und Klöster, so wie die der Disposition der Landesherrn überlassenen gehen überhaupt an ihre neuen Besitzer mit allen Gütern, Rechten, Kapitalien und Einkünften, wo sie auch immer gelegen sind, über, sofern oben nicht ausdrückliche Trennungen festgesetzt worden sind.

§. 37.

Die auf der einen Rheinseite befindlichen Güter und Einkünfte, welche Spitälern, Fabriken, Universitäten, Kollegien, und andern frommen Stiftungen, wie auch Gemeinden der andern Rheinseite gehörten, bleiben davon getrennt, und der Disposition der respektiven Regierungen überlassen, d. h. so viel die rechte Rheinseite betrifft, der Regierung derjenigen Orte, wo sie liegen, oder erhoben werden. Jedoch sollen die Güter und Einkünfte solcher litterarischen Anstalten, die ehemals beiden Rheinseiten gemeinschaftlich waren, und dermalen auf dem rechten Rheinufer fortgesetzt werden, diesen auf der rechten Rheinseite fortdaurenden Anstalten verbleiben, insofern sie nicht in Gebieten entschädigter Fürsten liegen.

§. 38.

Die für ihre Besitzungen jenseits des Rheins entschädigten Reichsstände haben ihre sowohl blos persönlichen, als die von erwähnten Besitzungen herrührenden Schulden auf ihre zur Entschädigung erhaltenen Domänen und Renten zu übernehmen, und von denselben zu tilgen; doch vorbehaltlich der in dem Lüneviller Frieden, und in den, von dem französischen Gouvernement mit einzelnen Reichsständen geschlossenen besondern Verträgen, enthaltenen Bestimmungen.

§. 39.

Alle sowol auf dem rechten als linken Ufer erhobenen Rheinzölle sollen aufgehoben seyn, ohne unter irgend einer Benennung wieder hergestellt werden zu können; jedoch mit Vorbehalt der Eingangsgebühren, (droits de douane) und eines Schifffahrtsoktroi, welches nach folgenden Grundlagen genehmiget wird.

Da der Rhein von den Gränzen der batavischen Republik an bis zu den Gränzen der helvetischen Republik ein zwischen der französischen Republik und dem teutschen Reiche gemeinschaftlicher Strom geworden ist, so geschieht die Errichtung sowol, als die Anordnung und Erhebung des Schifffahrtsoktroi gemeinschaftlich von Frankreich und dem teutschen Reiche.

Das Reich überträgt, mit Einwilligung des Kaisers, alle seine desfallsigen Rechte völlig und gänzlich dem Kurfürsten Erzkanzler, welcher die Vollmacht des teutschen Reichs hat, mit der französischen Regierung alle allgemeine und besondere Anordnungen in Beziehung auf das Schifffahrtsoktroi abzuschließen; diese Anordnungen, werden durch den Kurfürsten Erzkanzler zur Genehmigung des Kurfürstl.

G Kol-

In einer 39 Seiten umfassenden und sowohl in deutscher als auch in französischer Sprache erschienenen Druckschrift präsentierte die beim Reichstag in Regensburg eingesetzte Reichsdeputation der Reichsversammlung ihre Vorschläge. Ziel war die Entschädigung derjenigen weltlichen Fürsten, die Besitzungen auf dem linken Rheinufer an Frankreich hatten abtreten müssen. So

6

erhielt Kurpfalzbayern unter anderem die Hochstifte Bamberg, Freising und Augsburg zugesprochen. § 35 überträgt die Verfügungsgewalt über das Vermögen der landständischen Klöster den jeweiligen Landesherren. Mit diesem Paragraphen, der besonders auf bayerische Bemühungen zurückzuführen ist, wurden nachträglich die in Bayern bereits im November 1802 begonnenen Säkularisationsmaßnahmen gegen die ständischen Klöster sanktioniert. Die umfangreichen territorialen Veränderungen für die einzelnen Staaten mit ihren verfassungsrechtlichen Konsequenzen basierten auf dem Einverständnis der Vermittlermächte Russland und v.a. Frankreich, die Zustimmung durch Vollversammlung und Kaiser erfolgte erwartungsgemäß.

Druck, 39 S., eingeb. in Aktenband, gezeigt wird S. 24/25.

München, Bayerisches Hauptstaatsarchiv, MA 4018.

DRUCK: Hanns Hubert Hofmann (Hrsg.), Quellen zum Verfassungsorganismus des Heiligen Römischen Reiches Deutscher Nation 1495–1815, Darmstadt 1976, S. 329–358.

LITERATUR: Klaus Dieter Hömig, Der Reichsdeputationshauptschluß vom 25. Februar 1803 und seine Bedeutung für Staat und Kirche unter besonderer Berücksichtigung württembergischer Verhältnisse (Juristische Studien 14), Tübingen 1969. – Karl Otmar v. Aretin, Das Alte Reich 1648–1806, Bd. 3: Das Reich und der österreichisch-preußische Dualismus (1745–1806), Stuttgart 1997, S. 489–504. *M.F.*

6 Das Ende des Alten Reiches

Kaiser Franz II. legt die Kaiserkrone nieder. 1806 August 6

Mit dem Reichsdeputationshauptschluss vom 25. Februar 1803, der die geistlichen Fürstentümer beseitigte und ihre Territorien weltlichen Fürsten zuwies, war eine lange Epoche des Deutschen Reiches zu Ende gegangen. Allen verbliebenen Reichsständen war bewusst, dass ohne die geistlichen Reichsfürsten die bisherige Reichs-

ner befondern Conföberation, die gehegte Erwartung vollenbs vernichtet.

Bey ber hierdurch vollenbeten Ueberzeugung von ber gänzlichen Unmöglichkeit, die Pflichten Unferes Kaiferlichen Amtes länger zu erfüllen, find Wir es Unfern Grundfätzen und Unferer Würde fchuldig, auf eine Krone zu verzeihen, welche nur fo lange Werth in Unfern Augen haben könnte, als Wir bem, von Kurfürften, Fürften und Stänben und übrigen Angehörigen bes beutfchen Reichs Uns bezeigten Zutrauen zu entfprechen und ben übernommenen Obliegenheiten ein Genügen zu leiften im Stanbe waren.

Wir erklären bemnach burch Gegenwärtiges, baß Wir das Band, welches Uns bis jetzt an den Staatskörper des beutfchen Reichs gebunden hat, als gelöst anfehen, baß Wir das reichsoberhauptliche Amt und Würde burch die Vereinigung der conföberirten rheinifchen Stänbe als erlofchen und Uns baburch von allen übernommenen Pflichten gegen das beutfche Reich los gezählt betrachten und die von wegen beffelben bis jetzt getragene Kaiferkrone und geführte kaiferliche Regierung, wie hiermit gefchieht, niederlegen.

Wir entbinden zugleich Kurfürften, Fürften und Stänbe und alle Reichsangehörigen, infonderheit auch die Mitglieder der höchften Reichsgerichte und die übrige Reichsbienerfchaft von ihren Pflichten, womit fie an Uns, als bas gefetzliche Oberhaupt bes Reichs, burch die Conftitution gebunden waren.

Unfere fämmtlichen beutfchen Provinzen und Reichslänber zählen, Wir dagegen wechfelfeitig, von allen Verpflichtungen, die fie bis jetzt unter was immer für einem Titel gegen das beutfche Reich getragen haben, los und Wir werden felbige in ihrer Vereinigung mit dem ganzen öfterreichifchen Staatskörper, als Kaifer von Oefterreich unter ben wieder hergeftellten und beftehenben Verhältniffen mit allen Mächten und benachbarten Staaten, zu jener Stufe des Glücks und Wohlftandes zu bringen befliffen feyn, welche das Ziel aller Unfer Wünfche, der Zweck Unferer angelegenften Sorgfalt ftets feyn wird.

6

verfassung ausgehöhlt und in dieser Form nicht mehr zu halten war. Während Kaiser Franz II., wie auch schon bisher, wenig Interesse am Reich zeigte und nur die Position des Staates Österreich zu stärken suchte, war vor allem Kurerzkanzler Dalberg bemüht, Lösungen zu finden, und in letzter Konsequenz sogar bereit, die Kaiserkrone Napoleon anzutragen. Aber auch hier führte Napoleon die Entscheidung herbei, indem er die neuen deutschen Mittelstaaten im Juli 1806 zwang, dem

Rheinbund beizutreten. Der Beitritt schloss verpflichtend ein, gleichzeitig förmlich aus dem Deutschen Reich auszutreten. Damit war seit dem Juli 1806 das Deutsche Reich auf wenige Staaten reduziert. Kaiser Franz II. zog nach Verhandlungen mit Napoleon die Konsequenz und legte am 6. August 1806 seine Kaiserwürde nieder. Vom gleichen Tag an nannte er sich Erbkaiser von Österreich.

Druck, 38 x 22,5 cm.

München, Bayerisches Hauptstaatsarchiv, MA 5806.

Literatur: Aretin (wie Nr. 4) S. 504–506. – Ders. (wie Nr. 5) S. 489–531.
J.W.

7 Die Neuordnung Europas durch den Wiener Kongress

Die Delegierten der europäischen Mächte vereinbaren auf dem Wiener Kongress eine neue europäische Friedensordnung.
1814/1815

In der relativ kurzen Zeitspanne von 1789 bis 1814 war unter der Führung Frankreichs das bisherige jahrhundertealte Staatensystem Europas zerbrochen und in Ansätzen ein neues entstanden. Das Ende des Heiligen Römischen Reiches Deutscher Nation und der Sturz Napoleons zwangen schließlich dazu, im Wiener Kongress die Gebietsansprüche abzugleichen und eine Machtbalance zu finden. Das Ergebnis war eine Friedensordnung, die über Jahrzehnte hinweg Bestand hatte. Die wesentlichen revolutionären Änderungen der napoleonischen Ära, z.B. die Säkularisationen und Mediatisierungen, wurden allerdings nicht in Frage gestellt. Problematisch dagegen waren die Ansprüche der in ihrer politischen Bedeutung deutlich angewachsenen Mittelstaaten wie Bayern, Baden und Württemberg gegeneinander. Insbesondere Bayerns Ansprüche konnten nicht hinreichend zufrieden gestellt werden. Immerhin gelang es, anstelle des Alten

Reichs einen neuen Deutschen Bund zu schaffen; trotz erheblicher Bedenken trat ihm auch Bayern bei. Noch offene Territorialfragen wurden in den Folgejahren (Münchner Vertrag 1816, Frankfurter Territorialrezess 1819) weitgehend beigelegt.

Der 1815 in Wien vorbereitete und 1819 gedruckte Stich des französischen Malers Isabey entstand auf Betreiben Talleyrands. Er stellt die auf dem Wiener Kongress anwesenden Delegierten dar.

Stich, 63 x 87 cm (gezeigt wird ein Foto).

München, Bayerische Staatsbibliothek, FA Habermann.

LITERATUR: Der Wiener Kongreß 1. September 1814 bis 9. Juni 1815. Ausstellung, veranstaltet vom Bundesministerium für Unterricht gemeinsam mit dem Verein der Museumsfreunde, Wien 1965.   *J.W.*

8

8 Maximilian Graf von Montgelas, der Begründer des modernen Bayern

Portraitbüste des 70-jährigen Graf Montgelas.
1829

Wie Napoleon die Geschicke Frankreichs über Jahre hinweg entscheidend prägte, so Maximilian Joseph Frhr., seit 1809 Graf Montgelas die Geschicke Bayerns von 1799 bis 1817. Anfänglich in bayerischen, ab 1786 in zweibrückischen Diensten begleitete Montgelas seinen zweibrückischen Landesherrn und Erben Kurpfalzbayerns Max Joseph in das Exil nach Ansbach und stieg zum wichtigsten Politiker und Ratgeber auf. Dort verfasste er 1796 das Ansbacher Mémoire, in dem er die Leitlinien einer zukünftigen bayerischen Politik skizzierte. Nach dem Tode Kurfürst Karl Theodors ernannte ihn der neue kurpfalzbayerische Landesherr zum Minister der auswärtigen Geschäfte, weitere Ministerämter kamen hinzu. In einer in der bayerischen Geschichte beispiellos kurzen Zeitspanne wandelte er Bayern zu einem modernen Staat um, indem eine absolute Staatsgewalt alle konkurrierenden mediaten Gewalten ausschaltete. Die Klöster wurden aufgehoben, die Macht des Adels beschnitten, die Leibeigenschaft beseitigt, das Schulwesen reformiert, die allgemeine Wehrpflicht eingeführt, die Behördenorganisation völlig neu eingerichtet und ein modernes, effizientes Beamtentum geschaffen. Staatsrechtliche Marksteine bilden die Aufhebung der Landstände und der Erlass der Konstitution 1808. An Konkordat und Verfassung der Jahre 1817 und 1818 hat Montgelas keinen wesentlichen Anteil mehr, sie bauen aber auf seinem Reformwerk auf und schließen es ab.

Die Büste zeigt Montgelas als 70-jährigen in der Tracht des Hubertusritterordens, den er besonders schätzte.

Bisquitporzellan, 32 cm hoch (Abguss einer 1829 von Joseph Kirchmayer gefertigten Marmorbüste).

München, Privatbesitz.

LITERATUR: Hermann-Joseph Busley – Lieselotte Klemmer, Maximilian Joseph Graf von Montgelas (1759–1838). Dokumente zu Leben und

Wirken des bayerischen Staatsmannes (Ausstellungskataloge der Staatlichen Archive Bayerns 24), München 1988. – Bayern entsteht. Montgelas und sein Ansbacher Mémoire von 1796 (Veröffentlichungen zur Bayerischen Geschichte und Kultur 32/96), Regensburg 1996, Nr. 67 mit Abb.   *J.W.*

9 Bayern schließt Frieden mit Frankreich

Französische Ratifikationsurkunde zum Friedensvertrag zwischen der französischen Republik und Kurfürst Max IV. Joseph vom 24. August 1801.
1801 September 2, Paris

Auch der Zweite Koalitionskrieg mit Frankreich (1799–1801) endete für die Verbündeten (Österreich, Russland, England) mit herben Niederlagen. Napoleon besiegte bei Marengo, General Moreau bei Hohenlinden die österreichischen und die mit diesen verbündeten bayerischen Truppen. Im Frieden von Lunéville musste Österreich, und damit das Deutsche Reich, das Friedensdiktat Napoleons hinnehmen und alle Reichsgebiete links des Rheins an Frankreich abtreten. In den Folgemonaten versuchten die kleineren Reichsstände, so auch Bayern am 24. August 1801, in Separatfrieden mit der Siegermacht ihre Interessen so gut wie möglich zu retten. Bayern erreichte eine Garantie für seine Besitzungen rechts des Rheins sowie die Zusage Frankreichs, sich für eine adäquate Entschädigung Bayerns einzusetzen. Allen Beteiligten war klar, dass diese auf eine Säkularisation geistlicher Territorien hinauslief.
Gezeigt wird die am 2. September 1801 ausgefertigte und von Napoleon unterschriebene prunkvolle Ratifikationsurkunde der Republik Frankreich. Auf dem mit Golddraht reich bestickten Samteinband sind die Buchstaben PF für „Peuple Français" angebracht.

Urkunde in Samteinband, Perg., 6 Bl., 38,5 x 27 cm, mit Siegel in vergoldeter Kapsel.

München, Bayerisches Hauptstaatsarchiv, Bayern Urkunden 1329.

DRUCK: G.F. de Martens, Recueil des principaux traités...conclus par les puissances de l'Europe II, Supplément, Göttingen 1802, S. 531–534.

LITERATUR: Eberhard Weis, Die Begründung des modernen bayerischen Staates unter König Max I. (1799–1825). In: Max Spindler (Hrsg.), Handbuch der bayerischen Geschichte, Bd. 4, München 1974, S. 8–11. – Katalog Wittelsbach und Bayern, Bd. III/2 : Krone und Verfassung. König Max I. Joseph und der neue Staat, München-Zürich 1980, S. 123f.   *J.W.*

10 Bayerns Erhebung zum Königreich

Proklamation Kurfürst Maximilian Josephs als König von Bayern.
1806 Januar 1

Im Gegensatz zum Zweiten Koalitionskrieg, an dem Bayern aufseiten Österreichs teilgenommen hatte, stand Bayern im Dritten Koalitionskrieg 1805 auf der Seite Frankreichs und gehörte nach dem glänzenden Sieg Napoleons über Österreich bei Austerlitz zu den Siegern. Der französisch-bayerische Vertrag von Brünn vom 10. Dezember 1805 sah für Bayern einen gewaltigen Gebietszuwachs vor, im Wesentlichen auf Kosten Österreichs, sowie die Erhebung zum erblichen Königreich. Wichtiger als die Rangerhöhung war die Erlangung der vollen staatlichen Souveränität, die erst die Reformen der kommenden Jahre möglich machte. Die Zugehörigkeit zum Deutschen Reich wurde jedoch nicht in Frage gestellt.
Zum 1. Januar 1806 ließ sich Kurfürst Max IV. Joseph zum König proklamieren und in Wandanschlägen die Proklamation bekannt machen. In der Erhebung zum Königreich kommt die durch Napoleon bewirkte Machtsteigerung Bayerns sinnfällig zum Ausdruck.

Druck, 43 x 27 cm.

München, Bayerisches Hauptstaatsarchiv, StV 994.

LITERATUR: Weis (wie Nr. 9) S. 16–20. – Albrecht Liess, Aus 1200 Jahren. Das Bayerische Hauptstaatsarchiv zeigt seine Schätze (Ausstellungskataloge der Staatlichen Archive Bayerns 11), 3. Aufl. Neustadt a.d. Aisch 1986, S. 216–218.   *J.W.*

Proklamation.

Da durch die Vorsehung Gottes es dahin gediehen ist, daß das Ansehen und die Würde des Herrschers in Baiern seinen alten Glanz und seine vorige Höhe zur Wohlfahrt des Volkes, und zum Flor des Landes wieder erreicht, so wird der Allerdurchlauchtigste und Großmächtigste Fürst und Herr, Herr Maximilian Joseph, als König von Baiern, und allen dazu gehörigen Ländern hiemit feyerlich ausgerufen, und dieses seinen Völkern allenthalben kund und zu wissen gemacht.

Lange und glücklich lebe Maximilian Joseph, unser allergnädigster König! Lange und glücklich lebe Karoline, unsere allergnädigste Königin!

So geschehen und verkündet in der Königlichen Haupt- und Residenzstadt München am ersten Tage des Jahres Ein Tausend Acht Hundert Sechs.

10

11 Mediatisierung einer Reichsstadt

König Max I. von Bayern ergreift von der Reichsstadt Nürnberg Besitz.
1806 September 3

Von den Reichsstädten in Franken und Schwaben hatte bis zum Jahre 1806 lediglich Nürnberg seine Souveränität behalten. Der unter dem ultimativen Druck Napoleons entstandene Rheinbund sollte auch dieses letzte reichsstädtische Relikt beseitigen. Napoleons Plan ging dahin, die deutschen Mittelstaaten im sog. Rheinbund zusammenzuschließen, um durch dieses neue föderative System, das ganz von der Schutzmacht Frankreich abhängig war, die neue Ordnung in Europa nach dem Ende des Deutschen Reiches zu sichern. Gleichzeitig wurden die letzten noch ausstehenden Territorialveränderungen vorgenommen. Nach Art. XVII der Rheinischen Bundesakte fiel die bisherige Reichsstadt Nürnberg an das Königreich Bayern, ferner eine Reihe von Fürstentümern, Grafschaften und Herrschaften wie Schwarzenberg, Castell, Wiesentheid, Hohenlohe, Störnstein, Oettingen u.a. Nachdem im Reichsdeputationshauptschluss schon alle übrigen fränkischen Reichsstädte an Bayern gekommen waren, folgte am 3. September 1806 das große Nürnberg nach. Angesichts der unabwendbaren Fakten beeilten sich die Spitzen der Stadt Nürnberg, den neuen Landesherrn überschwänglich zu begrüßen. Damit hatte das neue Königreich Bayern eine entschiedene Gebietsausdehnung nach Nordwesten erfahren entsprechend der neuen politischen Aufgabe, die ihm von Napoleon zugemessen war.

Patent (Urkunde), 35,5 x 51,5 cm.

München, Bayerisches Hauptstaatsarchiv, MA 39014.

LITERATUR: Rudolf Endres, Territoriale Veränderungen, Neugestaltung und Eingliederung Frankens in Bayern. In: Max Spindler (Hrsg.), Handbuch der bayerischen Geschichte, Bd. 3/1: Geschichte Frankens bis zum Ausgang des 18. Jahrhunderts, 3. Aufl. München 1997, S. 518–531. – Peter Fleischmann, Norenberc-Nürnberg 1050–1806. Eine Ausstellung des Staatsarchivs Nürnberg zur Geschichte der Reichsstadt (Ausstellungskataloge der Staatlichen Archive Bayerns 41), München 2000, S. 320–335. J.W.

12 Das Ende der Landschaft

Generallandeskommissar Frhr. von Weichs eröffnet den Landschaftsverordneten die Aufhebung der Landstände.
1808 Mai 16

Die bayerischen Landstände sind einen langsamen Tod gestorben. Ein entscheidender Stoß wurde ihnen mit der Säkularisation des Jahres 1803 versetzt, als der Landesherr die Prälatenklöster aufhob, und damit auch der Prälatenstand als einer der drei in der Landschaft vertretenen Stände ersatzlos verschwand. Die beiden übrig gebliebenen Stände, der Adel und die Städte und Märkte, setzten zwar die Arbeit der Landschaft fort, deren wichtigstes Privileg in der Steuerbewilligung bestand; Rang und Bedeutung der Landstände nahmen jedoch kontinuierlich ab: die Städte und Märkte, aber zum großen Teil auch der Adel, verloren schrittweise ihre Gerichtsbarkeit an den Staat, die städtischen Magistrate wurden staatlicher Aufsicht unterstellt. Um einer neuen Verfassungslösung den Weg zu ebnen, ließ Montgelas im Mai die bayerischen Landstände auch formell ganz aufheben. Die Vertreter der Landschaftlichen Verordnung – ein eigentlicher Landtag hatte seit 1669 nicht mehr stattgefunden – nahmen die Verkündung des Aufhebungsreskripts in Ergebenheit hin und unterzeichneten das darüber gefertigte Protokoll (Unterschriften am linken Rand der linken Seite). Zur gleichen Zeit bzw. wenige Wochen später schufen die Konstitution, das Gemeindeedikt und das Gesetz über die Rechtsverhältnisse des Adels, um nur die wichtigsten zu nennen, eine neue Verfassungsgrundlage.

Handschriftliches Protokoll.

München, Bayerisches Hauptstaatsarchiv, MA 70103.

LITERATUR: Maria Schimke, Regierungsakten des Kurfürstentums und Königreichs Bayern 1799–1815 (Quellen zu den Reformen in den Rheinbundstaaten, hrsg. von der Historischen Kommission bei der Bayerischen Akademie der Wissenschaften 4), München 1996, S. 16–19, 63–68. – Jutta Seitz, Die landständische Verordnung in Bayern im Übergang von der altständischen Repräsentation zum modernen Staat (Schriftenreihe der Historischen Kommission bei der Bayerischen Akademie der Wissenschaften 62), Göttingen 1999, S. 297–304.   *J.W.*

13 Die Konstitution für das Königreich Bayern

König Max I. erlässt eine Verfassung für das Königreich Bayern.
1808 Mai 1

Die kriegerischen Ereignisse der drei Koalitionskriege und die darauf folgenden Friedensschlüsse hatten die Staatenlandschaft Mitteleuropas völlig verändert und mit der Aufhebung des Deutschen Reiches und der Schaffung des Rheinbundes auch neue staatsrechtliche Verhältnisse geschaffen. Um dem aus Gebietsteilen unterschiedlichster Herkunft zusammengestückten neuen Königreich Bayern eine gemeinsame verfassungsrechtliche Grundlage zu geben und es so zu einer Einheit zusammen wachsen zu lassen, betrieb Montgelas die Verabschiedung der Konstitution. Diese garantierte dem Staatsbürger die Gleichheit der Behandlung vor Gericht, bei der Besteuerung, im Militärdienst, beim Zugang zu den Staatsämtern, Gewissens-, Religions- und Pressefreiheit usw. Demokratischen Grundforderungen entsprach sie allerdings nicht, und die als Gremien vorgesehenen Nationalrepräsentation und Kreisversammlungen traten nie zusammen. Um die Konstitution in Kraft treten zu lassen, musste gleichzeitig die bisherige ständische Verfassung beseitigt werden.

Urkunde, Libell, Perg., 8. Bl., 37 x 25 cm, in blauem Samteinband.

München, Bayerisches Hauptstaatsarchiv, Verfassungsurkunden.

DRUCK: Peter Wegelin, Die Bayerische Konstitution von 1808. In: Schweizer Beiträge zur Allgemeinen Geschichte 16 (1958) S. 143–150. – Schimke (wie Nr. 12) Nr. 7.

LITERATUR: Karl Möckl, die bayerische Konstitution von 1808. In: Reformen im rheinbündischen Deutschland, hrsg. von Eberhard Weis und Elisabeth Müller-Luckner (Schriften des Historischen Kollegs, Kolloquien 4), München 1984, S. 151–166. – Liess (wie Nr. 10) S. 224–226, Nr. 103. – Schimke (wie Nr. 12) S. 37–40.   *J.W.*

Die Auflösung der Bettelordensklöster

Die Auflösung der Bettelordensklöster hatte sich in den vorausgehenden Jahren schon durch Vorboten angekündigt. Nicht nur, dass in der zeitgenössischen Publizistik Sinn und Berechtigung monastischer Lebensformen heftig kontrovers diskutiert wurden; spektakuläre Missstände in einigen wenigen Klöstern Bayerns (z.B. Theatinerkloster und Paulanerkloster in München) hatten den radikalen Gegnern die vorgeblichen Beweise für die „Schädlichkeit" und „Nutzlosigkeit" der Klöster im Allgemeinen und der Bettelorden im Besonderen an die Hand gegeben und zu ersten Aufhebungsmaßnahmen noch im Jahr 1800 geführt. Vor allem die Franziskaner und Kapuziner beschuldigte man, in ihren volkstümlichen Predigten Aberglauben zu verbreiten und die Untertanen durch ihre zum eigenen Lebensunterhalt notwendige Sammeltätigkeit zu schädigen. Aus diesen generellen Erwägungen, aber auch um die dringendsten Reformmaßnahmen im Schulwesen zu finanzieren, wurde 1802 beschlossen, alle Klöster der Bettelorden sowie die durch die landständische Verfassung nicht geschützten Prälatenklöster der Oberpfalz aufzuheben und deren Vermögen einzuziehen. Eine kleine Gruppe von Spitzenbeamten aus verschiedenen Ministerien arbeitete hierzu die Vorschläge aus und formulierte unter der Federführung von Georg Friedrich von Zentner, einem der engsten Mitarbeiter von Montgelas, die Richtlinien. Zur Koordination der Durchführung wurde zu Anfang 1802 eine eigene Kommission ins Leben gerufen, die dem geistlichen Rat unterstellte „Spezialkommission in Klostersachen". Diese sandte ihrerseits Lokalkommissare aus, die vor Ort die Klöster der Bettelorden auflösten. Um die Klostergebäude rasch verwerten zu können, verbrachte man die Priestermönche in sog. Zentralklöster, während die Laienbrüder nach Hause entlassen wurden. Schon zum Jahresende 1802 war die Aufhebung weitgehend abgewickelt, ohne dass die anfänglich von der Regierung befürchteten Widerstandsaktionen der gläubigen Bevölkerung eintraten. Die Unmutsäußerungen hielten sich in engen Grenzen; sie wurden meist nur als Bittschriften an die Regierung um Beibehaltung der Bettelordensklöster sichtbar. *M.F.*

14 Der geistige Vater der Säkularisation

a) Porträt von Georg Friedrich Freiherr von Zentner. Um 1830

b) Diplom für Georg Friedrich von Zentner über die Erhebung zum Freiherrn. 1819 Oktober 17, München *(Farbabb. S. 17)*

Georg Friedrich Zentner (1752–1835), Sohn eines pfälzischen Gastwirts, wirkte 1777–1797 als Professor der Rechte an der Universität Heidelberg und war bereits während dieser Zeit im bayerischen Staatsdienst tätig. Von Kurfürst Karl Theodor wurde Zentner 1792 in den Adelsstand erhoben. Nach dem Regierungsantritt von Max IV. Joseph 1799 zum Geheimen Referendär im Departement der geistlichen als auch in dem der auswärtigen Angelegenheiten ernannt, wurde Zentner zu einem der engsten Mitarbeiter von Montgelas. In der gegen Ende des Jahres eingesetzten Vierer-Kommission zur Behandlung der geistlichen Besitztümer war Zentner federführendes Mitglied und schließlich Verfasser der Instruktion vom 25. Januar 1802, auf der die erste Serie von Klosteraufhebungen basierte (vgl. Nr. 17a).
Auch der Sturz Montgelas' 1817 konnte Zentners Karriere als leitender Ministerialbeamter nicht bremsen. 1819 wurde er in den Freiherrenstand erhoben und 1820 zum Staatsminister ernannt, 1823 erhielt er das Justizministerium, dem er bis zu seiner Pensionierung 1832 vorstand. In dem nach seinem Tod 1835 erschienenen Nekrolog durfte allerdings Zentners maßgebliche Beteili-

14a

gung an den Säkularisationen der Jahre 1802/1803 nicht mehr erwähnt werden.

a) Lithografie von Franz Seraph Hanfstaengl, 56 x 36 cm.
   München, Bayerische Staatsbibliothek, Bildersammlung, Portr. E Zentner, Georg Friedrich von.
b) Urkunde, Perg., Libell in blauem Samteinband, 6 Bl., 38 x 30 cm, kolor. Wappendarstellung aufgeschlagen, mit rotem Wachssiegel in Silberkapsel an blau-silberner Kordel.
   München, Bayerisches Hauptstaatsarchiv, Nachlass v. Zentner 3.

LITERATUR: Franz Dobmann, Georg Friedrich Freiherr von Zentner als bayerischer Staatsmann in den Jahren 1799–1821 (Münchener Historische Studien, Abt. Bayerische Geschichte 6), Kallmünz 1962.   *M.F.*

15 Frühe Klosteraufhebung

a) Reskript über die Aufhebung des Dominikanerklosters in Landshut zugunsten der Universität Landshut.
   1800 Juni 12, München
b) Ansicht der Universität Landshut im ehemaligen Dominikanerkloster.
   Um 1820

Bereits im Juni 1800 wird von Kurfürst Max IV. Joseph mit Hinweis auf frühere Überlegungen die Durchführung erster Klosteraufhebungen befohlen. Da die hohen Ausgaben für die Landesverteidigung die im Staatshaushalt vorgesehenen Mittel für kulturelle Institutionen erschöpfen, sollten die Vermögen der durch die landständische Verfassung nicht geschützten Klöster herangezogen und als erste das Paulanerkloster in München und das Dominikanerkloster in Landshut aufgelöst werden. In den Gebäuden des Dominikanerklosters fand die erst kurz zuvor offiziell von Ingolstadt nach Landshut verlegte Universität eine neue Heimat. Nach einem Umbau waren hier neun Hörsäle, das Universitätsarchiv und die Universitätsbibliothek untergebracht. Auch den nahe der Isar gelegenen Garten der Dominikaner und das darin befindliche Gebäude konnte man verwenden, hier wurde die Anatomie eingerichtet.

Das ehemalige Dominikanerkloster bzw. Hauptgebäude der Universität ist heute Sitz der Regierung von Niederbayern.

a) Schreiben, 1 Doppelbl., mit Unterschriften von Kurfürst Max IV. Joseph und Frhr. v. Montgelas.
   München, Bayerisches Hauptstaatsarchiv, HR I Fasz. 525 Nr. 5.
b) Kupferstich, 16,5 x 9 cm.
   Landshut, Stadtarchiv Landshut, Slg. Hist. Verein für Niederbayern Nr. 541.

LITERATUR: Alfons Beckenbauer, Die Ludwig-Maximilians-Universität in ihrer Landshuter Epoche 1800–1826, München 1992. – Cornelia Jahn, Die erste Säkularisationsmaßnahme der Regierung Montgelas. Die Aufhebung des Paulanerklosters in München 1799. In: Dieter Albrecht u.a. (Hrsg.), Europa im Umbruch 1750–1850, München 1995, S. 319–333.   *M.F.*

Vorderseite des Universitäts Gebäudes in Landshut

gez. u. gest. v. Heinr. Adam   Bey Ph. Krüll in Landshut

15b

16 Selbstauflösungstendenzen

a) Reskript über die Räumung des Theatinerklosters in München.
1801 Oktober 26, München

b) Luftbild des Theatiner-Gebäudekomplexes in München.
2. Hälfte 20. Jh.

Bereits im Jahr 1799 hatten sich einige Konventualen des Theatinerklosters in München beim Kurfürsten über die in ihrem Konvent herrschenden Zustände, mangelnde Disziplin und die vom Propst mit dem Klostervermögen betriebene Misswirtschaft beklagt. Eine vom Geistlichen Rat abgeordnete Untersuchungskommission bestätigte die erhobenen Vorwürfe und empfahl die Auflösung des Klosters. Die Ordensbrüder durften allerdings weiter dort wohnen bleiben, vor allem auch um die Gottesdienste in der St.-Kajetanskirche, die seit der Erbauung im 17. Jahrhundert Hofkirche war, zu verrichten. Erst mit der Anordnung zur Räumung der Gebäude wurde im Oktober 1801 über das weitere Schicksal der Konventualen entschieden und diesen jährliche Pensionszahlungen bewilligt. Die Missstände in einem dem kurfürstlichen Hof nahe stehenden Kloster hatten zwar Aufsehen erregt, für die tatsächliche Auflösung hatte aber wohl erst die Raumnot in der Landeshauptstadt den Ausschlag gegeben. Die in unmittelbarer Nähe zur Residenz gelegenen Klostergebäude wurden für die Kanzleien und Registraturen des „Geheimen Ministerialdepartements" benötigt – der höchsten der unter Montgelas neu geschaffenen Behörden.

a) Schreiben, 8 S., mit Unterschriften von Kurfürst Max IV. Joseph und Graf Morawitzky.
   München, Bayerisches Hauptstaatsarchiv, StV 496/III.
b) Foto, 24 x 30 cm.
   München, Bayerisches Landesamt für Denkmalpflege, Luftbildarchiv, 7934/061–7560/008, 15.07.1996, Klaus Leidorf.

Literatur: Joseph Koegel, Geschichte der St. Kajetans-Hofkirche, der Theatiner und des Königl. Hof- und Kollegiatstiftes in München, München 1899.   M.F.

17 Eine Spezialbehörde für Klosteraufhebungen

a) Reskript über die Errichtung der „Spezialkommission in Klostersachen" mit Instruktion.
   1802 Januar 25, München
b) Erste Protokollbände der neu errichteten Behörde.
   1802 Februar – April, München

Die Klöster der Bettelorden, die vom Zeitgeist besonders der „Fortpflanzung des Aberglaubens" verdächtigt wurden, fielen als erste der Auflösung anheim. In der dafür am 25. Januar 1802 erlassenen Instruktion wurden die Maßnahmen vorgegeben: das Klostervermögen, Gebäude und Mobiliar sollten beschlagnahmt, die Mönche in Zentralklöster versetzt werden. Da ihnen das Betteln nunmehr verboten war, mussten zum Lebensunterhalt Pensionen aus den Klostervermögen ausbezahlt werden, wobei die erwarteten Überschüsse dem Schulfonds zufließen sollten.

Zur Realisierung dieser Maßnahmen wurde eine eigene „Spezialkommission in Klostersachen" unter dem Vorsitz des Geistlichen-Rats-Präsidenten Graf Seinsheim ernannt, die Anfang Februar 1802 ihre Arbeit aufnahm. Die Sitzungsprotokolle zeigen, dass diese Kommission sofort eine Reihe von Lokalkommissaren – meist die Landrichter aus den nächstgelegenen Gerichtsbezirken – bestimmte und in den Befehlen an diese die Vorgaben von oben präzise umsetzte.

a) Schreiben mit Beilage, 12 S., mit Unterschriften von Kurfürst Max IV. Joseph und Frhr. v. Montgelas.
   München, Bayerisches Hauptstaatsarchiv, StV 497/I.

18a

PHILIPPE COMTE D'ARCO
Gouverneur general de la Province royale bavaroise de Suabe
1802

b) 3 Protokollbände, 2246 S., jeweils 34 x 24 cm.
   München, Bayerisches Hauptstaatsarchiv, MInn 74369, 74370 und
   74371.

LITERATUR: Sabine Arndt-Baerend, Die Klostersäkularisation in München 1802/03 (Miscellanea Bavarica Monacensia 95), München 1986, S. 39–51 und S. 350–355 (Druck von a).　　　*M.F.*

18 Junge Elite als erste Lokalkommissare

a) Porträt von Philipp Graf von Arco.
   Anfang 19. Jh.
b) Ernennung von Philipp Graf von Arco zum Lokalkommissar für das Franziskaner- und das Kapuzinerkloster in München.
   1802 Februar 3, München
c) Das Kapuzinerkloster in München.
   Vor 1701

Der junge Generallandesdirektionsrat Philipp Graf von Arco (1775–1805) gehörte zusammen mit seinem Kollegen Maximilian Frhr. v. Leyden zu den vier zur „Spe-

18c

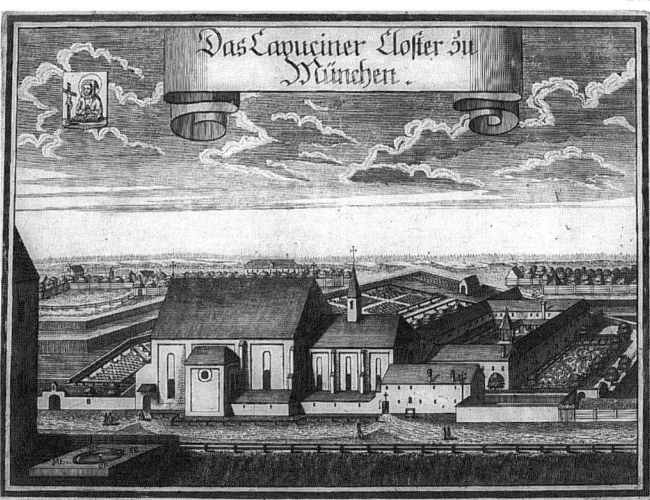

zialkommission in Klostersachen" ernannten Referenten für die Aufhebung der Klöster der Bettelorden. Gerade die Franziskaner und die Kapuziner waren durch ihre Tätigkeit als Prediger und Seelsorger bei der einfachen Bevölkerung besonders beliebt. Deswegen übernahm Graf Arco selbst die Aufhebung der Münchner Niederlassungen dieser Orden, die wegen der zu erwartenden Reaktionen der Bevölkerung besonders schnell und umsichtig vorgenommen werden sollte. Die Säkularisation dieser beiden Klöster wurde von Arco offenbar zur Zufriedenheit seiner Vorgesetzten durchgeführt, da er in den folgenden Jahren mehrfach befördert wurde. Ab 1804 war er als Generalkommissar für Schwaben in Ulm tätig, wo er im November 1805 starb.

a) Aquatinta-Radierung, 27,8 x 19,2 cm.
   München, Stadtarchiv München, HV Bilderslg. B 13/8 Arco.
b) Schreiben, 8 S., mit Unterschrift von Graf Seinsheim.
   München, Bayerisches Hauptstaatsarchiv, GR Fasz. 633 Nr. 45.
c) Kupferstich, 32 x 40 cm.
   München, Bayerisches Hauptstaatsarchiv, Wening-Sammlung M 12.

ABBILDUNG: Historico-Topographica Descriptio. Das ist Beschreibung des Churfürsten- und Herzogthumbs Ober- und Nidern Bayrn […], von Michael Wening […]. Erster Thail. Das Renntambt München, Anno M.D.CCI [1701], Faksimile-Nachdruck München 1974, nach S. 14.

LITERATUR: Arndt-Baerend (wie Nr. 17) S. 76–86, 94–115.　　　*M.F.*

19 Auflösung oder Zentralkonvent?

a) Bericht des Lokalkommissars Kapfinger aus Wolfratshausen über die Umwandlung des Franziskanerklosters in Tölz zu einem Zentralkloster für 35 Mönche.
   1802 Februar 14, Wolfratshausen
b) Befehl zur Einrichtung eines Zentralkonvents in Tölz mit Liste der betroffenen Mönche.
   1802 Mai 22, München

c) Protokollband über die Erfassung und Schätzung des Inventars des ehemaligen Franziskanerklosters in Tölz.
   1802 Oktober – 1803 Februar, Tölz
d) Grundriss des Franziskanerklosters.
   1802, Tölz

Gleich im Februar 1802 wurde in das Franziskanerkloster in Tölz als Lokalkommissar Landrichter Kapfinger von Wolfratshausen entsandt. Er sollte die Gebäude überprüfen, das Klostervermögen beschlagnahmen und die seelsorgerischen Verpflichtungen der Mönche feststellen. Seinem Bericht zufolge war das Klostergebäude in gutem Zustand und durchaus groß genug, eine weitere Anzahl von Mönchen aufzunehmen. Deshalb bestimmte die Spezialkommission in München im Mai 1802 das Franziskanerkloster in Tölz als Zentralkloster für 35 Mönche aus Altötting, Neuötting, Reutberg und Tölz. Die Zahl der Mönche entsprach dem Vorschlag des Lokalkommissars Kapfinger. Jedoch bereits im Oktober 1802 führten zahlreiche Ordensaustritte und sonstige personelle Veränderungen zu einer Aufhebung des Zentralklosters der Franziskaner in Tölz und zu einer Ver-setzung der noch verbliebenen Mönche in andere Zentralklöster des Ordens. Die Versteigerung des gesamten Mobiliars bereitete der Lokalkommissar durch ein detailliertes Inventar der auf dem zugehörigen Plan erkennbaren Räumlichkeiten vor. Nach längeren Auseinandersetzungen um die Kaufsumme wurden schließlich 1804 die Kirche und anschließende Gebäudeteile von der Gemeinde Tölz als Pfarrkirche, die anderen Trakte aber von Tölzer Bürgern erworben.

a) Schreiben, 20 S.
   München, Bayerisches Hauptstaatsarchiv, GL Fasz. 4086 Nr. 82.
b) Entwurf, 8 S., mit Übersichtstabelle, 1 Doppelbl. aufgeschlagen 42 x 34 cm.
   München, Bayerisches Hauptstaatsarchiv, GL Fasz. 4086 Nr. 82.
c) Inventarband, 276 Bl., 34,5 x 24 cm.
   München, Bayerisches Hauptstaatsarchiv, GL Fasz. 4086 Nr. 82.
d) Kolorierte Federzeichnung, 38 x 49 cm.
   München, Bayerisches Hauptstaatsarchiv, Plansammlung 20.534.

LITERATUR: Bernardin Lins, Geschichte der bayerischen Franziskanerprovinz zum hl. Antonius von Padua, Bd. 2: Zur Zeit der Säkularisation 1802–1827, Landshut 1931, S. 188–196. – Paul Ruf, Säkularisation und Bayerische Staatsbibliothek, Bd. 1: Die Bibliotheken der Mendikanten und Theatiner (1799–1802), Wiesbaden 1962, S. 549–569. *M.F.*

Die Aufhebung der landständischen Klöster

Nachdem die Aufhebung der Bettelordensklöster so rasch und, aus administrativer Sicht, so problemlos abgelaufen war, wagte sich die kurfürstliche Regierung an ihr eigentliches Ziel: die Aufhebung der Klöster der Benediktiner, Zisterzienser, Prämonstratenser und Augustinerchorherren, also der Prälatenorden. Diese waren nicht nur geistliche Institutionen, sondern auch Eigentümer bedeutender Ländereien und Herren über Hofmarken und Niedergerichte, und in dieser Eigenschaft Mitglieder der Landstände des Kurfürstentums Bayern. Bot die Landstandschaft zunächst noch verfassungsrechtlichen Schutz, so wurde dieser durch den Reichsdeputationshauptschluss vom 25. Februar 1803 aufgehoben. Schon im Vorgriff auf dieses Reichsgesetz hatte Bayern im November 1802 Kommissare in alle Prälatenklöster gesandt, die den Besitzstand inventarisierten und das Personal auf den bayerischen Kurfürsten verpflichteten. Zur Aufhebung selbst wurde im Februar 1803 das „Separat in Klostersachen" bei der Generallandesdirektion in München errichtet und deren Präsidenten direkt unterstellt. Dort wählte man geeignete Beamte als Lokalkommissare aus, entwarf für sie eine eingehende Instruktion und organisierte die strikt geheim gehaltene und dann ab dem 11. März überfallartig durchgeführte Aufhebungsaktion. Diese vollzog sich stets nach dem gleichen Muster: Verkündung des Aufhebungsdekrets, Beschlagnahme der Geldbestände und Pretiosen, Versteigerung aller Mobilien, soweit sie nicht als wissenschaftlich bedeutend bzw. künstlerisch wertvoll vom Staat eingezogen wurden, und schließlich der Verkauf der Klostergebäude selbst. Vorsteher und Konventualen wurden mit einer Pension ausgestattet und aus der Klostergemeinschaft ins Privatleben entlassen. Der jeweilige Umfang des Klosterbesitzes, aber auch erhebliche Probleme bei der Vermarktung der Mobilien und Immobilien führten dazu, dass sich die Aufhebungsgeschäfte der Lokalkommissare meistens weit bis in das Jahr 1804 hineinzogen. Strittige Einzelfragen wie z.B. die Trennung des Privatvermögens der Mönche vom Klostervermögen beschäftigten noch über zehn Jahre die zuständigen Behörden. _M.F._

20 Die „November-Kommissare"

In einer Sitzung der Landesdirektion werden die Lokalkommissare zur Bestandsaufnahme in den Prälatenklöstern ausgewählt und instruiert.
1802 November – Februar 1803, München

Im Herbst 1802 waren die bayerischen Prälatenklöster noch durch die landständische Verfassung vor staatlichem Zugriff geschützt. Nach dem Stand der Verhandlungen in Regensburg rechnete Bayern jedoch fest damit, dass die Auflösung der Klöster zugunsten des jeweiligen Landesherrn im Beschluss der Reichsdeputation reichsrechtlich legitimiert werden würde. Um den erwarteten Gewinn zu sichern, beschloss man bei der Landesdirektion in München, Lokalkommissare zu einer Bestandsaufnahme in die Klöster zu schicken. Die Auswahl der Kommissare und deren Anweisungen für diese heikle Mission waren Thema der Sitzung am 3. November 1802, deren Protokoll gezeigt wird.

Protokollband, ca. 300 Bl., 36 x 24 cm, aufgeschlagen Bl. 2/3.

München, Bayerisches Hauptstaatsarchiv, Landesdirektion in ständischen Klostersachen 1.

LITERATUR: Otmar Riess, Die Abtei Weltenburg zwischen Dreißigjährigem Krieg und Säkularisation (1626–1803) (Beiträge zur Geschichte des Bistums Regensburg 9), Regensburg 1975, S. 431–445. – Dietmar Stutzer, Klöster als Arbeitgeber um 1800. Die bayerischen Klöster als Unternehmenseinheiten und ihre Sozialsysteme zur Zeit der Säkularisation 1803 (Schriftenreihe der Historischen Kommission bei der Bayerischen Akademie der Wissenschaften 28), Göttingen 1986, S. 89–96. – Winfried Müller, Die Säkularisation von 1803. In: Walter Brandmüller (Hrsg.), Handbuch der bayerischen Kirchengeschichte, Bd. 3: Vom Reichsdeputationshauptschluß bis zum Zweiten Vatikanischen Konzil, St. Ottilien 1991, S. 1–84, hier S. 38 f. _M.F._

Nrus factæ Propoſitionis.	Nrus Protocol. Exhibitorum.	Nomen Proponentis.	Tituli Cauſarum, oder Betreff des Stücks, Anlangens, Berichts, Reſcripts, oder Sig.	Concluſa.	Datum Extraditi concepti den	Datum factæ Collationis & Subſcriptionis den
4	2877⅔	Graf von Arco.	*[handwritten text illegible]*	*[handwritten text illegible]*	3. Novb: eod.	

20

den wegen der großen Anzahl von Lokalkommissaren ebenfalls wieder im Druck vervielfältigt. Hauptaufgaben der Lokalkommissare waren vorab die Einsendung von Bargeld und Wertgegenständen nach München, dann die Versteigerung von Vorräten, Mobiliar und Immobilien und schließlich die Übergabe von Archiven, Bibliotheken und Kunstsammlungen an Spezialkommissionen. Außerdem sollten die Gerichtsuntertanen der Klöster den landesherrlichen Niedergerichten unterstellt und vor allem die bisher klösterlichen Grunduntertanen in die landesherrlichen Rentämter integriert werden.

6 Drucke: Libell, 25 Bl., 32,5 x 21,5 cm; 8 S., 35 x 22 cm; 1 Doppelbl., 34,5 x 22 cm; 1 Doppelbl., 35 x 21 cm; 1 Doppelbl., 35 x 21,5 cm; 1 Doppelbl., 35 x 22 cm.

München, Bayerisches Hauptstaatsarchiv, HR I Fasz. 525 Nr. 5, Kurbayern Mandatensammlung 1803 IV 24–1, 1803 V 22, 1803 V 24–2, 1803 VI 27–1 und 1803 VI 27–2. Weitere Exemplare der Instruktion vom 11. März 1803 in Kurbayern Mandatensammlung 1803 III 11, Generallandesdirektion 522, StV 3283, GR Fasz. 633 Nr. 45

5

5to. Da theils jedes Klosterindividuum bei seinem Eintritte in das Kloster einige Mobilien mit sich gebracht, und derselben in der Folge außer dem Kloster benöthiget ist, so soll von der Kloster-Mobiliarschaft

a) dem Prälaten sein Bett mit 3fachen Ueberzügen und Bettstatt, ein Sopha, wo eines vorhanden, 6 Sesseln, ein Betstuhl, 1 Nachttisch, ein silbernes Besteck und Salzfaß, 12 Zinnteller, 12 Servietten und 3 kleine Tischtücher, 6 Handtücher, 2 zinnerne Leuchter, seine Kleidungsstücke und Wäsche wie es sich selbst versteht, 1 silber- und vergoldetes Pectoral sammt Kette und 1 Ring von mittlerm Werthe, 2 Komoden und 1 Kleiderkasten, und nach dem individuellen Wunsche eines Abtes demselben statt der oben bemerkten Zinnstücken auch selbe vom Porcelän, wenn einiges vorhanden, ausgefolget werden;

b) dem Kammerdiener oder Bedienten desselben aber Bett mit Bettstatt mit 2 Ueberzügen, 2 Stühle, 1 Kasten, 3 Handtücher und 1 jedoch nicht silberner Tischzeug.

c) Jeder Religios behält die in seiner Zelle befindliche und dahin gehörige Einrichtung, 2 Bettüberzüge, seinen bisher gebrauchten Tischzeug und Trinkgeschirr, wenn letzteres nicht Silber ist, 6 Servietten, 3 Handtücher, 6 Zinnteller, und wo die sogenannten Necessarien schon über die Hälfte der Zeit verfallen sind, werden sie neu gegeben. Auch ist demselben sein bei dem Abte, Prior, oder Dechant hinterlegtes Depositum zu leisten.

Vorstehendes versteht sich auch bei den Prioren, Dechanten, Offizialen und auf Probsteien exponirten Religiosen. Sollte ein oder der andere Abt oder Religios aus seinem ersparten Deposito beigeschafft haben, so ist ihm, wenn er es hinlänglich beweisen kann, ebenfalls auszufolgen zu lassen, welches auch der Fall bei den Büchern ist, in so ferne sich nicht einige zur Klosterbibliothek gehörige darunter befinden, worüber aber jedesmal unter

b   Vor-

9

Endlich

10mo. Müssen die Pensionen im Lande verzehrt werden, wollte aber ein Individuum mittels Verzichtsleistung auf seine Pension und Alimentation für allezeit und immer (worüber ein ordentlicher Revers auszustellen wäre) sich ins Ausland begeben, so wird ihm eine Aversionssumme nach Gestalt der Umstände gegeben werden.

Ad B.

Was die Mobilien betrifft, so ist

1tens. Die sämmtliche Mobiliarschaft über die schon bei den Personen disponirt ist, in ein einziges Lokale zusamm zu bringen, und solche daselbst mit der Versieglung und besondern Vorhängschlössern möglichst zu verwahren.

Es versteht sich dabei von selbst, daß darunter die Geräthschaften, welche zur Fortführung der Oekonomie täglich gebraucht werden, nicht verstanden seyn können.

2tens. Muß alles Mobiliar, Vieh, Fahrniß, Materialvorräthe, und alles übrige, was nicht liegendes Vermögen ist, ordentlich beschrieben, und wo dieß geschehen die Beschreibung rektifizirt und zugleich durch ordentlich verpflichtete Schätzleute abgeschätzt werden, welches sich auch auf die Kirchenparamenten, und Paramenten, die nach der folgenden Anordnung nicht anher eingesendet werden, bezieht.

Zu diesem Ende werden den Kommissarien hiebei sowohl zur Herstellung eines ordentlichen Inventars, als der Lizitations-Protokolle gedruckte Formularien sub Lit. A. angelegt.

3tens. Die Versteigerung selbst, ist stückweise, oder in einzelnen Parthien vorzunehmen, um die Konkurrenz der Käufer zu erleichtern, und den Mäcklern, und Spekulanten keinen Spielraum zu lassen. Dabei aber erhalten die Kommissarien den Auftrag, sich selbst des Mitsteigerns zu enthalten; auch

c   sind

10

sind die erkauften Stücke nur gegen sogleich baare Bezahlung auszufolgen zu lassen.

4tens. Von der Mobiliarschaft ist sogleich alles Gold, Silber, Pretiosen, einzelne seltene Münzen, und ganze Sammlungen, Meublen von besonderm Werthe, wie Stock- und Hänguhren, Seltenheiten und Kunststücke von Holz, Elfenbein, Wachs rc. rc., besonders prächtige Kirchen-Ornate (wobei aber wohl zu beobachten kömmt, daß bei den Kirchen all dasjenige verbleibt, was zum öffentlichen anständigen Kultus nothwendig ist) das Kirchensilber bis auf 1 Monstranze, 1 Ziborium, 6 Kelche vom mindern Werthe einschlüßig der Pfarrkirche abzusondern, eine von den Klostervorständen zu unterzeichnende, und zu fertigende Spezifikation in Duplo zu verfassen, und alsogleich alles wohlverwahret mittels eigenen oder, nach Maaß des Belangs mit Militär, oder Gerichtsdiener zu eskortirenden Fuhrwerk, wozu die Klosterpferde zu benützen sind, hieher ad Conservatorium unter der Aufschrift: Zur Churfürstl. General-Landes-Direktion in ständischen Klostersachen einzusenden.

5tens. Wegen den Bibliotheken, Armarien, Gemählden, und Naturaliensammlungen, werden unter gleich Sachverständige in den Personen des churfürstl. General-Landes-Direktions-Raths Christoph Freyherrn von Aretin, des churfl. Schulraths Schubauer, und des Prälaten Hupfauers von Beuerberg nebst dem Hofbibliotheksekretär Bernard; dann des churfürstl. Galerie-Direktors Mannlich, und des Inspektors Dillis abgeordnet werden, welchen besondere Instruktionen zugestellt werden, die sie den Lokalkommissarien vorzuweisen haben. Inzwischen, und bis zum Eintreffen derselben sind die respektiven Verhältnisse zu versiegeln, ist auch auf die Archive der Klöster alle Sorgfalt zu verwenden, und selbe unter Siegel zu halten.

Dasjenige, was hievon von der zur Auswahl bestimmten Kommissarien ausgewählt wird, und sonach im Kloster zurück

b   bleibt

13

6) Hopfengärten, da sie zum Beschlag, der zur Verpachtung bestimmten Bräuhäuser am Besten benützt werden können, sind ebenfalls jedoch besonders zu verpachten, wo die Pachtzeit nach der des Bräuhauses zu reguliren ist; indeß können selbe auch verkauft werden.

Sollten allenfalls

7) Weinberge im Innlande vorhanden seyn, so sind selbe zu verkaufen, und dem Käufer zur freyen Disposition zu überlassen.

So auch werden

8) Teichen und Weiher verkauft, und es steht dabei dem Käufer frei, selbe als solche zu benützen oder auszutrocknen, und zu kultiviren.

9) Waldungen mit Einschluß der Filzen sind von der Veräußerung zu Zeit ausgeschlossen, und müssen selbe genau beschrieben und in so viele Libelle auseinander geschieden werden, als in so vielen verschiedenen churfürstl. Forstmeister- und Forstkontrollämtern selbe liegen; wornach dann sogleich die ordentlich gefertigten Libelle den betreffenden Forstmeisterämtern mitzutheilen sind, damit sie die in ihrem Distrikte gelegenen Förste alsbald zur Administration auf die weiter einzu näheres erläuterte Weise übernehmen. Das bisher bey den Klosterförsten angestellte Personale soll einsweilen den Försten zu den einschlägigen Forstmeisterämter über-, und wird demselben untergeordnet.

10) Die Kloster-Oekonomie-Bräuhaus-so andere Gebäude sind genau zu beschreiben, und wo Plane vorhanden sind, dazu anzulegen, dann selbe gehörig abzuschätzen zu lassen. Die Klostergebäude selbst werden in der Folge nach den Lokalitäten theils verkauft, theils zu öffentlichen Anstalten und Fabriken bestimmt, theils, wenn kein nützlicher Gebrauch möglich, abgetragen und die Materialien anderwärtig verwendet werden, worüber vorläufig die Verwendung zu machen ist, indeß aber zu derselben Erhaltung die möglichste Sorge zu tragen.

b   11)

LITERATUR: Stutzer (wie Nr. 20) S. 97–110. – Glanz und Ende der alten Klöster (wie Nr. 21) S. 306 f., Nr. 208.   *M.F.*

26 Ein Prälat in seinem Reich

Porträt des letzten Propsts des Augustinerchorherrenstifts St. Nikola bei Passau, Franz Seraph Konrad.
1797 April 1

25 (Instruktion vom 11. März 1803)

Die Verewigung der Vorsteher bedeutender Stifte und Klöster in repräsentativen Porträts war gegen Ende des Alten Reiches fester Brauch. Der Burghausener Maler Johann Nepomuk della Croce stellt hier Propst Franz Seraph Konrad (1752–1823) in herrschaftlicher Pose dar. Der Propst trägt den Chorrock seines Ordens mit reich verziertem Brustkreuz und blättert in einem aufgeschlagenen Buch, das auf einem üppig ornamentierten Tisch liegt. Ein Diener in Livree tritt hinzu und überreicht ein Schreiben. Links im Hintergrund zeigt eine Prunkvase das Wappen des Propstes. Das Bildmotiv wurde zeitweilig als Übergabe des Aufhebungsbefehls durch den Lokalkommissar bei der Säkularisation gedeutet. Bei genauer Betrachtung ist aber erkennbar, dass sich zwischen den angedeuteten Schriftzügen im Buch die Signatur „della Croce 1. April 1797" verbirgt.

Ölgemälde auf Leinwand, 143 x 113,5 cm.

Klosterneuburg, Stiftsmuseum, Inv. Nr. GM 566.

LITERATUR: 900 Jahre Stift Reichersberg. Augustinerchorherren zwischen Passau und Salzburg, Ausstellungskatalog Linz 1984, S. 279 Nr. 2.38. – Glanz und Ende der alten Klöster (wie Nr. 21) S. 305 f. Nr. 207 (mit Abb.). – Dieter Goerge, Johann Nepomuk della Croce 1736–1819, Leben und Werk. In: Burghauser Geschichtsblätter 50. Folge (1998) S. 198.   M. F./A. S.

27 Die Aufhebung des Klosters Rott am Inn

a) Grundriss des Benediktinerklosters Rott a. Inn.
   Um 1800   *(Farbabb. S. 18)*
b) Ernennung des Gabriel Bernhard von Widder zum Lokalkommissar für das Kloster Rott.
   1803 März 11, München
c) Porträt des Gabriel Bernhard von Widder (1774–1831).
   Nach 1831?

Für das im Pfleggericht Wasserburg auf einer Anhöhe über dem Inn gelegene Benediktinerkloster Rott wurde der Landrichter von (Markt) Schwaben, Gabriel (von) Widder bestimmt. Widder, aus einer Pfälzer Beamtenfamilie stammend, hatte sich bereits bei der Aufhebung des Franziskanerklosters in Wasserburg sowie des Augustinereremitenklosters Ramsau als Lokalkommissar bewährt. Seine Arbeit und sein Fleiß wurden offenbar geschätzt, denn noch im Sommer 1803 wurde er zum Rat bei der Landesdirektion in München befördert und war dort für Klostersachen zuständig. Seine Aufgaben in Rott hatte er bis zum Herbst 1803 durchgeführt. Weitere Stationen seiner Karriere waren die Regierung in Innsbruck während der bayerischen Besetzung Tirols und später die Ernennung zum Präsidenten der Regierung des Isarkreises.

a) Kolorierte Federzeichnung, 32,5 x 37 cm.
München, Bayerisches Hauptstaatsarchiv, Plansammlung 10.567.
b) Schreiben, 1 Doppelbl.
München, Bayerisches Hauptstaatsarchiv, Lokalkommission Rott 30, Prod. 1.
c) Lithografie, Text aufgeklebt, 24,6 x 18,1 cm.
München, Stadtarchiv München, HV Bildersammlung A 27/50 Widder.

LITERATUR: Alfred Tausendpfund, Die Aufhebung des Klosters Rott am Inn. In: Willi Birkmaier (Hrsg.), Rott am Inn, Bd. 2, Weißenhorn 2002, S. 311–344. *M.F.*

27c

28 Berechnen und Versteigern

a) Vorausberechnung der Einkünfte aus dem Kloster Rott für das Jahr 1804.
1803 Oktober, Schwaben
b) Protokoll über die Schätzung und Versteigerung des im Kloster Rott vorhandenen Mobiliars und des Viehbestandes.
1803 März – April, Rott

Zu den Hauptaufgaben der Lokalkommissare gehörte es, sowohl aus den verschiedenen Wirtschaftsbetrieben des

28a

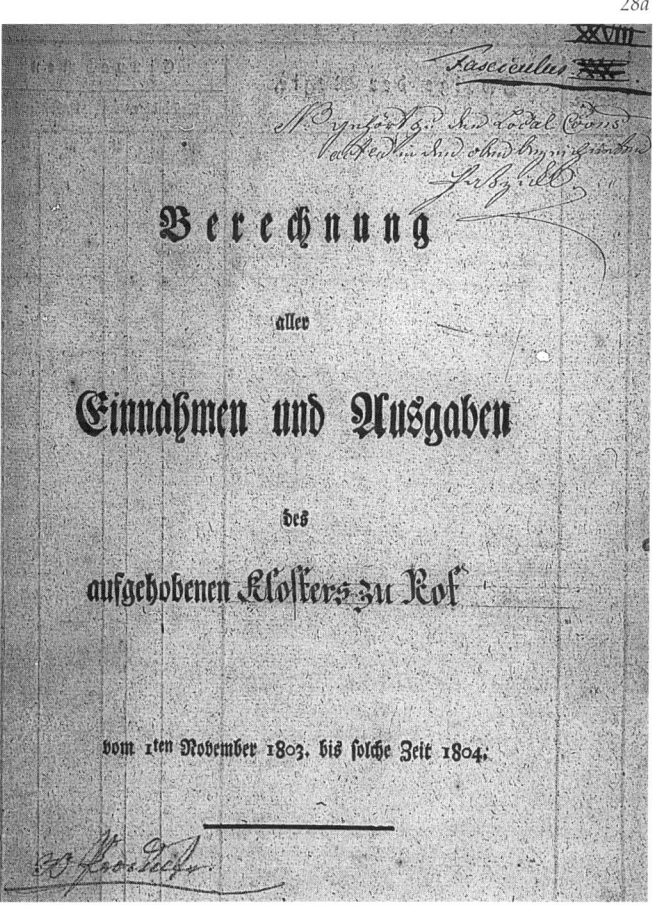

Klosters als auch aus dem sofortigen Verkauf von Klosterbesitz Einkünfte für den Staatshaushalt zu erzielen. Dabei war die Versteigerung von Mobiliar, Viehbestand, Getreidevorräten usw. und schließlich auch der Verkauf der Gebäude selbst eine einmalige Einnahme für den Fiskus, die sofort in den Staatssäckel wanderte. Für die Haushaltsplanung des kommenden Jahres forderte München im Oktober 1803 von den Lokalkommissaren außerdem eine Vorausberechnung der regelmäßigen Einnahmen. Hierzu sollten aufgrund der Rechnungsunterlagen der letzten zehn Jahre die jährlichen Einnahmen und Ausgaben der Klosterökonomie sowie die zu erwartenden Abgaben der Untertanen kalkuliert werden.

a) Akt, 62 Bl.
   München, Bayerisches Hauptstaatsarchiv, Lokalkommission Rott 28.
b) Protokoll, 28 Bl.
   München, Bayerisches Hauptstaatsarchiv, Lokalkommission Rott 5, Prod. 2.

LITERATUR: Stutzer (wie Nr. 20) S. 97–110. – Tausendpfund (wie Nr. 27).
M.F.

29 Endabrechnung der Lokalkommission

Rechnung über Einnahmen und Ausgaben der Lokalkommission Rott, abgelegt von Klosteradministrator Rickl.
1803 September

Jede Lokalkommission musste nach Beendigung ihrer Tätigkeit eine detaillierte Abrechnung über die dabei vorgefallenen Einnahmen und Ausgaben vorlegen und mit den entsprechenden Belegen verifizieren. Diese Ein- und Auszahlungen sowie die Rechnungslegung darüber wurden bisweilen nicht vom Lokalkommissar selbst, sondern vom Klosteradministrator durchgeführt. Als kurfürstlicher Verwalter der jeweiligen Klosterökonomie, Grund- und Gerichtsherrschaft zählte dieser grundsätzlich einen großen Anteil an finanziellen Angelegenheiten zu seinem Aufgabenbereich.
Bei der Überprüfung und Justifikation dieser Abrechnungen achtete man in München natürlich auch auf eventuelle – aber nur ganz vereinzelt vorkommende – Unterschlagungen der Lokalkommissare. Vor allem aber ging es den Beamten der zentralen Finanzverwaltung um die Durchsetzung eines modernen Rechnungs-

28b

Nrus.	Benennung d. Sache	Schätzung fl.	kr.	Namen der Käufer	Lösung fl.	kr.

legungssystems, um bei der Planung und Kontrolle des Staatshaushalts mehr Transparenz und Übersicht zu erreichen.

Libell, 11 Bl.

München, Bayerisches Hauptstaatsarchiv, Lokalkommission Rott 37.

LITERATUR: Tausendpfund (wie Nr. 27).   *M.F.*

30 Gefährliche Kommissionsgeschäfte

Der mit der Vermessung der Grundstücke von Kloster Ettal beauftragte P. Eliland Ehardsberger stellt einen Unfall der Lokalkommission im Bild dar.
Herbst 1803, Ettal   *(Farbabb. S. 19)*

Zu den Aufgaben der Lokalkommissare gehörte es auch, die Grundstücke des jeweiligen Klosters vermessen und für einen eventuellen Verkauf aufteilen zu lassen. Dies wurde häufig einem fachkundigen Konventualen überlassen. Besonders qualifizierten Landvermessern unter den Mönchen wie Pater Eliland Ehardsberger aus Benediktbeuern übertrug man auch noch weitere Klöster wie Ettal. Für die Landvermessung vor Ort wurden dem Geometer die aufzuteilenden Grundstücke zunächst vom Lokalkommissar persönlich anhand der Klosterunterlagen bezeichnet. Bei einem dieser Besichtigungstermine erlitten Vermesser und Lokalkommissar einen Unfall mit der Pferdekutsche. Der dabei erfahrene Schrecken, möglicherweise auch davongetragene Verletzungen, hinterließen bei P. Eliland offenbar einen so tiefen Eindruck, dass er dieses Ereignis auf dem offiziellen Endprodukt der Vermessung in einer kleinen Zeichnung verewigte.

Kolorierte Federzeichnung, 98 x 62 cm, unten rechts signiert von P. Eliland Ehardsberger.

München, Bayerisches Hauptstaatsarchiv, Plansammlung 5587.
LITERATUR: Glanz und Ende der alten Klöster (wie Nr. 21) S. 309 Nr. 211.
          M.F.

31 Aufhebungskommissar in Aktion

Der Landschaftsmaler Wilhelm Boshart (1815–1878) widmet 50 Jahre nach der Säkularisation der „Überfahrt der Aufhebungskommission im Jahre 1803 nach Herrenchiemsee" ein stimmungsvolles Gemälde.

[1853]   *(Farbabb. S. 20)*

Das in der Kunstgeschichte nicht unbekannte und bereits des öfteren ausgestellte und veröffentlichte Bild wird erstmals als Dokument zur Geschichte der Säkularisation herangezogen. Es zeigt die Überfahrt der Aufhebungskommission im Jahre 1803 nach Herrenchiemsee. Die Einzelheiten, wie die vollbesetzten Kähne, der Baldachin, wurden frei nachempfunden. Der Künstler, Wilhelm Boshart (1815–1878), hat die Szene nur vom Hörensagen gekannt. In einem Detail freilich lag er richtig: 1803 wies die Kloster- und Domkirche (des Bistums Chiemsee) noch beide Türme mit barocken Zwiebelhauben auf. Sie sind um 1817 abgetragen worden. Dass mehr als drei Jahrzehnte nach diesen (und weiteren) Abbrüchen das ursprüngliche Aussehen der Kirche noch bekannt war, und dass 50 Jahre nach der Säkularisation ein nachgeborener Landschaftsmaler sich der Klosteraufhebung annahm, zeigt, wie tief sich das Ereignis den Anwohnern eingeprägt hat.

Ölgemälde auf Leinwand, 82 x 120 cm, signiert unten rechts Wilh. Boshart.

Privatbesitz.

LITERATUR: Franz Gailer, Der Chiemsee – ein Malerparadies. Glanzstücke aus dem 19. Jahrhundert, Frauenchiemsee 1988, S. 16 und 30 mit Abbildung auf S. 27. – Robert Westermeier, Gstadt, Gollenshausen. Chronik, Gstadt-Gollenshausen 1999, S. 238 (mit Farbabbildung). *R.B.ng).*   *R.B.*

Die Säkularisation der Reichsstifte in Ostschwaben

Einen Sonderfall der bayerischen Klöstersäkularisation von 1802/03 bildet die der schwäbischen Reichsabteien, denn diese mussten, ehe sie als geistliche Kommunitäten und als Wirtschaftseinheiten aufgelöst werden konnten (Vermögenssäkularisation), erst einmal ebenso wie die Hochstifte und Reichsstädte bayerischer Landeshoheit unterworfen werden (Herrschaftssäkularisation). Daher rückten gegen Anfang September 1802 bayerische Truppen in die schwäbischen Klostergebiete ein. Deren Größe und Bedeutung reichte vom gut abgerundeten Kleinstaat des fürstlichen Benediktinerstiftes Kempten mit seinen 40.000 Einwohnern bis zu den Zwergterritorien der mittelschwäbischen Abteien Ursberg, Roggenburg und Wettenhausen, die sich an Grundbesitz zwar mit reichen altbayerischen Klöstern wie Tegernsee und Niederaltaich bei weitem nicht messen konnten, diesen aber bisher den Status der Reichsunmittelbarkeit voraus gehabt hatten. Um den 1. Dezember 1802 erfolgte dann die Zivilbesitzergreifung, d.h. die Übernahme der Verwaltung durch bayerische Beamte, wobei es sich sehr häufig nur um die auf den Kurfürsten als neuen Landesherrn vereidigten bisherigen Klosterbeamten handelte. Durch die Schaffung der beiden Regierungsbezirke Dillingen und Kempten wurden die bisherigen Zentralstellen der Reichsstifte jedoch zu bayerischen Unterbehörden, die in den folgenden Monaten die Auflösung der Klöster und die Verwertung ihres Vermögens zugunsten des Fiskus im Wesentlichen nach denselben Grundsätzen und Methoden wie in Altbayern durchzuführen hatten; lediglich die Eingliederung der von den Reichsstiften bisher unterhaltenen Kontingente der Armee des Schwäbischen Reichskreises ins kurfürstlich-bayerische Heer war eine regionale Besonderheit. 1803 wurden die zwei Regierungsbezirke aufgehoben und die Verwaltung aller bayerischen Gebiete in Schwaben der neu eingerichteten Landesdirektion für die Provinz Schwaben in Ulm übertragen.

Die Schaffung größerer staatlicher Einheiten im Raum des früheren „schwäbischen Flecklesteppichs" erwies sich für die ehemaligen Klosteruntertanen zwar alsbald als nützlich, aber die Aufhebung der Klöster, die bisher als Reichsstifte eine allumfassende Zuständigkeit für die öffentliche Infrastruktur besessen hatten, führte auch zu besonders gravierenden Einschnitten im Bildungs- und Sozialbereich, an denen Bayerisch-Schwaben bis ins 20. Jahrhundert zu leiden hatte.   *G.I.*

32 Der Einmarsch bayerischer Truppen

a) Stärkemeldung der bayerischen Besatzungstruppen in Schwaben.
1803 Januar 21, Ulm
b) Bayerische Chevaulegers zu Pferd.
1804   *(Farbabb. S. 21)*

Der Befehlshaber der Anfang September 1802 zur militärischen Besetzung der schwäbischen Entschädigungslande ausgesandten Brigade, Generalmajor von Gaza, hatte halbmonatlich dem Armee-Oberkommando in München über die Mannschaftsstärke und Dislozierung seiner Truppen Bericht zu erstatten. Die Tabelle enthält die aktuellen Stärkemeldungen – hier für die Zeit vom 1. bis 15. Januar 1803 – der eingesetzten Truppenteile. Die Gesamtstärke der nach Schwaben verlegten Infanterie-Bataillone und Kavallerie-Eskadronen einschließlich einer halben Batterie reitender Artillerie betrug 3405 Mann. Die Bataillone in Ulm, Memmingen und Dillingen hatten Detachements unter dem Kommando von Offizieren in verschiedene Orte, darunter die Reichsabteien Wettenhausen, Roggenburg und Ursberg und das hochstiftisch-augsburgische Mediatkloster Fultenbach, gelegt. Im Allgäu und der hochstiftisch-freisingischen Grafschaft Werdenfels, die militärisch ebenfalls dem Korpskommando in Ulm unterstellt war, wurde die Besatzung flexibler gehandhabt, da man dort, wie aus der zugehörigen Korrespondenz der Kommandostellen hervorgeht, den Grenzschutz gegen Österreich, von dem man konkurrierende Absichten auf Ausdehnung seines Territoriums befürchtete, als vordringlich erachtete. Deshalb hatte der Befehlshaber in Kempten einen Teil seiner Soldaten unmittelbar in die Grenzorte der neuen bayerischen Gebiete zu Tirol, Vorarlberg und Vorderösterreich verlegt und ließ sie entlang der „grünen Grenze" patrouillieren, wobei besonders die leichte Kavallerie (Chevaulegers) zum Einsatz kam.

a) Tabelle, 41,5 x 52 cm, mit Unterschrift von Generalmajor von Gaza.
München, Bayerisches Hauptstaatsarchiv, Abt. IV Kriegsarchiv, Serienakten 1744.
b) Aquarell von J. Lintermayer nach einem Kupferstich von 1843, 48 x 32 cm.
München, Bayerisches Hauptstaatsarchiv, Abt. IV Kriegsarchiv, Bildsammlung I/30.

LITERATUR: Friedrich Blendinger, Die Mediatisierung der schwäbischen Reichsstädte. In: Hubert Glaser (Hrsg.), Wittelsbach und Bayern, Bd. III/1: Krone und Verfassung. König Max I. Joseph und der neue Staat. Beiträge zur Bayerischen Geschichte und Kunst 1799–1825, München-Zürich 1980, S. 101–113. – Ernst Aichner, Das bayerische Heer in den Napoleonischen Kriegen. In: Ebd. S. 239–253. – Theodor Rolle, Bayerns Griff nach Ostschwaben. Zur Mission des Freiherrn Wilhelm von Hertling bei den schwäbischen Reichsständen in den Jahren 1802/03. In: Zeitschrift des Historischen Vereins für Schwaben 85 (1992) S. 157–208.   G.I.

33 Besitzergreifungspatent

Kurfürst Max IV. Joseph gibt bekannt, dass er von den ihm zugeteilten Gebieten im Schwäbischen Reichskreis Besitz ergreife.
1802 November 28, München

Unter Berufung auf den Frieden von Lunéville vom 9. Februar 1801, den französisch-bayerischen Vertrag vom 24. August 1801 und den der Reichsdeputation vorliegenden französisch-russischen Entschädigungsplan ernennt Kurfürst Max IV. Joseph seinen Gesandten beim Schwäbischen Kreis, Wilhelm Freiherrn von Hertling, zum Generalkommissar für die Besitzergreifung der ihm zur Entschädigung für die Verluste auf dem linken Rheinufer zugeteilten schwäbischen Kreisstände und weist sämtliche Beamten und Untertanen an, künftig ihm als Landesherrn Treue und Gehorsam zu leisten. Die „feierliche und allgemeine Landeshuldigung" blieb „noch ausgesetzt"; dies geschah mit Rücksicht darauf, dass für die Zivil-Besitzergreifung vor Inkrafttreten des Reichsdeputationshauptschlusses eigentlich die Rechtsgrundlage fehlte. Die Beamten sollten jedoch schon jetzt auf den neuen Landesherrn vereidigt werden, ihre Geschäfte aber in der bisherigen Weise, jedoch unter Aufsicht Hertlings, fortführen. Das hier ausgestellte Exemplar stammt aus der Tätigkeit des erst am 30. November 1802 vom stift-kemptischen Hofrat zum kurbayerischen Regierungsrat mutierten Johann Baptist Renz als „subdelegierter Kommissar" für die Zivilbesitzergreifung des Reichsstifts Ottobeuren.

Einblattdruck, 33,5 x 42 cm.

Augsburg, Staatsarchiv Augsburg, Kloster Ottobeuren, Akten 715, fol. 15.

LITERATUR: Blendinger (wie Nr. 32). – Anna Breitsamer, Aufhebung und Fortbestehen des Klosters. In: Aegidius Kolb (Hrsg.), Ottobeuren. Schicksal einer schwäbischen Reichsabtei, Kempten 1986, S. 202–215 (Druck: S. 203 f.). – Adolf Layer – Pankraz Fried, Die Eingliederung Ostschwabens in den bayerischen Staat. In: Max Spindler – Andreas Kraus (Hrsg.), Handbuch der Bayerischen Geschichte, Bd. III/2: Geschichte Schwabens bis zum Ausgang des 18. Jahrhunderts, 3. Aufl. München 2001, S. 280–284.   G.I.

34 Einteilung Bayerisch Schwabens in Regierungsbezirke

Das Generallandeskommissariat in Schwaben macht die Einteilung der bayerischen Gebiete in Schwaben in die Regierungsbezirke Dillingen und Kempten bekannt.
1802 Dezember 1, Ulm

Während reichsrechtlich die neu erworbenen geistlichen Gebiete und Reichsstädte in Schwaben zu Fürstentümern, Grafschaften und Herrschaften im Besitz des Kurfürsten Max IV. Joseph wurden, folgte verwaltungsrechtlich unmittelbar auf ihre Zivilbesitznahme die Eingliederung in den bayerischen Staat. In Unterordnung unter das Generallandeskommissariat wurden zwei Regierungsbezirke Dillingen und Kempten geschaffen, für die jeweils eine „Interims-Regierung" für die innere Verwaltung („Polizei") und die Justiz und eine „Interims-Kammer" für Finanzen und Wirtschaft („Kameral-Gegenstände") zuständig sein sollten. Zum Regierungsbezirk Dillingen gehörten das bisherige Hochstift Augsburg, die Reichsabteien Söflingen, Roggenburg, St. Ulrich und Afra, Ursberg und Wettenhausen und die Reichsstädte Ulm, Dinkelsbühl, Nördlingen und Bopfingen sowie die Grafschaft Wiesensteig und die Herrschaft Wertingen, die bisher schon zu Bayern gehört hatten. Dem Regierungsbezirk Kempten wurden das Fürststift Kempten, die Reichsabteien Irsee und Ottobeuren, die Reichsstädte Memmingen, Kaufbeuren, Kempten, Ravensburg, Leutkirch, Wangen und Buchhorn zugeteilt, ferner aus altem bayerischen Territorialbesitz in Schwaben die Grafschaft Mindelheim, das Landgericht Türkheim und die Herrschaft Illertissen. Die beiden Regierungen und Kammern entstanden aus den entsprechenden Behörden des Hochstifts Augsburg und des Fürststifts Kempten und arbeiteten auch größtenteils mit deren bisherigem Personal, verstärkt durch einige altbayerische oder aus dem Dienst der übrigen schwäbischen Reichsstände übernommene Beamte. Schon mit Wirkung zum 1. September 1803 wurden die beiden Regierungsbezirke wieder aufgehoben und die Verwaltung aller bayerischen Gebiete in Schwaben unter einer Landesdirektion in Ulm vereinigt.

Druck, 2 Bl., 34 x 21 cm, in Aktenheft.

Augsburg, Staatsarchiv Augsburg, Provisorische Kammer Kempten 16.

LITERATUR: Hans Schmidt, Ein bayerisches Beamtenleben zwischen Aufklärung und Romantik. Die Autobiographie des Staatsrats Clemens von Neumayr. In: Zeitschrift für bayerische Landesgeschichte 35 (1972) S. 591–690, hier S. 669–672. – Franz-Rasso Böck, Kempten im Umbruch. Studien zur Übergangsphase von Reichsabtei und Reichsstadt zur bayerischen Landstadt unter besonderer Berücksichtigung von Kontinuität und Wandel in Verfassung und Verwaltung 1799–1818 (Materialien zur Geschichte des Bayerischen Schwaben 12), Augsburg 1989. – Layer – Fried (wie Nr. 33). G.I.

35 Eine Behörde wird bayerisch

Protokoll der Regierung des Fürststifts Kempten, ab 30. November 1802 der Kurbayerischen provisorischen Regierung Kempten.
1802 Juli bis Dezember, Kempten

Nachdem in der Sitzung vom 30. November 1802 die stift-kemptischen Hof- und Regierungsräte, unter ihnen auch drei Mitglieder des Stiftskapitels, auf den Kurfürsten von Bayern vereidigt worden waren und das Besitznahmepatent (siehe Nr. 33) „in vollster Ordnung und Ruhe" an vier Plätzen in der Stiftsstadt Kempten (siehe S. 739) angeschlagen worden war, fand am 3. Dezember die erste Sitzung der nunmehrigen kurfürstlichen provisorischen Regierung Kempten („Regim[en] elect[orale] provis[orium] Camp[idonense]") statt. Den Vorsitz führte noch immer „Herr Regierungspraesident Maurus Freyherr von Tänzl", dessen auf seine Funktion als Großdekan bezügliche und bisher stets eingetragene Anrede „Hochwürden und Gnaden" aber bezeichnenderweise weggelassen ist, um freilich am 10. Dezember (S. 764) gleich wieder zu erscheinen. Dasselbe gilt für den Hofrat und Kapitular Basilius Freiherr von Ow.
Erster Beratungspunkt war die Publizierung der bayerischen Besitznahmepatente in den Pflegämtern, für die sich ein Pflegamt aus Angst vor Unruhen militärischen Schutz erbeten hatte – eine Maßnahme, die die Regierung aber für überflüssig und eher schädlich hielt.

Aktenband, 891 S.

Augsburg, Staatsarchiv Augsburg, Fürststift Kempten Regierung, Bände 149.

LITERATUR: Josef Rottenkolber, Die Fürstabtei Kempten am Vorabend der Säkularisation und ihr Übergang an Bayern, Kempten 1927. – Böck (wie Nr. 34).   G.I.

36 Eingliederung der Kreiskontingente in die bayerische Armee

National-Liste von dem Infanterie- und Cavallerie-Contingent des Yrseeischen Werbstandes betr.
1802 November 29, Irsee

Die von dem Fähnrich Carl Krebs gleich am ersten Tag der Zivilbesitzergreifung angefertigte Liste zählt die Soldaten auf, die das Reichsstift Irsee zur schwäbischen Kreisarmee stellte: einen Hauptmann, einen Fähnrich, einen Feldwebel, einen Corporal, einen Tambour, einen Gefreiten und vier Gemeine zum Infanterie-Regiment Königsegg und zwei Reiter zum Kavallerie-Regiment Hohenzollern-Sigmaringen. Erfasst sind Geburtsort, Körpergröße, Alter, Religion, Familienstand, Dienstalter und Tauglichkeit der Soldaten. Es handelte sich sämtlich um ledige, katholische Männer, die sich mit Ausnahme eines Versehrten und eines 54jährigen Kavalleristen alle im Alter zwischen 18 und 43 Jahren befanden und noch voll diensttauglich waren. Von den zwölf Soldaten stammten sechs aus dem Gebiet des Reichsstifts, zwei aus der unmittelbaren Nachbarschaft (Herrschaften Waal und Mindelheim) drei aus etwas weiter entfernten Teilen Schwabens (Reichsstift Salem, Grafschaft Oettingen-Wallerstein, Reichsstadt Augsburg), einer aus Italien. Welche Angehörige dieser bunt zusammengewürfelten Söldnertruppe letztendlich ins bayerische Heer übernommen wurden, geht aus der Liste nicht hervor, doch wurde die Kriegstüchtigkeit der Miniatur-Armeen der geistlichen Reichsstände meist sehr gering eingeschätzt.

Tabelle, 35 x 44 cm.

Augsburg, Staatsarchiv Augsburg, Kloster Irsee, Akten 85.

LITERATUR: Josef Rottenkolber, Die Säkularisation der Reichsabtei Irsee. In: Studien und Mitteilungen zur Geschichte des Benediktinerordens und seiner Zweige 50 (1932) S. 225–248.   G.I.

37 Pracht und Glanz der schwäbischen Reichsstifte

a) Inventar der Gemälde und Kunstgegenstände des Reichsstifts Ottobeuren.
   1802 Dezember 9–11, Ottobeuren
b) Kaisersaal im Kloster Ottobeuren.
   Ca. 1990   (Farbabb. S. 22)
c) Luftbild der Abtei und des Marktes Ottobeuren.
   1983

Das im 8. Jahrhundert – der Überlieferung nach 764 – gegründete und früh zum Königskloster aufgestiegene Benediktiner-Reichsstift Ottobeuren zeichnete sich während der gesamten Neuzeit durch klösterliche Disziplin und eine effiziente Verwaltung aus. Auf dieser Grundlage konnten die kunstsinnigen Äbte Rupert Neß (1710–1740) und Anselm Erb (1740–1767) zwischen 1711 und 1766 einen Neubau von Stiftskirche und Klostergebäuden verwirklichen, wodurch ein Gesamtkunstwerk entstand, das als eine der besten Schöpfungen des süddeutsch-österreichischen Spätbarocks gilt. Wie in anderen schwäbischen Reichsstiften und den großen österreichischen Klöstern an der Donau wurde als Huldigung an das Haus Habsburg und zur Dokumentation der unmittelbaren Unterstellung unter das Reichsoberhaupt als festlicher Repräsentationsraum ein Kaisersaal eingerichtet, geschmückt mit 16 Statuen von Römischen Kaisern.

Das im Zuge der Zivilbesitznahme erstellte Inventar der Kunstschätze des Klosters Ottobeuren zählt außerdem Bilder und Skulpturen bedeutender Künstler (u.a. Jacopo Amigoni, Johann Georg Bergmüller, Hieronymus Hau, Johann Evangelist Holzer, José de Ribera gen. Spagnoletti und Franz Anton Zeiler), ein Bild aus der Werkstatt Rubens' und sogar einen angeblichen Leonardo da Vinci, den man jedoch schon damals als Arbeit eines Kopisten erkannt hatte, auf.

a) 6 Bl.
   Augsburg, Staatsarchiv Augsburg, Kloster Ottobeuren, Akten 715, fol. 78–83 (aufgeschlagen fol. 80'/81).

b) Farbfoto, 21 x 29 cm.
   Ottobeuren, Benediktinerabtei Ottobeuren.
c) Schwarzweißfoto, 20 x 29,5 cm.
   München, Bayerisches Landesamt für Denkmalpflege, Luftbildarchiv, 8126/008, Schwarzweißbild vom Dia 3019–29, 12.5.1983, Otto Braasch.

LITERATUR: Karl Busch, Die Ottobeurer Gemäldegalerie. In: Ottobeuren 764–1964. Beiträge zur Geschichte der Abtei (Sonderband der Studien und Mitteilungen zur Geschichte des Benediktinerordens und seiner Zweige 73), Augsburg 1962, S. 219–319. – Egon Johannes Greipl, Macht und Pracht. Die Geschichte der Residenzen in Franken, Schwaben und Altbayern, Regensburg 1991, S. 140–144.   *G. I.*

38 Das Territorium des Reichsstifts Ursberg

> a) „Kurze Darstellung der Lage, Verhältniße, Gerechtsame und Erträgniß des Klosters Ursberg".
> 1803 Februar 12, Ursberg
> b) „Geographische Mappa von der Herrschaft Ursberg und angränzenden Orten".
> Ca. 1800, Ursberg

In einer für den Generallandeskommissar Baron Hertling bestimmten statistischen Beschreibung der ehemaligen Prämonstratenser-Reichsabtei Ursberg und ihres Territoriums geht der provisorische Oberamtmann auf die Kloster-, Ökonomie- und Amtsgebäude und deren Lage, die Ausdehnung des Territoriums und die damit verbundenen Hoheitsrechte sowie die grundherrlichen Einkünfte und Eigenbetriebe des Klosters ein. Auch die kirchlichen und die Schulverhältnisse werden angesprochen. Die „Herrschaft Ursberg" bestand aus sieben Dörfern, drei Weilern und fünf Untertanen in dem Kondominatsort Ellzee, worüber dem Reichsstift die Landeshoheit, die „freißliche Obrigkeit" (Hochgerichtsbarkeit) dagegen der Markgrafschaft Burgau zustand. Insgesamt umfasste das klösterliche Territorium 512 Häuser und 3143 Untertanen. Auf dem Plan ist dieses hellgelb eingefärbt dargestellt. Dieser wurde vom provisorischen Oberamt gewissermaßen als Beleg für die Tüchtigkeit

des Benefiziaten in Billenhausen, P. Adrian Zoz, auf dem Gebiet des Vermessungswesens an das Generallandeskommissariat eingesandt, da der Oberamtmann ausgerechnet diesen ehemaligen Konventualen als Geometer bei der Abmessung und Verpachtung der bisherigen Klosterökonomiegründe einsetzen wollte. Der Plan ist genordet und mit einem auf den Meridian von Hierro (westlichste der Kanarischen Inseln) bezogenen Gitternetz sowie mit Maßstäben für deutsche Meilen (ca. 7,5 km) und Wegstunden (ca. 4,5 km) versehen.

a) 6 Bl., (aufgeschlagen: S. 2/3).
   Augsburg, Staatsarchiv Augsburg, Kloster Ursberg, Akten 27, fol. 12–17.
b) 24,5 x 25 cm.
   Augsburg, Staatsarchiv Augsburg, Kloster Ursberg, Akten 32, fol. 153.

LITERATUR: Alfred Lohmüller, Das Reichsstift Ursberg. Von den Anfängen bis zum Jahre 1802. Mit einem Anhang: Von der Säkularisation bis zur Gründung von „Neu-Ursberg" im Jahre 1884, Weißenhorn 1987.   *G.I.*

39 Ursberg – ein kleines Reichsstift

Ansicht des Reichsstifts Ursberg von Westen.
1734, Augsburg

Nicht alle reichsunmittelbaren Klöster Schwabens waren äußerlich so eindrucksvoll wie das prachtvolle Ottobeuren. Die Prämonstratenserabtei Ursberg gehörte unter den Reichsstiften in Schwaben zu den weniger begüterten. Einen großzügigen barocken Neubau von Kirche und Kloster aus einem Guss konnten oder wollten Abt und Konvent sich nicht leisten, wodurch das Ergebnis einer langen und uneinheitlichen baulichen Entwicklung erhalten blieb. Dafür wies die Abtei unter allen von Bayern in Schwaben säkularisierten Reichsstiften beim Kapitalvermögen den höchsten Aktivsaldo auf.
Der von dem Augsburger Stecher Johann Gottlieb Thelott nach der zeichnerischen Aufnahme von Johann Franz Müller aus Thannhausen gefertigte Kupferstich

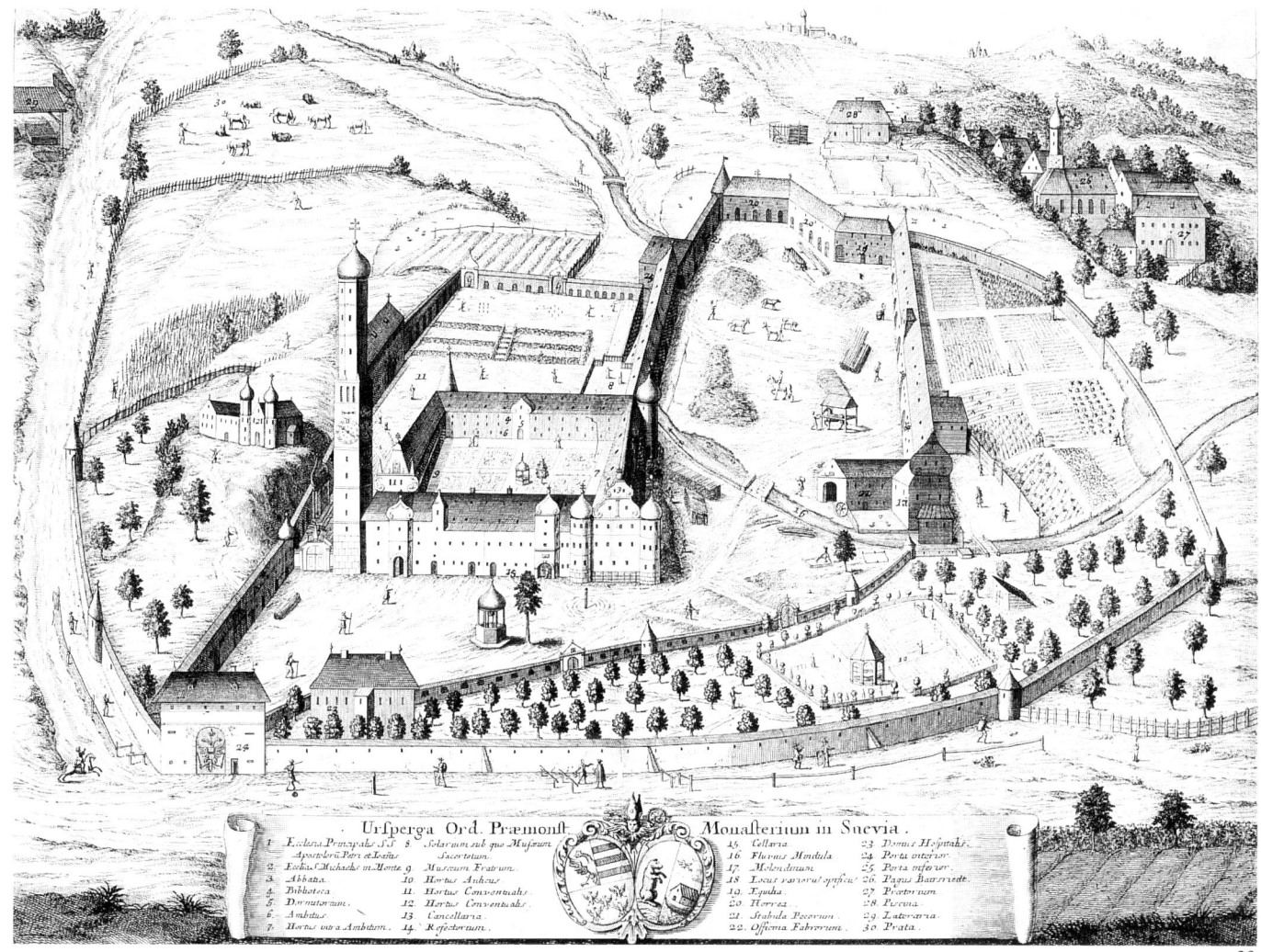

Urſperga Ord. Præmonſt. Monaſterium in Suevia.

1.	Ecclesia Principalis SS.	8. Solarium sub quo Museum
	Apostolorum Petri et Pauli.	Sacerdotum.
2.	Ecclesia S. Michaelis in Monte.	9. Museum Fratrum.
3.	Abbatia.	10. Hortus Anticus.
4.	Bibliotheca.	11. Hortus Conventualis.
5.	Dormitorium.	12. Hortus Conventualis.
6.	Ambitus.	13. Cancellaria.
7.	Hortus viridis Ambitum.	14. Refectorium.

15.	Cellaria.	23. Domus Hospitalis.
16.	Fluvius Mindula.	24. Porta exterior.
17.	Molendinum.	25. Porta inferior.
18.	Locus variorum opificum	26. Pagus Bayersriedt.
19.	Epulula.	27. Prætorium.
20.	Horrea.	28. Piscina.
21.	Stabula Pecorum.	29. Lateraria.
22.	Officina Fabrorum.	30. Prata.

zeigt den Bauzustand des Klosters im Jahr 1734. Der eigentliche Klosterbau bildet zusammen mit der Kirche eine um einen annähernd quadratischen Hof angelegte Vierflügelanlage. Wirtschaftsgebäude und Gärten gruppieren sich in lockerer Weise darum. Abgebildet sind auch links die Kapelle „St. Michael auf dem Berg" unmittelbar neben dem Kloster und rechts die Pfarrkirche des nur wenige hundert Meter vom Kloster gelegenen Dorfes Bayersried.

Kupferstich, 33 x 43 cm.

Ursberg, St. Josephskongregation der Franziskanerinnen.

LITERATUR: Lohmüller (wie Nr. 38) Abbildung: hinteres Vorsatzblatt.

G.I.

40 Das Reichsstift Ursberg als Bank seiner Untertanen

a) Verzeichnis des „Status activus" des Reichsstifts Ursberg.
1802, Ursberg

b) Verzeichnis des „Status passivus" des Reichsstifts Ursberg.
1802, Ursberg

Bankhäuser existierten bis ins 19. Jahrhundert nur in den größeren Städten und sie kümmerten sich ausschließlich um den Staatskredit und die Finanzierung von Großhandelsgeschäften. Der „gemeine Mann" war sowohl für die Anlage von Spargeldern wie für seinen Bedarf an Kleindarlehen auf andere Einrichtungen angewiesen. Vielfach wurden die Kirchenstiftungen dazu herangezogen. Im Gebiet des Reichsstifts Ursberg nahm dieses selbst sich der Anlage- und Kreditbedürfnisse seiner Untertanen an, indem es quasi als „Sparkasse" funktionierte. Bei den als Guthaben angelegten wie bei ausgeliehenen Geldern handelt es sich überwiegend um einzelne Summen zwischen 100 und 1000 Gulden, manchmal noch weniger, selten mehr. Sowohl die Gläubiger wie die Schuldner stammten meist aus dem eigenen Territorium oder sonst aus der näheren Umgebung. Der größte Schuldner war mit 13.846 Gulden die Landschaft des Stifts, also die Gesamtheit der Untertanen; vermutlich ist die Schuld aus der Stundung von Steuern und Abgaben entstanden. Die größten Gläubiger waren mit 5000 Gulden der Dekan in Buch und mit 3600 Gulden das Frauenkloster in Mindelheim. Somit bestand auch ein Verbund kirchlicher Stiftungen zur gegenseitigen Refinanzierung – ähnlich wie dies heute die Sparkassen und Genossenschaftsbanken untereinander handhaben.

a) 8 Bl.
Augsburg, Staatsarchiv Augsburg, Kloster Ursberg, Akten 25.
b) 10 Bl.
Augsburg, Staatsarchiv Augsburg, Kloster Ursberg, Akten 26.

LITERATUR: Dietmar Stutzer, Die Säkularisation 1803. Der Sturm auf Bayerns Kirchen und Klöster, 3. Aufl. Rosenheim 1990, S. 197–208. *G.I.*

40b

41 Die finanzielle Bilanz

„Tabellarische General-Uebersicht eines berechneten Revenuen-Etats sämtlicher neusäcularisirter Stifter und Klöster der Kurpfalzbaierischen Provinz in Schwaben".
1803 Dezember 28, Ulm

Die Tabelle stellt einen ersten Versuch des Staates dar, nach der Säkularisation festzustellen, welche neuen Einnahmen künftig der Staatskasse aus der Provinz Schwaben zufließen würden und welche neuen Lasten zu übernehmen waren. Außer dem Stift Kempten und den schwäbischen Reichsstiften – ohne Kaisheim, da dieses der Provinz Neuburg zugeschlagen worden war – sind auch das Hochstift und Domkapitel Augsburg sowie die nicht reichsunmittelbaren Klöster in der Provinz Schwaben erfasst.

In mehreren Rubriken werden die Einnahmen aus Jurisdiktionsrechten und Regalien, der Grundherrschaft, Zehnten, Eigenbetrieben und Forsten und die Zinsen von Aktivkapitalien aufgelistet, sodann die Ausgaben auf Besoldungen und Gebäudeunterhalt sowie Zinsen auf Passivkapitalien. Vom Rest wurden dann die Pensionen der von der Säkularisation betroffenen Geistlichen abgezogen und sodann der Reinertrag der Staatskasse ermittelt. Mit Ausnahme von vier Augsburger Klöstern, wo die Pensionen den gesamten Überschuss verzehrten, blieb stets ein solcher, und zwar der höchste bei Ottobeuren (ca. 49.615 Gulden), gefolgt vom Stift Kempten (ca. 42.549 Gulden), deren Säkularisation jeweils einen höheren Gewinn an Einkünften für den bayerischen Staat abwarf als die des Hochstifts Augsburg.

Die beiden letzten Spalten dienen der Vermögensbilanz, wobei freilich nur das Geldvermögen erfasst ist. Hier standen Aktivkapitalien von ca. 1,37 Mill. Gulden Schulden in Höhe von ca. 2,68 Mill. Gulden gegenüber. Am höchsten verschuldet war das Fürststift Kempten mit einem Passivsaldo von etwa 519.000 Gulden, gefolgt von Ottobeuren mit ca. 220.000, St. Ulrich und Afra mit ca. 214.000, Irsee mit 144.000, Söflingen mit ca. 39.000 und Roggenburg mit ca. 15.000 Gulden, während die übrigen Reichsstifte einen Guthabenüberschuss aufwiesen (Elchingen: ca. 35.000, Ursberg: ca. 47.000, Wettenhausen: ca. 13.000 Gulden).

1 Bl., 66,5 x 83,7 cm.

München, Bayerisches Hauptstaatsarchiv, MA 8472.

LITERATUR: Hans Christian Mempel, Die Vermögenssäkularisation 1803/10. Verlauf und Folgen der Kirchengutenteignung in verschiedenen deutschen Territorien, München 1979, Teil I: Materialien, S. 95–115, Teil II: Text, S. 155–162. – Wolfgang Zorn, Die wirtschaftliche Entwicklung Bayerns unter Max I. Joseph 1799–1825. In: Wittelsbach und Bayern, Bd. III/1 (wie Nr. 32) S. 281–289. – Volker Dotterweich, Herrschafts- und Vermögenssäkularisation in Bayerisch-Schwaben. Politische, soziale und wirtschaftliche Aspekte. In: Pankraz Fried (Hrsg.), Probleme der Integration Ostschwabens in den bayerischen Staat. Bayern und Wittelsbach in Ostschwaben (Augsburger Beiträge zur Landesgeschichte Bayerisch-Schwabens 2), Sigmaringen 1982, S. 114–153.
G.I.

42 Der Schwäbische Reichskreis vor der Säkularisation

Reichskreise und Stände des Schwäbischen Kreises um 1800.

Die 1978 bearbeitete Historische Karte stellt den Gebietsstand der Territorien des Schwäbischen Reichskreises vor der Säkularisation dar. Die Kreisstände, die auf dem Schwäbischen Kreistag die Prälatenbank bildeten, sind violett dargestellt. Außer den 1802/03 von Bayern säkularisierten Stiften Kaisheim, Elchingen, Söflingen, Wettenhausen, Roggenburg, Ursberg und Irsee waren dies auf heute baden-württembergischem Gebiet: Neresheim, Zwiefalten, Obermarchtal, Heggbach, Gutenzell, Ochsenhausen, Rot, Isny, Schussenried, Baindt, Weingarten, Weißenau, Salmannsweiler (Salem), Petershausen, Rottenmünster und Gengenbach. Nicht zum Prälaten-, sondern zum Geistlichen Fürstenstand gehörte die Fürstabtei Kempten (auf der Karte: blau). Reichsunmittelbar, aber von den Kreislasten befreit und daher auf dem Kreistag nicht vertreten waren die Abteien Ottobeuren und St. Ulrich und Afra in Augsburg sowie die Kartause Buxheim (auf der Karte: graues Gitter). Das Damenstift Edelstetten zählte zur Reichsritterschaft (auf der Karte: grau schräggestreift), das zu Lindau galt zwar als Reichs- und Kreisstand, hatte aber kein Territorium.

Karte, Farbdruck 47,5 x 43 cm, Bestandteil des Historischen Atlas von Baden-Württemberg, hrsg. von der Kommission für geschichtliche Landeskunde in Baden-Württemberg, Stuttgart 1978, Nr. VI,9.

LITERATUR: Gerd Friedrich Nüske, Beiwort zur Karte VI,9. Reichskreise und Schwäbische Kreisstände um 1800. In: Historischer Atlas von Baden-Württemberg. Erläuterungen, 7. Lieferung, Stuttgart 1978.   *G.I.*

43 Der Schwäbische Reichskreis nach der Säkularisation:

„Charte vom Schwaebischen Kreis nach dem Entschädigungsplan im Iahr 1802 eingerichtet und illuminirt".
1803, Nürnberg

Die bei den Homannischen Erben in Nürnberg gedruckte Karte zeigt auf der Grundlage einer älteren Kupferstichkarte die territoriale Einteilung des Schwäbischen Kreises nach dem Entschädigungsplan der Reichsdeputation in Regensburg. Deutlich zu erkennen sind die rosarot eingefärbten bayerischen Entschädigungslande zwischen Iller und Lech und auf der Schwäbischen Alb (ehemalige Territorien der Reichsstadt Ulm und des Reichsstifts Elchingen, ergänzt durch die schon seit 1627 bayerische Herrschaft Wiesensteig). Die Territorien der Reichsgrafen sind türkisgrün dargestellt. Vor allem im Bereich zwischen Iller, Donau und Bodensee konnte der Grafenstand seinen Besitz durch die Entschädigung linksrheinischer Grafenhäuser mit säkularisierten Reichsstiften mehren. Die Namen dieser Reichsstände sind bei ihren neuen Sitzen eingetragen: Graf von Aspremont zu Baindt, Graf von Bassenheim zu Hegg-

bach, Fürst von Dietrichstein zu Neuravensburg (ehemals Herrschaft der Fürstabtei St. Gallen), Fürst von Ligne zu Edelstetten, Graf von Metternich zu Ochsenhausen, Prinz von Nassau-Oranien zu Weingarten, Graf von Plettenberg zu Mietingen (ehemals Amt des Reichsstifts Heggbach), Graf von Quadt zu Isny, Graf von Schaesberg zu Tannheim (ehemals Amt des Reichsstifts Ochsenhausen), Graf von Sinzendorf zu Winterrieden (vorher ein Dorf des Reichsstifts Ochsenhausen), Graf von Sternberg zu Schussenried und Weißenau, Graf von Wartenberg zu Rot. Auch die bayerischen Grafen von Törring wurden für Verluste am Niederrhein mit der Abtei Gutenzell entschädigt. Außerdem fielen das Damenstift Buchau und das Reichsstift Obermarchthal an die Fürsten von Thurn und Taxis, denen schon die südwestlich angrenzende Grafschaft Scheer gehört hatte. In der Karte nicht berücksichtigt ist der Graf von Ostein, der mit Buxheim entschädigt wurde. Reichsstadt und Damenstift Lindau fielen an den Fürsten von Bretzenheim, der sein neues Fürstentum Lindau aber alsbald – wie auf der Karte schon dargestellt – an Österreich veräußerte.

Kolorierter Kupferstich, 51,5 x 54,5 cm.

München, Bayerisches Hauptstaatsarchiv, Kartensammlung 249.

LITERATUR: Ernst Ludwig Huber, Dokumente zur deutschen Verfassungsgeschichte, Bd. 1: Deutsche Verfassungsdokumente 1803–1850, 3. Aufl. Stuttgart u.a. 1978, S. 1–28. – Gerd Friedrich Nüske, Beiwort zur Karte VI, 9. Reichsskreise und Schwäbische Kreisstände um 1800. In: Historischer Atlas von Baden-Württemberg (wie Nr. 42).   *G.I.*

Unmittelbare Folgen

Das Schicksal der Äbte und ihrer Konvente

Die Säkularisation bedeutete – auch wenn sich die weiteren Schicksale der einzelnen Klöster und ihrer Insassen völlig unterschiedlich gestalteten – für jeden einzelnen Konventualen den Verlust seines bisher gewohnten geistlichen und sozialen Umfelds sowie seiner finanziellen Sicherheit, mit dem er sich gleichwohl rasch abzufinden hatte. Dabei folgte der Auflösung eines Klosters nicht auch zwingend die Entbindung vom Ordensgelübde. Diese musste beim zuständigen bischöflichen Ordinariat beantragt werden. Dennoch konnte die Klosterdisziplin selbst dann, wenn ein Konvent zunächst noch weiterbestand, meist nicht aufrechterhalten werden. Während man über den Aufenthalt der Angehörigen der Bettelorden obrigkeitlich verfügte und sie weitgehend in diejenigen Niederlassungen ihrer Orden eingewiesen hatte, die zu sog. Sammelklöstern erklärt worden waren, durften die Mitglieder der Prälatenorden immerhin Wünsche über ihren künftigen Verbleib und ihre Verwendung äußern. Die älteren Mönche wollten häufig solange als möglich vor Ort bleiben oder zu ihrer Familie zurückkehren. So äußerte sich auch der größte Teil der Nonnen. Die jüngeren Mönche strebten eine Verwendung in der Seelsorge oder im Schuldienst an. Wer über kein Einkommen verfügte, erhielt vom Staat eine Pensionszahlung. Auch hier wurde zwischen den Mönchen und Nonnen der ständischen Klöster, die von dem ihnen zustehenden Betrag ihren Lebensunterhalt ohne allzu große Einschränkungen bestreiten konnten, und denen der Mendikantenklöster, deren Pension kaum zum Überleben ausreichte, deutlich unterschieden. Insgesamt wussten sich die ehemaligen Klosterinsassen aber auch ihrer nun gänzlich veränderten Situation anzupassen. Soweit es die Umstände zuließen, konnten sie sich nicht nur ihren Aufgaben als Geistliche widmen, sondern verstärkt auch ihren schon früher gepflegten privaten Interessen besonders auf naturwissenschaftlichem, technischem oder literarischem Gebiet. Einem Rückruf in die klösterliche Gemeinschaft hätten wohl schon bald nach der Säkularisation nur noch wenige Folge geleistet. *S.F.*

44 Einteilung der Klöster in Größenklassen

Klassifikationstabelle der ständischen Klöster.
1804 Juni

Die ständischen Männerklöster wurden nach einer kurfürstlichen Entschließung vom 18. Mai 1804 in sechs, die Frauenklöster in vier Klassen eingeteilt. Von dieser Einstufung hing die Höhe der Pension der jeweiligen Klosteroberen ab.

Auch die übrigen Konventualen, die kein Einkommen hatten, erhielten – unabhängig von der Größe des Klosters – einen fixierten, jedoch deutlich geringeren Unterhaltsbetrag, der bei bereits über 60 Jahre alten Mönchen durch eine Zulage aufgebessert wurde. Übernahm der frühere Konventuale eine Stelle mit eigenem Einkommen, erlosch die Unterhaltpflicht des Staates.

Libell, 6 Bl., 42 x 26 cm.

München, Bayerisches Hauptstaatsarchiv, GR Fasz. 633 Nr. ad 45 (Provenienz Landesdirektion von Bayern), aufgeschlagen Bl. 1'/2.

Literatur: Winfried Müller, Die Säkularisation von 1803. In: Walter Brandmüller (Hrsg.), Handbuch der bayerischen Kirchengeschichte, Bd. 3 (wie Nr. 20) S. 30–54, hier S. 38–45. – Frank Wittich, Die Verpflichtungen des Staates als Rechtsnachfolger der Klöster und Stifte. In: Glanz und Ende der alten Klöster (wie Nr. 21) S. 122–130, hier S. 125.
S.F.

Classe	Nr.	Kloster	Rentamt	Namen des Abten	Jährlicher Geld Bezug fl. x.	Anmerkung
I.	1.	Niederaltaich	Deggendorf	Kilian Quiritz	2400. —	
II.	1.	Tegernsee	Miesbach	Gregor Rottenköller	2200. —	
III.	1.	Benedictbeurn	Tölz	Karl Klöcker	2000. —	
IV.	1.	Fürstenfeld	Dachau	Gerard Führer	1800. —	
"	2.	Wessobrun	Weilheim	Joh. Kleinmair	1800. —	
"	3.	Aldersbach	Vilshofen	Urb. Fremel	1800. —	
"	4.	Diessen	Landsberg	Ferd. Gräßl	1800. —	
V.	1.	Oberaltaich	Mitterfels	Boda Aschenbrenner	1600. —	
"	2.	Scheurn	Pfaffenhofen	Mart. Fellmüller	1600. —	
"	3.	Steingaden	Schongau	Gilbert Michl	1600. —	
"	4.	Rottenbuch	Schongau	Paul Schwaiger	1600. —	
"	5.	Rott	Wasserburg	Aemil. Müller	1600. —	
"	6.	St. Nicola	Passau	Ign. Konrad	1600. —	
V.	7.	Prüell	Pfätter	Nicol. Rasbaur	1600. —	
"	8.	Raitenhaslach	Burghausen	Kisan Ditterle	1600. —	
"	9.	Baumburg	Obing	Fr. Lindemann	1600. —	
"	10.	Windberg	Mitterfels	Ign. Präu	1600. —	
"	11.	Schäftlarn	Wolfrathshausen	Godf. Spindler	1600. —	
"	12.	Weihenstephan	Freysing	Gerard Pronath	1600. —	
"	13.	Rohr	Neustadt	Pet. Puchstetter	1600. —	
"	14.	Polling	Weilheim	Joh. Nep. Geisenberger	1600. —	
"	15.	Secon	Obing	Lamp. Neisser	1600. —	
"	16.	Andechs	Starnberg	Bernh. Rauch	1600. —	
"	17.	H. Chiemsee	Traunstein	Augustin Fuchs	1600. —	
"	18.	Prifening	Kelheim	Rup. Kornmann	1600. —	
VI.	1.	Vornbach	Griesbach	Placidus Renigl	1400. —	

44

45 Ein Propst wird Bischof

Porträt des Petrus Pustet, letzten Propsts von Rohr und Bischofs von Eichstätt.
1825

Aus dem Todesjahr des Petrus Pustet (1764–1825) stammt sein Porträt aus der Hand des fränkischen Malers Johann Adam Hirschmann.
Pustet, promovierter Doktor der Philosophie, war erst 1801 zum Propst des Stiftes Rohr gewählt worden. Aus gesundheitlichen Gründen, aber auch weil „der peinliche

45

Anblick der Zerstörung rings um [ihn] her" ihm großes Unbehagen bereitete, übersiedelte er als Folge der Säkularisation zunächst nach Kumpfmühl bei Regensburg. Nach einigen weiteren Jahren des Ruhestands in Prüll wurde er 1813 Distriktsschulinspektor in Regensburg. Es folgten die Ernennung zum Geistlichen Rat im Jahr 1818 und zum Domkapitular 1821, bevor ihn der König 1824 zum Bischof von Eichstätt ernannte. Auch hier war ihm jedoch nur eine kurze Amtszeit vergönnt, er starb bereits im April 1825.

Pastell, 32 x 26 cm (Foto).

Eichstätt, Domschatz- und Diözesanmuseum Eichstätt.

Literatur: Erwin Gatz (Hrsg.), Die Bischöfe der deutschsprachigen Länder 1785/1803 bis 1945, Berlin 1983, S. 579–580. – Karl-Georg Pfändtner – Bernhard Pfändtner, Die Bamberg-Burgkunstadter Malerfamilie Hirschmann. In: Bericht des Historischen Vereins Bamberg 131 (1995) S. 293–354, hier S. 330.   S.F.

46 Gestörte Ruhe

Abt Beda von Oberalteich bittet um die Genehmigung seines Umzugs nach Haselbach.
1803 August 4

Abt Beda Aschenbrenner (1756–1817), der zur Abwicklung des Aufhebungsverfahrens zunächst vor Ort noch unentbehrlich war, fühlt sich durch die im August „immer noch" stattfindenden Versteigerungen von Klostergut und die damit verbundene Unruhe zunehmend in seiner wissenschaftlichen Muße gestört. Er bittet darum, sich in seine nur zwei Stunden entfernte Heimatpfarrei Haselbach zurückziehen zu dürfen, um sich dort ungestört seinen Studien widmen zu können.
Schon in dem 1784 erschienenen „Aufklärungs Allmanach" erwähnt er die große Bedeutung einer wissenschaftlichen Tätigkeit, die seiner Meinung nach durch mönchische Verpflichtungen unangemessen oft unter-

brochen zu werden drohte. Als er sich durch die der Säkularisation unmittelbar vorausgehende Inventarisierung seines Klosters 1802 persönlich gekränkt sah und darüber hinaus Mühe hatte, die Disziplin unter seinen Konventualen aufrechtzuerhalten, verstärkte sich seine Neigung, künftig privat wissenschaftlich arbeiten zu wollen. Allerdings verlief auch der schließlich genehmigte Aufenthalt in Haselbach nicht ungetrübt. Wohl wegen Streitigkeiten mit seinen Geschwistern zog er einige Jahre später nach Straubing, schließlich nach Ingolstadt, wo er 1817 starb.

Schreiben, 1 Doppelbl.

München, Bayerisches Hauptstaatsarchiv, KL Fasz. 567 Nr. 10 (Provenienz Landesdirektion in ständischen Klostersachen).

LITERATUR: Anton Hofmann, Beda Aschenbrenner (1756–1817). Letzter Abt von Oberaltaich, Leben und Werk (Neue Veröffentlichungen des Instituts für Ostbairische Heimatforschung 8), Passau 1964. *S.F.*

47 Ad dies vitae unvertrieben

Abt Amand von Asbach erklärt, im Kloster bleiben zu wollen.
1803 Mai 29

Während ein Großteil der Konventualen des Klosters Asbach nicht mehr in einer klösterlichen Gemeinschaft leben wollte, hoffte Abt Amand Arnold (1750–1834), seine Pension mit einigen weiteren Mönchen „in brüderlicher Eintracht und Ruhe" genießen zu können. Tatsächlich lebte er bis zu seinem Tod in Asbach.

In vielen Klöstern zeigte sich, dass nur die älteren Mönche darauf hofften, in ihrem angestammten Kloster bleiben zu können. Die jüngeren strebten meistens eine Tätigkeit als Seelsorger oder im Schulwesen an und legten keinen Wert mehr auf den Klosterverband.

Schreiben, 1 Doppelbl.

München, Bayerisches Hauptstaatsarchiv, KL Fasz. 59 Nr. 6 (Provenienz Landesdirektion in ständischen Klostersachen).

LITERATUR: Karl Bosl (Hrsg.), Bosls Bayerische Biographie, Regensburg 1983, S. 27. *S.F.*

48 Religiöse Verantwortung als Grundlage der Politik

Rupert Kornmann, Nachträge zu den beyden Sibyllen der Zeit und der Religion.
Regensburg 1818

Unter dem Motto „Nulla dies sine linea" wurde das letzte Werk von Rupert Kornmann (1757–1817) postum veröffentlicht, nachdem er das Vorwort noch am Vorabend seines Todes verfasst hatte.

Kornmann war der letzte Abt des Klosters Prüfening. Als solcher hatte er zu den Anführern des publizistischen und politischen Kampfes gegen die drohende Säkularisation gehört. Seine schriftstellerische Tätigkeit beschränkte sich in dieser Zeit allerdings auf mathematische und dramatische Werke.

Nach der Aufhebung seines Klosters widmete er sich den kirchlichen Erneuerungsbestrebungen in Bayern.

Parallel dazu veröffentlichte er drei Bände, in denen er seine Beobachtungen über die Problematik politischen Handelns sowie über die Zusammenhänge zwischen Religion und Politik darstellte. Der „Sibylle der Zeit aus der Vorzeit", erschienen 1810, schloss sich die „Sibylle der Religion aus der Welt- und Menschengeschichte" an, erschienen 1813. Den Abschluss bildeten die vorliegenden Nachträge.

Buch, 450 S.

München, Bayerische Staatsbibliothek, Pol.g. 468 d 1818, aufgeschlagen: Titelblatt.

LITERATUR: Hugo Lang, Der Historiker als Prophet. Leben und Schriften des Abtes Rupert Kornmann (1757–1817), Nürnberg 1947. – Eberhard Dünninger, Das Kloster Prüfening am Ende des 18. Jahrhunderts. In: Zeitschrift für bayerische Landesgeschichte 58 (1995) S. 317–331. *S.F.*

49 Dem steten Beförderer der Wissenschaft und Kunst

Gedenkmedaille für Cölestin Steiglehner, den letzten Fürstabt von Regensburg-St. Emmeram.
1819

Schon einen Monat nach dem Tod Cölestin Steiglehners (1738–1819) wurde eine Gedenkmedaille zu seinen Ehren sehr erfolgreich zur Subskription aufgelegt. Auf der Vorderseite der Münze ist er im Ornat des Fürstabts dargestellt, auf der Rückseite ist die Widmung zu lesen.
Steiglehner war seit dem Jahr 1791 Abt des Reichsstifts St. Emmeram in Regensburg. Als Naturwissenschaftler, der auch an der Universität Ingolstadt lehrte, wurde er 1790 von der Bayerischen Akademie der Wissenschaften als Mitglied der mathematisch-physikalischen Klasse aufgenommen. Dass sein Interesse auch der Numismatik galt, kam ihm zugute, als sein Kloster, das seit 1802 zum Fürstentum Regensburg gehört hatte, im Jahr 1812 endgültig aufgelöst wurde. So konnte er seine umfangreiche Sammlung an Gemmen und hauptsächlich antiken Münzen dem Staat überlassen, um im Gegenzug das sog. Deutsche Haus, die frühere Deutschordenskommende in Regensburg zu erhalten. Dort wohnte er bis zu seinem Tod.

Medaille, Silber, Durchmesser 4,1 cm.

München, Staatliche Münzsammlung München.

ABBILDUNG: Katalog Die Bayerische Akademie der Wissenschaften und ihre Mitglieder im Spiegel von Medaillen und Plaketten. Ausstellung der Staatlichen Münzsammlung München, München 1997, S. 43.

LITERATUR: Regis Grill, Coelestin Steiglehner. Letzter Fürstabt von St. Emmeram zu Regensburg (Studien und Mitteilungen zur Geschichte des Benediktinerordens und seiner Zweige, Ergänzungsheft 12), München 1937. – Heinz Wolfgang Schlaich, Das Ende der Regensburger Reichsstifte St. Emmeram, Ober- und Niedermünster. In: Verhandlungen des Historischen Vereins für Oberpfalz und Regensburg 97 (1956) S. 163–376.   *S.F.*

50 Vom Abt zum Geschichtsschreiber

a) Plan der Umgebung Weltenburgs.
1795
b) Noten aus Missalen des Klosters Weltenburg.
1810–1811

Benedikt Werner (1748–1830), der letzte Weltenburger Abt vor der Säkularisation, verfasste in den Jahren zwischen 1810 und 1816 insgesamt 24 Hefte, die die Geschichte des Klosters chronologisch wiedergeben. Das erste Heft beginnt mit zwei Plänen, einem Plan der Umgebung Weltenburgs zwischen Siegenburg und Kelheim (a) und einem Plan der Klosteranlage. Beide wurden 1795 von P. Rupert Schmid, ebenfalls Mönch in Weltenburg, gezeichnet.
Nach der Auflösung seines Klosters zog Werner im Oktober 1803 nach München, wo er vor allem seinen geistigen Interessen nachzugehen plante. 1806 nahm er seinen früher am Zeitmangel gescheiterten Plan, eine Geschichte des Klosters zu verfassen, wieder auf. Er wertete dazu diejenigen Materialien aus, die er schon in Weltenburg zusammengetragen hatte. Seine umfangreichen Manuskripte – über die schon genannten 24 Hefte hinaus existieren neben den reinen Quellensammlungen auch noch solche zur Musikgeschichte – gelangten nach seinem Tod an die königliche Zentralbibliothek, während er seine umfangreiche Privatbibliothek dem Bischöflichen Seminar in Freising vermacht hatte.

a) Libell, 58 Bl., 21 x 32 cm.
   München, Bayerische Staatsbibliothek, Cgm 1844, aufgeschlagen Taf. 1.
b) Libell, 49 Bl., 21 x 33 cm.
   München, Bayerische Staatsbibliothek, Cgm 1850, aufgeschlagen S. 644–645.

LITERATUR: Otmar Riess, Die Abtei Weltenburg zwischen Dreißigjährigem Krieg und Säkularisation (1626–1803) (Beiträge zur Geschichte des Bistums Regensburg 9), Regensburg 1975, S. 490–498.   *S.F.*

51 Der Seelsorge weiter verbunden

Porträt des Johann Nepomuk Daisenberger, letzten Propsts von Polling und Pfarrers in Walleshausen.
Um 1800

Die hier gezeigte Darstellung Daisenbergers, die noch Kloster- und Propstwappen beinhaltet, schließt die Pollinger Pröpstegalerie ab, die seit der Säkularisation in Walleshausen verwahrt wird.

Der im Jahr 1796 zum Propst gewählte Johann Nepomuk Daisenberger (1753–1820) war schon von 1781 bis 1795 Pfarrvikar in Walleshausen, einer dem Kloster Polling inkorporierten Pfarrei, gewesen. Im Jahr 1806 wurde er dort als Pfarrer installiert. Auch als Kaplan und Hilfsgeistlicher fungierten Konventualen des Klosters Polling. Selbst nach dem Tod Daisenbergers 1820 folgte ein weiterer ehemaliger Klostergeistlicher im Amt des Pfarrers, Maurus Schöfmann aus dem Kloster Andechs. Erst 1840 übernahm ein Weltgeistlicher das Pfarramt.

Öl auf Leinwand, 120 x 93 cm.

Walleshausen, Kath. Pfarramt Mariä Himmelfahrt.

LITERATUR: Egon Johannes Greipl, Johann Nepomuk Daisenberger 1753–1820. Letzter Propst von Polling und Pfarrer zu Walleshausen. In: Walter Brandmüller (Hrsg.), Walleshausen. „Das kleine Polling", Weißenhorn 1985, S. 65–83.   *S.F.*

52 Aus der Kutte in die Uniform

Porträt des Waldsassener Konventualen Gottfried Hausn in der Uniform eines Distriktsschulinspektors.
Um 1813

Gottfried Hausn (1767–1852) übernahm im Jahr 1802 das Amt eines Pfarrvikars in Schwarzenbach, wo er zunächst auch nach der Säkularisation, ab 1806 als Pfarrer, ver-

blieb. Schon hier zeigte er ein so starkes Engagement für das Schulwesen, dass auf sein Betreiben ein neues Schulgebäude entstand. Nach einer vergeblichen Bewerbung auf seine Heimatpfarrei Hohenfels, die nur an einen Weltpriester vergeben werden sollte, erhielt er 1810 die Pfarrerstelle in Waldsassen. 1813 wurde er zum Distriktsschulinspektor beim Landgericht Waldsassen bestellt. In dieser Funktion bemühte er sich besonders um gut ausgebildetes Lehrpersonal, dessen „beständige Regsamkeit" er durch häufige unangemeldete Visitationen erhalten wollte. Beide Ämter füllte er offensichtlich so sehr zur Zufriedenheit der Behörden aus, dass einigen Versetzungsgesuchen auf andere, kleinere Pfarreien nicht stattgegeben und sein Rücktrittsgesuch erst kurz vor seinem Tod angenommen wurde.

Ölgemälde, 90 x 72 cm.

Waldsassen, Kath. Stadtpfarramt.

QUELLEN: München, Bayerisches Hauptstaatsarchiv, MK 27936 und 28483.

LITERATUR: Alfons Maria Scheglmann, Geschichte der Säkularisation im rechtsrheinischen Bayern, Bd.3/2, Regensburg 1908, S. 283 f.   *S.F.*

53 Würdigung von Verdiensten

Ignaz Albert von Riegg, Bischof von Augsburg, erhält den bayerischen Zivilverdienstorden und damit den Ritteradel.
1824 Juni 12

Ignaz Albert von Riegg (1767–1836) erhielt im Jahr 1824 den Zivilverdienstorden der bayerischen Krone, der mit der Verleihung des Adels in der Ritterklasse verbunden war. Im Rahmen der Aufnahme in die Adelsmatrikel musste regelmäßig auch ein Wappen vorgelegt werden, das die Vorderseite des sog. Matrikelbogens ziert.

Schon als Konventuale des Augustinerchorherrenstifts Polling war Riegg zunächst als Lehrer in München, dann als Rektor und Seminarleiter in Neuburg tätig. In Kurfürst Max IV. Joseph fand er zunächst einen eifrigen Förderer, der ihm nach der Säkularisation weitere Ämter vor allem im Bereich der Schulaufsicht übertrug. Nachdem ihm diese Aufgaben im Jahr 1807 abrupt entzogen worden waren, widmete er sich ganz seiner Pfarrei

Monheim. 1821 wurde er Domkapitular und Dompfarrer in München, wo er auch die Stellung eines königlichen Beichtvaters einnahm. Im Jahr 1824 berief man ihn, von Seiten der Kurie nicht gänzlich unumstritten, zum Bischof von Augsburg. Obwohl er 1825 auch die Mitgliedschaft im Reichsrat erhielt, galt seine Hauptsorge bis zu seinem Tod nicht dem politischen Geschehen, sondern dem Geschick seines Bistums.

Libell, 4 Bl., 44 x 30 cm.

München, Bayerisches Hauptstaatsarchiv, Adelsmatrikel Ri R 13 (Matrikelbogen).

LITERATUR: Erwin Gatz (Hrsg.), Die Bischöfe der deutschsprachigen Länder 1785/1803 bis 1945. Ein biographisches Lexikon, Berlin 1983, S. 620 f. – Theodor Rolle, Ignaz Albert (von) Riegg (6. Juli 1767 – 15. August 1836). In: Jahrbuch des Vereins für Augsburger Bistumsgeschichte e.V. 20 (1986) S. 70–112.   S.F.

53

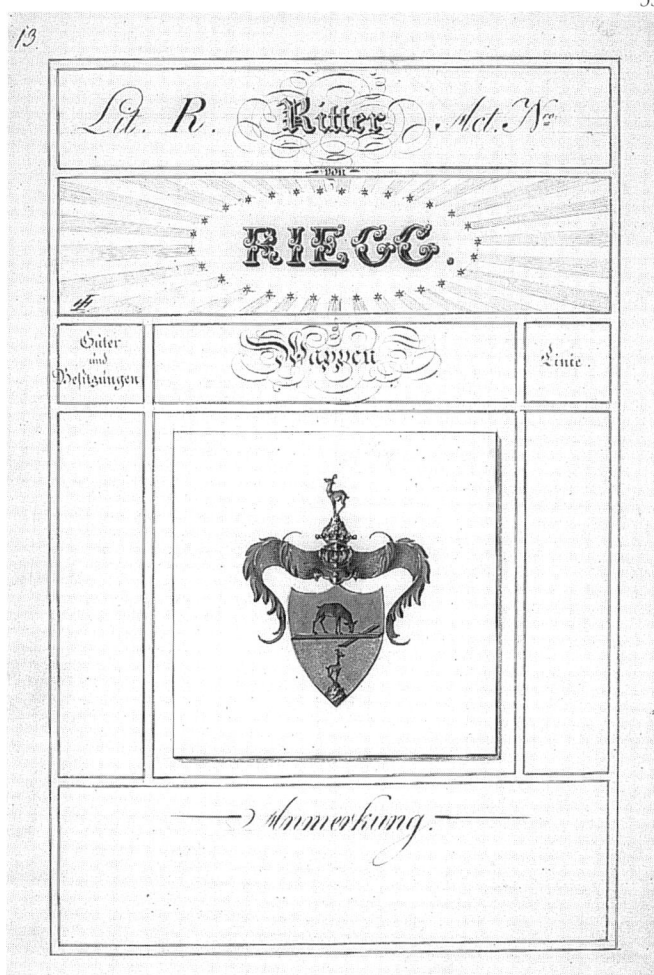

54 Zurück nach Bayern, aber nicht ins Kloster

a) Porträt des Florian Meilinger.
   Um 1830
b) Bitte des Florian Meilinger, die Klostergemeinschaft in Benediktbeuern verlassen zu dürfen.
   1803 April 21

Nach Lehrtätigkeiten in Freising und Benediktbeuern dozierte Florian Meilinger (1763–1837) seit 1801 als Professor an der Universität Salzburg. In der Folge der Säkularisation des Klosters Benediktbeuern wollte er als treuer Untertan zwar nach Bayern, nicht aber in seinen Konvent zurückkehren. Daraufhin wurde er zunächst 1803 als Schulrektor und Professor der Philosophie an das Lyzeum in Passau berufen, 1807 wechselte er an das Lyzeum in München. Ab 1817 hatte er die Stelle eines Hofkaplans inne, 1826 wurde er an der mittlerweile nach München verlegten Universität ordentlicher Professor der Philosophie.

a) Lithografie (Foto).
   München, Bayerische Staatsbibliothek.

b) Schreiben, 1 Doppelbl.
    München, Bayerisches Hauptstaatsarchiv, KL Fasz. 101 Nr. 13 (Provenienz Landesdirektion in ständischen Klostersachen).

LITERATUR: Rainer Glosauer, Personalbibliographien der Mitglieder des Lehrkörpers der Philosophischen Fakultät zu München von 1826 bis 1850 [...], München 1971, S. 72. – Josef Hemmerle, Die Benediktinerabtei Benediktbeuern (Germania Sacra NF 28; Die Bistümer der Kirchenprovinz Mainz, Das Bistum Augsburg 1), Berlin-New York 1991, S. 688f.

S.F.

54a

FLORIAN MEILINGER
Dr u. Professor der Philosophie

55 Pfarrer und Wetterbeobachter

Der Exkonventuale Gilbert Niedermayr bittet um die Fürsprache der Bayerischen Akademie der Wissenschaften bei der Besetzung der Pfarrstelle auf dem Hohenpeißenberg.
1812 Mai 11

Seine Bewerbung um die Stelle als Seelsorger richtete Gilbert Niedermayr (1777–1844), Exkonventuale des Klosters Schäftlarn, an die landesherrliche Behörde. Zugleich empfahl er sich auch der Bayerischen Akademie der Wissenschaften, weil diese wegen der meteorologischen Beobachtungen auf dem Hohenpeißenberg Einfluss auf die Stellenbesetzung nehmen konnte. Die Tatsache, dass er vor der Säkularisation Physik gelehrt hatte, machte ihn zum geeignetsten Kandidaten, der schließlich die Ernennung erhielt.
Seit 1780 führten Mönche aus dem Kloster Rottenbuch, das die Wallfahrtsseelsorge auf dem Hohenpeißenberg ausübte, dort kontinuierlich Wetterbeobachtungen durch. Auch nach der Säkularisation setzten bis ins Jahr 1827 ehemalige Klostergeistliche dies fort, obwohl die Ergebnisse ihrer Observation nicht immer abgefordert wurden.

Schreiben, 1 Doppelbl.

München, Bayerische Akademie der Wissenschaften, Archiv, VIII/163, fol. 123–124'.

QUELLE: München, Bayerisches Hauptstaatsarchiv, MK 25339.

LITERATUR: Jakob Mois, Das Stift Rottenbuch und die Anfänge des meteorologischen Observatoriums auf dem Hohenpeißenberg. In: Der Welf 3 (1995) S. 1–34.

S.F.

56 Vom Chorherrn zum Erfinder

a) Ansicht der von Sigmund Adam gebauten Linier- und Rastriermaschine von oben.
   1827

b)–c) Maschinenteile (Rädchen und Rollen).
   1827

Eigenwirtschaft und Grundherrschaft der Klöster

Wie die geistige Sphäre unserer Kultur von der wirtschaftlichen Sphäre umfangen und getragen wird, so ist auch die geistliche Sphäre der Kirche auf materielle Güter zur Verwirklichung ihrer Zwecke angewiesen. Bei den ständischen Klöstern des Kurfürstentums Bayern bestand das wirtschaftliche Vermögen aus der Eigenwirtschaft, d.h. aus dem in eigener Regie bewirtschafteten Grund und Boden der nächsten Umgebung, und aus der Grundherrschaft, d.h. aus dem Eigentum an zahlreichen Höfen im weiteren Umland, die zu Leihe an Bauern ausgegeben waren. Diese Grundholden wirtschafteten selbständig, mussten aber als Entgelt für das ihnen überlassene Nutzeigentum ihrem Grundherrn, dem Kloster, Abgaben reichen und Frondienste leisten. Die Abgaben wurden in den Speichern und Kassen des Klosters gesammelt, die Arbeiten auf den Feldern und im Transportwesen verrichtet.

Durch die Säkularisation wurde der Kurfürst Nachfolger der Klöster in ihren Besitzungen und Rechtsverhältnissen. Da die auf die Klosterhaushalte zugeschnittenen Eigenwirtschaften dem kurfürstlichen Haushalt nicht konform waren, wurden sie aufgelöst und ihre Felder und Gebäude versteigert. Die Grundherrschaften dagegen konnten als bloße Leihewirtschaften ohne weiteres dem landesherrlichen Kammergut zugeschlagen und die Abgaben und anderen Leistungen den Kastenämtern überwiesen werden. Bei eben diesen neuen Grunduntertanen des Landesherrn setzte man mit der Reform der Agrarverfassung an. Sie erhielten schon 1803 die Möglichkeit, das Eigentumsrecht an ihren Höfen gegen Entrichtung einer gewissen Summe abzulösen und sich dadurch der lästigen Besitzwechselabgaben zu entledigen. Die bisherigen jährlichen Abgaben wurden zu bloßen Zinsleistungen umgedeutet, die dem Landesherrn, nun als „Kapitalist" aufgefasst, zu entrichten waren. Dieses Ablösungsverfahren, das auch auf die anderen landesherrlichen Grunduntertanen ausgedehnt wurde,

ging nur sehr schleppend voran. Erst im Verlauf der Ereignisse von 1848 kam es zur endgültigen Grundentlastung. *G.L.*

60 Inventarisation des Grundbesitzes

„Plan der zum löblichen Stifte Rohr gehörigen Gründe", von Albert Hölzl, Operarius im Stift Rohr. 1800 *(Farbabb. S. 23)*

Schon anlässlich der „Inventarisation" des Stifts Rohr im November 1802 diente der vorliegende Plan, den der Lokalkommissar in der Abtei vorgefunden hatte, zur Vereinfachung der Beschreibung der Klostergründe, d.h. der stückweisen Auflistung der Felder, Wiesen, Hölzer und Weiher sowie der Hopfen- und Krautgärten, die das Stift Rohr in eigener Regie bewirtschaftete. Aber auch bei der zweiten Kommission im März 1803, in welcher die Aufhebung des Klosters vollzogen wurde, erwies Hölzls Plan seine Brauchbarkeit als übersichtliches Medium des realen Geländes. Mit seiner Hilfe ließen sich die einzelnen Areale identifizieren und benennen, sodass man sie in den Verkaufstabellen leicht bezeichnen und in der Korrespondenz mit der Kurfürstlichen Geheimen Landesdirektion bequem zur Sprache bringen konnte. – Der Verfasser des Plans, Albert Hölzl, vormals Franziskaner im Konvent zu Kelheim, nunmehr aber Operarius im Stift zu Rohr – wo er zwar nicht dem Orden, aber doch dem „zu verpflegenden Personale einverleibt" war – hat nach eigenem Bekunden jene „bergige Gegend" in eineinhalbjähriger Arbeit „vermessen, berechnet und in Plan gezeichnet". Es handelt sich bei dem Plan um eine Komplexkarte, auf der selektiv nur die Areale der klösterlichen Eigenwirtschaft zur Darstellung gekommen sind, die teils in geschlossener Lage das Kloster umgeben, teils aber als Exklaven zerstreut in der weiteren Umgebung liegen.

Kolorierte Federzeichnung, 57 x 104 cm, graphischer Maßstab unten links: 4000 Schuh = 14,3 cm, Verfasser im Titel genannt, Dreischildwappen unten Mitte: (1) das angebliche Wappen der Stifter, der Grafen von Rohr (halber Adler, zwei Rohrkolben), (2) das Wappen des Klosters bzw. Kapitels (Himmelskönigin mit Kind), (3) Wappen des vorletzten Propstes, Anton Junkeles, 1796–1800 (drei Ähren).

München, Bayerisches Hauptstaatsarchiv, Plansammlung 78.

QUELLEN: München, Bayerisches Hauptstaatsarchiv, Lokalkommission Rohr 1, 2; MF 20885. *G.L.*

61 Kloster Rohr aus der Vogelschau

Kupferillustration zu den Monumenta Rohrensia im 16. Band der Monumenta Boica, herausgegeben im Jahre 1795 von der Bayerischen Akademie der Wissenschaften.
1795

Die ausgedehnte Rohrer Klosteranlage erscheint in einer Sicht von schräg oben, sodass das Gefüge der Bauteile deutlich in Erscheinung tritt: beherrschend vorne der Turm, dahinter das einschiffige Kirchengebäude, eine Schöpfung des Egid Quirin Asam (1692–1750), begonnen im Jahre 1717. Mit der Südwand der Klosterkirche bilden die dreigeschossigen Klostergebäude ein Karree, das durch einen für die Ökonomie eingerichteten Zwischenflügel geteilt ist; der Ostflügel liegt vom Chor nach Osten abgerückt, steht mit ihm aber über einen westlich gerichteten Flügel in Verbindung, während er mit seinem nördlichen „Vorschuß" über ihn hinausspringt. In diesem nördlichen Anbau war die Bibliothek untergebracht. Im Südflügel befanden sich die Küche und das Refektorium, die Prälatur und die Gästezimmer. Vor dem Kirchturm links liegt das langgestreckte dreigeschossige Klosterwirtshaus, dahinter, nördlich der Kirche, der Gottesacker, darum legen sich im weiteren Umgriff im Norden und Osten die ummauerten Gärten, während

der südliche und westliche Bering hauptsächlich von agrarischen und gewerblichen Wirtschaftsgebäuden gebildet wird, die zwei Höfe einschließen.

Kupferstich, 21 x 31,5 cm, Künstler und Stecher nicht genannt.

München, Bayerisches Hauptstaatsarchiv, Amtsbibliothek 4°E 24g.

LITERATUR: Felix Mader, Die Kunstdenkmäler von Bayern: Bezirksamt Kelheim, München 1922, S. 298–325. *G.L.*

62 Auflistung und Vermessung der Gebäude

Joseph Dierlinger, Maurermeister zu Rottenburg, und Johann Georg Stuber, Hofzimmermeister zu Landshut, besichtigen die Kloster- und Ökonomiegebäude des Klosters Rohr, messen ihre Ausdehnung und schätzen ihren Gebrauchswert.
1803 April 6, Rohr

Der Wert der Liste liegt vor allem darin, dass die Funktionen der Gebäude angegeben werden, sodass das Kloster als ein komplexes Aktionsgebilde in Erscheinung tritt, in dem harte Arbeit beschauliches Wohnen und frommen Verzehr ermöglicht. – In Punkt 1 sind die drei Flügel der Klostergebäude, die sich an die Kirche von Süden her anschließen, zusammengefasst. Die Bibliothek wird als Nebengebäude [des Ostflügels] eigens aufgeführt. Bemerkenswert ist die Mannigfaltigkeit der betrieblichen Funktionen, denen die übrigen Bauwerke Raum gewähren: die endlosen Kellergewölbe, die sich unter den Klostergebäuden hinziehen, die verschiedensten Stadel und Kästen, die um sie herum stehen, und dazwischen die Viehställe und der Fischbehälter, der Backofen und der Ziegelofen, weiters die Schreinerei, die Wäscherei und das Mühlwerk, sodann die Bäckerei, die Metzgerei, die Brauerei und die Küche, Schupfen und Remisen für unterschiedliche Fahrzeuge und Geräte, Wohn- und Amtshäuser für die Diener und die Beamten, Kapelle und Armenhaus für die Gottes- und die

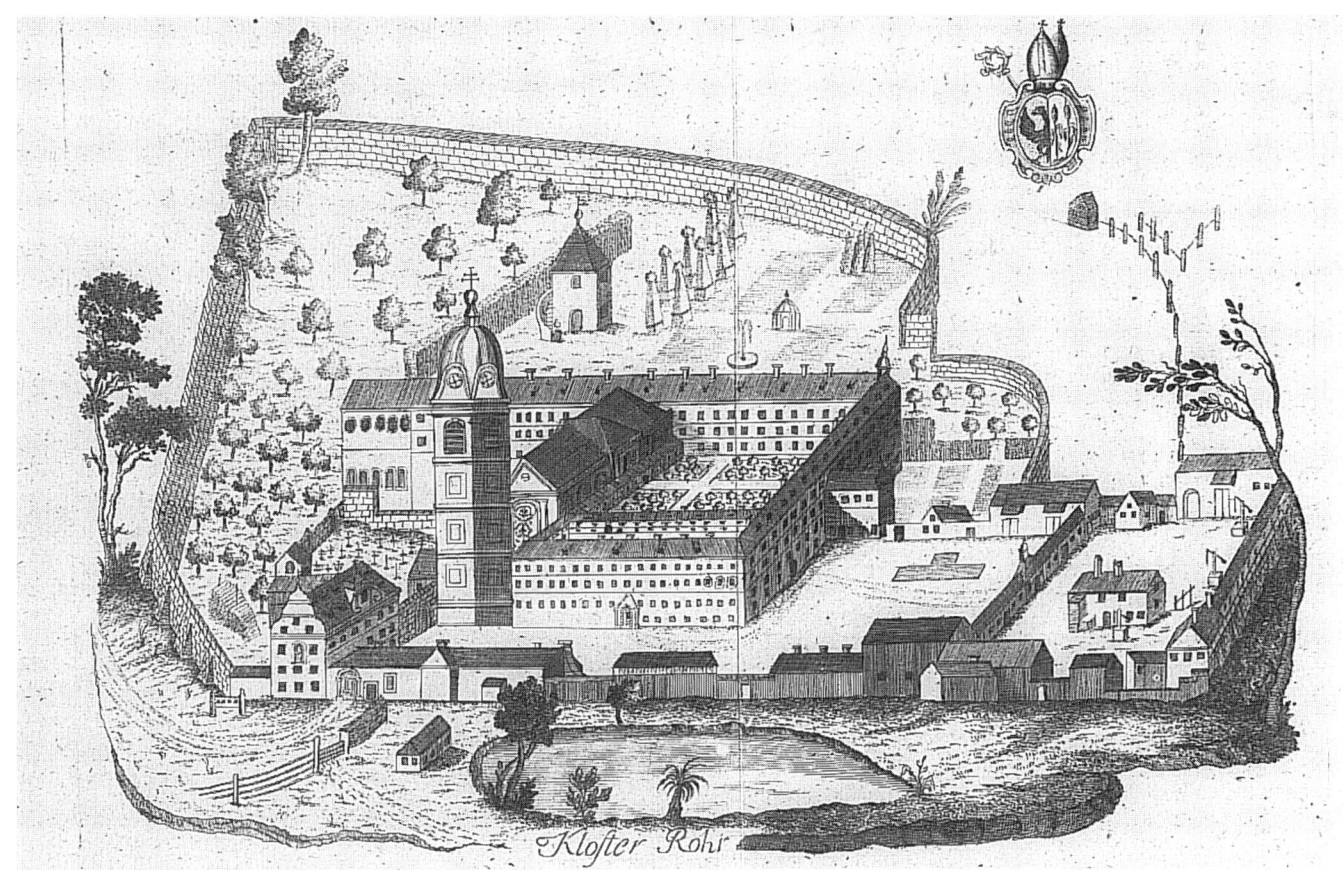

Kloster Rohr

61

Nächstenliebe. – Der Maurermeister schätzte den gesamten Gebäudekomplex auf 125.794 Gulden, der Zimmermeister kam nur auf 20.611 Gulden. Eine Idee, „wozu dieses große Kloster verwendet werden könnte", kam den beiden Gutachtern schon deshalb nicht, „weil der Mangel eines laufenden Wassers auch bey einer Fabrik vorzüglichst hart entböhret würde".

Handschriftl. Tabelle, 3 Doppelblätter, geheftet, mit eigenhändigen Anmerkungen des Lokalkommissars Johann v. Scherer.

München, Bayerisches Hauptstaatsarchiv, Lokalkommission Rohr 2, Nr. 30.   *G.L.*

63 Bestandsaufnahme der Gärten

Grundriss des Kernbestandes der Klosteranlage Rohr mit den Gärten, die darin eingeschlossen sind oder darum herum liegen, von Wilhelm Fürst, Kapitular des Klosters Rohr.
1803

Die Gärten innerhalb der Klostermauer – ein aus schlechten Grasgründen bestehender Obstgarten und ein Küchengarten, etwa vier bis fünf Tagwerk groß – hat der Lokalkommissar am 1. April 1803 wegen der anstehenden Frühjahrsarbeit gegen ein Stiftgeld von 50 Gulden dem Klostergärtner verpachtet, und zwar vorläufig auf ein Jahr, weil er der „Verwerthung des Klosters" nicht durch einen Verkauf des anliegendes Grundes vorgreifen wollte. Das sog. „kleine Convent Kreutzgärtl" (im Kreuzgang?) – es war nur mit Zwergbäumen und „Fuchs-Verziehrung" besetzt und nur ein halbes Tagwerk groß – pachtete der bisherige Kapitelsdechant und nunmehrige Pfarrvikar Anton Weigl um 33 Gulden. – Den vorliegenden Plan hat der Kapitular und Gartenaufseher Wilhelm Fürst in Hinblick auf die zukünftige Nutzung der Gärten entworfen. Ein Tagwerk davon sollte nach dem Willen der Marktgemeinde Rohr der Schule überlassen werden, ein weiteres Areal wollte man der Pfarrei reservieren; für beide Funktionen suchte man aber noch geeignete Gebäude. Als Schulhaus fasste man das gemauerte Klosterrichterhaus ins Auge, das bei der Versteigerung am 23. Mai 1803 nicht zugeschlagen werden konnte, als Pfarrhof das hölzerne Amtshaus, dessen Erwerberin nötigenfalls von ihrem Anrecht abstehen wollte. Den im Plan mit A bezeichneten Teil hielt man für die Schule geeignet, den Teil B für den zukünftigen Pfarrer; weitere Teilstücke könnten, so der Lokalkommissar, an die [im Norden] anstoßenden Bürgerhäuser verkauft werden.

Kolorierte Federzeichnung, 30,4 x 38,3 cm, Verfasser in den Akten genannt.

München, Bayerisches Hauptstaatsarchiv, Lokalkommission Rohr 2.

QUELLE: München, Bayerisches Hauptstaatsarchiv, Lokalkommission Rohr 2.   *G.L.*

64 Ein Haushaltsbuch des Klosters Beuerberg

„Volkhomnes hauß Register in / Etliche theill abgethailt", von Paulus Steinherr, Abt zu Beuerberg.
Um 1680

Laut einer Notiz von 1770 auf dem Vorsatzblatt hat Abt Paulus Steinherr das Haushaltsbuch um 1680 verfasst. Die im Titel genannten „theill" betreffen 1. den Meierhof,

2. die Bedienten, 3. die Speiseordnung, 4. die Handwerker, 5. die Scharwerker. Schon aus diesen Themen erhellt, dass vorzüglich die Eigenwirtschaft des Klosters behandelt wird, dagegen nicht die Wirtschaft der Grundholden und ebenso wenig das Leben der Konventualen. Das „Hausregister" macht sehr deutlich, dass die ständischen Klöster in Bayern Großhaushalte im Sinne der wirtschaftswissenschaftlichen Terminologie waren, also Orte vorzüglich der Konsumtion im Gegensatz zu den Unternehmungen als den Orten hauptsächlich der Produktion. Die vornehmste Sorge des Verfassers ist es, den zahlreichen Mitwirkenden der Klosterwirtschaft ihr Einkommen an Naturalien und Besoldungen zuzumessen („Tisch und Besoldung"). Die Aufgaben und Ämter („Verrichtungen") der Diener und Scharwerker werden zwar genannt, aber wichtiger als die Arbeitsordnung ist die Speisenordnung, z.B. in den beiden Meierhäusern oder im Lauf des Jahres. Der Zweck des „volkhomnen Hauß Registers" war, einen Überblick über „ein grosses volkhomnes Haußwesen" zu bekommen (S. 111), in dem das Arbeiten und Verzehren, das Leisten und das Besolden nach Art und Umfang, nach Ort und Zeit, nach Stand und Geschlecht aufs äußerste differenziert waren und deshalb umsichtige Koordination erforderten, damit alle Aufgaben erfüllt wurden und jeder zu seinem Recht und seiner Nahrung kam, das Kloster selber aber nicht „verlustiget" wurde (S. 121).

Handschrift, Pap., Pappband mit Pergamentrücken und -ecken; 21,4 x 17 x 3,5 cm; 206 Bl., davon 101 Bl. unbeschrieben.

München, Bayerisches Hauptstaatsarchiv, KL Beuerberg 7a (aufgeschlagen S. 88/89).   *G.L.*

65 Die Gebäude des Klosters Beuerberg

Kloster Beuerberg aus der Vogelschau, gestochen von Johann Ulrich Kraus (1655–1712).
1690

Das Kloster wird aus der Vogelperspektive gezeigt, sodass der ganze Umfang und die räumliche Gliederung der Gebäude zur Erscheinung kommen. Die Stiftsgebäude sind in den beiden Jahrzehnten nach 1729 neu erbaut worden. Die Ökonomiegebäude, die sich am Westflügel anschließen und mit diesem im Vordergrund eine dreiflügelige, im Norden durch eine Kapelle und die Klostermauer abgeschlossene Anlage bilden, sind nicht nach ihren Funktionen spezifiziert. Den Abschluss im Vordergrund bilden möglicherweise die beiden Meierhäuser, die im Beuerberger „Hausregister" von ca. 1680 eine Rolle spielen, in dem der Abt Paulus Steinherr das Leben und Treiben des Gesindes im Wirtschaftsbetrieb des Klosters schildert.

Kupferstich, 7,9 x 14,2 cm, in: Antonius Guilielmus Ertl, Des Chur-Bayerischen Atlantis Zweyter Theil: Das ist: Eine Grundrichtige / Historische / und mit 90. schönen Kupfern gezierte Abbildung aller ... Thomb- und Collegiat-Stifften / Abteyen / Probsteyen / und Clöstern ..., Nürnberg 1690 (nach S. 146).

München, Bayerisches Hauptstaatsarchiv, Amtsbibliothek 8°E 20.   *G.L.*

66 Vermessung eines klösterlichen Hofes

„Plan sämmentlicher Gründe des unbemairten bisher verstifteten, ehemals zum Kloster Beuerberg freistiftsweise, nun dem Koeniglichen Bairischen Rentamt Wolfratshausen inkamerirten halben Liendldeierl Hofes zu Degerndorf", von Michael Stroeber, Geometer in Tölz.
1808 (Reinzeichnung 1809)

Der kloster-beuerbergische Liendldeierlhof in Degerndorf (Lkr. Bad Tölz-Wolfratshausen) ist am 3. Januar 1774 in Asche gelegt worden, war aber damals schon ein fast verödetes und hoch verschuldetes Gut. Der Bauer wurde als Tagwerker im Kloster Beuerberg aufgenommen, Grund und Boden verstiftet. Im Jahre 1803, als die kurfürstliche Lokalkommission die Aufhebung des Klosters Beuerberg betrieb, bezifferte der Propst die ausständigen Gülten und Stiften vom Liendldeierlhof auf fast zwölf-

hundert Gulden. Der neue Eigentümer des Hofes, Kurfürst Maximilian Joseph, wollte verständlicherweise den weiteren Entgang von grundherrlichen Gefällen und öffentlichen Steuern nicht hinnehmen. Die Landesdirektion von Bayern ließ die Gründe des Hofes vermessen, in Plan legen, in Kaufpartien sondern und diese einzeln versteigern. Der Verkauf erfolgte auf grundzinsiges Eigentum als walzende (d.h. nicht betriebsgebundene) Stücke. Die 67 3/8 Tagwerk Feld-, Wies- und Holzgründe erlösten 2925 Gulden. Damit war der Liendldeierlhof zertrümmert. Die Güterzertrümmerung gehörte als agrarpolitische und finanzpolitische Maßnahme zur Herstellung freien Eigentums und zur Beförderung der Produktivität zum Programm der Reformer der bayerischen Landeskultur.

Kolorierte Federzeichnung, 61,2 x 96 cm, graphischer Maßstab: 1000 Fuß = 11,5 cm (1:2500).

München, Bayerisches Hauptstaatsarchiv, Plansammlung 76.

Quellen: München, Bayerisches Hauptstaatsarchiv, KL Beuerberg Fasz. 130 Nr. 19, ad 19; Lokalkommission Beuerberg 1 Nr. 55, 128 und 149 1/2.

Literatur: Friederike Hausmann, Die Agrarpolitik der Regierung Montgelas, Bern-Frankfurt am Main 1975.   *G.L.*

67 Aufnahme durch die Landesvermessung

Erstes Ortsblatt der ehemaligen Hofmark Degerndorf des Klosters Beuerberg aus dem bayerischen Flurkartenwerk, von Georg Kunig, Geodät.
1812

Am 27. Januar 1808 hatte König Maximilian I. Joseph die Unmittelbare Steuervermessungskommission mit der Vermessung und Bonitierung allen Grundbesitzes beauftragt, um damit die Grundlage zu schaffen für eine gerechte und einheitliche Grundbesteuerung. Infolgedessen sind in der Zeit von 1808 bis 1856, einschließlich der

Pfalz, über 21 Millionen Grundstücke systematisch aufgenommen und auf 20.760 Rahmenkarten dargestellt worden, in der Regel im Maßstab 1:5000. Nur in Gebieten mit kleinräumigen Fluren und bei Städten und größeren Ortschaften hat man die doppelte Maßverjüngung 1:2500 gewählt und eigene, durch Gewandtheit und Zuverlässigkeit ausgewiesene Geodäten mit der Aufmessung der Ortschaften betraut. Die Ortsblätter zeigen die erfassten Siedlungsgebiete unabhängig vom System der Rahmenkarten, sind fortlaufend nummeriert und als Beilagen zu den einschlägigen Rahmenkarten gekennzeichnet; das ausgestellte Blatt Degerndorf ist Beilage zum Blatt SW (Südwest) XIII-7. Ein Vergleich mit Michael Stroebers Aufnahme des Liendldeierlhofes von 1808 ergibt, dass dessen Hofgebäude am westlichen Dorfrand auf dem mit der Nummer 31 bezeichneten Areal gestanden haben müssen.

Kolorierte Federzeichnung, 44,5 x 25 (oben; schmalste Stelle: 15,4 cm, unten: 21 cm) auf alte gedruckte Flurkarte aufgeklebt (57,3 x 56,4 cm), Maßstab 1:2500.

München, Bayerisches Landesvermessungsamt; Uraufnahmenarchiv, Ortsblatt Degerndorf D 10.

LITERATUR: Joseph Amann, Die bayerische Landesvermessung in ihrer geschichtlichen Entwicklung. Erster Teil: Die Aufstellung des Landesvermessungswerkes 1808–1871, München 1908. – Theodor Ziegler, Die Entstehung des bayerischen Katasterwerks, München 1976.
G.L.

Beschreibung und Abschätzung der Felder, Wiesen und Gärten des Liendldeierlhofes wurde vom 9. bis 11. Mai 1808 vorgenommen, aber ohne Verwendung des Planes – der erst in den folgenden Monaten aufgenommen und erst im April 1809 eingesendet worden ist –, nur mit Hilfe von Schätzleuten. Die Versteigerung der Grundstücke ist vom 16. bis 18. Mai abgewickelt worden. Die Grundstücke, die Käufer und die erzielten Preise wurden in eine Liste eingetragen und beim Generalkommissariat am 20. August 1808 zur Ratifikation eingereicht, das sie dem Finanzministerium vorlegte. Am 7. März 1809 erfolgte die Genehmigung. Infolgedessen stellte die Spezialklosterkommission 43 Kaufbriefe aus über die aus dem Liendldeierlhof „gebrochenen Realitäten". Üblicherweise wurden die den aufgehobenen Klöstern grundbaren Höfe den Rentämtern inkammeriert, d.h. dem Kammergut des Kurfürsten zugeschlagen, des Rechtsnachfolgers der klösterlichen Grundherren. Doch im vorliegenden Fall hatte die Veródung des Hofes und die Verstiftung der Grundstücke die Vereinnahmung auf der Ebene der Betriebseinheit nicht zugelassen.

43 Schreiben, 43 Doppelbll., ohne Unterschriften und ohne Siegel.

München, Bayerisches Hauptstaatsarchiv, KL Fasz. 130 Nr. ad 19.

QUELLEN: München, Bayerisches Hauptstaatsarchiv, KL Fasz. 130 Nr. 15 ff.
G.L.

68 Verkauf eines Hofes in 43 Teilen

43 Kaufbriefe der Spezialklosterkommission über die aus dem Liendldeierlhof in Degerndorf verkauften Grundstücke.
1810

Am 23. November 1807 hatte die Landesdirektion von Bayern dem Rentamt Wolfratshausen aufgetragen, den Liendldeierlhof zu Degerndorf öffentlich zu versteigern, zuvor aber vermessen und zeichnen zu lassen und eine Aufteilung in verkaufbare Partien vorzunehmen. Die

69 Kloster Fürstenfeld und seine Hofmark Bruck

Ansicht des Ampertales zwischen dem Dorf Emmering und der Zisterze Fürstenfeld, das ist der Bereich, in dem die Grenze der Hofmark Bruck mit dem Landgericht Dachau sowie das Weiderecht mit der Gemeinde Emmering strittig geworden sind.
1604
(Farbabb. S. 24)

Dieser Grenz- und Jurisdiktionsstreit entzündete sich an der Pfändung eines Pferdes, das die Gemeinde Emmering Mitte August 1599 aus der Brucker Pferdewacht – die damals auf dem Feld stand, das im Zentrum des Planes fast quadratisch aus seiner Umgebung hervorsticht – herausgreifen und in den Pfandstall des Landgerichts Dachau hatte führen lassen. Die Emmeringer wollten sich damit gegen das Übertreiben des Brucker Viehs in ihren Trieb und Blumbesuch wehren. Die Auseinandersetzung spitzte sich auf die Frage zu, ob das fragliche „Veldl" in der fürstenfeldischen Hofmark Bruck liege und das Pferd deshalb dem dortigen Richter hätte überstellt werden müssen, oder mit Recht dem Landrichter überantwortet worden sei.

Der ausgestellte Plan wurde anlässlich eines Lokaltermins Mitte September 1604 aufgenommen, weil der mit der Erledigung der Streitsache beauftragte Pfleger zu Starnberg erkannt hatte, dass dies „ohne vorgehenden Augenschein nit fueglich" geschehen konnte. Indem man davon einen „Abriß und Contrafatur uffs Papier gebracht" hat, wurde die augenscheinliche Situation, wie sie der Augenzeuge im Gelände in Erfahrung bringen konnte, sozusagen aktenkundig und der weiteren aktenmäßigen Behandlung des Falles dienstbar gemacht. Wie diese papierene Existenz des Augenscheins büromäßig genutzt wurde, zeigt sich u.a. darin, dass der Abt von Fürstenfeld seine Interpretation des Geländes und die Interessen seines Klosters in die Zeichnung hat schriftlich eintragen lassen.

Kolorierte Federzeichnung, 46 x 58 cm.

München, Bayerisches Hauptstaatsarchiv, Plansammlung 18593.

QUELLEN: München, Bayerisches Hauptstaatsarchiv, GL Fasz. 530.

LITERATUR: Gertrud Stetter, Bayern in alten Ansichten und Schilderungen, München-Sigmaringen 1971, S. 153 (Abbildung). – Edgar Krausen, Die handgezeichneten Karten im Bayerischen Hauptstaatsarchiv sowie in den Staatsarchiven Amberg und Neuburg a.d. Donau (Bayerische Archivinventare 37), Neustadt a.d. Aisch 1973, Nr. 383. – Reinhard Heydenreuther in: Angelika Ehrmann u.a. (Hrsg.), In Tal und Einsamkeit. 725 Jahre Kloster Fürstenfeld. Die Zisterzienser im alten Bayern, Bd. 1: Katalog, Fürstenfeldbruck 1988, S. 258 Nr. K. II. 2 (Abbildung S. 257). *G.L.*

70 Gewerbliche Nutzung klösterlicher Wasserrechte

Plan der Amper bei Kloster Fürstenfeld mit ihren Mühlbächen und Wasserbauten, von Oberst Adrian von Riedl, General-Wasser- und Straßenbaudirektor. 1803

Der Plan zeigt die Amper mit zwei rechts abzweigenden Mühlbachsystemen; im oberen liegen das Kloster Fürstenfeld und seine Mühlen, im unteren die Ober- und die Pullachmühle. Die Klosteranlage wird vom Hauptbach und zwei Nebenbächen durchzogen, beim Markt Bruck wird die wieder zusammengefasste Amper von einer Brücke der Münchner Chaussee überquert. Außer kleineren Brücken, welche die verzweigten Rinnsale der Amper überwinden, sind eine Reihe weiterer Wasserbauten eingezeichnet, die sie regulieren: Ablässe, Wehre, Beschlächte und eine Floßfahrt. Die Interessenten an der Verteilung, Nutzung und Kontrolle des Wassers der Amper – das Kloster Fürstenfeld, die Stadt Dachau, die Müller und Bauern und schließlich auch der Erwerber des Klosters Fürstenfeld, der böhmische Kattunfabrikant Ignatz Leitenberger, der die Lage des Klosters im System der Amperkanäle nutzen wollte – mussten sich untereinander vergleichen und mit dem Landesherrn, also dem Staat. Um hier Übersicht über die Lageverhältnisse und Klarheit über die Abhängigkeitsverhältnisse des hydrotechnischen Systems zu gewinnen, hat der General-Straßen- und Wasserbaudirektor Adrian von Riedl, der den Lokalkommissar und seinen Aktuar am 15. August 1803 bei der Begehung des Geländes begleitet hatte, den ausgestellten Plan angefertigt, der das Tal der Amper in wasserwirtschaftlicher Sicht zeigt. Am Ablass zu Beginn des Systems hatte schon immer der Kurfürst die Baulast, weil er ihn für die Floßfahrt nutzte, am unteren Ende, an der Brucker Brücke, hatte sie herkömmlich die Zisterze Fürstenfeld, weil sie den Brückenzoll einnahm. Doch als die Brücke Ende 1803 ruinös geworden war, musste man feststellen, dass „diese Brück-Herstellung eine dem Staate erst ganz neu zugefallene Bürde ist".

Kolorierte Federzeichnung, 39 x 50,5 cm.

München, Bayerisches Hauptstaatsarchiv, Plansammlung 73.

QUELLEN: München, Bayerisches Hauptstaatsarchiv, Lokalkommission Fürstenfeld 24; MF 18323; GL Fasz. 646 ad Nr. 263.　　　*G.L.*

71 Vermessung und Erfassung des landwirtschaftlichen Besitzes

„Abgetheilte Aecker und andere wierthschaftliche, dann öde Gründe des Klost[ers] Fürstenfeld samt dem Entwurfe des sämmtlichen Innhaltes" in einer Tabelle und 13 geometrischen Plänen von Franz Xaver Therer, kurfürstlicher geistlicher Rat, Pfarrer in Mammendorf.

1803

Im Mai 1803 beschäftigte sich die Lokalkommission Fürstenfeld mit Beschreibung und Abschätzung der Gebäude, Feldgründe, Weiher und Waldungen des Klosters Fürstenfeld und der zugehörigen Meierhöfe Puch und Roggenstein, der Pfarrer von Mammendorf, F.X. Therer, mit der Vermessung und parzellenweisen Darstellung in Plänen und Tabellen. Zum Klostermeierhof Fürstenfeld gehörten 218 Tagwerk Äcker und 259 Tgw. Wiesen, einschließlich der Kraut- und Hopfengärten, und knapp 14 Tgw. Weiher; die Waldungen bedeckten eine Fläche von 14.905 Tgw. Pfarrer Therers Pläne fand die Generallandesdirektion „sehr zweckmäßig verfaßt" und sie ließ deshalb auch die beiden benachbarten Meierhöfe des Klosters, Puch und Roggenstein, um eine „vollständige Uebersicht über die Größe der Oekonomie Gründe" zu bekommen, von ihm vermessen. Die Lokalkommission erhielt sie zurück, damit sie anhand der Zeichnungen die Teilstücke der Gründe für die Zwecke der Versteigerung ausstecken könne.

8 lose Doppelbl.: 1 S. Titel, 1 S. Tabellen, 13 S. Federzeichnungen, stellenweise leicht laviert; Maßstab: 500 Schuh = 7,2 cm, 1:2000.

München, Bayerisches Hauptstaatsarchiv, Plansammlung 5988–5995.

QUELLEN: München, Bayerisches Hauptstaatsarchiv, Lokalkommission Fürstenfeld 1, 2, 19, 20, 21.

LITERATUR: Winfried Müller, Die Aufhebung von Kloster Fürstenfeld im Jahr 1803. In: Angelika Ehrmann u.a. (Hrsg.), In Tal und Einsamkeit. 725 Jahre Kloster Fürstenfeld. Die Zisterzienser im alten Bayern, Bd. 2: Aufsätze, Fürstenfeld 1988, S. 141–163.　　　*G.L.*

72 Der Meierhof Roggenstein des Klosters Fürstenfeld

„Plan des zum ehemaligen Kloster Fürstenfeld gehörigen Einödhofes Roggenstein in seinen zusammenhängenden Theilen", von Franz Xaver Therer, kurfürstlicher geistlicher Rat, Pfarrer zu Mammendorf.

1803

Im Gegensatz zu den Meierhöfen Fürstenfeld und Puch konnte Pfarrer Therer den Meierhof Roggenstein, weil er mit Ausnahme zweier großer Wiesen über eine arrondierte Feldflur verfügte, inmitten des geschlossenen Komplexes seiner Grundstücke zur Darstellung bringen. Wir haben es, abgesehen von jenen beiden Wiesen, mit der Übersicht über die räumliche Gestalt einer landwirtschaftlichen Betriebseinheit zu tun: über die Verteilungsordnung der produktiven Bodenareale im Gelände und über die Verdichtungsordnung der speichernden und weiterverarbeitenden Betriebsteile sowie der verzehrenden Haushaltung auf der Hofstelle. Der Roggensteiner Meierhof sollte als Betriebseinheit mit seinem lebenden und toten Inventar verkauft werden. Nur im Falle, dass es die Versteigerung erleichtern oder den Erlös erhöhen würde, war man gewillt, eine Teilung in zwei Höfe vorzunehmen. Doch von der ganzen Fürstenfelder Eigenwirtschaft ging nur der Streubesitz an eine Vielzahl von Käufern über, der Kernbestand, also der Fürstenfelder, der Roggensteiner und der Pucher Meierhof, ging

Da die ehemaligen Klosterbrauereien besonders hohe Gewinne für den Staat versprachen, wurden die vier möglichen Verwertungsformen – Verkauf, Verpachtung, Weiterbetrieb in Eigenregie und Stilllegung – von zentraler Stelle aus genau beobachtet. Zwei Jahre nach der Aufhebung der meisten landständischen Klöster entstand ein umfänglicher, tabellarischer „Conspect", der eine Art Zwischenbilanz für Altbayern darstellt. Darin sind zunächst die bereits vor der Säkularisation in Staatsbesitz befindlichen 20 Brauereien aufgelistet. Anschließend folgen die wesentlich zahlreicheren Brauhäuser der aufgelösten ständischen Klöster und Hochstifte, am Ende die der Mendikantenorden. Vermerkt sind hauptsächlich Käufer bzw. Pächter und die erzielten Erlöse.

Lediglich in acht Fällen tritt der Staat im März 1805 noch selbst als Betreiber akquirierter kirchlicher Brauhäuser auf, davon nur drei klösterliche. Insgesamt 14 Betriebe sind verpachtet; die restlichen 48 aus ehemals ständischem Klosterbesitz gelten bereits als verkauft. Von den eingetragenen Brauereien der Bettelordensklöster wurden viele nach dem Inventarverkauf gänzlich aufgelöst. Wie hoch der Gesamtgewinn war, den der Fiskus aus den verstaatlichten Klosterbrauereien ziehen konnte, lässt sich allerdings nur grob überschlagen. Allein aus Versteigerung und Verpachtung dürften vermutlich mehr als 1,2 Millionen Gulden in die Staatskasse geflossen sein.

Tabellarisches Verzeichnis, fadengeheftet, 15 Doppelbl., 49 x 32,5 cm, aufgeschlagen S. 16/17.

München, Bayerisches Hauptstaatsarchiv, GR Fasz. 184 Nr. 30.

LITERATUR: Haderstorfer (wie Nr. 74) S. 112 f. – Anton Schneider, Der Gewinn des bayerischen Staates von säkularisierten landständischen Klöstern in Altbayern (Miscellanea Bavarica Monacensia 23), München 1970, S. 165–167. G.F.

77 Startschwierigkeiten privatisierter Klosterbrauereien

Zwangseinquartierungen und Vorspanndienste während der Napoleonischen Kriege tragen zum Ruin des Brauhauspächters des aufgelösten Münchner Angerklosters bei.
1805–1813, München

Wie unsicher und riskant der Erwerb selbst einer renommierten Klosterbrauerei war, zeigt das Beispiel des Münchner Angerklosters. Das Brauhaus der landständischen Klarissinnen, eine der ältesten Braustätten der

77

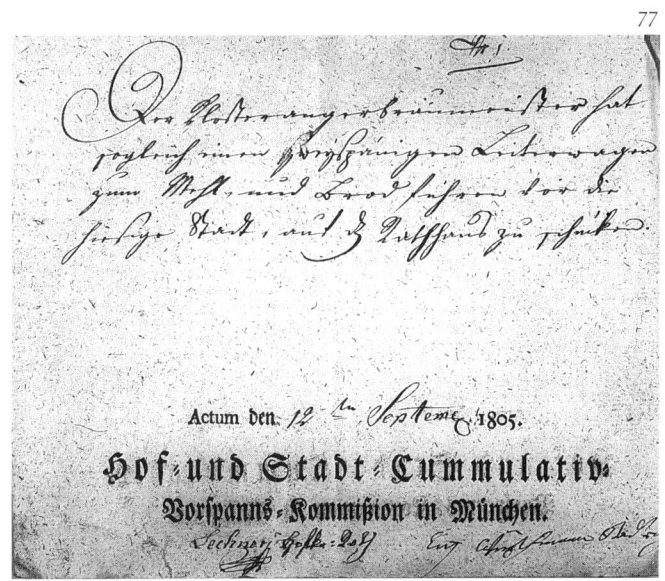

78

Steuern und Abgaben die zahlreichen Truppeneinquartierungen, die Verpflichtung zu militärischen Vorspanndiensten und die Requisition von Bier für durchziehende Soldaten während der Kriege von 1805 bis 1813. Für diese Leistungen wurden zunächst nur Quittungen ausgegeben.

Im Sommer 1811 musste der Braubetrieb schließlich eingestellt werden. Langjährige Rechtsstreitigkeiten schlossen sich an. Noch vor 1820 wurde das inzwischen ruinöse Brauereigebäude abgerissen. Das ruhende Braurecht wurde in den folgenden Jahrzehnten allerdings mehrfach wertsteigernd weiterverkauft, bis es letztlich im Unternehmenskomplex der Löwenbräu AG aufging.

Quittungen und Belege, z.T. als ausgefüllte Vordrucke, 9,5 x 16 cm (Quartierzettel) bzw. 16 x 19,5 cm (Vorspannquittungen).

München, Staatsarchiv München, KL München Angerkloster 24 (Provenienz Appellationsgericht des Isarkreises).

QUELLEN: München, Bayerisches Hauptstaatsarchiv, KL Fasz. 352 Nr. 30; MF 17075.

LITERATUR: Heinrich Huber, Das Brauwesen der vormaligen Angerklosterbrauerei in München. In: Jahrbuch der Gesellschaft für die Geschichte und Bibliographie des Brauwesens e.V. 1936, S. 84–104. – Arndt-Baerend (wie Nr. 17) S. 186. – Wolfgang Behringer, Löwenbräu. Von den Anfängen des Münchner Brauwesens bis zur Gegenwart, München 1991, S. 82 f. und 102. *G.F.*

78 Nachwirken klösterlicher Braukenntnisse

Benno Scharls „Bräu-Beschreibung" aus der Zeit um 1780/90 im späteren Druck.
1937, Berlin

Der Laienjesuit und gelernte Bierbrauer Benno Scharl gilt als einer der bedeutendsten und innovativsten bayerischen Brauereiexperten der Zeit um 1800. Nach der Aufhebung des Jesuitenordens im Jahr 1773 verwaltete er zunächst erfolgreich mehrere von dessen ehemaligen Brauhäusern und Ökonomien im Raum Ingolstadt, um dann zu den Maltesern nach Ebersberg zu wechseln. Von

Stadt, war zwar bereits zum Zeitpunkt der staatlichen Übernahme defizitär und in schlechtem äußeren Zustand, genoss aber wegen der guten Bierqualität große Anerkennung und wurde deshalb mit einem relativ hohen Pachtzins belegt. Als noch andere Probleme hinzukamen, geriet der ehemalige Klosterbraumeister, der den Betrieb als Pächter übernommen hatte, rasch in Zahlungsrückstand. Besonders belastend wirkten neben

1783 bis zu seinem Tod 1812 stand er in Diensten der Grafen von Seinsheim. Die letzten 25 Jahre seines Lebens widmete er zum einen der Modernisierung und Ertragssteigerung der gräflichen Gutsbrauerei in Grünbach bei Erding, die er zu einem regelrechten Musterbetrieb ausbaute. Zum anderen trat er als Verfasser einer bahnbrechenden Schrift über die Technik der „Braunbier-Brauerey" hervor, die bis 1843 in drei Auflagen erschien und den Beginn der neuzeitlichen Brauwissenschaft markiert. Lange Zeit unentdeckt blieb dagegen ein früheres Werk Scharls aus dem späten 18. Jahrhundert. Das 56-seitige Manuskript der „Außführlichen Beschreibung des Bräuwerks, wie man aus der Gersten ein Malz, und aus dem Malz ein Bier zu machen pflegt" wurde erst 1937 in Buchform veröffentlicht, dürfte aber in seinen Grundzügen bereits vielen zeitgenössischen Braumeistern bekannt gewesen sein. Scharls praxisbezogene, in einfacher Sprache verfasste Anweisungen für den Mälzungs- und Brauprozess belegen, wie klösterliche Braukenntnisse weit ins 19. Jahrhundert hinein den Berufsstand prägten.

Druck, 112 S., hrsg. von Heinrich Huber, Eigenverlag der Gesellschaft für die Geschichte und Bibliographie des Brauwesens e.V., aufgeschlagen S. 26/27 mit Porträt Scharls von ca. 1810 (Radierung von August Graf v. Seinsheim).

München, Bayerisches Hauptstaatsarchiv, Amtsbibliothek 8°H 453.

QUELLE: München, Stadtarchiv München, Gewerbeamt 62.

LITERATUR: Heinrich Huber, Benno Scharl, der Begründer des neuzeitlichen Brauwesens. In: Jahrbuch der Gesellschaft für die Geschichte und Bibliographie des Brauwesens e.V. 1936, S. 152–158. – Ders. (Bearb.), Bräu-Beschreibung von Benno Scharl (1741–1812), Berlin 1937, S. 5–25. – Wolfgang Schuster, Benno Scharl. In: Ders. – Sabine Rehm (Hrsg.), Grünbach. Aus der Geschichte eines Dorfes bei Erding, o.O. 1995, S. 219–225. *G.F.*

79 Wettbewerbsvorteile für Klosterbrauereien?

Die Löwenbräu AG München beschwert sich über die „Konkurrenz durch klösterliche Brauereien".
1933 März 13, München

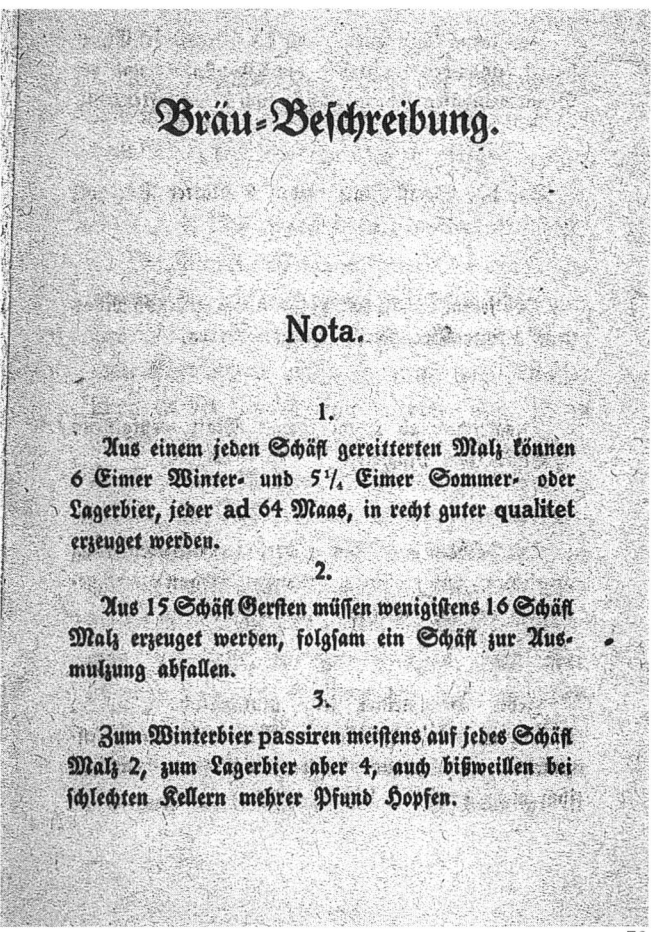

78

Als sich das Brauwesen in Deutschland nach den krisenhaften Einbrüchen infolge des Ersten Weltkriegs wieder langsam erholte, versuchten auch einige wenige bayerische Klöster, mit offensiven Strategien steigende Marktanteile zu erzielen, um so ihre wirtschaftliche Gesamtsituation zu verbessern. Dieses Bestreben stieß freilich in den späten 1920er und frühen 1930er Jahren auf energischen Widerstand gewerblicher Brauereien, die Wettbewerbsvorteile der Klöster argwöhnten. Ausgetragen wurden diese Konflikte in der Regel über Wirtschaftsverbände wie den Bayerischen Brauerbund, dem auch die meisten inkriminierten Klöster wie Andechs, Scheyern, Waldsassen und Furth bei Landshut angehörten. Nach der Machteroberung der Nationalsozialisten Anfang 1933 lässt sich eine Verschärfung der Vorwürfe feststellen. Dies hängt möglicherweise damit zusammen, dass Firmen wie die Löwenbräu AG im Verein mit Standesorganisationen angesichts der Gegensätze zwischen katholischer Kirche und NS-Regime glaubten, den Druck auf die konkurrierenden Klosterbrauereien forcieren zu können.

Schreiben, 1 Bl., mit Beilage, Maschinenschrift.

München, Bayerisches Hauptstaatsarchiv, Bayerischer Brauerbund 492.

QUELLEN: München, Bayerisches Hauptstaatsarchiv, Bayerischer Brauerbund 422, 492.   *G.F.*

80 „Heilige dürfen nicht als Bierreklame dienen"

Kardinal Michael von Faulhaber predigt gegen den Missbrauch von Heiligen- und Klosternamen für Alkoholika.
1935 Januar 3, Bayreuth

Von klerikaler Seite wurde die bierbrauende Tradition der Klöster bzw. deren öffentliche Wahrnehmung aus ganz anderen Motiven heraus missbilligt. Ansatzpunkt der Kritik in den 1920er und 1930er Jahren war die weit verbreitete, von der Alkoholindustrie werbemäßig verstärkte Assoziation von Heiligen, Mönchen und anderen kirchlichen Amtsträgern mit der Produktion und dem Vertrieb von Bier, aber auch von anderen berauschenden Getränken wie Wein, Branntwein und Likör. Besonders vehement trat der Münchner Erzbischof Michael von Faulhaber für mehr „Ehrfurcht vor dem Heiligen" ein. In seiner viel beachteten Silvesterpredigt des Jahres 1934

verurteilte er die Alkoholreklame mit Klöstern und Heiligen scharf, verstoße sie doch gegen die erste Vaterunserbitte. Im Übrigen hätten es die heutigen Ordensmänner nicht verdient, als „Genußmenschen des krassesten Materialismus" hingestellt zu werden. Faulhabers Mahnappell wurde zwar von der zeitgenössischen Presse intensiv in die Öffentlichkeit getragen, eine dauerhafte Wirksamkeit hat das zeitweilige Ankämpfen der Kirche gegen die marktwirtschaftliche Ausnützung der Klosterbrautradition allerdings nicht entfalten können.

Zeitungsausschnitt aus der „Bayerischen Ostmark", mit angeklebtem Formblatt des Ausschnittservices, 22,5 x 17,5 cm.

München, Erzbischöfliches Archiv München, NL Faulhaber 4215.

QUELLEN: München, Bayerisches Hauptstaatsarchiv, Bayerischer Brauerbund 1125. – Michael von Faulhaber, Die erste Vaterunserbitte: Die Ehrfurcht vor dem Heiligen! In: Münchner Katholische Kirchenzeitung vom 6.1.1935, S. 2–4.

LITERATUR: Dieter Katte, Wort und Antwort. Eine Untersuchung der Predigten, die Kardinal Faulhaber in der Zeit zwischen dem 1. Januar 1933 und dem 20. April 1945 gehalten hat, Bd. 1, Theol. Diss. Salzburg 1976, S. 91–95 (Predigtabdruck in Bd. 2, S. 234–243).   *G.F.*

81 Fälschliche Klosterbrautradition

Halbliterkrug der Kulmbacher Mönchshof-Bräu zum angeblich 600-jährigen Firmenjubiläum.
1949, Kulmbach

Eine jahrhundertelange, ungebrochene Brautradition erscheint bis heute für viele Bierproduzenten unverzichtbar, gilt sie doch in der Branche als besonderes Qualitätsmerkmal. Klösterliche Ursprünge garantieren besonders weit zurückliegende Gründungsdaten, auch wenn die verwendeten Jahreszahlen oft einer historischen Überprüfung nicht standhalten. Manche Unternehmensgeschichte gewerblicher Brauereien wirkt sogar stark konstruiert.

Am Beispiel der Kulmbacher Mönchshof-Brauerei wird sichtbar, wie leichtfertig bisweilen klösterliches Erbe zu Marktzwecken ausgenützt wird. Das vorgebliche Brauereigründungsjahr 1349 geht auf die Bestätigungsurkunde für die Stiftung des örtlichen Augustinerklosters zurück, dessen Brautätigkeit schon mit der Klosterauflösung ab 1528 zu Ende ging. 1553 wurden die ehemaligen Klostergebäude zerstört. Die einzige vage Verbindungslinie zwischen der späteren Großbrauerei, die erst ab 1846 entstand, und dem namensgebenden, das Firmenemblem zierenden Mönch besteht darin, dass der Standort des neuen Brauhauses in der Nähe Kulmbachs vor 1803 im Besitz des Zisterzienserklosters Langheim war, das aber dort höchstwahrscheinlich kein Bier gebraut hatte. Trotz dieser offensichtlichen Ungereimtheiten glaubte die Mönchshof-Bräu 1949, in wirtschaftlich schwierigen Zeiten ihr 600-jähriges Firmenjubiläum feiern und zu diesem Zweck einen Gedenkkrug anfertigen zu müssen.

Tonkrug mit Zinndeckel und Aufdruck, Höhe 14 cm, Durchmesser 10 cm.

Kulmbach, Bayerisches Brauereimuseum.

Literatur: Bernd Winkler, Das Bierbrauen in Kulmbach, Kulmbach 1987 (Abbildung S. 216).   G.F.

82 „Salvator" – ein werbewirksames Patent

Widerrechtliche Ankündigung des Ausschanks von Salvatorbier durch einen Münchner Wirtshauspächter.
1900 Februar, München

Für den Pächter und späteren Käufer der Brauerei des aufgehobenen Paulanerklosters in der Au bei München, Franz Xaver Zacherl, stand rasch fest, wie er seinem neuen Betrieb angesichts der lebhaften Konkurrenz in der Landeshauptstadt eine stabile Marktposition verschaffen konnte. Zacherl wollte den saisonalen Ausschank von Starkbier fortsetzen, wie ihn die Paulaner-

mönche ab 1751 jährlich Anfang April zu Ehren des Ordensstifters praktiziert hatten. Nach jahrelangem Ringen mit den Behörden erwirkte er schließlich 1837 eine offizielle königliche Ausnahmegenehmigung. Die

Produktion des beliebten Spezialtrunks, für den ab 1808 die Bezeichnung „Salvator" üblich wurde, erwies sich im Lauf des 19. Jahrhunderts als wichtige Basis des Aufstiegs zum Großkonzern. Allerdings mussten Zacherls Erben das alleinige Recht am „Salvator" hart erstreiten, brauten doch mehrere Konkurrenten seit den 1870er Jahren gleichnamige Biere. Erst ein Beschluss des Reichspatentamts brachte 1896 Klarheit. Drei Jahre später legte die Brauerei den Familiennamen Schmederer ab und firmierte fortan werbewirksam als „Actiengesellschaft Paulanerbräu (zum Salvatorkeller)".

Trotzdem gingen die Auseinandersetzungen um das begehrte Warenzeichen weiter. So pries beispielsweise der Wirtshauspächter Georg Lang im Februar 1900 sein von der Brauerei zum Münchner Kindl bezogenes Produkt trickreich als „Fastenbier, früher Salvator genannt" an. Prompt ging die Paulanerbrauerei gegen das augenfällig mit „Salvator-Saison!" überschriebene Plakat vor. Die eingeschaltete Polizeidirektion München sah sich freilich außerstande, solch „subtile" Patentverletzungen ohne Gerichtsentscheid zu ahnden und das Plakat zu verbieten.

Farbiges Plakat, 35 x 100 cm.

München, Staatsarchiv München, Polizeidirektion München 1153/1.

Literatur: Hannes Burger, 350 Jahre Paulaner-Salvator-Thomasbräu AG 1634–1984, München 1984, S. 31–40. – Volker D. Laturell, Volkskultur in München. Aufsätze zu Brauchtum, Musikalische Volkskultur, Volkstanz, Trachten und Volkstheater in einer Millionenstadt, München 1997, S. 88–96. – Christian Schäder, Münchner Brauindustrie 1871–1945. Die wirtschaftsgeschichtliche Entwicklung eines Industriezweiges, Marburg 1999, S. 100–102.　　　　　　　　　　　　　　G.F.

83　Aufstieg zur Großbrauerei

Idealtypische Ansicht des Neubaus der Münchner Paulanerbrauerei.
Um 1925, Leipzig

Nur wenigen Erwerbern ehemaliger Klosterbrauereien war nach der Säkularisation ein so durchschlagender

Erfolg beschieden wie den späteren Besitzern der Brauhäuser von Augustinern und Paulanern in München. In beiden Fällen entwickelten sich aus den Klosterbetrieben privatwirtschaftliche Großunternehmen mit überregionaler Marktpräsenz und Exportorientierung. Freilich erwiesen sich die ursprünglichen Betriebsanlagen bereits nach wenigen Jahren als zu klein. Während das Augustinerbräu 1885 in einen Neubau an der Landsberger Straße in Nachbarschaft zu weiteren expandierenden Münchner Brauereien umzog, blieb der Nachfolgerbetrieb des Paulanerklosters zwar am alten Standort im östlich der Isar gelegenen Stadtteil Au. Dennoch wuchs auch hier in mehreren Bauphasen ein repräsentativer Neubau, dessen Größenverhältnisse die veränderte Betriebsdimension erahnen lassen. In dem idealtypisch angelegten Fabrikporträt, das unterschiedliche Betriebsteile in eine Ebene verlagert, spiegelt sich das Selbstverständnis eines Industrieunternehmens der 1920er Jahre. Zu sehen ist auch das damalige Firmenemblem der „Paulanerbräu Salvatorbrauerei" mit dem obligatorischen Mönch.

Verkleinerter Druck eines Farbaquarells, 20 x 50 cm; Druck: Kunstanstalt Eckert & Pflug, Leipzig.

München, Archiv der Paulaner Brauerei, Nr. 92/S.4.18.

Literatur: Burger (wie Nr. 82). – Evelin Heckhorn – Hartmut Wiehr, München und sein Bier. Vom Brauhandwerk zur Bierindustrie, München 1989. – Wolfgang Behringer – Christian Schäder, Münchner Großbrauereien. Vom Aufstieg kleiner Braustätten zu weltbekannten Bierfabriken. In: Pasinger Fabrik (Hrsg.), Wirtshäuser in München um 1900: Berge von unten, Kirchen von außen, Wirtshäuser von innen, München 1997, S. 55–68. – Schäder (wie Nr. 82) S. 69 f., 270–275, 300–304.　　　　　　　　　　　　　　G.F.

84　Klosterbier als Qualitätsprodukt

Werbeplakat der Andechser Klosterbrauerei.
Um 1920, München　　　　　　　(Farbabb. S. 25)

Andechs galt schon im frühen 20. Jahrhundert als Prototyp der erfolgreich wirtschaftenden Klosterbrauerei, und

heute ist der hochmoderne Betrieb auf dem Heiligen Berg mit einem Jahresausstoß von rund 80.000 Hektolitern mit Abstand Spitzenreiter unter seinesgleichen. Dabei hatte sich das schon vor der Säkularisation bedeutsame Benediktinerbrauhaus zum Zeitpunkt der Rückkehr in klösterliche Hände 1850 als unrentabler und wenig aussichtsreicher Betrieb herausgestellt. Erst im Lauf der nächsten Jahrzehnte konnte der Ausstoß wieder allmählich gesteigert werden. Voraussetzung für die dauerhafte Etablierung als wirtschaftlicher Kern des Klostergutes war allerdings die systematische Modernisierung und Erweiterung der Produktionsanlagen um die Jahrhundertwende. Seit dieser Phase wurde auch die Werbetätigkeit für das Andechser Klosterbier intensiviert, wie das hier gezeigte, künstlerisch aufwändig gestaltete Plakat verdeutlicht. In der Folgezeit entwickelten sich die Biererzeugnisse aus Andechs nicht nur unter den örtlichen Wallfahrern, sondern dank zahlreicher Ausschankstätten im In- und Ausland auch überregional zu konkurrenzfähigen Qualitätsprodukten.

Farbiges Plakat von F. Bernhard, Karton, gerahmt, 79 x 67,5 cm; Druck: August Zerle, München.

Andechs, Archiv des Priorats Andechs der Abtei Sankt Bonifaz München.

LITERATUR: P. Willibald Mathäser, Flüssiges Brot. Eine Plauderei über Andechs mit seinem Klosterbier und über den Gerstensaft in aller Welt, München 1974, S. 84–105 und 113–117. – Gunter Freudenthal, Die Klosterbrauereien heute. In: Jahrbuch der Gesellschaft für die Geschichte und Bibliographie des Brauwesens e.V. 1979, S. 9–122, hier S. 37–49. – Anselm Bilgri, Kloster-Ökonomie heute. In: Karl Bosl u.a. (Hrsg.), Andechs. Der Heilige Berg. Von der Frühzeit bis zur Gegenwart, München 1993, S. 258–262 (Abbildung S. 260). – Angelika Fox, Das Benediktinerkloster Andechs zwischen Säkularisation und Wiederbegründung. In: Zeitschrift für bayerische Landesgeschichte 56 (1993) S. 341–458. *G.F.*

85 Nostalgische Verklärung der Klosterbrauereien

Holzstich „Im Klosterbräu" von Eduard Grützner. 1869

Wenige Jahrzehnte nach der Säkularisation verfestigte sich in der öffentlichen Erinnerung allmählich ein verklärendes, feuchtfröhlich-heiteres Bild der vormodernen Klosterbrauerei. Beleibte, rotgesichtige und nebenbei zechende Mönche schienen nicht nur prädestiniert, einen besonders wohlschmeckenden Trunk herzustellen, sondern weckten beim Konsumenten offenbar auch nostalgische Gefühle. Diese verzerrte Wahrnehmung eines vor allem in Bayern einst bedeutsamen klösterlichen Wirtschaftszweiges wurde wesentlich von dem Münchner Genremaler Eduard Grützner befördert. Grützner trat seit 1868 mehrfach mit stilisierenden Klosterszenen und Trinkbildern hervor. Eines seiner bekanntesten Werke zeigt, wie man sich in der zweiten Hälfte des 19. Jahrhunderts gemeinhin die handwerklich-derben und zugleich bierseligen Verhältnisse in klösterlichen Sudhäusern vorstellte. Dabei waren in diesen vergleichsweise großen und modernen Produktionsstätten für Bier und Branntwein keineswegs primär Ordensmänner beschäftigt gewesen. Trotzdem geriet das Klischee zunehmend zum werbewirksamen Stereotyp. Bis heute taucht es immer wieder auf Bierdeckeln, Flaschenetiketten und Plakaten auf.

Holzstich, 16,5 x 25,6 cm.

München, Münchner Stadtmuseum, Graphische Sammlung M III 2228.

ABBILDUNG: Burger (wie Nr. 82) S. 19.

LITERATUR: Ulrich Thieme – Fred C. Willis (Hrsg.), Allgemeines Lexikon der bildenden Künstler, Bd. 15, Leipzig 1922, S. 141. – Birgit Speckle, Streit ums Bier in Bayern. Wertvorstellungen um Reinheit, Gemeinschaft und Tradition, Münster u.a. 2001, S. 184. *G.F.*

Klosterapotheken im Dienste der medizinischen Versorgung

Die Apotheken der Klöster standen in erster Linie der Klostergemeinschaft sowie ihren Bediensteten zur Verfügung, gewährleisteten aber auch die medizinische Versorgung ihres Umlandes. Auf diesem Aufgabenfeld erwuchs ihnen im 18. Jahrhundert durch die bürgerlichen Apotheken starke Konkurrenz. Die altbayerischen Klosterapotheken waren ganz überwiegend Hausapotheken, lediglich die privilegierten Apotheken in Metten und Polling besaßen Konzessionen zum Arzneiverkauf. Allerdings entwickelte sich bei vielen Apotheken auch ohne Konzession der als „Arzneyverschleiß" bezeichnete Verkauf der Medikamente.

Soweit die Klosterapotheken nur einigermaßen von Bedeutung waren, sollten sie nach der Säkularisation verkauft und von staatlich ausgebildeten Apothekern fortgeführt werden. Die Verlegung sollte am zweckmäßigsten an den jeweiligen Sitz des Landgerichtsphysikus (Gerichtsarzt) erfolgen. Die Instruktion vom 11. März 1803 sah in Sachen Klosterapotheken vor: „Die Apotheken, wenn sie ein unumgaengliches Beduerfnueß der benachbarten Gegenden sind, sollten nebst den vorhandenen Materialien und Zugehoeren, dann den allenfalls besonders dazu bestimmten Gebaeuden nach vorgaengiger Abschaetzung verkauft oder in die naechst gelegene Stadt oder Markt kaufweise versetzt werden." In der Praxis erwies sich das allerdings als schwierig. So konnten von den 44 Klosterapotheken in Altbayern lediglich 14 verkauft werden, und zwar teilweise an die ehemaligen Klosterapotheker. Gerade die ersten Jahre nach der Säkularisation stellten sicherlich eine Verschlechterung in der medizinischen Versorgung der Bevölkerung dar, denn oftmals waren jetzt weit größere Wegstrecken zur nächstgelegenen Apotheke zurückzulegen. Heute finden sich nur noch wenige Klosterapotheken an ihrem ursprünglichen Ort. Schöne Beispiele sind die im originalen Zustand erhaltenen Apotheken der (wieder bestehenden) Franziskanerinnenklös-

ter Reutberg bei Bad Tölz und St. Johann im Gnadenthal in Ingolstadt. Andere lebten nach ihrer Transferierung in nahegelegene Städte oder Märkte unter geändertem Vorzeichen weiter. *J.G.*

86 Schutzpatron der Apotheker

Der Erzengel Michael als Seelenwäger.
Mitte 18. Jh. *(Farbabb. S. 26)*

Der Erzengel Michael wird häufig als Seelenwäger dargestellt, ausgestattet mit den Attributen Waage (Balkenhälfte samt zweiter Waagschale hier abgebrochen) und Schwert (Klinge hier abgebrochen). Ihm sind dem Glauben nach die Seelen im Fegefeuer anvertraut. Die Waage benützt er, um sie am Tag des jüngsten Gerichts zu wägen. Gewöhnlich befindet sich eine Seele in der einen Waagschale, während der Teufel die andere Waagschale durch schwere Gewichte belastet. Doch das Tun des Teufels ist bei den Darstellungen immer ohne Erfolg, die Seele wiegt schwerer. Michael wurde von sehr vielen Berufsständen verehrt, u.a. von den Kaufleuten, Waagenherstellern, Gewichtemachern, Eichern und Apothekern. Die Skulptur war wohl Bestandteil des barocken Mobiliars der Apotheke des Augustinerchorherrenstifts Rottenbuch, das im Zuge des vollkommenen Neubaus des Klosters ab 1750 entstanden sein dürfte. Bei der Verlagerung der Apotheke nach Murnau scheint auch der Erzengel dorthin verbracht worden zu sein.

Holz, farbig gefasst, 38 (mit Sockel 47) x 23 x 26 cm.

Murnau, Ernst Echter.

LITERATUR: Jakob Torsy, Lexikon der deutschen Heiligen, Seligen, Ehrwürdigen und Gottseligen, Köln 1959, S. 403. – Lexikon der christlichen Ikonographie, Bd. 3, hrsg. von Engelbert Kirschbaum, Rom u.a. [1990], Sp. 255–265. *J.G.*

87 Inventarisierung einer Klosterapotheke

Auflistung der Medikamentenvorräte und Apparaturen der Klosterapotheke Rottenbuch.
1803 April 6, Rottenbuch

Franz Xaver Schönhammer, der Lokalkommissar des Klosters Rottenbuch, ließ im Zuge der Klosteraufhebung ein genaues Inventar der Apotheke des Klosters Rottenbuch anfertigen. Im ersten Abschnitt werden die einfachen Arzneistoffe („Simplicia"), im zweiten die zusammengesetzten Arzneistoffe („Composita") sowie die chemischen Drogen alphabetisch aufgelistet. Es folgen die in der „Materialkammer" und in der Apotheke vorhandenen Gefäße sowie die in Apotheke und „Laboratorium" vorhandenen Werkzeuge. Der geschätze Wert der einzelnen Posten wurde nachträglich von einem bürgerlichen

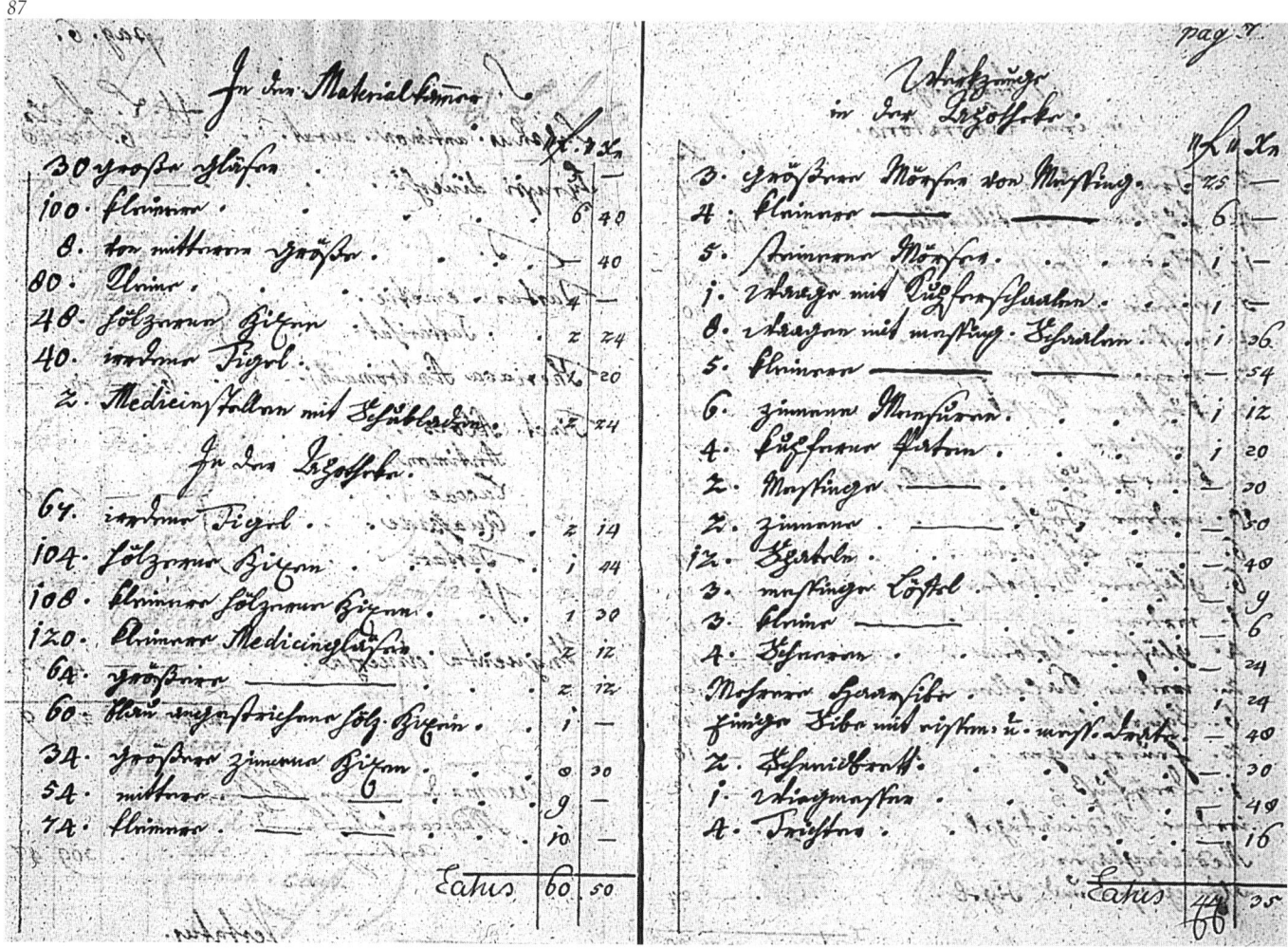

Apotheker hinzugesetzt; der Gesamtwert belief sich auf über 450 Gulden. Aufgeschlagen ist der Abschnitt „Werkzeuge in der Apotheke" (rechte Seite). Festgehalten sind u.a. 12 Mörser unterschiedlicher Größe aus Messing und Stein, 14 verschiedene Waagen sowie „6 zinnene Mensuren".

Dem Inventar ist die für Apotheken dieser Zeit typische Mehrräumigkeit zu entnehmen: der eigentliche Apothekenraum (Offizin) zur Aufbewahrung und Abgabe der Medikamente, die Materialkammer zur Aufbewahrung der Rohstoffe sowie das Laboratorium zur Herstellung der Arzneien.

Heft, 10 Bl.

München, Staatsarchiv München, Rentämter 2275, aufgeschlagen Bl. 5'/6.

LITERATUR: Günter Kallinich, Schöne alte Apotheken, München 1975, S. 101   J.G.

88 Arbeitsgeräte einer Apotheke

a) Messingmörser mit Eisenstößel.
   18. Jh.
b) Drei Messkännchen (Mensuren) aus Zinn.
   Um 1820

Das Bild einer Apothekeneinrichtung wurde – von den Waagen abgesehen – v.a. von den Mörsern in unterschiedlicher Größe und aus unterschiedlichem Material geprägt. Mit der fortschreitenden Gusstechnik entwickelten sie sich zu immer kunstvolleren Gefäßen. Ab dem 18. Jahrhundert wurde statt Bronze oft Messing zur Herstellung verwendet. Mit Hilfe des Stößels – in unserem Fall ein Stößel mit zwei Reibköpfen – wurden im Mörser Wurzeln, Rinden, Früchte, Gewürze oder Nüsse zerkleinert bzw. pulverisiert und auf diese Weise Medikamente hergestellt. Von den Mörsern abgesehen gab es Gefäße aus Metall in den Apotheken verhältnismäßig selten. Die Messkännchen mit innen angebrachter Skala dienten v.a.

dem genauen Abmessen von Flüssigkeiten. Sie wurden von dem Zinngießer Georg Jakob Mürrle hergestellt, der sich um 1820 in Pforzheim als Meister niedergelassen hatte. Demnach sind diese zwar nicht mit den im Inventar der Klosterapotheke Rottenbuch genannten „zinnenen Mensuren" identisch, allerdings unterscheiden sie sich kaum von Messbechern des 18. Jahrhunderts.

Sowohl der Mörser als auch die Zinngefäße waren in der bis 1998 existierenden „Klosterapotheke Murnau" zuletzt als Dekoration aufgestellt. Es ist sehr wahrscheinlich, dass sie 1829 zusammen mit dem Apothekenmobiliar von Rottenbuch nach Murnau verbracht worden sind.

a) Messing (Stößel: Eisen), Höhe 20,5 cm, Durchmesser 25 cm.
   Murnau, Ernst Echter.
b) Zinn, Höhe 9 cm/10 cm/12 cm, jeweils mit Prägestempel „Gg. Jb. Mürrle in Pforzheim" auf der Standfläche.
   Murnau, Ernst Echter.

LITERATUR: Erwin Hintze, Süddeutsche Zinngießer, Bd. 2, Leipzig 1928, S. 181. – Kallinich (wie Nr. 87) S. 58 f. – Edmund Launert, Der Mörser. Geschichte und Erscheinungsbild eines Apothekengerätes, München 1990.   J.G.

89 Klosterapotheke ohne Kloster

a) Ehemaliger Apothekenstock des Klosters Rottenbuch.
   2002
b) „Kloster-Apotheke" in Murnau.
   1998
c) Barocker Apothekenschrank in der „Kloster-Apotheke" Murnau.
   1998

Im Zuge des vollkommenen Neubaus des Klosters Rottenbuch ab dem Jahr 1750 erhielt die Apotheke mit Stuck verzierte Räume im Südosteck des Konventstraktes. Darüber wurde im ersten Stock u.a. die Krankenabteilung eingerichtet. Der Apotheke vorgelagert war ein eigener

Apothekengarten zur Kultivierung von Heilpflanzen. Nach der Säkularisation des Klosters wurden große Teile dieses Gebäudetraktes abgerissen, der Eckbau allerdings blieb bestehen, da die Apotheke bis 1829 in ihren angestammten Räumlichkeiten verblieb.

Die Apotheke, zunächst verpachtet an den ehemaligen Klosterapotheker Hortulan Weinmann, wurde nach dessen Tod von dem Besitzer der ehemaligen Klosterbrauerei Rottenbuch, Joseph Wörmann, käuflich erworben (vgl. Nr. 91). Schon drei Jahre später verlegte dieser die Apotheke samt Mobiliar wegen mangelnder Rentabilität von Rottenbuch nach Murnau. Den Namen „Kloster-Apotheke" allerdings behielt diese erste Murnauer Apo-

theke bis in die jüngste Zeit bei. Die spätbarocke Apothekeneinrichtung besteht aus mehreren zeittypischen Apothekenschränken. Diese verfügten gewöhnlich im unteren Teil über Schubladenfächer, die v.a. die in größeren Mengen benötigten Arzneipflanzen oder Teegemische aufnahmen. Darüber standen in meist offenen Regalen die verschiedenartigsten Gefäße aus Holz, Glas, Zinn oder Fayence. Bei der späteren Verlegung der Apotheke im Jahr 1929 in das zentraler gelegene Haus Obermarkt 4 hat man wegen der niedrigeren Räume kurzerhand die geschnitzten Kapitelle der Schränke abgesägt. Die Geschichte der Klosterapotheke endete 1998 mit dem Abriss des Gebäudes.

89a

89b

a) Farbfoto von Joachim Glasner, München, Bayerisches Hauptstaatsarchiv, 19 x 12,5 cm.
b) und c) Farbfotos von Brigitte Salmen, Schlossmuseum Murnau, 18 x 12,5 cm.

QUELLE: München, Staatsarchiv München, RA Fasz. 1053 Nr. 15111/2, Prod. ad 23.

LITERATUR: Rainer Schnabel, Pharmazie in Wissenschaft und Praxis. Dargestellt an der Geschichte der Klosterapotheken Altbayerns vom Jahre 800 bis 1800, München 1965, S. 83 und 155. – Kallinich (wie Nr. 87) S. 101. – Marion Hruschka, Gesundheitswesen und medizinische Versorgung. In: Markt Murnau am Staffelsee. Beiträge zur Geschichte, Bd. 1, Murnau a. Staffelsee 2002, S. 420–432, hier S. 423 f.   *J.G.*

90 Protest gegen die Verlegung der Klosterapotheke

Die Seelsorger und Obmänner von Rottenbuch und den umliegenden Gemeinden bestätigen die Notwendigkeit des weiteren Bestehens der ehemaligen Klosterapotheke Rottenbuch.
1807 Mai 14

Die Apotheke des Augustinerchorherrenstifts Rottenbuch wurde nach der Säkularisation an den vormaligen Klosterapotheker und Laienbruder Hortulan Weinmann (1758–1826) verpachtet. Allerdings wurde von staatlicher Seite mehrmals der Versuch unternommen, die Apotheke zu verlagern. Am 14. Mai 1807 erhoben die Seelsorger und Obmänner von Rottenbuch und umliegenden Gemeinden Einspruch gegen die geplante Verlegung „ihrer" Apotheke nach Garmisch. In einem „Certificat" bestätigten sie die „ersprießlichsten Dienste" Weinmanns und suchten um Erhaltung der Apotheke nach mit der Begründung: „... so wären wir in die harte Nothwendigkeit versetzt, die Arzneymittel, die oft schleunigst bey der Hand seyn sollten, 3, 4 und noch mehr Stunden weit von der Apotheke zu Schongau [= Sitz des Landgerichtsphysikus], und noch obendrein um einen theuren Preis zu erholen".

89c

Diesem Gesuch wurde von staatlicher Seite stattgegeben. Nach mehreren Pachtverlängerungen wurde die Apotheke Hortulan Weinmann schließlich auf Lebenszeit überlassen; Weinmann starb am 6. April 1826. Das Apothekeninventar hatte er 1816 zum Schätzpreis von 450 Gulden und 32 Kreuzer ablösen können.

Zertifikat (zum Teil Reproduktion), 1 Doppelbl.

München, Bayerisches Hauptstaatsarchiv, KL Fasz. 639 Nr. 8, Beilage zu Prod. 9 (Provenienz Landesdirektion von Bayern).

QUELLEN: München, Bayerisches Hauptstaatsarchiv, MF 20816, Prod. 51–55.

LITERATUR: Schnabel (wie Nr. 89) S. 129, 153 und 155. – Johann Pörnbacher, Das Kloster Rottenbuch zwischen Barock und Aufklärung 1749–1803, München 1999, S. 367. *J.G.*

München, Bayerisches Hauptstaatsarchiv, MF 20816, Prod. 56.

QUELLEN: München, Bayerisches Hauptstaatsarchiv, MF 20816. – München, Staatsarchiv, Rentämter 2275, Prod. 39. – München, Staatsarchiv München, RA Fasz. 1053 Nr. 15111/2, Prod. ad 23.

LITERATUR: Hruschka (wie Nr. 89) S. 423 f. *J.G.*

91 Inventar und Gerechtigkeit in einer Hand

König Ludwig I. genehmigt den Verkauf der Gerechtsame der ehemaligen Klosterapotheke Rottenbuch.
1826 Oktober 23 und November 8, München

Nach dem Tod des letzten Klosterapothekers Hortulan Weinmann am 6. April 1826 (vgl. Nr. 90) bot der Staat die Apothekengerechtsame des ehemaligen Augustinerklosters Rottenbuch nach einer vorausgegangenen Versteigerung dem Besitzer der ehemaligen Klosterbrauerei Rottenbuch, Joseph Wörmann, zum Kauf an. Das Apothekenlokal war mit den sonstigen Gebäude bereits 1804 in Privatbesitz übergegangen, das Inventar hatte Weinmann 1816 vom Staat abgelöst und kurz vor seinem Tod an Wörmann verkauft.

Mit vorliegendem Schreiben vom 21. Oktober 1826 unterbreitete das Staatsministerium der Finanzen König Ludwig I. Wörmanns Kaufbereitschaft. Dieser genehmigte den Verkauf der Gerechtigkeit am 23. Oktober 1826 zunächst unter Vorbehalt und am 8. November 1826 endgültig.

Die ersten Jahre führte diese bereits 1829 nach Murnau verlegte Apotheke ein Provisor (vgl. Nr. 89), bis 1837 der „approbierte Pharmazeut" Joseph Wörmann jun. nach seinem Studium den Apothekenbetrieb übernehmen konnte.

Schreiben, 1 Doppelbl. in Aktenband, gezeigt werden die erste (Reproduktion) und die letzte Seite mit zwei Signaten König Ludwigs I. vom 23.10. und 8.11.1826.

92 Klösterliche Hausapotheke in ursprünglichem Zustand

Die Apotheke des Terziarinnenklosters St. Johann im Gnadenthal in Ingolstadt.
2001

Die Einrichtung der Apotheke des Terziarinnenklosters St. Johann im Gnadenthal hat sich als einheitliches Ganzes in ihrem originalen Raum erhalten. Die Offizin befindet sich im zweiten Stock des Klosters in einer etwa 8 qm großen Klosterzelle. Das Mobiliar entstand wohl zusammen mit der Einrichtung der Apotheke im Zuge der Erbauung des zweiten Stockwerks des Klosters in den Jahren 1686 und 1687. An drei Seiten sind die Wände mit Schränken verkleidet. Der abschließbare Arzneischrank ist durch ein kunstvoll geschnitztes Gesims und seine Vergitterung besonders hervorgehoben. Vor dem einzigen Fenster des Raumes steht der Rezepturtisch mit einem mit Ornamenten geschmückten Ständer für die Handwaagen. Die noch vorhandenen Apothekengefäße gehören mehreren Zeitabschitten an. Im Bildausschnitt sind Zinnbüchsen, verschiedenartig geformte Glasflaschen und blau bemalte Majolikatöpfe zu erkennen.

Die meisten Klöster der bayerischen Franziskanerprovinz wurden mit Arzneimitteln aus der Apotheke des Münchener Franziskanerklosters versorgt. Lediglich einige Frauenklöster unterhielten eigene Apotheken, darunter St. Johann im Gnadenthal. Nach der Säkularisation wurde Gnadenthal zum Zentralkloster erklärt. 1829 gab König Ludwig I. seine Erlaubnis zum Fortbestand des

Klosters unter der Bedingung, eine Studienanstalt zu unterhalten.

Foto, 30,5 x 20,5 cm (Reproduktion).

München, Bayerisches Landesamt für Denkmalpflege, Bildarchiv: Farbdias, St. Johann im Gnadenthal, Komma.

LITERATUR: Schnabel (wie Nr. 89) S. 90 f., 133 und 158. *J.G.*

93 Die Klosterapotheken in Altbayern

Übersichtskarte über die Verbreitung der Klosterapotheken und ihr Verbleib in den ersten Jahren nach der Säkularisation.
2002

Dargestellt ist die altbayerische Apothekenlandschaft mit den Klosterapotheken einerseits sowie den Stadt- und Hofapotheken andererseits zur Zeit der Säkularisation. Nicht berücksichtigt sind die Oberpfalz sowie die durch Säkularisation oder Mediatisierung an Bayern gefallenen reichsunmittelbaren Territorien. Unterhalten wurden Apotheken sowohl von Prälaten- als auch von Mendikantenorden. Allerdings waren von den 139 altbayeri-schen Klöstern (108 Männerklöster, 31 Frauenklöster) lediglich 44 mit einer Apotheke ausgestattet (25 Männerklöster, 19 Frauenklöster). Die größte Anzahl davon entfiel auf die Städte, allen voran München, und auf Oberbayern. Niederbayern dagegen war mit Klosterapotheken weit spärlicher ausgestattet. Im Idealfall wurden die Klosterapotheken an zumeist Bürgerliche, aber auch an ehemalige Klosterapotheker verkauft und an den Sitz eines Landgerichtsphysikus verlegt. In vielen Fällen blieben die Apotheken vor Ort bestehen, weil das Kloster zum Zentral- bzw. Aussterbekloster eines Mendikantenordens erklärt worden war oder weil die Konventualen wegen der Unverkäuflichkeit der Klostergebäude zunächst weiterhin im Kloster geduldet wurden. In manchen Fällen wurden Klosterapotheken in das zuständige Zentralkloster verbracht. Das Inventar einiger Apotheken fiel nach der Säkularisation der Versteigerung oder Vernichtung anheim.

Schematisierte Karte, 46 x 37 cm; Entwurf: Joachim Glasner, München, Bayerisches Hauptstaatsarchiv; Ausführung: Thomas Böck, München.

LITERATUR: Schnabel (wie Nr. 89). – Gerd-Bolko Müller-Fassbender, Das Apothekenwesen der bayerischen Haupt- und Residenzstadt München von seinem Anfang bis zum Ende des bayerischen Kurfürstentums (Miscellanea Bavarica Monacensia 22), München 1984. – Glanz und Ende der alten Klöster (wie Nr. 21) Nr. 130. *J.G.*

Sammlungen und Schätze der Klöster

Die Instruktion für die Lokalkommissare „zur Besitznahme der Güter und des Vermögens" der in den Landständen vertretenen altbayerischen Klöster vom 11. März 1803 schrieb vor, die bewegliche Habe der Klöster zunächst zu versiegeln, zu beschreiben und zu schätzen und schließlich zu versteigern. Von der Versteigerung ausgenommen und nach München einzusenden waren Gold, Silber, Pretiosen, Münzen, wertvolle Möbel und Uhren, Kunsthandwerk sowie kostbare Ornate. Für die Bibliotheken, Gemälde- und Kupferstichsammlungen, physikalischen und Naturaliensammlungen wurden Sachverständige abgeordnet, die im Kloster auswählen sollten, was zur weiteren Verwendung versendet und was vor Ort versteigert werden sollte.

Zur Auswahl der Gemälde bereisten der Galeriedirektor Johann Christian von Mannlich und der Galerieinspektor Georg Dillis die Klöster. Die Naturaliensammlungen wurden eingesendet oder von dem Bergpraktikanten Franz Hilber begutachtet; auch die physikalischen Sammlungen wurden nach München geschickt, soweit nicht schon die Angehörigen der Bibliothekskommission eine Vorauswahl für Schulen und Universität getroffen hatten.

Die Gegenstände aus Edelmetall wurden im Hauptmünzamt eingeschmolzen, soweit nicht eine Versteigerung lohnender erschien. In München versteigerte man auch die Gemälde und sonstigen Kunstgegenstände, die nicht in die Hofgalerie, die Schleißheimer Galerie, das Kupferstichkabinett oder das Antiquarium der Residenz übernommen wurden.

Die physikalischen und Naturaliensammlungen kamen Feiertagsschulen, höheren Schulen, der Universität und der Akademie der Wissenschaften zugute. Der Akademie waren zunächst auch die Keimzellen der heutigen Staatssammlungen (Münzsammlung; Graphische Sammlung; Botanische, Geologische, Mineralogische, Paläontologische, Zoologische Staatssammlung) zugeordnet, die Gegenstände aus den Klöstern aufnahmen. Die Verluste im 2. Weltkrieg, die neben den Sammlungen auch die Inventare betrafen, machen es heute sehr schwer, noch Originale aus Klosterbesitz festzustellen.   *A.S.*

94 Auflösung eines Mineralienkabinetts

Mineralieninventar des Klosters Rott.
1786–1790

Der Bergpraktikant und Schichtmeister Franz Hilber aus Bad Tölz, der mit der Durchsicht der Naturalien- und Mineralienkabinette der oberländischen Klöster beauftragt war und alles Brauchbare für die Versendung nach München vorbereiten sollte, verwendete das vorliegende Inventar als Grundlage seiner Arbeit am Mineralienkabinett des Klosters Rott. Das Inventar ist systematisch aufgebaut und gibt zur Beschreibung jedes Stückes jeweils die geographische Herkunft, die Person, von der es erworben wurde, und das Erwerbungsjahr an. Es umfasst 1005 Nummern; vorhanden waren nur die mit Bleistift markierten Stücke. Allerdings fand Hilber auch zahlreiche nicht eingetragene Stücke vor und bemängelte die wahllose Sammlung von Kupferkiesen. „Unbrauchbare Stücke, welche in profanen Händen Mißbrauch oder Aberglauben veranlassen könnten, z. B. Embrionen, oder Beschreibungen von übernatürlichen Wirkungen einiger Steinarten …" vernichtete er. Hilber war sechs Tage mit der Verpackung von neun Kisten Mineralien, Versteinerungen und Fossilien beschäftigt; dazu kamen noch weitere 14 Kisten mit Muscheln, ausgestopften Tieren, Hörnern und Knochen, Insekten, Embryonen, Pflanzen und Samen sowie Holzarten.

Inventarband, Pappeinband, 30,5 x 24 cm, aufgeschlagene Doppelseite mit den Nummern 62–87.

München, Bayerisches Hauptstaatsarchiv, GR Fasz. 655 Nr. 123, Lit. „D".

QUELLEN: München, Bayerisches Hauptstaatsarchiv, GR Fasz. 655 Nr. 123 (Diarium vom 21.7.1803; Bericht vom 12.8.1803 an die General-landesdirektion in ständischen Klostersachen). *A.S.*

95 Mineralien aus dem klösterlichen Mineralienkabinett

Steinbeispiele:
a) Turmalin (Schörl) aus dem Zillertal
b) Opal aus Czerwenica (Slowakei, früher Ungarn)
c) Opal aus Czerwenica (Slowakei, früher Ungarn)
d) Chalkopyrit (Kupferkies) aus der Dauphiné
e) Gips (Marienglas) aus Golling (Land Salzburg).

Die ausgestellten Mineralien entsprechen in Zusammensetzung und Fundort Stücken aus dem Mineralieninventar des Klosters Rott (Nr. 94).
Schörl bzw. schwarzer Turmalin aus dem Zillertal und aus Tirol ist im Inventar mit 17 Nummern vertreten.
Auch drei Opale aus Ungarn sind aufgeführt, davon zwei als sogenannte „Weltaugen". Ein Weltauge (auch Wasseropal, Hydrophan) ist ein weißer Edelopal, der wie die ausgestellten Opale seinen Wassergehalt und damit sein Farbenspiel verloren hat, es aber durch Aufnahme von Wasser oder Öl wiedererlangt.
Kupferkies erscheint in 21 Nummern, weitere aufgelistete Kristallbildungen aus der Dauphiné sind wohl auch als Kupferkies zu interpretieren.
Durchsichtige Gipsplatten, die als Marienglas bezeichnet werden, finden sich in den aufgeschlagenen Seiten des Inventars mit Nr. 72 bis 77 als „Frauenglas" oder „Glacies Mariae" aus dem Salzburger Land. Marienglas wurde als Symbol der Keuschheit zum Schmuck von Marienbildern verwendet.

a)–e) Mineralien
a) 11 x 8,3 x 5,7 cm; Gewicht 0,762 kg.
   München, Museum Reich der Kristalle (ebenso b–e), Inventarnummer MSM 3474.

b) 4,8 x 4 x 4 cm; Gewicht 0,0568 kg. MSM 1780.
c) 9,5 x 6,5 x 3,5 cm; Gewicht 0,145 kg. MSM 1765.
d) 6 x 5,2 x 4 cm; Gewicht 0,3116 kg. MSM 51013.
e) 18 x 15,4 x 2,1 cm; Gewicht 0,598 kg. MSM 16612.

LITERATUR: Meyers Großes Konversations-Lexicon, 6. Aufl. Leipzig-Wien 1905 u. 1906, Bd. 7, S. 857 bzw. Bd. 15, S. 69. *A.S.*

96 Die physikalische Sammlung des Klosters Indersdorf

Blick in das physikalische Kabinett.
Um 1765

Im vorderen Schrank links sieht man Apparate zur Hydrostatik und Hydraulik, z.B. kommunizierende Röhren und Kapillaren. Im Schrank dahinter stehen optische Geräte, so eine große gefasste Linse und im unteren Regal eine Camera optica; zwischen den Schränken sind einander gegenüberliegend zwei große Parabolspiegel angebracht.
Am hinteren Fenster und im rechten hinteren Schrank sind Fernrohre und Sextanten zu erkennen. Der im Fußboden eingelassene Meridian und die beiden Uhren ermöglichten die korrekte Einordnung astronomischer Beobachtungen.
Auf dem rechten hinteren Tisch steht eine Luftpumpe des Augsburger Instrumentenmachers Brander (vgl. Nr. 99), auf dem rechten vorderen Tisch eine Kugelelektrisiermaschine. Im Schrank rechts vorne und in den linken unteren Regalfächern befinden sich Apparate zur Mechanik, z.B. eine schiefe Ebene und Schwungmaschinen.
Das physikalische Kabinett des Klosters Indersdorf, hier als „Armarium physico-mathematicum" bezeichnet („armarium" bedeutet eigentlich „Schrank"), wurde um 1765 von Propst Gelasius Morhart eingerichtet. Eine solche Sammlung diente der Forschung, dem Unterricht und der Repräsentation und war in jedem Kloster vorhanden, das die finanziellen Grundlagen hatte und einen

gewissen Bildungsanspruch erhob. Naturwissenschaftliche Forschung galt als Mittel, die göttliche Ordnung der Natur und – im Falle der Astronomie – des Kosmos sichtbar zu machen.

Nach der Auflösung des Klosters 1783 wurden die Geräte und Bücher des Kabinetts zwar dem Lyzeum in Straubing zugesprochen, dessen eigene Sammlung bei einem Brand 1780 zerstört worden war, zunächst aber

96

ARMARIVM PHYSICO-MATHEMATICVM.

Georg Dieffenprunner Piet Aug Delin.

Ies. et Ioañ. Klauber Sc Aug Vind.

offenbar nicht übergeben. Nach der Säkularisation erhielt die Straubinger Schule Instrumente aus den verschiedensten Klöstern, möglicherweise auch Stücke aus Indersdorf.

Kupferstich, 19,8 x 26 cm. Signiert mit „Georg Dieffenprunner Pict. Aug. Delin. – Jos. et Joann. Klauber Sc. Aug. Vind."

München, Archiv des Erzbistums München und Freising, GST 10472.

LITERATUR: Peter Dorner, Die physikalische Sammlung des Klosters Indersdorf am Gymnasium zu Straubing. In: Historia – Characteristica – Curiosa. Beiträge zur Geschichte des Johannes-Turmair-Gymnasiums Straubing 1631–1981(Straubinger Hefte 31), Straubing 1981, S. 75–91 (vgl. aber München, Bayerisches Hauptstaatsarchiv, GR Fasz. 655 Nr. 120/1, Liste Nr. 6 zum Einsendungsverzeichnis der physikalischen Instrumente!). _A.S._

97 Verteilung der physikalischen Instrumente

Einsendungsverzeichnis über die physikalischen Instrumente der altbayerischen Klöster, hier: Instrumente aus dem Kloster Prüfening.
1804

Auf der aufgeschlagenen Seite des Einsendungsinventars erscheinen Geräte zur Zeitmessung, ein Messtisch, Gläser zur Dioptik und Hydrostatik, eine Elektrisiermaschine, eine Batterie aus Leidener Flaschen sowie verschiedene Konduktoren. Verteilt wurden diese Instrumente an die Akademie der Wissenschaften, die Universität, die Lyzeen in München und Landshut, das Hospital der Barmherzigen Brüder (zur medizinischen Anwendung von Elektrizität) und die Feiertagsschule in Aibling. Mit der Verteilung betraut war Maximus Imhof, Prior des aufgelösten Augustinerklosters in München, Inhaber des öffentlichen Lehrstuhls für Experimentalphysik und Direktor der physikalischen Klasse der Akademie.

Die Akademie bekam die meisten Stücke, Universität und höhere Schulen erhielten umfängliche Ausstattungen und die Feiertagsschulen eine Art Grundausstattung; einfachere Stücke gingen manchmal schon vor Ort an die Feiertagsschulen.

Aus der physikalischen Sammlung der Akademie der Wissenschaften wurden später noch Instrumente z.B. an das neu gegründete Lyzeum bei St. Stephan in Augsburg abgegeben; 1905 wurden Teile der Sammlung der Akademie vom Deutschen Museum übernommen, Einzelstücke sind aber kaum mehr nachzuweisen. Einiges hat sich über die Lyzeen erhalten, so z.B. Teile des physikalischen Kabinetts des Reichsstifts St. Emmeram in Regensburg, die am dortigen Lyzeum weiterverwendet wurden und heute von der Universität Regensburg verwahrt werden (vgl. Nr. 99).

Inventar, ungebunden, 35 x 22,5 cm, 1 Lage (Nr. 442–1001), Vorderseite.

München, Bayerisches Hauptstaatsarchiv, GR Fasz. 655 Nr. 120/1. _A.S._

98 Das Naturalienkabinett in Bamberg

a) Porträt von Pater Dionysius Linder als Banzer Benediktiner.
   Um 1800
b) Präparierter Flussbarsch aus der Sammlung Linder. _(Farbabb. S. 27)_
   Vor 1834

Dionysius Linder (1762–1838) trat 1783 als Novize in das Benediktinerkloster Banz ein. Er beschäftigte sich intensiv mit Schmetterlingskunde und übernahm 1792 die Aufsicht über das Naturalienkabinett des Klosters. Nach der Säkularisation wurden die Banzer Sammlungen an das von Fürstbischof Franz Ludwig von Erthal ab 1791 eingerichtete, aber noch nicht fertiggestellte Naturalienkabinett an der Universität Bamberg überführt. Da wesentliche Teile des Banzer Naturalienkabinetts Linder selbst gehörten, weil er sie aus eigenen Einkünften beschafft hatte, wurde er gegen Verzicht auf seine Eigentumsrechte zum Kustos des nun aus Banzer, Langheimer und Bamberger Beständen vereinigten Naturalienkabinetts ernannt. Unter seiner Leitung wurde die Innenausstattung des fürstbischöflichen Naturalienkabinetts vollendet, die sich in nahezu originalem Zustand im historischen Ausstellungssaal des Naturkundemuseums Bamberg erhalten hat. Wie schon im Kloster Banz finanzierte

99

Linder erhebliche Teile der Sammlungen und der Einrichtung aus privaten Mitteln, was ihm nur durch sparsamste Lebensführung gelang. Außerdem stiftete er mehrere tausend Gulden für das Naturalienkabinett und sicherte so seinen Fortbestand als „Lindersche Stiftung", die dem Bamberger Lyzeum zugeordnet war.

Der ausgestellte Flussbarsch zählt zu den wenigen Tierpräparaten des heutigen Naturkundemuseums Bamberg, die noch aus Dionysius Linders Zeit stammen. Er gehört zu einer Gruppe von Fischpräparaten, auf deren Holzsockel Spiegel montiert sind, um die Betrachtung der Bauchseite der Tiere zu ermöglichen – ein frühes Beispiel für ausstellungsgerechte Präsentation von Sammlungsgut. Das Stück gelangte 1834 an die Bamberger Naturaliensammlung. Fische waren, neben Muscheln, Insekten, Vögeln, Embryonen verschiedener Spezies, Hölzern und Pflanzen, beliebter Sammlungsgegenstand in den Naturalienkabinetten der Klöster (vgl. Nr. 94).

a) Kupferstich, 16,5 x 10,2 cm.
   Bamberg, Staatsbibliothek Bamberg, V A 288a.
b) Tierpräparat, 20 cm hoch, 32 cm lang, 8 cm tief.
   Bamberg, Naturkunde-Museum Bamberg.

Literatur: Wöchentliche Beilage zum Fränkischen Merkur, Nr. 46 vom 16.11.1834. – Wilhelm Heß, Linder, P. Dionysius. In: Anton Chroust (Hrsg.), Lebensläufe aus Franken, Bd. 4, Würzburg 1930, S. 267–275. – Beate Bugla – Matthias Mäuser, Naturkunde-Museum Bamberg, Blatt 1, Museum im Museum (Informationsblatt des Museums). *A.S.*

99 Sternfinder (Astrognosticum) aus dem Kloster Langheim

1776

Der Sternfinder vermittelt laut Herstellerkatalog leicht fasslich die Kenntnis des gestirnten Himmels, indem er die Sterne und ihre Bahnen direkt vor Augen führt; er wurde daher besonders für den Unterricht empfohlen. Das Instrument stammt aus der Werkstatt von Georg Friedrich Brander, der in Augsburg wissenschaftliche

der Lokalkommissar berichtet am 13. August 1803, dass er, als die Kirche gerade geschlossen war, angefangen habe, dem Auftrag nachzukommen; allerdings könne er nur langsam arbeiten, weil die Perlen zu sehr mit dem Golddraht verflochten seien, so dass Gefahr für die Fassung und den ganzen Zusammenhalt bestünde. Zur Ansicht legte er seinem Schreiben einige dieser Perlen bei.

Im Dezember 1803 wurden die „heiligen Leiber" von Primus und Felicianus sowie eine weitere Reliquie um 243 Gulden an den Pfarrer von Thannheim in Tirol verkauft; der Schätzwert hatte bei 90 Gulden gelegen. Verkauft wurden offiziell nicht die Reliquien, sondern die kunstreich in vergoldetes Holz gefassten Glaskästen, Golddraht, Borten und Seide. Wie bei vielen Versteigerungen wurde nach dem reinen Materialwert geschätzt.

In seinem Bericht vom 3. Februar 1804 schreibt der Lokalkommissar, in der Klosterkirche befänden sich noch „einige heilige Häupter und Gebeine"; „aber ihr Anblick, den sie geben, ist beinahe schauderhaft. Kein schwangeres Weib kann selbe ohne nicht einen nachtheiligen Eindruck zu empfangen, ansehen ...". Er bittet daher, dass Häupter und Gebeine von den Altären entfernt, das Gold veräußert und die Knochen begraben („inhumerirt") werden dürfen.

Die Reliquien von Primus und Felicianus gelangten in die Pfarrkirche von Breitenwang in Tirol und wurden dort wieder prächtig gefasst. Als nach einer Renovierung dieser Kirche die Reliquienschreine nicht mehr aufgestellt werden sollten, konnte das Pfarramt Rottenbuch sie 1977 zurückkaufen.

a) Schreiben, 1 Doppelbl., umgeschlagen, Perlen/Goldfaden-Applikation in einer eingeklebten Papierlasche.
München, Bayerisches Hauptstaatsarchiv, KL Fasz. 641 Nr. 19, Generallandesdirektion in ständischen Klostersachen, Einlaufnr. 8405.
b) Farbfoto von Gebhard Schauer, Rottenbuch.

QUELLEN: München, Bayerisches Hauptstaatsarchiv, Lokalkommission Rottenbuch 15, Prod. 6, Prod. 36, Prod. 44.

LITERATUR: Jakob Mois, Reliquien und Verehrung der heiligen Primus und Felicianus in Rottenbuch. In: Lech-Isar-Land 1978, S. 31–50.   *A.S.*

Die Verstaatlichung der Klosterarchive

Am 14. Juni 1803, also fast vier Monate nach Einrichtung der Bibliothekskommission, wurde Franz Joseph Samet (1758–1828), Vorstand des 1799 gegründeten Geheimen Landesarchivs, mit der Aussonderung und Übernahme der ständischen Klosterarchive Altbayerns beauftragt. Allerdings ging die Arbeit Samets, der ganz allein tätig war, relativ zögerlich vonstatten. Noch bis November 1807 zog sich die Übernahme der Klosterarchive in das Geheime Landesarchiv hin. Eine Zentralisierung der altbayerischen Klosterarchive in München war schon aus Raumgründen nur unter strengster Auslese durchführbar. Samet beschränkte sich entsprechend der zeitgenössischen Auffassung vom Wesen eines Archivs auf die Urkunden, bedeutenden Amtsbücher sowie die „allerinteressantesten" Akten. Auf diese Weise versuchte man der durch die politischen Veränderungen zu Beginn des 19. Jahrhunderts auf die Archive des Staates hereinbrechenden Archivalienmassen Herr zu werden. Dies ging in erster Linie zu Lasten der Klosterregistraturen. Die Bruchstückhaftigkeit der klösterlichen Aktenüberlieferung in den staatlichen Archiven wurde erst durch Abgaben der Nachfolgebehörden in den Bereichen der klösterlichen Gerichts- und Grundherrschaften im Laufe des 19. Jahrhunderts gemildert.

Die Übernahme der Klosterarchive in den anderen Provinzen, in der Oberpfalz, in Neuburg, Schwaben und Franken verlief im Wesentlichen nach den gleichen Auswahlkriterien, wenn auch mit unterschiedlichen Methoden.

Die Zentralisierungstendenzen des 1812 gegründeten, nunmehr für ganz Bayern zuständigen Allgemeinen Reichsarchivs führten zu einer weiteren Zersplitterung der Klosterbestände auf verschiedene staatliche Archive, welche erst Ende des 20. Jahrhunderts überwunden werden konnte.

Heute ist das Bayerische Hauptstaatsarchiv zuständig für die Überlieferung der Klöster Altbayerns, während die Bestände der oberpfälzischen, schwäbischen und fränkischen Klöster in den jeweiligen regionalen Staatsarchiven verwahrt werden. *J.G.*

106 Barocke Archiveinrichtung am ursprünglichen Ort

Der historische Archivraum des Dominikanerinnenklosters Heilig Kreuz in Regensburg.
1972

Im Gegensatz zu den Klosterbibliotheken gingen die Archiveinrichtungen der Klöster im Zuge der Säkularisation fast gänzlich verloren. Eine der wenigen in Bayern bekannten Ausnahmen ist das Archiv des Dominikanerinnenklosters Heilig Kreuz in Regensburg. Dort hat sich die alte Archiveinrichtung noch erhalten, und zwar am ursprünglichen Ort. Der Archivraum, der sich innerhalb der Klausur des Klosters befindet, kann nur durch eine Geheimtür erreicht werden. Noch heute hat das Dominikanerinnenkloster sein gesamtes Archiv in eigener Verwaltung, darunter 830 Urkunden des Zeitraums 1233 bis 1779. Heilig Kreuz, gegründet im Jahr 1233, gehört zu den wenigen Klöstern Bayerns, die seit ihrer Stiftung unverändert fortbestehen, denn wie einige weitere geistliche Niederlassungen in Regensburg blieb es von der Säkularisation ausgenommen.

Foto von Norbert Reitzner, Bischöfliches Zentralarchiv Regensburg, 27,5 x 23 cm.

Regensburg, Bischöfliches Zentralarchiv Regensburg.

Literatur: Edgar Krausen, Alte Archivräume und Archiveinrichtungen. In: Mitteilungen für die Archivpflege in Bayern, Sonderheft 8, München 1972, S. 28–33, hier S. 32. – Marianne Popp, Die Dominikanerinnen im Bistum Regensburg. In: Georg Schwaiger – Paul Mai (Hrsg.), Klöster und Orden im Bistum Regensburg. Beiträge zu ihrer Geschichte, Regensburg 1978, S. 261–277. *J.G.*

107 Überreste historischer Archiveinrichtungen

Archivschrank des ehemaligen Benediktinerklosters St. Veit im heutigen Altersheim St. Veit bei Neumarkt-St. Veit (Lkr. Mühldorf a. Inn).

(Farbabb. S. 225)

Nur von einigen wenigen Klöstern haben sich über die Säkularisation hinaus Teile der barocken Inneneinrichtung ihrer Archive erhalten. Im heutigen Altersheim St. Veit stehen noch – wenn auch nicht am ursprünglichen Ort – die beiden 1670 hergestellten Archivschränke mit insgesamt 102 Schubladen. Die aus Eichenholz angefertigten Schränke zeigen als Schmuck das Klosterwappen mit dem Fichtenbaum sowie das springende Einhorn als Wappen des Abtes Gregor Wöstermayer (1653–1687). Die auf die einzelnen Schubladen aufgemalten Nummern korrespondierten sicherlich mit der in einem Repertorium festgehaltenen Archivsystematik.

Die Bedeutung der Archive für die Klöster als Verwahrungsorte ihrer Rechtstitel lässt sich auch daran erkennen, dass der Archivraum des Klosters St. Veit 1673 zum Schutz gegen Feuergefahr mit einer eisernen Türe sowie eisernen Fensterbalken und Gittern ausgestattet war. Zudem wurde der Tür- und Fensterstock aus Marmor angefertigt.

Foto von Albert Max Rickauer, München, Bayerisches Hauptstaatsarchiv, 24 x 30 cm.

LITERATUR: Krausen (wie Nr. 106) S. 31. *J.G.*

106

108 Zutritt zu den versiegelten Klosterarchiven

Die Generallandesdirektion beauftragt den Geheimen Landesarchivar Franz Joseph Samet mit der Aussonderung und Übernahme der ständischen Klosterarchive.
1803 Juni 14, München

Die Generallandesdirektion in ständischen Klostersachen erließ am 14. Juni 1803 eine an die Lokalkommissare adressierte „offene Ordre", worin die Beauftragung des Geheimen Landesarchivars Samet mit der Aussonderung und Übernahme der Klosterarchive bestätigt wurde. Bei Vorlage dieses Dokuments, von dem er den Lokalkommissaren jeweils eine beglaubigte und mit dem Amtssiegel des Geheimen Landesarchivs versehene Abschrift aushändigte, waren Samet die versiegelten Archive zu öffnen. Noch im Juni 1803 besuchte Samet auf seiner ersten Archivreise etliche Klöster, darunter am 24. und 25. Juni das Kloster Niederalteich, dessen zuständi-

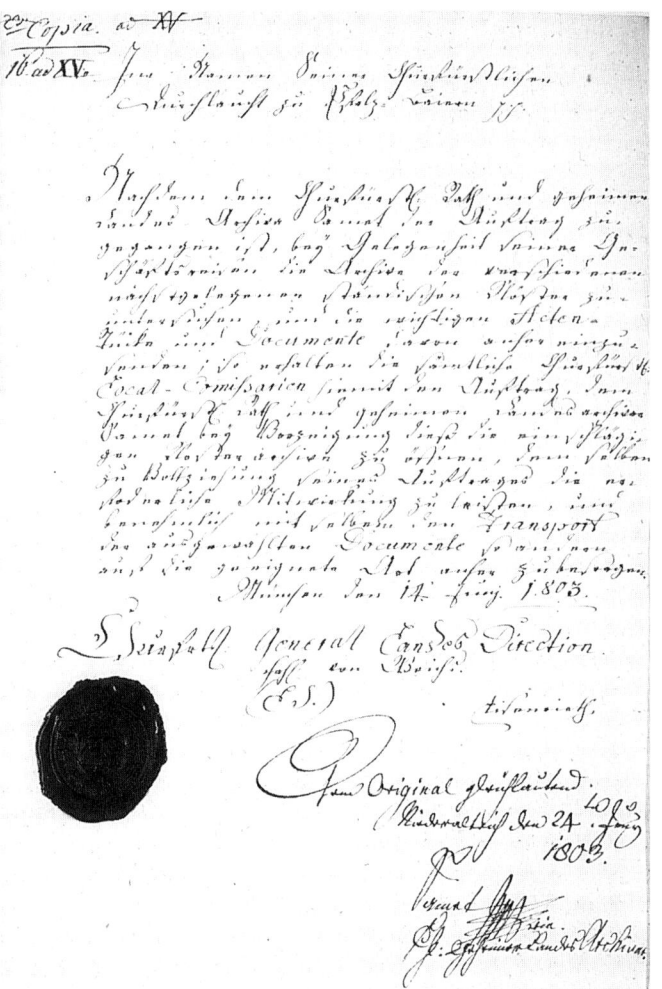

108

109

gem Lokalkommissar er die gezeigte Abschrift aushändigte.

Im Gegensatz zur Bibliothekskommission war Samet alleine tätig. Zudem beschäftigte ihn noch immer die Aufarbeitung der umfangreichen Bestände des Geheimen Landesarchivs, das aus der Neuorganisation der landesherrlich-wittelsbachischen Archive von 1799 hervorgegangen war. Die Klosterarchive konnten für ihn

also nicht ausschließlich im Blickpunkt stehen. Es verwundert daher nicht, dass sich die Übernahme der Klosterarchive immer mehr hinzog und erst Ende des Jahres 1807 zum Abschluss kam.

Beglaubigte Abschrift, 1 Bl., mit Lacksiegel des Geheimen Landesarchivs und Unterschrift von Franz Joseph Samet.

München, Bayerisches Hauptstaatsarchiv, Lokalkommission Niederalteich 16.

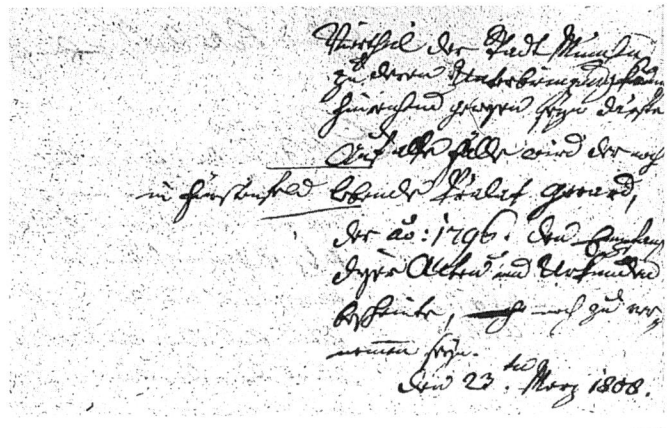

LITERATUR: Walter Jaroschka, Die Klostersäkularisation und das Bayerische Hauptstaatsarchiv. In: Glanz und Ende der alten Klöster (wie Nr. 21) S. 98–107, hier S. 99 f.   J.G.

109 Kein Interesse an Klosterregistraturen

Der Geheime Landesarchivar Samet rechtfertigt das von ihm bei der Übernahme der Klosterarchive praktizierte Ausleseprinzip.
1808 März 23

Bei der Zentralisierung der altbayerischen Klosterarchive im Geheimen Landesarchiv beschränkte sich Samet auf die eigentlichen Archive und hier v.a. auf die Urkunden und bedeutenden Amtsbücher. Eine Abwertung der Klosterregistraturen mit ihren jüngeren Amtsbuchserien und Aktenmassen war die Folge. Samet rechtfertigte die Vernachlässigung dieser Registraturen – im konkreten Fall des Klosters Fürstenfeld – noch Jahre danach mit dem Hinweis auf das Massenproblem: „... ist davon wie von allen andern Kloster Registraturen ... nichts überbracht worden, da vieleicht ein Vierthel der Stadt München zu deren Unterbringung kaum hinreichend gewesen seyn dürfte".

Dem Verlust waren die Klosterregistraturen damit aber nicht automatisch preisgegeben. Denn grundsätzlich waren diese den staatlichen Nachfolgebehörden in den Bereichen der Gerichts- und Grundherrschaften, also vor allem den Landgerichten und Rentämtern, zu übergeben. So kamen viele Klosterarchivalien mit den Behördenabgaben des 19. Jahrhunderts an die regional zuständigen Staatsarchive.

Konzept, 1 Doppelbl.

München, Bayerisches Hauptstaatsarchiv, Generaldirektion der Staatlichen Archive Bayerns 113.

LITERATUR: Jaroschka (wie Nr. 108) S. 98–107.   J.G.

110 Gründungsprivilegien als Kern der Klosterarchive

Papst Paschal II. bestimmt Eisenhofen (Lkr. Dachau) als ständigen Sitz des Klosters St. Peter (später Scheyern) und bestätigt dessen Güter.
1104 November 7, Lateran

Bei dieser Urkunde, einem wichtigen Gründungsprivileg des Klosters Scheyern, handelt es sich um ein von Papst Paschal II. (1099–1118) ausgestelltes sogenanntes feierliches Privileg, mit dem das Kloster St. Peter, das zuvor seinen Sitz an wechselnden Orten hatte, bei Eisenhofen etabliert wurde. Dennoch wurde das Kloster schon im Jahr 1119 nach Scheyern verlegt. Die aufwendige Form dieser Urkunde wurde von der päpstlichen Kanzlei bis zum Ende des 13. Jahrhunderts immer dann gewählt, wenn Rechtshandlungen von herausragender Bedeutung zu beurkunden waren, die einen Dauer- oder Ewigkeitswert beanspruchten.
Das Bayerische Hauptstaatsarchiv verwahrt heute die Hauptüberlieferung des Klosters Scheyern, darunter über 1.500 Urkunden aus der Zeit von 1102 bis 1798. Aber auch das ab 1838 zunächst als Priorat wiederbegründete

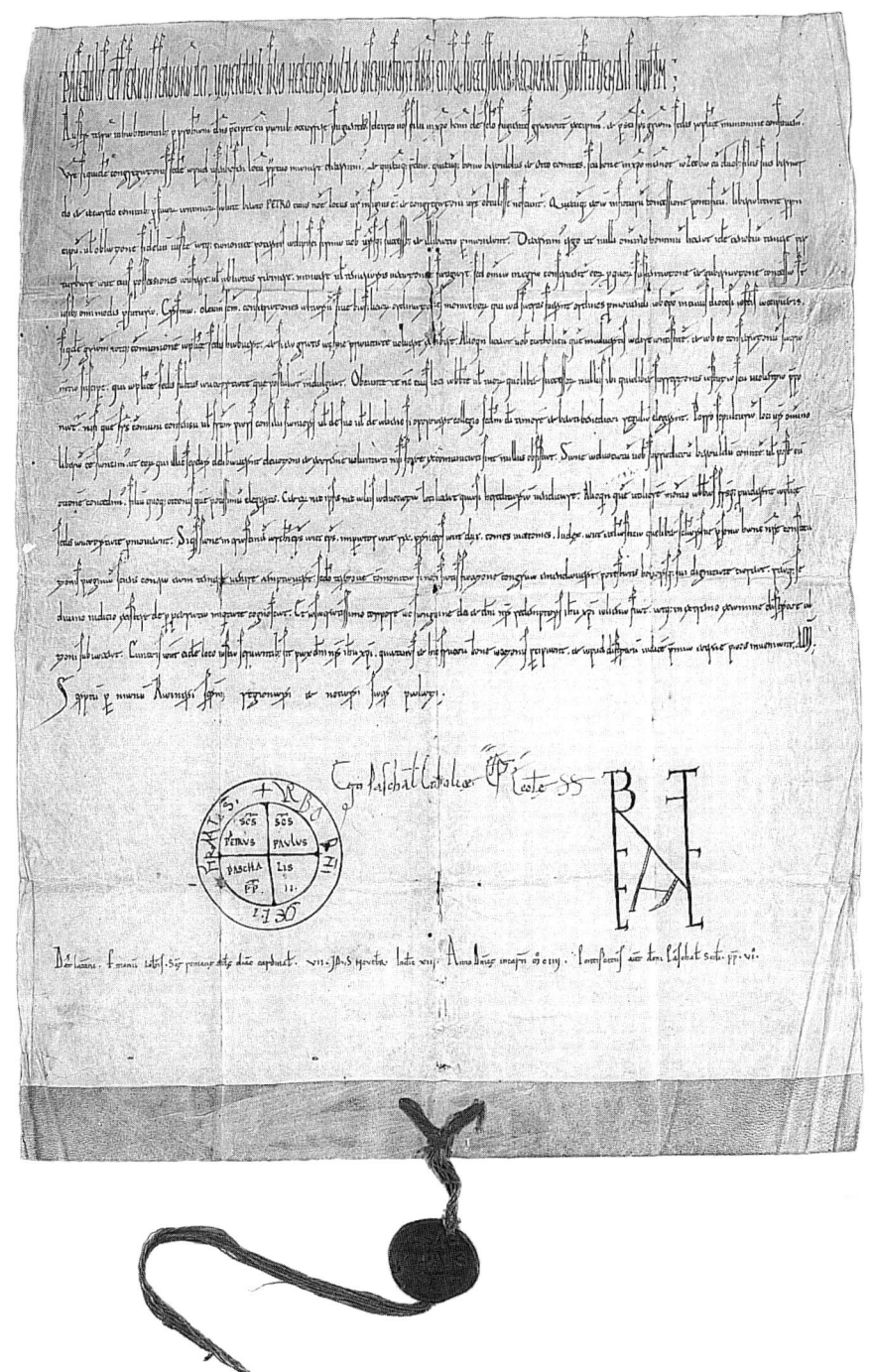

Kloster Scheyern ist im Besitz einiger Urkunden und sonstigen Archivalien aus der Zeit vor der Säkularisation. Neun Konventualen nämlich blieben nach der Klosteraufhebung vor Ort und konnten manche der von Samet zurückgelassenen Archivalien retten.

Urkunde, lat., Perg., 53 x 40 cm, mit Rota, Monogramm und Unterschrift des Papstes; Bleibulle an rot-gelber Seidenschnur.

München, Bayerisches Hauptstaatsarchiv, KU Scheyern 2.

LITERATUR: Josef Hemmerle, Die Benediktinerklöster in Bayern (Germania Benedictina, Bd. 2: Bayern), München 1970, S. 273–281. – Michael Stephan, Die Urkunden und die ältesten Urbare des Klosters Scheyern (Quellen und Erörterungen zur bayerischen Geschichte NF Bd. 36, Teil 2), München 1988, Nr. 2.   *J.G.*

111 Archivierung im Kloster

Repertorium des Klosterarchivs Scheyern
18. Jh.

Das im 18. Jahrhundert entstandene Repertorium spiegelt die Einteilung des Klosterarchivs in die vier Hauptgruppen „Ecclesiastica", „Monastica", „Politica" und „Judicialia" wider. Wahrscheinlich war jeder Hauptgruppe ein Archivschrank zugewiesen, da die nächste Gliederungsebene bereits Schubladen aufweist. Aufgeschlagen sind zwei Seiten der 1. Schublade (Privilegien) der Hauptgruppe „Ecclesiastica". Unter „N. IX" ist in der Serie der eigentlichen Gründungsprivilegien des Klosters auch die gezeigte Papsturkunde verzeichnet. Samet hat sich bei der Aussonderung des Klosterarchivs im Mai 1804 offensichtlich an diesem Repertorium orientiert sowie einzelne Repertorieneinträge mit Bleistiftbemerkungen versehen, z.B. wenn er Archivalien der Hofbibliothek, der Pfarrei oder dem Pfleggericht überlassen hat. Repertorien wurden erstellt, um auf die im Archiv abgelegten Urkunden und sonstigen im Laufe der Zeit entstandenen rechtserheblichen Quellen (Amtsbücher, Akten) einen raschen Zugriff zu haben.

Handschrift, Pap., 171 Bl., 22 x 17 cm.

München, Bayerisches Hauptstaatsarchiv, KL Scheyern 219/2, aufgeschlagen S. 1'/2.

LITERATUR: Joachim Wild, Archivierung und Archivrepertorium. In: Die Fürstenkanzlei des Mittelalters. Anfänge weltlicher und geistlicher Zentralverwaltung in Bayern, bearb. von Joachim Wild unter Mitarbeit von Klaus Freiherr von Andrian-Werburg und Karl-Ernst Lupprian (Ausstellungskataloge der Staatlichen Archive Bayerns 16), Neustadt a.d. Aisch 1983, S. 115–119. – Stephan (wie Nr. 111) S. 14* f.   *J.G.*

112 Erschließung der Urkundenmassen im Staatsbesitz

a) Lose Sammlung handschriftlicher Urkundenregesten („Blaue Grotte").
   Überwiegend 19. Jahrhundert
b) Band I der „Regesta sive Rerum Boicarum Autographa", herausgegeben von dem ehemaligen Reichsarchivdirektor Karl Heinrich Ritter von Lang.
   1822, München

Um die im Allgemeinen Reichsarchiv (gegründet 1812) zentralisierten Urkundenmassen benutzbar zu machen, entstand u.a. eine chronologisch geordnete Sammlung handschriftlicher Urkundenregesten (nach der Farbe der Kartons „Blaue Grotte" genannt). Diese Regesten, die meist in sehr knapper Form den Urkundeninhalt wiedergeben, dienten der Vorbereitung der Reihe der „Regesta Boica", welche alle originalen und bedeutenden, vor allem im Allgemeinen Reichsarchiv sich befindlichen Urkunden dokumentieren sollte. Gezeigt werden sowohl das handschriftliche Regest als auch der betreffende Eintrag in den „Regesta" zu der Papsturkunde von 1104. Das Projekt der „Regesta Boica", von Staatsminister Graf von Montgelas aus politischen Gründen ins Leben gerufen, wurde zunächst unter Reichsarchivdirektor Karl Heinrich Ritter von Lang (1764–1835) in Angriff genommen. Die synchronistische Nebeneinanderstellung der

Urkundenüberlieferungen Bayerns, Schwabens und Frankens bis zum Jahre 1300 sollte das Einheits- und Zusammengehörigkeitsgefühl des aus etwa 85 ehemals reichsunmittelbaren Gebieten zusammengesetzten jungen Königreichs unterstreichen. Unter Langs Nachfolgern – zu nennen ist hier an erster Stelle Max Prokop Frhr. v. Freyberg (1789–1851) – wurde das Regestenwerk bis zum Jahr 1436 fortgeführt.

a) Lose Regestenzettel (1101–1135) in farbiger Pappschachtel.
   München, Bayerisches Hauptstaatsarchiv, Repertorienzimmer.
b) Druck: VIII und 387 S., München 1822, aufgeschlagen S. 110/111.
   München, Bayerisches Hauptstaatsarchiv, Amtsbibliothek 4°E 25c.

LITERATUR: Vorwort von Otto Riedner zum Register zu Band I–XIII der „Regesta sive Rerum Boicarum Autographa", bearbeitet von Josef Widemann, München 1927, S. III–VIII. – Wolf Bachmann, Die Attribute der Bayerischen Akademie der Wissenschaften 1807–1827 (Münchener Historische Studien, Abteilung Bayerische Geschichte 8), Kallmünz 1966, S. 248–260. – Josef Hemmerle, Der Anteil der Freiherren von Hormayr und von Freyberg an der Fortsetzung der Regesta Boica (1826–1851). In: Archivalische Zeitschrift 75 (1979) S. 16–33. *J.G.*

113 Edition nach wissenschaftlichen Grundsätzen

Edition der Urkunden des Klosters Scheyern. 1988, München

Der gezeigte Band der „Quellen und Erörterungen zur bayerischen Geschichte" stellt eine moderne Edition der Urkunden der Jahre 1102 bis 1315 des Klosters Scheyern dar. Der Eintrag Nr. 2 bezieht sich wiederum auf die Papsturkunde von 1104. Diese ausführliche Form der Urkundenedition enthält u.a. ein Regest in deutscher Sprache, eine ausführliche äußere Beschreibung sowie einen buchstabengetreuen Abdruck der Urkunde.
Die Verstaatlichung der klösterlichen Archivbestände und deren Konzentration in München wurde von Seiten der Wissenschaft sehr begrüßt, da diese Quellen nach der Aufhebung der Klöster jetzt ohne Einschränkung zur

Verfügung standen. Im Jahre 1854 wurde von König Maximilian II. eine Kommission bei der Königlichen Akademie der Wissenschaften ins Leben gerufen, später als „Historische Kommission" bezeichnet, der die Aufgabe zuteil wurde, „die in den Archiven und Bibliotheken des Königreichs befindlichen historischen Schätze zweckmäßig zu veröffentlichen". Diesem Ziel wird bis heute die Kommission für bayerische Landesgeschichte mit der Reihe der „Quellen und Erörterungen zur bayerischen Geschichte" gerecht.

DRUCK: Quellen und Erörterungen zur Bayerischen Geschichte, Neue Folge, Bd. 36: Die Urkunden und die ältesten Urbare des Klosters Scheyern, bearb. von Michael Stephan, 43* und 377 S., München 1988.

München, Bayerisches Hauptstaatsarchiv, Amtsbibliothek 4°E 97 m - 36,2, aufgeschlagen Nr. 2.

LITERATUR: Vorwort von Bd. I der Quellen und Erörterungen zur bayerischen und deutschen Geschichte, München 1856, S. I–VII. *J.G.*

114 Sichere Aufbewahrung im staatlichen Archiv

Einzelgelegte Urkunden des Bestandes „Klosterurkunden Scheyern" in einem Urkundenkasten. 2002

Erst in den siebziger Jahren des 20. Jahrhunderts wurde begonnen, sämtliche Urkunden des Bayerischen Hauptstaatsarchivs in säurefreien Urkundentaschen einzuzulegen sowie in modernen Urkundenkästen unterzubringen. Bis dahin waren die Urkunden – zurückzuführen noch auf Samet – in verschnürten Bündeln, sogenannten Faszikeln, verwahrt, wobei ein Faszikel je nach Umfang der Urkunden einige wenige oder auch bis zu 40 Stück umfassen konnte. Der gezeigte Urkundenkasten enthält die jüngste Urkundenüberlieferung des Klosters Scheyern aus der Zeit vor der Säkularisation. Beispielhaft ist eine Bestätigung der Abtswahl durch den Bischof von

114

Freising von 1722 (Pergament, Wachssiegel in Holzkapsel) herausgelegt.

Diese Aluminiumkästen wurden eigens für die Staatlichen Archive Bayerns entwickelt, um den hohen Anforderungen an Stabilität und Klimatisierung gerecht zu werden sowie größtmöglichen Schutz des Inhalts vor Feuchtigkeit, Hitze, Staub und Insekten zu bieten.

Aluminiumkasten.

München, Bayerisches Hauptstaatsarchiv, Klosterurkunden Scheyern 1710 Jan. 2 – 1798 Sept. 23, herausgelegt Klosterurkunde Scheyern 1722 Aug. 28.

LITERATUR: Bernhard Zittel, Urkundenkästen aus Aluminium. In: Mitteilungen für die Archivpflege in Bayern 1/2 (1963) S. 55–60. *J.G.*

115 Geschützt hinter Stahl und Beton

Die Unterbringung der Amtsbücher („Klosterliteralien") des Klosters Scheyern in einem modernen Magazin des Bayerischen Hauptstaatsarchivs. 2002

Die Aufnahme gewährt einen Blick in den modernen Magazinbau des Bayerischen Hauptstaatsarchivs, genauer auf die in einem Stahlregal stehend gelagerten Amtsbücher und vereinzelten Akten des Klosters Scheyern, wie sie zu Anfang des 19. Jahrhunderts zum Bestand „Klosterliteralien Scheyern" formiert worden sind.

Im Anschluss an den Gebäudekomplex des ehemaligen Bayerischen Kriegsministeriums, den Teile des Bayerischen Hauptstaatsarchivs ab dem Jahr 1964 beziehen konnten, entstand 1974 bis 1977 als eigentlicher Verwaltungs- und Magazinbau ein moderner Zweckbau längs der Schönfeldstraße. Dieser enthält in seinem Kern sechs übereinanderliegende Magazingeschosse.

Foto von Albert Max Rickauer, München, Bayerisches Hauptstaatsarchiv, 20 x 30 cm.

LITERATUR: Albrecht Liess, Das Jahr 1978 in der Geschichte des Bayerischen Hauptstaatsarchivs. Neubau, Neuorganisation, Beständebereinigung. In: Mitteilungen für die Archivpflege in Bayern 24 (1978) S. 1–8, hier S. 2. *J.G.*

115

Die Zerstreuung der Klosterbibliotheken

Die Bibliotheken der Klöster, ursprünglich eingerichtet, um sakrale Bücher für die Lektüre und das Studium zur Verfügung zu stellen, dienten immer mehr auch der Förderung der Wissenschaften sowie der Repräsentation. Erst die reich ausgestatteten Bibliotheken ermöglichten die wissenschaftlichen Leistungen der Klostergelehrten. Diese literarischen Schätze wollte sich der Staat – anders als die meisten Mobilien der Klöster, deren Verkauf der Staatskasse zugute kommen sollte – für die Bildungsanstalten des Landes zu Nutzen machen. Zu diesem Zweck wurde am 17. Februar 1803 eine für Altbayern zuständige Bibliothekskommission „zur Untersuchung der ständischen Klosterbibliotheken" unter Leitung des Oberhofbibliothekars Johann Christoph Freiherr von Aretin (1772–1824) eingesetzt. Sie hatte die Aufgabe, die Hofbibliothek in München (heute Bayerische Staatsbibliothek), die Bibliothek der Universität Landshut (1826 nach München verlegt) sowie die Gymnasien und sonstigen Schulen mit brauchbaren Büchern zu versorgen. Die Handschriften, alten Drucke sowie die sonstigen seltenen und kostbaren Bücher blieben der Hofbibliothek vorbehalten. Bücher mit aus aufklärerischer Sicht abergläubischem Inhalt waren zu vernichten. Unter diesem Aspekt hielt man in den Bibliotheken der bereits 1802 aufgelösten Mendikantenklöster eine besonders strenge Auslese. Die noch verbleibenden Bibliotheksreste wurden verkauft, versteigert oder eingestampft. Nach ähnlichem Schema verlief die Beschlagnahmung der Stifts- und Klosterbibliotheken in Franken und Schwaben. Die Verstaatlichung der Bibliotheken und damit die Zugänglichmachung bedeutendster literarischer Quellen wurde von Seiten der Wissenschaft sehr begrüßt, überwiegend auch die Konzentration in der einstigen Hof- und heutigen Staatsbibliothek. Deren Bestand erweiterte sich auf rund 600.000 Werke mit einer der bedeutendsten Handschriftensammlungen der Welt. Die Lücken, die die Klöster als Träger der geistigen Bildung vor allem auf dem Land hinterließen, versuchte der Staat durch die Gründung von Provinzialbibliotheken, gespeist aus den Resten aufgelassener Klosterbibliotheken, zu schließen. Dies gelang aber nur bedingt, denn aus Mangel an Fachkräften blieben die meisten dieser Provinzialbibliotheken lange Zeit kaum benutzbar. *J.G.*

116 Repräsentation und Wissenschaft

Detailansicht der barocken Bibliothek des Zisterzienserklosters Waldsassen.
Anfang der 1980er Jahre

Die Innenausstattung der Bibliothek des Klosters Waldsassen erfolgte in den Jahren 1704 bis 1727. Die drei fensterlosen Seiten des Spätbarockraumes nehmen die Bücherregale auf, welche von einer durchlaufenden Empore geteilt werden. Diese wird von zehn lebensgroßen Atlanten getragen, die heute überwiegend als die Verkörperung der menschlichen Laster gedeutet werden. Auf dem Bild ist links ein prahlerischer, ruhmsüchtiger Soldat zu erkennen, der zu seinem Nebenmann, einem „Hanswurst", blickt. Die Bibliothekssystematik ist noch immer an den über den Regalen angebrachten Kartuschen zu erkennen: das rechte und das mittlere Regal war für das Fachgebiet „Theologie", das linke für das Fachgebiet „Canonistae", also Kirchenrecht, vorgesehen. Die Klosterbibliothek Waldsassen ist neben der Jesuitenbibliothek in Amberg die einzige der oberpfälzischen Klöster, deren Raum unversehrt erhalten blieb. Die Bücher allerdings wurden nach der Säkularisation überwiegend in die neugegründete Provinzialbibliothek Amberg verbracht. 1965 stellte die Staatliche Provinzialbibliothek Amberg dem 1863 von Zisterzienserinnen aus dem Kloster Seligenthal wiederbegründeten Kloster über

2000 Bände theologisches Schrifttum, darunter viele ehemalige Waldsassener Bücher, als Dauerleihgabe zur Verfügung.

Foto, 24 x 30,5 cm (Reproduktion).

München, Bayerisches Landesamt für Denkmalpflege, Bildarchiv: Farbdias, Waldsassen, Komma.

LITERATUR: Edgar Baumgartl, Stiftsbibliothek Waldsassen (Kleine Kunstführer 688), München 1988. – Walter Lipp – Harald Gieß, Die Staatliche Bibliothek (Provinzialbibliothek) Amberg und ihr Erbe aus den oberpfälzischen Klosterbibliotheken, Amberg 1991, S. 31–37. *J.G.*

117 Die Göttin der Weisheit schützt die Bibliothek

Exlibris der Weihenstephaner Klosterbibliothek, gestochen von Franz Joseph Mörl.
Ca. 1720

Die Göttin Minerva, kenntlich gemacht durch die Attribute Helm, Speer und Schild, sitzt in einer kleinen Kammer, deren Wände vom Boden bis zur Decke mit Büchern bestückt sind. Der Schild der Göttin zeigt das Klosterwappen mit einem Flügel und drei Rosen. Unter dem Bild verdeutlicht ein lateinischer Vierzeiler, worum es hier geht:

„Hac ala, hisce rosis me docta Minerva tuetur
meque Hierostephani Biblioteca tenet.
Tu cave, sacrilego memet subducere furto
has namque alatas noveris esse rosas."

„Mit diesem Flügel und Rosen schützt mich die kluge Minerva,
da mich die Bibliothek Weihenstephans verwahrt.
Hüte Dich, mich hinweg zu nehmen in gottlosem Diebstahl;
wissen mögest Du, dass geflügelt die Rosen sind."

Rosen und Flügel stehen für das Kloster und seine beiden Patrone, den hl. Stephan und den Erzengel Michael. Es spricht das mit dem eingeklebten Exlibris versehene Buch und warnt den potentiellen Dieb, dass ihn seine Untat einholen würde: zum einen macht das Exlibris den rechtmäßigen Besitzer deutlich, zum anderen soll die Anspielung auf die Flügel des hl. Michael dem diebischen Übeltäter wohl die Rache dieses Kämpfers gegen das Böse androhen.

Das Exlibris-Motiv belegt, dass das Kloster seine Bibliothek als Hort umfassender wissenschaftlicher Bildung verstanden wissen wollte und nicht etwa nur als theologische Fachbuchsammlung. Die zwei (hier von alter Hand korrigierten) Fehler in der zweiten Zeile des lateinischen Textes sind vielleicht die Ursache dafür, dass dieses Exlibris nur sehr selten vorkommt. Meist wurden zwei andere, einfachere Exlibris, am häufigsten aber das Wappensupralibros verwendet.

Kupferstich, 10,5 x 7,6 cm, unten links mit „Mörl" signiert.

Freising, Dombibliothek Freising, Exlibris 32.

LITERATUR: E. Zimmermann, Bayerische Klosterheraldik. Die Wappen der Äbte und Pröpste der bis zur allgemeinen Säkularisation in Ober- und Niederbayern, der Oberpfalz und bayerisch Schwaben bestandenen Herrenklöster, München 1930, Abb. S. 170. Herrn Prälat Dr. Sigmund Benker, Direktor der Dombibliothek Freising, wird für freundliche Hinweise gedankt. *A.S.*

118 Zerstreut, in der Ausstellung für kurze Zeit vereint

a) Band III des „Corpus iuris canonici" von Joannes Petrus Gibert in geprägtem Ledereinband mit Supralibros des Klosters Weihenstephan.
   1735, Genf
b) Inkunabel, beinhaltend die „Sermones de sanctis" (Predigten über die Heiligen) von Michael Lochmair, mit eingeklebtem Exlibris des Klosters Weihenstephan.
   Um 1490/91, Passau

Heute ist der Bücherbestand der Bibliothek des Benediktinerklosters Weihenstephan, soweit er nicht der Vernich-

tung anheim gefallen ist, in alle Winde zerstreut. Größere Anteile sind in der Bayerischen Staatsbibliothek, der Universitätsbibliothek München sowie der Dombibliothek Freising nachweisbar. Der Versuch einer systematischen Erfassung allerdings wurde nie unternommen. Den ursprünglichen Eigentümer eines Buches zeigen entweder ein handschriftlicher Besitzvermerk oder ein Bucheignerzeichen in Form eines gestochenen Exlibris oder eines Supralibros. Mit letzteren sind auch viele Bände aus Weihenstephan ausgestattet. Typisch ist das in den Einband der Inkunabel eingeklebte einfache Exlibris, mit dem im Jahr 1646 der Bibliotheksbestand gekennzeichnet wurde. In jüngerer Zeit wurde die Kennzeichnung des Bucheigentums mittels Supralibros gebräuchlich, das heißt, man prägte das Klosterwappen in den Ledereinband ein.

Das Kloster Weihenstephan verfügte über eine stattliche, oft gerühmte Bibliothek, die bis in die Gründungszeit des Klosters zurückreichte. Während der Regierungszeit von Abt Benedikt III. Rudolph (1674–1705) entstand im Rahmen der Neuerrichtung der gesamten Klosteranlage wohl auch der separate, an den Chor der Klosterkirche angefügte Bibliotheksbau. Dieser fiel zwischen 1810 und 1812 zusammen mit der Kirche und dem Osttrakt des Klostergevierts dem Abriss zum Opfer.

a) Druck, lat., 40 x 26,5 cm, mit weißem Leder überzogener Holzdeckeleinband, Blindprägung.
   Freising, Dombibliothek Freising, 4N 283 067/3.
b) Druck, lat., 402 Bl., 29 x 21 cm, mit hellem Leder überzogener Holzdeckeleinband von 1615, Blindprägung, Messingschließen und -verschlüsse, Passau, bei Johann Petri um 1490/91.
   München, Universitätsbibliothek München, 2° Inc.lat. 849, Deckel aufgeschlagen.

LITERATUR: Martin v. Deutinger, Beyträge zur Geschichte, Topographie und Statistik des Erzbisthums München und Freysing, Bd. 6, München 1854, S. 193–210. – Hans Raum, Geschichte der Gebäude (Beiträge zur Geschichte von Weihenstephan 6), Weihenstephan 1963, S. 9–11. – Bernhard Bischof (Hrsg.), Mittelalterliche Bibliothekskataloge Deutschlands und der Schweiz, Bd. 4/II: Bistum Freising, bearb. von Günter Glauche, München 1979, S. 645–650 (Weihenstephan Benediktinerkloster), hier S. 647. *J.G.*

Die sozialen Folgen der Säkularisation

Mit der Aufhebung der Klöster erlosch von einer Minute zur anderen in Hunderten bayerischer Orte das geistliche Leben. Mönche, Chorherren und Nonnen wurden vor die Wahl gestellt, entweder gegen knappe Pensionen in die Welt zurückzukehren, was überwiegend geschah, oder als Weltpriester einen Posten in der Seelsorge zu übernehmen oder in einem Aussterbekloster die Tage zu beschließen. Nur Nonnen durften sich auch für den Verbleib in ihren Ordenshäusern entscheiden.

Härter traf es die Klosterbediensteten, die angestellten Bäcker, Metzger, Sattler, Gärtner, Knechte, Diener etc., die z.T. sogleich, z.T. nach geraumer Zeit gegen geringe Geld- oder Naturalentschädigungen entlassen wurden. Der Wegfall der klösterlichen Fürsorge auch für Alte, Kranke und Schwache schuf zwangsläufige Härten. In vielen Fällen versuchte die Generallandesdirektion als verantwortliches Staatsorgan, die wirtschaftliche Not durch die Verteilung von Landparzellen, auch durch die Übertragung ehemals gepachteter Häuschen an Bedürftige zu lindern. Doch verteilt wurden in der Regel nur mindere Böden, und zwar in Mengen von Tagwerk-Brüchen, und auch die Hütten waren zumeist unverkäuflich gewesen.

Daneben zog die Säkularisation auch Grundholden, Wirte und Landwirte, Fischer, Handwerker und Gewerbetreibende in Klosterhofmarken bzw. -dörfern in die Armut, wenn die Lebensgrundlage ausschließlich auf die Klöster als Auftrag- und Arbeitgeber ausgerichtet war. Die Aufträge entfielen, doch blieben die (Abgabe- und Dienstleistungs-) Pflichten, die statt vom eher nachsichtigen Abt nun vom unerbittlichen staatlichen Rentamt eingefordert wurden. Auch hier sollte die Parzellierung klostereigener Gründe die ärgste Not abbauen.

Bei der Abwicklung der Benediktinerinnenabtei Frauenwörth – durch die Insellage waren Klosterbedienstete und -untertanen ganz besonders eng an das Kloster gekettet – ging diese Rechnung einigermaßen auf. Kaum einer der Inselbewohner verkaufte und zog fort, aber man muss davon ausgehen, dass mindestens bis zum Aufblühen des Fremdenverkehrs nach 1828 bittere Armut herrschte.　　　　　　　　　　　　*R.B.*

125　Die Besitzverhältnisse auf der Insel Frauenchiemsee

Grundrissaufnahme der Frauen-, der Krautinsel und des Hofangers zu Gstadt durch den kurfürstlich traunsteinischen Salinen-Waldmeister Franz Huber.　　　　　*(Farbabb. S. 227)*
1803 Juni

Das Benediktinerinnenkloster Frauenchiemsee wurde am 22. März 1803 durch den Lokalkommissar Raimund Stecher, ehemals Gerichtsschreiber zu Rosenheim, auftragsgemäß aufgehoben. Da die Buchführung des Klosters (wie bei fast allen Ordenshäusern) keinen exakten Überblick über den Grundstücks- und Immobilienbesitz erlaubte, beauftragte er am 13. Mai den traunsteinischen Salinen-Waldmeister Franz Huber mit der Vermessung der Besitzungen. Huber lieferte als Ergebnis am 25. Juni 1803 eine exakte Grundrissaufnahme der Fraueninsel, der Krautinsel und des Hofangers zu Gstadt ab. Darin unterschied er die vom Kloster selbst genutzten Gründe (a), die verliehenen (b–d) und den Eigenbesitz einzelner Inselbewohner. Daraus ergab sich, dass das Kloster auf beiden Inseln zu rund drei Vierteln Grundeigentümer war.

Kolorierte Federzeichnung, 57 x 45 cm, unten rechts signiert: Franz Huber, chf. traunst. Sal. Waldmeister.

München, Bayerisches Hauptstaatsarchiv, Plansammlung 19619.

QUELLE: München, Bayerisches Hauptstaatsarchiv, KL Fasz. 173/32.

LITERATUR: Gerda Kren, Die Säkularisation der Chiemseeklöster. In: Das bayerische Inn-Oberland 34 (1966) S. 5–183, hier S. 111–114, 129, 168.

R.B.

126 Scheinbar blieb die Zeit stehen

a) Ausschnitt des Steuerkatasterplans mit der Fraueninsel.
   Ca. 1810
b) Flurkartenausschnitt mit der Fraueninsel.
   1960

Mit der Säkularisation entfiel für die nichtklösterlichen Inselbewohner, 106 Personen in 42 Familien, einerlei ob auf Kloster- oder Eigengrund, von einer Minute auf die andere der einzige Arbeit- bzw. Auftraggeber. Dennoch hielten sich Grundstücksbewegungen und Gebäudeveränderungen in Grenzen. Insbesondere blieb, wie der Vergleich der Grundrissaufnahme von 1803 mit dem ersten Steuerkatasterplan von ca. 1810 ergibt, die gesamte Klosteranlage erhalten. Lediglich die Pfarrkirche St. Martin am Südrand des Baumgartens, ein Flügel des Hofrichterhauses, des jetzigen Inselwirts in der Mitte des Westufers, und der Schweinestall am Rande des Bleichgartens wurden säkularisationsbedingt abgebrochen. Alle übrigen Gebäude, mit Ausnahme des „Schwabanwesens" an der Nordspitze der Insel, finden sich, z.T. umgebaut, und durch wenige Neubauten ergänzt, noch auf der Flurkarte von 1960 wieder. Dem entspricht, dass

126a

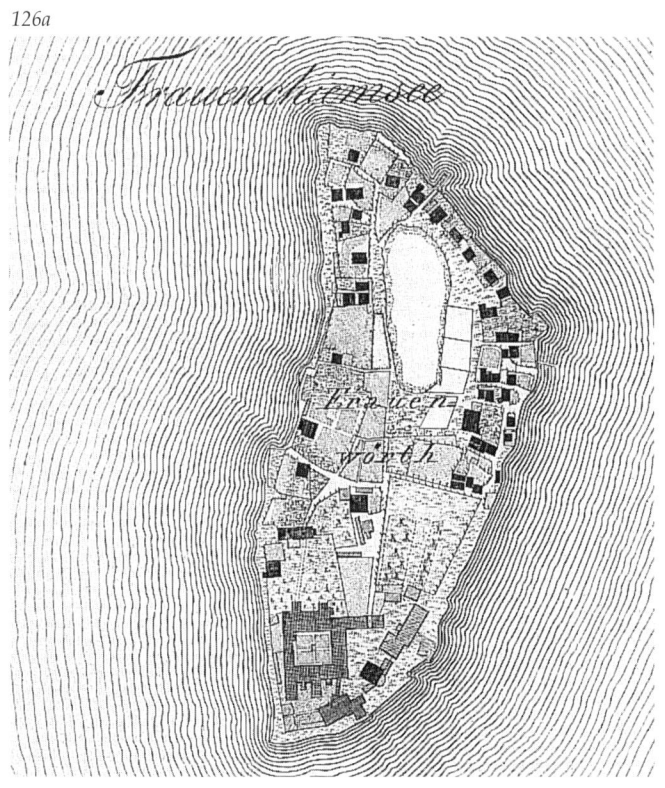

126b

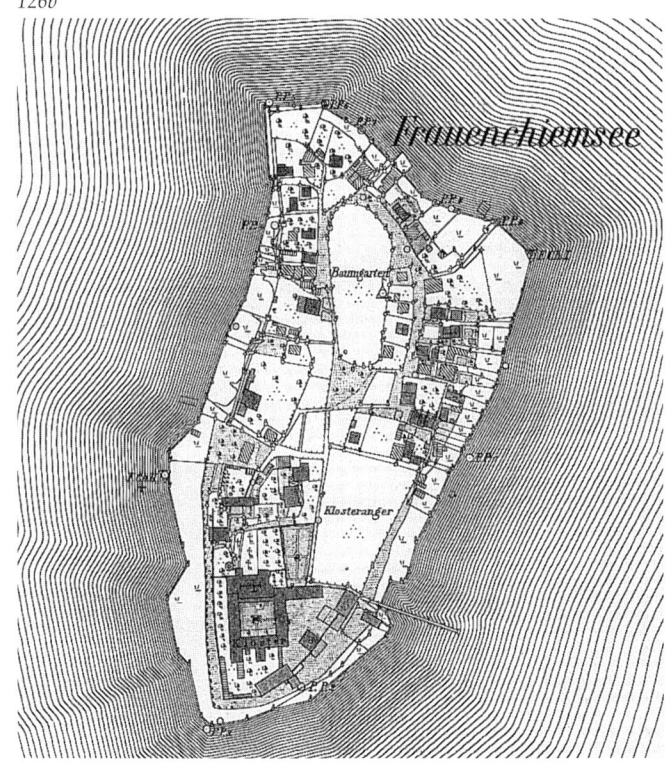

nach den Briefprotokollen des zuständig gewordenen Landgerichts Traunstein in den für die Folgen der Säkularisation entscheidenden Jahren bis 1810 kaum Besitzwechsel stattgefunden haben. So springt als bedeutendste Veränderung die Vergrößerung der Insel in die Augen, die durch eine Absenkung des Seespiegels in den Jahren 1902 bis 1904 herbeigeführt worden ist.

a) Foto (Ausschnittvergrößerung der gedruckten Karte), 42 x 30 cm. München, Staatsarchiv München, Alte Flurkarten 2677.
b) Foto (Ausschnittvergrößerung der gedruckten Karte), 42 x 30 cm. München, Bayerisches Hauptstaatsarchiv, Flurkarte 44/S.O.XIII.28

QUELLEN: München, Staatsarchiv München, Kataster 17911. – München, Bayerisches Hauptstaatsarchiv, Lokalkommission Frauenchiemsee 11.

LITERATUR: Michael Henker – Wolf-Armin Frhr. v. Reitzenstein (Hrsg.), Gemeinde Chiemsee (Bayerisches Flurnamenbuch 1), München 1992, S. 10 (zur Seeabsenkung). *R.B.*

127 Plädoyer für Kloster Frauenchiemsee

Denkschrift des Klosterrichters Hauner, „Gründe für die fernere Fortdauer der gegenwärtigen Existenz des ständischen Klosters Frauenkiemsee". 1802 März, Frauenchiemsee

Korbinian Hauner war am 10. April 1801 als Kloster- und Hofmarksrichter in den Dienst des Klosters getreten. Als solcher erlebte er die Aufhebung der Bettelklöster im Januar 1802 und sah folgerichtig die Aufhebung auch der übrigen Ordenshäuser voraus. Deshalb reichte er vorsorglich am 22. März 1802 bei der Landesdirektion in ständischen Klostersachen eine (undatierte) Denkschrift ein, in der er sich aus vielen Gründen für den Fortbestand des Klosters Frauenchiemsee einsetzte. U.a. verwies er weitblickend (bereits auf der ersten Seite) auf die umfangreichen Besitzungen in Österreich, die im Falle einer Aufhebung enteignet werden würden und damit dem Kurstaat Bayern verloren gingen. Auch die Insel

selbst sei in keiner Weise verkaufbar, sie tauge weder für die Einrichtung einer Fabrik, noch für andere Gewerbe. Vor allem aber warnte er davor, dass insgesamt 600 Klosteruntertanen in eine schlimme Lage versetzt und mindestens 200 zu Bettlern gemacht würden. Die Reaktion fiel bezeichnend aus. Am 16. April 1802 vermerkte ein Mitglied der Spezialklosterkommission: „Hat zur Nachricht gedient und beruht."

Schreiben, 4 Doppelbl., geheftet, mit Unterschrift von Hauner.

München, Bayerisches Hauptstaatsarchiv, KL Fasz. 167/12.

LITERATUR: Kren (wie Nr. 125) S. 117 f., 149. *R.B.*

128 Hilferuf der Insulaner

Die Untertanen der Hofmark Frauenchiemsee erbitten von der Generallandesdirektion dringend Hilfe vor dem wirtschaftlichen Ruin. 1803 (April)

Am 5. Mai 1803 übergab die Generallandesdirektion dem Lokalkommissar Stecher das Duplikat eines Bittgesuchs der Hofmarksuntertanen von Frauenchiemsee mit dem Auftrag, sich zwar nicht vom Gang der Klosteraufhebung abhalten zu lassen, sich wohl aber Gedanken über mögliche Abhilfen zu machen. Wenige Tage oder Wochen vorher hatten die Untertanen auf der Fraueninsel, in Gstadt (Lkr. Rosenheim) und in Seebruck (Lkr. Traunstein) in drastischen Worten geschildert, dass mit der Aufhebung des Nonnenklosters ihre ausschließlich auf das Kloster ausgerichtete Lebensgrundlage als Wirte, Bäcker, Metzger, als Handwerker und Gewerbetreibende bedroht werde bzw. schon zerstört worden sei. Daher baten sie um den Fortbestand wenigstens der Klosterökonomie auf der Insel oder um die Einrichtung eines Nonnen-Aussterbeklosters oder um die Gründung einer Fabrik, „wozu die geräumigen und nicht im mindesten baufälligen Kloster-Gebäude wie gewunschen da stehen", oder um irgendwelche Entschädigungen, weil niemand im ganzen Lande „durch den neuen Gang der Dinge so, wie wir, schuldlos zu leiden" habe.

Schreiben in Abschrift, geheftet, 21 S.

München, Bayerisches Hauptstaatsarchiv, Lokalkommission Frauenchiemsee 11.

Druck: Stutzer(wie Nr. 40) S. 240–243.

Literatur: Kren (wie Nr. 125) S. 154 f.   *R.B.*

sentlich zum Fortbestand der Siedlung auf der Fraueninsel beigetragen.

Aktenband, 23 Bl., aufgeschlagen: „Auszug der veräußerten Staats-Realitäten im königlichen Rentamte Traunstein, Steuer-Distrikt Kiemsee", S. 2 und 3.

München, Staatsarchiv München, Kataster 17911.

Literatur: Kren (wie Nr. 125) S. 155–157. – M. Magdalena Schütz OSB, Geschichte der Abtei Frauenwörth, St. Ottilien 1982, S. 79–83.   *R.B.*

129 Staatliche Unterstützung

Das Rentamt Traunstein überlässt bedürftigen Inselbewohnern Anwesen und Grundstücke auf der Frauen- und der Krautinsel.
1812 Juli 7, Traunstein

In Anerkennung der wirtschaftlichen Notlage erhielten 1804 diejenigen Inselbewohner, die durch die Aufhebung des Nonnenklosters aller Verdienstmöglichkeiten beraubt wurden, ihre bisher gepachteten Anwesen und Anteile am Klostergrund zu Eigen. Wie die aufgeschlagenen Seiten des Beilagenbandes zum Steuerkataster von 1810 zeigen, mussten die Insel Herrenchiemsee und auf der Fraueninsel das Klosterrichterhaus und das Brauhaus ordnungsgemäß gekauft werden. Dagegen erhielten der Bader Joseph Kaiser, der Metzger Joseph Lang und der Mesner Alois Nagler Anwesen und Grundstücksanteile „auf bodenzinsiges [steuerpflichtiges] Eigenthum unentgeltlich überlassen" (rechte Seite). Riesig fielen die Parzellen freilich nicht aus: der Schlosser Johann Oberhauser erhielt zusammen mit 6 Gefährten je 7/8 Tagwerk auf der Krautinsel, insgesamt 10 Fischern wurden je 1/5 Tagwerk übereignet, Kaspar Hefter musste 3 Tagwerk sogar mit 19 Konsorten teilen.
Da kaum jemand verkauft hat und weggezogen ist, hat diese zumeist bescheidene Unterstützung offenbar we-

130 Aus der Vogelschau

Luftaufnahme der Fraueninsel aus nördlicher Richtung mit Blick auf die Alpenkette.
Um 1982

Die Entdeckung der Insel durch die Maler 1828 verhalf den Inselbewohnern zu neuer Existenzgrundlage. Noch heute leben sie, wie an der großen Zahl liegender und ansegelnder Boote zu erkennen ist, vor allem vom Fremdenverkehr. Dennoch blieb es im Wesentlichen beim ursprünglichen Siedlungscharakter, wie der Vergleich mit der Grundrissaufnahme von 1803 (Nr. 125) zeigt: Den Südteil der Insel füllt nach wie vor ausschließlich das Klosterareal aus, in der Mitte blieben Bleich- und Baumgarten bis heute unbebaut. Um ihn herum drängen sich die Häuser der Wirte, Fischer und Handwerker. Die Zahl ihrer Gebäude stieg von 1803 bis heute von 42 auf nur wenig mehr als 50.

Farb-Poster, 59 x 84 cm.

Privatbesitz.

Literatur: Schütz (wie Nr. 129) S. 9. – Franz Gailer, Der Chiemsee – ein Malerparadies. Glanzstücke aus dem 19. Jahrhundert, Gemeinde Chiemsee, Frauenchiemsee 1998, S. 11–16 (zur Entdeckung der Insel).
                                                    R.B.

Reaktionen der Bevölkerung

Obwohl die Säkularisation 1802/03 gewiss ein Ereignis war, das die Bürger des Landes berührt und betroffen hat, blieb jeglicher Aufruhr aus. Dabei hatten die Verantwortlichen bereits bei der Auflösung der Bettelordensklöster 1802 mit Unruhen gerechnet. Dennoch beschränkten sich die Reaktionen der Zeitgenossen auf die Schließung der Ordenshäuser und die z.T. unwürdige Verfrachtung der Mönche in Nacht-und-Nebel-Aktionen auf Trauer, Klagen und höchstenfalls Verwünschungen. Auf der Ebene der Gemeinden und Kommunen blieb es bei artigen Gesuchen um die Belassung der Konvente aus Gründen der Seelsorge, Krankenfürsorge und Jugenderziehung. Bei der Aufhebung der landständischen Abteien, Kollegiat- und Chorherrnstifte unterblieb selbst dieses. Dafür meldeten sich – aus verständlichen Gründen zumeist anonym – Einzelne zu Wort und übten zuweilen lautstarke Kritik. Das Pamphlet, das sich nach der Aufhebung des Dominikanerinnenklosters St. Markus in Würzburg am 11. November 1803 an der Kirchentüre angeschlagen fand, rief sogar zum bewaffneten Aufstand auf. Noch Jahrzehnte später wühlte einen ehemaligen Bamberger Domherrn der Anblick der zur Ruine verkommenen Barockbasilika Münsterschwarzach derart auf, dass er seiner Empörung in einem Flugblatt Luft verschaffen musste. Dennoch blieb es bei derartigen Einzelhandlungen. Fehlte den Zeitgenossen der Mut, sich offen oder versteckt aufzulehnen, sahen sie aus Gleichgültigkeit teilnahmslos zu, oder fand die Säkularisation gar ihre Zustimmung? Die Bemerkung des Redakteurs des Freisinger Anzeigers vom 1. Januar 1804, man habe Grabdenkmäler aus der zerstörten Kirche St. Andreas in Freising in Privathäusern vorgefunden, deutet an, dass es auch Leute gab, die aus Klosterzerstörungen ihren Vorteil zogen. Echter, mitunter sogar handgreiflicher Widerstand ist nur dort überliefert, wo staatliche Verordnungen in die Sphäre persönlicher Religionsausübung eingriffen, z.B. beim Wallfahrtswesen. Doch auch hier ist

Skepsis angebracht, ob die überlieferten Heldentaten der quellenkritischen Überprüfung standhalten, und ob es sich ausschließlich um Zeugnisse der Frömmigkeit handelte. *R.B.*

131 Handgreiflicher Widerstand?

a) Der kaiserlich-österreichische Gesandte in München, Johann von Buol-Schauenstein, berichtet nach Wien, dass im Chiemgau eine Militärabteilung gegen unbotmäßige Wallfahrer einschreiten habe müssen.
1802 Juni 25, München

b) Die Kurpfalzbaierische Münchner Staatszeitung meldet tumultuarische Auftritte nach der Rückkehr Münchner Wallfahrer aus Andechs.
1802, Juli 8, München

c) Wallfahrer auf dem Weg zum Heiligen Berg.
2002, Andechs

Am 4. Dezember 1801 war als einer der Vorboten der Säkularisierung Bayerns ein Mandat ergangen, wonach vor allem die Anzahl der Feiertage begrenzt und die Kirchweihen, Patrozinienfeste, Kreuzgänge, Wallfahrten und Prozessionen eingeschränkt und künftig nurmehr an Sonn- und allgemeinen Feiertagen zugelassen wurden. Die Folge waren an verschiedenen Orten Zusammenstöße mit Polizei oder Militär. Im Chiemgau z.B. wollten die Bauern aus Hohenaschau, Wildenwart und Umgebung (sämtlich Lkr. Rosenheim) 1802 wie alle Jahre am 2. Juni, dieses Mal an einem Mittwoch, und nicht erst am darauffolgenden Sonntag, zur Klosterkirche Herrenchiemsee wallfahren (a). In München war am Pfingstmontag ein Kreuzgang nach Andechs (c) erlaubt worden, aber nur unter der Bedingung, dass die Rückkehr am fol-

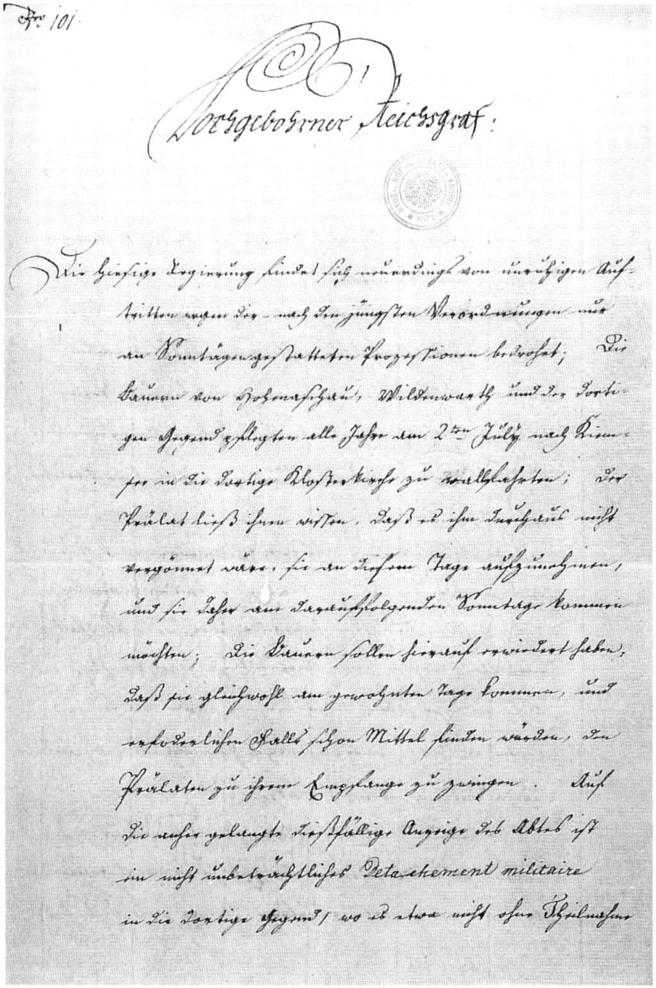

Hochgeborner Reichsgraf:

[handschriftlicher Brief]

Nro. 159. **Kurpfalzbaierische**
Münchner Staatszeitung.
1801.

Donnerstag, den 8. July.

München, den 8ten July.

[Fraktur-Zeitungstext, zweispaltig]

131a

131b

genden Dienstag in aller Stille und ohne jegliche Feier-
lichkeit erfolge. Dennoch kam es zu mehrtägigen Aus-
schreitungen (b), denen sich viele Handwerker anschlos-
sen, die um ihre freien Tage fürchteten. Auch hier konnte
nur das Militär die Ruhe wiederherstellen. Weil es in beiden Fällen auch um die Verteidigung arbeitsfreier Tage
ging, taugen die Beispiele nur bedingt als Beweis dafür,

dass die Bevölkerung bei Eingriffen in religiöse Gewohnheiten zum Widerstand bereit war.

a) Schreiben, 1 Doppelbl., mit Unterschrift von v. Buol-Schauenstein;
gezeigt wird ein Foto.
Wien, Österreichisches Staatsarchiv, Haus-, Hof- und Staatsarchiv,
Staatskanzlei, Bayern Karton 85, Nr. 101.
b) Druck, 27 x 20,5 cm; gezeigt wird ein Foto.

Wien, Österreichisches Staatsarchiv, Haus-, Hof- und Staatsarchiv, Staatskanzlei, Bayern Karton 85, Beilage zu Nr. 113.
c) Farbfoto, 20 x 30 cm.
Andechs, Kloster Andechs, Kultur- und Veranstaltungs-GmbH, Bildarchiv, Foto-Nr. 32, Wallfahrer 2002.

QUELLE: München, Bayerisches Hauptstaatsarchiv, Kurbayern Mandatensammlung 1801 XII 4.

LITERATUR: Arndt-Baerend (wie Nr. 17) S. 85 f.   *R.B.*

132 Stimmen für die Bettelmönche

Die Bürger Rosenheims und der umliegenden Ortschaften bitten um den Fortbestand des Kapuzinerkonvents.
1802 Februar, Rosenheim

Wie die Bürger Rosenheims setzten sich im Februar 1802 nach Bekanntgabe des Dekrets vom 25. Januar 1802 über die Aufhebung der Bettelorden Besorgte vieler Märkte und Städte für Beibehaltung und Fortbestand ihrer Klöster ein. Sie alle stellten, ganz im Gegensatz zu den teilweise hasserfüllten amtlichen Verlautbarungen, den Bettelmönchen Zeugnisse über rast- und selbstlose, aufopfernde Nächstenliebe in der Krankenpflege, in der Seelsorge und in der Jugenderziehung aus. Entsprechend wurden in allen drei Bereichen Engpässe und Unterversorgung befürchtet, falls diese Konvente tatsächlich aufgehoben würden. Dennoch hatte kein Gesuch Erfolg.

Schreiben, 1 Doppelbl.

München, Bayerisches Hauptstaatsarchiv, GR Fasz. 633 Nr. ad 45.

LITERATUR: Arndt-Baerend (wie Nr. 17) S. 82-85.   *R.B.*

133 Leise Kritik aus Altomünster

a) Bürgermeister und Abgeordnete der Bürgerschaft von Altomünster bitten flehentlich, die Ausstattung der Pfarrkirche von der anstehenden Versteigerung auszunehmen.
1803 Juni 28, München

b) Kloster und umgebender Markt Altomünster von Nordosten aus der Luft.   *(Farbabb. S. 235)*
1999 Juni 26

Obwohl man in Altomünster (Lkr. Dachau) wisse, dass die Aufhebung der Klöster dem öffentlichen Wohl gegolten habe und man auch einsehe, „daß reiche, oder doch guthabige Unterthanen dem Zwecke des Staates mehr als fette Praelaten, und einfache Wohnungen des arbeitsamen Bauern mehr als versperrte Zellen" nützten, fürchte man Schaden. Gerüchten zufolge sollen nämlich auch die „Dachrinnen, Gloken, Altäre, heilige Leiber, Paramente etc." versteigert werden, an denen man hänge, weil es sich um Schenkungen der Vorfahren handle. Der Ort sei zu bedürftig, um derlei Ausstattung wieder anschaffen zu können. Schließlich habe das örtliche Gewerbe durch die Aufhebung des Birgittenklosters sehr gelitten. Als Folge verblieb in der Pfarr- und Klosterkirche eine einfache Ausstattung zurück.

a) Schreiben 1 Doppelbl.
   München, Bayerisches Hauptstaatsarchiv, KL Fasz. 46 Nr. 22.
b) Farbfoto, 20 x 30 cm.
   München, Bayerisches Landesamt für Denkmalpflege, Luftbildarchiv, Nr. 7732/017, 26.07.99, 8086-13, Klaus Leidorf.

LITERATUR: Wilhelm Liebhart, Altbayerisches Klosterleben. Das Birgittenkloster Altomünster (1496–1841), St. Ottilien 1987, S. 119–131, insbes. S. 125.   *R.B.*

134 Versteckte Klage aus Freising

a) Im 9. Stück des Freysinger Anzeigers wird bei der Zerstörung der Kollegiatskirche St. Andreas die Zertrümmerung von Grabdenkmälern verurteilt.
1803 Dezember 25, Freising
b) Im 1. Freysinger Anzeiger des neuen Jahres wird die Nachricht vom 25. Dezember 1803 widerrufen.
1804 Januar 1, Freising

Das Kollegiatstift St. Andreas wurde am 27. November 1802 formell aufgehoben. Im Dezember 1803 begann die Ausräumung der Kirche und ab Januar 1804 folgte der Abbruch sämtlicher Gebäude und Kapellen des Stifts. Doch wurde darüber und über die Zerstörung der anderen Kirchen und Gebäude Freisings im Anzeiger nicht geklagt, lediglich über die „unschickliche" Zertrümmerung der Grabdenkmäler in St. Andreas. Allerdings endet der eher beiläufige Artikel mit dem Appell „Verbessere – Belehre – Nur nicht zerstöre". Und zwei Absätze

134a

134b

weiter wird ironisch der „Geist der finstern Zeit" dem „Geist der neuern Zeit" gegenübergestellt.
Bereits in der nächsten Ausgabe des Anzeigers, leider nur abschriftlich überliefert, folgt der offenkundig erzwungene Widerruf: Die Grabmäler seien unbeschädigt

in Verwahrung genommen worden. Erläuternd und den Opportunismus der Bevölkerung anprangernd, setzte der Redakteur, Martin Schadenfroh, ehemals Rentmeister des Domkapitels, hinzu, dass tatsächlich derlei Epitaphien bei Liebhabern vorgefunden worden seien: hinter dem Ofen und auf dem Küchenherd. Gerade aus dieser Bemerkung darf wohl gefolgert werden, dass auch die Freisinger Bürger bei Säkularisation und Zerstörungen gleichgültig zusahen und allenfalls ihren Vorteil suchten.

Aktenband, aufgeschlagen Bl. 485 mit dem handschriftlichen Widerruf (b) und (in Reproduktion dazu gelegt) Bl. 479 mit dem eingenähten Freysinger Anzeiger (a) vom 25.12.1803.

München, Archiv des Erzbistums München und Freising, Heckenstaller Sammlung H 118/1.

LITERATUR: Peter Pfister, Freising-St. Andreas. In: Diözesanmuseum Freising (Hrsg.), Freising. 1250 Jahre Geistliche Stadt, München 1989, S. 135–139. – Sebastian Gleixner, Von der fürstbischöflichen Residenzstadt zum bayerischen Behördensitz. Die Eingliederung Freisings in das Kurfürstentum Bayern 1802–1804. In: Hubert Glaser (Hrsg.), Freising wird bairisch (37. Sammelblatt des Historischen Vereins Freising), Regensburg 2002, S. 13–140, hier S. 43. *R.B.*

135 Späte Angst vor der Volksstimmung

Die Regierung des Isarkreises, Kammer der Finanzen, spricht sich aus Sorge vor der Volksstimmung gegen den öffentlichen Verkauf der Einrichtung der Klosterkirche Altenhohenau aus.
1823 September 24, München

Während die meisten Gebäude des Dominikanerinnenklosters Altenhohenau (Gde. Griesstätt, Lkr. Rosenheim) nach der Säkularisation als Folge des Verkaufs an Privat nach und nach abgebrochen wurden, blieb die Klosterkirche erhalten. Zur Nebenkirche der Pfarrei Griesstätt erklärt, diente sie den Nonnen, denen ein Bleiberecht auf Lebzeiten zugestanden worden war, und Gläubigen der Umgebung weiterhin als Gotteshaus, zumindest an hohen Feiertagen. 1823, ein Jahr nachdem die letzten vier Nonnen das Kloster verlassen hatten, fiel dem zuständigen Rentamt (Finanzamt) auf, dass die Kirche noch immer wertvolles Inventar enthielt, das entweder versteigert oder anderen bedürftigen Kirchen überlassen werden sollte. Die Regierung des Isarkreises als vorgesetzte Dienststelle trug den Antrag dem Finanzministerium vor, schloss dabei allerdings „den öffentlichen Verkauf dieser Kirchen-Einrichtung der allgemeinen Volksstimmung wegen" aus. Der Vorgang zeigt das Bestreben der höheren Bürokratie, noch 20 Jahre nach der Säkularisation alles zu vermeiden, was Erinnerungen hätte auslösen können.

Akt, aufgeschlagen Prod. 18' (eingenähtes Doppelbl.).

München, Bayerisches Hauptstaatsarchiv, MF 20794.

LITERATUR: Thomas K. Stauffert, Das Kloster Altenhohenau zwischen Säkularisation und Wiederbesiedelung. In: Heimat am Inn 18/19 (2000) S. 175–244, hier S. 180, 197–199. *R.B.*

136 Lautstarker Protest eines Einzelnen

In einem anonymen Flugblatt wird in scharfen Worten die Zerstörung der Klosterkirchen Theres und Münsterschwarzach angeprangert.
1824 Sommer

Das Benediktinerkloster Theres (Gde. Obertheres, Lkr. Haßberge) war 1804 an den sachsen-coburgischen Minister Theodor von Kretschmann verkauft worden, der die Konventgebäude zum Schloss umbauen und 1809 die Kirche abreißen ließ, um die Kosten für den Bauunterhalt zu sparen.
In Münsterschwarzach (Lkr. Kitzingen) hat das Desinteresse des Staates, dann einzelner privater Käufer das Schicksal der Benediktinerklosterkirche besiegelt, als 1810 der Blitz in einen der Türme schlug. Dessen Steine

zertrümmerten das Dach, sodass die berühmte Barock-basilika Balthasar Neumanns binnen weniger Jahre zur Ruine verfiel, trotz vieler Proteste. Einer, der besonders scharfe Worte fand, und aus Sorge vor Verdächtigungen und Verfolgung seinen Protest anonym formulierte, war

der ehemalige Bamberger Domherr Franz Karl Frhr. v. Münster (1775–1847). Er hat auf einer seiner Wanderungen „die gewinnsüchtige Demolirung der schönen Kirche" erlebt, so dass er empört das ausgestellte Flugblatt gefertigt und außerdem 1827 unter seinem Namen

136

136

Schiller sagt mit Recht:

Aus den Balken der abgebrochenen Kirchen wurden sonst Galgen für jene erbaut, die sich an den katholischen Kirchen vergriffen, oder solche ganz und gar vernichteten.

Ich frage daher alle Menschen von Bildung und Religion: was man mit denen Zerstörern der prächtigen Tempel zu Münsterschwarzach und Theres am Main anfangen solle? — ? — ?

Ich fühle mein Inneres tief bewegt, wenn ich an diese herrlichen Tempel Frankenlands denke; aber es bieten sich keine Worte dar, diese tiefe innere Rührung auszusprechen: man könnte mir gleich vor Mißdeutung meine wahrheitsliebende Sprache ersticken, mich vielleicht gar umbringen! *) Hätte die freundliche Natur mir die schöne Gabe der Beredsamkeit verliehen, der Gegenstand, von dem ich zu sprechen habe, würde mich vielleicht zum Redner meines geliebten Vaterlandes (d. i. Würzburg)

*) Alsdann stürbe ich als ein Märtyrer der Wahrheit! —

begeistern! — Da wir aber gegenwärtig in einer argwöhnischen Zeit leben, wo man sogar sehr oft den guten Willen ja oft verdächtiger, als den bösen findet, und schon oft der Wahrheit wegen Tage der schweren Prüfung über mich kamen, so wollen wir damit beschließen: Reden ist Silber, aber Schweigen ist Gold!! —

Von dem Schicksal in meinem ganzen Leben fast immer so gestellt, daß ich beobachten und über Alles nachdenken, aber selten handeln konnte, habe ich meine Thätigkeit jetzt besonders auf die Untersuchung der Ursachen gerichtet, welche die merkwürdigsten Ereignisse meiner Zeit im Vaterlande herbeygeführt, wozu denn auch die gewinnsüchtige Demolirung der schönen Kirche zu Münsterschwarzach gehört, welche eine wahre Zierde dieser Gegend und Frankens war. — Sic transit gloria Franconiae! —

Im Sommer 1824.

Dixi et salvavi animam meam.

„Worte des Schmerzes bei'm Anblick der Zerstörung der herrlichen Kirche zu Münsterschwarzach am Main" veröffentlicht hat.

Flugblatt, 11 x 19 cm, doppelseitig bedruckt.

Bamberg, Staatsbibliothek Bamberg, Top. o. 161.

LITERATUR: Alfred Wendehorst, Der Untergang der alten Abteikirche Münsterschwarzach 1803–1841 (Mainfränkische Hefte 17), Würzburg 1953, S. 13, 32–35. – Fridolin Dressler, Proteste gegen die Zerstörung der alten Abteikirche von Münsterschwarzach. In: Studia Suarzacensia, Würzburger Diözesangeschichtsblätter 25 (1963) S. 217–221. – Hemmerle (wie Nr. 110) S. 306 (zu Theres). – Eleutherius Stellwag, Das Ende des alten Münsterschwarzach (Münsterschwarzacher Studien 33), Münsterschwarzach 1980. *R.B.*

137 Offene Empörung in Würzburg

In einem Gedicht von 19 Strophen macht ein Unbekannter seiner Empörung Luft.
1803 November 11, Würzburg

Das anonyme Pamphlet, das nach der Aufhebung des Dominikanerinnenklosters St. Markus („Marx") in Würzburg am Portal der Kirche angeschlagen worden ist, kann als die radikalste Erwiderung auf die Säkularisation innerhalb Bayerns gelten. In den 19 Strophen mischt sich der Zorn über den Kurfürsten Max IV. Joseph als Verantwortlichen für die Säkularisation mit der Trauer über den Verlust der Selbständigkeit und die Beraubung des „Vaterlands", des Fürstbistums Würzburg, ja des gesamten Frankenlandes. Schließlich wird sogar zum bewaffneten Aufstand aufgerufen.
Leider ist der Text, für dessen Authentizität gerade die zuweilen holprige und ungelenke Reimerei spricht, nicht mehr im Original erhalten: er verbrannte im Staatsarchiv Würzburg in den Bombennächten während des Zweiten Weltkriegs.

Druck, 95 x 20 cm, aufgezogen, Abschrift aus: Leo Günther, Würzburger Chronik. Personen und Ereignisse von 1802–1848, 3. Band, Würzburg 1925, S. 13, 19–20.

LITERATUR: Günther (wie oben). – Alfred Wendehorst, Das Bistum Würzburg 1803/1957, Würzburg 1965, S. 14. *R.B.*

138 Nachklang

Das Gedenkbrett des Wolfgang Mock in Gotteszell erinnert an den „Wieder-Erbauer der Kalvarienberg Anlage nach der vandalischen Zerstörung bei der Sekularisation".
1969 September 7, Gotteszell   *(Farbabb. S. 228)*

Gotteszell (Lkr. Regen) zählt zu denjenigen Orten, in denen – der lokalen Überlieferung zufolge – der Aufhebungskommissar besonders hasserfüllt gewütet haben soll. So verwundert es nicht, wenn dort noch heute der Begriff „Säkularisation" mit dem Schlagwort „Vandalismus" gleichgesetzt wird. Tatsächlich hat sich das Ortsbild nach der Aufhebung der Zisterze am 24. März 1803 beträchtlich verändert: Teile der Klostergebäude wurden abgerissen, die Anlage des Kalvarienbergs zerstört; nur die Klosterkirche blieb als Pfarrkirche einer neuen, vergrößerten Pfarrei erhalten.
Allerdings trug Ignaz von Schmidbauer, der Aufhebungskommissar und frühere Landrichter von Viechtach, an den baulichen Verlusten nur zu geringem Teil Schuld. Denn die Klostergebäude, dann die Klause, das Kirchlein und die Kapelle auf dem Kalvarienberg wurden 1803/04 vorschriftsgemäß mit Grund und Boden an die Meistbietenden versteigert, also weder auf Abbruch verkauft, noch vom Staat aus abgebrochen. Das besorgten die neuen Besitzer oder deren Erben. Dass verkauft wurde, und zwar möglichst alles entbehrlich Gewordene, war durch die Instruktion vom 11. März 1803 für alle Aufhebungskommissare verbindlich vorgeschrieben. Wollte er im Sinne seiner Vorschriften korrekt handeln, dann musste v. Schmidbauer die Figuren, Bilder, Kästen, Eisengitter aus den Kreuzwegstationen, dem Kirchlein und der Kapelle entfernen und selbst die „Heilige Stiege" aus Marmorplatten auf dem Kalvarienberg ausbrechen und als Baumaterial eigens versteigern lassen. Es ist ver-

ständlich, dass gerade diese Zerstörung das Volksempfinden verletzt hat. So kam es nach 1840 mehrfach zu Versuchen, die Gedenkstätte wieder zu errichten. Erst Wolfgang Mock (1833–1912) gelang es nach unermüdlichem Werben, die Genehmigung zu erhalten und unter finanziellem und körperlichem Einsatz, bei reger Beteiligung der Bevölkerung, 1898 den Kalvarienberg mit Kreuzigungsgruppe, Lourdes-Kapelle und Heiliger Stiege neu erstehen zu lassen. Zur Erinnerung an ihn hat der Historische Verein Gotteszell (HVG) am Fuß des Berges 1969 dieses, den Totenbrettern des Bayerischen Waldes nachempfundene und eine ältere Überlieferung aufgreifende Gedenkbrett aufgestellt. Es hält noch nach einein-

halb Jahrhunderten die Erinnerung an die „vandalische" Säkularisation wach.

Gedenkbrett, 168 x 40 cm, Bemalung und Beschriftung auf Holz.

Gotteszell, Historischer Verein Gotteszell.

QUELLEN: München, Bayerisches Hauptstaatsarchiv, Lokalkommission Gotteszell 8, Nr. 729 und 730; Lokalkommission Gotteszell 9.

LITERATUR: Otto Rieder, Totenbretter. In: Bayerische Hefte für Volkskunde 1917, 151–168, insbes. S. 158. – Fritz Schosser, Katholische Pfarrkirche St. Anna Gotteszell. Ehem. Zisterzienser-Abteikirche (Schnell Kunstführer Nr. 738), München 1988, S. 14 f. – Isfried Griebel, Kloster Gotteszell und die Säkularisation. In: Schöner Bayerischer Wald 126 (1999) S. 22–25 mit Abb. S. 25. – Lois Treml, Gotteszeller Heimat-Geschichte von der Urzeit bis zum Jahr 2000, Gotteszell 2000, S. 73, 90, 108–109 mit Abb. S. 108. *R.B.*

Schule und Säkularisation

Bei dem Begriffspaar Schule und Säkularisation denkt man sofort an das Ende der Klosterschulen, das sich zwangsläufig aus der Aufhebung der Klöster ergab. Dieses Ende wurde jedoch schon früher, im Jahr 1799, eingeläutet, als Max IV. Joseph kurz nach seinem Regierungsantritt die Reduzierung der Gymnasien des Landes anordnete. Damit verbunden war das Verbot der Klosterseminarien; lediglich Vorbereitungsklassen durften noch unterhalten werden. Schon im Jahr 1803 führte dies zu einem deutlichen Rückgang von Gymnasiasten aus dem ländlichen Raum, da deren hauptsächliche Möglichkeit, eine weiterführende Schule zu besuchen, weggefallen war: Ein Ergebnis, das ganz dem Willen der aufgeklärten Schulpolitik entsprach, die ihr Hauptaugenmerk auf das tatsächlich sehr im Argen liegende Elementarschulwesen richtete. Um die nötigen finanziellen Mittel zur Verwirklichung der angestrebten Reformen zu erhalten, sollten die nichtständischen sowie die Oberpfälzer Klöster zu Gunsten der deutschen Schulen (Elementarschulen) aufgehoben werden. Schnell stellte sich jedoch heraus, dass die Einnahmen aus diesen Klöstern noch lange Zeit mit den Kosten für den Unterhalt der ehemaligen Mönche und Nonnen belastet waren und für den Schulfonds nur ein bescheidener Rest übrig blieb. Daher, und weil der Staat es sich nicht leisten konnte, einen doch erheblichen Vermögensfonds „nur" für Schulen zu verwenden, wurde dieser im Oktober 1803 dem Staatsvermögen einverleibt. Die Schulen erhielten weiterhin nur einen Bruchteil der eigentlich benötigten Summe. Obwohl die bayerische Politik dieser Jahre durchaus um die Schulen bemüht war und auch einige Reformen, die sich „kostenneutral" gestalten ließen, umsetzte, blieben ihre Erfolge letzten Endes infolge des Geldmangels doch eher bescheiden. Stark verdüstert wird das Bild zusätzlich durch den gänzlichen Wegfall der Klosterschulen, der sich verheerend auf die Bildungschancen der Jugend auf dem flachen Land auswirkte. Erst mit den Klostergründungen Ludwigs I., denen fast immer die Einrichtung einer Schule auferlegt war, trat eine Verbesserung ein. Da die höhere Mädchenbildung fast ausschließlich in den Händen weiblicher Orden lag, brachte auch hier die Säkularisation, allerdings mit zeitlicher Verzögerung, große Einschnitte, auch wenn sich, im Gegensatz zu den Klosterschulen der Männerorden, einige wenige von Nonnen geführte Mädchenschulen über diese Jahre hinweg retten konnten. *A.H.*

139 Verbot der klösterlichen Seminarien und Lateinschulen

Kurfürst Max IV. Joseph verordnet eine völlige Umstrukturierung der bayerischen Gymnasien und Lyzeen und beschränkt deren Zahl.
1799 September 24

Schon bald nach seinem Regierungsantritt nahmen der Kurfürst und sein Minister Montgelas eine weitreichende Reform und Neuordnung des bayerischen Schulwesens in Angriff. Der Schwerpunkt des Erziehungswesens sollte stärker als bisher auf eine allgemeine, mehr praktische Grundausbildung der gesamten Bevölkerung hin ausgerichtet werden. Im Gegenzug wurde die so genannte gelehrte Bildung, wie sie in den Gymnasien und Lateinschulen vermittelt wurde, deutlich in den Hintergrund gerückt. Ein großer Teil dieser Schulen befand sich im damaligen Bayern in den Klöstern und wurde daher von den staatlichen Maßnahmen zu deren Reduzierung am stärksten betroffen. Bayern sollte lediglich fünf Gymnasien in den Städten München, Landshut, Straubing, Amberg und Neuburg und die beiden Lyzeen in München und Amberg behalten. Die Klöster mussten ihre Lateinschulen, soweit sie solche unterhielten, schließen und durften in ihren Seminarien nur mehr Elementarkenntnisse und allenfalls erste Grundlagen der lateinischen Sprache vermitteln. Die vereinzelten Realklassen durften ebenfalls bestehen bleiben.

Papierlibell, 4 S., 22 x 18 cm, erste und zweite Seite (Kopie) ausgestellt.

München, Bayerisches Hauptstaatsarchiv, GR Fasz. 1383 Nr. 24/II.

DRUCK: Georg Lurz, Die bayerische Mittelschule seit der Übernahme durch die Klöster bis zur Säkularisation. In: Beiträge zur Geschichte der Erziehung und des Unterrichts in Bayern, Berlin 1905, S. 133–139. – Rainer A. Müller, Akademische Ausbildung zwischen Staat und Kirche. Das bayerische Lyzealwesen 1773–1849, Teil 2: Quellen, Paderborn u.a. 1986, S. 448–454.

LITERATUR: Rainer A. Müller (wie oben), Teil 1: Darstellung, S. 91–102.
A.H.

140 Schließung des Seminars in Weyarn

Propst Rupert von Weyarn bestätigt die am 4. Januar 1803 erfolgte Entlassung der wenigen Studenten, die sich noch im Klosterseminar befunden hatten.
1803 Januar 5

Bei der ersten Inventarisation des Klosters Benediktbeuern durch staatliche Kommissare im November 1802 wurde festgestellt, dass dort trotz des Verbots von 1799 immer noch ein Seminarbetrieb mit bis zu 50 Schülern aufrecht erhalten wurde. Daraufhin befahl das General-Schul- und Studiendirektorium allen Landrichtern, die Klöster ihres Verwaltungsbezirks auf die Einhaltung dieses Verbots hin zu überprüfen und den Klostervorstehern entsprechende Erklärungen abzuverlangen. Die meisten Klöster hatten ihre Seminarien zu diesem Zeitpunkt bereits geschlossen und unterhielten nur mehr so genannte Vorbereitungsklassen, vor allem in Hinblick auf die Ausbildung von „Singknaben", die für die musikalische Gestaltung der Liturgie benötigt wurden. Einige wenige Klöster, wie z.B. Weyarn, unterrichteten jedoch trotz Verbots noch eine geringe Zahl von Studenten.

Auch diese mussten nun endgültig entlassen werden, durften aber, mit einem Zeugnis des Klosters versehen, um Aufnahme in eines der fünf staatlichen Gymnasien nachsuchen.

Schreiben, 1 Bl.

München, Bayerisches Hauptstaatsarchiv, MK 20518.

QUELLE: München, Bayerisches Hauptstaatsarchiv, MK 20518.   *A.H.*

141 Starker Einbruch bei den Gymnasiastenzahlen

Das General-Schul- und Studiendirektorium veröffentlicht eine Statistik für das Jahr 1803 über die Schüler in den bayerischen Gymnasien und Lyzeen.
1804 Februar 4

Im Zuge der staatlichen Maßnahmen auf dem Gebiet der Schulpolitik wurde auch eine genaue statistische Erfassung von Schulen, Schülern und Studenten in Angriff genommen. Am einfachsten gestaltete sich dies bei den vergleichsweise geringen Zahlen im Bereich der beiden Lyzeen und nur mehr fünf Gymnasien in Bayern. Bereits bei der Veröffentlichung der Zahl der Studierenden für das Jahr 1802 wurde vom General-Schul- und Studiendirektorium ein „sehr zweckmäßiger" Rückgang der Gymnasiasten um 107 Schüler festgestellt. Im folgenden Jahr 1803 kam nun das Verbot der klösterlichen Seminarien bei der Zahl der Schüler voll zum Tragen. Insgesamt wurden 125 Gymnasiasten weniger als im Vorjahr gezählt, davon allein 70 aus dem Bauernstand, was die zuständige Behörde durchaus dem Wegfall der Klosterseminarien zuschrieb, „wo bekanntlich ehedem viele Dorfjungen ihren ersten lateinischen Unterricht erhielten". Diese Abnahme von höheren Schülern wurde jedoch keinesfalls bedauert, sondern als Erfolg der eingeschlagenen Schulpolitik gewertet. Gegenläufig kam es im

gleichen Jahr 1803 zu einer Zunahme der Theologie-
studenten an den beiden Lyzeen, da dort etliche ehemalige Klosterinsassen ihre Studien beenden mussten.
Zudem war von der Regierung das Studium im Ausland
untersagt worden, sodass die Studenten nach Bayern
zurückgekehrt waren.

Band, 1092 Spalten mit Register, 22,7 x 20 cm.

München, Bayerisches Hauptstaatsarchiv, Churpfalzbaierisches Regie-
rungs-Blatt 1804, Sp. 155–156.

LITERATUR: Müller (wie Nr. 139) S. 91–102. – Schimke (wie Nr. 12) S. 646,
652–654.   A.H.

142 Aufhebung der oberpfälzischen Klöster zum Besten des Schulfonds

Nach der bereits beschlossenen Aufhebung der
oberpfälzischen Abteien verfügt der Kurfürst, dass
deren Vermögen wie das der nichtständischen
Klöster für den Schulfonds verwendet werden
soll, Waldsassen ausgenommen.
1803 Februar 17

Um sämtliche Pläne der Regierung für den Ausbau des
deutschen Schulwesens, also der Volks- und Realschulen,
zu verwirklichen, hätte es beachtlicher finanzieller An-
strengungen bedurft, die bei der damaligen Finanzlage
des Staates kaum möglich waren. Schon früh wurden
daher Pläne entwickelt, das Vermögen der aufzuheben-
den Bettelordensklöster für die Aufstockung des vorhandenen sehr niedrigen Schulfonds zu verwenden. Da die
oberpfälzischen Klöster keine Landstandschaft besaßen
– Kurfürst Maximilian hatte die Oberpfälzer Landstände
1628 aufgehoben –, gab es auch hier schon früh Säkulari-
sationspläne, die sich bald darauf konkretisierten, deren
Vermögen ebenfalls zugunsten der Schulen einzusetzen.
Obwohl bereits am 25. Januar 1802 erste Verfügungen
zur Aufhebung der oberpfälzischen Abteien getroffen

worden waren, zögerte sich die tatsächliche Inbesitz-
nahme infolge der nicht unumstrittenen Rechtslage doch
noch bis November 1802 hinaus. Die endgültige
Zuweisung an den Schulfonds erfolgte dann erst im
Februar 1803.

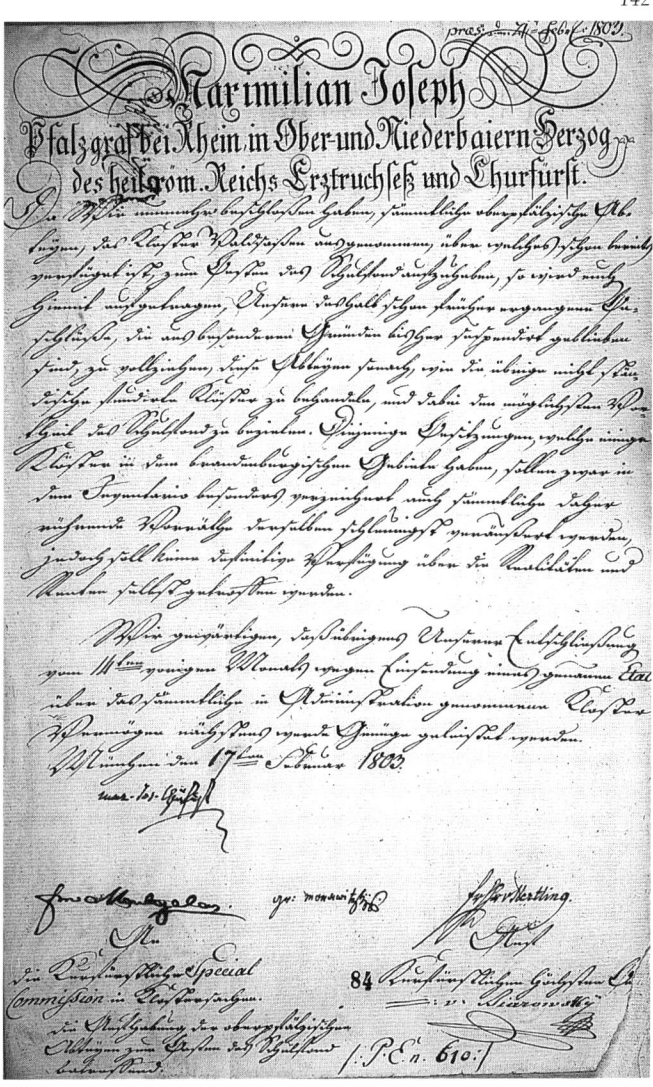

Schreiben, 1 Bl.

München, Bayerisches Hauptstaatsarchiv, StV 498.

LITERATUR: Eberhard Weis, Ein eigenhändiges Gutachten von Montgelas zur Säkularisation der oberpfälzischen Klöster und zum Streit mit Herzog Wilhelm in Bayern. In: Forschungen zur bayerischen Geschichte. Festschrift für Wilhelm Volkert zum 65. Geburtstag, Frankfurt a. M. u.a. 1993, S. 177–196. – Stutzer (wie Nr. 20) S. 75–81. *A.H.*

143 Karger Gewinn für den Schulfonds

Aufgrund genauer Auflistungen sämtlicher Einnahmen aus dem Vermögen der oberpfälzischen und nichtständischen Klöster sowie den daraus zu leistenden Ausgaben erstellt die Spezialkommission in Klostersachen eine „Haupt- und Schluß-Bilance" für das Jahr 1803.
1803

Nachdem feststand, welche Klöster dem Schulfonds einverleibt werden sollten, wurde bereits Anfang 1803 befohlen, eine genaue „Bilanz" über die zu erwartenden Gewinne an Klostereinnahmen und den daraus noch zu leistenden Ausgaben herzustellen. Sehr schnell stellte sich heraus, dass die Unterhaltszahlungen für die ehemaligen Mönche und Nonnen aus den aufgelösten Klöstern, aber auch die Zuschüsse zu den Pfarrdotationen jener Pfarreien, die bisher von den Klöstern aus versehen worden waren, zusammen mit anderen finanziellen Verpflichtungen so hoch waren, dass von den Einnahmen der für den Schulfonds vorgesehenen Klöster nur mehr ein knappes Zwölftel übrig blieb, nämlich lediglich 18.875 Gulden von ursprünglich 214.673. Letzten Endes bekam der Schulfonds jedoch nicht einmal diese Summe überwiesen, sondern gemäß einem Dekret vom 16. April 1803 lediglich 12.000, damit „das Publikum jetzt schon von den wohlthätigen Wirkungen dieser Reform (gemeint sind die Klosteraufhebungen) überzeuget werde". Wenige Monate später wurde nicht zuletzt aufgrund der mageren Bilanz die spezielle Widmung bestimmter Klöster für den Schulfonds wieder aufgegeben, deren

Vermögen dem allgemeinen Staatshaushalt einverleibt und dem Schulfonds eine jährliche Summe von 150.000 Gulden in Aussicht gestellt.

Schreiben, 2 Bl.

München, Bayerisches Hauptstaatsarchiv, StV 2875.

QUELLEN: München, Bayerisches Hauptstaatsarchiv, StV 2875 und 498, MInn 19676.

LITERATUR: Schneider (wie Nr. 76) S. 62. – Stutzer (wie Nr. 20). *A.H.*

144 Keine Schule, kein Lehrer ohne Tintenfass und Feder!

Tintenfass aus Reichenbacher Steingut.
19. Jahrhundert

Weit verbreitet waren die Schreibzeuge, bestehend aus Tintenfass und Streusandbüchse mit einer Ablagemöglichkeit für die Feder, die in der Reichenbacher Steingutfabrik hergestellt wurden. Ab 1841 hatte der Unternehmer Heinrich Waffler in Gebäuden des ehemaligen Benediktinerklosters Reichenbach am Regen eine Steingutmanufaktur eingerichtet. In den ehemaligen Konventsgebäuden rauchten danach mehrere Jahrzehnte lang die Steingutöfen. Nach einer wechselvollen Unternehmensgeschichte wurde die Steinguterstellung in Reichenbach im Jahr 1883 endgültig eingestellt. Nach mehreren schnellen Besitzerwechseln kamen die Klostergebäude 1891 an die Barmherzigen Brüder, die sie nach einem Großbrand im Jahr 1897 wieder aufbauten und in deren Besitz sie sich noch heute befinden.

Schreibzeug mit Tintenfass und Sandbüchse, 3-teilig, Steingut, 5 x 11,5 x 7,5 cm.

Walderbach, Kreismuseum Walderbach, Inv. Nr. 960.

LITERATUR: Alois Bergmann, Zur Geschichte der Steingutfabriken im Kloster Reichenbach. In: Der Regenkreis Heft 3 (1969) S. 55–62. – Werner Endres – Heinz-Jürgen Krause u.a., Reichenbacher Steingut, Grafenau 1991. *A.H.*

145 Joseph Maria Frhr. von Fraunberg

Der Präsident des General-Schul- und Studien-Direktoriums 1802–1805 und des Geheimen Schul- und Studien-Bureaus 1805–1807, Joseph Maria Freiherr von Fraunberg.
Um 1820   *(Farbabb. S. 229)*

Geboren am 14. Oktober 1768 als Spross einer alten bayerischen Adelsfamilie, schlug Joseph Maria Johann Nepomuk Frhr. v. Fraunberg die theologische Laufbahn ein, wurde früh Domkanoniker in Regensburg und war zunächst zehn Jahre als Pfarrer in der Seelsorge tätig. Nach Auflösung des Geistlichen Rates, der seit Jahrhunderten für das bayerische Schulwesen zuständigen Behörde, wurde am 6. Oktober 1802 das General-Schul- und Studien-Direktorium als neue zentrale Schulbehörde eingerichtet und Fraunberg zu dessen erstem Präsidenten ernannt. In dieser Eigenschaft war er maßgeblich an den schulpolitischen Maßnahmen der nächsten fünf Jahre beteiligt, u.a. an der endgültigen Einführung der allgemeinen Schulpflicht am 23. Dezember 1802 und der Industrie- und Feiertagsschulen 1803, des grundlegenden Lehrplans für die Elementarschulen von 1804 und der Einrichtung eines Lehrerseminars in München 1803. Da es zwischen den verschiedenen bayerischen Schulreformern, aber auch wegen der desolaten Finanzlage der Schulen, zu immer heftigeren Auseinandersetzungen kam, trat Fraunberg mit Auflösung des Schul- und Studienbureaus aus bayerischen Diensten aus und kehrte nach Regensburg zurück. Im Jahr 1819 wurde er dann zum Bischof von Augsburg ernannt, 1824 zum Erzbischof von Bamberg, wo er am 17. Januar 1842 starb.
Fraunberg gehörte zum Kreis jener bayerischen Schulreformer, die, selbst Geistliche, bei allem aufklärerischen Reformeifer und trotz teils heftiger Abneigung gegen die Klöster, die enge Verbindung zwischen Schule und Kirche, die in Bayern noch viele Jahrzehnte bestehen bleiben sollte, nie wirklich in Frage stellten.

Kolorierter Kupferstich, 21,5 x 14,5 cm.

München, Münchner Stadtmuseum, Maillingersammlung I/2213 K.13.

LITERATUR: Franz von Paula Baader, Joseph Maria Freiherr von Fraunberg. In: Beiträge zur Geschichte des Bisthums Augsburg 1 (1850) S. 354–366. – Karl Gschwendner, Freiherr von Fraunberg. Pfarrer und Erzdekan in Cham – Gründer der bayerischen Volksschule. In: Der Regenkreis Heft 2 (1968) S. 34–36. – Max Liedtke, Von der erneuerten Verordnung der Unterrichtspflicht (1802) bis 1870. In: Ders. (Hrsg.), Handbuch der Geschichte des bayerischen Bildungswesens, Bd. 2, Bad Heilbrunn 1993, S. 11–133, hier S. 15–23, 54–55. – Horst Gehringer, Joseph Maria Johann Nepomuk Freiherr von Fraunberg (1768–1842). In: Josef Urban (Hrsg.), Die Bamberger Erzbischöfe. Lebensbilder, Bamberg 1997, S. 87, 196.   *A.H.*

146 Jährlicher Finanzbedarf der Volksschulen

Das General-Schul- und Studien-Direktorium erstellt für das Jahr 1803 einen Bedarfsplan für die deutschen Schulen in den vier bayerischen Oberschulkommissariaten München, Landshut, Straubing und Burghausen sowohl hinsichtlich der benötigten Summen für die Gehälter der Lehrer als auch des Bedarfs an neuen Schulräumlichkeiten.
1803

Eine der ersten Aufgaben des neu gegründeten General-Schul- und Studien-Direktoriums war eine aktuelle, gründliche Erfassung der Schülerzahlen (vgl. Nr. 141) als auch der der Lehrer und ihrer Besoldungen sowie eine Bestandsaufnahme der vorhandenen „Schullokalitäten". Aus den gewonnenen statistischen Ergebnissen wurden dann bereits in der ersten Hälfte des Jahres 1803 erste Bedarfspläne entwickelt. Allein für die vier bayerischen Oberschulkommissariate, ohne die Oberpfalz und Pfalz-Neuburg, wurde dabei für die Lehrergehälter die Summe von 441.144 Gulden errechnet. Dazu kamen 318 völlig neu zu erbauende Schulhäuser, 37 „zweckmäßig" in Schulen umzuwandelnde Räumlichkeiten und 30 in einzelnen Orten überhaupt neu zu gründende Schulen, wofür eine Geldsumme noch gar nicht ausgeworfen wurde. Im Vergleich mit diesen Zahlen muten die im selben Jahr an den Schulfonds überwiesenen 12.000 Gulden (vgl.

Nr. 143), die aus den für den Schulfonds bestimmten Geldern der Klosteraufhebungen stammten, wahrlich wie ein Tropfen auf den heißen Stein. Die nächsten Jahre waren daher geprägt von den verzweifelten Versuchen, Mittel für das Schulwesen aus den verschiedensten Finanzierungsquellen aufzutreiben.

Schreiben, 1Bl.

München, Bayerisches Hauptstaatsarchiv, MInn 19645.

QUELLEN: München, Bayerisches Hauptstaatsarchiv, MInn 19638, 19639, 19645; GR Fasz. 1376 Nr. 9/II, Fasz. 1380 Nr. 17.   A.H.

147 Eine Kirche soll zum Schulhaus werden

Im Auftrag des kurfürstlichen Lokalkommissars in Kloster Windberg, Frhrn. von Limpöck, entwirft der Straubinger Maurermeister Johann Fürg einen Plan zum Umbau der ehemaligen Pfarrkirche in eine neue Schule.
1803 September 30 und Oktober 1

Wie fast überall in Bayern erwiesen sich auch in Windberg die bisherigen Schulräumlichkeiten als zu klein und

147

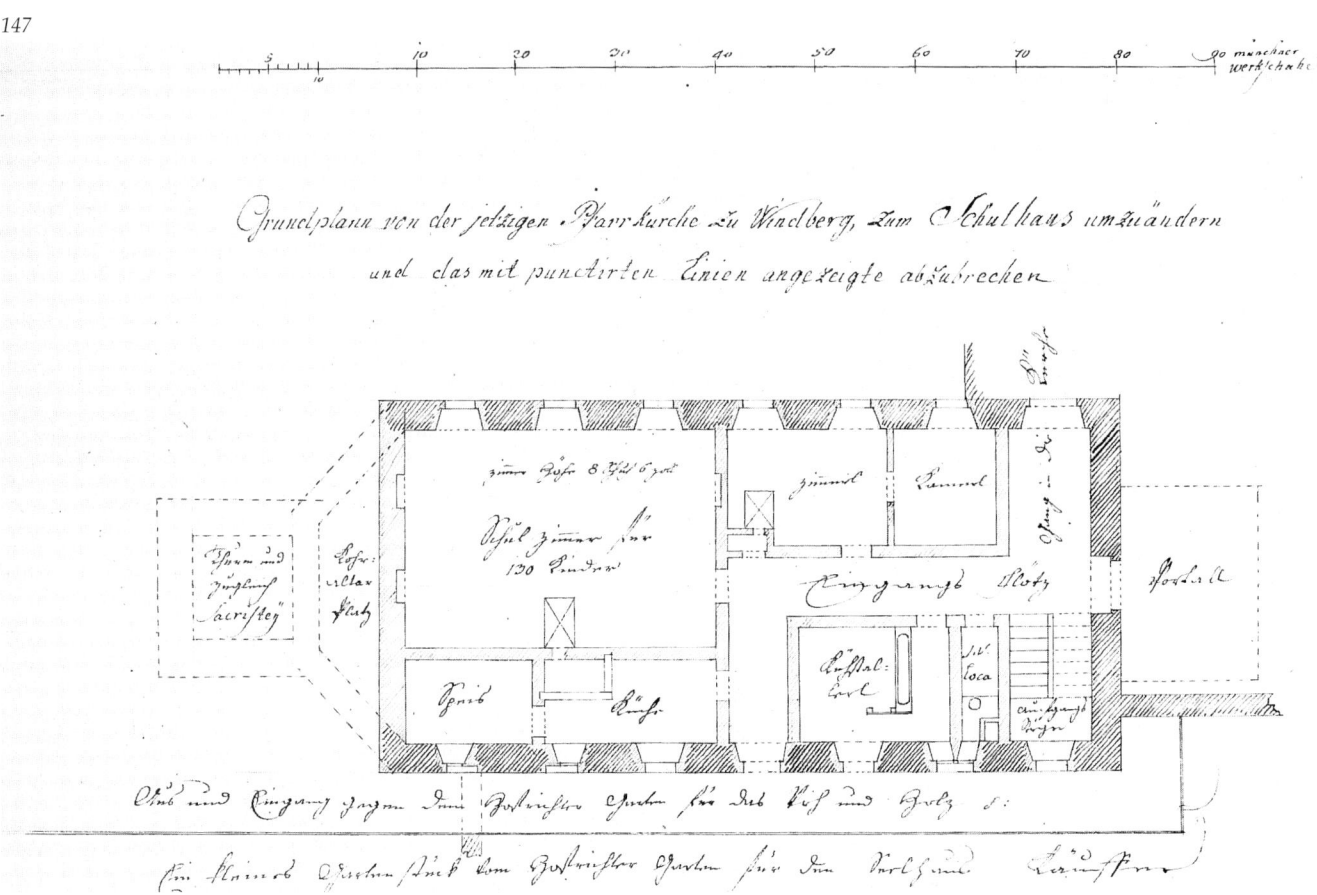

10) Die Kloster = Oekonomie=
Bräuhaus= so andere Gebäude sind
genau zu beschreiben, und wo Plane vorhan=
den sind, dazu anzulegen, dann selbe gehörig
abschätzen zu lassen. Die Klostergebäude selbst
werden in der Folge nach den Lokalitäten theils
verkauft, theils zu öffentlichen Anstalten und
Fabriken bestimmt, theils, wenn kein nützli=
cher Gebrauch möglich ist, abgetragen, und
die Materialien anderwärtig verwendet wer=
den, worüber vorläufig die Verwendung zu
begutachten ist, indeß aber ist auf derselben
Erhaltung die möglichste Sorge zu tragen.

151

scheidungen zu treffen. Wohl aber sollten sie „auf derselben Erhaltung die möglichste Sorge" tragen.

Druck, 26 S. mit 10 Formularen als Anlagen, geheftet, aufgeschlagen
S. 13.

München, Bayerisches Hauptstaatsarchiv, GR Fasz. 633 Nr. 45 (weitere
Überlieferung siehe Nr. 25).

QUELLE: München, Bayerisches Hauptstaatsarchiv, StV 498 (zum
Reskript vom 17. Februar 1802).

DRUCK: Stutzer (wie Nr. 40) S. 98–133, hier S. 117.

LITERATUR: Arndt-Baerend (wie Nr. 17) S. 39–49 (zur Instruktion von
1802).   R.B.

152 Kein Vandalismus!

Die Landesdirektion von Bayern verweigert unter
dem Hinweis auf „Vandalismus" dem Antrag des
Lokalkommissars v. Rüdt, die Klosterkirche von
Niederaltaich (Lkr. Deggendorf) abzureißen, die
Genehmigung.
1803 September 27, München

Obwohl Florian von Rüdt mit Sicherheit die Bestimmung
kannte, dass die Klosterkirchen als künftige Pfarrkirchen
umzunutzen und dafür in den Klosterdörfern die bisherigen Pfarrkirchen abzubrechen seien, entschied er sich

152

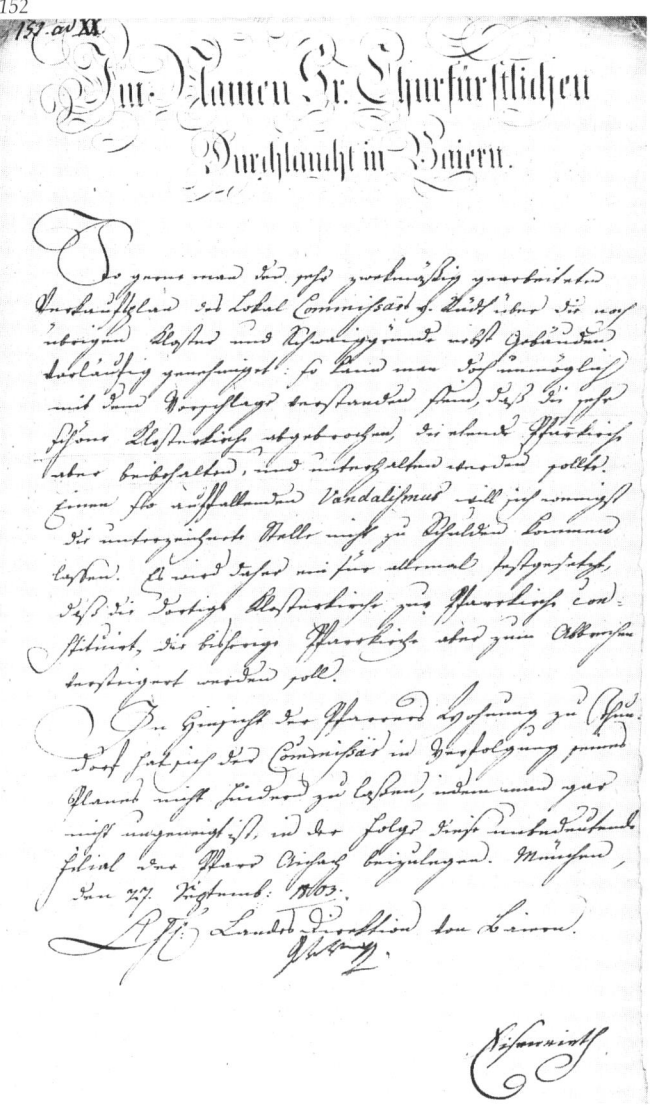

für die Umkehrung der Regelung. Glücklicherweise wollte sich die Landesdirektion „einen so auffallenden Vandalismus [...] nicht zu Schulden kommen lassen". Wie hier nahmen vorgesetzte Dienststellen bis hinauf zum Leitenden Minister Montgelas die Vorgaben der Instruktion vom 11. März sehr ernst und verhinderten in vielen ähnlichen Fällen voreilig geplante Barbareien.

Schreiben, 1 Doppelbl., unterschrieben von G(raf) v(on) Weichs, dem Präsidenten der Landesdirektion, und Sekretär Eisenrieth.

München, Bayerisches Hauptstaatsarchiv, Lokalkommission Niederalteich 17.

LITERATUR: Andreas Schlittmeier, Die wirtschaftlichen Auswirkungen der Säkularisation in Niederbayern, untersucht am Beispiel der Abtei Niederaltaich und seiner Propsteien Rinchnach und St. Oswald. In: Verhandlungen des Historischen Vereins für Niederbayern 87 (1961) S. 1–147, hier S. 24. – Georg Stadtmüller, Geschichte der Abtei Niederaltaich 741–1971, Augsburg 1971, S. 295. – Alexander Demandt, Vandalismus. Gewalt gegen Kultur, Berlin 1977, S. 15. *R.B.*

153 Wo gibt es Klöster zu kaufen?

Aufrufe zu Gebäude- und Grundstücksversteigerungen in der Münchner Staatszeitung.
1803 Juli 23, München

Von allen möglichen Umnutzungen, die die Instruktion vom 11. März für die säkularisierten Klosteranlagen zuließ (vgl. oben Nr. 151), lag der Verkauf am nächsten: weil der Staat sich dadurch die Ausgaben für den Bauunterhalt ersparte, stattdessen gewaltige Einnahmen erhoffen konnte und weil nur einzelne Abteien als Behörden- oder Militärstandorte in Frage kamen. Dazu empfahl sich das Verfahren der „Lizitation", der Versteigerung an den Meistbietenden, die allerdings rechtzeitig vorher einem möglichst großen Personenkreis angekündigt werden musste. So wurde z.B. in der Kurbaierischen Münchner Staatszeitung vom 23. Juli 1803 zu Gebäude- und Grundversteigerungen in Andechs (Lkr. Starnberg)

am 30. Juli, in Asbach (Lkr. Passau) und Polling (Lkr. Weilheim-Schongau) ab 1. und in Benediktbeuern (Lkr. Bad Tölz-Wolfratshausen) ab 4. August aufgerufen. In anderen Fällen, z.B. beim Angebot des Klosters Weltenburg (Lkr. Kelheim) 1811, wurden Inserate in Münchner, Augsburger, Regensburger und Amberger Zeitungen eingerückt.
Wie zu erwarten war, verdarben zum einen das Überangebot und Terminüberschneidungen die Preise. Zum anderen fanden längst nicht alle Anlagen Abnehmer.

Druck, 2 Doppelbl., 26 x 20 cm, ausgestellt: Titelseite der Staatszeitung und S. 834/35.

München, Bayerisches Hauptstaatsarchiv, Lokalkommission Andechs 32.

QUELLEN: München, Bayerisches Hauptstaatsarchiv, MF 17076 (Andechs). – MF 17088 (Polling). – MF 20817/1 (Benediktbeuern). – MF 20800 (Asbach). – MF 20909/1 (Weltenburg). *R.B.*

154 Ausschlachtung der Gebäude

Grundriss, Aufriss und Wertfeststellung des Kamins im Wintersaal des Klosters Tegernsee.
1803/04, Tegernsee

In der Regel diente die Wertermittlung von abnehmbaren Bauteilen und Zierrat – gewöhnlich ging es um Eisen- und Kupferbeschläge, Dachrinnen, Gitter, gelegentlich, wie in Tegernsee, auch um anspruchsvolle Kamine, Chorschranken, Marmorsäulen und -stiegen – nur der genaueren Berechnung des Schätzwertes der Klosterkirchen und -gebäude als Grundlage für die Versteigerung. Mitunter folgte diesen Einzelwertfeststellungen aber auch hemmungsloses Ausschlachten wertvollen Bauwerks. Von Mathias (von) Schilcher, dem Käufer des Augustinerchorherrenstifts Dietramszell, vgl. Nr. 185, ist z.B. überliefert, dass er 1804 Klostergebäude ersteigert hat, in denen selbst die Eisenhäckchen an den Fensterstöcken herausgerissen und getrennt versteigert worden

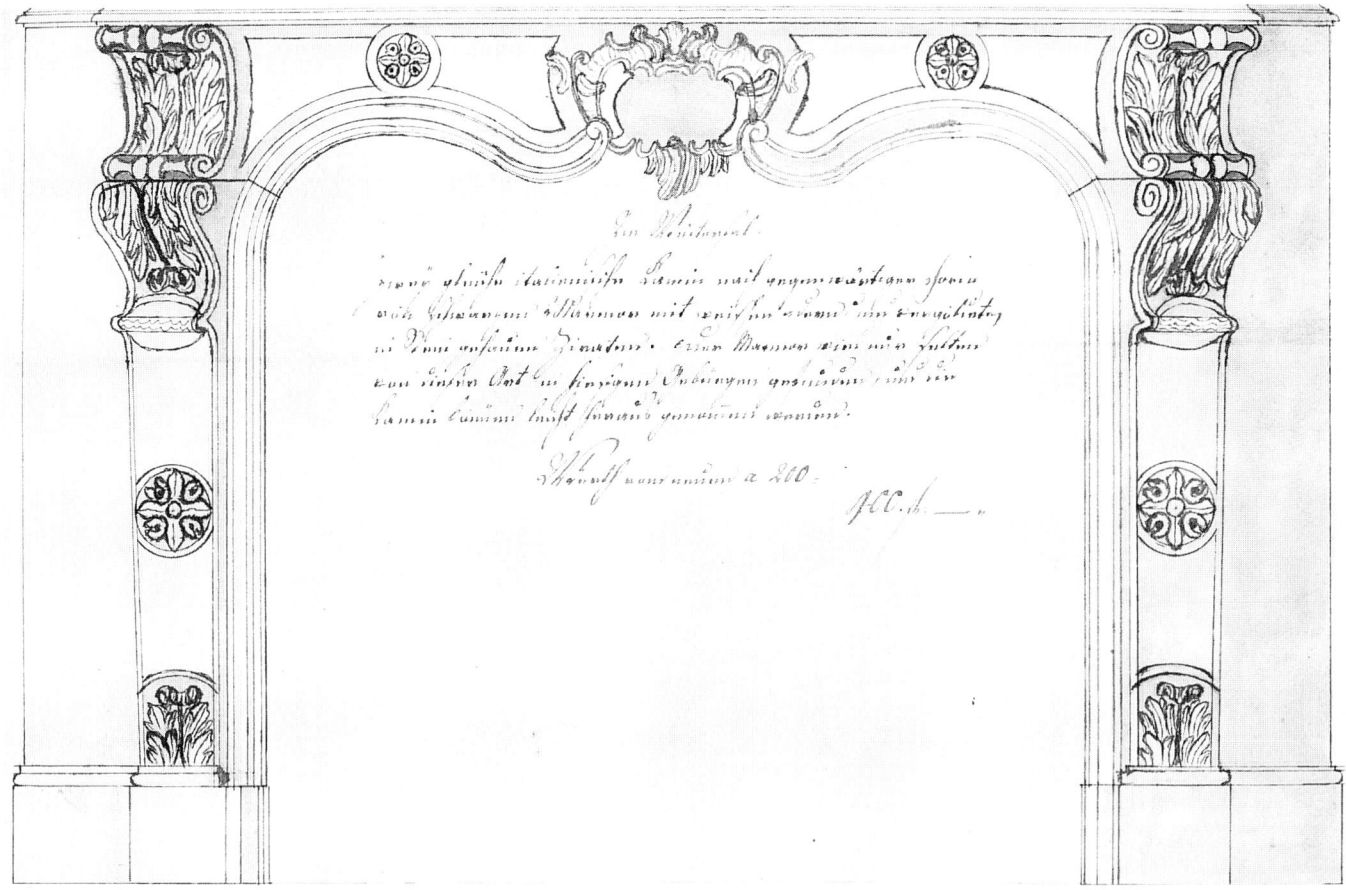

waren. Auch das Benediktinerkloster Tegernsee sollte ausgeschlachtet werden, wie die Erklärung auf dem ausgewählten Plan – Teil einer Serie von 7 gleichartigen Zeichnungen – nahelegt: „[...] Der Marmor wird nur selten von dieser Art in hiesigen Gebürgen gefunden, und die Kamin können leicht heraus genommen werden. Werth von neuen a 200 = 400 fl."

Kolorierte Federzeichnung, 45 x 44 cm.

München, Bayerisches Hauptstaatsarchiv, Plansammlung 8587.

ABBILDUNG: Sixtus Lampl, Die Klosterkirche von Tegernsee. In: Oberbayerisches Archiv 100 Ergänzungsheft: Tafel- und Bildband (1975) Abb. 24. – Gabriele Dischinger, Zeichnungen zu kirchlichen Bauten bis 1803 im Bayerischen Hauptstaatsarchiv, Tafelband (Architekturzeichnungen in den Staatlichen Archiven Bayerns, hrsg. von der Generaldirektion der Staatlichen Archive Bayerns und dem Zentralinstitut für Kunstgeschichte in München 1), Wiesbaden 1988, S. 160, Nr. 622.

LITERATUR: Dischinger (wie oben), Textband S. 251 f., Nr. 622. – Andreas Höger, Dietramszell nach der Säkularisation (Forschungen zur Landes- und Regionalgeschichte 6), St. Ottilien 1998, S. 131–133 (zur Ausschlachtung Dietramszells). *R.B.*

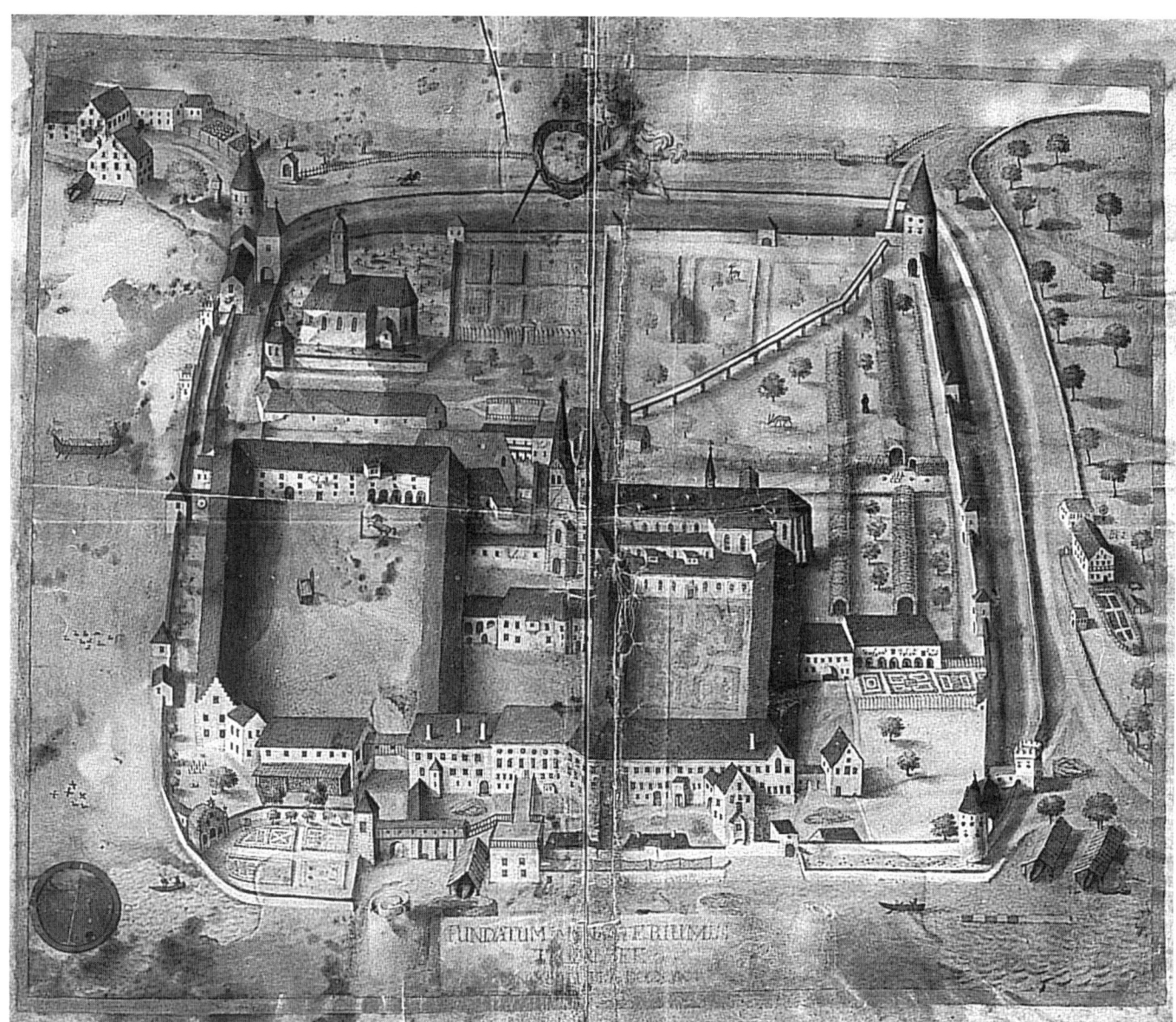

FUNDATUM MONASTERIUM
...
...

155

befahrenen Landshuter Straße. Diese oder eine ähnliche Ablichtung gab die Vorlage für das 1956 angefertigte Holzbild ab (vgl. Nr. 163).

Schwarzweißfoto, 24 x 30 cm (Ausschnittvergrößerung).

Freising, Stadtarchiv Freising, Foto Cramers Kunstanstalt KG Dortmund, Nr. 526 Fl. 55, P. 210.

LITERATUR: Feller & Sohn (wie Nr. 163). – Goerge (wie Nr. 158).   R.B.

165 Fabrik und Fabrikation

a) Die Produktionshallen von Südwesten.
   Ca. 1907/10
b) Schurwolle in der Verarbeitung zum Garn.
   Vor 1956
c) Automatischer Webstuhl.
   Vor 1956

Seit Inbetriebnahme der neuen Fabrikhallen im Jahre 1907 (a) erfolgte die Herstellung von Tuchen bzw. Loden nach folgendem Verfahren: Im Wolllager wurde die aus Übersee bezogene Schafwolle gesammelt, gegebenenfalls bereits in der Färberei behandelt. Andernfalls durchlief sie die Krempelei, wo wirre Faserflocken aufgelöst, ausgerichtet, notfalls ausgeschnitten wurden. Daran schloss sich die Verarbeitung in der Spinnerei (b), dann der Weberei (c) an. Darauf folgten die Stationen des Ausnähens und der Nassappretur. Wenn nicht schon geschehen, gelangten die Stoffe von hier aus in die Färberei, ansonsten über die Trockenappretur in das Tuchlager.
Trotz anerkannter Qualität und Exporten auch ins Ausland, geriet die Firma in der 2. Hälfte des 20. Jahrhunderts in Schwierigkeiten. Zuerst richtete ein Unwetter 1965 gewaltige Schäden an – 14 Webstühle brachen ein, ein Fabrikationsflügel wurde fast völlig zerstört –, dann zwang die Wirtschaftslage in Deutschland 1970 zum Zusammenschluss mit der Firma Loden-Frey, München, dem bald die Schließung folgte.

a)–c) Schwarzweißfotos, 23 x 30 cm.

Freising, Firma Feller Bayern Loden GmbH, Herr Rupert Feller.

ABBILDUNG: a) Goerge (wie Nr. 158) S. 21.

LITERATUR: Feller & Sohn (wie Nr. 163) S. 9–19. – Goerge (wie Nr. 158) S. 34–36.   R.B.

166 Landratsamt statt Lodenfabrik

Bauplan für den „Umbau des Konventgebäudes im ehem. Prämonstratenserkloster Neustift zu einem Landratsamt in Freising-Neustift, Landshuterstr."
1987 April 1, Freising

1979 war der Beschluss gefallen, das ehemalige Kloster als Landratsamt zu nutzen. Im September 1983 konnte mit den Bauarbeiten begonnen werden. Dabei wurde beim Konventbau besonderer Wert darauf gelegt, dass die Eingriffe in die Bausubstanz möglichst gering ausfielen und der alte Klostergrundriss noch spürbar blieb. So gelang insbesondere die Wiederherstellung der ursprünglichen Fassaden, die Wiederöffnung des Kreuzgangs und die Erhaltung von Rokoko-Festsaal und Haupttreppenhaus. Dagegen entstand an der Stelle der Ökonomie als Zugeständnis an die Raumbedürfnisse des Amtes ein großzügiger Neubau, der vom Erscheinungsbild an den klösterlichen Wirtschaftshof erinnert und im Erdgeschoss des Nord- und Nordwestflügels historische Mauern einbezieht. Am 17. Juli 1987 fand die Einweihung der neuen Gebäude statt. Zusätzlich konnte im Frühjahr 1999 das Gebäude der ehemaligen Klosterbibliothek erworben und saniert werden.

Original-Blaupause, 72 x 119 cm, unterschrieben unten rechts Dipl. Ing. Arch. H. Hofmann und Dipl. Ing. Arch. W. Schorr, mit Siegel der Bayerischen Architektenkammer, Prüfungs- und Genehmigungsvermerken.

Freising, Stadtarchiv Freising, Baupläne Neustift, Landshuterstraße.

LITERATUR: Goerge (wie Nr. 158) S. 37–84.   R.B.

Schadensbilanz der säkularisierten Klöster

Im Gebiet des heutigen Freistaats Bayern bestanden zum Zeitpunkt der Säkularisation 1802 fast 400 Klöster – ohne die Häuser der Ritterorden, der Hospize, wohl aber mit Kollegiatstiften, sofern sie Gemeinschaftsbauten unterhielten. Davon sind als Folge der Aufhebung bei mindestens 127 Anlagen sogleich oder erst nach Jahren Abbrüche vorgenommen worden. Damit wurde fast ein Drittel aller Klosterkirchen und -gebäude ganz oder teilweise, und zwar in sehr unterschiedlichem Ausmaß, abgetragen. Kein Orden und keine Landschaft wurde verschont. Am härtesten traf es die Bettelorden, die nicht nur finanzpolitische Begierden des Staates, sondern auch aufklärerischen Hass auf sich gezogen hatten. So wurden die Franziskanerklöster u.a. in Freising, Dingolfing, München und Schrobenhausen, die Niederlassungen der Kapuziner in Günzburg, München, Rosenheim, Weißenhorn und Wolnzach bis auf die Grundmauern abgebrochen. Das Augustinerbarfüßerkloster in Taxa wurde ebenso dem Erdboden gleichgemacht wie das Benediktinerkloster Fultenbach. Auch die Kirchen der Benediktiner in Münsterschwarzach, Weihenstephan, Wessobrunn und die Kirche der Zisterze Langheim fielen der Spitzhacke zum Opfer, daneben auch der Großteil der Klostergebäude. Dennoch blieben Kirchenabbrüche die Ausnahmen, Sonderschicksale, die sich jeder allgemeinen Erklärung entziehen, zumal der Grundsatz bestand, die Klosterkirchen in Pfarrkirchen umzuwidmen. Deshalb haben z.B. in den Benediktinerklöstern Elchingen, Niederalteich, Tegernsee und Weißenohe, bei den Augustinerchorherren in Rottenbuch und Weyarn, in den Ordenshäusern der Dominikanerinnen in Altenhohenau und der Salesianerinnen in Seligenporten zwar die Kirchen überdauert, aber von den Konvent- und Abteigebäuden stehen, wenn überhaupt, nur noch klägliche Reste. Die Aufzählung ist keineswegs vollständig. Man könnte lange Verzeichnisse aufstellen mit Klöstern ohne Kirchen und Kirchen ohne Klöster. Diese Listen enthielten alle nur denkbaren Abstufungen von der vollständigen Zerstörung bis zum Eindruck der Unberührtheit. Die nachfolgenden Beispiele stehen für viele. *R.B.*

167 Kloster Langheim um 1800

Modell von Andreas Schnappauf.
1982

Das Modell gibt den Bauzustand der Zisterze Langheim (Stadt Lichtenfels) vor dem großen Brand wieder, dem in der Nacht vom 6. auf den 7. Mai 1802 die Kirche, der Abtei- und Konventbau und anschließende Trakte zum Opfer fielen. Den Wiederaufbau, der bereits im Gange war, stoppte die Säkularisation. Heute ist ein Gesamteindruck der Anlage nur mehr aus zahlreichen überlieferten Federzeichnungen zu gewinnen. Insbesondere vermitteln die vom langheimischen Laienbruder Alanus Bittermann (1764–1801) gefertigten Klosteransichten von Südwesten aus der Vogelschau eine ausgezeichnete Vorstellung. Nach ihnen ist das Klostermodell gefertigt worden.

Holz, bemalt, 15 x 110,5 x 80,5 cm.

Lichtenfels, Katholisches Pfarramt Mistelfeld, Kirchenstiftung St. Michael.

ABBILDUNG: Franz Machilek, Die Zisterze Langheim als fränkisches Hauskloster der Andechs-Meranier. In: Katalog Die Andechs-Meranier in Franken. Europäisches Fürstentum im Hochmittelalter, Mainz 1998, S. 171, Abb. 92.

LITERATUR: Thomas Korth, Zur Planungs- und Baugeschichte der ehemaligen Zisterzienserabtei Langheim im 17. und 18. Jahrhundert. In: Kloster Langheim (Arbeitshefte des Bayerischen Landesamtes für Denkmalpflege 65), München 1994, S. 94–131, hier: S. 129 f. (zu Alanus Bittermann). – Günter Dippold, Der Abbruch von Langheimer Klostergebäuden im 19. und 20. Jahrhundert. In: Kloster Langheim (wie oben) S. 147–161, hier: S. 147. – Katalog Die Andechs-Meranier (wie oben) Nr. 4.38. *R.B.*

168 Kloster Langheim heute

a) Lageplan, Bezeichnung und Datierung der ursprünglichen und der in Resten bestehenden Klostergebäude.
2002

b) Luftaufnahme mit den Resten des Konvent- und des Abteiflügels.
1993

Selbst die Luftaufnahme lässt heute keinen Überblick mehr über die Klosteranlage zu. Deshalb wurden die wenigen noch stehenden Gebäude des geistlichen Bereichs im Lageplan markiert: der Konventflügel mit dem östlichen Pavillon und der klägliche Rest des Abteiflügels. Am oberen Bildrand mit dem Mansarddachbau sind noch die ehemalige Schlosserei, Schmiede und Wagnerei erkennbar. Die Kirche dagegen und die übrigen Klostergebäude wurden nach dem Brand von 1802 abgebrochen oder dienten jahrzehntelang als Steinbruch.

168b

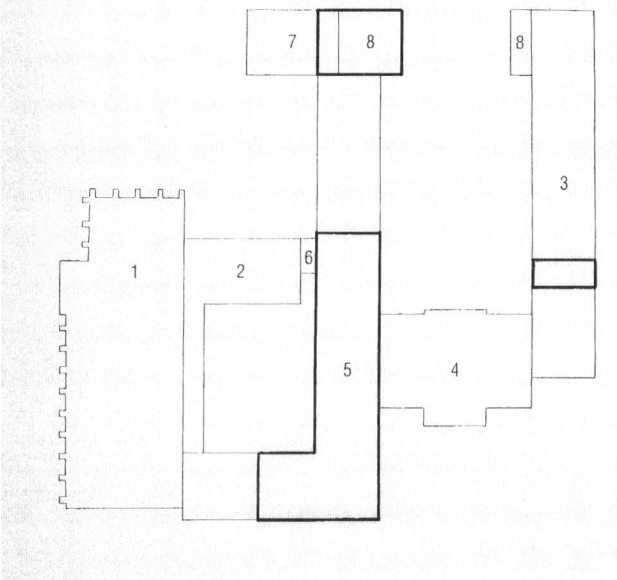

Lageplan der Klostergebäude (Zustand 1792-1802)
mit Datierung

1 Abteikirche, 12.-14. Jh.
2 Konventflügel, 1681-1685
3 Abteiflügel, 1690-1700
4 „Fürstenbau", 1728-1730
5 Konventflügel, ca. 1730-1742
6 Hölzerner Verbindungsbau, um 1740
7 Krankenhaus, 1758
8 Östlicher Teil des südlichen Konventflügels und Pavillons,
   1789-1792

168a

a) Grundrisszeichnung, 42 x 29,5 cm, Umzeichnung der Abbildungen 8 und 10 im Beitrag von Thomas Korth (wie Nr. 167) S. 100 f.
b) Foto, 24 x 30 cm.
   München, Bayerisches Landesamt für Denkmalpflege, Luftbildarchiv, Nr. 5932/010-33, Klaus Leidorf.

ABBILDUNG: Thomas Gunzelmann, Langheim im 19. und 20. Jahrhundert. In: Kloster Langheim (wie Nr. 167) S. 170, Abb. 6.

LITERATUR: Ferdinand Geldner, Kloster Langheim. Was es einst war, was wir noch sehen, Lichtenfels 1961. – Dippold (wie Nr. 167) S. 146–161.
R.B.

169 Geschundene Baukunst

a) Ansicht der Südwest-Ecke des Kreuzgangs von Norden.
   1980
b) Ansicht der Südwest-Ecke des Kreuzgangs von Osten.
   1990
c) Ansicht der Katharinenkapelle von Westen.
   1980

169a

169b

schnell und so umfassend wie möglich zu tilgen. Dies zeigt sich gerade am Bericht Baumgartners, der von aufklärerischem Fanatismus strotzt: „Es war ein majestätischer Anblick, als nach eingeworfenem Gewölbe die Säulen des Hauptschiffes auf der einen Seite auf einmal gestürzt wurden, welche dann die Gewölbe des Seitenschiffes einschlugen, und die Maßen ganz langsam sich löseten, und über einander herabstürzten."

Druck, 24 x 19 cm, aufgeschlagen Kupferstich Nr. XXII; beigelegt in Reproduktion Kupferstich Nr. XXIII.

München, Bayerisches Hauptstaatsarchiv, Amtsbibliothek, 4° E 373.

LITERATUR: Bayer. Franziskanerprovinz (Hrsg.), Bavaria Franciscana Antiqua, 3. Bd., München 1957, S. 112–118. – Arndt-Baerend, (wie Nr. 17) S. 76–93. – Manfred Treml, Klostersäkularisation in Altbayern. In: Schönere Heimat 80 (1991) S. 107–114, insbes. S. 109–111 (mit Abb. der Kupferstiche). R.B.

179

180 Kloster Weihenstephan

a) Grundrissaufnahme der Klosteranlage durch den freisingischen Hof- und Stadtmaurermeister Thomas Heigl.
1803 September 14

b) Perspektivische Ansicht von Süden aus der Vogelschau.
Vor 1701

Thomas Heigls Grundrissaufnahme zählt zu den wenigen, noch dazu amtlich angefertigten, bildlichen Quellen des am 24. März 1803 aufgehobenen und in mehreren Etappen bis in die Gegenwart fast vollständig zerstörten Benediktinerklosters. Nach Süden ausgerichtet, vermittelte der Plan dem Lokalkommissar einen Überblick über die Klosteranlage, die Lage der Grundstücke und Gebäude und deren Bestimmung. In Verbindung mit Michael Wenings (genordetem) Stich gewinnt der Be-

180b

um die altbayerischen Klosterwaldungen zu besichtigen, zu erfassen und zu übernehmen. Seine erste Reise führte ihn in den Pfaffenwinkel, an den Lechrain, ins bayerische Oberland und ins Dachauer Hinterland. Anschließend begutachtete er die Waldungen der niederbayerischen Klöster sowie des Hochstifts Passau. Seine dritte Reise begann im Herbst 1803 in Reichenhall und hatte ihren Schwerpunkt in Südostoberbayern zwischen Salzach und Inn. Im Frühjahr 1804 visitierte er die in den schwäbischen Herrschaften gelegenen Klosterwaldungen. Während dieser neun Monate besuchte er mehr als 70 Klöster und 14 mit Klöstern in Verbindung stehende Ortschaften. Mathias Schilcher beschrieb in einem ausführlichen Diarium, einem Reise- und Tätigkeitsbericht, den Zustand und die Größe der Klosterwälder und schilderte die Strapazen der Reise, die ihn quer durch ganz Altbayern geführt hatte. Wie er berichtete, hatte er bei jedem Wetter zu Fuß und zu Pferd Tausende von Tagwerk Wald besichtigt.

a) Libell, 24 Bl.
    München, Bayerisches Hauptstaatsarchiv, GR Fasz. 476 Nr. 64.
b) Zeichnung, farbig, 46 x 37 cm; Entwurf: Elisabeth Weinberger, Bayerisches Hauptstaatsarchiv; Ausführung: Thomas Böck, München.
    München, Bayerisches Hauptstaatsarchiv.

Literatur: Köstler (wie Nr. 185). – Treutlein (wie Nr. 185). – Höger (wie Nr. 185).
E.W.

188 Vom Augustinerchorherrenstift zum Mustergut

a) Das Augustinerchorherrenstift Dietramszell, Kupferstich von Michael Wening.
    Vor 1701   (*Abbildung S. 186*)
b) Kurfürst Maximilian IV. Joseph ratifiziert den Verkauf der Gebäude und Liegenschaften des Klosters Dietramszell an Mathias Schilcher.
    1803 November 25

Bereits 1790 hatte Mathias Schilcher (vgl. Nr. 185) das Augustinerchorherrenstift Dietramszell kennen gelernt.

Im Auftrag des Kurfürsten hatte er den nahe gelegenen Zellerwald vermessen und konnte sich dabei mit der Lage und den Verhältnissen des Klosters vertraut machen. 1803 erwarb Mathias Schilcher nach längeren Verhandlungen die Gebäude und die Liegenschaften des Klosters einschließlich der Fischteiche und Waldgründe für 20.000 Gulden. Einen Flügel der am Ende des 18. Jahrhunderts veränderten Klosteranlage bewohnte die Familie. Den zweiten Flügel räumte Schilcher den Klarissen des Münchner Angerklosters ein. Mathias Schilcher wandelte die vernachlässigte Klosterökonomie in ein Mustergut um, dessen Neuerungen wie Flächentrockenlegung, Kleeanbau und Stallfütterung von den umliegenden Bauern rasch nachgeahmt wurden. Die Versteigerungsmasse beinhaltete 1803 250 Tagwerk Waldfläche, die Schilcher während der 1805 beginnenden Staatswaldverkäufe durch Erwerb weiterer Parzellen, unter anderem auch des Zellerwaldes, auf 900 Tagwerk ausweitete.

a) Kupferstich, 32 x 40 cm.
    München, Bayerisches Hauptstaatsarchiv, Wening-Sammlung M 249.
    Abbildung: Historico-Topographica Descriptio von Michael Wening (wie Nr. 18) S. 129.
b) Dekret, 1 Doppelbl., mit Unterschriften von Kurfürst Maximilian IV. Josef und Maximilian Graf Montgelas.
    München, Bayerisches Hauptstaatsarchiv, StV 500.

Literatur: Edgar Krausen, Das Augustinerchorherrenstift Dietramszell (Germania Sacra NF 24, Die Bistümer der Kirchenprovinz Salzburg, Bistum Freising 1), Wien-New York 1988, S. 24–29. – Höger (wie Nr. 185).
E.W.

189 Ein Baum im Wappen

Matrikelbogen des Mathias von Schilcher, der 1814 für seine Verdienste während der Säkularisation und für die bayerische Forstverwaltung in den Adelsstand erhoben wurde.
1814

Mathias Schilcher suchte 1814 um die Erhebung in den Adelsstand nach. Er begründete dies mit der geplanten

188a

Errichtung eines Ortsgerichtes in Dietramszell, die nur
Adeligen möglich war. In seinem Gesuch hob er neben
militärischen Leistungen auch seine Verdienste während
der Säkularisation hervor. Das Wappen, das der Familie
bei der Nobilitierung verliehen wurde, zeigt in Blau eine
von zwei silbernen Sternen begleitete aufsteigende
eingebogene silberne Spitze, darin auf grünem Boden
vor wachsendem grünen Baum liegend ein goldener
Löwe.

Libell, Titelbl. mit Federzeichnung, teilweise koloriert, 4 Bl., 44,5 x 30,5 cm.

München, Bayerisches Hauptstaatsarchiv, Adelsmatrikel, Ad S 29,
Matrikelbogen.

LITERATUR: Köstler (wie Nr. 185).– Treutlein (wie Nr. 185). – Höger (wie
Nr. 185). *E.W.*

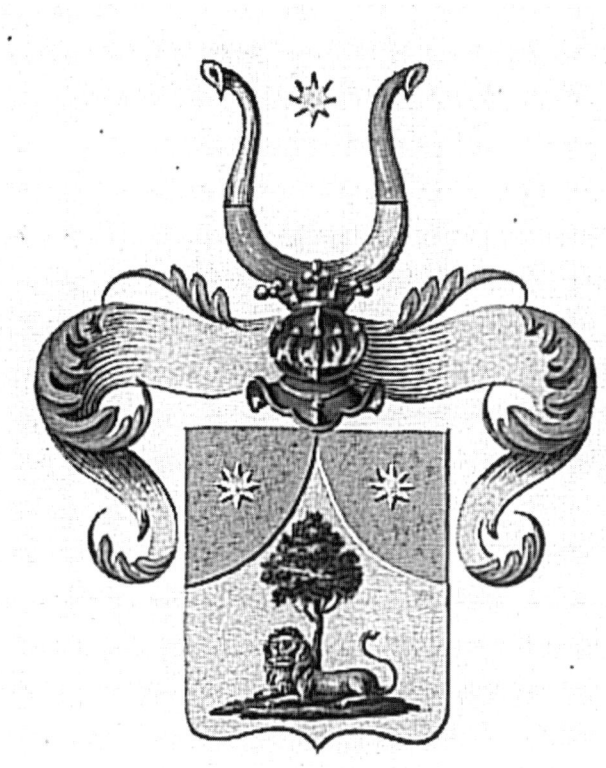

190 Der Klosterwald als zusätzliche Geldquelle?

Berechnung der Einnahmen und Ausgaben aus den Waldungen der aufgehobenen Klöster für das Wirtschaftsjahr 1803/1804.
1803

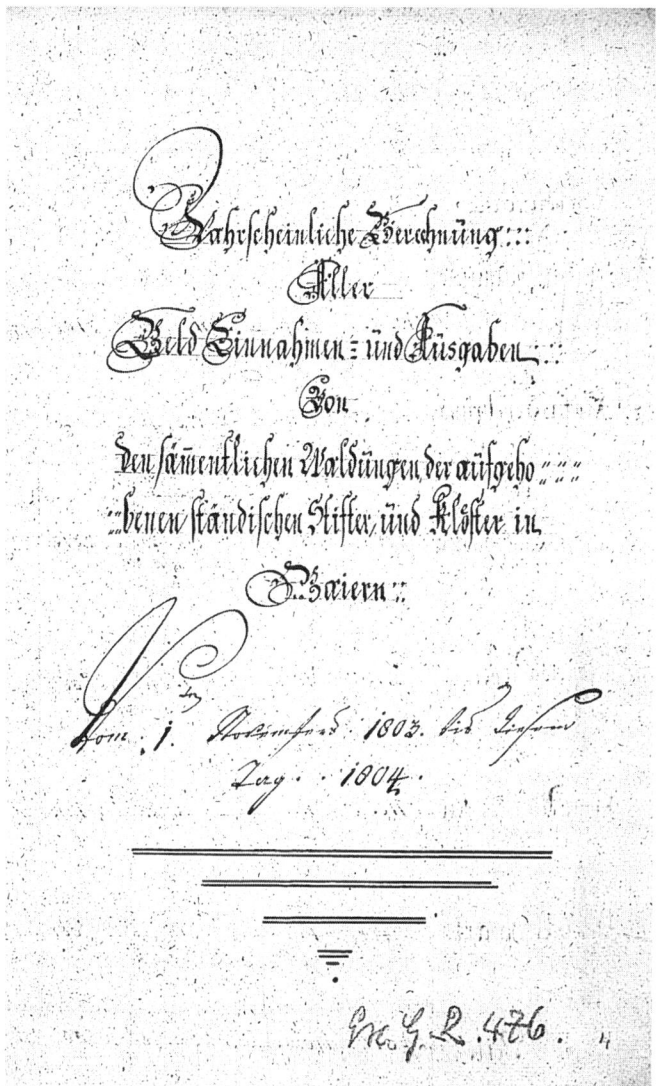

Noch vor Abschluss der Kommissionsreisen erhielt Mathias Schilcher den Auftrag, aus seinen bisherigen Ergebnissen den ungefähren Ertragswert der Klosterwaldungen zu berechnen. Die eilige Ermittlung des Ertrags der Klosterwälder bestätigt erneut die Vermutung, dass die Säkularisation vor allem wegen der staatlichen Finanznot in die Wege geleitet worden war. Am 15. Oktober 1803, eine Woche nach der Auftragserteilung, legte

Schilcher seine Berechnung vor. Die 58 Klöster und 7 Stifte umfassende Tabelle enthält die geschätzte Größe der Klosterwälder, die erwarteten Einnahmen aus Holzverkauf und Waldnutzungen, die Ausgaben für die

190

Benennung der Klöster	Waldungs größe nach Tagwerk, Begriff	entsicher Jährl. Einnahm aus Holz	aus den übrigen Waldnutzungen	Rest an Aerarium
Waldungen				
1. des Klosters Fürstenfeld inclusive der Pröbste zu Lechsend	15597.	4250.	1166. 96.	3183. 44.
2. des Klosters Wessobrunn	7047.	2000.	753. 12.	1246. 48.
3. des Klosters Thierhaupten	2366.	2500.	182. 20.	2217. 20.
4. des Klosters Diessen	6192.	1500.	615. 40.	664. 20.
5. des Klosters Niederschönefeld	1168.	1500.	222. 20.	1267. 20.
6. des Klosters Hohenwarth	2444.	1000.	219.	961.
Summe:	24014.	14050.	3169. 8.	10680. 52.

provisorische Verwaltung sowie den Überschuss für die landesherrliche Schatulle. Schilcher errechnete nach Abzug der Unkosten einen Reingewinn von 37.584 Gulden. Im Begleitschreiben wies er ausdrücklich darauf hin, dass die Ergebnisse seiner Berechnung nur geschätzt seien und bei einer ordentlichen Bewirtschaftung und Rechnungsführung eine Verdopplung des Ertrags möglich sein müsste.

Heute bietet die Auflistung Schilchers zudem einen wertvollen Überblick über die Größe einzelner Klosterwaldungen.

Libell, 11 Bl.

München, Bayerisches Hauptstaatsarchiv, GR Fasz. 476 Nr. 64.

LITERATUR: Josef Köstler, Geschichte des Waldes in Altbayern (Münchner historische Abhandlungen, Reihe 1, Heft 7), München 1934, S. 128 f. – Schneider (wie Nr. 76) S. 167–178.　　E.W.

191 Eingliederung des Klosterwaldes in den Staatsforst

Mit der Veröffentlichung der landesherrlichen Verordnung „Die Forstorganisation in Baiern betreffend" im Regierungsblatt tritt die Neuorganisation der bayerischen Forstverwaltung in Kraft.
1804 April 25

Nur von einer reformierten, der Verdoppelung der Staatswaldfläche angepassten Forstverwaltung ließ sich die Integration der neu hinzu gekommenen Flächen in die bestehenden Reviere und die Bildung neuer Reviere bewerkstelligen. Zusätzlich mussten die Ablösung der auf den Klosterwaldungen ruhenden zahlreichen Forstservituten sowie der Verkauf nicht rentabler Flächen bewältigt werden. Auf der oberen und mittleren Verwaltungsebene entstanden neue Strukturen. Bayern wurde in sieben Forstinspektionen eingeteilt, vier für das flache Land, drei für den Alpenraum. Gravierend waren die Veränderungen vor allem auf der unteren Verwaltungsebene der Oberförstereien und Forstreviere. Weite Flächen, die bisher von geistlichen Grundherrschaften verwaltet worden waren, unterstanden nun der landesherrlichen Aufsicht. Erkennbar ist dies an den Reviernamen wie Beuerberg, Dießen, Wessobrunn oder Thierhaupten. Die Oberförsterei Weihenstephan bestand weitgehend aus vormals hochstiftisch Freisinger Waldgebieten.

In einigen Revieren wie Thierhaupten, St. Salvator, Pfaffenmünster oder Seeon konnten ehemalige Klosterjäger und -förster in landesherrliche Forstdienste treten.

Regierungsblatt 1805; Druckschrift, 546 S. u. ungezähltes Register.

München, Bayerisches Hauptstaatsarchiv, Amtsbibliothek, 8°Z 116b/ 1805; die Verordnung vom 25. April 1804 auf Sp. 381–420, aufgeschlagen Sp. 379–382.

LITERATUR: Köstler (wie Nr. 190) S. 122 f. – Bauer, Forstorganisation (wie Nr. 183) S. 31–36. – Heydenreuter (wie Nr. 184) S. 40–42. *E.W.*

und Lage der Wälder voraus, die nur mit Hilfe der Landesvermessung, die zu Beginn des 19. Jahrhunderts noch in den Kinderschuhen steckte, ermittelt werden konnte. Bis zum Abschluss der Purifikationsmaßnahmen und der Staatswaldverkäufe Mitte des 19. Jahrhunderts veränderte sich die Größe des Staatsforstes permanent. Die Erfassung des tatsächlichen Flächenbestandes sowie die Erstellung von Staatswaldinventaren gehörten zu den regelmäßig wiederkehrenden Aufgaben der landesherrlichen Forstverwaltung.

a) Rechnungsband, 48 Bl.
München, Staatsarchiv München, Antiquarregistratur Fasz. 3298 Nr. 194.

b) Gedruckte Broschüre, 31 S. und 8 S. Anhang.
München, Bayerisches Hauptstaatsarchiv, Amtsbibliothek, 2°K 10/39.

LITERATUR: Köstler (wie Nr. 190) S. 122 f. – Max Seeberger – Frank Holl, Wie Bayern vermessen wurde (Hefte zur Bayerischen Geschichte und Kultur 26), Augsburg 2001, S. 9–46. – Bauer, Waldnutzung (wie Nr. 183) S. 198–202. *E.W.*

192 Einbindung des Klosterwaldes in die staatliche Verwaltung

a) Forststückrechnung über die ehemaligen Klosterwaldungen im Rentamt München.
1804

b) Vorschrift für Forstkartierung, Flächenberechnung und Erstellung eines Staatswaldinventars.
1833

1804, ein Jahr nach der Übernahme der Klosterwälder in Staatsbesitz, wurden Einnahmen und Ausgaben der Klosterwaldungen noch separat abgerechnet. Die Eingliederung der neu erworbenen Wälder in den Staatsforst und die gemeinsame Verwaltung der alten und neuen Waldflächen ließ sich nicht von einem Tag auf den anderen bewerkstelligen. Die Neubildung von Forstrevieren und die Integration kleinerer Flächen in bestehende Reviere setzte eine genaue Kenntnis von Größe

193 Ausverkauf des Staatsforsts?

Die Zersplitterung der klösterlichen Waldungen in kleinere Parzellen erschwerte ihre Nutzung und Verwaltung. *(Farbabb. S. 232)*
Vor 1803

Die Zeichnung zeigt eine 20 Tagwerk große Waldung des Klosters Taxa, Landgericht Dachau. Die beiden Teilstücke sind von Feldern, Wiesen und Waldstücken unterschiedlicher Eigentümer umgeben. Ohne Durchquerung eines fremden Grundstückes war der Zugang zu den Waldstreifen nur von der Landstraße aus möglich.

Bis Anfang des 19. Jahrhunderts war der Waldbesitz eines geistlichen oder weltlichen Grundherrn oft auf zahlreiche Kleinparzellen verstreut, die sich zudem in Gemengelage mit Feld- und Waldstücken Dritter befanden. Nach dem Übergang des Klosterwaldbesitzes an den Staat wurden viele dieser Parzellen verkauft oder durch Tausch vergrößert, da die Bewirtschaftung derartiger Kleinflächen für den Staat unrentabel war.

Kolorierte Federzeichnung, 38 x 54 cm.

München, Bayerisches Hauptstaatsarchiv, Plansammlung 4427.

LITERATUR: Joseph von Hazzi, Die echten Ansichten der Waldungen und Förste, 2 Bde., München 1805. – Köstler (wie Nr. 190) S. 130–137. – Marion Fröhlich, Leben und Werk Joseph von Hazzis – sein Einfluss auf die Forstwirtschaft (Mitteilungen aus der Staatsforstverwaltung Bayerns 45), München 1990, S. 28–46.   *E.W.*

194 Meistbietend zu versteigern

Plan der 1803 zum Kloster Indersdorf gehörenden Liegenschaften und Gebäude.
1803

Der Plan, 1803 von dem Landgeometer Johann Baptist Brennhofer gezeichnet, veranschaulicht die nach der Säkularisation praktizierte Methode, den vom Kloster selbst bewirtschafteten Grund in Parzellen aufzuteilen und zu versteigern. Die abgebildeten Felder, Wiesen und Waldungen wurden nach diesem Prinzip parzelliert. Die aus zwei Waldungen bestehende Holzfläche des Klosters zerlegte man hierzu in acht unterschiedlich große Parzellen.

Kolorierte Federzeichnung, Papier auf Leinwand aufgezogen, 126 x 96 cm.

München, Bayerisches Hauptstaatsarchiv, Plansammlung 5052b.

LITERATUR: Köstler (wie Nr. 190) S. 130–137. – Schneider (wie Nr. 76) S. 167–178. – Cornelia Jahn, Klosteraufhebung und Klosterpolitik in Bayern unter Kurfürst Karl Theodor 1778–1784 (Schriftenreihe zur bayerischen Landesgeschichte 104), München 1994, S. 101–125.   *E.W.*

195 Wer bietet mehr?

a) Kurfürstliche Verordnung über den Staatswaldverkauf.
1805 Juli 18

b) Protokoll einer Staatswaldversteigerung.
1807 Januar 6

Bereits im 18. Jahrhundert waren erste Vorschläge zum Verkauf von Staatswald geäußert worden. Maßgeblich beteiligt an der Realisierung dieser Überlegungen war Joseph von Hazzi. Von Hazzi war auch 1802/03, in der ersten von vier Verkaufsphasen, mit der Veräußerung von kleineren, verstreut liegenden Parzellen, deren Bewirtschaftung mehr Unkosten verursachte als Gewinn brachte, beauftragt. In einer zweiten Phase wurden ehemalige Klosterwaldungen zusammen mit Klosterreali-

195a

tes Mal und brachte seinen Kollationierungsvermerk unten in der Mitte an. Außerdem fügte er eigenhändig die Siegelbeschreibung hinzu.

In einer späteren Redaktionsphase ist man von den Kopfregesten in deutscher Sprache abgerückt, die von Samet stammten, und ersetzte sie durch eine knappe schlagwortartige lateinische Überschrift. Ebenso wurde auf eine Wiedergabe des Siegels in Form einer Nachzeichnung verzichtet (Ankündigung rechts unten).

Gebundene Handschrift, 157 Bl.

München, Bayerisches Hauptstaatsarchiv, KL Altenhohenau 23 c.

LITERATUR: Jaroschka (wie Nr. 108).   J.W.

210 Ritter von Lang und die Regesta Boica

Ritter von Lang wird mit der Herausgabe der Regesta Boica betraut.
1815 Oktober 28, München

Geistiger Vater der Regesta Boica war Reichsarchivdirektor Heinrich Ritter von Lang. In den Jahren 1811 und 1812 veröffentlichte Lang in den Denkschriften der Akademie der Wissenschaften eine Abhandlung über „Die Vereinigung des Baierischen Staats aus den einzelnen Bestandtheilen der ältesten Stämme, Gauen und Gebiete". Das hier angesprochene Ziel, das Königreich Bayern in seinen historischen Teilen zusammenfassend darzustellen, wird als neue Hauptaufgabe des eben konstituierten Reichsarchivs formuliert. In der dem Organisationsdekret vom 21. April 1812 beigegebenen „Instruction" heißt es wörtlich: „Ein bleibendes ehrenvolles Denkmal wird aber aus dem Archiv der Nachwelt dadurch gegründet werden, daß, wie hiedurch befohlen wird, alle historischen Momente von der vorhandenen ältesten Urkunde an bis zur neuern Geschichts-Epoche des Vertrags von Pavia chronologisch, jedoch nach den

209

Kreisen des Reichs synchronistisch in 9 Kolonnen aufgestellt, mit den charakterisirenden Worten der Urkunden selbst ausgezeichnet und unter folgendem Titel durch den Druck bekannt gemacht werden: Regesta sive rerum

Boicarum autographa …" Am 28. Oktober 1815 wurde Lang persönlich mit der Herausgabe der Regesta Boica betraut. Dies war notwendig geworden, weil er im gleichen Jahr sein Amt als Reichsarchivdirektor niedergelegt hatte und als Kreisdirektor nach Ansbach zurückgekehrt war.

Schreiben, 1 Doppelbl.

München, Bayerisches Hauptstaatsarchiv, Generaldirektion der Staatlichen Archive Bayerns 2400.

LITERATUR: Riedner (wie Nr. 112) – Bachmann (wie Nr. 112). – Jaroschka (wie Nr. 208) S. 1–27. – Hemmerle (wie Nr. 112).   *J.W.*

211 Die Regesta Boica in der Planung

Ein erster Entwurf für die Gliederung des Gesamtwerks.
1812–1817

Mit Schreiben vom 10. Mai 1817 legte Ritter von Lang dem Nachfolger Montgelas' im Amt des Außenministers, Alois Graf Rechberg, den Plan der Regesta Boica dar und formulierte Möglichkeiten der Darstellung im Druck. Schon im Auftrag an das Reichsarchiv von 1812 war eine Gliederung nach den neun seit dem Jahr 1810 bestehenden Kreisen vorgesehen gewesen, indem für jeden Kreis eine Spalte zu stehen kommt. In seiner Entschließung vom 15. Juni 1817 entschied sich Rechberg jedoch für eine auch schon von Ritter von Lang ins Spiel gebrachte, deutlich einfachere Lösung, nämlich für eine Einteilung nach den drei Hauptstämmen: „Wenn ich nun von ihrer eigenen Voraussetzung ausgehe, daß das Königreich Baiern aus verschiedenen teutschen Stämmen, hauptsächlich der Baiern, Franken und Schwaben bestehe, und wenn ich erwäge, daß diese Volksstämme ihre Specialgeschichte bis zur Consolidierung der baierischen Monarchie beibehalten haben, so scheint mir jene Ordnung die entsprechendste zu sein, nach welcher die Individualität eines jeden Stammes am nähesten beobachtet worden ist" (vgl. Nr. 112b).

Libell, 8 Bl.

München, Bayerisches Hauptstaatsarchiv, Generaldirektion der Staatlichen Archive Bayerns 2400.

LITERATUR: Riedner (wie Nr. 112). – Hemmerle (wie Nr. 112) S. 18 f.
J.W.

212 Ritter von Lang und der Streit mit der Akademie

a) Portrait des Karl Heinrich Ritter von Lang.
   Vor 1835
b) Portrait des Akademiesekretärs Lorenz Westenrieder.
   Vor 1829
c) Streitschrift „Die Monumenta Boica I. bis XVI. Band, vor den Richterstuhl der Kritik gefordert vom Reichsarchivdirektor von Lang".
   1815

Obwohl selbst ordentliches Mitglied der Bayerischen Akademie der Wissenschaften, veröffentlichte Reichsarchivdirektor von Lang im Jahr 1815 ein kleines Pamphlet, in dem er die ersten 16 Bände der Monumenta Boica heftig angriff und den Vorwurf erhob, „daß ihnen überhaupt der hohe Titel von Monumenten nicht zukomme, daß sie eine durchaus planlose, oberflächliche und ganz gemeine Kompilation seyen, und daß von allen gegebenen Urkunden der selben nicht eine Einzige ganz diplomatisch richtig, ein unglaublich großer Theil derselben aber auf das plumpeste verfälscht, erdichtet und unterschoben sey" (S. 4). Auch Langs Zeitgenossen erkannten zu Recht, dass diese Kritik maßlos, völlig überzogen und rein polemisch ausgefallen war. Zentner, der im Auftrag Montgelas' ein Gutachten verfasste, sprach von einem „unanständigen Ton". Immerhin erreichte Ritter von Lang, dass die ohnehin unter den Sachkundigen bekannten Schwächen der älteren Bände der Monumenta Boica in das gefährliche Licht der Fälschung und Unbrauchbarkeit gesteigert wurden. Damit beschwor Ritter von Lang einen lange anhaltenden Streit zwischen

Reichsarchiv und Akademie der Wissenschaften herauf, der sich lähmend auf die weitere Publikation der Monumenta Boica auswirkte. Möglicherweise war genau das sein Ziel, um „seine" Regesta Boica kontrastierend als wissenschaftlich seriös davon abzuheben. Langs Hauptkontrahent bei der Akademie war deren Sekretär der Historischen Klasse und Redakteur der Monumenta Boica Lorenz Westenrieder, ein in Ehren ergrauter Vertreter einer gemäßigten katholischen Aufklärung, dazu fruchtbarer Literat und Historiograph, der mit seiner „Geschichte von Baiern für die Jugend und das Volk" 1785 das Geschichtsbild von Bayern entscheidend geprägt hatte.

a) Lithografie von Th. Rothbarth in Nürnberg, 6 x 6 cm (Foto).
DRUCK: Karl Heinrich Ritter von Lang, Geschichte des vorletzten Markgrafen von Brandenburg-Ansbach, Ansbach 1848.
München, Bayerisches Hauptstaatsarchiv, Amtsbibliothek 8° E 1305/1.3.
b) Stich von Meno Haas nach einem Gemälde von Kellerhoven, 13 x 18 cm (Foto).
München, Bayerische Staatsbibliothek, Bildersammlung, Portr. B Westenrieder, Lorenz.
c) Broschüre, 19 x 11 cm.
München, Bayerisches Hauptstaatsarchiv, MA 71987.

LITERATUR: Bachmann (wie Nr. 112). – Hemmerle (wie Nr. 112). – Wilhelm Haefs, Aufklärung in Altbayern. Leben, Werk und Wirkung Lorenz Westenrieders, Neuried 1998, S. 701–703. *J.W.*

Die neue bayerische Klosterlandschaft

Mit König Ludwig I. zog 1825 ein völlig neuer religiöser Geist an der Spitze des Staates ein. Zur Neubegründung des Staates auf christlicher Grundlage schien ihm die Religion unverzichtbarer Bestandteil der öffentlichen Ordnung zu sein. Seine Klosterrestaurationspolitik, deren Wurzeln in der Erziehung durch Joseph Anton Sambuga und Johann Michael von Sailer liegen, stieß auf den Widerstand der durch Montgelas geprägten liberalen Beamtenschaft, aber auch der weitere finanzielle Belastungen fürchtenden Kommunen sowie des Klerus. Gegen alle Widerstände setzte der König seine Politik durch: Ende 1825 wurde eine Übersicht aller in Bayern noch bestehender Klöster vorgelegt, auf deren Grundlage Eduard von Schenk 1827 eine Übersicht aller Klöster erarbeitete, deren Fortbestand bzw. Wiedererrichtung gesichert war. Artikel VII des Konkordats von 1817 hatte die Möglichkeit eröffnet, in Seelsorge, Wissenschaft, Lehre, Erziehung und Krankenpflege tätige Orden in Bayern anzusiedeln. So fiel bereits 1826 die Entscheidung, die Krankenpflege im Allgemeinen Krankenhaus in München den Barmherzigen Schwestern vom hl. Vinzenz von Paul aus dem Mutterhaus Straßburg zu übertragen. Bei den Lehr- und Erziehungsorden förderte Ludwig neben den Englischen Fräulein insbesondere die Armen Schulschwestern von Unserer Lieben Frau und die Dillinger Franziskanerinnen, die schon 1827 die Erlaubnis zur Aufnahme von Novizinnen und den Auftrag zur Wiederaufnahme der Mädchenerziehung erhielten. 1827 ließ der König im ehemaligen Hieronymitanerkloster auf dem Lehel vor den Toren Münchens ein Franziskanerkloster errichten und übertrug diesem Orden 1828 die Pfarrseelsorge. Die Kapuziner, ebenfalls 1827 restituiert, waren neben der Pfarrseelsorge vor allem mit der Durchführung von Volksmissionen betraut. In den Jahren des späteren Kulturkampfes, in denen Jesuiten und Redemptoristen als Reichsfeinde galten und mit Betätigungsverbot belegt waren, wurde dieser Teil der Seelsorge von Franziskanern und Kapuzinern allein bewältigt. Einen weiteren Schwerpunkt stellte die Mission dar: Neben den Benediktinern, die von Metten aus 1846 eine Abtei in Pennsylvanien errichteten, bauten die Armen Schulschwestern ab 1847 in Nordamerika ein Mädchenschulwesen für die deutschen Emigranten auf. Besonderer Förderung durch den König erfreuten sich aufgrund seiner romantischen Neigung für das deutsche Mittelalter die Benediktiner. Eine von Ludwig angeordnete Umfrage bei allen noch lebenden Benediktinermönchen führte 1826 allerdings zur Ernüchterung: Von 293 Mönchen waren nur elf zur Rückkehr in ein Kloster bereit. Dennoch konnte 1830 die 1827 angeordnete Restitution von Metten realisiert werden, weitere Wiederherstellungen und sogar Neugründungen wie St. Bonifaz in München 1850 folgten. Sämtliche Orden hatten in der Aufbauphase Mühe, geeignete Mitglieder zu gewinnen. Dies änderte sich bald: 1825 gab es im rechtsrheinischen Bayern insgesamt 405 männliche und 508 weibliche Ordensangehörige in insgesamt 50 bzw. 36 Niederlassungen. Bis ins Jahr 1873 stieg ihre Zahl im gesamten Königreich Bayern auf insgesamt 1032 männliche und 4078 weibliche Ordensmitglieder in insgesamt 73 bzw. 503 Ordensniederlassungen an. *C.G.*

213 Freund und Förderer der Klöster: König Ludwig I.

Porträt König Ludwigs I. von Bayern.
1827

Geprägt durch seinen Erzieher, den Priester Joseph Anton Sambuga (1752–1815), und seinen Lehrer und Berater Johann Michael Sailer (1751–1832), den späteren Bischof von Regensburg, lag König Ludwig I. die Wiederbelebung der bayerischen Klöster besonders am Herzen. Seinen Wunsch, vor allem die in Wissenschaft, Lehre, Erziehung und Krankenpflege tätigen Orden wieder in Bayern anzusiedeln, verfolgte er gegen alle Widerstände mit der ihm eigenen Zielstrebigkeit und Tatkraft. Diese kommt auch im Porträt Johann Lorenz Kreuls (1765–1840) zum Ausdruck. Der junge König – das Bild entstand bald nach seinem Regierungsantritt – ist in sehr selbstbewusster Pose an einem Schreibtisch sitzend vermutlich in einem Zimmer der Residenz dargestellt. Sein rechter Unterarm ruht auf zwei Schreiben. Der König trägt die Uniform des Oberst-Inhabers des 1. Linien-Infanterie-Leibregiments und ist mit fünf Orden, dem des Großmeisters des Militär-Max-Joseph-Ordens, des Ordensmeisters des Zivilverdienstordens der Bayerischen Krone, des Militärdenkzeichens für 1813/1815, des Großmeisters des kgl. Hausritterordens vom Hl. Hubertus (gestickter Bruststern) sowie des Großmeisters des kgl. Hausritterordens vom Hl. Georg (silberner Bruststern) geschmückt.

Druck, von Johann Lorenz Kreul nach Ludwig Stieler, auf Stein gezeichnet von Ludwig von Montmorillon 1827, gedruckt von Joseph Lacroix, München 1827, 46 x 34 cm.

München, Bayerisches Hauptstaatsarchiv, Abt. III Geheimes Hausarchiv, Wittelsbacher Bildersammlung König Ludwig I. 27/33.

LITERATUR: Gustav Knussert, Orden, Ehren- und Verdienstzeichen, Denk- und Dienstalters-Zeichen in Bayern, München 1877. – Caroline Gigl, Förderung des katholischen Kultus. Zur Kirchenpolitik König Ludwigs des I. von Bayern. In: Peter Pfister – Klaus Rupprecht – Maria Rita Sagstetter, St. Ludwig in München. Kirchenpolitik, Kirchenbau und kirchliches Leben. Eine Ausstellung des Bayerischen Hauptstaatsarchivs und der Pfarrei St. Ludwig zum 150. Jubiläum der Gründung durch König Ludwig I. (Ausstellungskataloge der Staatlichen Archive Bayerns 35), München 1995, S. 62–79. – Peter Pfister, Kirchen- und Kulturpolitik unter König Ludwig I. In: Birgitta Klemenz – Peter Pfister – Maria Rita Sagstetter, Lebendige Steine. St. Bonifaz in München. 150 Jahre Benediktinerabtei und Pfarrei. Eine Ausstellung der Benediktinerabtei St. Bonifaz München und Andechs und des Bayerischen Hauptstaatsarchivs zum 150. Jubiläum der Gründung durch König Ludwig I. (Ausstellungskataloge der Staatlichen Archive Bayerns 42), München 2000, S. 32–34. *C.G.*

214 Die Klöster in Bayern zum Zeitpunkt des Regierungsantritts Ludwigs I.

Das Staatsministerium des Innern legt eine Zusammenstellung aller im rechtsrheinischen Bayern noch bestehenden Männer- und Frauenklöster vor.

[1825 Dezember 3, München]

Artikel VII des Konkordats von 1817 verpflichtete die bayerische Regierung, „…einige Klöster der Orden beyderlei Geschlechts entweder zum Unterrichte der Jugend in der Religion und den Wissenschaften, oder zur Aushülfe in der Seelsorge, oder zur Kranken-Pflege, im Benehmen mit dem heiligen Stuhle mit angemessener Dotation herstellen zu lassen". In den letzten Jahren der Regierung König Max I. Josephs geschah in dieser Richtung sehr wenig, was die Kurie zu wiederholten Protesten veranlasste. Ihnen schloss sich auch Johann Michael Sailer, der Lehrer und Berater des Kronprinzen, an. Am 27. Dezember 1823 wies das Innenministerium die Regierung des Isarkreises an, alle im Kreis noch bestehenden Klöster, die Zahl ihrer Mitglieder, ihr Vermögen, ihre Einkünfte sowie die vom Staat ihnen gewährten Nutznießungsrechte und Pensionen zusammenzustellen. Auch die übrigen Kreise erhielten entsprechende Aufforderungen. Eine zusammenfassende Übersicht legte das Innenministerium allerdings erst am 3. Dezember 1825 vor. Danach gab es 1825 im rechtsrheinischen Bayern insgesamt 405 männliche und 508 weibliche Ordensmitglieder in insgesamt 50 bzw. 37 Ordensniederlassungen. Entgegen den Bestrebungen des neuen Königs versuchte Innenminister Graf Thürheim im Bericht vom 15. Januar 1826 an das Außenministerium die Errichtung neuer Klöster mit der Begründung zu verhindern, dass das Konkordat nur eine Bestandsgarantie für noch bestehende Klöster, die sich Seelsorge, Erziehung und Krankenpflege widmen, enthalte. Ferner sollten dem Heiligen Stuhl keinerlei Zusagen gemacht werden, die auch diesen Klöstern ein Weiterbestehen garantieren.

Schreiben, 22 Bl. geheftet.

München, Bayerisches Hauptstaatsarchiv, Abt. III Geheimes Hausarchiv, Nachlass König Ludwig I. XV 542.

LITERATUR: Hubert Schiel, Bischof Sailer und König Ludwig I. von Bayern mit ihrem Briefwechsel, Regensburg 1932, S. 66. – Paul Mai, Johann Michael Sailer´s Wirken als Weihbischof und Bischof im Bistum Regensburg. In: Georg Schwaiger – Paul Mai (Hrsg.), Johann Michael Sailer und seine Zeit, Regensburg 1982, S. 161–207. – Karl Hausberger, Staat und Kirche nach der Säkularisation. Zur bayerischen Konkordatspolitik im frühen 19. Jahrhundert (Münchener Theologische Studien, I. Historische Abteilung, Bd. 23), St. Ottilien 1983.   *C.G.*

215 Die Restitution von Klöstern nimmt Gestalt an.

„Übersicht derjenigen Klöster, deren Wiederherstellung oder Fortbestand bereits ausgesprochen worden ist."
1827 September 20, München

Unter diesem Titel legte Eduard von Schenk König Ludwig I. am 20. September 1827 eine Zusammenstellung der für eine Restauration in Frage kommenden Klöster vor. Die Liste der Klöster ist durchaus eindrucksvoll. Die Zusammenstellung beginnt mit den Abteien (Benediktiner). Die zweite Gruppe bilden die Mendikantenorden. Gesichert ist der Fortbestand bzw. die Neugründung der Klöster und Hospize der Franziskaner u.a. in München, Ingolstadt, Tölz und Dettelbach sowie der Niederlassungen der Kapuziner in Aschaffenburg, Königshofen im Grabfeld und in Altötting. Eine Bestandsgarantie wird auch für das Augustinerkloster in Münnerstadt und das Kloster der Karmeliten in Würzburg ausgesprochen. Die dritte Gruppe stellen die Frauenklöster dar. Die noch bestehenden Niederlassungen der Servitinnen in München, der Salesianerinnen in Indersdorf, der Ursulinerinnen in Landshut, Straubing und in Würzburg erhalten die Genehmigung zur Auf-

nahme von Novizinnen. Auch die Englischen Fräulein, die vielfach nicht unter die klösterlichen Gemeinschaften gezählt wurden, erscheinen in dieser Zusammenstellung. Allerdings war noch keine Entscheidung über einen geeigneten Standort getroffen worden. Den Dillinger Franziskanerinnen liegt bereits die Genehmigung zur Aufnahme von Novizinnen vor. Zum Zeitpunkt der Abfassung dieser Zusammenstellung waren die Verhandlungen mit dem erzbischöflichen Ordinariat und dem Magistrat von München sowie dem Mutterhaus in Straßburg über die Errichtung einer Niederlassung der Barmherzigen Schwestern vom hl. Vinzenz von Paul noch voll im Gange. Einer Randbemerkung Schenks zufolge hätte sich der Magistrat von München zur Bereitstellung eines Flügels des ehemaligen Elisabethinerinnenspitals bereit erklärt. Noch nicht abgeschlossen waren Verhandlungen über die Wiederherstellung eines Klosters in Verbindung mit dem Gymnasium in Burghausen, von Niederlassungen der Franziskaner, Kapuziner, Karmeliten in Regensburg und Straubing, der Englischen Fräulein in Bamberg und Elisabethinerinnen in Straubing, der Frauenklöster St. Klara, Heilig Kreuz und St. Ursula in Regensburg, des Klosters Maria Stern in Augsburg und von Gnadenthal in Ingolstadt.

Schreiben, 2 Doppelbl., geheftet.

München, Bayerisches Hauptstaatsarchiv, Abt. III Geheimes Hausarchiv, Nachlass König Ludwig I. 47-4-19/5.   *C.G.*

216 Die Pflege im Krankenhaus wird einem neuen Orden übertragen.

a) Das Innenministerium weist die Regierung des Isarkreises, Kammer des Innern, an, die Pflege im Allgemeinen Krankenhaus in München den Barmherzigen Schwestern vom hl. Vinzenz von Paul aus dem Mutterhaus Straßburg zu übertragen.
1827 Juli 29, München

d) Schwarzweißfoto, 24 x 18 cm.
   München, Privatbesitz.

LITERATUR: Maria Liobgid Ziegler, Die Armen Schulschwestern von Unserer Lieben Frau. Ein Beitrag zur bayerischen Bildungsgeschichte, München 1935. – Dies., Mutter Theresia von Jesu Gerhardinger. Gründerin der Armen Schulschwestern von Unserer Lieben Frau 1797–1879. Ihr Leben und ihr Werk, München 1950. – Gigl (wie Nr. 213) S. 62–79.
C.G.

219 Das Kloster der Dillinger Franziskanerinnen

a) Der Orden erhält die Genehmigung zur Wiedererrichtung des Klosters und zur Aufnahme von Novizinnen unter der Bedingung, den Unterricht für die weibliche Jugend zu übernehmen.
   1827 April 25, München
b) Die ersten beiden neu aufgenommenen Schwestern erhalten den Namen des Königspaares: Ludovika und Therese.
   1827
c) Porträt von Sr. Maria Ludovika Wille.
   Undatiert
d) Porträt von Sr. Maria Theresia Haselmayr.
   Undatiert

Nach der Aufhebung der Dillinger Franziskanerinnen ging das Kloster 1805 an Kurbayern über. Die Schwestern durften unentgeltlich in den nunmehrigen Staatsgebäuden wohnen, verloren aber jeden Besitz. Am 25. April 1827 erfolgte die Restitution. Im Gegensatz zu den Birgittinnen zu Altomünster und den Dominikanerinnen zu Maria Mödingen wollte der König das Kloster der Franziskanerinnen zu Dillingen „zum Zwecke des Unterrichts der weiblichen Jugend in den Elementar- und Industrie-Gegenständen wiederhergestellt" wissen. Konventgebäude, Kirche und Garten blieben Staatseigentum. Aufzunehmende Novizinnen mussten neben der Einwilligung der Oberin und der Zustimmung von Kreisregierung und Ordinariat die für weltliche Lehrerinnen an Mädchenschulen vorgeschriebene Prüfung in den Elementar- und Industriegegenständen bestanden haben und über praktische Berufserfahrung verfügen. Das Kloster unterstand in geistlicher Hinsicht dem Stadtpfarrer von Dillingen und dem bischöflichen Ordinariat, hinsichtlich der Schule der Schulinspektion und der Kreisregierung.

Die ersten beiden Kandidatinnen, Maria Ludovika Wille und Maria Theresia Haselmayr, erhielten nach der Ausbildung im Institut der Englischen Fräulein in Günzburg und der für den Eintritt erforderlichen ersten Prüfung am 17. Oktober 1828 den Aufnahmering. Nach der praktischen Ausbildung und der Präparandenprüfung erfolgte am 22. Juni 1829 die feierliche Einkleidung in der Dillinger Stadtpfarrkirche. Den beiden jungen Schwestern wurden die Namen des Königspaares „zum dankbaren Andenken an die allergnädigsten Wiederhersteller unseres heiligen Instituts" gegeben.

Maria Ludovika Wille (1805–1881) wirkte nach der Ablegung der Profess 1830 und der Ewigen Gelübde 1838 seit 1843 als Lehrerin und Superiorin in der ersten Filiale in Höchstädt a.d. Donau. 1854 übernahm sie als Oberin und Lehrerin die neue Niederlassung in Au am Inn.

Nach dem Tod von Oberin Maria Angelina Häusler 1835 wurde Maria Theresia Haselmayr (1808–1878) zur neuen Oberin gewählt. In ihrer fast 42jährigen Amtszeit fanden die Dillinger Franziskanerinnen Verbreitung in Altbayern, Schwaben, Franken und Württemberg.

a) Schreiben, 2 Doppelbl.
   Augsburg, Staatsarchiv Augsburg, Bezirksamt Dillingen 1286.
b) Schreiben, 1 Bl.
   Dillingen, Zentralarchiv im Generalat der Dillinger Franziskanerinnen, Bestand „Wiedererrichtung".
c) Gemälde, 28 x 35 cm.
   Dillingen, Generalat der Dillinger Franziskanerinnen.
d) Schwarzweißfoto, 24 x 30 cm.
   Dillingen, Generalat der Dillinger Franziskanerinnen.

LITERATUR: M. Lioba Schreyer OSF, Geschichte der Dillinger Franziskanerinnen, Bd. 2: 19. Jahrhundert seit der Restauration, Reimlingen 1980.

– Dillinger Franziskanerinnen 1291–1991, Festschrift hrsg. vom Generalat der Dillinger Franziskanerinnen, Dillingen 1991. – Karl Pörnbacher, Dienst an Gott und den Mitmenschen. 750 Jahre Franziskanerinnen in Dillingen. In: Unser Bayern. Heimatbeilage der Bayerischen Staatszeitung, München 1991. *C.G.*

220 Die Seelsorge in der Pfarrei St. Anna auf dem Lehel

a) König Ludwig I. genehmigt die Errichtung eines Franziskanerklosters auf dem Lehel (früheres Hieronymitanerkloster).
1827 März 12, München
b) Kirche und Kloster der Franziskaner.
1995

1827 beschloss König Ludwig I., das ehemalige Hieronymitanerkloster in der Vorstadt Lehel, das Johann Michael Fischer ab 1727 errichtete, zumindest teilweise wieder kirchlichen Zwecken zuzuführen. In einem Teil der ehemaligen Klostergebäude sollte ein Franziskanerkloster für zwölf Patres und sechs Laienbrüder mit den für ein künftiges Noviziat benötigten Räumen eingerichtet werden. Wie bei allen Orden war auch bei den Franziskanern die Bereitstellung der erforderlichen Anzahl an Konventualen schwierig. Das Innenministerium wies den König darauf hin, dass im Zentralkloster in Ingolstadt nur zehn Patres im Alter zwischen 53 und 82 Jahren und achtzehn Laienbrüder verfügbar seien, von denen neben dem Provinzialvikar nur der Guardian und maximal drei Patres für die Versetzung nach St. Anna geeignet erschienen. 1827 wurde schließlich ein Konvent mit insgesamt sieben Patres eröffnet. Das Provinzialat der Bayerischen Franziskanerprovinz unter dem bisherigen Provinzial P. Johann Nepomuk Glöttner wurde von Ingolstadt nach München verlegt. Erster Guardian des neuen Klosters wurde P. Cajetan Miller. Die Pfarrei St. Anna mit ihren 4078 Gläubigen übernahmen die Franziskaner 1828.

a) Schreiben, 1 Doppelbl.
München, Bayerisches Hauptstaatsarchiv, Abt. III Geheimes Hausarchiv, Nachlass König Ludwig I. 47-4-19/6.
b) Schwarzweißfoto, 18 x 24 cm.
München, Bayerisches Landesamt für Denkmalpflege, Negativ Nr. 95 03 04 /15, Sowieja.

QUELLE: München, Bayerisches Hauptstaatsarchiv, MInn 26361.

LITERATUR: Schematismus der Geistlichkeit des Erzbisthums München und Freysing für das Jahr 1828, München 1828, S. 57. – P. Siegfried Grän OFM, Klosterkirche St. Anna am Lehel München (Schnell & Steiner Kleine Kunstführer 42), 3. Aufl. München-Zürich 1980. *C.G.*

221 Volksmission im Zeichen des Kulturkampfes

a) Die Regierung von Oberbayern berichtet über das Teilverbot einer Volksmission in Taufkirchen.
1882 Oktober 9, München
b) Missionskreuz von P. Meinrad Heuberger OFMCap († 1964).
Um 1950
c) Programm der Volksmission in Stephansposching und Lohe.
1966
d) Gebetsbild zur Erinnerung an die Volksmission.
1965
e) Kapuzinerpatres vor einem zur Erinnerung an die Volksmission errichteten Gedenkkreuz.
1902

Unter Volksmission versteht man in der katholischen Kirche die in Pfarreien durchgeführte Woche zur religiös-sittlichen Erneuerung der Gläubigen durch Predigten, Beichte und Kommunion (Manfred Heim). Um 1650 brachten Vinzenz von Paul und die Lazaristen die Volksmission in die bis ins 20. Jahrhundert gültige Form mit Zentralmission und Generalbeichte, mit Vorträgen und

Predigten über die Sünde und das Gericht Gottes (Schlagwort „Rette Deine Seele!"), Versammlung der Kinder zum Kleinen Katechismus und Auslegung des Großen Katechismus für alle Gläubigen. Hinzu kommen Krankenbesuche, Priesterkonferenzen sowie Standesvorträge vor allem für Lehrkräfte. Den Abschluss bilden die Generalkommunion und die Erste Heilige Kommunion der Kinder sowie eine abendliche große Sakramentsprozession mit Te Deum. Volksmissionen dauern im Allgemeinen eine Woche, im 16. Jahrhundert jedoch mindestens zwei Wochen oder länger. Nach einer Stagnation während der Aufklärung erfuhren sie in der katholischen

Restauration eine Blütezeit. Träger waren nun vor allem die Redemptoristen, Franziskaner und Kapuziner, während des Kulturkampfes allein Franziskaner und Kapuziner. Im 20. Jahrhundert erneut in die Krise geraten, wurde die Volksmission im Zuge des Zweiten Vatikanischen Konzils in ihrer traditionellen Form weitgehend eingestellt.

Jede Volksmission musste im 19. Jahrhundert staatlicherseits genehmigt und darüber der Kreisregierung und dem Staatsministerium des Innern für Kirchen- und Schulangelegenheiten Bericht erstattet werden. So verbot das Bezirksamt Erding 1882 unter Hinweis auf den

221b

221e

Kulturkampf alle im Rahmen einer vom Pfarramt nicht angemeldeten Volksmission der Kapuziner stattfindenden Veranstaltungen im Freien, nicht aber die in der Kirche.

Vor allem die in der Volksmission tätigen Kapuziner trugen ein Missionskreuz mit sich. Im Zuge der Ankündigung der Mission wurde der Ablauf den Gläubigen durch Anschläge bzw. Faltblätter mitgeteilt. Zur Erinnerung und als Anreiz zu Besinnung und Gebet wurden Gebetsbilder verteilt und in den Gemeinden steinerne Gedenkkreuze errichtet. Diese Kreuze findet man heute nur noch vereinzelt und ohne Hinweis auf den Anlass der Errichtung.

a) Abschrift, 1 S.
   München, Bayerisches Hauptstaatsarchiv, MK 19841.
b) Holzkreuz mit Corpus, 30 x 15 cm.
   München, Provinzialat der Bayerischen Kapuzinerprovinz.
c) Faltblatt.
   München, Archiv der Bayerischen Kapuzinerprovinz, Bestand Volksmission.
d) Gebetbild.
   München, Archiv der Bayerischen Kapuzinerprovinz, Bestand Volksmission.

222c

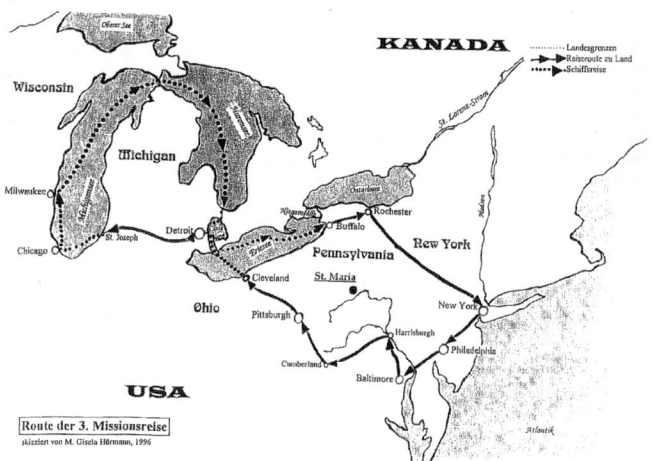

Route der 3. Missionsreise
skizziert von M. Gisela Hörnlein, 1996

e) Foto, 20 x 25 cm.
   München, Archiv der Bayerischen Kapuzinerprovinz, Abt. IX Fach 103 Fasz. 214.

Literatur: V. Schurr, Artikel »Volksmission«. In: Lexikon für Theologie und Kirche, Bd. 10, Freiburg 1965, Sp. 858–859. – Manfred Heim, Kleines Lexikon der Kirchengeschichte, München 1998, S. 448.   *C.G.*

222 Die Mission der Armen Schulschwestern in Nordamerika

a) Tagebucheintrag über die erste Niederlassung der Armen Schulschwestern in St. Maria.
   1847 August 15
b) Porträt der ersten fünf Pionierinnen.
   Undatiert
c) Karte der dritten Missionsreise.
   Undatiert

Für die Seelsorge der deutschsprachigen Emigranten in Amerika entsandte die österreichische Leopoldinenstiftung 1832 Redemptoristen, die deutsche Pfarreien mit eigenen Schulen errichteten. 1846 wurde mit Unterstützung des Ludwig-Missions-Vereins von Metten aus eine Benediktinerabtei in Pennsylvanien gegründet. Berufungen von Prämonstratensern, Franziskanern und Jesuiten folgten. Für die Erziehung der weiblichen Jugend sollten Arme Schulschwestern sorgen, deren Zentrum in St. Maria vorgesehen war. Obwohl von Friedrich von Gärtner gefertigte Baupläne (Werkverzeichnis Nr. 73 und 74) für ein neues Mutterhaus bereits vorlagen, scheiterte dort die Ansiedlung und die erste Niederlassung entstand in Baltimore, der binnen kurzer Zeit weitere folgten. 1859 verfügten die Armen Schulschwestern über 17 Niederlassungen mit insgesamt 215 Schwestern.

Das Tagebuch über die Missionsreise von Mutter Maria Theresia Gerhardinger mit vier Mitschwestern und einer Novizin im Jahr 1847 schildert den Weg nach der erst 1847 angelegten Kolonie St. Maria, einer Siedlung mit 600 Blockhütten.

che, Versteigerungen, Besitzaufteilungen, auch Abbrüche, z.B. des Kreuzgang-Nordflügels. Dennoch blieb die Anlage in ihren Grundzügen erhalten. 1921 kaufte das böhmische Prämonstratenserstift Tepl das eigentliche Klostergeviert und sorgte damit für die dritte Gründung von Speinshart.

Farbfoto, 20 x 30 cm.

München, Bayerisches Landesamt für Denkmalpflege, Luftbildarchiv, Nr. 6336/005, 8315-32, 9.9.2000, Klaus Leidorf.

LITERATUR: Georg Hager, Die Kunstdenkmäler von Oberpfalz & Regensburg, Heft XI Bezirksamt Eschenbach, München 1909, S. 125–147. – Winfried Müller, Die bayerische Klosteraufhebungspolitik in verfassungs- und sozialgeschichtlicher Perspektive am Beispiel der zweiten Säkularisation der Abtei Speinshart. In: Prämonstratenserabtei Speinshart (Hrsg.), 850 Jahre Prämonstratenserabtei Speinshart 1145–1995, Pressath 1995, S. 189–209. *R.B.*

232 Niederalteich

Luftbild von Südwesten.   *(Farbabb. S. 235)*
1994 Mai 31

Das 741 gegründete Benediktinerkloster (Lkr. Deggendorf) wurde am 21. März 1803 aufgehoben. Als Folge wurde, wie vielerorts, die Pfarrkirche St. Magdalena abgebrochen und die Stiftskirche zur Pfarrkirche erklärt. Die Gebäude fielen nach und nach in private Hände. 1813 setzte ein Blitzschlag die Dächer der Kirche, der Kirchtürme, der Seitenkapellen und der angebauten Klostertrakte in Brand. Da die staatliche Baupflicht nur der Kirche galt, wurde nur sie instandgesetzt. Die Seitenkapellen, der Kreuzgang und die Mehrzahl der eigentlichen Klostergebäude wurden abgerissen. Insofern fiel 1918 der Neuanfang schwerer als anderswo, als nach einer großzügigen Erbschaft mit dem Aufbau eines Mettener Priorats begonnen werden konnte. Seit 1930 ist Niederalteich wieder selbständige Benediktinerabtei, die ihre Aufgabe neben der Seelsorge vor allem in der Arbeit für die Vereinigung der getrennten Christenheit sieht. Als Ausdruck dessen vollzieht ein Teil der Mönche Liturgie und Stundengebet nach byzantinischem Ritus. Daneben wird ein Musisches Gymnasium mit Internat auf ökumenischer Grundlage betreut.

Farbfoto, 20 x 30 cm.

München, Bayerisches Landesamt für Denkmalpflege, Luftbildarchiv, Nr. 7344/040, 7110-14, 31.5.1994, Klaus Leidorf.

LITERATUR: Hemmerle (wie Nr. 110) S. 188–197. – Stadtmüller (wie Nr. 152) S. 290–340. *R.B.*

Archivschrank des Benediktinerklosters St. Veit (Kat. Nr. 107)

Der Bibliothekssaal der ehemaligen Provinzialbibliothek, jetzt Staatlichen Bibliothek Neuburg a.d. Donau (Kat. Nr. 124a)

Frauen- und Krautinsel im Chiemsee und der Hofanger zu Gstadt 1803 (Kat. Nr. 125)

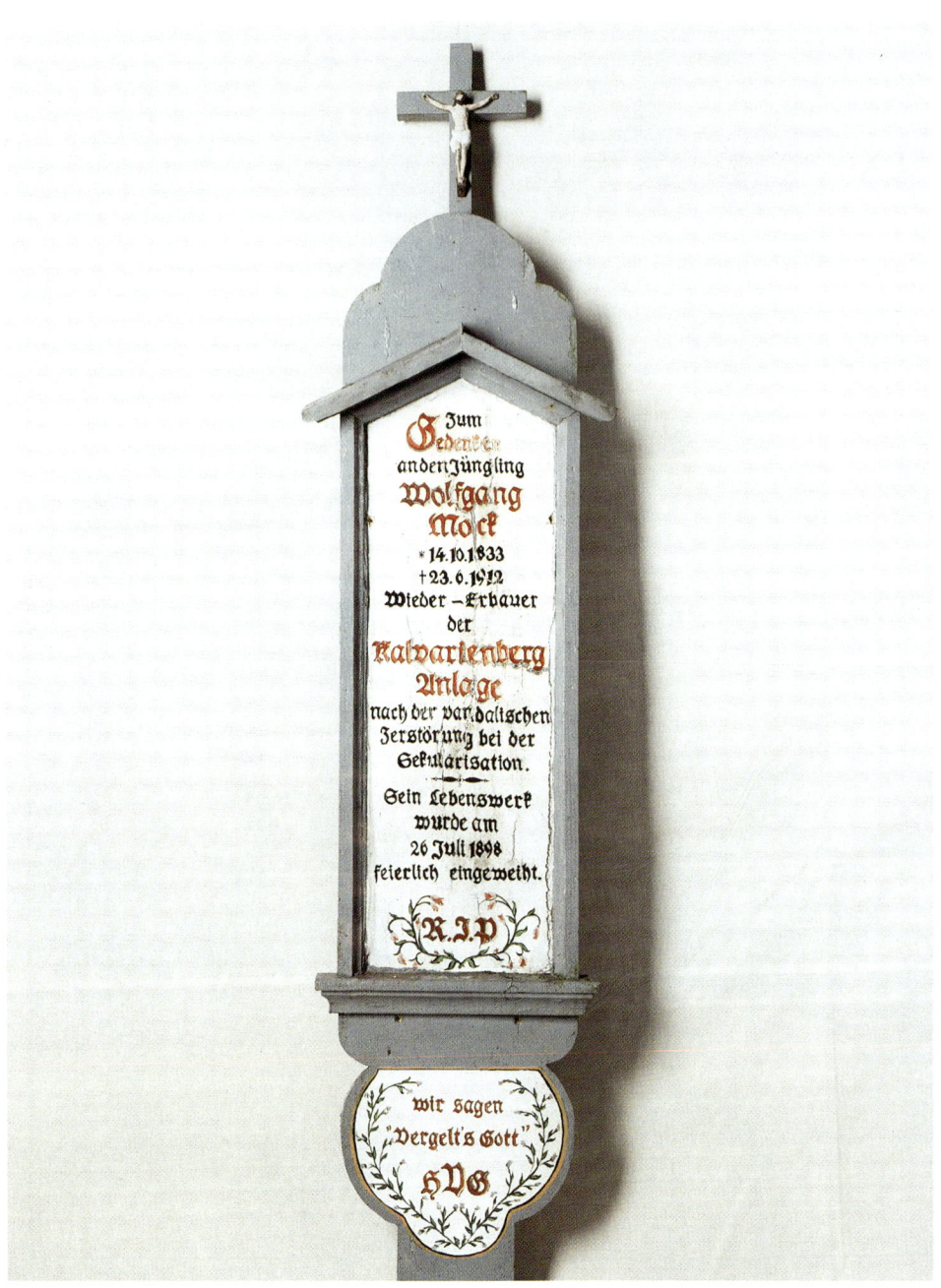

*Gedenkbrett für Wolfgang Mock in Gotteszell
(Kat. Nr. 138)*

Joseph Maria Freiherr von Fraunberg (Kat. Nr. 145)

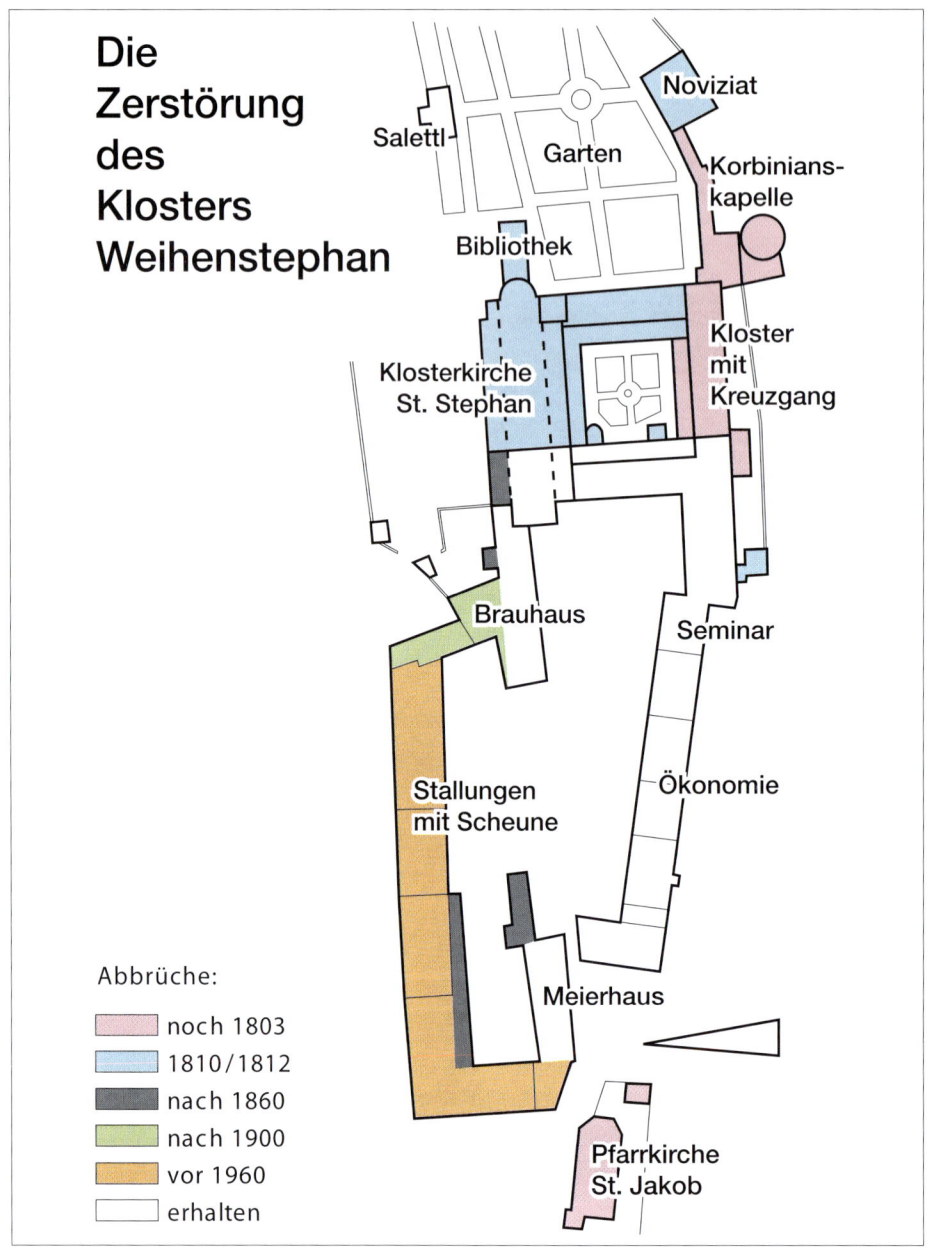

Die
Zerstörung
des
Klosters
Weihenstephan

Salettl

Garten

Noviziat

Korbinians-
kapelle

Bibliothek

Klosterkirche
St. Stephan

Kloster
mit
Kreuzgang

Brauhaus

Seminar

Stallungen
mit Scheune

Ökonomie

Meierhaus

Pfarrkirche
St. Jakob

Abbrüche:

noch 1803
1810/1812
nach 1860
nach 1900
vor 1960
erhalten

(Kat. Nr. 181a)

230

Der Staatswald Altbayerns nach der Säkularisation (Kat. Nr. 184)

231

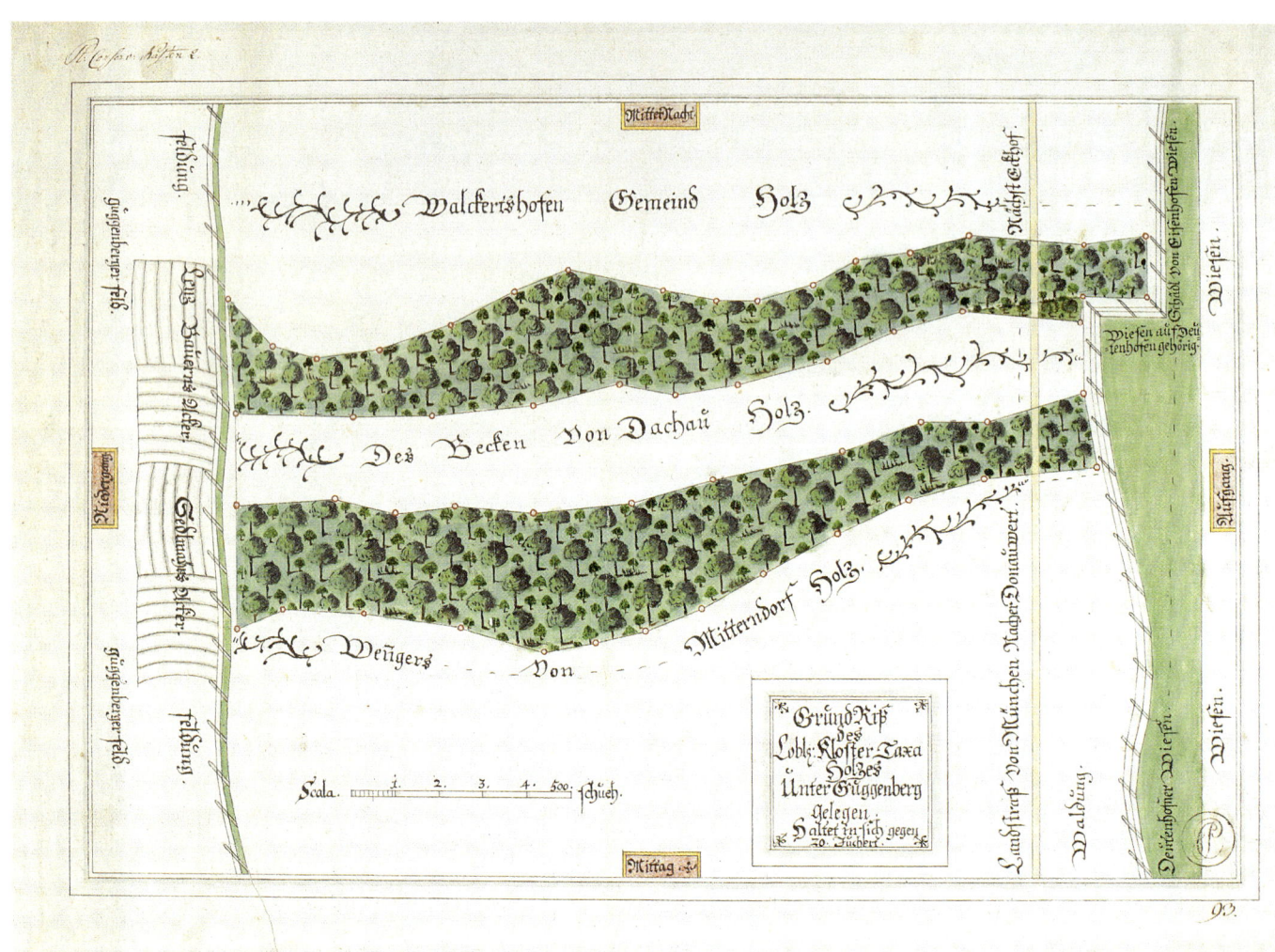

Waldparzellen des Klosters Taxa vor 1803 (Kat. Nr. 193)

232

Nekrolog des Reichsstifts
Regensburg-Obermünster, 12. Jh.
(Kat. Nr. 205)

Der sog. Wessobrunner Abtsstab, 1754 (Kat. Nr. 224d)

234

Schäftlarn (Kat. Nr. 230)

Altomünster (Kat. Nr. 133b)

Niederalteich (Kat. Nr. 232)

Metten (Kat. Nr. 224e)

Speinshart (Kat. Nr. 231)

Oberschönenfeld (Kat. Nr. 228)

Münsterschwarzach (Kat. Nr. 227)

Oberzell (Kat. Nr. 175b)

236

AUFSÄTZE

sich die Regierung nicht einmal mehr auf eine Erörterung dieser Proteste ein. Einen absolut singulären Fall stellten die Vorgänge um die Selbstauflösung des verwahrlosten Benediktinerklosters St. Veit im Mai 1802 dar; sie wirkten sich aber in der heiklen Lage dieser Monate eher zu Ungunsten der Klöster aus.[84]

Übergeordnete Behörde der Spezial-Klosterkommission war das Gesamtministerium, vertreten durch die Vierer-Kommission der Geheimen Referendäre. Zentner, Franz von Krenner, Steiner und Branca arbeiteten ab März 1802 an dieser „Querschnittaufgabe" weiter und berieten in einer Vielzahl „gemeinschaftlicher Sitzungen" über die von der Kommission vorgebrachten Einzelprobleme.[85]

Im Januar 1803 schließlich erreichte der bayerische Gesandte Anton von Cetto bei Talleyrand in Paris die für Fortgang und Durchführung der Säkularisation in Bayern entscheidende Zusage, dass die Klosterbesitzungen nicht nur in den zur Entschädigung neu zugewiesenen, sondern auch in den angestammten Gebieten „der freien und vollen Disposition der respectiven Landesherrn … überlassen" würden. Diese Rechtskonstruktion, die die Münchner Regierung schon im November 1802 ins Feld geführt hatte, um die Selbstverteidigung des Prälatenstandes zu konterkarieren, fand dann als Artikel 35 Eingang in den Reichsdeputationshauptschluss vom 25. Februar 1803.[86] Damit war aber nicht nur der reichsrechtliche Schutz für die Prälatenklöster weggefallen, die ab März 1803 endgültig durch kurfürstliche Beamte übernommen werden konnten.[87] „Zugleich wurde damit ein Eckstein aus der landständischen Verfassung herausgebrochen – mit der Perspektive, das landständische System in seiner Gesamtheit auszuheben."[88]

ANMERKUNGEN:

[1] Eberhard Weis, Die Säkularisation der bayerischen Klöster 1802/03. Neue Forschungen zu Vorgeschichte und Ergebnissen (Bayerische Akademie der Wissenschaften, Philosophisch-historische Klasse, Sitzungsberichte 1983/6), München 1983, S. 18.

[2] Das Original des Schreibens „Cum semper" vom 7.9.1798 in: Bayerisches Hauptstaatsarchiv (künftig BayHStA), Bayern Urkunden 1220, eine zweisprachige, in München gedruckte Version in MF 11540/I, Nr. 1. Zum „15-Millionen-Projekt" sind allgemein zu vergleichen: Richard Bauer, Der kurfürstliche geistliche Rat und die bayerische Kirchenpolitik 1768–1802 (Miscellanea Bavarica Monacensia 32), München 1971, S. 272–275. – Eberhard Weis, Montgelas, Bd. 1: Zwischen Revolution und Reform, 2. Aufl. München 1988, S. 419–431. – Ludwig Hammermayer, Das Ende des alten Bayern. Die Zeit des Kurfürsten Max III. Joseph (1745–1777) und des Kurfürsten Karl Theodor (1777–1799). In: Max Spindler – Andreas Kraus (Hrsg.), Handbuch der bayerischen Geschichte, Bd. 2, 2. Aufl. München 1988, S. 1133– 1283, hier S. 1281– 1283. – Jutta Seitz, Die landständische Verordnung in Bayern im Übergang von der altständischen Repräsentation zum modernen Staat (Schriftenreihe der Historischen Kommission bei der Bayerischen Akademie der Wissenschaften 62), Göttingen 1999, S. 192–196.

[3] Zur Karriere Stephan von Stengels (der ein natürlicher Sohn Karl Theodors war) in pfälzisch-bayerischen Diensten zwischen 1772 und 1799 siehe jetzt Monika Groening, Karl Theodors stumme Revolution. Stephan Freiherr von Stengel (1750–1822) und seine staats- und wirtschaftspolitischen Reformen in Bayern (Mannheimer Geschichtsblätter, Beihefte NF 3), Ubstadt-Weiher 2001, S. 96–132, zur Kontributions-Kommission v.a. S. 163–165. – Vgl. auch Caroline Gigl, Die Zentralbehörden Kurfürst Karl Theodors in München 1778–1799 (Schriftenreihe zur bayerischen Landesgeschichte 121), München 1999, S. 134 f., 175–179.

[4] BayHStA, MF 11540/I, Nr. 10, mit vier Beilagen, darunter eine großformatige Tabelle („Haupt-Uebersicht") über die Repartition der 15 Millionen Gulden (nach einem Exemplar anderer Provenienz abgedruckt bei Seitz [wie Anm. 2] S. 305–319). Der Akt MF 11540 enthält in zwei Faszikeln die bei der Geheimen Kanzlei des Kurfürsten geführten Akten zum Kontributionsprojekt von 1798/99, die Kommissionsakten selbst liegen in BayHStA, GR Fasz. 359 Nr. 16 und 17.

[5] BayHStA, MF 11540/I, Nr. 2 ad 10 (17.11.1798); abschriftlich in BayHStA, HR I Fasz. 486 Nr. 54, pag. 1–47 („Rechtliches Gutachten das in Gefolge einer päpstlichen Bulle errichtete geistliche Güter Suppressions und Contributionsweßen betreffend").

[6] Weis, Montgelas (wie Anm. 2) S. 424 f.

[7] Ebd. S. 427. Ebenso eindeutig das Urteil von Dietmar Stutzer, Klöster als Arbeitgeber um 1800. Die bayerischen Klöster als Unternehmenseinheiten und ihre Sozialsysteme zur Zeit der Säkularisation 1803 (Schriftenreihe der Historischen Kommission bei der Bayerischen Akademie der Wissenschaften 28), Göttingen 1986, S. 39 f., aufgrund einer Analyse der finanztechnischen Eckdaten dieses Vorhabens.

[8] Sitzungsprotokoll vom 27.11.1798 in BayHStA, MF 11540/I, Nr. 11.

[9] BayHStA, MF 11540/I, Nr. 12 (in Form eines Reskripts an die Kontributions-Kommission).

[10] In einem Kommissionsbericht von Anfang Januar 1799 war dann nur noch von „einem Drittel" der ursprünglichen Projektsumme, 5 Millionen Gulden, als „sobald als möglich" beizutreibendem Betrag die Rede (BayHStA, MF 11540/II, 4.1.1799).

[11] Noch im Dezember empfahl die Kommission, die pro Todesfall zu leistenden 6000 fl. durch eine weitere Abgabe auf der Basis des Dezimationsfusses zu ersetzen, doch lehnte der Kurfürst die vorge-

schlagenen großzügigen Fristsetzungen (20 oder 30 Jahresraten, beginnend ab dem Jahr 1800) ab und wollte vor allem die reicheren Prälatenklöster zu sofortigen Zahlungen verpflichtet sehen (BayHStA, MF 11540/I, Nr. 23–25; 4.–13.12.1798).

[12] BayHStA, MF 11540/I, Nr. 14, 35–37, 40 (hier das Zitat).

[13] Mit Recht hervorgehoben bei Winfried Müller (Bearb.), Im Vorfeld der Säkularisation. Briefe aus bayerischen Klöstern 1794–1803(1812) (Beihefte zum Archiv für Kulturgeschichte, Bd. 30), Köln-Wien 1989, S. 24 (Einleitung). – Zu Reaktionen und Widerstand jetzt v.a. Seitz (wie Anm. 2) S. 196–209.

[14] BayHStA, MF 11540/I, Nr. ad 8 (30.10.1798).

[15] Vgl. dazu vor allem die von Müller, Briefe (wie Anm. 13) Nr. 108–139, S. 185–228, edierten und kommentierten Korrespondenzen der bayerischen Äbte und Pröpste aus diesem Zeitraum, in denen das 15-Millionen-Projekt die zentrale Rolle spielt. Die Namen der Ausschussmitglieder finden sich hier in Nr. 120, S. 202. Unterstützung erhielten die Prälaten dabei von unerwarteter Seite, nämlich vom französischen Gesandten in München, Alquier; hierzu Weis, Montgelas (wie Anm. 2) S. 429.

[16] BayHStA, MF 11540/I, Nr. ad 29 (Protokoll der Kommissionssitzung vom 17.12.1798); vgl. dazu die Berichte von Abt Klocker bei Müller, Briefe (wie Anm. 13) Nr. 126, S. 209 und Nr. 130, S. 215 (18. bzw. 21.12.1798).

[17] Die Quellenlage zu den Aktivitäten dieses Gremiums, die hier nur angedeutet werden können, ist günstig, da die entsprechenden Akten, sorgfältig geführt und registriert vom Sekretär des Ausschusses, P. Jakob Gattinger aus Benediktbeuern, in BayHStA, HR I Fasz. 486 Nr. 53 erhalten geblieben sind; darunter befindet sich auch ein detailliertes „Protocoll respective Diarium" über den Verlauf der Sitzungen (Prod. 46).

[18] BayHStA, MF 11540/I, Nr. 43, abschriftlich in HR I Fasz. 486 Nr. 53, Prod. 19. Vgl. Seitz (wie Anm. 2) S. 199f. Als Anlage waren dieser Note umfängliche, mit polemischem Schwung geschriebene „Bemerkungen" Abt Kornmanns beigegeben, die dem Nachweis dienen sollten, dass mit dem Kontributionsprojekt „der gänzliche Umsturz aller Stifter und Klöster bezielet sei".

[19] Dieses gedruckte Formular, das auf die kurfürstliche Weisung vom 29.11. Bezug nahm, war zunächst auf den 1.12., dann auf den 6.12.1798 datiert und enthielt drei Forderungssummen. Die erste, in Höhe des 10fachen Betrags einer normalen Dezimationsrate, sollte innerhalb von 10 Wochen gezahlt werden, die zweite betraf die Zwangsanleihe des Staates in Höhe des 25fachen Betrags einer Dezimation, die dritte, in Gestalt einer 22fachen Dezimationsrate, sollte binnen dreier Monate durch Veräußerung von Immobilien und Ablösung von Rechten erbracht werden. Vorgeschrieben war ferner ein Termin, zu dem sich ein bevollmächtigter Abgesandter der betroffenen Korporation mit Unterlagen über Personal- und Wirtschaftsstand in München vor der Kommission einzufinden hatte. Vgl. das entsprechende Material in BayHStA, HR I Fasz. 486 Nr. 54, Provenienz „Landschaft".

[20] Deren Einsprüche um die Jahreswende 1798/99 sind abschriftlich zusammengestellt in BayHStA, HR I Fasz. 486 Nr. 54, Prov. „Ministerialdepartement des Auswärtigen", pag. 48–143.

[21] Das entsprechende Material, auch zum Folgenden, in BayHStA MF 11540/II und, nach Konventen geordnet, in GR Fasz. 359 Nr. 17, Prov. „Geistliche Güter Kontributions-Kommission".

[22] Vgl. Müller, Briefe (wie Anm. 13) Nr. 157, S. 249f. (3.2.1799), und Seitz (wie Anm. 2) S. 205f. Krenners ausführliches Votum vom 1.2.1799 in BayHStA, GR Fasz. 359 Nr. 16, Prov. „Geistliche Güter. Kontributions-Kommission".

[23] BayHStA, HR I Fasz. 486 Nr. 53, Prod. 43. – Müller, Briefe (wie Anm. 13) Nr. 159, S. 252 f.

[24] Dazu Eberhard Weis, Montgelas' innenpolitisches Reformprogramm. Das Ansbacher Mémoire für den Herzog vom 30. 9. 1796. In: Zeitschrift für bayerische Landesgeschichte 33 (1970) S. 219–256. – Michael Henker – Margot Hamm – Evamaria Brockhoff (Hrsg.): Bayern entsteht. Montgelas und sein Ansbacher Mémoire von 1796. Katalog zur Ausstellung des Hauses der Bayerischen Geschichte in Zusammenarbeit mit dem Bayerischen Hauptstaatsarchiv in Ansbach und München 1996/97 (Veröffentlichungen zur Bayerischen Geschichte und Kultur 32/96), Augsburg 1996.

[25] Vgl. das Organisationsdekret „Die künftige Geschäfts-Behandlung in sämtlichen churfürstlichen Staaten betreffend" vom 25. 2. 1799 (Karl Georg Mayr, Sammlung der Churpfalz-Baierischen allgemeinen und besondern Landes-Verordnungen von Sr. Churfürstl. Durchläucht Maximilian Joseph IV. . . ., Bd. 1, München 1800, Nr. II.4, S. 31. – Maria Schimke (Bearb.), Regierungsakten des Kurfürstentums und Königreichs Bayern 1799–1815 (Quellen zu den Reformen in den Rheinbundstaaten 4), München 1996, Nr. 61, S. 322 f., sowie die zugehörige „Instruction der churfürstlichen Geheimen Ministerial-Departements" (Mayr, ebd. Nr. II.5, S. 31–34). – Zur Situation Bayerns speziell 1799: Eberhard Weis, Der Umbruch von 1799. Die Regierung Max Josephs und ihre Bedeutung für die Geschichte Bayerns. In: Der Umbruch von 1799. Zum Regierungsantritt der wittelsbachischen Linie Pfalz-Zweibrücken in Bayern, München 1999, S. 19–34.

[26] BayHStA, MF 37452.

[27] Seitz (wie Anm. 2) S. 209.

[28] BayHStA, HR I Fasz. 486 Nr. 53, Prod. 50.

[29] BayHStA, Staatsrat 380, Nr. 1, Tagesordnungspunkt (künftig: TOP) 3; HR I Fasz. 486 Nr. 54, Prov. „Ministerialdepartement des Auswärtigen", pag. 48 f.

[30] BayHStA, HR I Fasz. 486 Nr. 54, Prov. „Landschaft". – Müller, Briefe (wie Anm. 13) Nr. 164, S. 259 (dazu die Einltg. S. 25 f.). – Seitz (wie Anm. 2) S. 210–214. Höhe und Modalitäten der Zahlung wurden vom Prälatenstand erst Mitte Mai 1799 festgelegt; vgl. die Protokolle der entsprechenden Kommission in BayHStA, HR I Fasz. 486 Nr. 53, Prod. 52.

[31] BayHStA, HR I Fasz. 486 Nr. 54, Prov. „Ministerialdepartement des Auswärtigen", pag. 145–167.

32 BayHStA, Staatsrat 1, Nr. 4, TOP 9; BayHStA, HR I Fasz. 486 Nr. 54, Prov. „Ministerialdepartement des Auswärtigen", pag. 169–175.

33 Das Material zu diesen Verhandlungen im Sommer 1799 ebd. pag. 176 ff.

34 BayHStA, Staatsrat 1, Nr. 15; Utzschneiders Aufstellung in MA 8003 („Zustand der Staatseinkünfte und Staatsausgaben … im Jahre 1799"), gedruckt als: Neuester aktenmäßiger Zustand der sämtlichen unter landesfürstlicher und landschaftlicher Verwaltung stehenden Staats-Einkünfte und Staats-Ausgaben in Baiern, Neuburg, Sulzbach und der Oberpfalz, o.O. 1801. – Vgl. dazu v.a. Hans-Peter Ullmann, Staatsschulden und Reformpolitik. Die Entstehung moderner öffentlicher Schulden in Bayern und Baden 1780–1820, 2 Teile (Veröffentlichungen des Max-Planck-Instituts für Geschichte 82), Göttingen 1986, S. 84–86.

35 Material dazu in BayHStA, MA 8003. – Vgl. Heinrich von Poschinger, Bankgeschichte des Königreichs Bayern. Nach amtlichen Quellen bearbeitet, Teil 1, Erlangen 1874, S. 198–220

36 Neuester aktenmäßiger Zustand (wie Anm. 34) S. 90–92.

37 Deutsches Museum Archiv, HS 05092; Druck: Poschinger (wie Anm. 35) Beilage XXI.

38 BayHStA, Staatsrat 1, Nr. 20 (20.8.1799), TOP 3 u. 4.

39 Ebd. Nr. 22 (30.8.1799), TOP 28.

40 Ebd. Nr. 18, TOP 10, Nr. 24, TOP 15 (3.8. bzw. 17.9.1799). – Vgl. Cornelia Jahn, Die erste Säkularisationsmaßnahme der Regierung Montgelas. Die Aufhebung des Paulanerklosters in München 1799. In: Dieter Albrecht u.a. (Hrsg.), Europa im Umbruch 1750–1850, München 1995, S. 319–333. Der Münchener Paulaner-Konvent verließ sein Kloster im Juli 1799, die Gebäude wurden dem Hofkriegsrat übergeben und bis 1802 als Kaserne genutzt.

41 Ebd. Nr. 26 (24.9.1799), TOP 1.

42 BayHStA, MA 8003 (10.8.1799). Dem Kurfürsten erschien der Inhalt dieses Memorandums von solcher Wichtigkeit, dass er es sofort an die Minister zur Stellungnahme weiterleiten ließ; vgl. seine Äußerung gegenüber Utzschneider vom 13.8. bei Seitz (wie Anm. 2) S. 233. Zur lebhaften publizistischen Debatte um den Zusammentritt eines Voll-Landtags 1799/1800 wichtig ebd. S. 215–254.

43 BayHStA, Staatsrat 1, Nr. 21, TOP 4 (24.8.1799)

44 Montgelas' Gutachten zum Vorschlag Utzschneiders, das als Grundlage für seinen Vortrag vor der Staatskonferenz vom 24.8. diente, in BayHStA, Nachlass Montgelas 145.

45 Vgl. BayHStA, Staatsrat 1, Nr. 22, TOP 4 (30.8.1799), Nr. 25, TOP 2 (21.9.1799). Die wichtigen „Postulats-Akten" 1799 über die Verhandlungen zwischen Regierung und Ständevertretung, die im hier vorgegebenen Rahmen nicht ausgewertet werden können, liegen in BayHStA, Altbayerische Landschaft Lit. 794–796.

46 BayHStA, Staatsrat 1, Nr. 30, TOP 1 (29.10.1799).

47 Das Protokoll in BayHStA, Staatsrat 1, Nr. 31, die Texte sämtlicher Voten der Referendäre (außer jenem Schencks, der keine schriftliche Stellungnahme vorbereitet hatte) und Hompeschs in BayHStA, MA 8003. Utzschneiders Votum ist ediert bei Schimke (wie Anm. 25) Nr. 1, S. 40–44. – Vgl. auch Weis, Säkularisation (wie Anm. 1) S. 32–35 und Ullmann (wie Anm. 34) S. 86–88.

48 Zur Sonderstellung der Klöster in der Oberpfalz, die nicht durch die landständische Verfassung Bayerns geschützt waren und denen deswegen Montgelas' besondere Aufmerksamkeit galt (schon im Juni 1799 forderte er einen entsprechenden Bericht des Geistlichen Ministerialdepartements an; BayHStA, Staatsrat 1, Nr. 12, TOP 9) vgl. Weis, Montgelas (wie Anm. 2) S. 125 f. – Eberhard Weis, Ein eigenhändiges Gutachten von Montgelas zur Säkularisation der oberpfälzischen Klöster und zum Streit mit Herzog Wilhelm in Bayern. In: Dieter Albrecht – Dirk Götschmann, (Hrsg.), Forschungen zur bayerischen Geschichte. Festschrift für Wilhelm Volkert zum 65. Geburtstag, Frankfurt/Main u.a. 1993, S. 177–196, hier S. 184–190. – Stutzer (wie Anm. 7) S. 75–81.

49 Wie alle hier kurz vorgestellten Texte in BayHStA, MA 8003. Zur Interpretation des Konzeptcharakters siehe Weis, Säkularisation (wie Anm. 1) S. 34 f.; ebd. S. 57 f. sind die auf die Klosteraufhebungen bezogenen Textpassagen des Votums Krenners ediert.

50 Ebd. S. 58.

51 BayHStA, Staatsrat 1, Nr. 33, TOP 1–6.

52 Ullmann (wie Anm. 34) S. 85.

53 BayHStA, Staatsrat 1, Nr. 33, TOP 4.

54 In seinem in der Staatskonferenz vom 4.11.1799 abgegebenen Votum (BayHStA, MA 8003).

55 BayHStA, HR I Fasz. 486 Nr. 54, Prov. „Ministerialdepartement des Auswärtigen", pag. 283–324 („Vortrag, die Veräußerung einiger geistlicher Güter in Baiern, Neuburg, Sulzbach und der Oberpfalz betreffend …"; es handelt sich um die von den vier Referendären unterfertigte Reinschrift). Der Großteil des Dokuments findet sich ediert bei Weis, Säkularisation (wie Anm. 1) S. 59–68.

56 BayHStA, HR I Fasz. 486 Nr. 54, Prov. „Ministerialdepartement des Auswärtigen", pag. 287. Zur Einschätzung von Zentners Meinungsführerschaft in diesem Gremium vgl. Weis, Säkularisation (wie Anm. 1) S. 36.

57 BayHStA, HR I Fasz. 486 Nr. 54, Prov. „Ministerialdepartement des Auswärtigen", pag. 298 f.

58 Ebd. pag. 307.

59 Ebd. pag. 315.

60 Ebd. pag. 320.

61 Das wichtigste Material dazu von Regierungsseite im ersten, von Utzschneider (der auch für die Beziehungen zur Ständeverordnung zuständig war) geführten „Postulats Act" für das Jahr 1800: BayHStA, Altbayerische Landschaft Lit. 797.

62 BayHStA, Staatsrat 2, Nr. 4, TOP 1.

63 BayHStA, Altbayerische Landschaft Lit. 797, fol. 32–35 (18.1.), 36–41 (27.1.).

64 BayHStA, Staatsrat 2, Nr. 5, TOP 1; der Text der Voten in Altbayerische Landschaft Lit. 797, fol. 47–59. Utzschneiders Entwurf eines „förmlichen Staats-Grund-Vertrags", betitelt „Neue Erklärung der Landesfreiheit in Bajern", im Originalkonzept des Verfassers ebd. fol. 96–107, die für Montgelas bestimmte Abschrift, datiert auf den 7.3.1800, in Nachlass Montgelas 144. – Vgl. auch Hans-Peter Sang,

Joseph von Utzschneider (1763–1801). Sein Leben, sein Wirken, Diss. phil. masch. München 1985, S. 155–168.

65 BayHStA, Staatsrat 2, Nr. 6, TOP 1; die Voten der Minister als Anlage zum Protokoll in diesem Akt.

66 BayHStA, Staatsrat 2, Nr. 7, TOP 1 (11.2.1800); BayHStA, Altbayerische Landschaft Lit. 797, fol. 58'–90.

67 BayHStA, Staatsrat 2, Nr. 6, TOP 2.

68 BayHStA, HR I Fasz. 525 Nr. 5, Prov. „Ministerialdepartement der geistlichen Angelegenheiten" (12.6.1800); der Hinweis auf dieses Dokument bei Sabine Arndt-Baerend, Die Klostersäkularisation in München 1802/03 (Miscellanea Bavarica Monacensia 95), München 1986, S. 32 f. Der entsprechende Beschluss war laut Reskript in der Staatskonferenz vom 5.6.1800 gefasst worden, doch verzeichnet das erhaltene Protokoll (BayHStA, Staatsrat 2, Nr. 26) diesen Beratungsgegenstand nicht.

69 BayHStA, MA 70349, fol. 13–17.

70 Material dazu in BayHStA, MA 70349, fol. 41–81.

71 Winfried Müller, Die Säkularisation von 1803. In: Walter Brandmüller (Hrsg.), Handbuch der bayerischen Kirchengeschichte, Bd. 3: Vom Reichsdeputationshauptschluß bis zum Zweiten Vatikanischen Konzil, St. Ottilien 1991, S. 1–84, hier S. 27 f. – Seitz (wie Anm. 2) S. 276–285.

72 BayHStA, Staatsrat 381, Nr. 5, fol. 12 (Nachtrag 19.5. zum Staatsrats-Protokoll vom 16.5.1801).

73 BayHStA, Staatsrat 381, Nr. 3, TOP 12 (6.5.1801), Nr. 8, TOP 22 (3.6. 1801). Brancas Vortrag vom 3.6. findet sich ediert bei Arndt-Baerend (wie Anm. 68) S. 343–345, das Zitat hier S. 344. Zu den Vorgängen um die Aufhebung des Karmelitenklosters vgl. ebd. S. 64–69.

74 Vortrag über die oberpfälzischen Klöster vom 19.11.1801, zitiert nach Stutzer (wie Anm. 7) S. 13.

75 Selbst Scheglmann, für den Montgelas ein Mann „ohne Religion" ist, „ein geschworener Feind der Klöster und unablässiger Instigator zur Säkularisation", räumt ein, dass der Minister nicht von Anfang an an die generelle Aufhebung aller Klöster gedacht habe (Alfons Maria Scheglmann, Geschichte der Säkularisation im rechtsrheinischen Bayern, Bd. 1: Vorgeschichte der Säkularisation, Regensburg 1903, S. 150; vgl. auch Weis, Montgelas [wie Anm. 2] S. 425 f.).

76 BayHStA, Staatsrat 381, Nr. 18, fol. 10' f. (Nachtrag zum Staatsrats-Protokoll vom 6.8.1801), ein „Extractus" aus diesem Protokoll in HR I Fasz. 486 Nr. 54, Prov. „Ministerialdepartement des Auswärtigen", pag. 325; Staatsrat 3, Nr. 12, TOP 1 (Staatskonferenz vom 14.8.1801). Konzept des Reskripts an die Minister: HR I Fasz. 486 Nr. 54, Prov. „Ministerialdepartement des Auswärtigen", pag. 326 f.

77 BayHStA, Nachlass Montgelas 22; ediert bei Weis, Säkularisation (wie Anm. 1) S. 68–74. – Vgl. auch: Götz Freiherr von Pölnitz, Der erste Entwurf zur bayerischen Säkularisation (September 1801). In: Staat und Volkstum. Neue Studien zur bairischen und deutschen Geschichte und Volkskunde. Karl Alexander von Müller als Festgabe zum 20. Dezember 1932 dargebracht, Diessen 1933, S. 190–206.

78 Weis, Säkularisation (wie Anm. 1) S. 39. Montgelas selbst schrieb am Beginn seiner Empfehlung an Max Joseph, den Vorschlägen zuzustimmen: „L'emploi des fonds est si juste que peu de gens oseront contredire ouvertement le principe" (ebd. S. 72).

79 BayHStA, GR Fasz. 633 Nr. 45, Prod. 4 (Reinschrift); Nachlass Montgelas 22 (Konzept); ediert bei Weis, Säkularisation (wie Anm. 1) S. 74–77.

80 Montgelas hatte bereits 1796 im „Ansbacher Mémoire" die Aufhebung der Mendikanten gefordert; vgl. Weis, Reformprogramm (wie Anm. 24) S. 234, 252.

81 Zum Theatinerkloster vgl. Scheglmann I (wie Anm. 75) S. 180–185. – Norbert Backmund, Die kleineren Orden in Bayern und ihre Klöster bis zur Säkularisation, Windberg 1974, S. 98, und Georg Schwaiger, München – eine geistliche Stadt. In: Ders. (Hrsg.), Monachium Sacrum. Festschrift zur 500-Jahr-Feier der Metropolitankirche Zu Unserer Lieben Frau in München, München 1994, S. 1–289, hier S. 200 f. – Zu den Karmeliten Alfons Maria Scheglmann, Geschichte der Säkularisation im rechtsrheinischen Bayern, Bd. 2: Die Säkularisation in Kurpfalzbayern während des Jahres 1802, Regensburg 1904, S. 246–263, und Arndt-Baerend (wie Anm. 68) S. 64–75.

82 Der beste Überblick zu diesen Vorgängen bei Arndt-Baerend (wie Anm. 68) S. 39–45 (hier S. 350–355 Abdruck der Instruktion dieser „Spezial-Klosterkommission") und Müller, Säkularisation von 1803 (wie Anm. 71) S. 25–38. – Vgl. auch den Beitrag von Monika Ruth Franz in diesem Band.

83 Weis, Säkularisation (wie Anm. 1) S. 26–31. – Stutzer (wie Anm. 7) S. 53–68. Einschlägiges Material v.a. in BayHStA, GR Fasz. 634 Nr. 46.

84 Scheglmann Bd. 2 (wie Anm. 81) S. 369–374. – Müller, Säkularisation von 1803 (wie Anm. 71) S. 29. – Wolfgang Pledl, Ein illegaler Staatsakt und seine Folgen. Die Aufhebung des Klosters St. Veit und ihre Auswirkungen für das obere Rottal. In: Schönere Heimat 77 (1988) S. 523–526.

85 Fragmentarisch erhaltenes Material dazu zwischen März 1802 und Mai 1803 in BayHStA, MF 19499, Nr. 6 (aus dem Nachlass Franz von Krenners).

86 Weis, Säkularisation (wie Anm. 1) S. 44–46. – Daniela Neri, Anton Freiherr von Cetto (1756–1847). Ein bayerischer Diplomat der napoleonischen Zeit. Eine politische Biographie (Beihefte der Francia 36), Sigmaringen 1993, S. 158–166. Abdruck des Textes des Reichsdeputationshauptschlusses vom 25.2.1803 beispielsweise bei Ernst Rudolf Huber (Hrsg.), Dokumente zur deutschen Verfassungsgeschichte, Bd. 1, 2. Aufl. Stuttgart 1961, Nr. 1, S. 1–26, hier S. 15.

87 Die einschlägigen landesfürstlichen Mandate dieses Jahres sind gesammelt in BayHStA, StV 1880.

88 Winfried Müller, Die Säkularisation im links- und rechtsrheinischen Deutschland 1802/1803. In: Erwin Gatz (Hrsg.), Geschichte des kirchlichen Lebens in den deutschsprachigen Ländern seit dem Ende des 18. Jahrhunderts, Bd. 6: Die Kirchenfinanzen, Freiburg i.Br. 2000, S. 49–81, hier S. 66 f.

Die Durchführung der Säkularisation als administrative Herausforderung

Von *Monika Ruth Franz*

Die Säkularisation von Klöstern wie auch von Hochstiften und Domkapiteln war an der Wende zum 19. Jahrhundert in ganz Mitteleuropa ein in verschiedenen Variationen angewandtes Instrument zur revolutionären oder reformerischen Umgestaltung der alten Territorien.[1] Auch im Kurfürstentum Bayern kam es nach verschiedenen, ausschließlich auf höchster politischer Ebene erarbeiteten Projekten und Planungsstufen der vorhergehenden Jahre[2] schließlich erstmals ab Februar 1802 tatsächlich zu einer größeren Serie von Klosteraufhebungen, nämlich zur Säkularisation der Niederlassungen der Bettelorden im Kurfürstentum. 1803 sollte die der ständischen Klöster folgen.

Der gleichartige Ablauf der einzelnen Maßnahmen ist durch eine immer noch steigende Anzahl von Spezialstudien zu einzelnen Klöstern mittlerweile im Wesentlichen bekannt und zusammenfassend bereits grundlegend dargestellt,[3] auch wenn einzelne Bereiche noch nicht zufriedenstellend abgedeckt sind.[4] Der folgende Beitrag möchte sich deshalb vorrangig mit dem Aspekt der administrativen Abwicklung eines solchen Großprojektes wie der Säkularisation befassen und der Frage nach den dabei involvierten Personenkreisen und Institutionen auf den verschiedenen Verwaltungsebenen nachgehen.

Für die in Bayern ab dem Beginn des Jahres 1802 durchgeführten Klosteraufhebungen bildeten zwei politisch sehr unterschiedlich ausgerichtete Intentionen die Grundlage. Auf der einen Seite stand das geistig-religiöse Ziel, die Kirche mit ihren diversen Institutionen auf ihre eigentlichen und wesentlichsten Aufgaben zurückzuführen. Die hier herausragende und wirkungsvollste Gestalt ist zweifellos Georg Friedrich von Zentner[5] (1752–1835) in seiner Funktion eines Geheimen Referendärs im Departement der geistlichen bzw. der auswärtigen Angelegenheiten. Zentner ist bereits seit Herbst

1801 „primus inter pares" in dem vom Kurfürsten zur Säkularisation angeordneten und mit insgesamt vier Geheimen Referendären besetzten Ausschuss auf höchster, gesamtministerieller Ebene.[6] Die formell dem Gesamtministerium vorbehaltene Entscheidungskompetenz über Säkularisationsangelegenheiten wurde de facto durch diese vier Geheimen Referendäre aus den verschiedenen Ministerial-Departements ausgeübt. Neben Zentner waren dies Franz von Krenner und Carl Hubert von Steiner aus dem Finanz-Departement sowie Max von Branca aus dem geistlichen Departement. Die Beschlüsse dieser Vierer-Kommission entstanden wohl teils in gemeinschaftlichen Beratungen, teils aber auch durch nacheinander erfolgte schriftliche Begutachtungen der von den nachgeordneten Behörden vorgelegten Fälle. Davon sind einzelne Aufzeichnungen überliefert, die Zentner als das bedeutendste Mitglied erscheinen lassen.[7] Darüber hinaus lassen diese Notizen erkennen, in welch großem Umfang Entscheidungen auch über geringfügige Angelegenheiten auf dieser höchsten Ebene getroffen wurden. Die von den nachgeordneten, mittleren Behörden (v.a. Landesdirektion in ständischen Klostersachen und Spezialkommission in Klostersachen, auf die beide weiter unten näher eingegangen wird) dazu abgegebenen Berichte oder Gutachten wurden keinesfalls nur ad acta gelegt, sondern detailliert geprüft und vereinzelt sogar barsch abgelehnt.[8] Einzelne Punkte leitete man an das vom Fachressort her zuständige Ministerial-Departement weiter, v.a. an das der Finanzen. Dort in der Sitzung des Departements fungierten dann Krenner oder Steiner als Referenten, die offizielle Entscheidung, z.B. über die Genehmigung von Immobilienverkäufen, blieb jedoch dem Minister vorbehalten.[9] Auf der höchsten Ebene des Gesamtministeriums ist dem Geheimen Referendär Zentner als Entscheidungsträger für die Säkularisationsvorgänge nur Montgelas selbst gegenüber zu stellen. Maximilian Freiherr von Montgelas (1759–1838), formal Außenminister und als mächtigster Politiker des Kurfürstentums grundsätzlich mitverantwortlich für die Säkularisation, personifizierte geradezu Staatsraison und kühle Machtpolitik. Sein schon früh angestrebtes Ziel war neben der Sanierung der Staatsfinanzen vor allem die Beseitigung der dualistischen Verfassung zur Erlangung einer für den modernen Staat unabdingbaren ungeteilten Souveränität.[10]

Auch in den auf der nächsten Verwaltungsebene darunter mit der Abwicklung betrauten Institutionen sind diese beiden unterschiedlichen Motivationsstränge zumindest noch anfänglich deutlich nachzuvollziehen:

Gerade die Aufhebung der Bettelorden ist vor allem als praktische Umsetzung des aufklärerischen Reformeifers zu betrachten, als Kulmination der bereits seit Jahrzehnten zunehmenden geistigen Strömungen, die v.a. eine starke Ablehnung des monastischen Lebens und in weiten Kreisen eine Verurteilung der „Schädlichkeit" der Bettelorden für den „kleinen Mann" enthielten. Die Maßnahmen zu deren Aufhebung sind im weitesten Sinn dem Bereich der (vom Landesherrn zu beaufsichtigenden) geistlichen Disziplin und Volksbildung zuzuordnen, also typische Aufgaben des Geistlichen Rates, der dafür zu Beginn des Jahres 1802 zuständigen Zentralbehörde. Mit dem Regierungswechsel von 1799 hatte eine neue Epoche der bayerischen Kirchenpolitik begonnen,[11] kirchliche Angelegenheiten sollten als rein staatliche Verwaltungsgegenstände behandelt werden. Die Übergänge dazu erfolgten jedoch in vorsichtigen Schritten. Man beendete die Majorität der Kleriker im Kollegium des Geistlichen Rates und besetzte frei werdende Stellen mit im Sinne Montgelas' zuverlässigen, d.h. der Aufklärung nahe stehenden Persönlichkeiten. Neuer Präsident des Geistlichen Rates wurde Maximilian Joseph Klemens Graf von Seinsheim (1751–1803), Montgelas' bester Freund in seiner Jugend und wie dieser ein ehemaliger Illuminat und Vertrauter aus dessen Zweibrücker Jahren.[12]

Um über die geplanten Klosteraufhebungen nicht alle Kleriker im Plenum des Geistlichen Rates mit ins Vertrauen ziehen zu müssen, wurde – formal dem Geistlichen Rat zugehörig – am 25. Januar 1802 eine eigene „Spezialkommission in Klostersachen" eingerichtet, die bezeichnenderweise unter dem Vorsitz des Präsidenten des Geistlichen Rates Graf Seinsheim persönlich stand. Diese wurde mit einer von Zentner verfassten, für alle weiteren Klosteraufhebungen richtungweisenden ausführlichen Instruktion[13] versehen. Zu Kommissionsmitgliedern ernannte man vier jüngere Beamte, die alle in den 1770er Jahren geboren waren. Von der weltlichen Bank des Geistlichen Rates wurde der frühere Hofrat Franz von Aichberger[14], von der geistlichen Bank der Münchner Stiftskanonikus August Joseph von Degen[15] abgeordnet. Auch nach der Auflösung des Geistlichen Rates im Herbst 1802 blieben beide zumindest in vergleichbaren Positionen.

Neben diesen beiden Geistlichen Räten wurden zur Kommission zwei aufstrebende junge Räte aus der Generallandesdirektion bestimmt, dieser gleich nach dem Regierungswechsel 1799 neu geschaffenen Zentralbehörde für die Provinz „Baiern"[16]. Sowohl für Philipp Graf von Arco als auch für Maximilian Freiherrn von Leyden war das erfolgreiche Mitwirken in der „Spezialkommission in Klostersachen" der Ausgangspunkt für Beförderungen. Arco[17] wurde am 1. Januar 1803 zum Geheimen Referendär im Ministerial-Departement des Äußern ernannt, blieb dabei jedoch weiter in der Spezialkommission in Klostersachen tätig.[18] Leyden[19] versetzte man am 22. März 1803 zum Generalkommissariat für Franken,[20] wo er abwechselnd den Spezialkommissionen in Klostersachen in Würzburg und in Bamberg zur Aufhebung der Klöster in den neu gewonnenen fränkischen Landesteilen präsidieren und dort den in München gebräuchlichen Geschäftsgang einführen sollte.[21]

Außerdem wurde zur neuen Spezialkommission Rechnungsrat Anton Hausmann abgeordnet, der sich im Geistlichen Rat bereits als Sekretär und Rechnungskommissar profiliert hatte.[22] Das nötige Kanzleipersonal sollte aus der Kanzlei des Geistlichen Rates genommen werden und dessen Siegel mit dem Zusatz „Auf höchsten besonderen Auftrag in Klostersachen" verwendet werden. Der zur Kommission abgestellte Geistliche-Rats-Sekretär Mühlbauer wurde wegen seiner Altersgebrechen jedoch bald von dem bewährten Generallandesdirektions-Sekretär Schmöger unterstützt.[23]

Die Öffentlichkeit hatte man lediglich durch eine kurze Meldung im Regierungsblatt über die Errichtung und die Zusammensetzung der neuen Kommission informiert und sämtlichen untergebenen Behörden deren Unterstützung befohlen.[24]

Ein herausragendes Zeichen für die politische Bedeutung und mögliche Brisanz, die man bereits der Aufhebung der Bettelordensniederlassungen zumaß, ist die persönliche Anwesenheit von Montgelas bei der ersten Sitzung der neuen Spezialkommission am 3. Februar 1802.[25]

Gegenstand dieser Sitzung bildete die Umsetzung der am 25. Januar erhaltenen Instruktion, in der die sofortige Aufhebung des Münchner Franziskaner- und Kapuzinerklosters, die Aufhebung aller nichtständischen Männer- und Frauenklöster in den oberen Landen (mit einigen Ausnahmen), die allmähliche Auflösung der oberpfälzischen Klöster[26] und darüber hinaus auch die Untersuchung von Personalstand und Vermögensverhältnissen bei allen der landschaftlichen Vertretung angehörigen Prälatenklöstern des Kurfürstentums Bayern und des Herzogtums Neuburg angeordnet worden war. Der letztgenannte Punkt wurde in der Spezialkommission wohl als politisch zu brisant eingestuft und gar nicht erst erörtert, seine Durchführung erst am Ende des Jahres von der staatsrechtlich versierten Generallandesdirektion in Angriff genommen. Die zuerst eingeleiteten Maßnahmen waren dennoch umfangreich genug: für die Franziskaner- und Kapuzinerklöster im Kurfürstentum wurden 36 Lokalkommissare mit der Feststellung der finanziellen Verhältnisse, der personellen Besetzung, der pfarrlich-religiösen Verpflichtungen und der vorhandenen Immobilien beauftragt. Als Lokalkommissare fungierten meist die Landrichter des nächstgelegenen Landgerichts, aber auch Referenten der Spezialkommission selbst für Klöster in München, Landshut und Altötting. Den Landesdirektionen in Neuburg und Amberg wurde ein analoges Vorgehen befohlen. Nach der mehrheitlichen Meinung der Spezialkommission sollten die Klöster der Bettelorden sowie die in der Oberpfalz gelegenen nicht sofort aufgehoben, sondern die Anordnungen der Instruktion nur schrittweise umgesetzt und zunächst eine präzise Bestandsaufnahme in den Klöstern vorgenommen werden. Diese von der Spezialkommission betriebene Entzerrung der Aufhebungsvorgänge brachte jedoch nur eine minimale Verzögerung mit sich. Gleich nach diesen ersten Maßnahmen, über die die Lokalkommissare binnen drei Tagen bereits Bericht erstatten sollten, begannen die eigentlichen Klosteraufhebungen. Der vorhandene Besitz wurde beschlagnahmt, die Immobilien verkauft, abgerissen oder einem neuen Verwendungszweck zugeführt und die Konventualen nach ihrem Wunsch entweder als Weltgeistliche entlassen oder aber in eigens bestimmten Zentralklöstern zusammengeführt. Die ersten dieser beiden Punkte waren fast überall vergleichsweise schnell erledigt[27] und bisweilen bereits im Sommer des Jahres 1802 beendet. Als zentrale Aufgabe verblieb der Spezialkommission in Klostersachen bis zu ihrer Auflösung neben der endgültigen Abwicklung finanzieller Transaktionen der einzelnen Klöster jedoch vor allem die Entscheidungskompetenz über das weitere Schicksal, d.h. Aufenthaltsort, Versorgung und eventuelle Tätigkeit der aus den aufgelösten Mendikanten- und den oberpfälzischen Klöstern stammenden Mönche und Nonnen sowie über die Bittgesuche ehemaliger Bediensteter dieser Klöster.[28]

Mit einem kurfürstlichen Reskript[29] wurde am 9. März 1804 schließlich die Auflösung der Spezialkommission in Klostersachen und die Beendigung ihrer Sitzungen verfügt, unter Bekundung der höchsten Zufriedenheit mit den erbrachten Leistungen. Zur weiteren Abwicklung der oben angeführten restlichen Aufgaben sollte bei den drei Landesdirektionen der altbayerischen Territorien (München, Neuburg, Amberg) jeweils ein eigener Referent ernannt, bei der Landesdirektion von Bayern in München wegen des größeren Arbeitsumfanges sogar ein „eigenes Bureau" eingerichtet und mit dem bisherigen Offizianten der Spezialkommission von Appell als Rechnungskommissär zusätzlich besetzt werden.

Dem ersten Anschein nach wurde durch diese Verfügung die Kompetenz zur Restabwicklung der nichtständischen Klöster mit derjenigen zur Aufhebung der ständischen Klöster, die seit der Jahreswende 1802/1803 entstanden war, nunmehr in der Landesdirektion von Bayern vereinigt. Das Schicksal der „Kloster"-Kompetenzen folgte damit der Behördengeschichte, da die Landesdirektion ja nach der Auflösung des Geistlichen Rates auch einige von dessen Funktionen übernommen hatte. Innerhalb der Landesdirektion jedoch wurde weiterhin eine strikte Trennung zwischen ständischen und nichtständischen Klostersachen aufrechterhalten. Letztere wurden nunmehr, wie bei der Auflösung der Spezialkommission befohlen, von einem „Kloster-Bureau" erledigt. Dabei handelte es sich allerdings um einen einzelnen Referenten der Landesdirektion, im März 1804 um den weiter unten näher skizzierten Gabriel von Widder. Trotz der personellen Reduzierung wurden von diesem einzelnen Referenten regelmäßig Sitzungen über die noch eingehenden Schreiben abgehalten. Die überlieferte Serie von Sitzungsprotokollen des vermutlich nur vom zugeordneten Schreiber so genannten „Kloster-Bureaus"[30] zeigt zum einen, dass es sich bei den an die „Landesdirektion in Klostersachen" gerichteten Vorgängen meist um Gesuche der (Ex-) Konventualen, um Reisegenehmigungen oder Pensionszulagen, oder aber um Nachfragen der Rentämter wegen finanzieller Angelegenheiten handelte. Zum andern wird deutlich, dass diese in der ersten Hälfte des Jahres 1805 zahlenmäßig rapide abnahmen und die Landesdirektion in (nichtständischen) Klostersachen ihre Tätigkeit schließlich im Mai 1805 mangels Aufgaben einfach einstellte.

Im Gegensatz zur Aufhebung der Mendikantenklöster und der nicht durch die landständische Verfassung geschützten Klöster in der Oberpfalz war die Aufhebung der landständischen Niederlassungen der Prälatenorden mit den dazu im November 1802 bzw. im Februar 1803 eingeleiteten Maßnahmen in erster Linie ein staatsrechtliches Problem. Erst der Reichsdeputationshauptschluss eröffnete dazu einen legalen Weg und begründete deren Säkularisation mit der Entschädigung für den Verlust der linksrheinischen Gebiete sowie der Sanierung der Staats-

finanzen. Vor allem in der älteren Literatur wurde das fiskalische Moment häufig als einziger und moralisch zu verurteilender Grund vorgebracht. Mindestens ebenso bedeutsam ist jedoch die politisch-verfassungsrechtliche Dimension der Aufhebung derjenigen Klöster, die als Mitglieder der Prälatenbank neben Adel sowie Städten und Märkten den dritten der mit weitreichenden Privilegien ausgestatteten Landstände des Kurfürstentums Bayern bildeten. Eine reichsrechtlich legitimierte und durch die militärisch vorherrschenden Mächte Frankreich und Russland abgesicherte Auflösung eines dieser Stände war der ideale Ansatzpunkt zur vollständigen und endgültigen Zerstörung der althergebrachten und den Aufbau einer modernen Staatsverwaltung behindernden landständischen Verfassung. In der Formulierung der Instruktion vom 25. Januar 1802, die zur Aufhebung der nichtständischen Klöster führte, erkennt man bereits die Hoffnung der leitenden Staatsbeamten auf die sich im Lauf des Jahres 1802 durch den Reichsdeputationshauptschluss schließlich tatsächlich abzeichnenden Möglichkeiten. Daneben war die Anweisung zur Überprüfung der Vermögensverhältnisse auch der landständischen Klöster sicher auch eine politisch-taktische Maßnahme in den seit dem Regierungsantritt Max IV. Josephs zunehmenden Spannungen um die Einberufung eines Landtages.[31] Aber zu dieser Zeit war es, wie erwähnt, den mit Klostersachen befassten höheren Beamten bewusst, dass dieser Punkt in der Sitzung der Klosterkommission nicht einmal diskutiert zu werden brauchte. Die Instruktion der Spezialkommission wurde zwar insbesondere vor dem Geistlichen Rat streng geheimgehalten,[32] dennoch zirkulierte sie bereits Ende Februar 1802 in den Prälatenklöstern. Deren landständischen Vertretern gelang es jedoch im weiteren Verlauf des Jahres nicht, die gesamte landschaftliche Verordnung zu effektiven Maßnahmen gegen die den ständischen Klöstern drohenden staatlichen Übergriffe zu formieren[33]. Ein weiterer Negativposten in der öffentlichen Meinung über die Prälaten erwuchs aus der Auflösung des Benediktinerklosters St. Veit im Mai/Juni 1802. Auf Betreiben einiger Konventualen und nach eifriger Intervention des Kanzlers des Damenstifts St. Anna in

München, Franz Xaver Schattenhofer, wurde nach einer „Selbstdarbietung" des Konvents an den Kurfürsten das Kloster aufgehoben und dessen Vermögen dem Münchner Damenstift übertragen.[34]

Mangelnde Solidarität unter den Landständen, vor allem jedoch die reichspolitische Entwicklung zugunsten Bayerns ab dem Sommer 1802 mit den sich für den Reichsdeputationshauptschluss abzeichnenden Regelungen[35] führte im Herbst schließlich dazu, dass die kurfürstliche Regierung die im Januar 1802 angekündigte Inventarisierung der Prälatenklöster tatsächlich in Angriff nahm. Verwaltungstechnisch gesehen war diese jedoch bei einer anderen Behörde als der für die Aufhebung der nichtständischen Klöster eingerichteten Spezialkommission angesiedelt. Der staatsrechtliche und auch fiskalische Schwerpunkt des Projektes „Vermögensaufnahme und Aufhebung der landständischen Klöster" zeigt sich in dessen administrativer Zuordnung zur Generallandesdirektion.

Diese war unmittelbar nach dem Regierungswechsel im Frühjahr 1799 als allgemeine, kollegial organisierte Zentralbehörde für die Provinz „Baiern" (Ober- und Niederbayern) errichtet worden.[36] Ihre weitreichenden Kompetenzen umfassten alle Gebiete der Staatsverwaltung mit Ausnahme von Justiz und geistlichen Angelegenheiten.[37] Nach der Aufhebung des Geistlichen Rates im Oktober 1802 gingen außerdem die Wahrnehmung der landesherrlichen Gerechtsame gegenüber der Kirche sowie der Aufgabenbereich der Kirchenpolizei, d.h vor allem die Aufsicht über religiöse Institutionen und Ausübung der Religion, auf sie über.[38]

Diese Mammutbehörde, die bei der Errichtung neben Präsident und Direktoren bereits 42 ordentliche Räte, weitere Spezialreferenten wie Medizinalräte, Land- und Rechnungskommissare sowie umfangreiches Kanzleipersonal umfasste,[39] war in Deputationen von wechselnder Anzahl eingeteilt, die fast wie eigenständige Kollegialbehörden arbeiteten.

Die wichtigsten, in der Rangfolge ersten drei Deputationen behandelten 1. staatsrechtliche Angelegenheiten (vor allem „Landeshoheits- und Grenzsachen"), 2. Polizeisachen (im weitesten Sinn, z.B. „öffentliche Ruhe und Sicherheit", Grundversorgung der Bevölkerung, Handel und Gewerbe, Armenfürsorge, Kommunalaufsicht etc.) sowie 3. staatswirtschaftliche Angelegenheiten mit dem gesamten Rechnungswesen der nachgeordneten Behörden. Diese drei Deputationen blieben im Wesentlichen, z.T. mit Kompetenzerweiterungen, auch nach der Neuorganisation im August 1803 bestehen und wurden in „Sektionen" genannte Fachbereiche untergliedert. Außerdem erfolgte zu diesem Anlass eine Umbenennung in Landesdirektion, analog zu den bereits seit 1799 bestehenden Landesdirektionen in Amberg und Neuburg sowie den in den neuen Landesteilen errichteten Landesdirektionen in Würzburg, Bamberg und Ulm. Von der Generallandesdirektion, der Fachbehörde für staatsrechtlich relevante Handlungen, wurden also im November 1802 die ersten Schritte zur Auflösung der Prälatenklöster eingeleitet.[40]

Unter dem persönlichen Vorsitz des Präsidenten der Generallandesdirektion Frhrn. von Weichs trat am 3. November 1802 erstmalig ein von den offiziellen Deputationen abgetrenntes *Separat in Klostersachen* zusammen, das bei dieser ersten Sitzung mehrheitlich mit Mitgliedern der ersten, staatsrechtlichen Deputation besetzt war, nämlich mit deren Direktor Johann Adam Frhrn. von Aretin und den Räten Philipp Graf von Arco, von Hellersberg und Lipowsky sowie mit drei weiteren Räten aus anderen Deputationen.[41] Arbeitsgrundlage bildete ein kurfürstliches Reskript vom selben Tag über die nunmehr erfolgte Annahme des Entschädigungsplanes durch die Reichsdeputation und die daraus resultierenden „provisorischen" Maßnahmen:[42] Erneuerung des Verbots an die Klöster, Novizen aufzunehmen; Verbot der Vermögensveräußerung; Meldung der von den Klöstern vergebenen Darlehen, Zins- oder Darlehensrückzahlungen nur noch an die vom Kurfürsten eingesetzten Administratoren. Zur Ernennung dieser Administratoren und zur Erfassung des Vermögensstandes sollten Lokalkommissare in die Klöster entsandt werden.

All diese Punkte wurden vom Separat der Generallandesdirektion unmittelbar umgesetzt, die Veröffentlichung der bekannt zu machenden Passagen im Regierungsblatt veranlasst und vor allem ausgewählte Lokalkommissare – mit einer ausführlichen Instruktion versehen – in die Prälatenklöster entsandt.[43] Die Lokalkommissare sollten als erstes sämtliche Beamten und Diener aus den Diensten des jeweiligen Klosters entlassen und auf den Kurfürsten vereidigen, dann alle schriftlichen Unterlagen überprüfen und versiegeln sowie schließlich eine umfassende Bestandsaufnahme der Vermögensverhältnisse vornehmen (Vorräte, Bargeld, Wertgegenstände, Mobiliar). Gerade die neue Herrschaft durch die kurfürstlichen Administratoren, meist die ehemaligen Klosterrichter, machte wohl den Prälaten das Ende ihrer Macht deutlich. Innerhalb weniger Tage „... aus dem Besitze ... meiner Rechte und Eigenthumes gesetzt" und „... einem gebrödeten Kloster-Diener unterworfen ...", wie sich der Abt von Tegernsee in seiner Eingabe an die Landschaft beklagt:[44] die Auflösung der Jahrhunderte alten Herrschaftsstrukturen hatte bereits begonnen, auch wenn die Konvente noch existierten. Die Lokalkommissare gingen bei der Erfassung des Besitzes und der Vermögensverhältnisse entsprechend ihrer Dienstauffassung nicht kleinlich,[45] sondern lediglich sehr sorgfältig und gründlich vor – wie es z.B. in einem Todesfall bei der amtlichen Erfassung des Nachlasses zum Schutz der Erben üblich war. Ein politisch heikler Punkt der Instruktion war allerdings der Auftrag, die Klosterkorrespondenzen auf „heimliche Unterhandlungen" bezüglich der Säkularisation zu überprüfen. Diese Aufgabe sowie die zur Vermögensaufnahme erforderliche Versiertheit in Rechnungssachen dürfte der Grund sein, dass als Lokalkommissare lediglich für die Hälfte der Klöster Beamte der Unterbehörden verwendet wurden, vor allem Landrichter und Gerichtsschreiber. Ihnen vertraute man vor allem die entlegeneren, weniger bedeutenden Klöster in Ostbayern an. In 23 der 47 im November 1802 inventarisierten Klöster wurden dazu Beamte der Münchner Zentralbehörden entsandt, meistens Räte der Generallandesdirektion, aber auch einige der hier tätigen Land- bzw. Rechnungskommissare.

Im Vergleich zu den ordentlichen Räten, die in ihren Deputationen und auch im Plenum über Sitz und Stimme verfügten, waren die beiden letztgenannten Gruppen zwar von minderem Rang, stellten aber erfahrene Spezialisten der Finanzverwaltung dar. Die Rechnungskommissare hatten die Aufgabe, die jährlich abzulegenden Amtsrechnungen der kurfürstlichen Unter- und Mittelbehörden zu überprüfen. Die Landkommissare sollten – in Anlehnung an die Tradition der Rentmeister und ihrer Umritte – als eine Art mobile Einsatztruppe im ganzen Land die Amtsführung der Unterbehörden überwachen. Rangmäßig muss man sie ungefähr auf der Ebene der Räte der 1802 aufgelösten alten Regierungen sehen, die Landkommissare waren jedoch der Zentralbehörde in München unmittelbar angegliedert.[46] Man kann also wohl zu Recht sagen, dass gerade für die heikle Mission des allerersten Zugriffes auf die Prälatenklöster mit Bedacht die nach Sachkompetenz und Erfahrung fähigsten Beamten vor allem aus den Münchner Regierungsbehörden ausgewählt worden sind. Dies gilt insbesondere auch für einzelne Klöster, wie z.B. Benediktbeuern und Prüfening, wo die Lokalkommissare den Äbten Karl Klocker und Rupert Kornmann[47] und damit den Spitzen der Ständevertretung der Prälatenklöster gegenüberstanden. So musste Philipp Graf Arco, der sich, wie oben erwähnt, bereits bei der Aufhebung der Münchner Bettelordensklöster bewährt und in der Spezialkommission in Klostersachen Erfahrungen gesammelt hatte, nach Prüfening reisen. Aus seiner zum 1. Januar 1803 folgenden Beförderung zum Geheimen Referendär kann man schließen, dass die Prüfeninger Kommission zur Zufriedenheit seiner Vorgesetzten erledigt wurde. Dagegen hatte der wohl wegen seiner geschickten Intervention in St. Veit nach Benediktbeuern entsandte Münchner Damenstiftskanzler Franz Xaver Schattenhofer erhebliche Probleme mit dem dortigen Abt. Nicht nur, dass es zwischen Abt und Lokalkommissar zu heftigen Auseinandersetzungen wegen angeblich verheimlichter Papiere und Kirchensilber kam,[48] Schattenhofer konnte sogar eine Flucht des Abtes in Richtung Regensburg, wo Klocker bei der Reichsdeputation Protest einlegen wollte, nicht verhindern. Der Abt wurde zwar unterwegs aufgehalten und wieder nach Benediktbeuern zurückgebracht, trotzdem beauftragte man den bayerischen Gesandten in Regensburg, Frhrn. von Rechberg, sich diskret zu erkundigen, ob der Vorfall dort bekannt geworden war.[49]

Insgesamt gesehen war das Inventarisationsprojekt als „Generalprobe" und erster Schritt zur Auflösung der Prälatenklöster zur Zufriedenheit der Münchner Behörde abgewickelt worden. An dieser Stelle ist zu vermerken, dass die Entmachtung der Äbte und anschließende Bestandsaufnahme der Klostervermögen keineswegs in allen landständischen Klöstern, sondern ausschließlich in den Männerklöstern durchgeführt wurde. Es finden sich keinerlei Hinweise für die Gründe dieser Beschränkung. Vielleicht befürchtete man in den Frauenklöstern weniger die Unterschlagung von Vermögen, vielleicht wollte man aber auch den Nonnen, die ja nach der Auflösung meist in ihren Konventen bleiben durften, die Irritationen dieser ersten Maßnahme ersparen.

Das eigentlich noch nicht offiziell konstituierte „Separat in Klostersachen" tagte auch nach Beendigung der „November-Kommissionen" weiter. Im Lauf des Monats November, als die Räte der Generallandesdirektion als Lokalkommissare im Land unterwegs waren, wurden deren einlaufende Berichte und Anfragen in Kommissionssitzungen häufig lediglich vom Generallandesdirektions-Präsident Frhrn. von Weichs zusammen mit Deputations-Direktor Frhrn. von Aretin abgehandelt. Später traten weitere Räte der staatsrechtlichen Deputation in wechselnder Besetzung hinzu. Themen waren hauptsächlich Rückfragen der Klosteradministratoren und der Äbte, die bis zur letzten Sitzung am 18. Februar allerdings immer häufiger mit dem Vermerk „bis zur Entscheidung des Kloster-Schicksals beruhend" versehen wurden.[50]

Schließlich erfolgte mit kurfürstlichem Reskript vom 17./19. Februar 1803 die offizielle Errichtung des neuen Separats, das, unmittelbar dem Gesamt-Ministerium unterstellt, mit der sofortigen Exekution der §§ 35 und 42 des Reichsdeputationshauptschlusses beauftragt wurde.[51]

Wie schon bei der „Spezialkommission in Klostersachen" ist die besondere Bedeutung der neuen Verwaltungseinheit auch daran abzulesen, dass der Vorsitz des neuen *Separats in Klostersachen* dem Präsidenten der Ausgangsbehörde persönlich übertragen wurde – in diesem Fall Josef Maria Frhrn. von Weichs, der ja auch schon den vorhergehenden Sitzungen des informellen Kloster-Separats präsidiert hatte. Frhr. von Weichs (1756–1819) gehörte zur älteren Generation der höheren Staatsbeamten, zu denjenigen, die sich bereits unter Karl Theodor bewährt hatten und nach dem Regierungswechsel ihre Karriere fortsetzen konnten.[52] Seit 1801 war er Präsident der Generallandesdirektion.[53]

Als Referenten wurden zunächst abgeordnet:
– Karl von Hellersberg aus der ersten, staatsrechtlichen Deputation, bereits informelles Mitglied des Kloster-Separats und 1802 als Inventarisationskommissar nach St. Nikola vor Passau entsandt, „zur Auflösung der vorkommenden Rechtsfragen",[54]
– Franz von Aichberger, ehemals Hofrat und Geistl. Rat, Mitglied der Spezialkommission in Klostersachen, Lokalkommissar in Weltenburg und nunmehr Mitglied der 2. Deputation der Generallandesdirektion,
– Anton (von) Annetsberger, Lokalkommissar in Oberalteich und Generallandesdirektions-Rat der 3. Deputation,
– Maximilian Frhr. von Leyden aus der 5. Deputation und ebenfalls bereits Mitglied der Spezialkommission in Klostersachen (wegen der dort noch zu erledigenden Aufgaben wurde Frhr. von Leyden allerdings schon nach kurzer Zeit von der Teilnahme am Kloster-Separat entschuldigt),
– Damenstiftskanzler und im November 1802 Lokalkommissar von Benediktbeuern Franz Xaver Schattenhofer,
– Generallandesdirektions-Sekretär Eisenried zur Organisation und Abwicklung der umfangreichen Schreibarbeiten mit beliebig auszuwählenden Kanzlisten sowie die
– Generallandesdirektions-Rechnungskommissare Mayer und Widmann zur Überprüfung der eingehenden Abrechnungen mit einem eigenen Kassierer.

Die zentrale Aufgabe des neuen Separats war eindeutig: „Die Local-Executionen sollen den tauglichsten Landbeamten nach einer ihnen zu entwerfenden genauen und ausführlichen Instruction übertragen werden." Für den Inhalt dieser Instruktion wurden im Reskript vom 17./19. Februar 1803 von höchster Stelle bereits präzise Richtlinien vorgegeben.[55] Zunächst sollte, sofern noch nicht vorhanden, eine detaillierte Erfassung der Vermögensverhältnisse, der Immobilien und des gesamten Inventars erfolgen und, sofern noch nicht geschehen, eine provisorische Übergabe an die Klosterrichter erfolgen. Erstes Ziel war die Aufhebung der Kloster-Ökonomien. Dafür musste die Versorgung der Mönche und Nonnen sowie der möglicherweise weiter zu unterhaltenden Dienerschaft auf Geldzahlungen umgestellt werden. Für die weitere Verwendung der Gebäude und Grundstücke sollten die Lokalkommissare Vorschläge machen, für die Verkaufsmodalitäten wurden jedoch bereits grundsätzliche Prinzipien wie Versteigerungszwang und prozentuale Höhe der Anzahlungssummen vorgegeben. Einkünfte aus Klosterpfarreien sollten gemeldet und die jeweiligen Kirchenrechnungen eingesandt werden. Bargeld und Wertsachen sollten ebenfalls nach München geschickt, überzähliges Mobiliar versteigert, dabei jedoch den Lokalkommissaren das Mitsteigern verboten werden. Bibliotheken, naturwissenschaftliche und Gemäldesammlungen sollten von Sachverständigen begutachtet und die einzelnen Stücke je nach ihrer Bedeutung an die einschlägigen Institutionen in München, die Universität bzw. Gymnasien verteilt werden. Dazu wurden Galerie-Inspektor Dillis, Prälat Hupfauer, Schulrat Schubauer sowie Christoph Frhr. von Aretin mit Bibliothekssekretär Bernhart beauftragt. Auf die Archive sollte besondere Sorgfalt verwendet werden und für die weitere Verwendung der Gebäude z.B. als Fabriken, für deren Verkauf oder Abriss sollten die Lokalkommissare Vorschläge machen. Die bestehenden Brauereien sollten als Gewerbebetriebe verpachtet werden. Mit einem Hinweis auf die weiter bestehende eigene Kompetenz der Spezialkommission für die Angelegenheiten der nichtständischen und der oberpfälzischen Klöster endete das Reskript.

Wiederum begann die Tätigkeit der neu ernannten Institution, des Separats in ständischen Klostersachen, mit der sorgfältigen Umsetzung der höchsten Befehle. In mehrtägigen Beratungen[56] erarbeitete man eine ausführliche Instruktion für die Lokalkommissare, die „Instruktion für die zur Besitznahme der Güter und des Vermögens sämmtlicher ständischer Manns- und Frauenklöster der obern alten Churlanden in Gefolge höchsten Rescripts vom 17. Hornung 1803 bestimmten Churfürstlichen Kommissarien" mit der offiziellen Datierung vom 11. März 1803.[57] Für diese Instruktion wurde Anfang März die Druckerlaubnis erteilt.[58] Die Drucklegung war aufgrund von deren Umfang von 26 Textseiten sowie zehn Tabellen-Formularen als Beilage und der benötigten Anzahl von mindestens 100 Stück (einschließlich einiger Reserveexemplare) unumgänglich, sollte aber mit großer Vorsicht und Geheimhaltung erfolgen. Überhaupt stellte die logistische Abwicklung des ersten In-Gang-Setzens der Lokalkommissare den Behördenapparat vor beträchtliche Anforderungen. Für die schnellstmögliche Verteilung der Ernennungen bediente man sich militärischer Strukturen. Der Versand erfolgte mit Unterstützung der Unter-Marsch-Kommissariate, die die unterwegs notwendigen Pferdewechsel der Boten aus München gewährleisteten.[59] Während die Kanzleikräfte mit den Vorbereitungen beschäftigt waren, berieten die Referenten des Separats die Liste der Lokalkommissare. Es war abzusehen, dass allein mit der Kontrolle und Koordination des Projekts nicht nur die zunächst ernannten Referenten, sondern eine sehr viel größere Gruppe aus allen Deputationen der Generallandesdirektion beschäftigt sein würde. Die im Reskript empfohlene Verwendung von fähigen Beamten vor Ort war also zwingend. Da sich die Aufhebungen zumindest über mehrere Monate erstrecken würden, musste nicht nur eine schleunige Abwicklung, sondern zwischenzeitlich auch das weiterhin reibungslose Funktionieren derjenigen Unterbehörden gewährleistet sein, denen die Lokalkommissare angehörten. Außerdem wurden die Erfahrungen der November-Kommissionen mit berücksichtigt. So wurden häufig nicht Landrichter oder Gerichtsschreiber des

Neuburg säkularisiert wurde. Die Zivilbesitzergreifung wurde in provisorischer Weise schon am 29. Oktober ausgesprochen, tatsächlich aber erst am 28. November durch den Neuburger Landesdirektionsrat Carl von Günther vollzogen, wobei hier – anders als sonst in Schwaben – die Pensionierung von Abt und Konvent sogleich erfolgte. In den kaisheimischen Pflegämtern erfolgte die Besitzergreifung am folgenden Tage durch Publikation der kurfürstlichen Patente und Anbringung des bayerischen Wappens am Pfleghause. Ungewöhnlich ist auch, dass von Günther nicht einen Administrator, sondern eine vierköpfige Kommission, der außer den bisherigen leitenden Beamten des Stifts (Kanzler, Oberrichter und Forstmeister) auch der Pater Oberbursier angehörten, mit der vorläufigen Fortführung der Verwaltung betraute.[27] Der Kaisheimer Konvent scheint sich überhaupt über die Reaktion auf die Säkularisation uneinig gewesen zu sein, eine Folge der offensichtlich bestehenden Spannungen zwischen Aufklärungsanhängern und -gegnern.[28] Zahlreiche Mönche freilich setzten nach Ansicht des Kommissars gerade in Kaisheim den staatlichen Maßnahmen soviel Obstruktion wie möglich entgegen.[29] Doch fehlte diesem passiven Widerstand der Kristallisationspunkt, denn der letzte Abt Franz Xaver Müller, ein frommer Mann, der Konflikten lieber aus dem Wege ging, zog sich mit einer Pension von 4400 Gulden alsbald in das ihm auf Lebenszeit überlassene Schlösschen Leitheim zurück.[30] Das Stiftsgebäude musste 1804 von den Zisterziensern geräumt werden, um anschließend zehn Jahre lang als Zentralkloster für Franziskaner zu dienen, ehe es als Strafanstalt einer gänzlich anderen Nutzung zugeführt wurde.[31]

3. Kempten

Im fürstlichen Benediktinerstift Kempten, dessen Konvent ausschließlich aus Adeligen bestand, ließ sich der Zivilbesitznahmekommissar von Bräuning am 30. November beim Fürstabt zur Audienz anmelden und bat ihn, eine Bescheinigung über die Bekanntgabe des Besitznahmepatents auszustellen. Nachdem dies geschehen war, vereidigte Bräuning die Regierungs- und

Hofkammerräte auf den Kurfürsten von Bayern, verkündete anschließend unter dem Schutz bayerischer Kavalleristen das Besitznahmepatent der wartenden Volksmenge und ließ das kurbayerische Wappen anschlagen.[32] Die Publizierung der Zivilbesitznahme in den nachgeordneten Ämtern und die Vereidigung der dortigen Beamten ordnete die bisherige fürstäbtliche und nunmehrige provisorische kurbayerische Regierung an, wobei die entsprechenden Dekrete am 1. Dezember noch vom amtierenden Großdekan in seiner Eigenschaft als Regierungspräsident unterzeichnet wurden.[33] Die folgenden Tage vergingen mit der Versiegelung der Kassen, des Archivs und der Bibliothek, der Inventarisierung der Möbel und Kirchengerätschaften, der Erstellung von Rechnungsabschlüssen und der Besichtigung der verschiedenen stiftischen Betriebe.[34] Die außerhalb Kemptens angesiedelten stiftischen Pflegämter suchte der Kommissar nicht selbst auf, sondern beauftragte den fürstäbtlichen Hofkammerrat von Hundbiß und den Syndikus der Reichstadt Kempten, Dr. Johann Martin von Abele, die beide schon in kurbayerische Pflichten genommen waren, mit deren Inventarisierung.[35] Das als weit abgelegene Exklave nordwestlich Augsburgs am Rande des Donaurieds gelegene stiftische Obervogtamt Binswangen war schon am 30. November 1802 von Dillingen aus durch den kurbayerischen Hofrat von Frech in Besitz genommen und gemäß Mitteilung der Provisorischen Regierung in Dillingen an die zu Kempten vom 2. Dezember dem Regierungsbezirk Dillingen angegliedert worden.[36] Am 19. Dezember hinterlegte Bräuning die von ihm kontrollierten Rechnungen und die Schlüssel zur Stiftsbibliothek, zum Naturalien- und Malereikabinett und zum Münzkabinett im Archiv, das er daraufhin versiegelte. Die Schlüssel zum Archiv übergab er gegen Empfangsschein dem Stiftsarchivar Springer und reiste daraufhin nach Ulm ab. Der mit der Zivilbesitznahme vollzogenen Mediatisierung des Stifts folgte alsbald dessen Säkularisierung, um so mehr als der mit Kempten befasste Referent des Generallandeskommissariats, Freiherr von Lerchenfeld, als vordringliche Maßnahme zur finanziellen Sanierung des verschuldeten Fürstentums die schnellstmögliche

Auflösung der teuren und mit ihren Naturalbezügen die gesamte Kameralverwaltung verwirrenden Hofhaltung und als deren Voraussetzung die Pensionierung von Fürstabt und Kapitel ansah.[37]

Daher wurde schon wesentlich früher als in den anderen Abteien durch Dekret vom 28. Februar 1803 das Kapitel aufgelöst und dem Fürstabt eine jährliche Rente von 12.800 Gulden, den Kapitularen aber Pensionen von 1500 bis 2000 Gulden ausgesetzt. Gleichfalls pensioniert wurden die als Hofkapläne und Chorvikare angestellten Weltpriester, die als Lehrer am Stiftsgymnasium dienenden Piaristen-Patres, und der Hofbeichtvater, ein Franziskaner. Deren Bezüge fielen aber mit 150 bis 500 Gulden jährlich wesentlich spärlicher aus.[38] Auf den Protest des Fürstabts hin, als dem ersten der gefürsteten Äbte des Reiches stünden ihm die im Reichsdeputationshauptschluss als Mindestsumme für Fürstbischöfe festgesetzten 20.000 Gulden zu,[39] erhöhte Kurfürst Max IV. die Pension auf diesen Betrag und war zudem bereit, die bisher nur zur lebenslänglichen Nutznießung vorgesehenen Möbel dem Fürsten zu übereignen.[40] Am 14. September 1803 wurde darüber mit dem Fürstabt ein förmlicher Abfindungs- und Vermögensausscheidungsvertrag geschlossen.[41] Auch in der Höhe der Pensionen und dem Privileg, als gleichrangiger Vertragspartner anerkannt zu werden, fand somit nochmals die Sonderstellung des Fürststifts Kempten unter den schwäbischen reichsunmittelbaren Abteien ihren Ausdruck.[42]

4. Ottobeuren

Zur Zivilbesitznahme kam am 1. Dezember der bisherige stift-kemptische Hofrat Renz nach Ottobeuren, setzte, nachdem er sie für den Kurfürsten in Pflicht genommen hatte, den bisherigen Kanzler des Klosters von Weckbecker als provisorischen Administrator und den Oberamtmann von Huber als provisorischen Kameralbeamten ein; beide hatten ihren Amtseid durch Unterschreiben eines Formulars, das an die provisorische Regierung in Kempten einzuschicken war, zu leisten. Die übrigen Tage bis zur Abreise des Kommissars am 14. Dezember vergingen mit den üblichen Inventarisierungen

und Obsignationen.[43] Das Priorat St. Johann in Feldkirch zog Österreich als herrenloses Gut ein.[44]

Am 28. Juni 1803 erfolgte die Pensionierung von Abt und Konventualen, wobei dem ersteren, da er erst kurz vor dem Reichsdeputationshauptschluss gewählt worden war, zunächst nur die für Reichsprälaten festgesetzte Mindestrente von 2000 Gulden gewährt wurde,[45] die dann allerdings durch kurfürstliches Dekret vom 13. Juli 1803 doch noch auf 3000 Gulden heraufgesetzt wurde.[46] Das bisher vom Kloster unterhaltene Gymnasium mit über 200 Schülern[47] wurde trotz einer Bitte der Gemeinde um seine Aufrechterhaltung aufgelöst, doch erteilten noch in den 1820er Jahren einzelne Patres, die in Ottobeuren geblieben waren, Privatunterricht in Latein, Religion und Musik.[48] Zunächst war nämlich achtzehn Patres auf ihre ausdrückliche Bitte hin erlaubt worden, weiter ein gemeinschaftliches Leben nach der Benediktinerregel führen zu dürfen.[49] Abt Paulus Alt erwirkte seinen Mönchen vom Generalvikar von Augsburg eine Vereinfachung des Chorgebets und eine Dispens vom Armutsgelübde zwecks Verwaltung der vom Staat ausgezahlten Pension.[50] Der Staat verfuhr hinsichtlich der fortbestehenden Kommunität zunächst sehr widersprüchlich, indem er deren Mitglieder stets als „Exconventualen" oder „Ex-Benediktiner" titulierte, andererseits aber beim Tod eines der so Bezeichneten dessen Nachlass in Anspruch nahm. Erst durch eine Bittschrift an König Max I. Joseph konnten die Ottobeurer Mönche die staatliche Anerkennung ihrer Testier- und Erbfähigkeit erreichen, was sie dazu nutzten, ihre wenigen Habseligkeiten sich gegenseitig zu vererben, um sie „vor dem Zugriff der versteigerungswütigen staatlichen Kommissare zu retten".[51] Der Chorgesang in der Stiftskirche wurde vom örtlichen Landrichter am 3. Mai 1805 verboten, woraufhin sich die Mönche in dem ihnen überlassenen Trakt des Klostergebäudes auf eigene Kosten einen Raum einrichteten.[52] Aber auch die Konventualen verstanden es, gelegentlich die staatlichen Beamten zu ärgern, wenn sie etwa die Kirchenmusik bei Festgottesdiensten anlässlich der Geburts- und Namenstage der Königsfamilie durch Verweigerung ihrer Mitwirkung boykottierten, andererseits aber 1821 die zufällige Abwesenheit des Rentmeisters und des als Ortspfarrer eingesetzten Weltpriesters dazu benutzten, den Stifterjahrtag feierlich zu begehen.[53] Durch Todesfälle verminderte sich der Rest-Konvent jedoch im Laufe der Jahrzehnte so sehr, dass nur noch ein Mönch des Reichsstifts Ottobeuren an Ort und Stelle die Wiedererrichtung des Klosters im Jahre 1834 erleben konnte.[54]

5. Ursberg

Im Prämonstratenserstift Ursberg erfolgte die Zivilbesitzergreifung erst am 14. Dezember durch den Kommissar Ulrich Julius. Mit der vorläufigen Weiterführung der Verwaltung beauftragte er den bisherigen stiftischen Oberamtmann, nachdem dieser auf den Kurfürsten von Bayern vereidigt worden war. Die Kasse mit 5315 Gulden 50 Kreuzer Inhalt, die Rechnungsbücher, Bibliothek und Archiv wurden in der üblichen Weise versiegelt; das ursbergische Kreiskontingent musste dem Kurfürsten den Fahneneid schwören, obwohl seine Übernahme in die kurbayerische Armee vorläufig offen blieb.[55]

Am 3. Februar 1803 begann die eigentliche Auflösung des Klosters mit der Versteigerung von Einrichtungsgegenständen und Vieh und der Verpachtung der klösterlichen Eigenbetriebe einschließlich des Schafhofs, dessen Grundstücke parzelliert verpachtet wurden, nachdem das lebende Inventar verkauft worden war. Das dadurch im Grunde überflüssig gewordene große Wirtschaftsgebäude war lediglich durch Vermietung um fünf Gulden jährlich als Wohnung anzubringen. Die Versteigerungen erbrachten einen Ertrag von 6190 Gulden 16 Kreuzer. Am 28. März waren sie abgeschlossen und die Liquidationskommission reiste nach Wettenhausen weiter.[56] In den Pfarrhöfen der dem Kloster inkorporiert gewesenen Pfarreien erfolgten Schätzung und Versteigerung des Inventars und der Äcker erst im Laufe des Frühjahrs 1803; viel kam dabei für den Staat nicht heraus, zumal die Wiesen unentgeltlich den Pfarrern zur Nutzung überlassen wurden.[57]

Die vom Kloster unterhaltene Lateinschule, in der zuletzt noch insgesamt 13 Schüler in den sechs Jahrgangsstufen von einem der Prämonstratenserpatres unterrichtet worden waren, wurde geschlossen; die erst 1792/93 neu errichteten Schulräume wurden als Wohnung des Gerichtsdieners benötigt. Etwa ein Jahr lang scheint ein Pater noch für einen Rest von sieben Schülern auf privater Basis Unterricht gehalten zu haben, denn für den Faschingssonntag 1804 ist eine letzte Aufführung des Schülertheaters bekannt.[58] Im Herbst 1804 war keiner der „Studenten" mehr in Ursberg, was unter anderem dazu führte, dass der früher den Lateinschülern obliegende Chorgesang in der Kirche „zum Ärger aller Zuhörer" von offenbar unzureichend dazu ausgebildeten Bauernmädchen „heruntergegackert" wurde.[59]

Der letzte Abt von Ursberg, Aloys Högg, dem Bayern am 20. Juni 1803 eine Jahrespension von 2400 Gulden ausgesetzt hatte,[60] war zu diesem Zeitpunkt schon verstorben, und zwar am 12. April aufgrund eines am vorangegangenen Karfreitag, dem 30. März, während der Liturgie erlittenen Herzinfarkts. Am 10. Juni verlangte das Hofgericht Memmingen vom Landrichter in Ursberg einen Bericht, ob der Verstorbene ein Testament hinterlassen und ob er in klösterlicher Gemeinschaft gelebt habe. Obwohl letzteres nur eingeschränkt in der Art der Fall gewesen war, dass er zwar in Ursberg verblieben, seine Pension aber für sich allein genutzt und nicht etwa mit den übrigen noch im Kloster wohnenden Patres in eine gemeinsame Kasse gelegt hatte, wurde entschieden, dass der Nachlass des Abts, da er das klösterliche Leben bis zum Tod fortgesetzt habe, dem Staat gehöre. Die Pretiosen wurden daher nach Ulm gebracht, der Rest, darunter auch die Bibliothek des Verstorbenen mit Ausnahme einiger wertvoller Bücher, durch alsbaldige Versteigerung verschleudert.[61]

Zusammenfassung

1. Weder die Reichsäbte noch irgendwelche Mitglieder der Konvente dachten an passiven oder gar aktiven Widerstand, abgesehen vom vereinzelt festgestellten Verbergen von Bestandteilen des Klostervermögens. Die nicht selten anzutreffende innere Spaltung der Konvente

in Traditionalisten und dem Mönchsstand häufig innerlich entfremdete Anhänger der Aufklärungsphilosophie mag dazu nicht wenig beigetragen haben.

2. Als eifrige Mithelfer bei der Säkularisation erwiesen sich aufklärerisch gesinnte Beamte der geistlichen Staatswesen. Binnen weniger Tag haben sie als kurfürstliche Kommissare bei der Zivilbesitzergreifung von Nachbarterritorien ihres bisherigen Dienstherrn oder sogar an ihrer bisherigen Wirkungsstätte als provisorische Administratoren die Rolle von Sachwaltern ihres neuen Landesherrn mit besonderem Eifer verinnerlicht, wobei sie offenbar ein gutes Gespür dafür bewiesen, dass in dem vom leitenden Minister Montgelas geprägten neuen bayerischen Staat das höhere Beamtentum zur staatstragenden Schicht auserkoren war und deshalb einer privilegierten Stellung teilhaftig werden würde.

3. Die ganze Vorgehensweise der bayerischen Behörden offenbart den absoluten Vorrang pekuniärer Gewinnerwartungen. Nicht ein staats- und kirchenpolitisches Reformprogramm wie bei den partiellen Klosteraufhebungen Kaiser Josephs II. in Österreich, sondern allein finanzielle Überlegungen waren für das Ausmaß und die Art des Vorgehens handlungsleitend. So waren etwa die Konsequenzen für das höhere Schulwesen anscheinend überhaupt nicht bedacht worden; selbst wenn von Seiten der betroffenen Klosterorte wie im Falle Ottobeurens die Behörden ausdrücklich auf die schädlichen Folgen hingewiesen wurden, blieb dies ohne Resonanz. Der Abstieg Ostschwabens, das gerade im 18. Jahrhundert im Zeichen des Spätbarock und Rokoko eine Hochblüte seiner Kultur erlebt hatte,[62] zu einer bildungsfernen Provinz im Schatten Münchens war damit vorprogrammiert.

4. Als Gewinn für die betroffene Bevölkerung wirkte sich aus, dass Bayern die zersplitterten Territorien der bisherigen geistlichen Klein- und Zwergstaaten des Raums zwischen Iller, Donau und Lech unverzüglich zu größeren Verwaltungseinheiten zusammenfasste. Die Vielzahl von Zöllen, die bisher dem freien Warenverkehr im Wege gestanden waren, wurden zwar nicht sofort, aber doch alsbald aufgrund der einheitlichen bayerischen Zollgesetzgebung aufgehoben. War bisher bei der Einheirat

einer Bauerntochter in einen Hof im Nachbardorf von der Mitgift häufig eine Nachsteuer erhoben worden, weil beide Dörfer zu unterschiedlichen Territorien gehörten, so wurde dies aufgrund einer kurfürstlichen Verordnung vom 29.12.1802 rückwirkend ab dem 1. Dezember aufgehoben.[63] Damit fiel eine Abgabe fort, die auf den Geldbeutel der Untertanen bzw. die freie Wahl des Ehegatten sich viel einschneidender ausgewirkt hatte als etwa die vielberufene, aber in Ostschwaben meist nur noch formell bestehende Leibeigenschaft. Jenen Reformen, die auf die Schaffung eines einheitlichen Staatswesens abzielten, war also durchaus der Vorrang vor rein fiskalischen Überlegungen eingeräumt worden, die eher für die Beibehaltung partikularer Untertanenverbände und Zollgebiete gesprochen hätten.

Auch hinsichtlich der Folgeerscheinungen der Säkularisation muss daher für das heutige Bayerisch-Schwaben zwischen den positiven Ergebnissen der Mediatisierung der geistlichen Reichsstände (Herrschaftssäkularisation) und der nur dadurch möglichen Schaffung eines modernen Staatswesens von angemessener Größe und den weitgehend negativen Konsequenzen der eigentlichen Klosteraufhebungen (Vermögenssäkularisation) unterschieden werden.[64]

ANMERKUNGEN:

1 Hinweise auf diese begrifflich notwendige Unterscheidung finden sich bei: Eberhard Weis, Die Begründung des modernen bayerischen Staates unter König Max I., (1799–1825). In: Max Spindler (Hrsg.), Handbuch der Bayerischen Geschichte, Bd. 4/1, München 1974, S. 3–86, hier S. 40 Anm. 1. – Volker Dotterweich, Herrschafts- und Vermögenssäkularisation in Bayerisch-Schwaben. Politische, soziale und wirtschaftliche Aspekte. In: Pankraz Fried (Hrsg.), Probleme der Integration Ostschwabens in den bayerischen Staat. Bayern und Wittelsbach in Ostschwaben (Augsburger Beiträge zur Landesgeschichte Bayerisch-Schwabens 2), Sigmaringen 1982, S. 114–153. – Dirk Götschmann, Totengräber des Alten Reiches. Die Säkularisation aus staats- und verfassungsrechtlicher Perspektive. In: Unser Bayern. Heimatbeilage der Bayerischen Staatszeitung Nr. 8, Jg. 51/2002, S. 113–116.

2 Die Berichte Ribaupierres sind enthalten in: Bayerisches Hauptstaatsarchiv, Ministerium des Äußern [künftig: MA] 120 und 667. Vgl. auch: Hanns Hubert Hofmann, ... sollen bayerisch werden. Die politischen Erkundungen des Majors von Ribaupierre durch Franken

und Schwaben im Frühjahr 1802, Kallmünz 1954. – Theodor Rolle, Bayerns Griff nach Ostschwaben. Zur Mission des Freiherrn Wilhelm von Hertling bei den schwäbischen Reichsständen in den Jahren 1802/03. In: Zeitschrift des Historischen Vereins für Schwaben 85 (1992) S. 157–207.

3 Ebd. S. 157–159.

4 Entwurf für die Requisitionspatente in: Bayerisches Hauptstaatsarchiv, MA 39001, fol. 2. Formular in zwei Varianten für kurfürstliche Schreiben an die betroffenen Reichsstände in Schwaben: Ebd. fol. 3–5'. Zu Hertlings Person und Karriere vgl. Rolle (wie Anm. 2) S. 162 f.

5 Ebd. S. 177 und 185. Zweyer hatte bei der letzten Abtwahl im Jahre 1793 zu einer dann knapp unterlegenen Gruppe gehört, die die Umwandlung des Stifts aus einem Benediktinerkloster in ein analog zu einem Domkapitel organisiertes Kollegiatstift befürwortet hatte. Vgl. Franz Quarthal, Der vorderösterreichische Regierungspräsident Joseph Thaddäus von Sumeraw als kaiserlicher Wahlkommissar in Kempten und Basel (1793 und 1794). In: Freiburger Diözesan-Archiv 100 (1980) S. 351–377.

6 Alfons Maria Scheglmann, Geschichte der Säkularisation im rechtsrheinischen Bayern, Bd. 3: Die Säkularisation in den 1803 definitiv bayerisch gewesenen oder gewordenen Gebieten. Erste Hälfte: Die Säkularisation der Fürstbistümer und Benediktinerabteien, Regensburg 1905, S. 619 f. – Rolle (wie Anm. 2) S. 185.

7 Franz-Rasso Böck, Kempten vom Übergang an Bayern bis 1848. In: Volker Dotterweich u.a. (Hrsg.), Geschichte der Stadt Kempten, Kempten 1989, S. 349–371, hier S. 353.

8 Scheglmann Bd. 3/1 (wie Anm. 6) S. 422.

9 Alfred Lohmüller, Das Reichsstift Ursberg. Von den Anfängen 1125 bis zum Jahr 1802. Mit einem Anhang. Von der Säkularisation bis zur Gründung von „Neu-Ursberg" im Jahre 1884, Weißenhorn 1987, S. 202.

10 Alfons Maria Scheglmann, Geschichte der Säkularisation im rechtsrheinischen Bayern, Bd. 3: Die Säkularisation in den 1803 definitiv bayerisch gewesenen oder gewordenen Gebieten. Zweiter Teil: Die Säkularisation der Zisterzienserabteien, Prämonstratenserabteien, Augustinerchorherrenpropsteien, der übrigen im Jahre 1803 gefallenen Männerklöster und des Doppelklosters Altomünster, Regensburg 1908, S. 322.

11 Scheglmann Bd. 3/1 (wie Anm. 6) S. 334.

12 Scheglmann Bd. 3/2 (wie Anm. 10) S. 121.

13 Wilhelm Liebhart, Die Reichsabtei Sankt Ulrich und Afra zu Augsburg. Studien zu Besitz und Herrschaft (1006–1803) (Historischer Atlas von Bayern. Teil Schwaben. Reihe II Heft 2), München 1982, S. 282; Rolle (wie Anm. 2) S. 188.

14 Liebhart (wie Anm. 13) S. 282 f.

15 Ebd. S. 283.

16 Am 15. März 1803 einigten sich Kurfürstentum und Reichsstadt über die Aufteilung von Vermögen und Schulden des Stifts, kamen allerdings nicht ganz auf ihre Rechnung, da Österreich die in Tirol und in der Markgrafschaft Burgau gelegenen Besitzungen und Rechte der Abtei selbst einzog. Vgl. Liebhart (wie Anm. 13) S. 282 f.

17 Bericht Hertlings, München, 1802 XI 8, mit Randentschließungen Montgelas' in: Bayerisches Hauptstaatsarchiv, MA 39001, fol. 13–20.

18 Bayerisches Hauptstaatsarchiv, MA 39001, fol. 44 f.

19 Staatsarchiv Augsburg (künftig StAA), Prov. Kammer Kempten 16.

20 StAA, Landesdirektion Ulm 346, fol. 150–163.

21 StAA, Prov. Kammer Kempten 16. Das ehemalige Reichsstift Söflingen wurde 1810 ebenso wie die Reichsstädte Bopfingen, Buchhorn (heute: Friedrichshafen), Leutkirch, Ravensburg, Ulm und Wangen an Württemberg abgetreten. Drei reichsunmittelbare Klöster auf dem Gebiet des heutigen Bayerisch Schwaben wurden nicht vom Kurfürstentum Bayern säkularisiert: Aufgrund §§ 11, 22 und 24 des Reichsdeputationshauptschlusses fielen das Damenstift Edelstetten an den Fürsten von Ligne, das Damenstift Lindau zusammen mit der gleichnamigen Reichsstadt an den Fürsten von Bretzenheim und die Kartause Buxheim an den Grafen von Ostein, vgl. Ernst Ludwig Huber, Dokumente zur deutschen Verfassungsgeschichte, Bd. 1: Deutsche Verfassungsdokumente 1803–1850, 3. Aufl. Stuttgart u.a. 1978, S. 1–28, hier S. 6 und 8.

22 Rolle (wie Anm. 2) S. 201.

23 Bayerisches Hauptstaatsarchiv, MA 30011, fol. 53 f. und Scheglmann Bd. 3/1 (wie Anm. 6) S. 336.

24 Scheglmann Bd. 3/1 (wie Anm. 6) S. 338–340.

25 Ebd. S. 342 u. 344 f.

26 Ebd. S. 347. Der letzte Reichsabt Robert II. Plersch starb am 3. Oktober 1810 in Elchingen (ebd. S. 349), ein aus Österreich stammender Konventuale trat in Admont in der Steiermark wieder in ein Benediktinerkloster ein (ebd. S. 351).

27 Scheglmann Bd. 3/2 (wie Anm. 10) S. 122 f.

28 Ebd. S. 143–147. Der Säkularisationskommissar Günther berichtete, drei Mönche, die aus dem Kloster austreten wollten, seien zu ihm gekommen und hätten ihn gebeten, ihnen dazu zu verhelfen. Einer von diesen habe erzählt, es seien von den vergangenen Kriegsjahren her in verschiedenen Gewölben noch beträchtliche Summen verborgen oder eingemauert, weil viele Mönche auf ein baldiges Ableben des, wie sie gehört hätten, kränklichen Kurfürsten und auf eine klosterfreundlichere Gesinnung seines Nachfolgers hofften. Tatsächlich zeigte einer der beiden Bibliothekare Günther eine bisher verborgen gehaltene Sammlung griechischer und römischer Münzen, womit er sich offenbar für eine ihm erwünschte Anstellung an einer Schule empfehlen wollte.

29 Günther an Generalhofkommission Eichstätt, Kaisheim, o.D. (StAA, Kloster Kaisheim A 669 I, Nr. 5). Der Bibliothekar P. Augustin Strebel kehrte übrigens nach einigen Monaten aushilfsweiser Tätigkeit in der Pfarrseelsorge reumütig in den noch fortbestehenden Konvent zurück; vgl. Provisorische Administration Kaisheim an Generalkommissariat Neuburg, Kaisheim, 1803 XI 4 (ebd. Nr. 42).

30 Scheglmann Bd. 3/2 (wie Anm. 10) S. 148 f. – J. Lang, Kaisheim gestern und heute. Ein Heimatbuch, Kaisheim 1979, S. 107–111.

31 Kaisheim, das ehemalige Franziskaner-Zentralkloster, in: Bavaria Franciscana antiqua (Ehemalige Franziskanerklöster im heutigen

Bayern), Bd. 2, München o.J., S. 542–544. – Ferdinand Kramer, Kaisheim. In: Max Spindler – Andreas Kraus (Hrsg.), Handbuch der bayerischen Geschichte, Bd. 3/2: Geschichte Schwabens bis zum Ausgang des 18. Jahrhunderts, 3. Aufl. München 2001, S. 328–330, hier S. 330.

[32] Protokoll Bräunings (StAA, Regierung 3064 II, fol. 84–94).

[33] StAA, Regierung 3063. Die von den Beamten, Ammännern, Hauptleuten und Gerichtsbeisitzern unterschriebenen Eidesformeln in: StAA, Regierung 3065. Zum Zeremoniell vgl. Rolle (wie Anm. 2) S. 197.

[34] StAA, Regierung 3064 II, fol. 94'–144'.

[35] StAA, Regierung 3064 II, fol. 123–128'. Vgl. Josef Rottenkolber, Die Fürstabtei Kempten am Vorabend der Säkularisation und ihr Übergang an Bayern, Kempten 1927, S. 10–12.

[36] StAA, Prov. Regierung Dillingen 4; StAA, Regierung 3064 II, fol. 67–70; Rottenkolber (wie Anm. 35) S. 43.

[37] Gutachten Lerchenfelds, Ulm, 1803 I 3 (StAA, Regierung 3064 II, fol. 225–225').

[38] StAA, Prov. Kammer Kempten 12; Rottenkolber (wie Anm. 35) S. 45 f.

[39] Fürstabt Castolus an Freiherr von Hertling, Kempten, 1803 III 11 (StAA, Landesdirektion Ulm 346, fol. 51–53').

[40] Max IV. Joseph an Generallandeskommissariat, München, 1803 IV 2 (StAA, Landesdirektion Ulm 346, fol. 71–72). – Rottenkolber (wie Anm. 35) S. 46.

[41] StAA, Landesdirektion Ulm 346, fol. 118–125.

[42] Vgl. auch Rolle (wie Anm. 2) S. 197.

[43] Scheglmann Bd. 3/1 (wie Anm. 6) S. 621 f.

[44] Ebd. S. 624.

[45] Maurus Mayer, Der Konvent des säkularisierten Reichsstiftes Ottobeuren in den Jahren 1805–1823. Darstellung im Spiegel der Tagebücher des Konventualen Pater Basilius Miller. In: Studien und Mitteilungen zur Geschichte des Benediktinerordens und seiner Zweige 108 (1997) S. 423–490, hier S. 441 f.

[46] J[osef] Rottenkolber, Die letzten Jahre des Reichsstiftes Ottobeuren und sein Ende. In: Studien und Mitteilungen zur Geschichte des Benediktinerordens und seiner Zweige 53 (1935) S. 146–177, hier S. 171.

[47] Ebd. S. 155–157.

[48] Mayer (wie Anm. 45) S. 477 f.

[49] Scheglmann Bd. 3/1 (wie Anm. 6) S. 628.

[50] Mayer (wie Anm. 45) S. 437 und 453.

[51] Ebd. S. 439.

[52] Ebd. S. 453 f.

[53] Ebd. S. 454 f.

[54] Scheglmann Bd. 3/1 (wie Anm. 6) S. 648. Überwiegend waren es die älteren Konventualen gewesen, die im Kloster verblieben waren. Zehn weitere ehemalige Ottobeurer Patres erlebten die Restauration, zogen es aber vor, auf den ihnen übertragenen Pfarrstellen zu verbleiben; einer, P. Barnabas Huber, hatte nach der Säkularisation das Kloster verlassen, um dem Fürsten Fugger-Babenhausen als Hauslehrer und Hofbibliothekar zu dienen, nahm dann aber 1834 an der Neugründung von Augsburg-St. Stephan teil und wurde erster Abt dieses Klosters (ebd. S. 648–651).

[55] Lohmüller (wie Anm. 9) S. 202 f.

[56] Ebd. S. 212 f.

[57] Ebd. S. 214.

[58] Ebd. S. 270.

[59] Ebd. S. 217.

[60] Ebd. S. 204.

[61] Ebd. S. 215 f.

[62] Zur Entstehung zahlreicher klösterlicher Gymnasien und Lateinschulen im 17. und 18. Jahrhundert siehe Hans-Michael Körner, Das höhere und niedere Schulwesen. In: Max Spindler – Andreas Kraus (Hrsg.), Handbuch der bayerischen Geschichte (wie Anm. 31) S. 686–717, hier S. 701 f.

[63] Georg Friedrich Döllinger, Sammlung der im Gebiete der inneren Staats-Verwaltung des Königreichs Bayern bestehenden Verordnungen, Bd. 3, München 1836. S. 86 f.

[64] Vgl. das in den Grundzügen entsprechende Resümee der Ergebnisse der Säkularisation bei Dotterweich (wie Anm. 1) S. 138.

Altbayerische Äbte und Pröpste
nach der Aufhebung ihrer Klöster und Stifte
Von *Wolfgang Winhard OSB*

Zur Fragestellung

Im nachstehenden Beitrag wird der Begriff „Prälat" von erheblicher Bedeutung sein und daher vorweg einer Erläuterung bedürfen. Den Oberen eines landständischen Klosters bezeichnete man mit dem Titel des Prälaten[1] und ihre Orden wurden Prälatenorden genannt. Zu ihnen zählten die Benediktiner, Zisterzienser, Augustinerchorherren und Prämonstratenser. Jeder Prälat hatte das Recht der Pontifikalien, d.h. das Recht, Mitra, Hirtenstab, Ring und Pektorale (Brustkreuz) zu tragen. Auch politisch spielten die Prälaten eine herausragende Rolle, denn der Prälatenstand war innerhalb der Landstände durch Äbte oder Pröpste (Obere bei den Augustinerchorherren) vertreten. Seit 1684 hatte sich zudem der größte Teil der Benediktinerabteien ganz im Sinne des Ordensgedankens in der „Bayerischen Benediktinerkongregation" organisiert, an deren Spitze ein gewählter Präses stand, der vom Generalkapitel jeweils für drei Jahre aus den Reihen der Äbte gewählt wurde. Er repräsentierte die Kongregation nach außen, leitete die fälligen Visitationen, war Appellationsinstanz bei innerklösterlichen Auseinandersetzungen, wirkte entscheidend an Versetzungen von Mönchen in eine andere Abtei mit und erteilte die Druckerlaubnis für Werke der Mönche. Zur Seite standen ihm der erste und zweite Visitator.[2] 1803 gehörten 19 Abteien der Bayerischen Benediktinerkongregation an, nämlich: Andechs, Attel, Benediktbeuern, Ensdorf, Frauenzell, Mallersdorf, Michelfeld, Oberalteich, Prüfening, St. Emmeram in Regensburg, Reichenbach, Rott am Inn, Scheyern, Tegernsee, Thierhaupten, Weihenstephan, Weißenohe, Weltenburg und Wessobrunn.[3] Mehrere Benediktinerabteien schlossen sich dieser Kongregation nicht an, u.a. Ettal, Metten und das reiche Niederalteich. St. Veit an der Rott und Seeon lagen in der Erzdiözese Salzburg und waren daher Mitglieder der Salzburger Benediktinerkongregation, wobei St. Veit wegen klösterlicher Disziplinlosigkeit von sich aus Kurfürst Max IV. Joseph im März 1802 um Auflösung bat.[4]

Aufgehoben wurden in Altbayern mehr als 60 landständische Klöster und Stifte, zusätzlich 8 Kollegiatstifte.[5] Es versteht sich von selbst, dass in diesem Beitrag nicht alle Vorsteher dieser Klöster mit ihrem Leben und Werk geschildert werden können. Die folgenden Darstellungen mit ihren kurzen biographischen Angaben sollen stellvertretend für alle landständischen Klöster exemplarische Verhaltensmuster herausgreifen. Dabei gilt es, sowohl dem Leben unmittelbar während der Aufhebung der Klöster nachzugehen als auch den Jahren danach. Gerade diese Jahre waren für viele Äbte und Pröpste geprägt vom Kampf um eine standesgemäße finanzielle Versorgung und, als Konsequenz daraus, um eine wenigstens halbwegs nahe dem neuen Wohnort gelegene Pensionsauszahlungskasse in Gestalt des zuständigen kurfürstlichen Rentamtes, von neuen beruflichen Aufgaben zumeist in der Seelsorge und in der Wissenschaft, aber oft auch gezeichnet von schweren Krankheiten physischer, teilweise auch psychischer Art. Größere Schikanen durch die Kommissare der Lokalkommission und die Beamten der kurfürstlichen Generallandesdirektion in München sind vereinzelt festzustellen, aber nicht die Regel.

In einer Gesamtschau vieler individueller Verhaltensweisen wird zu fragen sein, wie die Klostervorsteher als Repräsentanten einer bisherigen geistlichen, wissenschaftlichen wie politischen Elite auf den revolutionären Schritt der Säkularisation reagieren, ob sie für eine Restitution ihrer Klöster aktiv eintreten und welche Lebensformen sie nach dem Verlust der Prälatenwürde für sich persönlich wählen.

Die finanzielle Versorgung der Prälaten

Von Bedeutung für dieses Prälatenleben nach 1803 sind ohne Zweifel die Pensionsregelungen. Zunächst erhielt jeder Abt oder Propst ein sog. provisorisches Alimentationsgeld von 3 Gulden pro Tag als Vorschuss, entsprechend der pragmatischen Summe der §§ 35 und 64 des Reichsdeputationshauptschlusses.[6] Als wesentliche Richtlinie für die Höhe der Pension sollte das Vermögen des jeweiligen Stiftes gelten. Der Minimalbetrag war zuerst auf 2000 Gulden, der Maximalbetrag auf 6000 Gulden angesetzt worden. Diese Zahlen wurden in der abschließenden Pensionsregulierung 1804 durch den Kurfürsten deutlich nach unten gedrückt. Jetzt bewegte sich die Quote von der Obergrenze von 2400 bis zur Untergrenze von 1400 Gulden. Zur Durchführung wurden nach dem Vermögen der jeweiligen Abtei, gemessen an der Höhe der Dezimationsbeiträge, sechs Gruppen („Classen") gebildet. Nach dieser Aufstellung erhielt der Niederalteicher Abt Kilian Gubitz jährlich 2400 Gulden, Karl Klocker von Benediktbeuern 2000 Gulden, Gregor Rottenkolber von Tegernsee 2200 Gulden. Sechs Prälaten gehörten zur 4. Gruppe mit 1800 Gulden, 18 Äbte bzw. Pröpste bekamen in der 5. Gruppe 1600 Gulden und zur niedrigsten 6. Gruppe gehörten mit 1400 Gulden 22 Prälaten.[7] Der Auszug der Konventualen geschah nicht unmittelbar nach der förmlichen Aufhebung durch den betreffenden Lokalkommissar; im Gegenteil, Ordensobere wie Konventualen mussten zunächst weiterhin in den Klostergebäuden wohnen bleiben, bis weitere Verfügungen getroffen wurden. So erhält z.B. der Propst des Augustinerchorherrenstiftes Bernried, Albert von Faber, erst am 15. September 1803 von der kurfürstlichen Landesdirektion in ständischen Klostersachen die Erlaubnis zum „Austritt", gemeint ist die Entlassung aus seinem ehemaligen Kloster.[8] Am 15. Oktober 1803 ersucht er die gleiche Behörde um Mitteilung, wo er seine Pension „zu erhollen habe". Er führt seinen Umzug nach München an und erwähnt seine neue Unterkunft: „Meine Wohnung ist in der Rörlspekergasse unweit dem Herzogspital bei Herrn Martin Abendshauser, bürgerli-

chem Metzger, Nr. 257 über die Stiegen linker Seite, vorn heraus."[9] Der Propst des Augustinerchorherrenstifts und Archidiakonates Gars am Inn, Augustin Hacklinger, schickt noch am 12. April 1809 von Gars aus an die Behörden in München eine Aufstellung der Unkosten, die während und nach der Säkularisation entstanden sind.[10] Die Tatsache eines längeren Aufenthalts in den aufgelösten Stiften führt auch zu Überlegungen, wie das klösterliche Leben noch zu gestalten sei. So wendet sich Propst Tertulin Salcher von Schlehdorf am 26. März 1803 an den Freisinger Fürstbischof Konrad von Schroffenberg: „Es ist mir leicht vorauszusehen, dass aus diesem Vorgang (der Klosteraufhebung) unter meinen Religiosen allerley erfolgen wird, so sich im Falle der nicht Auflösung religiöser Pflichten mit diesem Stande nicht mehr verträgt …"[11] An die gleiche Stelle schreibt der Ettaler Abt Alphons Hafner drei Tage später: „Ich nehme es nur dann aus zur schuldigsten Pflicht mich unterthänigst an meinen Gnädigsten Ordinarius zu wenden, und diesen betrübten Zeitumständen angemessene Verhaltungsbefehle gehorsamst zu erbitten, indem bey denselben die bisherige klösterliche Ordnung und Disziplin nebst dem Chorgesange und marianischen Kurs kaum mehr werden bestehen können und selbst der Austritt mancher Individuen mit landesherrlicher Bewilligung erfolgen mag, um ihre Pension anderswo vortheilhafter im Lande zu verzehren …"[12] Schroffenberg antwortet den beiden Prälaten mit einem gleichlautenden Schreiben, dass „… die spärlichen Verrichtungen ferners, wie bisher, nach den allgemeinen Kirchen- und Diözesanverordnungen fortgeführt werden sollen".[13]

Die Äbte Karl Klocker und Rupert Kornmann als Häupter des Prälatenstandes

In den letzten Jahren der Auseinandersetzungen um die Aufhebung der Klöster sind der Abt von Benediktbeuern, Karl Klocker, und der Prüfeninger Abt Rupert Kornmann besonders hervorgetreten. Auf ihr Leben im aufgehobenen Kloster und danach soll hier mehr eingegangen werden als auf die früheren Kämpfe, die sie in

Interessenvertretung zahlreicher Stifte bis zur Säkularisation vorwiegend in München geführt hatten. Klocker wurde am 13. Januar 1748 in Friedberg geboren, erlernte die „Inferiora" im Augustinerchorherrenstift Polling, die restliche Schulzeit mit dem Studium der Rhetorik absolvierte er bei den Jesuiten in Augsburg.[14] 1765 trat er in das Kloster Benediktbeuern ein und wurde 1772 zum Priester geweiht. 1774 begab er sich zum Studium der Rechtswissenschaften an die Benediktineruniversität Salzburg. Nach drei Jahren promovierte er und lehrte am Hausstudium seines Klosters Kirchenrecht und Kirchengeschichte. Im Mai 1785 auf den Kanonistiklehrstuhl der Universität Ingolstadt berufen, begann die wissenschaftliche Auseinandersetzung über die Berechtigung päpstlicher Nuntiaturen, die am 25. August 1789 mit der abrupten Entlassung durch den Kurfürsten endete. Nach mehreren Jahren im Heimatstift berief ihn Fürstabt Coelestin Steiglehner als Professor des Kirchenrechts nach St. Emmeram in Regensburg. Hier entstanden mehrere juristische und historische Abhandlungen. 1790 bearbeitete er die Preisfrage der kurfürstlichen Akademie der Wissenschaften mit dem Thema „Was waren die ehemaligen Barschalken in Baiern? Woher kömmt, und wie gehet ihr Daseyn zurück? Wann und wohin haben sie sich verloren?" Die umfangreiche Abhandlung erschien 1798 im 5. Band der „Neuen Historischen Abhandlungen" der kurfürstlichen baierischen Akademie der Wissenschaften (S. 387–506). 1792 bereits erhielt er den vollständigen Preis. Am 15. März 1796 wurde Karl Klocker zum Abt seines Heimatklosters gewählt. Er leitete es also sieben Jahre und fällt deshalb unter die Kategorie der nicht lange regierenden Prälaten.

Nach dem Tod des Vertreters des Prälatenstandes, dem Pollinger Propst Töpsl, saß nun Klocker in der Landschaftlichen Verordnung und gerade diese Tätigkeit sollte für die Zukunft das wichtigste Arbeitsfeld werden, neben den Aufgaben eines Präses der Bayerischen Benediktinerkongregation, zu dem er auf dem 34. Generalkapitel in Tegernsee am 21. August 1797 gewählt wurde. Keine leichte Aufgabe, fast schon am „Vorabend" der Säkularisation. Noch 19 Visitationen führte er in den bayeri-

schen Abteien durch, allein in den Monaten Juli und August 1801 visitierte er, oft nach mühsamer Reise, elf Abteien, mit Abt Rupert Kornmann zuletzt am 6. August das Kloster Weißenohe.[15] Zwei Abtswahlen präsidierte Karl Klocker, der des Wessobrunner Abtes und Juristenkollegen Johann Damaszen Kleinmayrn am 17. April 1798 und der des Paters Maurus Deigl zum Abt von Mallersdorf am 14. Juli 1801.

Ein päpstliches Breve Pius' VI. vom 7. September 1798 eröffnete letztlich den Kampf um die Existenz der Klöster.[16] Kurfürst Karl Theodor wird in diesem Breve zugestanden, bis 1807 von sämtlichen Stiften und Klöstern die abnorm hohe Kontributionssumme von 15 Millionen Gulden zu erheben. Durch diese Maßnahme des Papstes wäre eine umfassende Säkularisation zugestanden worden, wenn sie denn verwirklicht worden wäre.[17] Der intensive und juristisch fundierte Widerstand durch Klocker und Kornmann halfen zunächst nichts. Resigniert stellt Klocker fest: „Wer hätte es je vermuthen sollen, dass gerade in dem gegenwärtigen Zeitpunkte, und zwar in dem friedlichen Baiern mit einemale ein Plan erscheinen sollte, der Geistlichkeit, ihren Gütern und ihrem Ansehen den letzten Stoß zu versetzen …" Jetzt, so schreibt er, erhebe sich eine andere Sprache als früher: „Die Regenten, ihrer Verfassung, ihrem höchsten Kirchenoberhaupte durch Jahrhunderte ununterbrochen abhängliche und getreue Geistlichkeit in den baierischen Staaten wird beynahe mit 15 Millionen beleget, und was das traurigst ist, dadurch der Entwurf eines ausserordentlichen Contributions Plans veranlasset, der auf nichts weniges, als den gänzlichen Umsturz der Geistlichkeit, vorzüglich der ständischen Abteyen hingerichtet ist."[18] Klocker trug diese Worte auch bei der ihm gewährten Audienz am Silvestertag 1798 dem Kurfürsten Karl Theodor vor, was ihm ein Aufenthaltsverbot in der Haupt- und Residenzstadt München einbrachte. Er müsse, so Staatskanzler von Hertling, München binnen 24 Stunden verlassen, sofern er diese Anweisung nicht befolge, habe der Kanzler „die Veranstaltung zu treffen, mich durch die Polizey ausschaffen zu lassen".[19] Was blieb, war ein ständiges, wenn auch erfolgloses

Protestieren der beiden Äbte beim seit 1799 regierenden Kurfürsten Max IV. Joseph.

Die Auflösung des Klosters Benediktbeuern stellte Abt Klocker vor eine harte Bewährungsprobe. Zur Inventarisierung sämtlicher mobilen und immobilen Gegenstände und Werte erschien der kurfürstliche Kommissar Franz Xaver von Schattenhofer mit seinem Schreiber Zaupser. Klockers Einsprüche erweckten beim Kommissar Abneigung, besonders aber die Tatsache, dass der Abt bei der Untersuchung seiner Papiere „einige derselben, wie er von mir nicht bemerkt zu werden glaubte, mit taschenspielmäßiger Schnelligkeit unter sein Scapulier verbarg, aber selbe auf schleunigstes Ersuchen ohne Streuben vorlegte."[20] Der endgültige Aufhebungsakt begann in Benediktbeuern am 17. März 1803, vollzogen durch den Lokalkommissar Maximilian von Ockel, Landrichter von Rauhenlechsberg. Die Hartnäckigkeit und der Widerstand Klockers führten zu permanenten Auseinandersetzungen über Jahre hinweg. Ockel schlug am 1. August 1803 als neuen Aufenthaltsort Klockers Straubing oder Ingolstadt vor. Der Abt sollte sich innerhalb von acht Tagen dorthin begeben, andernfalls müsse man Maßnahmen ergreifen. Über die Patres äußerte er sich in dem gleichen Schreiben an die Generallandesdirektion ähnlich negativ: „Welche Schliche die Mehrzahl der hiesigen Mönche auf Eingebung des noch nicht in seinem Stolze gebeugten Exabtes einschlagen, um den Pöbel auf ihre Seite zu ziehen und gegen die Verordnungen der Regierung scheu und halsstärrig zu machen. Es ist höchste Zeit, diesen Bund zu zerreißen und die Häupter dieser Rotte unnachsichtlich zu trennen."[21] Klockers Gesuch, in das ehemalige Superiorat Walchensee ziehen zu dürfen, wird von der Generallandesdirektion abgelehnt, „da der Abt zu Benedictbeyern bey jeder Gelegenheit den Churf. Anordnungen sich boshaft widersetzt hat, und wahrscheinlich mit seinem … Gesuche … versteckte Absichten verbindet …"[22] Am 31. Oktober wurde ihm als Aufenthaltsort München zugewiesen.[23]

Am 27. Mai 1805 hielt der Prälat anlässlich der Translationsfeier der hl. Afra in der ehemaligen Reichsabteikirche St. Ulrich und Afra in Augsburg ein feierliches Pontifikalamt. Zwei Tage später begab er sich mit seinem Mitbruder Pater Ulrich Riesch in die ehemalige Benediktbeurer Pfarrei Ehingen. Von hier aus ging es in die Benediktinerabtei Wiblingen bei Ulm. Dort verstarb am 22. Juni im Beisein seines treuen Mitbruders Pater Ulrich Riesch der letzte Abt von Benediktbeuern, noch keine 58 Jahre alt. Seine letzte Ruhestätte fand er in der Marienkapelle der Stiftskirche Wiblingen.[24] Selbst Schattenhofer schrieb an das „Geheime Finanz-Departement" voller Respekt, dass Klocker „bis zum letzten Athemzuge" seine Mönchskutte trug, und dass er „gewis als Mönch nach der vollsten Bedeutung des Wortes" verstorben ist.[25]

Abt Rupert Kornmann von Prüfening dagegen lebte wesentlich länger, bis zum Jahre 1817.[26] Geboren 1757 in Ingolstadt als Sohn eines Militärbeamten, besuchte er das Lyzeum in Amberg und trat 1776 in die Abtei Prüfening ein. Seine Profess legte er ein Jahr darauf ab und wurde nach dem Hausstudium in seinem Heimatkloster am 23. September 1781 zum Priester geweiht. Bis 1785 studierte er dann an der Benediktineruniversität Salzburg Mathematik, orientalische Sprachen und Zivilrecht. Fünf Jahre lehrte er in Prüfening Mathematik und Philosophie. Am 8. Februar 1790 wählten seine Mitbrüder den erst 32-Jährigen zum Abt. Sein seit der Rückkehr vielfältiges literarisches Interesse umfasste Poesie, Philosophie und Mathematik. Neue Verpflichtungen in seinem Orden hinderten ihn nicht an weiteren literarischen Arbeiten. Ermuntert vom Abt von St. Peter in Salzburg und dem damals noch amtierenden Rektor P. Johannes Damaszen Kleinmayrn aus Wessobrunn entschied er sich im Januar 1792 zur Übernahme des Amtes eines Assistenten (Visitators) der Bayerischen Benediktinerkongregation.[27] Über das Generalkapitel 1794 in Oberalteich schrieb er am 19. Mai in sein Tagebuch: „Nahm das Generalkapitel seinen Anfang, nach der bei dem hier einschlägigen Abte liegenden gedruckten Tagesordnung, die aber ebenso genau nicht beachtet wurde. Von der Nuntiatur war niemand zugegen. Reverendissimus Praeses wurde confirmiert und hatte gerade die ihm … notwendige (Mehrheit) von Stimmen. Ich wurde wider meinen Willen Visitator extra ordinarius."[28] Am Tag darauf kam es zu Kapitelbeschlüssen, die teilweise ohne Zweifel auch Kornmanns Handschrift trugen: „20. Mai Fortsetzung des Generalkapitels. Die merkwürdigsten Handlungen desselben waren: Die Einführung besserer Novitiatsschriften; … die Errichtung einer literarischen Gesellschaft; die Bestimmung eines jährlichen Geldes für 3 Preisfragen. Aus der Scriptura, der Vaterl. Geschichte und der Physik und schönen Wissenschaften; die Aufstellung eines Congregations-Historiographen dergestalt, daß jeder Prälat in seinem Kloster einen Geschichtsschreiber im Kleinen aufstellen soll, der dem ersten Beyträge liefern muß."[29] Man spürt, wie in Kornmanns Grundgedanken die Forderungen einer maßvollen katholischen Aufklärung deutlich werden: die wissenschaftliche Beschäftigung mit der quellenkritischen Geschichtsschreibung, mit den Naturwissenschaften und der Literatur. Dazu das Projekt einer Akademie, von dem er freilich fast resignierend im Tagebuch anmerkt: „… zum vierten Mal in diesem Generalkapitel; bei dem letzten in Wessobrunn schon einstimmig beschlossen, aber nicht ausgeführt …" 1796 übernahm er neben Klocker den Sitz eines Deputierten des Prälatenstandes in der Landschaft. In seinem eigenen literarischen Schaffen trat er nun als Historiker und Numismatiker auf. Unter dem Titel „Chronologische Auszüge aus der Geschichte des Hl. Otto, des achten Bischofs von Bamberg, und des baierischen Herzogs Heinrich des Schwarzen zur Beleuchtung einiger Münzen"[30] erschien, wie Andreas Kraus konstatiert, ein exaktes Itinerar des Bischofs und des Herzogs, um damit zu dokumentieren, dass die in Prüfening gefundenen Münzen beim Aufenthalt Ottos in Regensburg in den Grundstein eingemauert worden waren.[31] In seinem Konvent war Rupert Kornmann ein sehr angesehener und akzeptierter Abt. Die letzte Visitation vor der Klosteraufhebung am 19. und 20. Juli 1801 durch Abtpräses Karl Klocker und Abt Heinrich Müllbauer von Frauenzell zollt dem Prüfeninger Prälaten großes Lob. Der allseitige „Eifer in Geistlichem und Zeitlichen" und die Förderung wissenschaftlicher Arbeiten werden besonders hervorgehoben. Dass es in einer Kommunität, die aus 36 Patres und einem Kleriker bestand, auch Reibungspunkte im Zusammenleben gab, ist nicht ungewöhnlich. Einige Rezesspunkte sprechen derartige Probleme an, z.B. sollten diejenigen, die Seelsorgsaushilfen ausübten, zur rechten Zeit wieder zu Hause sein und auch nicht außerhalb des Klosters essen. Eigenmächtige Besuche in fremden Häusern seien strengstens verboten und während der Tischlesung dürfe niemand für sich Bücher oder Zeitungen lesen, außerdem sollten alle Mitbrüder nur Kleider in schwarzer Farbe tragen.[32] 1801, zwei Jahre vor dem Ende, gegen das Kornmann und Klocker mit allen diplomatischen und juristischen Möglichkeiten kämpften, war Prüfening durchaus über den geistlichen Rahmen hinaus ein angesehenes Kloster. Seine Aufhebung begann nach dem üblichen Schema mit der Inventarisierung und Obsignation des Klostervermögens durch den kurfürstlichen Generallandesdirektionsrat Philipp Graf von Arco.[33] Nach heftigem Protest erhielt der Abt seinen bereits versiegelten Schreibtisch zurück. Bezeichnend auch, dass ihm, der jetzt also Staatspensionär war, die Pension jahrelang falsch berechnet wurde, da man die zu Prüfening gehörige Propstei Hemau im Herzogtum Pfalz-Neuburg übersehen hatte. Erst nach langwierigen Prozessauseinandersetzungen erhielt er am 1. Oktober 1807 eine Erhöhung von jährlich 400 Gulden, so dass seine gesamte Pension nunmehr 1600 Gulden betrug.[34] Die Situation in seinem aufgehobenen Stift beschrieb der Prälat mit deutlichen Worten: „Von allen ständischen Rechten und Prärogativen beraubt, aus dem Besitze sämmtlicher Güter hinausgeworfen, von allem Ansehen entblößt, zur Entfernung von meinem Stifte bestimmt, nach ausgepflichteter Dienerschaft, nach abgenommenen Sibillen, nach bereits zerstreuten Mitbrüdern, nach eingestelltem Chor und Gottesdienst, ohne mindesten Wirkungskreise, ist mir außer den todten Zimmern, die ich bewohne, nichts mehr übrig. Und diese sind in diesem Augenblicke, sowie das ganze Kloster feilgeboten."[35] Kornmann verließ sein Kloster am 19. Dezember 1803. Das Angebot des Fürsten von Thurn und Taxis, in dessen Schloss zu wohnen, schlug er aus. Dass er sich in Kumpfmühl bei Regensburg ein Haus bauen ließ, zeigt seinen festen Willen, einen Neubeginn zu wagen, der sich auch durch umfangreiches literarisches Schaffen manifestierte, dabei stets von der Hoffnung geleitet, vielleicht doch einmal ein Kloster zu errichten. Kornmann erlebte nach fast zwei Jahrzehnten gerade noch die Neuordnung der Kirche durch das Konkordat von 1817, die nicht nur eine geschlossene territoriale Kirchenorganisation erwarten ließ, sondern auch eine innere Erneuerung des religiösen Lebens mit einschloss. Vor allem diesem Ziel diente Kornmanns publizistische Tätigkeit. Daneben versah er das Amt eines Hausreligionslehrers der Prinzessinnen Therese und Sophie von Thurn und Taxis. Ein Entwurf, der sich mit „Gedanken" bezüglich der Errichtung einiger Abteien in Bayern befasst,[36] zeigt den immer noch realistisch und auch ökonomisch denkenden Prälaten. „Sollten einige Abteyen wieder hergestellt werden, so müssen mit denselben auch jene alten Verdienste erwachen können, die gegenwärtig ihre Auferstehung unerwünschlich machten. Es sind die Verdienste durch Bildung gelehrter Männer, durch unentgeltliche Real- und Singschulen, durch Vertretung guter Sitten und Beyspiele, durch Oekonomie und Vermehrung des Staatscredits, durch den öffentlichen Kultus und Verbreitung der Seelsorge, durch Unterstützung der Künstler, der Armen und Kranken. Die Abteien müssen wieder aufleben als Musäen und literarische Niederlagen, als Getraidmagazinen in Zeiten der Not … Sie müssen wieder aufleben, damit die Geschichte nicht zugrund gehe, die freien Künste neuen Schwung und Unterstützung erhalten, und Physik und Astronomie und andere Wissenschaften nicht ein blosses Werk einzelner Dilletanten bleiben … Zur Erfüllung aller dieser Forderungen aber gehört eine Kraft von innen und außen, und zu dieser Kraft sind zwei Stücke wesentlich nothwendig 1. Ein ansehnliches auf Realitäten gegründetes Vermögen. 2. Freie Verwaltung …" 1810 erschien Kornmanns „Die Sibylle der Zeit aus der Vorzeit. Politische Grundsätze bewährt durch die Geschichte, nebst einer Abhandlung über die politische Divination" in drei Bänden.[37] Der erste Band enthält eine umfangreiche Biographie über den Verfasser aus der Feder seines Mitbruders Pater Johann Ev. Kaindl,[38] ihr schließt sich ein Verzeichnis der „sämmtlichen Schriften" Kornmanns an. Im Wesentlichen aber geht es ihm, wie auch in der 1813 in München erschienenen „Sibylle der Religion aus der Welt und Menschengeschichte. Nebst einer Abhandlung über die Goldenen Zeitalter" um eine religiöse Erneuerung. Die zweite Auflage erfolgte bereits drei Jahre später in Regensburg. Aus einer Fülle von Zitaten, die bis in die Antike hineinreichen, versucht der Verfasser in beiden Werken immer wieder auf das Schöne, das Gute und den Wert der Religion hinzuweisen. Dass ihm hauptsächlich daran lag, auch die bürgerlichen und adeligen Schichten dorthin zu führen, ist immer wieder erkennbar. Er sagt zu diesem Zweck der radikalen Aufklärung den Kampf an. So fragt er in der „Sibylle der Zeit": „Hat wohl endlich die Aufklärung in's Große gearbeitet? – Hat sie die Politik menschlicher gemacht; und Kriege und Verheerungen vermindert? – Hat sie das Blut besser zu schonen gelehrt, als in der tiefsten Barbarei? – Hat sie die Völker den wahren Geist der Freiheit kennen gelehrt? – oder hat sie nicht vielmehr gerade da, wo sie am thätigsten war, die Völker zur Empörung gereizt? – Hat sie die Fürsten an das Wohl ihrer Unterthanen näher gebracht? … Hat sie das wechselseitige Vertrauen in der bürgerlichen Gesellschaft befördert, oder die Menschen so fein, so verschlagen gemacht, daß keiner dem andern trauen kann? – Hat sie uns die Gottheit mit Wegräumung aller Hindernisse des Sehens so schön gemacht, daß ihr Anblick und ihre Anbetung zu den reinsten Religionsgefühlen geleitet hat? …"[39] In der „Sibylle der Religion" sieht er die Widersprüche der Aufklärung in der Geschichte: „Jetzt wähnt sie, das goldene Zeitalter herbeizuführen, jetzt tritt sie mit dem Geiste der Zerstörung in Verbindung. Aufklärung gegen Aufklärung. Daher geschah es dann, daß der Same der Aufklärung, den man in den vergangenen Jahrhunderten ausgestreuet hat, in den folgenden solche Früchte trug, worüber der gute Mensch heiße Tränen vergießet."[40] Dass beide Buchreihen viele Abnehmer fanden, verdeutlicht auch ein Brief des Pfarrers Jungbauer aus Großmehring, der am 13. Juli 1813 an Kornmann u.a. schreibt: „Ich sah den 3. Teil der Sibylle bei meinem Buchbinder in Ingolstadt. ‚Ach‘ sagte derselbe, ‚es geht mir sehr übel mit diesem Buch, ich sollte mit dem Einbinden eilen und kann in der Arbeit nicht weiterkommen, kann mich nicht satt lesen.‘ “[41] Dem ehemaligen Abt ging es nicht nur um die Veröffentlichung seiner Thesen, sondern auch um deren Umsetzung in der Praxis. So entstand der literarische „Verein zur Aufrechterhaltung, Verteidigung und Auslegung der römisch-katholischen Religion“, den der Würzburger Weihbischof Zirkel initiierte.[42] Kornmann war nun auch über die Grenzen Bayerns hinaus ein vielbeachteter Anhänger der kirchlichen Restaurationsbestrebungen. Auch für das Amt eines Bischofs schien er geeignet, mehrmals taucht er auf den Kandidatenlisten auf.[43] Ein weiterer Hinweis findet sich in einem Tagebuch, vermutlich durch Edmund Walberer: „Herr Dekan vom H. Johannes zu Regensburg erzählte Rmo.D.D. Ruperto 29. Juni 1817, daß S.S.D. Papa Pius VII. Rm. Rupertum Prifl. für einen Bischof zu Kempten (dieses wurde also ein neues Bistum) vorgeschlagen habe …“[44] Freilich, das alles hat sich im Jahre 1817 abgespielt, in dem Rupert Kornmann längst ein kranker Mann war. Kaindl schildert in seinen Erinnerungen den Verlauf der Krankheit: eine ständige Kraftabnahme des oft an Schmerzen leidenden Körpers. Obwohl nicht bettlägerig, war er zu schwach, um in das nahe Regensburg zu fahren.[45] In der Nacht vom 22. auf den 23. September ist Abt Rupert Kornmann nach Auskunft des Arztes an einem Schlaganfall verstorben. Der außergewöhnlich große Blasenstein, den man durch die Sektion gefunden hatte, dürfte die Ursache starker Schmerzen gewesen sein. Noch 1837 wurde dieser Blasenstein „in der hiesigen Pattalogischen Praeparaten Sammlung des allgemeinen Krankenhauses als der größte … aufbewahrt“.[46] Kornmann fand seine letzte Ruhestätte im Friedhof der „oberen Stadtpfarre“, er wurde so bestattet, dass sich „das Angesicht seinem Stifte zuwendet“.[47] Das Pontifikalrequiem in St. Emmeram hielt der letzte Propst des Augustinerchorherrenstiftes Rohr, Petrus Pustet. Zum Requiem am 30. Todestag erschienen

der ehemalige Reichenbacher Abt Marian Neumiller und der „Hochwürdigste Greis“ Fürstabt Coelestin Steiglehner ließ sich, seiner Altersschwäche wegen, mit einem Tragsessel zur Messe bringen. Über Kornmanns Leben könnte man einen Satz aus seiner „Sibylle der Zeit“ schreiben: „Wer sich und die Zukunft sehen will, der blicke in den Spiegel der Geschichte.“[48]

Prälatenschicksale in Einzelbeispielen

Länger als fast alle anderen Prälaten blieb der Propst des Augustinerchorherrenstiftes Gars in seinem aufgehobenen Kloster. Denn die Auflösung der alten salzburgischen Archidiakonate Baumburg, Chiemsee und Gars wurde erst durch königlich bayerisches Reskript vom 28. Februar 1809 angeordnet, was auf erheblichen Widerstand der drei betroffenen Pröpste und des Generalvikariats Freising stieß und durch diese bis in das Jahr 1813 verschleppt wurde.[49] Alle drei Archidiakonate gehörten kirchlich zur Erzdiözese Salzburg, staatlich aber zum Kurfürstentum Bayern. Hacklinger erlebte 1803 den üblichen Aufhebungsvorgang und erhielt zunächst ein Alimentationsgeld von 1095 Gulden.[50] Die gängigen zähen Verhandlungen mit dem eingesetzten Aufhebungskommissar, dem Landrichter von Gröller aus Neumarkt, schilderte er in einem umfangreichen Bericht an das erzbischöfliche Konsistorium in Salzburg und schrieb darin u.a.: „Der Schlag, den wir einige Zeit her befürchteten, ist leider wirklich geschehen … Bis 1. April müssen alle beysammenbleiben und werden vom Stift aus noch verpflegt … am 21. wurden alle Gelder, sowohl von mir als Herrn Dekan und Oekonomus abgenommen sowie am folgenden Tag alles Kirchen- und Tafelsilber, bis auf 6 Kelche, 1 Ciborium, für jeden Priester ein Tischzeug, für mich wurde belassen auch ein Tischzeug, 2 Salzfaß, ein Ring und das schlechteste Pektoral. Sogar der Stab mußte her, der mir aber nach langem, in Rücksicht des noch fortdauernden Archidiakonates zurückgegeben und überlasen wurde.“[51] Am 31. März 1803 bedankt sich Propst Augustin bei der kurfürstlichen Generallandesdirektion „unterthänigst gehorsamst“ für die Überlassung des Pastoralstabes und fügt gleich noch eine Bitte hinzu, „das Bier zum gewöhnlichen Trunke aus dem hiesigen Bräuhause uns, solange wir in Menage beysammen bleyben dürfen, um einen gnädigst moderierten Preise zu überlassen." Der Lokalkommissar von Gröller lehnte dieses Ansuchen umgehend ab.[52] Hacklinger wirkte nun als Seelsorger und weiter als eifriger Archidiakon in Gars. Am 15. Juni 1804 wurde ihm seine Staatspension von 1400 Gulden zugesagt, die Auszahlung erfolgte über das Rentamt Mühldorf. Der Propst bat um die Auszahlung über das Rentamt Haag, weil das viel näher liege.[53] In der Festlegung des Auszahlungsortes, der oft nicht das nächstgelegene Rentamt war, lässt sich für viele Prälaten eine Art von Schikane vermuten. 1810 schlug Hacklinger die Übertragung der Propstei nach Altötting vor, denn diesen großen Wallfahrtsort sah er als „Mittelpunkt des weitschichtigen Archidiakonates".[54] 1808 fiel das Archidiakonat Gars unter die Jurisdiktion des Generalvikariates Freising[55] und wurde 1809 auf Drängen der Regierung in München aufgelöst. Seit 1814 ist der ehemalige Propst „Wirklicher" Geistlicher Rat im Generalvikariat Freising, 1821 wird er Domkapitular des neuen Metropolitankapitels München und Freising.[56] Nach der Weihe des neuen Erzbischofs Anselm von Gebsattel am 1. November 1821, bei der Hacklinger assistierte, wurde er zum Generalvikar ernannt.[57] Er erwarb sich große Verdienste um die religiöse Erneuerung der Erzdiözese, vor allem im Bereich der Priesterausbildung. Augustin Hacklinger starb am 19. Februar 1830 in München.

Einer der herausragendsten Äbte der Bayerischen Benediktinerkongregation war der Tegernseer Abt Gregor II. Rottenkolber. Er erlebte die Säkularisation auf dramatischere Weise als die anderen Äbte. Seit dem Oktober 1801 litt er an schwerer Krankheit. Sein Arzt, Medizinalrat und Stadtphysikus Nikolaus Seitz, konstatierte eine schwere Nervenerkrankung, zusätzlich eine andauernde „Abstumpfung der Sinne, zumal des Geschmackes und Geruchs, eine Betäubung des ganzen Kopfes, Neigung zur Schlafsucht, welche nur zu sehr apoplektische Anfälle (Schlaganfall) befürchten" lassen.[58] Trotz seiner

Gebrechen genoss der Abt im Kloster und über dessen Grenzen hinaus hohes Ansehen. In einer Aufstellung und kurzen Erwähnung der Leistungen der Äbte wird in einem handgeschriebenen Sammelband das Engagement für die Erweiterung der Bibliothek, die Förderung der Studenten und auch der Armen besonders hervorgehoben. „Obwohl er immer mit Kränklichkeiten zu kämpfen hatte, so war er doch gegen sich selbst ein strenger Mann."[59] Trotz seiner schweren Krankheit musste Rottenkolber die Aufhebung des Klosters unter deprimierenden Umständen erleiden, und zwar auf Grund einer böswilligen Verdächtigung, wonach der Prälat und zwei seiner Mitbrüder Wertgegenstände vor dem Aufhebungskommissar versteckt und unterschlagen hätten. Die kurfürstliche Generallandesdirektion verfügte, der Prälat müsse mit den beiden Patres Sebastian Günthner (Waldmeister) und Cajetan Höck Tegernsee verlassen und nach Niederalteich deportiert werden. Am 14. April 1803 wurde der Abtransport vollzogen. Rottenkolber blieb nicht einmal die Zeit, seine Habseligkeiten einzupacken. In Niederalteich standen sie unter polizeilicher Aufsicht. Die von Abt Gregor geforderte Untersuchung der Vorwürfe ergab schließlich die völlige Haltlosigkeit. Die Tegernseer Mönche durften am 3. Oktober 1803 ihre Niederalteicher Mitbrüder wieder verlassen und erhielten ihre vollen Pensionen zuerkannt, nach Tegernsee kamen sie erst am 25. Oktober 1805 zurück. War die Verhaftung und Deportation eines Prälaten höchst ungewöhnlich, so war der Schritt des Paters Petrus Hohenloher einmalig: 18 Tegernseer Mönche kauften vom neuen Besitzer des Klosters, Karl Josef Freiherr von Drechsel, den Konventtrakt mit Konventgarten. Die Generallandesdirektion hatte dem Kauf nur zugestimmt, wenn kein Chorgebet abgehalten werde und die Mönche ausschließlich Weltpriesterkleidung tragen.[60] Ein kurfürstliches Dekret vom 30. August 1805 betonte noch einmal das Verbot des gemeinsamen Chorgebetes im ehemaligen Chor an der Kirche. So ist Tegernsee das einzige Kloster, das nach der Aufhebung eine vita communis fortsetzte; das klösterliche Leben endete 1817 durch den Verkauf dieses Gebäudes an König Max I. Den damals noch lebenden sechs Patres stellte man das sog. „Herrenhaus", direkt am See gelegen, zur Verfügung. Abt Gregor Rottenkolber, der Tegernsee seit seiner Rückkehr nie mehr verlassen hatte, erlebte das alles nicht mehr. Er verstarb am 13. Februar 1810. Sebastian Günthner schreibt in seiner Biographie über den Abt: „Gregor brachte seine Lebenstage nicht höher als auf 59 Jahre, 3 Monate und 3 Tage. Übrigens hatte er einen großen Körperbau, helle Augen, voll Feuer, und eine hohe Stirne. Seine ganze Gesichtsbildung verkündete den denkenden Mann von einem festen und entschlossenen Charakter … Aber durch seine Krankheit und andere Unglücksfälle verlor er sehr viel; vorzüglich verlöschte das Feuer seiner Augen, die immer tiefer in ihre Höhlung zurücksanken, und seine Stirne wurde mit einer Menge Runzeln besäet. Er ruht auf dem Gottesacker zu Tegernsee, und ein kleines Monument aus Marmor erinnert an den wohltätigen Mann."[61]

Regierte Rottenkolber sein Kloster 16 Jahre, so gab es eine ganze Reihe von Prälaten, die dieses Hirtenamt weit kürzer ausübten. Von Karl Klocker aus Benediktbeuern (7 Jahre) war bereits die Rede. Noch kürzer regierte der letzte Abt von Wessobrunn, Johann Damaszen Kleinmayrn. Mit 62 Jahren gewählt, legte der nunmehr 67-Jährige mehrere rechtsförmliche Proteste gegen die Schritte des kurfürstlichen Aufhebungskommissars von Obernberg ein. Der frühere Rechtsprofessor der Salzburger Universität argumentiert auf folgende Weise: „Da hierdurch unsere Eigenthums Rechte, die ständischen von Sr. Churfürstl. Durchleucht selbst begnehmigten Gerechtsame und Freyheiten offenbar beeinträchtiget werden, mir aber als Vorstehern des hiesigen mir gnädigst anvertrauten Stiftes vor allem obliegt dieselbe bestmöglichst zu verteidigen" lege er „in Rücksicht des noch immer bestehenden Verbandes der baierischen Stände mit der allgemeinen Baierischen Landschaft gegen alles weitere Verfahren der Churfürstl. Commission meine förmliche Protestation ein." Er verweist in der gleichen Note auf das Recht der Weingüter in Südtirol: „da die … Commission Instructionsmässig darauf besteht auch unsere zu Grätsch im Tyrol [Gratsch bei Algund] gelege-

nen Weingüter ad Statum activum dieses Stifts zu ziehen …" Kleinmayrn betont, dass dieser Besitz außerhalb Kurbayerns liege, und zwar in Tirol, in dem vom dortigen Fürsten „ordinäre und extraordinäre Abgaben z.B. Kriegssteuern etc." erhoben würden.[62] Aber auch hier wurde vergeblich protestiert. Nach der Auflösung Wessobrunns am 15. März 1803 blieb Abt Johann Damaszen weiterhin in seinem Kloster. Seine „Austrittserlaubnis" erhielt er von der Generallandesdirektion am 4. September 1803, sobald „seine Gegenwart zu Beendigung der Commissionsgeschäfte nicht mehr nöthig sein wird."[63] Noch im Oktober ging er nach Landsberg am Lech, wo er ein Privathaus bewohnte und, da zur 4. Gruppe gehörend, 1800 Gulden Jahrespension erhielt.[64] Seine Hauptbeschäftigung galt der umfangreichen Privatbibliothek, die er mitnehmen durfte[65] und dem Landsberger Schulfonds vererbte. In seinem Testament forderte er: „In sicherster Hoffnung, Gott werde meiner armen Seele gnädig seyn, soll mein hinterlaßener Körper ohne allen Prunk, so viel es nur der Wohlstand zuläßt, zur Erde bestättiget und ein ganz einfacher Grabstein gesetzt werden." Als weitere Erben setzte er die Nichten und Neffen seiner Familie und „alle meine lieben in den königlich baier. Landen sich befindende Mitbrüder" und die „Hausarmen" zu „Wessobrunn, auf der Gaispoint und Haid" und Landsberg ein.[66] Der letzte Prälat von Wessobrunn starb am 25. November 1810 an Brustwassersucht.

Nur zwei Jahre wirkten die Äbte Edmund Schmid aus Thierhaupten und Aemilian II. Miller aus Rott am Inn. Schmid erlebte die Auflösung im Alter von 52 Jahren.[67] Sein Hauptinteresse galt der schulischen Erziehung. Er lehrte Rhetorik und Logik am Kolleg in Neuburg, später Theologie und Kirchenrecht in seinem Kloster. Nach der Säkularisation erteilte der Abt mit zwei Mitbrüdern Unterricht an der Dorf- und Feiertagsschule in Thierhaupten. 1817 stifteten er und vier seiner Mitbrüder ein Schulgebäude.[68] Neben seiner Lehrtätigkeit wirkte Schmid als Pfarrer im ehemaligen Klosterdorf. Da die Pfarrkirche sehr ruinös war, ersteigerte er mit eigenen Mitteln die Klosterkirche, die nun als Pfarrkirche verwendet wurde. Der große Freund der Pädagogik und eifrige Seelsorger starb 1825.[69] Aemilian II. blieb nach der Aufhebung Rotts mit einigen Mitgliedern im Kloster. Im Sommer 1805 verlegte er, längst an einer schmerzhaften Nervenschwäche an den Händen leidend, seinen Wohnsitz nach Rosenheim. Aber schon im Herbst wechselte er nach München, um besser wissenschaftlich arbeiten zu können.[70] Da das wirtschaftlich bescheidene Kloster Rott zur Besoldungsgruppe 5 gehörte, erhielt er eine Jahrespension von 1600 Gulden.[71] Abt Aemilian II. starb im Alter von 46 Jahren am 4. Februar 1809 in München.[72]

Dass es Prälaten gab, die mit den deprimierenden Vorgängen der Auflösung ihrer Klöster nicht zurecht kamen, zeigen zwei Beispiele. Im Juni 1803 hat der Dietramszeller Propst Maximilian Grandauer mit einem schon beschlagnahmten Kutschpferdegespann das Augustinerchorherrenstift verlassen mit der schriftlichen Begründung, er sei es leid, als etwas ganz und gar Überflüssiges, ja Ausschüssiges zu gelten. Grandauer ist freilich bald danach zurückgekehrt.[73] Anders verlief die Flucht des Ettaler Abtes Alphons Hafner. Der letzte Abt des berühmten Klosters wurde am 16. April 1742 in Reutte in Tirol geboren, studierte in Ettal, Augsburg und Innsbruck, legte seine Profess am 28. Oktober 1762 ab und feierte seine Primiz am 18. September 1767. Seit 1781 war er Rektor des Lyzeums in Straubing. Am 3. Oktober 1787 wurde er Abt seines Heimatklosters.[74] Für Abt Alphons wirkten die bohrenden Nachfragen des Landrichters Thoma und sein ständiges Suchen nach Papieren, Rechnungsbüchern und Briefen wie ein Inquisitionsvorgang. Zermürbt verwickelte er sich in Widersprüche. Es ging um den gleichen Vorwurf wie in Tegernsee: Unterschlagung von Silber und Verschleppung von Geld in das Ausland, nämlich in Tiroler und Schweizer Klöster. Von Gerüchten genährt und durch den Fund eines beschlagnahmten nicht unterzeichneten Briefes, in dem geraten wird, die Transaktionen unbedingt fortzuführen, wurde Thoma aktiv. Dietmar Stutzer nimmt als Verfasser des Briefes den Abtpräses Karl Klocker aus Benediktbeuern an.[75] In der Nacht vor dem 12. Mai 1803 ist dann der völlig entnervte Abt aus Ettal geflohen, drei

Tage später will man ihn in seiner Heimat Reutte als Bauer verkleidet gesehen haben und Gerüchte besagten, einige Bürger hätten ihn dort versteckt. Hafner wurde nun öffentlich als Verbrecher gesucht. Dass die Vorwürfe gegen ihn haltlos waren, konnte vorwiegend durch den Abt des am Rande des Engadin gelegenen Klosters Martinsbruck nachgewiesen werden, der Ettaler Gut (Silber und Geld) während der Einfälle französischer Truppen mit Erfolg versteckt hatte. Der Ettaler Abt wurde rehabilitiert. Seine Gesundheit freilich war zerstört und das Urteil des für Martinsbruck zuständigen Kreisarztes Zigalla spricht von einem „sehr zerrütteten Gesundheitszustand, Obstruktionen, zitternde Hände, wasserschwülstige Füße als Vorboten einer künftigen Wassersucht sowie Verstimmungen eines traurigen Gemüthes."[76] Abt Alphons Hafner aber machte sich auf den Weg in die Stille, in eine Welt, in der es keinen Lokalkommissar gab. Er nahm seine Wohnung in der alten Benediktinerabtei S. Giustina in Padua, wo er am 7. Mai 1807 verstorben ist. Für den Staat wurde die Causa Hafner eine teuere Angelegenheit. Er musste die Erbschaftsansprüche der Schwester des Verstorbenen, Maria Hildegardis Hafner, Äbtissin des Klosters Maria Hilf im Großherzogtum Baden, anerkennen, wie es das Testament vorschrieb.

Hatten sich, wie schon erwähnt, die Kommissare von Ockel und von Schattenhofer mit dem Benediktbeurer Abt Karl Klocker in äußerst polemische Auseinandersetzungen verstrickt, so war nun Ockels Aufgabe im unmittelbaren Nachbarkloster, dem Augustinerchorherrenstift Schlehdorf, wesentlich leichter. Er traf dort auf den 53-jährigen Propst Tertulin Salcher, einen geborenen Diessener. Unter der Rubrik „Besondere Anmerkungen" des Pensionsentwurfs an die Generallandesdirektion vom 22. April 1803 beurteilte der Lokalkommissar den Propst mit folgenden Worten: „Ist ein Mann, dessen Karakter in Gerad- und Offenherzigkeit besteht – ohne Falsch. Er unterstützte bisher den dortigen Schullehrer nach Kräften und ist ein Freund des Schulwesens."[77] Salcher wurde eine Pension von 1400 Gulden zugesprochen.[78] Er zog als Kommorant in seine

Heimat nach Diessen, ließ sich auf dem ehemaligen Klosterhof ein Haus bauen und starb am 13. Januar 1829.[79] Länger im aufgelösten Kloster Andechs blieb der dortige Abt Gregor Rauch.[80] Am 26. März 1806 stellte er sein Austrittsgesuch, also die Bitte um Entlassung aus dem bisherigen Wohnort. Zunächst ging er zu seinem Bruder Amand Rauch, der Benediktiner in Benediktbeuern war und dort als Pfarrer wirkte. 1806 finden wir ihn bei seinem anderen Bruder, Pater Placidus Rauch, ehemals Konventuale in Wessobrunn und nunmehr Pfarrer in Epfach. Hier starb Gregor Rauch im Jahre 1812 als Kommorant.

Es ist nicht ungewöhnlich, dass die meisten früheren Klosterprälaten weiter in der Seelsorge mitarbeiteten oder eine Pfarrei übernahmen. Andere aber waren so krank, dass sie keine Hilfe mehr leisten konnten wie Dominikus Weinberger aus Attel, der sich nach eigenen Angaben „in Nervenschwäche" befand und seit Jahren nicht mehr pontifizieren konnte.[81] Abt Weinberger verließ Attel und ging in das nahe Wasserburg, wo er nach langem Siechtum 1831 starb.

16 Jahre lang war Coelestin Stöckl Abt von Metten an der Donau gewesen. Schon die letzten Jahre vor der Aufhebung hatten sich schwierig gestaltet. Am 10. September 1803 bat er die Generallandesdirektion um die Überlassung des Seniorenstocks und des Konventgartens, um dort mit sechs Mitbrüdern zu bleiben. Das Gesuch wurde, wie nicht anders zu erwarten war, am 22. September abgelehnt.[82] Am 18. April 1803 war er zunächst in das Sommerhaus Himmelberg gezogen, doch sein Befinden galt als „unbaß, verdrüßlich und bestürzt".[83] Am 22. Juni 1803 kehrte er nach Metten zurück und kann hier in seinem Kloster bleiben, wo er nach jahrelangem Siechtum am 27. März 1807 starb.[84]

17 Jahre lang regierte Abt Benedikt Werner das Benediktinerstift Weltenburg an der Donau, das er am 26. Juni 1803 mit einer Jahrespension von 1400 Gulden verließ. Er begab sich für einige Monate zu seiner Schwester in das nahe Breitenbrunn[85] und nahm ab 21. Oktober 1803 seinen Aufenthalt in München, um sich wissenschaftlich ausführlich mit der Geschichte seines Klosters zu befas-

sen. Seine Klostergeschichte, die er 1806 in Angriff genommen hatte, vollendete er 1816. Das Manuskript, das sich in der Bayerischen Staatsbibliothek befindet, umfasst 2542 Seiten in 24 Büchern.[86] Neben weiteren historischen Arbeiten betreute und vermehrte er seine umfangreiche Sammlung von Kupferstichen und Zeichnungen. Benedikt Werner starb als Geistlicher Rat und Kommorant am 20. Oktober 1830 in München.[87]

Die oft kleinlichen Auseinandersetzungen mit der Lokalkommission und der Generallandesdirektion, auf die schon mehrmals hingewiesen wurde, setzten auch dem Abt des Prämonstratenserstiftes Schäftlarn, Gottfried Spindler, in besonderer Weise zu. Prälaten hatten nämlich zu dieser Zeit ihr eigenes Geld, das nicht zum Stiftsvermögen gehörte und das des Öfteren ausgeliehen, angelegt oder zum Kauf wertvoller Gegenstände bzw. zur finanziellen Unterstützung von mittellosen Studenten der Klosterherrschaft und der Armen verwendet wurde. Dieses Geld und auch die Wertgegenstände forderte Spindler zurück – wie viele seiner Prälatenkollegen und oft sogar mit Erfolg. Am 4. April 1803 schrieb er an die Generallandesdirektion: „Für das gestern mir behändigte Pektorale sage ich hiermit den schuldgehorsamsten Dank, bitte aber zugleich unterthänigst um einen Ring, indem ich alles hergeben mußte, auch den, welchen ich ordinär trug mit einem gebleichten Topas und mit Diamanten garniert ... alles dies konnte nur durch angespartes Rekreationsgeld finanziert werden."[88] Er bat auch um Rückgabe der 1000 Gulden, die er aus seinem Depositum dem Mitbruder P. Michael Rest, Pfarrer in der klostereigenen Pfarrei Scheuring bei Landsberg, geliehen habe. Spindler war hartnäckig. Am 15. April 1803 erinnerte er an seine Eingabe, am 22. Juli wiederholte er seine Bitte und erhielt die Insignien schließlich im August zurück. Der Schäftlarner Abt ersuchte die Generallandesdirektion am 16. Juli 1803, ihm die Erlaubnis zum Auszug aus Schäftlarn zu gewähren, und sich „in mein Geburtsort Luhe, in der Landgrafschaft Leuchtenberg, begeben zu dürfen, um daselbst unter meinen Geschwistern mein übriges Leben in jener stillen Ruhe hinbringen zu können, welche meine schwachen Gesundheits

Umstände allerdings erfordern."[89] Seine Eingabe wurde genehmigt, doch seine Pension (1600 Gulden jährlich) habe er im Rentamt Amberg zu holen. Für ihn, der sich nun auf den Weg in die Oberpfalz machte, taten sich eine ganze Anzahl von Schwierigkeiten auf, die sicher zum einen auf einen äußerst schwerfälligen Beamtenapparat zurückzuführen sind, zum anderen aber auch auf schikanöses Verhalten: Am 26. Juli 1804 schreibt Spindler an die Generallandesdirektion, das Geld werde für ihn im Landgericht Wolfratshausen ausbezahlt; das sei für ihn „eine gar zu weite Entlegenheit."[90] Er begründete seinen Umzug nach München nicht nur damit, sondern auch mit besserer medizinischer Versorgung für seine schwache Gesundheit. Offensichtlich fand sich Spindler seit seinem Weggang aus Schäftlarn nicht zurecht. Am 3. Januar 1806 erklärte er, der inzwischen in München lebt, dass er wieder nach Luhe umsiedeln will, „... daß ich wie vorhin in erwünscht besserer Ruhe, und stiller gewöhnter Einsamkeit in der Obern-Pfalz meine noch übrigen Lebenstage zubringen und beschlüssen möge."[91] Schon im Juni überlegte er es sich wieder anders und will in München bleiben. Die jetzt königliche Landesdirektion in München war auch damit einverstanden, doch viele Lebenstage waren ihm nicht mehr vergönnt. Schon am 29. März 1807 starb der letzte Prämonstratenserabt von Schäftlarn „an gänzlicher Entkräfftung" und wurde auf dem Münchner Südlichen Friedhof bestattet.[92]

Zwar nur vier Jahre Abt des Prämonstratenserstiftes Windberg, hat Ignatius Preu die Säkularisation um 37 Jahre überlebt.[93] In einem sehr aufschlussreichen Brief an Abt Rupert Kornmann schilderte er die Trostlosigkeit dieser Aufhebungstage, aber auch die innere Stimmung: „Die kummervolle Aussicht wegen unsrer langweiligen künftigen, und endlichen Bestimmung wirkt nun meist auf mein Innerstes. – Bisher schmückte ich mir mit dem baldigen Ende unserer Kommission [= Lokalkommission], und es wäre auch unfehlbar noch in diesem Monathe erfolgt, wenn nicht inzwischen unser titl. Herr Kommissär auch jene zu Mallersdorf hätte übernehmen müssen ... Zudem müssen noch einmal 5 Höfe zur Versteigerung ausgeschrieben werden ... Es ist wahrhaft

keine kleine Geduld vonnöthen, die itzigen auffallenden Vorkehrungen mit ansehen und ertragen zu müssen ..."[94] Ignatius Preu lebte zunächst einige Jahre in Cham, dann in Straubing. Hier feierte er am 10. Oktober 1829 sein goldenes Priesterjubiläum. Er starb als Kommorant am 13. August 1840 und wurde auf dem Petersfriedhof bestattet. Mit ihm verstarb einer der letzten Vertreter des bayerischen Prälatenstandes.

Da Donauwörth zur Zeit der Säkularisation zu Kurbayern gehörte, soll hier auch die dortige Benediktinerabtei Hl. Kreuz kurz erwähnt werden.[95] An der Spitze dieses Klosters stand seit 1794 Abt Coelestin Königsdorfer. Sein Studiengang war der zu dieser Zeit übliche: neben der Philosophie und Theologie Logik, Metaphysik, Mathematik und Dogmatik. Alle Studien hatte Königsdorfer mit Bravour bestanden. Als Abt förderte er die Studien seiner jungen Mitbrüder, indem er sie an verschiedene Universitäten schickte. Als weiteres Interessenfeld galten die Beschäftigung mit der Literatur und der Historiographie: ein maßvoll der katholischen Aufklärung zugetaner, weltoffener, aber durchaus auf die Klosterdisziplin achtender Prälat, wie man ihn zu dieser Zeit öfter antrifft. Im Zuge der Entschädigungsverhandlungen der Reichsdeputation 1802 wurde die Abtei Hl. Kreuz der Fürstin Philippine Karoline von Colloredo, geborene Gräfin von Oettingen-Baldern, als Entschädigung für die linksrheinische Herrschaft Dachstuhl zugesprochen.[96] Diese verfügte am 15. Januar 1803 die Auflösung des Klosters. Der Abt erhielt eine jährliche Pension von 3500 Gulden, jeder Priestermönch 450 Gulden. Für den Abt war die Stimmung dieser Tage bedrückend: Er fuhr für einige Wochen mit „seinem Pferdegespann" zu seinem Bruder, dem Pfarrer von Lutzingen und schlief dann noch einmal in seinem leeren Abteigebäude. Sein künftiger Wohnsitz lag nahe bei seinem Kloster, die sog. Münze, die bisher von einem Klosterbediensteten bewohnt worden war. Vor allem schriftstellerisches Schaffen prägte nunmehr seinen Alltag. 1814 erschien aus seiner Feder eine Predigtsammlung. In den Jahren 1819–1829 verfasste er, teilweise unter Mithilfe seines Mitbruders Pater Bernhard Stocker, seine dreibändige

„Geschichte des Klosters zum Heil. Kreuz in Donauwörth", für lange Zeit ein Standardwerk. Dass Königsdorfer bei den Verhandlungen zwischen dem Königreich Bayern und dem Hl. Stuhl über die Ämterbesetzungen der Domkapitel anlässlich des Konkordates von 1817 als Domdekan der Erzdiözese München und Freising vom Vertreter des Kirchenstaates vorgeschlagen wurde, was bei der bayerischen Regierung auf heftigen Widerstand stieß,[97] zeigt den über die Grenze seiner schwäbischen Klosterlandschaft hinaus geachteten Prälaten, der sich besonders um die Armen, Alten und Kranken der Stadt kümmerte. König Ludwig I. verlieh ihm 1832 den „Civil-Verdienst-Orden" der bayerischen Krone, womit der Adelstitel verbunden war. Am 16. März 1840 ist Königsdorfer im Alter von 84 Jahren verstorben. Auch er war damit einer der letzten Vertreter des Prälatenstandes.

Waren die Prälaten der ausgehenden Barockzeit langsam und zögernd auf die katholische Aufklärung zugegangen und hatten sie sie nur gemäßigt in die Ausbildung der Novizen einfließen lassen, so gab es durchaus unter ihnen auch Vertreter einer radikaleren Richtung, die Sinn und Zweck des Ordenslebens in Frage stellten. Es ist hier nicht der Platz, das Thema Klosterleben und radikale Aufklärung umfangreicher zu behandeln, zwei Namen aber müssen erwähnt werden: Beda Aschenbrenner, Abt von Oberalteich, und der Propst des kleinen Augustinerchorherrenstifts Beuerberg, Paul Hupfauer. Aschenbrenner[98] war im November 1789 Nachfolger von Karl Klocker auf dem Kanonistiklehrstuhl an der Ingolstädter Universität geworden. In seiner 1784 anonym erschienenen Schrift „Aufklärungs Allmanach für Aebbte und Vorsteher Katholischer Klöster" kritisierte er den klösterlichen Tagesablauf, der von zu vielen frommen Übungen unterbrochen sei und viel zu wenig Zeit für das Studium zur Verfügung stelle: „Kaum denkt sich der Mönch über ein Objekt heiß ... so sucht ihn das störerische Geklingel wieder zu hundert Gebetereien." Die Lage der Stifte auf dem Lande führe zu „nothgezüchtigter Einsamkeit und Schwermut, sonders wenn stark gebrautes Bier die Adern durchwallt."[99] Aber Aschenbrenner äußerte auch Vorschläge: eine Reform der Ausbildung der jungen Mönche, Förderung der Literaturbeschäftigung, Mathematik, Physik, Philosophie und der noch jungen Pastoraltheologie. „Bigotte Asketen" hätten in den Klöstern nichts zu suchen. Hupfauer dagegen lehnte eine Reform rundweg ab: „... das Mönchthum an sich ist schlechterdings gar keiner Reformation fähig."[100] Wie gestalteten sie nun ihr Wirken als Prälaten? Beda Aschenbrenner, 1796 zum Abt geweiht, galt als großherziger Förderer der Studien und der Bibliothek. Seine ökonomischen Fähigkeiten wurden vom Lokalkommisar von Annetsberger gelobt, allerdings hatte er einen Verdacht: „Der Prälat fügte sich dem Ansehen nach mit Ergebung in die Absichten der Regierung. Doch vermuthe ich nicht ohne Grund, daß sich das Kloster nicht unvorbereitet fand. Der Zeitpunkt, wann die Kommission eintreffen würde, mochte unbekannt gewesen seyn, alles übrige schien lange vorgesehen. Kaum ist es glaublich, daß in einer Abtey, dessen Vermögensumstände blühend sind, so wenig baares Geld vorhanden seyn sollte." Aschenbrenner hatte bis zum Ende seiner Amtszeit gute Arbeit geleistet: In der letzten Visitation (1801) sprachen ihm die Visitatoren großes Lob aus und hoben besonders seinen Einsatz für die Studien und Wissenschaften hervor.[101] Er widmete sich selbst während der Auflösungsarbeiten seinen Studien, fühlte sich aber durch die Versteigerungen sehr gestört und bat in einem Schreiben an die Generallandesdirektion um die Erlaubnis, in die zum Kloster gehörende Pfarrei Haselbach gehen zu dürfen, denn durch die Geschäftigkeiten der Aufhebungskommission „... wird öfter meine wissenschaftliche Muße gestört."[102] Dort blieb er einige Zeit, wechselte dann nach Straubing, zuletzt nach Ingolstadt, wo er am 24. Juli 1817 verstorben ist. Scheint Aschenbrenner nach seinem Amtsantritt als Prälat seine klösterlichen Reformgedanken maßvoller umgesetzt zu haben, als er sie früher noch in polemischer Schärfe äußerte, trifft man bei Hupfauer auf den radikalsten Aufklärer in einem bayerischen Prälatenstift. Die Tatsache, dass er die bereits erwähnten „Zehn Paragraphen über das Klosterwesen in Baiern" noch im Jahr der Säkularisation vorlegte, spricht Bände. Der Bauerssohn aus Wall bei Miesbach, am 24. Dezember 1747 geboren, hatte es in seiner wissenschaftlichen Laufbahn dank seiner aggressiven Haltung gegen das bestehende Klosterleben nicht leicht gehabt. Von 1781 bis 1791 war er Professor für Mathematik und Physik am Lyzeum in München,[103] dort wurde er als Illuminat verdächtigt und entlassen. Dieser Vorwurf führte auch zur Annullierung der Prälatenwahl 1794, bei der Hupfauer gewählt wurde. Erst 1799 erfuhr er seine Rehabilitierung und es erfolgte seine Berufung an die Universität Ingolstadt. Am 12. August 1802, also ein Jahr vor der Aufhebung Beuerbergs, wurde er erneut zum Propst gewählt. Mehrere Briefe an die Generallandesdirektion zeigen ihn als Fürsprecher für eine finanzielle Entschädigung einiger Klosterbediensteter wie den ehemaligen Klosterrichter Joseph Anton Riedhofer und den Hauspfleger Johann N. Schmid.[104] Auch zu den Klostergebäuden äußerte er Vorschläge. Im Kloster sollten für die Elementarschule ein Zimmer und eine Lehrerwohnung zur Verfügung gestellt und dem Lehrer „eine fixierte hinlängliche Besoldung ausgeworfen" werden.[105] Ganz im Sinne des Prälaten war offensichtlich auch sein Dekan Possidius Sterzer, Pfarrer von Beuerberg, eingestellt. In einem Brief des Lokalkommissars an die Generallandesdirektion vom 18. April 1803 wird dieser so beurteilt: „Der Dekan ist noch bey seinen besten Jahren und seine Denkungs Art ganz für den Geist der heutigen Zeiten bestimmt."[106] Paul Hupfauer ging nach der Aufhebung seines Stiftes an die Universität Landshut, wo er am 13. Juni 1808 starb.

Zusammenfassung

Es fällt schwer, in den aufgeführten exemplarischen Prälatenschicksalen durchgängige und gleich bleibende Verhaltensmuster zu finden. Sicher, während der turbulenten Tage der Aufhebung setzten sich die Prälaten im Sinne ihrer Ordensregeln und Consuetudines ein, mussten jedoch bald ihre Ohnmacht und die Fruchtlosigkeit ihrer Bemühungen einsehen. Wenn schon die vita communis nicht zu retten war, so regte sich rasch ein energisches Eintreten für eine standesgemäße finanzielle Versorgung, die das Kurfürstentum Bayern durchaus an-

gemessen gewährte. Die Schikanen und Nadelstiche, die recht häufig erwähnt werden, sind bevorzugt den mit der Säkularisation vor Ort beauftragten Kommissaren zuzurechnen, die je nach dem Maß an radikaler aufklärerischer Gesinnung ihre Abneigung gegen das Mönchtum in Wort und Tat spüren ließen. Massiver Protest wie bei Klocker und Kornmann, verhaltener wie beim alten Prälaten von Wessobrunn, sind die Ausnahme. Häufiger ist zu konstatieren, dass die Aufhebung ihres Klosters die Ordensoberen in tiefe Resignation oder gar Depression stürzte. Nicht wenige wurden krank oder starben vorzeitig, wobei jedoch zu bedenken ist, dass die meisten Äbte und Pröpste schon in vorgerücktem Alter standen. Die Auflösung ihres Klosters hat die Prälaten gezwungen, sich nach einer neuen Betätigung umzusehen. In den neuen Betätigungsformen ist eine besonders große Vielfalt festzustellen, die auf ausgeprägten Individualismus schließen lässt. Sie reicht vom indifferenten Privatisieren, das vor allem bei den Älteren und Kränklichen zu beobachten ist, über Pfarrseelsorge, Schuldienst, Privatgelehrtendasein und Universitätsprofessur bis zum Kirchendienst in hervorgehobener Position. Zwei Funktionen sind herauszuheben: Zum einen die Seelsorge, denn auch wenn die monastische Lebensform unmöglich geworden war, so blieb jeder Prälat Priester aus Berufung; nicht wenige Äbte und Pröpste haben deshalb, und darin ihren Mitkonventualen völlig gleich, als Pfarrer, Benefiziat oder Kommorant einen Anteil an der gemeindlichen Seelsorge übernommen. Zum anderen die wissenschaftliche Betätigung, entweder in der privaten Studierstube oder auf dem Universitätskatheder. Der Drang zu wissenschaftlichem Arbeiten belegt vielleicht am nachhaltigsten, in welchem Maße die führenden Köpfe der bayerischen Klosterwelt von einer ins Christliche abgewandelten Aufklärung geprägt waren und darin ihre Hauptaufgabe sahen, insbesondere dann, als die monastische Lebensform zwangsweise entfallen war. Eine zumindest verbale radikale Ablehnung des Mönchtums, wie sie bei Propst Hupfauer von Beuerberg zu beobachten ist, war gewiss die Ausnahme. Eine ebensolche Ausnahme blieb Rupert Kornmann von Prüfening, der neben seinen wissenschaftlichen und publizistischen Arbeiten unverdrossen an die Wiedererrichtung von Klöstern denkt und in diesem Sinne agitiert. Alle übrigen Äbte und Pröpste hatten die Hoffnung auf eine Restitution des klösterlichen Lebens fahren lassen und sich deshalb definitiv anderen Aufgaben zugewandt.

ANMERKUNGEN:

1 Georg Schwaiger (Hrsg.), Mönchtum, Orden, Klöster. Von den Anfängen bis zur Gegenwart. Ein Lexikon, 3. Aufl. München 1998, S. 354.
2 Stephan Haering, Die Bayerische Benediktinerkongregation von 1684 bis 1803. In: Die Reformverbände und Kongregationen der Benediktiner im deutschen Sprachraum (Germania Benedictina 1), St. Ottilien 1999, S. 621–652, hier S. 633. – Zur Bayerischen Benediktinerkongregation vgl. auch: Sigmund Benker – Martin Ruf OSB – Joachim Wild, 300 Jahre Bayerische Benediktiner-Kongregation. Katalog der Ausstellung des Bayerischen Hauptstaatsarchivs und der Dombibliothek Freising im Barocksaal der Dombibliothek, Sonderdruck aus Studien und Mitteilungen zur Geschichte des Benediktinerordens und seiner Zweige 96 (1985).
3 Haering (wie Anm. 2) S. 621 f.
4 Josef Hemmerle, Die Benediktinerklöster in Bayern (Germania Benedictina, Bd. 2: Bayern), Augsburg 1970, S. 315.
5 Eberhard Weis, Die Säkularisation der bayerischen Klöster 1802/03. Neue Forschungen zu Vorgeschichte und Ergebnissen (Bayerische Akademie der Wissenschaften, Philosophisch-historische Klasse, Sitzungsberichte 1983/6), München 1983, S. 22. – Peter Claus Hartmann, Bayerns Weg in die Gegenwart, Regensburg 1989, spricht von 70 Prälatenklöstern in Ober- und Niederbayern (S. 370).
6 Genaue Übersicht bei Otmar Riess, Die Abtei Weltenburg zwischen Dreißigjährigem Krieg und Säkularisation (1626–1803) (Beiträge zur Geschichte des Bistums Regensburg 9), Regensburg 1975, S. 464–466. – Bayerisches Hauptstaatsarchiv (künftig BayHStA), GR Fasz. 633 Nr. ad 45 („Classification und namentlicher Vortrag der Aebte und Abtissinen").
7 Ebd.
8 BayHStA, KL Fasz. 124 Nr. 4.
9 Ebd.
10 Archiv des Erzbistums München und Freising (künftig AEM), KB 39.
11 AEM, Klöster Generalakten A 414 Nr. 3.
12 Ebd. Nr. 3a.
13 Ebd. Nr. 3b (Konzept).
14 Winfried Müller, Abt Karl Klocker von Benediktbeuern – Wissenschaftsorganisator und Repräsentant des Prälatenstandes. In: Josef Kirmeier – Manfred Treml (Hrsg.), Glanz und Ende der alten Klöster. Säkularisation im bayerischen Oberland (Veröffentlichungen zur Bayerischen Geschichte und Kultur 21/91), München 1991, S. 62–69.

– Wolfgang Jahn, Die Aufhebung des Klosters Benediktbeuern. In: Ebd. S. 70–77. – Wolfgang Winhard, Karl Klocker (1748–1805), letzter Abt von Benediktbeuern (1796–1803). In: Leo Weber (Hrsg.), Vestigia Burana. Spuren und Zeugnisse des Kulturzentrums Benediktbeuern (Benediktbeurer Studien 3), München 1995, S. 161–179. – Jutta Seitz, Die landständische Verordnung in Bayern im Übergang von der altständischen Repräsentation zum modernen Staat (Schriftenreihe der Historischen Kommission bei der Bayerischen Akademie der Wissenschaften 62), Göttingen 1999.
15 Paul Mai, Rupert Kornmann (1757–1817). Letzter Abt von Prüfening. In: Beiträge zur Geschichte des Bistums Regensburg 23/24 (1989/1990) S. 524–533. – Biographisch-bibliographisches Kirchenlexikon, Bd. 4, Herzberg 1992, Sp. 518–520 (Stephan Haering). – Lexikon für Theologie und Kirche, Bd. 6, 3. Aufl. Freiburg u.a. 1997, Sp. 384 (Ulrich Faust).
16 Sämtliche biographische Angaben bei Winhard (wie Anm. 14) S. 163–179.
17 Stephan Kainz, Die letzte Visitation in der bayerischen Benediktiner-Kongregation. In: Studien und Mitteilungen zur Geschichte des Benediktinerordens 53 (1935) S. 344–375, hier S. 353.
18 BayHStA, Bayern Urk. 1220. – Vgl. Weis (wie Anm. 5).
19 Georg Schwaiger, Die altbayerischen Bistümer Freising, Passau und Regensburg zwischen Säkularisation und Konkordat (1803–1817) (Münchener Theologische Studien I, Hist. Abt. 13), München 1959, S. 9. – Vgl. auch den Beitrag von Reinhard Stauber in diesem Band.
20 AEM, B 309 „An S. Churf. Durchlaucht zu Pfalzbayern; kurzgefaßte demüthigst gehorsamste Vorstellung, wie solche in audientia den 31. Dec. 1798 umständiger mündlich erörtert und ad manus serenissimas übergeben worden."
21 Ebd.
22 BayHStA, KL Fasz. 102 Nr. 16 (Schattenhofer an die Generallandesdirektion in München).
23 BayHStA, KL Fasz. 102 Nr. 16.
24 Pirmin Lindner, Fünf Professbücher süddeutscher Benediktiner-Abteien, Bd. 4: Professbuch der Benediktiner-Abtei Benediktbeuern, Kempten-München 1910, S. 25.
25 BayHStA, KL Fasz. 102 Nr. 16.
26 Biographische Angaben bei Mai und im Biographisch-bibliographischen Lexikon (wie Anm. 15).
27 Archiv der Abtei Metten, Prüfeninger Mansarde Bened. II 44.
28 Ebd.
29 Ebd., Prüfeninger Mansarde Kornmann I 1794, S. 498–500.
30 Neue Historische Abhandlungen der Baierischen Akademie der Wissenschaften 5 (1798) S. 641–678.
31 Andreas Kraus, Die Historische Forschung an der Churbayerischen Akademie der Wissenschaften 1759–1806 (Schriftenreihe zur bayerischen Landesgeschichte 59), München 1959, S. 136 f.
32 Kainz (wie Anm. 17) S. 357–359.
33 Mai (wie Anm. 15) S. 529.

34 Ebd.

35 Archiv der Abtei Metten, Prüfeninger Mansarde, Materialien zur Geschichte des Klosters Prüfening, 2.T. Edmund Walberer 2 b, S. 460.

36 Mai (wie Anm. 15) S. 528 f.

37 Erschienen in Frankfurt und Leipzig, die 2. Auflage 1814 in Regensburg. Die 3. „wohlfeilste" Auflage, die hier benützt wird, wurde 1825 in Grätz herausgegeben.

38 Archiv der Abtei Metten, Prüfeninger Mansarde, Subsidia ad biographiam Ruperti Abbatis, Pars II.

39 Rupert Kornmann, Die Sibylle der Zeit, Bd. 1, 3. Aufl. Grätz 1825, S. 115–119.

40 Ders. Die Sibylle der Religion, Bd. 1, München 1813, S. 90 f.

41 Archiv der Abtei Metten, Prüfeninger Mansarde Kornmann, Briefe 1[32].

42 Mai (wie Anm. 15) S. 532 f.

43 Beda Bastgen, Bayern und der Heilige Stuhl in der ersten Hälfte des 19. Jahrhunderts, Bd. 1 (Beiträge zur altbayerischen Kirchengeschichte 17), München 1940, S. 295, 299, 316.

44 Archiv der Abtei Metten, Prüfeninger Mansarde § 689.

45 Kornmann (wie Anm. 39) S. 92 f.

46 Archiv der Abtei Metten, Prüfeninger Mansarde, Materialien zur Geschichte des Klosters Prüfening, Edmund Walberer 2 b.

47 Kornmann (wie Anm. 39) S. 97.

48 Ebd.

49 Georg Schwaiger, Das Bistum Freising in der Neuzeit (Geschichte des Erzbistums München und Freising 2), München 1989, S. 581 f.

50 BayHStA, KL Fasz. 249 Nr. 4 (Personaletat).

51 AEM, KB 39, S. 455 f.

52 BayHStA, KL Fasz. 249 Nr. 4.

53 AEM, KB 39, S. 455 f.

54 Ebd.

55 Alle Angaben über Hacklingers weitere Tätigkeiten bei Georg Schwaiger, Augustin Hacklinger. In: Erwin Gatz (Hrsg.), Die Bischöfe der deutschsprachigen Länder 1785/1803 bis 1945, Bd. 1, Berlin 1983, S. 275.

56 Anton Landersdorfer, Das Erzbistum München und Freising. In: Hans Ammerich (Hrsg.), Das Bayerische Konkordat 1817, Weißenhorn 2000, S. 133.

57 Ebd. S. 135.

58 Ausführliche Darstellung bei Pirmin Lindner, Familia S. Quirini in Tegernsee. Die Äbte und Mönche der Benediktiner-Abtei Tegernsee von den ältesten Zeiten bis zu ihrem Aussterben und ihr literarischer Nachlaß, Teil 2. In: Oberbayerisches Archiv, Ergänzungsheft zu Bd. 50 (1898) S. 1–318, hier S. 204 f.

59 AEM, Klosterakten Kloster Tegernsee B 8 o 189, II.

60 Lindner (wie Anm. 58) S. 207–209.

61 Biographie des Gregor Rottenkolbers, Abts des ehemaligen Benediktinerstifts Tegernsee, München, bey Jakob Giel 1811.

62 BayHStA, KL Fasz. 804 Nr. 5 (Protestation vom 17. November 1802).

63 BayHStA, KL Fasz. 804 Nr. 5.

64 BayHStA, KL Fasz. 805 Nr. 7.

65 Klaus Münzer, Bücherschicksale. Das Testament des letzten Abtes von Wessobrunn und seine Bibliothek. In: Lech-Isar-Land 1984, S. 297–306. – Wolfgang Winhard, Die Benediktinerabtei Wessobrunn im 18. Jahrhundert, München 1988, S. 75. – Irmtraud Freifrau von Andrian-Werburg, Die Benediktinerabtei Wessobrunn (Germania Sacra N.F. 39, Das Bistum Augsburg 2), Berlin-New York 2001, S. 438 f.

66 Münzer (wie Anm. 65) S. 303.

67 BayHStA, KL Fasz. 772 Nr. 9.

68 Peter Fassl (Hrsg.), Geschichte, Sanierung und heutige Nutzung des Klosters Thierhaupten, Augsburg 2000, S. 84.

69 Hemmerle (wie Anm. 4) S. 311.

70 BayHStA, KL Fasz. 628 Nr. 6.

71 BayHStA, GR Fasz. 636 Nr. 51.

72 Martin Ruf, Profeßbuch des Benediktinerstiftes Rott am Inn (Studien und Mitteilungen zur Geschichte des Benediktinerordens Erg.Heft 32), St. Ottilien 1991, S. 115–118.

73 Dietmar Stutzer, Alphons Hafner. Der letzte Abt in der Zeit der Säkularisation 1803. In: Festschrift zum Ettaler Doppeljubiläum, Ettal 1980, S. 133–148, hier S. 136 Anm. 12.

74 Pirmin Lindner, Album Ettalense. Verzeichnis aller Aebte und Religiosen des Benediktinerstiftes Ettal, München 1887, S. 10.

75 Stutzer (wie Anm. 73) S. 139–143.

76 Ebd. S. 143.

77 BayHStA, KL Fasz. 666 Nr. 7.

78 BayHStA, GR Fasz. 633 Nr. ad 45 (Classification).

79 BayHStA, KL Fasz. 668. – Palmeria Heigel, Schlehdorf. Chronik eines Klosterdorfes, Schlehdorf 2002, S. 185.

80 BayHStA, KL Fasz. 49 Nr. 4–5. – Karl Ludwig Ay, Die Säkularisation und ihre Folgen. In: Andechs. Der Heilige Berg. Von der Frühzeit bis zur Gegenwart, München 1993, S. 75–83.

81 BayHStA, KL Fasz. 65 Nr. 4. – Paul Schinagl, Die Abtei Attel in der Neuzeit (1500–1803) (Münchener Theologische Studien I, Hist. Abt. 31), St. Ottilien 1990, S. 284 f., 329–336.

82 BayHStA, KL Fasz. 336.

83 Michael Kaufmann, Säkularisation, Desolation und Restauration in der Benediktinerabtei Metten (1803–1840), Metten 1993, S. 191.

84 BayHStA, KL Fasz. 333 Nr. 7.

85 Riess (wie Anm. 6) S. 494.

86 München, Bayerische Staatsbibliothek, Cgm 1844–1867.

87 Josef Knab, Nekrologium der kathol. Geistlichkeit der Kirchenprovinz München-Freising, München 1814, S. 115.

88 BayHStA, KL 651 Nr. 8.

89 Ebd.

90 Ebd.

91 Ebd.

92 AEM, MM 162 St. Peter S. 140.

93 Norbert Backmund, Kloster Windberg. Studien zu seiner Geschichte, Windberg 1977, S. 124 f.

94 Archiv der Abtei Metten, Prüfeninger Mansarde, Bened. II 45 Misc. ad Biogr. Ruperti Abbatis … ab Anno 1802, S. 245–248.

95 Gabriele Deibler, Das Kloster Heilig Kreuz in Donauwörth von der Gegenreformation bis zur Säkularisation, Weißenhorn 1989.

96 Ebd. S. 118 f.

97 Landersdorfer (wie Anm. 56) S. 132.

98 Anton Hofmann, Beda Aschenbrenner (1756–1817). Letzter Abt von Oberaltaich, Leben und Werk (Veröffentlichungen des Institutes für Ostbairische Heimatforschung 8), Passau 1984. – Winfried Müller, Universität und Orden. Die bayerische Landesuniversität Ingolstadt zwischen Aufhebung des Jesuitenordens und der Säkularisation 1773–1803 (Ludovico Maximilianea. Universität Ingolstadt-Landshut-München, Forschungen 11), Berlin 1986, S. 303–305.

99 Beda Aschenbrenner, Aufklärungs Allmanach für Aebte und Vorsteher Katholischer Klöster, Nürnberg 1784, S. 14.

100 (Paul Hupfauer), Zehn Paragraphen über das Klosterwesen in Bayern, 1803, S. 41.

101 Kainz (wie Anm. 17) S. 355–357.

102 BayHStA, KL Fasz. 567 Nr. 10.

103 Biographische Angaben bei Müller (wie Anm. 98), Register. – Bosls Bayerische Biographie, Regensburg 1983, S. 380.

104 BayHStA, KL Fasz. 128 Nr. 6.

105 Ebd.

106 Ebd.

Blindes Wüten?
Der Umgang des Staates mit den
säkularisierten Klosterkirchen und -gebäuden

Von *Rainer Braun*

Es mag vermessen klingen, die „Blindwütigkeit" auch nur in Frage zu stellen, die während und nach der Säkularisation den Umgang mit den entvölkerten Klosterkirchen und -gebäuden beherrscht habe. Heißt das doch nichts anderes, als auch die Möglichkeit des Gegenteils, nämlich der „Besonnenheit" und des „planmäßigen Handelns" in Betracht zu ziehen. Damit werden zu den Begriffspaaren „Zerstörung und Erhaltung" oder „Verschleuderung und Bewahrung", mit denen sonst in der Säkularisationsliteratur die Gewinn- und Verlustrechnungen umschrieben werden,[1] in die Diskussion weitere Gegensätze eingebracht. Deren Bedeutung zielt nicht in erster Linie auf das Schicksal der kirchlichen Baudenkmäler, sondern auf Vorgehen und Verhaltensweise der dafür Verantwortlichen. Folglich wird auch danach gefragt, wer denn eigentlich die wie auch immer ausgefallene Behandlung der Bauwerke zu verantworten habe – etwa der Staat selbst[2] bzw. seine Organe?

Auch diese scheinbar überflüssige Frage mag erstaunen. Denn in der Literatur fielen der Vorwurf der Blindwütigkeit und die Klagen über staatliche Organe gleichzeitig und nahezu einhellig aus. Entsprechend wurde die Forschung vom Begriff „Vandalismus"[3] geprägt. Daneben ist auch von „skandalösem Umgang", von „ideologisch motivierter Zerstörungswut",[4] von „Vernichtungswut und Beutegier"[5] die Rede, um nur die kräftigsten Worte zu zitieren. Dabei scheint insbesondere der Blick auf die Klosterstätten im Lande das Wirken blindwütiger Barbarei zu bestätigen.

So wurden von den Klöstern der Bettelorden u.a. die Niederlassungen der Franziskaner in Freising, Dingolfing, München und Schrobenhausen und diejenigen der

Kapuziner in Günzburg, München, Rosenheim, Weißenhorn und Wolnzach (Lkr. Pfaffenhofen a.d. Ilm) bis auf die Grundmauern abgebrochen. Das Augustinerbarfüßerkloster mit Wallfahrt in Taxa (Gde. Odelzhausen, Lkr. Dachau) wurde ebenso dem Erdboden gleichgemacht wie das Benediktinerkloster Fultenbach (Gde. Holzheim, Lkr. Dillingen), um aus der Schadensbilanz zuerst diejenigen Fälle herauszugreifen, bei denen gleichzeitig Kirchen und Konventgebäude vollständig abgerissen wurden. Ebenso fielen die Kirchen der Benediktiner in Münsterschwarzach (einem Hauptwerk Balthasar Neumanns aus der 1. Hälfte des 18. Jahrhunderts, Lkr. Kitzingen), Weihenstephan (Stadt Freising), Wessobrunn (Lkr. Weilheim-Schongau) und die Kirche der Zisterzienser in Langheim (Stadt Lichtenfels) der Spitzhacke zum Opfer, wobei auch die Klostergebäude zum größten Teil eingeebnet wurden. In den Benediktinerklöstern Elchingen (Lkr. Neu-Ulm), Niederalteich (Lkr. Deggendorf), Tegernsee (Lkr. Miesbach) und Weißenohe (Lkr. Forchheim), bei den Augustiner-Chorherren in Rottenbuch (Lkr. Weilheim-Schongau) und Weyarn (Lkr. Miesbach), im Prämonstratenserkloster Steingaden (Lkr. Weilheim-Schongau), in den Ordenshäusern der Dominikanerinnen in Altenhohenau (Gde. Griesstätt, Lkr. Rosenheim) und der Salesianerinnen in Seligenporten (Gde. Pyrbaum, Lkr. Neumarkt i.d.Opf.) haben zwar die Kirchen überdauert, aber von den Konvent- und Abteigebäuden stehen, wenn überhaupt, nur mehr klägliche Reste. Die Aufzählung ist keineswegs vollständig.

Kein kirchlicher Orden und keine bayerische Landschaft blieben verschont. Man könnte lange Verzeichnisse aufstellen mit Klöstern ohne Kirchen und Kirchen ohne

Klöster. Diese Listen enthielten alle denkbaren Abstufungen von der vollständigen Zerstörung bis zur Unberührtheit. Doch selbst der Eindruck dieses Zustandes trügt mitunter. Das Benediktinerkloster Ettal z.B. wirkt nur deshalb so unversehrt, weil der nach der Säkularisation abgebrochene Konventtrakt von privater Hand im alten Stile wieder aufgebaut worden ist.[6] Ebenso ist in Banz ein abgerissener Flügel wieder hergestellt worden.[7]

An sich waren die Klostergebäude ungleich häufiger als die Kirchen vom Abbruch bedroht. Doch setzen die verstümmelte, der Turmspitzen und des Altarraums beraubte Stiftskirche von Herrenchiemsee[8] und der jämmerliche, in den Maschinenraum der Brauerei verbaute Rest der Klosterkirche Weihenstephan[9] unübersehbare Zeichen.

Insgesamt ist es bei mindestens 127 Klöstern zu Abbrüchen gekommen. Bezogen auf die Gesamtzahl von fast 400 klösterlichen Gemeinschaften,[10] die zu Beginn der Säkularisation auf dem Gebiet des heutigen Bayern bestanden, wurde damit fast ein Drittel aller Klosterkirchen bzw. -gebäude ganz oder teilweise in sehr unterschiedlichem Ausmaß abgetragen.

Dabei hätte die Zahl leicht noch höher ausfallen können, wenn nicht nach übereinstimmender Meinung etliche

Die Kirche des Augustinerchorherrenstifts Herrenchiemsee auf dem Epitaph des Propstes Sebastian 1775

Gegenwärtige Ansicht der ca. 1817 der Turmspitzen, des Chors und des Fassadenschmucks beraubten Stiftskirche von Herrenchiemsee

Kirchen durch bürgerlichen Wagemut, gleichsam vorweggenommene Bürgerinitiativen, mitunter sogar gegen den Willen der staatlichen Organe, gerettet worden wären.[11] Als die beiden bekanntesten Fälle, die an dieser Stelle stets als Beweis herangezogen werden, gelten die Domkirche von Freising und die Klosterkirche von Fürstenfeld (Stadt Fürstenfeldbruck).

Der ehrwürdige Freisinger Dom St. Maria und St. Korbinian, ein romanisches Bauwerk aus dem 12. Jahrhundert, soll für baufällig erklärt, geschlossen und einem Metzger zum Abbruch überlassen worden sein, der bei der Versteigerung 500 fl. geboten hatte. Nur weil ein französischer General am Napoleonstag auf Kirchenparade und Dombesuch bestanden habe, soll das Bauwerk gerettet worden sein.[12]

Vergleichbar rätselhaft soll die prunkvoll-barocke Klosterkirche Fürstenfeld für baufällig erklärt worden sein. Da das Abbrechen für zu mühevoll gehalten wurde, habe man auf dem benachbarten Engelsberg Kanonen auffahren lassen, um das Bauwerk in Trümmer zu schießen. Beherzte Bürger, allen voran der Postmeister von Bruck, hätten die kunst- und kulturgeschichtliche Katastrophe verhindert.[13]

Beide Beispiele sind in besonderem Maße geeignet, die Problematik des Umgangs mit den säkularisierten Kirchen und Gebäuden, aber auch mit den Quellen aufzuzeigen. Als Folge sind Korrekturen angebracht und generelle Skepsis gegenüber Legenden dieser Art.

Richtigstellungen

Zunächst einmal ist festzuhalten, dass es sich bei dem Urheber der schaurigen Freisinger Geschichte um den Medizinprofessor und Vertrauten König Ludwigs I. Dr. Nepomuk von Ringseis handelt. Auf seine 1886 erschienenen „Erinnerungen" berufen sich alle nachfolgenden Informanten. Diese Memoiren zählen, was die Darstellung der Säkularisation betrifft, ganz im Sinne des königlichen Gönners, der die Klosteraufhebungen selbst heftig abgelehnt hat, zu der mit Vorsicht zu gebrauchenden, tendenziösen und keineswegs immer zuverlässigen

Literatur.[14] Schon deshalb sind nicht nur bestimmte Einzelheiten, sondern die Geschichte im Ganzen zu bezweifeln. Was nicht ausschließt, dass sich für einzelne Ereignisse, wie auch sonst bei der Legenden- und Sagenbildung, konkrete Hintergründe ermitteln lassen. Beispielsweise stimmt es, dass die Domkirche im April 1803 gesperrt worden ist und als Folge der Sedisvakanz des Bistums bis 1822, von wenigen Ausnahmen abgesehen, darunter 1805 am Tag der Kirchenparade napoleonischer Truppen zu Ehren ihres Kaisers, geschlossen blieb.[15] Um die Entmachtung der fürstbischöflichen Regierung sichtbar zu machen, hatte der bayerische Generalkommissar Johann Adam von Aretin das Hochamt zur Feier der Besitzergreifung Freisings nicht im Dom, sondern in der Stadtpfarrkirche St. Georg lesen lassen.[16] Auffällig ist aber, dass der Freisinger Dom wie die Klosterkirche von Fürstenfeld für baufällig erklärt worden sein sollen. Liegt hier ein – um die Blindwütigkeit in umso krasserem Licht darzustellen – Fehlschluss aus dem Verfahren der „Taxation auf Abbruch" vor? Wie noch zu zeigen sein wird, setzt dieses Verfahren weder die Einsturzgefahr noch den Beschluss zum Abreißen voraus. Vielleicht war überhaupt nur die allgemeine Angst vor Kirchenabbrüchen, die in Freising nicht zu Unrecht[17] umging, Anlass für die „Domlegende".

Fest steht jedenfalls, dass in Bayern keine einzige Dom- oder Kathedralkirche vom Staat als dem neuen Eigentümer verkauft, profaniert, umgebaut, abgebrochen oder zum Abbruch bestimmt worden ist.[18] Das verwundert auch gar nicht, denn §35 des Reichsdeputationshauptschlusses übertrug zwar alle Güter der Klöster der freien und vollen Verfügbarkeit der betreffenden Landesherrn, allerdings „unter dem bestimmten Vorbehalte der festen und bleibenden Ausstattung der Domkirchen, welche werden beibehalten werden".[19] Gerade die Klausel über das Zugriffsrecht des Landesherrn war auf hartnäckiges Drängen der bayerischen Unterhändler in das Gesetzeswerk eingefügt worden.[20] Sie bot die Grundlage für die Enteignung der landständischen Klöster, auf deren Übernahme es vor allem ankam. Ohne diese reichsrechtliche Sanktion – das war den Verantwortlichen bewusst – wäre die Säkularisation im bekannten Umfang nicht durchführbar gewesen. Deshalb ist es kaum vorstellbar, dass in Freising der ausgesprochene Schutz der Domkirche missachtet worden sein könnte, obwohl das Kurfürstentum Bayern auf diesen Paragraphen als der rechtlichen Grundlage seines Handelns angewiesen war.[21]

Nicht minder eindeutig sind die Kanonen von Fürstenfeld ins Reich der Fabeln zu verweisen. Auch diese Geschichte wird von Ringseis gemeldet und von Scheglmann verbreitet, dem kenntnisreichen Domkapitular und polemisch-fanatischen Wortführer gegen die Säkularisation.[22] Beide sind die Urheber dieser unglaublichen Geschichte, die durch keinen Augenzeugen und durch kein Aktenstück belegt ist. Vielleicht geht die Mär von den schussbereiten Kanonen auf das Salutschießen im Jahre 1818 zurück,[23] als im Kloster feierlich das Militärinvalidenhaus eröffnet worden ist. Jedenfalls ist weder vor, noch während oder gar nach der Säkularisation in Bayern zur Vereinfachung oder Beschleunigung gewünschter Abbrüche jemals Artillerie aufgefahren. Und zwar schon deshalb nicht, weil das Zusammenschießen abbruchreifer Gebäude allenfalls Schutt, nicht aber verkaufbares Baumaterial ergeben hätte. Das gilt umso mehr, wenn die abzubrechende Kirche in ein Ensemble eingebunden war, aus dem sie ohne Zerstörung des gesamten Areals niemals hätte herausgeschossen werden können. Vor allem aber widerlegen militärrechtliche Grundlagen die Legende: Kein Batterie-Chef hätte auf Bitte, Geheiß oder Anweisung eines zivilen Lokalkommissars ohne Befehl seiner Vorgesetzten, des Regimentskommandeurs oder des Kommandeurs des Artillerie-Corps-Kommandos, überhaupt je reagiert. Und deren Zustimmung wäre mit Sicherheit deswegen ausgeblieben, weil die Armee von Anfang an als bewaffnete Macht gegenüber äußeren Feinden definiert war. Ein Einsatz im Landesinneren war auch in der Zeit vor der Verfassung von 1818 nur im Notstand, als Hilfsdienst im Katastrophenfall, ansonsten bei Aufruhr und dann ausschließlich zur Sicherung oder Wiederherstellung der öffentlichen Ordnung möglich.[24]

Hinzu kommt, dass die Lokalkommissare weder Macht noch Befugnis hatten, Militär anzufordern, noch überhaupt weitreichende Entscheidungen zu treffen. Sie waren, um ihre oft behauptete Machtfülle richtig zu stellen, antragsverpflichtet und ihrer vorgesetzten Dienststelle gegenüber, der Landesdirektion in ständischen Klostersachen, weisungsgebunden. Ihr Vorgehen bei den Klosteraufhebungen war durch Instruktionen geregelt, die alle Vorgänge, Handlungsweisen, Meldungen und Anträge verbindlich vorschrieben, ohne Freiräume zuzulassen. Ständig waren Termine einzuhalten, die stets angemahnt wurden. Als Folge waren die Leute – immerhin in der Regel Landrichter, Gerichtsschreiber, Verwaltungsbeamte etc. – amtlicher Kritik ausgesetzt, die mitunter so schroff ausfiel, dass sie demütigend gewirkt haben muss.[25] Insgesamt also unterstanden die Lokalkommissare ständiger Aufsicht und strengster Kontrolle. Schon deshalb sind Vorwürfe des Betrugs, des Diebstahls und der persönlichen Bereicherung, wie sie vor allem von fanatisch-kirchlicher Seite vorgetragen, aber nicht belegt wurden,[26] in diesem Umfang und in dieser Schärfe ungerechtfertigt. Dementsprechend bescheinigen jüngere Darstellungen mit größerer Quellennähe den Kommissaren ein in der Regel korrektes Verhalten.[27]

Das schließt einzelne verbale Entgleisungen,[28] auch fanatischen Übereifer nicht aus. Gewollt oder auch nur gerne gesehen waren derlei Übergriffe bei den Verantwortlichen aber nicht. So wurde in mehreren Instruktionen Behutsamkeit, Mäßigung und Bescheidenheit gefordert. Selbst Kurfürst Max Joseph hatte schon im Vorfeld der Säkularisation „größte Bescheidenheit und Anstand" von den künftigen Kommissaren verlangt und ihnen im Blick auf die Bettelmönche eingeschärft, „nicht zu vergessen, dass diejenigen, welche unter den bis jetzt bestandenen Gesezen einen Stand angenommen haben, die Achtung, welche ihnen als Staatsbürgern gebührt, dadurch nicht verliehren, dass der Staat bei veränderten Zeiten und Umständen ihr Institut als zwecklos und nicht mehr paßend erklärt".[29] Freilich darf bezweifelt werden, ob die Ermahnung in allen Fällen gefruchtet hat.

Fraglich ist auch, beim Blick auf die Ergebnisse der jeweils vorgeschriebenen Wertermittlung der Sakralbauten, ob die Lokalkommissare tatsächlich in ihrer Mehrzahl keinen Sinn für künstlerische Schöpfungen besaßen.[30] Der Aufheber von Fürstenfeld z.B., jener Landrichter Christian Adam Heydolph, der die Artillerie als Abbruchkommando bestellt haben soll, hielt in Wirklichkeit die Klosterkirche von Fürstenfeld für die schönste Bayerns.[31] Andere Urteile, wie das des Lokalkommissars Franz Xaver von Gailer, ehemals Gerichtsschreiber in Landsberg, über den „im kleinlichsten Geschmack" errichteten Konventbau von Wessobrunn mit häufiger „Stuckadurarbeit, die aber doch meistentheils geschmacklos ist",[32] hören sich freilich anders an. Doch ist den Leuten zugute zu halten, dass der Staat selbst, in dessen Auftrag sie bewerteten bzw. durch „Sachverständige" bewerten ließen, bei Sakralbauten augenblicksbezogen nur zwischen Nutz- und Unwert unterschied. Auch deshalb verwundert es nicht, wenn Lokalkommissare und Schätzer – zumeist Maurer und Zimmerleute aus der Umgebung – mit der Feststellung realer Verkaufswerte für mitunter weitläufige Barockensembles heillos überfordert waren. Schließlich fehlten allgemeingültige Maßstäbe: Kein Gebäude war mit anderen vergleichbar und der Baustil in der Regel viel zu jung, als dass er bereits hohe Anerkennung hätte finden können. Die Berechnung des Kunstwerts, ja selbst der Baukosten erwies sich als undurchführbar. Und alles vollzog sich vor dem Hintergrund der Aufklärung, die kirchlichen Bauwerken weitgehend die Berechtigung absprach. Als Ausweg bot sich die Schätzung des bloßen Materialwerts an, die „Taxation auf Abbruch". Sie stellte die Notlösung dar, Unbewertbares in eine materielle Werteskala zu bringen. Wie die Legenden der angeblich vor dem Abbruch geretteten Kirchen vermitteln, ist dieser Rechenansatz wohl schon von den Zeitgenossen missverstanden worden.[33] Er bedeutete weder, dass der Abbruch erwogen, noch dass er beschlossen worden wäre.

Dabei soll nicht bestritten werden, dass sich Lokalkommissare häufig voreilig für Abbrüche ausgesprochen, d.h. entsprechende Anträge bei der Landesdirektion gestellt

haben. Allerdings gibt es auch Zeugnisse, wonach Lokalkommissare ausdrücklich davon abrieten, z.B. bei der äußerst massiv gebauten Prämonstratenserabtei Windberg (Lkr. Straubing-Bogen), weil davon auszugehen war, dass die Abbruchkosten den Materialerlös überstiegen.[34] In anderen Fällen scheint eher der Respekt vor dem Kunstwerk das Handeln beeinflusst zu haben. So entschied der Lokalkommissar von Steingaden, der frühere Kastner von Landsberg, Franz von Oberndorf, über den von Roman Anton Boos 1791 errichteten großen Brunnen vor der Abtei Steingaden: „Selben der Zerstöhrung zu überlassen, wo er mit viellen Unkosten errichtet wurde, ist ein Antrag, den ich nicht in Vorschlag bringen will."[35]

Derlei gegensätzliche Beispiele legen den Verdacht auf Willkür der Aufhebungskommissare nahe, scheinen zumindest auf einen größeren Ermessensspielraum im Umgang mit den Bauwerken zu deuten. Tatsächlich räumte die Instruktion vom 11. März 1803[36] – anders als bei Beschlagnahme und Verwertung von Bargeld, Kirchensilber, Vorräten, Archiven, Bibliotheken, Sammlungen – den Kommissaren für das Verfahren mit den Klostergebäuden verschiedene nach Lage, Umfang, Beschaffenheit und Attraktivität der Objekte zu wählende Möglichkeiten ein: „Die Klostergebäude selbst werden in der Folge nach den Lokalitäten theils verkauft, theils zu öffentlichen Anstalten und Fabriken bestimmt, theils, wenn kein nützlicher Gebrauch möglich ist, abgetragen, und die Materialien anderwärtig verwendet werden, worüber vorläufig die Verwendung zu begutachten ist, indeß aber ist auf derselben Erhaltung die möglichste Sorge zu tragen."

Man kann davon ausgehen, dass Verwendung und Verwertung der vielen, per Federstrich in kürzester Zeit verfügbaren Klostergebäude von den Verantwortlichen bereits im Vorfeld der Säkularisation diskutiert worden sind. Beispielsweise enthält eine Ausarbeitung des Geheimen Referendärs Georg Friedrich Frhr. von Zentner zur Säkularisation aus dem Jahr 1801[37] den Plan, geeignete Klostergebäude dem Schulfonds zur Einrichtung von Schulen zur Verfügung zu stellen, in den übrigen aber „Fabriquen und Industrieanstalten" einzurichten. Die Kirchen sollten den Pfarreien gewidmet und „unnütze Gebäude" auf dem freien Markt verwertet und abgebrochen werden. Nachrichten über den unmittelbaren Fortgang der Gebäude-Diskussion fehlen oder sind nicht bekannt. Erst das Reskript vom 17. Februar 1803, das an den Präsidenten der Generallandesdirektion gerichtet war,[38] enthält die Stichwörter „öffentliche Anstalten", „Fabricken", „Verkauf", „Niederreißen derselben und Veräußerung der Materialien", also fast wörtlich den Text der Instruktion vom 11. März, wenngleich in anderer Reihenfolge. Nur die Ermahnung, auf die Erhaltung der Gebäude „möglichste Sorge zu tragen", wurde nachträglich hinzugefügt. Sie erscheint so bedeutsam, dass die Frage nach den Abbrüchen in der bayerischen Klosterlandschaft noch einmal aufgerollt werden soll.

Abbrüche

Zunächst einmal sind die beiden Säkularisationswellen in Bayern auseinander zu halten: die bayerninterne Aufhebung der Bettelorden und der nichtständischen Klöster in der Oberpfalz auf der Grundlage der Instruktion vom 25. Januar 1802[39] und die reichsweite Aufhebung der übrigen Ordensniederlassungen aufgrund des § 35 des Reichsdeputationshauptschlusses, in Bayern durchgeführt nach der Anweisung vom 11. März 1803. Anlass und Ursache beider Aktionen waren – das erweisen die Diskussionen um Zeitpunkt, Umfang und Durchführung der Säkularisation – der akute Finanzmangel des Staates. Hinzu kam, vor allem gegenüber den Bettelklöstern, aufklärerischer Hass. Selbst der sonst so besonnene Kurfürst Max IV. Joseph konnte sich dem nicht entziehen. Er wetterte im November 1801 über die Mendikanten und die Schädlichkeit ihrer Institute, die sich so wenig „in den Geist der Zeit schicken", über den Aberglauben, den sie verbreiteten, und dass sie durch ihre Bettelei dem Landmann zur Last fielen.[40] Diese Vorwürfe erklären, warum in Bayern weitaus mehr Bettelordensklöster als andere vollständig der Spitzhacke zum Opfer gefallen sind. Am meisten gefährdet waren

dabei Ordenshäuser mit Wallfahrtskirchen. So wurde das eingangs angesprochene Augustinerbarfüßerkloster Maria Stern zu Taxa als „Brutstätte des Aberglaubens" noch 1802 offenbar deswegen dem Erdboden gleichgemacht, weil seine seit dem 17. Jahrhundert blühende Wallfahrt einem Hühnerei-Wunder bzw. Wunder-Hühnerei galt.[41] Bei den Niederlassungen der Franziskaner und Kapuziner in den Städten dürften weitere Gesichtspunkte hinzugekommen sein: die meist zentrale Lage, die städtebauliche Begehrlichkeiten auslöste, und die in aller Regel einfache, schlichte Bauform, die die Abbruch-Hemmschwelle gesenkt, zuweilen auch den Ruf nach Verschönerung der Plätze ausgelöst hat. In München z.B. wurde 1802 die Verordnung über den Abbruch des Kapuzinerklosters ausdrücklich mit dem Wunsch zur „Verschönerung der Stadt" verbunden.[42] In ähnlicher Weise wurde die Franziskanerkirche in Bamberg „wegen ihrer ekelhaften Gestalt und um einen größeren Vorplatz zur Schranne zu erzielen" 1810 auf Abbruch versteigert.[43] Dem stand keine Instruktion oder Vorschrift im Wege.

Ganz anders stellt sich die Situation bei den Abteien, Chorherren- und Kollegiatstiften dar. Im Blick auf ihre Aufhebung hat der bayerische Staat im Dekret vom 11. März 1803 mit den Schlagwörtern „Verkauf", „öffentliche Anstalten", „Fabriken" und „Abbruch" den Vollzugsorganen eine Palette allgemeiner Verwendungs- und Verwertungsmöglichkeiten in die Hand gegeben. Sie ließ Abbrüche ausdrücklich nur dann zu, wenn für die verwaisten Gebäude „kein nützlicher Gebrauch möglich" war. Überdies war grundsätzlich die Erhaltung der Bauwerke anzustreben.

Das schloss auch weiterhin Anträge der Lokalkommissare bzw. zeitlich nachfolgender Dienststellen auf Abbruch einzelner Klosterkirchen und -gebäude nicht aus, aber es zwang alle Beteiligten von vorneherein zur Besonnenheit. Als Folge stellte die Generallandesdirektion am 31. Mai 1803 fest, dass die Klosterkirche von Fürstenfeld „als ein Monument der Kunst" keineswegs der Zerstörung preiszugeben sei; vielmehr lasse sich erwarten, „daß Zeit und Umstände auch dieser eine zweckmäßige Bestimmung verschaffen werden".[44] Noch deutlicher teilte die Landesdirektion von Baiern am 27. September des gleichen Jahres dem Landrichter von Schwarzach und Mitterfels und Lokalkommissar von Niederalteich, Florian von Rüdt, mit, dass man den „sehr zweckmäßig gearbeiteten Verkaufsplan" der Benediktinerabtei an der Donau genehmige, aber „doch unmöglich mit dem Vorschlage [ein]verstanden sein [könne], daß die sehr schöne Klosterkirche abgebrochen, die elende Pfarrkirche aber beibehalten und unterhalten werden sollte. Einen so auffallenden Vandalismus will sich wenigst die unterzeichnete Stelle nicht zu Schulden kommen lassen".[45] Gerade die vorgesetzten Dienststellen, wie z.B. die Landesdirektion der oberen Pfalz 1807 in Amberg, sprachen sich schon aus Kostengründen vehement gegen Abbrüche aus.[46] Entsprechend verweigerten noch 1811 das Rentamt Lichtenfels und die Finanzdirektion Bamberg den Verkauf noch erhaltener Klostergebäude in Langheim auf Abbruch, „weil es ewiger Schade seye, diese massiven Gebäude nur um ihrer Steine willen [...] niederzureissen".[47]

Mit welchem Nachdruck das Gebot der zweckmäßigen Verwendung und möglichsten Erhaltung der Klostergebäude verfolgt wurde, zeigen einige von Montgelas mitunterzeichnete Reskripte und Verordnungen des Kurfürsten sowie Entschließungen des Geheimen Departements der Finanzen bzw. des späteren Finanzministeriums. Als beispielsweise Franz Xaver Schattenhofer, einer der zum „Ständischen Kloster-Separat" abgeordneten Landesdirektionsräte im November 1803 Minister Montgelas auf rund 30 nicht namentlich genannte, unverkäufliche und nicht nutzbare Klöster im Lande aufmerksam machte, die nur nach Ausschlachtung der kupfernen Dachrinnen, der Öfen, Türen, Fenster und anschließendem Verkauf auf Abbruch Geld abwürfen, griffen der Kurfürst und sein leitender Minister sofort ein: „Was die in Antrag gebrachte Demolirung von 30 Klöster Gebäuden betrifft, so wird solche in mehr als einer Rücksicht keineswegs genehmigt, sondern diese Gebäude werden, soweit sie nicht in ihrem gegenwärtigen Zustande verkauft werden können, zu anderen nützlichen Bestimmungen und Anstalten vorbehalten".[48] Ent-

sprechend wurde auf Einzelanträge des Landesdirektions-Präsidenten und der zum ständischen Kloster-Separat bestimmten Räte reagiert. So verweigerten Max IV. Joseph und Montgelas die Genehmigungen zum Verkauf der Klostergebäude auf Abbruch u.a. in Rottenbuch[49] und Rott am Inn[50] (Lkr. Rosenheim). Im Falle von Rott wurde aufschlussreich erklärt, „daß die Abtragung der Klostergebäude [...] nach dem Vorschlage des Lokal Co[mmiss]ärs und die Veräußerung der darin vorräthigen Fenster, Thüren, Eisenwerks nicht statt finden könne, sondern dieses durch seine Lage an einem schiffbaren Fluße vorzüglich zu einer Fabrik geeignete Gebäude vielmehr um einen geringen Preis, ja selbst ganz unentgeldlich angelassen werden könne, wenn sich ein Liebhaber finden sollte, der solches zur Anlegung einer Fabrik benüzen und sich deshalb geeignet ausweisen wird".

Das Fabrik-Stichwort, das sich weder auf den altbayerischen Raum, noch auf die unmittelbare Folgezeit der Säkularisation eingrenzen lässt, ist nicht nur deshalb bedeutsam, weil es in der Instruktion vom März 1803 enthalten ist. Als im Oktober des gleichen Jahres der Landesdirektionspräsident und die in ständischen Klostersachen ernannten Räte den Verkauf des Klosters Altomünster (Lkr. Dachau) an einen Kaufwilligen beantragten, der die Kaminfeger-Gerechtigkeit und die Befugnis verlangte, Branntwein und Rosoglio ausschenken zu dürfen, lehnten Kurfürst und leitender Minister sogleich ab. Sie verwiesen auf den Inhalt der Instruktion, „wonach die Klostergebäude hauptsächlich auf mögliche Fabricken und nicht auf Gerechtigkeiten angelassen werden sollen".[51] Deutlicher ist der Stellenwert des Begriffs „Fabrik" zu Anfang des 19. Jahrhunderts kaum zu betonen. Er wirft ein unerwartetes Schlaglicht auf frühe Bemühungen um die Industrialisierung Bayerns.

Fabrikansiedlungen

Diese Blickrichtung ist weder neu, noch auf Bayern zu beschränken. Bereits 1960 wurde in Baden die Frage aufgeworfen, ob es sich bei den Fabrikansiedlungen nach der Säkularisation nicht um eine bislang fast völlig übersehen zweite Gründungswelle handle.[52] Im Anschluss daran wurde festgestellt, dass die Säkularisation die industrielle Entwicklung Deutschlands vorangetrieben habe, weil sie den Erwerb billigen Geländes und günstiger kirchlicher Gebäude zur Gründung von Fabriken und Siedlungen ermöglichte.[53] Jüngere Arbeiten aus Bayern bestätigen inzwischen mit bis dahin unausgewerteten Quellen die „unter langfristiger Perspektive stehende wirtschaftspolitische Entscheidung" Max IV. Josephs, vor allem seines Ministers Montgelas, für Industrieansiedlungen auf ehemaligem Klostergut.[54] Dessen ungeachtet wurden in einigen Spezialuntersuchungen diese wirtschaftspolitischen Zielsetzungen in Bayern, Baden und Württemberg bestritten, weil in zu wenigen Fällen staatlich geförderte Industrieansiedlungen in Klöstern nachweisbar wären.[55] In Bayern seien nur sechs bzw. zehn von 250, in Baden sieben von über 100 und in Württemberg gar nur zwei von 95 säkularisierten Ordenshäusern industriell genutzt worden.

Unabhängig von der entschieden zu tief angenommenen Zahl bayerischer Klöster – beim zugrunde liegenden Gewährsmann Scheglmann fehlen die Hochstifte Würzburg und Eichstätt, die Kollegiat- und Damenstifte sowie sämtliche Nonnenklöster – ist nach der Auswertung vor allem der über 300 Akten umfassenden Serie „Verkauf der Kloster-Realitäten" im Bestand des bayerischen Finanzministeriums[56] auch die Anzahl der Klosterfabriken deutlich nach oben zu korrigieren. Die nachfolgende Liste stellt die bayerischen Ordenshäuser zusammen, die kurzzeitig oder länger als Fabrikanlagen bzw. Fabrikationsstätten gedient haben oder zumindest an Fabrikanten mit der Willenserklärung für eine Fabrikgründung abgegeben worden sind. Dabei bezieht sich das Stichwort „Mayer" auf ein Brüderpaar aus Aarau in der Schweiz, von dessen Wirken noch die Rede sein wird.

Andechs (Lkr. Starnberg)	Tuchfabrik	1804, 1807 [57]
Bamberg, St. Stephan	Porzellanfabrik	1804–1825 [58]
Benediktbeuern (Lkr. Bad Tölz-Wolfratshausen)	Glas-, Leinenfabrik	1805–1818
	Tabakfabrik	1815–1818 [59]
Beuerberg (Lkr. Bad Tölz-Wolfratshausen)	Band- u. Barchentweberei	1803–1805 [60]
Fürstenfeld (Stadt Fürstenfeldbruck)	Kattunfabrik	1803–1818 [61]
Fürstenzell (Lkr. Passau)	Zuckerfabrik	1820er J. [62]
Geisenfeld (Lkr. Pfaffenhofen a.d.I.)	Bandfabrik (Mayer)	1803–1804 [63]
Himmelspforten (Stadt Würzburg)	Farben- u. Tabakfabrik	1811–1844 [64]
Ilmbach (Lkr. Kitzingen)	Käsefabrik	vor 1841 [65]
Münsterschwarzach (Lkr. Kitzingen)	Papierfabrik	1828–1894 [66]
Oberzell (Lkr. Würzburg)	Maschinenfabrik	1817–1901 [67]
Polling (Lkr. Weilheim-Schongau)	Bandfabrik (Mayer)	1804–1807 [68]
Reichenbach (Lkr. Cham)	Steingutfabrik	1845–1867 [69]
Rottenbuch (Lkr. Weilheim-Schongau)	Bandfabrik (Mayer)	1804–1807 [70]
Schäftlarn (Lkr. München)	Fayencefabrik	1816–1849 [71]
Schleißheim (ebd.)	Stahlfabrik	nach 1815 [72]
Steingaden (Lkr. Weilheim-Schongau)	Bandfabrik (Mayer)	1804–1807 [73]
Waldsassen (Lkr. Tirschenreuth)	Kattunfabrik	ab 1830 [74]
Wolnzach (Lkr. Pfaffenhofen a.d.I.)	Bandfabrik (Mayer)	1803–1804 [75]

Die Liste ist gewiss nicht vollständig.[76] Auch ignoriert sie Vorverhandlungen mit anderen Unternehmern. In Andechs z.B. hatte 1804 zuerst Joseph Lucas, „Fabrick Controleur" aus Böhmen, den Zuschlag erhalten, weil er die Gebäude „zu Errichtung einer Tuchfabrik besonders zweckmäßig" fand. Schon 1807 war das Kloster in Besitz Dr. Herrs, der umgehend die Konzession für „Wollenzeug und Tuchweberei" erbat. In Benediktbeuern war zuerst mit dem böhmischen Spiegelfabrikanten von Schmaus verhandelt worden, bis der bayerische Beamte und Unternehmer Joseph von Utzschneider 1805 den Zuschlag für das Kloster ohne die Kirche erhielt und eine Glas- und Leinenmanufaktur, zuletzt auch eine Tabakfabrik einrichtete.

Weiter fehlen in der Liste die Fälle, in denen Verlegungen bestehender Fabriken nicht zustande kamen oder Verhandlungen über Fabrikgründungen scheiterten. Beispielsweise zerschlug sich das Vorhaben, die Nymphenburger Porzellanmanufaktur 1803 in die Klostergebäude von St. Nikola in Passau zu verlegen.[77]

Verhandlungen über Waldsassen gelangten 1803 nie über das Planungsstadium hinaus; 1805 lehnten Max IV. Joseph und Montgelas dort die Einrichtung einer Glashütte wegen besonders lästiger Bedingungen ab.[78] Eine Glasfabrik war auch in Weltenburg eine Zeitlang im Gespräch.[79]

Die Beispiele ließen sich schon deshalb fast beliebig vermehren, weil das Stichwort „Fabrik" von vielen Lokalkommissaren hoffnungsvoll oder resignierend, empfehlend oder abratend der Generallandesdirektion gegenüber vertreten oder aufgegriffen worden ist. Von Rott am Inn war schon die Rede. In gleicher Weise trogen Hoffnungen für Ettal, Diessen und Tegernsee.[80] In Raitenhaslach wurde 1812 gehofft, dass „sich etwa ein Liebhaber zur Anlegung einer fabrique vorfindet, was vielleicht bei der häufigen Nachfrage um große Gebäude für Anlage von Runkelrüben und Kartoffelzucker fabriquen bald der Fall seyn könnte".[81] Noch 1820 empfahl der Aufhebungskommissar von Metten, Franz Wilhelm Eckert, längst Rentbeamter in München, dem Käufer der weiträumigen Klosteranlage, eine Leinwand- oder Spinnfabrik einzurichten.[82]

Selbst Außenstehenden, wie dem Klosterrichter Korbinian Hauner von Frauenchiemsee, waren der Begriff und seine Bedeutung, und zwar schon im März 1802, geläufig.[83] Entsprechend baten auch die von der Klosteraufhebung besonders hart betroffenen Bewohner der Fraueninsel im Mai 1803 um die Errichtung einer „Fabrique […], wozu die geräumigen und nicht im mindesten baufälligen Kloster-Gebäude wie gewunschen da stehen".[84]

Es kann keinem Zweifel unterliegen: Fabrikansiedlungen in den säkularisierten Klöstern waren in Bayern hocherwünscht. Dabei waren sich die Verantwortlichen des viel zu großen Angebots an Klostergebäuden bewusst. Folglich wurde versucht, die Nachfrage durch spezielle Anreize zu fördern. Dies geschah anscheinend nur selten durch gezielte Werbung,[85] stattdessen bot man wohlwollende Unterstützung bei bürokratischen Fährnissen an. So konnten sich z.B. die bereits erwähnten Gebrüder Mayer aus Aarau in ihrem Gesuch um Ausnahmeregelungen für den Warenverkehr aus der Schweiz darauf berufen: „Euer Churfürstl. Durchlaucht etc. haben sogar die Gnade gehabt, uns unmittelbar an Allerhöchstdieselben zu wenden und alle werkthätige Hilfe uns zu gewärtigen."[86] „Kaufsliebhaber" eines Klosters mit der Absicht der Fabrikgründung konnten sogar mit weitreichendem finanziellen Entgegenkommen rechnen. Sie brauchten in aller Regel am anberaumten Versteigerungstag nicht mitzusteigern und erhielten nach persönlich oder schriftlich geführten Verhandlungen zumeist den Zuschlag weit unter dem Schätzwert der Klostergebäude, sofern nur rechtzeitig das Zauberwort „Fabrik" gefallen war. Max IV. Joseph und Montgelas hatten nämlich angeordnet, „daß Fabrikanten Unternehmern die Klostergebäude selbst ganz unentgeltlich überlassen werden dürften".[87] Als Folge wurde beispielsweise Benediktbeuern, geschätzt auf 107.000 Gulden, um 35.000 verkauft. Fürstenfeld wechselte statt der vorgesehenen Summe von 45.865 für 18.000 Gulden den Besitzer. Geisenfeld wurde verschenkt, und die Klöster Polling, Rottenbuch und Steingaden, zusammen mit mehr als 195.000 Gulden veranschlagt, wurden um 120.000 abgetreten.[88] Die Sachlage erscheint eindeutig: Käufer, die Fabrikansiedlungen planten, übten auf die bayerischen Zentralbehörden und insbesondere auf Montgelas eine gewaltige Faszination aus.[89]

Das alles ist nur aus dem ernsthaften Bemühen heraus zu erklären, einerseits die zahllosen Klosteranlagen sinnvoll zu nutzen bzw. nutzen zu lassen, andererseits möglichst viele von ihnen zu Fabrikationsstätten, damit zu Zentren der Landesentwicklung zu bestimmen, von denen aus sich „Gewerbefleiß und Wohlstand aller"[90] ausbreiten könne. Denn „daß der größte äußerliche Wohlstand eines Landes" von gut eingerichteten Fabriken abhing, von denen „Bayern noch bei weitem zu wenige" habe, galt als unumstößlicher Grundsatz.[91] Dabei hat man sich von der Industrialisierung auch Impulse für die Landeskultivierung versprochen. So jubelte der Lokalkommissar von Benediktbeuern Maximilian von Ockel 1803 voller Zukunftserwartung „über den nunmehr allgemeinen erwachten Kultursgeiste", „wenn hierorts die öden unnützen Strecken des Mooses einst verschwinden und in trächtiges Bauland verwandelt würden".[92] Selbst den hinteren Bayerischen Wald hat diese Aufbruchstimmung erfasst. Dort, in Gotteszell (Lkr. Regen), erwartete der Viechtacher Landrichter und Lokalkommissar Ignaz von Schmidbauer von der Aufhebung des Zisterzienserklosters die Ansiedlung von „wenigstens 60 bisher passiven Staatsbürgern", denen das aufgelöste Kloster „Aktivität und frohen Genuß des Lebens, der Agrikultur Lebhaftigkeit und Lohn" gewähren werde.[93]

Gerade deswegen hatten die Gebrüder Mayer aus Aarau in der Schweiz ein leichtes Spiel: Weil sie nicht nur versprachen, ihre Fabrikation hochwertiger Seidenbänder nach Bayern zu verlegen, sondern auch Landwirtschaft und Viehzucht zu fördern und Siedlungen zu erstellen, von denen aus mitgebrachte Facharbeiter das Land kultivieren würden. Unter diesen Voraussetzungen hatten die Brüder 1803 nacheinander das Kloster der Kapuziner in Wolnzach und das der Benediktinerinnen in Geisenfeld angekauft und wieder abgestoßen, dann 1804 gleichzeitig

die Augustinerchorherren-Häuser in Polling und Rottenbuch und das Prämonstratenserstift Steingaden zu sehr entgegenkommenden Preisen erworben. Von der „bekannten Solidität des Meyerschen Hauses"[94] überzeugt, schlugen Kurfürst Max IV. Joseph und sein leitender Minister erste Warnungen noch im November 1804 in den Wind[95] und mussten wenig später erfahren, dass sie Spekulanten aufgesessen waren: In keinem der Klöster waren die vereinbarten Fabrikanlagen, auch nicht die angekündigten Arbeiterkolonien entstanden. Stattdessen hatten „diese ausländischen Lumpen", wie sich die Spezialklosterkommission 1813 zu tiefst empörte, zwischen 1805 und 1807 „die schönen spottwohlfeil acquirirten Klöster ruinirt", indem sie die Gebäude zuerst ausschlachteten und dann größtenteils abbrechen ließen.[96]

Der Schock war heilsam. Denn als im gleichen Jahr 1813 über die Verwendung der noch immer leer stehenden ehemaligen Reichsabtei Ottobeuren (Lkr. Unterallgäu) diskutiert wurde, riet die Steuer- und Domänensektion dringend von der Vorstellung privater Käufer mit Fabrikabsichten ab: „[...] es dürfte in der edelsten Absicht alle Hoffnung getäuscht und wohl die nämlich traurige Erfahrung bei diesem Kloster gemacht werden, welche bei den oberländischen Klöstern Polling, Raittenbuch[!] und Steingaden herbeigeführt wurde, indem diese vormaligen Prachtgebäude rein ausgeplündert von allem, was nur immer Werth hatte, nun als wahre Ruinen dastehen".[97] Man empfahl folglich die Einrichtung eines Invalidenhauses, also Übernahme und Verwendung durch den Staat.

Es deutet einiges darauf hin, dass mit der Entdeckung der Machenschaften der Schweizer Brüder nicht nur die Phase der behördlichen Gutgläubigkeit, sondern auch die Euphorie über Industrieansiedlungen in Klöstern zu Ende ging. Jedenfalls scheint es kein Zufall zu sein, dass der Staat nur wenige Jahre später, 1818, zwei der bedeutendsten Klosteranlagen des bayerischen Oberlands, Benediktbeuern und Fürstenfeld, mitsamt den Ökonomien und den dazugehörigen Gründen, unter erheblichen finanziellen Opfern von privaten Unternehmern zurückgekauft hat. Da beide Klöster für die zivile Verwaltung nicht benötigt wurden – der Auf- und Ausbau der bayerischen Staatsverwaltung war längst abgeschlossen –, richtete die Armee an beiden Stätten u.a. Militär-Fohlenhöfe ein.

Militärische Nutzung

Dass sich die Armee für säkularisierte Klöster interessierte, mag an sich überraschen. Zu sehr befremdet noch heute die Vorstellung von Pferdeställen in Kreuzgängen, von Regimentsschneidern und Büchsenmachern in Abtsgemächern, von kranken Soldaten in Refektorien und Bibliotheken, von Hafer- und Strohmagazinen in Kirchen und Kapellen. Dennoch lässt sich das Phänomen „Kloster und Kaserne" weder zeitlich auf die Säkularisation noch räumlich auf den Freistaat begrenzen.[98] Um eine Vorstellung vom Ausmaß der militärischen Nutzung nach 1803 zu geben, seien diejenigen Klöster und Klosterkirchen vorgestellt, die langfristig, in der Regel bis zum Ende der Monarchie, belegt waren:

Amberg, Paulanerkloster	Lazarett	1803–1919 [99]
Augsburg, St. Georg-Kl.	Kaserne und Lazarett	1807–1883[100]
Augsburg, Hl.-Kreuz-Kl.	Kaserne	1807–1883
Augsburg, St. Ulrich-Kl.	Kaserne	1807–1919
Bamberg, Clarissenkl.	Magazin (Kirche)	1805–1919[101]
	Kaserne (Kloster)	1805–1919
Bamberg, Dominikanerkl.	Magazin (Kirche)	1813–1919
	Kaserne (Kloster)	1804–1919
Bamberg, Heiliggrabkl.	Magazin (Kirche)	1806–1919
	Kaserne (Kloster)	1806–1874
Bamberg, Karmelitenkl.	Magazin (Kirche)	1804–1819
	Kaserne und Lazarett (Kloster)	1804–1919
Benediktbeuern	Militärfohlenhof	1818–1919
	Invalidenhaus	1868–1900
	Genesungsanstalt	1902–1919[102]
Freising, Neustift	Kaserne	1803–1905[103]
Fürstenfeld	Militärfohlenhof	1818–1919
	Invalidenhaus	1818–1868
	Unteroffiziersschule	1894–1919[104]
Ingolstadt, Oberes Franziskanerkloster	Garnisonskirche	1828–1919
	Kaserne, Bezirkskommando	1828–1919[105]
Passau, St. Nikola	Magazin (Kirche)	1809–1919
	Kaserne (Kloster)	1809–1919[106]
Regensburg, Minoritenkl.	Magazin (Kirche)	1874–1919
	Kaserne (Kloster)	1810–1919[107]
Regensburg, Notre Dame	Kaserne	1814–1893
Würzburg, Schottenkl.	Magazin (Kirche)	1814–1904[108]
	Lazarett (Kloster)	1814–1919

Würden dazu auch die nur kurzzeitig belegten Klöster aufgezählt, so vervielfachte sich die Liste, aber sie ergäbe kein anderes Ergebnis: zwölf von sechzehn, also 75 % der lange Zeit militärisch genutzten Klöster liegen in den Hauptstädten der Territorien, die zwischen 1803 und 1814 an Bayern gefallen sind: in Augsburg, Bamberg, Freising, Passau, Regensburg und Würzburg.[109] Das hat nur z.T. mit dem erhöhten Raumbedarf der Bayerischen Armee als Folge von Aufrüstungen zu tun.

Dieser Sachverhalt lässt das grundsätzliche Problem bei der Angliederung der neuen Länder erkennen, weil die Besitznahme stets auch militärisch erfolgte. Damit galt es zwangsläufig, den Anspruch des neuen Landesherrn auch durch militärische Präsenz in den ehemaligen Machtzentren zu dokumentieren und zu festigen. Da die untergegangenen Hochstifte und der Dalberg-Staat in Regensburg ohne nennenswertes Militär ausgekommen waren, fehlten jedoch entsprechende Unterkünfte. Die bisherigen Amtsgebäude wurden in der Regel völlig von der neuen Zivilverwaltung beansprucht. Neubauten verwehrte die Schuldenlast. Zugleich war man tunlichst bemüht, die neuen Untertanen nicht durch Einquartierungen zusätzlich zu belasten und zu verschrecken. So blieb nur der Ausweg, auf die – in den Bischofsstädten ohnehin zahlreich vorhandenen – leer stehenden, säkularisierten Klöster zurückzugreifen, die mit Ökonomien,

Stallungen, Zimmerfluchten und Gemeinschaftsräumen zur Aufnahme von Truppen gar nicht so untauglich erschienen. Auf diese Weise waren die Garnisonen in den Zentralorten der neubayerischen Länder für die erste Zeit fast ausschließlich in ehemaligen Klöstern untergebracht. Umgekehrt wurden in den ehemaligen Bischofsstädten Frankens und Schwabens die Klöster zumindest für die Anfangszeit bayerischer Zugehörigkeit überwiegend militärisch genutzt.[110]

Spätestens mit dem Ende der napoleonischen Ära schwand die Notwendigkeit starker militärischer Präsenz in diesen Regionen. Die Armeeführung begann, die meisten Ordenshäuser zu räumen und sich auf die geräumigeren zu konzentrieren. Die freilich blieben – ungeachtet ihrer bekannten, vor allem hygienischen Mängel[111] – mindestens bis zur Zeit der großen Kasernenneubauten in der 2. Hälfte des 19. Jahrhunderts bestehen; viele sogar bis zum Ende der Monarchie.

Der Fortbestand der Klöster als Baukunstdenkmäler war durch die Nutzung als Kasernen, Magazine, Ausbildungseinrichtungen, militärische Dienststellen etc. in aller Regel nicht gefährdet. Zu den wenigen Ausnahmen, soweit bekannt, zählt der Konventbau des Bamberger Klosters Zum Heiligen Grab, der 1874 einem Lazarettneubau weichen musste. Die Kirche blieb, als Magazin verwendet, verschont. Ebenso untypisch ist der Abbruch der Gebäude des Clarissenklosters in Bamberg, das allerdings ein Opfer der Flammen geworden war. Auch hier blieb die Kirche, als Magazin genutzt, erhalten. Sie fiel erst 1939 Bebauungsplänen zum Opfer.[112]

Unbestreitbar ist allerdings, dass in den ersten Jahrzehnten nach der Säkularisation unbekümmerte, mitunter gewaltsame Um- und Einbauten in Kirchen und Konventgebäuden vorgenommen worden sind. Zu Abbrüchen und Neubauten im großen Umfang fehlte jedoch zum Glück das Geld. Noch im 1. Viertel des 19. Jahrhunderts setzte, wie im zivilen Bereich, auch in militärischen Kreisen ein Umdenken ein, das Einsicht in den Wert der Baudenkmäler als solche eröffnete. Beispielsweise erfolgte schon 1818 in Würzburg ein Antrag auf militärische Nutzung der ruinösen, leer stehenden ehemaligen Deutschordenskomturei ausdrücklich mit der Begründung, „um das dermalen zur Cloake benutzte, übrigens schöne Gebäude vor gänzlichem Ruin zu decken".[113] Nicht weniger denkmalbewusst wurde 1820 bei der Einrichtung der dazu gehörenden Kirche als Magazin eigens verlangt, dass die Fassade nicht beeinträchtigt werde.[114] Auf dieser Grundlage begannen Maßnahmen zur Erhaltung der Bausubstanz, ja selbst aufwändige Restaurierungen, selbstverständlich zu werden. Den Abschluss dieser Entwicklung markieren eigene Denkmallisten der jeweiligen Militär-Bauämter im frühen 20. Jahrhundert, in denen insbesondere auch die militärisch genutzten Klöster erfasst waren.[115] Aus dem Überblick heraus geurteilt, hat die militärische Nutzung wesentlich zur Erhaltung der Klosterbauten beigetragen. Das gilt aber auch für die andere Form staatlicher Verwendung, die öffentliche zivile Nutzung, die die militärische an Umfang weit übertraf.

Öffentliche zivile Nutzung

Hierbei ist mehr als bei der militärischen Verwendung zwischen Bettelorden- und nichtständischen Klöstern auf der einen und den übrigen Abteien, Chorherren- und Kollegiatstiften auf der anderen Seite, außerdem zwischen den Klosterkirchen und den -gebäuden zu unterscheiden.

An sich fanden die Klöster der Mendikanten, soweit sie nicht der Spitzhacke zum Opfer gefallen waren, ihrer zentralen, innerstädtischen Lage und ihrer bescheideneren Ausmaße wegen vorwiegend private Käufer. Staatliche Verwendungen blieben die Ausnahme. Als solche wurden in München das Karmelitenkloster für Schulzwecke und das Augustinerkloster für verschiedene Ämter der Justiz- und Hofverwaltung genutzt. Dessen Kirche fand gar als Mauthalle Verwendung.[116] Derartige öffentliche zivile Nutzungen von Kirchen kamen in ganz Bayern gelegentlich vor. Auch die Klosterkirche der Augustiner in Lauingen wurde 1809 zur „Aufbewahrung der aerarialischen Früchte" bestimmt.[117] Mitunter wurden, wie im Falle des Bamberger Franziskanerklosters, die Gebäude für Justiz-, Finanz- oder Verwaltungsbehörden benötigt, die Kirche aber als entbehrlich abgebrochen.[118] Das Beispiel bestätigt, dass gerade die Bettelordenskirchen bedroht waren, wenn sich keine passende Verwendung ergab. Da die weitere sakrale Nutzung unter den Vorzeichen von Aufklärung und Mendikantenhass ausgeschlossen war, ist es umso erstaunlicher, dass 1803 in Bad Tölz die Franziskanerkirche – auf Bitten der Bürgerschaft – zur Pfarrkirche umgewidmet worden ist.[119]

Derartige Umwidmungen waren bei den Abtei- und Stiftskirchen die Regel. Sie bedeuteten die Wiederaufnahme der sakralen Funktion und garantierten damit fast zwangsläufig die bauliche Erhaltung. Doch wurden dafür in den Klosterdörfern die bisherigen Pfarrkirchen geopfert, weil nun deren Nutzung auslief. Der einschlägige Erlass fehlt, oder er wurde nicht gefunden. Den Verantwortlichen war er jedenfalls bekannt, wie die Behandlung der Rottenbucher Klosterkirche im Dezember 1803 zeigt: „Da bey den Klöstern überhaupts festgesetzt worden ist, daß die Klosterkirchen ihrer vorzüglichen Bauart wegen künftig zu Pfarrkirchen bestimmt werden sollten, so ist auch das nämliche bey dem Kloster Rothenbuch in Ausübung gebracht worden."[120]

Insgesamt wurden viele Dutzend Pfarrkirchen zwischen Thierhaupten (Lkr. Augsburg) und Passau (Pfarrkirche St. Jakob von Kloster St. Nikola), zwischen Benediktbeuern und Michelfeld (Lkr. Amberg-Sulzbach) dem Erdboden gleichgemacht. Nur wenige Kirchen überdauerten profaniert, wie St. Andreas in Berchtesgaden, und nur als Ausnahme behielt die alte Pfarrkirche von Bernried (Lkr. Weilheim-Schongau) ihren Status. Die Verluste schmerzen, aber die Erhaltung der zahlreichen, ungleich aufwändiger gebauten und kunstvoller ausgestatteten Klosterkirchen sollte darüber hinweghelfen. Freilich geht die Gleichung „Klosterkirchen = Pfarrkirchen" ganz so reibungslos nicht auf.

In Wessobrunn z.B. blieb – zu vermuten ist: auf Wunsch der Gemeinde – die alte Pfarrkirche anstelle der Klosterkirche erhalten. Deren Abbruch soll bereits im August 1803 als „baufällig" und „entbehrlich" genehmigt worden sein. Unabhängig davon bestand die Kirche, unge-

nutzt und zunehmend verfallend, bis zum Stadtbrand von Weilheim 1810. Erst danach wurde sie abgetragen; die Steine dienten dem Wiederaufbau Weilheims.[121]

Noch mehr fällt das Schicksal der Klosterkirche von Weihenstephan in Freising aus der Reihe: Erst hatte sie die Pfarrkirche St. Jakob zu ersetzen, die bereits 1803 abgerissen worden war. Dann, zwischen 1810 und 1812, fiel sie selbst der Spitzhacke zum Opfer.[122] Der Vorgang ist schon deshalb höchst atypisch, weil der Staat den Klosterberg in Eigenregie, als Staatsdomäne,[123] beibehalten und dort neben einer Forstlehranstalt eine Musterlandwirtschaft unter Max Schönleutner (1778–1831) eingerichtet hat. Schönleutner war nach 1807 alleiniger Hausherr der Klosteranlage. Ließ er Jahre nach der Säkularisation die Kirche und drei Viertel des eigentlichen Klostergevierts abbrechen, weil er für seinen Betrieb, zu dem auch die ehemalige Klosterbrauerei gehörte, Platz schaffen wollte?[124] Oder spielten Sachverhalte wie Baufälligkeit oder Gefährdung durch abrutschenden Hang eine Rolle? Immerhin berichten die Quellen schon 1668 von einem Bergrutsch auf der Südseite.[125]

Wie auch immer: Leichtfertige Zerstörung scheidet nach den Richtlinien der Instruktion vom 11. März 1803 für die Lokalkommissare ebenso aus wie nach der Grundeinstellung der vorgesetzten Dienststellen gegenüber Abbruchanträgen. Folgerichtig erwogen Lokalkommissare, Vorgesetzte und Nachfolgebehörden nach 1803 grundsätzlich, ob in den entvölkerten Abteien oder Stiften im Zuge des Behördenaufbaus Bayerns nicht sinnvollerweise Gerichts-, Rent-, Pfarr-, Schulämter oder -wohnungen untergebracht werden könnten. Wie konsequent diese Erwägungen angestellt worden sind, zeigt der Antrag der Landesdirektion der oberen Pfalz in Amberg 1807 über die Nutzung der neun säkularisierten Männerklöster der Oberpfalz.[126] Darin wurde für acht Anlagen die ausschließliche oder vorwiegende Nutzung durch Gerichts-, Verwaltungs- und/oder Finanzbehörden sowie Schulen und Pfarrämter vorgeschlagen:

Ensdorf (Lkr. Amberg-Sulzbach),
Michelfeld (Lkr. Amberg-Sulzbach),

Speinshart (Lkr. Neustadt a.d. Waldnaab),
Pfreimd (Lkr. Schwandorf),
Schönthal (Lkr. Cham),
Waldsassen (Lkr. Tirschenreuth),
Reichenbach(Lkr. Cham),
Walderbach (Lkr. Cham).

Nur am Rande sei erwähnt, dass die Landesdirektion dabei ausdrücklich von Abbrüchen abgeraten hat. Entsprechend ordnete König Max I. Joseph den Verkauf auf Abbruch auch nur bei einem Stadel in Waldsassen an. Bemerkenswert ist auch, dass von den neun Klosterkirchen sieben zu Pfarrkirchen erhoben wurden. Zu den beiden Ausnahmen kam es nur deshalb, weil die Kirche der Franziskaner in Pfreimd schon als Getreidespeicher eingerichtet und die Paulanerkirche in Amberg als Salzmagazin vorgesehen war. Das Paulanerkloster selbst diente zu diesem Zeitpunkt bereits als Lazarett. Nach der Vorstellung der zuständigen Landbau-Inspektion hätte es sich auch als Arbeits- oder Zuchthaus geeignet.

Im Katalog der öffentlichen zivilen Nutzung säkularisierter Kirchen und Klöster erscheinen diese beiden, synonym verwendeten Begriffe zusammen mit allem, was „Verwahrungsanstalt" bedeutete oder „Heim"-Charakter aufwies, nach den Verwaltungsbehörden am zweithäufigsten. Auch das mag, wie bei der militärischen Inanspruchnahme, vor allem mit der baulichen Struktur, den Gemeinschaftseinrichtungen und kleinzelligen Raumfolgen, zu tun haben, sicherlich auch mit der Geschlossenheit der Anlagen und der mitunter abgeschiedenen Lage. Jedenfalls fällt auf, dass drei der bedeutendsten Klosteranlagen Bayerns, sämtlich Zisterzen, noch heute als Strafanstalten genutzt werden:

Kaisheim (Lkr. Donau-Ries) seit 1817,
Niederschönenfeld (ebd.) seit 1849,
Ebrach (Lkr. Bamberg) seit 1851.[127]

Daneben waren die Benediktinerabteien Ettal[128] und Ottobeuren[129], das Paulanerkloster in Amberg[130] und das Dominikanerkloster in Eichstätt[131] als mögliche Zucht-

bzw. (Straf-)Arbeitshäuser im Gespräch. Wie sehr Klostergebäude im allgemeinen Bewusstsein als Strafanstalten nutzbar erschienen, zeigt auch die Geschichte des Chorherrenstifts Herrenchiemsee: Der Insel überdrüssig geworden, bot der Besitzer 1827 die Klostergebäude dem Staat zur Verwendung als Rentamt oder Zuchthaus an.[132]

Ähnliches gilt für die – im 19. Jahrhundert durchaus vergleichbare – Nutzung der Klöster als geschlossene Anstalten, Heime etc. So wurde keineswegs zufällig in Ebrach lange vor der Verwendung als Zuchthaus die Einrichtung einer „allgemeinen Irren-Detensions-Anstalt für mehrere Kreiße" geplant.[133] Im gleichen Sinne sprach sich die Landesdirektion der oberen Pfalz für die Nutzung des Klosters Ensdorf als Irrenhaus aus.[134] Psychiatrische Anstalten wurden auch in Bayern[135] bewusst in ehemalige Klöster verlegt. Die Kreisirrenanstalt des Regierungsbezirks Schwaben z.B. bestand von 1849 bis zu ihrer Auflassung 1972 in der ehemaligen Reichsabtei Irsee (Lkr. Ostallgäu). Kennzeichnenderweise waren als Alternativen vor allem die Klöster Wettenhausen (Lkr. Günzburg), Oberschönenfeld (Lkr. Augsburg), Wörishofen (Lkr. Unterallgäu) und Ottobeuren diskutiert worden.[136] Vergleichbar ist die Nervenklinik für die Oberpfalz, heute das Bezirksklinikum Regensburg, 1851 in der Kartause Prüll (Stadt Regensburg) eingerichtet worden.[137]

Nicht nur der Staat, auch Ordensgemeinschaften richteten Anstalten und Heime in säkularisierten Klöstern ein. Z.B. kaufte der neue Orden der Barmherzigen Brüder 1873 das ehemalige Benediktinerkloster Attel (Lkr. Rosenheim) und stiftete dort eine Pflegeanstalt für männliche Unheilbare des Regierungsbezirks Oberbayern. Sie wurde 1970 von einer Sonderschule mit beschützenden Werkstätten abgelöst, die der Caritasverband der Erzdiözese München und Freising errichtete.[138] Selbst aus Privatkreisen kamen ähnliche Vorschläge.[139]

Anders als Verwaltungsbehörden, die in der Regel unmittelbar nach der Säkularisation einzogen, die Klostergebäude aber zumeist noch im Laufe des 19. Jahrhunderts gegen zweckmäßigere Neubauten vertauschten, bezogen Anstalten und Heime die Klostermauern wesentlich später, doch dafür zumeist auf Dauer. Im Vergleich dazu blieben viele Umnutzungen des 20. Jahrhunderts zeitbedingte Episoden: etwa die Verwendung der Klöster Fürstenfeld (Stadt Fürstenfeldbruck) und Seeon (Lkr. Traunstein) als Polizeischulen und -standorte bis in die jüngste Zeit[140] oder überhaupt die Notlösungen von Kriegslazaretten, Kriegsgefangenen- und Flüchtlingslagern[141] vor und nach 1945. In letzter Zeit fanden verwaiste und verfallende Klosteranlagen nach umfassender Restaurierung zunehmend wieder öffentliche Verwendung: gelegentlich als Unterkünfte für Behörden, z.B. Landratsämter, wie das ehemalige adlige Damenstift Lindau seit 1973[142] oder das ehemalige Prämonstratenserkloster Neustift seit 1986.[143] Häufiger entstanden Bildungs-, Tagungs- und Kulturzentren, wie in Irsee[144] (Lkr. Ostallgäu) und Thierhaupten[145] (Lkr. Augsburg), in Oberschönenfeld (ebd.) und Roggenburg (Lkr. Neu-Ulm)[146], um vor allem die wiedererstandenen, im Falle von Oberschönenfeld und Roggenburg sogar durch Zisterzienserinnen bzw. Prämonstratensermönche wiederbelebten schwäbischen Vorzeigeobjekte zu benennen. Mit den Beispielen Seeon[147] (Lkr. Traunstein) oder Aldersbach[148] (Lkr. Passau) stehen die anderen Bezirke kaum nach. Dabei ist bemerkenswert, dass die Anfänge der Umnutzung von Klöstern bzw. Klosterkirchen zu kulturellen Zwecken, zu Gemäldegalerien, Museen, zu Fest- und Theatersälen noch in die Zeit König Ludwigs I. zurückreichen.[149]

Entscheidend ist, dass die Klöster mit der öffentlichen Nutzung eine Bestimmung gewannen, die in aller Regel den Baubestand garantierte. Schon deshalb erscheint der Vergleich zwischen dem Augustinerchorherrenstift Rebdorf (Lkr. Eichstätt) und dem benachbarten Augustinerchorfrauenstift Marienstein (ebd.) symptomatisch: Rebdorf blieb, jahrzehntelang als polizeiliches Arbeitshaus genutzt, in seiner Bausubstanz erhalten. Vom privatisierten Kloster Marienstein dagegen fehlt der Konventbau, und Prioratsbau und Wirtschaftsgebäude sind in Wohnhäusern aufgegangen.[150]

Private Nutzung

Man wird unterstellen dürfen, dass die Reihenfolge der Verwertungsmöglichkeiten, worauf die Instruktion vom 11. März 1803 die Lokalkommissare hinwies, mit Bedacht gesetzt worden ist: Verkauf – öffentliche Anstalt – Fabrik – Abbruch.[151] Demnach galt es in erster Linie, und zwar vor der öffentlichen und der industriellen Nutzung, die Klostergebäude gewinnbringend zu veräußern. Das hätte die Staatseinnahmen vermehren, und die Verantwortlichen jeglicher Sorge um Unterhalt und Umnutzung der Gebäude entheben können. Dennoch misslang es in den meisten Fällen, für Klosteranlagen – gemeint sind die eigentlichen Geviere, in der Regel ohne die neu bestimmten Pfarrkirchen – Käufer zu finden. Schätzungsweise konnte allenfalls ein Drittel der säkularisierten Klöster verkauft werden.[152]

Bei kleineren Objekten gelang dies grundsätzlich eher. Sie wurden zumeist und unter Einbuße z.T. wesentlicher Bausubstanz zu Wohnungen umgebaut oder für gewerbliche Nutzung eingerichtet. Häufig übernahmen die Käufer der ehemaligen Klosterbrauereien die Konventbauten und nutzten sie zur Vergrößerung ihrer Betriebe. Entsprechend stand das Brau- und Gaststättengewerbe bei der gewerblichen Nutzung an der Spitze.[153] Wurden Kirchen mitverkauft, dann endeten sie, bis zur Unkenntlichkeit entstellt, als Wohnhaus, selten als Lagerhalle, wenn sie nicht ganz abgebrochen wurden.[154]

Die in der Regel stattlichen Anlagen der Abteien und Chorherrenstifte waren dagegen ungleich schwerer an den Mann zu bringen. Wenn sich keine Käufer fanden und öffentliche Nutzungen ausschieden oder nur für Gebäudeteile in Frage kamen, so blieb nur der Ausweg der Zerstückelung und der Verzicht auf die zumeist ohnehin entschieden zu tiefen Schätzwerte, um wenigstens Teilverkäufe zu erreichen. Auch deshalb waren Fabrikanten so willkommen: weil sie die Klosteranlagen im Ganzen erwarben, teilweise sogar zusammen mit den Kirchen, weil sie die Staatskasse trotz gewaltiger Preisnachlässe langfristige Einnahmen erhoffen ließen, überdies Unterhaltskosten ersparten und den industriellen Aufschwung versprachen, den man ersehnte. Wie sehr diese Hoffnungen trogen, z.T. sogar zur Zerstörung der anvertrauten Baudenkmäler führten, wurde bereits dargestellt. Als einzige Klosterfabrik von Dauer wirkte die Schnellpressenfabrik Koenig und Bauer von 1817 bis zum Bezug von Neubauten 1901 im ehemaligen Prämonstratenserkloster Oberzell (Lkr. Würzburg), schrieb dort sogar Industriegeschichte.[155] Freilich ging es auch dabei nicht ohne Verluste ab: so wurde die Klosterkirche profaniert und der Türme und des Chors beraubt. Seit 1903 ist das Kloster im Besitz der Kongregation der Heiligen Kindheit Jesu. Renovierung und Restaurierung sind längst abgeschlossen und auch die Kirche ist wiederhergestellt worden.[156]

Eingriffe weniger in das äußere Erscheinungsbild, wohl aber in die Inneneinteilung erforderte dagegen eine ganz andere, wenngleich seltene Art gewerblicher Nutzung: die der Verwertung und Vermarktung klostereigener Mineralquellen zum Badebetrieb, wie in Schäftlarn[157] oder in Seeon[158] im 19. Jahrhundert. Auch in Waldsassen wurde 1807 die Einrichtung einer Badeanstalt erwogen.[159]

In ähnlicher Weise verloren die ehemaligen Klöster originale Bausubstanz, wenn es zum Einbau von Wohnungen kam, weil sich mehrere finanzschwächere Käufer die Gebäude teilten. Das führte in aller Regel, da niemand sich für das Gesamtbild verantwortlich fühlte, zu unbekümmertem Umgang mit den Fassaden, mindestens aber zu deren Vernachlässigung. Nur bei finanzstarken Käufern, die Klöster zu Wohnzwecken im Ganzen erwarben, bestanden größere Chancen zur Erhaltung. Das galt insbesondere dann, wenn adlige Familien ehemalige Klöster als repräsentative Herrschaftssitze ersteigerten und zu „Schlössern" umzubauen begannen.

Zum Teil wurden diese Herrschaftsgründungen durch den Reichsdeputationshauptschluss selbst ausgelöst, der bekanntlich eine Reihe weltlicher Landesfürsten für linksrheinisch erlittene Gebietsverluste auch durch Abteien oder Stifte entschädigte. Auf diese Weise wurden durch folgende Paragraphen dieses Fundamentalgesetzes folgende Familien u.a. mit folgenden Klöstern im heutigen Bayern abgefunden:[160]

§ 10	Fürsten von Hohenzollern-Sigmaringen	Holzen (Lkr. Augsburg)
§ 11	Fürsten von Ligne	Damenstift Edelstetten (Lkr. Günzburg)
§ 14	Fürsten von Löwenstein-Wertheim-Rosenberg	Neustadt/Main (Lkr. Main-Spessart), Holzkirchen (Lkr. Würzburg)
	Grafen von Löwenstein-Wertheim-Freudenberg	Kartause Grünau (Lkr. Main-Spessart), Triefenstein (ebd.)
§ 15	Fürsten von Oettingen-Wallerstein	Heiligkreuz Donauwörth, St. Magnus Füssen (Gebäude), Mönchsdeggingen (Lkr. Donau-Ries), Maihingen (ebd.)
§ 20	Fürsten von Leiningen	Amorbach (Lkr. Miltenberg)
§ 22	Fürsten von Bretzenheim	Damenstift Lindau
§ 24	Reichsgraf von Ostein	Kartause Buxheim (Lkr. Unterallgäu)

Die Bestimmung zum Entschädigungsobjekt bedeutete zumeist dann die Erhaltung des äußeren Erscheinungsbildes, wenn die entschädigten Familien oder deren Nachfolger den übereigneten Besitz bis in die Gegenwart behielten und bewohnten, d.h., wenn es zur Residenzbildung kam. Das traf vor allem bei den Damenstiften Edelstetten und Lindau, bei den Benediktinerklöstern Amorbach und (Mönchs)Deggingen, bei der Kartause Buxheim und beim Kloster der Minoriten in Maihingen zu.

Das Benediktinerkloster Neustadt am Main dagegen wurde 1857 samt der Kirche durch Blitzschlag eingeäschert. Während die Kirche wiederaufgebaut wurde, trat an Stelle der Klosterruine erst 1961 ein Neubau der

Missions-Dominikanerinnen.[161] Die Kartause Grünau, ebensowenig als Wohnsitz genutzt, stand noch bis in die 2. Hälfte des 19. Jahrhunderts. Heute sind nur noch die Kirchenruine, die Prokuratie (als Wirtshaus) und die Umfassungsmauer vorhanden.[162] Das Augustinerchorherrenstift Triefenstein, bis in die Gegenwart im Besitz der Fürsten Löwenstein-Wertheim-Freudenberg, verwahrloste profaniert und entleert, bis es 1986 an die evangelische Christusträger-Bruderschaft verkauft wurde.[163] Immerhin: gezielte Abbrüche waren bei den Entschädigungsklöstern offenbar selten; eher trat Verwahrlosung bei Nichtnutzung, sprich: Nichtbewohnung, ein.

Anders stellt sich die Situation bei der Betrachtung der zahlreichen Fälle dar, in denen Adelsfamilien Klosteranlagen aus eigenem Antrieb erwarben. Man hat bereits festgestellt, dass Adel und vermögendes Bürgertum den Löwenanteil der säkularisationsbedingten Vermögensumschichtungen bestritten.[164] Beide Gruppen, der einfache Adel sicherlich an der Spitze, strebten nach repräsentativen Landsitzen, die ihre gesellschaftlichen Ansprüche sichtbar machten. Erfüllung verhießen dabei die mitunter prunkvollen Konvent- und Abteibauten, die noch dazu aus Mangel an Konkurrenten oftmals zu Spottpreisen zu ergattern waren. Sie ähnelten von der Architektur her Schlössern und galten auch bald als solche, vor allem wenn Hochadel eingezogen war. Die wittelsbachischen „Schlösser" Berchtesgaden, Tegernsee und (bis vor wenigen Jahren) Banz stehen als Beispiele. Doch auch bei weniger klangvollen Namen bürgerte sich in der Regel bald die Bezeichnung „Schloss" ein, sobald der entsprechende Anspruch durch gesellschaftliche Aktivitäten erfüllt wurde.[165]

Die Rechnung ging freilich nicht immer auf: Steuern, Unterhaltskosten und Überschätzung der finanziellen Möglichkeiten trieben viele der stolzen Schlossbesitzer an den Rand des finanziellen Ruins, so dass Notverkäufe, auch Ausschlachtungen und Abbrüche nicht ausblieben. Die Verstümmelung der Stiftskirche von Herrenchiemsee ist auf diese Weise zwei neureich-adligen Besitzern, Joseph von Dietz und nach ihm Alois von Fleckinger, zuzuschreiben.[166]

Auch im ehrwürdigen Benediktinerkloster Tegernsee begannen die Abbrucharbeiten noch 1803, weil sich Karl Freiherr von Drechsel, „Gutsbesitzer von Karlstein, Naabeck etc." finanziell übernommen hatte.[167] In anderen Fällen scheint vor allem die Unlust, für den Unterhalt überzähliger Gebäude aufzukommen, Auslöser für Niederlegungen gewesen zu sein. Auch Ignaz Graf Arco, immerhin Obersthofmeister und Schwiegervater des Grafen Montgelas, brach im früheren Augustinerchorherrenstift Bernried bereits 1803 Teile des Konventbaus ab.[168] Im Benediktinerkloster Theres (Obertheres, Lkr. Haßberge), heute Schloss der Freiherrn von Swaine, ließ der Erstkäufer, Theodor Konrad Freiherr von Kretschmann, 1809 aus dem gleichen Grund die Kirche abtragen.[169]

Und doch sind Verallgemeinerungen unangebracht, weil keine Regeln im Umgang mit „Schlossklöstern" erkennbar sind. Die Gebäude des ehemaligen Benediktinerklosters St. Emmeram in Regensburg z.B., seit 1812 Residenz der fürstlichen Familie Thurn und Taxis, wurden vor 1900 tiefgreifend verändert.[170] Die Kartause Tückelhausen (Lkr. Würzburg) dagegen, z.T. genauso lange Schloss der Freiherrn von Staff-Reitzenstein, steht äußerlich fast unverändert. Nur eines ist, im Vergleich zur öffentlichen Nutzung, feststellbar: Mit dem Verkauf an Privat bestimmten zwangsläufig die privaten Interessen, vor allem Wohnraum-Bedürfnisse, gewerbliche Nutzung und mangelnde Bereitschaft zur Übernahme der Unterhaltskosten, das Schicksal der verkauften Klöster. In der Folge weisen die Fälle privater Nutzung wesentlich höhere Verluste an klösterlicher Bausubstanz auf als alle anderen Verwendungsarten.

Darunter fällt, was besonders schmerzt, der Verlust der Klosterkirche von Münsterschwarzach, ein Hauptwerk Balthasar Neumanns aus den Jahren 1727–1743.[171] Zuerst war sie, als künftige Pfarrkirche, beim Verkauf des Klosters ausgenommen worden. Benötigt wurde sie dann aber doch nicht. Es folgten Verkauf und Schließung. Zu allem Unglück schlug 1810 der Blitz in einen der beiden Kirchtürme. Er stürzte ein und beschädigte das Dach der Kirche. Da sich niemand fand, der den Wiederaufbau finanzieren wollte, zerfiel das Gotteshaus und wurde als

Steinbruch missbraucht, bis die Ruine (mit dem Großteil der Abteigebäude) 1841 abgetragen wurde.

Kloster Fultenbach, um ein zweites Beispiel aus der eingangs vorgestellten Schadens- und Schreckensbilanz aufzugreifen, sollte ursprünglich ein Kameralamt aufnehmen.[172] Der Plan zerschlug sich, aber immerhin wurden der Pfarrsitz in das Kloster verlegt und die Kirche folglich zur Pfarrkirche bestimmt. Doch musste 1805 nach anhaltenden Protesten der (größeren) Nachbargemeinde der Pfarrsitz nach Ellerbach (Lkr. Dillingen) umziehen. Kirche und Konventbau verloren damit jede Funktion, wurden an Privat verkauft und 1811 abgebrochen. Die Ökonomie, 1809 abgebrannt, wurde nur z.T. wiederaufgebaut und 1835 vollends abgerissen. Nur das ehemalige Bräuhaus ist erhalten geblieben.

Auf der Suche nach Antworten auf die Fragen nach Unausweichlichkeit oder Verschulden ist eine dritte kulturgeschichtliche Katastrophe anzuführen: das Schicksal des Klosters Langheim.[173] Hier war im Mai 1802 ein Feuer ausgebrochen, das die Kirche, die „neue Abtei" und das Noviziat beschädigte. Zum Zeitpunkt der Aufhebung der Zisterze war der Wiederaufbau zwar bereits im Gange, doch der Lokalkommissar stoppte alle Arbeiten und ließ im Einvernehmen mit der Landesdirektion noch 1803 die beschädigten Gebäude abtragen. Die übrigen Bauten, darunter der eigentliche Abteibau und der Süd- und Westflügel des Konventbaus wären zu retten gewesen, wenn sich ein zahlungskräftiger Käufer gefunden hätte. So sehr sich in den folgenden Jahren das zuständige Rentamt in Lichtenfels auch gegen Abbrüche und Ausplünderungen der noch bestehenden Gebäude wehrte, nach 1825 dienten die Mauern als Steinbruch. Heute lassen nur noch jämmerliche, heruntergekommene Reste die einstige Pracht erkennen. Rechtfertigen sie den Vorwurf staatlichen blinden Wütens?

Die Rolle des Staates im Umgang mit den säkularisierten Klöstern

Zugegeben: Einzelne fanatische Äußerungen aus der Ecke der 1802/03 allmächtig scheinenden Aufklärer fügen sich nahtlos in das bislang vorherrschende Bild der staatlichen Blindwütigkeit ein. Hauptgewährsmann ist der vielzitierte Johann Christoph von Aretin, Spezialkommissar der Hofbibliothek, zuständig für die Bibliotheken der aufgelösten Klöster, also Mitverantwortlicher und Mittäter, der die Auflösung der Klöster mit der Aufhebung des Faustrechts verglich und erwartete, dass man „sich den Ruinen der Abteien ungefähr mit eben dem gemischten Gefühle nähern [werde], mit welchem wir jetzt die Trümmer der alten Raubschlösser betrachten".[174] Der Münchner Polizeidirektor Anton Baumgartner bejubelte – welche Umkehrung der Werte! – Abbruch und Einsturz der Mauern der Franziskanerkirche 1805 in München sogar als „majestätischen Anblick".[175] Dennoch blieben derlei verbale Maßlosigkeiten Ausnahmen, jedenfalls im staatlichen Umgang mit den säkularisierten Klosterkirchen und -gebäuden. Auch wenn, wie einzuräumen ist, einzelne Lokalkommissare voreilig für Abbrüche gestimmt haben, so blieb ihnen dafür in aller Regel die Zustimmung versagt. Im Gegenteil sorgten die Verantwortlichen von Landesdirektion wie Ministerialbürokratie dafür, dass die Instruktion vom 11. März 1803 ernst genommen worden ist. Deshalb wurden von staatlicher Seite aus säkularisationsbedingt nur selten Abbrüche vorgenommen.

Anzulasten ist den Verantwortlichen allerdings, dass beim Verkauf der Klöster in der Regel keine Verpflichtungen zu deren Erhaltung auferlegt worden sind. Vielmehr interessierte als Folge der Finanznot des Staates fast ausschließlich die Höhe des Erlöses. Dies galt erst recht bei den Bemühungen um Fabrikansiedlungen, die zumeist den Verzicht auf Verkaufsgewinne bedeuteten, langfristig aber reichen Gewinn erhoffen ließen. Ohne derartige Bestandserhaltungsklauseln wurden die aufgehobenen Sakralbauten durch den Verkauf individuellen Nutzungs- oder Verwertungsabsichten ausgeliefert, die oftmals im Abbruch endeten. Einer der wenigen Warner, Lorenz von Westenrieder, Sekretär der kurbayerischen Akademie der Wissenschaften, sprach deutlich aus, was ihn im Blick auf klösterliche Altertümer nach dem Verkauf der Gebäude bewegte: „Mehrere Klöster geraten in die Hände von Privaten, und es ist zu befürchten, daß viele Altertümer […] der Zerstörung unterliegen dürften."[176] Dennoch wurde die Schädigung, ja sogar Zerstörung der Kulturdenkmäler durch die neuen Besitzer billigend in Kauf genommen.

Nur: War sich auch nur einer der Zeitgenossen des Inhalts des Begriffs „Kulturdenkmal" bewusst? Auch die Bedeutung des Stichworts „Denkmalpflege" begann sich erst Jahrzehnte nach der Säkularisation zu formieren. Umso überraschender stufte die Generallandesdirektion noch im Mai 1803 die Klosterkirche von Fürstenfeld „als ein Monument der Kunst" ein, das deshalb keineswegs zerstört werden durfte. Entsprechend erhielt der Käufer, Tuchfabrikant Leitenberger aus Böhmen, die Auflage, die Kirche in ihrem gegenwärtigen Zustand zu erhalten.[177]

Dieser Vorgang, in dem eine Klosterkirche alleine um ihres Kunstwertes willen geschützt wurde, mutet wie der Vorbote staatlicher Denkmalpflege an. Er blieb aber für diese frühe Zeit die große Ausnahme. Doch leiteten staatliche Instanzen nur wenig später erste Baumaßnahmen zur Erhaltung säkularisierter Klöster ein, z.B. Dachreparaturen in Metten 1805[178] oder die Instandsetzung der Wasserleitung der ehemaligen Zisterze Raitenhaslach 1812.[179] Allerdings galten diese Bemühungen in erster Linie der Vermeidung von Einnahmeverlusten bei den anstehenden Verkäufen. Sobald sich übernommene oder nach der Aufhebung eingetretene Schäden als zu groß, die Reparaturen folglich als zu kostspielig erwiesen, wurde der Abbruch unausweichlich, wie die Fälle von Langheim oder Weyarn zeigen, wo 1805 ein Hagelunwetter Dächer und Mauern beschädigt hatte.[180]

In aller Regel waren die Gebäude freilich intakt. Genauso regelhaft blieb der Baubestand während der kurzfristigen staatlichen Verwaltung bis zum Verkauf oder der langfristigen staatlichen Nutzung als Behördensitze oder militärische Einrichtungen erhalten. Dabei häufen sich in den Jahren nach 1803 die Belege aktiven Bemühens um die Erhaltung der Klöster. Zum Beispiel verpflichtete die Spezialklosterkommission 1810 das Rentamt Traunstein, beim Kloster Frauenwörth im Chiemsee dafür zu sorgen, „daß jemand über sämtliche Gebäude strenge Aufsicht führe und Distractionen der mobilen Objecte, als Dachrinnen, Thüren, Fenster etc. verhindere, damit nicht, wie dieses leyder bey mehreren Klöstern der Fall ist, nach Absterben der Nonnen […] ein Scelet von einem Gebäude angetroffen werde".[181] Auch die (noch immer unveräußerte und leer stehende) Abtei Ebrach sollte 1838 bewacht und ausdrücklich „in gutem baulichen Zustand erhalten werden".[182]

Ein herausragendes Beispiel für die immer stärker erwachende denkmalpflegerische Verantwortung des Staates ist aus Waldsassen überliefert:[183] Dort hatte sich bereits 1829 der Kattunfabrik- und Baumwollspinnerei-Besitzer Carl Wilhelm Rother aus Greiz in den Verkaufsverhandlungen verpflichten müssen und auch verpflichtet, den berühmten Bibliothekssaal mit der kunstvoll geschnitzten Ausstattung unversehrt zu erhalten. Als sich sein Sohn und Nachfolger 1846 über diese Einschränkung seiner Besitzrechte beschwerte, weil er die Fabrikation ausdehnen wollte, wies ihn die Regierung der Oberpfalz ab, den Schutz des Bibliothekssaals erneuernd.

Nach alledem sollte die eingangs gestellte Frage „Blindes Wüten?" beantwortet sein – jedenfalls, was den Umgang staatlicher Instanzen mit den aufgehobenen Klosteranlagen betrifft. Wie aufgezeigt wurde, lag den Bemühungen des Staates um Verwendung und Umnutzung der Gebäude ein ausgefeiltes Programm zugrunde, die Instruktion vom 11. März 1803, die an sich planlose Willkür ausschloss. Zugleich war mit der Abhängigkeit der Lokalkommissare von den vorgesetzten Dienststellen der Landesdirektion(en) und der Ministerialbürokratie für zumeist wirkungsvolle Kontrollen gesorgt. Freilich konnten dennoch einige wenige bedauerliche Pannen nicht verhindert werden. Schwerer wiegt das Versäumnis, nach Verkäufen den neuen Besitzern nicht generell Zusagen über die Bestandserhaltung abverlangt zu haben. Damit wurden Verluste an mitunter wertvollster Bausubstanz billigend in Kauf genommen. Insofern trug der Staat bzw. seine Verantwortlichen mit zu den Vorwürfen über „Vandalismus", „skandalösem Umgang" und „Zerstörungswut" im Zusammenhang mit der Säkularisation bei.

ANMERKUNGEN:

1 Vgl. dazu Claus Grimm, Kunstbewahrung und Kulturverlust. In: Josef Kirmeier – Manfred Treml (Hrsg.), Glanz und Ende der alten Klöster. Säkularisation im bayerischen Oberland 1803 (Veröffentlichungen zur Bayerischen Geschichte und Kultur 21/91), München 1991, S. 78–85.

2 Über die an der Säkularisation beteiligten Behörden vgl. den Beitrag von Monika Ruth Franz in diesem Band.

3 Der Begriff wurde 1794 während der Französischen Revolution von Henri-Baptiste Grégoire, Bischof von Blois, geprägt, um die sinnlose Zerstörung besonders kirchlicher Kunstwerke anzuprangern, vgl. Alexander Demandt, Vandalismus. Gewalt gegen Kultur, Berlin 1977, S. 15.

4 Manfred Treml, Klostersäkularisationen in Altbayern. In: Schönere Heimat 80 (1991) S. 107–114, hier S. 110.

5 Albert Köberle, Rottenbuch nach der Säkularisation. In: Hans Pörnbacher (Hrsg.), 900 Jahre Rottenbuch. Beiträge zur Geschichte und Kunst von Stift und Gemeinde, Weißenhorn 1974, S. 152–170, hier S. 152.

6 Vgl. P. Winfried M. Hahn, Von der Säkularisation des Klosters Ettal im Jahre 1803 bis zu seiner feierlichen Wiedereröffnung am 6. August 1900. In: P. Barnabas Bögle (Hrsg.), Gründe uns im Frieden. Ettal 1900–2000, Ettal 2000, S. 18–92, hier S. 55 (zu den Abbrüchen). – P. Theodor Wolf, Baron Theodor v. Cramer-Klett jun. und Ettal. In: Ebd. S. 93–122, hier S. 93, 98–100.

7 Vgl. Wilhelm Forster, Die Säkularisation und das Benediktinerkloster Banz. In: Hubert Glaser (Hrsg.), Krone und Verfassung. König Max I. Joseph und der neue Staat. Beiträge zur Bayerischen Geschichte und Kunst 1799–1825 (Wittelsbach und Bayern III/1), München 1980, S. 95–100, hier S. 99. – Alfons Maria Scheglmann, Geschichte der Säkularisation im rechtsrheinischen Bayern, Bd. 3: Die Säkularisation in den 1803 definitiv bayerisch gewesenen oder gewordenen Gebieten, 1. Teil, Regensburg 1906, S. 282.

8 Vgl. dazu Gerda Kren, Die Säkularisation der Chiemseeklöster. In: Das bayerische Inn-Oberland 34 (1966) S. 5–183, hier die Abbildungen nach S. 96.

9 Vgl. dazu Martin Hahn, Historische Umnutzungen. Gebäude des öffentlichen Lebens im Wandel der Zeiten. Beispiele aus Bayern, Berlin (Diss. ing.) 1999, Abbildung Nr. 27, S. 61.

10 Ausgezählt wurde auf der Grundlage der Auflistung „Klöster in Bayern" durch das Haus der Bayer. Geschichte im Bayer. Behördennetz. Aufgenommen wurden dabei alle klösterlichen Niederlassungen, also auch die Bettelorden, Chorherren- und -frauen, Kollegiat- und Kanonissenstifte, sofern Gemeinschaftsbauten unterstellt werden konnten. Die vor 1802 bereits eingezogenen Klöster blieben außer Betracht, ebenso Jesuitenkollegien, Ritterordenhäuser und Hospize.

11 So Eberhard Weis, Die Säkularisation der bayerischen Klöster 1802/03. Neue Forschungen zu Vorgeschichte und Ergebnissen (Bayerische Akademie der Wissenschaften, Philosophisch-historische Klasse, Sitzungsberichte 1983/6), München 1983, S. 7 und 50.

12 Eleutherius Stellwag, Das Ende des alten Münsterschwarzach (Münsterschwarzacher Studien 33), Münsterschwarzach 1980, S. 110. – Weis (wie Anm. 11) S. 7.

13 Gerhard Hanke, Zur Säkularisation des Klosters Fürstenfeld. Aus der Familiengeschichte von Ignaz Leitenberger. In: Amperland 1 (1965) S. 21–24, 40–41, hier S. 21. – Winfried Müller, Die Aufhebung des Klosters Fürstenfeld im Jahr 1803. In: Angelika Ehrmann – Peter Pfister – Klaus Wollenberg (Hrsg.), In Tal und Einsamkeit. 725 Jahre Kloster Fürstenfeld. Die Zisterzienser im alten Bayern, Bd. 2: Aufsätze, Fürstenfeldbruck 1988, S.141–164, hier S. 159.

14 Vgl. dazu Hans Christian Mempel, Die Vermögenssäkularisation 1803/10. Verlauf und Folgen der Kirchengutenteignungen in verschiedenen deutschen Territorien (tuduv-Studien, Reihe Sozialwissenschaften, Bd. 15), München 1979, Teil 2, S. 186 f.

15 Georg Schwaiger, Die stillen Jahre Freisings und seines Domes (1803–1822). In: Joseph A. Fischer (Hrsg.), Der Freisinger Dom. Beiträge zu seiner Geschichte (26. Sammelblatt des Historischen Vereins Freising), Freising 1967, S. 239–257, hier S. 248.

16 Sebastian Gleixner, Von der fürstbischöflichen Residenzstadt zum bayerischen Behördensitz. Die Eingliederung Freisings in das Kurfürstentum Bayern 1802–1804. In: Hubert Glaser (Hrsg.), Freising wird bairisch. Verwaltungsgeschichtliche und biographische Studien zur Wende von 1802 (37. Sammelblatt des Historischen Vereins Freising 2002), Regensburg 2002, S.13–140, hier S. 30.

17 Z.B. wurden u.a. die Kollegiatstifte St. Andreas und St. Veit abgerissen, vgl. Norbert Keil, Das Ende der geistlichen Regierung in Freising (Studien zur altbayer. Kirchengeschichte 8), München 1987, S. 324, 341. – Peter Pfister, Freising-St. Andreas. In: Friedrich Fahr – Hans Ramisch – Peter B. Steiner (Hrsg.), Freising. 1250 Jahre Geistliche Stadt, München 1989, S. 135–139, hier S. 138 f. – Ders., Freising. St. Veit. In: Ebd. S 152–154, hier S. 154.

18 Vgl. Hahn (wie Anm. 9) S. 22. – Einschränkender Ansicht ist Laetitia Boehm, Säkularisation und Stadtkultur: Zur Auswirkung des Reichsdeputationshauptschlusses von 1803 auf süddeutsche Bischofsstädte. In: Bernhard Kirchgässner – Wolfram Baer (Hrsg.), Stadt und Bischof (Stadt in der Geschichte 14), Sigmaringen 1988, S. 97–136, hier S. 127.

19 Zitiert nach Ernst Rudolf Huber (Hrsg.), Dokumente zur deutschen Verfassungsgeschichte, Bd. 1, 2. Aufl. Stuttgart 1961, S. 15. – Weis (wie Anm. 11) S. 16.

20 Weis (wie Anm. 11) S. 17, 22, 44–46.

21 Vgl. Keil (wie Anm. 17) S. 353, wo auf verschiedene Anzeichen aufmerksam gemacht wird, dass Kurbayern offensichtlich von Anfang an das Gebäudeensemble des Freisinger Dombergs erhalten wollte.

22 Vgl. dazu Mempel (wie Anm. 14) S. 187 f. – Alfons Maria Scheglmann, Geschichte der Säkularisation im rechtsrheinischen Bayern, Bd. 3 (wie Anm. 7), 2. Teil Regensburg 1908, S. 79.

23 Müller (wie Anm. 13) S. 158.

24 Vgl. dazu Rainer Braun, Militäreinsätze bei Unruhen. In: Ders. – Gerhard Heyl – Andrea Groß, Bayern und seine Armee. Eine Ausstellung des Bayerischen Hauptstaatsarchivs aus den Beständen des Kriegsarchivs (Ausstellungskataloge der Staatlichen Archive Bayerns 21), München 1987, S. 149–152. – Gerhard Heyl, Brand- und Katastrophenschutz. In: Ebd. S. 162–164.

25 So auch Rudolf Haderstorfer, Die Säkularisation der oberbayerischen Klöster Baumburg und Seeon. Die wirtschaftlichen und sozialen Wandlungen (Forschungen zur Sozial- und Wirtschaftsgeschichte 9), Stuttgart 1967, S. 107.

26 So insbesondere von Alfons Maria Scheglmann, Geschichte der Säkularisation im rechtsrheinischen Bayern, Bd. 2: Die Säkularisation in Kurpfalzbayern während des Jahres 1802, Regensburg 1904, S. 1 und 13. – Romuald Bauerreiss OSB, Kirchengeschichte Bayerns, Bd. 7, St. Ottilien 1977, S. 448.

27 Vgl. dazu Andreas Schlittmeier, Die wirtschaftlichen Auswirkungen der Säkularisation in Niederbayern, untersucht am Beispiel der Abtei Niederaltaich und seiner Propsteien Rinchnach und St. Oswald. In: Verhandlungen des Historischen Vereins für Niederbayern 87 (1961) S. 1–147, hier S. 29 f. – Mempel (wie Anm. 14) S. 157 und 159. – Treml (wie Anm. 4) S. 109. – Michael Kaufmann OSB, Säkularisation, Desolation und Restauration in der Benediktinerabtei Metten (1803–1840), München 1993, S. 45 f.

28 Vor allem der Landrichter von Rauhenlechsberg, Maximilian von Ockel, zeichnete sich durch unversöhnlichen Hass auf das Mönchtum aus, vgl. dazu Wolfgang Jahn, Die Aufhebung des Klosters Benediktbeuern. In: Kirmeier – Treml (wie Anm. 1) S. 70–77, insbes. S. 76 f.

29 Bayerisches Hauptstaatsarchiv (künftig BayHStA), GR Fasz. 633 Nr. ex 45, Entschließung vom 10.11.1801 an Minister Montgelas. – Weis (wie Anm. 11) mit Edition der Entschließung S. 74–77, hier S. 76.

30 So vor allem Grimm (wie Anm. 1) S. 79. – Treml (wie Anm. 4) S. 110 f.

31 Müller (wie Anm. 13) S. 161.

32 BayHStA, GL Fasz. 633 Nr. 46, „Protokoll, welches während der Commissionsreise abgehalten wurde vom 3. bis 18. Novbr. 1803", IV. Wessobrunn.

33 Vgl. dazu insbes. Dietmar Stutzer, Die Säkularisation 1803. Der Sturm auf Bayerns Klöster, Rosenheim 1978, S. 177–181.

34 Vgl. dazu Simeon Rupprecht, Säkularisation und Wiederbegründung der Prämonstratenser-Abtei Windberg (Windberger Schriftenreihe 2), Windberg 1998, S. 44.

35 Thomas Finkenstaedt, Die Säkularisation von 1803: Der Steingadener Klosterbrunnen. In: Der Welf. Das ehemalige Prämonstratenserstift Steingaden, Jahrbuch des Historischen Vereins Schongau – Stadt und Land 1966/67, S. 54–73, hier S. 61.

36 BayHStA, GR Fasz. 633 Nr. ex 45; auch in: BayHStA, Kurbayern Mandatensammlung 1803 III 11, „Instruktion für die zur Besitznahme der Güter und des Vermögens sämmtlicher ständischer Manns- und Frauenklöster der obern alten Churlanden in Gefolge höchsten Reskripts vom 17. Hornung 1803 bestimmten Chur-

fürstlichen Kommissarien", gedr., München 11.3.1803. – Edition bei Stutzer (wie Anm. 33) S. 98–133, hier S. 117.

37 Vgl. dazu Dietmar Stutzer, Klöster als Arbeitgeber um 1800. Die bayerischen Klöster als Unternehmenseinheiten und ihre Sozialsysteme zur Zeit der Säkularisation 1803 (Schriftenreihe der Historischen Kommission bei der Bayerischen Akademie der Wissenschaften 28), Göttingen 1986, S. 46 f. – Vgl. dazu auch Franz Dobmann, Georg Friedrich Freiherr von Zentner als bayerischer Staatsmann in den Jahren 1799–1821 (Münchner Historische Studien, Abteilung Bayerische Geschichte 6), Kallmünz 1962, S. 44–52. – Weis (wie Anm. 11) S. 38.

38 BayHStA, StV 498, Dekrete Januar – März 1803, „Die Execution der Beschlüsse des Entschädigungs Planes in Ansehung der Mediat Klöster, Abteyen und Stifter in den alten Churlanden betr.", München 17.2.1803.

39 Abgedruckt bei Sabine Arndt-Baerend, Die Klostersäkularisation in München 1802/03 (Miscellanea Bavarica Monacensia 95), München 1986, S. 350–355.

40 BayHStA, GR Fasz. 633 Nr. ex 45 (wie Anm. 29). – Weis (wie Anm. 11) S. 75.

41 Vgl. dazu (Anonym,) Die Säkularisation des Klosters der Barfüßer Augustiner Maria Stern in Taxa im Jahre 1802. In: Pastoral-Blatt für die Erzdiöcese München-Freising 8 (1867) S. 50–51, 53–56, 58–60, 61–64, 66–67. – P. Norbert Backmund O. Praem., Die kleineren Orden in Bayern und ihre Klöster bis zur Säkularisation, Windberg 1974, S. 23 f. – Tilmann Mittelstraß, Taxa: Archäologie im Nest der Sterneneier. Auf den Spuren des barocken Wallfahrtsklosters Maria Stern in Taxa. In: Amperland 36 (2000) S. 216–229.

42 Arndt-Baerend (wie Anm. 39) S. 109.

43 BayHStA, MF 17082, Antrag vom 17.5.1811.

44 Müller (wie Anm. 13) S. 161.

45 BayHStA, Lokalkommission Niederaltaich 17. – Schlittmeier (wie Anm. 27) S. 24.

46 BayHStA, MF 17074, Bericht vom 5.8.1807.

47 Günther Dippold, Der Abbruch von Langheimer Klostergebäuden im 19. und 20. Jahrhundert. In: Michael Petzet (Hrsg.), Kloster Langheim (Arbeitshefte des Bayerischen Landesamtes für Denkmalpflege 65), München 1994, S. 147–161, hier S. 150.

48 BayHStA, GR Fasz. 643 Nr. 81/3.

49 BayHStA, MF 20816, Antrag vom 22.12.1803, Entscheidung vom 6.1.1804. Begründet wurde die Verweigerung auch damit, dass „das Kloster Gebäude zu Rottenbuch unter die schönsten Gebäude dieser Art gehört", vgl. BayHStA, Lokalkommission Rottenbuch 5.

50 BayHStA, MF 17122, Vorgang vom 27.1.1804.

51 BayHStA, MF 20796, Vorgang vom 28.10.1803.

52 Wolfram Fischer, Ansätze zur Industrialisierung in Baden 1770–1870. In: Vierteljahrsschrift für Sozial- und Wirtschaftsgeschichte 47 (1960) S. 186–231, hier S. 197.

53 Rudolf Morsey, Wirtschaftliche und soziale Auswirkungen der Säkularisation in Deutschland. In: Rudolf Vierhaus – Manfred

Botzenhart (Hrsg.), Dauer und Wandel der Geschichte. Festgabe für Kurt von Raumer, Münster 1966, S. 361–383, hier S. 370.

54 Müller (wie Anm. 13) S. 156. – Ders., Die Säkularisation von 1803. In: Walter Brandmüller (Hrsg.), Handbuch der bayerischen Kirchengeschichte, Bd. 3: Vom Reichsdeputationshauptschluß bis zum Zweiten Vatikanischen Konzil, St. Ottilien 1991, S. 1–84, hier S. 51 f.

55 Vgl. dazu Hermann Schmid, Säkularisation und Schicksal der Klöster in Bayern, Württemberg und Baden 1802–1815 unter besonderer Berücksichtigung von Industrieansiedlungen in ehemaligen Konventen, Überlingen 1975, S. 54 f., 59. – Mempel (wie Anm. 14) S. 52 f. – Axel Gotthard, Vom Kloster zum badischen Musterbetrieb: das Säkularisationsbeispiel St. Blasien. In: Württembergisches Landesmuseum (Hrsg.), Baden und Württemberg im Zeitalter Napoleons, Bd. 1.1: Katalog, Stuttgart 1987, S. 97 f. – Ders., Vom Kreuzgang zur Viehtränke: Schicksale von Klosterimmobilien. In: Ebd. S. 105 f. – Harm Klueting, Die sozio-ökonomischen Folgen der Säkularisation des 19. Jahrhunderts im rechtsrheinischen Deutschland. In: Irene Crusius (Hrsg.), Zur Säkularisation geistlicher Institutionen im 16. und im 18./19. Jahrhundert (Veröffentlichungen des Max-Planck-Instituts für Geschichte 124), Göttingen 1996, S. 102–120, hier S. 118 f.

56 BayHStA, MF 16971–16984, 17043, 17070–17134, 20791–20918.

57 BayHStA, MF 17076. – Mempel (wie Anm. 14), Teil I, Bd. 1, S. 8.

58 BayHStA, MF 16972. – Hans Paschke, St. Stephan, die Topographie einer Immunität. In: Evangelisch-lutherisches Dekanat Bamberg (Hrsg.), 950 Jahre St. Stephan, 150 Jahre Evangelische Gemeinde Bamberg, Bamberg 1957, S. 15–64, hier S. 21.

59 BayHStA, MF 20817/1 und 20817/2. – Vgl. dazu Gerhard Heyl, Benediktbeuern nach der Säkularisation. In: Katalog Bayern und seine Armee (wie Anm. 24) S. 297–310.

60 BayHStA, MF 20820.

61 BayHStA, MF 20845. – Müller (wie Anm. 13) S. 155–158.

62 Scheglmann (wie Anm. 22) S. 91 f.

63 BayHStA, MF 16975.

64 Mempel (wie Anm. 14) Teil I, Bd. 1, S. 160.

65 G. Höfling, Geschichte der ehemaligen Karthause Ilmbach am Steigerwalde. In: Archiv des historischen Vereins von Unterfranken und Aschaffenburg 6 (1841) 3. Heft, S. 65–127, hier S. 97.

66 Stellwag (wie Anm. 12) S. 102–104.

67 BayHStA, MF 20882. – Wolfgang J. Smolka, Friedrich Koenig (1774–1833) – Der Erfinder der Schnellpresse. In: Rainer A. Müller (Hrsg.), Unternehmer – Arbeitnehmer. Lebensbilder aus der Frühzeit der Industrialisierung in Bayern (Veröffentlichungen zur Bayerischen Geschichte und Kultur 7/85), München 1985, S. 209–219. – Koenig & Bauer AG (Hrsg.), 1817–1992. 175 Jahre Koenig & Bauer, Würzburg 1992.

68 BayHStA, MF 20815. – Max Biller, Säkularisation. In: Ders., Pollinger Heimat-Lexikon. Ein Wegweiser durch Geschichte und Gegenwart von Polling, Etting, Oderding, Bd. 2, Polling 1992, S. 962–976, hier S. 969–973.

69 Scheglmann (wie Anm. 7) S. 718.

70 BayHStA, MF 20815. – Jakob Mois, Das Stift vom Beginn der Neuzeit bis zur Säkularisation. In: Hans Pörnbacher (Hrsg.), 900 Jahre Rottenbuch, Weißenhorn 1974, S. 34–68, hier S. 63 f.

71 Mary Anne Eder, Die Säkularisation des Prämonstratenserklosters Schäftlarn mit einem Ausblick auf die Wiederbegründung als Benediktinerkloster. In: Oberbayerisches Archiv 119 (1995) S. 147–215, hier S. 191 f.

72 Scheglmann (wie Anm. 22) S. 34.

73 BayHStA, MF 20815.

74 BayHStA, MF 20906/2.

75 BayHStA, GL Fasz. 4614 Nr. 27.

76 Vgl. dazu Hahn (wie Anm. 6) S. 44 f. Erwähnenswert ist in diesem Zusammenhang auch Kloster Neustift in Freising, das von 1905 bis in die 70er Jahre des 20. Jahrhunderts eine Tuchfabrik beherbergte, vgl. Rudolf Goerge, Als das Landratsamt noch eine Tuchfabrik war, Freising 2000.

77 BayHStA, Landshuter Abgabe 1982, Hochstift Passau, A 442.

78 BayHStA, MF 20906/1 und 20906/2.

79 BayHStA, MF 20909/1.

80 BayHStA, GR Fasz. 633 Nr. 46, Protokoll der Commissionsreise vom 3.–18.11.1803, II. Tegernsee, III. Ettal, VI. Diessen.

81 BayHStA, MK 20883, Stellungnahme vom 10.11.1812.

82 Kaufmann (wie Anm. 27) S. 265.

83 BayHStA, KL Fasz. 167 Nr. 12, „Gründe für die fernere Fortdauer des gegenwärtigen Existenz des ständischen Klosters Frauenkiemsee". – Kren (wie Anm. 8) S. 118.

84 BayHStA, Lokalkommission Frauenchiemsee 11. – Kren (wie Anm. 8) S. 154 f.

85 Vgl. Hahn (wie Anm. 9) S. 44.

86 BayHStA, MF 16975, Gesuch vom 31.4.1804.

87 BayHStA, MF 17094, Bericht vom 10.3.1804.

88 Mempel (wie Anm. 14) Teil I/1, S. 74.

89 Vgl. dazu Müller (wie Anm. 13) S. 51. – Ders., Die bayerische Klosteraufhebungspolitik in verfassungs- und sozialgeschichtlicher Perspektive am Beispiel der zweiten Säkularisation der Abtei Speinshart 1802/03. In: Prämonstratenserabtei Speinshart (Hrsg.), 850 Jahre Prämonstratenserabtei Speinshart 1145–1995 (Speinshartensia 2), Pressath 1995, S. 189–209, hier S. 204.

90 So die Erwartung „nicht nur allein für die hiesige Provinz, sondern auch für das gesamte Königreich" bei der Einrichtung der Maschinenfabrik Oberzell, BayHStA, MF 20882, Abschrift der Hofkommission vom 28.2.1817.

91 BayHStA, MF 16975, Gutachten vom 29.3.1803.

92 BayHStA, KL Fasz. 101 Nr. 13, Abschlussbericht vom 20. 10. 1803.

93 Isfried Griebel, Kloster Gotteszell und die Säkularisation. In: Schöner Bayerischer Wald 126 (1999) S. 22–25, hier S. 22.

94 BayHStA, MF 169875, Vorgang vom 14.2.1803.

95 Ebd., Vorgang vom 9.11.1804. – Zum Folgenden vgl. auch Biller (wie Anm. 68) S. 969–973.

96 BayHStA, MF 20815, Vorgang vom 12.11.1813. Das gilt auch für Wolnzach, vgl. BayHStA, GL Fasz. 4614 Nr. 27, nicht aber für Geisenfeld.

97 BayHStA, MF 20882, Vorgang vom 22.1.1813.

98 Vgl. dazu und zu den folgenden Problemen vor allem Rainer Braun, Kloster und Kaserne. Militärische Nutzung und Schicksal kirchlicher Bauten in Franken im 19. Jahrhundert. In: Jahrbuch für fränkische Landesforschung 53 (1992) S. 363–380, hier insbes. S. 372 f.

99 Rainer Braun, Amberg als Garnisonsstadt. In: Karl-Otto Ambronn – Achim Fuchs – Heinrich Wanderwitz, Amberg 1034–1984. Aus tausend Jahren Stadtgeschichte (Ausstellungskataloge der Staatl. Archive Bayerns 18), Amberg 1984, S. 205–220, hier S. 208.

100 Zu den Augsburger Klosterkasernen vgl. Rainer Braun, Augsburg als Garnison und Festung in der 1. Hälfte des 19. Jahrhunderts. In: Rainer A. Müller (Hrsg.), Aufbruch ins Industriezeitalter, Bd. 2: Aufsätze zur Wirtschafts- und Sozialgeschichte Bayerns 1750–1850 (Veröffentlichungen zur Bayerischen Geschichte und Kultur 4/84), München 1985, S. 65–78, hier S. 70 f.

101 Zu den Bamberger Klosterkasernen vgl. Braun, Kloster (wie Anm. 98) S. 367–369. – Kai Uwe Tapken, Bamberg als Garnisonsstadt im 19. und beginnenden 20. Jahrhundert (Heimatbeilage zum Amtlichen Schulanzeiger des Regierungsbezirks Oberfranken 248), Bayreuth 1998, S. 5–13.

102 Andrea Groß, Das Invalidenhaus Benediktbeuern, in: Katalog Bayern und seine Armee (wie Anm. 24) S. 121 f.

103 Paul Ernst Rattelmüller, Als das Landratsamt noch eine Kaserne war, Freising 1990, S. 7–13. – Christian Lankes, Freising als Garnison. Eine Studie zur Militärgeschichte. In: Arte & Marte. In Memoriam Hans Schmidt, Bd. 2, hrsg. von Josef Johannes Schmid, Herzberg 2000, S. 331–371, hier S. 343–357.

104 Rainer Braun, Das Kloster Fürstenfeld. In: Katalog Bayern und seine Armee (wie Anm. 24) S. 239 f.

105 P. Bernadin Lins O.F.M., Geschichte des früheren (oberen) Franziskaner-Klosters in Ingolstadt. In: Sammelblatt des historischen Vereins Ingolstadt 37 (1917) S. 1–122, hier S. 77–79.

106 Ulrich Hettinger, Passau als Garnisonstadt im 19. Jahrhundert, Augsburg 1994, S. 102–117, 172 f.

107 Zu den beiden Regensburger Klosterkasernen vgl. Wolfgang Schmidt, Eine Stadt und ihr Militär (Studien und Quellen zur Geschichte Regensburgs 7), Regensburg 1993, S. 73–81.

108 Braun, Kloster (wie Anm. 98) S. 366.

109 Die Eichstätter Klöster wurden allesamt nur kurzzeitig als Kasernen bzw. Magazine genutzt, vgl. Braun, Kloster (wie Anm. 98) S. 369 f.

110 Vgl. Braun, Kloster (wie Anm. 98) S. 374 f.

111 Ebd. S. 376 f.

112 Ebd. S. 378.

113 BayHStA, Abt. IV Kriegsarchiv, C 211, Unterakt „Karmeliterkloster und Deutsches Haus", Zustandsbeschreibung vom 13. 4. 1818. – Braun, Kloster (wie Anm. 98) S. 379.

114 BayHStA, Abt. IV Kriegsarchiv, Plansammlung Würzburg Nr. 40. – Braun, Kloster (wie Anm. 98) S. 379.

115 Vgl. dazu Rainer Braun, Klöster als Kasernen. In: Katalog Bayern und seine Armee (wie Anm. 24) S. 232–240, hier S. 234–236.

116 Arndt-Baerend (wie Anm. 39) S. 72, 124–127.

117 BayHStA, MF 17109, Vorgang vom 15.5.1809.

118 Hans Paschke, Das Franziskanerkloster an der Schranne zu Bamberg. In: 110. Bericht des Historischen Vereins Bamberg 1974, S. 167–318, hier S. 309–313. Vgl. dazu auch oben Anm. 43.

119 BayHStA, StV 499 Nr. 54. – Vgl. dazu P. Bernardin Lins O.F.M., Geschichte des Franziskaner-Klosters in Bad Tölz, Bad Tölz 1929, S. 37 f.

120 BayHStA, MF 20816, Vorgang vom 24.12.1803. – Vgl. dazu auch oben Anm. 45. – Hahn (wie Anm. 9) S. 27, 55.

121 Vgl. dazu Wolfgang Winhard, Die Benediktinerabtei Wessobrunn im 18. Jahrhundert, München 1988, S. 152 f.

122 Vgl. dazu Hans Raum, Geschichte der Gebäude (Beiträge zur Geschichte von Weihenstephan 6), Weihenstephan 1963, S. 9–11 mit Lageplänen 1 und 6.

123 Vgl. Mempel (wie Anm. 14), Teil II Text, S. 109.

124 Vgl. dazu Raum (wie Anm. 122). – Ders., Beiträge zur Geschichte von Weihenstephan 4, Weihenstephan 1957, S. 16–19, 28. – Zu Max Schönleutner vgl. Heinz Haushofer, Max Schönleutner. In: Günther Franz-Heinz Haushofer (Hrsg.), Große Landwirte, Frankfurt a. Main 1970, S. 119–131.

125 Gerhard Leidel, Karten und Pläne zur Geschichte des Hochstifts Freising im Bayerischen Hauptstaatsarchiv. In: Hubert Glaser (Hrsg.), Hochstift Freising. Beiträge zur Besitzgeschichte, München 1990, S. 147–215, hier S. 176.

126 Vgl. dazu und zum Folgenden BayHStA, MF 17074, Vorgänge vom 5.8.1807 und 25.8.1807.

127 Zu allen drei Anstalten vgl. Friedhelm Kirchhoff, Strafvollzug in der Justizvollzugsanstalt (JVA) Kaisheim. In: Werner Schiedermair, Kaisheim – Markt und Kloster, Lindenberg 2001, S. 230–243, hier S. 230.

128 BayHStA, MF 20844, Vorgang vom 28.11.1803.

129 BayHStA, MF 20878, Vorgang vom 27.11.1812.

130 BayHStA, MF 17074, Vorgang vom 5.8.1807.

131 BayHStA, MF 17096, Vorgänge vom 24.2. und 12.5.1809.

132 Kren (wie Anm. 8) S. 102.

133 BayHStA, MF 20840, Vorgang vom 27.6.1832. – Scheglmann (wie Anm. 22) S. 48.

134 BayHStA, MF 17074, Vorgang vom 5.8.1807.

135 In Württemberg befindet sich z.B. das psychiatrische Landeskrankenhaus noch heute im ehem. Benediktinerkloster Zwiefalten, vgl. Franz Quarthal, Die Benediktinerklöster in Baden-Württemberg (Germania Benedictina Bd. 5: Baden-Württemberg), Augsburg 1975, S. 686. – Gotthard, Kreuzgang (wie Anm. 55) S. 105.

136 Hans Frei, Die Klostergebäude von Irsee und ihr Schicksal nach Aufhebung des Stiftes. In: Das Reichsstift Irsee. Vom Benediktinerkloster zum Bildungszentrum (Beiträge zur Landeskunde von Schwaben 7), Weißenhorn 1981, S. 307–314, hier S. 312.

137 Clemens Cording, „Die alten Gebäude mit neuem Geist erfüllen …" Zur Geschichte des Bezirksklinikums Regensburg. In: Bezirk Oberpfalz (Hrsg.), 1000 Jahre Kultur in Karthaus-Prüll, Regensburg 1997, S. 85–91, hier S. 85.

138 Paul Schinagl, Die Abtei Attel in der Neuzeit (1500–1803), St. Ottilien 1990, S. 415–418.

139 Z.B. wollte 1825 der damalige Besitzer per Eingabe Kloster Schäftlarn als Irrenanstalt zur Verfügung stellen, vgl. Eder (wie Anm. 71) S. 192.

140 Vgl. dazu Müller, Fürstenfeld (wie Anm. 13) S. 158. – Braun, Fürstenfeld (wie Anm. 104). – Hans-Jürgen Schubert, Seeon als Kurort. In: Hans von Malottki (Hrsg.), Kloster Seeon. Beiträge zu Geschichte, Kunst und Kultur der ehemaligen Benediktinerabtei, Weißenhorn 1993, S. 365–370, hier S. 369.

141 Vgl. dazu als Beispiel für viele Hubert Kalhammer, Kloster Aldersbach – Ende und Neubeginn. In: Schönere Heimat 80 (1991) S. 101–106.

142 Mempel (wie Anm. 14) Teil I/1, S. 107.

143 Vgl. Goerge (wie Anm. 76) S. 37–48.

144 Vgl. Georg Simnacher, Neues geistiges Leben in Irsee. In: Reichsstift Irsee (wie Anm. 136) S. 345–348.

145 Vgl. Peter Fassl (Hrsg.), Geschichte, Sanierung und heutige Nutzung des Klosters Thierhaupten, Augsburg 2000, S. 153–186.

146 Vgl. dazu Franz Richter, Glanz und Gloria. Artikel der Süddt. Zeitung Nr. 230 vom 6./7.Okt. 2001, S. 62.

147 Vgl. Hermann Schuster, Neues geistiges Leben in Seeon. In: Malottki (wie Anm. 140) S. 423–426.

148 Kalhammer (wie Anm. 141) S. 101–106.

149 Hahn (wie Anm. 9) S. 63–66.

150 Ebd. S. 42.

151 Vgl. dazu oben Anm. 36.

152 Hahn (wie Anm. 9) S. 40 geht auf der Grundlage von 20 bayerischen Städten von einer Verkaufsquote von nur 20% aus.

153 Vgl. dazu Hahn (wie Anm. 9) S. 25, 44.

154 Ebd. S. 59 f.

155 Vgl. dazu Koenig & Bauer (Hrsg.), Gedenkbuch der Druckmaschinen-Fabrik Koenig & Bauer zu Kloster Oberzell bei Würzburg, Oberzell 1898. – Koenig & Bauer AG (wie Anm. 67).

156 Erich Schneider, Klöster und Stifte in Mainfranken, Würzburg 1993, S. 83.

157 Vgl. Eder (wie Anm. 71) S. 190 f.

158 Vgl. Schubert (wie Anm. 140) S. 365–370.

159 BayHStA, MF 20906/2, Vorgänge vom 7.12. und 26.12.1807.

160 Vgl. dazu Huber (wie Anm. 19) S. 1–26 mit dem Text des Reichsdeputationshauptschlusses. – Vgl. auch Bauerreiss (wie Anm. 26) S. 434 f. – Mempel (wie Anm. 14), Teil I/1, S. 107–109.

161 Josef Hemmerle, Die Benediktinerklöster in Bayern (Germania Benedictina Bd. 2: Bayern), Augsburg 1970, S. 185.

162 Backmund (wie Anm. 41) S. 64. – Schneider (wie Anm. 156) S. 38.

163 Norbert Backmund, Die Chorherrenorden und ihre Stifte in Bayern, Passau 1966, S. 145. – Schneider (wie Anm. 156) S. 40.

164 Vgl. dazu Volker Dotterweich, Herrschafts- und Vermögenssäkularisation in Bayerisch-Schwaben. Politische, soziale und wirtschaftliche Aspekte. In: Pankraz Fried (Hrsg.), Probleme der Integration Ostschwabens in den bayerischen Staat (Augsburger Beiträge zur Landesgeschichte Bayerisch-Schwabens 2), Sigmaringen 1982, S. 114–153, hier S. 150. – Mempel (wie Anm. 14) Teil I/1, S. 111.

165 Vgl. dazu als Beispiel Andreas Höger, Dietramszell nach der Säkularisation. Im Spannungsfeld von Schloßherr, Kloster und Gemeinde (bis 1850) (Forschungen zur Landes- und Regionalgeschichte 6), St. Ottilien 1998, S. 103.

166 Vgl. dazu Kren (wie Anm. 8) S. 98 f.

167 Scheglmann (wie Anm. 7) S. 790.

168 Mempel (wie Anm. 14), Teil I/1, S. 14.

169 Hemmerle (wie Anm. 161) S. 306. – Schneider (wie Anm. 156) S. 154.

170 Vgl. dazu Felix Mader, Die Kunstdenkmäler der Oberpfalz, Bd. XXII: Stadt Regensburg I: Dom und St. Emmeram, München 1933, S. 336 f.

171 Vgl. zum Folgenden Stellwag (wie Anm. 12) S. 110–117. – Alfred Wendehorst, Der Untergang der alten Abteikirche Münsterschwarzach 1803–1841 (Mainfränkische Hefte 17), Würzburg 1953. – BayHStA, MF 20893.

172 Vgl. dazu und zum Folgenden Augustin Hafner, Geschichte des Klosters Fultenbach (Schluß). In: Jahrbuch des Historischen Vereins Dillingen 28 (1915) S. 255–309, hier S. 296–298.

173 Vgl. zum Folgenden Dippold (wie Anm. 47) S. 147–154.

174 Johann Christoph von Aretin, Briefe über meine literarische Geschäftsreise in die baierischen Abteyen, München 1971, S. 51, 2. Brief, Schäftlarn, 2.4.1803.

175 Anton Baumgartner, Polizey-Uebersicht von München vom Monat Dezember 1804 bis zum Monat April 1805, München 1805, XXII., XXIII. et XXIV. Stück, 22.Juny 1805, vor Tafel XXII. – Vgl. dazu auch Treml (wie Anm. 4) S. 109.

176 BayHStA, GR Fasz. 643 Nr. 77, Schreiben vom 8.11.1803.

177 Vgl. dazu oben Anm. 31.

178 Vgl. Kaufmann (wie Anm. 27) S. 256.

179 BayHStA, MF 20883, Vorgang vom 4.12.1812.

180 BayHStA, MF 20912, Vorgang 5.4.1805.

181 BayHStA, KL Fasz. 173 Nr. 37, Vorgang vom 11.3.1810.

182 BayHStA, MF 20840, Vorgang vom 15.2.1838.

183 Vgl. dazu BayHStA, MF 20906/2, Vorgänge vom 6.6.1829, 18.1.1841, 27.4.1846.

Die Auflösung der Eigenwirtschaft und der Grundherrschaft der ständischen Klöster, dargestellt insbesondere am Beispiel des Augustinerchorherrenstifts Rohr

Von *Gerhard Leidel*

Die Klosteraufhebungen als Haushaltsauflösungen

Klöster sind im 4. Jahrhundert aus dem Wunsch entstanden, in Gemeinschaft mit Gott und in Gemeinschaft mit anderen Menschen ein asketisches Leben zu führen, um den Zustand der Vollkommenheit zu erlangen und das ewige Heil zu gewinnen. Ihren Namen erhielten die Stätten solcher Lebensgemeinschaften daher, dass sie ihre Bewohner einschließen, die Welt aber ausschließen. So sehr auch das dreifache Gelübde der Armut, der Keuschheit und des Gehorsams als Mittel der seelischen Vervollkommnung die kreatürliche Bedürftigkeit des Menschen einschränkt, der mönchische Asket kann, um sein Leben zu fristen, die irdischen Mittel nicht entbehren. Darum verlangt der hl. Benedikt (um 480 – um 547) in seiner Regel (cap. 66), das Kloster solle, wenn immer möglich „so angelegt sein, daß alles Notwendige, das heißt Wasser, Mühle, Garten und die Werkstätten … innerhalb der Klostermauern sich befinden". Denn dann „brauchen die Mönche nicht draußen umhergehen, was für ihre Seelen durchaus nicht zuträglich ist".[1] Das zur Lebensführung im Kloster „Notwendige", die wirtschaftliche Grundlage des Klosters, vermehrte und vergrößerte sich im Laufe der Jahrhunderte des Mittelalters, sodass es durch Klostermauern nicht mehr umfangen werden konnte. Die benediktinischen und auch die anderen Klöster wurden Mittelpunkte von Großgrundbesitz, der teils unmittelbar vom Kloster bewirtschaftet wurde (Eigenwirtschaft), teils an abgabe- und dienstpflichtige Bauern verliehen worden ist (fremde Wirtschaften). Die ständischen Klöster und Kollegiatstifte im Kurfürstentum Bayern waren um die Wende des 18. Jahrhunderts entgegen der allgemeinen Entwicklung noch immer große Grundherrschaften mit Eigenwirtschaft auf den Ländereien im Umkreis des Klosters und mit Eigentum an den zur Leihe ausgegebenen Bauerngütern in den Dörfern der näheren und weiteren Umgebung. Die Früchte des Eigenbetriebs der Mönche und die Abgaben aus den Betrieben der Hintersassen befriedigten die materiellen Bedürfnisse der klösterlichen Gemeinschaft und ermöglichten die äußeren Verrichtungen ihres spirituellen Lebens. Die wirtschaftlichen Aktivitäten der klösterlichen Grundherrschaft fanden ihr Ziel in Refektorium und Dormitorium, die geistlichen Aktivitäten der klösterlichen Gemeinschaft fanden ihr Zentrum in Kirche und Kreuzgang; diese Bereiche machten zusammen die Klausur aus, den Kern des Klosters.

Die durchgängige Ausrichtung der Klosterwirtschaft auf die Deckung der Bedürfnisse der Gemeinschaft der Mönche (und Dienstleute) macht die Klöster zu einer Institution, die in den Wirtschaftswissenschaften als Haushalt bezeichnet und als eine wirtschaftende Einheit definiert wird, in der selbsterstellte und fremdbezogene Güter zum eigenen Unterhalt gebraucht oder verbraucht werden, im Gegensatz zur Unternehmung, die Güter produziert und auf dem Markt gegen Entgelt absetzt. Die ständischen Klöster des Kurfürstentums Bayern können wir in volkswirtschaftlicher Perspektive als landständische Haushalte charakterisieren, die 1803 von den kurfürstlichen Lokalkommissaren aufgelöst worden sind zugunsten des kurfürstlichen Haushalts bzw. des Staatshaushalts. Denn das Kurfürstentum Bayern war, insoweit es wie jeder Staat eine eigene Wirtschaft führte, ebenfalls ein Haushalt. Die Aufhebung der ständischen Klöster 1803 kann deshalb als extremer Finanzausgleich zwischen den landständischen Haushalten der Prälaten und dem landesherrlichen Haushalt des Kurfürsten angesprochen werden. Extrem waren die Maßnahmen dieses Finanzausgleichs insofern, als sie sich nicht mehr auf die periodischen Belastungen des Einkommens der Klosterhaushalte beschränkten, sondern deren Betrieb überhaupt beendeten, die haushaltenden Konvente auflösten und die Mitglieder in den Staatshaushalt aufnahmen, sodann alles Finanz- und Sachkapital, sei es profaner, sei es sakraler Natur, einzogen und seine Bestandteile entweder gleich in ihrer sachlichen Gegenständlichkeit direkt in den Staatshaushalt integrierten oder nach Marktabsatz ihre monetären Gegenwerte an die Staatskasse abführten. Die „Anziehungskraft des größeren Haushalts" hatte auf diese Weise die kleineren Haushalte der Prälaten aufgesogen und verzehrt, sie als Glieder der Staatsverfassung, als Einheiten der Volkswirtschaft und als Elemente der Feudalgesellschaft vernichtet. Im Verband des Kurstaates war dieser Finanzausgleich ein vertikaler von den geistlichen Landständen nach oben zum weltlichen Landesherrn: eben eine zwangsweise Liquidation landständischer Vermögensmassen; in Bezug auf die Gesamtkirche war es ein horizontaler Finanzausgleich von der Kirche zum Staat, weil nicht nur die unmittelbare rechtliche Gebundenheit der Klostervermögen durch Aufhebung der Konvente gelöst, sondern auch der mittelbare Zusammenhang der Vermögensmassen mit der Gesamtkirche zerrissen worden ist: genau als diese „Usurpation" war der Finanzausgleich eine Säkularisation. Dagegen zielte die Emission, wie die Entfernung der Religiosen aus den Klöstern genannt wurde, nicht auf die Säkularisation ihres Standes im Sinne einer Aufhebung der Ordensgelübde. Aber wie sollte man gehorsam leben und arm, ohne einer Korporation anzugehören, die von einem Abt geleitet und von einem Vermögen ernährt wurde? Der Staat verlangte Gehorsam ein für alle mal dafür, dass er den Zwiespalt von korporativem Reichtum und persönlicher Armut, in dem und von dem die Mönche gelebt hatten, ersetzte durch monetäre Transferleistungen aus dem öffentlichen Staatshaushalt, die es den Emittierten ermöglichten, eigene Haushalte bescheidenen Zuschnitts zu begründen.

Der Betrieb der klösterlichen Eigenwirtschaft

Der Haushalt der ständischen Klöster reichte bis zu den Grenzen des von ihnen in eigener Regie bewirtschafteten Bodens. Gehen wir von der Peripherie der Klosterwirtschaft bis zu ihrem Zentrum, dem Refektorium, dann durchlaufen wir in natürlicher Folge die räumliche Anlage der Klosterwirtschaft und folgen dem zeitlichen Ablauf ihres Betriebs. Das niederbayerische Augustinerchorherrenstift Rohr war von einer Kulturfläche umgeben, die aus 460 Tagwerk Ackerland, 124 Tgw. Wiesen, 939 Tgw. Wald, 7 Weihern, 4 Hopfengärten, 2 Krautfeldern und 7 Gärten bestand;[2] ein Weinberg bei Donaustauf war 1802 wegen mangelnder Rentabilität verstiftet worden. Der primären Produktion auf der Feldflur folgt eine Transportphase zur Einfuhr der Bodenerzeugnisse in die Klosteranlage, wo sie in den Ökonomiegebäuden, die den geistlichen Kern umgeben, als Roh- und Betriebsstoffe eingelagert werden, soweit sie nicht, zum Beispiel als Viehfutter, direkt in den weiteren Produktionsprozess eingebracht werden. Im Kloster Rohr standen für diese Phase der Einsatzlagerung ein Winter- und ein Sommerstadel zur Verfügung (zusätzlich ein weiterer Stadel im Markt Rohr), ein Fischbehälter und ausgedehnte Kellergewölbe, von denen der Weinkeller ein eigenes Obergebäude trug. Die Stadel enthielten schon als Stätten weiterer Verarbeitung mehrere Dreschtennen, von denen die Kornfrucht in das große Kastengebäude gebracht worden ist. Vom Gerätekapital seien nur die zehn (1590: acht) Pflüge genannt, weil sie in einer eigenen Schupfe untergebracht waren. Die wichtigste Sparte der Weiterverarbeitung war die Viehhaltung, die im Kloster Rohr durchaus eine gemischte war. Es gab einen Pferdestall, einen Kuhstall und einen Mastochsenstall, einen mit dem Schafstall kombinierten Schubochsenstall, mehrere Schweineställe und ein Hennenhaus.[3]

Die Erzeugnisse von Feldbau und Viehzucht wurden in handwerklichen Produktionsprozessen der weiteren Verarbeitung in Richtung Genussreife unterzogen. Die Rohrer Klosteranlage z.B. enthielt eine Mühle samt Bäckerei, ein Schlaghaus mit Metzgerei, ein Bräuhaus mit

Kellern und Fassschupfen mit Fassbinderei, der Klostergärtner versah einen Obst- und einen Küchengarten. Zwischen diesen landwirtschaftlichen Nebenbetrieben und dem Refektorium vermittelte die Küche; sie war das Bindeglied zwischen Ökonomie und Klausur. Für das Gesinde wurde eigens gekocht. – Weitere handwerkliche Betriebe im Kloster sorgten für den Unterhalt der Klosteranlage und der Betriebsmittel, in Rohr z.B. eine Schreinerei, eine Schmiede mit Beschlagbrücke, ein Ziegelofen und eine Ziegelhütte. – Alle diese verarbeitenden Gewerbe des sekundären Wirtschaftssektors waren keine auf Erwerb ausgerichteten unternehmerischen Betriebe, sondern unselbständige Betriebe zur Deckung des Bedarfs von Klostergemeinschaft und Klosterwirtschaft; sie verdanken ihre Existenz der internen technischen Arbeitsteilung, nicht der Spezialisierung für den Markt. Die Handwerker waren „Hauswerker" (Karl Bücher), ihre Arbeitsstätten Funktionsorte des Haushaltsbetriebs. Am ehesten waren bei der Säkularisation der Klöster noch die Brauereien zu einer Separation aus der klösterlichen Eigenwirtschaft geeignet, um aus ihnen selbständige Unternehmen zu machen, was aber nach Meinung des Propstes von Kloster Beuerberg, Paul Hupfauer, nur dann möglich war, wenn „die Brauerey … ins Große getrieben" wurde, denn zu Klosterzeiten sei „so viel, ohne bezahlt zu werden, getrunken" worden.[4] D.h. die Bräuhäuser sind nicht nach dem Erwerbsprinzip, sondern nach dem Bedarfsprinzip betrieben worden.

Wie sich von der Primärproduktion auf den Feldern eine Lagerphase im Kloster ableitete, so gab es auch Speicher der sekundären Produktion der Klostergewerbe sowie der auf den Märkten beschafften Waren. Bier lagerte Rohr in zwei Gärgewölben, einem Nachbiergewölbe, einem Märzenkeller und im Schenkkeller, in dem natürlich auch ein kleineres Quantum Wein lag, dessen Hauptvorrat in dem dafür bestimmten Weinkeller verwahrt worden ist; auch für den Branntwein gab es ein besonderes Kellerabteil. In der Pfisterei lagen außer Brot und Mehl auch Schmalz und Salz bereit, wiederum in besonderen Kellern Kraut und Sauerkraut; es gab Milch-

kammern und Speisekammern und eine Reihe weiterer Depots.[5] Für das Bauwesen wurden Vorräte an Taschen, Mauer- und Pflastersteinen im Ziegelstadel, Kalk in der Kalkgrube und Holz in Städeln und Höfen angelegt.

Der Zweck dieser mannigfaltigen Lagerhaltung lässt sich aus dem Ziel der klösterlichen Eigenwirtschaft ablesen, nämlich der Deckung des mannigfaltigen Bedarfs des Klosters: die Vorräte sollen die Bedarfsdeckung störungsfrei machen, sie haben eine Pufferungsfunktion zwischen den periodischen Ernten und zufälligen Missernten der Urproduktion und dem täglichen und wöchentlichen Rhythmus des Verzehrens und Verbrauchens der Klostergemeinschaft. Eine produktive Funktion hatte dagegen die Lagerhaltung von Saatgut für den eigenen Feldbau sowie von Leihegut für die Grundholden und von Verkaufsgut für den Markt.

Die klösterliche Haushaltswirtschaft hatte nicht nur produktive Zweige des primären und sekundären Sektors, es gab notwendigerweise auch eine Reihe von Aktivitäten des tertiären Bereichs der Dienstleistungen, die wie die Sachgüter der Befriedigung menschlicher Bedürfnisse dienen. Kloster Rohr z.B. verfügte über verschiedene Wagen, Pferde (22), und Schubochsen (12) zum Einsatz im Transportwesen; es hatte einen Kastenbereiter und einen Kellner, einen Torwärter und einen Pförtner, einen Kaminfeger, einen Hausknecht und zwei Jäger in Stellung; und auch die Reparaturdienste von Schreiner, Maurer und Schmied sind hier einzubeziehen; einschlägige Funktionsräume waren das Abspülhäusl bei der Küche, eine Wagenremise und zwei Waschhäuser; im Markt Rohr lagen das Wasenmeisterhaus und das Armenhaus.

Eine besondere, herausgehobene Art von Dienstleistungen bildeten die dispositiven Arbeitsleistungen der mit der Lenkung und Leitung der klösterlichen Eigenwirtschaft betrauten Personen, des Hofbaumeisters und des Bräumeisters. Nicht mit der Verwaltung der Klosterwirtschaft beschäftigt war der „Hofrichter" (Klosterrichter), der die hoheitlichen (niedergerichtlichen, hofmärkischen) Obliegenheiten des Klosters Rohr wahrnahm und im Markt Rohr seine Wohnung und seinen Amtssitz hatte. Diese Ebene der abhängigen Betriebsführer und Verwalter führt schon über die Klosterwirtschaft hinaus zum Organisations- und Leitungszentrum der „grossen Haushaltung" (1589)[6], zu Abt und Konvent als ihrem Vorstand. Der Propst sei ein „treflicher Haußhalter und Prelat" nur dann, meinte der Rohrer Klosterrichter 1590, wenn er seiner „Hauswirtschafft" „vil maß und ordnung gebe" und dafür Sorge trage, dass „ordenliche ... Register gehalten" werden.[7] Einigen der 18 Kapitulare waren unterschiedliche Zweige der Verwaltung als Ämter zugeteilt; es gab 1802 einen Kastner, einen Weiheraufseher, einen Küchen- und Kellermeister und einen Gartenaufseher.

Insgesamt zählte die Dienerschaft des Klosters Rohr, also der Produktionsfaktor Arbeit der Eigenwirtschaft, im Jahre 1802 48 Personen, einschließlich des Organisten.[8] Diese wohnten teils in eigenen Häusern (Bauhof oder Meierhaus, zwei Jägerhäuser, Richterhaus, Wasenmeisterhaus), teils waren sie in gemeinschaftlichen Häusern oder Wohnungen untergebracht (Knechte, Wäscherinnen), wieder andere in unterschiedlichen Kammern des Bauhofs oder anderer Gebäude. Außer einer Geldbesoldung bekamen die Angestellten Naturalbesoldungen in unterschiedlicher Art und in unterschiedlichem Ausmaß, angefangen von der Wohnung und dem Brennholz über Brot und Bier bis zu den Mahlzeiten, die abgestuft waren in Offiziers-, Diener- und Ehaltenkost. Wir sehen: Der ganze große Komplex der klösterlichen Haushaltswirtschaft war durchsetzt von mehr oder weniger selbständigen kleinen und kleinsten Haushalten, so dass wir ihn als einen Verbund von mönchischem Haupthaushalt und laikalen Nebenhaushalten charakterisieren können, parallel zum System des landwirtschaftlichen Hauptbetriebs und seiner handwerklichen Nebenbetriebe. Kennzeichnend für das Wirtschaften des Gesamtsystems war jedoch, das sei festgehalten, die Verwendung der selbsterstellten und fremdbezogenen Leistungen für konsumtive Zwecke, d.h. in ihrem Wesen war die Eigenwirtschaft Haushaltswirtschaft (Bedarfsdeckungwirtschaft). Beredten Ausdruck gab dieser Wirtschaftsgesinnung um 1680 der Beuerberger Prälat

Paulus Steinherr in seinem „Vollkommenen Hausregister", in dem er keine Arbeitsordnung niedergelegt hat, aber eine „Speißordnung", umfassend die „Speiß-, Fleisch-, Pier-, Brottordnung, wie jeder nach seinem dienst, handtieren, beding etc. das Jahr hindurch von closter aus underhalten wirdt."[9]

Der Betrieb der klösterlichen Grundherrschaft

Im Gegensatz zur Eigenwirtschaft der Klöster, in der die Eindeckung des Bedarfs auf rein technischem Wege geleistet worden ist, vollzog sich die Eindeckung des Bedarfs aus der Grundherrschaft der Klöster auf rein sozialem Wege: die Klöster verliehen die landwirtschaftlichen Betriebe, in deren Besitz sie im Laufe der Jahrhunderte gekommen waren, an Bauern, die dafür den Klöstern Abgaben reichten und Frondienste leisteten. Durch die Leihe wurde das Grundeigentum an einem Hof in das Obereigentum des Klosters und das Nutzeigentum des Bauern geteilt. Die Bauern bekamen den Produktionsfaktor Boden – Haus und Hof – unter verschieden vorteilhaften Besitztiteln – entweder zu Erbrecht (allgemeine Vererbbarkeit) oder zu Leibrecht (auf Lebenszeit des Bestänters), zu Neustift (auf Lebenszeit des Abtes) oder zu Freistift (auf Herrengunst) – geliehen und konnten aufgrund des damit erlangten dinglichen Rechts das bestandene Gut mit der Arbeitskraft ihrer Familie selbständig bewirtschaften, mussten aber wegen der bei der Leihe vorgenommenen Teilung des Eigentums am Boden auch die Früchte des Bodens mit dem Grundherrn, dem Kloster, teilen: 1. die auf den Feldern und in den Ställen produzierten Güter in Form von Naturalabgaben in die klösterlichen Speicher und 2. die in Haus und Hof regenerierte Arbeitskraft in Form von Dienstleistungen in den klösterlichen Eigenbetrieben. Beide Arten von Leistungen konnten auch in Geld angeschlagen sein. Da die Bauern, obwohl vom juristischen Eigentum an Grund und Boden getrennt, die ökonomisch relevanten Verfügungen treffen und diese durch technisches Handeln zu Feld und zu Dorf vollziehen konnten, waren ihre Höfe fremde Wirtschaften in

Bezug auf die klösterliche Eigenwirtschaft, der sie wiederum als Sammelstelle ihrer eigentümerbezogenen Abgaben und Leistungen wirtschaftlich zugeordnet waren. In ihrem ökonomischen Aspekt waren die Grundherrschaften darum Leihe- und Abgabenwirtschaften zur Bedarfsdeckung der ständischen Klöster im Rahmen der Eigentumsteilung an Grund und Boden als dem wichtigsten Produktionsinstrument der Feudalzeit.[10]

Die Grundherrschaft des Klosters Rohr bestand aus dem Markt Rohr mit 103 Häusern – eine geschlossene Hofmark –, sodann aus 361 Untertanen auf unterschiedlich großen Höfen in 132 Ortschaften. Ihre Abgaben waren eingeteilt in die Geldstifte, den Getreidedienst und den Küchendienst. Der Getreidedienst beinhaltete Weizen, Korn, Gerste, Hafer, Erbsen und Leinsamen, der Küchendienst Lämmer, Schweine, Gänse, Hühner, Käse und Eier; statt der Küchennaturalien konnten auch ihre Preise in Geld entrichtet werden. Diese verschiedenen Arten von Abgaben wurden aber von den Grundholden nicht gleichmäßig in allen Gattungen entrichtet. Insgesamt beliefen sich die Geldstifte auf 749 Gulden, die Weizengült auf 146 Scheffel, die Korngült auf 512 und die Gerstengült auf 32 Scheffel; beim Küchendienst summierten sich die Lämmer auf 58 Stück, die Schweine auf 39, die Gänse auf 317, die Käse auf 3052 und die Eier auf 10370 Stück.[11]

Eine im November 1802 angefertigte „Anzeig" der Untertanen, die beim Stift Rohr ungemessenes Scharwerk zu verrichten hatten, nennt 48 Bauern in 26 Dörfern, die Spanndienste („Menath Scharwerck") leisteten, und 49 Söldner in 10 Dörfern, die Handdienste („Handscharwerck") leisteten. Die Menatscharwerker mussten das Heu und das Grummet von den Klosterwiesen zu Schmiddorf, Laaber und Alzhausen gratis, aber mit Kost, in den Klosterheustadel führen, im Frühling und im Herbst den Dünger aus der Klosterökonomie auf die Klosterfelder. Bei Bedarf mussten sie auch Bauholz und Brennholz, Steine und andere Sachen transportieren sowie Getreide nach Regensburg, Landshut, Kelheim und Mainburg oder nur nach Saal, Eining, Abensberg und Neustadt. Die Handscharwerker mussten Heuen und Mistbreiten, wofür sie Kost bekamen, aber keinen Lohn

und keinen Trunk, sodann bei der Ernte helfen, bei der sie entlohnt und verköstigt wurden, und „zum Jagen oder Fuchßklopfen kommen", bei dem man ihnen Bier und Brot reichte. – Vom Markt Rohr war die gesamte Bürgerschaft zum Scharwerk auf den Klosterwiesen verpflichtet, die Inleute zur Arbeit auf der Schmiddorfer Wiese und im Klostergarten; dafür gab es weder Kost noch Trunk noch Lohn. In der Erntezeit hatten die Bürger je eine Person zum Weizen-, Korn- und Gerstenschneiden zu schicken, die wie die freiwilligen Helfer entlohnt wurde.[12]

Innerhalb der Rechtsordnung des Kurstaates bildeten Kloster und abhängige Bauern durch ihre Leiheverträge über die Teilung des Grundeigentums einen Hofrechtsverband; innerhalb der Wirtschaftsordnung bildeten sie nach Maßgabe der in den Kontrakten bestimmten Besitzrechte einen agrarischen Haushaltsverband. Denn dem landwirtschaftlichen Zwittergebilde von Haus und Hof entsprach im großen Stil genau das landständische Doppelgebilde von Kloster und Eigenwirtschaft,[13] sowohl die Bauern- als auch die Klosterfamilie waren gekennzeichnet durch die Verflechtung der konsumtiven und produktiven Tätigkeiten. Miteinander verbunden waren sie in der Weise, dass der prälatische Haushalt aus den vielen abhängigen Haushalten der Grundholden gleichsam herauswuchs, indem er sein Einkommen aus ihrem Einkommen bezog, welches sie wiederum auf seinem Grundvermögen erwirtschafteten. Der Prälat führte einen Großhaushalt, der von vielen Kleinhaushalten seiner Bauern getragen worden ist. Er verteilte Land und sammelte Abgaben, die er haushaltsmäßig verwertete: Die Grundherren waren keine Erwerbsinteressenten, die ihr Vermögen, an Gewinnchancen orientiert, in Agrarbetrieben angelegt haben (wie Banken in Industrieunternehmen), sondern Vermögensinteressenten, die, an der Auskömmlichkeit orientiert, die abhängigen Bauernstellen als Rentenquellen haushaltsmäßig nutzten.[14]

Vom Standpunkt der Bauerngüter aus gesehen deckten ihre Bestände mit ihren Abgaben und Arbeitsleistungen einen fremden Bedarf, nämlich den des Klosters und insofern war die Grundherrschaft eine „Fremdbedarfsdeckungswirtschaft", und zwar auf dem Boden der

Eigentumsteilung mit dem Grundherrn, der einen Teil ihrer Ernten in seinen Speichern aufnahm und einen Teil ihrer Arbeitskraft auf seinen Feldern verbrauchte – im Gegensatz zur „Fremdbedarfsdeckungswirtschaft" auf dem Boden der (externen) Arbeitsteilung zwischen den Unternehmerbetrieben – den Handwerksbetrieben und Manufakturen –, die in erster Linie für den Markt produzierten und über den Markt auf dem Boden der Geldwirtschaft untereinander und mit den privaten Haushalten verbunden waren. Die verbindende Funktion, die der Markt zwischen den Unternehmungen hat, hatte in der Grundherrschaft die Lagerhaltung: sie vermittelte zwischen der Produktion der Bauern und der Konsumtion der Mönche. Die Grundherrschaft ist also eigentumsteilige Speicherwirtschaft im Gegensatz zur arbeitsteiligen Marktwirtschaft. Doch waren weder die Klöster noch die bäuerlichen Betriebe völlig geschlossen, es gab durchaus verkehrswirtschaftliche Elemente, welche die Grundherrschaften in die Volkswirtschaft einbanden, wovon schon die bäuerlichen Geldzinse und die klösterlichen Besoldungen zeugen, deren Geldsummen nur auf den Märkten zu erzielen waren. Doch waren gerade in Bayern die Binnenmärkte wenig entwickelt und die Exportmöglichkeiten gering, sodass es zu keiner Umbildung der Eigenwirtschaften der Grundherrn zu agrarischen Großbetrieben gekommen ist.[15]

Von der Kultur des Bodens zur Kultur des Geistes

Eigenwirtschaft und Grundherrschaft und deren Erzeugnisse waren Voraussetzung und Grundlage, auf welchen das Kloster seiner geistlichen und intellektuellen Zweckbestimmung gerecht werden konnte. Wie auf der wirtschaftlichen Seite des Klosters können wir auch auf seiner geistlichen Seite eine Differenzierung in Haupt- und Nebenbetriebe, nämlich den kultischen Hauptbetrieb in der Kirche und die kulturellen Nebenbetriebe in den Bibliotheken, Laboratorien, Galerien, Sammlungen, Schulen und dergleichen feststellen.[16] Und es gab sogar kultische Nebenbetriebe auf dem Lande in Form der dem Kloster inkorporierten Pfarreien, die ihrerseits wieder

mit Grund und Boden als Subsistenzmitteln fundiert waren,[17] sodass wir im fundierten Kloster ein fast symmetrisches Gebilde mit einem weltlichen und geistlichen Teil vor uns haben: der eigenen Wirtschaft korrespondierte die eigene Kirche, den abhängigen Bauerngütern entsprachen die abhängigen Pfarreien, den gewerblichen Nebenbetrieben die kulturellen Nebenbetriebe und im Zentrum des Klosters, in der Klausur, fand die Befriedigung der leiblichen Bedürfnisse in Refektorium und Wohngebäuden ihr Widerspiel in der Stillung der spirituellen Bedürfnisse in Kirchenchor und Kreuzgang.

Die geistige Sphäre des Klosters war ihrerseits zweigeteilt in klerikale und laikale Wirksamkeiten des Personals sowie in sakrale und profane Gegenstände des Vermögens. Die erstgenannte Unterscheidung besagt, dass alle heiligen Handlungen und kultischen Verrichtungen nur von Klerikern vorgenommen werden dürfen. Und die heiligen Handlungen bedürfen der heiligen Stätten, der heiligen Geräte und der heiligen Materien. Alle Gebäude und Gegenstände, die zum Gebrauch beim Gottesdienst bestimmt sind, sind zu diesem Zweck Gott geweiht und dadurch dem profanen Gebrauch entzogen, gleichsam einer sakralen Dienstbarkeit unterworfen. Der Inbegriff der davon betroffenen Gegenstände, über die ein Kloster verfügte, seine res sacrae, muss scharf geschieden werden von seinen res ecclesiasticae, den Bestandsstücken seiner Eigenwirtschaft, seiner Grund- und Gerichtsherrschaft. Diese Vermögensstücke unterschieden sich von den Gütern der Laien nur dadurch, dass sie in kirchlichem Eigentum standen und kirchlichen Zwecken gewidmet waren. Im Unterschied zu den res sacrae wurden die Erkenntnis- und Arbeitsmittel der kulturellen Nebenbetriebe – die Bücher und Handschriften, die Naturalien und wissenschaftlichen Geräte, die Musikalien und Gemälde – als die res pretiosae unter den Kirchensachen betrachtet, die geistigen Zwecken dienten. In ihnen verkörperten sich die wissenschaftlichen Disziplinen und die künstlerischen Stile ihrer Zeit, sie waren Elemente wissenschaftlicher Methoden und Äußerungen emotionaler Haltungen, die sich mit der Frömmigkeit der Mönche verbanden und mit ihrer

Spiritualität verschmolzen. Alle jene res sacrae und diese res pretiosae des klösterlichen Vermögens, alle jene kultischen und diese kulturellen Dienstleistungen der Mönche waren vom Wirtschaftlichen umklammert (wie alle geistigen Zwecke der Kultursphäre): in Richtung auf die Erhaltung der heiligen Sachen und auf den Unterhalt der tätigen Religiosen liefen alle technischen Prozesse der Eigenwirtschaft und die sozialen Aktivitäten der Leihewirtschaft zu und entfalteten sich im Falle größerer Intensität dieser wirtschaftlichen Kräfte in großartigen „Konsumenteninvestitionen" (Joan Robinson) – Prälaturen und Konventsbauten, kostbaren Geräten und üppigen Gewändern –, kaum in Investitionen und Meliorationen der ökonomischen Grundlagen.

Das Führungs- und Verwaltungssystem des Klosters

Das Einheitsprinzip dieses „gemischten Werks" (Max Weber), das ein ständisches Kloster war, bestand in der Führungsfunktion des Abtes: er vertrat das Kloster gemäß dem hierarchischen Prinzip der katholischen Kirche und leitete es kraft seiner Regierungsgewalt (potestas). Das war ein eigener organisatorischer Faktor im Funktionsgefüge des Klosters analog dem heutigen unternehmerischen Prinzip der Gestaltungsmacht des Unternehmers in der Geschäfts- und Betriebsleitung. Doch waren die dispositiven Befugnisse des Abtes eher haushälterischer Natur. Seine Pflicht bestehe darin, schrieb der kurbayerische Kanzler und Jurist Wiguläus Xaverius Kreittmayr, fleißig Obsorge zu tragen, dass „alles im Closter Ordnungs- und Regulmäßig zugehe, an dem benöthigten Unterhalt seiner Untergebener kein Mangel und Abgang erscheine, auch weder an den gestifteten Jahrtägen und Gottesdiensten, noch anderen gebührenden Verrichtungen etwas unterbleibe."[18] Kraft seiner potestas domestica und oeconomica „tractiert er seine Untergebene" und „verwaltet die zeitliche Clostergüter". Kreittmayr vergaß nicht die „Landständische Pflichten und Rechten" vieler Äbte zu erwähnen.[19] Weil es der Abt war, in dem die Leitungsstruktur des Klosters kulminierte, in welchem die Mannigfaltigkeit des klösterlichen Verbandes

ihr Einheitsprinzip fand, war es auch im März 1803 die erste Tat jedes Lokalkommissars, ihn herauszurufen und ihm sein und seines Klosters Schicksal – Emittierung und Aufhebung – zu verkünden.

Von der Regierungs- und Leitungsgewalt des Abtes war ein hilfsweiser Verwaltungsapparat abgeleitet, bestehend aus dem Prior und den Konventualen mit Verwaltungsämtern sowie den leitenden weltlichen Beamten; sie bildeten den verlängerten Arm des Abtes. Der Führungsbetrieb vollzog sich samt seinen Hilfs- und Nebenbetrieben in Entscheidungsprozessen, weshalb wir das Leitungssystem als Kommunikationssystem charakterisieren können, in dem Informationen erzeugt, ausgetauscht, verarbeitet, gespeichert und weitergegeben worden sind. Aber auch im Kloster überhaupt, in der Eigenwirtschaft und in der Grundherrschaft, wurden mit den vollziehenden, sachbezogenen Arbeiten laufend Informationen erzeugt – seien es originäre durch unmittelbare Wahrnehmung, seien es abgeleitete durch Informationsverarbeitung – und in wichtigeren Belangen durch Aufschreiben gespeichert und in den Führungsbetrieb zur Kontrolle, Unterrichtung, Entscheidung oder Aufbewahrung weitergereicht. Ganz grob können wir die multipersonalen Handlungsprozesse des Systems Kloster einteilen in informationale (mentale) und vollziehende (korporale) Handlungen, die durch Informationen derart verknüpft waren, dass Informationen Handlungen auslösten und Handlungen Informationen erzeugten, die wieder das Handeln bestimmten und so fort; wir sprechen darum kurz von Transformationsprozessen, in denen sich Informationen in Handlungen und Handlungen in Informationen umwandelten. Von diesen Gesetzmäßigkeiten wurde auch der kommunikative und kooperative Verkehr des Klosters mit seiner Umwelt beherrscht. So wie das klösterliche Leitungssystem zur Erfüllung seiner Aufgaben mit der Produktion und Verarbeitung von Informationen – ihren Arbeitsmitteln – befasst war, so auch mit der Speicherung der schriftlich festgehaltenen Informationen, die zur Entstehung von Haupt- und Nebenspeichern führten, weshalb „das Archiv und übrigen Klosterpapiere, Rechnungen und Manuale der Obern und Officialen"[20] Angelegenheiten der Führungsebene waren. Sie bildeten den informationellen Teil des ganzen Klosterwesens, seine Abbildung in komprimierter und überschaubarer Form, die Übersicht über den Status des Klosters ermöglichte, sowie Einsicht in einzelne Zustände und Abläufe der Regierung und Verwaltung des Klosters. Archive und Registraturen waren darum eine Basis für die Steuerung des Klosters, 1803 aber auch für seine Abwicklung.

Ähnlich wie mit den Informationsspeichern im Kloster verhielt es sich mit „sämtlichen Kloster-Kassen"[21], denn „in der Kassahaltung findet man den zentralen Gradmesser für die finanzwirtschaftlichen Auswirkungen aller unternehmerischen Aktionen"[22]. Wie die Informationsbestände den informationalen Teil der klösterlichen Zustände und Handlungen darstellten, so die Geldbestände den nominalen Teil der wirtschaftlichen Güter des Klosters, deren realen Teil die Eigenwirtschaft und die Grundherrschaft verkörperten. Wie Informationen und Handlungen durch Transformationsprozesse ineinander übergehen, so wandeln sich auch Realgüter in ständig sich wiederholenden Prozessen in Nominalgüter und diese in ebensolchen Prozessen wieder in Realgüter.[23] Übergangsstelle dieser gegenläufigen Güterströme ist der Markt. Für die Lokalkommissare als Liquidatoren der Klöster bot das bare Geld in den Kassen die erste direkte Zugriffsmöglichkeit auf das Klostervermögen, weil es direkt appropriiert werden konnte, während das Realgut, soweit es nicht als solches brauchbar war, erst auf dem Markt zu einem nominalen Finanzstrom umgeformt werden musste, der sich dann in die kurfürstliche Zentralkasse leiten ließ. Nach dem Nominalgüterbestand wurde „sofort" durch einen „Materialumsturz"[24] aller Umsatzbestände – d.h. aller sich schon liquiden Güter auf Lager – die Liquidation des Realgüterbestands überhaupt in Angriff genommen.

Die Klosterökonomie und die allgemeine Wirtschaftsgesinnung

Für das Kloster war wohl sein Vermögen als Inbegriff von Besitzstücken für den Erwerb von Einkommen vorhanden und verfügbar, doch fehlte den Klostergütern als Besitz der toten Hand das Merkmal der Übertragbarkeit,[25] das sie auch für die Volkswirtschaft zu vorhandenen und verfügbaren gemacht hätte, dass sie von den Wirtschaftssubjekten hätten erworben und veräußert werden können. Die Unveräußerlichkeit des Kirchenguts schloss die Wanderung des Bodens zum besseren Wirt aus. 1803 aber erwies sich der Kurfürst als der stärkere Wirt, der mit der Zugkraft seines Finanzbedarfs in Verbindung mit seiner politischen Macht die kanonischen Bindekräfte überwand und durch einen gewaltsamen Finanzausgleich sich in den vollen Genuss der Haushaltsvermögen der Klöster setzte. In direktem Zugriff übernahm er die Kassenbestände, die Archive und kulturellen Sammlungen, inkammerierte er die klösterlichen Grundholden und gliederte die Wälder seinen Forsten ein; auf indirekte Weise, durch Marktumsatz, eignete er sich die sakralen und profanen Fahrhaben sowie die heiligen und weltlichen Liegenschaften an, die als Realgüterstrom in die Volkswirtschaft (Privatwirtschaften) flossen, in ihren monetären Äquivalenten als Nominalgüterstrom in die Staatswirtschaft (Staatskasse).

Wenn Historiker die Aufhebung der bayerischen Klöster in den Jahren 1802/1803 auf ihre Ursache hin ergründen bzw. in die größeren Entwicklungszusammenhänge im Reich und in Europa einbetten, dann wird in der Regel die Aufklärung der Geister und die Abneigung gegen das Mönchswesen als ideen- und geistesgeschichtliche Grundlage der Säkularisation angeführt.[26] Wir möchten viel allgemeiner von einem Rationalisierungs- und Technisierungsschub sprechen, der alle Daseinsbereiche erfasste – Recht, Staat und Politik genauso wie Wirtschaft, Wissenschaft und Kunst – und in dem die Säkularisation nur ein Moment ist, mehr Folge neben anderen Folgen als spektakuläre Ursache von weitreichenden Folgen in Staat und Gesellschaft. Rational gedacht hat zwar auch schon das 18. Jahrhundert, aber konsequent rational gehandelt hat erst das 19. Jahrhundert. Im Schoße der Klöster selbst waren die überweltlichen Impulse und die metaphysischen Ideen, die im Mittelalter gewaltige kulturelle und wirtschaftliche

Leistungen gezeitigt hatten, längst emotional verebbt und gedanklich säkularisiert, wenn auch in ihren künstlerischen Erscheinungsformen noch immer auf weltlicher Höhe und in gefühlsstarker Pracht. Durch die staatliche Aufhebung der Klöster wurde gleichsam ihre eigene Entkräftung und ihre soziale Entwertung zur Vollendung gebracht. Die zu umfassend gewordenen Gütermassen der Klöster, die unpassend gewordene Benutzungsart wurden in zeitgemäßer Weise verteilt und zu zeitgemäßen Besitz- und Nutzungsformen gebracht, zumindest wurde dies grundsätzlich versucht, denn längst nicht immer und überall konnten die radikalen Reformen aus dem neuen kapitalistischen Geist auf Anhieb verwirklicht werden. Es ist eine Ironie der Geschichte, dass dieser kapitalistische Geist, der die Säkularisation beherrschte, seinerseits als Säkularisat der klösterlichen Askese entstanden ist (Max Weber).[27]
Die Zerschlagung der theologischen Gebundenheit des Denkens war die neuzeitliche Reaktion auf die mittelalterliche Theologisierung und Verkirchlichung der Kultur; die Aufklärung löste umfassende und weitgehende Veränderungsprozesse aus, die das 19. Jahrhundert zu einem „gewaltigen Säkularisierungsvorgang" machten.[28] Auch die Wirtschaftsgesinnung wurde davon bestimmt. Dem Rückschlag der Aufklärung auf die Bindung der geistigen Kräfte entsprach der gewaltsame Rückschlag gegen die Anhäufung und Bindung wirtschaftlicher Kräfte durch die tote Hand. Die moralischen Vorstellungen und der ethische Sittenkodex des Landes, von denen die Spielregeln und die Existenzfähigkeit seiner Volkswirtschaft abhängen, hatten sich so grundlegend gewandelt, dass es nur noch einer paragraphenkurzen Modifikation des Rechtskodex durch den Reichsdeputationshauptschluss vom 15. Februar 1803 bedurfte (§ 35), um einen weitreichenden Veränderungsprozess auszulösen und die fundierten Stifter und Abteien zur landesherrlichen Disposition zu stellen, ohne dass die umsitzende Bevölkerung Wort oder Hand erhob, als man Kirchen niederlegte und heilige Geräte versteigerte. Der Wechsel von der alten Wirtschaft zur neuen Wirtschaft, in dessen Zusammenhang die Säkularisation in einer simultanen pluralen Aktion vollzogen worden ist, markiert eine geschichtliche Wende von der Haushaltswirtschaft zur Produktionswirtschaft, von der Lagerhaltung zum Marktverkehr, vom Leihedienst zum Kapitaldienst, von der Gebundenheit des Hoffußes zur Freiheit des Bodenmarktes, von der Abgabenhoheit der Grundherrn zur Finanzhoheit des Landesherrn, von der besonderen Grunduntertänigkeit zur allgemeinen Staatsuntertänigkeit, vom agrarischen Wirtschaftsleben zum industriellen Wirtschaftsleben. Diese idealtypischen Begriffsverhältnisse kennzeichnen einen Epochenwandel, in dem „die Ratio allmählich Herr über jene Tradition [wurde], in deren Bann das Wirtschaftsleben ... gelegen hatte".[29]

Die Auflösung der Eigenwirtschaft

Das ständische Kloster als lebendiges Sozialgebilde war zum Zeitpunkt seiner Aufhebung 1803 das Ergebnis einer Jahrhunderte während Entwicklung: ihre ökonomische Summe, ihr kultureller Niederschlag, ihr geistiges Erbe. Der überkommene Bestand setzte sich zusammen aus den Fossilien der verschiedenen Entwicklungsphasen und aus den Gütern des aktuellen Wirtschaftens; er reichte von den Äckern der ersten Urbarmachung bis zu den Würsten der letzten Schlachtung, von der ältesten Schenkungsurkunde bis zum jüngsten Rechnungsbeleg. Es hatte sich gleichsam durch solche geschichtliche Anreicherungsvorgänge eine Lagerstätte ökonomischer und kultureller Güter und Werte gebildet, deren Ausbeutung von der kurfürstlichen Bürokratie genauestens geplant und betriebsmäßig vollzogen worden ist. Der erste Schritt der Erschließung der Lagerstätte bestand in der „Emittierung" des „Klosterpersonals" und seiner „Pensionierung". Die Pensionierung bestand in staatlichen, von dem für den Sitz des Klosters zuständigen Rentbeamten auszuzahlenden Transferleistungen, nämlich täglich 3 Gulden für einen Abt und 1 Gulden für einen Religiosen, und in der Ausstattung mit dem notwendigen Haushaltsgerät. Damit wurden der große gemeinschaftliche Haushalt der geistlichen Korporation aufgelöst und mittels der Pensionsleistungen neue

Einzelhaushalte begründet, in denen die Mönche nun als reine Verbraucher lebten, soweit sie nicht mit geistlichen Ämtern versehen werden konnten; auch kollektive Haushalte wurden eingerichtet. Alle Pensionisten waren Mitglieder des öffentlichen Haushalts. Die Beamten des Klosters, die schon 1802 auf den Kurfürsten dienstverpflichtet worden waren, blieben vorerst bei ihren Besoldungen und ihrer in Geld umgewandelten Naturalverpflegung, sodann sollten sie in kurfürstliche Dienste übernommen, andernfalls pensioniert werden. Das Dienstpersonal zur persönlichen Versorgung der Mönche wurde entlassen, die Ehalten der klösterlichen Landwirtschaft bis zu deren Veräußerung beibehalten. Die Emittierung der Konvente „aus ihren bisherigen Besitzungen"[30] bedeutete eine Auflösung der Handlungseinheit, in welcher die liturgische und ökonomische Arbeit mit dem heiligen und wirtschaftlichen Vermögen verbunden gewesen war. Der laufende Betrieb wurde eingestellt, nur die Ökonomie hat man provisorisch fortgeführt, weil es für organische Prozesse kein Halten in der Zeit gibt.

Nach der Abmeierung des Grundherrn und der „vollkommenen Evacuation des Klosters"[31] machten sich die Lokalkommissare an die Entleerung von den beweglichen Sachen, bei denen zwischen Sakralgegenständen und sonstigen Gegenständen nicht unterschieden wurde, wohl aber zwischen dem, was von unmittelbarem Wert für den Staatshaushalt war, und dem, was man unter den Privathaushalten versteigern konnte, im Falle der kulturellen Artefakte sogar durch eigens bestellte Sachverständige. So fand sich z.B. im Kloster Rohr – in der Abtei, beim Dekanat, in der Kastnerei, in der Küchen- und Kellermeisterei, im Hofmarksgericht – eine Barschaft in Höhe von insgesamt 6649 Gulden, in den Kästen einen Vorrat von 49 Schäffel Weizen, 331 Sch. Korn, 21 Sch. Gerste, 377 Sch. Hafer und 15 Sch. Erbsen.[32] Die Getreideversteigerung erbrachte insgesamt 5811 Gulden.[33] Zur Fortführung der Ökonomie überließ man der Klosteradministration u.a. 16 Pfund Voressen (Eingeweide), 3 Zentner Ochsenfleisch, 14 Pf. Kalbfleisch, 29 Pf. Stockfisch, 3 Zentner Butter, 1 Zentner Schmalz, 9 Zent-

ner Salz, 45 Pf. Leinöl, 5 Pf. Wagenschmier, 6 Zentner Eisen, 213 Zentner Heu, 64 Schober Stroh, 14 Kübel Kraut, 3 rohe Tierhäute, etwa 2000 Nägel, ferner Steine, Ziegel, Holz und eine Menge Fische, vor allem Setzlinge.[34] Die Visierung des Biervorrats ergab am 4. April 1803 eine Menge von 1200 Eimern (à 68 l).[35] Die mannigfaltigsten Gerätschaften und Materialien fanden sich in der sog. „Hauskramerey" (Tücher, Felle, Garn, Vorhänge usw.), in der Waschstube, im Waschhaus, in der Schmiede, im Bräuhaus, im Branntweinhaus, im Gärgewölbe, in der Malzmühle, im Wagenschupfen (3 Kutschen, 32 Pferdegeschirre, 4 Sattel, 5 Ochsenjoche, 10 Polster, 8 vierspännige Pferdewagen, 4 Ochsenwagen, 8 Vorwagen, 1 zweispänniger Wagen, 10 Pflüge, 3 eiserne „fillen"), im Fasshaus, in der Küferei, in der Wagnerei und in der Buchbinderei.[36]

Mit dem grundsätzlichen Problem, wie man am besten die Liegenschaften der klösterlichen Eigenwirtschaften behandle, war die Spezialkommission in Klostersachen bereits 1802 in Berührung gekommen, weil die Beschuhten Karmeliten von Abensberg in Arnhofen zwei Höfe und eine Sölde besaßen.[37] Die Spezialkommission war der Meinung, dass es das ungeeignetste Mittel wäre, für die Besorgung entfernter Ökonomien eigens Stellen einzurichten, dass aber ein alsbaldiger Verkauf sich als übereilt und nachteilig erweisen könnte. Deshalb hielt sie es für gut, allerorten die Klostergüter einstweilen auf Zeit zu verpachten, um Zeit zu gewinnen und „nach ächt staatswirthschaftlichen Grundsäzen" verfahren zu können. Am 27. November 1802 genehmigte das Gesamtministerium den Antrag der Spezialkommission, alle eigenen Ökonomien der Klöster eingehen zu lassen und die Güter auf Zeitpacht zu vergeben, bis auf andere Weise vorteilhaft über sie disponiert werden könne.[38] Die Instruktion vom 11. März 1803 sah hinsichtlich der liegenden Gründe vor, dass die Lokalkommissare sie unter Benützung der vorhandenen Beschreibungen und Pläne, nötigenfalls durch Lokalbesichtigung und Ausmessung, erforschen und abschätzen und die gewonnenen Ergebnisse in Tabellenform vorlegen. Nach der Einstellung der Klosterökonomien sollten dann die Äcker und

Wiesen zerstückelt und auf Eigentum gegen einen ewigen Grundzins – der zwar nach Getreidemaß bemessen, nach Getreidepreis aber bezahlt werden sollte – versteigert werden. Sollte eine Versteigerung nicht zur Durchführung gelangen, dann sollte die Klosterökonomie fortgesetzt werden. Die Lokalkommissare hatten mit der Festsetzung der Grundzinse Schwierigkeiten, die Bauern mit ihrem Begriff. Als die einfachste Form ihrer Regulierung erkannte am 19. Mai 1803 das Gesamtministerium die bare Bezahlung von 3/4 des Kaufschillings der Klostergrundstücke und die jährliche Entrichtung einer beständigen Geldabgabe für das übrige Viertel.

Beim Kloster Rohr besichtigte der Lokalkommissar mit dem Hofmeister und zwei Schätzmännern die Grundstücke im April 1803 anhand eines Planes aus dem Jahre 1800. Die 459 Tagwerk Feldgründe wurden auf 16207 Gulden geschätzt, 127 Tgw. Wiesgründe auf 6610 Gulden, 29341 Klafter Weiher auf 314 Gulden, 1 1/2 Tgw. Hopfengärten auf 94 Gulden, 7 Gärten mit 14 Tgw. auf 308 Gulden.[39] Den Klostergarten – 4 bis 5 Tgw. Obst- und Küchengarten –, den man schlecht vor Verwertung des Klosters verkaufen konnte, hat man sofort wegen der anstehenden Arbeiten dem Klostergärtner gegen 50 Gulden Stiftgeld auf ein Jahr überlassen, das Konventskreuzgärtl dem Dechanten für 33 Gulden.[40] Die acht Waldungen des Klosters, sämtlich im Landgericht Abensberg gelegen, wurden dem kurfürstlichen Forstamt Landshut übergeben.[41]

Die Versteigerung der Klostergründe verzögerte sich durch das Auftreten eines Fürsten Schwarzenberg, der sich bereit erklärt hatte, die Klosterökonomie mit den Klostergebäuden zu übernehmen, was besonders vorteilhaft erschien. Schwarzenberg wollte die Ökonomie verkleinern und mit den Klostergebäuden spekulieren, die man „trotz der Schönheit und Grösse" in keiner Weise „schicklich" zu begutachten wusste.[42] Die Käufer von Klosterhäusern wollten in aller Regel dazu auch Gründe kaufen, dies aber erst tun, wenn sie des Eigentums der Gebäude gewiss sein konnten.[43] Das Finanzdepartement ordnete darum am 13. August 1803 an, dass von den Klosterökonomien die entfernten Grundstücke zuerst zu

verkaufen seien und zu den Ökonomiegebäuden ein arrondierter Teil vorzubehalten sei.[44] Die Generallandesdirektion, die sich von Schwarzenberg nicht hinhalten ließ, befahl am 11. Juni 1803 den Verkauf der Ökonomiegebäude, Grundstücke und Weiher des Klosters.[45] Schon am 27. Juni 1803 berichtete der Lokalkommissar v. Scherer von guten Resultaten der Versteigerung: Die Pfisterei mit Haus und Mühlwerk (564 Gulden), der Schaf- mit Schubochsenstall (650 Gulden), der Bauhof (1000 Gulden), die Schmiede mit Wäscherinnenwohnung (1075) u.a. wurden an die in der Mehrzahl aus Rohr stammenden Interessenten verkauft; acht Weiher erbrachten 668 Gulden, 53 Tgw. Wiesgründe 19491 Gulden, 179 Tgw. Weizenfelder 11688 Gulden, 135 Tgw. Kornfelder 6315 Gulden.[46] Das nach dem Verkauf der meisten Grundstücke nun „isolirte Klostergebäude" schlug der Klosterrichter zur Verwendung als Pfarrhaus und Schule vor, den übrig bleibenden Rest zur Demolierung, um die Reparationskosten zu mindern und „die Vergessenheit des ehemaligen Klosters zu bewirken". Doch sie sind entgegen diesem Vorschlag und trotz des niederen Angebots von 6830 Gulden statt der geschätzten 14099 Gulden in verschiedenen Partien im Sommer 1804 verkauft worden (darunter eine Partie an den Markt Rohr um 1281 Gulden).[47] Den Südflügel und einen Teil des Westflügels haben ihre Erwerber um des Materials willen niedergerissen, die Klosterkirche hat der Staat (um ihrer Schönheit willen?) zur Pfarrkirche umgewidmet.[48] Damit waren bis auf das Bräuhaus und den dazu notwendigen Ochsenstall die Realitäten des Klosters Rohr veräußert.

Die Auflösung der Grundherrschaft

Die Eigenwirtschaften der Klöster hatten mit der Emittierung der Mönche, auf deren Bedürfnisse sie zugeschnitten waren, ihren Wert als Wirtschaftseinheiten verloren. Als Klosterhaushalte waren sie mit dem Staatshaushalt technisch nicht kompatibel; weder konnte der Kurfürst die Genussnachfolge antreten, noch der Fiskus eine Betriebsnachfolge. Das auf eine direkte Bedarfsdeckung ausgerichtete landwirtschaftliche Vermögen musste darum aufgelöst und die Teile durch Verkauf in neue Verwendungszusammenhänge überführt werden. Anders gestalteten sich die Verhältnisse bei den Grundherrschaften der Klöster: da es sich um reine Rechtsbeziehungen zu den Grundholden handelte, konnte der Kurfürst ohne weiteres in die Positionen seiner Rechtsvorgänger als Grundherren eintreten und deren grundbare Bauern „inkammerieren", d.h. seinem Kammergut inkorporieren, das als Inbegriff staatlicher Vermögensrechte aufzufassen ist, und zwar als Fiskalgut, nicht als fürstliches Schatullengut. Wahrgenommen wurden die grundherrlichen Rechte des Kurfürsten von den Kastenämtern.[49]

Am 13. Mai 1803 schlug das Finanzdepartement Kurfürst Maximilian Joseph vor, alle Güter der ehemaligen Klosteruntertanen dadurch in Zinsgüter („Zensiten") zu verwandeln, dass man gegen einen geringen Ablösungsbetrag auf die Laudemien verzichte, dagegen die bisherigen Abgaben – „Küchen- und Getraiddienste" – als Grund- oder Bodenzinse unter dem Namen „Census" unverändert beanspruche. Statt wie üblich das erheiratete Vermögen als Besitzwechselabgabe an den Grundherrn abzuführen, könnten die Untertanen es für die Bewirtschaftung ihres Gutes einsetzen. Als Ablösungssumme der alten Gütergerechtigkeit – meistens die Freistift – stellte sich das Finanzdepartement ein Drittel des Schätzwertes des Gutes vor, im Durchschnitt 200 Gulden. Aufgrund der Unterlagen der Hofanlagsbuchhaltung aus dem Jahre 1760 errechnete man eine Zahl von 31.831 landwirtschaftlichen Betriebseinheiten, das wären nach dem Hoffuß ausgedrückt 9523 ganze Höfe gewesen – einschließlich der Güter der Kollegiatstifter, des Johanniterordens, des Damenstifts und der Universität. Brächte man diese in Abzug, dann käme man auf 27.655 ständische Klosteruntertanen im Besitz von 8193 Höfen insgesamt, woraus sich ergebe, dass es sich im Durchschnitt um Drittelhöfe handle. Als Ergebnis der Operation errechnete man einen Gesamtgewinn von 5.531.000 Gulden, als Voraussetzung erkannte man die „über alle Erwartung schon so lange verzögerte und so leicht zu bewirkende Inkammerierung der … Kloster-

unterthanen". Sei diese geschehen, könne man in der Folge das Verfahren auf die Oberpfalz und Pfalz-Neuburg sowie auf die neuen Provinzen ausdehnen, ja sogar auf sämtliche kurfürstlichen Kastenamtsuntertanen anwenden.[50]

Nachdem der Kurfürst dem Projekt zugestimmt hatte, teilte das Finanzdepartement der Klosterkommission am 21. Juni 1803 mit, dass der Kurfürst angeordnet habe, alle durch die Säkularisation an ihn gefallenen landwirtschaftlichen Güter den darauf sitzenden Untertanen „unter dem Nahmen eines Census" zu überlassen und sich nur eine fortdauernde Staatsrente vorzubehalten. Den betroffenen Grunduntertanen wolle man deshalb gestatten, binnen eines Jahres das Eigentum an ihrem Gut abzulösen und die daran haftenden jährlichen Abgaben und Dienste als Bodenzinse („Census") zu reichen. Der Entgang der Laudemien, Leibgelder und Taxen müsse aber schon wegen der „auf dem Kloster Vermögen haftenden grosen Bürden" durch eine Kapitalablösung ausgeglichen werden, nämlich durch eine Summe von 600 Gulden je Hof oder proportional weniger. Um das Vorhaben alsbald verwirklichen zu können, wurde die tätigste Beschleunigung der Inkammerierung anbefohlen.[51] Zufolge dieses Projekts würde also der Grunduntertan, wie es die Landesdirektion in Schwaben am 29. Dezember 1803 formuliert hat, das volle Grundeigentum an sich bringen, der Grundherr auf alle grundherrlichen Rechte verzichten, so dass beide Teile in das (unpersönliche) Verhältnis von Schuldner zu „Kapitalist" zueinander treten könnten.[52] Die jährlichen Abgaben wurden auf diese Weise als Vergütung für überlassenes Kapital interpretiert: für ein dem Bauern gewährtes Darlehen, wegen dem er sozusagen Kapitaldienst statt wie früher Leihedienst wegen des ihm geliehenen Gutes zu leisten hatte. Das Untertanenverhältnis zum Grundherrn wurde aufgespalten in ein spezielles Schuldverhältnis und ein allgemeines Untertanenverhältnis zum Staat.

Am 27. Juni 1803 befahl die Klosterkommission den Lokalkommissaren die schleunige Inkammerierung der Jurisdiktions- und Grunduntertanen der Klöster, d.h. ihre Extradierung an die kurfürstlichen Landgerichte,[53] die auch im Falle der Grundherrschaft des Klosters Rohr noch nicht geschehen war. Schon am 11. Juni hatte sie den Lokalkommissar wissen lassen, dass es genüge, die Zuteilung mit einem summarischen Ansatz der Erträge aus Sporteln und Strafen vorzunehmen, die Scharwerkserträge gemäß den Scharwerksgeldern anzusetzen und die Abgaben der Grunduntertanen dem Stiftsbuch zu entnehmen. Aus der Registratur sollte er die drei jüngsten Güterschätzungen, die Übergabe- oder Verkaufsverhandlungen und die Summe des letzten Laudemialbetrags erheben. Am 22. August 1803 überantwortete v. Scherer durch Übersendung der Extrakte und anderer Extraditionsbehelfe die Grunduntertanen des Klosters Rohr an die einschlägigen Landgerichte und Kastenämter, nämlich an die Landgerichte Abensberg, Straubing, Vohburg, Abbach, Mainburg, Pfaffenhofen, Riedenburg, Landau, Kelheim. Aus den Bestätigungen des Empfangs der Extraditionsprodukte geht hervor, dass es sich bei diesen um Verzeichnisse der von der Generallandesdirektion eingezogenen Gelder handelte (der Rohrer Gotteshäuser, der klösterlichen Deposita, der gerichtlichen Deposita, der auf Zins angelegten gerichtlichen Depositengelder), der 1803 verstifteten Zehnten, der Kloster Rohrer Aktivlehen, der in den Präpositurs- und Kastenamtsschuldenbüchern verzeichneten Schulden, der Zehntgetreideausstände, der liquidierten Ausstände der Untertanen an Laudemien und Geldstiften, der Getreideausstände und des ausgeliehenen Getreides, ferner um das Extrakt aus dem Stiftsbuch des Klosters, desgleichen um ein Extrakt über die von der Stadt Regensburg und umliegenden Ortschaften zu reichenden Grundgilten und schließlich zwei Extrakte über die von den Bürgern des Markts Rohr geschuldeten Getreidegilten, Stiften und Küchendienste.[54]

Die Säkularisation als Anstoß zur Umgestaltung der Agrarverfassung

Durch die Inkammerierung hat sich der Kurstaat den bedeutendsten Gewinn, den er aus der Säkularisation gezogen hat, förmlich einverleibt. Sie hat ihm eine umfangreiche Vermehrung seines Grundbesitzes gebracht und einen ergiebigen Einnahmestrom in Form der periodischen Abgaben der neuen Grunduntertanen. Am 18. Juli 1807 entwarf der Geheime Finanzreferendär von Krenner eine Übersicht über die Güter, die in königlichem Obereigentum standen, ausgenommen die Hochstifte Passau und Freising sowie die Grafschaft Ortenburg. Er gab folgendes kleine Zahlenwerk:

Alte königl. Kastenuntertanen	11.690 Corpora	3552 ganze Höfe
alte königl. Lehenuntertanen	1694 Corpora	475 ganze Höfe
neue Grunduntertanen von den Reichsstiftern	5694 Corpora	1782 ganze Höfe
neue Grunduntertanen von den inländischen Klöstern	27.199 Corpora	5013 ganze Höfe
Summa	46.277 Corpora	10.822 ganze Höfe

Und er fügte hinzu:
„Wenn ich die erwähnten 10822 Höfe mit Einschluß der mir nicht genug bekannten Grundbarkeiten in den ehemaligen Immediatstaaten Passau und Freysing auf eine runde Zahl von 15000 ganzen Höfen annehme und jeden ganzen Hof zu 600 fl. AblösungsCapital anschlage, so ergibt sich zwar eine Summe von 9 Millionen, aber höchstens in einem Verlaufe von 15 Jahren und also höchstens mit jährlichen 600000 fl. für Baiern."[55]
Die Ablösung der von v. Krenner angesprochenen verschiedenen Grundbarkeiten durch ein gleichmäßiges Eigentumsrecht und ein rationales Kapitalgeber-Schuldner-Verhältnis ging nur sehr schleppend vor sich. Es ist von „den zahlreichen Feinden dieser humanen Verordnung" die Rede, von anderweitig beschäftigten Beamten, von Untertanen, die durch Ankäufe von Klosterrealitäten nicht zahlungsfähig seien. Zudem war die Gegenwartsliebe der betroffenen Grundholden wohl stärker als die Vorfreude auf zukünftige belastungsfreie Besitznachfolgen. Das Finanzdepartement ließ deshalb am 20. Juli

1804 die Jahresfrist zur Ablösung fallen und übertrug die Geschäfte den neuorganisierten Rentämtern.[56] Denn die neuen landesherrlichen Grunduntertanen bildeten denjenigen Bereich der Agrarpolitik, auf dem die Regierung Montgelas am kühnsten die bestehenden grundherrschaftlichen Bindungen zu lösen, „freies Eigentum" zu ermöglichen und den Hoffuß zu beseitigen versuchte.[57] Sie sollten gleichsam das Ferment sein für die Bereitwilligkeit aller anderen alten und neuen Staatsuntertanen, einer „Wohltat" wie der „Verwandlung der ehemaligen Klosteruntertanen in Zensiten" ebenfalls teilhaftig zu werden.[58] Das Finanzministerium bekundete am 14. Juli 1830, es trachte stets, auf die Entfesselung des Grundeigentums, wenigstens in Beziehung auf die Grund- und Zehntholden des Staates, hinzuwirken und sei dabei schon so weit gekommen, dass die Abgabepflichtigen des Staats sich der Grundlasten ganz entledigen oder doch wenigstens dieselben fixieren und in eine minder beschwerliche Form umwandeln.[59] Zum Abschluss gekommen ist die Bauernbefreiung aber erst mit der endgültigen Grundentlastung im Jahre 1848. Die Säkularisation, die ein entscheidender Schritt zur vollkommenen Liquidierung der landständischen Verfassung war (1808), war auch ein entscheidender Schritt bei der Umgestaltung der Agrarverfassung – auf beiden Ebenen also eine wichtige Etappe der „Staatsintegration".[60]

Exkurs: Von den Klosterveduten zum bayerischen Flurkartenwerk

In maßgeblichen Arbeiten der jüngeren Zeit ist behauptet worden, die Säkularisation habe „einen gewichtigen Entwicklungsschub in der Landesvermessung gebracht"[61] bzw. „habe überhaupt zwecks Klärung von Besitzfragen nach der Säkularisation die allgemeine Landesvermessung einen gewaltigen Aufschwung"[62] genommen. Diesen pauschalen Feststellungen ist jedoch entgegenzuhalten: der konstatierte Aufschwung war ein Vorgang post hoc, aber nicht propter hoc. Auch wenn noch so viel und noch so genau gemessen worden ist, es waren nicht die handwerklichen Fertigkeiten der

Feldmesser, sondern die wissenschaftlichen Leistungen der Geodäten – eines Ulrich Schiegg von Ottobeuren (1752–1810) und eines Johann Georg von Soldner aus Feuchtwangen (1776–1833) –, die den theoretischen Teil der bayerischen Landesvermessung schufen und damit die Voraussetzung der praktischen Vermessung und Kartierung eines großen Territoriums.[63] Die Feldmesser konnten sich bei der Aufnahme von Fluren und Wäldern auf eine Ebene beziehen, weil sie innerhalb dieser Größenordnung die Erdkrümmung vernachlässigen durften; die Initiatoren der Landesvermessung mussten als Bezugskörper eine Kugel wählen, weil sie in der Größenordnung des Königreichs die Erdkrümmung nicht mehr außer Acht lassen durften. Oberst Adrian von Riedl (1746–1809), der zusammen mit seinem aus Moosburg stammenden Vater Castulus Riedl das amtliche Vermessungs- und Kartenwesen des Kurfürstentums Bayern in der zweiten Hälfte des 18. Jahrhunderts beherrscht hatte, aber auch noch der 1808 gegründeten Unmittelbaren Steuerrektifikationskommission für kurze Zeit angehörte, war der letzte Repräsentant der ebenen Kartographie, der noch geglaubt hatte, eine Universalkarte Bayerns durch Zusammenstücken von Detailkarten konstruieren zu können, deren Abbildungsebenen ohne systemvermittelten Zusammenhang standen.

J.G. Soldner hat als Bezugskörper für die Vermessung eine Abbildungskugel eingeführt, die sich an das Erdellipsoid längs des durch München gehenden Breitenkreises anschmiegt (Ordinatenachse) und im nördlichen Turm der Frauenkirche einen Nullpunkt erhielt, dessen Meridian die Abszissenachse bildet. Die so bestimmten Ordinate und Abszisse bilden die Achsen des Soldnerschen Koordinatensystems zur Einteilung des bayerischen Flurkartenwerks in (1.) die vier Regionen (Quadranten) Nordwest, Nordost, Südwest und Südost, in (2.) Schichten durch auf der Abszisse gleichabständige, nach Osten und Westen aber leicht konvergierende Ordinatenkreise, die vom Nullpunkt aus nach Norden und Süden wachsend beziffert sind, und in (3.) Reihen mittels gleichabständiger Parallelkreise zur Abszissenachse, die vom Nullpunkt aus nach Osten und

Westen wachsend beziffert sind. Das Netz von Schichten und Reihen bildet den Schnitt der Blätter des Flurkartenwerks; die Kombination von Quadrantenangabe, Schichtennummer und Reihennummer bezeichnet die Position des Kartenblattes im Landessystem. Erst innerhalb der vier Ecken jedes einzelnen dieser 800 mal 800 Fuß großen Quadrate kam die Ebene als Bezugsfläche in Anwendung; sie wurde als Bildebene durch die vier Eckpunkte gelegt und die topographischen Details innerhalb der vier Begrenzungslinien darauf abgebildet, rein graphisch mittels Messkette, Messtisch und Kippregel. Diese Polyederprojektion – das Netz des Kartenschnitts auf der Abbildungskugel bestimmt einen Vielflächner, dessen Einheiten als selbständige Gebietteile auf den Flurkarten dargestellt wurden – trägt ebenfalls den Namen Soldners. Wir sehen: die Abbildungsebene wird nicht mehr einfach ad hoc durch den Raum gelegt, sondern wird durch einen komplexen theoretischen Überbau bestimmt, der die Landesaufnahme zu einer „Erfahrung der höhern Art" macht (Goethe) und ihre Kartographie zu einer sphärischen. Es leuchtet ein, dass solche überragenden theoretischen Leistungen an ganz andere Voraussetzungen anknüpfen, als an die erhöhte Emsigkeit der Feldmesser im Gefolge der Säkularisation.

Wie die Verbindung der Geometrie mit dem militärischen Denken zustandegekommen ist – am 19. Juni 1801 ist das Topographische Büro eingerichtet worden –, um eine „Kampagnekarte von Bayern" zu erstellen,[64] so ist die Verbindung der Geometrie mit dem finanzwirtschaftlichen Denken entstanden – am 27. Januar 1808 ist die Steuerrektifikationskommission gegründet worden –, um eine Katasterkarte von Bayern anzufertigen. Leitthema der topographischen Karten waren die Verkehrslinien und die topographischen Details, Gegenstand der Katasterkarten war die vollständige Darstellung des Parzellarbesitzes. Der Staat trat hier als Hoheitsträger auf, der im Begriff war, die Voraussetzungen dafür zu schaffen, sich durch eine einheitliche und gerechte Besteuerung des Grundvermögens die Mittel für die Deckung des öffentlichen Bedarfs zu beschaffen. Hatte er sich 1802/1803 bei der Aufhebung der Klöster deren

Grundvermögen gleich der Substanz nach angeeignet, so ging es nunmehr darum, den Grund und Boden des Königreichs überhaupt als den gewaltigsten Produktionsfaktor nach dem „Grundsatz der Wahrnehmbarkeit der zu belastenden Objecte" (Eugen Dühring) zur Kenntnis zu bringen, um ihn sachgerecht zur Steuer veranlagen zu können. Die Objektivität der geometrischen Darstellung diente dem Bemühen um Gerechtigkeit der steuerlichen Belastung, die vermessungstechnischen Methoden der Kartographie wurden zu steuertechnischen Hilfsmethoden der Finanzwirtschaft. Alle Parzellen des Landes wurden „vollkommen und genau" vermessen,[65] die Flächeninhalte der Grundstücke durch Figureneinteilung graphisch ermittelt, ihre Ertragsfähigkeit erforscht und ihre Bonität klassifiziert. Den Rechtszustand der Grundstücke nahm man in die Liquidation auf: Eigentumsverhältnisse, Rechte und Lasten. In der Katastrierung schließlich erfolgte die buchmäßige Zusammenstellung der Messungs-, Bonitierungs- und Liquidationsergebnisse sowie der Grundsteuerverhältniszahlen[66] und ihre Zusammenfassung nach Steuergemeinden. Damit war das ganze Staatsgebiet vor allem mittels der Geometrie und der Geometer auf eine dem bürokratischen Apparat angemessene Realitätsebene erhoben, sowohl in seinen geometrischen Eigenschaften (Katasterkarten) als auch in seinen produktiven und rechtlichen Eigenschaften. Das Darstellungsprinzip der parallelen Projektion der Besitzgrenzen und das Besteuerungsprinzip des gleichmäßigen Nebeneinanders der Besitzwerte waren in ein effektives Ergänzungsverhältnis getreten.

Durch die einheitliche graphische und begriffliche Klarstellung des gesamten Grundeigentums wurden alle subjektiven Tatbestände einschließlich solcher feudalen Zwischengebilde wie Hoffuß und Grundherrschaft ausgeschaltet, unter welchen die produktiven Steuerobjekte verschwunden waren und dem direkten Zugriff des Landesherrn auf ihren Ertrag sich entzogen hatten. Die ab 1808 aufgenommenen und gedruckten Flurkarten sind graphische Ausdrucksformen der „rigorosen Applanierung des herkömmlichen Steuersystems mit dem

Nebeneinander von Standsteuer, Untertanensteuer, Herrengiltsteuer u.a.m. sowie der Aufhebung steuerlicher Immunitäten", die durch die Beseitigung der Stände und zuvörderst des Prälatenstandes ermöglicht wurden,[67] dem 45,7 % der 20.778 Höfe (nach dem Hoffuß) des Kurfürstentums gehört hatten, nämlich 9524, und dem 42 % der 78.454 Familien grunduntertänig gewesen waren, also 31.831.[68] Mit der Liquidation der Prälatenklöster war auf leichte Art und Weise und doch in gewaltigem Umfang Grund und Boden in das Eigentum des Kurfürsten gelangt, was eine weitere Bündelung der volkwirtschaftlichen Kräfte in seiner Hand bedeutete und ihn zum mächtigsten Grundherrn machte. Das erleichterte ihm den Kampf um die volle Durchsetzung der Staatssouveränität. Am 8. Juni 1807 war dann das königliche Edikt erschienen, das den Grundsatz der gleichmäßigen Besteuerung ohne Berücksichtigung des Standes zur Anerkennung brachte. Damit war das steuertechnische Projektionszentrum des Landes geschaffen worden, aus dem dann ab 1808 das Land auf die Flurkarten und in die Katasterbücher gleichmäßig projiziert worden ist.

Die Karten und Pläne, die anlässlich der Aufhebung der Klöster von den Komplexen ihrer Eigengüter, von einzelnen Äckern und Wiesen, von zehntpflichtigen Grundstücken und von Waldungen, aber auch von Gebäuden und Gärten angefertigt worden waren, hatten vor allem den Zweck, den Lokalkommissaren, der Klosterkommission und dem Geheimen Rat bzw. dem Finanzministerium Klarheit über Größe und Gestalt der zum Verkauf stehenden Objekte zu verschaffen, dienten also vornehmlich der Ermittlung ihrer Verwertungsmöglichkeiten und der Abschätzung der Marktchancen. Die Säkularisation wurde auf diese Weise direkter Anlass zur Anfertigung gewisser Liegenschaftspläne und Gebäuderisse für die Belange des Immobilienmarktes und sie war indirekte Ursache der umfassenden Aufnahme des Territoriums für die Zwecke der Finanzwirtschaft. Diese beiden Arten von Zeichnungen waren nach Form und Inhalt Mittel der Dokumentation und Information, die spezifischen Funktionen der modernen Wirtschaft und des souveränen Staates dienten, insbesondere das Flurkartenwerk.

Es ist deshalb zu fragen, ob es auch in der Klosterzeit Darstellungen und Darstellungsweisen gab, in denen das Wesen der Klöster und ihrer Grundherrschaft zur Erscheinung kam, wie das Wesen des modernen Staates in der Katasterkarte zum Ausdruck kommt. Das Medium schlechthin des Barockzeitalters war die Architektur; die Baukunst gestaltete zugleich reale Lebensräume und symbolisierte ideale Lebenshaltungen. So waren die Klosteranlagen mit ihren Kirchen, in denen Gott wohnte, und mit ihren Gebäuden, in denen seine Priester wohnten, besonders herausragende Erscheinungsformen der ecclesia visibilis sive instituta, d.h. der sichtbaren und organisierten Kirche; zugleich waren die Klöster architektonische Kulminationspunkte der auf sie zu organisierten Grundherrschaften; infolgedessen symbolisierten die Klöster in ostentativem Gestus gleichermaßen kirchliche und weltliche Funktionen, kirchliche und weltliche Macht.

Als Attribute prälatischer Herrlichkeit und landständischer Macht fanden die Klosteranlagen auch eine sekundäre mediale Verbreitung – genauso wie die fürstlichen und adeligen Schlösser, die Städte und Märkte des alten Bayern – in Kupferstichfolgen wie Karl Stengels „Monasteriologia" (1619/38), Matthäus Merians „Topographia Bavariae" (1644), Anton Wilhelm Ertls „Chur-Bayerischer Atlas" (1687 und 1690) und Michael Wenings „Historico-Topographica Descriptio" Ober- und Niederbayerns (1701–1726). Die perspektivischen Veduten zeigen zwar die zentralen Klosteranlagen und die auf sie zugeordneten Wirtschaftsgebäude nur in ihrem äußeren Gewande, doch wenn man sie von einem ökonomischen Standpunkt aus betrachtet, dann werden auch diese Bilder zu Manifestationen von Produktionsanlagen und Produktionsformen, von Haushaltsbetrieben und Konsumtionsformen, von Bereichen religöser und kultureller Dienstleistungen. Bei manchen Klöstern war der geistliche Kernbereich von einem Wirtschaftsgürtel geradezu umfangen, bei anderen von einem Wirtschaftsareal flankiert. 1803 sind diese architektonischen Sozial- und Wirtschaftsräume und die davon abgeleiteten Bildräume urplötzlich leere Gehäuse und leerer Schein geworden: der feudale Wesenskern der ständischen Klöster löste sich auf im Gefüge der funktionalen Strukturen des werdenden konstitutionellen Staates.

ANMERKUNGEN:

1 Hans Urs von Balthasar, Die großen Ordensregeln, 2. Aufl. Einsiedeln u.a. 1961, S. 255.
2 Bayerisches Hauptstaatsarchiv (künftig BayHStA), Lokalkommission Rohr 1; 2 Nr. 42.
3 BayHStA, Lokalkommission Rohr 1, 2; Kurbayern Äußeres Archiv 4140, fol. 271–278.
4 BayHStA, Lokalkommission Beuerberg 1.
5 1589 befanden sich im Rohrer Speisengewölbe „Prott, fleisch und bey 40 lb schmalzs zu taglicher underhalltung". BayHStA, Kurbayern Äußeres Archiv 4140, fol. 257.
6 Ebd. fol. 267.
7 Ebd. fol. 286 f.
8 Als weitere Arbeitskräfte standen die scharwerkspflichtigen Grundholden des Klosters zur Verfügung, aber auch Taglöhner wurden von Fall zu Fall eingesetzt.
9 BayHStA, KL Beuerberg 7a, S. 88–109.
10 Im Gegensatz zu den Prälatenklöstern bestand der soziale Weg, den die Bettelklöster zur Deckung ihres Bedarfs beschritten, in der Nutzung der moralischen Ordnung der christlichen Bevölkerung, deren frommes Haushalten den sammelnden Mönchen den gebührenden Teil überließ.
11 BayHStA, Lokalkommission Rohr 2 Nr. 129; 3 Nr. ad 185.
12 BayHStA, Lokalkommission Rohr 1 Nr. 97–99.
13 Vgl. Friedrich von Gottl-Ottlilienfeld, Bedarf und Deckung, Jena 1928, S. 83, 91 f.
14 Max Weber, Wirtschaftsgeschichte. Abriß der universalen Sozial- und Wirtschaftsgeschichte, Berlin 1958, S. 15, 6 f. – Ders., Wirtschaft und Gesellschaft, Studienausgabe, Köln-Berlin 1964, S. 108.
15 Friederike Hausmann, Die Agrarpolitik der Regierung Montgelas, Bern-Frankfurt a.M. 1975, S. 10.
16 Im Kloster Rohr waren außer der Bibliothek vorhanden eine Landkartensammlung, eine Gemälde- und eine Kupferstichsammlung, ein Armarium mit optischen, mechanischen und elektrischen Instrumenten und ein Naturalienkabinett, aus dem wegen des wirtschaftlichen Bezugs „eine kleine Sammlung von verschiedenen Holzarten, poliert und mit Aufschriften" erwähnt sei (BayHStA Lokalkommission Rohr 1; 2, Nr. 15, 103, ad 103 1/2, 103 1/4, 139 1/2, ad 139 1/2, 173). Diese naturkundlichen Lehrmittel sind nach Auskunft des Propstes nicht mehr instandgehalten und nicht mehr vermehrt worden, seitdem es wegen der Kriegsläufe keine Musikschüler mehr im Kloster gebe (BayHStA, Lokalkommission Rohr 1).

17 Dem Stift Rohr waren inkorporiert die Pfarreien Semerskirchen, Rohr, Sallingberg, Laaberberg, Högldorf, Eschenhart (BayHStA, Lokalkommission Rohr 1; 2 Nr. 23).
18 Wiguläus Xaverius Kreittmayr, Anmerkungen über den Codicem Maximilianeum Bavaricum civilem, 5. Theil, München 1768, S. 1132 f.
19 Ebd.
20 BayHStA, Lokalkommission Fürstenfeld 1.
21 Ebd.
22 Erich Kosiol, Die Unternehmung als wirtschaftliches Aktionszentrum, Reinbek bei Hamburg 1966, S. 134.
23 Ebd. S. 47, 115 f., 118. – Ernst Eckelt, Kapital als wirtschaftliche Energie und Geld als ihr Maßstab, Berlin 1971, S. 16, 21.
24 BayHStA, Lokalkommission Fürstenfeld 1.
25 Vgl. zum folgenden Kosiol (wie Anm. 22) S. 103–106.
26 Vgl. z.B. Dietmar Stutzer, Die Säkularisation 1803. Der Sturm auf Bayerns Kirchen und Klöster, Rosenheim 1978, S. 54–57.
27 Walter Kasper in: Staatslexikon, hrsg. von der Görres-Gesellschaft, 7. Aufl., Bd. 4, Freiburg i.Br. u.a. 1988, Sp. 994.
28 Alfred Müller-Armack, Religion und Wirtschaft. Geistesgeschichtliche Hintergründe unserer europäischen Lebensform, Stuttgart 1959, S. 378.
29 Friedrich von Gottl-Ottlilienfeld, Wirtschaft und Wissenschaft, Bd. 2, Jena 1931, S. 1262.
30 Instruktion vom 11. März 1803 (erster Absatz).
31 BayHStA, GL Fasz. 32 Nr. 70 (Lokalkommission Abensberg).
32 BayHStA, Lokalkommission Rohr 2 Nr. 10 und 19.
33 Ebd. Nr. 54.
34 Ebd. Nr. 21 1/2.
35 Ebd. Nr. 26.
36 BayHStA, Lokalkommission Rohr 1 Nr. 51; 2 Nr. 16.
37 BayHStA, GL Fasz. 32 Nr. 70 (Lokalkommission Abensberg).
38 BayHStA, MF 19775.
39 BayHStA, Lokalkommission Rohr 2 Nr. 42.
40 Ebd. Nr. 22.
41 Ebd. Nr. 42, 59, 60, 60 1/2, 76, 77.
42 Ebd. Nr. 78, 94 1/2.
43 BayHStA, MF 20885. Am 31. Dez. 1803 teilte die Klosterkommission dem Ministerialfinanzdepartement mit, „daß Klostergebäude ohne Feld- und Wiesgründe immer sehr schwer verkäuflich sind" (BayHStA, MF 20796). Die Versteigerung der außer dem Kloster gelegenen Häuser und Gebäude – ein Klosterrichterhaus, zwei Jägerhäusl, drei Ziegelstadlschupfen, ein Amtshaus, ein Wasenmeisterhaus, ein Stadl, eine Hütte, das Lorettogebäude samt Kapelle, ein Garten mit Ringmauer, ein Armenhaus – war am 23. Mai 1803 erfolgt und am 14. Juni 1803 vom Gesamtministerium genehmigt worden (BayHStA, Lokalkommission Rohr 2 Nr. 73, 110, ad 110; MF 20885).
44 BayHStA, MF 19775.
45 BayHStA, Lokalkommission Rohr 2 Nr. 103.
46 Ebd. Nr. 114 mit vier Beilagen.
47 BayHStA, MF 20885 (Nr. 20, 21, 24, 25)

48 BayHStA, MF 20885.

49 Wiguläus Xaver Frhr. von Kreittmayr, Grundriß des Allgemeinen, Deutsch- und Bayrischen Staatsrechtes, München 1770, S. 26, 160 f., 405 f.

50 BayHStA, MF 19775. – Vgl. zur Inkammerierung: Angelika Fox, Das Benediktinerkloster Andechs zwischen Säkularisation und Wiederbegründung. In: Zeitschrift für bayerische Landesgeschichte 56 (1993) S. 341–458, hier S. 359–364, 452–458.

51 BayHStA, MF 19775.

52 Ebd.

53 Ebd.

54 BayHStA, Lokalkommission Rohr 2 Nr. 116, 117; 3 Nr. 163, ad 163, 164.

55 BayHStA, MF 19775.

56 Ebd.

57 Hausmann (wie Anm. 15) S. 223.

58 BayHStA, MF 19775.

59 Ebd.

60 Winfried Müller, Die Säkularisation von 1803. In: Walter Brandmüller (Hrsg.), Handbuch der bayerischen Kirchengeschichte, Bd. 3: Vom Reichsdeputationshauptschluß bis zum Zweiten Vatikanischen Konzil, St. Ottilien 1991, S. 1–84, hier S. 54.

61 Dietmar Stutzer, Klöster als Arbeitgeber um 1800. Die bayerischen Klöster als Unternehmenseinheiten und ihre Sozialsysteme zur Zeit der Säkularisation 1803, Göttingen 1986, S. 102.

62 Müller (wie Anm. 60) S. 49.

63 Vgl. Theodor Ziegler, Die Entstehung des bayerischen Katasterwerks, München 1976.

64 Joseph Amann, Die bayerische Landesvermessung in ihrer geschichtlichen Entwicklung. Erster Teil: Die Aufstellung des Landesvermessungswerkes 1808–1871, München 1908, S. 44, 1.

65 Ebd. S. 76.

66 Die Grundsteuerverhältniszahlen sind die Produkte aus Fläche und Bonität.

67 Winfried Müller, Die bayerische Klosteraufhebungspolitik in verfassungs- und sozialgeschichtlicher Perspektive am Beispiel der zweiten Säkularisation der Abtei Speinshart 1802/1803. In: 850 Jahre Prämonstratenserabtei Speinshart. 1145–1995, hrsg. von der Prämonstratenserabtei Speinshart, Pressath 1995, S. 189–209, hier S. 204.

68 Friedrich Lütge, Die bayerische Grundherrschaft. Untersuchungen über die Agrarverfassung Altbayerns im 16.–18. Jahrhundert, Stuttgart 1949, S. 28. Lütge entnahm seine Angaben den Untersuchungen Joseph von Hazzis aus dem ausgehenden 18. Jh.

Bayerns Klosterbrauereien und die Säkularisation.
Praxis und Folgen der Privatisierung

Von *Gerhard Fürmetz*

Wer heute den Spuren der Brautätigkeit der bayerischen Klöster in Mittelalter und Früher Neuzeit begegnet, wird wohl kaum auf die baulichen Relikte eines der wenigen noch erhaltenen Brauhäuser und Bierkeller von damals stoßen, die sich meist nur noch dem geübten Auge des Denkmalpflegers offenbaren.[1] Historische Bezüge lassen sich dagegen buchstäblich mit Händen greifen und „verinnerlichen", wenn man sich den Erzeugnissen der modernen Brauindustrie selbst zuwendet. So war etwa 1989 auf allen Flaschenetiketten der – nach eigenem Bekunden – „ältesten Klosterbrauerei der Welt" zu lesen: „Das Kloster Weltenburg, ein Prunkstück bayerischer Kulturgeschichte. Die wild-romantische Landschaft, der sagenumwobene Donaudurchbruch und die im Stil des bayerischen Hochbarocks erbaute Klosteranlage sind seit Jahrhunderten die Heimat unseres weithin geschätzten Weltenburger Klosterbieres."[2] Ein anderes Beispiel: Die Bayerische Staatsbrauerei Weihenstephan, die sich dank klösterlicher Wurzeln sogar als „älteste Brauerei der Welt" bezeichnet und folglich – ohne dafür jedoch auf eine authentische Quelle verweisen zu können – den „Ursprung des Bieres" für sich reklamiert,[3] entwarf zur Biergartensaison 2001 ein Werbeplakat, das fröhliche, Weißbier trinkende Nonnen unter Kastanien zeigt (vgl. Abb. 1). Auch wenn das Motiv beliebig wirkt und keinen unmittelbaren Bezug zum Produkthersteller aufweist, liegen klischeehafte Assoziationen auf der Hand. Ähnlich wie im alljährlichen Nockherberg-Ritual verkörpern offensichtlich Klosterangehörige die historisch gewachsene – und damit werbewirksame – bayerische Bierkultur.[4] Mit dem Konsum des „nach überlieferten Rezepten" gebrauten Getränks untrennbar verbunden ist also die stereotype Vorstellung dessen, was die geschichtliche Entwicklung des Klosterbrauwesens zu kennzeichnen scheint: brautechnische Tradition, betriebliche Kontinui-

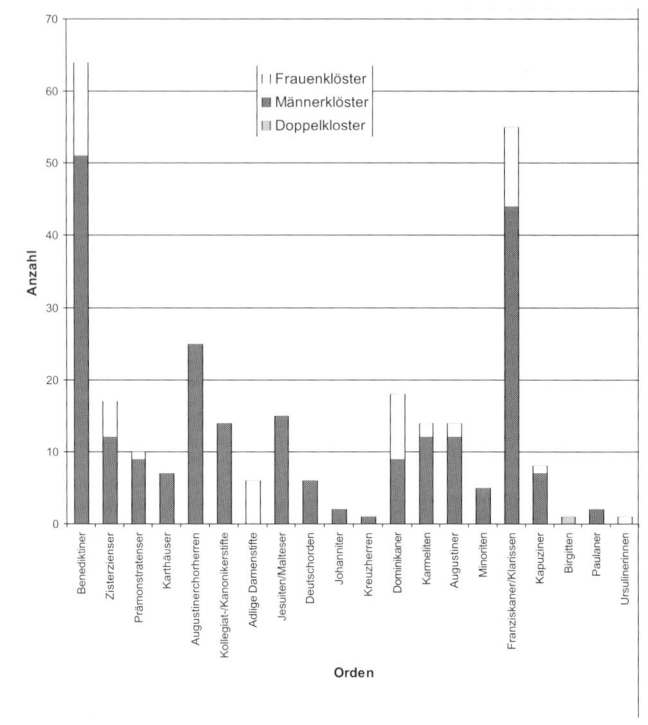

Grafik 1: Klosterbrauereien im Gebiet des heutigen Bayern um 1800
Quelle: Poll (wie Anm. 7) S. 67-87. – Poll (wie Anm. 25) S. 38-41.

tät, außergewöhnliche Produktqualität und ein Stück (bayerischer) Lebensart. Diese Wahrnehmung ist Teil der Erinnerungskultur der Gegenwart geworden. Wie passt es nun ins Bild, dass in einzelnen Darstellungen von der „Vernichtung des Klosterbrauwesens von 1803" die Rede ist, die gar den „Niedergang des bayerischen Brauwesens zu Beginn des 19. Jahrhunderts" mitverschuldet habe? Durch die Säkularisation vor 200 Jahren seien nicht

Durst auf Leben.

URSPRUNG DES BIERES

Abb. 1: Werbeplakat der Staatsbrauerei Weihenstephan vom Sommer 2001

nur Sakralbauten und Kunstschätze, sondern auch die Klosterbrauereien „verkauft, zertrümmert oder verschleudert, wenn nicht überhaupt zerstört" worden. „All ihrer herrschaftlichen Privilegien verlustig" gegangen, hätten die Braustätten der aufgehobenen Klöster im Zuge der Privatisierung „bald stark an ihrer einstmaligen Bedeutung [verloren]".[5] Wenn die Zäsur von 1803 in der Entwicklung des Brauwesens in Bayern auch mehrfach herausgestrichen wurde[6] – nachhaltig untersucht worden ist sie bislang weder aus brauhistorischer Sicht,[7] noch von Seiten der Kloster- und Säkularisationsforschung.[8] Für die Zeit seit Anfang des 19. Jahrhunderts verfügen wir fast nur über verstreute Informationen zum Schicksal einzelner Klosterbrauhäuser, die obendrein oft nicht hinreichend fundiert sind.

Im Unterschied dazu will der vorliegende Beitrag die Vorgänge um die Privatisierung der Klosterbrauereien in Bayern zwischen 1799 und 1820 einschließlich ihrer mittel- und langfristigen Folgen systematisch darstellen.[9] Nach kurzen Bemerkungen zu den Charakteristika und der wirtschaftlichen Bedeutung des klösterlichen Brauwesens vor 1800 geht es zunächst darum, wie die Nutzbarmachung der neu erworbenen Objekte von staatlicher Seite vorbereitet und organisiert wurde. Im Mittelpunkt stehen dabei die vier Verwertungsmodelle Staatsbetrieb, Verkauf, Verpachtung und Stilllegung. Die anschließenden Überlegungen zur staatlichen Gewinnbilanz müssen freilich an der Oberfläche bleiben, solange eine volkswirtschaftliche Gesamtrechnung fehlt. Im nächsten Schritt wenden wir uns den sozialökonomischen Folgen dieser Form der Gewerbeprivatisierung zu. Angesprochen werden hauptsächlich Auswirkungen auf die bayerische Brauereilandschaft und Merkmale der neuen Besitzerstruktur. Einzelne Beispiele zeigen, unter welchen Voraussetzungen der private Weiterbetrieb Erfolg haben konnte. Bemerkenswert ist schließlich, dass es im weiteren Verlauf des 19. Jahrhunderts zu einer bis heute nachwirkenden Klosterbrauereirenaissance kam. Am Ende ist danach zu fragen, in welcher Weise sich das kulturelle Erbe der „zum Teil recht großen und berühmten Klosterbrauereien"[10] nach ihrer Auflösung fortgepflanzt hat. Dies soll anhand spezifischer Symbole und Bezeichnungen geschehen, die in der Eigenwerbung vieler Brauereibetriebe mit und ohne klösterlichen Ursprung eine Rolle spielen. Damit wird angeknüpft an das eingangs erwähnte Auseinanderklaffen von aktueller Populärwahrnehmung und historischen Befunden vom „großen Umbruch" um 1803.

In diesem Beitrag behandelt werden Klöster ständisch-fundierter wie nichtfundierter Orden – freilich ohne den Anspruch einer Vollerhebung, für die weit umfangreichere Forschungen notwendig wären, ferner unter Ausklammerung der Hochstifte und der kirchlichen Spitäler, deren Besonderheiten eine separate Betrachtung erfordern.[11] Räumlich liegt der Schwerpunkt primär auf Oberbayern, Niederbayern und Schwaben, Gebieten also, deren Klosterbesitz überwiegend bereits in der ersten Phase der territorialen Arrondierung an den bayerischen Staat gefallen ist. Spätere Akquisitionen des jungen Königreichs treten demgegenüber in den Hintergrund. Im Übrigen gilt die Beschäftigung mit den Klosterbrauereien hier stellvertretend für eine Reihe weiterer klösterlicher Eigenbetriebe wie beispielsweise Apotheken, Ziegeleien, Mühlen, Sägewerke, Fischzuchten, Bergwerke, Steinbrüche und kleinere Handwerksbetriebe, die zwar nicht die Bedeutung der Brauereien erlangten, aber ebenfalls wichtige Verkaufsobjekte darstellten[12] – sieht man von Konventgebäuden, Waldungen, auswärtigen Weingütern und den verhältnismäßig wenigen Ökonomiegründen einmal ab.[13]

Klösterliches Brauwesen in Bayern vor 1800

Die Anfänge des Klosterbrauwesens gehen zwar auf das Hoch- und Spätmittelalter zurück,[14] ihren eigentlichen Aufschwung erlebte die klösterliche Bierherstellung allerdings erst nach dem Dreißigjährigen Krieg. Zu diesem Zeitpunkt war in Altbayern der bislang vorherrschende Weinbau bereits auf weiten Strecken vom Sieden braunen und weißen Bieres abgelöst worden – ein Prozess, der mit Klimaveränderungen, brautechnischen Fortschritten und nicht zuletzt fiskalischen Interessen des Landesherrn zusammenhing, und der einen langfristigen Wandel der Trinkgewohnheiten hervorrief.[15] Hatte für die Klöster ursprünglich noch ganz die Deckung des Eigenbedarfs an Bier im Vordergrund gestanden, so wurden nun zunehmend Überschüsse zwecks kommerziellen „Verschleisses" produziert.

Die Bedingungen dafür waren vergleichsweise günstig. Neben Steuervorteilen für die Herstellung des Haustrunks wirkte vor allem der billige Erwerb der Hauptrohstoffe Gerste, Hopfen und Sudholz als kostensenkender Faktor im klösterlichen Brauprozess, ein Umstand, der nicht zuletzt aus der engen Verzahnung mit der eigenen Land- und Forstwirtschaft resultierte. Als zweckmäßig erwies sich auch die enge Koppelung der Braustätte mit Zulieferbetrieben wie Schäfflerei und Mälzerei auf der einen und Nebengewerben wie der Branntwein- und Essigerzeugung auf der anderen Seite. Ein weiterer Vorteil bestand im oftmals gesicherten Bierabsatz, der in Einzelfällen wie Ettal, Tegernsee und Kempten sogar monopolistische Züge trug.[16] In vielen Prälatenklöstern entstanden auf diese Weise effiziente Erwerbsbetriebe, denen hinsichtlich der Ertragsbildung eine Schlüsselstellung im Besitzkomplex zukam.[17] Obwohl der Vermögenswertanteil der Brauereien am Gesamtklosterbesitz in der Regel gering war – in den altbayerischen Prälatenklöstern betrug er für alle Gewerbebetriebe zusammen nur durchschnittlich 4,2 Prozent –, erzielten die Brauhäuser zum Teil beträchtliche Anteile an den Wirtschaftseinnahmen, so etwa zuletzt in Weltenburg 24,2 Prozent, in Benediktbeuern 34,4 Prozent und in Andechs 41,9 Prozent.[18] Als Teil des klösterlichen „Verbundunternehmens" mit seinem „innerbetrieblichen Beschäftigungs- und Gewinn- und Verlustausgleich" konnten die Brauereien somit defizitäre Betriebszweige dauerhaft mitfinanzieren.[19]

Angesichts dieser professionellen Gewerbestrukturen ist es kaum verwunderlich, dass sich schon im 18. Jahrhundert der größte Teil der Brauereibelegschaft der Klöster nicht aus Mönchen oder Laienbrüdern, sondern aus weltlichem Personal zusammensetzte. Zentrale Bedeutung kam dabei den Braumeistern zu, die in nahezu allen altbayerischen Prälatenklöstern als Lohnführer unter den Beschäftigten galten. Da auch die ihnen unterstellten Brauknechte relativ hohe Einkommen bezogen, floss ein nicht unbeträchtlicher Teil des Profits der Klosterbrauereien in die Taschen dieses spezialisierten Berufsstands, der damit gute Ausgangschancen bei der bevorstehenden Privatisierung besaß.[20]

Anders als bei den ständischen Klöstern, die in den Jahrzehnten vor der Säkularisation überwiegend staatlich lizenzierte Markt- und Handelsbrauereien unterhielten, dominierte bei den bayerischen Bettelordenskonventen weiterhin der Selbstversorgungsaspekt. Trotzdem errangen im Lauf der Zeit auch zahlreiche nichtfundierte Klöster mehr oder weniger offizielle Verkaufs- und Ausschankrechte, so dass sie schließlich ab 1786/87 wie alle übrigen Brauereien sogar Bieraufschläge an den Landesherrn zu entrichten hatten. Weiterhin befreit blieben nur Franziskaner und Kapuziner sowie das Paulanerkloster in der Au bei München, obwohl auch etliche Braustätten gerade dieser Orden nicht nur für den Hausgebrauch produzierten.[21]

Dank ihrer hohen Rentabilität und der überdurchschnittlichen Qualität ihrer Biererzeugnisse konnten sich viele Klosterbrauereien des späten 18. Jahrhunderts sowohl auf dem Land als auch in einzelnen größeren Städten wie München, Regensburg und Augsburg relativ stabile Marktpositionen erkämpfen, was nicht selten zu erheblichen Spannungen mit der benachbarten bürgerlichen Konkurrenz führte.[22] Eine Reihe von Brauhäusern ständischer Klöster – so etwa in Aldersbach, Niederaltaich, Raitenhaslach, Rottenbuch, Steingaden, Weihenstephan oder im schwäbischen Roggenburg – lassen sich mit einem jährlichen Bierausstoß zwischen 2500 und 5000 Hektolitern sogar als größere Mittelbrauereien einstufen; der bayerische Brauereidurchschnitt lag damals unter 800 Hektolitern.[23] Erwiesen sich allerdings wie in Weyarn die Konkurrenten als zu stark oder blieb – wie für Seeon und Dietramszell feststellbar – der freie Bierverkauf gänzlich untersagt oder mangelte es wie in Baumburg an guten Bierlagerkellern und Vertriebssystemen, so fiel die tatsächliche Bedeutung merklich ab.[24]

Zahlenmäßig stellt sich folgendes Bild dar: Zum Zeitpunkt der Klosteraufhebung um 1802/03 existierten im Gebiet des heutigen Bayern etwa 300 klösterliche Braustätten aller Art (vgl. Grafiken 1 und 2). Rund 60 Prozent wurden von fundierten Ordensgemeinschaften einschließlich der Malteser- und Ritterorden betrieben; der Rest entfiel auf Mendikantenklöster.[25] Nach Angaben Franz von Krenners gab es 1793 allein in den vier altbayerischen Rentämtern einschließlich des Ingolstädter Gebietes 114 aufschlagspflichtige Klosterbrauhäuser.[26] Ihr realer Stellenwert dürfte freilich höher zu veranschlagen sein als der auf der Basis von Krenner zu errechnende Anteil von 9,5 Prozent an der Gesamtzahl, lag ihre Betriebsgröße doch über dem Durchschnitt. Zählt man die steuerfreien Braustätten hinzu, so ergibt sich ein noch weitaus bedeutsamerer Status der klösterlichen Bierproduzenten vor der Säkularisation. Jenseits von Quantität und Marktanteil ist den bayerischen Klosterbrauereien schließlich ein beträchtlicher „Kulturfaktor" zuzuschreiben, insbesondere durch ihre Funktion als Muster- und Lehrbetriebe – nachweisbar etwa am Beispiel des Nürnberger Deutschordensbrauhauses.[27]

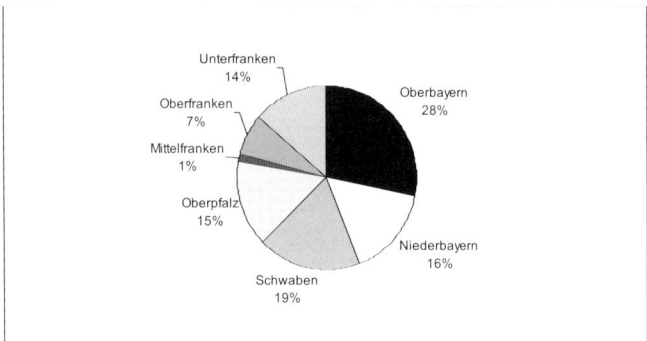

Grafik 2: Regionale Verteilung der Klosterbrauereien um 1800
Quelle: Poll (wie Anm. 7) S. 67-87. – Poll (wie Anm. 25) S. 38-41.

Vorspiel oder Probelauf? Die Umwidmung der Jesuitenklosterbrauereien ab 1773

Mit der Aufhebung des Jesuitenordens im Jahr 1773 stand die kurfürstliche Administration erstmals vor dem Problem, zwölf funktionierende klösterliche Gewerbeeinheiten in neue Eigentumsverhältnisse überführen zu müssen.[28] Zunächst wurden die Exjesuitenbrauereien, die in Fällen wie Ebersberg und München mit hoher Kapazität sotten, der eigens geschaffenen „Fundations-Güter-Deputation" unterstellt und von staatlicher Seite zugunsten des Schulfonds fortgeführt, obwohl keine offizielle Ausschankbefugnis vorlag. Nach heftigen Konflikten mit lokalen Bierbrauern und der Landschaft verlieh man schließlich Anfang 1776 unter Betonung des gemeinnützigen Zwecks an sechs Exjesuitenkollegien (München,

Landshut, Altötting, Ingolstadt, Amberg, Landsberg) Braulizenzen, die allerdings ein Jahr später wegen zahlreicher Beschwerden wieder eingeschränkt wurden. Auf die umstrittene Staatsregie folgte 1781 ein zweites Modell, als die ehemaligen Jesuitengüter inklusive Brau- und Schankrecht an die neu errichtete bayerische Zunge des Malteserritterordens übergeben wurden. Da die Proteste gegen die im Auftrag der Malteser offensiv weiterproduzierenden Brauhäuser nicht nachließen, reagierte die Regierung im Herbst 1781 spontan mit einem zweimonatigen Biersiedeverbot, bis letztendlich von den Malteserbrauereien ab 1786 eine moderate Pauschalsteuer (Komposition) und ab 1791 ein regulärer bzw. sogar überhöhter Malzaufschlag verlangt wurde, der die Gewinnspanne der meist ertragreichen Häuser merklich drosselte. Bereits 1799 kurzzeitig liquidiert, kam schließlich im Jahr 1808 mit der endgültigen Aufhebung der Malteserniederlassungen in Bayern das Aus für deren rein kommerzielle Braustätten.

Als mit der Klostersäkularisation von 1802/03 Brauereien in weitaus größerer Zahl anfielen, hatte man auf staatlicher Seite jedenfalls aus den Erfahrungen mit den Exjesuitenkollegien gelernt. Im Vergleich zum Testfall vor 30 Jahren verhielten sich die Behörden nun konsequenter und pragmatischer, und sie richteten ihre Linie stärker an finanziellen und wirtschaftspolitischen Interessen aus.

Vermarktungspläne und Konzessionsfrage

Bereits Ende 1801 wurde die Frage der Klosterbrauereien wieder aktuell, als sich der bayerische Staat das Bettelordensvermögen einverleibte. Mit der Übernahme der altbayerischen Mediatklöster, Abteien und Stifte im Zuge des Reichsdeputationshauptschlusses gelangte das Kurfürstentum auch in den Besitz der Masse der verbliebenen kirchlichen Sudhäuser. Zunächst orientierte man sich ganz am Pachtmodell, um die erwarteten jährlichen Gewinne abzuschöpfen, ohne die zum Teil attraktiven Objekte gleich aus der Hand geben zu müssen. Während ein erstes Dekret zur „Exekution des Entschädigungsplans" vom 17. Februar 1803 noch lapidar verfügte, die Brauhäuser seien „zum öffentlichen Gewerbe zu verstiften",[29] wurde man in der Generalinstruktion an die Aufhebungskommissare vom 11. März 1803 schon konkreter. Demnach sollten die Brauereien der Klöster und Stifte nach einer Ertrags- und Wertabschätzung „durch Lizitation, jedoch mit billiger Rücksicht auf die Solidität des Stifters, und zwar vor der Hand auf 6 Jahre salva ratificatione verpachtet werden. Sollte sich unter der Hand ein Käufer für ein oder das andere Brauhaus allenfalls mit dem Klostergebäude finden, so ist hierüber eine besondere Anzeige zu machen".[30] Ähnlich wollte man mit den Hopfengärten verfahren. Lediglich die klösterlichen Tafernen und Bierschenken waren nach Möglichkeit zu verkaufen. Rund sechs Wochen später sah eine weitere Instruktion vom 24. April 1803 zwei Verwertungsmuster vor, da sich offenbar zahlreiche Kaufinteressenten gemeldet hatten.[31] Nun sollten nur noch größere Brauereien mit einem Jahresausstoß von mehr als 1000 Eimern (rund 650 Hektoliter) nach genau festgelegten Modalitäten in „solide" Pacht gegeben werden, ein Verfahren, das ansonsten lediglich bei Mühlen und isolierten Ökonomiebetrieben praktiziert wurde. Kleinere Betriebe waren dagegen mitsamt Vorräten, Kellerräumen und Inventar bevorzugt zu veräußern, insbesondere wenn sie außerhalb der Klosterhauptgebäude lagen. Ausdrücklich hinzugefügt wurde, dass künftig weder Pächter noch Käufer das erforderliche Brennholz wie bisher unentgeltlich aus den ehemaligen Klosterwaldungen beziehen durften – eine Regelung, die den ehemals klösterlichen Braustätten einen wichtigen Betriebsvorteil entzog.

Beide Formen der Vermarktung setzten allerdings voraus, dass zuvor eine Braukonzession erteilt wurde. Seit dem Spätmittelalter galten Sudlizenzen als „radizierte Realgewerberechte", die einer landesherrlichen Betriebserlaubnis bedurften.[32] Während der Säkularisation prallten in dieser Frage wie schon bei den Exjesuitenkollegien unterschiedliche staatliche Interessen aufeinander. Während die Klosterkommission übereinstimmend mit den Ministerialdepartements in geistlichen Angelegenheiten und in Finanzsachen darauf bedacht war, möglichst hohe

Verkaufserlöse zugunsten des Staates bzw. des Bildungsfonds zu erzielen,[33] ging es der inneren Verwaltung mit dem Justiz- und Polizeidepartement an der Spitze primär darum, die Marktposition der bestehenden kurfürstlichen Brauhäuser wie auch die gewerbliche Brauwirtschaft nicht zu schädigen. In bestimmten Fällen bot die Klosteraufhebung der staatlichen Wirtschaftslenkung sogar die Gelegenheit, die Brauereilandschaft in unterversorgten Orten zu verdichten, um so „die dadurch beschränkt werdende Concurrenz der Brauereyen in volkreichen Städten auf eine andere Art wiederum zu erweitern".[34] Wenig Diskussionen gab es hinsichtlich der als besonders lukrativ eingeschätzten ständischen Klosterbrauereien, die ohnehin bereits mehrheitlich Ausschankrechte besessen oder „bekanntlich doch den Bierverschleiß allgemein ausgeübt" hatten. Sie wurden im August 1803 per Reskript sämtlich zu öffentlichen Gewerben erklärt.[35]

Bei nichtständischen Klöstern, deren Veräußerungserlös hauptsächlich dem Schulfonds zugute kommen sollte, erfolgte die Konzessionserteilung dagegen nur ausnahmsweise. Zum Präzedenzfall geriet hier das ehemalige Paulanerkloster in der Au bei München. Das dortige Großbrauhaus stand schon seit der vorzeitigen Selbstauflösung des Konvents im Juli 1799 in staatlicher Regie, bis am 12. Oktober 1802 schließlich mit Hilfe einer „ordentlichen und realen Bräugerechtigkeit" die Weichen für den angestrebten Betrieb durch Pächter oder Käufer gestellt wurden.[36] Trotz zahlreicher Bemühungen der Spezialkommission in Klostersachen, weitere attraktive Sudplätze aufgelöster Mendikantenklöster mit Gewerbeprivilegien zu versehen, statt lediglich Gebäude und Gerätschaften unter Wert abzustoßen, ließ sich die Konzessionsbehörde aber zunächst nur in fünf altbayerischen Fällen überzeugen.[37] Tatsächlich wirksam wurde die Freigabe am Ende bloß in den Augustinerbrauhäusern zu München, Seemanshausen und Schönthal, während man die Karmelitenbrauereien in Schongau und Abensberg wieder fallen ließ. Bei Ramsau beispielsweise hatte die Nähe zum kurfürstlichen Brauhaus Haag den Ausschlag für die Nichtlizenzierung gegeben.[38] Erst später wurden vereinzelt weitere Konzessionen erteilt.[39]

Der Blick auf die Umsetzung der einschlägigen Instruktionen ab 1803 offenbart nun eine wesentlich differenziertere Praxis, die in vielen Fällen dem vorgegebenen Schema nicht folgte. Allein am Beispiel München lassen sich sechs verschiedene Varianten beobachten[40] – sogar in Bezug auf ein einzelnes Objekt wie das Paulanerbrauhaus, bei dem nacheinander alle gängigen Vermarktungsformen erprobt wurden. Insbesondere die Alternative Verkauf oder Verpachtung entschied sich häufig nicht wie vorgesehen durch die Ausstoßmenge, sondern aufgrund der örtlichen Marktlage, etwa wenn Verkaufsversuche gescheitert waren, wenn eine relativ hohe Pachtsumme winkte oder wenn es Interessenten für eine komplette Klosteranlage gab. In wenigen Spezialfällen unterblieb die Aufhebung sogar gänzlich, vor allem unter der Voraussetzung, dass die Brauerei weiterhin auf Dauer Ordensleute zu versorgen hatte.[41] Wie im Folgenden deutlich wird, kristallisierten sich schließlich vier Kernmuster der Brauereisäkularisation heraus. Auffällig sind dabei starke Unterschiede im Stellenwert und in der Häufigkeit der einzelnen Modelle, aber auch hinsichtlich der Vorgehensweise bei ständischen und nichtständischen Klöstern (vgl. Grafik 3). Von einer konsistenten Vermarktungspolitik kann also auch diesmal nur eingeschränkt gesprochen werden.

Staatsregie

Hauptweg Nummer eins bestand in der meist vorübergehenden Fortführung der Brauerei in staatlicher Regie, wobei oft das alte Personal weiterbeschäftigt wurde. Unmittelbar nach der Eigentumsübernahme 1802/03 war dies sogar die Regel, wollte man doch Produktionsausfälle möglichst verhindern. Längerfristiger Staatsbesitz wurde dagegen zunächst nur ausnahmsweise bei Großbetrieben wie Ettal und Tegernsee oder unfreiwillig wie in St. Nikola bei Passau angestrebt – mit extrem unterschiedlichen finanziellen Ergebnissen.[42] Angesichts des Zuwachses an säkularisierten Brauereien glaubte

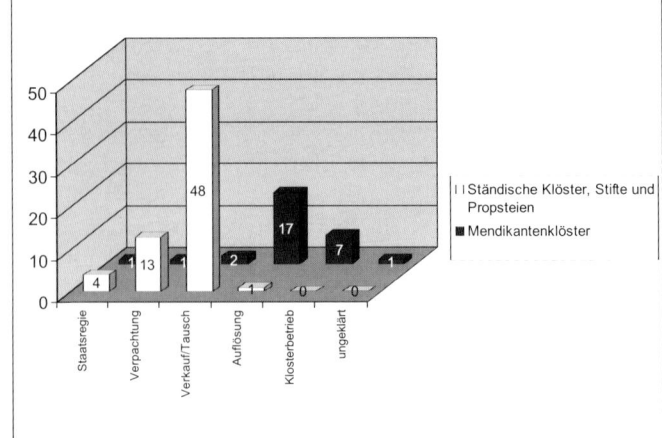

Grafik 3: Stand der Klosterbrauereiprivatisierung in Altbayern im März 1805
Quelle: BayHStA, GR Fasz. 184 Nr. 30, Conspect vom 12.3.1805 (vgl. Exponat Nr. 76).

man sogar eine eigene staatliche Fachbehörde einrichten zu müssen, der ab Januar 1804 alle in Eigenregie stehenden landesfürstlichen Sudhäuser unterstellt wurden.[43] Die neue „Bräuwesensadministration" mit Clemens Graf von Arco an der Spitze, die auch die Pachtverträge aushandelte, hatte solange Bestand, bis die meisten Staatsbrauhäuser veräußert waren. Erst im November 1815 kam es zu ihrer Auflösung.[44]
Wie wenig erfolgversprechend das Modell der Klosterbrauerei im Staatsbetrieb von Anfang an war, macht ein Bericht der Bräuwesensadministration vom 26. August 1804 deutlich: „Bey allen dem wird man die Bräuhaus Regie insofern man sie stetts auf Ch[urfürstliche] Kösten führen wird, nie so sehr vermindern können, daß man aus dem Bräuhaus jene Vortheile zieht, wie sie ein Privat ziehen kann, der selbst die Aufsicht führt, die Manipulation selbst treibt und mit der Genauigkeit zu Werk geht, aus welcher die hauptsächlichsten Vortheile der Bräuerey abfallen und die man bey Ch[urfürstlichen] Bräuhäusern nie erzwingen wird, so lange nicht bei dem Gros der Bräuleute die Vorurtheile getilgt werden kön-

nen, daß man sich im höchsten Herrndienst alles zu guten thun und auf Kleinigkeiten gar nichts sehen darf.“[45] Von diesem grundsätzlichen Problem staatlichen Unternehmertums abgesehen, traten auch noch personelle Defizite auf. So mussten beispielsweise im November 1803 die beiden ehemaligen Klosterrichter von Benediktbeuern und Tegernsee als provisorische Brauereiverwalter eingesetzt werden, da die bisherigen Administrationsbeamten „notorisch ganz unfähig zu jedem Geschäfte der Art sind". Dass auch diese Lösung wenig zweckmäßig war, zeigt die Reaktion des Finanzdepartements. Das Ministerium stimmte dem Vorschlag zwar notgedrungen zu, wies aber darauf hin, auch die beiden Klosterrichter hätten „wahrscheinlich wenig Kenntniße im Bräuwesen".[46]

In den meisten Fällen schritt man deshalb relativ rasch zum Verkauf. Nachdem 1807 sogar der aufgrund hoher Schulden lange Zeit unverkäufliche Kemptener Brauereikomplex seine Abnehmer gefunden hatte,[47] blieben nur noch das gut gehende Sudhaus in Ettal und die Brauerei von St. Nikola übrig; beide wurden 1809 bzw. 1810 ebenfalls privatisiert. 1808 kam zwar mit der jetzt erst an Bayern gefallenen Malteserbrauerei Ebersberg nochmals ein staatlicher Großbetrieb hinzu (bis 1817), prinzipiell kann diese Verwertungsform aber – wie schon nach der Jesuitenordensauflösung von 1773 – als gescheitert betrachtet werden. Bezeichnenderweise reduzierte der Staat sein traditionelles Eigenengagement im Brauereisektor in dieser Phase ohnehin merklich. Hatte es kurz nach der Säkularisation allein in Ober- und Niederbayern noch 20 zum Teil sehr bedeutende Ärarialbrauereien gegeben, die nicht aus Kirchenbesitz stammten[48] – darunter die seinerzeit größte Sudstätte des Landes, das Hofbräuhaus in München –, waren 1840 in ganz Bayern rechts des Rheins nur mehr 18 Braubetriebe in staatlicher Hand, 13 davon in den wittelsbachischen Stammlanden.[49]

Auf Dauer vom bayerischen Staat behalten bzw. rückerworben wurden nur solche ehemals klösterlichen Brauereien, denen ein besonderer Verwendungszweck zugedacht war. Dies traf beispielsweise auf das nur kurz-

zeitig privatisierte Benediktbeuern zu. Der dortige Gebäudekomplex wurde ab 1818 als Militärfohlenhof, später auch als Truppenunterkunft und Invalidenhaus genutzt. Zusammen mit der restlichen Klosteranlage gelangte auch die verpachtete Brauerei an das Militärärar, zu dessen Gunsten sie trotz ihres um 1850 einsetzenden Niedergangs bis zum Ersten Weltkrieg produzierte.[50] Den wichtigsten Sonderfall stellt allerdings Weihenstephan dar. Seit 1804 ist die Brauerei Teil des im aufgelösten Benediktinerkloster angesiedelten Staatsgutes. Zunächst entwickelte sich der Betrieb vergleichsweise verhalten. Trotz guter Erträge blieb die Produktivität hinter der des benachbarten Schleißheimer Brauhauses zurück, und auch die Berglage und die starke Freisinger Konkurrenz waren nachteilig.[51] Nach der Rückverlegung der Landwirtschaftlichen Zentralschule nach Weihenstephan 1852 bildete die Staatsbrauerei deren wirtschaftliches Rückgrat und diente zugleich als Unterrichtsobjekt. Dank industrialisierter Produktionsweise, zahlreichen Modernisierungen und hohem Exportanteil stieg sie im letzten Drittel des 19. Jahrhunderts zum weltbekannten Renommierunternehmen mit einem Jahresausstoß von bis zu 47.500 Hektolitern (1907/08) auf. 1892 kam noch eine brautechnische Versuchsstation hinzu, die ab 1902 zur Versuchs- und Lehrbrauerei mit Mälzerei und angegliedertem Praktikantenlaboratorium erweitert wurde. Nach 1945 setzte sich der Erfolg fort.[52] Heute gehört der privatwirtschaftlich geführte Erwerbsbetrieb des Freistaats organisatorisch zur Technischen Universität München (mit ihrer Weihenstephaner Fakultät für Brauwesen) und damit zum Amtsbereich des Wissenschaftsministeriums.[53]

Verpachtung

Eine zweite Form der Brauereivermarktung, die Verstiftung, die anfangs noch als „immer vortheilhafter" gegolten hatte,[54] sank ebenfalls bereits nach kurzer Zeit zum Auslaufmodell herab. In Altbayern zählte man im März 1805 lediglich 14 Pachtobjekte: Asbach, Beyharting, Frauenchiemsee, Frauenzell, Fürstenzell, Indersdorf,

Metten, Nieder- und Oberalteich, St. Salvator, Vornbach und Weltenburg, ferner das Anger- und das Augustinerbräuhaus in München.[55] Darunter waren auch einige Kleinbrauereien, die eigentlich gar nicht für die Verpachtung bestimmt waren; so mancher ertragsstarke Betrieb fehlte dagegen. Während hier die Laufzeit mit Ausnahme des doppelt so lang vergebenen Angerklosterbrauhauses sechs Jahre betrug, schloss man in Schwaben meist Verträge über acht oder neun Jahre. Da nur im Notfall Verlängerungen ausgesprochen wurden, waren bis 1817 nahezu alle Pachtkontrakte abgelaufen und die Braustätten alsbald verkauft.[56] Dabei hatte allein in Ober- und Niederbayern bei einem durchschnittlichen Jahreszins von 1382 Gulden pro Betrieb der Gesamtpachterlös innerhalb von sechs Jahren hochgerechnet rund 109.200 Gulden betragen.[57]

Wie ist dieser Präferenzwandel zugunsten des Verkaufs zu erklären? Einer der Gründe bestand in der Pachtzinskalkulation. Nur in einigen stadtnahen Brauhäusern, die besonders hohe Gewinne versprachen, sollte sich das Stiftgeld am tatsächlichen Ausstoß („pro Eimer auf der Kühleiche") bemessen. In der Regel verlangte man jährliche Pauschalsummen, die sich am Durchschnittsertrag der Brauerei in den vergangenen zehn Jahren oder an der Vorjahresmenge orientierten.[58] Diese theoretischen Preisziele setzten freilich voraus, dass sich die Marktverhältnisse gegenüber der Klosterzeit nicht ändern würden. Lag der auf dem Versteigerungsweg erzielte Betrag wie in Asbach und Metten nun darunter, so konnte der Pächter den Hauptgewinn beim Bierverkauf einstreichen; war die Summe zu hoch, litt der Betrieb, und der Stifter geriet in Zahlungsrückstand. Kamen zur überteuerten Pachtforderung noch andere ortsbedingte Schwierigkeiten hinzu – etwa Kriegsschäden wie im Fall der Münchner Angerklosterbrauerei oder der Wegfall der festen Abnehmer in Ottobeuren –, so war das Scheitern des Pachtnehmers unvermeidlich.[59]

Für problematisch hielten die zuständigen Behörden im März 1805 ferner, dass erfahrungsgemäß „gerade von denjenigen Klöstern, wo die Bräuhäuser verpachtet sind, auch die übrigen Gebäude nicht verkauft werden kön-

nen, theils weil in Hinsicht auf Verwertung das Bräuhaus doch immer die Hauptsache ist, theils weil die Sommer Keller fast unter allen Kloster Hauptgebäuden fortlaufen, folglich die Gebäude ohne selben nicht veräußert werden können". Daraus ergebe sich zwangsläufig, „daß die Reparatur Kösten für die Gebäude […] den Bräuhaus Pachtschilling wo nicht ganz, doch wenigst größtentheils aufzehren, und daß das höchste Aerarium daher nur sehr geringen Nutzen von diesen Realitäten ziehen kann". Trotzdem untersagte das Finanzdepartement, die als unrentabel eingestuften Pachtbrauereien wie vorgeschlagen „im Verband mit den entbehrlichen Klostergebäuden noch im Laufe dieses Jahrs normäßig zu versteigern", da man die bestehenden Leihverträge als unantastbar ansah. Stattdessen sollte auf die freiwillige Kündigung hingearbeitet werden, zum Beispiel durch Ablehnung von beantragten Pachtzinsnachlässen, was aber offenbar nur selten gelang.[60]

Verkauf

Entgegen der ursprünglichen Planung entwickelte sich also der Verkauf der Klosterbrauereien frühzeitig zum Normalfall. Um möglichst hohe Preise zu erzielen, wählte man in fast allen Fällen die so genannte Lizitation, ein nach festen Regeln ablaufendes Versteigerungsverfahren, das notfalls so oft wiederholt wurde, bis aus Sicht der Kontrollbehörde, der (General-)Landesdirektion in München, das gewünschte Mindestergebnis erreicht war.[61] Wie auch beim Verkauf anderer größerer Klosterbesitzteile bestand dabei „eine völlige, in der Praxis sogar internationale Marktfreiheit".[62] Da die Brauhäuser nicht nur in baulicher Hinsicht, sondern auch durch die geschilderte Gewerbevernetzung häufig mit den restlichen Klostergebäuden eng verbunden waren, lag es vielerorts nahe, ganze Ensembles anzubieten, zumal die Braubetriebe angesichts ihrer Ertragskraft in der Vergangenheit als die eigentlichen Zugpferde bei der Veräußerung des Säkularisationsgutes betrachtet wurden.

Vom zeitlichen Verlauf her lassen sich zwei Hauptverkaufsphasen feststellen. Der Großteil der Objekte ging bereits in den Jahren 1803/04 in private Hände über. Allein in Ober- und Niederbayern hatten bis März 1805 insgesamt 48 Brauereien ehemals landsässiger Klöster und Stifte einen neuen Besitzer gefunden. Nur zwölf davon waren separat abgestoßen worden – gegenüber 27 Verkäufen im Verbund mit der Gesamtanlage des Klosters. Weitere neun veräußerte Brauhäuser hingen zumindest mit einem Teil der übrigen Realitäten zusammen.[63] Was im ersten Schwung nicht losgeschlagen wurde, kam dann nach Ablauf des jeweiligen Regie- oder Pachtintervalls unter den Hammer. Wegen der relativ einheitlichen Pachtfristen und der erneuten Besitzzuwächse Bayerns in den Jahren 1808 bis 1810 – unter anderem in Gestalt des Malteserordens und Regensburgs, die beide reichlich mit Sudplätzen ausgestattet waren[64] – gab es zwischen 1809 und 1812 eine zweite Brauereiversteigerungswelle, die entsprechend sorgfältig vorbereitet wurde. Deutlich stärker als in der ersten Phase waren die zuständigen Behörden nun auf eine behutsame, marktgerechte Abgabe der Objekte bedacht, die nichtsdestotrotz zu möglichst hohen Erlösen führen sollte.[65] Zugleich legte man gesteigerten Wert darauf, die bis dahin noch unveräußerten Klostergebäude und Ökonomiegründe mitzuverkaufen. Wie das Beispiel der im Unterdonaukreis gelegenen Brauereien von Fürstenzell, Metten, Niederaltaich, St. Salvator und Vornbach zeigt, ließen sich diese Ziele im Wesentlichen verwirklichen. In allen fünf Fällen wurde der Schätzwert erreicht oder sogar deutlich überschritten, und auch die verbliebenen Restimmobilien fanden dabei einen Abnehmer.[66] Nach 1812 standen nur mehr wenige ehemalige Klosterbrauereien zum Verkauf.[67]

Analysiert man die Veräußerungserlöse genauer, so lässt sich feststellen, dass auch in der ersten Phase mehrheitlich Summen erzielt werden konnten, die über den Wertschätzungen lagen – zum Teil sogar deutlich darüber. So betrug der durchschnittliche Kaufpreis bei denjenigen 26 ständischen Klosterbrauereien Ober- und Niederbayerns, die in der Zwischenbilanz vom März 1805 exakt beziffert sind, beachtliche 7769 Gulden.[68] Hochgerechnet auf den Gesamterlös aus allen 48 frühen Verkäufen ergäbe dies allein für den altbayerischen Kernraum einen Betrag von 372.901 Gulden. Allerdings standen außerordentlich guten Ergebnissen, die man sogar bei abgelegenen Brauereien wie Rinchnach und St. Oswald im Bayerischen Wald erzielen konnte,[69] klare Unterwertverkäufe gegenüber, vor allem bei größeren Objekten mit ungünstigen Gebäude- und Marktverhältnissen.

Auflösung

Schließlich stand noch ein viertes Verwertungsmodell zur Verfügung: die Versteigerung der bloßen Brauereiimmobilie mit oder ohne Inventar und Vorräte. Angewandt wurde diese Methode nahezu ausschließlich bei Brauereien der Bettelordensklöster, vor allem bei solchen mit reiner Haustrunkproduktion vor 1802/03. Von den 29 nichtständischen, in Ober- und Niederbayern gelegenen Klosterbrauhäusern existierten zum Beispiel 17 im März 1805 schon nicht mehr.[70] Da der lizenzlose Verkauf auf die Betriebseinstellung abzielte, sprach er zum Teil andere Käuferschichten an als die mit Gewerberechten ausgestatteten Objekte. Aus diesem Grund gab man die Brauutensilien und das Material oftmals getrennt vom Gebäude ab. Dennoch blieb der Verkaufserlös meist gering, es sei denn, die örtlichen Brauer hatten – wie etwa in Schrobenhausen – ein besonderes Interesse, ein Objekt zu erwerben und anschließend aufzulösen.[71] In Abensberg sollten die zahlreichen bürgerlichen Konkurrenten sogar eine jährliche Rekognitionsgebühr von 15 Gulden bezahlen, um die „gänzliche Unterdrückung des Karmeliten Bräuhauses" zu sichern; erst unter dieser Bedingung durften Braugebäude und -geschirr versteigert werden.[72]

Wie schon anhand der Kontroverse über die Braukonzessionen deutlich geworden ist, standen für die Behörden der inneren Verwaltung bei der Stilllegungsfrage ohnehin weniger die Veräußerungsgewinne im Vordergrund, als vielmehr marktpolitische Überlegungen. Ging es hier darum, eine aus kurzsichtigen Finanzinteressen geborene, unkontrollierte Lizenzenvergabe zu vermeiden, achtete man im umgekehrten Fall ebenso scharf darauf, bestehende, attraktive Braugerechtsame, die dem Fiskus steuerliche Abgaben einbrachten, nicht zu verlieren. Während so in Polling verhindert werden konnte, dass die komplette Weilheimer Brauerschaft den früheren klösterlichen Konkurrenzbetrieb auf Dauer ausschaltete, gelang es einem Brauerkonsortium in Reichenhall tatsächlich, die verhasste Sudstätte des säkularisierten Augustinerchorherrenstifts St. Zeno sofort nach dem Erwerb stillzulegen, obwohl von Seiten des Landesherrn ausdrücklich bestimmt worden war, „daß die Käufer gehalten seyn sollen, benanntes Bräuhaus immer aufrecht zu erhalten, und niemals eingehen zu lassen".[73] Dieser Fall blieb zwar einmalig; gleichwohl schafften es auch andere Käufer, durch geschicktes Taktieren ein funktionierendes Klosterbrauhaus in kürzester Zeit verschwinden zu lassen. So kaufte Landschaftskanzler von Maierhofen, der auch das Brauhaus auf der Fraueninsel stilllegen wollte, die Weyarner Brauerei nur deshalb, um das „Brauexercitium" mit offizieller Genehmigung in seine Hofmark Niedernfels zu verlagern – ein staatliches Zugeständnis, das letztlich zur Folge hatte, dass auch der Rest der ehemaligen Klosteranlage nicht mehr zu vermarkten war und der Gebäudebestand nach Unwetterschäden zu großen Teilen abgerissen werden musste.[74] In bestimmten Fällen kam noch ein ganz anderer Stilllegungsgrund ins Spiel. Mehrfach ging es nämlich darum, die begehrten Brauereigebäude neuen staatlichen Nutzungen zuzuführen oder für andere Bauzwecke abzureißen. Allein in München verschwanden so bis 1804 die drei traditionsreichen Brauhäuser der Karmeliten, Franziskaner und Exjesuiten. Nach 1816 musste noch das lange Zeit verpachtete, aber mittlerweile ruinöse Angerklosterbrauhaus einem Festungsbau weichen, ohne dass dabei freilich die wertvolle Konzession erlosch, die zum Spekulationsobjekt wurde.[75]

Überwiegend positive Bilanz für den Staat

In der neueren Forschung geht man meist davon aus, dass sowohl der bayerische Staat als auch die Privat-

wirtschaft die Bedeutung der ehemaligen Klosterbrauereien als Ertragsgaranten richtig erkannt hätten. „In den Versteigerungsmassen oft die begehrtesten Objekte", seien die Brauhäuser dank hoher Kauf- und Pachtsummen „für den Staat eines der wenigen, wirklich gewinnbringenden Elemente der Säkularisation" gewesen.[76] Nicht ganz so einhellig sind die Thesen zur generellen Bedeutung der kirchlichen Liegenschaften, mit denen Bayern 1802/03 „entschädigt" wurde. Während Walter Demel die – wiewohl nur einmalig durchführbare – Realitätenveräußerung als eines der wesentlichsten Rettungsmittel für die Staatsfinanzen nach 1803 bewertet, ordnet sie Winfried Müller weit unter den staatlichen Gewinnen aus wissenschaftlichen und künstlerischen Sammlungen, Klosterwaldungen und laufenden Abgaben der früheren Klosterbauern ein.[77] Entsprechend differenziert muss das Fazit auch in der vorliegenden Untersuchung ausfallen. Bei genauerem Hinsehen erwiesen sich nämlich keineswegs alle Klosterbrauereien als „wahre Goldgruben".[78] Doch warum konnte die öffentliche Hand das zweifellos beträchtliche Potential, das die angefallenen Braubetriebe der Abteien, Klöster und Stifte darstellten, nicht optimal verwerten? Angesichts der überwiegend negativen Erfahrungen aus der staatlichen Eigenregie und wegen der strukturellen Nachteile, die die Verpachtung zu bieten schien, konzentrierte sich die bayerische Regierung wie erwähnt relativ bald auf die Verkaufsoption. Entscheidend für die zunehmende Geringschätzung von Pachtkontrakten, die man ursprünglich noch favorisiert hatte, dürfte freilich das akute Geldbedürfnis des Staates gewesen sein, dem selbst vergleichsweise niedrige Erlöse aus der Sofortveräußerung lieber waren als die zunächst kaum ins Gewicht fallenden Pachtzinsen. Zwar brachten die aus dem zwischenzeitlichen Pachtverhältnis resultierenden späteren Verkaufstermine durchwegs mehr ein, und die enormen Wertsteigerungen von Brauereien in den 1820er- und 1830er-Jahren lassen ebenfalls vermuten, mit mehr Geduld hätte der Staat eine (noch) bessere Kassenbilanz erreichen können. In der von kriegsbedingten Zwängen bestimmten Politik der Säkularisationsbehörden spielten langfristige Überlegungen allerdings eine untergeordnete Rolle, zumal die weitere Entwicklung nicht unbedingt absehbar war. Außerdem hätte die anhaltende Präsenz des Staates als Brauereiunternehmer oder zumindest -besitzer auch negative Folgen für die Marktentwicklung haben können. Die Eigendynamik des Marktes wirkte sich ohnehin ungünstig auf die staatlichen Bemühungen zur Klosterbrauereiverwertung aus, insbesondere dort, wo eine scharfe Lokalkonkurrenz existierte. Probleme warfen dabei nicht nur vermutete Umsatzrückgänge auf, sondern auch die bei konzentrierten Realitätenverkäufen allgemein übliche, zeitweilige Übersättigung des Marktes. Letztendlich muss der Versuch, den Gesamterlös aus Versteigerung und Verpachtung der ehemaligen Klosterbrauereien zu beziffern, weitgehend spekulativ bleiben. Anton Schneider spricht zwar von respektablen 1.220.987 Gulden, was einem Anteil von knapp 23 Prozent an dem von ihm ermittelten Säkularisationsgewinn des Staates bis 1808/10 gleichkäme.[79] Genauere Berechnungen dürften freilich nicht bei der Addition der Pachtzinsbeträge und der Endpreise stehen bleiben, sondern müssten die staatlichen Mehreinnahmen durch Bieraufschlag und andere Steuern einkalkulieren,[80] ferner die Belastungen durch Schuldenübernahme, Pensionszahlungen und andere mittel- und langfristige Folgewirkungen.

Auswirkungen auf die bayerische Brauereilandschaft

Im Lauf des 19. Jahrhunderts erlebte das private Braugewerbe in Bayern einen beträchtlichen Aufschwung. Bereits 1824 stellte es mit einem Anlagekapital von 99,3 Millionen Gulden den mit Abstand bedeutendsten hochkapitalisierten Wirtschaftszweig des Landes dar.[81] Mit der Aufhebung des traditionellen Bierzwanges 1805, mit der Malzaufschlagsregelung von 1806 und mit dem Biersatzregulativ von 1811 wurden neue Rahmenbedingungen geschaffen, die zunächst zu einer Belebung der Geschäfte, dann aber zur Gewinnstagnation führten.[82] Der bayerische Staat konnte mit den garantierten Einnahmen aus dem Malzaufschlag indes bis zu 16,5 Prozent seines Budgets decken.[83] Als schließlich 1868 mit der Einführung der völligen Gewerbefreiheit im Braugewerbe die staatliche Reglementierung zu Ende ging, stieg die Bierproduktion in Bayern nochmals enorm an; die Zahl der Brauereien nahm aber nun kontinuierlich ab. Dieser nachhaltige Konzentrationsprozess wurde durch die Auswirkungen des Ersten Weltkrieges und die anschließenden Krisenjahre noch beschleunigt.[84] Trotz des wachsenden Marktanteils weniger industrialisierter Großbetriebe blieb aber in Bayern die volkswirtschaftliche Bedeutung der Klein- und Mittelbrauereien wesentlich größer als im übrigen Deutschland.[85] Die ökonomischen Rahmenbedingungen, die sich den ehemaligen Klosterbrauhäusern im 19. Jahrhundert boten, waren also keineswegs ungünstig.

Wie wirkte sich der Säkularisationsvorgang nun konkret auf das private Braugewerbe aus? Zunächst ist festzuhalten, dass mit der Auflösung der klösterlichen Braustätten ein privilegierter Marktteilnehmer verschwand. Die Klosteraufhebung von 1802/03 begünstigte also zweifellos die bürgerliche und adlige Konkurrenz, zumal sich der Staat zur gleichen Zeit immer mehr aus dem Brauunternehmertum zurückzog. Anderseits fielen die Klosterbrauereien keineswegs ersatzlos weg, sondern wurden vom Staat bewusst vermarktet. Da viele von ihnen keine offizielle Ausschankgenehmigung besessen hatten, kam es letztlich sogar zu einer Vermehrung der gewerblichen Braubetriebe, wenngleich hier durch die Säkularisation nur ein bereits existierender Zustand sanktioniert wurde. An den Klagen und Protesten etablierter Brauer lässt sich ablesen, wie existenzbedrohend die neue Situation in vielen Orten dennoch erschien. So fürchteten beispielsweise die Geisenfelder Bierbrauer, durch die Errichtung einer gewerblichen Brauerei mit öffentlicher Schenke im ehemaligen Kloster „sammentlich in Bettelstab gesezet" zu werden. Unmöglich könne es Absicht des Landesherrn sein, „daß durch Aufhebung der Klöster auch ganze Innungen an ihrer Gewerb und Nahrung beeinträchtiget und zu Grund gerichtet werden".[86] Ähnliche Sorgen bestanden zum Beispiel in Fürstenfeld, in Stadtamhof (wegen St. Mang), in Gars (wegen Altenhohenau) und in Wasserburg (wegen Attel).[87] Im Falle Frauenchiemsees drückte eine Protestnote, die der in der Nähe tätige Brauereibesitzer Graf Maximilian von Preysing öffentlich präsentiert hatte, sogar deutlich auf den Pachtversteigerungspreis.[88]

Wenn die Befürchtungen der ortsansässigen Brauer auch in den meisten Fällen nicht in dieser Schärfe zutrafen bzw. vom Staat ignoriert wurden, sind die Erschütterungen im lokalen Brau- und Wirtsgewerbe nicht zu übersehen. In bestimmten ländlichen Regionen mit hoher Klosterbrauereidichte wie etwa im Raum Wasserburg/Chiemsee löste die Privatisierung sogar einen „Umsturz" der Sudverhältnisse aus.[89] Auch in den Städten verschoben sich die Gewichte zum Teil merklich. Während sich zum Beispiel in Augsburg zur Zufriedenheit der bürgerlichen Betriebe „keine der vorhandenen klösterlichen Braustätten weiterhin in irgendeiner Form erhalten hat", standen den beiden zuvor weitgehend autonomen Klosterhofwirten von St. Nikola plötzlich rund 100 ehemals fürstbischöfliche Passauer Bierwirte gegenüber.[90] In Eichstätt klagten die eingesessenen Brauer 1818 über den neuen Konkurrenten aus dem nahen Rebdorf, der die frühere Klosterbrauerei in ein expansionsorientiertes Unternehmen verwandelt habe.[91] Auf dem hart umkämpften Regensburger Braumarkt kam es ebenfalls zu einer Neuverteilung der Kräfteverhältnisse[92]. Um die mittel- und langfristigen Auswirkungen auf die jeweilige lokale Marktsituation exakt abschätzen zu können, bedarf es freilich spezieller Untersuchungen.

Ob die eingesessenen Braubetriebe durch die Säkularisation Einbußen hinnehmen mussten oder aber dauerhaft von unliebsamen Mitbewerbern befreit wurden, hing entscheidend davon ab, wie sich die privaten Erwerber der klösterlichen Brauhäuser auf dem Markt behaupten konnten. Auffallend schwer taten sich vor allem ehemalige große Klosterbrauereien auf dem Land. Mit dem Wegfall spezifischer Standortvorteile ging häufig ein rapider Bedeutungsverlust einher. So erwiesen sich hochentwickelte Braubetriebe mitunter nur als bedingt überlebensfähig, sobald die ehedem vom Kloster abhängigen Wirte frei wurden und sich neue Biererzeuger suchten. Andere Sudhäuser, die zuvor überwiegend den Eigenverbrauch des Konvents und der Klosterbe-

diensteten sichergestellt hatten, besaßen von vornherein keine hinlänglichen Absatzmärkte. Durch das Herausbrechen der Brauerei aus dem klösterlichen Betriebszusammenhang kamen weitere Schwierigkeiten hinzu. Schlechte Bierkeller, ungünstige Verkehrsanbindung und Wasserversorgung oder hohe Schuldenstände reduzierten ebenfalls nicht nur den Kaufpreis und damit den finanziellen Gewinn des Staates aus der Brauereivermarktung, sondern auch die unternehmerischen Chancen des Neubesitzers.

Dazu zwei Beispiele: In Niederaltaich, einer der bedeutendsten Klosterbrauereien Ostbayerns, die der dortigen Benediktinerabtei in den letzten 25 Jahren vor ihrer Aufhebung knapp 188.000 Gulden Reineinnahmen beschert hatte, musste sich die Landesdirektion bereits im Juli 1803 mit einem verhältnismäßig niedrigen Pachtschilling zufrieden geben, war doch mit einer deutlichen Verschlechterung des Bierabsatzes zu rechnen[93]. Beim Verkauf sieben Jahre später wurde der Schätzwert zwar ungefähr erreicht; im Nachhinein stufte man staatlicherseits den Preis für das große und in sehr gutem Zustand befindliche Brauhaus aber als eigentlich um die Hälfte zu gering ein. Mehr war freilich angesichts der harten Konkurrenz, gepaart mit Standortnachteilen wie permanenter Überschwemmungsgefahr, kostspieligem Gebäudeerhalt, aufwändiger Wasserbeschaffung und unbrauchbarer Malzmühle, nicht herauszuholen gewesen.[94] Im nahen Metten wurde 1803 gar ein künftiger Ertragsrückgang um zwei Drittel erwartet, was trotz hochmoderner technischer Anlagen zur Folge hatte, dass nur ein einziger ernsthafter Interessent auftrat und ein entsprechend geringer Pachtzins zur Verhandlung kam.[95]

Neubesitzer und Beschäftigte – soziale Folgen der Brauereisäkularisation

Von besonderem Interesse ist nun die Frage nach den Erwerbergruppen und den Folgen für die Beschäftigten. Wer beteiligte sich hauptsächlich an der Privatisierung der Klosterbrauereien, und wer konnte am meisten davon profitieren? Kann auch hier gelten, was für die

Eigenwirtschaftsgüter der bayerischen Klöster generell festgestellt wurde, nämlich ein Vorherrschen „von Adeligen, aber auch von höheren Beamten, Unternehmern und vermögenden Münchener Brau- und Bäckermeistern"?[96] Die beiden mit Abstand wichtigsten Käuferschichten bildeten in der Tat der Adel und finanzkräftige, bürgerliche Gewerbetreibende. Nach einer Zählung von Hans Christian Mempel waren in Altbayern unter den 57 Neubesitzern landständischer Klosterbrauhäuser der ersten Verkaufswelle 14 Adlige (24,6 Prozent) und 32 Bürger (56,1 Prozent), davon allein 19 Brauer und Gastwirte.[97] Da es noch zu viele Fälle gibt, in denen Identität und Schichtzugehörigkeit der Brauereikäufer unklar erscheinen, sind absolute Zahlen allerdings nur bedingt aussagekräftig. Stattdessen empfiehlt es sich, die beiden eindeutig zu identifizierenden Hauptkäufergruppen – Adlige auf der einen, Brauer und Wirte auf der anderen Seite – näher zu betrachten.

Für Altbayern, Schwaben und die Oberpfalz lässt sich auf der Basis der bekannten Fälle ein Verhältnis zwischen diesen beiden Gruppen von eins zu zwei errechnen. Differenziert man zwischen Brauern und Wirten, so nimmt der Berufsstand der Bierbrauer mit rund 60 Prozent die klar bedeutsamere Position ein.[98] Bei den Pächtern, die fast immer ortsansässig waren oder aus der näheren Umgebung stammten, dominieren die Brauer gegenüber den Wirten mit über zwei Dritteln noch deutlicher; Adlige spielen hier nahezu keine Rolle.[99] Hält man sich freilich vor Augen, dass nur eine sehr kleine Minderheit des Standes der Brauer, Gast- und Weinwirte als Käufer auftrat – nach Mempel „vermutlich [...] dessen risikofreudigste und vermögendste Vertreter"[100] –, so kann säkularisationsbedingt allenfalls von einer leichten Gewichtsverschiebung in der Zusammensetzung der bayerischen Brauereibesitzerschaft gesprochen werden. Werden nachfolgende Besitzumschichtungen, etwa durch Zweit- oder Drittkäufe, miteinbezogen, verändert sich das Bild im Lauf des 19. Jahrhunderts teilweise. Offenbar gab in Altbayern die Hälfte der bürgerlichen Erwerber ihren Klosterbrauereibesitz bis 1850 wieder auf, während Adlige zulegen konnten.[101] Dennoch hielt

die Gruppe der Brauer und Wirte mit knappem Vorsprung auch jetzt noch den größten Anteil der ehemaligen Klosterbrauereien in der Hand. Weitere 50 Jahre später führten Brauer und Wirte wieder deutlich; die Adligen waren dagegen weit zurückgefallen.[102]

Für risikobereite Angehörige des Berufsstands der Bierbrauer bot die Privatisierung der Klosterbrauereien ab 1803 in der Tat enorme Chancen. Mit der Investition war meist eine soziale Besserstellung und eine Hebung des Ansehens verbunden, da der Brauer häufig zugleich Gutsbesitzer mit beträchtlichem Grundeigentum wurde.[103] In einigen Gegenden stiegen lokale Brauer- und Wirtsfamilien sogar mehrfach ein.[104] Zu beobachten ist auch, dass erfolgreiche Pachtbetreiber anschließend die Brauerei kauften und sich so selbständig machten. Wenn auch einige der aus dem Bierbrauerstand stammenden Neubesitzer das erworbene Klosterobjekt langfristig nicht halten konnten, so deutet die geringe Konkursquote[105] doch darauf hin, dass der Schritt in die Selbständigkeit in den meisten Fällen gelang. Für die ehemaligen Klosterbraumeister stand sogar noch mehr auf dem Spiel, drohten sie doch ihre berufliche Position zu verlieren, wenn der neue Besitzer den Betrieb selbst führen wollte. Da sie in der Regel über ein hohes Verdienstniveau und interne Betriebskenntnisse verfügten, waren die Voraussetzungen für den Wechsel in die Eigenverantwortlichkeit nicht schlecht. Schon als Pächter traten in auffallend vielen Fällen, besonders in Schwaben, Klosterbraumeister oder -knechte auf, die den Betrieb in gewohnter Weise weiterführten. Als Käufer sind sie zum Beispiel in Weltenburg, Rottenbuch und Niederschönenfeld festzustellen. Von der Säkularisation profitieren konnten daneben auch bestehende Braubetriebe, deren Besitzer günstig Brauvorräte, Gerätschaften oder Lagerkeller erwarben – vor allem aus der Versteigerungsmasse der Mendikantenklöster.

Insgesamt gesehen hat die Aufhebung der Klosterbrauereien also durchaus zu einer Kräftigung des bürgerlichen Bierbrauerstands in Altbayern beigetragen, dessen Angehörige als privatwirtschaftliche Spitzenverdiener auch beim Kauf anderer Klosterrealitäten prominent in Erscheinung traten.[106] In Gegenden mit ehemals hoher klösterlicher Marktpräsenz scheint der Bereicherungseffekt besonders groß gewesen zu sein, beispielsweise im niederbayerischen Straubing.[107] Verstärkt wurde er noch durch die seit 1811 wirksame staatliche Bierpreisbindung. Obwohl das Biersatzregulativ in erster Linie der Sicherung der Staatseinnahmen aus dem Malzaufschlag und dem Konsumentenschutz diente, sah sich erneut die Gruppe der Wirte und Brauherren begünstigt, waren doch preissenkende Konkurrenzkämpfe praktisch ausgeschlossen.[108] Anders als das Instrument der Preiskontrolle kann die durch den Säkularisationsvorgang vorangetriebene „Verbürgerlichung" des Braugewerbes aber nicht auf wirtschaftspolitische Intentionen des Staates zurückgeführt werden; stattdessen ist sie primär als eigendynamischer Prozess anzusehen. „Finanzierungs- und Existenzgründungshilfen" an die bisherigen Klosterbraumeister und -knechte lassen sich ebensowenig in nennenswertem Umfang nachweisen wie die gezielte Förderung von Kaufwilligen aus Brauerkreisen.[109] Vielmehr kamen fachlich qualifizierte Interessenten wegen zu geringer Finanzkraft wiederholt nicht zum Zug, insbesondere wenn das Brauhaus zusammen mit anderen Realitäten versteigert wurde. Dies hängt zum einen mit dem verbreiteten Bargeldmangel zu Beginn des 19. Jahrhunderts zusammen, zum anderen damit, dass der Staat in erster Linie den Veräußerungsgewinn im Blick hatte. Ob der Käufer willens und geeignet war, die Brauerei erfolgreich weiterzuführen, rückte demgegenüber in den Hintergrund. Wenn die Münchner Zentrale – wie etwa im Fall von Andechs und Steingaden – vom Prinzip des Maximalerlöses abwich, lagen meist Angebote von Großinvestoren vor, die ganze Klosterkomplexe kostengünstig übernehmen und zu Manufakturen umrüsten wollten, an den Brauhäusern aber nur geringes Interesse zeigten bzw. diese gewinnbringend weiterveräußerten. Welche Folgen die Privatisierung der Klosterbrauereien für die Masse der dort Beschäftigten einschließlich der Handwerker in den Zuliefergewerben hatte, ist nur schwer abzuschätzen. Da der Braubetrieb in der Mehrzahl fortgesetzt wurde, kann man davon ausgehen, dass

auch die meisten Brauereiangestellten die Möglichkeit zum qualifizierten Broterwerb nicht verloren, zumal die Branche insgesamt in der Folgezeit einen Aufschwung erlebte. Bei den häufig aufgelösten Bettelordensbrauereien fielen dagegen kaum zivile Arbeitsplätze weg. Weder war also mit dem Verschwinden der klösterlichen Brauhäuser ab 1803 eine „Reduktion des gewerblich-handwerklichen Sektors" verbunden, noch lassen sich hier Pauperisierungserscheinungen wie sozialer Abstieg, Armut und Not beobachten, wie sie für ehemalige Klosterbeschäftigte anderer Berufsgruppen typisch sind.[110]

Klosterbrauhäuser im Privatbetrieb

Verfolgt man die Wege, die ehemalige Klosterbrauereien im 19. Jahrhundert genommen haben, so fällt eine Typologisierung schwer. Zu viele Faktoren bestimmten das Schicksal der einzelnen Braustätten und ihrer Besitzer, und über manchen Betrieb weiß man schlichtweg noch zu wenig. Dennoch kristallisiert sich ein Kernmuster heraus: In den meisten Fällen wurden die Brauhäuser der säkularisierten Klöster – sofern nicht von Beginn an aufgelöst – in relativ kleinem Rahmen von wechselnden Privathänden weitergeführt, bisweilen auch in familiärer Kontinuität.[111] Im Zuge der Konzentrationsbewegungen im bayerischen Brauwesen ab dem späten 19. Jahrhundert starben schließlich viele dieser rein örtlich tätigen Kleinbetriebe ab oder wurden durch benachbarte größere Erwerbsbrauereien aufgekauft. Die herausgehobene Bedeutung der einstigen Klosterbrauereien ging also bis auf wenige Fälle verloren. Dieser Befund sagt freilich noch nichts über den individuellen Erfolg der neuen Brauherren aus. So entwickelten sich zum Beispiel die vier schwäbischen Klosterbrauereien Ottobeuren, Irsee, Roggenburg und Oberelchingen, die ursprünglich eine ähnliche Struktur aufwiesen, trotz gleichläufiger Vermarktungsprozesse und weitgehend identischer Rahmenbedingungen nach 1803 sehr unterschiedlich.[112] Selbst häufige Besitzerwechsel wie etwa in Wessobrunn oder Windberg mussten ein Unternehmen nicht zwangsläufig schädigen, wenn zwei Bedingungen erfüllt waren: ein rentabler Betrieb, der entsprechende Investitionen erforderte, sowie ein hinreichender Absatzmarkt.

Zwei Beispiele mit positivem Entwicklungsverlauf sollen dies verdeutlichen. Die ehemalige Zisterzienserbrauerei von Raitenhaslach, zu Klosterzeiten ein verhältnismäßig großer Betrieb, bot für den bürgerlichen Käufer Franz Xaver Baumgartner, einen 29-jährigen Braumeister aus der Region, anfangs nicht viele Vorteile.[113] Sie verfügte über eine schlechte Verkehrsanbindung, lag isoliert vom nächsten Pfarrsitz am Westufer der Salzach, stand einer feindseligen Konkurrenz im nahen Burghausen gegenüber und besaß außer der Klosterschenke keine nennenswerten Abnehmer. Trotzdem konnte Baumgartner, der 1804 im Paket auch das Wirtshaus, mehrere landwirtschaftlich genutzte Gebäude und Gerätschaften, Wiesen, Felder, Holzgründe sowie Obstgarten und Weiher erworben hatte, den Betrieb stabilisieren. In den folgenden Jahren stockte er zuerst den Grund- und Waldbesitz auf, um schließlich 1813 auch die meisten verbliebenen Klosterrealitäten zu übernehmen. 1826 bezahlte er die letzte Rate. Der Schlüssel zum Erfolg war hier die konsequente Verbindung von Brauhaus, Ökonomie und Forst, mit der er seine Standortnachteile auszugleichen vermochte. Baumgartners Witwe und sein Sohn bauten dieses solide Fundament aus. Um die Jahrhundertwende bestand das auf 600.000 Mark geschätzte Objekt aus einer gut gehenden Brauerei mit 4500 Hektolitern Jahresausstoß, Kühlmaschinenbetrieb, eigener Stromerzeugung, sieben eigenen Bierwirtschaften und weiteren gesicherten Abnehmern, ferner aus einer großen Landwirtschaft und gut erhaltenen Klostergebäuden. Noch vor dem Ersten Weltkrieg entstanden völlig neue Betriebsanlagen mit einer Produktionskapazität von bis zu 20.000 Hektolitern pro Jahr. Wenn auch Versuche aus den 1920er- und frühen 1930er-Jahren scheiterten, den Raitenhaslacher Biererzeugnissen überregionale Abnehmer bis nach Berlin und ins Ausland zu sichern, blieb die Traditionsbrauerei stets im Nahraum präsent. Nach 1945 setzte die Familie den Ausbau zum mittelständischen Unternehmen fort.

Bemerkenswert ist auch der Fall Dietramszell. Dort kaufte sich 1804 Generaldirektionsrat Mathias (von) Schilcher ein, der neben der unbedeutenden Klosterbrauerei auch den restlichen Gebäude- und Güterkomplex erwarb.[114] Schilcher investierte von Beginn an energisch in das Sudhaus, beschäftigte einen Braumeister, baute einen weitgefächerten Absatzmarkt auf, verpachtete gewinnbringend das miterworbene Schankrecht und schloss lukrative Bierliefervertäge ab. Brauerei und Taferne wurden so zu den Hauptaktivposten im Schilcherschen Gutsbetrieb. Bis 1826 ermöglichten die Gewinne aus der Brauerei die fast völlige Schuldentilgung. Wenig später lag der Schätzwert der Brauerei bereits bei rund 35.000 Gulden. Erst 1917 wurde der Betrieb wegen Holzmangels eingestellt. Auch aus minimalen klösterlichen Ursprüngen konnte also bei entsprechend professioneller Führung eine beachtliche Privatbrauerei entstehen. Weitere Beispiele für den betrieblichen Erfolg als Klein- oder Mittelbrauerei ließen sich ergänzen, sowohl in bürgerlicher als auch in adliger Hand.[115]

Absoluter Ausnahmefall blieb allerdings der Aufstieg zur privaten Großbrauerei, der praktisch nur in Städten mit enormem Marktpotential möglich war. In gewisser Hinsicht lassen sich die wenigen Beispiele dafür als späte Industriegründungen auf ehemaligem Klosterareal – freilich mit im Lauf der Zeit neuen, größeren Produktionsstandorten – deuten, die gerade in Bayern nach der Säkularisation Bestandteil wirtschaftspolitischer Überlegungen waren.[116] Neben der Jesuitenbrauerei-AG in Regensburg, die 1924 in der Regensburger Brauhaus AG aufging (heute Fürstliche Brauerei Thurn und Taxis), und dem Allgäuer Brauhaus in Kempten, dessen Wurzeln in der Hauptbrauerei des einstigen Fürststifts liegen, sind nur noch zwei Münchner „Bierfabriken" mit klösterlichem Ursprung zu nennen: Paulaner und Augustiner.[117] Franz Xaver Zacherl, der Käufer der Brauerei des Paulanerklosters in der Au, legte den Grundstein für den Aufstieg seines Hauses mit der saisonalen Starkbierproduktion, die an eine Tradition der Paulanermönche aus dem 18. Jahrhundert anknüpfte. 1896 konnten seine Nachfolger das begehrte Erzeugnis unter dem Markenzeichen

„Salvator" sogar patentieren. Im 20. Jahrhundert etablierte sich das nach mehreren Fusionen zur Paulaner-Salvator-Thomasbräu AG ausgebaute Unternehmen schließlich in der Spitzengruppe der Münchner Brauindustrie. Kaum weniger spektakulär war auch die Entwicklung der Brauerei des ehemaligen Münchner Augustinerklosters. Bereits 1817, als das Brauhaus von den verbliebenen Pächtern gekauft und in die Neuhauserstraße verlegt wurde, florierte der Betrieb. Ab Mitte des 19. Jahrhunderts gelang der 1829 eingestiegenen Brauerfamilie Wagner schließlich die Expansion zum Großunternehmen. Garanten für den nachhaltigen Erfolg waren neben den modernen Produktionsverhältnissen – seit 1885 im Neubau an der Landsberger Straße – nicht zuletzt die überdurchschnittliche Bierqualität und die Pflege der Klostertradition. Die Erzeugnisse des Augustinerbräu genießen einen so ausgezeichneten Ruf, dass der Betrieb noch heute auf größere Werbekampagnen verzichten kann.

Renaissance des Klosterbrauwesens

Mit der Säkularisation von 1802/03 wurde das Klosterbrauwesen in Bayern zwar weitgehend unterbrochen, nicht aber ausgelöscht. Unmittelbar überlebt haben nur sehr wenige klösterliche Braustätten, vor allem in den Zentral- bzw. Aussterbeklöstern Altötting, Ingolstadt, Dietfurt, Neukirchen bei Hl. Blut, Kaufbeuren oder Lechfeld.[118] Im Zuge der Wiedergründung klösterlicher Gemeinschaften im 19. und frühen 20. Jahrhundert entstanden nun erneut zahlreiche klostereigene Sudstätten – zuletzt 1928 in Niederalteich –, die freilich nicht annähernd eine Marktbedeutung wie vor 1803 erringen konnten.[119] In vielen Fällen kauften die neu entstandenen Konvente oder ihre Stifter den im eigenen Kloster gelegenen Braubetrieb vom zwischenzeitlichen Privatbesitzer zurück. Während einige dieser Brauhäuser primär der Eigenversorgung dienten, sollten andere dazu beitragen, das wirtschaftliche Fundament des Konvents zu sichern. Letzteres traf vor allem auf acht Benediktinerabteien (Andechs, Ettal, Metten, Niederalteich, Plankstet-

ten, Schäftlarn, Scheyern, Weltenburg) und zwei Zisterzienserinnenklöster (Oberschönenfeld, Waldsassen) zu. Hinzu kamen Brauereineugründungen in Franziskanerniederlassungen sowie in sozial-caritativ tätigen Klöstern (Mallersdorf, Furth, Reichenbach, Schönbrunn, Wettenhausen, Wörishofen, Maria Bildhausen, Ursberg). Bis zum Zweiten Weltkrieg gehörten sämtliche Klosterbrauereien den beiden kleinsten Brauereitypen in Bayern an, wenngleich Unternehmen wie Andechs, Scheyern und Ettal in den 1920er- und frühen 1930er-Jahren erhebliche Produktionssteigerungen verbuchen konnten.[120] Dies führte vor allem zu Beginn der NS-Herrschaft zu heftigen Auseinandersetzungen mit gewerblichen Brauereien bzw. deren Interessenvertretern, die sich mit der neuerlichen Klosterkonkurrenz nicht abfinden wollten.[121] Als einige wenige Klosterbrauereien begannen, bewusst auf Expansion zu setzen, war die Renaissance der klösterlichen Brauhäuser in Bayern allerdings längst schon wieder am Abklingen. Eingeleitet wurde der abermalige Niedergang dieses Gewerbezweigs 1885. In diesem Jahr mussten auf Anweisung der Ordensleitung alle Braustätten in den Männerklöstern der bayerischen Franziskanerprovinz mit Ausnahme Kreuzbergs geschlossen werden. Die Hauptmotive dafür sind zwar sicherlich spiritueller Art;[122] ein nicht zu unterschätzender Faktor dürfte aber die immer deutlicher spürbare Konkurrenzverschärfung unter den ländlichen Kleinbrauereien gewesen sein, die selbst den Franziskanern keine ausreichend billigen Produktionsbedingungen mehr garantierte.[123] Die Masse der verbliebenen klösterlichen Brauhäuser stellte dann entweder in der Phase nach 1918 oder seit den 1950er-Jahren ihren Betrieb ein. Im Rahmen dieses natürlichen „Klosterbrauereisterbens" sank die Zahl zwischen 1934 und 1979 von 21 auf sieben. Seitdem existieren nur noch Andechs, Ettal, Mallersdorf, Ursberg, Kreuzberg, Furth und Weltenburg; drei weitere Brauereien werden von Klöstern verpachtet (Münnerstadt, Reutberg, Scheyern).[124] Flaggschiff und Marktführer dieses wirtschaftlich konsolidierten Restbestands ist Andechs, das geradezu als Inbegriff der professionell geführten, modernen Klosterbrauerei gilt.[125]

Die abschließende Frage nach dem kulturellen Nachwirken der säkularisierten Klosterbrauereien führt zunächst zu einem eher verborgenen Bezug, dessen Bedeutung freilich keineswegs gering einzuschätzen ist: der Wissenstransfer klösterlicher Braukenntnisse. So haben zum Beispiel die 1814 posthum veröffentlichten Ausführungen des Exjesuiten Benno Scharl über Kältetechnik, Dickmaischverfahren, Würzekühlung und Gärprozess maßgeblichen Einfluss auf die Verwissenschaftlichung des Brauwesens im 19. Jahrhundert genommen.[126] Als weiteres Indiz können Fachaufzeichnungen von 1829/30 über das vorbildliche Sudwesen in den ehemals kirchlichen Braubetrieben von Ettal und Hacklberg gelten, die aus dem Besitz des späteren Münchner Spatenbrauereichefs Gabriel II. Sedlmayr stammen.[127]
Weitaus auffälliger ist allerdings ein anderer Aspekt. Bezeichnenderweise lebt die Erinnerung an die alten Klosterbrauhäuser in Bayern nämlich nicht nur in Gestalt der relativ wenigen Sudbetriebe fort, die weiterhin oder erneut von Ordensgemeinschaften unterhalten wurden. Vielmehr ist im Lauf des 19. und 20. Jahrhunderts ein populäres Traditionsbild entstanden, dessen Werbewirksamkeit einen regelrechten Wettstreit provoziert hat. Konkret festmachen lässt sich der Kampf um das kulturell-ideelle Erbe der bayerischen Klosterbrauereien und seine reklamemäßige Vermarktung an der Konjunktur bestimmter Symbole und Bezeichnungen. Bis heute beliebt ist beispielsweise die Verwendung von Mönchen als Bierwerbeträger. Die Wurzeln dieses klischeehaften Stereotyps sind zwar schon wenige Jahrzehnte nach der Säkularisation zu suchen,[128] entscheidende Bedeutung erlangte seine Popularisierung aber erst nach der Jahrhundertwende. Eines der bekanntesten Beispiele ist Ludwig Hohlweins Motiv des biertrinkenden Franziskanermönchs, entworfen vermutlich 1935 für ein Werbeplakat anlässlich der Warenzeichenanmeldung (vgl. Abb. 2).[129] Auftraggeber war die 1922 fusionierte Spaten-Franziskaner-Leistbräu AG aus München, deren Vorläufer, das seit 1447 nachweisbare bürgerliche Franziskanerbräu, mit

Abb. 2: Ludwig Hohlweins Franziskanermönch von 1935 als Werbemotiv

dem 1803 abgebrochenen Franziskanerkloster nur aufgrund der räumlichen Nachbarschaft in Verbindung zu bringen ist.[130] Auch die Kulmbacher Mönchshof-Bräu AG weist keine betriebliche Kontinuität zu ehemals klösterlichen Braustätten auf, warb aber stets mit Mönchsdarstellungen.[131] Von Seiten der katholischen Kirche wurde die verbreitete Instrumentalisierung von Mönchs- und Heiligenbildern zu Zwecken der Alkoholreklame in den späten 1920er- und frühen 1930er-Jahren mehrfach scharf kritisiert, freilich ohne nennenswerten Erfolg.[132]

Das Phänomen der künstlichen Herstellung einer Klostertradition zum Erlangen von Marktvorteilen hängt zweifellos damit zusammen, dass durch entsprechende Assoziationen dem Umworbenen der „Anschein eines alt-traditionellen und daher vertrauenserweckenden Unternehmens" gegeben werden soll.[133] Verständlicherweise nutzten auch zahlreiche Privateigentümer säkularisierter Klosterbrauereien diesen Effekt, indem sie Bezeichnungen für ihre Betriebe verwendeten, die den klösterlichen Ursprung erkennen ließen. So finden sich im Adressenverzeichnis der bayerischen Brauereien vom Juli 1946 insgesamt 24 private Brauereien mit der Bezeichnung „Klosterbrauerei" bzw. „Klosterbräu", sieben Fälle mit einem Orden im Firmennamen (zum Beispiel Karmeliten-, Malteser- oder Karthäuserbräu), ein Privatbräu mit voller Klosterbezeichnung (Kloster Langheimer Urbräu) und zwei Unternehmen mit dem Namensbestandteil „Mönch";[134] nicht alle davon gehen aber tatsächlich auf ein Kloster zurück.

Immer wieder versuchten einzelne Unternehmen, die Spreu vom Weizen zu trennen. In einem Fall von 1913, bei dem es um „unlautere Manipulationen" seitens norddeutscher Brauereien zum Schaden der bayerischen Bierexportindustrie ging, lag die Initiative sogar bei der erwähnten Mönchshof-Brauerei in Kulmbach, die selbst ein zweifelhaftes Traditionsbild pflegt: „Man findet hier [in Hamburg] Reklameschilder mit Aufschriften wie ‚Klosterbräu', ‚Echt Dominikanerbräu', ‚Bonifaciusbräu', welche sich auf Biere hiesiger Brauereien beziehen, ohne Angabe der Herkunft des Bieres. Jeder Laie glaubt natürlich, in den betreffenden Lokalen unter den angegebenen Bezeichnungen *echte*, also *bayerische*, in *Bayern* gebraute Biere zu erhalten [...]. Ein hiesiges Lokal, wo eine großes Schild ‚Echt Dominikanerbräu' mit dem Mönch und Ausstellungsmedaillen prangt, ist obendrein noch mit dem Namen ‚Zum Dominikaner' getauft."[135] Hier wird bezeichnenderweise sogar eine direkte Verbindungslinie zwischen „Kloster" und „Bayern" gezogen. In jüngster Zeit dringt vor allem Kloster Andechs aus wettbewerbsrechtlichen Gründen auf die Namensbereinigung, wenn ein Betrieb die Klosterassoziation erkennbar ausnützt,

ohne historische Bezüge zu einer ehemals existierenden Klosterbrauerei vorweisen zu können. Während eine erste Klage aus den späten 1990er-Jahren in zweiter Instanz erfolgreich war, sind drei weitere Verfahren gegen Brauereien aus dem gesamten Bundesgebiet noch anhängig; voraussichtlich wird der Bundesgerichtshof die Entscheidung vorgeben.[136] Spätfolgen der Säkularisation sind also auch in juristischen Auseinandersetzungen wie diesen bis in die Gegenwart zu spüren.

ANMERKUNGEN:

1 Vgl. Edgar Krausen, Brauhäuser und Bierkeller altbayerischer Klöster aus dem 17. und 18. Jahrhundert. In: Schönere Heimat 62 (1973) S. 450–452.

2 Zitiert nach Anton Piendl – Wolfgang Alto Mayer, Klosterbrauereien in Bayern. Die Klosterbrauereien Weltenburg und Reutberg. In: Brauwelt 1989, S. 1957–1967, hier S. 1963.

3 Vgl. z.B. die Selbstdarstellung in: Bayerische Staatsbrauerei Weihenstephan, die älteste, noch bestehende Braustätte der Welt. Ein Beitrag zur Geschichte des Bieres, München 1966. – Das angebliche Gründungsjahr 1040 ist freilich wissenschaftlich nicht belegbar; vgl. Bodo Uhl, Die Hofmarks- und Braurechte des Klosters Weihenstephan. Einige Anmerkungen zur Überlieferung und Fälschung von Urkunden Bischof Ottos I. von Freising. In: Sammelblatt des Historischen Vereins Freising 29 (1979) S. 9–47, hier S. 28–38.

4 Vgl. Birgit Speckle, Streit ums Bier in Bayern. Wertvorstellungen um Reinheit, Gemeinschaft und Tradition (Münchner Beiträge zur Volkskunde 27), Münster u.a. 2001, S. 184. – Zum Nockherberg-Spektakel vgl. z.B. Hannes Burger, 350 Jahre Paulaner-Salvator-Thomasbräu AG 1634–1984. Jubiläums-Festschrift, München 1984, S. 57–66.

5 P. Ildefons Poll, Das Klosterbrauwesen. Seine Entwicklung und sein Einfluß auf das Brauwesen überhaupt. In: Jahrbuch der Gesellschaft für die Geschichte und Bibliographie des Brauwesens e.V. 1929, S. 18–25, hier S. 24. – Anton Piendl – Wolfgang Alto Mayer, Klosterbrauereien in Bayern. Teil 1: Geschichtliche Entwicklung des Klosterbrauwesens. In: Brauwelt 1989, S. 768 und 781 f., hier S. 781. – Albert Schnitzer, Die geschichtliche Entwicklung des Allgäuer Braugewerbes und seine Bedeutung für die Allgäuer Wirtschaft, Kempten 1953, S. 131.

6 So z.B. Ulrike Laufer, Das bayerische Brauwesen in frühindustrieller Zeit. In: Rainer A. Müller (Hrsg.), Aufbruch ins Industriezeitalter, Bd. 2: Aufsätze zur Wirtschafts- und Sozialgeschichte Bayerns 1750–1850 (Veröffentlichungen zur Bayerischen Geschichte und Kultur 4/85), München 1985, S. 288–297, hier S. 288.

7 Klarer Schwerpunkt der bisherigen Klosterbrauereiforschung ist die Zeit vor 1800. In neueren wissenschaftlichen Darstellungen zur Geschichte des Brauwesens tauchen Klosterbrauereien kaum auf; in der älteren braugeschichtlichen Literatur dominieren Betriebsfestschriften, populärwissenschaftliche Abhandlungen und miszellenhafte Kurzbeiträge, letztere vorwiegend im Jahrbuch der Gesellschaft für die Geschichte und Bibliographie des Brauwesens e.V. und in Brauerfachzeitschriften erschienen. Hervorzuheben sind die zahlreichen Studien von P. Ildefons Poll aus den Jahren 1929–1938 und die Arbeiten von Archivaren wie Heinrich Huber, Rudolf Freytag, Josef Rottenkolber, Alois Mitterwieser und Edgar Krausen aus den 1930er- bis 1970er Jahren. – Mit Überblickscharakter vgl. v.a. Poll (wie Anm. 5). – Ders., Beiträge zur Geschichte des Klosterbrauwesens. In: Jahrbuch der Gesellschaft für die Geschichte und Bibliographie des Brauwesens e.V. 1929, S. 26–86. – Edgar Krausen, Zur Geschichte der Klosterbrauereien in Bayern. In: Ebd. 1955, S. 152–177.

8 Mit wenigen Ausnahmen in Arbeiten zur Wirtschafts- und Besitzgeschichte einzelner Klöster oder zur Gesamtbewertung der Säkularisation bleiben die Klosterbrauereien in der einschlägigen wissenschaftlichen Literatur ein randständiges Thema; so z.B. bei Josef Kirmeier – Manfred Treml (Hrsg.), Glanz und Ende der alten Klöster. Säkularisation im bayerischen Oberland 1803 (Veröffentlichungen zur Bayerischen Geschichte und Kultur 21/91), München 1991, S. 238. – Vgl. aber Anton Schneider, Der Gewinn des bayerischen Staates von säkularisierten landständischen Klöstern in Altbayern (Miscellanea Bavarica Monacensia 23), München 1970, S. 165–167. – Dietmar Stutzer, Klöster als Arbeitgeber um 1800. Die bayerischen Klöster als Unternehmenseinheiten und ihre Sozialsysteme zur Zeit der Säkularisation (Schriftenreihe der Historischen Kommission bei der Bayerischen Akademie der Wissenschaften 28), Göttingen 1986, bes. S. 108 f. und 128 f.

9 Vgl. dazu auch Exponate Nr. 74–85.

10 Laufer (wie Anm. 6) S. 288.

11 So unterhielten die Hochstifte Passau, Freising, Regensburg und Eichstätt ähnlich wie das Kurfürstentum Bayern zahlreiche Braugroßbetriebe, die einen beträchtlichen Teil der jeweiligen Staatseinnahmen sicherten. Die bedeutendsten wurden nach der Säkularisation jahrelang vom bayerischen Staat weitergeführt, z.B. Freising bis 1812 und Hacklberg bis 1836. – Auch die Brautätigkeit mancher kirchlicher Stadtspitäler überstieg den Versorgungsbedarf der armen Insassen und Pfründner, z.B. im Münchner Heilig-Geist-Spital.

12 Eberhard Weis, Die Säkularisation der bayerischen Klöster 1802/03. Neue Forschungen zu Vorgeschichte und Ergebnissen (Bayerische Akademie der Wissenschaften, Philosophisch-historische Klasse, Sitzungsberichte 1983/6), München 1983, S. 48, Anm. 65.

13 Vgl. dazu die Beiträge von Rainer Braun, Elisabeth Weinberger und Gerhard Leidel in diesem Band.

14 Vgl. Artur Dirmeier, Studien zu den Anfängen des klösterlichen Brauwesens. Das Benediktinerkloster Weltenburg. In: Verhandlungen des Historischen Vereins für Niederbayern 120/121 (1994/95) S. 73–98, hier S. 73–80.

15 Vgl. Hans Huntemann, Das deutsche Braugewerbe vom Ausgang des Mittelalters bis zum Beginn der Industrialisierung. Biererzeugung – Bierhandel – Bierverbrauch, Nürnberg 1971, S. 47–80. – Zuletzt Thomas Paringer, Die Brauerei des Klosters Ebersberg. In: Bernhard Schäfer (Hrsg.), Kloster Ebersberg. Prägekraft christlich-abendländischer Kultur im Herzen Altbayerns, Haar b. München 2002, S. 399–416, hier S. 399–409. – Zum hochentwickelten klösterlichen Weinbau bis zum 15. Jahrhundert vgl. Andreas Otto Weber, Studien zum Weinbau der altbayerischen Klöster im Mittelalter. Altbayern – österreichischer Donauraum – Südtirol (Vierteljahrschrift für Sozial- und Wirtschaftsgeschichte, Beiheft 141), Stuttgart 1999.

16 Stutzer (wie Anm. 8) S. 128 f. – [Josef] Rottenkolber, Zur Geschichte des Brauwesens im ehemaligen Stift Kempten. In: Jahrbuch der Gesellschaft für die Geschichte und Bibliographie des Brauwesens e.V. 1932, S. 20–36, hier S. 22 f.

17 Starke Brauereidefizite wie in Geisenfeld waren die Ausnahme. – Stutzer (wie Anm. 8) S. 216 und 236.

18 Ebd. S. 381, 211, 186.

19 Ebd. S. 214, 379, 216.

20 Ebd. S. 141 f. – Poll (wie Anm. 7) S. 58. – Umgekehrt waren auffallend viele Äbte und Pröpste des 17. und 18. Jahrhunderts Söhne von Bierbrauern oder -wirten. – Vgl. Edgar Krausen, Zur gesellschaftsgeschichtlichen Bedeutung des Brauerstandes. Brauersöhne als Äbte und Pröpste bayerischer Klöster und Stifte. In: Jahrbuch der Gesellschaft für die Geschichte und Bibliographie des Brauwesens e.V. 1965, S. 160–168.

21 Heinrich Huber, Das Brauwesen des vormaligen Karmelitenklosters in München. In: Jahrbuch der Gesellschaft für die Geschichte und Bibliographie des Brauwesens e.V. 1935, S. 31–55, hier S. 37 f.

22 Huntemann (wie Anm. 15) S. 85, 109, 112. – In Regensburg z.B. schädigten die privilegierten Reichsabteien St. Emmeram, Ober- und Niedermünster das bürgerliche Brauerhandwerk so schwer, dass der Stadtmagistrat mehrfach Klage beim Reichshofrat erhob. – Vgl. Roland Schönfeld, Studien zur Wirtschaftsgeschichte der Reichsstadt Regensburg im achtzehnten Jahrhundert. In: Verhandlungen des Historischen Vereins für Oberpfalz und Regensburg 100 (1959) S. 5–147, hier S. 99–102. – Rudolf Freytag, Bürgerliche und klösterliche Brauereien in Regensburg. In: Jahrbuch der Gesellschaft für die Geschichte des Brauwesens e.V. 1930, S. 21–71, hier S. 31–54.

23 1807/08 betrug er z.B. nur 786 Hektoliter. – Emil Struve, Die Entwicklung des Bayerischen Braugewerbes im neunzehnten Jahrhundert. Ein Beitrag zur deutschen Gewerbegeschichte der Neuzeit (Staats- und socialwissenschaftliche Forschungen 12/1), Leipzig 1893, S. 78.

24 Stutzer (wie Anm. 8) S. 216.

25 Vgl. die Zusammenstellung mit Nachträgen bei Poll (wie Anm. 7) S. 66–86. – Ders., Beiträge zur Geschichte des Klosterbrauwesens. In: Jahrbuch der Gesellschaft für die Geschichte und Bibliographie des

Brauwesens e.V. 1932, S. 37–54, hier S. 38–41. – Dieser leicht korrigierten Zählung zufolge lassen sich um 1800 in Bayern 285 Klöster
und Propsteien mit einer oder mehreren Brauereien feststellen. Da
die Aufnahmekriterien nicht eindeutig sind, ist diese Zahl allerdings
nur als Richtwert zu verstehen.

[26] Franz von Krenner, Beytrag zur Baierischen Topographie. In: Chur-
Pfalz-Baierisches Regierungs- und Intelligenzblatt 5 (1800) S. 334–
340. – Vgl. dazu Heinrich Huber, Eine Statistik aus dem 18. Jahrhundert über die bayerischen Klosterbrauereien. In: Brauwelt 1947,
Nr. 18, S. 365.

[27] Krausen (wie Anm. 7) S. 177. – Poll (wie Anm. 5) S. 20–23. – Wilhelm
Strobl, Das Nürnberger Braugewerbe in der neueren Zeit. 1800–1950.
In: Jahrbuch der Gesellschaft für die Geschichte und Bibliographie
des Brauwesens e.V. 1952, S. 25–85, hier S. 30.

[28] Vgl. zum Folgenden – mit speziellen Verweisen auf die Fälle Amberg
und Ebersberg – Heinrich Huber, Altbayerische Jesuitenklosterbrauereien. In: Jahrbuch der Gesellschaft für die Geschichte und Bibliographie des Brauwesens e.V. 1937, S. 31–46. – Paringer (wie Anm.
15) S. 413 f.

[29] Bayerisches Hauptstaatsarchiv (künftig BayHStA), StV 498, Bl. 82–82′,
Dekret vom 17.2.1803, Anweisung Nr. 4.

[30] BayHStA, Kurbayern Mandatensammlung 1803 III 11, S. 17; Abdruck
bei M. Bernarda Wagner, Die Säkularisation der Klöster im Gebiet
der heutigen Stadt Passau 1802–1836, Passau 1935, S. 182.

[31] BayHStA, Kurbayern Mandatensammlung 1803 IV 24, Abschnitt VI;
Abdruck bei Schneider (wie Anm. 8) S. 105. – Vgl. auch Rudolf Haderstorfer, Die Säkularisation der oberbayerischen Klöster Baumburg und Seeon. Die wirtschaftlichen und sozialen Wandlungen (Forschungen zur Sozial- und Wirtschaftsgeschichte 9), Stuttgart 1967,
S. 112 f.

[32] Vgl. Hans Schlosser, Braurechte, Brauer und Braustätten in München.
Zur Rechts- und Sozialgeschichte des spätmittelalterlichen Brauwesens, Ebelsbach 1981, S. 14–32.

[33] BayHStA, GR Fasz. 184 Nr. 30, Landesdirektionsseparat in Klostersachen an Generallandesdirektion vom 12.6.1803. – BayHStA, MF
17142, Geistliches Departement an Justiz- und Polizeidepartement
vom 29.7.1802. – Vgl. dazu den Beitrag von Annelie Hopfenmüller in
diesem Band.

[34] BayHStA, MF 17142, Justiz- und Polizeidepartement an Geistliches
Departement vom 17.7.1802.

[35] BayHStA, GR Fasz. 184 Nr. 30, Reskript vom 7.8.1803.

[36] Zitiert nach Heinrich Huber, Das Brauwesen des Paulanerklosters in
München. In: Jahrbuch der Gesellschaft für die Geschichte und
Bibliographie des Brauwesens e.V. 1933, S. 19–35, hier S. 21.

[37] BayHStA, StV 499, Bl. 187, Kurfürstliches Dekret an Spezialkommission in Klostersachen vom 23.9.1803.

[38] BayHStA, MF 16981, Landesdirektion an Finanzdepartement vom
27.7.1804.

[39] So z.B. für die ehemaligen Franziskanerbrauereien Neuburg, Pfreimd
und Straubing.

[40] Vgl. zusammenfassend Sabine Arndt-Baerend, Die Klostersäkularisation in München 1802/03 (Miscellanea Bavarica Monacensia 95),
München 1986, S. 168–171.

[41] Vgl. dazu den Abschnitt „Renaissance des Klosterbrauwesens" in
diesem Beitrag.

[42] Während Ettal höchst rentabel war, erwies sich Tegernsee als großes
Verlustgeschäft; auch das bereits erwähnte Paulanerbrauhaus in der
Au warf kurzzeitig gute Gewinne ab. – Vgl. Josef Franz Knöpfler, Zur
Geschichte der Kurfürstlichen Brauhäuser in Bayern, besonders in
Niederbayern und im Bayerischen Wald. In: Jahrbuch der Gesell-
schaft für die Geschichte und Bibliographie des Brauwesens e.V.
1931, S. 7–20, hier S. 14–17 und 19. – Zu St. Nikola vgl. Wagner (wie
Anm. 30) S. 63–66.

[43] BayHStA, StV 501, Bl. 4 f., Dekret an Landesdirektion von Baiern vom
4.1.1804. – Zuvor oblag diese Aufgabe der Landesdirektion.

[44] Die im Staatsbesitz verbliebenen Brauhäuser sollten künftig von den
örtlich zuständigen Kreisfinanzdirektionen verwaltet werden. Die
Finanzdirektion des Isarkreises hatte schon Jahre zuvor die Oberaufsicht über die Bräuwesensadministration und seit Anfang 1815
auch deren Rechnungskommissariat übernommen. – Vgl. Staatsarchiv München, RFK 1154.

[45] Zitiert nach Huber (wie Anm. 36) S. 23, Anm. 3.

[46] BayHStA, MF 17074, Landesdirektionsseparat in Klostersachen an
Finanzdepartement vom 23.11.1803 bzw. Genehmigungsschreiben
vom 9.12.1803.

[47] Vgl. Rottenkolber (wie Anm. 16) S. 32–35.

[48] BayHStA, GR Fasz. 184 Nr. 30, Conspect vom 12.3.1805. – Davon
standen acht in Staatsregie, zwölf waren verpachtet.

[49] Struve (wie Anm. 23) S. 74.

[50] Vgl. Gerhard Heyl, Benediktbeuern nach der Säkularisation. In:
Rainer Braun u. a. (Bearb.), Bayern und seine Armee. Eine Ausstellung des Bayerischen Hauptstaatsarchivs aus den Beständen des
Kriegsarchivs (Ausstellungskataloge der Staatlichen Archive Bayerns
21), München 1987, S. 297–310, hier S. 298 f.

[51] Max Schönleutner, Bericht über die Bewirthschaftung der königlich-
baierischen Staatsgüter Schleißheim, Fürstenried und Weihenstephan im Jahre 1819/20, München 1822, S. 185 f.

[52] Vgl. H[ans] Raum, Aus der Geschichte der Brauerei in Weihenstephan. In: Beiträge zur Geschichte von Weihenstephan, Bd. 4, [Wei-
henstephan] 1957, S. 16–19. – Fakultät für Brauwesen an der Technischen Hochschule München in Weihenstephan (Hrsg.), 100 Jahre
Fakultät für Brauwesen Weihenstephan 1865–1965, Nürnberg 1965,
S. 11–62, 72–77, 108–111.

[53] Bayerisches Staatsministerium der Finanzen (Hrsg.), Beteiligungs-
bericht des Freistaats Bayern 1999. Staatliche Beteiligungen an Unternehmen des privaten und öffentlichen Rechts im Jahr 1999, München
2000, S. 207 f.

[54] So die Regierungsanweisung an das Generallandesdirektionsseparat
in Klostersachen vom 10.9.1803 hinsichtlich des Beyhartinger
Brauhauses; BayHStA, StV 499, Bl. 114.

55 BayHStA, GR Fasz. 184 Nr. 30, Conspect vom 12.3.1805. – Die ursprünglich ebenfalls verpachteten Brauhäuser von Andechs und Polling waren bereits 1804 veräußert worden.

56 Ausnahmen stellen z.B. zwei ehemalige Bettelordensbrauereien in Straubing (bis 1841 bzw. 1844) und das frühere Malteserbrauhaus Amberg dar (bis 1821).

57 Berechnet nach BayHStA, GR Fasz. 184 Nr. 30, Conspect vom 12.3. 1805. – An anderer Stelle wird eine Gesamtpachtsumme von 90.343 Gulden angegeben; Schneider (wie Anm. 8) S. 166.

58 BayHStA, GR Fasz. 184 Nr. 30, Dekret vom 4.6.1803. – Heinrich Huber, Das Brauwesen der vormaligen Angerklosterbrauerei in München. In: Jahrbuch der Gesellschaft für die Geschichte und Bibliographie des Brauwesens e.V. 1936, S. 84–104, hier S. 98. – Haderstorfer (wie Anm. 31) S. 112 f.

59 Huber (wie Anm. 58) S. 98–104. – J[osef] Rottenkolber, Zur Geschichte schwäbischer Klosterbrauereien. In: Jahrbuch der Gesellschaft für die Geschichte und Bibliographie des Brauwesens e.V. 1936, S. 105–113, hier S. 105–108. – Vgl. auch Exponat Nr. 77.

60 BayHStA, MF 17142, Landesdirektionsseparat in ständischen Klostersachen an Finanzdepartement vom 11.3.1805 bzw. Antwortschreiben vom 29.3.1805. – Vorzeitig verkauft wurden offenbar nur Oberaltaich (1805), Frauenchiemsee (1806) und Beyharting (1807).

61 In Raitenhaslach waren z.B. sechs Versteigerungstermine notwendig, bis Ende Juni 1804 der geeignete Käufer feststand. – Vgl. Edgar Krausen, Die Versteigerung der Klosterbrauerei Raitenhaslach im Jahre 1803/04. In: Jahrbuch der Gesellschaft für die Geschichte und Bibliographie des Brauwesens e.V. 1968, S. 81–97.

62 Stutzer (wie Anm. 8) S. 108.

63 BayHStA, GR Fasz. 184 Nr. 30, Conspect vom 12.3.1805. – Zur ersten Gruppe gehörten Aldersbach, Altomünster, Hohenwarth, Niederschönenfeld, Rohr, Rottenbuch, Scheyern, Schlehdorf, St. Zeno, Weyarn und zwei Propsteien. Als Gesamtobjekte verkauft wurden z.B. Altenhohenau, Andechs, Au, Baumburg, Bernried, Beuerberg, Dießen, Dietramszell, Fürstenfeld, Gars, Geisenfeld, Gotteszell, Herrenchiemsee, Kühbach, Polling, Prüll, Schäftlarn, Seeon, Steingaden, Tegernsee und Thierhaupten. Zusammen mit anderen Klostergebäuden und/oder Gründen veräußerte man Attel, Mallersdorf, Niederviehbach, Prüfening, Raitenhaslach, Rott, Stadtamhof/St. Mang, Wessobrunn und Windberg.

64 Vgl. Freytag (wie Anm. 22). – Franz Xaver Ragl, Regensburg – die Stadt der Klosterbrauereien. In: Der bayerische Bierbrauer 22 (1939), Nr. 28, S. 1–6.

65 P. Michael Kaufmann, Säkularisation, Desolation und Restauration in der Benediktinerabtei Metten (1803–1840), Metten 1993, S. 254.

66 BayHStA, GR Fasz. 184 Nr. 30. – Vgl. z.B. den ausführlichen Vergleich der Versteigerung der Brauhäuser in Niederalteich, St. Salvator und Metten durch die Regierung des Unterdonaukreises vom 23.8.1810, zitiert bei Kaufmann (wie Anm. 65) S. 254.

67 Zu den letzten Privatisierungen zählten Ebersberg (1817) und Höglwörth (1821). Weitere Nachzügler waren die zunächst dem Münchner Damenstift einverleibten Exklöster St. Veit und Osterhofen (1829 bzw. 1833).

68 Berechnet nach BayHStA, GR Fasz. 184 Nr. 30, Conspect vom 12.3. 1805.

69 Andreas Schlittmeier, Die wirtschaftlichen Auswirkungen der Säkularisation in Niederbayern, untersucht am Beispiel der Abtei Niederaltaich und seiner Propsteien Rinchnach und Sankt Oswald. In: Verhandlungen des Historischen Vereins für Niederbayern 87 (1961) S. 1–147, hier S. 78 f., 81 f.

70 BayHStA, GR Fasz. 184 Nr. 30, Conspect vom 12.3.1805.

71 Ebd.

72 BayHStA, StV 500, Bl. 211, Dekret vom 16.12.1803.

73 BayHStA, GR Fasz. 184 Nr. 30, Conspect vom 12.3.1805. – Zu den beiden Fällen vgl. Max Biller, Pollinger Heimat-Lexikon. Ein Wegweiser durch Geschichte und Gegenwart von Polling, Etting, Oderding, Bd. 1, Polling 1992, S. 258–266. – Johannes Lang, St. Zeno und das „fünfte Element“. Aufstieg und Niedergang der zenonischen Stiftsbrauerei. In: Heimatblätter. Beilage von „Reichenhaller Tagblatt“ und „Freilassinger Anzeiger“ 70 (2002), Nr. 4 vom 27.4. 2002.

74 BayHStA, StV 500, Bl. 31 f. und 92, Dekrete vom 14.10. und 6.11.1803. – Vgl. Florian Sepp, Beiträge zur Geschichte des Augustinerchorherrenstifts Weyarn in der Barockzeit, Magisterarbeit München 2000.

75 Wolfgang Behringer, Löwenbräu. Von den Anfängen des Münchner Brauwesens bis zur Gegenwart, München 1991, S. 83.

76 Andreas Höger, Dietramszell nach der Säkularisation. Im Spannungsfeld von Schloßherr, Kloster und Gemeinde (bis 1850) (Forschungen zur Landes- und Regionalgeschichte 6), St. Ottilien 1998, S. 35.

77 Walter Demel, Der bayerische Staatsabsolutismus 1806/08–1817. Staats- und gesellschaftspolitische Motivationen und Hintergründe der Reformära in der ersten Phase des Königreichs Bayern (Schriftenreihe zur Bayerischen Landesgeschichte 76), München 1983, S. 203–207. – Winfried Müller, Die Aufhebung von Kloster Fürstenfeld im Jahr 1803. In: Angelika Ehrmann – Peter Pfister – Klaus Wollenberg (Hrsg.), In Tal und Einsamkeit. 725 Jahre Kloster Fürstenfeld. Die Zisterzienser im alten Bayern, Bd. 2: Aufsätze, Fürstenfeldbruck 1988, S. 141–163, hier S. 153 f.

78 So die ältere Meinung von P. Ildefons Poll, Beiträge zur Geschichte des Klosterbrauwesens, Bd. 3: Das Brauwesen des Benediktinerklosters Niederaltaich (Veröffentlichungen der Gesellschaft für die Geschichte und Bibliographie des Brauwesens e.V. 14), Berlin 1938, S. 76.

79 Schneider (wie Anm. 8) S. 166 und 162.

80 Vgl. z.B. BayHStA, GR Fasz. 59 Nr. 27, zur Frage der Neufestsetzung reglementmäßiger Bieraufschläge bei ehemaligen Klosterbrauereien durch die Landschaft 1803/04 anstelle der früher bevorzugten Komposition.

81 Wolfgang Zorn, Die wirtschaftliche Struktur Bayerns um 1820. In: Dieter Albrecht – Andreas Kraus – Kurt Reindel (Hrsg.), Festschrift für Max Spindler zum 75. Geburtstag, München 1969, S. 611–631, hier S. 616.

82 Vgl. Struve (wie Anm. 23) S. 26–93. – Alfons Jehle, Das Bier in Bayern. Kurzgefaßte geschichtliche Darstellung des Entwicklungsganges des

bayerischen Brauwesens (Geschichtsbilder aus dem Bayerischen Brauwesen 1), München 1948, S. 151–165. – Laufer (wie Anm. 6) S. 292–296. – Evelin Heckhorn – Hartmut Wiehr, München und sein Bier. Vom Brauhandwerk zur Bierindustrie, München 1989, S. 15–22. – Christian Schäder, Münchner Brauindustrie 1871–1945. Die wirtschaftsgeschichtliche Entwicklung eines Industriezweiges (Wissenschaftliche Beiträge aus dem Tectum Verlag, Reihe Wirtschaftswissenschaften 3), Marburg 1999, S. 29–38.

83 Struve (wie Anm. 23) S. 67.

84 Vgl. ebd. S. 94–279. – Ernst Jaenisch, Die bayerischen Bierbrauereien während des Krieges und nach dem Kriege, München-Berlin-Leipzig 1922. – Horst Launer, Strukturelle Wandlungen des deutschen Braugewerbes im 20. Jahrhundert, Agr. Diss. München 1953. – Mikuláš Teich, Bier, Wissenschaft und Wirtschaft in Deutschland 1800–1914. Ein Beitrag zur deutschen Industrialisierungsgeschichte, Wien-Köln-Weimar 2000, S. 329–343.

85 Noch in den 1930er-Jahren wurde ein Gewichtsverhältnis von drei zu eins zugunsten der Klein- und Mittelbrauereien in Bayern errechnet. – BayHStA, Bayerischer Brauerbund 1276, undatierte Denkschrift.

86 BayHStA, MF 17142, Supplik der bürgerlichen Brauer von Geisenfeld vom 31.3.1803.

87 Vgl. BayHStA, MF 17142.

88 BayHStA, MF 17142, Landesdirektionsseparat in Klostersachen an Gesamtministerium vom 16.7.1803.

89 Vgl. Alois Mitterwieser, Die Klosterbrauerei Altenhohenau am Inn. In: Der bayerische Bierbrauer 26 (1943).

90 Hans Eberlein, 350 Jahre Hasenbrauerei Augsburg 1589–1939, Augsburg 1939, S. 117. – Wagner (wie Anm. 30) S. 64 f.

91 Leo Hintermayr, Das Fürstentum Eichstätt der Herzöge von Leuchtenberg 1817–1833 (Schriftenreihe zur bayerischen Landesgeschichte 124), München 2000, S. 338.

92 Vgl. Freytag (wie Anm. 22) S. 22–31.

93 BayHStA, MF 20874, Bericht der Landesdirektion vom 16.7.1803. – Vgl. Schlittmeier (wie Anm. 69) S. 50–52. – Poll (wie Anm. 78) S. 85–91.

94 Schlittmeier (wie Anm. 69) S. 53. – Kaufmann (wie Anm. 65) S. 254. – Zum Schätzwert vgl. BayHStA, GR Fasz. 184 Nr. 30, Verzeichnis der verpachteten Klosterbrauhäuser im Unterdonaukreis von 1809.

95 Kaufmann (wie Anm. 65) S. 89–92.

96 Harm Klueting, Die sozio-ökonomischen Folgen der Säkularisation des 19. Jahrhunderts im rechtsrheinischen Deutschland. In: Irene Crusius (Hrsg.), Zur Säkularisation geistlicher Institutionen im 16. und im 18./19. Jahrhundert (Veröffentlichungen des Max-Planck-Instituts für Geschichte 124), Göttingen 1996, S. 102–120, hier S. 113.

97 In Gesamtbayern waren die Anteile mit 23,5 bzw. 52 Prozent offenbar etwas geringer. – Hans Christian Mempel, Die Vermögenssäkularisation 1803/10. Verlauf und Folgen der Kirchengutenteignung in verschiedenen deutschen Territorien (tuduv-Studien, Reihe Sozialwissenschaften 15), München 1979, Bd. 1/I, S. 65 und 170.

98 Eigene Berechnungen des Verfassers.

99 Berechnet nach BayHStA, GR Fasz. 184 Nr. 30, Conspect vom 12.3. 1805.

100 Mempel (wie Anm. 97) Bd. 2, S. 61.

101 Ebd. Bd. 2, S. 62. – Zum Brauereiinteresse des Adels vgl. ebd. Bd. 2, S. 40–46.

102 Eigene Berechnungen des Verfassers.

103 Vgl. Edgar Krausen, Zur gesellschaftsgeschichtlichen Bedeutung des Brauerstandes in Altbayern. In: Jahrbuch der Gesellschaft für die Geschichte und Bibliographie des Brauwesens e.V. 1967, S. 22–44, hier S. 34–36.

104 So z.B. im Fall der Zweit- und Dritterwerber von Au und Gars oder von Dießen und Wessobrunn; Mempel (wie Anm. 97) Bd. 2, S. 61.

105 Zu regelrechten Konkursen von Brauern, zum Teil in zweiter Generation, kam es offenbar nur in Altenhohenau, Oberalteich und Schäftlarn; in Baumburg und Beuerberg scheiterten bürgerliche Investoren.

106 Laut Mempel (wie Anm. 97) Bd. 2, S. 61, erwarben Brauer und Wirte bis 1813 21 Prozent des nachweisbaren Klosterbesitzes in Altbayern.

107 Vgl. dazu die Notiz bei Josef Keim, Zur Geschichte des Brauwesens in Straubing seit Mitte des 16. Jahrhunderts. In: Jahrbuch der Gesellschaft für die Geschichte und Bibliographie des Brauwesens e.V. 1934, S. 59–87, hier S. 65.

108 Vgl. Demel (wie Anm. 77) S. 389–398.

109 Abweichend davon die These von Stutzer (wie Anm. 8) S. 109.

110 Vgl. dazu Klueting (wie Anm. 96) S. 116–119. – Weis (wie Anm. 12) S. 49.

111 Brauereien im Besitz von Studienseminaren, bischöflichen Seminarstiftungen und sonstigen Kollektiven, z.B. die ehemalige Jesuitenklosterbrauerei in Amberg oder die Regensburger Niedermünsterbrauerei, bleiben aufgrund ihrer Sondersituation hier unberücksichtigt. – Sudhäuser, die im Lauf des 19. Jahrhunderts in klösterlichen Besitz zurückkehrten, werden nachfolgend gesondert betrachtet.

112 Vgl. Rottenkolber (wie Anm. 59).

113 Vgl. zum Folgenden Rudolf Stuiber, Die Säkularisation. In: Klosterbrauerei Raitenhaslach (Hrsg.), 700 Jahre Klosterbrauerei Raitenhaslach 1286–1986, Raitenhaslach 1986, S. 46–74.

114 Vgl. zum Folgenden Höger (wie Anm. 76) S. 32–36, 126, 172. – Zu Schilchers Wirken im Rahmen der Säkularisation vgl. den Beitrag von Elisabeth Weinberger in diesem Band.

115 Von bürgerlichen Besitzern erfolgreich betrieben wurden z.B. die ehemaligen Klosterbrauhäuser in Au, Baumburg, Rottenbuch, Seeon, Thierhaupten und St. Nikola; zu florierenden Adelsbrauereien avancierten u.a. Aldersbach, Ebersberg, Ettal, Prüfening, Steingaden, Tegernsee und St. Veit.

116 Vgl. dazu allgemein Hermann Schmid, Säkularisation und Schicksal der Klöster in Bayern, Württemberg und Baden 1802–1815 unter besonderer Berücksichtigung von Industrieanlagen in ehemaligen Konventen, Überlingen 1975. – Vgl. dagegen den Beitrag von Rainer Braun in diesem Band.

117 Vgl. zum Folgenden Wolfgang Behringer – Christian Schäder, Münchner Großbrauereien. Vom Aufstieg kleiner Braustätten zu weltbekannten Bierfabriken. In: Pasinger Fabrik (Hrsg.), Wirtshäuser in München um 1900: „Berge von unten, Kirchen von außen, Wirtshäuser von innen", München 1997, S. 55–68. – Heckhorn – Wiehr (wie Anm. 82). – Schäder (wie Anm. 82). – Volker D. Laturell, Volkskultur in München. Aufsätze zu Brauchtum, Musikalische Volkskultur, Volkstanz, Trachten und Volkstheater in einer Millionenstadt, München 1997, S. 88–96. – Burger (wie Anm. 4) S. 25–56. – Heinrich Huber, Die Bierbrauerei des vormaligen Augustinerklosters in München. In: Jahrbuch der Gesellschaft für die Geschichte und Bibliographie des Brauwesens e.V. 1934, S. 40–58, hier S. 50–58. – Vgl. auch Exponate Nr. 75, 82 und 83.
118 In den fränkischen Zuwachsgebieten gab es die Fälle Kreuzberg (Wallfahrt) und Münnerstadt (früh restauriert).
119 Vgl. dazu den Überblick bei Gunter Freudenthal, Die Klosterbrauereien heute. In: Jahrbuch der Gesellschaft für die Geschichte und Bibliographie des Brauwesens e.V. 1979, S. 9–122, hier S. 20–22.
120 In den späten 1930er-Jahren produzierten lediglich Andechs, Ettal, Scheyern, Metten und Niederalteich in nennenswertem Umfang (Jahresausstoß zwischen 5000 und 12.000 Hektolitern). – Vgl. BayHStA, Bayerischer Brauerbund 51.
121 Vgl. BayHStA, Bayerischer Brauerbund 422 und 492. – Speziell dazu auch Exponat Nr. 79.
122 Freudenthal (wie Anm. 119) S. 23. – Schon 1820 hatte der Vikar der Franziskanerordensprovinz von einem „unserm Institut widrigen Gewerbe" gesprochen und darüber geklagt, dass „mit Ausschenkung des Biers an Weltliche viel Mißbrauch geschehe" und „die klösterliche Ruhe und Disciplin gefährdet" werde. – Zitiert nach P. Bernardin Lins, Geschichte der bayerischen Franziskanerprovinz zum hl. Antonius von Padua, Bd. 2: Zur Zeit der Säkularisation 1802–1827, Landshut 1931, S. 66. – Vgl. auch Heinrich Huber, Geschichte der Franziskanerbrauerei in München. In: Jahrbuch der Gesellschaft für die Geschichte und Bibliographie des Brauwesens e.V. 1935, S. 56–112, hier S. 108.
123 Struve (wie Anm. 23) S. 162.
124 Piendl – Mayer (wie Anm. 5) S. 781 f. – Für den Stand von 1975 vgl. Freudenthal (wie Anm. 119) S. 121 f. – Zur zahlenmäßigen Entwick-

lung bis 1946 vgl. auch BayHStA, Bayerischer Brauerbund 57 und 492.
125 Vgl. z.B. Anselm Bilgri, Kloster-Ökonomie heute. In: Karl Bosl u.a. (Hrsg.), Andechs. Der Heilige Berg. Von der Frühzeit bis zur Gegenwart, München 1993, S. 258–262. – Anton Piendl – Wolfgang Alto Mayer, Klosterbrauereien in Bayern. Zur Geschichte der Klosterbrauerei Andechs. In: Brauwelt 1989, S. 1763–1768. – Freudenthal (wie Anm. 119) S. 37–49. – P. Willibald Mathäser, Flüssiges Brot. Eine Plauderei über Andechs mit seinem Klosterbier und über den Gerstensaft in aller Welt, München 1974. – Vgl. dazu auch Exponat Nr. 84.
126 Benno Scharl, Beschreibung der Braunbier-Brauerey im Königreiche Baiern, München 1814 (2. Aufl. 1826, 3. Aufl. 1843). – Vgl. dazu Teich (wie Anm. 84) S. 189 f., 266–268, 280 f., 289 f., 293–297. – Zu Werdegang und Bedeutung Scharls vgl. auch Exponat Nr. 78.
127 Stadtarchiv München, Nachlass Fritz Sedlmayr, Kassette F6. – Zur Geschichte der Spatenbrauerei und der Brauerdynastie Sedlmayr vgl. Wolfgang Behringer, Die Spaten-Brauerei 1397–1997. Die Geschichte eines Münchner Unternehmens vom Mittelalter bis zur Gegenwart, München-Zürich 1997.
128 Vgl. dazu Exponat Nr. 85.
129 Peter Urbanek, Werbeplakate der Spatenbrauerei 1867–1938 (Ausstellungskatalog), München 1999, Nr. 40. – Vorläuferwarenzeichen ähnlicher Art existierten bereits seit 1909.
130 Vgl. Behringer (wie Anm. 127) S. 93–100. – Huber (wie Anm. 122) S. 58–98.
131 Vgl. Bernd Winkler, Das Bierbrauen in Kulmbach (Die Plassenburg 46), Kulmbach 1987, S. 172 und 216. – Vgl. dazu Exponat Nr. 81.
132 Vgl. dazu Exponat Nr. 80. – BayHStA, Bayerischer Brauerbund 1125.
133 Theobald Simon, Die Werbung der Brauereien, Nürnberg 1931, S. 62.
134 BayHStA, Bayerischer Brauerbund 57.
135 BayHStA, Bayerischer Brauerbund 1119, Mönchshof Export-Brauerei AG an Bayerischen Brauerbund vom 27.8.1913.
136 Mündliche Auskunft von Rechtsanwalt Dr. Maiwald aus München vom 16.10.2002.

Vom Klosterwald zum Staatsforst

Von *Elisabeth Weinberger*

Die Bedeutung des Waldes

Der gewaltige Zuwachs an landesherrlicher Waldfläche im Rahmen der Säkularisation bedeutete nicht nur rückblickend und auf lange Sicht einen bleibenden Gewinn für den bayerischen Staat, auch für den bayerischen Kurfürsten und seine Verwaltung spielte die Aussicht, den staatlichen Waldbesitz um ein Drittel zu vergrößern, eine wichtige Rolle.

Die Verstaatlichung der Klosterwälder in Folge der Säkularisation 1803 erfolgte am Ende einer Epoche, deren Kultur so sehr von Holz als Rohstoff und Energieträger abhängig war, dass ihr im Nachhinein ein „ausgesprochen hölzernes Gepräge" bescheinigt wurde.[1]

Noch zu Beginn des 19. Jahrhunderts stellte Holz einen lebensnotwendigen Rohstoff dar; Brenn-, Werk- und Bauholz waren aus dem täglichen Leben nicht wegzudenken. Vor allem Brennholz ist in seiner Bedeutung als Wärmelieferant und Energieträger besonders hoch zu veranschlagen, da seine Substitution durch Braun- und Steinkohle noch in den Anfängen steckte[2] und neben den zahlreichen Hausfeuerstätten und kleineren Handwerksbetrieben die Großverbraucher Montanindustrie und Saline auf eine zuverlässige Versorgung mit Holzkohlen und Brennholz angewiesen waren. Als Bau- und Werkholz war es in Häusern, Wägen, Mühlrädern, Förderanlagen bis hin zu den alltäglichen Gebrauchsgegenständen unentbehrlich. Neben Holz lieferte der Wald eine Vielzahl von Produkten wie Harz, Beeren und Pilze, die mehr oder weniger gewerblich gesammelt und verkauft wurden. Eine kaum zu überschätzende Rolle spielte der Wald für die Landwirtschaft; bis weit in das 19. Jahrhundert hinein kam sie ohne Waldweide, Waldmast, Laubrechen, Schneiteln und Waldgrasgewinnung nicht aus.[3]

Auf eine ausreichende und zuverlässige Holzversorgung konnte somit die gesamte Bevölkerung nicht verzichten. Gerade im 18. Jahrhundert war deshalb die Furcht vor Holzmangel ein immer wiederkehrendes, wenn auch in der Forschung stark umstrittenes Phänomen.[4] Die eben genannten unterschiedlichen Anforderungen an den Wald, die im ausgehenden 18. Jahrhundert stetig steigende Bevölkerungszahl[5] und die wachsende Bedeutung des Holzes als ökonomisches Gut mit Marktpreis lassen diese Befürchtungen plausibel erscheinen. Während dem Holz in der zu Beginn des 18. Jahrhunderts vorherrschenden merkantilistischen Wirtschaftslehre zwar eine wesentliche Bedeutung als Energielieferant zukam, spielte es als Handelsware eine untergeordnete Rolle; mit der im Laufe des 18. Jahrhunderts aus Frankreich nach Bayern vordringenden Lehre des Physiokratismus, die den eigentlichen Reichtum des Staates in Grund und Boden sah,[6] gewannen der Wald als eigenständiger Wirtschaftsfaktor und das Holz als Handelsgut noch einmal an Gewicht.

Waldfläche und Waldverteilung

1790 war in Altbayern[7] eine Fläche von 2.900.000 Tagwerk bewaldet; das Eigentum an dieser Waldfläche verteilte sich folgendermaßen: Landesherr 600.000 Tagwerk, die altbayerischen Klöster 350.000 Tagwerk, die reichsunmittelbaren Hochstifte 320.000 Tagwerk, der Adel 150.000 Tagwerk, Gemeinden und Stiftungen 320.000 Tagwerk. Nach Josef Köstlers Geschichte des Waldes in Altbayern befanden sich 1.230.000 Tagwerk Waldfläche im Besitz grundherrlicher Bauern,[8] eine in dieser Größenordnung kaum nachvollziehbare Angabe. Köstler belegt diese Zahlen nicht mit Quellen, so dass Zweifel an ihrer Zuverlässigkeit nicht ausgeräumt werden können.

Der Waldbesitz der altbayerischen Klöster differierte sehr stark.[9] Den umfangreichsten Waldbesitz hatte das Kloster Tegernsee mit circa 80.000 Tagwerk Wald,[10] gefolgt von Niederalteich[11] mit mehr als 47.00 Tagwerk und Ettal, dessen Waldbesitz beinahe 40.500 Tagwerk umfasste. Mit großem Abstand folgten Scheyern mit knapp 19.300 Tagwerk, Benediktbeuern mit mehr als 18.600, Geisenfeld mit rund 16.100, Fürstenfeld mit beinahe 15.600 und Beuerberg mit etwas mehr als 14.200 Tagwerk. Der Waldbesitz der restlichen Klöster bewegte sich zwischen 8 Tagwerk bei St. Nikola, 98 Tagwerk bei Vornbach am Inn und knapp 6700 Tagwerk bei Kloster Rottenbuch.[12]

Für die Oberpfalz sowie Franken und Schwaben gibt es keine zusammenfassenden Darstellungen zur Geschichte des Waldes; daher fehlen auch Zahlen und Vergleichsmöglichkeiten zum Verhältnis zwischen geistlichem und weltlichem Waldbesitz. Eine im Vorfeld des bayerischen Konkordates von 1924 angefertigte Zusammenstellung der bei der Säkularisation in Staatsbesitz übergegangenen ehemaligen Klosterwaldungen und Waldungen aus sonstigem geistlichen Besitz ermöglicht zumindest für Teile der neubayerischen Territorien eine Schätzung der Klosterwälder.[13] Die Zusammenstellungen, die erst im 20. Jahrhundert entstanden sind, lassen oft Unsicherheiten in den Flächenangaben erkennen.[14]

Im nachmaligen Regierungsbezirk Oberpfalz und Regensburg fielen durch die Säkularisation und den Zuwachs des Dalbergstaates 1810 etwa 91.423 Tagwerk Wald an den bayerischen Staat, davon waren etwa 71.000 Tagwerk bislang Besitz der Oberpfälzer Klöster und Stifte. Mit Ausnahme des Amberger Paulanerklosters, dessen Waldbesitz ungefähr 130 Tagwerk umfasste, besaßen die Oberpfälzer Klöster durchweg mehr als 300 Tagwerk Wald. Den größten Waldbesitz wies die Zisterze Waldsassen mit etwas weniger als 47.000 Tagwerk auf, gefolgt von Speinshart mit circa 4.300 Tagwerk.[15]

In Unterfranken übernahm der bayerische Staat ungefähr 47.700 Tagwerk Waldfläche der aufgehobenen Klöster und Abteien Michelsberg, Aura[16], Ebrach, Kitzingen, Fulda, Bildhausen, Wechterswinkel[17], Münsterschwarzach, Seligenstadt, Oberzell und Unterzell.

In Oberfranken fielen rund 27.600 Tagwerk Wald der beiden Zisterzen Ebrach und Langheim an den Staat.[18] Im Regierungsbezirk Mittelfranken waren bereits während der Reformation im 16. Jahrhundert 7.780 Tagwerk Waldgrund aus dem Besitz der Klöster und Stifte Heilsbronn, Sulz, Frauenthal, Engelthal sowie der Rothenburger Franziskaner und Dominikaner an das Markgraftum Ansbach, an die Reichsstädte Nürnberg und Rothenburg übergegangen; diese Flächen gelangten in Folge des Reichsdeputationshauptschlusses ebenfalls in bayerischen Besitz. Der Waldbesitz der im Regierungsbezirk Mittelfranken liegenden Teile der ehemaligen Fürstbistümer Eichstätt und Würzburg sowie des Deutschen Ordens und des Johanniterordens belief sich auf etwas weniger als 70.000 Tagwerk Wald.[19] Die in der Oberpfalz befindlichen Teile der Hochstifte Bamberg, Eichstätt und Regensburg hatten einen Umfang von 13.900 Tagwerk. In Oberfranken gelangte zusätzlich der umfangreiche, 117.400 Tagwerk umfassende Waldbesitz des Fürstbistums Bamberg in Staatsbesitz. In Unterfranken übernahm der bayerische Staat 2.430 Tagwerk Wald aus dem Besitz des Hochstiftes Würzburg.

Insgesamt vergrößerte sich der bayerische Staatswald mit dem Gewinn Frankens um 272.900 Tagwerk; 71.630 Tagwerk hatten sich bis zu diesem Zeitpunkt in klösterlichem Besitz befunden, 201.270 Tagwerk waren Eigentum der Hochstifte, des Deutschen Ordens und der Johanniter gewesen.

In Schwaben betrug der Zuwachs 132.610 Tagwerk, von denen 55.280 Tagwerk im Wesentlichen aus dem Besitz der großen schwäbischen Klöster und Reichsstifte wie Oberschönenfeld, Ottobeuren, Roggenburg, Ursberg oder Wettenhausen stammten. 77.330 Tagwerk waren bislang Eigentum des Hochstifts und des Domkapitels Augsburg, des Fürststifts Kempten und des Deutschen Ordens.[20]

Lässt man die vorübergehenden innerbayerischen Territorialverschiebungen zu Beginn des 19. Jahrhunderts außer Acht, so konnte der bayerische Staat nach der Säkularisation einen Waldflächenzuwachs von circa 1.167.000 Tagwerk verbuchen und war damit Besitzer von 1.767.000 Tagwerk Wald. 554.440 Tagwerk stammten aus klösterlichem Besitz, 612.500 Tagwerk aus hochstiftischem und sonstigem geistlichem Besitz.

Wie weiter unten noch zu zeigen ist, reduzierte sich die Fläche durch Waldverkäufe und -abtretungen zum Zwecke der Ablösung von Forstrechten in den folgenden Jahren wieder.

Trotz der erheblichen Bedeutung des Waldes betrug der aus 600.000 Tagwerk landesherrlichem Wald erwirtschaftete Anteil des bayerischen Staatshaushaltes für das Jahr 1777 61.737 Gulden und steigerte sich bis 1800 auf 206.455 Gulden, was bei einer Summe der ordentlichen Staatseinnahmen von 4.381.420 Gulden 1777 und 5.677.655 Gulden 1800 1,4 beziehungsweise 3,6 Prozent entsprach.[21] Dieser geringe Prozentsatz erklärt sich unter anderem mit der vielfältigen Nutzung des Waldes, mit den zahlreichen Holzbezugsrechten einzelner Personen und der aus diesen Gründen nur schwer realisierbaren planvollen Bewirtschaftung und Verwaltung des Waldes. Nach der Vergrößerung der Staatswaldfläche in Folge der Säkularisation und der Reform der Forstverwaltung Anfang des 19. Jahrhunderts machte der Ertrag aus dem Staatswald bis ins beginnende 20. Jahrhundert teilweise ein Drittel des Staatshaushaltes aus.[22]

Vor diesem Hintergrund hatte der Zuwachs von 1.167.000 Tagwerk Wald, davon mehr als 350.000 Tagwerk aus dem Besitz altbayerischer Klöster und Stifte, positive Auswirkungen für den bayerischen Staat. Die Arrondierung zerstreut liegender Parzellen durch Tausch führte zu einer Mehrung größerer zusammenhängender Flächen, die wiederum effizienter zu bewirtschaften waren. Die Konzentration der Waldfläche in einer Hand erleichterte die Regulierung und Vereinheitlichung der Verwaltung sowie die Planung einer nachhaltigen Bewirtschaftung.

Nicht zu vernachlässigen sind schließlich bereits im Vorfeld der Säkularisation angestellte und während ihrer Durchführung weiter bestehende Überlegungen, die durch Kriegslasten beanspruchten Staatskassen auch durch den Erlös aus dem Verkauf nicht gewinnbringender, kleinerer Waldflächen zu füllen.

Die Übernahme der altbayerischen Klosterwaldungen durch Mathias von Schilcher

Die rechtliche Grundlage, auf der die Übernahme des Klosterwaldes in Staatseigentum ruhte, waren der Reichsdeputationshauptschluss vom 25. Februar 1803 und die in seiner Folge erlassene Instruktion zur Klosteraufhebung vom 11. März 1803.[23] Diese Instruktion sah eine möglichst genaue Erfassung von Ausmaß, Zustand und Wert der Klosterwälder sowie ihre Zuweisung an die zuständigen Forstmeisteramtsdistrikte vor.[24] Da vor allem die Übergabe der Waldungen an die landesherrliche Forstverwaltung Schwierigkeiten zu bereiten schien, wurde sie mit einer weiteren Instruktion vom 24. April 1803 wieder eingestellt und die ursprünglich geplante Veräußerung von Klosterwald vorläufig ausgesetzt.[25]

Die Übernahme der Klosterwälder erfolgte schließlich durch eine im Juni 1803 gebildete „Kommission zur Organisation der Klosterwaldungen" unter der Leitung des Generallandesdirektionsrates Mathias Schilcher.[26] Schilcher entstammte einer Försterfamilie – bereits der Vater war Oberjäger und Förster in Pflugdorf bei Landsberg gewesen – und stand seit 1783 als Hofjäger und Geometer in kurfürstlichen Diensten.[27] Durch die Anfertigung von ersten Forstplänen machte er auf sich aufmerksam und wurde für eine Studienreise nach Norddeutschland ausgewählt, um die dort gebräuchliche Forsteinrichtung kennen zu lernen. Nach seiner Rückkehr 1789 ernannte ihn Kurfürst Karl Theodor zum Oberförster und setzte ihn im Forstmeisteramt München ein. Schilcher erstellte in der Folgezeit weitere Forstpläne, unterrichtete an der Münchner Forstschule, schuf ein neues Wegenetz in den Münchner Forsten, in der Fachsprache Geräumte genannt, befasste sich mit der Forstverwaltung und wandte sich immer mehr der Forsttaxation, der nachhaltigen Ertragsbestimmung der Wälder, zu. 1795 wurde er zum Forsttaxator und Forstkommissar für das Oberland ernannt und taxierte in den folgenden drei Jahren eine Fläche von mehr als 26.000 Tagwerk.

Seit der allgemeinen Verwaltungsreform 1799 war Mathias Schilcher als Landesdirektionsrat bei der auch

für das Forstwesen zuständigen 5. Deputation der Generallandesdirektion hauptsächlich mit der Regelung von Forstservituten beschäftigt, worunter die Belastung des Waldes durch gemeinschaftliche Nutzung der ländlichen Bevölkerung vorrangig in Form von Holzentnahme, Weiderechten oder Streunutzung zu verstehen ist.[28]
Am 1. Juni 1803 wurde Schilcher mit der Bildung einer Kommission beauftragt, die innerhalb eines Jahres den Bestand der altbayerischen Klosterwaldungen erfasste, beschrieb und der staatlichen Forstverwaltung überantwortete. In der Entschließung der Generallandesdirektion wies man ihn an, „diese Waldungen im Verbande mit den aelteren churfürstlichen Förstern in ordentliche und möglichst abgerundete Refire – salva ratione – einzutheilen" und „selbe provisorie den einschlägigen Forstmeisterämtern zu übergeben und die Förster der aquirirten Waldungen in diese Ämter einzuweisen."[29] Darüber hinaus hatte Schilcher Vorschläge über die Abfindung der Forstrechtler zu machen und festzustellen, welche Waldungen „entweder zum Verkaufe oder Austausche geeignet sind."[30]
Als Hilfsmittel standen Schilcher Tabellen über den klösterlichen Waldbesitz zur Verfügung, die von den Lokalkommissionen in Folge der Instruktion vom 11. März 1803 angefertigt worden waren.
Mathias Schilcher machte sich unmittelbar, nachdem er den Auftrag erhalten hatte, die Klosterwaldungen zu besichtigen und den zuständigen Forstmeisterämtern zuzuweisen, auf die Reise. Insgesamt unternahm er vier ausgedehnte Kommissionsreisen durch ganz Altbayern.[31] In Begleitung mehrerer Kommissionsgehilfen reiste er am 2. Juni nach Fürstenfeld und besichtigte dort die Kloster Fürstenfelder Waldungen sowie zwei Waldungen der Klöster Bernried und Dießen. Diese erste Reise führte ihn weiter an den Lechrain nach Landsberg, Pflugdorf, Dießen, Mering, Thierhaupten, Niederschönenfeld, Hohenwart, Scheyern, Altomünster und am 21. Juni zurück nach München. Von dort aus ging er am 22. Juni 1803 in das bayerische Oberland nach Weyarn, Tegernsee, Fischbachau, Miesbach, Dietramszell, Benediktbeuern, Schlehdorf, Ettal, Rottenbuch, Steingaden,

Polling, Andechs, Bernried, Beuerberg, Wolfratshausen, Schäftlarn und kehrte am 12. Juli nach München zurück. Am 25. Juli brach Schilcher nach Niederbayern zu seiner zweiten großen Kommissionsreise auf. Über Freising, Pfaffenhofen, Geisenfeld, Kelheim, Rohr, Paring, Sandbach und Mallersdorf gelangte er nach Regensburg, wo er die Waldungen der Klöster St. Mang und Prüfening sowie der Kartause Prüll besichtigte. Über Straubing ging es weiter nach Windberg, Oberalteich, Metten, Gotteszell, Regen, Rinchnach und Frauenau, Zwiesel, Niederalteich, Osterhofen, Aldersbach, Asbach, St. Salvator und Fürstenzell. Am 14. August 1803 erreichte Schilcher Passau. Von dort aus besichtigte er die Waldungen der Klöster Vornbach und St. Nikola, des Kapitels in Vilshofen sowie der Grafschaft Neuburg. Am 24. August reiste er in eigenen Angelegenheiten nach Wien[32] und nahm am 6. September die Kommissionsgeschäfte in St. Zeno in Reichenhall wieder auf. Diese dritte Reise begann in Südostbayern und führte von St. Zeno über Traunstein, Herrenchiemsee, Frauenchiemsee, Seeon, Baumburg, Rosenheim, Rott, Attel, Altenhohenau und Beyharting zurück nach München, wo er am 16. September eintraf. Nach einer zehntägigen Pause ging es am 26. September weiter nach Gars, Au, Raitenhaslach und über Mühldorf zurück nach München. Am 7. Oktober brach Schilcher erneut nach Niederbayern auf und besichtigte die Waldungen des Stiftes St. Martin in Landshut. Von Landshut aus reiste er weiter nach Niederviehbach, Neustadt, Geisenfeld, Pfaffenhofen, Indersdorf und kehrte am 16. Oktober nach München zurück. In den folgenden Tagen führte er zusammen mit dem Forstmeisteramt Landsberg Verhandlungen mit dem böhmischen Kattunfabrikanten Leitenberger, dem Käufer des Klosters Fürstenfeld,[33] über die zur Verkaufsmasse gehörenden 600 Tagwerk Wald. Die vierte und letzte Kommissionsreise führte über Landsberg nach Türkheim und Mindelheim, wo Schilcher die dort gelegenen Waldungen der Klöster Rottenbuch und Steingaden an das Forstmeisteramt Mindelheim extradierte; daneben verhandelte er in Gilching und Pähl über Tausch und Verkauf von Waldflächen. Mit dem Eintrag der Rückreise von Landsberg nach München am 2. März 1804 endete Mathias Schilchers Reisetagebuch. Insgesamt war er ein Dreivierteljahr durch das kurfürstliche Bayern unterwegs gewesen und hatte Tausende Tagwerk Wald zu Fuß und zu Pferd besichtigt. Als Ergebnis seiner Tätigkeit legte Schilcher ein 80-seitiges Gutachten, 132 Kommissionstabellen, 52 Tabellen und eine Übersichtskarte vor.[34] Um diese Aufgabe innerhalb eines Jahres bewältigen zu können, hatte Schilcher die Erfassung einiger Klosterwaldungen an zuverlässige Forstleute delegiert und deren Ergebnisse überprüft. Die Besichtigung und Beschreibung der Waldungen der Klöster Altenhohenau, Au, Gars, Attel, Seeon, Herren- und Frauenchiemsee übertrug er dem Wasserburger Forstmeisteramtsverweser und Geometer Josef Hörmann.[35]

Die Übernahme der Klosterwaldungen durch einen Forstfachmann war dringend notwendig gewesen, da die von den Lokalkommissionen angefertigten Tabellen nicht immer der Realität entsprachen. Im Falle Tegernsee hatten die Lokalkommissare den Waldbestand versehentlich mit beinahe 380.000 Tagwerk angegeben, die tatsächliche Fläche belief sich jedoch auf ungefähr 80.000 Tagwerk.[36]

Soweit dies nicht bereits durch die Lokalkommission geschehen war,[37] hielt Schilcher bei Besichtigung und Beschreibung des Waldes fest, welche Parzellen sich zum Verkauf eigneten und in welchem Maß der Wald mit Forstservituten belastet war.[38]

Noch vor Abschluss der Kommissionsreise erhielt Schilcher am 8. Oktober 1803 einen Zusatzauftrag: die Erstellung eines Forstetats für die Zeit vom 1. November 1803 bis zum 1. November 1804. Mathias Schilcher fertigte mittels seiner Aufzeichnungen und durch Augenschein gewonnener Erfahrungen eine „wahrscheinliche Berechnung aller Geldeinnahmen und -ausgaben von den sämmtlichen Waldungen der aufgehobenen ständischen Stifter und Klöster in Baiern" an.[39] Im Begleitschreiben wies er explizit auf die Schwierigkeiten hin, den Ertragswert der Klosterwaldungen zu bestimmen: der Flächeninhalt sei teilweise nur geschätzt, nicht vermessen, die Wälder seien mit umfangreichen Holzservi-

tuten belastet und die Rechnungsführung der Klöster liege hinsichtlich der Forsterträge im Argen. Schilcher berechnete unter Berücksichtigung eines lokalen Holzpreises und einer möglichst schonenden Holzentnahme nach Abzug der Verwaltungsunkosten einen Reingewinn „ad aerarium" von 37.584 Gulden, von dem er selbst sagte, „es läßt sich mit zimlicher zuverläßigkeit vermuthen, daß bei einer ordentlichen Wirtschaft zum wenigsten das duplum, wo nicht 2/3 mehr zu erhollen wäre; bei dem gegenwärtig verworrenen Zustande aber, wo die neuen Administratoren mit ihren vermehrten Wirkungskreise noch kaum zur Hälfte bekannt sind, und auch zum Theil keine Gelegenheit des Absatzes kennen, würde es zimlich gewagt seyn, wenn man den Ertrag auf eine höhere Summe in Berechnung bringen wollte".[40]

Schilchers Bericht und seine Argumentation lassen bereits die Schwierigkeiten ahnen, die bei der Purifikation von Forstservituten und bei der notwendigen Reform der Forstverwaltung auf den Staat zukommen sollten.

1804 erhielt Mathias Schilcher den Auftrag, einen Plan aller zum Verkauf geeigneten Staatswaldungen zu erstellen; da er lediglich eine Fläche von 141.000 Tagwerk als geeignet vorschlug, wurde diese Aufgabe Joseph von Hazzi, einem überzeugten Verfechter der Staatswaldprivatisierung übertragen, dessen Überlegungen und Vorgehensweise unten noch auszuführen sind.[41] In den folgenden Jahren wirkte Schilcher bei der Konzeption des 1804 eingesetzten Oberforstamtes sowie bei der Einteilung Bayerns in sieben Forstinspektionen mit und war maßgeblich an der Auswahl des Forstpersonals beteiligt. 1818 übernahm er als Kreisforstreferent die Leitung des Forstsektors bei der Kreisregierung des Isarkreises; diese Funktion behielt er bis zu seinem Tod am 7. März 1826 bei.[42]

Bereits 1803 hatte Schilcher das ehemalige Kloster Dietramszell, das er bereits durch seine Tätigkeit als Forsttaxator kannte,[43] erworben. Am 15. November erhielt er bei der öffentlichen Versteigerung für 20.000 Gulden den Zuschlag für die gesamte Klosteranlage einschließlich 475 ½ Tagwerk Weide- und Wiesengrund sowie 55 Tagwerk Weihergrund; zehn Tage später bestätigte Kurfürst Max. IV Joseph den Kauf mit einem Dekret an die Landesdirektion in ständischen Klostersachen.[44]

Einen Teil der Klostergebäude stellte Mathias Schilcher den Klarissen des Münchner Angerklosters als Aussterbekloster zur Verfügung, einen Teil bewohnte die Familie selbst. Die zum ehemaligen Kloster Dietramszell gehörende Ökonomie wandelte Schilcher in einen Gutsbetrieb um, dessen Neuerungen wie Flächentrockenlegung, Kleeanbau und Stallfütterung rasch Nachahmer in der Umgebung fanden.[45]

1814 suchte Mathias Schilcher um die Erhebung in den Adelsstand nach; er begründete sein Gesuch mit der geplanten Errichtung eines Ortsgerichtes in Dietramszell[46] und führte bei seinen Verdiensten neben militärischen Leistungen auch seine Tätigkeit während der Säkularisierung an.[47]

Staatswaldverkauf

Ende des 18. Jahrhunderts setzte sich die Erwartung positiver Folgen eines vermehrten Staatswaldverkaufes für die Landeskultur, vor allem durch Umwandlung der verkauften Flächen in Ackerland, und für die Bewirtschaftung des verbleibenden Staatswaldes durch. Ausschlaggebend für den Verkauf von kleineren Staatswaldflächen waren aus England und Frankreich vordringende wirtschaftsliberale Überlegungen, der schlechte Zustand und geringe Ertrag des Staatswaldes sowie die Finanznot des Staates.[48]

Die zum Verkauf vorgesehenen Waldflächen mussten frei von Nutzungsrechten Dritter am Wald sein. Aus diesem Grund ging der Verkauf der Waldflächen Hand in Hand mit ihrer Purifikation. Beide Maßnahmen wurden ab 1804 von einer „churfürstlichen zum Verkauf und Purifikation der Staatswaldungen gnädigst angeordneten Generallandeskommissariatskommission" durchgeführt.

Die erste Anregung zum Verkauf von Staatswaldungen kam 1794 von dem Traunsteiner Waldmeister Heldenberg;[49] dieser Gedanke wurde 1798 in einem Mandat von

staatlicher Seite aufgegriffen[50] und in der Staatskonferenz vom 4. November 1799 von dem Geheimen Referendär im Ministerialdepartement der Finanzen Hubert Steiner erneut vorgetragen. In Steiners Vortrag über die Finanzlage Bayerns heißt es: „Der Kurfürst besitzt in Baiern, der obern Pfalz und in Neuburg eine Menge kleiner und abgelegener Waldungen, welche mehr Regiekosten fordern, als sie ertragen und nicht wohl übersehen werden können. Deswegen war schon längst der Wunsch aller Sachverständigen, die kleine Flecke zu verkaufen; der Erlös möge seyn 400.000 Gulden."[51] Zum Verkauf von Staatswaldflächen, der sich rückblickend in vier Phasen einteilen lässt, kam es allerdings erst ab 1802. In der ersten Phase 1802/1803 verkaufte Joseph von Hazzi in staatlichem Auftrag kleinere, verstreut liegende Waldparzellen, um die kriegsbedingte staatliche Finanzmisere zu lindern; während der zweiten Phase wurden Waldflächen zusammen mit Klosterrealitäten veräußert; die dritte, große Phase der Staatswaldveräußerung setzte 1806 nach der Erfassung der neu hinzugekommenen Waldflächen ein; die vierte Phase begann 1818 nach dem Zusammentreten des bayerischen Landtags zur Tilgung der Staatsschulden und dauerte bis circa 1830.[52]

Aus einer kurfürstlichen Entschließung vom 6. Mai 1803 wird ersichtlich, dass unter der Leitung Joseph von Hazzis[53] in den vorausgegangenen Monaten in sechs niederbayerischen Forstmeisterämtern 7741¼ Tagwerk Waldfläche für 385.750 Gulden verkauft worden waren. Von Hazzi hatte damit seine Zusage, innerhalb weniger Monate für mehr als 200.000 Gulden Staatswald veräußern zu können, eingehalten.[54] Neben dem Erlös aus den Staatswaldverkäufen erwartete die kurfürstliche Regierung aus den verkauften Waldflächen eine jährliche Staatsrente von 5784 Gulden, die sich aus einem Bodenzins von 1928 Gulden sowie Steuern und Fourage in Höhe von 3856 Gulden zusammensetzen sollte. Auf ein Tagwerk verkaufte Waldfläche umgerechnet, ergab dies einen Reingewinn von 44 Kreuzern, dem eine Einnahme von 14½ Kreuzern aus einem Tagwerk in staatlicher Forstregie bewirtschaftetem Wald gegenüberstand. Dieser Berechnung zufolge würde sich der Gewinn aus dem Wald auch auf Dauer verdreifachen.[55] Darüber hinaus war eine Fläche von weiteren 26.626 Tagwerk Wald zur Veräußerung vorgesehen, deren Verkauf einen Erlös von mindestens 731.030 Gulden einbringen sollte. Mit dem Übergang der Klosterwaldungen in staatlichen Besitz wurde der Staatswaldverkauf vorübergehend eingestellt: „mit dem fernern Verkauf der hiezu vor der Entscheidung der allgemeinen Klosteraufhebung ausgeschiedenen einzelnen Staatswaldungen ist so lange einzuhalten, bis näher untersucht seyn wird, wie allenthalben durch eine schickliche, von den wichtigen Lokalitäten der Gebürge und Flüsse geforderte, oder gerathene Vereinigung der alten mit den neu zugefallenen beträchtlichen Waldungen sowohl der vielen innländischen Abtheyen, als von Mühldorf, Freysing, sich solche ordentliche Forstbezirke werden herstellen lassen, welche sich zu einer förmlichen, und vortheilhaften forstwirtschaftlichen Behandlung eignen."[56] Zahlreiche bisher separierte kleinere Waldparzellen ließen sich nun mit angrenzenden, bislang in klösterlichem Besitz befindlichen Waldungen zu größeren Waldflächen zusammenfügen und auch in staatlichem Besitz gewinnbringend bewirtschaften. Zusätzlich musste vor dem Verkauf weiterer alter und neu hinzugekommener Flächen überprüft werden, welche Teile sich zur Ablösung der Forstrechte klösterlicher Grunduntertanen eigneten.

Ein geringer Teil der Klosterwaldungen wurde bereits 1803 zusammen mit Klosterrealitäten verkauft. Im August 1803 verhandelte Schilcher während seiner Kommissionsreise mit dem am Kauf des Klosters Geisenfeld interessierten Fabrikanten Mayer über den Erwerb von 300 Tagwerk Waldfläche, deren Wert mit 9000 Gulden festgelegt wurde.[57] Im Oktober desselben Jahres erwarb der Fabrikant Leitenberger zusammen mit Realitäten des Klosters Fürstenfeld gut 600 Tagwerk Wald im Gegenwert von 19.272 Gulden.[58] Im folgenden Jahr drängte der Käufer des Klosters Kühbach, der kurfürstliche Hofpfistermeister Philipp Jakobi auf die Extradition der 70 Tagwerk Wald, die er zusammen mit den Klosterrealitäten erworben hatte und deren Übereignung sich bis April 1805 hinzog.[59]

Ende des Jahres 1804 war die Überprüfung der neu hinzugekommenen Forste und der darauf lastenden Forstrechte weitgehend abgeschlossen und die dritte Phase von Staatswaldverkäufen setzte ein. Begründet wurden die Verkaufsmaßnahmen auch dieses Mal mit der unrentablen staatlichen Forstregie, mit dem besseren Zustand der Privatforste sowie mit der Erwartung, durch die Umwandlung von Waldflächen in Ackerland die Produktion zu vermehren und die Bevölkerungszahl zu heben.[60] In einer Entschließung vom 21. Dezember 1804 betont Kurfürst Max IV. Joseph ausdrücklich: „die Absicht dieser Operation ist nicht, durch den Verkauf einer Waldstrecke bloß eine Summe Geldes beizuschaffen, sondern einerseits statt den geringen mit großen Regiekosten verbundenen Forsteinkünften durch den künftigen Kornbodenzins, eine weit größere mit dem Wert der Gründe steigende Rente, welche nicht wie gewöhnliche Geldabgaben immer fallen, für den Staat zu erhalten und anderseits die ungeheure Strecke von Waldungen und Wüstenei ähnlichen Landbezirken wenigstens zum Teil der besseren und erträglicheren Kultur und der Verwendung zum Acker- und Wiesenbau zu übergeben."[61] Die 1804 festgelegten Modalitäten mündeten in das am 26. April 1805 erlassene Reskript über den Verkauf entbehrlicher Staatswaldungen.[62] Dieser Verordnung gemäß sollten in „Baiern, in der Obern Pfalz, in Neuburg, in Schwaben und in den fränkischen Fürstenthümern Würzburg und Bamberg"[63] große Teile des Waldbesitzes verkauft werden. Ausgenommen waren zur Purifikation von Forstrechten vorgesehene Waldflächen, Salinenwaldungen und diejenigen Wälder, die zum Betrieb von Triftanlagen sowie von Berg- und Hüttenwerken notwendig waren.

Gleiches galt für Wälder, die zur Herstellung von Faschinen bei Wasserbauten dienten und für „diejenigen Waldungen, welche vorzüglich gut und arrondiert gelegen sind und nebst diesen vortheilhaft, und mit belohnendem Gewinne bewirtschaftet und benützt werden können".[64] Zum Verkauf sah man eine Fläche von insgesamt 400.000 Tagwerk vor, deren Wert mit 12 Millionen Gulden veranschlagt wurde.[65]

Das Reskript vom 26. April 1805 enthielt ebenfalls die Verkaufsmodalitäten, die im Juli 1805 gesondert als „Bedingnisse beym Verkaufe der Staatswaldungen" veröffentlicht wurden.[66]

Die Veräußerung der Waldparzellen, deren durchschnittliche Größe 50 Tagwerk betrug, erfolgte auf dem Weg der Versteigerung. Vor der Versteigerung wurden die angebotenen Parzellen von einem Experten vermessen und ihr Wert festgesetzt. Mindestens vier Wochen vor der Versteigerung erfolgte die Ausschreibung dreimal in Zeitungen und öffentlichen Blättern. Ferner regelte das Reskript die weitere Verwendung der Fläche als Wald, Feld, Wiese oder Garten, die Eigentumsverhältnisse und die darauf lastenden Abgaben, die Zugehörigkeit zum bisherigen Hofverbund und die Zahlungsweise, die in Raten erfolgte. Ein Viertel der Kaufsumme musste sofort bar bezahlt werden, ein weiteres Viertel in dreijährigen Fristen mit 4% Zinsen; der Rest blieb als Kapital liegen. Hierfür waren in Getreide fixierte Bodenzinsen zu entrichten.

Nach diesen Maßgaben ersteigerte Wolfgang Schliersmaier, Thallermann von Gotzing, am 6. Januar 1807 die „zweite Parthie des ehemalig Kloster Tegernseeischen Windholzes", die allerdings nur 33 3/8 Tagwerk, 3756 Quadratschuh maß, für 370 Gulden. Da er der einzige Interessent war, musste er das Gebot von 370 Gulden Minimum nicht überbieten. Er bezahlte Dreiviertel der Summe, 277 Gulden und 30 Kreuzer, bar an das Rentamt Aibling und erklärte sich einverstanden, die verbleibende Summe als Bodenzins zu entrichten.[67] Zusätzlich wird in dem Versteigerungsprotokoll ausdrücklich darauf hingewiesen, dass der Käufer sein Waldstück erst nach der Ratifikation der Versteigerung durch die oberste kurfürstliche Behörde nutzen dürfe.

Wie viel Staatswald insgesamt bis Mitte des 19. Jahrhunderts verkauft worden war, lässt sich nicht mit endgültiger Sicherheit feststellen; auch wenn man die während der vierten Verkaufsphase nach 1818 veräußerten Flächen berücksichtigt, dürfte die in Altbayern verkaufte Waldfläche einer Schätzung Köstlers zufolge kaum größer als 50.000 Tagwerk gewesen sein.[68]

Purifikationsmaßnahmen

Nach der Übernahme in staatlichen Besitz wurden die ehemaligen Klosterwaldungen in die bereits im 18. Jahrhundert in Angriff genommenen Purifikationsmaßnahmen mit einbezogen. Mit dem Begriff Purifikation bezeichnete man die Ablösung von Nutzungsrechten der ländlichen Bevölkerung am landes- oder grundherrlichen Wald. Der Wald war mit vielfachen Nutzungsrechten wie Holzbezug und Weide, Streurechen, Laubschneiden, Rinden- und Harzsammeln belastet. Gegen eine festgelegte Zahlung durften so genannte Holz- oder Forstrechtler dem Wald Holz entnehmen oder ihre Nutzungsrechte ausüben.[69] Diese vielfältige Inanspruchnahme des Waldes verhinderte dessen langfristige planvolle Bewirtschaftung und wurde seit Beginn der Reform der Forstwirtschaft und Forstverwaltung Ende des 18. Jahrhunderts zunehmend kritisiert. Die Ablösung der Forstrechte und die Entschädigung der Forstrechtler ermöglichte diesen zudem die Bildung von selbständigem und unbeschränktem Waldeigentum: „da nunmehr die dortige Waldfläche durch die Acquisition der Klosterwaldungen besonders der Klöster Ettal, Benediktbaiern und Tegernsee sich auserordentlich vermehrt … so wollen wir, dass nunmehr dieser in ihrer stätten Ausdehnung und Lage äuserst wichtigen Forstgegend alle Aufmerksamkeit geschenket – das Purificationsgeschäft auf die neu consolidierten Theile ausgedehnt und so auf der bereits gebrochenen Bahn endlich das Ziel erreicht werde, daß die zwischen dem Staate und den Unterthanen zu vertheilenden Waldungen und Gebürge als ein wahres und reines Privateigenthum für beide Theile hervor und dann ohne weitere Hindernisse ihrer Cultur und steigenden Aufnahme entgegen gehen."[70]

Für die Ablösung der Forstservituten musste eine weit größere Fläche als die verkaufte nahezu unentgeltlich abgegeben werden. Die von Schilcher während seiner Kommissionsreise angefertigten Protokolle[71] hatten gezeigt, dass auf dem Klosterwald fast ausnahmslos Forstservituten lasteten, die vor einer Integration der Waldflächen und der Neugestaltung der Forstverwaltung abgelöst werden mussten. Da, wie am Beispiel Tegernsee erkennbar ist, die Erfassung der Holzböden sowie der darauf ruhenden Belastungen vor der Säkularisation äußerst unzuverlässig durchgeführt worden war und vielfach nur auf Abschreitungen und Schätzungen beruhte, betrachtete man eine Bestandsaufnahme sowohl der tatsächlichen Bodenfläche als auch der Forstberechtigungen als zwingend erforderlich. Daneben erwiesen sich die Nutzungsrechte vielfach als ungemessen und orientierten sich weitgehend am Bedarf der bezugsberechtigten Person. In der Regel machten die in ehemaligen Klosterwaldungen eingeforsteten Untertanen Jahrhunderte zurückreichendes Gewohnheitsrecht geltend oder stützten sich auf alte Aufzeichnungen. Die in den Waldungen der Abtei Niederalteich eingeforsteten Holzrechtler beriefen sich auf ein Salbuch von 1578, die aus den Stift Habachischen Waldungen bezugsberechtigten Personen auf eine Forstordnung aus dem Jahr 1629[72].

Wie auch bei den Staatswaldverkäufen war Joseph von Hazzi treibende Kraft bei den Purifikationsmaßnahmen. Bereits Ende des 18. Jahrhunderts betonte er die Notwendigkeit, die zum Verkauf vorgesehenen Waldflächen von Nutzungsansprüchen zu purifizieren. Von Hazzi unterschied dabei zwischen Holzbezugsrechten sowie Weide- und Streunutzung. Bei der Bereinigung des Holzbezugsrechtes schlug er vor, einen Klafter Holz mit einem Tagwerk Wald abzulösen. Das Weide- und Streusammelrecht sollte als ein dem Wald ohnehin schädliches Gewohnheitsrecht während einer Übergangsfrist von drei Jahren gegen Entrichtung eines Weidezinses gestattet und anschließend ohne Gegenleistung aufgehoben werden.[73] Die von Hazzi während der Purifikationsmaßnahmen bis 1802/03 praktizierte pauschale Abfindung eines Klafters Holz mit einem Tagwerk Wald führte wegen der unterschiedlichen Qualität der Waldflächen zu Streitigkeiten. Zusätzlich gab es vielfach Unstimmigkeiten wegen der fehlenden Fixierung der Holzbezugsrechte. Diese Mängel versuchte man 1805 mit der Neuregelung der Purifikation zu beseitigen.[74] Die Größe der Abfindungsfläche stand nun in Relation zu ihrer Qualität: bei gutem Waldzustand wurde ein Klafter Holz

mit einem Tagwerk Wald abgefunden, bei mittelmäßigem Waldzustand mit anderthalb Tagwerk und bei schlechtem Waldzustand mit zwei Tagwerk. Die Quantität der Holzberechtigung sollte sich bei widersprüchlichen Angaben aus einem Durchschnitt der vorausgegangenen zehn Jahre errechnen. Letzteres erwies sich jedoch als unpraktikabel; bereits in den Purifikationsverhandlungen mit den in den ehemals Stift Habacher Waldungen eingeforsteten Grunduntertanen wurde 1806 die Orientierung des Holzbedarfs an der Hofgröße beziehungsweise am Hoffuß als allgemein gebräuchliche Praxis beschrieben: „Als Bedürfniß an Brennholz bestimmte man für den ganzen bis zum Halbhöfler 12, für den 1/3 bis 1/6 Höfler 8 und für die minder eingehöften oder blosse Häusler jährlich 6 Klafter und nach diesem Maßstab wurde dem ganz und dem Halbhöfler mit 3 Tagwerk für das Bauholz 18 Tagwerk, dem 1/3 bis zum 1/6 Höfler herab 12 Tagwerk, dann den 1/16 Höflern und Leerhäuslern 8 ½ Tagwerk Waldgrund zuerkennt."[75] In der Regel wurden diese Grundsätze bei der Ausscheidung der Abfindungsflächen berücksichtigt. Im Fall des Kollegiatstiftes Habach ließen sie sich jedoch nicht anwenden, da die Gesamtfläche des stiftischen Waldbesitzes von 1180 ½ Tagwerk nicht ausreichend groß war. Zusätzlich zu den eingeforsteten Holzrechtlern machten die sechs Chorherren Holzbezugsrechte von jeweils 28 Klaftern geltend, der stiftische Richter forderte 16 Klafter. Nach den geltenden Richtlinien ergab dies eine Fläche von 245 Tagwerk,[76] die der Staat für sich in Anspruch nahm, und die von der vorhandenen Gesamtfläche abzuziehen war, so dass zur Abfindung der 85 Holzrechtler[77] 935 ½ Tagwerk verblieben. Selbst wenn man berücksichtigt, dass der größte Teil der Holzrechtler Söldner oder Viertelhöfler war, wären zur Abfindung aller Bezugsberechtigten 1490 Tagwerk nötig gewesen.[78] Nach weiteren Verhandlungen einigten sich der Staat und die Holzrechtler auf einen Kompromiss. Der mit der Purifikation beauftragte Generallandesdirektionsrat und Forstpurifikationskommissar Freiherr von Stengel erreichte, dass sich die Forstrechtler mit 1033 8/12 Tagwerk einverstanden erklärten, und schlug vor, der Staat solle seine Forderung auf 146 5/6 Tagwerk beschränken. Das Generallandeskommissariat genehmigte diesen Vergleich.[79] Bis auf einen verschwindend geringen Teil von knapp 147 Tagwerk war der vormals Stift Habacher Wald zur Beseitigung der Forstrechte aufgeteilt worden.

Wesentlich komplizierter war die Abfindung der Forstrechtler eines Klosters mit umfangreichem, weit gestreutem Waldbesitz wie Kloster Fürstenfeld. Fürstenfeld war bei der Säkularisation Eigentümer von 15.600 Tagwerk Wald, der nach der Neuorganisation der Forstverwaltung von mehr als einem Forstamt verwaltet wurde. Die 662 Holzrechtler, die sich gratis oder gegen eine geringe Abgabe aus den Klosterwaldungen beholzt hatten, verteilten sich auf die Landgerichte Dachau, Friedberg, Aichach, Starnberg, Landsberg sowie auf fünf verschiedene Hofmarken.[80] Insgesamt erhielten sie jährlich 2216 ½ Klafter Holz, wobei 250 Klafter kostenfrei waren und 1966 ½ Klafter gegen ein zwischen 24 und 54 Kreuzer betragendes Entgelt pro Klafter abgegeben wurden. Nur einige der 662 Holzrechtler konnten ihr Holzbezugsrecht durch Stiftbriefe nachweisen; der größte Teil hatte das Holz „gnadenhalber" vom Kloster erhalten. Der Nachweis der Holzabgabe erfolgte daher an Hand der Holzrechnungen von 1663, 1664 und 1665.[81]

Die Zusammenfassung und Auflistung der Holzrechtler nach Landgerichten und Ortschaften verweist auf ein Verfahren, das auch bei der Purifikation der Ettaler Klosterwaldungen Anwendung fand: die Ablösung der Forstservituten nach Gemeinden; nicht der einzelne Hof wurde abgefunden, sondern die Gemeinschaft aller bezugsberechtigten Höfe.[82] Die Nutzung des Waldes und die Verteilung des Holzes wurde anschließend von der Gemeinde organisiert.[83] Im Falle von Ettal wurden die Bezugsrechte der „Hofmahd Unterammergau", einem Zusammenschluß von Grunduntertanen, die zum Mähscharwerk für das Kloster Ettal verpflichtet waren, gemeinschaftlich abgelöst. Das Purifikationsprotokoll unterzeichneten die Abgesandten dieser Hofmahd als „Gemeindsvertreter". Die Abfindungsparzellen wurden in Folge dessen immer mehr als Gemeindewald betrachtet und auch als solcher verwaltet und genutzt. Dies führte zu Missverständnissen und Streitigkeiten zwischen der Gemeinde Eschenlohe als Nachfolgerin der Hofmahd Unterammergau und einigen genossenschaftlich organisierten holzbezugsberechtigten Personen, die mit der Verwaltung und Nutzung dieser Waldflächen durch die Gemeinde nicht einverstanden waren. Die daraus entstandenen gerichtlichen Auseinandersetzungen zogen sich bis in die zweite Hälfte des 20. Jahrhunderts hin.[84] Ein weiteres herausragendes Beispiel langwieriger Auseinandersetzungen um die Abfindung von Forstrechten ist der Kampf der Jachenauer Bauern um das Eigentum an ihrem Wald. Die Jachenau war insofern ein Sonderfall, als ihre Bewohner, vor der Säkularisation Grunduntertanen des Klosters Benediktbeuern, bis zu diesem Zeitpunkt das dominium utile, das Nutzeigentum, an sogenannten Heimhölzern als Bestandteile ihrer Güter, Gutspertinenzen genannt, innehatten.[85] Zu jedem Hof gehörte eine Waldparzelle, in der Holz zum Hausgebrauch und zum Verkauf geschlagen werden durfte. Dieser Sachverhalt war auch nach der Säkularisation unbestritten, zumindest finden sich im Rustikal- und Dominikalsteuerkataster von 1814 bei den Jachenauer Höfen auch die Heimhölzer als Bestandteile der Hofstellen.[86] 1831 wurden diese Einträge gestrichen und unter Bezugnahme auf eine Entschließung von 1829 ein Vermerk angebracht, demzufolge die Heimhölzer nicht als Gutspertinenzen der Jachenauer Bauern zu betrachten wären. Diesen stünde nur das Nutzungsrecht zu.[87] Mit den sogenannten Definitivbeschlüssen von 1835 wurde das Eigentum des Staates an den Heimhölzern festgeschrieben.[88] Die Bauern der Jachenau erkannten diese Beschlüsse nicht an und führten dagegen Klage. Die Verfahren zogen sich bis ins 20. Jahrhundert hin. Am 27. November 1964 wurde in Folge der Hartnäckigkeit der Jachenauer, die sich mit einer Petition an den Bayerischen Landtag gewandt hatten, ein „Gesetz über die Teil- und Zinswaldungen in den Forstamtsbezirken Benediktbeuern, Fall, Jachenau und Walchensee" erlassen.[89] Gegen die Entschädigung von Holznutzungsrechten in Folge des Gesetzes von 1964, gültig in der Fassung von 1969, wurde 1999 von den betroffenen Jachenauern vor dem Bayerischen Verwaltungsgerichtshof Klage erhoben. Gegen die Abweisung der Klage legte der Kläger Berufung ein. Das bedeutet, dass knapp zweihundert Jahre nach der Aufhebung des Klosters Benediktbeuern die Auseinandersetzung um den ehemaligen Klosterwald immer noch nicht beendet ist.

Abgesehen von einigen Einzelfällen, dessen extremster wohl der Fall Jachenau ist, war die Durchführung der Forstpurifikation Mitte des 19. Jahrhunderts weitgehend abgeschlossen. Auch wenn nicht alle Forstrechte abgelöst werden konnten, waren die ehemaligen Eigentümer beim Erlass des Forstgesetzes von 1852 weitgehend entschädigt. In Folge der Forstpurifikation ist der Staatswald heute von zahlreichen zersplitterten, in Privatbesitz befindlichen Waldparzellen gesäumt.[90]

Neuorganisation der Forstverwaltung

Die Ablösung der auf den Klosterwaldungen ruhenden zahlreichen Forstservituten, die Neugestaltung der äußeren Forstverwaltung, die Verwaltung des Staatsforstes und der Verkauf der nicht in einen größeren Komplex integrierbaren Flächen war nur von einer reformierten, dem immensen Flächenzuwachs angepassten Forstverwaltung zu bewältigen.

Ende des 18. Jahrhunderts, 1789, wurden in Altbayern 20 Forstmeisterämter als mittelbehördliche Institutionen errichtet, die der Forstdeputation der Hofkammer unterstanden und 1790 dem neu gegründeten Oberstforstmeisteramt unterstellt wurden.[91] Die Grundlagen für eine Veränderung und Entwicklung der Forstverwaltung zur staatlichen Fachverwaltung war damit bereits Ende des 18. Jahrhunderts gelegt. Mit der Einführung der Ministerialverfassung und der Gründung von vier Ministerialdepartements wurde 1799 die Zuständigkeit für die Verwaltung der Waldungen dem Departement der Finanzen übertragen.

1803 hatte Schilcher bei der Erfassung der Klosterwaldungen diese noch den Forstmeisterämtern zur Administration zugewiesen. Im selben Jahr wurde die äußere Forstverwaltung neu organisiert und die Zentralverwaltung dem neu gegründeten Finanzministerium eingegliedert.

Auf der unteren Verwaltungsebene blieb die Organisation in Forstämter beziehungsweise Forstreviere durchgängig erhalten.

Die am 13. April 1804 erlassene Verordnung „Die Forstorganisation in Baiern betreffend" legte die Einteilung Altbayerns in die bereits erwähnten sieben Forstinspektionen, die in Oberförstereien und Forstreviere gegliedert waren, fest: „von diesen 7 Inspektionen werden 4 für die Waldungen des flachen Landes, 2 für die Gebirgswaldungen, und eine für die Salinenwaldungen bestimmt."[92] Angeführt wird die Liste der Forstinspektionen des flachen Landes von der Forstinspektion München, die sich in die Oberförstereien München, Starnberg, Eglharting, Höhenwart und Weihenstephan gliederte. Die Inspektion, deren Waldfläche 142.120 Tagwerk umfasste, wurde geleitet von dem bisherigen Forstmeister Karl Graf von Oberndorf. Unter den Oberförstern finden sich so bekannte Namen wie Ignaz und Eustach Dillis oder Franz Xaver Heldenberger, auf den die grundlegenden Überlegungen zum Staatswaldverkauf zurückgehen.[93] Im Westen schloss sich die 90.243 Tagwerk umfassende Forstinspektion Friedberg mit den Oberförstereien Pflugdorf, Fürstenfeldbruck und Aichach an. Die Leitung der Inspektion übertrug man dem vormaligen Forstmeister von Aichach, Joseph Jägerhuber. An der Oberen Donau lag die Inspektion Neustadt/Donau mit 87.727 Tagwerk Waldfläche. Sie bestand aus den Oberförstereien Neustadt, Hienheim und Landshut und wurde von Friedrich Graf von Seinsheim geleitet. Im Nordosten Altbayerns befand sich die flächenmäßig größte Forstinspektion des flachen Landes, Deggendorf, mit 193.554 Tagwerk. Sie gliederte sich in die Oberförstereien Salvator, Deggendorf und Zwiesel und unterstand der Leitung des bisherigen Straubinger Forstmeisters Christian Graf von Yrsch.

Die Gebirgswaldungen wurden von den drei Inspektionen Miesbach, Garmisch und Traunstein verwaltet und bewirtschaftet. Die Inspektion Miesbach lag, grob umrissen, zwischen Inn, Isar und der Tiroler Grenze. Sie umfasste 198.416 Tagwerk, die sich auf die Oberförstereien Tegernsee und Rosenheim verteilten. Ebenfalls aus zwei Oberförstereien, nämlich Mittenwald und Murnau, bestand die Inspektion Garmisch mit 185.726 Tagwerk. Die Salinenwaldungen wurden in der Forstinspektion Traunstein zusammengefasst. Diese gliederte sich in die drei Oberförstereien Traunstein, Reichenhall und Ruhpolding und fasste insgesamt 175.694 Tagwerk Holzfläche in sich.

Gravierende Auswirkungen hatte die Säkularisation vor allem auf der Ebene der Forstreviere. Weitläufige Gebiete, die bislang der Aufsicht geistlicher Grundherrschaften unterstanden, mussten nun in die staatliche Verwaltung integriert werden. Erkennbar wird dies an den Namen der neu eingerichteten Reviere, die nach dem bislang zuständigen Kloster benannt wurden wie Thierhaupten, Prüfening, St. Salvator, Seeon, Beuerberg, Dießen, Ettal, Benediktbeuern oder Wessobrunn.

In den meisten dieser Reviere wurden ehemalige Klosterförster oder -jäger im staatlichen Forstdienst untergebracht, neben den genannten auch im Revier Kreuth, wo die Klosterjäger des aufgehobenen Klosters Tegernsee beschäftigt waren.[94]

Die Integration der Klosterwaldungen in die Verwaltung des Staatsforsts ging schrittweise vor sich. Die Rechnungslegung der im Rentamt München gelegenen ehemaligen Klosterwaldungen erfolgte 1804 noch separat.[95]

Die Forstwirtschaftspläne für die im Forstmeisteramt München gelegenen Klosterwaldungen wurden 1803 ebenfalls noch gesondert ausgearbeitet. In den neun Revieren dieses Forstmeisteramtes finden sich Waldungen der Klöster Andechs, Fürstenfeld, Dießen, Münchner Angerkloster, Benediktbeuern, Ettal, Münchner Augustiner, Schäftlarn, Tegernsee, Dietramszell, Bernried, Weyarn und Beuerberg.[96] Die Erfassung des gesamten Waldbestandes und die Erstellung eines Staatswaldinventars zogen sich, bedingt auch durch die langwierigen Purifikationsmaßnahmen, bis weit in das 19. Jahrhundert hinein.[97] Die Einbindung in die 1803 bestehenden Organisationseinheiten und deren Umstrukturierung beseitigte das Nebeneinander zahlloser kleinerer Flächen, die

bislang in der Verfügungsgewalt verschiedener Eigentümer gestanden hatten, ermöglichte die gezielte Bewirtschaftung größerer Flächen und erleichterte langfristig die Verwaltung des Staatswaldes.

Gewinn für den Staat – Verlust für die Kirche

Der Erwerb der Klosterwaldungen wird von der Forschung als langfristig bedeutendster materieller Gewinn des Staates aus der Säkularisation betrachtet.[98] Noch im 21. Jahrhundert ist der bayerische Staat der größte Waldbesitzer innerhalb seines Territoriums.

Der Kirche wurde dagegen mit der Enteignung des Waldbesitzes ein beträchtlicher materieller Wert und eine beständige Einnahmequelle entzogen. In dem Maß, in dem der Staat den Waldzuwachs als Gewinn wertete, wurde er von der Kirche als Verlust verbucht. Im Zuge der 1918–1924 zwischen dem Freistaat Bayern und der katholischen Kirche geführten Konkordatsverhandlungen veranlassten die erzbischöflichen und bischöflichen Ordinariate eine Erhebung der Güter und Liegenschaften, die der katholischen Kirche durch die Säkularisation verloren gegangen waren. In einem Erlass des Staatsministeriums für Unterricht und Kultus vom 12. Dezember 1922 wurden die staatlichen Archive Bayerns aufgefordert, ebenfalls eine Statistik des ehemals klösterlichen Besitzes anzufertigen.[99] Einen Monat früher, am 4. November 1922, hatte das Ministerium der Finanzen sämtliche Regierungsforstkammern angewiesen, Statistiken über die im Staatsbesitz befindlichen ehemaligen Klosterwaldungen und Waldungen sonstigen geistlichen Besitzes zu erstellen. Erfasst werden sollten der Umfang und der Zustand der Waldungen sowie darauf lastende Forstrechte Dritter.[100]

Die Erstellung dieser Übersichten war mit erheblichen Schwierigkeiten verbunden, da das benötigte Archivgut und Aktenmaterial lückenhaft überliefert war und die Beschreibung des Waldzustandes von 1803 auf subjektiven Beobachtungen basierte. Mit Hilfe der Archive gelang letztendlich eine wenn auch nicht ganz vollständige Zusammenstellung.[101] Jahre später, 1929, wurden diese Zusammenstellungen noch einmal zur Ermittlung des

Wertes der in Staatsbesitz gelangten Waldungen herangezogen. In dem Bericht der oberbayerischen Regierungsforstkammer wurde der Umfang der noch in staatlichem Besitz befindlichen Wälder mit 109.745 ha, entsprechend 38 % der Waldfläche, und mit einem Wert von 5.959.780 Reichsmark angegeben.[102]

Weder im Konkordatstext noch in den Akten des Staatsministeriums für Unterricht und Kultus über den Vollzug des Konkordates[103] finden sich Zahlen über den ehemaligen Klosterwald. Bei den im Konkordat festgelegten vermögensrechtlichen Verpflichtungen mag aber die Tatsache, dass der Bayerische Staat bei der Säkularisation auch mit dem Klosterwald einen dauerhaften finanziellen Gewinn erzielt hatte, eine Rolle gespielt haben.

Anmerkungen:

1 Werner Sombart, Der moderne Kapitalismus, 7. Aufl. München-Leipzig 1928, Bd. II, 2, S. 1138.
2 Rolf Peter Sieferle, Der unterirdische Wald. Energiekrise und industrielle Revolution, München 1982, S. 212 und 232–235.
3 Rainer Beck, Unterfinning. Ländliche Welt vor Anbruch der Moderne, München 1993, S. 60–65. – Elisabeth Weinberger, Waldnutzung und Waldgewerbe in Altbayern im 18. und beginnenden 19. Jahrhundert (Vierteljahrschrift für Sozial- und Wirtschaftsgeschichte, Beiheft 157), Stuttgart 2001, passim.
4 Zur Erforschung der Holznot im 18. Jahrhundert vgl. Joachim Radkau, Holzverknappung und Krisenbewußtsein im 18. Jahrhundert. In: Geschichte und Gesellschaft 9 (1983) S. 513–543. – Ders., Zur angeblichen Energiekrise des 18. Jahrhunderts: Revisionistische Betrachtungen über die „Holznot". In: Vierteljahrschrift für Sozial- und Wirtschaftsgeschichte 73 (1986) S. 1–37. – Uwe Eduard Schmid, Das Problem der Ressourcenknappheit dargestellt am Beispiel der Waldressourcenknappheit in Deutschland im 18. und 19. Jahrhundert, unveröffentlichte Habilitationsschrift, München 1997.
5 Manfred Rauh, Die bayerische Bevölkerungsentwicklung vor 1800. In: Zeitschrift für bayerische Landesgeschichte 51 (1988) S. 471–601, hier S. 477.
6 Sigmund von Frauendorfer, Ideengeschichte der Agrarwirtschaft und Agrarpolitik im deutschen Sprachgebiet, München 1963, S. 159–168.
7 Die vorliegende Darstellung konzentriert sich im Wesentlichen auf Altbayern, da zwar die Geschichte des Waldes in Altbayern in Überblicksdarstellung zusammengefasst ist, eine derartige Darstellung für Franken und Schwaben jedoch fehlt. Die Ursache dafür liegt wohl in der territorialen Zersplitterung dieser beiden Reichskreise

und der daraus resultierenden Vielfalt der Forstrechte und Forstverwaltungen.
8 Josef Köstler, Geschichte des Waldes in Altbayern (Münchner historische Abhandlungen, erste Reihe, Heft 7), München 1934, S. 166.
9 Die Nennung exakter Zahlen ist auf Grund geringfügig abweichender oder widersprüchlicher Quellenaussagen nicht möglich. Nicht berücksichtigt sind in der vorliegenden Darstellung die Waldungen der Kirchen und geistlichen Stiftungen.
10 Bayerisches Hauptstaatsarchiv (künftig BayHStA), GR Fasz. 476 Nr. 64, Bericht des Generallandesdirektionsrats Mathias Schilcher vom 15.10.1803. – Zu Mathias Schilcher vgl. unten S. 372 – Im Unterschied dazu Hans Tremel, Die säkularisierten Klosterwaldungen in Altbayern, München 1924, S. 30. Tremel kannte den Bericht Schilchers offensichtlich nicht und bezifferte den Tegernseer Waldbesitz mit 13.000 Tagwerk.
11 Vgl. dazu Andreas Schlittmeier, Die wirtschaftlichen Auswirkungen der Säkularisation in Niederbayern, untersucht am Beispiel der Abtei Niederaltaich und seiner Propsteien Rinchnach und St. Oswald. In: Verhandlungen des Historischen Vereins für Niederbayern 87 (1961) S. 1–147.
12 BayHStA, GR Fasz. 476 Nr. 64, Beilage zum Bericht Schilchers vom 15.10.1803.
13 BayHStA, ML 9151. – Staatsarchiv München (künftig StAM), Handakt 5478, Klosteraufhebung in Bayern und Pfalz 1803; vgl. dazu die Auswertung des Aktes ML 9151 bei Jakob Trummer, Die Entstehung des bayerischen Staatswaldeigentums, Typoskript o.J., nach 1945.
14 Vgl. dazu BayHStA, ML 9151, Übersicht der ehemaligen, nun im Staatsbesitze befindlichen Klosterwaldungen und Waldungen sonstigen geistlichen Besitzes der Regierung der Oberpfalz und von Regensburg, 29. Dezember 1922; die Bemerkungen lassen vielfach Unsicherheit über die tatsächliche Größe und die Zugehörigkeit einzelner Distrikte zu ehemaligen Klosterwaldungen erkennen. Die im folgenden genannten Zahlen sind daher gerundet.
15 BayHStA, ML 9151, Übersicht der ehemaligen, nun im Staatsbesitze befindlichen Klosterwaldungen
16 Aura war 1564 zugunsten der fürstbischöflich würzburgischen Kammer aufgehoben worden.
17 Wechterswinkel war 1592 aufgelöst worden, der Besitz bildete den Grundstock einer Stiftung zugunsten von Pfarreien und Schulen.
18 BayHStA, ML 9151, undatierte maschinenschriftliche Zusammenstellung der ehemaligen Klosterwaldungen und des Waldbesitzes der Fürstbistümer.
19 Wie Anm. 18.
20 BayHStA, ML 9151, Übersicht der ehemaligen, nunmehr im Staatsbesitze befindlichen Klosterwaldungen und Waldungen sonstigen geistlichen Besitzes der Regierung von Schwaben und Neuburg, 15. Februar 1923.
21 Wilhelm Mantel, Die Einnahmen aus den bayerischen Staatswaldungen seit Ausgang des 18. Jahrhunderts. Eine geschichtlich-betriebswirtschaftliche Untersuchung, Birkeneck 1939, S. 15–22. – Franz von

Krenner, Baierischer Finanzzustand in den Jahren 1777, 1792, 1798, 1799 und 1800, München 1803; vgl. dazu auch BayHStA, MF 66695, Entschließung vom 6.5.1803.

[22] Georg Deffner, Graf Montgelas – Leben und Wirken in seiner Bedeutung für Bayern und die Staatsforstverwaltung. In: Hans Bleymüller – Egon Gundermann – Roland Beck (Hrsg.), 250 Jahre Bayerische Staatsforstverwaltung – Rückblicke, Einblicke, Ausblicke (Mitteilungen aus der Bayerischen Staatsforstverwaltung 51), München 2002, S. 91–102, hier S. 99.

[23] BayHStA, Kurbayern Mandatensammlung 1803 III 11.

[24] BayHStA, Kurbayern Mandatensammlung 1803 III 11, Ad C, Nr. 9.

[25] BayHStA, Kurbayern Mandatensammlung 1803 IV 24.

[26] BayHStA, GR Fasz. 476 Nr. 64, Entschließung der Generallandesdirektion vom 1. Juni 1803.

[27] Urban Treutlein, Leben und Werk der Gebrüder Schilcher – ihre Bedeutung für die Forstwirtschaft (Mitteilungen aus der Staatsforstverwaltung Bayerns 45), München 1990, S. 12.

[28] Treutlein (wie Anm. 27) S. 12–14.

[29] BayHStA, GR Fasz. 476 Nr. 64, Bericht an die Landesdirektion in ständischen Klostersachen vom 15.10.1803, Beilage Lit. A.

[30] Wie Anm. 29.

[31] BayHStA, GR Fasz. 476 Nr. 64, Diarium Schilchers vom 15.3.1804. Die nachfolgende Reisebeschreibung entstammt diesem Diarium.

[32] BayHStA, Personenselekt Cart. 377, Schilcher.

[33] Gerhard Hanke, Zur Säkularisation des Klosters Fürstenfeld. Aus der Familiengeschichte von Ignaz Leitenberger. In: Amperland 1 (1965) S. 21–24 und 40–41, hier S. 41.

[34] BayHStA, GR Fasz. 476 Nr. 64, Bericht Schilchers vom 15.10.1803; die hier genannte Übersichtskarte ist identisch mit der Karte, welche die Einteilung Bayerns in sieben Forstinspektionen zeigt (Exponat Nr. 184).

[35] BayHStA, GR Fasz. 476 Nr. 64, Supplik des Geometers Hörmann vom 7.5.1805. – Ebd., Lokalkommission Herrenchiemsee 17, Signatur vom 12.5.1803.

[36] BayHStA, GR Fasz. 476 Nr. 64, Bericht Schilchers vom 15.10.1803. – Vgl. dazu oben Anm. 10.

[37] BayHStA, Lokalkommission Fürstenfeld 22.

[38] BayHStA, Lokalkommission Attel 7, Protokoll vom 13.9.1803. – Ebd., Lokalkommission Herrenchiemsee 17, Protokoll vom 10.9.1803.

[39] BayHStA, GR Fasz. 476 Nr. 64, Berechnung der Einnahmen und Ausgaben der ständischen Klosterwaldungen, undatiert, Beilage zum Bericht vom 15.10.1803.

[40] BayHStA, GR Fasz. 476 Nr. 64, Bericht vom 15.10.1803.

[41] Treutlein (wie Anm. 27) S. 27–31.

[42] Treutlein (wie Anm. 27) S. 15.

[43] Andreas Höger, Dietramszell nach der Säkularisation. Im Spannungsfeld von Schloßherr, Kloster und Gemeinde (bis 1850) (Forschungen zur Regional- und Landesgeschichte 6), St. Ottilien 1998, S. 29.

[44] Höger (wie Anm. 43) S. 31–32. – BayHStA, StV 500, Dekret vom 25.11. 1803.

[45] Höger (wie Anm. 43) S. 37–39, 47 und 49–50.

[46] BayHStA, MF 59373 Ortsgericht Dietramszell, Entschädigung des Oberforstrates Schilcher.

[47] BayHStA, Adelsmatrikel, Ad S 29, Supplik vom 15. April 1814.

[48] Otto Bauer, Von der ungeregelten Waldnutzung zur nachhaltigen Forstwirtschaft. Eine Analyse der Prozesse in Bayern an der Schwelle zum 19. Jahrhundert (Forstliche Forschungsberichte München 189), München 2002, S. 237.

[49] Köstler (wie Anm. 8) S. 134.

[50] Georg Karl Mayr, Sammlung der churpfalzbaierischen allgemeinen und besonderen Landesverordnungen, München 1799, Bd. 6, S. 49 f: Reskript „Die zerstreut in dem Land entlegenen churfürstl. Waldungen" vom 25.8.1798.

[51] BayHStA, MA 8003.

[52] Köstler (wie Anm. 8) S. 134–137.

[53] Zu Joseph von Hazzi vgl. Marion Fröhlich, Leben und Werk Joseph von Hazzis – sein Einfluß auf die Forstwirtschaft (Mitteilungen aus der Staatsforstverwaltung Bayerns 45), München 1990.

[54] Joseph von Hazzi, Die echten Ansichten der Waldungen und Förste gegenwärtig über ihre Purifikationen, sammt der Geschichte des Forstwesens im Allgemeinen, vorzüglich in Baiern, Bd. 2, München 1805, S. 474.

[55] BayHStA, MF 66695, Entschließung vom 6.5.1803.

[56] Ebd.

[57] BayHStA, GR Fasz. 476 Nr. 64, Diarium Schilchers vom 15.3.1804. – Ebd., KL Fasz. 262 Nr. 26, Conspect vom 10.6.1803. – Tremel (wie Anm. 10) S. 87–88.

[58] BayHStA, GR Fasz. 476 Nr. 64, Diarium Schilchers vom 15.3.1804. – Tremel (wie Anm. 12) S. 76.

[59] StAM, Regierungsforstakten 149, Entschließung vom 2.8.1804 und vom 22.4.1805.

[60] BayHStA, MF 66695, Entschließung vom 16.11.1804.

[61] Zitiert nach Köstler (wie Anm. 8) S. 135 f.

[62] Churpfalzbaierisches Regierungsblatt 1805, Nr. 18, S. 537–546.

[63] BayHStA, MF 66695, Entschließung vom 26.11.1804.

[64] Churpfalzbaierisches Regierungsblatt 1805, Nr. 18, S. 541.

[65] Köstler (wie Anm. 8) S. 137.

[66] BayHStA, MF 66695.

[67] StAM, Forstakten Fasz. 654 Nr. 89, Versteigerungsprotokoll vom 6.1.1807.

[68] Köstler (wie Anm. 8) S. 137.

[69] Joseph von Hazzi (wie Anm. 54) S. 69. – Bauer (wie Anm. 48) S. 247.

[70] BayHStA, Kurbaiern Generallandesdirektion 476, Reskript vom 27.5.1803. – Köstler (wie Anm. 8) S. 138.

[71] StAM, Forstakten Fasz. 617 Nr. 48, Protokoll Schilchers vom 4.7.1803 für die Bildung des Forstreviers Kleinweil, Forstmeisteramt Peißenberg. – BayHStA, Lokalkommission Niederaltaich 25, Protokoll vom 12.8.1803. – Schlittmeier (wie Anm. 11) S. 91.

[72] Schlittmeier (wie Anm. 11) S. 91. – BayHStA, MF 16797, Beilage zum Bericht der Landesdirektion von Baiern vom 24.3.1806.

73 Fröhlich (wie Anm. 53) S. 26 f.

74 Churpfalzbaierisches Regierungsblatt von 1805, Nr. 4, S. 129–131.

75 BayHStA, MF 16797, Die Forstpurifikation in der ehemaligen Provinz Baiern 1798–1806, Revisionserinnerung vom 14.4.1806.

76 Wie Anm. 75.

77 StAM, Forstakten Fasz. 617 Nr. 48, Verzeichnis der in den Stift Habacher Waldungen eingeforsteten Personen von 1803.

78 StAM, Forstakten Fasz. 201 Nr. 104 c, Bericht vom 1.7.1806.

79 StAM, Forstakten Fasz. 201 Nr. 104 c, Bericht vom 1.7.1806.

80 BayHStA, MF 66689, Bericht des Dachauer Landrichters Heydolph vom 18.7.804.

81 BayHStA, MF 66689, Beilagen zum Bericht des Dachauer Landrichters vom 18.7.1804.

82 BayHStA, MF 66689, Bericht des Friedberger Landrichters vom 11.9.1804.

83 Sammlung der Entscheidungen des Bayerischen Obersten Landesgerichtes 4, 1904, S. 881–884.

84 Sammlung der Entscheidungen des Bayerischen Obersten Landesgerichts Zivilsachen 1904, Nr. 186, S. 881–898, AZ Reg. III 69/1902, Urteil des Bayerischen Obersten Landesgerichts vom 12. April 1979, AZ RReg. 2 Z 137/77.

85 Harald Jäger, Geschichte der Jachenauer Forstverhältnisse, Typoskript, München 1952, S. 1–13.

86 Jäger (wie Anm. 85) S. 14. – StAM, Antiquarregistratur Fasz. 1080 Nr. 31, Denkschrift der Gemeinde Jachenau vom 9.8.1831.

87 Jäger (wie Anm. 85) S. 14 f.

88 StAM, Antiquarregistratur Fasz. 3762 Nr. 298, Protokolle vom 26., 27. und 31.8.1835.

89 Bayerisches Gesetz- und Verordnungsblatt 1964, Nr. 17, S. 205–251.

90 Köstler (wie Anm. 8) S. 139.

91 Zur Entwicklung der Forstverwaltung im 18. Jahrhundert vgl. ausführlich Bauer (wie Anm. 48) und Otto Bauer, Die Entwicklung der Forstorganisation in Bayern in der zweiten Hälfte des 18. und zu Beginn des 19. Jahrhunderts. In: Bleymüller – Gundermann – Beck (wie Nr. 22) S. 25–35, hier S. 29, sowie Hans-Heinrich Vangerow, Von den Anfängen der Bayerischen Staatsforstverwaltung. In: Ebd. S. 3–23.

92 Churpfalzbaierisches Regierungsblatt 1804, Nr. 17, S. 381.

93 Köstler (wie Anm. 8) S. 134.

94 Churpfalzbaierisches Regierungsblatt 1804, Nr. 17, S. 390, 393, 395 und 398.

95 StAM, Antiquarregistratur Fasz. 3298 Nr. 194, Forststückrechnung über die aquirierten Klosterwaldungen churfürstlichen Rentamts München pro 1804.

96 BayHStA, MF 66693, Generalkonspekt vom 24.10.1803.

97 Vorschriften für die Forstkartierung und Flächenberechnung dann für die Herstellung des Staatswaldinventars, München 1833.

98 Anton Schneider, Der Gewinn des bayerischen Staates von säkularisierten landständischen Klöstern in Altbayern (Miscellanea Bavarica Monacensia 23), München 1970, S. 167. – Michael Döberl, Entwicklungsgeschichte Bayerns, Bd. 2, 3. Aufl. München 1928, S. 485. – Josef Kirmeier – Manfred Treml (Hrsg.), Glanz und Ende der alten Klöster. Säkularisation im bayerischen Oberland 1803 (Veröffentlichungen zur Bayerischen Geschichte und Kultur 21/91), München 1991, S. 330 f., Nr. 238.

99 StAM, Handakt 5478, Klosteraufhebung in Bayern und Pfalz 1803, Entschließung des Staatsministeriums für Unterricht und Kultus vom 12.12.1922.

100 BayHStA, ML 9151, Entschließung des Ministeriums der Finanzen vom 4.11.1922.

101 StAM, Handakt 5478, Klosteraufhebung in Bayern und Pfalz 1803, Gutachten von Fridolin Solleder und Anton Schmid 12.5.1923 für den Regierungsbezirk Oberbayern.

102 BayHStA, ML 9151, Bericht der Regierung von Oberbayern, Kammer der Finanzen vom 16.9.1929.

103 BayHStA, MK 49124–49128, Vollzug des Konkordates seit November 1918, Bde. I–V.

Die Bibliotheken und Sammlungen der Klöster im Hochstift Bamberg nach der Säkularisation 1803

Von *Johann Pörnbacher*

Bamberg als Zentralisationspunkt für die Kulturgüter der Klöster nach den politischen Veränderungen

Das Jahr 1803 ist viel mehr als ein nüchternes Datum im Geschichtskalender. Für die Bevölkerung in den neu hinzugekommenen bayerischen Landesteilen wie im Hochstift Bamberg bedeutete es eine radikale Veränderung: Erstens hörte das Hochstift auf, ein souveränes Territorium zu sein, und wurde in Justiz und Verwaltung in den kommenden Jahren wie das übrige Bayern nach den Reformgrundsätzen Maximilian Graf Montgelas' (1759–1838) umgestaltet, und zweitens wurde der Besitz sowohl des Hochstifts wie des Domkapitels als auch der Klöster eingezogen, sodass Herrschafts- und Vermögenssäkularisation ineinander gehen. Völlig neu war für die Untertanen des einstigen Fürstbistums ab dem 29. November 1802, der zivilen Besitzergreifung durch den bayerischen Kurfürsten Max IV. Joseph (1756–1825), auf einmal vom 230 Kilometer entfernten München aus regiert zu werden. Dadurch änderte sich vieles: fremde Beamte strömten ins Land, verfügten Veränderungen und schickten sich an, den Besitz der Kirche und der Klöster einzuziehen. Am geschäftigsten waren die neuen Herren in der einstigen fürstbischöflichen Residenzstadt mit der höchsten Dichte an Klöstern im Territorium, aber auch von außerhalb rollte Fuhrwerk um Fuhrwerk mit den mobilen Schätzen aus den Bibliotheken, Naturaliensammlungen und Kunstkabinetten der Abteien und Konvente nach Bamberg, wo sie gesichtet und neuen Zwecken zugeführt wurden.[1]

In Bamberg konzentrierte sich alles auf den Bereich zwischen Dom und der einstigen Universität, da die kurbayerischen Beamten sich der Neuen Residenz als bisheriger Verwaltungszentrale bedienten. Gerade in den ersten Tagen, Wochen und Monaten überstürzten sich die Ereignisse. Zwar war der Dom nach wie vor Gotteshaus, aber Teile glichen in den Monaten von Ende 1803 bis Anfang 1805 mehr einer Rumpelkammer, vor allem die Nagelkapelle, in der sich die Bibliotheksbestände zahlreicher aufgehobener Klöster stapelten.

Neben dem Dom war der Universitätskomplex in dem Geviert des ehemaligen Jesuitenkollegs die zweite Sammelstation für enteignetes Gut, zumal hier mit der Bibliothek und dem Naturalienkabinett die geeigneten Räumlichkeiten schon existierten: Die Universitätsbibliothek befand sich auf der Westseite, deren zweigeschossiger Saal mit Galerie heute wieder die Buchbestände der theologischen Fakultät beherbergt, während das Naturalienkabinett seine Lokalitäten im Nordflügel hatte. Es verfügt über eine bibliotheksähnliche Ausstattung, nur stehen statt den Regalen weiß gestrichene, geschlossene Glasvitrinen für die verschiedenen Pflanzen- und Tierpräparate bereit. Dieser einzigartige, ebenfalls zweigeschossige Saal ist nun Bestandteil des Naturkundemuseums. Seine Anfänge liegen im Jahr 1791, als der damalige Fürstbischof Franz Ludwig von Erthal (1730–1795, regiert seit 1779) an der Universität einen Lehrstuhl für Naturgeschichte einrichtete und gleichzeitig das Naturalienkabinett gründete, um Anschauungsmaterial für den Unterricht bereitzustellen. Zu diesem Zweck ließ er bis 1794 verschiedene Sammlungen von Mineralen, Erzen, Fossilien und Tierpräparaten beschaffen. Sein Hofarchitekt Johann Lorenz Fink (1745–1817) leitete den Umbau, der figürliche Schmuck auf den Vitrinen stammt von dem Schnitzer Georg Joseph Mutschelle (1759–1817). Beim Tod Erthals 1795 war der Raum noch unvollendet und nicht eingerichtet; erst Anfang des 19. Jahrhunderts wurde er seiner eigentlichen Bestimmung zugeführt.[2]

An der von der bayerischen Obrigkeit dekretierten Auflösung der Klöster und geistlichen Institutionen war 1803

Der aus fürstbischöflicher Zeit stammende historische Ausstellungssaal des Naturkunde-Museums in Bamberg

nicht mehr zu rütteln. Zwar hatten die Aufhebungs-kommissare Instruktionen, wie mit den Immobilien und beweglichen Gegenständen zu verfahren war, aber was damit in der Folgezeit geschah, hing gerade auch von jenen Personen ab, die entweder durch staatlichen Auf-trag damit zu tun hatten oder sich aus Neigung damit befassten.

Staatliche Kommissare und private Sammler als Hüter des Säkularisationsgutes in der ersten Hälfte des 19. Jahrhunderts

Bei der Übernahme des enteigneten Kirchengutes – hier ist nur von beweglichen Gütern die Rede – begegnen drei Personengruppen, nämlich die Säkularisationsbeamten, die die Richtlinien aus München in konkretes Verwaltungshandeln umzusetzen hatten, sodann die Beamten, die die Objekte in Bibliotheken, Museen und Instituten neu aufstellten und ordneten, und schließlich private Sammler, die sich für die Gegenstände interessierten, die auf den freien Markt gekommen waren.

Als oberste Aufhebungsbehörde für Franken wirkte das Fränkische General-Kommissariat in Würzburg, das die Instruktionen an die Lokalkommissare weitergab und die Aufhebung der Klöster überwachte. Im Gebiet des einstigen Hochstifts Bamberg war dafür die am 7. Januar 1803 ernannte Kurfürstliche Spezialkommission in Administrativangelegenheiten der Stifter und Klöster zuständig, der als Direktor der Geheime Rat Kaspar Joseph Steinlein vorstand. Außerdem gehörten ihr der Geistliche Rat Melchior Ignaz Stenglein (1745–1827), der Hofrat und Hofkammerrat Wilhelm Stenglein, die Hofkammerräte Johann Adam Kälin und Franz Adolph Schneidawind sowie der Malefizsekretär Friedrich Herzog an.[3]

Für uns ist die zweite Personengruppe wichtiger, die durchwegs aus Geistlichen bestand, die mit Ausnahme von zweien den inzwischen aufgelösten Konventen angehörten. Diese Herren hatten sich der Bibliotheken als dem wichtigsten Sammlungsbereich der einstigen Klöster anzunehmen, weshalb man im Mai und Juni 1803 die achtköpfige Bamberger Bibliothekskommission in folgender Zusammensetzung berief: den Zisterzienser Heinrich Joachim Jaeck (1777–1846) aus Langheim, den Kapuziner Alexander Schmötzer (1748–1815), den Dominikaner Pius Brunnquell (1752–1828), den Karmeliten Anselm Erlacher (1763–1827), den Franziskaner Jakob Bertold (1738–1817), den berühmten Johann Baptist Georg Roppelt (1744–1814) aus Banz, den Kirchengeschichtler Franz Andreas Frey (1763–1820) und schließlich den Universitätsprofessor für Dogmatik und ersten Direktor des Lyzeums Johann Friedrich Batz (1770–1807). Diese Kommission hatte die Inventarisierung der Klosterbibliotheken zu überwachen, sie entweder selber vorzunehmen oder die damit betrauten Konventualen entsprechend anzuweisen. Den Beschluss der Landesdirektion vom 9. September 1803, die Bestände der Klosterbibliotheken mit der kurfürstlichen Bibliothek in Bamberg zu vereinen, hatte das „Bibliothekstriumvirat" Jaeck, Schmötzer und Konrad Frey (1765–1813) umzusetzen.[4] Zur Gruppe der neuen Beamten gehört schließlich noch Dionysius Linder (1762–1838), wie Roppelt Benediktiner aus Banz, der 1803 das Bamberger Naturalienkabinett zu dem machte, was Erthal zwar intendiert hatte, aber nicht mehr ausführen konnte.

Die privaten Sammler sind der dritte und letzte Kreis, der durch guten Geschmack und ausdauerndes Zusammentragen viele Kunstgegenstände auf dem sogenannten freien Markt erwarb, für die sich der Staat und die Kommunen damals noch nicht interessierten. Der Zeichenlehrer Martin Joseph von Reider (1793–1862), der Geistliche Rat Joseph Andreas Schellenberger (1746–1832), der Domkapitular Joseph Hemmerlein (1766–1838) und der Kunstsammler und Privatgelehrte Joseph Heller (1798–1849) sind jene vier, die für Bamberg und darüber hinaus Maßgebliches geleistet haben. Sie übernahmen insofern subsidiär staatliche Aufgaben, als ihre Sammlungen nach ihrem Tod entweder in den Besitz des Königreichs Bayern oder der Stadt Bamberg übergingen und auf diese Weise das gutmachten, was anfangs versäumt worden war.

Da ist allen voran der streitbare Jaeck, der alles an sich zu ziehen versuchte und als Leiter der kurfürstlichen und dann königlichen Bibliothek, der er bis zu seinem Tod 1846 vorstand, im Bamberger Kulturleben des beginnenden 19. Jahrhunderts eine maßgebliche Rolle spielte. Wohl weniger aus Berufung, sondern um ungestört der Wissenschaft leben zu können, war Jaeck 1796 in Langheim eingetreten und entwickelte sich dort zum passionierten Bücherfreund. Seit 1803 ging er völlig in der Arbeit für die neue staatliche Bibliothek in Bamberg auf, was darin seinen sinnfälligen Ausdruck fand, dass er dort schließlich sogar seine Wohnung nahm. Er war froh, als er 1815 seine beiden Kondirektoren, den „gutmütigfleißigen Exfranziskaner Alexander Schmötzer" und den „lustlos-trägen früheren Universitätsbibliothekar Konrad Frey" los wurde und künftig allein bestimmen konnte.[5]

Wie anders war da sein Kollege Dionys Linder, der in dem der Bibliothek benachbarten Gebäudeflügel die Naturaliensammlung leitete und uns in einem Porträt als joviale, freundliche Person begegnet. Linder hatte nicht wie Jaeck das Bedürfnis, ständig nach außen treten zu müssen; er publizierte kaum und lebte ausschließlich seiner Naturaliensammlung, die er in Kloster Banz, dem er seit 1783 angehörte, ab 1792 zum überwiegenden Teil mit eigenen Mitteln aufgebaut hatte: „Ich erlaubte mir nicht eine Schale Kaffee, um den letzten Pfennig darauf zu verwenden", so seine Äußerung gegenüber einem Besucher 1802.[6]

Eine gewinnende Persönlichkeit ist der frühere Dominikaner Pius Brunnquell, der als Mitglied der Bibliothekskommission die Augen offenhielt, Dubletten und angebliche Makulatur, die in Wirklichkeit hohen Wert hatten, an sich nahm und mit 4000 theologischen und kanonistischen Titeln vom Michelsberg, aus Kloster Langheim, von den Bamberger Dominikanern und den Franziskanern aus Forchheim den Grundstock der neuen Domkapitelsbibliothek legte – ein beachtlicher Beitrag für die neue Erzdiözese Bamberg.[7]
Ähnliches Format als Bewahrer von Kulturwerten bewiesen die Seelsorger Joseph Hemmerlein und Andreas

Dionysius Linder (1762–1838), ehemaliger Benediktinermönch aus Banz, seit 1803 Leiter des kurfürstlichen Naturalienkabinetts Bamberg

Schellenberger. Hemmerlein war ein origineller, ja unangepasster Charakter, der von den hier genannten Persönlichkeiten vielleicht als einziger der Romantik zugerechnet werden darf. Er hatte eine künstlerische Ader, konnte gut zeichnen, war aber auch handwerklich geschickt, verstand sich auf die Schlosserei und betätigte sich noch als Vikar als Maurer und Steinmetz. Zuerst wirkte er als Chorvikar von St. Jakob, nach der Säkularisation wurde er 1821 Vikar beim neuen Domkapitel. Seine ganze Leidenschaft freilich galt dem Sammeln von Gemälden, deren Kauf er sich vom Mund absparte.[8]

Eine vorbildliche Priestergestalt ist Schellenberger, der sich bedingungslos bis ins hohe Alter der Seelsorge und der Kranken- und Armenfürsorge widmete. Nach seiner Weihe 1772 war er kurze Zeit Kooperator in Lichtenfels, ehe er schon im Jahr darauf an die obere Pfarre in Bamberg berufen wurde, an der er zunächst als Kaplan und seit 1782 als Pfarrverweser wirkte. Bei der Einweihung des von Erthal initiierten allgemeinen Krankenhauses 1789 spielte er eine wichtige Rolle, da der Einweihungsgottesdienst in seiner Kirche stattfand, und ihm die Ehre des Festpredigers zukam. Schellenberger hatte gute Verbindungen zu seinem Fürstbischof, der schon zum Pfarrfest 1787 aus Anlass des vierhundertjährigen Jubiläums die obere Pfarre mit seinem Besuch beehrt und Schellenberger 1789 als Mitglied in die allgemeine Krankenhauskommission berufen hatte. Seine Liebe zur Kunst zeigte sich in der Anlage seiner reichen privaten Kunstsammlung. Neben seiner seelsorglichen Tätigkeit fand Schellenberger auch Zeit zu seriöser historischer Forschung.[9]

Zu den herausragenden Köpfen im Bamberger Kulturleben der ersten Hälfte des 19. Jahrhunderts gehören die Freunde Joseph Heller (1798–1849) und Joseph Martin von Reider (1793–1862). Heller ist zwar bei den hier vorgestellten Personen mit fünf Jahren zum Zeitpunkt der Säkularisation der jüngste, aber er ist so sehr mit der kulturellen Entwicklung Bambergs in der ersten Hälfte des 19. Jahrhunderts verbunden, dass er hier nicht fehlen darf. Vom Elternhaus her sollte er die Kaufmannstradition weiterführen, aber er wandte sich bald der Kunstge-

schichte und dem Sammeln zu, zum Schreiben vor allem durch Jaeck ermuntert.[10]

Der Laie Reider stand durch seinen Onkel mütterlicherseits, den Banzer Benediktiner Johann Baptist Roppelt, mit der geistlichen Welt in enger Verbindung. Von ihm, so heißt es, habe er die zeichnerische Begabung geerbt, die er als Zeichenlehrer beruflich umsetzte. Schon 1823 übernahm er die Leitung der Zeichenschule, an der er dann 30 Jahre lang Unterricht erteilte und Geometrie lehrte. Ins Bamberger Geistesleben war er eng eingebunden; neben Heller hatte er mit den Bibliothekaren Jaeck und Michael Stenglein (1810–1879) Kontakt und gehörte allen wichtigen Vereinen an: dem Kunstverein seit 1823, dem Historischen Verein seit 1830 als Gründungsmitglied, dem Gewerbeverein seit 1844.[11]

Die Sammlungen

Das Schicksal der mobilen Sachwerte der Klöster nachzuverfolgen ist ein schwieriges Unterfangen. Bei vielen Gegenständen weiß man zwar, dass sie einmal in klösterlichem Besitz gewesen sein müssen, aber die genaue Herkunft ist nicht mehr festzustellen. Anderes wiederum ist unmittelbar zum Zeitpunkt der Säkularisation verkauft worden, vieles wurde gleichgültig und unsachgemäß behandelt oder ging im Lauf der Zeit zugrunde, erstaunlicherweise noch im 20. Jahrhundert. Am vollständigsten sind die Bibliotheksbestände mittels einer systematischen Katalogisierung erfasst worden. Die meist kunstvoll gearbeiteten physikalischen Instrumente und reich bestückten Naturaliensammlungen der Klöster konnten ebenfalls noch die Aufmerksamkeit der Aufhebungskommissare auf sich ziehen, während gerade Gemälde und andere Kunstgegenstände oft unmittelbar am Ort feilgeboten wurden.[12]

Bibliotheken

Wie sehr die Säkularisation Zentralisierung bedeutete, wird nirgends deutlicher als am Beispiel der Bibliotheken, die aus dem ganzen Fürstentum in München und anderen wichtigen Städten konzentriert wurden. Auch aus dem Gebiet des einstigen Hochstifts Bamberg holte Oberhofbibliothekar Johann Christoph Freiherr von Aretin (1772–1824) die wertvollsten Handschriften und Inkunabeln in die damalige Hof- und heutige Bayerische Staatsbibliothek. Die Masse freilich, die ebenfalls Qualität hatte, gelangte in die kurfürstliche, seit 1806 dann königliche und ab 1918 staatliche Bibliothek Bamberg, die durch die Zusammenführung der zahlreichen geistlichen Bibliotheken im Land zu großem Ansehen gelangte.[13] Sie ging aus der 1802 säkularisierten Universitätsbibliothek des Hochstifts Bamberg mit 16.000 Bänden hervor, die durch die Einverleibung zahlreicher Klosterbibliotheken, Ankäufe und fleißige Sammlertätigkeit beim Tode Jaecks 1846 bereits 60.000 Bände zählte.[14] Abgesehen von der einstigen Bibliothek im Universitätshaus, deren schadhafte Exemplare im 19. Jahrhundert durch Dubletten anderer Bestände ersetzt wurden, hatten die Bamberger Klöster die besten Bibliotheken, mit denen nur die Abteien Langheim und Banz sowie die Franziskanerklöster in Forchheim und Kronach konkurrieren konnten.[15]

Die Inventarisierung und Einziehung der Bibliotheken begann noch vor dem Inkrafttreten des Reichsdeputationshauptschlusses am 25. Februar 1803 und fand im Wesentlichen von Sommer 1803 an statt, bis die kurfürstliche Bibliothek im Großen und Ganzen 1805 konstituiert war.[16] Die bedeutendste Bibliothek in Bamberg war ohne Zweifel die des Domkapitels, deren exquisite Codices aus den berühmten Schreibstuben Europas in Italien, von St. Martin in Tours, St. Gallen und der Kathedrale in Reims seit den Tagen Kaiser Heinrichs II. dorthin gelangt waren. Unter den 423 Pergament- und Papierhandschriften, die Jaeck im Sommer 1804 in die kurfürstliche Bibliothek integrierte, ragten die Bamberger Bibelhandschriften hervor. Die sechs wertvollsten Exemplare reklamierte Aretin für die Münchner Hofbibliothek, darunter das Evangeliar Ottos III. Zwei Bamberger Handschriften verdienen besondere Aufmerksamkeit. Da ist einmal der Pergament-Codex aus dem IX. Jahrhundert mit dem Text des „Heliand" aus der Bibliothek des Bamberger Domka-

pitels. Er wurde 1804 in die Hof- und Staatsbibliothek nach München überführt und trägt heute die Signatur Cgm 25.[17] Johann Andreas Schmeller hat dieses wichtige Dokument der altsächsischen Evangelienharmonie ediert. Die Bamberger Dombibliothek hat diese Cimelie, die vielleicht schon Kaiser Heinrich II. seiner Stiftung Bamberg anvertraut hat und die heute der einzige (mehr oder weniger) vollständige Textzeuge des „Heliand" im deutschen Sprachraum ist, über Jahrhunderte bewahrt. Die zweite Handschrift ist der sogenannte Michelsberger „Ambrosius", eine Handschrift aus dem 12. Jahrhundert mit Texten des Kirchenvaters Ambrosius und mit einer berühmt gewordenen vierfarbigen Federzeichnung als Blatt 1, das die Buchherstellung im hohen Mittelalter zeigt.[18] Es ist, wie Fridolin Dressler schreibt, „eine künstlerisch und kulturgeschichtlich gleich bemerkenswerte Miniaturmalerei". Die Handschrift liegt heute in der Staatsbibliothek Bamberg und trägt die Signatur Msc. Patr.5.[19]

Bei der Übernahme der Klosterbibliotheken standen Handschriften und Inkunabeln an erster Stelle. Neben den Schätzen des Domkapitels hatten gerade die Bettelorden ausgesuchte Kostbarkeiten an Wiegendrucken, die sie im ausgehenden Mittelalter durch Schenkungen und aus Nachlässen erhalten hatten. Als typische Stadtorden waren Karmeliten, Dominikaner und Franziskaner schneller mit technischen Neuerungen in Berührung gekommen: durch das rasche Wachsen ihrer Bibliotheken in der Zeit des aufkommenden Buchdrucks ließen sie in Bamberg zahlenmäßig sogar das Domkapitel und den Michelsberg hinter sich. Der Langheimer Bestand wuchs dagegen erst nach Ende des 30-jährigen Krieges, dann allerdings rapid, wenn man die Zahlen der oberen Bibliothek mit 15.000 und der unteren mit 8.000 bedenkt, wobei der Verlust der ersteren beim großen Brand der Abtei 1802 zu bedauern ist. Mit 510 Inkunabeln, die sich heute in der Staatsbibliothek Bamberg befinden, stehen die Karmeliten an erster Stelle vor den Dominikanern mit 470, den Franziskanern mit 440, und Kloster Langheim mit 417. Auch bei den Handschriften hatten die Bettelorden beachtliche Schätze: mit 140 lagen die

Dominikaner noch vor dem Michelsberg mit 130, während in Langheim nur 85 gezählt wurden. Aber die Zahl allein bürgt noch nicht für Qualität: so besaß das Kollegiatstift St. Stephan, das ansonsten über keine nennenswerten Buchbestände verfügte, mit der Bamberger Apokalypse eine der bedeutendsten Handschriften überhaupt.[20]

Während die Bibliothekskommission mit Luchsaugen auf die Cimelien achtete, betrieb sie die Übernahme der übrigen Buchbestände eher nachlässig. Bei den Dominikanern ließ Jaeck von 6000 Bänden 42 Zentner Makulatur wegfahren, von den 3300 Bänden der Franziskaner übernahm er zwei Drittel, während der Rest bis zur Aufhebung des Konvents am 29. September 1806 am alten Standort blieb. Dagegen separierte Jaeck bei den Karmeliten von 6000 Bänden nur eine Fuhre Makulatur, die übrigen Bücher ließ er am 16. September 1803 ins Universitätshaus überführen.

Die Langheimer Bibliothek hatte ein noch vergleichsweise mildes Schicksal, als sie im Sommer 1803 in die Nagelkapelle des Domes kam, die wenigstens vor diebischen Händen schützte. Der mit dem Sichten betraute Schmötzer klassifizierte 1028 Werke als unbrauchbar und übernahm 4200, darunter die bereits genannten 85 Handschriften und 417 Inkunabeln. Bemerkenswert sind noch die 117 juristischen Werke aus der Registratur des Langheimer Hofes in Kulmbach, die 1804 in die Universitätsbibliothek Erlangen gegeben wurden.

Unglücklich verlief der Umgang mit den wissenschaftlich hochkarätigen Bibliotheken des Michelsberges und von Kloster Banz. Anfang September 1803 lieferte der letzte Bibliothekar des Bamberger Benediktinerklosters auf dem Michelsberg seine Bücher in die Bibliothek des Universitätshauses, das nicht genug gesichert war, sodass die Bestände immer wieder von Dieben heimgesucht wurden. Immerhin hat die Staatsbibliothek noch 130 Handschriften und 300 Inkunabeln aus Michelsberger Beständen. In Kloster Banz dagegen fanden die Kommissare 40 Handschriften und 130 Inkunabeln vor. Nicht viel Geschick bewiesen die mit dem Transport beauftragten Postleute, denn auf der Fahrt nach Bamberg sprangen

etliche der zu prall gefüllten Kisten auf. Schon hier kam einiges abhanden, weitere Bände gingen beim Abladen vor dem Dom und bei der Verbringung ins Universitätshaus verloren.[21]

So sehr sich Jaeck an der klösterlichen Welt gerieben hat, so wenig kann er ihren Einfluss verleugnen, denn die Aufstellung der säkularisierten Bestände in der kurfürstlichen Bibliothek entsprach im wesentlichen den Ordnungssystemen der Klosterbibliotheken im 18. Jahrhundert. Jaecks Nachfolger Friedrich Leitschuh (1837–1898) findet deutliche Worte: „Der Gebrauch der ehemaligen süddeutschen Klosterbibliotheken, jedes Buch an ein gewisses Brett, ja an eine gewisse Stelle auf diesem Brett gleichsam anzunageln, diese todte, grobe Mechanik, hatte auch viele Jahrzehnte hindurch in den Räumen der königlichen Bibliothek Anwendung gefunden, in welcher die Signatur nach den Repositorien eingerichtet war."[22] Leitschuh entschloss sich dann zu einer standortgebundenen Fachaufstellung, nach dem Urteil von Professor Schemmel, dem jetzigen Direktor der Staatsbibliothek Bamberg, allerdings nicht unbedingt von Vorteil, da er eine viel zu feine Systematik zugrundelegte und die von Jaeck hergestellten Zusammenhänge zerstörte.

Über dem Schicksal der Bestände darf man nicht die aufwendigen Bibliothekseinrichtungen vornehmlich des 18. Jahrhunderts übersehen, diente eine klösterliche Bibliothek ja nicht allein der Belehrung, sondern auch der Repräsentation, wenn man Gäste in die meist zweigeschoßigen Prachträume mit umlaufender Galerie führte, bestückt mit kunstvollen Regalen. Erhalten sind die Eichengestelle der Karmeliten, die das Kloster 1903 zurückbekommen hat; auch die prächtigen Regale aus dem Dominikanerkloster existieren noch, die der Ordensbruder Alvarus Karl 1744 angefertigt hat und die jetzt in Sichtweite ihres ursprünglichen Standortes geschmackvoll in drei Räume der Neuen Residenz eingepasst sind.[23]

Lange befanden sich in den Bibliothekssälen neben den Buchbeständen auch naturwissenschaftliche Instrumente, die allerdings Ende des 18. Jahrhunderts meistens eigene Räume bekamen mit Ausnahme repräsentativer Erd- und Himmelsgloben, die die Konvente gerne in den Bibliotheken ließen. Ein solches Globenpaar besaßen Kloster Banz, Kloster Langheim und die Bamberger Universitätsbibliothek. Darüberhinaus nannten diese Institutionen noch eine Reihe weiterer physikalischer Geräte und Anschauungsobjekte der Naturkunde ihr eigen.

Naturwissenschaftliche Kabinette

Astronomische und physikalische Instrumente wurden in Bamberg seit der Gründung des Ernestinums zur Ausbildung künftiger Seelsorger im Jahre 1586 durch Fürstbischof Ernst von Mengersdorf (1554–1591, regiert seit 1583), das Fürstbischof Johann Gottfried von Aschhausen (1575–1622, regiert seit 1609) 1611 zum Jesuitenkolleg umwidmete, gekauft. 1647/48 rückte die Einrichtung unter dem Fürstbischof Melchior Otto Voit von Salzburg (1603–1653, regiert seit 1643) mit einer theologischen und philosophischen Fakultät in den Rang einer Akademie auf, die Fürstbischof Adam Friedrich von Seinsheim (1708–1779, regiert seit 1757) 1773 zur Volluniversität mit juristischer und medizinischer Fakultät ausbaute. Er und sein Nachfolger Franz Ludwig von Erthal beschafften weitere Geräte.[24] Nach dem Umbruch von 1803 wurde die einstige Universität zum Lyzeum zurückgestuft, die noch vorhandenen Apparate durch wertvolle Stücke aus den Klöstern Langheim und Banz ergänzt.

Leider erlebten die empfindlichen Instrumente zum Zeitpunkt der Säkularisation und auch später nicht immer die beste Behandlung, was zu großen Verlusten führte, so bei einigen Objekten von Kloster Banz, die möglicherweise beim selben Transport dabei waren wie die Bibliothek. In den „Vorerinnerungen" zu einem Inventar findet sich folgende Äußerung von Regn, dem Rektor des Lyzeums:

„Die hiesige Sammlung physikalischer Instrumente wurde schon zur Zeit der Jesuiten und der ehemaligen Bamberger Universität angelegt, scheint aber nicht sonderlich beträchtlich gewesen zu seyn. Bedeutend wurde sie dadurch vermehrt, daß ein Theil der Instrumente bey Aufhebung des Closters Langheim und Banz hierher

gebracht wurde. Nur ist zu beklagen, daß dieselben theils vor theils bey dem Transporte geflissentlich oder unvorsichtig in den ruinösesten Zustand versetzt hierher kamen. Um nur ein Beyspiel auffallender Sorglosigkeit anzuführen, wurde der große Erdglobus aus Banz, wozu der Himmelsglobus sich noch im Kabinete befindet, so schlecht auf einen Bauernwagen gepakt, daß er in Güßbach [Breitengüßbach], wo er von einem Kieselwetter [Hagel] überfallen wurde, ganz zerstört wurde, und wie es scheint, samt dem schweren messingnen Meridian zerweichte."[25]

Aber nicht alle Instrumente trafen derart ramponiert in Bamberg ein, wo sie Physikprofessor Joseph Batz (1775–1814) entgegennahm und „in die Schränke" stellte, „welche man aus der domkapitlichen Bibliothek erhalten hatte."[26] Die Gegenstände sind noch heute Eigentum der Lyzeumsstiftung, gingen zum Teil 1931 als Leihgabe an den Historischen Verein Bamberg, von dem sie 1951 zurückverlangt wurden. Dem nach wie vor maßgeblichen Aufsatz von Wilhelm Heß aus dem Jahr 1915 über das Schicksal der physikalischen Sammlungen der Klöster nach der Säkularisation ist eine Photographie vorangestellt, die riesige Flaschen, Globen und andere mathematisch-astronomische Geräte in einem Gang des einstigen Jesuitenkollegs zeigt.[27] Noch nach dem Zweiten Weltkrieg müssen diese Dinge existiert haben, denn von 1951 gibt es eine maschinenschriftliche Auflistung von 15 Objekten, die der Historische Verein Bamberg an die Lyzeumsstiftung zurückgegeben hat, mit folgendem Zusatz:

„Diese Gegenstände befinden sich teils in schadhaftem teils in zerlegtem Zustande. Die Hochschule muß auf Wiederherstellung der beschädigten Gegenstände durch den Historischen Verein bestehen." Daneben die handschriftliche Notiz: „Noch nicht erfolgt."[28] Das weitere Schicksal dieser Objekte verliert sich im Dunkeln, was die Vermutung nahelegt, dass sie auf einem Dachboden der Universität eingelagert und im Zuge der diversen Umbauten der 70er Jahre „entsorgt" wurden. Die erhaltenen Präzisionsinstrumente im Besitz der Lyzeumsstiftung verwahrt heute das Historische Museum Bamberg, einige Objekte gehören dem Bayerischen Nationalmuseum in München, das sie im ersten Saal seiner Dauerausstellung über Barock und Rokoko zeigt. Wie sehr die Instrumente noch ins Rokoko gehören, wird am augenfälligsten an der Banzer Planetenmaschine des aus Würzburg stammenden Johann Georg Fellwöck aus dem Jahre 1772. Dargestellt ist die Bewegung der Erde um die Sonne und der Mondwechsel, von den Planeten allerdings nur Merkur, Erde, Sonne und Mond. Das eigentliche Planetarium ist mit einem Durchmesser von etwa einem halben Meter nicht sehr groß – die Erdkugel mit eingravierter Erdkarte hat einen Durchmesser von 8,5 Zentimeter, – wird aber durch einen achteckigen Glasaufsatz und einen mit Rocaillen verzierten Unterbau zu einem stattlichen Möbel, das im Empfangszimmer des Banzer Abtes einen repräsentativen Platz einnahm. Mit diesem schönen Stück ehrte Fellwöck seinen Lehrer Johann Georg Neßtfell (1694–1762), der selbst lange in Banz an astronomischen Geräten gearbeitet hatte. Weitgehend unbeschadet kam die Maschine 1803 in das Bamberger Naturalienkabinett, 1807 in die physikalische Sammlung des Museums und steht jetzt in gutem Zustand im Renaissancebau der Alten Hofhaltung.[29]

Die übrigen Geräte, wie Astrolabien, Astrognosticen und Fernrohre, die ebenfalls wissenschaftlichen Experimenten dienten, sind zwar weniger repräsentativ als die Planetenmaschine, da sie nicht in ein Möbel integriert sind, aber im Wert nicht geringer. Dazu zählt das Astrognosticum aus der Werkstatt des renommierten Augsburgers Georg Friedrich Brander (1713–1783) von 1776, das nach seiner lateinisch-griechischen Bezeichnung dazu diente, die Position von Sternen festzulegen. Mit dem Fernrohr des Sternfinders konnte man den gewünschten Stern avisieren, wenn man ihn zuvor auf der am Gerät angebrachten Sternkarte eingestellt hatte. Brander hatte das Astrognosticum für Langheim gefertigt, wo es im Unterricht zur Verwendung kam.[30]

Nach dem Urteil von Wilhelm Heß hatte Langheim die am besten bestückte und gepflegte Sammlung astronomischer und physikalischer Instrumente, die beim großen Brand 1802 schweren Schaden nahm. Mit seinem Sinn für Exquisites erwarb sich Abt Johann Nepomuk Pitius (1744–1791), der bei den besten Mechanikern des In- und Auslandes die Präzisionsinstrumente erstand, große Verdienste um das Langheimer Naturalienkabinett. Aber über der Liebhaberei vergaß er nicht die wissenschaftliche Bedeutung der Geräte, für die er gleich nach seinem Regierungsantritt 1774 ein eigenes Kabinett einrichten ließ. Mit P. Placidus Geyer (1763–1828) hatte der Konvent einen hervorragenden Betreuer, der aus Anlaß der Säkularisation auch mehrere Verzeichnisse erstellte. Es mag ein Nachklang innerklösterlicher Rivalität gewesen sein, wenn Jaeck in seinem polemischen Werk „Wahres Bild der Klöster" Geyer unterstellt, schlecht unterrichtet und von Mathematik und Physik wenig Ahnung gehabt zu haben. In seiner Beschreibung des Hochstifts Bamberg von 1801 kommt Johann Baptist Roppelt zu einem anderen Urteil, wenn er Geyer „einen sehr geschickten und eifrigen Mann" nennt.[31]

Roppelts Einschätzung ist insofern zuverlässig, als er zu den herausragenden Naturwissenschaftlern von Kloster Banz gehörte und seit 1782 das dortige Naturalienkabinett betreute, das allerdings über keinen eigenen Raum wie in Langheim verfügte. Auch die finanzielle Ausstattung war in Banz weniger gut als bei den benachbarten Zisterziensern, denn in Banz hatten vor allem die Betreuer der Sammlungen für diese aufzukommen, denen man dafür Klosterämter mit Einnahmen zuwies. Als Roppelt 1794 als Professor für Mathematik nach Bamberg berufen wurde, folgte ihm P. Dionys Linder in der Leitung des Naturalienkabinetts. Weil auch er viel eigenes Geld in die Sammlung investiert hatte, konnte er 1803 durchsetzen, Kustos des neuen kurfürstlichen Naturalienkabinetts zu werden, das aus der Sammlung der Universität und jener von Kloster Banz bestand.[32]

Wieviel Interesse Linder den physikalischen Instrumenten entgegenbrachte, ist nicht bekannt, denn sein Hauptaugenmerk galt der Naturaliensammlung, von der beträchtliche Teile im Bamberger Naturkundemuseum zu bewundern sind. Neben Vögeln und Fischen verdient die noch erhaltene pomologische Sammlung Beachtung. Täuschend echt lachen den Betrachter aus einer Vitrine Nachbildungen von 72 Birnen-, 66 Apfel-, 23 Kirsch-,

6 Pfirsich- und drei Aprikosensorten an. Die Wachsmodelle mit einer nur drei Millimeter starken Hülle sind nicht nur Spielerei, sondern auch das ernsthafte Bemühen um ein Sortenarchiv, das in erster Linie als Anschauungsmaterial bei der Verbesserung des Obstes diente.[33]

Bibliotheken und naturwissenschaftliche Instrumente der Klöster wurden zunächst angeschafft, weil man sie für die wissenschaftliche Ausbildung des Nachwuchses, die ja zum überwiegenden Teil im Haus und nicht an Universitäten erfolgte, brauchte, aber über dem Nützlichen vergaß man die ästhetische Seite nicht. Umgekehrt gilt das Gleiche für die Sammlungen an Kunstgegenständen, die auf den ersten Blick als bloße Zierde erscheinen, aber ebenfalls ganz bestimmten Zwecken dienten. Paramente, Kelche und Silbergeräte benötigten die Konvente für den Gottesdienst; Gemälde waren in den profanen Bereichen des Klosters nicht nur Wandschmuck, sondern dokumentierten auch die Klostergeschichte, so die Galerie der Abtsporträts oder Ansichten der diversen Besitzungen.[34]

Kunstgegenstände

Die herausragenden Objekte, wie die berühmten Kleinodien aus dem Bamberger Domschatz, wurden schon 1803 in die Schatzkammer beziehungsweise in die Reiche Kapelle der Münchner Residenz überführt: der Kronreif der heiligen Kunigunde, die Krone für das Kopfreliquiar Kaiser Heinrichs des Heiligen und das Tragaltar-Reliquiar Kaiser Heinrichs.[35]

Die Masse der Kunstobjekte, der die Kommissare kaum Beachtung schenkten, ja schenken konnten, gelangte in den Handel. In glücklicheren Fällen landeten die Dinge auf Antiquitätenmärkten, wo sie wache Privatleute erstanden und dann ab den 20er und 30er Jahren des 19. Jahrhunderts oft den neugegründeten Kulturvereinen schenkten. In Bamberg sind es der Kunstverein von 1823, der Historische Verein von 1830 und das Historische Museum aus dem Jahre 1838. Es ist ein Phänomen, wie man sich plötzlich in den mit Unterstützung König Ludwigs I.

gegründeten historischen Vereinen auf die untergegangene klösterliche Welt besann. Das galt in besonderer Weise für Bamberg, wo man sich die Pflege der Überlieferung des einstigen Hochstifts auf die Fahnen schrieb, woran sich alle wichtigen Personen des Bamberger Kulturlebens beteiligten. Einer der maßgeblichen war, wie sollte es anders sein, der einst so aufgeklärte Jaeck, der bis zu seinem Tod führendes Mitglied im Ausschuss war, dem auch Joseph Martin von Reider angehörte. Ihnen und vielen anderen kommt das Verdienst zu, dem Verein zahlreiche Kunstgegenstände geschenkt zu haben, die früher vielfach in Klosterbesitz waren.[36] Keinen Zweifel über die Provenienz gibt es bei Abtsporträts von Banzer, Langheimer und Michelsberger Prälaten: Jaeck schenkte dem Historischen Verein 1835 die Konterfeis der Banzer Kilian Düring (1701–1720) und Valerius Molitor (1768–1792), und des Langheimer Malachias Limmer (1751–1774); Porträts von dessen Nachfolgern Johann Nepomuk Pitius (1774–1788) und Candidus Hemmerlein (1791–1803) gingen dem Verein von unbekannter Seite zu; von den berühmten Abtsgestalten Gallus Dennerlein aus Banz (1801–1803) und Gallus Brockard (1759–1799) vom Michelsberg hatte der Verein ebenfalls die Porträts bekommen.[37] Daneben verwahrt er Siegel von Bamberger Behörden und Klöstern, aber auch große Kunstgegenstände, wie das Relief Christus am Ölberg aus Ebrach, ein auf Holz gemaltes Kreuz aus dem 1879 abgerissenen Kapuzinerkloster, und kulturgeschichtlich Interessantes, wie die Kaffee- und Teekanne aus Rubinglas des Michelsberger Abtes Anselm Geisendörfer (1725–1743).

Die Kunstfreunde in der ersten Hälfte des 19. Jahrhunderts waren für Bamberg ein Glück, denn zumindest Schellenberger und Hemmerlein vermachten ihre Sammlungen der Stadt. Während Schellenberger um seine Kollektion, die er bei seinem Tod 1832 dem Krankenhaus überließ, nicht viel Aufhebens machte, wollte Hemmerlein seine Schätze, die auf 20.000 Gulden taxiert wurden, gebührend gewürdigt und an entsprechend repräsentativer Stelle aufgehängt wissen. Ihm schwebte das Hochzeitshaus am Kranen vor, das von den Fürstbischöfen als

Haus für besondere Anlässe gebaut wurde und heute die geschichtswissenschaftliche Fakultät beherbergt, aber er war auch einverstanden, als man ihm in Aussicht stellte, die Sachen auf dem Michelsberg zu zeigen, vorausgesetzt man kam seiner Forderung nach, ein geeignetes Lokal aus vier zusammenhängenden Zimmern zur Verfügung zu stellen und sie mit dem Schild „Hemmerleinische Gemälde-Sammlung" als sein Vermächtnis kenntlich zu machen.[38] Damit nahm im Jahr 1838 das Historische Museum seinen Anfang, als man auf dem Michelsberg die Hinterlassenschaft Hemmerleins mit der Schellenbergs vereinigte. Diese „Städtische Kunst- und Gemäldesammlung", die durch weitere Schenkungen und Ankäufe namhafter Sammlungen erweitert wurde, existierte bis 1935, ehe sie aus Platzgründen geschlossen wurde. Nach einem Interim im Renaissancebau der Alten Hofhaltung sind heute noch einige Gemälde von Schellenberger und Hemmerlein in der Galerie der Neuen Residenz zu sehen, der Hinweis auf die „Hemmerleinische Gemälde-Sammlung" existiert nicht mehr, sollte er auf dem Michelsberg überhaupt je angebracht gewesen sein.[39] Beide haben bei der Säkularisation gekauft, Schellenberger allerdings mehr sakrale Geräte als Hemmerlein, der ausschließlich Gemälde sammelte. So erwarb Schellenberger ein Rauchfass aus der Marienkapelle und Silber von St. Stephan, aber auch Bilder, wie die vier Tafeln aus dem Marienleben, 1614 von Christoph Weber und Paul Juvenel (1579–1643) nach Holzschnitten von Dürer gemalt, die den Hochaltar im Georgschor des Bamberger Doms zierten, oder ein weiteres Bild aus dem Dom von Georg Adam Arnold (+ nach 1680).[40] Mit ziemlicher Wahrscheinlichkeit in geistlichem Besitz waren vor dem Erwerb durch Schellenberger die imposante Darstellung des Bußpredigers Johannes Capistran in Bamberg von 1470/75, die ihn vor der Alten Hofhaltung predigend zeigt, oder die 15 Szenen aus dem Alten Testament aus derselben Zeit.[41]

Die Sammlung Joseph Martin von Reiders übertraf an Qualität und Menge alle anderen, und der Bamberg-Kenner und -Freund wird bedauern, dass sie nicht mehr am Ort ist. Den Grundstock bildeten historische Werke, Münzen und Handschriften, die er von seinem Vater und

seinem Onkel Roppelt bekommen hatte. Aber erst umfangreiche Erwerbungen nach 1803 von Gegenständen aus dem Dom, der Franziskanerkirche und anderen säkularisierten Klöstern machten seine Sammlung so bedeutend: genannt seien die sogenannte Reidersche Tafel, eine exquisite Elfenbeinarbeit aus dem 11. Jahrhundert, deren Bamberger Provenienz allerdings nicht gesichert ist, der Flügelaltar aus der Franziskanerkirche, etliche spätgotische Plastiken und schöne Bildteppiche aus der Zeit um 1500. Während sich die Masse des Reiderschen Nachlasses im Bayerischen Nationalmuseum befindet, kamen einige Stücke zurück nach Franken in das Museum auf der Veste Rosenberg oberhalb Kronach.[42]

Nach 1855 überlegte Reider, seinen Nachlass der Stadt Bamberg zu vermachen, als aber ein Inventar gefordert wurde, blockierte er und trat 1857 in Verhandlungen mit Karl Maria von Aretin (1796–1868), dem Gründungsdirektor des Bayerischen Nationalmuseums. 1859 kam der Vertrag zustande, wonach die auf 80.000 Gulden taxierte Sammlung gegen eine Leibrente von 1.000 Gulden an dieses Haus ging. Die Auszeichnung mit dem Ritterkreuz I. Klasse für deren Überlassung nahm Reider an seiner alten Wirkungsstätte im großen Zeichensaal der Handwerksschule seiner Heimatstadt am 29. Januar 1860 entgegen; zum Jahresende kehrte er ihr den Rücken und folgte seinen Schätzen nach München.[43]

Epilog

Der Übergang der Reiderschen Sammlung im Januar 1860 an das Bayerische Nationalmuseum markiert gewissermaßen den Abschluss der langen ersten Phase, in der das Säkularisationsgut Oberfrankens einerseits systematisch erfasst, andererseits vernachlässigt, wenn nicht sogar ganz achtlos behandelt wurde. Das gilt für die Jahre bis 1820/30, dann setzt eine Rückbesinnung auf die großen Sachwerte und deren geistig-geistliche Bedeutung ein, die ihren augenfälligsten Ausdruck in der Gründung des Historischen Vereins 1830 und des Historischen Museums 1838 findet: man versuchte das, was noch zu retten war, für die Nachwelt angemessen zu verwahren. Den eigentlichen Wert der Klöster, die auch in Oberfranken Ende der 1820er Jahre wieder langsam Fuß fassen, weiß man um diese Zeit wieder eher zu schätzen. Der Antrag der Bamberger Bürgerschaft 1835, in der Stadt die benediktinische Tradition auf dem Michelsberg erneut aufleben zu lassen, verläuft zwar im Sande, aber die Tendenz ist klar erkennbar: 1827 dürfen die Englischen Fräulein Novizinnen aufnehmen, 1902 kehren die Karmeliten ins Stadtgebiet zurück.[44]

Den Bibliotheken der Klöster brachte man von Seiten des Staates das meiste Interesse entgegen. Handschriften, Inkunabeln und bedeutende Drucke wurden systematisch erfasst und die Cimelien von dem Oberhofbibliothekar Freiherr von Aretin nach München an die „centrale Oberhofbibliothek" eingezogen. Er gelangte allerdings nicht immer ans Ziel, denn auch die „Provinzialbibliotheken" reklamierten mit Recht ihre Ansprüche. So kam es 1804/05 zum Streit zwischen Aretin und der Universitätsbibliothek Würzburg, die ihre Wünsche durchsetzen konnte. Am 13. Mai 1804 forderte Aretin in einem Brief an das Ministerium des Äußern, das bis 1806 auch für Unterricht und Kultus zuständig war, die Universität Würzburg solle ihre „literärischen Seltenheiten" nach München abgeben und dafür Tripletten der Hofbibliothek erhalten. Aber der Senat der Universität konnte in einem Schreiben an die oberste Schulkuratel überzeugend darlegen, dass die besonderen Werke in Würzburg bleiben sollten, um Forschung und Lehre, gerade im Bereich der Altertumswissenschaften und der Philologie, zu ermöglichen. Am 27. März 1805 bedeutet das Departement des Auswärtigen Aretin, es sei nicht die Absicht, die Universitäten aller ihrer literärischen Besonderheiten zu berauben, weil sie für „kritische Arbeiten" benötigt würden. Aretin wird maßvolles Auswählen nahegelegt, außerdem solle er sich nicht selbständig mit den Universitätsbibliotheken in Verbindung setzen.[45]

Durch den Vorgang der Säkularisation stieg Bayern in den Rang eines Mittelstaates auf, wodurch die vormals kleinen Territorien zwar zu Provinzen herabsanken, aber maßgebliche Leute dort dennoch versuchten, ein gewisses Niveau zu halten. Das schlägt sich auch in der Stel-

lungnahme des Senats der Würzburger Universität an die oberste Schulkuratel in München nieder, wenn es heißt, der Kurfürst habe in Aussicht gestellt, der Bibliothek nicht nur Bestände aus fränkischen, sondern auch aus bayerischen und schwäbischen Klöstern zukommen zu lassen. Das war möglich, denn in diesen Landesteilen hatten sich ungleich mehr Klöster als in Franken befunden, sodass auch mehr Dubletten und Tripletten anfielen. Und wie für die Buchbestände gilt dies auch für die anderen Sammlungsbereiche, wie physikalische Instrumente und Kunstgegenstände.

Im Bambergischen war alles sehr überschaubar, etlichen hundert bayerischen, schwäbischen und oberpfälzischen Klöstern standen keine 20 oberfränkische Häuser gegenüber, deren Inventare sich leichter sichten und ordnen ließen. Im Vergleich mit anderen Städten lassen sich in Bamberg ungleich mehr Objekte klösterlicher Provenienz ausmachen. Obwohl manches Kunstwerk – besonders die herausragenden Stücke – weggekommen ist, trifft der Titel „geistliche Stadt" auf Bamberg noch immer zu, weil der Großteil des mobilen Säkularisationsgutes des heutigen Regierungsbezirkes Oberfranken dort eine dauerhafte Bleibe und Aufstellung gefunden hat. Vieles ist in der Zeit nach 1802/03 durch Unachtsamkeit verlorengegangen, anderes hat durch glückliche Fügung erst Anfang des 19. Jahrhunderts seine Vollendung erfahren. Da ist einmal das von Fürstbischof Ludwig Joseph von Erthal initiierte Naturalienkabinett, das erst durch Dionysius Linder zu dem wurde, wie es sich heute präsentiert. Da sind zum Zweiten Gestalten, wie Pius Brunnquell, der mit Beharrung und Einfühlungsvermögen 1822 die Domkapitelsbibliothek neu begründete. Und da ist zum Dritten das Verständnis für das Schöne, wenn den Karmeliten die alte Einrichtung zurückgegeben wurde und die ansehnliche Dominikanerbibliothek geschmackvoll in die Räume der Staatsbibliothek eingebaut wurde, die sich seit 1965 in einem Teil der Neuen Residenz befindet. Die genannten Personen stehen mit ihren Leistungen stellvertretend für jene, die in schwieriger Zeit mit Einfühlung und Verständnis viel kostbares Kulturgut der Nachwelt bewahrten.

1 In diesem Beitrag soll das Schicksal der Handschriften, Inkunabeln und Drucke, der physikalischen Apparate, Naturalien und Gemälde in der ersten Hälfte des 19. Jahrhunderts skizziert werden. Wegen des beschränkten Umfangs können nur einzelne Beispiele herausgestellt werden, Anspruch auf Vollständigkeit kann nicht erhoben werden. Der Schwerpunkt liegt auf Bamberg mit dem Domkapitel, seinen drei Kollegiatstiften St. Gangolf, St. Jakob und St. Stephan, der Benediktinerabtei Michelsberg und den Bettelordensklöstern der Dominikaner, Franziskaner, Karmeliten und Kapuziner. Niederlassungen dieser Orden befanden sich auch in Forchheim, Kronach und Gößweinstein. Die Benediktinerabtei Banz und das Zisterzienserkloster Langheim sind die einzigen Abteien, die sowohl geistlich wie weltlich ganz dem Hochstift Bamberg unterstanden. Deshalb wird hier nicht auf die Zisterzienserabtei Ebrach und die Benediktinerklöster Weißenohe und Michelfeld eingegangen, die nur bistumsmäßig nach Bamberg gehörten, deren Mobilien deshalb aber nach Würzburg im Falle Ebrachs und nach Amberg für die beiden anderen Abteien gebracht wurden. Als grundlegende Literatur sei Alfons Maria Scheglmann, Geschichte der Säkularisation im rechtsrheinischen Bayern, 3 Bde., Regensburg 1903–1908, genannt.

2 Zu Gründung und Gestaltung des Naturalienkabinetts vgl. das Begleitblatt Naturkunde-Museum Bamberg, Museum im Museum 1 von Beate Bugla und Matthias Mäuser.

3 Staatsarchiv Bamberg, Säkularisationsakten (Rep. K 201) Nr. 1, bes. fol. 2r–8v; der Druck vom 7. Februar 1803 findet sich in Staatsarchiv Bamberg, Regierung von Oberfranken, Kammer des Innern (Rep. K 3 A I) Nr. 89, enthält aber nicht die einzelnen Punkte der Instruktion. – Nach Möglichkeit werden bei allen Personen die Vornamen und die Lebensdaten angegeben.

4 Irmingard Wolf, Die Säkularisierung der Stifts- und Klosterbibliotheken im Gebiet des Erzbistums Bamberg, Diss. masch., Erlangen 1952, S. 19–22. – Vgl. auch Werner Schopper, Gebrochene Kontinuität – Skizzen zur Geschichte der Bamberger Hochschulen und Bibliotheken. In: Buch und Bibliothek in Bamberg. Festschrift zur Einweihung des zentralen Bibliotheksgebäudes der Universitätsbibliothek, hrsg. von Dieter Karasek, Bamberg 1986, S. 189–250.

5 Lebensbild von Wilhelm Schleicher in dem Faltblatt „Heinrich Joachim Jaeck und die kgl. Bibliothek zu Bamberg", Ausstellung zum 200. Geburtstag Heinrich Joachim Jaecks der Staatsbibliothek Bamberg 1977.

6 Zitiert nach Günter Dippold, Kloster Banz. Natur, Kultur, Architektur, Staffelstein 1991, S. 72/2. – Vgl. auch Hans-Werner Alt, Kloster Banz, 4. Aufl. Königstein 2000.

7 Wolf (wie Anm. 4) S. 30.

8 J. N. Haas, Domvikar Joseph Hemmerlein. In: Alt-Franken 7 (1931) S. 5–8 und 13–16.

9 Johann Lorenz Pfeffer, August Andreas Schellenbergers, weiland geistlichen Rathes, Pfarrers zu U.L. Frau, und Vorstandes des Armen-pflegschaftrathes etc. zu Bamberg Lebensbeschreibung. Zum Besten der Stadtarmen, Bamberg 1832, S. 5, 7, 14–16.

10 Friedrich Leitschuh, Joseph Heller. Ein Bamberger Original und sein Wirken. Ein Gedenkblatt zu seinem hundertjährigen Geburtstage (Sonderdruck aus „Das Bayerland"), München 1898, bes. S. 3 f. über die Verdienste Hellers bei den Forschungen zu Lukas Cranach und S. 11–14 zu seiner erlesenen Kupferstichsammlung, die er der königlichen Bibliothek in Bamberg vermachte. – Eine zur Regnitz gewandte Tafel auf dem Haus Untere Brücke Nr. 2 weist dieses als Hellers Geburts- und Sterbehaus aus.

11 Fridolin Dressler, Martin von Reider (1793–1862) und die Übergabe seiner Sammlungen an das Bayerische Nationalmuseum in München (1859/60). In: Bericht des Historischen Vereins Bamberg 122 (1986) S. 27–71, bes. S. 30–35.

12 Der jüngste Überblick zum Thema Sammlungen stammt von Günter Dippold, Museen in Oberfranken. Teil 1: Von Raritätenkammern, Bildergalerien, Naturalienkabinetten und verpassten Chancen (Anfang des 18. bis Mitte des 19. Jahrhunderts), Teil 2: Von Wachstum und Niedergang, Historismus und Heimateuphorie (Mitte des 19. Jahrhunderts bis zum Ersten Weltkrieg), Heimatbeilage zum oberfränkischen Schulanzeiger Nr. 291, Bayreuth 2002. Teil 3 ist für Herbst 2002 angekündigt. – Für diesen Beitrag finden sich wichtige Abschnitte vor allem im ersten Teil. Wenn bei „Naturhistorische Forschung im Obermainkreis", S. 48–63, auch die erst 1835 in Banz gegründete Petrefaktensammlung genannt wird, so ist das zweifelsohne von Bedeutung, kann aber hier nicht vertieft werden.

13 Wolf (wie Anm. 4) S. 7, und Friedrich Leitschuh, Führer durch die königliche Bibliothek Bamberg, 2. Aufl. Bamberg 1889, S. 3 f.

14 Bernhard Schemmel, Von der Klosterbibliothek Langheim zur Staatsbibliothek Bamberg. In: Kloster Langheim (Arbeitshefte des bayerischen Landesamtes für Denkmalpflege 65), München 1994, S. 57/2. Hier und auf S. 58/1 weist Schemmel auf die Schwierigkeit einer Provenienzbestimmung hin: sie sei entweder über die Initialen des Abtes möglich, bisweilen auch über das Supralibros oder – aber sehr mühsam – über die Altsignatur. Die Rekonstruktion alter Klosterbibliotheken sei deshalb schwierig, da in den staatlichen Bibliothekskatalogen Hinweise auf die Provenienz nur für Handschriften und Inkunabeln existierten.

15 Staatsarchiv Bamberg, Regierung von Oberfranken Kammer des Innern (Rep. K 3 F VIII) Nr. 181 mit dem Titel: „Acta Die Bibliotheken, Manuscripte, typographisch(e) Seltenheiten, Naturaliencabinets und Gemaelde der aufgelösten Stifter und Klöster betr. 1803/1804." Den Informationen über die einzelnen Bibliotheken ist ein Verzeichnis Banzer Pretiosen vorangestellt, außerdem enthält der voluminöse Band wichtige Äußerungen verschiedener Säkularisationsbeamter. Enthalten sind folgende Institutionen: Banz, Domkapitel Bamberg, Langheim, der Michelsberg, Karmeliten, Kapuziner, Dominikaner und Franziskaner in Bamberg, Franziskaner in Kronach, die Bibliothek des Exjesuiten Pabstmann in Friesen, Franziskaner in

Forchheim, noch einmal Banz, die Bibliothek von Schloss Seehof und die Kapuziner von Gößweinstein.

16 Wolf (wie Anm. 4) S. 16, weist darauf hin, dass die Säkularisation der Bibliotheken erst in den 40er Jahren des 19. Jahrhunderts und noch später zum Abschluss kam.

17 Erich Petzet, Die Deutschen Pergament-Handschriften Nr. 1–200 der Staatsbibliothek München (Catalogus Codicum Manu Scriptorum Bibliothecae Monacensis. Tomi V Pars I. Editio Altera), München 1920, S. 25 f. – Werner Taegert, Die Bamberger Domkapitelsbibliothek und das bibliothekarische Wirken des Subkustos Graff. In: Ein Leben für den Bamberger Dom. Das Wirken des Subkustos Graff (1682–1749), hrsg. von Renate Baumgärtel-Fleischmann, Bamberg 1999, S. 124–141, bes. S. 136 f. – Zum Verbleib der Handschriften allgemein vgl. Sigrid Krämer, Handschriftenerbe des deutschen Mittelalters, 3 Bde., München 1989/90. Für Bamberg siehe Friedrich Leitschuh – Hans Fischer – Fridolin Dressler, Katalog der Handschriften der Königlichen bzw. Staatsbibliothek Bamberg, 4 Bde., Bamberg 1887–1966.

18 Fridolin Dressler, Schreiber-Mönche am Werk. Zum Titelbild des Bamberger Codex Patr. 5. In: Scriptorium-Opus. Prof. Dr. Otto Meyer zum 65. Geburtstag am 21. September 1971, Wiesbaden 1971.

19 Vgl. auch Paul Ruf, Mittelalterliche Bibliothekskataloge Deutschlands und der Schweiz, Bd. 3 Teil 3: Bistum Bamberg, München 1939.

20 Wolf (wie Anm. 4) S. 12, und Schemmel (wie Anm. 14) S. 58/2. – Vgl. auch den maschinenschriftlichen Begleittext von 1977/78 zur Ausstellung der Staatsbibliothek über „Die Säkularisation der Bambergischen Stifts- und Klosterbibliotheken". – Zur Bamberger Apokalypse Gude Suckale-Redlefsen – Bernhard Schemmel, Das Buch mit 7 Siegeln. Die Bamberger Apokalypse (Ausstellungskatalog), Luzern 2000.

21 Bernhard Schemmel, maschinenschriftlicher Begleittext zur Ausstellung der Staatsbibliothek von 1977/78: Die Säkularisation der Bambergischen Stifts- und Klosterbibliotheken, S. 7, 10 und 11.

22 Leitschuh (wie Anm. 13) S. 11.

23 Bernhard Schemmel, Zu den Bibliotheksregalen der Bamberger Dominikaner. In: Hortulus floridus Bambergensis. Studien zur fränkischen Kunst- und Kulturgeschichte. Renate Baumgärtel-Fleischmann zum 4. Mai 2002, hrsg. von der Staatsbibliothek Bamberg durch Werner Taegert (im Druck).

24 Lothar Hennig – Markus Schütz, Die astronomischen Geräte im Historischen Museum Bamberg. In: Haus der Weisheit. Von der Academia Ottoniana zur Otto-Friedrich-Universität Bamberg. Katalog der Ausstellungen aus Anlaß der 350-Jahrfeier, hrsg. von Franz Machilek, Bamberg 1998, S. 469–478, bes. S. 469/1. – Zur Bamberger Universität vgl. auch: Franz Machilek, Von der Academia Ottoniana zur Otto-Friedrich-Universität Bamberg. Eine Ausstellung des Staatsarchivs Bamberg anlässlich des 37. Deutschen Historikertages (Ausstellungskataloge der Staatlichen Archive Bayerns 25), München 1988.

25 Archiv der Otto-Friedrich-Universität Bamberg, V M 16, Inventar des physikalischen Kabinetts, 1823–1853.

26 Archiv der Otto-Friedrich-Universität Bamberg, V M 16, Vorerinnerung.

27 Wilhelm Heß, Die physikalischen Kabinette der Klöster Langheim und Banz bei der Säkularisation. In: Bericht des Historischen Vereins Bamberg 73 (1915) S. 5–56. – Staatsarchiv Bamberg, Säkularisationsakten (Rep. K 202) Nr. 1038 und Nr. 1512 enthalten Verzeichnisse der physikalischen Instrumente aus Banz und Langheim, wobei die Langheimer Übersicht vollständiger ist und die wertvolleren Instrumente auflistet. – Vgl. auch Wilhelm Forster, Die Säkularisation und das Benediktinerkloster Banz. In: Wittelsbach und Bayern III/1: Krone und Verfassung. König Max I. Joseph und der neue Staat. Beiträge zur Bayerischen Geschichte und Kunst 1799–1825, München-Zürich 1980, S. 95–100.

28 Archiv der Otto-Friedrich-Universität Bamberg, M V 97, 1951/52.

29 Hennig – Schütz (wie Anm. 24) S. 473/2 und 474/1.

30 Ebd. S. 474/2 und 475/1.

31 Johann Baptist Roppelt, Historisch-topographische Beschreibung des kaiserlichen Hochstifts und Fürstenthums Bamberg nebst einer neuen geographischen Originalcharte dieses Landes in 4 Blättern, Nürnberg 1801, S. 384. – Zum Wert der Langheimer Sammlung Heß (wie Anm. 27) S. 16–24.

32 Heß (wie Anm. 27) S. 33–40.

33 Matthias Mäuser, Die naturkundlichen Sammlungen. In: Henning – Schütz (wie Anm. 24) S. 464–468, bes. S. 466/2. – Vgl. auch StABa, Regierung von Oberfranken Kammer des Innern (Rep. K 3 F VIII) Nr. 309/I mit einem Verzeichnis der Naturalien von Linder.

34 Dem Verbleib von Paramenten, Silbersachen und Münzen nachzugehen ist ein schwieriges Unterfangen. Eine vollständige Auflistung aller vorhandenen Gerätschaften ist zum Beispiel für das Franziskanerkloster in Bamberg aus dem Jahr 1806 überliefert (Staatsarchiv Bamberg, Säkularisationsakten [Rep. K 202] Nr. 366). Bei den Messgewändern wird man einige Verluste beklagen müssen, manche werden an ihren alten Stellen geblieben oder später wieder dorthin zurückgekommen sein, so vielleicht jene, die Pius Brunnquell zusammengetragen hat. Gleiches gilt für die Silbersachen. Die Münzen befinden sich heute in der staatlichen Münzsammlung, deren frühere Provenienz allerdings nicht mehr festzustellen ist. Dazu Wolfgang Heß u.a. (Bearb.), Vom Königlichen Cabinet zur Staatssammlung 1807–1982. Staatliche Münzsammlung, München 1982, S. 62–64 zur Säkularisation in den bayerischen Klöstern. Der Akt Bayerisches Hauptstaatsarchiv, MF 21652 betrifft die Einsendung einer Münzsammlung und silberner Kirchengerätschaften aus der ehemaligen Provinz Bamberg mit einer Übersicht verschiedener Silbergeräte der Karmeliter, Dominikaner, von St. Stephan und der Klöster Theres, Unterzell und Bildhausen und einer Aufstellung von Münzen und ihren Werten.

35 Hans Thoma (Hrsg.), Schatzkammer der Residenz München. Katalog, München 1958 Nr. 9, 10 und 13. – Herbert Brunner, Schatzkam-

mer der Residenz München. Katalog, München 1970. – Herbert Brunner, Die Kunstschätze der Münchner Residenz, hrsg. von Albrecht Miller, München 1977, S. 142 ff. (mit ausführlicher Literatur).

36 Information von Lothar Braun, dem ersten Vorsitzenden des Historischen Vereins Bamberg, vom 25. März 2002.

37 Bernhard Schemmel, 150 Jahre Historischer Verein Bamberg. Dokumente aus den Sammlungen. In: Bericht des Historischen Verein Bambergs 116 (1980) S. 9–59, bes. S. 40–43.

38 Stadtarchiv Bamberg, C 6 Nr. 1235: Verzeichnis der im Bürgerspital auf dem Michelsberg aufbewahrten Bilder und Kunstgegenstände vom 10. März 1865; das 12-seitige Verzeichnis hat 190 Nummern, die sich folgendermaßen verteilen: 120 Bilder der Hemmerleinschen Stiftung, 33 der Stiftung von Joseph Dorn, 16 von Domkapitular Wunder und 9 aus der Schenkung Schönlein.

39 Zur Geschichte vgl. das knappe Vorwort von Joachim Meintzschel im Bildheft Historisches Museum Bamberg, Bamberg 1971. Dort erwähnt er auch die Schenkungen von Domkapitular Betz, dem Maler Joseph Dorn, Hemmerleins Großvater, und dem Arzt Dr. Lukas Schönlein. 1870 kaufte die Stadt 81 Gemälde der Sammlung des Seminardirektors J. G. Heunisch.

40 Auskunft von Frau Dr. Renate Baumgärtel-Fleischmann vom 13. Juni 2002. – Dies., Die Altäre des Bamberger Domes von 1012 bis zur Gegenwart, Bamberg 1987, S. 81–88. Tilmann Breuer – Reinhard Gutbier, Die Kunstdenkmäler von Oberfranken, 6. Stadt Bamberg, Bd. 4/1: Bürgerliche Bergstadt, Bamberg-München-Berlin 1997, S. 236 f.

41 Vgl. Gisela Goldberg – Rüdiger an der Heiden, Staatsgalerie Bamberg (Schnell und Steiner, Große Kunstführer Bd. 139), Regensburg 1986, Nr. 5 und 6, S. 9 und 10; die Bilderläuterungen befinden sich ebd. S. 43.

42 Dressler (wie Anm. 11) S. 48.

43 Ebd. S. 40–45.

44 Staatsarchiv Bamberg, Präsidial-Registratur (Rep. K 3) Nr. 1043.

45 Bayerisches Hauptstaatsarchiv, MK 20352, besonders die Produktnummern 6, 7, 10 und 12.

Paul Oesterreicher und die Säkularisation der Klosterarchive im Hochstift Bamberg

Von *Klaus Rupprecht*

Die historische Überlieferung des Hochstifts Bamberg und seiner mediaten Klöster und Stifte im Staatsarchiv Bamberg heute ist entscheidend geprägt von der Tätigkeit des Archivars Paul Oesterreicher, der über knapp vier Jahrzehnte – von 1803 bis 1839 – die Geschicke des kurfürstlichen Archivs und späteren Archivkonservatoriums Bamberg leitete. Oesterreicher (1766–1839)[1] war noch unter Fürstbischof Christoph Franz von Buseck im November 1801 als Hofrat und zweiter Archivar des Hochstifts eingestellt worden. Wenig später, am 19. Januar 1803, starb jedoch der erste Archivar Josef Albert Kluger im Alter von 75 Jahren nach knapp 44 Dienstjahren.[2] Somit rückte Paul Oesterreicher in der radikalen Umbruchzeit kurz nach der Herrschaftssäkularisation des Hochstifts Bamberg durch Kurpfalzbayern und kurz vor der Auflösung der Klöster und Stifte im Hochstift – zunächst kommissarisch – in eine äußerst verantwortliche Position. Ob er damals schon überblickte, welche Vielfalt an Aufgaben und welche Masse an Archivalien auf ihn einströmen würde, kann wohl bezweifelt werden. Sein Tatendrang jedenfalls war riesig und die Ausgangssituation sicher nicht ganz so schlecht, wie er sie gegenüber Kurfürst Max IV. Joseph im Februar 1803 darstellte: „Die Einrichtung des Archivs bedarf noch viel Zeit und große Anstrengung. Dem Einfluße der Witterung, dem Staube und den Motten preisgegeben, in offenen Fächern, auf Tischen, auf dem Fußboden, nach alter Weise gebrochen und nicht ausgefalten, schadhaft, auch in einem unterirdischen Gewölbe vergraben, also ganz dem Verderben ausgesetzt, zum Theil nicht einmal verzeichnet, liegen Akten und selbst Urkunden da; man kann in der That sagen, dass der Stall des Augias zu reinigen ist."[3]

Die Leistung Oesterreichers aus heutiger Sicht zu beurteilen, fällt schwer. Sein Fleiß und sein archivischer Arbeitseifer, gekoppelt mit zahlreichen geschichtlichen Veröffentlichungen, waren immens. Dies alles trug er auch durchaus selbstbewusst zur Schau, wenn er noch im Jahr 1803 gegenüber der Landesdirektion Bamberg mit Blick auf seinen Würzburger Kollegen Stumpf behauptete, er werde „nicht säumen, das Möglichste … zu leisten, denn ich bin nicht gewohnt, mich durch jemand an Diensteifer übertreffen zu lassen".[4] Andererseits werden immer wieder die hohen Verluste an Archiv- und Registraturgut, deren Verkäufe und Makulaturen, ins Feld geführt und den Archivaren der Säkularisationszeit zur Last gelegt. Doch muss man hier gerechterweise die organisatorischen Rahmenbedingungen, die dienstlichen Erfordernisse und die damals zeittypischen ersten archivwissenschaftlichen Erkenntnisse ins Feld führen, um zu einem gerechten Urteil zu kommen. Dies soll im Folgenden geschehen, wenn am Beispiel des Hochstifts Bamberg die Säkularisation der Klosterarchive dargestellt wird.

Als Kurpfalzbayern im Pariser Vertrag vom 24. August 1801 von Napoleon die generelle Zusage über die volle Entschädigung für linksrheinische Verluste erreicht hatte, war im Grunde das Urteil über das Schicksal der fränkischen Hochstifte gesprochen.[5] Ein Jahr später marschierten bereits bayerische Soldaten im Hochstift Bamberg ein. Nachdem mit Urkunde vom 22. November 1802 Kurfürst Max IV. Joseph den Freiherren Johann Wilhelm von Hompesch zum Generalkommissar für die im Fränkischen Kreis neu gewonnenen Besitzungen bestimmt hatte, wurde der 29. November als Tag der Besitzergreifung im Hochstift Bamberg festgelegt. Am Tag zuvor hatte der für Bamberg eingesetzte subdelegierte Kommissar Frhr. v. Asbeck in einer privaten Audienz Fürstbischof Christoph Franz von Buseck von der Zivilbesitzergreifung unterrichtet. Dem Druck der

Ereignisse und der neuen Machthaber folgend, verabschiedete sich Buseck in einem Reskript vom 29. November von seinen Untertanen und Staatsdienern und entband sie von ihrem Eid. Die Verpflichtung der Beamten auf die neue Regierung begann bereits am nächsten Tag, alle Behörden sollten in Zukunft als „kurfürstlich" tituliert werden. Anstatt des früheren bischöflichen Geheimen Rats übernahm die subdelegierte Kommission unter Frhr. von Asbeck die Leitung der Regierungsgeschäfte. Sie hatte Weisungsbefugnis gegenüber allen Zentralbehörden, die zunächst unverändert weiterbestanden.

Bereits am Tag der zivilen Besitzergreifung erging an den Leiter der bambergischen Regierung, den Hofkanzler Adam Joseph Papstmann, folgende Weisung des Generalkommissariats. Er hatte „alle Stifter, Abteyen und Klöster in der Stadt nebst ihrem untergeordnetem Personale in kurfürstliche Pflichten zu nehmen, die Archive und Kassen derselben zu versiegeln, die Übergabe der Verzeichnisse der Archivalien den Registratoren oder Vorstehern derselben längstens binnen acht Tage zur unverbrüchlichen Pflicht zu machen"[6] sowie einen Kassensturz zu veranlassen. Sicherlich spielte dabei das Vorbild der „Novemberkommissare" für die ständischen Klöster in Kurbayern eine Rolle, die gesondert angewiesen worden waren, „auf … die Archive, Klosterpapiere, Rechnungen und Manualien … das besondere Augenmerk zu nehmen, vor allem an allen Orten, wo solche Papiere sich befinden können, die Sperre anzulegen".[7] Nach seinen immer nach dem gleichen Schema ablaufenden Besuchen bei der Benediktinerabtei Michelsberg ob Bamberg, bei den Frauenklöstern St. Klara und Hl. Grab sowie den vier Mendikantenklöstern in der Stadt (Dominikaner, Franziskaner, Karmeliten, Kapuziner) konnte er bereits am 4. Dezember 1802 Vollzug melden. Dieselbe Weisung war etwas später an die Klöster und Stifte auf dem Lande ergangen. Hier war der Hofrat Prof. Georg Friedrich Merz tätig, der ab dem 6. Dezember die Klöster Langheim und Banz sowie die Franziskanerklöster in Kronach (mit dem Hospiz Glosberg) und Marienweiher in die Pflicht nahm. Des Weiteren wurden folgende Klöster auf dem Lande säkularisiert: die Franziskanerklöster in Forchheim und Vilseck sowie die Kapuzinerklöster in Höchstadt a.d. Aisch und Gößweinstein.

Die Versiegelung der Klosterarchive im Dezember 1802, auch wenn diese wegen der geforderten Verzeichnisse gleich wieder gebrochen und anschließend neu vorgenommen werden musste, lieferte grundsätzlich einen wichtigen Beitrag zur Sicherung rechtlich wichtigen Schriftguts. Die bald darauf eingehenden Verzeichnisse[8] konnten schon aufgrund der kurzen zeitlichen Vorgabe keine kompletten Archivalienverzeichnisse sein, sondern nannten in der Regel auf wenigen Seiten die aus der Sicht der Klöster wichtigsten Urkunden oder Urkundengruppen.

Eine Beteiligung der kurfürstlichen Archivare Oesterreicher oder Kluger war bei der Versiegelungsaktion oder der Einsendung der Verzeichnisse der Klosterarchive nicht vorgesehen. Das kurfürstliche Archiv hatte noch über das ganze Jahr 1803 hinweg weder Zuständigkeiten für noch gar Zugriff auf diese.[9] Mit Verordnung vom 7. Februar 1803 gründete das Generalkommissariat in Franken die Spezialadministration für die Administration der Stifte und Klöster, die im Grunde als Aufhebungsbehörde fungierte. Deren detaillierte Instruktion[10] enthält erstaunlicherweise kein Wort über den Umgang mit den wichtigen Klosterarchiven, wohingegen explizit die Fertigung von Verzeichnissen der Bibliotheken, Gemälde, wissenschaftlichen und Kunstsammlungen gefordert wurde. Eventuell meinte man darauf verzichten zu können, weil die Archive versiegelt und erst kurz zuvor Verzeichnisse – allerdings von mangelnder Qualität – gefertigt worden waren. Viel auffälliger als dieses Schweigen der Instruktion ist aber noch jenes der von der Spezialadministration eingesetzten Klosteradministratoren oder Lokalkommissare in Archivangelegenheiten. Egal ob man sich die Sitzungsprotokolle ansieht oder die Abschlussberichte der Aufhebungskommissare liest, die Archive der zumeist im Laufe des Jahres 1803 aufgehobenen Klöster finden darin keine Erwähnung. Immerhin waren die Lokalkommissare vor Ort in einer ergänzenden Instruktion vom April 1803, in welcher die Beachtung der Grundsätze die bereits für die Besitznahme der Güter und des Vermögens der ständischen Klöster in Kurbayern galten, aufgefordert worden, „auf die Archive der Klöster alle Sorgfalt zu verwenden und selbe unter Siegel zu halten"[11].

Die Situation änderte sich jedoch entscheidend in den ersten Monaten des Jahres 1804, als angesichts der vielfach aufgehobenen Klöster, der teilweise geräumten Gebäude und der Frage nach deren Weiterverwendung auch das Problem des Umgangs mit den noch versiegelten Klosterarchiven wieder akut wurde. Bevor auf diesen wichtigen Abschnitt zur Geschichte der Säkularisation der Klosterarchive zu kommen ist, muss kurz auf das kurfürstliche Archiv in Bamberg und die Tätigkeit Oesterreichers eingegangen werden.

Seit seiner Anstellung 1801 mit einer Anwartschaft auf die Stelle des ersten Archivars versehen, ging er wie selbstverständlich davon aus, dass ihm die Nachfolge Klugers zufallen werde, zumal er von den neuen Machthabern reichlich mit Aufträgen eingedeckt wurde. Das Generalkommissariat aber zweifelte zunächst aufgrund dessen archivarischer Unerfahrenheit, ließ andere Bewerber zu und forderte von Oesterreicher einen ausführlichen Bericht über den Zustand, die Einrichtung und Verbesserung des Archivs des Fürstentums Bamberg.[12]
Die berufliche Ungewissheit sorgte zwar für eine gewisse Unzufriedenheit bei Oesterreicher, was er auch in mehreren Schreiben „huldvollst" zum Ausdruck brachte, doch konnte er offensichtlich durch seinen geforderten Bericht und seinen Tatendrang überzeugen.

Als jedenfalls mit Reskript vom 23. April 1803 die Verwaltung in den fränkischen Fürstentümern durch die Errichtung der Landesdirektionen auf völlig neue Beine gestellt wurde, fand das Archivwesen – wenn auch nur in allgemeinster Form – Berücksichtigung; zudem wurde zumindest provisorisch dessen Personalstand geregelt.[13]
Es heißt darin, „neben anderen untergeordneten Ämtern, welche dem Kanzleipersonal unserer Landesdirektion einverleibt sind, finden wir die Archive … einer besonderen Aufmerksamkeit würdig. Ad a: an einer vollstän-

digen Einrichtung der Archive und an ihrer genauen Erhaltung liegt oft allein der Gewinn oder Verlust der wichtigsten Staatsangelegenheiten und in ihnen findet sich das Mittel manchen Schritt mit dem Ansehen von Rechtlichkeit zu begleiten, welches zu seinem Erfolg nothwendig ist. Diese Archive gewinnen in Rücksicht der ritterschaftlichen Verhältnisse in unseren fränkischen Fürstentümern einen noch größeren Grad von Wichtigkeit und wir wollen sie daher eurer besonderen Aufmerksamkeit und der spezielleren Aufsicht des Direktors der ersten Deputation untergeben". Für das Archiv in Bamberg wurden drei Stellen bewilligt: ein Archivar (Paul Oesterreicher), ein Archivregistrator (Kaspar Dorn) und ein Archivgehilfe (Leonhard Siebenwurst). Das Archiv selber blieb am vorhandenen Ort, dem Flügelbau der Neuen Residenz Bamberg, Regierungsmittelpunkt des Hochstifts Bamberg wie der neuen kurpfalzbayerischen Machthaber.

Paul Oesterreicher war in dem wichtigen Säkularisationsjahr 1803 vollauf damit beschäftigt – und das klingt in dem Reskript vom 23. April 1803 deutlich an –, dem neuen Landesherren Gutachten und Rechtsmaterial zur Sicherung des vor der rechtlichen Zuweisung gewaltsam besetzten Fürstentums Bamberg sowie zu dessen Erweiterung auf die noch reichsunmittelbare Ritterschaft an die Hand zu liefern. Neben den geforderten Gutachten über das kaiserliche Landgericht Bamberg und die Lehensverhältnisse der Adeligen stand vor allem die bald nach der Regierungsübernahme angeordnete „Sammlung der Erwerbsurkunden des Fürstentums Bamberg"[14] im Vordergrund. Dabei sollten die Archivare gemäß Weisung vom 3. Januar 1803 nicht nur aus dem – übrigens ebenfalls versiegelten – ehemals hochstiftischen Archiv „alle Erwerb-Urkunden und Titel der sämtlichen Bestandtheile des vormaligen Hochstiftes Bamberg sammeln und Abschriften davon machen lassen" sowie dazu eine historische Ausarbeitung mit Überblick der Erwerbungsgeschichte samt einem alphabetischen Ortsindex fertigen. „Damit über den Erwerb aller Bestandtheile des vormaligen Hochstifts Bamberg ein vollständiges Ganzes gefertigt werden könne", verlangte die Regierung Gleiches von den Klöstern, Stiften und milden Stiftungen im Lande. Allerdings wurde die Weisung in dem Schreiben an diese nun so ausgelegt, dass gleich die Originalurkunden mit dem Index an die Archivare Oesterreicher und Kluger eingeliefert werden konnten.

Damit wäre, ohne dass vorrangig eine archivische Sichtweise dahinter stand oder dies konkret vom Archiv ausgegangen wäre, der erste Zugriff auf die Klosterarchive ermöglicht worden. Doch die ganze Aktion hatte kaum Erfolg. Wenn überhaupt sandten die Klöster, wie schon im Dezember 1802, eher grobe Güter- oder Archivalienverzeichnisse ein. Kloster Banz schickte Abschriften der 82 ältesten Urkunden und verwies auf die in Arbeit befindliche Klostergeschichte des Mönchs Placidius Sprenger; Kloster Langheim erinnerte an das bereits bei der Versiegelung eingeschickte Verzeichnis und das Bamberger Kloster Michelsberg begründete ausgreifend, indem es die Möglichkeit der Einsendung von Originalen implizit ausschloss, dass ein solch gefordertes Werk wohl mehr als 50 Foliobände ergeben müsse und dass angesichts der Kürzungen und der unleserlichen Schrift in den alten Urkunden zwei Archivare und vier Skribenten binnen zwei Jahren nicht in der Lage wären, diesen Auftrag zu erfüllen.

Der Schriftverkehr zur Einbringung der „Erwerbsurkunden" bricht im April 1803 ab. Bereits kurz zuvor waren die Verantwortlichen in den Klöstern von ihren Aufgaben entbunden und durch Lokalkommissare ersetzt worden, die von der Spezialkommission der Administration der Stifte und Klöster eingesetzt worden waren. Deren Aufgabe bestand in der Verwaltung des Klosterbesitzes, der Rechnungsführung sowie der Vorbereitung und Durchführung der schließlich im Sommer 1803 in Etappen durchgeführten offiziellen Auflösung der Klöster. Zugleich kam es zu ersten Wellen der Versteigerung von Mobilien und Immobilien und es wurde schon ganz konkret die Frage der künftigen Nutzung der Klostergebäude verhandelt. Der Umgang mit den versiegelten Klosterarchiven trat für diese Personengruppe offenbar ganz in den Hintergrund.

Aber auch von archivischer Seite gab es zunächst noch keinen direkten Vorstoß, denn neben den genannten Gutachten und geschichtlichen Darstellungen, mit denen Oesterreicher eingedeckt war, hatte er nach Weisung vom 29. April 1803 in äußerster Eile Archiv und Registraturen des Domkapitels Bamberg zu übernehmen.[15] Darüber hinaus stand die von Oesterreicher selbst betriebene große Aufgabe an, das hochstiftische Archiv sowohl in seiner äußeren Einrichtung als auch inneren Strukturierung zu erneuern. Als Vorstand eines Archivs, „welches noch in seinem Chaos liegt"[16], musste es erst einmal darum gehen, Platz für mögliche Neuzugänge zu schaffen, die Räumlichkeiten entsprechend auszustatten und dann die innere Einrichtung nach einem gewissen Plan vorzunehmen. Der Archivar beklagte grundsätzlich, dass in den Archivgewölben viel zu viel Akten seien, die in einem Archiv nichts zu suchen hätten, und dass die Urkunden, sowohl jene, die vorhanden waren, wie auch jene, die bereits hereingekommen waren, gar nicht oder nur schlecht regestiert waren. In ausführlichen archivfachlichen Darlegungen kämpfte Oesterreicher bei der Landesdirektion Bamberg um eine teilweise neue Archiveinrichtung, insbesondere um neue Archivkästen mit ausreichend Schubläden für die zahlreichen bisher unbeachteten oder aus den Akten gezogenen Urkunden sowie für die zu erwartenden und aufgrund der eingereichten Verzeichnisse zum Teil bereits bekannten Massen an Urkunden der aufgehobenen Klöster und Stifte, die er bei seinen Planungen und Begründungen bereits im Sommer 1803 immer mit anführte. Angesichts des ständigen immensen Zuwachses im Archiv begann für Paul Oesterreicher nun der über Jahrzehnte geführte und in zahllosen Schreiben dokumentierte Kampf um größere Raumkapazitäten, mehr Personal und eine bessere Archiveinrichtung. Zudem setzte er sich entschieden und erfolgreich für die Etablierung einer vom Archiv behördlich getrennten sog. „reponierten Hauptregistratur" ein, um die Massen an Akten der aufgelösten Zentralbehörden, des Archivs und der säkularisierten Klöster und Stifte zu übernehmen. Nachdem ein erster zaghafter Versuch zur „Sammlung der Urkunden" aus allen vorhandenen Archiven und

Registraturen des Hochstifts im Oktober 1803 wohl im Sande verlaufen war, drängte Paul Oesterreicher mit einem Vortrag bei der Landesdirektion am 17. April 1804 erneut, „die aussenständigen Urkunden beyzutreiben"[17], was sich zu diesem Zeitpunkt vor allem auf die Kloster- und Stiftsarchive bezog. Die Landesdirektion Bamberg folgte ihm nun auch in seinem Anliegen, wofür offensichtlich mehrere Gründe ausschlaggebend waren. Sicherlich spielte die Furcht vor Verlusten eine Rolle, denn manche Klostergebäude waren z.B. durch die Einquartierung von Soldaten bereits einer fremden Nutzung zugeführt worden. Zudem standen Behördenreformen auf der unteren Ebene, in die der ehemalige Klosterbesitz und die Klostergebäude einzubeziehen waren, kurz bevor. Am wichtigsten war aber wohl, dass die Landesdirektion die „innere und äußere Einrichtung des Archivs" jetzt zumindest so vorbereitet sah, dass mit der Übernahme begonnen werden konnte. Oestereicher hatte mit der Vorlage zumindest eines Grobplans zur inneren Einrichtung des Archivs[18] sowie seinen ständigen Berichten über die Arbeitsfortschritte wohl bestehende Bedenken wegen der zuweilen angemahnten „fehlenden … Einrichtung des Archivs" beseitigen können. Dies findet seine Bestätigung auch in der im April 1804 vorgenommenen tatsächlichen Bestallung und Besoldungsregulierung der drei Archivbeamten in Bamberg.[19]

Die Einziehung der Klosterarchive im Jahre 1804 erfolgte zeitlich gestaffelt nach der Bedeutung der Klöster.[20] In einer ersten Aktion im Februar wandte man sich an die drei ständischen Abteien im Hochstift mit den umfangreichsten Archiven (Kloster Michelsberg, Kloster Banz und Kloster Langheim). Danach folgten im April die vier Mendikantenklöster in der Stadt Bamberg und die Bamberger Frauenklöster St. Klara und Hl. Grab sowie schließlich im Herbst 1804 die Mendikantenklöster auf dem Lande. Hier ist jedoch bisher allein ein Bemühen um die Archivalien des Franziskanerklosters Forchheim bekannt. Die Initiative kam jetzt offensichtlich vom Archiv, denn eine schriftliche Weisung des Generalkommissariats oder der Landesdirektion zum nun geballten Vorgehen liegt nicht vor.

Detailliert nachvollziehbar ist der Übergang der Archive der ständischen Klöster nur für Banz und Langheim;[21] für Kloster Michelsberg fehlen leider entsprechende Quellen. Danach verband Paul Oesterreicher im Februar 1804 seine historischen Auftragsarbeiten über die Beziehung des ehemaligen Hochstifts zu den sächsischen Fürstentümern oder über die Geschichte des Bamberger Landtags mit gezielten Forderungen nach Einsendung einzelner Urkunden oder Akten sowie der in unserem Zusammenhang wichtigen Weisung, „auch alle übrigen Originalien des ehemaligen Klosters einzusenden". Beide Klosteradministratoren mussten aber am 23. April 1804 noch einmal gemahnt werden, „bei Vermeidung schärferer Ahndung" binnen 14 Tagen die „Originalien" einzuliefern, was sie dann auch im Laufe des Monats Mai taten. Zu diesem Zeitpunkt waren die Urkunden des Klosters Michelsberg, wie beiläufig zu erfahren ist, schon eingeliefert. In der Folge kam es allerdings bis in das Jahr 1806 hinein zu weiteren Lieferungen von Urkunden oder angeforderten Akten. Dies erfolgte zum Teil auf eigene Initiative der Nachfolgebehörden; zum anderen verglich Oesterreicher ganz gezielt die vorhandene Literatur oder frühere Archivverzeichnisse mit den eingesandten Archivalien und fahndete nach Einzelstücken. Hier hatte er insbesondere den ehemaligen Banzer Konventualen und Klosterhistoriograph Placidius Sprenger im Visier, was schließlich im Mai 1806 trotz dessen Beschwerden zur Übergabe weiterer Urkunden und Kopialbücher des Klosters führte. Da, wie Oesterreicher noch 1815 betont, bekannt sei, „dass die Mönche nach Aufhebung der Klöster manches oder vieles zu sich genommen haben", so dass von manchen Klöstern gar keine Urkunden zum Vorschein gekommen seien, forschte er aufgrund von Mitteilungen auch ganz explizit in den Nachlässen ehemaliger Mönche wie des Prälaten zu Banz, der peinlicherweise aufgrund einer Fehlmeldung noch vor seinem Tod (1820) heimgesucht wurde. Ihm hatte man die Urkunden über seine Wahl, seine Bestätigung und Belehnung, die nun ins Archiv kamen, bewusst als Zeichen seiner Würde gelassen.

Mit Schreiben vom 21. April 1804 forderte Oesterreicher die Administratoren der Mendikantenklöster und der beiden Frauenklöster in Bamberg auf, „die vorfindlichen Urkunden alsbald mit einem Verzeichnisse und gegen Bescheinigung in das kurfürstliche Archiv einzuliefern". Vorauseilenden Gehorsam bewies das Klarissenkloster, das bereits am 19. April – wohl nach mündlicher Kenntnis des bald eintreffenden Schreibens (der Entwurf stammte vom 17. April) – sämtliche Klosterurkunden aushändigte.[22] Das Kloster Hl. Grab lieferte mit Schreiben vom 22. Mai 51 Urkunden ein. Wann die Mendikantenklöster der Stadt Bamberg ihre Urkunden übergaben, ist den herangezogenen Quellen nicht zu entnehmen. Die kompakte urkundliche Überlieferung im Staatsarchiv Bamberg heute spricht jedoch dafür, dass auch diese damals unmittelbar der Aufforderung Oesterreichers folgten.

Ganz anders stellt sich die Situation bei den Mendikantenklöstern auf dem Lande dar. Allein belegt ist bisher die Aufforderung Oesterreichers an das Franziskanerkloster in Forchheim vom 10. Oktober 1804, seine Urkunden einzusenden. Doch dort wurde die konkrete Weisung geflissentlich übersehen und lediglich ein, auf Urkunden des eigenen Archivs gegründeter, geschichtlicher Überblick des Klosters geliefert. Weder von Forchheim noch von den anderen Klöstern auf dem Lande, die zum Teil mit Wallfahrtskirchen verbunden waren, kamen 1804 oder danach Urkunden in das Archiv. Wenn der Mangel an Quellen nicht trügt, hat sich Paul Oesterreicher im Gegensatz etwa zur königlichen Bibliothek auch nicht darum gekümmert, selbst dann nicht, als er einmal in anderem Zusammenhang in Forchheim war.[23] Dass im Gegensatz zu den meisten Klöstern in der Stadt Bamberg die Mendikantenklöster auf dem Lande noch Jahre oder als Aussterbeklöster noch Jahrzehnte Zeit fortbestanden, ist dafür keine Entschuldigung. Die Geschichte ihrer Archive verliert sich in der Regel im Dunkeln. In Marienweiher, wo Wallfahrtspfarrei und Kloster verbunden waren, verblieb ein kläglicher Rest im Klostergebäude.[24] Dass als geringes Überbleibsel ca. 400 Bände der Klosterbibliothek des Franziskanerklosters Kronach, die nicht in die Papiermühle wanderten, im Verlauf des 19. Jahrhunderts aus Privathand für das Stadtarchiv erworben wurden, lässt für das Archiv nichts Gutes erwarten.[25] Auch die Akten der Regierung des Obermainkreises über die Auflösung der Mendikantenklöster auf dem Lande geben keine Auskunft über die Archive.[26] Vergleicht man insgesamt das Vorgehen Oesterreichers mit jenem des Münchner Geheimen Landesarchivars Samet,[27] so fällt ein zentraler Unterschied sofort auf. Samet hatte mit gesonderter Instruktion Zutritt zu den versiegelten Archiven der Klöster und Stifte in Bayern erhalten. Zwischen 1803 und 1807 bereiste er das Land, um eine Auswahl aus den Klosterarchiven zu treffen und die Dokumente in die Münchner Archive zu bringen. Dabei legte er ein strenges Auswahlprinzip zu Grunde, indem er von den bisherigen Klöstern und Stiften „alle Urkunden (‚Originaldokumente'), der Verteidigung staatlicher Rechte dienende Amtsbücher (‚codices manuscripti'), von den Akten nur die ‚allerinteressantesten' "[28] übernahm. Oesterreicher dagegen war nach Ausweis der Quellen an der tatsächlichen Auswahl der einzuliefernden Unterlagen vor Ort nicht beteiligt. Wenn man nicht annimmt, dass er informell zumindest die kurzen Wege in der Stadt Bamberg nutzte, um die Administratoren der Klöster zu beraten, so waren diese einzig mit der Bitte um Ablieferung aller Urkunden bzw. aller Originalien konfrontiert. Die Durchführung war also denkbar einfach. Alles, was als Urkunde im Klosterarchiv lag, war mit Verzeichnis abzugeben.

Als weiterer Unterschied zu Samet bleibt festzuhalten, dass Oesterreichers Archivbegriff offensichtlich noch enger gefasst war als jener Samets. Nach seiner festen Überzeugung gehörten Akten nicht in ein Archiv, sondern in die Registraturen. In der von ihm mitverfassten „Zeitschrift für Archivs- und Registraturwissenschaft" von 1806 schrieb er: „Der Inhalt eines Archivs kann daher aus nichts, als aus Urkunden über Staatsverhältnisse bestehen".[29] Auch in den folgenden Jahren und Jahrzehnten sind immer wieder ähnlich lautende Aussagen zu finden, z.B. in Zusammenhang mit der Übernahme der Archivalien des Fürstentums Bayreuth.[30] Andererseits weicht Oesterreicher seine in obigem Zitat von 1806 wiedergegebene Ansicht auf, indem er in einem Nachsatz – „alles übrige ist entweder nur als Zuthat der Urkunden oder als Mittel zur Erläuterung derselben anzusehen" – auch andere Dokumente zulässt. Zudem führt er gerade bezüglich der klösterlichen Überlieferung in der Praxis den Begriff der für ihn archivwürdigen „historischen Akten" ein. Darunter versteht er im Gegensatz zu den Verwaltungsakten beispielsweise solche, die mit Wahl, Bestätigung und Belehnung von Äbten zu tun haben.[31]

Die Umsetzung der Oesterreicherschen Vorgabe von 1804 durch die Klosteradministratoren lässt sich nur bedingt überprüfen, da lediglich vom Kloster Langheim[32], vom Hl. Grab Kloster[33] und vom Bamberger Karmelitenkloster[34] Abgabeverzeichnisse vorliegen. Ein Blick in die heute im Staatsarchiv Bamberg überlieferten Urkundenbestände zeigt jedoch, dass zumindest von ständischen Klöstern und den in der Stadt Bamberg beheimateten Frauen- und Mendikantenklöstern eine der Bedeutung der Klöster angemessene Überlieferung vorhanden ist, die, ohne dass das in jedem Einzelfall exakt nachvollziehbar wäre, auf die Übernahmen im Jahr 1804 zurückgeht.[35]

Das traditionsreiche und besitzstarke Zisterzienserkloster Langheim hatte natürlich ein großes Archiv, das den Brand von 1802 gut überstanden hatte. Der dortige Administrator hielt sich offensichtlich ziemlich genau an die Vorgaben, denn er lieferte – mit wenigen Ausnahmen – nur Urkunden ein, ca. 1000 Stück im Mai und noch einmal ca. 500 einen Monat später. Den Faszikel Akten über die Beziehungen Langheims zu Sachsen-Hildburghausen hatte Oesterreicher, der auch diesbezüglich an einer Auftragsarbeit saß, gesondert gefordert. Er gab diese Akten sogleich weiter an die Lehenhofregistratur. Ähnliches geschah mit den 16 Prozessakten des Klosters, die das Justizamt Langheim im November einschickte. Diese gingen an die inzwischen eingerichtete reponierte Hauptregistratur im aufgelösten Karmelitenkloster.

Auch das eher ärmliche Frauenkloster zum Hl. Grab lieferte ausschließlich Urkunden ein, brachte es aber gerade einmal auf 51 Stück, wobei ein klösterliches Findbuch

des 18. Jahrhunderts auch nicht viel mehr nennt.[36] Beim Karmelitenkloster Bamberg scheint hingegen, so lässt jedenfalls das Abgabeverzeichnis vermuten, einfach der Archivschrank komplett geräumt worden zu sein. Darüber fertigte man ein knappes Verzeichnis an und lieferte die Archivalien im Archiv ab. Neben Stiftungsurkunden stehen z.B. „1 Faszikel Quittungen vom Werkamt", auf ein Urbar oder ein „liber benefactorum" folgen „obligationes einer Obermagd", „Kontrakte mit unserem Bauersknecht" oder „ein Päckchen unterschiedliche Sachen die von Rotenhan betreffend". Hier tat sich für den Archivar Oesterreicher ein weites Feld der zusätzlichen Auslese auf, während an anderer Stelle heute durchaus mehr Urkunden vorhanden sind, als die tatsächlichen Abgabeverzeichnisse anzeigen, weil Oesterreicher immer wieder darauf drängte, die Akten nach darin vorkommenden Urkunden zu untersuchen und letztere dann ins Archiv abzugeben.

Was passierte nun aber mit dem Rest der in den Klosterarchiven oder -registraturen lagernden Akten, Amts- und Geschäftsbüchern und Rechnungen? Die heutige Überlieferung zeigt, dass allein von den ständischen Klöstern Schriftgut dieser Art übernommen wurde, wenn auch in Auswahl (v.a. Lehenssachen, Differenzakten mit Territorialnachbarn). Nahezu komplett verloren sind die Akten und Bände der Mendikantenklöster in der Stadt Bamberg sowie die Gesamtüberlieferung der Mendikantenklöster auf dem Lande.[37]

Als Beispiel für die ständischen Klöster, bei denen sich der Weg des Schriftguts zum Teil gut verfolgen lässt, kann hier das ehemalige Kloster Langheim dienen. Das provisorisch installierte Justizamt Langheim, das die Unterlagen als Vorakten übernommen hatte, war entgegen ursprünglicher Vorhaben ohne Zukunft. Bei der Etablierung der unteren Behörden im Fürstentum Bamberg im Herbst 1804 wurde es aufgelöst. Archivalien und Registraturgut gelangten je nach Ortspertinenz an die neugegründeten Landgerichte und Rentämter; das meiste davon kam an die entsprechenden Behörden in Staffelstein und Lichtenfels. Allerdings lagerte – aufgrund der Enge der Registraturräumlichkeiten – der ältere Teil des Registraturguts weiter in einem verschlossenen Raum im alten Kanzleigebäude in Langheim. Dies blieb so bis 1815, als nach Auflösung von Rentamt und Landgericht Staffelstein im nun zuständigen Landgericht Lichtenfels ein neuer größerer Registraturraum eingerichtet wurde, in den man die Akten verbrachte.[38]

Dies ist jedoch auch genau der Zeitpunkt, an dem sich das Archiv zu Bamberg einschaltete und genaue Auskunft über die noch vorhandenen Kanzleiakten wünschte. Die Substanz und der Erhalt der Kanzleiakten der ständischen Klöster war für Paul Oesterreicher nun zu einer wichtigen Angelegenheit geworden. Auslöser dafür waren unter anderem die Behördenreformen der unteren Ebene im zweiten Jahrzehnt des 19. Jahrhunderts. So kämpfte Oesterreicher 1812 nach Auflösung des Landgerichts Ebrach, das seinen Sitz im Kloster hatte, über drei Jahre um die Ablieferung der Kloster Ebrachschen Kanzleiakten an das Bamberger Archiv.[39] Hier wie auch in Langheim waren Informationen über Diebstähle von Akten ein weiterer Grund des Eingreifens. Oesterreicher rechtfertigt seine späten Aktivitäten in Langheim damit, dass er glaubte, die meisten Akten seien beim Brand 1802 vernichtet worden, was aber nur seine Uninformiertheit zeigt. Von interessierter Seite war wegen der Aktenentwendungen öffentlicher Druck auf den Archivar ausgeübt worden, doch schob er die Schuld auf die Beamten vor Ort.[40] Nachdem der Archivmitarbeiter Melchior Jennes auf einer Durchreise den Zustand der Kanzleiakten gesehen hatte, wurde Oesterreicher aktiv. Der geforderte Bericht wurde vom Lichtenfelser Landrichter jedoch erst nach höherer Weisung erteilt. Darin wird zum Ausdruck gebracht, dass man dem Archivar Oesterreicher mangels Platz, Arbeitsfortschritt und Verzeichnissen erst nach Fertigstellung der Registratureinrichtung, in welcher dieser wohl „archivarische Schätze vermuthet", genau Auskunft geben und „ihm zugleich das aushändigen [wollte], was dem landgerichtlichen Geschäftskreise fremd und für sich bedeutend ist". Von zukünftigen Abgaben an das Archiv oder die reponierte Hauptregistratur, für welche Oesterreicher nun auch zuständig war, erfährt man jedoch nichts. Die Aktenverluste werden vom Landrichter übrigens lapidar bestätigt, indem er auf die „Entwendung einiger Schubladen, die wahrscheinlich bey dem Aufladen sich verlohren", verweist.

Oesterreicher wandte sich zwar zuweilen an die Registraturen der Landgerichte und Rentämter, aber er war weiterhin nur auf der Suche nach Urkunden. Noch 1836 lehnte er zum Beispiel die Übernahme von Protokollen des ehem. Klosteramts Neunkirchen a. Brand ab, weil diese sich nicht für das Archiv „eignen". „Nach dem hohen Befehl der k(öniglichen) Regierung sollen blos die Urkunden und die alten Sal- oder Lagerbücher bis 1550 in das Archiv abgeliefert werden".[41] So verblieben die klösterlichen Unterlagen entweder in den Unterbehörden vor Ort, der reponierten Hauptregistratur in Bamberg oder in den Registraturen der Regierung des Obermainkreises in Bayreuth. Dort wurde in großem Stil Archiv- und Registraturgut makuliert oder auf dem freien Markt verkauft.[42] Was nicht durch ehrenwerte Sammler und Geschichtsfreunde, zu denen insbesondere der Leiter der königlichen Bibliothek Jaeck, Intimfeind von Paul Oesterreicher, gehörte, gekauft wurde und sich heute vor allem in den Sammlungsbeständen der Staatsbibliothek Bamberg oder des Historischen Vereins Bamberg befindet, ist unweigerlich verloren.[43] Das in den Behörden erhalten gebliebene Schriftgut kam mit deren frühesten Abgaben in der zweiten Hälfte des 19. Jahrhunderts in das Archivkonservatorium und spätere Kreisarchiv Bamberg.[44] Dort wurden ergänzend zu dem bereits von Oesterreicher gebildeten Urkundenselekt der Klöster[45] weitere archivalientypologische Selekte der Klosterarchivalien formiert: „Standbücher" (= Amts- und Geschäftsbücher), Rechnungen sowie „Literalien und Akten". Dies spiegelt noch heute die Aufstellung der Unterlagen klösterlicher Provenienz am Fach sowie deren Repertorisierungsstand wieder. Erst die seit wenigen Jahren begonnene Analyse und Neuverzeichnung der Archivalien des Hochstifts Bamberg und seiner mediaten Herrschaften wird diesen Zustand ändern und dem Benützer in Zukunft geschlossene provenienzreine Klosterfonds bieten.

Paul Oesterreicher merkte 1820 in Zusammenhang mit den großen Urkundenverlusten aus dem Archiv des zwar zum Bistum Bamberg aber territorial zur Oberpfalz gehörenden Klosters Weißenohe Folgendes an: „Dieses ist eine Folge unwissender und unbesonnener Kommissäre. Hätte ich nicht nach den Klosterurkunden des Bisthums Bamberg im eigentlichen Sinne gehascht, so möchte wohl manches oder vieles davon ebenfalls verschleudert worden seyn. Doch waren mir im Anfang die Hände gebunden".[46] Während der letzte Satz sicherlich auf seine unbefriedigende Situation im Bamberger Archiv 1803 anspielt, zeigt der Archivar insgesamt wenig Selbstzweifel. Sein Fleiß ist belegt. Darüber hinaus sah er sich im Einklang mit behördlichen Vorgaben und den von ihm mitformulierten ersten archivwissenschaftlichen Erkenntnissen. Vielleicht war es das Massenproblem oder auch das Bekenntnis zu seinen theoretischen Darlegungen, dass er zunächst so rigide allein Urkunden über Staatsverhältnisse als eines Archivs würdig erkannte. Sogar die Serie der seit dem 15. Jahrhundert überlieferten domkapitelschen Rezessbücher lehnte er als „keine archivalische Sache" ab, wurde dann aber von der Landesdirektion angewiesen, diese zu übernehmen.[47] Somit können wir als Ergebnis von Oesterreichers Wirken in der Säkularisation der Klosterarchive heute ein zweifaches Ungleichgewicht feststellen. Im Vergleich zu den ursprünglich vorhandenen Unterlagen spielen die Urkunden in der Überlieferung eine unverhältnismäßig große Rolle und hier insbesondere wiederum die Urkunden der ehemals besitzstarken ständischen Klöster mit eigenen Lehenhöfen. Zumindest von diesen konnte auf dem Weg der Behördenüberlieferung ein kleiner Teil der Akten, Rechnungen und Amts- und Geschäftsbücher gerettet werden. Dass allerdings heute von den Mendikantenklöstern der Stadt Bamberg nur mehr Urkunden und ganz wenige Bände und Akten vorhanden sind, die Überlieferung jener auf dem Lande aber überhaupt nicht beachtet wurde, muss man dem Archivar Paul Oesterreicher anlasten, selbst wenn naturgemäß bei Mendikantenklöstern kaum Unterlagen über Staatsverhältnisse zu erwarten waren.

Anmerkungen:

1 Allgemeine Deutsche Biographie, Bd. 24, S. 518–520 (F. Leitschuh). – Heinrich Joachim Jaeck, Pantheon der Literaten und Künstler Bambergs, Bamberg 1812–1843, S. 838 f. – Wolfgang Leesch, Die deutschen Archivare 1500–1945, Bd. 2: Biographisches Lexikon, München u.a. 1992, S. 439 f.

2 Staatsarchiv Bamberg (künftig StABa), Regierung von Oberfranken Kammer des Innern (Rep. K 3 A I) Nr. 51, S. 434.

3 Bayerisches Hauptstaatsarchiv, MInn 41143 (Schreiben vom 19.2.1803).

4 StABa, Regierung von Oberfranken Kammer des Innern (Rep. K 3 A I) Nr. 78/I (Schreiben vom 31.12.1803).

5 Das Folgende nach Wilhelm Neukam, Der Übergang des Hochstifts Bamberg an die Krone Bayern 1802/03. In: Bayern – Staat und Kirche, Land und Reich (Festschrift Wilhelm Winkler), München 1958, S. 243–291. – Die entsprechenden Originaldokumente vgl. StABa, Hochstift Bamberg, Hofkammer (Rep. B 54) Nr. 225.

6 StABa, Säkularisationsakten (Rep. K 202) Nr. 8. – Zum Folgenden auch Maximilian Pfeiffer, Beiträge zur Geschichte der Säcularisation in Bamberg, Bamberg 1907, S. 171 ff.

7 Zitiert bei Walter Jaroschka, Die Klostersäkularisation und das Bayerische Hauptstaatsarchiv. In: Josef Kirmeier – Manfred Treml (Hrsg.), Glanz und Ende der alten Klöster. Säkularisation im bayerischen Oberland (Veröffentlichungen zur Bayerischen Geschichte und Kultur Nr. 21/91), München 1991, S. 98–107, hier S. 99.

8 Beispiele finden sich in StABa, Säkularisationsakten (Rep. K 202) Nr. 301 (Dominikanerkloster Bamberg) oder Nr. 751 (Karmelitenkloster Bamberg).

9 Dies scheint in Würzburg anders gewesen zu sein. Jedenfalls wurde der Urkundenbestand des Klosters Ebrach schon vor April 1803 in das dortige Archiv verbracht, vgl. StABa, Säkularisationsakten (Rep. K 202) Nr. 405. Die Säkularisation des Klosterarchivs Ebrach ist hier nur am Rande Thema, da das Kloster territorial zum Hochstift Würzburg gehörte. Berührungspunkte mit dem Archiv in Bamberg werden zwar angesprochen, es wird jedoch auf den für die Festschrift W. Wiemer in Vorbereitung befindlichen Beitrag des Leiters des Staatsarchivs Würzburg, Dr. Werner Wagenhöfer, zu diesem Thema verwiesen.

10 StABa, Säkularisationsakten (Rep. K 202) Nr. 1 fol. 4–8'.

11 Die ergänzende Instruktion erging, als der Frhr. von Leyden kurzzeitig in Bamberg als außerordentlicher Kommissar in Klostersachen installiert wurde, um hier den Fortgang der Geschehnisse entscheidend im Sinne der neuen Regierung voranzubringen, vgl. StABa, Säkularisationsakten (Rep. K 202) Nr. 2, fol. 19 ff. und Nr. 3, Sitzung vom 19.4.1803. Das Zitat nach Jaroschka (wie Anm. 7) S. 99.

12 Dazu siehe Bayerisches Hauptstaatsarchiv, MInn 41143.

13 Vgl. Regierungsblatt für Franken von 1803, S. 85; dann Neukam (wie Anm. 5) S. 283. – ein Auszug davon bezeichnenderweise im Akt „Landesarchiv in Bamberg", Bayerisches Hauptstaatsarchiv, MInn 41143.

14 Die entscheidenden Vorgänge darüber in StABa, Regierung von Oberfranken Kammer des Innern (Rep. K 3 A I) Nr. 78/II; ergänzend dazu auch ebd. Nrn. 78/I und 79.

15 StABa, Altregistratur (Rep. K 515) Nr. 658.

16 Zitat nach Bericht Oesterreichers vom 8.8.1803 in: StABa, Altregistratur (Rep. K 515) Nr. 218; auch für das Folgende.

17 StABa, Altregistratur (Rep. K 515) Nr. 473.

18 StABa, Altregistratur (Rep. K 515) Nr. 218 (Bericht vom 15.3.1804; im Original fälschlich: 1802!).

19 StABa, Regierung von Oberfranken Kammer des Innern (Rep. K 3 F VIII) Nr. 126.

20 Die entsprechenden Vorgänge sind v.a. dokumentiert in StABa, Altregistratur (Rep. K 515) Nr. 662. Sofern nicht anders vermerkt, stammen die Angaben der folgenden Abschnitte aus diesem Akt. In diesem Zusammenhang nicht zu vergessen ist, dass Oesterreicher sich im Frühjahr und Sommer 1804 neben den Klosterarchiven auch um jene der Bambergischen Kollegiatstifte St. Stefan, St. Jakob und St. Gangolf, der Universität (mit Überlieferung des Jesuitenklosters) sowie der Spitäler und milden Stiftungen auf dem Lande kümmerte. Das Forchheimer Stift St. Martin hatte seine Urkunden bereits 1803 eingeliefert, vgl. Bericht Oesterreichers vom 16.6.1803 in StABa, Altregistratur (Rep. K 515) Nr. 218.

21 StABa, Altregistratur (Rep. K 515) Nr. 661, auch für das Folgende, zu Kloster Langheim zusätzlich StABa, Regierung von Oberfranken Kammer des Innern (Rep. K 3 F VIII) Nr. 121 (mit Abgabeverzeichnis).

22 Schon bei der Zivilbesitznahme wird (ausnahmsweise!) der Zustand des Archivs des Klarissenklosters sehr gelobt. Das Kloster reichte im Dezember 1802 binnen der geforderten acht Tage als auch im März 1803 bei der Aktion „Sammlung der Erwerbsurkunden" ausführliche Urkundenverzeichnisse ein, vgl. StABa, Säkularisationsakten (Rep. K 202) Nrn. 800 und 801. Zudem hatte der als Administrator des Klosters eingesetzte ehemalige Hofkammerrat Schuster bereits im Februar 1804, als also die Einziehung der ständischen Klosterarchive eingeleitet wurde, alte Kästen aus dem Archiv gefordert, um dahin „die in dem aufgehobenen Klarisserkloster befindlichen Aktenstücke und einige interessante Urkunden sicher in das Archiv kurfürstlicher Landesdirection zu übertragen", vgl. StABa, Altregistratur (Rep. K 515) Nr. 662.

23 StABa, Altregistratur (Rep. K 515) Nr. 662 (Schreiben vom 6.1.1805).

24 Derzeit als Depot im Archiv des Erzbistums Bamberg.

25 Georg Fehn, Das ehemalige Franziskanerkloster in Kronach. In: Bavaria Franciscana Antiqua, Bd. 1, München 1955, S. 499.

26 Vgl. StABa, Regierung von Oberfranken Kammer des Inneren (Rep. K 3 C I) Nrn. 59 ff. und 1901 ff.

27 Vgl. Walter Jaroschka, Reichsarchivar Franz Joseph von Samet (1758–1828). In: Archive. Geschichte – Bestände – Technik. Festgabe für Bernhard Zittel (Mitteilungen für die Archivpflege in Bayern, Sonderheft 8), München 1972, S. 1–27.

28 Zitiert nach Jaroschka (wie Anm. 7) S. 102.

29 Paul Oesterreicher – G. Ferdinand Doellinger (Hrsg.), Zeitschrift für Archivs- und Registraturwissenschaft, Bamberg-Würzburg 1806, S. 19.

30 Wiedergegeben bei Joseph Sebert, Das königlich bayerische Kreisarchiv Bamberg und sein Neubau. In: Archivalische Zeitschrift NF Bd. 15 (1908) S. 161–234, hier S. 180. – Vgl. dazu StABa, Altregistratur (Rep. K 515) Nrn. 893 und 894.

31 Nach allerhöchster Verfügung, so Paul Oesterreicher 1821, werden als Bestandteile eines Archiv anerkannt: „1. Urkunden, wie sich dieses von selbst versteht"; 2. Urkunden- oder Kopeibücher; 3. alte Lehen-, Lager- und Salbücher; 4. andere, blos historisch-archivalische Bücher; 5. Akten über aufgehobene Staats- und Rechtsverhältnisse, daher die Verhandlungen über die ehemaligen Streitigkeiten und Verhältnisse mit auswärtigen Staaten, mit den Reichsständen und der Reichsritterschaft, Akten der alten Landtage, Reichstags- und Kreistagsakten …" sowie die Akten über erloschene Lehen, StABa, Regierung von Oberfranken Kammer des Innern (Rep. K 3 F VIII) Nr. 124. Damit war bereits eine erhebliche Erweiterung des Archivalienbegriffs gegenüber der Stellungnahme von 1806 verbunden.

32 StABa, Regierung von Oberfranken Kammer des Innern (Rep. K 3 F VIII) Nr. 121.

33 StABa, Säkularisationsakten (Rep. K 202) Nr. 536.

34 StABa, Säkularisationsakten (Rep. K 202) Nr. 753.

35 Die Spannweite der Überlieferungsdichte ist relativ groß. So sind vom Bamberger Benediktinerkloster Michelsberg, ohne dass hier abschließende Provenienzanalysen vorlägen, ca. 4000 Originalurkunden überliefert (vgl. Findbücher: Bamberger Urkunden und A 136/I+II), während beispielsweise vom Dominikanerkloster Bamberg gerade ca. 200 Urkunden vorhanden sind (vgl. Rep. A 140). Zu beachten ist aber, dass es im Falle des Klosters Banz sowie des Langheimischen Amts Tambach zu umfangreichen Herausgaben von Archivalien an die neuen Besitzer, Herzog Wilhelm in Bayern und die Grafen von Ortenburg, kam. Der umfangreiche Schriftverkehr über die Ablieferung der Banzer Archivalien zwischen 1815 und 1818 zeigt, dass die vertragliche Abmachung über die Herausgabe von Schriftgut sehr umfassend war, Paul Oesterreicher aber immer wieder bremsend wirkte. Im Übrigen lässt sich ersehen, dass sogar hier der Pertinenzgedanke Einfluss hatte und Unterlagen, Kloster Banz betreffend, abgeliefert wurden, vgl. Bayerisches Hauptstaatsarchiv, Generaldirektion der Staatlichen Archive Bayerns 215.

36 StABa, Kloster Hl. Grab, Akten und Literalien (Rep. B 100) Nr. 1.

37 Nach meinen bisherigen Beobachtungen trifft dies für die Franziskanerklöster Forchheim und Kronach sowie das Kapuzinerkloster Höchstadt a.d. Aisch zu. Dagegen erhielt sich z.B. im fortbestehenden Franziskanerkloster Marienweiher ein geringer Teil an Akten und Bänden (freundl. Mitteilung von Herrn Kerner, Archiv des Erzbistums Bamberg).

38 Vgl. StABa, Regierung von Oberfranken Kammer des Innern (Rep. K 3 F VIII) Nr. 128.

39 StABa, Altregistratur (Rep. K 515) Nr. 713. Allerdings wollte Oesterreicher die Akten hauptsächlich nicht für sein Archiv, sondern

er übergab diese zum Teil an die Registratur der Finanzdirektion des Mainkreises, zum anderen Teil extradierte er die Akten in „unterfränkischen Belangen" an das Archiv in Würzburg.

40 „Der königlichen Regierung ist in öffentlichen Schriften der Vorwurf gemacht worden, daß sie Archivalien ausser dem Archiv gelassen habe. Wenn dieses hie und da geschehen ist, so lag die Schuld nur an trägen und sorglosen Unterbeamten", vgl. StABa, Regierung von Oberfranken Kammer des Innern (Rep. K 3 F VIII) Nr. 128 (Schreiben vom 24.4.1816).

41 StABa, Altregistratur (Rep. K 515) Nr. 501.

42 Vgl. die Vorgänge zum Thema „Abgabe unnützen Papiers" oder „Ausscheidung unbrauchbarer Akten" u.a. in StABa, Altregistratur (Rep. K 515) Nrn. 473 und 479; dann die verschiedenen Zitate und Berichte wiedergegeben bei: Hans Fischer, Katalog der Handschriften der königlichen Bibliothek zu Bamberg, Bd. 3, Bamberg 1912, S. VI ff.

43 Weitere große Sammelstellen von Archivalien waren das Germanische Nationalmuseum und das Bayerische Nationalmuseum (v.a. über die Sammlung Reider), deren Bestandteile heute wieder vom Freistaat Bayern erworben und zum großen Teil den historischen Provenienzbeständen zugeordnet sind.

44 Als frühe Beispiele seien hier die Abgabe des Landgerichts Bamberg II von 1852 (StABa, Altregistratur Rep. K 515 Nr. 497: Kloster Michelsberg) und der Regierung von Oberfranken Kammer der Finanzen von 1856/57 (StABa, Altregistratur Rep. K 515 Nr. 487: Kloster Ebrach) genannt.

45 Oesterreicher beschrieb seine Methode der inneren Ordnung des Archivs als „topographisch-synchronistisch". Wie schon im 18. Jahrhundert ordnete er die Urkunden nach Ortspertinenzen, jedoch vermischte er dabei nicht alle Bestände, sondern separierte von der allgemeinen Serie jene der klösterlichen Urkunden und bildete zusätzlich sachbezogene Urkundenrepertorien (z.B.: Forst- und Jagdurkunden, Pfarreiurkunden etc.), vgl. Oesterreichers zusammenfassenden Bericht vom 16.3.1827 in StABa, Regierung von Oberfranken Kammer des Innern (Rep. K 3 F VIII) Nr. 127.

46 Bayerisches Hauptstaatsarchiv, Generaldirektion der Staatlichen Archive Bayerns, Ältere Personalakten O5 (Schreiben vom 27.10.1820).

47 StABa, Altregistratur (Rep. K 515) Nr. 658.

Schule und Säkularisation. Die bayerischen Schulen in den Jahren 1799 bis 1804

Von *Annelie Hopfenmüller*

Schon im berühmten Ansbacher Mémoire hatte Graf Montgelas die Ziele der bayerischen Politik für die Zeit der Regierungsübernahme durch Max IV. Joseph skizziert und dabei auch Pläne für eine Schulpolitik formuliert, die getragen waren von spätaufklärerischem Gedankengut und geprägt von der Vorstellung, dass der Staat selbst verantwortlich sei für das gesamte Schulwesen.[1] Fast unmittelbar nach dem Regierungsantritt nahmen der Kurfürst und sein Minister Montgelas mit enormem Elan eine Fülle von Schulreformen in Angriff und setzten neue Schwerpunkte in der Schulpolitik, nachdem die vergangenen zwei Jahrzehnte kaum nennenswerte Fortschritte für die Schulen gebracht hatten. Eng verknüpft und verzahnt waren diese Reformen mit den gleichzeitig geplanten und durchgeführten Klosteraufhebungen.

Die schulpolitische Entwicklung in der zweiten Hälfte des 18. Jahrhunderts

Eine erste große Reformbewegung in der bayerischen Schulpolitik hatten die Regierungsjahre Kurfürst Max III. Josephs gebracht, in der eine Reihe aufgeklärter Schulreformer, an ihrer Spitze der Aufklärer Adam Ickstatt und der Schulmann Heinrich Braun, ein ehemaliger Benediktiner, zum Zuge kamen. Erstmals wurde Ende der Sechziger Jahre der Gedanke einer staatlichen Schulaufsicht, die bis dahin vom Geistlichen Rat nur sehr mangelhaft wahrgenommen worden war, ernsthaft in die Tat umgesetzt und der bis dahin gültigen, fast alleinigen Verantwortung von Kirche und Geistlichkeit entzogen.[2] Schwerpunkt der staatlichen Reformen waren zunächst die Elementarschulen. So wurde im Jahr 1770 erstmals eine allgemeine Schulpflicht verordnet, die allerdings nur ansatzweise verwirklicht werden konnte. Das soge-

nannte „mittlere" Schulwesen, gemeint waren damit vorwiegend die Gymnasien, lag noch wie seit Jahrhunderten fest in der Hand der Jesuiten, so dass die Aufhebung des Jesuitenordens im Jahr 1773 zwar eine tiefe Zäsur darstellte, gleichzeitig jedoch als Möglichkeit zur Durchsetzung von Reformen betrachtet wurde. Der Staat übernahm die Gymnasien selbst. Das Vermögen der Jesuiten sollte in einen eigenen Schulfonds fließen, um daraus sowohl die Gymnasien als auch die ab 1774 neu zu errichtenden Realschulen zu finanzieren.[3] Allerdings fanden sämtliche Reformansätze der Max Joseph-Zeit schnell ihre Grenzen an deren mangelnder Finanzierbarkeit. Der Staat selbst konnte keinerlei neue Mittel für die Schulen aufwenden, ein 1771 neu eingerichteter deutscher Schulfonds mit etwa 6000 Gulden Jahresetat speiste sich aus verschiedensten Quellen.[4] Ebenso reichte der Fundationsgüterfonds (Jesuitenfonds) nur sehr bedingt für die mittleren Schulen aus. Dramatisch spitzte sich die Lage dann unter Kurfürst Karl Theodor zu, der die Mittel des Jesuitenfonds alsbald auf die in Bayern neu zu errichtende Zunge des Malteserordens umwidmete. Hatte man zunächst an eine Finanzierung des Malteserordens durch die alten in Bayern ansässigen Prälatenorden gedacht, wurde nun die Last für Gymnasien und Realschulen den Prälatenklöstern aufgebürdet, die nicht nur die finanzielle Ausstattung dieser Schulen tragen sollten, sondern auch die räumliche und vor allem die personelle. Nachdem in den Jahren 1777, 1778 und 1782 neue Schulordnungen für die Stadt- und Landschulen sowie die Gymnasien erlassen wurden,[5] kam es für die nächsten zwei Jahrzehnte allerdings zu keinen tiefgreifenden schulpolitischen Maßnahmen mehr. Die von den Aufklärern so heftig propagierte Bildung sämtlicher Bevölkerungsschichten wurde von Karl Theodor eher mißtrauisch betrachtet, die Förderung des deutschen oder Elementarschulwesens auf ein Minimum reduziert. Eine Verbesserung der Ausbildung für Volksschullehrer gelangte kaum über die Prüfung der Kandidaten vor dem Geistlichen Rat hinaus[6] und konnte nicht einmal verpflichtend für alle Lehrer durchgesetzt werden. Aber auch die höheren Schulen erfuhren von staatlicher Seite kaum mehr als die nötigste Unterstützung, setzte sich doch schon damals selbst in Reformkreisen, beispielhaft sei hier Lorenz von Westenrieder genannt,[7] die Meinung durch, dass allzuviele junge Männer höhere Studien betrieben und daher für andere, nützlichere Tätigkeiten verloren gingen.

Die Reformmaßnahmen Max III. Josephs hatten auch verwaltungstechnische Auswirkungen. 1774 war beim Geistlichen Rat ein eigenes Schuldirektorium gegründet worden, dessen Mitglieder sich Schulräte nannten. Die Übernahme des lateinischen Schulwesens durch die Prälatenorden führte dann 1781 zu einer völligen Neuregelung der Kompetenzen im Schulwesen. Die oberste Leitung erhielt eine dreiköpfige Geheime Schulkuratel unter dem Präsidium des Grafen Morawitzky,[8] darunter fungierten das weiterhin beim Geistlichen Rat angesiedelte Deutsche Schuldirektorium und das mit fünf Prälaten besetzte General-Studien-Direktorium für das lateinische Schulwesen.[9]

Die Rolle der Klöster in der bayerischen Schullandschaft vor 1800

Seit dem Mittelalter leisteten die Klöster durch ihre Schulen sehr viel für die Bildung, besonders und gerade auch in Bayern. Die großen Prälaten- und Chorherrenorden wie Benediktiner, Zisterzienser, Augustinerchorherren und Prämonstratenser hatten einen entscheidenden Anteil am höheren, sogenannten lateinischen Schulwesen. Auch in der Zeit der Dominanz des Jesuitenordens führten diese Klöster ihre Lateinschulen und Seminarien, wie die Klöster selbst ihre Schulen generell nannten, weiter. Naturgemäß bildete die Ausbildung des eigenen Ordensnachwuchses die Haupttriebfeder für den oft sehr kostspieligen Unterhalt der Klosterschulen. Daneben

bedeuteten diese Klosterschulen jedoch für eine große Zahl junger Männer aus bescheidenen, meist bäuerlichen Verhältnissen, die einzige Bildungschance. Die Klöster boten ihnen oft nicht nur den schulgeldfreien Besuch ihrer Seminarien, sondern zugleich Kost und Logis, was vor allem für die Schüler aus abgelegeneren ländlichen Gegenden von unschätzbarer Bedeutung war.[10]

Zwischen den einzelnen Klosterschulen gab es beträchtliche Unterschiede, sowohl was die Qualität der gebotenen Ausbildung als auch die Zahl der Schüler anbelangte. Sogenannte Eingangsklassen, in denen Knaben ab dem Alter von etwa sechs Jahren neben Lesen und Schreiben die ersten Anfangsgründe des Latein, damals Dreh- und Angelpunkt jeglicher weiterführender Bildung, lernen konnten, wurden wohl in fast allen Klöstern unterhalten.[11] Diese Anfangsklassen umfassten drei, meist vier Jahrgangsstufen, unterrichtet wurden die Schüler von weltlichen Ludimagistri, sehr oft aber auch von jüngeren Ordensangehörigen. Der Unterricht wurde meist ergänzt durch eine musikalische Ausbildung. Die meisten Prälatenklöster legten gerade im 18. Jahrhundert großen Wert auf eine besonders schöne und prunkvolle musikalische Ausschmückung der Liturgie. Die Auswahl der Klosterschüler erfolgte daher nicht selten entsprechend ihrer musikalischen Begabung oder ihrer Eignung zum „Singknaben". Als Beispiel seien hier stellvertretend für viele andere die Benediktinerklöster Metten[12] und Seeon oder die Augustinerchorherrenstifte Weyarn[13] und Rottenbuch[14] genannt.

Im Anschluss an diesen Elementarunterricht unterhielten zahlreiche Klöster noch weiterführende sogenannte Grammatikklassen, wobei verstärkt das klassische Latein zum Zuge kam. Daran anschließend sandten die Klöster ihre Schüler oft an die öffentlichen Gymnasien.[15] Einige wenige boten jedoch auch einen dementsprechenden Unterricht an, die sogenannten Rhetorikklassen, so dass deren Schüler direkt an eine Universität, meist Ingolstadt oder Salzburg, wechseln konnten. Neben den Benediktinerabteien Tegernsee, Ettal, Benediktbeuern und Niederaltaich gehörten dazu auch die Augustinerchorherrenstifte Polling und Weyarn, außerdem die Zisterzienserabtei Walderbach. Ein eigentliches höheres Studium, meist in Theologie und Philosophie, konnten die wenigsten Klöster anbieten. Große Abteien wie Tegernsee, Benediktbeuern oder Niederaltaich[16] oder auch das kleine Stift Weyarn ermöglichten es dennoch trotz der hohen anfallenden Kosten.[17] Da die finanziellen Aufwendungen für die Seminarien oft beträchtlich waren, sandten viele weniger begüterte Klöster „ihre" Zöglinge teilweise in andere befreundete Ordensniederlassungen. In diesem Zusammenhang besonders erwähnenswert ist das gemeinsame Studium innerhalb der bayerischen Benediktinerkongregation.

Die Klosterschulen blieben jedoch nicht nur auf die Prälatenorden beschränkt, auch Dominikaner und Franziskaner unterhielten wie andere nichtständische Klöster Schulen, die zum Teil auch für nicht ordensangehörige Schüler offen standen.[18]

Ein gänzlich anderes Kapitel klösterlichen Schulwesens bildet die bereits erwähnte, von Karl Theodor erzwungene Übernahme der bayerischen Realschulen und Gymnasien durch die Prälatenorden im Jahr 1781. Bereits 1784 wurden die Realschulen jedoch den deutschen Schulen zugeordnet und damit dem Schuldirektorium des Geistlichen Rats unterstellt.

Die Finanzierung des „lateinischen" Schulfonds, mit dem die Kosten für Gymnasien und Lyzeen gedeckt wurden, oblag nicht allein den Prälatenorden. Sämtliche ständischen und nichtständischen Klöster des Landes mussten dafür einen jährlichen finanziellen Beitrag leisten. Diese Zahlungen waren entsprechend der Finanzkraft der einzelnen Ordensniederlassungen gestaffelt. So hatte, unmittelbar vor der Säkularisation, Niederaltaich die höchste Summe mit 1650 Gulden pro Jahr zu zahlen, gefolgt von Waldsassen mit 1466 Gulden 40 Kreuzer und Tegernsee mit 1129 Gulden 20 Kreuzer, während die Karmeliten in Schongau und Heilig Kreuz in Donauwörth mit 28 Gulden und ein paar Kreuzern davonkamen.[19] Trotzdem stellte diese Umlage eine beträchtliche wirtschaftliche Belastung dar und konnte von den teils stark verschuldeten Klöstern oft nur mit Mühe aufgebracht werden.

Zwar behielt sich der Kurfürst auch nach 1781 eine gewisse Oberaufsicht über das lateinische Schulwesen vor, überließ jedoch die Besetzung der Professorenstellen bis 1799 dem General-Studien-Direktorium, also dem Prälatengremium. Sämtliche Professuren wurden mit Angehörigen der vier Prälatenorden besetzt, was wiederum zu Eifersüchteleien mit anderen Orden führte. Diese bewirkten dann eine Umstrukturierung, in deren Folge die Dominikaner im Jahr 1794 das Landshuter Gymnasium übernahmen.[20]

Gerade in Kreisen radikaler Aufklärer rief die Besetzung sämtlicher Lehrerstellen an den Gymnasien und Lyzeen durch die Orden heftige Kritik hervor, sah man darin doch einen schweren Rückschritt in der eingeleiteten Schulentwicklung. Da es weltliche Gymnasiallehrer zu dieser Zeit nirgends gab, allenfalls Weltgeistliche in den weiterführenden Schulen unterrichteten, ist ein Urteil darüber schwierig. Vor allem drei Faktoren sprechen jedoch dafür, dass die damaligen Religiosen-Professoren, wie sie zeitgenössisch genannt wurden, nicht so schlecht waren wie ihr Ruf. Zum einen ist heute unbestritten, dass gerade in den Prälatenorden die Wissenschaften einen hohen Rang einnahmen, viele ihrer Konventualen auf wissenschaftlichem Sektor auf der Höhe ihrer Zeit standen. Ein zweites Indiz sind die zahlreichen reformpädagogischen Bestrebungen gerade von Mitgliedern dieser Orden. So wirkten einige Professoren der Benediktineruniversität in Salzburg, an ihrer Spitze F. M. Vierthaler, geradezu bahnbrechend im Sinne einer aufgeklärten Pädagogik,[21] dort geschulte Männer sollten später die Reformen der frühen Montgelaszeit in Bayern tragen. Erwähnt sei auch noch der bedeutende Regensburger Schulreformer Joseph Benedikt Puchner, ein Benediktiner des Stifts St. Emmeram.[22] Als letztes Argument zugunsten der Mönchsprofessoren kann die Tatsache gelten, dass viele von ihnen auch nach Aufhebung ihrer Klöster in ihren bisherigen Stellen verblieben.[23]

Neben den eigentlichen, in der Regel unmittelbar in den Klostergebäuden untergebrachten Seminarien unterhielten vor allem die ständischen Klöster eine Reihe von Elementarschulen oder „deutschen" Schulen in den klostereigenen Hofmarken und Dörfern. Hier unterrichtete ein weltlicher, vom Kloster angestellter und besoldeter Lehrer die Mädchen und Buben des Ortes. Wie auch die Lehrer in anderen Landschulen mussten sie ihr nicht gerade üppiges Gehalt durch Mesnerdienste und andere Nebenbeschäftigungen aufbessern. Ein wenig besser trafen es die Lehrer, deren Schule in unmittelbarer Nähe des Klosters lag. Sie wurden in der Regel an der Mittagstafel des Klosters mitverköstigt[24] wie die übrigen Klosterbeamten auch, so etwa in Windberg, Wessobrunn, Rottenbuch und Bernried. Zudem erhielten die meisten Lehrer freie Wohnung. Da die klösterlichen Dorfschullehrer, auch die in entfernteren Schulen, normalerweise zusätzlich ein Deputat an Getreide erhielten,[25] war ihre wirtschaftliche Lage sicher nicht schlechter, sondern eher doch besser als die anderer Volksschullehrer. Außerdem zahlten viele Klöster das Schulgeld für die Kinder bedürftiger Untertanen, wodurch eine zusätzliche Einkommenssicherung eintrat, da das Schulgeld einen Teil der Lehrerbesoldung ausmachte. Neben dem laufenden Unterhalt von Schule und Lehrer sowie den Zuschüssen zum Schulgeld erfuhren viele klösterliche Dorfschulen noch weitere Zuwendungen. In den Klosterrechnungen finden sich Belege dafür, dass sowohl Schulbücher und Preise für die Schüler als auch sonstige Gratifikationen aus der Klosterkasse finanziert wurden.[26] Darüber hinaus verköstigten manche Klöster die Schulkinder aus den umliegenden Dörfern, wenn sie mittags nicht nach Hause gehen konnten.[27] Da die Landbevölkerung einem Schulbesuch ihrer Kinder durchaus kritisch gegenüberstand, wie die äußerst schleppende und schwierige Durchsetzung der Schulpflicht zeigt, war dies für viele Eltern sicherlich ein großer Anreiz, die Kinder überhaupt zur Schule zu schicken.

Dass der Geist der Aufklärung, was den pädagogischen Eifer anbelangte, auch an den Klöstern nicht spurlos vorüberging, zeigt exemplarisch die Gründung einer Schule in Kreuth im Jahr 1794. Bis dahin hatte es in dem zum Kloster Tegernsee gehörigen Dorf keine Schule gegeben, sodass Abt Gregorius den Bitten der Pfarrgemeinde um Einrichtung einer Schule zustimmte und diese auch entsprechend förderte. Als Lehrer wurde auf Vermittlung des Eremiten-Altvaters Fronton Finsinger vom Kalvarienberg in Tölz Fr. Conrad, ein Eremit, angestellt, dem zugleich die Mesnerstelle in Kreuth übertragen wurde. Da die Einkünfte daraus nur gering waren, verpflichtete sich das Kloster, den jährlichen Ertrag auf jeweils 50 Gulden aufzustocken. Darüber hinaus erhielt der Eremit Naturalien wie Brot und Bier vom Kloster, kam diesem jedoch trotzdem um einiges billiger als es ein weltlicher Lehrer gewesen wäre. Noch im selben Jahr wurde auch der Bau eines Schulhauses in Angriff genommen. Das Kloster lieferte kostenlos die Baumaterialien und übernahm auch die sonstigen Baukosten. Alles in allem betrugen sie 342 Gulden 58 Kreuzer, während die Gemeinde selbst lediglich „einige wenige Roßscharwerke" leistete.[28]

Gymnasien und Klosterschulen in den Jahren 1799 bis 1803

Sofort nach seiner Ankunft in München erließ der neue Kurfürst Max IV. Joseph, zusammen mit seinem Staatsminister Montgelas, im Februar 1799 eine neue Ministerialverfassung, die die Schulen insofern betraf, als infolge der Gründung eines Ministerialdepartements für geistliche Angelegenheiten die Geheime Schulkuratel aufgelöst wurde und der fortan dem neuen Ministerium unterstellte Geistliche Rat für das gesamte Schulwesen zuständig wurde. Dessen Schuldirektorium, aber auch das General-Studien-Direktorium, blieben weiterhin bestehen. Sehr bald schon musste das General-Studien-Direktorium der Prälaten jedoch feststellen, dass die neue Regierung ihm gegenüber eine schärfere Gangart anschlug. War das Verhältnis zu den übrigen staatlichen Stellen schon zuvor nicht immer das beste gewesen, fand es sich jetzt einer geradezu feindlichen Haltung gegenübergestellt. Im April 1799 sollte entgegen der sonst üblichen jährlichen Rechnungslegung innerhalb eines Monats eine genaue Übersicht über das gesamte lateinische Schulvermögen vorgelegt werden. Der Protest der Prälaten gegen diesen Eingriff in ihren Geschäfts- und Zuständigkeitsbereich verhallte ungehört.[29] Ein paar

Monate später sahen sie sich einer noch radikaleren Entwicklung ausgesetzt, die keinerlei Rücksicht auf mögliche Rechte der Prälaten mehr nahm. Am 24. September 1799 erließ Max IV. Joseph eine grundlegende Verordnung zum Gymnasial- und Lyzealwesen, die tiefe Eingriffe in das bisherige System brachte, ohne den Prälaten zuvor irgendein Mitspracherecht zuzugestehen.[30]

In dieser Verordnung, die unter maßgeblicher Beteiligung des Schulrates Lorenz von Westenrieder formuliert wurde,[31] verkündet der Kurfürst zunächst Grundsätzliches zu der von ihm angestrebten Schulpolitik und spart nicht mit Kritik an den bisherigen Schulen. Obwohl es in Bayern eine zu große Anzahl an Studenten gäbe, die so für Tätigkeiten verloren gingen, die dem Staatswesen nützlicher seien, herrsche dennoch infolge ihrer völlig unzureichenden Bildung ein Mangel an geeignetem Nachwuchs für den Staatsdienst.[32] Da man bisher die „lateinischen und gelehrten Schulen zum Nachtheil der Real- und Bürgerschulen zu sehr begünstigte", solle nun sowohl die Zahl der Gymnasien zugunsten von Realschulen reduziert als auch deren Qualität verbessert werden. Entgegen dem bisherigen Besetzungsrecht der Prälaten behält sich nunmehr der Kurfürst das Recht zur Ernennung der künftigen Professoren vor, wenn er auch aus Rücksicht auf den Schulfondsbeitrag der Klöster bereit sei, Ordensangehörige, sofern sie als besonders tüchtige Lehrer bekannt seien, weiter anzustellen. Sämtliche Gymnasien bis auf die in München, Amberg, Landshut, Neuburg und Straubing sollen aufgelöst, mit dem Schulfonds des Burghauser Gymnasiums eine Realschule ausgestattet werden und lediglich die Lyzeen[33] in Amberg und München weiterbestehen. Darüber hinaus wird allen Landeskindern verboten, Latein- oder ähnliche Schulen im Ausland zu besuchen.[34] Bereits diese Verordnung enthält detaillierte Ausführungsbestimmungen zu den an den jeweiligen Gymnasien zu unterrichtenden Fächern. Die neu ernannten Lehrer der Münchner Schule sowie des Lyzeums in Amberg werden namentlich aufgeführt, darunter zwar auch einige der bisherigen, jedoch auch Weltpriester bzw. sogar Laien. Symptomatisch für die Besetzungspolitik ist jedoch die Ernennung Kajetan Weillers, eines der führenden Köpfe unter den bayerischen Aufklärern, zum neuen Rektor des Münchner Lyzeums.[35] Lediglich für die übrigen Gymnasien wurde dem General-Studien-Direktorium die Besetzung der Professuren zugestanden.

Weitaus gravierender noch für die bayerische Schullandschaft war jedoch der Befehl zur Schließung aller in den Prälatenklöstern „bestandenen Studenten-Seminarien und lateinischen Schulen" und deren Umwandlung in Realschulen, „in welchen bloß jene Elementarkenntnisse gelehrt werden mögen, die für alle Stände gleich nöthig und brauchbar sind". In Latein durften nur mehr die „allerersten Anfangsgründe" unterrichtet werden. Schon in den nächsten Jahren zeigten sich die von der Regierung intendierten Folgen dieser restriktiven Politik. Bereits im Februar 1803 konnte die jährlich veröffentlichte Statistik der Studenten und Schüler an Lyzeen und Gymnasien[36] für das Jahr 1802, wohlgemerkt als Erfolg, einen Rückgang der Gymnasiasten um 107 gegenüber dem Vorjahr vermelden. Lediglich die Zahl der Lyzeasten hatte sich erhöht, eine Folge des Verbots, im Ausland zu studieren, sowie des Wegfalls der entsprechenden Studienmöglichkeiten in den Klöstern. Das folgende Jahr sah dann einen weiteren Rückgang, wobei das Jahr 1803 erstmals die sozialen Folgen des Verbots der klösterlichen Lateinschulen deutlich machte. Im Gegensatz zu 1802 studierten 70 Angehörige des Bauernstandes weniger als im Vorjahr, wobei der Regierung durchaus bewußt war, dass gerade Schüler aus dem dörflichen Bereich bis dahin ihren ersten Lateinunterricht in den aufgehobenen Klosterseminarien erhalten hatten und dann in die kurfürstlichen Gymnasien übergetreten waren, eine Möglichkeit, die jetzt weggefallen war.[37]

Auffallend an dieser Statistik ist der späte Zeitpunkt, zu dem das Verbot der Klosterseminarien wirksam wurde, wenn man ihn mit der bereits 1799 verfügten Schließung vergleicht. Die Ursache liegt offenbar in einer sehr zögerlichen Umsetzung der kurfürstlichen Verordnung, begünstigt durch das Ausgreifen der napoleonischen Kriege auf bayerischen Boden. Die unruhigen Zeiten verhinderten eine effektive Überprüfung der Durchführung des landesherrlichen Verbotes. Erst als im November 1802 der in Kloster Benediktbeuern eingesetzte Lokalkommissar Schattenhofer feststellte, dass sich dort immer noch ein Seminar mit 40–50 Knaben befand, und dies nach München meldete, wurden von Seiten des erst vor kurzem gegründeten General-Schul-Direktoriums (s.u.) Schritte zu einer Überprüfung unternommen.[38] In einem Erlass vom 16. Dezember 1802 wurden sämtliche Landgerichte aufgefordert, die in ihrem Bezirk gelegenen Klöster hinsichtlich der Seminarien zu kontrollieren. Noch vorhandene Schüler sollten sofort nach Hause gesandt werden, allerdings mit einem Zeugnis des Klosters versehen, das ihnen den Übertritt in eine staatliche Schule ermöglichen sollte. Außer in Benediktbeuern, wo dem dortigen Abt Klocker vorgeworfen wurde, seine Schüler in einer Nacht- und Nebelaktion ohne Zeugnis davongejagt zu haben, verlief die Überprüfungsaktion offenbar problemlos. Manche Landrichter meldeten, dass sich in ihrem Amtsbezirk keinerlei Klosterschulen befänden, andere übersandten die von den Klostervorstehern unterzeichneten Reverse, wobei ein paar Äbte sich mit der Empfangsbestätigung des kurfürstlichen Erlasses begnügten, die meisten allerdings nähere Angaben machten. Einige gaben an, noch nie mehr als die nun allein erlaubten Anfangsklassen unterhalten zu haben, oft lediglich zur Ausbildung der Singknaben. Andere wieder behaupteten, die befohlene Reduzierung der Klassen vorgenommen zu haben. Lediglich vier Klöster gaben zu, dass sich noch einige Lateinschüler bei ihnen aufhielten. Tegernsee bat, seine Schüler noch einige Monate behalten zu dürfen, um ihnen jetzt im Winter die oft lange Heimreise zu ersparen. Auch Walderbach ersuchte um Aufschub bis Schuljahresende, während Weyarn seine Seminaristen nach eigenen Angaben am 4. Januar 1803 entlassen hatte. Interessant ist die Argumentation des Abts von Ettal: Sein Kloster hätte lediglich fünf bayerische Schüler, die jetzt heimgesandt würden, der Rest seien Ausländer, wären von der kurfürstlichen Verordnung also nicht betroffen. Manche der Angaben in den Reversen mögen durchaus tiefgestapelt gewesen sein, zumindest deutet einiges darauf hin. So behauptet Abt Urban von Aldersbach am 5. Januar 1803, im Kloster bestünde „nur eine Vorbereitungsklasse", während der Lokalkommissar am 4. April in seinem Protokoll vermerkt, er habe „in Rücksicht der Schule aber dem Professor Seminarii die Weisung gegeben, ohngesäumt den Eltern der Seminaristen kund zu thun, daß sie ihre Kinder längstens bis Ostermontag früh abhohlen sollen, weil nach dem Ostersonntag eine Verpflegung nicht mehr abgereicht werden kann."[39] Ob es sich bei diesen Seminaristen nur um Schüler der Vorbereitungsklasse gehandelt hat, sei dahingestellt.

Spätestens im April 1803 war dann mit der endgültigen Aufhebung aller Klöster auch das Ende für sämtliche Klosterschulen gekommen und damit auch für freie Verpflegung und Unterkunft vieler Zöglinge. Auch hier bietet Aldersbach ein Beispiel. Einer der erwähnten Seminaristen war der verwaiste Sohn des ehemaligen Rentmeisters von Burghausen, Baron Prielmayr, über dessen Verbleib nun Zweifel entstanden. Offenbar wurde die Angelegenheit als Präzedenzfall betrachtet, denn unter dem 4. Mai 1803 erging ein vom Kurfürsten und dreien seiner Minister unterzeichneter Befehl, nach dem „durch die Auflösung der Klöster die darin bestandenen Seminarien von selbsten aufhören, und da die Seminaristen zu einer Pension aus der Klosterkasse nicht geeignet sind, so sollen alle in solchen Klöstern befindliche Schulknaben an ihre Eltern ree. Vormünder zurückgewiesen werden, welchen obliegt für ihre weitere Erziehung und ihren Unterhalt zu sorgen." Für den jungen Baron Prielmayr fand sich vermutlich ein Weg zu einer standesgemäßen Ausbildung, für so manchen Sohn eines Bauern oder ländlichen Handwerkers dürfte das Ende der Klosterschulen auch das Aus für eine weiterführende Bildung gewesen sein. Noch 1802 hatte der Prälatenstand angesichts der drohenden Säkularisation auch der ständischen Klöster in einer Denkschrift an die Regierung gerade mit den Klosterschulen zu seinen Gunsten argumentiert und auf die Bildungschancen von Bauern- und Tagwerkerkindern hingewiesen,[40] ein Argument, das der bisher geschilderten Politik allerdings geradewegs zuwiderlief und eher das Gegenteil bewirkte.

Für das „Prälaten-Studien-Direktorium", wie es in dieser Zeit meist genannt wurde, waren die Jahre nach 1799 geprägt von dauernden Auseinandersetzungen um seine Kompetenzen. Zuvorderst in Personalfragen missachtete die neue Regierung das Prälatengremium, zog es aber auch auf anderen Gebieten nicht mehr zu, selbst die Zahl seiner Sitzungen wurde auf das kleinlichste reglementiert. Die Prälaten wandten sich infolgedessen um Unterstützung an die Landschaft, was dann sogar zu einer Beschwerde der Landschaft beim Kurfürsten führte, allerdings ohne jeden Erfolg.[41] Lediglich die reine Verwaltung der lateinischen Schulkonkurrenzbeiträge durch den Sekretär P. Placidus Scharl scheint man den Prälaten zuletzt noch zugestanden zu haben. Nachdem Anfang 1803 die Aufhebung der ständischen Klöster verfügt worden war, musste auch das Prälaten-Studien-Direktorium „als aufgelöset betrachtet werden",[42] wie es in einem Schreiben an das geistliche Ministerialdepartement hieß. Die Verwaltung der Gelder wurde, entsprechend einem Antrag des Geistlichen Ministerialdepartements vom 18. Januar 1803, provisorisch dem deutschen Schulkassieramt übertragen, das dem Kirchenadministrationsrat unterstellt war[43] und somit dem Geschäftsbereich dieses Ministeriums.

Die Schulreformen ab 1802

„Die allgemeine Bestimmung jedes Menschen ist reine Sittlichkeit; die besondere ist Brauchbarkeit; das heißt, als ein Glied der menschlichen Gesellschaft muß er in den Stand gesetzt werden, zu seinem und dem allgemeinen Wohl der Gesellschaft, in welcher er lebt, das Möglichste zu tun. In dieser doppelten Bestimmung müßen also die Unterrichts- und Erziehungsanstalten den Menschen ausbilden." Diese Sätze finden sich in den 1803 veröffentlichten „Allgemeinen Grundsätzen für die öffentlichen Erziehungs- und Lehranstalten", ihr Inhalt, reiner Ausdruck aufgeklärten Bildungsdenkens, prägte jedoch als Grundidee die bayerische Schulpolitik bereits seit 1799. Neben der Forderung nach einer Schule als „moralischer" Anstalt stellte sie zugleich die Forderung

nach einem Schulsystem auf, in dem jeder Staatsuntertan entsprechend seinem jeweiligen Stand die eben diesem Stande nötige Bildung und Erziehung erhielt. Sehr energisch sollte nun aber auch die Vorstellung des aufgeklärten Staates, dass er alleine für das Schulwesen verantwortlich war, in die Realität umgesetzt, die Kirche, als auf diesem Gebiet über Jahrhunderte hinweg dominierende Instanz, endgültig ausgeschaltet werden.

Noch 1799 wurde die nunmehr für das gesamte Schulwesen zuständige Behörde, die Schuldeputation des Geistlichen Rates, mit ersten Untersuchungen zur allgemeinen Lage des Schulwesens, vor allem aber auch zu dessen Finanzierung beauftragt. Wie bereits geschildert, kam es dann auch schon bald zu einschneidenden Maßnahmen bei den lateinischen Schulen.

Der Schwerpunkt der neuen Bildungspolitik und deren Hauptinteresse lag jedoch von Anfang an bei den Elementarschulen, da man dort nicht zu Unrecht die größten Defizite und Mängel geortet hatte. Nachdem die erste große Welle aufgeklärter Schulreformen unter der Regierung Karl Theodors wieder abgeflacht war, erwies sich das Bildungsniveau der unteren Bevölkerungsschichten als erschreckend niedrig. Analphabetismus war weit verbreitet, der Schulbesuch trotz der Einführung der Schulpflicht 1770 viel zu gering, die Schulen selbst mangelhaft, die Lehrer schlecht ausgebildet und unzureichend besoldet.

Hauptaufgabe der Schuldeputation scheint in diesen Jahren die Entwicklung einer genauen statistischen Erfassung von Schulpflichtigen, Lehrern und Schulen sowie das Erstellen von Bedarfsplänen gewesen zu sein.[44] Das Augenmerk richtete sich jedoch auch auf die Verbesserung der Organisation von Schulaufsicht und Schulverwaltung.

Obwohl der Geistliche Rat 1799 mit Personen, teils ehemaligen Illuminaten, besetzt worden war, die durchaus das Vertrauen Montgelas' besaßen, wurde er doch als Relikt einer in Kirchenpolitik und Staatskirchenrecht völlig anderen Zeit betrachtet. Durch ein Dekret vom 6. Oktober 1802 wurde seine Auflösung angeordnet, seine Aufgaben im Schulbereich sollte zum 1. November 1802 ein neues General- Schul- und Studien-Direktorium übernehmen,[45] zu dessen Leiter Freiherr Johann Nepomuk Joseph Maria von Fraunberg ernannt wurde. Fraunberg, aus einem alten bayerischen Adelsgeschlecht stammend, war Geistlicher und Domherr in Regensburg, wo er bereits Kontakt zur aufgeklärten Schulpädagogik bekommen hatte.[46] Ihm waren die Schulräte Johann Michael Steiner, als einziger schon bisher als Schulrat tätig, sowie der ehemalige Professor Joachim Schubauer und der Pfarrer Wolfgang Hobmann untergeordnet. Im folgenden Jahr wurde das Kollegium durch Joseph Wismayr ergänzt, der durch den nach ihm benannten Schulplan bekannt werden sollte.[47]

Mit dem General-Schul- und Studien-Direktorium an der Spitze wurde in der Folgezeit erstmals die staatliche Schulaufsicht hierarchisch durchstrukturiert. Auf der mittleren Ebene wurden in Bayern vier (Ober-)Schulkommissariate eingerichtet (München, Landshut, Straubing und Burghausen), dazu kam je eines in Amberg und Neuburg. Diesen wiederum unterstellt waren die Lokal-Schul-Kommissionen in den Städten und Märkten sowie die Schulinspektoren in den Landgemeinden. Diese Schulinspektoren, normalerweise der örtliche Pfarrer, gab es zwar schon länger, seit 1799 wurde jedoch versucht, das Netz der Schulinspektoren flächendeckend auszubauen.[48] Sollte sich der örtliche Pfarrer als nicht interessiert an der Schule erweisen, konnten durchaus andere Geistliche aus der Umgebung mit diesem Amt betraut werden. Mit Hilfe dieser Schulbehörden, die zu ausführlichen viertel- bzw. halbjährlichen Berichten über den Zustand der Schulen in ihrem jeweiligen Sprengel an die nächst höhere Instanz verpflichtet waren, suchte die Regierung sich einen genauen Überblick über das Schulwesen, vor allem auch dessen Fortschritte, zu verschaffen. Die in den Jahren 1805 bis 1807 auf diese Weise entstandene genaue statistische Erfassung aller Schulen, Lehrer, des Schulbesuchs sowie der – meist nicht vorhandenen – einzelnen lokalen Schulfonds sollte die Grundlage der nächsten schulpolitischen Schritte werden.[49]

Ab Dezember 1802 erließ die Regierung dann in verhältnismäßig rascher Folge eine ganze Reihe von Verordnungen zum Schulwesen. Die wohl bekannteste ist die Erneuerung der Bestimmungen zur Schulpflicht vom 23. Dezember 1802. Jedes Kind sollte vom 6. bis zum vollendeten 12. Lebensjahr das ganze Jahr über, außer während der sommerlichen Erntezeit, die Schule besuchen. Dafür war ein wöchentliches Schulgeld von zwei Kreuzern zu entrichten, bei Nichteinhalten der Schulpflicht ein Strafgeld von vier Kreuzern pro Woche. Ergänzt wurde diese Verordnung durch die Einführung der Sonn- und Feiertagsschulen am 12. September 1803, deren Besuch vom 12. bis zum 18. Lebensjahr ebenfalls verpflichtend war. Der Unterricht sollte neben der Christenlehre auch eine Wiederholung des Lehrstoffs der Werktagsschule bieten.[50] Erstmals drängte die Regierung auch auf eine genaue Erfassung der schulpflichtigen Kinder, wofür eigens geeignete Tabellen entwickelt wurden. Diese sollten an die jeweiligen Ortspfarrer versandt werden, da diese als einzige anhand der Matrikel in der Lage waren, die nötigen Daten zu liefern.[51] In diesem Zusammenhang ist auch ein in Druck gegangener „Aufruf an alle Geistlichen" vom 11. Januar 1803 zu sehen, worin alle Pfarrer zur Unterstützung der Schulpflicht, vor allem aber der angestrebten Schulreformen aufgerufen wurden.[52]

Auch die Ausbildung der Volksschullehrer selbst sollte entscheidend verbessert werden, nachdem unter Karl Theodor zwar einige Ansätze dazu unternommen worden waren, jedoch mit mäßigem Erfolg. Ebenfalls im Januar 1803 wurde in München ein Schullehrerseminar ins Leben gerufen, das bereits im Frühjahr mit den Vorlesungen begann. Das offizielle Eröffnungsdekret datiert vom 18. März 1804, als das Seminar dann auch mit einem ordentlichen Etat ausgestattet wurde.[53]

Nicht nur Schaffung neuer formaler Voraussetzungen für die Schulen war das Ziel der Bildungspolitik, der Unterricht sollte auch durch neue Schulordnungen mit Inhalt gefüllt werden, wobei man nach den Maximen der „Allgemeinen Grundsätze" vorging, wie sie 1803 der Öffentlichkeit vorgestellt wurden. Bereits 1799 war im Auftrag der neuen Regierung von verschiedenen Aufklärungspädagogen mit den theoretischen Vorüberlegungen begonnen worden. Erstes Ergebnis war die Verordnung zu den Lateinschulen vom September 1799. Im Jahr 1804 erschien dann endlich unter dem Namen des Schulrats Wismayr, basierend auf den Vorarbeiten des Leiters des Münchner Lehrerseminars, Weichselbaumer, und unter Mitwirkung Cajetan Weillers ein Lehrplan für die Elementarschulen, im selben Jahr ein vorwiegend von Wismayr verfasster Lehrplan für die Mittelschulen.[54] Neben diesen grundlegenden Lehrplänen für die einzelnen Schularten wurde noch eine Reihe anderer wichtiger Ordnungen für die Schulen erlassen. Genannt sei aus der ganzen Fülle hier nur die Einführung einzelner Lehrfächer an den Gymnasien, die auch von speziellen Lehrern unterrichtet werden sollten.[55]

Die geplante Finanzierung der Reformen

Bei allen philantropischen Bildungsidealen war den Schulpolitikern unter dem neuen Kurfürsten durchaus bewusst, dass ohne eine gesicherte Finanzierung jegliche Schulreform von vornherein zum Scheitern verurteilt war. Und auch ihnen war der Gedanke, das Vermögen der in ihren Augen so unnützen Klöster, vor allem jener der Bettelorden, zugunsten der für das Volkswohl so wichtigen Schulen zu verwenden, durchaus naheliegend. Als erste finanzielle Maßnahme versuchte Max IV. Joseph jedoch die Gründung des Malteserordens zurückzunehmen und dessen Vermögen wieder den Schulen zuzuwenden. Der neue Großmeister des Ordens, Zar Paul von Rußland, zwang ihn jedoch noch im Sommer 1799, den Malteserorden zu restituieren. In Folge dessen trat der Gedanke an Klosteraufhebungen wieder in den Vordergrund, daneben gab es jedoch auch Überlegungen, die Klöster, vor allem die der Prälatenorden, noch weiter zu belasten.[56]

Wenn vom lateinischen und deutschen Schulfonds die Rede ist, darf man sich keineswegs übersichtliche und geschlossene Vermögensfonds vorstellen. Jeder der beiden Fonds speiste sich aus den unterschiedlichsten Quellen. Um 1800 bildeten die Haupteinnahme des lateinischen Schulfonds die halbjährlich von den Klöstern erhobenen Schulbeiträge.[57] Schon für die damaligen Behör-

den war es jedoch schwierig, einen Überblick über die tatsächlichen Einnahmen und Ausgaben zu gewinnen. Es gab zwar in München eine lateinische Schulfondskasse, die Klöster zahlten ihre Konkurrenzbeiträge jedoch nicht zentral dorthin, sondern teilweise direkt an die Rektoren der einzelnen Gymnasien, z.B. Niederalteich an den Straubinger, Mallersdorf an den Landshuter oder die oberpfälzischen Klöster an den Amberger Rektor. Daneben gehörten zum Fonds jedoch auch die unterschiedlichsten Stiftungen, deren Vermögen teils aus Immobilien bestand, teils gegen Zinsen verliehen war, aus denen dann die laufenden Einnahmen resultierten.

Nachdem Montgelas schon früh vor allem die Säkularisation der Bettelordensklöster zugunsten der Schulen in Erwägung gezogen hatte, kam es sehr bald in München zu ersten Klosteraufhebungen. Als erstes war, schon 1799, das Kloster der Paulaner[58] betroffen, ihm folgten 1801 die Klöster der Theatiner und der Karmeliten. Während der Gebäudebesitz der beiden erstgenannten anderweitig verwendet wurde, gelangte offenbar ein Großteil des Vermögens in den Münchner Schulfonds, wo es zur Finanzierung des Gymnasiums, aber auch anderer Schulen in München diente.[59] Darüber hinaus sollte das Gebäude des Karmelitenklosters den Raumbedarf des Münchner Gymnasiums decken,[60] das bis dahin noch in den Räumlichkeiten des ehemaligen Jesuitenkollegs untergebracht war. Da dort inzwischen auch die Akademie der Wissenschaften, die Hofbibliothek und das Geheime Landesarchiv eingewiesen waren, herrschte drängende Enge, die noch dadurch verstärkt wurde, dass das Münchner Gymnasium infolge der Maßnahmen von 1799 (s.o.) einen starken Zustrom von Schülern erlebte.

Im Gegenzug zu diesen Zuwendungen erlitt der lateinische Schulfonds im gleichen Jahr 1801 einen herben Verlust, indem er der inzwischen nach Landshut transferierten Universität 12.000 Gulden abtreten musste.[61]

Ähnlich zusammengesetzt war um 1800 der deutsche Schulfonds, dem ebenfalls eine eigene Kasse zugeordnet war. Hier basierte der Fonds jedoch zum größten Teil auf dem Vermögen des 1782 aufgelösten Ridlerklosters in München.[62]

Da, wie schon mehrfach betont, das Hauptaugenmerk der Regierung auf einer Verbesserung der Land- und Bürgerschulen sowie der Realschulen lag, gingen die Säkularisationsüberlegungen vorrangig von einer dringend benötigten Aufstockung des deutschen Schulfonds aus. Da die ständischen Klöster noch von der Verfassung vor einer gänzlichen Aufhebung geschützt waren, konzentrierten sich die Pläne auf die nichtständischen, allerdings fundierten Klöster sowie die Niederlassungen der Bettelorden, wobei von letzteren kein allzu großer Gewinn zu erwarten war. Spätestens im Herbst 1801 war die Entscheidung zu deren Auflösung getroffen, am 25. Januar 1802 wurde sie behördenintern verkündet.[63] In dieser als „Normal Rescript" bezeichneten Instruktion heißt es wörtlich: „Um den Bürger- und Landschulen eine zweckmäßige Einrichtung geben zu können, wird vor allem ein ausreichender Fond erfordert, der wegen Abgang anderer Staatsmittel nur aus dem Kloster-Vermögen erhöht werden kann."[64] Bereits in den folgenden Monaten wurden die Klosteraufhebungen in die Tat umgesetzt und nicht nur bei den Bettelordensklöstern teilweise auf äußerst rigide Art und Weise durchgeführt. Ausgenommen von diesen Aufhebungen waren zunächst noch die Klöster einiger Nonnenorden, da deren Aufgaben vorwiegend in der Mädchenerziehung lagen und noch kein Ersatz für ihre Schulen in Sicht war.

Neben den nicht durch die Verfassung geschützten Klöstern hatte Montgelas schon früh sein Auge auch auf die seiner Meinung nach ebenfalls nichtständischen oberpfälzischen Klöster gerichtet.[65] Obwohl deren verfassungsmäßiger Status durchaus umstritten war, wurden auch zu ihrer Auflösung bereits im Januar 1802 erste Schritte unternommen, die zu einer Inventarisierung einzelner Klöster führten. Allerdings wurde offiziell erst am 17. Februar 1803 die Aufhebung der Oberpfälzer Klöster, mit Ausnahme Waldsassens, „zum Besten des Schulfonds" der „Special Commission in Klostersachen" anbefohlen, nachdem frühere Beschlüsse „aus besonderen Gründen bisher suspendiert geblieben" waren. Bei den besonderen Gründen dürfte es sich sowohl um die nicht ganz geklärte Rechtslage als auch hausinterne Aus-

einandersetzungen zwischen Max IV. Joseph und Herzog Wilhelm in Bayern gehandelt haben, der sich lange diesen Säkularisationsplänen widersetzte.[66] Im März 1803 wurde dann endgültig die Vermögensadministration in den Klöstern der Oberpfalz durch die Spezial-Klosterkommission übernommen.[67]

In den folgenden Monaten stellte man erste Rechnungen über die zu erwartenden Gewinne der drei für die Schulen bestimmten Klosterfonds (Bettelorden, nichtständische und Oberpfälzer Klöster) an, aber auch über die daraus noch zu leistenden Ausgaben für den Unterhalt der ehemaligen Religiosen, über die Ausstattung der bis zu ihrer Auflösung von diesen Klöstern versorgten Pfarreien und sonstige finanzielle Belastungen.

Die unmittelbaren Auswirkungen der Säkularisation auf die Schulen

Wie bereits erwähnt, war eine der Hauptaufgaben des Geistlichen Rates die Erstellung einer möglichst genauen Erfassung der Schulen und deren Finanzierung gewesen. Auf den daraufhin erarbeiteten Tabellen beruhten im Folgenden die Bedarfsberechnungen des General-Schul-Direktoriums, dessen Leiter Baron Fraunberg es nie unterließ, die besonders drückende Lage gerade der Volksschullehrer zu betonen, aber auch immer wieder eine übersichtlichere Verwaltung der vorhandenen Gelder vorzuschlagen und anzumahnen.[68] Im Dezember 1802 ging das Geistliche Ministerialdepartement für Ober- und Niederbayern von 1212 Schulen aus, die von 50–60.000 Kindern besucht wurden. Bei einem sehr niedrig angesetzten jährlichen Bedarf von 300 Gulden je Schule ergab sich eine Gesamtsumme von 363.600 Gulden, dem sehr großzügig berechnete Einnahmen aus dem Schulgeld und den bereits vorhandenen Haupt- und Nebeneinnahmen der Lehrer von 123.711 Gulden gegenüberstanden. Das Defizit lag demnach trotzdem noch bei 239.889 Gulden, wobei in dieser Summe noch keinerlei Verbesserungmaßnahmen für die Schulen enthalten waren. Die finanzielle Lage des deutschen Schulwesens war also wahrlich dramatisch. Das Ministerium verfügte zunächst eine Erhöhung des Schulbeitrags der unter kurfürstlicher Verwaltung stehenden Kirchen und milden Stiftungen von ca. 15.600 Gulden auf 20.000 Gulden jährlich sowie die des Schulbeitrags von Kirchen in Städten und Märkten von 7–8 auf 12.000 Gulden, was im Vergleich zu den tatsächlich benötigten Summen geradezu lächerlich wirkt. Daneben mahnte es beim Gesamtministerium die Berücksichtigung der Schulen bei der endgültigen Entscheidung über die Verwendung des Klosterfonds an.[69] Offenbar war sich noch zu diesem Zeitpunkt, im Dezember 1802, das Geistliche Ministerialdepartement trotz gegenteiliger Verlautbarungen der Regierung nicht sicher, dass die in Frage stehenden Klostervermögen wirklich den Schulen zugute kommen sollten. In den nächsten Monaten fielen dann jedoch auch offiziell die entsprechenden Entscheidungen.

Während noch im März 1803 mit der Verfügung einer neuen, zusätzlichen Quarta, d.h. einer Besteuerung von milden Vermächtnissen, zugunsten der deutschen Schulen[70] deren finanzielle Lage ein wenig zu verbessern versucht wurde, brachte fast gleichzeitig die Aufhebung der ständischen Klöster eine teilweise völlig neue Situation, vorrangig für den lateinischen Schulfonds, aber auch für viele bis dahin von den Klöstern unterhaltene Landschulen.

Aufgrund der neuen Verhältnisse legte das General-Schul- und Studien-Direktorium am 24. März 1803 einen Etat über die „künftigen, ordentlich- und ausserordentlichen Real- und Personal Bedürfnisse sammentlich lateinischer Schulhäuser" vor, in der Hoffnung, dass jetzt nach Aufhebung des Prälaten-Direktoriums die „dauerhafte Basis einer längsterwünschten systematischen und auch nach dem Geiste unsers Zeitalters so nothwendigen Verbesserung des vaterländischen Studienwesens" geschaffen werde.[71] In der 27-seitigen Erläuterung dieses Etats ging das General-Studien-Direktorium detailliert auf die Bedürfnisse der Gymnasien und Lyzeen ein, angepasst an die neuen Anforderungen, die an diese Schulart gestellt wurden. So finden sich neben der Forderung nach einem dritten Philosophie-Jahr z.B. auch Posten für Französisch-Lehrer, aber auch Tanzmeister,

sogar an einen „Sangmeister" bei jedem Gymnasium wird gedacht, da jetzt, nach Wegfall der klösterlichen Singschulen, ein Mangel an geschulten Sängern für die Hofkapelle, aber auch die übrigen Kirchen drohe. Ebenso schlägt die oberste Schulbehörde eine Erhöhung sämtlicher Professorengehälter auf jeweils 800 Gulden vor, damit nicht nur Geistliche – mit einem zusätzlichen Einkommen – als Lehrer angestellt werden müssen, und für die Rektoren zusätzlich jeweils 100 Gulden mehr.

Neben den Belangen der Gymnasien unterbreitete das General-Studien-Direktorium jedoch auch Vorschläge für eine grundlegende Verbesserung der Schulaufsicht auf der mittleren Ebene. Bisher wurden diese Aufgaben nebenamtlich von Regierungs- oder Hofgerichtsräten wahrgenommen, die weder die Zeit noch die pädagogischen Kenntnisse zu deren sinnvoller Wahrnehmung hatten. An ihre Stelle sollten hauptamtliche Schulkommissare treten, erfahrene Schulmänner, mit einer eigenen Besoldung und einem zugehörigen Kanzleiangestellten. Die Besoldung dieser Schulkommissare sollte allerdings nicht vom lateinischen Schulfonds allein getragen werden, sondern anteilig auch vom deutschen Schulfonds.

In Zahlen ausgedrückt belief sich der so errechnete Etat auf 65.396 Gulden und übertraf den bisherigen, der zwischen 30.000 und 40.000 Gulden gelegen haben dürfte, bei weitem. Auffallend an diesem Etat ist, dass darin zwar weitschweifig über die Aufgaben der Professoren gesprochen wird, die Tatsache, dass ein Großteil von ihnen Religiosen waren, jedoch nicht erwähnt wird. Die daraus resultierende Problematik war dem Geistlichen Ministerialdepartement jedoch durchaus bewusst, wie eine handschriftliche Note des Ministers Morawitzky vom 13. Juni 1803 belegt. Er gibt darin zu bedenken, dass die Abgaben der Klöster an den lateinischen Schulfonds nicht auf die neue Lage hin ausgerichtet waren, der Staat jedoch die Verantwortung für diese Professoren zu übernehmen habe. Am 17. Juni wurde daher verfügt, dass diese Professoren als Ersatz für die früheren Leistungen aus ihren Konventen 150 Gulden jährlich erhalten sollten.[72]

Vor allem musste zu diesem Zeitpunkt jedoch sichergestellt werden, dass die von den Klöstern bisher geleisteten Zahlungen auch weiterhin von den jeweiligen Lokal-Kommissaren an den Schulfonds abgeführt wurden. Am 21. August 1803 erging daher an diese eine dringende Aufforderung, Nachweise über geleistete bzw. noch ausstehende Zahlungen zu erbringen.[73] Bei dieser Gelegenheit zeigte sich erneut die Unübersichtlichkeit des lateinischen Schulfonds. Dies dürfte auch eine Rolle bei der nachfolgenden kurfürstlichen Entscheidung vom 4. Oktober des gleichen Jahres gespielt haben. Nach einem Entwurf des zuständigen Referenten Zentner wurde eine völlige Neuordnung der „Real- und Personalbedürfnisse sämmtlicher lateinischer Schulen" vorgenommen, basierend auf dem im März vorgeschlagenen Etat, jedoch mit etlichen Modifizierungen. Bedeutsam ist die tatsächliche Einführung von fünf Schulkommissariaten.[74] Die Gehälter der 39 Professoren wurden auf 700 Gulden für Geistliche, 900 Gulden für Laien festgelegt, die Ausdehnung des Philosophie-Studiums auf drei Jahre abgelehnt. Völlig neu dazu kam die anteilige Übernahme von einem Sechstel der Personalkosten für die Beamten des General-Studien-Direktoriums von immerhin 10.400 Gulden. Abzüglich der Einnahmen aus den Klöstern, die dem Schulfonds bereits einverleibt waren, womit die Paulaner, Theatiner und Karmeliten in München gemeint waren, blieb ein Rest von 43.345 Gulden.

Die Finanzierung dieses Rests wurde nun jedoch auf eine neue rechtliche Basis gestellt. Unter anderem mit der Begründung, man habe vor Aufhebung der Klöster sowieso schon eine Anhebung der Schulkonkurrenz des Prälatenstandes in Erwägung gezogen und im Reichsdeputationshauptschluss sei zudem eine „vorzügliche" Verwendung der Klostervermögen zugunsten gemeinnütziger Aufgaben vorgesehen, wurde dem lateinischen Schulfonds fortan aus „dem Fond sämmtlicher incamerierter Klöster" die jährliche Summe von 44.000 Gulden zugesprochen.[75] Damit waren zwar die Forderungen des General-Studien-Direktoriums bei weitem nicht erfüllt, die Lage der Gymnasien hatte sich jedoch wenigstens nicht verschlechtert.

Wie bereits ausgeführt, war die finanzielle Lage der Elementarschulen um ein Vielfaches dramatischer. Möglichst schnell sollte daher ermittelt werden, welchen Gewinn die Säkularisation der zum deutschen Schulfonds bestimmten Klöster erbringen würde. Eine erste Bilanz hatte die Spezial-Klosterkommission im Mai 1803 erstellt. Das Ergebnis war niederschmetternd. Nachdem das Jahr 1802 infolge der Inventarisationskosten sowie der nötigen Ausstattung der ehemaligen Religiosen für ihr künftiges ziviles Leben sogar ein Minus erbracht hatte, ergaben die nun angestellten Überschlagsrechnungen ein nicht viel besseres Bild. Von veranschlagten 214.673 Gulden Einnahmen aus den insgesamt 87 Niederlassungen der Mendikanten bzw. nichtständischer Orden und den sechs oberpfälzischen Abteien mussten 43.300 Gulden für den Unterhalt der verbliebenen 105 Religiosen aus den oberpfälzischen Abteien sowie die Dotation von Pfarreien u.ä. dienen, die größte Summe von 152.498 Gulden jedoch für den Unterhalt der 919 ehemaligen Mönche und Nonnen der übrigen Klöster verwendet werden.[76] Als endgültiger Überschuss wurde ein Betrag von 18.875 Gulden errechnet. Die weiteren im Verlaufe der nächsten Monate angestellten Bilanzen,[77] jeweils nach dem neuesten Erkenntnisstand, blieben bei dem traurigen Ergebnis, dass für die nächsten Jahre, wollte man nicht die Substanz angreifen, in keinem Fall mehr als ein Zehntel bis ein Zwölftel der erwarteten Einnahmen für den Schulfonds übrig bleiben würden. Obwohl schon im April 1802 der Befehl erteilt worden war, die mittlerweile geleerten Klöster der Kapuziner schleunigst zugunsten des Schulfonds zu veräußern,[78] erhielt man doch bis Herbst 1803 die Fiktion aufrecht, die dem Schulfonds zugedachten Klöster als einheitlichen Fonds zu bewahren, was natürlich bedeutet hätte, für diesen eine eigene Verwaltung aufzubauen, was bei dessen nicht unerheblichem Umfang wiederum zusätzliche Kosten verursacht hätte.

Während die Spezial-Klosterkommission die Bilanzen erstellte, war das General-Schul- und Studien-Direktorium mit der Herstellung von Bedarfsplänen für die Land- und Bürgerschulen beauftragt, wobei dieses vor allem immer wieder auf die dringende Notwendigkeit einer besseren Besoldung der Lehrer hinwies und die Pläne danach ausrichtete.[79] Als fast genauso dringlich erwies sich jedoch auch die Verbesserung der räumlichen Situation der Schulen, der Bau von Schulhäusern sowie deren zweckmäßigere Ausstattung. Eine neue Bedarfsrechnung vom Jahr 1803 ergab daher allein für die bayerischen Landesteile eine Summe von 441.144 Gulden jährlich für den laufenden Unterhalt, noch nicht eingerechnet die Kosten für über 300 neu zu erbauende Schulhäuser.[80] Für eine Reform und Besserstellung der Elementarschulen waren also die Gelder aus den Klosterfonds mehr als dringend nötig. Dem standen allerdings gewichtige sonstige Bedürfnisse des Staates, vor allem der annähernd bankrotten Staatskasse, gegenüber.

Diese führten dann auch zu einer für die deutschen Schulen weitreichenden kurfürstlichen Verordnung. Unter dem 30. Oktober 1803 verfügte Max IV. Joseph die Inkammerierung auch der oberpfälzischen, der nichtständischen und der Mendikantenklöster.

Begründet wurde die Maßnahme zuvorderst mit den gänzlich veränderten Umständen seit Verfügung der Klosteraufhebungen und der noch lange andauernden Belastung dieser Vermögen durch den Unterhalt der Mönche und Nonnen. Hinzu kämen die zusätzlichen Kosten für eine getrennte Verwaltung, aber auch die Behinderungen bei einer sinnvollen Verwendung der Gebäude und sonstigen Realitäten für andere, ebenso nützliche Staatszwecke. Nicht gering seien auch die Kosten für die nun nötige Fundierung neuer Pfarreien. Daher wurde beschlossen, dass der nötige Zuschuss zu den deutschen Schulen „schon itzt nach einem uns von dem General Schul- und Studien Directorium schleunigst vorzulegenden Plane ... nach dem wahren Bedürfnisse" geleistet werde. Die bisherigen Bedarfspläne betrachtete man offenbar als völlig überzogen und illusorisch. Ebenso sollte der Unterhalt der Religiosen fortan aus der Staatskasse bestritten werden. Im Gegenzug wurde das Vermögen dieser Klöster entsprechend dem der ständischen dem „Staatsvermögen einverleibt" und

„inkamerirt". Betroffen von dieser Maßnahme waren jetzt auch die schon früher eingezogenen Vermögen der Paulaner und Karmeliten.[81]

Es dauerte dann noch bis zum Mai des nächsten Jahres, bis endlich, zumindest für das laufende Jahr, eine „provisorische" Summe von 150.000 Gulden für die deutschen Schulen festgesetzt und deren Verwendung genau geregelt wurde.[82] Schon bisher bestehende staatliche Leistungen sollten in diesem Betrag jedoch inbegriffen sein.[83] Die Regierung war sich dabei vollauf bewusst und spricht dies auch aus, dass die bewilligte Summe bei weitem nicht ausreichte und kündigte an, weitere „Hilfsquellen ausmitteln" zu wollen. Ein Unterfangen, das dann zu so verzweifelt anmutenden Verfügungen und Anregungen führte wie die, öde Plätze und die Zinsen älterer Landanlehen für die Schulen, oder etwa den Bierpfennig oder die Steine unnützer Feldkapellen[84] zum Schulbau zu verwenden. Trotzdem wurden in diesem Reskript an das General-Schul- und Studien-Direktorium auch die Höchstsummen für die Gehälter von Dorf- und Marktschullehrern in Höhe von 300 bzw. 400 Gulden festgelegt, Einnahmen, die vor allem von den Dorfschullehrern oft bei weitem nicht erreicht wurden. Der dafür nicht verbrauchte Rest sollte dann erst für Bau und Ausstattung der Schulen verwendet werden. Zudem war der Etat des neu errichteten Lehrerseminars von 3412 Gulden aus der angewiesenen Summe zu bestreiten. Andererseits wurde der neuerliche Vorschlag des General-Schul-Direktoriums zur Einführung einer allgemeinen Schulkonkurrenz wieder zurückgestellt. Zuvor sollte die Zahl der schulpflichtigen Kinder zuverlässig ermittelt werden, ebenso die tatsächlich eingehenden Schulgelder, eine Anordnung, die unverständlich ist, da dazu bereits mehrfach Statistiken erstellt worden waren.[85]

Um das Ergebnis der Anordnung vom 30. Oktober 1803 kurz zusammenzufassen: Die finanziell prekäre Lage des Volksschulwesens blieb weiterhin bestehen. Im Gegenteil, die kleine Chance auf wirkliche Fortschritte wurde auf längere Zeit wieder vertan. Ebenso änderte sich an der unübersichtlichen Finanzierung des Volksschulwesens in den nächsten Jahren nichts, genaugenommen wurde die

Lage noch konfuser. Neben den neuen Schulfonds, die durch die Übernahme bestimmter Summen durch das Ärar entstanden waren, blieben die „alten" Schulfonds mit ihrer uneinheitlichen Mischfinanzierung erhalten.

Die beiden lateinischen Schulfonds wurden dann allerdings am 4. Mai 1804 vereinigt. Um das nun allein zuständige General-Studien-Direktorium mit keiner „Regie" zu belasten, wurden sowohl die Untertanen als auch die Realitäten des alten Fonds inkammeriert und der entsprechende Betrag fortan aus der Provinzialkasse gezahlt.[86]

Die beiden deutschen Schulfonds blieben jedoch weiterhin getrennt. Eines der daraus entstehenden Probleme war z.B. die Tatsache, dass zum „älteren Landschulfonds" 20.900 Gulden Kapitalien gehörten, die gegen Zinsen an inzwischen aufgehobene Klöster verliehen waren. Andere Verwicklungen entstanden durch die mittlerweile vom Kirchenadministrationsrat verwalteten Vermögen der Karmeliten und Paulaner, die nun der allgemeinen Finanzverwaltung „ausgeantwortet" werden mussten.[87] Erst 1807 wurde der lateinische Schulfonds mit den beiden deutschen vereint und 1808 wurde der Schulfondskasse insgesamt erstmals eine einheitliche Summe zugesprochen.[88]

Die größten Schwierigkeiten entstanden jedoch bei der Übernahme der ehemals von den Klöstern getragenen Landschulen. Diese wurden nach der Klosteraufhebung den übrigen Landgerichtsschulen gleichgestellt und gehörten nun ebenfalls zum Aufgabenbereich des General-Schul-Direktoriums.[89] Wenn Fraunberg beklagt, dass sich gerade diese Schulen in einem besonders mangelhaften Zustand befänden,[90] kann dieses Verdikt anhand der in den folgenden Jahren erstellten Schulstatistiken,[91] detaillierten Beschreibungen von Schulen, Lehrern und Schülerzahlen, nicht bestätigt werden. Sie waren jedoch auch nicht besser als die übrigen Schulen. Fast drängt sich der Eindruck auf, dass die kurfürstlichen Stellen enttäuscht waren, mit den neu übernommenen Schulen auch neue Lasten aufgebürdet bekommen zu haben, und deshalb besonders kritisch reagierten.

Eine der Hauptlasten waren die Gehälter der früher von den Klöstern besoldeten Lehrer, die gemäß einem Reskript vom 20. Mai nicht schlechter gestellt werden sollten. Einen wesentlichen Bestandteil der bisherigen Besoldungen machten in der Regel Naturalien oder die Teilnahme an der Klosterkost aus, was jetzt durch staatliche Gehaltszahlungen zu ersetzen war.[92] In der Praxis führte dies jedoch häufig dazu, dass sich das Einkommen vieler dieser Volksschullehrer reduzierte.

Als Beispiel sei der als tüchtig gewürdigte Lehrer von Windberg, Petrus Dachs, genannt, einer der „besserverdienenden" Lehrer. Neben etlichen Erträgen aus dem Feldbau erhielt er zu Zeiten des Klosters, auf Geld umgelegt, etwa 227 Gulden, jetzt wurden ihm im Januar 1804 nur mehr 200 Gulden zugestanden, sowie freie Wohnung im ehemaligen Klosterrichterhaus, wo auch die Schule untergebracht wurde.[93] Der Feldbau, da mit seinem Amt nicht vereinbar, wurde ihm untersagt. Dazu waren früher ca. 120 Gulden für seine Organisten- und Mesnerdienste gekommen, die jetzt, nach Auflösung des Klosters, stark zurückgegangen waren.[94] Wäre dies nicht der Fall gewesen, hätte ihn allerdings die Festsetzung der Einkommensobergrenze von 300 Gulden getroffen.

Wesentlich schlechter ging es dem Lehrer in Weltenburg. Er hatte schon vom Kloster nur 160 Gulden bezogen und vorrangig von seinen Nebenerwerben gelebt. Im Juni 1805 klagt er, seit der Klosteraufhebung gar nichts mehr erhalten zu haben,[95] ein Schicksal, das er mit vielen seiner Amtskollegen teilte. Manche der betroffenen Lehrer kamen sogar an den Rand der Existenzgefährdung, besonders dann, wenn ihre Einnahmen zum größten Teil aus Naturalleistungen oder Zehenten bestanden hatten. Betroffen war davon auch der Lehrer Johann Raith von Perasdorf, das zu Windberg gehört hatte. Ihm wurden lediglich 51 Gulden Entschädigung zugesprochen, obwohl gerade seine Schule dem General-Schul-Direktorium als Beispiel für eine unterversorgte klösterliche Schule gedient hatte.[96]

Nach Ausweisung der 150.000 Gulden für den Schulfonds kam es zu zahlreichen Auseinandersetzungen zwischen dem General-Schul- und Studien-Direktorium und der Landesdirektion, da sich letztere nun oft weigerte, Zahlungen für die Schulen oder die Lehrer zu leisten, weil diese mit der zugeteilten Summe ausreichend bedacht worden wären. Ausgesprochen kompliziert erwies sich jetzt etwa die Zuweisung von Brennholz an Schulen, die bisher aus dem Klosterwald versorgt worden waren.[97]

Bald nach der Klosteraufhebung versuchte das General-Schul- und Studien-Direktorium die Regierung von der Notwendigkeit zu überzeugen, den Schulen in säkularisierten Klostergebäuden geeignetere und bessere Räume zu bewilligen. So bat es schon im März 1803, den Münchner Schulen, die durchwegs in zu engen, finsteren und schlechten Zimmern untergebracht waren, „Klosterhäuser" zuzuweisen.[98] Da auch die Schulräume der klösterlichen Volksschulen oft nicht dem geforderten Standard entsprachen, drängten die Schulbehörden, diesen Zimmer oder Gebäudeteile der säkularisierten Konventsgebäude zur Verfügung zu stellen.[99] Stand keine anderweitige Nutzung oder bessere Verkaufsmöglichkeit im Wege, wurde diese Möglichkeit der Raumbeschaffung durchaus genutzt.[100] War ein Schulhaus bereits vorhanden, wurde dieses in der Regel von den üblichen Versteigerungen ausgenommen. Wie das Beispiel Dietramszell zeigt, war man mitunter sogar geneigt, neue Räumlichkeiten zu erwerben[101] oder ältere zu renovieren wie in Schäftlarn.[102] Die Berücksichtigung des Kostenfaktors spielte dabei jedoch eine nicht zu unterschätzende Rolle, wie der nicht durchgeführte Umbau der ehemaligen Pfarrkirche in Windberg zur Schule zeigt. Aber immerhin wurde diese dann in geeigneteren Räumen als bisher untergebracht.[103] Generell läßt sich wohl sagen, dass die einmaligen Ausgaben für eine neue Schule für die Schulbehörden leichter durchzusetzen waren als bessere Verhältnisse für die Lehrer, da dadurch ja Dauerbelastungen für den Staatshaushalt entstanden wären.

Eine weitere, wenn auch nicht so bedeutende Folge der Säkularisation für das Volksschulwesen sei noch erwähnt: Eine ganze Reihe Patres widmeten sich nach Auflösung ihrer Konvente nicht nur seelsorgerischen Aufgaben, viele von ihnen übernahmen auch Stellen als Lehrer. In diesem Fall wurde ihre Pension um 100 Gulden jährlich erhöht.[104] Da es sich bei ihnen von Haus

aus um gebildete Männer handelte, sicher weitaus „gelehrter" als mancher der üblichen Landschullehrer, die selbst oft nicht viel mehr als Lesen und Schreiben beherrschten, waren sie mit Sicherheit ein Gewinn für die Schulen.

Die Mädchenschulen [105]

Im Elementarschulbereich gab es keine Unterschiede zwischen Mädchen und Buben, sie wurden in Koedukation unterrichtet. Bei jeder Art weiterführender Schulen jedoch herrschte strikte Trennung der Geschlechter, wobei zu beachten ist, dass es in dieser Zeit eine wirkliche „höhere" Bildung, geschweige denn ein Universitätsstudium, für Mädchen nicht gab. Selbst die von der Aufklärung so stark favorisierten Realschulen standen lediglich den Buben offen. Legten Eltern aus dem Bürgertum, vor allem aber dem Adel, Wert auf eine etwas weiterreichende Ausbildung ihrer Töchter, konnten diese lediglich eine der über das ganze Land verteilten Klosterschulen der weiblichen Lehrorden wie Ursulinen, Englischen Fräulein, Chorfrauen de Notre Dame oder Salesianerinnen besuchen. Nur in den größeren Städten gab es seit Ende des 18. Jahrhunderts einige private Lehranstalten für Mädchen.[106]

In den ersten Regierungsjahren Max IV. Josephs konkurrierten dann allerdings zwei unterschiedliche Strömungen in der Bildungspolitik miteinander. Auf der einen Seite sollte, vorerst in München, versucht werden, die Koedukation in den Volksschulen aufzuheben und eigene Elementarschulen für Mädchen einzurichten.[107] In Ermangelung geeigneter Lehrerinnen musste zunächst noch auf Nonnenorden wie die Karmelitinnen, Servitinnen, Benediktinerinnen und Klarissen zurückgegriffen werden. Andererseits liefen seit 1799 die Pläne zur Säkularisierung der nichtständischen Klöster. Als diese dann 1802 endgültig beschlossen wurde,[108] ließ man allerdings zunächst noch die reinen Erziehungsorden wie die Englischen Fräulein, die Ursulinen und die Chorfrauen de Notre Dame weiterbestehen. Nachdem inzwischen auch bei deren Schulen die staatliche Schulaufsicht eingeführt war, verschonte man sie allerdings nicht von allerlei, teils recht widersprüchlichen Reformmaßnahmen. Eine Welle von Auflösungen traf diese Orden erst im Jahr 1809. Es scheint so, als hätte die damals in Bayern zum Zuge kommende, eher neuhumanistisch eingestellte Pädagogik die letzten Barrieren zum Schutz der weiblichen Klosterschulen beseitigt. Immerhin hatten die aufgeklärt eingestellten Pädagogen auch den Mädchen eine ihrem Stande und ihrer Bestimmung gemäße Bildung zugestanden, während die Mädchenbildung bei den Neuhumanisten völlig in den Hintergrund trat. Unter dem Vorwand, das eingezogene Vermögen für neue, staatliche Mädchenschulen zu benötigen, wurde die Zahl der Klöster drastisch verringert, allerdings nur in München mit dem späteren Max-Joseph-Stift eine solche wirklich errichtet. Lediglich jede der neuen Kreishauptstädte behielt eine Ordensniederlassung. Daneben konnten sich nur die Salesianerinnen in Indersdorf[109] und die Notre Dame-Schwestern in Nymphenburg halten, vor allem deshalb, weil die Bevölkerung sehr negativ auf die Schließung der höheren Mädchenschulen reagierte.

Rückblick und Ausblick

Betrachtet man die ersten Regierungsjahre Kurfürst Max IV. Josephs unter dem Aspekt der Schulen, ergibt sich ein recht zwiespältiges Bild. Zweifelsohne waren es Jahre des Aufbruchs, erfüllt von weitreichenden Plänen und durchaus guten, manchmal auch nur gut gemeinten, theoretischen Ansätzen. Die Reduzierung der Gymnasien, die man ab 1803 auch auf die neu erworbenen Gebiete ausdehnte, beginnend mit der Auflösung des Freisinger Lyzeums und Gymnasiums,[110] wurde von der Regierung zwar als Erfolg in ihrem Sinne verbucht, muss im Rückblick jedoch eher kritisch gesehen werden. Der Versuch, in gemischtkonfessionellen Städten wie Augsburg nach Einführung der Toleranz an den nun staatlichen Gymnasien katholische und protestantische Schüler gemeinsam zu unterrichten,[111] musste nach etlichen Jahren wieder aufgegeben werden. Einige Reformen bei den Lehrplänen hatten jedoch Bestand, etwa die Einführung von

einzelnen Fächern oder das ab 1809 eingeführte Abitur als Zulassungsvoraussetzung für ein Studium. Am Ende des ersten Jahrzehnts gewannen jedoch immer mehr neuhumanistische Strömungen Beachtung, die Stundenzahlen für den Unterricht in Latein wurden erhöht, dafür die mehr praktischen Fächer wieder reduziert. Immerhin blieb die finanzielle Lage der in der damaligen Diktion „mittleren" Schulen zwar bescheiden, aber erträglich.

Der Ausbau der von den Aufklärern so geförderten Realschulen, die nach 1799 zu einer Art gymnasialer Mittelstufe geworden waren, allerdings mit der Option auf eine eher praktisch ausgerichtete Bildungsmöglichkeit für Schüler, die keine universitäre Laufbahn anstrebten, scheiterte sowohl an der Einstellung der nächsten Generation von Bildungspolitikern als auch an der mangelnden Akzeptanz durch die Bevölkerung.

Es ist müßig, darüber zu streiten, wieweit der Kurfürst und Montgelas wirklich geplant hatten, das Vermögen der nichtständischen und der oberpfälzischen Klöster dem deutschen Schulfonds zum so dringend nötigen Ausbau der Elementarschulen, der Lehrerbildung und -besoldung zu überlassen. Gerade die Auflösung der Bettelordensklöster hatte bei der Bevölkerung, bei der gerade die Franziskaner und Kapuziner sehr beliebt waren, keine positive Resonanz gefunden. Um so wichtiger wurde die Betonung, dass all dies nur zum Besten der Bevölkerung, zum Besten der Schulen geschehe. Entlarvend ist in diesem Zusammenhang die publizierte Auszahlung von 12.000 Gulden Erlös aus dem Klostervermögen an den Schulfonds,[112] ebenso wie die Tatsache, dass die Inkammerierung auch dieses Klostervermögens nicht publiziert wurde. Im Jahr 1808 wurde für den Schulfonds zum Unterhalt sämtlicher Schulen des Königreichs, nicht nur der Volksschulen, eine Summe von 300.000 Gulden festgesetzt. Es ist offensichtlich, dass sich an der Situation der Volksschulen auch unter Max IV. Joseph und seinem Minister kaum etwas verbesserte. Die Geschichte der Schulbehörden des ersten Jahrzehnts der Regierung Max Josephs spiegelt recht gut die wechselvolle Schulpolitik wider. Der „alte" Geistliche Rat, dessen Schulräte gar nicht so konservativ waren, sondern eher progressiv, wurde abgelöst vom General-Schul- und Studien-Direktorium unter dem Freiherrn von Fraunberg, einem auf dem Verwaltungssektor ausgesprochen tüchtigen Mann, der ab 1805 auch die Nachfolgebehörde, das Geheime Schul- und Studien-Bureau, leitete. 1807 gab der überzeugte, aufgeklärt denkende Schulpolitiker, zermürbt von den andauernden finanziellen Problemen und den Auseinandersetzungen mit den Vertretern einer neuen, wieder humanistisch ausgerichteten Pädagogik, sein Amt auf. Ihm folgte Friedrich von Zentner als Leiter der Schulpolitik, jetzt angesiedelt im Bereich des neu geschaffenen Innenministeriums. Einer der drei ihm untergeordneten Oberschulräte musste erstmals Protestant sein, es war Friedrich Niethammer, wichtigster Exponent der Neuhumanisten. Von Bestand war der auf Anregung Fraunbergs geschaffene Mittelbau der staatlichen Schulverwaltung, zunächst auf Landesdirektions-, dann auf Regierungsebene. Formal konnte die Regierung auch die staatliche Schulaufsicht durchsetzen. Da die lokalen Schulinspektionen jedoch in der Hand der Ortsgeistlichen verblieben, woran sich für über hundert Jahre nichts ändern sollte, war der Einfluss der Kirchen auf die Schulen allerdings weiterhin erheblich.

Die unmittelbaren Auswirkungen der Säkularisation sind, je nach Schulart, sehr verschieden zu beurteilen. Die klösterlichen Landschulen waren im Vergleich zu den staatlichen im Schnitt wohl weder besser noch schlechter gewesen und bei ihnen änderte sich auch am wenigsten. Am stärksten betroffen waren die Lehrer, deren Einkommen sich zumindest in den ersten Jahren verringerte. Ausgeglichen wurde dies wohl durch die gelegentliche Verbesserung der Räumlichkeiten für die Schulen.

Ganz anders stellt sich das Bild dar bei Betrachtung der echten Klosterschulen. Nach der ersten Zäsur durch das Verbot der Klosterseminarien 1799 waren immerhin die „Vorbereitungsklassen" erhalten geblieben, die zumindest noch die Anfangsgründe einer höheren Bildung vermitteln konnten. Als auch diese wegfielen, herrschte für die dortige ländliche Bevölkerung, im Hinblick auf Bildungschancen, die über das Erlernen von Lesen und Schreiben und Grundkenntnissen in Rechnen und Religion hinausgingen, „tabula rasa". Daher soll hier, zu einer letzten Illustrierung, was die Klöster für die Bevölkerung abgelegener, ländlicher Gegenden in Bezug auf Bildungsmöglichkeiten, wenn auch oft nur in bescheidenem Maße, bedeuteten, der letzte Abt des kleinen Klosters Gotteszell im Bayerischen Wald zu Wort kommen:[113] „In dem Kloster Gotteszell wurden niemallen mehr als die Vorbereitungsclassen … gegeben; nach der kurfürstlichen Administration (gemeint ist der November 1802) wurde diese Classe aufgehoben, da für selbe nie ein fundus oder fundation bestanden, sondern solche immer nur von den sparsamen Überbleibsln der Religiosen und aus derer Klosterkost unterhalten worden sind." Erst die Wiedererrichtung von Klöstern durch König Ludwig I., der diese zugleich zum Unterhalt von Schulen verpflichtete, brachte wieder eine Verbesserung der Bildungssituation für die männliche Landjugend.

ANMERKUNGEN:

1 Eberhard Weis, Montgelas, Bd. 1: Zwischen Revolution und Reform 1759–1799, 2. Aufl. München 1988, S. 281.

2 Richard Bauer, Der kurfürstliche geistliche Rat und die bayerische Kirchenpolitik 1768–1802 (Miscellanea Bavarica Monacensia 32), München 1971, S. 104–112.

3 Walter Fürnrohr, Aufklärerische Reformbemühungen in der 2. Hälfte des 18. Jahrhunderts. Gesamtdarstellung. In: Max Liedtke (Hrsg.), Handbuch der Geschichte des Bayerischen Bildungswesens, Bd. 1, Bad Heilbrunn 1991, S. 633–656, hier S. 640–649.

4 Bayerisches Hauptstaatsarchiv (künftig BayHStA), GR Fasz. 1399 Nr. 67 und Fasz. 1400 Nr. 68.

5 BayHStA, MInn 19572/1, 1.9.1777 und 8.8.1778. – Georg Lurz, Die bayerischen Mittelschulen seit der Übernahme durch die Klöster bis zur Säkularisation. In: Beiträge zur Geschichte der Erziehung und des Unterrichtes in Bayern. Sechstes Heft, Berlin 1905, S. V–VIII und 1–141.

6 Vgl. die statistischen Angaben zu Schulen und Lehrern in BayHStA, GR Fasz. 1380 Nr. 17 ½.

7 Westenrieder war Geistlicher Rat, gehörte dem Schuldirektorium an und stand somit im Zentrum der bayerischen Schulpolitik der Karl Theodor-Zeit. – Bauer (wie Anm. 2) S. 170 f. – Wilhelm Haefs, Aufklärung in Altbayern. Leben, Werk und Wirkung Lorenz Westenrieders, Neuried 1998.

8 Lurz (wie Anm. 5) S. 28–31.

9 BayHStA, GR Fasz. 1382 Nr. 24

10 Helmwart Hierdeis, Die männlichen Schulorden. In: Liedtke (wie Anm. 3) S. 622–631 u. Fürnrohr (wie Anm. 3) S. 652 f. – Eine genaue Darstellung aus neuerer Zeit über die Zahl und den genauen Zustand der Klosterschulen vor 1800 fehlt. Maßgeblich ist immer noch Lurz (wie Anm. 5), der sich jedoch zu großen Teilen auf die Arbeit des ehemaligen Tegernseer Konventualen Sebastian Günthner aus dem Jahre 1810 stützt (Geschichte der litterarischen Anstalten in Baiern, Bd. 2: 1400–1777, München 1810).

11 Vgl. unten S. 415. 1802/3 gaben fast alle befragten Klöster an, diese Eingangsklassen zu unterhalten.

12 Michael Kaufmann, Säkularisation, Desolation und Restauration in der Benediktinerabtei Metten (1803–1840), Metten 1993, S. 8 f.

13 Robert Münster, Klostermusik. In: Josef Kirmeier – Manfred Treml (Hrsg.), Glanz und Ende der alten Klöster. Säkularisation im bayerischen Oberland 1803 (Veröffentlichungen zur Bayerischen Geschichte und Kultur 21/91), München 1991, S. 170–184.

14 Johann Pörnbacher, Das Kloster Rottenbuch zwischen Barock und Aufklärung (Schriftenreihe zur bayerischen Landesgeschichte 123), München 1999, S. 276.

15 Z.B. Bernried, das Schüler ans Wilhelmsgymnasium nach München sandte. Walburga Scherbaum, Das Augustinerchorherrenstift Bernried (Miscellanea Bavarica Monacensia 168), München 1997, S. 335–337.

16 Vgl. Anm. 10. – Roland Milisterfer – Wolfgang Jahn, Wissenschaft und Bildungswesen. In: Kirmeier – Treml (wie Anm. 13) S. 252–259. – Georg Stadtmüller – Bonifaz Pfister, Geschichte der Abtei Niederaltaich 741–1971, Augsburg 1971, S. 263 f.

17 Günthner (wie Anm. 10) S. 264 f.

18 Hierdeis (wie Anm. 10) S. 628 f.

19 BayHStA, GR Fasz. 1393 Nr. 51, Zusammenstellung des Sekretärs des General-Studien-Direktoriums, P. Placidus Scharl vom Jahr 1802. Gleiche Zahlen nennt Lurz (wie Anm. 5) S. 36–43.

20 Lurz (wie Anm. 5) S. 39.

21 Rudolf W. Keck, Aufklärungspädagogik an der Salzburger benediktinischen Universität und ihre Bedeutung für das bayerische Schulwesen. In: Liedtke (wie Anm. 3) S. 727–742, hier S. 727 f.

22 Christine Flierl, Oberpfalz. In: Liedtke (wie Anm. 3) Bd. 2, 1993, S. 165–176, hier S. 165 f.

23 BayHStA, GR Fasz. 1383 Nr. 24 II.

24 Z.B. in Windberg, BayHStA, KL Fasz. 828 Nr. 9, oder Wessobrunn, BayHStA, KL Fasz. 808 Nr. 28. – Zu Metten vgl. Kaufmann (wie Anm. 12) S. 211, zu Rottenbuch Pörnbacher (wie Anm. 14) S. 248, zu Bernried vgl. Scherbaum (wie Anm. 15) S. 334 f.

25 So erhielt z.B. der tegernseeische Lehrer in Holzkirchen 4 Metzen Gerste (BayHStA, KL Fasz. 767 Nr. 100).

26 Vgl. Wolfgang Winhard, Die Benediktinerabtei Wessobrunn im 18. Jahrhundert, München 1988, S. 100 u. 157.

27 So reichte das Kloster Schäftlarn bis zu 80 Schülern ein einfaches Mittagsbrot (Mary Anne Eder, Die Säkularisation des Prämonstratenserklosters Schäftlarn mit einem Ausblick auf die Wiederbegründung als Benediktinerkloster. In: Oberbayerisches Archiv 119 [1995] S. 147–215, hier S. 171).

28 BayHStA, KL Fasz. 875 Nr. 520.

29 BayHStA, GR 1392 Nr. 48

30 Vgl. Exponat 139. – BayHStA, GR Fasz. 1383 Nr. 24/II.

31 BayHStA, GR Fasz. 1383 Nr. 24/II.

32 Bemerkenswert dazu ist, dass diese Verordnung bereits vorsieht, lediglich Absolventen der fünf höheren Schulen in München, Amberg, Landshut, Neuburg und Straubing in den Staatsdienst zu übernehmen (§ VI).

33 Unter Lyzeen verstand man damals eine Art gymnasialer Oberstufe mit zwei Jahrgangsstufen, deren Absolvierung nötige Voraussetzung für ein Universitätsstudium war. Später entwickelten sich daraus teilweise die Theologischen Hochschulen.

34 Zitat nach der gedruckten und veröffentlichten Version, BayHStA, GR Fasz. 1383 Nr. 24/II.

35 Heike Irma Katharina Vierling-Ihrig, Schule der Vernunft. Leben und Werk des Aufklärungspädagogen Cajetan von Weiller (1762–1826) (Miscellanea Bavarica Monacensia 176), München 2001, hier S. 51.

36 Vgl. Exponat 141.

37 Churpfalzbaierisches Regierungsblatt 1803, Sp. 174–176 und 1804, Sp. 155–156. Akten dazu in BayHStA, GR Fasz. 1383 Nr. 24/II und BayHStA, MInn 19639.

38 BayHStA, MK 20518, worin der ganze Vorgang dokumentiert ist.

39 BayHStA, KL Fasz. 6 Nr. 10.

40 Eberhard Weis, Die Säkularisation der bayerischen Klöster. Neue Forschungen zu Vorgeschichte und Ergebnissen (Bayerische Akademie der Wissenschaften, Philosophisch-historische Klasse, Sitzungsberichte 1983/6), München 1983, S. 28–31.

41 BayHStA, MInn 19638 und 19639.

42 Anweisung an das Geistl. Ministerialdepartement vom 18.2.1803, BayHStA, MInn 19639, fol 9.

43 BayHStA, MInn 19644, Anweisung an den Kirchenadministrationsrat vom 26.2.1803. – BayHStA, MInn 19639, Antrag des Geistlichen Ministerialdepartements vom 18.1. und Antwort des Gesamtministeriums vom 16.2.1803.

44 BayHStA, MInn 19638. – BayHStA, GR Fasz. 1380 Nr. 17.

45 BayHStA, MInn 19572.

46 Vgl. Exponat 145.

47 BayHStA, HR I Fasz. 481 Nr. 29. – BayHStA, StV 500.

48 Vgl. eine Anweisung an das General-Schul- und Studien-Direktorium vom 22.12.1802 in: BayHStA, StV 497.

49 BayHStA, GR Fasz. 1380 Nr. 17 u. 17 ½.

50 BayHStA, Staatsverwaltung 499. – Max Liedtke, Von der erneuerten Verordnung der Unterrichtspflicht (1802) bis 1870. Gesamtdarstellung. In: Liedtke (wie Anm. 22) S. 11–133, hier S. 52–56.

51 BayHStA, GR Fasz. 1380 Nr. 17.

52 Ebd., Konzept von Hobmann.

53 Dieter Hüttner, Von der Normalschule zum Lehrerseminar. Die Entstehung der seminaristischen Lehrerbildung in Bayern (1770–1825) (Miscellanea Bavarica Monacensia 118), München 1982, hier S. 152–156.

54 Liedtke (wie Anm. 50) S. 69 f. – Vierling-Ihrig (wie Anm. 35) S. 179–184.

55 BayHStA, MInn 19638.

56 Vgl. den Bericht des Geistlichen Ministerialdepartements an das Gesamtministerium vom 18.1.1803 in BayHStA, MInn 19639.

57 Vgl. oben S. 413. – BayHStA, GR Fasz.1393 Nr. 51.

58 Cornelia Jahn, Die erste Säkularisationsmaßnahme der Regierung Montgelas. Die Aufhebung des Paulanerklosters in München 1799. In: Dieter Albrecht (Hrsg.), Europa im Umbruch. 1750–1850, München 1995, S. 319–333.

59 BayHStA, GR Fasz. 1393 Nr. 51. In einer Verordnung an die Landesdirektion vom 4.5.1804 werden als Hauptquellen des Münchner Schulfonds diese drei Klöster genannt.

60 Ausführlich wird die Aufhebung geschildert bei: Sabine Arndt-Baerend, Klostersäkularisation in München 1802/03 (Miscellanea Bavarica Monacensia 95), München 1986, S. 64–75.

61 BayHStA, GR Fasz. 1383 Nr. 24/II

62 BayHStA, GR Fasz. 1400 Nr. 68.

63 Arndt-Baerend (wie Anm. 60) S. 39–51. – Weis, Säkularisation (wie Anm. 40) S. 38–43.

64 Zitiert nach dem Druck bei Arndt-Baerend (wie Anm. 60) S. 350.

65 Vgl. Exponat 142.

66 Eberhard Weis, Ein eigenhändiges Gutachten von Montgelas zur Säkularisation der oberpfälzischen Klöster und zum Streit mit Herzog Wilhelm. In: Forschungen zur bayerischen Geschichte, Frankfurt 1993, S. 177–196. – Vgl. Exponate 142, 143.

67 BayHStA, StV 2875, Bericht vom 10.5.1803.

68 Z.B. Bericht Fraunbergs vom 12.12.1802, BayHStA, MInn 19644.

69 Ebd., 22.12.1802.

70 Ebd., 18.3.1803.

71 Ebd., 24.3.1803.

72 BayHStA, StV 498 u. BayHStA, GR Fasz. 1383 Nr. 24 II.

73 Churpfalzbaierisches Regierungsblatt 1803, Sp. 573 f. – Die Ergebnisse sind dokumentiert in BayHStA, GR Fasz.1393 Nr. 51.

74 Vgl. oben S. 421.

75 Entwurf der Anweisung an das General-Studien-Direktorium vom 4.10.1803, unterzeichnet vom Kurfürsten, den Ministern Montgelas, Morawitzky und Hertling sowie neben dem vortragenden Referenten Zentner drei weiteren (BayHStA, MInn 19644). – Abschrift für die Landesdirektion in ständischen Klostersachen in BayHStA, GR Fasz. 1393 Nr. 51.

76 Vgl. Exponat 143. – BayHStA, StV 2875, dort auch die genaue Auflistung aller betroffenen Klöster, deren Insassen usw.

77 Vgl. dazu Dietmar Stutzer, Klöster als Arbeitgeber um 1800. Die bayerischen Klöster als Unternehmenseinheiten und ihre Sozialsysteme zur Zeit der Säkularisation, Göttingen 1986, S. 75–78.

78 Rescript vom 25.4.1802, BayHStA, StV 497.

79 BayHStA, MInn 19645, BayHStA, GR Fasz. 1376 Nr. 9.

80 Vgl. Exponat 146.

81 Ein von Max Joseph und Montgelas unterzeichnetes Exemplar in BayHStA, MInn 19676, eine weitere Abschrift in BayHStA, MInn 16444.

82 18.5.1804, BayHStA, MInn 19676.

83 Unter dem 28.7. erging daher an alle Rentämter der Auftrag, Anzeigen über bereits geleistete Zahlungen einzusenden, Churpfalzbaierisches Regierungsblatt 1804, Sp. 731.

84 BayHStA, GR Fasz 1377 Nr. 11.

85 Für 1803 hatte das General-Studien-Direktorium die Zahl von 50.967 Kindern in Bayern, 14.650 in der Oberpfalz und 11.107 in Pfalz-Neuburg ermittelt. Bei 9 Monaten Schule ergab dies, gerechnet 2 Kreuzer pro Woche, ein Schulgeld von insgesamt 96.409 Gulden 18 Kreuzer (BayHStA, MInn 19645).

86 BayHStA, GR Fasz. 1393 Nr. 51.

87 BayHStA, MInn 19676.

88 Ebd., parallel zur völlig neu strukturierten Stiftungsverwaltung.

89 BayHStA, GR Fasz. 1376 Nr. 9/II.

90 15.3.1803, BayHStA, GR Fasz. 1393 Nr. 51. – S. dazu auch BayHStA, MInn 19639.

91 BayHStA, GR Fasz.1380 Nr. 17 u. 17 ½, mehrere Bände aus den Jahren 1805–1807.

92 BayHStA, MInn 19639, darin einige Stellungnahmen usw. des Geistlichen Ministerialdepartements vom Mai 1803.

93 Vgl. Exponat 147.

94 BayHStA, KL Fasz. 828 Nr. 9.

95 BayHStA, KL Fasz. 801 Nr. 19.

96 23.3.1803, BayHStA, GR Fasz. 1393 Nr. 51 u. BayHStA, KL Fasz. 828 Nr. 9.

97 Ausführlich dokumentiert für Windberg in BayHStA, KL Fasz. 828 Nr. 9. – BayHStA, MInn 19567.

98 BayHStA, 1393 Nr. 51.

99 Z.B. Windberg, Weltenburg, Bernried, Dietramszell.

100 BayHStA, GR Fasz. 1380 Nr. 17. In der Schulerfassung von 1805/6 findet sich gelegentlich die Schule in ehemaligen Klostergebäuden untergebracht, häufiger jedoch nicht.

101 Andreas Höger, Dietramszell nach der Säkularisation. Im Spannungsfeld von Schloßherr, Kloster und Gemeinde bis 1850, St. Ottilien 1998, S. 50–52.

102 Eder (wie Anm. 27) S. 171 f.

103 Vgl. Exponat 147.

104 Z.B. werden dem Weyarner Expater Israel Oberhauser am 7.1.1805 die üblichen 100 Gulden Zulage gewährt, BayHStA, KL Fasz. 816 Nr. 19.

105 Da die einschneidendsten Säkularisierungsmaßnahmen bei den weiblichen Schulorden erst nach dem behandelten Zeitraum vorgenommen wurden, soll hier nur ein kurzer Überblick gegeben werden.

106 Liedtke, Von der Verordnung (wie Anm. 50) S. 112–114.

107 Grundlegende Untersuchungen zur Mädchenbildung in der ersten Hälfte des 19. Jahrhunderts liefert die Arbeit von Christl Knauer, Frauen unter dem Einfluß von Kirche und Staat. Höhere Mädchenschulen und bayerische Bildungspolitik in der ersten Hälfte des 19. Jahrhunderts (Miscellanea Bavarica Monacensia 165), München 1995. Wenn nicht anders angegeben, beziehen sich die Ausführungen dieses Abschnitts auf das angegebene Werk.

108 Vgl. oben S. 420.

109 Vgl. Exponat 150.

110 24.8.1803, BayHStA, GR Fasz. 1383 Nr. 24 /II.

111 Vgl. Exponat 148.

112 Vgl. Exponat 143.

113 Anlass ist die Überprüfung des Seminarverbots von 1799 im Dezember/Januar 1802/03 (BayHStA, MK 20518).

Reaktionen der Bevölkerung

Von *Walter Pötzl*

Über die Säkularisation ist viel geforscht und geschrieben worden, bedeutet sie doch eine grundlegende Zäsur in den Herrschaftsverhältnissen, wie sie vielfach seit einem Jahrtausend gegolten hatten. Wie aber reagierten die Zeitgenossen darauf, das so genannte einfache Volk, die Klosteruntertanen, die Bauern und Handwerker in den Hochstiften und die Bürger in den Städten?

Hier lassen sich Reaktionen nur schwer und nur selten fassen. In der Literatur finden sich nur wenige Hinweise, was z.T. auch in der Quellenlage begründet liegt.[1] Man gewinnt den Eindruck, dass im Allgemeinen die herrschaftlichen Veränderungen hingenommen wurden, hatten doch Französische Revolution und Koalitionskriege mehr oder minder das Ende einer Epoche signalisiert. Das auf die Säkularisation folgende hektische Jahrzehnt war nicht dazu angetan, untergegangenen Verhältnissen nachzutrauern oder gar Proteste zu formulieren; vielmehr war man damit beschäftigt, mit den neuen Gegebenheiten einigermaßen zurecht zu kommen. Das galt nicht in gleicher Weise für die Volksfrömmigkeit.

Politische Proteste in Franken und Schwaben

Die Bewertung der Säkularisation stellte sich in Schwaben und Franken anders dar als im Kurfürstentum Bayern; zudem war sie stark von den Gesellschaftsschichten abhängig.

In Franken waren die antibayerischen Ressentiments nicht zu übersehen. In Würzburg und Bamberg herrschte eisige Ablehnung, als die Besitzergreifung durch Bayern erfolgte. In Bamberg mussten die Besitzergreifungspatente sogar militärisch bewacht werden, nachdem sie abgerissen worden waren. „Ganz besonders verhaßt waren die Beamten der Spezialkommissionen, die die Säkularisationsarbeiten vielfach mit böswilliger

Kleinlichkeit, offensichtlicher antikirchlicher Energie und kaum verhüllter Gewinnsucht durchführten. So erschienen bald Schmähschriften und Pamphlete, in denen die bayerischen Kommissäre und die Regierung schlichtweg als 'Spitzbuben' bezeichnet wurden." In der Bevölkerung herrschte die Meinung vor, dass „das freie Frankenland nun einem fremden Fürsten unterworfen" sei, im aufgeklärten Bürgertum gab es allerdings auch Stimmen, die sich von der bayerischen Herrschaft ein Ende des Mönchtums und der aufgeblähten geistlichen Verwaltung versprachen. Beim Abzug der bayerischen Truppen am 1. Februar 1806 kannte der Jubel der Würzburger Bevölkerung keine Grenzen. Als wenige Tag später Ferdinand von Toskana als neuer Landesherr einzog, schwelgte sie in dem Hochgefühl, nun wieder Bürger einer echten Haupt- und Residenzstadt zu sein. Der Adel, der sich während der bayerischen Herrschaft auf seine Landgüter zurückgezogen hatte, erschien nun wieder in der Residenzstadt, wo der Großherzog glanzvoll Hof hielt. Zur großen Freude des einfachen Mannes wurden die verbotenen Wallfahrten und Prozessionen wieder erlaubt.[2]

In Schwaben ging der Herrschaftswechsel in den geistlichen Staaten „bemerkenswert ruhig und ohne größere Schwierigkeiten" vor sich. „Die überwiegende Mehrheit der katholischen Bevölkerung nahm die tiefgreifende Veränderung der staatsrechtlichen Verhältnisse teils gelassen und gleichgültig, teils resignierend hin."[3] Differenzierter waren die Reaktionen in den Reichsstädten. Augsburg konnte seinen Status als Reichsstadt bis zum 21. Dezember 1805 (militärische Besitzergreifung) bzw. bis zum 4. März 1806 (zivile Besitzergreifung) behaupten. Durch die Säkularisation war die Reichsstadt innerhalb der Stadtmauern in den Besitz der Klöster (mit Ausnahme des Instituts Maria Ward) gelangt, doch erwies sich das als höchst zweifelhaftes „Geschäft", denn die Vermögenswerte außerhalb der Stadtmauern waren an Bayern gefallen, die Stadt sollte aber doch erhebliche Folgelasten tragen. Die Stimmung in der Augsburger Bevölkerung war gespalten. „Nach der Jahrhundertwende griff dann die Überzeugung um sich, daß Augsburgs Status als Reichsstadt auf Dauer nicht zu halten sei. Während jedoch das Patriziat und der stärker traditionsgebundene katholische Bevölkerungsteil mehrheitlich an der Bewahrung der reichsstädtischen Freiheiten festhielten, neigten Kaufleute und Protestanten einer Vereinigung der Stadt mit Bayern zu. Bekanntlich verweigerten die Kaufleute dem Magistrat während der zähen Verhandlungen über die Ablösesumme, die Frankreich für die Sicherung der Reichsunmittelbarkeit und des säkularisierten Kirchengutes erhalten sollte, nicht nur die gewünschte Anleihe, sie ließen den Kurfürsten von Bayern zur gleichen Zeit wissen, dass sie ,lieber bayerisch als immediat' wären". Während der Besitzergreifung fügte sich Augsburg gelassen in sein Geschick. Die Bürger enthielten sich jeder offenen Kundgebung und die Aktivität des Magistrates erschöpfte sich in einer Ergebenheitsadresse an den Kurfürsten.[4]

Proteste und Einwände gegen die Säkularisation

Im Allgemeinen wird man von der „Gleichgültigkeit des katholischen Kirchenvolks gegenüber der Säkularisation" ausgehen dürfen[5], doch tauchen in den Archiven auch Zeugnisse auf, die dieser Annahme entgegenstehen.

Die Bürger des Marktes Rosenheim und der übrigen umliegenden Ortschaften richteten im Februar 1802 einen Brief an den Kurfürsten, in dem sie darlegten, sie verlören „sehr viel an ihrer Religion, Gottesfurcht und Kinderzucht", wenn ihnen der Kapuzinerkonvent „entrissen" würde. Die 18 bis 20 Patres hätten nicht nur „Kanzel und Beichtstühle" in Rosenheim, sondern auch im Markt Aibling, in Prutting, Neubeuern, Petersberg, Frasdorf und Söchtenau versehen. Weiter heißt es: „Diese ihres auferbaulichen Wandels halber bewährten Priester

haben das Vertrauen des ganzen Markts und all umliegenden Landvolkes erlangt und dieses nicht ohne Ursache; – denn werden sie auch bei eitler Nacht und ungestimstem Wetter zu Kranken berufen, so springen sie denselben, wenn sie auch mit ansteckenden Krankheiten behaftet sind, mit unerschrockenem Muthe bei und lindern deren Todesqualen mit geistlichem Troste, wie sich's auf rechtschafne Priester gebühret." Die Patres erweisen sich damit als „zum allgemeinen Wohl des Staates heilsame und nüzliche Diener". Das gilt auch „in Hinsicht des jugendlichen Unterrichtes". „Sollte dieser von uns vorgetragene allgemeine Nuzen dieser Mannen je bezweifelt werden, so sind sogleich mehrere Tausend Menschen bereit, hierüber eidliche Zeugnisse abzulegen." Die Bürger stellen bewusst diese Tätigkeiten der Patres als Tätigkeiten „zum allgemeinen Wohl des Staates" heraus und hoffen mit dieser Argumentation den Kurfürsten zu überzeugen. Die Rosenheimer wussten, dass man gegen die Bettelorden argumentierte, sie seien eine „Plage der Bürgerschaft". Sie halten dem entgegen: „Nein, was wohlhabende Bürger und Prälaturen ihnen reichen, davon erhalten sie sich und belästigen die Unterthanen keineswegs". Des Weiteren beugen sie dem Einwand vor, die angeführten Seelsorgedienste könnten auch die Pfarrgeistlichen versehen. Der Pfarrer von Rosenheim habe zu Protokoll gegeben, „dass er aus all seinen Gesellen-Priestern kaum 3 bis 4 Subjecte zu derlei Verrichtungen brauchbar finde". Die Bürger ordnen den Amtsbürgermeister „mit der dringenden Bitte" ab, der Kurfürst möge ihnen „diese so nüzlich als wahrhaft religiösen Priester noch ferners belassen und ihnen dieses Klösterlein um so mehr zur ferneren Wohnung schenken als sie deren Höchsten Aererario niemals beschwerlich fallen, sondern von diesortig verhilflichen Bürgerschaft, wie bisher, also auch ferners mit allem Vergnügen unterstüzet werden".[6] So geschickt das Bittgesuch auch formuliert war, so konnte es doch die Aufhebung des Kapuzinerklosters in Rosenheim nicht verhindern. Im Jahre 1802 wurde Rosenheim zum Zentralkloster erklärt, in das Kapuziner aus anderen Klöstern eingewiesen wurden, im Jahr darauf jedoch wurden alle Kapuziner der

Stadt verwiesen und auf andere noch bestehende Kapuzinerklöster verteilt.[7]

Wesentlich schärfer reagierte man in Franken auf die Säkularisation, wirkten hier doch auch politische Motive. Alfred Wendehorst meint dazu: „Die Rücksichtslosigkeit, mit welcher die Klosteraufhebungen durchgeführt wurden, brachte es sogar zuwege, dass Leute, die das Ancien Régime und vor allem das Mönchtum als Hort des Aberglaubens, der Bigotterie und des Sklavensinnes geschmäht und den Regierungswechsel enthusiastisch begrüßt hatten, wie etwa der Domvikar Franz Nikolaus Baur, ihren Sinn änderten. Die Bevölkerung aber war über die Säkularisationen und ihre widerlichen Begleitumstände so empört, daß sie sich in Pamphleten auf den großen ‚Kirchen-Leerer' Max Joseph Luft machte und zum Widerstand gegen die ‚Besatzungsmacht' aufrief. In einem neunzehnstrophigen Gedicht, das am 11. November 1803 an der Klosterkirche St. Marx angeschlagen war, kam die Volksmeinung deutlich zum Ausdruck."[8] In dem Gedicht heißt es u.a.:

Betroffen sieht das Vaterland
Die Schätze hinweg führen,
Entreißen mit gottloser Hand
Ihr Eigentum verlieren.

Darf sich ein Regent erheben
Vor der Allmacht? Jener Staub!
In dessen Hände Tod und Leben,
Der sich alles macht zum Raub!

Er stürzt Kirchen, raubt Altäre,
Glocken, Wachs und Opferstöck,
Wenn es auch ein Kreuzer wäre,
Messgewand, Alben und Chorröck.

Mehr als Ketzer, Türk und Heide
Stürzet er das Priestertum,
Ziehet aus das Ordenskleide
Und entehrt das Heiligtum.

Zieht dem Räuber, dem Kurfürste,
Den Purpur der Hoheit aus,
Daß er ferner nicht mehr dürste
Unser Blut, gottloses Haus!

So tut nicht Franzos und Schwede,
Auf gesamtes Frankenland!
Greift zur Waffen, seid nicht spröde,
Würgt ihn mit gerechter Hand. Amen.

Derart scharfe Töne sind aus Altbayern und Schwaben nicht bekannt. Im Freisinger Anzeiger vom 25. Dezember 1803 findet sich die kleine Notiz: „Bey Demollirung der Kirche des säkularisierten Kollegiatstiftes St. Andrä allhier beging man die Unschicklichkeit die dortigen gut erhaltenen Grabmäler heraus zu reissen, über´nhaufen zu werfen, und zu – zertrümmern. Wahrlich nur Unverständige können für diese öffentliche Dokumentation der Geschichte so schlechte Achtung bezeugen!! Da fällt mir immer die Pyramide ein, die ich auf meiner Reise von L. nach M. in dem englischen Park des Graf T. zu B. stehen sah, und worauf die mit goldenen Buchstaben eingegrabenen Denksprüche deutlich zu lesen sind. Verbessere – Belehre – Nur nicht zerstöre".[9] Die „Denksprüche" sind erkennbar größer gesetzt. Der Beitrag ist nicht signiert, aber er verrät, dass ihn ein gebildeter, geschichtsbegeisterter Mann schrieb, der aus verständlichen Gründen anonym bleiben wollte. Es ist bezeichnend, dass er sich nicht gegen die Demolierung der Kirche des säkularisierten Stiftes wandte, sondern gegen die Zertrümmerung der Grabmäler. Es überrascht, dass der Freisinger Anzeiger im Dezember 1803 eine solche Notiz über den Vandalismus der Säkularisation abdruckte.[10]

Nicht gegen die Säkularisation als solche, sondern gegen die Versteigerung bestimmter Gegenstände wendet sich der Brief des Bürgermeisters von Altomünster Martin Guhler, des „Gemeindt Redner(s)" Franz Seits (im Namen der Bürgerschaft) und von Erhard Fischer (im Namen der eingepfarrten Orte), den diese am 28. Juni 1803 an die kurfürstliche Generallandesdirektion richteten.[11] Ihre Argumentation für die Säkularisation verrät, wie sehr die weit verbreitete Polemik gegen die Klöster auch das flache Land erfasst hatte: „Die Aufhebung der Klöster hatte das öffentliche Wohl zum Beweggrunde, – man sah es ein, dass reiche, oder doch guthabige Unterthanen, dem Zweke des Staates mehr als fette Prälaten, und einfache Wohnungen des arbeitsamen Bauers mehr als versperrte Zellen nützen". Nach Altomünster war das Gerücht gedrungen, „dass, was so wohl zum inneren als äusseren der Pfarrkirche gehört z.B. Dachrinnen, Glocken, Altäre, Heilige Leiber, Paramente etc. ebenfalls versteigert werden" soll. Dagegen wendet der Bürgermeister ein: „Diese Dinge sind grosen Theils von den Vermächtnissen und anderen Geldflüssen der Bürgerschaft erworben, und die Absicht der Geber stand mit dem Orte in wesentlicher Verbindung". Der Bürgermeister fügt ein weiteres Argument an, das auch für die anderen Klosterorte gilt: „Auch hangt der Gewerbs Zustand derselben, der durch die Kloster Aufhebung ohne dem sehr litt, von der Kirche ab, und es ist der Markt zu dürftig, als das er aus eigenen Mitteln so köstliche Bedürfnisse herstellen könnte." – Es gab offensichtlich auch anderen Orts Proteste gegen die Versteigerung kirchlicher Gerätschaften und Paramente. Das königliche Rentamt Dinkelsbühl hatte in den Verkaufsankündigungen der Mobilien des aufgehobenen Karmeliten- und des Franziskanerklosters in den öffentlichen Blättern „im ersten Absatze sämtliche Kirchengerätschaften, und zwar unter anderm eine Monstranze, zwey Ciborien, eilf Kelche, einen Speisbecher" angeboten. Das löste Ärger und Befremden aus. Am 12. Dezember 1812 schrieb die Regierung: „da der öffentliche Aufwurf von dergleichen zum gottesdienstlichen Gebrauche bestimmten Gefässe und Paramente nicht schicklich ist, so erhält die Königl. Finanz-Direktion des Oberdonaukreises hiemit den Auftrag, dasjenige von diesen Kirchengeräthschaften, was Silber oder Gold ist, zum Königl. Münzamte gegen Erstattung des vom Rentamte in Einnahme zu bringenden innern Werthes einsenden, das Uebrige aber mit Behutsamkeit, und ohne Erregung eines besonderen öffentlichen Aufsehens verwerthen zu lassen". Deswegen „ist bei allenfalls zu wiederholender Inseration dieser Verkaufsankündigung der erste Absatz desselben gänzlich hinweg zu lassen".[12] – Nach zehn Jahren Versteigerungen als Folge der Säkularisation war man vorsichtiger und zurückhaltender geworden und scheute Proteste aus der Bevölkerung.

In Anbetracht dieser Stimmen gegen die Säkularisation wird man wohl nicht mehr so ohne weiteres von der „Gleichgültigkeit des katholischen Kirchenvolkes" sprechen können. Es ist nicht auszuschließen, dass sich vergleichbare Äußerungen in den Archiven noch finden lassen.[13] Da vor allem zur Vermögenssäkularisation der einzelnen Klöster sehr viel Material überliefert ist und darauf meist das Hauptaugenmerk gerichtet wurde, mögen derartige Zeugnisse bisher unbeachtet geblieben sein.

Stimmen Betroffener

Die Klöster waren auch Arbeitgeber, für die Beschäftigten entfielen mit der Säkularisation die wirtschaftlichen Grundlagen. Im Folgenden werden Stimmen aus den Quellen vorgetragen:
Die Bewohner der Fraueninsel im Chiemsee, von Gstadt und Seebruck verfassten bereits am 4. Mai 1803 eine Bittschrift. Darin betonen sie zwar, sie fügten sich in den Geist der Zeit und freuten sich, dem „besten und weisesten Landesfürsten nun ganz anzugehören", doch in ihrer Freude würden sie durch die „traurige Aussicht in die Zukunft gestöhrt". Sie schildern ihre Situation wie folgt: „Die Insel zählt 42 Familien und 106 Köpfe. Wir also, so wie wir sind, Wirth, Bäck, Metzger, Bader, Schuhmacher, Schneider, Weber, Schlosser, Schreiner, Maler, Hafner, Maurer, Zimmerleute, Taglöhner, und Fischer, sind von dem Kloster nach und nach aufgenommen, und uns die Heurathslizenzen ertheilet worden. Wir alle haben von selben, beynahe möchten wir uns ausdrücken, kontraktmäßig viele Naturalien oder ganz unentgeldlich oder doch um die wohlfeilsten Preise erhalten, ohne davon Meldung zu thun, dass wir in Krankheiten und bey hohem gebrechlichem Alter auf alle Unterstützung, wenn auch nicht rechtlichen, doch siche-

ren Anspruch machen durften. Aber auch wir Unter-thanen der Hofmark Gstatt, 14 Familien und 98 Köpfe stark, hatten unseren kleinen Wohlstand zum meisten Theile dem Nonnenstifte Chiemsee zu danken. Wir leben vom Feldbau, und der kleinen Schiffahrt, doch so, dass wir mit aufgelöstem Stifte jene nicht fortführen können, und diese uns ganz und gar keinen Nutzen mehr gewäh-ren würde. Im Folgenden liegt der Beweis. Wir alle er-hielten zur Kultur unserer Felder zu gewissen Zeiten den besten Holzdünger unentgeldlich, und so durften wir im-mer auf eine gute gesegnete Aernde uns Hoffnung machen. Was noch mehr war, ist, dass die meisten aus uns auch aus den Klosterforsten das benöthigte Brenn, und Bauholz ebenfalls gratis erhielten, und dass wir durch Taglöhnern bey der Klosterökonomie immer für uns, und unsere Familien hinlänglich Nahrung fanden." Die Schifffahrt, die einen bedeutenden Verdienst abwarf, fiel seit der Säkularisation aus. Diesen Klagen schlossen sich die Untertanen der Hofmark Seebruck an. Die Insel-bewohner als Wortführer gehen davon aus, dass die Non-nen in einigen Jahren ausgestorben sind oder ihre Pen-sionen andernorts verzehren. „Die Gewerbe und Profes-sionen, die wir Inselbewohner treiben und ausüben, gera-ten mit einem Male in vollkommenes Stocken, und mit ihnen hört auch, ohne die Sache zu übertreiben, der not-wendige Lebens-Unterhalt auf. Ohne allen Verkehr, ohne den geringsten Feldbau, werden wir uns auf der veröde-ten Insel auch keinen Tag länger halten können, und das Loos, das uns treffen muss ist Verlassung unserer Heimat. Was unser Schicksal noch trauriger macht, ist, dass wir unsere leeren Häuschen unter solchen Umständen auch nicht um den geringsten Werth an den Mann zu bringen wissen, und so sind wir die Einzigen im Vaterlande, die als einheimische Staatsbürger im Vaterlande kein Plätzchen zur Niederlassung haben; wahrlich das traurig-ste Loos!" Die Bewohner von Gstadt und Seebruck trifft das Schicksal zwar nicht so hart, doch auch sie rechnen damit, dass sie die Hälfte ihres Wohlstandes einbüßen. Es kam schlimmer, als die Hofmarksbewohner von Frauen-chiemsee befürchteten. Der Brauereipächter auf der Insel schrieb am 12. September 1804: „Die traurige Lage, in welcher sich 41 Familien auf der Fraueninsel befinden, ist eine der schrecklichsten, die man sich denken kann. Diese Leute waren fast alle vom Kloster genährt – Professio-nisten aller Art hatten fast beständig Arbeit für selbes; jetzt ist das alles vorbey, kümmerlich trotzen sie dem hal-ben oder viertel Tagwerk Erde, welches ihnen bey Auf-hebung des Klosters zur Entschädigung gegeben wurde, etliche Metzen Getreide ab, und damit sollen sie das ganze Jahr leben."[14]

Die Taglöhner des Klosters Wessobrunn (64 Kleinhäusler in Gaispoint und 47 in Haid), die zu geringen Schar-werksverpflichtungen herangezogen worden waren, beschwerten sich am 16. Mai 1804 bei der Klosterkom-mission: „Wenn man uns die bloße Kost so reichen woll-te, wie wir sie im Kloster genossen haben, so wollten wir um diese gute Kost alleinig gerne scharwerken. ... wir lebten größtenteils alle blos vom Kloster". Vom Kloster hatten sie nach eigenen Angaben jeden Tag die Kost und soviel Brot mit nach Hause bekommen, dass sie davon ihre Familien ernähren konnten. Die Kommission hatte aber als Grundlage der Entschädigungsberechnung ihren nur geringen Geldlohn angesetzt, so dass die überlasse-nen Grundstücke bei weitem nicht ausreichten, sie zu er-nähren. Sie müssten vor Armut und Hunger verderben, da sie seit der Klosteraufhebung nur noch sehr wenig Arbeit hätten. In einer ähnlich schwierigen Situation dürften sich die unmittelbaren Dienstberufe beim Kloster befunden haben.[15]

Für die ländlichen, ehedem von Klöstern abhängigen Unterschichten, auch für viele Handwerker bedeutete die Säkularisation eine deutliche Verschlechterung ihrer wirtschaftlichen Lage.

Obrigkeitliche Maßnahmen gegen Volksbräuche und Volksfrömmigkeit im Zeitalter der Aufklärung[16]

Während Umfang und Bedeutung von Protesten gegen die Säkularisation noch nicht ausgelotet sind, gilt: „Versteckter oder offener Protest als unmittelbare Folge der Säkularisation erhob sich überall da, wo der aufklä-rerische Kirchensturm Kapellen und Wallfahrten, geheiligte Traditionen und Volksbräuche ohne Rücksicht auf das religiöse Empfinden der Bevölkerung niederriß" [17]. Dabei fällt die Säkularisation erst in die Endphase eines längeren Prozesses. Barbara Goy sah die ersten Ansätze einer „Aufklärungsbewegung" in dem Verbot der Einführung lokaler Hagelfeiertage, das Johann Philipp von Schönborn 1670 für das Bistum Würzburg erließ, und Walter Hartinger hat nachgewiesen, dass es in den Bistümern Regensburg und Passau bereits zu Beginn des 18. Jahrhunderts Verbote gegen neue Kreuzgänge gab.[18] In Augsburg setzten die Domkapitulare 1719 der Benützung des Witgariusgürtels, der als Gürtel Marias verehrt wurde, ein Ende. Bis dahin hatten ihn Kindbetterinnen aufgelegt.[19] Für das Bistum Regensburg untersagte ein Generale vom 3. August 1723 Passions- und Ölbergspiele. Die Erneuerung dieses Verbotes in den Jahren 1735, 1751, 1757 und 1764 zeigt, dass diese Maßnahmen kaum etwas bewirkten.[20] Die Intensität des Wallfahrtswesens und die große Spiel- und Prozessionsfreude in der ersten Hälfte des 18. Jahrhunderts beweisen, dass sich Geistlichkeit und Volk von solchen Maßnahmen nicht sonderlich beeindrucken ließen.[21]

Nach der Jahrhundertmitte beginnen sich die Verbote zu häufen. Um 1757 entfernte man aus fast allen fränkischen Passionsprozessionen die lebenden Bilder und im Bistum Passau erging 1762 ein generelles Verbot der Passionsspiele.[22] Der Geistliche Rat in München griff diese Maßnahme auf und am 6. März 1763 erging ein landesherrliches Mandat, bei dessen Ausführung sich aber große Verwirrung ausbreitete. Nach einem kurbayerischen Generalmandat vom 31. März 1770 wurden dann alle Passionstragödien vollkommen abgeschafft, die Karfreitagsprozessionen aber in einfacher Form gestattet.[23] Bereits 1747 hatte der Bischof von Augsburg, Joseph Landgraf von Hessen, eine Vorverlegung der Prozession auf 17 Uhr angeordnet, wodurch die fast unheimliche Beleuchtung durch 160 Pechpfannen entfiel. Verringert wurde auch die Zahl der Flagellanten und Kreuzschlepper, wodurch sich der Charakter des Umzuges von der ursprünglichen Büßerprozession zur Passionsprozession wandelte. „In der Reichsstadt Augsburg allerdings

ließ sich ein völliges Verbot der Karfreitagsprozession vorläufig nicht durchsetzen, auch die Teilnahme von Geißlern, die im bayerischen Teil der Augsburger Diözese schon 1760 untersagt worden war, konnte nicht ganz unterbunden werden. Der Hauptgrund lag möglicherweise darin, dass die katholischen Ratsmitglieder zum Großteil der Corporis-Christi-Bruderschaft angehörten, welche seit alters her die Prozession ausrichtete. Erst 1780 gelang dem bischöflichen Kanzleidirektor und nachmaligen Provikar Thomas de Haiden ein Vorstoß. Ganz im Sinne des Augsburger Fürstbischofs Clemens Wenzeslaus schrieb er an den Prälaten von Hl. Kreuz, man möge endlich die Karfreitagsprozession abschaffen, die mitgetragenen Figuren seien lächerlich und anstößig. Der katholische Rat aber setzte sich für die Erhaltung des alten Brauches ein: Die Prozession diene der Erbauung, man wolle die Figuren restaurieren lassen. Auch sollte die Teilnahme von Geißlern und Kreuzträgern verboten werden. – Am Karfreitag 1781 zog erstmals der neugestaltete Leidensumzug durch die Straßen der Stadt. Man sah keine Figuren mehr; nur noch die Bruderschaftsstangen, Zunftfahnen und das Ferculum des Hl. Grabes wurden mitgetragen. Die Teilnehmer aber, u.a. der Prälat von Hl. Kreuz, Domherren und andere Geistliche waren in schlichte schwarze Gewänder gekleidet. Diese strenge Form fand beim Volk weniger Anklang, denn sie besaß keine Aussagekraft, sie sprach Gemüt und Herz nicht an. Wie lange die Prozession noch stattfand, ließ sich nicht feststellen. Doch wurde bereits 1783 am Abend des Karfreitags in St. Salvator ein Kirchenkonzert veranstaltet, bei dem man den ‚Tod Jesu' von Carl Heinrich Graun aufführte."[24] Vor allem in den kleineren Städten und den Märkten waren Karfreitagsprozession und Passionsspiel eng miteinander verbunden. Am 3. April 1770 verbot Fürstbischof Clemens Wenzeslaus Passionsspiele. Der Pfarrer von Zusmarshausen, der aus dem Markt stammte und Prozession und Spiel seit seiner Kindheit erlebt hatte, wich auf ein Ölbergspiel am Gründonnerstag aus, das aber nur einige Jahre Bestand hatte. Offensichtlich um für die Wirte und Bäcker Ersatzeinkünfte zu schaffen, führte man dann an den Osterfeiertagen ein geistliches

Spiel auf, von dem sich aus dem Jahre 1780 noch der Theaterzettel erhalten hat.[25] Die Verbote der Aufklärungszeit richteten sich auch gegen andere Formen des Jahreslaufbrauchtums. Mit großem Aufwand wurden in vielen Kirchen Heilige Gräber aufgebaut. Dieser Prunk missfiel, doch ging man zunächst nur zaghaft dagegen vor. In Augsburg arbeitete man 1784 einen Reformplan aus, nach dem die Monstranz auf einem mit Blumen geschmückten und mit sechs Leuchtern versehenen Altar, bei dem sich auch ein Grabchristus befand, zur Anbetung aufgestellt wurde. Darin liegt der Grund, dass sich viele Grabchristus-Figuren erhalten haben. Die Augsburger protestierten gegen diese Einschränkungen und veranlassten den katholischen Magistrat, am 25. Februar 1785 ein Gesuch um Rücknahme dieser Verordnung an das Ordinariat zu schicken, doch war ihnen kein Erfolg beschieden. In Dinkelscherben drängte dann 15 Jahre später die (politische) Gemeinde darauf, wieder ein Heiliges Grab aufzustellen und übernahm dafür auch die Kosten.[26]

Zäher hielt sich offensichtlich der Brauch, an Christi Himmelfahrt eine Figur des Auferstandenen durch eine Öffnung in der Kirchendecke verschwinden und an Pfingsten durch dieses „Heilig-Geist-Loch" eine Taube erscheinen zu lassen. Der Brauch war allerdings von den Verboten der 80er Jahre nicht in gleicher Weise erfasst worden.[27]

In den 70er Jahren trat das Bestreben um die Reduzierung der Kreuzgänge, worunter man sowohl die Bittgänge wie die Wallfahrten verstand, in das entscheidende Stadium. Im Jahre 1771 richtete das Regensburger Ordinariat ein Schreiben an den Geistlichen Rat in München, in dem es um ein landesfürstliches Verbot bat. Im Mittelpunkt der Kritik standen die mehrtägigen Wallfahrten, bei denen man Ausschweifungen beklagte. Die Münchner Regierung erkundigte sich daraufhin bei den Bischöfen von Salzburg, Freising, Augsburg, Eichstätt und Passau, ob sie eine landesherrliche Generalverordnung mittragen würden. Das landesherrliche Generale ließ dann bis 1780 auf sich warten. Verboten wurden die mehrtägigen Kreuzgänge, sie sollten durch

Prozessionen an benachbarte Orte ersetzt werden. Für Altötting allerdings gestand man eine Ausnahme zu. In Augsburg untersagte ein oberhirtlicher Erlass vom 30. Dezember 1780 alle Bitt- und Kreuzgänge mit Ausnahme jener am Markustag und in der Bittwoche, sowie einen Kreuzgang im Frühling und einen im Herbst. Die erlaubten Kreuzgänge aber mussten um die Mittagszeit beendet sein. In Eichstätt verbot ein Mandat von 1788 auswärtige Kreuzgänge an Sonntagen wie auch Wallfahrten mit Übernachtungen. In den Bistümern Bamberg und Würzburg durften Wallfahrten seit 1785, sofern sie nur einen Tag dauerten, nur noch an Sonn- und Feiertagen stattfinden. Verbote ergingen auch gegen die Flurumritte. Das Volk wehrte sich gegen die Verbote und versuchte sie zu unterlaufen.[28]

Unmittelbarer traf das Volk die Reduzierung der Feiertage. Wenn es die Verbote umging, muss man aus heutiger Sicht daran erinnern, dass die Zeit keinen Urlaub kannte, die Feiertage somit auch Ersatzfunktionen erfüllten. Seit dem späten Mittelalter war die Zahl der Feiertage ständig gewachsen, so dass sie Urban VIII. 1642 auf 34 reduzierte. Diese Maßnahme erwies sich als nicht ausreichend, so dass ein Jahrhundert später die Reduktion der Feiertage wieder heftig diskutiert wurde. Die Erzbischöfe von Mainz, Köln und Trier stellten eine Einschränkungsliste zusammen, doch schloss sich der Salzburger Metropolit aus kirchenrechtlichen Bedenken nicht an. Fürstbischof Adam Friedrich von Seinsheim betrieb von 1761 an die Verminderung der Feiertage, doch setzten die langwierigen Verhandlungen mit den Ordinarien der anliegenden Diözesen erst 1769 ein. Dabei wurde die Frage durchaus kontrovers diskutiert. Der dann am 1. März 1770 erschienene Erlass bezog sich auf 15 Feiertage (Matthias, Jakobus und Philippus, Maria Heimsuchung, Maria Magdalena, Jakobus, Laurentius, Bartholomäus, Matthäus, Michael, Simon und Judas, Martin, Mariä Opferung, Andreas, Thomas und Johannes Evangelist), die auf den folgenden Sonntag verlegt wurden, und auf drei Feiertage (Oster- und Pfingstdienstag, Unschuldige Kinder), die ganz aufgehoben wurden. 18 Feiertage blieben bestehen. Von den Diözesanpatronen abgesehen glichen sich die Feiertage weitgehend. Im Kurfürstentum Bayern und in Augsburg wurde die Feiertagsreduktion erst zwei Jahre später in Angriff genommen. Clemens XIV. erließ das entsprechende Breve für Kurfürst Maximilian Joseph am 16. Mai 1772, Clemens Wenzeslaus gab seinen Erlass am 1. Dezember 1772 heraus und wiederholte ihn am 28. Juni 1773. In Eichstätt entschloss man sich zur Feiertagsreduktion erst im Jahre 1785, zu einem Zeitpunkt, zu dem man in anderen Gebieten bereits über ein Jahrzehnt – meist vergeblich – um die Durchsetzung der Verordnungen gekämpft hatte und zu dem man bereits verschiedentlich zum Rückzug blies. So gestand sogar ein kurfürstliches Dekret am 22. August 1786 den Untertanen zu, dass niemand an den abgeschafften Feiertagen zur Arbeit angehalten werden durfte und dass die Gottesdienste in der hergebrachten feierlichen Form gehalten werden durften. Als bezeichnend für Stimmung und Verhaltensweise des Volkes dürfen die Aussagen des Pfarrers von Frensdorf (Lkr. Bamberg) gelten. Als Grund dafür, warum „das Landvolk an den abgesetzten Feyertägen nicht arbeite", konnte er 1793 nur angeben, „dass der Landmann von dem nicht leicht abzubringen ist, was er von Jugend auf sich angewöhnt, von seinen Eltern gesehen und von jeher beobachtet hat". Im Beichtstuhl klagten sich die Leute an, wenn sie an einem der verlegten Feiertage keine Messe besucht hatten. Hier konnte der Pfarrer aufklären, aber er konnte seine „Pfarrkinder nicht mit Gewalt zwingen, an den abgesetzten Feyertägen zu arbeiten". Die „Mächte des Beharrens" (Wilhelm Heinrich Riehl) leisteten Widerstand; dies galt nicht nur bei den abgeschafften Feiertagen, sondern auch bei anderen Eingriffen in die Praktiken der Volksfrömmigkeit.[29] Weil fast jede Kirche ihren eigenen Kirchweihtag feierte und dazu aus der Umgebung viel Volk zusammenströmte, um sich auch den wenigstens zweitägigen weltlichen Festlichkeiten hinzugeben, strebten Klerus und Obrigkeit eine Reform in der Richtung an, die einzelnen Kirchweihen alle auf den 3. Sonntag im Oktober zu verlegen, womit Österreich den Anfang machte. Auch diese Maßnahme ließ sich nur schwer durchsetzen.[30]

Die Verschärfung der Situation zu Beginn des 19. Jahrhunderts[31]

Mit einer Flut von Regierungsverordnungen bekämpfte man in den Jahren 1801 bis 1804 Wallfahrten, Flurumgänge, figurierte Darstellungen der Heilsgeschichte wie Palmesel, Engel in den Ölbergandachten, Heilige Gräber, „Auffahrt Christi", Heilig-Geist-Tauben, Kindleinwiegen. Bestimmte Volksandachten wurden verboten. Im Gegensatz zu ähnlichen Erlassen der Bischöfe und des Kurfürsten Karl Theodor wurde die Durchführung jetzt erzwungen und Zuwiderhandlungen wurden streng bestraft.[32]

In Dinkelscherben kam die „politische" Gemeinde nicht nur für verschiedene Gottesdienste, sondern auch für die drei jährlichen Wallfahrtsgänge auf. In der Gemeinderechnung heißt es dann 1804: „Da die Kreuzgänge abgeschafft sind", fallen keine Ausgaben mehr an. Dieser Vorgang erscheint bezeichnend (und dürfte sich andernorts ähnlich ereignet haben): Hatten in der „alten" Zeit die traditionellen Wallfahrten trotz kirchlicher Missbilligung, getragen von Volk und Gemeinde, fortbestehen können, so traf sie jetzt das rigorose Verbot des Kurfürstentums Bayern, das auch über die Mittel zur Durchsetzung verfügte.[33]

Eine Gnadenfrist blieb der Reichsstadt Augsburg wie auch jenen Territorien, die erst später an Bayern fielen. Im Jahre 1804 stand in Augsburg die 1500-Jahrfeier des Martyriums der hl. Afra an. Die Initiative für die Jubiläumsfeiern ging nicht etwa von den ehemaligen Mönchen des Klosters St. Ulrich und Afra oder von der Augsburger Geistlichkeit, sondern von der katholischen Bürgerschaft aus. Gregor Schäffler, der letzte Abt des Klosters, an den man sich zuerst wandte, erhob sogar ernsthafte Bedenken; Clemens Wenzeslaus sagte zwar zu, verlangte aber zuvor eine geheime Untersuchung des im Altar eingemauerten Sarkophags, die auch vorgenommen wurde. Die Afra-Gedenkfeier vom 20. bis 29. Oktober 1804 wurde dann zu einer gewaltigen Glaubenskundgebung, an der etwa 100.000 Gläubige teilgenommen haben sollen; allein in St. Ulrich und Afra selbst wurden über 30.000 Kommunikanten gezählt. Nach der

Fertigstellung des neuen Aufbewahrungsortes in der Mensa des Afra-Altares wurde am 26. Mai 1805 feierlich die Translatio begangen. Die Prozession, in der der Afraschrein vom Dom nach St. Ulrich getragen wurde, wo Clemens Wenzeslaus ein Pontifikalamt zelebrierte, erreichte in der Ausgestaltung zwar nicht mehr die Pracht barocker Reliquienprozessionen – doch war das z.T. auch eine Frage des gewandelten Geschmacks –, sie bot aber dennoch der zahlreichen mitgetragenen großen Fahnen wegen ein farbenprächtiges Bild. Diese großen Feierlichkeiten waren nur möglich, weil Augsburg noch nicht an Bayern gefallen war.[34] Im angrenzenden Bayern ging man rigoros gegen nicht erlaubte Wallfahrten vor. Der Landrichter von Friedberg musste sich am 25. Oktober 1802 bei der Generallandesdirektion verantworten, weil er den von den Bürgern und auch von anderen Gemeinden am 22. September nach Augsburg „eigenmächtig unternommenen Kreuzgang nicht verhindert, wenigst nicht sogleich berichtlich angezeigt habe". Der Landrichter entschuldigte sich damit, dass er von den Vorgängen keine Kenntnis gehabt habe und meinte zudem, man habe keinem Bürger das Gehen nach Augsburg verwehren können. „Denn mir ist die allhiesige herrisch und stolz auf alte Vorurtheile versessene Bürgerschaft am besten bekannt, und kann beyspiehl der widersezlichkeit genug vorlegen...Es ist nicht daran zu denken, dass die allhiesige Bürgerschaft ohne Militärischen Zwang sich verwehren lasse, an dem verlobten Kreuzgangstag nemblich dem Tag nach Mathäus nacher augspurg, und zum heil. Kreuz zu gehen.... ferners ist mir nicht das geringste bekannt, das einige Kreuz von Bayrn nacher augspurg gegangen seyen. Es mag aber wohl seyn:/ so Viell weis ich wohl, Das mehrere Kreuz Von Schwaben nacher Herrgottsruhe bei Friedberg gegangen und frei passiert seind... übrigens hat es seine richtigkeit, Das die orthschaften und Bauern ihre alten Kreuzgänge in den meisten orthen, wie gewönlich behalten haben, und ohne Pfarrer (und) ohne geistlichen geloffen sind." Im Jahr darauf zog der Landrichter die Konsequenzen. Auf seine Anzeige hin, dass die Untertanen der Hofmark Dasing mit den Untertanen zu Bitzenhofen und

Taiting am 24. Mai, einem „verbotenen Tag", solenniter mit Kreuz und Fahne ohne Beyseyn des Ortspfarrer(s) in das Ausland nach Augsburg proceßionaliter gegangen seyn", verhängte die kurfürstliche Generallandesdirektion am 8. August die militärische Exekution, zu deren Vollzug es dann aber nicht kam, weil die Gemeinde Dasing der gleichen Sache wegen schon vom Landgericht mit einer Geldstrafe belegt worden war. Von Friedberg berichtete der Landrichter, „dass ein grostheil der Bürgerschaft einzeln weis von hier sein weck gegangen, Vor dem Thor in Augspurg zusammen, und in die heilkreuzkirche begeben".[35]
Zu Tumulten und dem Einsatz von Militär kam es in der Pfingstwoche 1802 in München.[36] Der Bürgerkongregation war in einer Ausnahmegenehmigung die Andechswallfahrt am Pfingstmontag unter der Bedingung erlaubt worden, „am Dienstag darauf den sonst gewöhnlichen feyerlichen Rückzug in hiesige Stadt" nicht zu halten, was auf einen Vorschlag der Kongregation zurückging (denn sonst wäre ihr die zweitägige Wallfahrt wohl nicht gestattet worden). Am Freitag, dem 11. Juni berichtete der kaiserlich-österreichische Gesandte in München, Johann von Buol-Schauenstein nach Wien: „Die kirchlichen Neuerungen, welche schon zu so vielen unangenehmen Auftritten in verschiedenen Gegenden der kurfürstlichen Staaten Anlaß gegeben haben, verursachten in diesen Tagen welche hier selbst, die gewissermaßen noch in diesem Augenblicke fortdauern; – Der Lärm fieng damit an, dass am letzten Dienstag eine bürgerliche Prozession mit Kreuz und Fahne gegen das kurfürstliche Verboth mit Zurückdruckung der Polizei- und Militärwache in die Stadt und Kirche drang und die Klocken läutete". Die dabei ausgestoßenen Reden zeugten „von einer äußerst hochgestiegenen Volksabneigung und Geringschätzung" des Kurfürsten. Die Maßnahmen der Regierung, die in einzelnen Verhaftungen bestanden, ließen „auf alle Fälle die erforderliche Ausgiebigkeit vermissen, indem Tags darauf sich alle Handwerksgesellen zu Arbeiten weigerten, und so lange auf dieser Weigerung bestehen zu wollen erklärten, bis ihnen entweder die bisherige Begehung der Feiertage wie vor vergönnt, oder

aber die Meister zur verhältnißmäßigen Erhöhung ihres Lohns angehalten würden". Hier schwelte noch der Missmut über die abgeschafften Feiertage (s.o.), die sich als sozialer Zündstoff erwiesen und sich hier mit dem Protest gegen das Wallfahrtsbrauchtum verbanden. Der Kurfürst habe zwar, so der Gesandte, das mündliche Versprechen gegeben, dass die Feiertage wieder gehalten werden dürfen, die geforderte schriftliche Zusage sei aber nicht erfolgt. Der Gesandte berichtet ferner: „Nun werden alle Handwerkspursche, welche nicht arbeiten wollen, mittelst des Militärs aufgebracht, die Fremden weggewiesen, und die Einheimischen einstweilen in die kurfürstliche Reitschule so lange eingesperrt, bis sie wieder an die Arbeit gehen wollen." Am 13. Juni gab der Münchner Polizeidirektor Baumgartner eine Stellungnahme ab, die am nächsten Tag die „Kurpfalzbaierische Münchner Staatszeitung" abdruckte. Baumgartner erklärte, er habe sich auf die Zusage der Congregation verlassen. Am Dienstagabend gegen 5 Uhr sei ihm angezeigt worden, „dass mehrere Bürger sich am Sendlinger Thore zum Einzuge versammeln", worauf er sich „ohne Stock" in Begleitung des Marktaufsehers und eines Polizeidieners dorthin begeben habe. Er habe die Bürger nach ihrem Begehren gefragt und sie hätten geantwortet: „Wir wollen einziehen, wir wollen uns unsere alten Gebräuche nicht nehmen lassen". Seine Einwände hätten nichts bewirkt und im Gedränge sei er sogar zu Boden gegangen. Er wollte dann das Läuten in der Johanneskirche unterbinden lassen, „allein einige Bürger hatten sich daselbst der Stricke bemächtiget, und läuteten". Als er selbst in die Kirche kam, setzten Handwerksburschen das Läuten fort. „Hierauf gieng ich unter Steinwürfen und unter den lauten Beschimpfungen der niedrigsten Classe des Pöbels, worunter ich keine Bürger gesehen zu haben mich erinnere, bis an die Hauptwache". Dort traf bald das Militärkommando ein. Die weiteren Äußerungen decken sich weitgehend mit denen des österreichischen Gesandten. Dieser schrieb am 15. Juni nach Wien: „die Ruhe scheint übrigens nunmehr völlig hergestellet zu seyn, auch sind wieder alle Zugänge frei und keine Schuldige mehr in dem Gebäude der Reitschule". Am

25. Juni berichtete der Gesandte einen neuen Fall nach Wien: „Die hiesige Regierung findet sich neuerdings von unruhigen Auftritten wegen der – nach den jüngsten Verordnungen nur an Sonntägen gestatteten Prozessionen bedrohet; Die Bauern von Hohenaschau, Wildenwarth und der dortigen Gegend pflegten alle Jahre am 2ten July nach Kiemsee in die dortige Klosterkirche zu wallfahrten; der Prälat ließ ihnen wissen, dass es ihm durchaus nicht vergönnet wäre, sie an diesem Tage aufzunehmen, und sie daher am darauffolgenden Sonntage kommen möchten; die Bauern sollen hierauf erwiedert haben, dass sie gleichwohl am gewohnten Tage kommen, und erforderlichen Falls schon Mittel finden würden, den Prälaten zu ihrem Empfange zu zwingen. Auf die anher gelangte dießfällige Anzeige des Abtes ist ein nicht unbeträchtliches Detachement militaire in die dortige Gegend, wo es etwa nicht ohne Theilnahme der nahe gelegenen Tyroler Bauern zu Thätlichkeiten kommen möchte, beordert worden". Der Vorgang erscheint bezeichnend: Die Bauern bestehen ungeachtet der neuen Verordnungen auf ihren Gewohnheiten, der Prälat aber verweigert sich ihnen und ruft das Militär. – Im zweiten Abschnitt dieses Briefes berichtet der Gesandte, dass in München wieder Ruhe eingekehrt sei, indessen sei „das Missvergnügen über das bei dieser Veranlassung eingehaltene zu harte und ungleiche Benehmen des Militärs, dessen sich der Kurfürst ganz ausnehmend belobet, sehr allgemein".[37]

Mitunter lebte die große Wallfahrt als Sippen- oder Gruppenwallfahrt fort. Das Engagement der Laien gewann im Wallfahrtswesen eine größere Bedeutung.[38] Trotz der Verbote strömten die Gläubigen weiter zu den Wallfahrtsorten, vor allem dann, wenn dort die Seelsorge nicht behindert war. An manchen Wallfahrtsorten lässt sich der Einfluss von Verboten und Säkularisation sogar quantitativ messen (Kommunionen anhand der Hostienrechnungen, Opferstockgefälle, verkaufte Devotionalien). In Altötting fielen zwar die Opfergelder zwischen 1805 und 1810 von etwa 3500 auf ca. 250 Gulden, doch stiegen sie danach wieder rasch an. In den Jahren bis 1805 verringerte sich die Zahl der kleinen Andachtsbildchen auf 3000 und sank dann mit 1700 im Jahre 1810 auf den Tiefpunkt, der aber in den Jahren 1811/12 schon wieder überwunden war. Bis zur Säkularisation wurden durchschnittlich 235.000 Wetterkerzen pro Jahr verkauft. Im Jahre 1804 waren es „nur" 100.000 und im Jahre 1808 gar nur 80.000, aber im Jahre darauf stieg die Zahl schon wieder auf 217.000. Im kritischen Wetterjahr 1817 erreichte die Zahl der verkauften Wetterkerzen die Rekordmarke von 270.000. Obwohl solche Devotionalien von den Aufklärern schon lange als Aberglauben verpönt wurden, hielt das gläubige Volk daran fest. Der Tiefpunkt des Jahres 1808, der sicher auch mit der Vertreibung der Kapuziner zusammenhängt, wurde in Altötting bald überwunden.[39] Andere Wallfahrtsorte überwanden die Schwierigkeiten der Zeit nicht so leicht, vor allem wenn das Kloster, dessen Patres die Wallfahrt betreuten, säkularisiert wurde und deswegen die Wallfahrtsseelsorge zusammenbrach. Nach der Flucht der Kapuziner aus Passau sanken die Opfergefälle auf dem Mariahilfberg von 1407 im Jahre 1802 auf 413 Gulden im Jahre 1808. In Bettbrunn (Lkr. Eichstätt) waren die Opferstockgefälle in den Jahren 1801/02 deutlich angestiegen (1191 bzw. 1357 Gulden gegenüber 903 bzw. 746 Gulden in 1799/1800), während sich die Zahl der Kommunikanten von durchschnittlich 32.000 pro Jahr kaum änderte. Im Jahre 1803 sanken die Opferstockgefälle auf 664 Gulden, die Zahl der Kommunikanten aber fiel auf 2001. Das Kloster der Augustinereremiten mit den vier Wallfahrtspriestern war am 1. März 1803 säkularisiert worden, ein Weltpriester aber wurde erst im April 1804 investiert.[40]

Gefährdete Wallfahrten überstanden die schweren Zeiten mitunter auch durch das Argumentationsgeschick ihrer Befürworter. Nach der Säkularisation des Kapuzinerklosters auf dem Kreuzberg bei Schwandorf sahen die dortigen Bürger auch die Kirche in Gefahr. Repräsentanten der Bürgerschaft begründeten ihre Eingabe an die Klosterkommission mit wirtschaftlichen Erwägungen. Die Wallfahrt habe gute Verdienstmöglichkeiten für die Schwandorfer, die von dem Ertrag des schlechten Bodens nicht leben könnten, geschaffen. Die Reduzierung der Feiertage und die Schließung des Klosters wirkten sich ungünstig für das Gewerbe aus, und würde nun gar die

Kreuzbergkirche geschlossen, müsse Schwandorf notwendig das Armenhaus in den Neuburger Landen werden. Die Bürger baten auch darum, dass zwei „aufgeklärte Weltpriester" das ehemalige Hospiz beziehen dürfen, um die Wallfahrtsseelsorge auszuüben. Der um eine Stellungnahme gebetene Landrichter bestätigte, dass der Kreuzberg die wirtschaftliche Existenz Schwandorfs wesentlich mittrage. Nur durch die Wallfahrt, „die kaum märklich schwächer ist als jene auf dem Mariahilfberg bei Amberg" kämen die Leute nach Schwandorf, wo es keine Wochenmärkte gebe, und kauften ein. In einem weiteren Bittgesuch schilderten die Schwandorfer die Auswirkungen des Weggangs der Kapuziner; im Vergleich zu früher erzielten die Geschäftsleute kaum mehr den zwanzigsten Teil ihrer Einkünfte und an Opfergeld komme das ganze Jahr über kaum mehr ein als sonst an einem einzigen Frauentag. Diese Argumentationsweise überzeugte, und mit vier Prämonstratensern aus Speinshart konnte man – wenn auch eingeschränkt – die seelsorgliche Betreuung der Wallfahrt weiterführen.[41] Die unterdrückte Volksfrömmigkeit begehrte auf, als die schlimme Witterung der Jahre 1816/17 die Bauern in Bedrängnis brachte und die hohen Getreidepreise die Ernährung gefährdeten. Die Gemeinde Miesbach schrieb an die Regierung des Isarkreises: „Der gemeine Mann schreibt in seiner Einbildungskraft diesen misslichen Zeiten den Umstand als Ursache zu, weil seit mehreren Jahren nicht mehr die Kreuzgänge und die Evangelien außer der Kirche wie ehin gehalten werden." Mit und ohne Erlaubnis wurden im ganzen Land (wieder) Bittgänge und Wallfahrten abgehalten. Die Landgerichte wurden bestürmt, „einen außerordentlichen Kreuzgang zu erlauben, um den nach der Volksidee erzürnten Himmel zu besänftigen, welcher die dermalen ungewöhnliche Winterwitterung und die nach immutablen ewigen Naturgesetzen noch folgenden Erscheinungen auf der Stelle abändern wird. Obwohl das Landgericht die geeignete Religionsbelehrung dabei nicht versäumte, so war jedoch stets die einstimmige Schlussbitte, dass man doch ihr Vertrauen und ihre innerste Tröstung und Beruhigung zu einem Kreuzgang in dieser wahren Notzeit würdigen mächte" (Landrichter Sartori aus Ebersberg). Die Bauern trugen ihre Forderung nach einem Bittgang mit Nachdruck vor, sich fürchteten sich auch nicht vor einer Bestrafung. Der Pfarrer von Schönberg bei Mühldorf, der sich hatte bedrängen lassen, mit seiner Gemeinde einen feierlichen Kreuzgang nach St. Veit zu unternehmen, wurde mit einer Strafe von 20 Reichstalern belegt. Obwohl die Gemeinde die Strafe übernehmen wollte, erhob der Pfarrer Einspruch, in dem er bekundete, dass das Volk die „Wiederherstellung aller ehemaligen Gebräuche" verlange. Die Regierung hatte zwar am 5. Mai 1817 Bittprozessionen in den Grenzen der Pfarrei wieder erlaubt, doch das Volk gab sich damit nicht zufrieden. Durch Landshut und auch durch München zogen scharenweise Wallfahrer nach Altötting, was stillschweigend geduldet wurde, da man beim Einschreiten der Polizei Gewalttätigkeiten befürchtete und man der Meinung war, die Münchner selbst würden für die Wallfahrer Partei ergreifen.[42]

Erhalt und Abbruch von Wallfahrts- und Klosterkirchen –
Engagement und Protest

Der Bereich der Pfarrseelsorge war von der Säkularisation direkt nicht betroffen, die seelsorgliche Betreuung der Bevölkerung aber dennoch. Osterbeichte und -kommunion gehörten zu den religiösen Selbstverständlichkeiten, aber nur der Osterpflicht zu genügen, galt als zu wenig. Der Besuch der Gottesdienste in den Klosterkirchen – man schätzte den Ordensmann mehr als den Weltpriester – und der weitere Sakramentenempfang in den Wallfahrts- und Bruderschaftskirchen, wo noch heute die zahlreichen Beichtstühle davon zeugen, war unterbunden und damit ein wesentlicher Teil des religiösen Lebens.[43] Von daher wird es verständlich, dass sich Bauern und Bürger für den Erhalt der Kirchen engagierten. Dazu gehören nicht nur die immer wieder zitierte Wieskirche, Violau (Lkr. Augsburg) oder Marienberg bei Raitenhaslach, sondern weit mehr Kirchen.[44] Von Unserer Lieben Frau vom Kreuzberg Schwandorf war bereits die Rede. Die Wallfahrtskirche Herrgottsruh entging dem Abbruch, weil der Magistrat der Stadt Friedberg

geltend gemacht hatte, dass sie als Kirche für den bei ihr angelegten „Neuen Gottesacker" unentbehrlich sei und die Wallfahrtskirche St. Leonhard blieb erhalten, weil sich die Gemeinde Inchenhofen (Lkr. Aichach-Friedberg) bereit erklärte, die Kirche auf eigene Kosten zu erhalten. In Inchenhofen verschwanden allerdings die Votivtafeln, die Eisenopfer und die schwere Eisenkette, die die Kirche umgeben hatte, und die Gemeinde musste sich verpflichten, „niemals wieder derley Unsin daselbst bey schweren Einsehen und Verantwortung aufstellen oder aufhängen zu lassen, sondern wenn etwa wider diese Verbote derley Albernheiten in das Gotteshaus gebracht werden, selbe sogleich auf der Stelle augenblicklich durch den Mesner wegräumen und in ewige Vergessenheit bringen zu lassen." Das Volk engagierte sich aber nicht nur für bedeutende Wallfahrtskirchen. Die Kirche in Mariazell wurde durch die Dörfer Ried und Zillenberg (Lkr. Aichach-Friedberg) um 350 Gulden abgelöst und für die Loretokapelle in Burgstall (Gde. Mering, Lkr. Aichach-Friedberg) wendeten die Bauern des Weilers 150 Gulden auf.[45] Die besten Chancen, eine Wallfahrts- oder Klosterkirche zu erhalten, ergaben sich, wenn diese in eine Pfarrkirche umgewandelt werden konnte.[46] Für manche Kirche wie für die Klosterkirche Fultenbach oder die Wallfahrtskirchen Maria Stern in Taxa (bei Odelzhausen) oder Unsere Liebe Frau von Eldern (bei Ottobeuren) gab es keine rettende Aktion, sie wurden abgebrochen.[47] Die Gnadenbilder brachte man in die Pfarrkirche Odelzhausen bzw. in die Klosterkirche Ottobeuren. Die Klosterkirche Altenhohenau (Lkr. Rosenheim) überstand die Säkularisation, weil sie zur Nebenkirche der Pfarrei Griesstätt erklärt worden war. Im Jahr 1823 fiel dem zuständigen Rentamt auf, dass sich in der Kirche noch wertvolles Inventar befand, das entweder versteigert oder anderen bedürftigen Kirchen überlassen werden sollte. Die Regierung des Isarkreises schloss dabei allerdings „den öffentlichen Verkauf dieser Kirchen-Einrichtung der allgemeinen Volksstimmung wegen" aus. Die Klosterkirchen in Theres (Lkr. Haßberge) und Münsterschwarzach wurden nicht direkt infolge der Säkularisation abgebrochen. Die Kirche in Theres ließ der sachsen-coburgische Minister Theodor von Kretschmann, der das Kloster gekauft und zum Schloss umgebaut hatte, im Jahre 1809 abreißen, um die Kosten für den Bauunterhalt zu sparen. In Münsterschwarzach besiegelte das Desinteresse zunächst des Staates, dann einzelner privater Käufer das Schicksal des Balthasar-Neumann-Baus. Als im Jahre 1810 der Blitz in einen der Türme einschlug, zertrümmerten Steine das Dach, so dass die Kirche in wenigen Jahren trotz vieler Proteste zur Ruine verfiel. Mit besonders scharfen Worten protestierte Franz Karl Freiherr von Münster, ehedem Domherr in Bamberg, 1827 in einem anonymen Flugblatt, dem er ein Schillerzitat („Aus den Balken der abgebrochenen Kirchen wurden sonst Galgen für jene erbaut, die sich an den katholischen Kirchen vergriffen, oder solche ganz und gar vernichteten") voranstellt, um daraus zu folgern: „Ich frage daher alle Menschen von Bildung und Religion: was man mit denen Zerstörern der prächtigen Tempel zu Münsterschwarzach und Theres am Main anfangen solle".[48]

Die Frage, wie die Bevölkerung auf den Kern der Säkularisation, die Aufhebung der Klöster, reagierte, lässt sich, von den erheblichen Widerständen gegen Verbote volksfrommer Bräuche und Praktiken abgesehen, abschließend noch nicht generell beurteilen. Das liegt z.T. an der ungünstigen Quellenlage, z.T. auch an den bisher anders ausgerichteten Forschungsansätzen. Die Widerstände und Proteste in verschiedenen Bereichen und Nuancen waren offensichtlich doch stärker als man bisher angenommen hat.

ANMERKUNGEN:

1 Vgl. z.B. Winfried Müller, Die Säkularisation von 1803. In: Walter Brandmüller (Hrsg.), Handbuch der bayerischen Kirchengeschichte, Bd. 3: Vom Reichsdeputationshauptschluß bis zum Zweiten Vatikanischen Konzil, St. Ottilien 1991, S. 1–84.
2 Rudolf Endres, Die Eingliederung Frankens in den neuen bayerischen Staat. In: Hubert Glaser (Hrsg.), Krone und Verfassung. König Max I. Joseph und der neue Staat (Wittelsbach und Bayern III/1), München-Zürich 1980, S. 83–94, zitierte Stelle S. 89.
3 Volker Dotterweich, Herrschafts- und Vermögenssäkularisation in Bayerisch-Schwaben. Politische, soziale und wirtschaftliche Aspekte. In: Pankraz Fried (Hrsg.), Probleme der Integration Ostschwabens in den bayerischen Staat. Bayern und Wittelsbach in Ostschwaben (Augsburger Beiträge zur Landesgeschichte Bayerisch-Schwabens 2), Sigmaringen 1982, S. 114–153, besonders S. 128–132 (Reaktion der Bevölkerung), zitierte Stelle S. 128. – Vgl. im selben Band: Wolfgang Zorn, Die Eingliederung Ostschwabens in den bayerischen Staat unter den ersten Königen Max I. und Ludwig I., S. 79–92 (S. 82: „Das Ende der Krummstab- und Stadtpatriziats- oder Stadthonorationenherrschaft vollzog sich ohne offenen Widerstand".) und: Rudolf Endres, Die Eingliederung Frankens in den neuen bayerischen Staat, S. 93–113.
4 Volker Dotterweich, Die Mediatisierung der Reichsstadt. In: Gunther Gottlieb u.a. (Hrsg.), Geschichte der Stadt Augsburg von der Römerzeit bis zur Gegenwart, Stuttgart 1984, S. 541–547, zitierte Stelle S. 545 f. – Vgl. auch die Artikel „Mediatisierung" und „Säkularisation". In: Günther Grünsteudel u.a. (Hrsg.), Augsburger Stadtlexikon, Augsburg 1998, S. 647 u. 770. Auch in den Städten Kempten und Kaufbeuren, Memmingen und Ulm wünschten Kreise des Handels und des Gewerbes den Anschluss an Bayern (Dotterweich, wie Anm. 3, S. 128).
5 Dotterweich (wie Anm. 3) S. 131 f. Dotterweich führt eine Vielzahl von Gründen für diese Haltung auf: „die Krisenhaftigkeit und Instabilität der Zeit; die politisch prekäre Lage der Klein- und Kleinstaaten, die auf Gedeih und Verderb mit der nun wankenden Reichsverfassung verbunden waren; die Kriegsfurcht und die Hoffnung der Bevölkerung auf Schutz und Sicherheit in dem größeren Staat; die zurückhaltende Reaktion des Papstes, der gegen die Entmachtung des deutschen Episkopates nur zaghaft protestierte, wie überhaupt die Tatsache, dass die Kirche als solche zu keiner Zeit in Frage gestellt war; die Gelassenheit des katholischen Klerus und das Fehlen jedes nennenswerten Widerstandes von Seiten der Hauptbetroffenen; die klosterfeindliche Haltung der Aufklärung, ihren Utilitarismus und Rationalismus, die in Kreisen der Intelligenz, selbst in den Reihen des Klerus Anklang fanden; den Gegensatz zwischen Bettelorden und vermögenden Klöstern, zwischen Welt- und Regularklerus; eine ungezügelte kirchenfeindliche Presse, deren Kritik durch Einzelerscheinungen klösterlicher Misswirtschaft und monastischen Verfalls, aber auch durch Vorurteile und triviale Vorstellungen vom moralischen Zustand des Mönchtums stets von neuem genährt wurde und die Säkularisation geistig vorbereitete; das der Kant´schen Rechtsphilosophie entlehnte, nun allenthalben popularisierte „Staatsnotrecht", das es zuließ, im Falle außerordentlicher Not die wohl erworbenen Rechte Einzelner zur Erhaltung des Ganzen zu opfern; Anzeichen einer freieren Wirtschaftsgesinnung, namentlich in Konkurrenzlagen von Stifts- und Reichsstädten; nicht zuletzt die Propaganda einer Flugschriftenliteratur, die auf den „Anachronismus" der geistlichen Staaten verwies, deren Auflösung in der bäuerlichen Bevölkerung Hoffnungen weckte, Grundlasten und Zehnten nun billig abzuschütteln, sich vielleicht auch selbst in den Besitz einer Parzelle aus den Klostergemarkungen zu bringen."
6 Bayerisches Hauptstaatsarchiv (künftig BayHStA), GR Fasz. 633 Nr. ad 45.

[7] Alfons Sprinkart, Kapuziner. In: Walter Brandmüller (Hrsg.), Handbuch der bayerischen Kirchengeschichte, Bd. 2: Von der Glaubensspaltung bis zur Säkularisation, St. Ottilien 1993, S. 795–823, hier S. 797.

[8] Alfred Wendehorst, Das Bistum Würzburg 1803–1957, Würzburg 1965, S. 14. Hier auch das im Folgenden abgedruckte Gedicht.

[9] Archiv des Erzbistums München und Freising, Heckenstaller Sammlung H 118/1.

[10] Dietmar Stutzer, Die Säkularisation 1803. Der Sturm auf Bayerns Kirchen und Klöster, Rosenheim 1978, S. 196–263 (Was alles zerstört wurde).

[11] BayHStA, KL Fasz. 46/22. Zur Säkularisation in Altomünster: Wilhelm Liebhart, Altbayerisches Klosterleben. Das Birgittenkloster Altomünster 1496–1841, St. Ottilien 1987, S. 119–131.

[12] BayHStA, GR Fasz. 633 Nr. 45/5.

[13] Für die Kenntnis der in diesem Abschnitt angeführten Zeugnisse danke ich Herrn Archivdirektor Dr. Braun vom Bayer. Hauptstaatsarchiv, der mir auch Kopien zur Verfügung stellte. Es handelt sich um die Dokumente, die in der Ausstellung vorgestellt werden.

[14] BayHStA, Lokalkommission Frauenchiemsee 11 (Bittschrift), KL Fasz. 167 Nr. 12 (Brauereibesitzer). – Gerda Kren, Die Säkularisation der Chiemseeklöster. In: Das bayerische Inn-Oberland 34 (1966) S. 154 f., 176. – Stutzer (wie Anm. 10) S. 240–244.

[15] Hermann Hörger, Kirche, Dorfreligion und bäuerliche Gesellschaft. Strukturanalysen zur gesellschaftsgebundenen Religiosität ländlicher Unterschichten des 17. bis 19. Jahrhunderts, aufgezeigt an bayerischen Beispielen, Teil 1 (Studien zur altbayerischen Kirchengeschichte 5), München 1978, S. 90, 214. Zu den Verhältnissen bei anderen Klöstern vgl. Rudolf Haderstorfer, Die Säkularisation der oberbayerischen Klöster Baumburg und Seeon, Stuttgart 1967, S. 62 ff. u. 156 ff.

[16] Zum Begriff „Volksfrömmigkeit" vgl. Walter Pötzl, Volksfrömmigkeit. In: Walter Brandmüller (Hrsg.), Handbuch der bayerischen Kirchengeschichte, Bd. 1: Von den Anfängen bis zur Schwelle der Neuzeit, St. Ottilien 1998, S. 993–1107, hier S. 996–1004 (Schwierigkeiten mit einem Begriff).

[17] Dotterweich (wie Anm. 3) S. 129.

[18] Barbara Goy, Aufklärung und Volksfrömmigkeit in den Bistümern Würzburg und Bamberg (Quellen und Forschungen zur Geschichte des Bistums und Hochstifts Würzburg 21), Würzburg 1969, S. 54. – Walter Hartinger, Kirchliche Frühaufklärung in Ostbayern. Maßnahmen gegen Wallfahrten und geistliche Spiele in den Bistümern Passau und Regensburg am Beginn des 18. Jahrhunderts. In: Ostbairische Grenzmarken 27 (1985) S. 152–157. – Ders., Kirchliche und staatliche Wallfahrtsverbote in Altbayern. In: Staat, Kultur, Politik-Beiträge zur Geschichte Bayerns und des Katholizismus (Festschrift Dieter Albrecht), München 1992, S. 119–136. Zu Franken vgl. auch: Wolfgang Brückner, Konfessionsfrömmigkeit zwischen Trienter Konzil und kirchlicher Aufklärung. In: Peter Kolb – Ernst-Günter Krenig (Hrsg.), Unterfränkische Geschichte, Bd. 4/2, Würzburg 1999, S. 161–225, besonders S. 207–215 (Aufklärung und Frömmigkeit).

[19] Stefan Siemons, Frömmigkeit im Wandel. Veränderungen in den Formen der Volksfrömmigkeit durch Aufklärung und Säkularisation. Eine Untersuchung zu den Eigenheiten in der Reichsstadt Augsburg und ihrem schwäbischen Umland, phil. Diss. Eichstätt 2002, S. 15–18 („Kindsbetterinnen in ihren Nöthen zum Troste". Der Witgariusgürtel – ein Beispiel für frühaufgeklärtes Handeln gegen einen volksfrommen Heilbrauch). Die Arbeit erschien im Spätherbst 2002 als Band 17 der Beiträge zur Heimatkunde des Landkreises Augsburg.

[20] Hartinger, Frühaufklärung (wie Anm. 18) S. 153.

[21] Vgl. Walter Pötzl, Volksfrömmigkeit. In: Walter Brandmüller (Hrsg.), Handbuch der bayerischen Kirchengeschichte, Bd. 2 (wie Anm. 7) S. 871–961, hier S. 908–957 (Volksfrömmigkeit in barocker Fülle). Die folgenden Ausführungen im Wesentlichen nach S. 957–961 ebenda (Die Kritik der Aufklärung).

[22] Goy (wie Anm. 18) S. 44. – Walter Hartinger, „nichts anderes als eine zertrunkene Bierandacht...". Das Verbot der geistlichen Schauspiele im Bistum Passau. In: Dieter Harmening – Erich Wimmer (Hrsg.), Volkskultur-Geschichte-Religion (Festschrift Wolfgang Brückner), Würzburg 1990, S. 395–419, hier S. 401.

[23] Konrad Baumgartner, Die Seelsorge im Bistum Passau zwischen barocker Tradition, Aufklärung und Restauration, Passau 1975, S. 479–484. – Georg Brenninger, Passionsspiele in Altbayern. In: Michael Henker u.a. (Hrsg.), Hört, sehet, weint und liebt. Passionsspiele im alpenländischen Raum (Veröffentlichungen zur Bayerischen Geschichte und Kultur 20/90), München 1990, S. 61–66. Oberammergau erhielt aber für 1780 eine Genehmigung.

[24] Peter Rummel, Katholisches Leben in der Reichsstadt Augsburg (1650–1806). In: Jahrbuch des Vereins für Augsburger Bistumsgeschichte 18 (1984) S. 9–161, hier S. 68–95 (Die Augsburger Karfreitagsprozession), zitierte Stelle S. 94 f. – Siemons (wie Anm. 19) S. 58–63.

[25] Walter Pötzl, Brauchtum. Von der Martinsgans zum Leonhardiritt, von der Wiege bis zur Bahre (Der Landkreis Augsburg 7), Augsburg 1999, S. 103–110; Grundlegend für das Bistum Augsburg: Anton Gulielminetti, Klemens Wenzeslaus, der letzte Fürstbischof von Augsburg, und die religiös-kirchliche Reformbewegung. In: Archiv für die Geschichte des Hochstifts Augsburg 1 (1909–1911) S. 493–598.

[26] Pötzl, Brauchtum (wie Anm. 25) S. 111–118. – Goy (wie Anm. 18) S. 45–47. – Siemons (wie Anm. 19) S. 70–79.

[27] Joseph Dünninger – H. Schopf (Hrsg.), Bräuche und Feste im fränkischen Jahreslauf. Texte vom 16. bis zum 18. Jahrhundert (Die Plassenburg 30), Kulmbach 1971, Nrn. 118 f. u. 132. – Goy (wie Anm. 18) S. 48–52. – Siemons (wie Anm. 19) S. 90–96. Von diesem Brauch zeugen noch zahlreiche Luken in den Decken unserer Barockkirchen, deren Abdeckbrett meist mit der Hl. Geist-Taube bemalt ist. Im Kirchenboden der ehemaligen Klosterkirche Thierhaupten befindet sich darüber noch eine Aufzugskurbel. Sechzigjährige erinnern sich noch daran, dass in ihrer Kindheit an Pfingsten die Taube herabgelassen wurde (Aussagen der Brüder Hölzl, Thierhaupten).

[28] Hartinger, Frühaufklärung (wie Anm. 18) S. 154. – Gulielminetti (wie Anm. 25) S. 508–515. – Bruno Lengenfelder, Die Diözese Eichstätt zwi-

schen Aufklärung und Restauration. Kirche und Staat 1773–1821 (Eichstätter Studien NF 28), Eichstätt 1989, S. 48 u. 155 f. – Robert Böck, Volksfrömmigkeit und Wallfahrtswesen im Gebiet des Altlandkreises Friedberg (Schwaben), 3. Teil – Aufklärungszeit und 19. Jahrhundert. In: Bayer. Jahrbuch für Volkskunde 1986/87, S. 76–121, hier S. 77 f.

[29] Goy (wie Anm. 18) S. 53–62 u. 74–80. – Klaus Guth, Liturgie, Volksfrömmigkeit und kirchliche Reform im Zeitalter der Aufklärung. Ein Beitrag zur kirchlichen Aufklärung in den alten Bistümern Bamberg und Würzburg. In: Würzburger Diözesangeschichtsblätter 41 (1979) S. 183–201. – Romuald Bauerreiss, Kirchengeschichte Bayerns, Bd. 7: 1600–1803, Augsburg 1970, S. 396. – Anita Brittinger, Die bayerische Verwaltung und das volksfromme Brauchtum im Zeitalter der Aufklärung, München 1938. – Gulielminetti (wie Anm. 25) S. 498 f. – Siemons (wie Anm. 19) S. 19–25. – Lengenfelder (wie Anm. 28) S. 51, S. 159–166. – Fintan Michael Phayer, Religion und das gewöhnliche Volk in Bayern in der Zeit von 1750–1850 (Miscellanea Bavarica Monacensia 21), München 1970, S. 69–74.

[30] Pötzl, Brauchtum (wie Anm. 25) S. 196–203. – Siemons (wie Anm. 19) S. 115–120.

[31] Walter Pötzl, Volksfrömmigkeit. In: Walter Brandmüller (Hrsg.), Handbuch der bayerischen Kirchengeschichte, Bd. 3 (wie Anm. 1), S. 809–844, hier S. 809–815 (Die Aufklärung, eine Zäsur in der Frömmigkeit des Volkes?).

[32] Georg Döllinger (Hrsg.), Sammlung der im Gebiete der inneren Staatsverwaltung des Königreichs Bayern bestehenden Verordnungen, Bd. VIII/2, München 1838. – Brittinger (wie Anm. 29). – Georg Schwaiger, Die altbayerischen Bistümer Freising, Passau und Regensburg zwischen Säkularisation und Konkordat (1803–1817) (Münchner theologische Studien, Historische Abteilung 21), München 1959, S. 368–398 (Das religiöse Leben des Volkes). – Ders., Die kirchlich-religiöse Entwicklung in Bayern zwischen Aufklärung und katholischer Erneuerung. In: Wittelsbach und Bayern III/1 (wie Anm. 2), S. 121–145, hier S. 126.

[33] Walter Pötzl, Geschichte und Volkskunde des Marktes Dinkelscherben, Dinkelscherben 1987, S. 359 u. 365 f.

[34] Rummel (wie Anm. 24) S. 133 f. und Abb. 10. – Siemons (wie Anm. 19) S. 136–150.

[35] Zitiert nach Böck (wie Anm. 28) S. 78 f.

[36] Alfons Maria Scheglmann, Geschichte der Säkularisation im rechtsrheinischen Bayern, Bd. 1: Vorgeschichte der Säkularisation, Regensburg 1903, S. 180–187. – Schwaiger, Entwicklung (wie Anm. 32) S. 127.

[37] Wien, Österreichisches Staatsarchiv, Haus-, Hof- und Staatsarchiv, Staatskanzlei, Bayern Karton 85, Nrn. 93, 97, 101, 113. Für die Kenntnis dieser Dokumente und die Überlassung von Kopien danke ich Herrn Archivdirektor Dr. Braun, BayHStA.
Vgl. auch: Rebekka Habermas, Wallfahrt und Aufruhr. Zur Geschichte des Wunderglaubens in der frühen Neuzeit (Historische Studien 5), Frankfurt/Main-New York 1991, S. 129–179 (Das Wunder und die Identität der Ebenbürtigkeit. Das gemeine Volk im Kampf um die Wallfahrt).

[38] Goy (wie Anm. 18) S. 148–154. – Walter Hartinger, Mariahilf ob Passau, Passau 1985, S. 138. – Wolfgang Brückner, Die Verehrung des Heiligen Blutes in Walldürn. Volkskundlich-soziologische Untersuchung zum Strukturwandel barocken Wallfahrtens, Aschaffenburg 1958, S. 161 f.

[39] Maria Angela König, Weihegaben an Unsere Liebe Frau von Altötting, 2 Bde., München 1939/40. – Oliva Wiebel-Fanderl, Die Wallfahrt Altötting. Kultformen und Wallfahrtsleben im 19. Jahrhundert, Passau 1982.

[40] Hartinger, Mariahilf (wie Anm. 38), S. 139 u. Tafel 1. – Alois Döring, St. Salvator in Bettbrunn. Historisch-volkskundliche Untersuchung zur eucharistischen Wallfahrt. In: Beiträge zur Geschichte des Bistums Regensburg 13 (1979) S. 35–234, hier S. 111–115.

[41] Otho Merl, 300 Jahre Wallfahrt zu Unserer Lieben Frau vom Kreuzberg Schwandorf 1679–1979. In: Beiträge zur Geschichte des Bistums Regensburg 13 (1979) S. 389–591, hier S. 446 ff.

[42] Schwaiger, Altbayerische Bistümer (wie Anm. 32) S. 382–389 mit weiteren interessanten Belegen.

[43] Pötzl, Volksfrömmigkeit (wie Anm. 31) S. 815–822 (Überwindung und Erneuerung).

[44] Helene und Thomas Finkenstaedt, Die Wieswallfahrt. Ursprung und Ausstrahlung der Wallfahrt zum Gegeißelten Heiland, Regensburg 1981, S. 175 ff. – Siemons (wie Anm. 19) S. 199–203. – Schwaiger, Altbayerische Bistümer (wie Anm. 32) S. 371 ff.

[45] Böck (wie Anm. 28) S. 84 f.

[46] Vgl. z.B. neben Violau (s.o.), Thierhaupten (Nikolaus Debler, Geschichte des Klosters Thierhaupten, Donauwörth 1912, S. 219–224 [Die ehemalige Kloster-, jetzige Pfarrkirche… von R. Hoffmann] u. S. 265–269 [Aus der Geschichte der Pfarrei Thierhaupten]) oder Kößlarn (Sebastian Kaiser, Die Wallfahrt Kößlarn. Volkskundliche Untersuchung des religiösen Lebens einer Gnadenstätte zwischen Spätmittelalter und Gegenwart, Passau 1989, S. 138).

[47] Josef Hemmerle, Die Benediktinerklöster in Bayern (Germania Benedictina Bd. 2: Bayern), Augsburg 1970, S. 108. – Marienlexikon 6, S. 361 f. (Florian Trenner). – Aegidius Kolb, Maria, Arche des Bundes. Die Geschichte des Gnadenbildes und der Wallfahrt zu Ottobeuren in den Eldern, Ottobeuren 1989, S. 45–50. Die Wallfahrt Maria Königin Bild bei Burgau war bereits 1787 auf Anordnung Josefs II. aufgehoben und die Kirche im Jahr darauf abgebrochen worden (Alexander Schulz, Maria Königin Bild. Eine Wallfahrt in Schwaben, Weißenhorn 1980, S. 46–49. Im Gebiet der vorderösterreichischen Markgrafschaft Burgau hatte die Säkularisation z.T. schon unter Josef II. eingesetzt.

[48] Thomas K. Stauffert, Das Kloster Altenhohenau zwischen Säkularisation und Wiederbesiedlung. In: Heimat am Inn 18/19 (2000) S. 175–244, hier S. 180, 197 ff. – Fridolin Dressler, Proteste gegen die Zerstörung der alten Abteikirche von Münsterschwarzach. In: Studia Suarzacensia. Würzburger Diözesangeschichtsblätter 25 (1963) S. 217–221. – Hemmerle (wie Anm. 47) S. 306. Freundliche Hinweise von Dr. Braun, BayHStA.

Der Untergang der Klöster 1802/03
und der Aufstieg Münchens im 19. Jahrhundert

Von *Reinhard Heydenreuter*

Mit der Säkularisation von 1802/03 wurde im katholischen Bayern bekanntlich nicht nur das reiche spirituelle Leben der Klöster vernichtet, sondern vor allem auch funktionierende Wirtschaftseinheiten, Schulen aller Größenordnungen, Wissenschaftseinrichtungen, Kunst- und naturwissenschaftliche Sammlungen, Finanzinstitute und materielle Güter. Zahlreiche Menschen verloren ihre geistige Heimat und ihren Arbeitsplatz. Diese Verluste betrafen vor allem das ländliche Bayern, das die Folgen der Säkularisation von 1802/03 noch viele Jahrzehnte spüren musste.

Weniger groß war der Schaden, den die Säkularisation anrichtete, in den Städten und Märkten des Landes, die in der Regel „nur" ihre Bettelorden einbüßten.

Den geringsten Schaden erlitt wohl die Haupt- und Residenzstadt München. Im Gegenteil: München scheint – vor allem auf lange Sicht – in erheblichem Maße von der Säkularisation von 1802/03 profitiert zu haben.

Diese Behauptung ist im Folgenden zu beweisen. An einigen ausgewählten Beispielen soll daher die Frage erörtert werden, in welchem Maße und in welchen Bereichen München als „Säkularisationsgewinnerin" gelten kann. Erstaunlicherweise ist diese Wechselwirkung von Säkularisation und Stadtentwicklung bisher nur ausschnittsweise untersucht worden.[1] Die Entwicklung Münchens im 19. Jahrhundert und seinen damals erlangten Weltruhm als Kunststadt hat man bisher fast ausschließlich auf das Konto der Könige aus dem Hause Wittelsbach gebucht. So soll nun die Frage gestellt werden, in welcher Weise München vom wirtschaftlichen und kulturellen „Ausverkauf" des Landes während der Säkularisation 1802/03 profitiert hat.

1. Grundstücke, Finanzen und Wirtschaft der Klöster als Basis für die Entwicklung des neuen München

a) Grundstücke für die neue Hauptstadt

Schon durch die Auflösung des Jesuitenordens in Bayern, dessen Besitz einen Wert von etwa 6 Millionen Gulden hatte, gelangte seit 1773 beträchtlicher Immobilien- und Grundbesitz in München in die Verfügung des Landesherrn. In die weiten Räume des Jesuitenkollegs (Wilhelminum) zogen landesherrliche Ämter und Institutionen ein, so 1777 das Äußere Archiv, 1799 das Geheime Landesarchiv, 1784 die Akademie der Wissenschaften, die Hofbibliothek und die landesherrlichen Sammlungen. Der Steigerung der Residenzstadtfunktion diente auch das 1785 durch die Kurfürstinwitwe Maria Anna errichtete adelige Damenstift St. Anna, das mit 220.000 Gulden und mit dem Vermögen der aufgelösten Prämonstratenserabtei Osterhofen dotiert wurde. Auch Besitz und Einkünfte des 1784 von Papst Pius VI. auf Betreiben Karl Theodors aufgelösten Augustinerchorherrenstifts Indersdorf kam München zugute: Es wurde für die „Hofkapelle" verwendet, die 1783 dem Kollegiatstift an der Frauenkirche eingegliedert wurde. Nach 1802 fielen auch diese Vermögen in die allgemeine Säkularisationsmasse. Die Gebäude des Damenstifts wurden von städtischen Behörden genutzt. Das Vermögen des Damenstifts und damit des aufgelösten Klosters Osterhofen sollte später beim Bau der Ludwigstraße noch eine Rolle spielen, da König Ludwig I. das Damenstift zum Bau eines angemessenen Gebäudes an der Ludwigstraße zwang. Zu den frühen Säkularisationen noch unter Karl Theodor gehörte in München auch die Aufhebung des Ridlerklosters zugunsten des Schulfonds. Auch die 15 Millionen Gulden, die Karl Theodor mit Zustimmung von Papst Pius VI. aus dem geistlichen Besitz in Bayern erlösen wollte, sollten vor allem der Residenzstadt München zugute kommen, etwa deren Kasernenbauten. Vor der allgemeinen Säkularisation wurden in München 1799 das Paulanerkloster in der Au und 1801 das Theatinerkloster aufgelöst. Aus dem Paulanerkloster machte man zunächst eine Kaserne und 1807 ein Zuchthaus.

Den entscheidenden Anstoß für die Stadtentwicklung brachte jedoch erst die Aufhebung der Münchner Klöster und geistlichen Einrichtungen im Rahmen der Säkularisation 1802/03. Innerhalb der Stadtmauern Münchens wurden 13, in den Vororten 6 Klöster mit einer beträchtlichen Zahl an Bauten und Grundstücken beschlagnahmt.[2] Grundlage der Aufhebung der insgesamt nichtständischen 90 Klöster der Bettelorden in Bayern bildete eine Denkschrift des Ministers Montgelas vom 10. September 1801[3] und eine unveröffentlichte Aufhebungsinstruktion vom 25. Januar 1802.[4] Begründet wurde die Aufhebung mit der Notwendigkeit der „moralischen Bildung" des Volkes und mit der Notwendigkeit, eine „Fortpflanzung des Aberglaubens und der schädlichen Irrtümer" zu unterbinden. Man bildete im Februar 1802 eine Kommission, die nun mit der Auflösung der nichtständischen Klöster als „Pilotprojekt" für die folgende große Säkularisation begann. In München war vor allem das Franziskanerkloster vorrangiges Objekt der Aufhebungsbemühungen. Seine Versteigerung und Abbruch sowie die Neugestaltung und Neubebauung des Platzes waren schon seit einiger Zeit beschlossene Sache: Schon 1792 hatte der Theatermaler Lorenz Quaglio an Stelle des Franziskanerklosters einen Theaterbau und ein Denkmal für Karl Theodor vorgesehen.[5] Am 4. März 1802 schloss man das altehrwürdige Kloster, die 65 Patres versetzte man nach Ingolstadt.[6] Das Gebäude wurde sehr schnell auf Abbruch versteigert. Die sechs Ersteigerer – Münchner Bürger – ließen das Gebäude sofort abbrechen und verkauften das Baumaterial weiter. Der Platz mitsamt dem Friedhof wurde eingeebnet und erhielt den Namen „Max-Joseph-Platz".[7] Am 26. Oktober 1811 legte man hier den Grundstein zum Nationaltheater, das 1818 als königliches Hof- und Nationaltheater eröffnet wurde. Das mit seinen 2400 Plätzen in einer Stadt von 50.000 Ein-

wohnern völlig überdimensionierte Theater diente vor allem dazu, den neuen Rang Bayerns als Königreich zu symbolisieren. Wenig später lässt im Norden des Platzes Ludwig I. von seinem Baumeister Leo von Klenze den Königsbau der Residenz im florentinischen Stil erbauen. Hier stand das 1782 aufgehobene Ridler-Frauenkloster „St. Johannis auf der Stiegen."

Diese Umnutzung von Gebäuden und Grundstücken zu Zwecken, die unmittelbar der Haupt- und Residenzstadtfunktion der Stadt München zugute kommen, findet sich überall dort in München, wo säkularisiertes Gut zur Verfügung stand, das man unmittelbar für staatliche Zwecke verwenden konnte. Die Augustinerkirche wurde zur Mauthalle gemacht. In das Karmelitenkloster zogen das ehemalige Jesuitengymnasium und das Gregorianum ein. Das gegenüberliegende Kloster der Karmelitinnen wurde städtische Pfandleihanstalt. Das Kloster der Hieronymitaner im Lehel wurde Kaserne. An Stelle des Klosters und Krankenhauses der Barmherzigen Brüder wurde 1813 das Allgemeine Krankenhaus gebaut. Im Klosterbau der Englischen Fräulein,[8] der 1691–1695 im barocken Stil nach Plänen Enrico Zuccallis in der Weinstraße errichtet worden war, fand nach einigen Umbaumaßnahmen (Carl von Fischer) das Innenministerium seine Bleibe. Als dieses 1824 in das Theatinerkloster umzog, zog die königliche Polizeidirektion hier ein. Sie blieb dort bis zum Umzug in die Ettstraße 1914.

Auch der bereits 1801 aufgelöste Klosterkomplex der Theatiner[9] an der heutigen Theatiner- und Salvatorstraße wurde für staatliche Zwecke genützt. Hier zogen Ministerien und Gerichte ein. Seit 1824 hatte dort das Innenministerium seinen Sitz. Im ehemaligen Klarissenkloster am Anger wurde ein Beschäftigungshaus eingerichtet, das der Armenverwaltung München unterstand. Das Beschäftigungshaus war eine Art Fabrikbetrieb für etwa 300 Arme, der aus den Finanzhilfen des Münchner Armeninstituts und aus den Erträgnissen der eigenen Produktion finanziert wurde.[10] Bedeutend war auch der umfangreiche Immobilienbesitz der landständischen Prälatenklöster in München (Klosterhöfe), der nun ebenfalls für private Unternehmer oder für staatliche Zwecke zur Verfügung stand. Den Klosterhof von Benediktbeuern in der Sendlinger Straße kaufte 1803 der Hofgerichtsrat Ignaz von Stuber für 15.100 Gulden, der Klosterhof des Klosters Tegernsee am Oberen Anger wechselte für 12.900 Gulden den Eigentümer. Der Fürstenfelder Klosterhof wurde vom Fürstenfelder Posthalter Weiss für 24.000 Gulden erworben. Das Kloster Beuerberg hatte sich noch 1801 ein Haus in der Fürstenfelder Gasse gekauft, das dann 1803 für 15.697 Gulden von zwei Pinselfabrikanten erworben wurde. Die Reihe lässt sich beliebig fortsetzen, da fast jedes oberbayerische Prälatenkloster Immobilien in München besaß.[11] Auch durch den Abbruch der kleineren Kirchen und Kapellen nach 1803 erzielte man einen nicht unbeträchtlichen Platz- und Materialgewinn. Eine Regierungsentschließung von 1803 hatte den Abbruch dieser kleinen Kirchen und Kapellen angeordnet, um Baumaterialien für Schulen zu gewinnen. In München verschwanden 1799 die Rochuskirche und das Rochusspital, 1803 die Gruftkirche, 1804 die Sebastianskapelle am heutigen Sebastiansplatz, 1806 die Gregoriuskirche an der Neuhauser Straße, 1807 die Wartenbergkapelle im Rosental.[12] Andere Kirchen, die man nicht abriss, wurden profaniert und entsprechend genutzt.

Durch die Schaffung freier Plätze und durch das Freiwerden von Gebäuden hatte die Säkularisation größte Bedeutung für die Stadtentwicklung Münchens im 19. Jahrhundert. Der Abriss vieler Klöster, Kirchen, Kapellen und sonstiger Bauten von geistlichen Einrichtungen schuf den dringend benötigten Raum für die schon seit dem Ende des 18. Jahrhunderts geplante Umgestaltung der Innenstadt. So war etwa vergeblich versucht worden, den Schrannenplatz (Marienplatz) durch Abriss einiger Häuser zu erweitern, was letztlich wegen der hohen Forderungen der Grundstücks- und Hauseigentümer scheiterte.[13] Ein Lösung der beengten Marktsituation brachten dann der Abriss der Gebäude des Hl. Geist Spitals, das 1823 in das Kloster der Elisabethinerinnen verlegt wurde, und die Anlegung des Viktualienmarktes. Trotz der Verwendung vieler kirchlicher Immobilien für staatliche Zwecke erbrachte die Versteigerung der restlichen säkularisierten Grundstücke und Gebäude die stattliche Summe von 1,3 Millionen Gulden.

b) Geld für die neue Hauptstadt

Ein wichtiger Effekt der Säkularisation war die Umverteilung der Geldströme. Zunächst ist festzuhalten, daß die finanziellen Erträge aus den Versteigerungen des Klosterguts unmittelbar nach München flossen. An Bargeld kamen damit in den Jahren nach 1803 ungefähr 5 Millionen Gulden nach München, die dort zentral ausgegeben bzw. für die Tilgung von Anleihen der Hoffinanziers verwendet wurden. Die Familie Seligmann stellte dem Landesherrn 1801/02 eine Anleihe von 3 Millionen Gulden zu einem Zinssatz von 6% zur Verfügung, 1804 folgte eine Anleihe von 500.000 Gulden zu 5% und 1808 eine Anleihe von 4 Millionen zu 6%. Von diesen 7,5 Millionen waren bis 1812 immerhin fast 3½ Millionen Gulden getilgt. Da für diese Anleihen neben dem Zinssatz noch erhebliche Provisionen bar zu entrichten waren (für die erste Anleihe von 3 Millionen zahlte man bis 1817 allein 1.816.500 Gulden Zinsen und Provisionen!)[14] kann man davon ausgehen, dass die Einnahmen aus den Klostergutsversteigerungen allein für die Zinsen und Provisionen der Anleihen ausgegeben wurden, mit denen man das neue Königreich und seine Kriege finanzierte. Das bedeutete auch, dass München als Bankplatz wichtiger wurde und dem bis dahin führenden Augsburg zunehmend Konkurrenz machte.

Von großer Bedeutung für den Aufstieg Münchens als Bankplatz war wohl auch die Tatsache, dass die aufgehobenen Klöster als Darlehensgeber wegfielen. Wie bedeutend die Klöster als Darlehensgeber waren, zeigt das Beispiel des Klosters Rottenbuch, das Ende des 18. Jahrhunderts 230.000 Gulden zu einem Zins von 5% an Darlehen ausgegeben hatte.[15] Da die lokalen Rentämter und auch die zentrale 1811 eingerichtete Staatsschuldenkasse als Darlehensinstitute ausfielen, blieben nur die privaten Geldverleiher, vor allem aber die Münchner Bankhäuser übrig, um einen etwaigen Darlehensbedarf zu decken.

Weit wichtiger als die kurzfristigen Barerlöse aus dem Verkauf und der Versteigerung des Klostergutes waren die langfristigen finanziellen Vorteile, die das Königreich Bayern aus der Säkularisation zog. Es wird oft übersehen, dass die unmittelbaren Erlöse aus der Säkularisation im Grunde unbedeutend waren gegenüber den langfristigen Gewinnen, die man etwa aus den „Dominikalrenten" der Untertanen, also aus den Abgaben der ehemaligen Klosteruntertanen zog. Nicht ins Kalkül gezogen wird in der Regel auch, dass durch die neuerworbenen Klosteruntertanen die Steuergrundlagen immens ausgeweitet wurden. Die Einnahmenseite des bayerischen Budgets mit seinen Grundsteuern oder dem Malzaufschlag wäre ohne die Klosteruntertanen sehr dürftig ausgefallen. Grundsätzlich war die Säkularisation der Auslöser der allgemeinen Besteuerung, auf der die staatliche Entwicklung des 19. Jahrhunderts und die Finanzierung eines Kulturkönigtums à la Ludwig I. (inklusive der über 2 Millionen Gulden jährlicher Zivilliste!) beruhte. Von größter Bedeutung für die Haushaltsfinanzierung wurden im Laufe des 19. Jahrhunderts die zunächst wenig geschätzten und daher fast unverkäuflichen Klosterwälder. Gegen Ende des 19. Jahrhunderts konnte, nachdem viele Nutzungsrechte abgelöst worden waren, aus den Erträgen der staatlichen Wälder fast ein Viertel des Staatshaushalts finanziert werden.[16]

c) Die Münchner Wirtschaft als Gewinner der Klostersäkularisation?

Nicht nur im Bankgewerbe, sondern auch im sonstigen wirtschaftlichen Bereich kam es im Zuge der Klostersäkularisation zu einer massiven Zentralisierung der Wirtschaft in München. Die Einzelheiten dieses Phänomens bedürfen noch der Aufarbeitung. Fest steht jedenfalls, dass die Wirtschaftsentwicklung Münchens zunächst von einer massiven Abwanderung aus dem ländlichen Bereich profitierte. Die Stadterweiterung Münchens und das Wachsen der Einwohnerzahlen sprechen eine deutliche Sprache. Die vom Land nach München strebenden Menschen, vielfach begabte Maurermeister und Handwerker, suchen nach dem Ausfall der klöster-

lichen Bauaufträge Arbeit im Münchner Baugewerbe, das durch die kurfürstlichen und königlichen Aufträge eine erste Blütezeit erlebt. Die Münchner Brauereien treten nun, besonders nach ihrer Wandlung in Großbrauereien, teilweise in die Lücke, die die Klosterbrauereien hinterlassen hatten. In München wurden, wie das Beispiel der Augustiner oder Paulaner zeigt, die bürgerlichen Brauer die unmittelbaren erfolgreichen Nachfolger der Klosterbräuhäuser.[17] Die ländliche Warenproduktion mit den ehemaligen Klosterhofmarken als Wirtschaftszentren spielte in der Folgezeit eine zunehmend geringere Rolle. Sie wurde durch eine steigende städtische industrielle Produktion ersetzt. Auch Münchens landwirtschaftliche Märkte gewannen nun zunehmend die zentrale Rolle im Land.

Wie verheerend sich freilich diese Zentralisation auf die Versorgung der Bevölkerung auswirkte, zeigten die Hungerjahre von 1816/17, die vor allem deshalb so schlimm waren, weil es keine klösterliche Vorratswirtschaft mehr gab, nachdem die entsprechenden Nahrungsmittelreserven von den Klosterkommissaren seit 1802 meistbietend versteigert worden waren.

Zu den Münchner Gewerben, die durch die Säkularisation von einer Konkurrenz befreit wurden, gehörten u.a. auch das Druckereigewerbe, das Buchbindergewerbe und das Verlagsgewerbe. Aufgeblüht ist in dieser Zeit der 1785 gegründete Zentralschulbücherverlag. Er wurde 1817 in eine Stiftung umgewandelt.

2. Die Bayerische Akademie der Wissenschaften und ihre Attribute

Die 1759 gegründete Bayerische Akademie der Wissenschaften[18] verdankte ihre Gründung und ihre Existenz nicht zuletzt der Unterstützung der bayerischen Klöster. Aus der Frühgeschichte der Akademie sind die geistigen Beiträge der Konventualen der bayerischen Klöster nicht wegzudenken, hingewiesen sei nur auf die Rolle, die etwa die bayerischen Augustinerchorherren[19] in der Gründungsphase der Akademie gespielt haben, besonders das Kloster Polling.[20] Zur „Gründungsmannschaft"

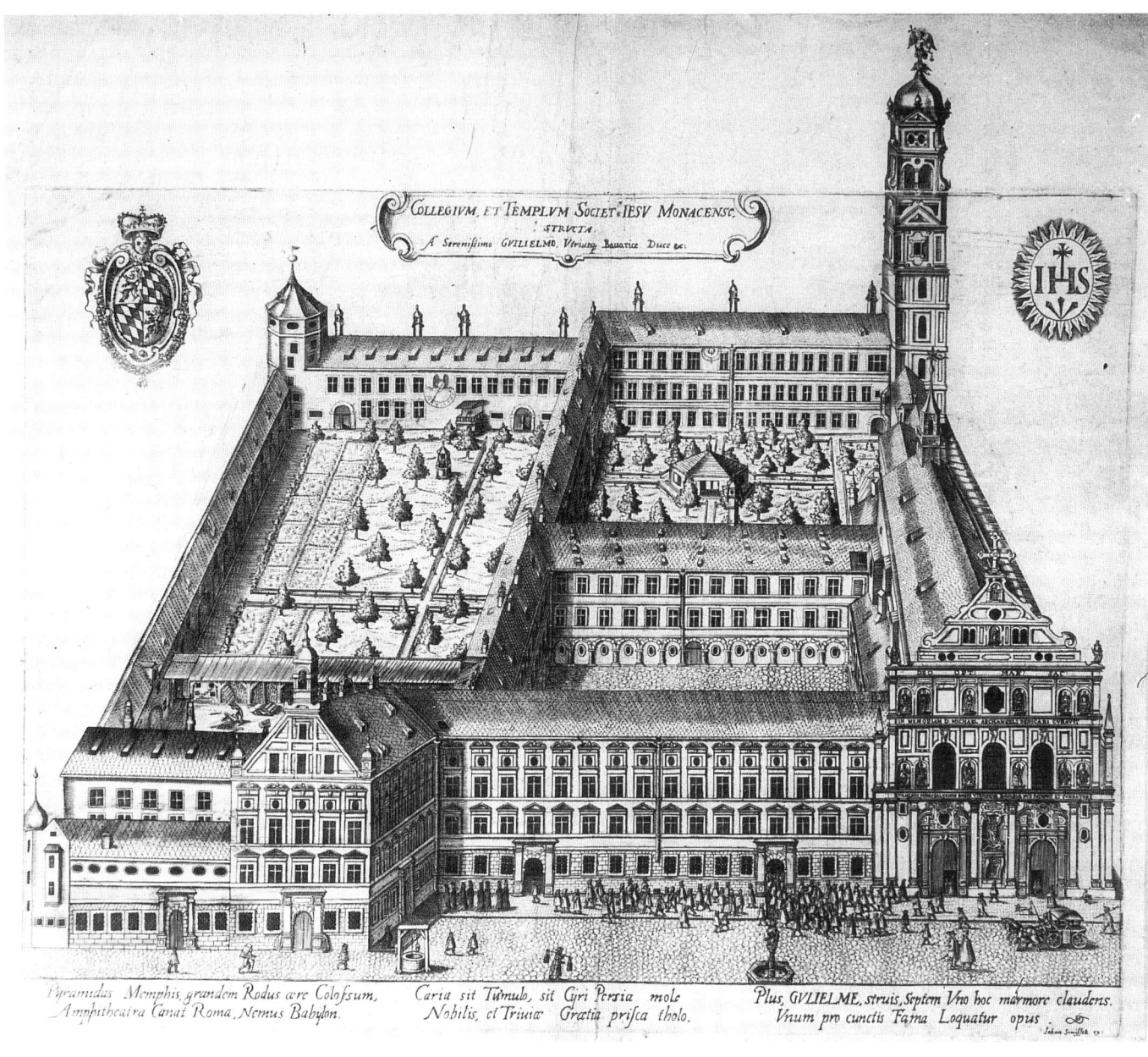

COLLEGIVM, ET TEMPLVM SOCIET. IESV MONACENSE.
STRVCTA
A Serenissimo GVILIELMO, Vtriusq. Bauariæ Duce &c:

Pyramidas Memphis, grandem Rodus ære Colossum,
Amphitheatra Canat Roma, Nemus Babylon.

Caria sit Tumulo, sit Cyri Persia mole
Nobilis, et Triuiæ Græcia prisca tholo.

Plus, GVILIELME, struis, Septem Vno hoc marmore claudens.
Vnum pro cunctis Fama Loquatur opus.

Johan Sixillus &c:

Das Jesuitenkolleg in München, seit 1784 Sitz der Bayerischen Akademie der Wissenschaften

450 *Reinhard Heydenreuter*

der Akademie gehörten etwa der Pollinger Propst Franziskus Töpsl (1711–1796), dessen Lehrer Dechant Eusebius Amort (1692–1775) sowie die Chorherren Prosper Goldhofer (1709–1782) und Aldobrand Gebhard (1726–1791). Ohne die wissenschaftliche und logistische Pollinger Hilfe für den Akademiegründer Johann Georg Lori hätte es wahrscheinlich keine Akademie gegeben. Die Münchner Gründer wussten sehr wohl, wie ihr Briefwechsel zeigt, dass man allein mit Münchner Beamten und Ingolstädter Professoren keine Akademie gründen und aufrechterhalten konnte. Allein die zahlreichen Bände der Monumenta Boica zeigen, wie wichtig für den Akademiebetrieb die aktive Mitarbeit der Klöster war.

Nach 1802 profitierte die Akademie in zweifacher Hinsicht von der Auflösung der Klöster. Zum einen waren es die Klosterarchive, Klosterbibliotheken und Klostersammlungen, die in ihren wertvollsten Bestandteilen nach München flossen und nun vor Ort wissenschaftlich bearbeitet werden konnten. Zum anderen konnten nun ehemalige Konventualen, wie der Ottobeurer Ulrich Schiegg oder auch Joseph Roman Zirngibl aus Regensburg, verstärkt für die Akademie arbeiten.

Vor allem waren es die wissenschaftlichen Sammlungen, Forschungseinrichtungen und Laboratorien der Klöster, die der Münchner Akademie zugute kamen. In einem kurfürstlichen Reskript vom 17. Februar 1803 über die Klostersammlungen wurde verfügt, dass das Brauchbare durch Sachkundige ausgeschieden und teils nach München, teils an die Universitäten, Lyceen und Gymnasien abgegeben werden sollte.[21] Durch die Anwesenheit des Aufhebungskommissärs Johann Christoph von Aretin[22] bei den Akademiesitzungen in den kritischen Jahren 1802 bis 1807 war die Verbindung der Akademie zum Aufhebungsgeschäft vor Ort einigermaßen gewährleistet. Die Akademie wurde vor allem von Aretin über Sicherungsmaßnahmen vor Ort unterrichtet.

Dabei ging es aber nicht nur um die Transferierung von Sammlungen zum Zwecke der Ergänzung der Akademiesammlungen, sondern es spielten gerade bei der Bewahrung von Denkmälern oder der Anlegung von Grabsteinbüchern durchaus auch denkmalpflegerische Aspekte eine Rolle. Angesichts der durch die Aufhebung der Klöster und die Umnutzung und den Verkauf der Gebäude drohenden Verluste von steinernen Denkmälern, vor allem Grabsteinen, war die Akademie der wichtigste Anlaufpunkt für Bergungsaktionen, die nicht zuletzt auch den verschiedenen Sammlungen der Akademie zugute kamen. So schrieb etwa die Spezialkommission in Klostersachen am 12. Oktober 1803 an die Akademie wegen der vernachlässigten Monumente der Münchner Augustinerkirche, unter denen einige „würdig sein dürften der Nachwelt aufbehalten zu werden". Sie sollten von der Akademie vor dem Umbau der Kirche gesichtet und geborgen werden.[23] Am 8. November 1803 lieferte das Akademiemitglied Aretin Metalltäfelchen mit der Grabinschrift der Äbtissin Irmingard von Frauenchiemsee ab, die im Schriftenschrank der Akademie aufbewahrt wurden. Auf der gleichen Sitzung wurde ein Schreiben an die Generallandesdirektion verfasst, nach der diese „den Käufern der Abteyen bedeuten möchte, dass sie die in Klöstern vorhandenen Grab- und Denkmäler unberührt zu lassen hätten. Auch wurde dem akademischen Sekretär der Auftrag gemacht, an den Pfarrer Nagel,[24] dann an einige geschickte Benediktiner zu schreiben, ob selbe nicht in einigen Abteien (auf Kosten der Akademie) herumreisen und die genaue Abzeichnung der Grabsteine oder die Aufbewahrung alter Denkmäler besorgen wollten".[25] Neben Nagel wurde auch der Benediktiner und ehemalige Prior von St. Emmeram, das Akademiemitglied Roman Joseph Zirngibl,[26] angeschrieben.

Die Diskrepanz zwischen der in dieser Zeit nach München strömenden Masse an Sammlungsgut sowie der dürftigen personellen und materiellen Ausstattung der Akademie führte seit 1805 zu Bestrebungen, der Akademie eine zeitgemäße Neuorganisation zu geben. Sie wurden vor allem von Georg Friedrich Zentner[27] betrieben, der 1799 aus der Pfalz nach München gekommen und seit 1806 als Referendär im Departement des Innern für Akademien und Universitäten zuständig war.

Mit der Konstitutionsurkunde vom 1. Mai 1807 war die Neuorganisation der Bayerischen Akademie der Wissenschaften vollendet.[28] Aus einer freien Gelehrtenvereinigung wurde nun eine Staatsanstalt mit ordentlichen Mitgliedern, die hauptamtlich bei der Akademie tätig waren. Diese wurden wie andere Staatsbeamte besoldet und vom König ernannt. Gleichzeitig wurden der Akademie mehrere staatliche Einrichtungen und Sammlungen, wie etwa die Bibliothek, als Attribute zugeordnet.

Das bedeutete natürlich einen erheblichen finanziellen Mehraufwand. Für das Etatjahr 1807/08 wurden für die Akademie der Wissenschaften, die früher zwischen 5000 und 8000 Gulden erhalten hatte, 80.000 bestimmt. Dieser Betrag wurde wie folgt aufgeteilt: 24.000 Gulden für den ordentlichen Bedarf und die allgemeine Regie der Attribute; 6.000 für den außerordentliche Bedarf bei Personal und Attributen sowie schließlich 50.000 für die Gehälter des gesamten aktiven Akademiepersonals. Die 24.000 Gulden für die Attribute wurden wie folgt auf die einzelnen Einrichtungen verteilt: 10.000 für die Zentralstaatsbibliothek, je 2000 für das Münzkabinett, das Naturalienkabinett, für die Physik und Chemie, für das polytechnische Kabinett und den künftigen botanischen Garten, sowie je 1000 für die Sternwarte und das zukünftige anatomische Theater. 6000 Gulden waren für die Preise, Reisegelder, Gratifikationen, Umzugskosten und sonstige Unterstützungen sowie für die Erweiterung und Verbesserung der bestehenden Attribute gedacht. Die für die Akademiker anfallenden Ruhestands- und Witwenpensionen nach den Bestimmungen der Dienstpragmatik vom 1. Januar 1805 waren nicht aus den 50.000 Gulden für die Gehälter zu zahlen, sondern aus dem allgemeinen Pensionsetat der Zentralkasse. Die erforderlichen Bauten der Akademie und ihrer Attribute sollten beim Etat der Hofbauintendanz abgerechnet werden

a) Die Münzsammlung

1803 wurde auch das königliche Münzkabinett wie alle anderen Sammlungen zur Zentralanstalt erhoben.[29] Die Aufgabe, die Sammlungen der aufgehobenen Klöster in München zu konzentrieren, erhielten der Münzwardein Heinrich (von) Leprieur und der Aufseher des Münz

kabinetts Franz Ignaz Streber, der seit 1803 ordentliches Mitglied der Akademie war. Die Spezialkommission in Klostersachen wurde am 10. Oktober 1803 angewiesen, die Münzsammlungen der Klöster an das Münzkabinett einzusenden. Auch die Bücherkommission unter dem eifrigen Akademiemitglied und Oberbibliothekar Johann Christoph von Aretin lieferte an die Akademie Münzen ab. So schickte beispielsweise am 22. November 1803 Aretin zwei Silberpfennige aus Prüfening, die 1798 von Abt Rupert Kornmann von Prüfening in einer Akademieabhandlung beschrieben worden waren.[30] Unter den Münzen, die aus den Klöstern nach München kamen, sind vor allem die 8000 antiken Münzen aus dem Kloster Kaisheim zu nennen, dann die antiken und neuzeitlichen Münzen aus dem Fürststift Kempten, die berühmten Münzsammlungen der Klöster Polling und Banz und die vielen kleineren Münzsammlungen der Klöster Benediktbeuern, Beuerberg, Dießen, Ensdorf, Ettal, Gars, Metten, Raitenhaslach, Niederalteich, Rohr, Steingaden, Weltenburg und andere.[31]

Mit der Reform der Akademie 1807 wurde das Münzkabinett zum Attribut der Historischen Klasse der Akademie. Aus einer höfischen Sammlung war nun eine Staatssammlung von europäischer Bedeutung geworden. Als erste Maßnahme fasste man die verschiedenen Münchner Münzsammlungen, das Münzkabinett, die Münzsammlung der Akademie, die antiken Münzen und Medaillen aus dem Antiquarium und der Schatzkammer zusammen, bearbeitete und verzeichnete sie. 1812 konnte die berühmte Münzsammlung des Coelestin Steiglehner, des letzten Abtes von St. Emmeram in Regensburg, erworben werden. Sie bestand in ihrem Kern aus der herzoglich zweibrückischen Münzsammlung, die 1797 zum großen Teil von Steiglehner ersteigert und erheblich vermehrt worden war. Bei dieser Sammlung wird deutlich, dass die Unterscheidung von Kloster- und Privateigentum nicht einfach war und den Aufhebungskommissaren ziemlich zu schaffen machte.[32] 1813 kaufte die Akademie das Münzkabinett von St. Peter in Salzburg von dem dort noch bestehenden Konvent und erwarb so einen wertvollen Bestand an Salzburger Münzen.[33]

b) Antiquarium

Das Antiquarium in der Münchner Residenz ist eine Gründung Herzog Albrechts V. Der 1569–1571 von Jakob Strada angelegte Bau sollte vor allem der Aufbewahrung antiker Büsten dienen und war damit einer der ersten Museumsbauten Deutschlands und Europas. Dieses „Theater der Antiquitäten" nahm auch solche römische Altertümer auf, die im Lande gefunden wurden. Freilich war das wissenschaftliche Ansehen des Antiquariums zu Beginn des 19. Jahrhunderts nicht sehr groß, weil sich die von Albrecht V. erworbenen Antiken vielfach als Fälschungen erwiesen.

Die Konstitutionsurkunde der Akademie vom 1. Mai 1807 unterstellte das Antiquarium als Attribut der Akademie der Wissenschaften. Als Konservator bestellte man einen Exbenediktiner aus St. Emmeram, Pater Bernhard Stark, der in Regensburg den dortigen Antikensaal geordnet hatte und Ausgrabungserfahrung hatte. Besonders sprach für Stark, dass er als Exkonventuale eine Pension von 500 Gulden bezog und daher billig zu haben war.[34]

Durch die Säkularisation wurden die Münchner Antikensammlungen stark vermehrt. Im Herbst 1803 hatte man von den Klöstern bzw. von den zuständigen Aufhebungskommissaren alle Marmor-, Erz- und sonstigen Gegenstände eingefordert, die „zur Verschönerung der Residenzstadt tauglich sind".[35] Später präzisierte man diese Aufforderung auf römische Altertümer. Auch hier war der eifrige Aretin unermüdlich tätig. Bei einer Sitzung der Akademie am 20. Dezember 1803 berichtete er, dass die Generallandesdirektion den Lokalkommissar im Kloster Attl angewiesen hätte, die dort befindlichen römischen Monumente mit zwei Pferden auf einem Schlitten nach München zur Akademie zu bringen. Nach „römisch-gallischen" Altertümern wurde systematisch in allen Klöstern gefahndet. Mit Schreiben vom 11. Dezember 1803 hatte die Generallandesdirektion die meisten Kommissare angewiesen, auf die jeweiligen Grabsteine und Denkmäler zu achten.[36] Der Stein des römischen Quartiermeisters Secundinus aus der Pfarrei Epfach des Klosters Steingaden wurde ebenso für die Akademie reklamiert wie zwei „von Ziegelstein geformte" Denkmäler aus dem Kloster Thierhaupten.[37] Auch aus den Klöstern Seeon und Vornbach kamen römische Altertümer nach München an die Akademie.[38]

Am 27. Dezember 1803 lieferte Lipowski aus dem Kloster Ettal den Rosenkranz Ludwigs des Bayern und dessen Gürtel ab.[39] Aus dem Kloster Niederalteich erhielt die Akademie über das Münzamt den Gürtel der Kaiserin Kunigunde, den Fischerring und das Velum des Hirtenstabs. Der dortige Lokalkommissar erhielt den Auftrag, auch die Bleitäfelchen des Grafen Berthold einzusenden. Nach Weltenburg wurde geschrieben, dass man die dortigen Altertümer (Götzenköpfe, Waffen) zu den Mineralien packen solle.[40]

c) Mathematisch-physikalische Apparate

Angesichts des im 18. Jahrhundert stark ansteigenden Interesses an den mathematischen und physikalischen Wissenschaften gab es nahezu in jedem bayerischen Kloster ein physikalisches Kabinett, wobei die Herstellung mathematisch-physikalischer Geräte oft im jeweiligen Kloster selbst geschah. Berühmt waren die Werkstätten der Benediktiner in St. Emmeram in Regensburg, aus denen die meisten Werkzeuge stammten, die von Cölestin Steiglehner, dem letzten Fürstabt von St. Emmeram, und von seinem Konventualen Placidus Heinrich verwendet wurden. Beide lehrten an der Universität Ingolstadt Physik. Steiglehners Apparate waren angeblich ebenso präzise wie die Geräte der besten europäischen Firmen.

Erst diese Geräte aus den bayerischen Prälatenklöstern waren es, die nach 1803 das physikalische Kabinett der Akademie zu einem der bedeutendsten Europas machten. Den Grundstein für diese Sammlungen hatten zwei Geistliche gelegt: der Schotte Ildephons Kennedy[41] aus dem Regensburger Schottenkloster und der aus Reisbach in Niederbayern stammende Augustinereremit Maximus Imhof.[42]

Die Ausstattung des physikalischen Kabinetts der Akademie war angesichts der finanziellen Ausstattung der Akademie eher dürftig im Vergleich mit den Geräten, über die vor 1803 die Klöster verfügten. Daher war der Zuwachs mehr als willkommen. Ja er begründete erst die

Das Archiv- und Bibliotheksgebäude Friedrich von Gärtners von 1843 an der Ludwigstraße in München

Bedeutung der Akademie als Mittelpunkt der physikalischen und astronomischen Forschung. Nicht zuletzt waren es diese Entwicklung und die von der Akademie ausgehenden Anregungen, die München in der ersten Hälfte des 19. Jahrhunderts zu einem der europäischen Zentren der feinmechanische Industrie machten.

Besonders bedeutend waren die physikalischen Sammlungen des Klosters Polling, von denen schon vor 1803 die Akademie erheblich profitiert hatte. Schon im Mai 1803 hatte sich Maximus Imhof, Direktor der physikalischen Klasse, nach Polling begeben, um dort die physikalischen und astronomischen Instrumente sowie die Mineralien zu besichtigen, die an die Akademie abgeliefert werden sollten.[43] Die Instrumente wurden teilweise der Universität überlassen, die Mehrheit der Instrumente, insbesondere die astronomischen Geräte, behielt die Akademie. Am 15. Januar 1804 wurde der Lokalkommissar von Wessobrunn von der Landesdirektion aufgefordert, das dort befindliche „Elektrometer" der Akademie zu übersenden.[44] Auch die im dortigen physikalischen Kabinette vorhandenen „guten und brauchbaren Kästen mit Gläsern" fanden das Interesse der Akademie.

Die Sammlungen der Akademie, die auch durch die Sammlungen der evakuierten Mannheimer Akademie

ergänzt worden waren, hatten in den Jahren 1802 und 1803 einen solchen Zuwachs erfahren, dass man zu einer Ordnung aller „historischen Denkmäler, Münzen, Dokumenten, Bücher, Kupferblätter, physikalischen, chemischen, mathematischen und astronomischen Instrumente" sowie der „vorhandenen Naturproducte" schreiten musste. Jedes Akademiemitglied sollte sich um eine von ihm auszuwählende Sammlung kümmern. Zu einer einigermaßen brauchbaren Ordnung der angewachsenen Sammlungen kam es freilich erst nach der Neuorganisation der Akademie 1807.

d) Hofbibliothek: Der plötzlicher Aufstieg zur europäischen Bedeutung

Es ist bekannt und braucht im einzelnen nicht mehr aufgeführt werden,[45] dass die Münchner Hofbibliothek durch die Säkularisation 1802/03 „gleichsam über Nacht" zur größten und wertvollsten Bücher- und Handschriftensammlung auf deutschem Sprachgebiet wurde. Sie blieb es bis heute. Zu den kuriosen Erscheinungen der Zeit gehörte, dass zur Bibliothekskommission, die sich um die Auswahl der Bücher für München in den aufgehobenen Klöstern zu kümmern hatte, auch Mitglieder aufgehobener Klöster gehörten, nämlich der Beuerberger Augustinerchorherr Georg Paul Hupfauer und der Niederalteicher Benediktiner Joachim Schubauer. Alle Mitglieder der Aufhebungskommission waren auch Mitglieder der Bayerischen Akademie der Wissenschaften. Diese zog aus der Bücherzufuhr nach München zunächst keinen Nutzen. Erst als im Jahre 1807 die Hofbibliothek Attribut der Akademie wurde, konnte die Ernte eingebracht und der Welt die ungeheuren Schätze aus den ehemaligen Klosterbibliotheken zugänglich gemacht werden. So konnte der seit 1816 an der Akademie tätige Germanist und Sprachforscher Johann Andreas Schmeller durch seine seit 1829 angelegten Handschriftenkataloge, die nicht zuletzt auf den Katalogen der Klosterbibliotheken aufbauten, die Tradition der Klosterbibliotheken innerhalb der königlichen Hof- und Centralbibliothek fortsetzen. Dass die ehemaligen Klöster auch personell in das neue bayerische Bibliothekswesen hineingewirkt haben, zeigt nicht nur das genannte Beispiel Hupfauers. 1807 erhielt das Akademiemitglied Anselm Ellinger, ehemaliger Benediktiner aus Wessobrunn, den Auftrag, die Bibliotheksreste der aufgelösten landständischen Klöster einzusammeln und in einen Versteigerungskatalog zu bringen.

3. Personaltransfer vom Land in die Hauptstadt

Der in den Wirren der napoleonischen Zeit entstehende neubayerische Staat sollte nach dem Willen Montgelas' auf der sicheren Grundlage eines verlässlichen Beamtenstaates aufgebaut werden. Durch die Beamtenpragmatik von 1805 erhielt dieses Konzept seine gesetzliche Grundlage und es ist bezeichnend, dass sich später der autokratische König Ludwig I. durch dieses Gesetz mehr als durch die Verfassung eingeschränkt und behindert fühlte.

Da in der Zeit nach 1802 in Bayern die staatliche Bürokratie zahlenmäßig gewaltig anwuchs, wäre es nicht ohne Reiz, der Frage nachzugehen, in welchem zahlen- und qualitätsmäßigen Umfang sich diese neue Bürokratie aus den ehemaligen Klöstern speiste. Einige Beispiele aus dem Bereich der Wissenschaft sind schon genannt worden. Noch nicht untersucht wurde aber bisher, wie groß die Anzahl der ehemaligen Klosterangehörigen oder Klosterangestellten in der bayerischen Staatsverwaltung nach 1802 war. Bekannt ist, dass etwa viele Klosterrichter in den Staatsdienst wechselten und vor allem in den neuorganisierten Landgerichten tätig waren. Aber auch die immer zahlreicher werdende Beamtenschaft in den Münchner Zentralbehörden rekrutierte sich zum Teil aus ehemaligen geistlichen und weltlichen Klosterangehörigen.

Dass dieses Phänomen den Zeitgenossen bekannt war, zeigt ein Kommentar („Kurzer Überblick des neuen Baiern") im Königlich Baierischen Intelligenzblatt von 1806:[46] „Der vorige Irrtum und Aberglauben ist schon der allgemeine Spott für Alt und Jung und man schämt sich der vorigen finstern Zeiten – zwar spukt es noch dort und da, weil noch in den Kleide manches Beamten ein Mönchlein steckt, das freilich nicht sehr lange mehr pflichtwidrig spuken wird…"

Ein bezeichnendes Beispiel für die Tatsache, wie München durch die Auflösung der Klöster an wissenschaftlicher Kompetenz gewann, ist das Schicksal des Ottobeurer Benediktiners, Mathematikers und Astronomen Ulrich Schiegg (1852–1810), der nach der Säkularisation Ottobeurens 1802 nach München kam und seit 1803 ordentliches Mitglied der Akademie der Wissenschaften war.[47] Schiegg hatte seit seinem Ausscheiden aus dem Kloster und seiner Umsiedlung nach München für eine Reihe von Wissenschaften richtungweisende neue Erkenntnisse gewonnen. Er gründete 1804 zusammen mit Joseph Utzschneider, Georg Friedrich von Reichenbach und Joseph Liebherr das mechanische Institut und war der Lehrer Joseph von Fraunhofers. Nicht zuletzt ihm ist es zu verdanken, dass München in der schwierigen Kriegszeit zwischen 1803 und 1810 einen bedeutenden Ruf als Stadt der Wissenschaften gewann. Zur Mathematik, Physik, Astronomie, Meteorologie, Technik und Landwirtschaftswissenschaft hat Schiegg innerhalb kürzester Zeit richtungweisende Arbeiten verfasst. Besonders fruchtbar erwies sich die Zusammenarbeit Schieggs mit Reichenbach. Er half Reichenbach bei der Konstruktion von Messinstrumenten, die zur Basis für die bayerische Landesvermessung und für die berühmten Werkstätten Reichenbachs wurden. Auch sonst hat Schiegg mit seinen Berechnungen Wesentliches für die topographische Landesaufnahme geleistet.[48]

4. Das Königshaus als Gewinner der Klostersäkularisation?

Zu den größten Gewinnern der Klostersäkularisation gehörte sicherlich das Haus Wittelsbach und damit indirekt die Stadt München. Der Neubau Münchens, die Stadterweiterung mit Brienner Straße und Ludwigstraße und Maxvorstadt wäre ohne die „Umverteilung" zuungunsten des Landes nicht möglich gewesen. Dabei waren es natürlich weniger die Barerlöse aus den Versteigerungen des Klosterguts, sondern vor allem die Grundsteuer und die Abgaben der ehemaligen Klosteruntertanen, die Geld nach München brachten. Das Königshaus und die Regierung gaben dieses Geld vor allem in München aus. Das galt selbst für Militärausgaben: In München entstanden in der Zeit der napoleonischen Kriege riesige Kasernenbauten und die Werkstätten, die für die Armee produzierten, standen zum großen Teil in München.

Die in den Klöstern gefundenen Kostbarkeiten sollten zur Zierde der Residenzstadt München beitragen. Das war offizielle Politik und wird ausdrücklich so in den Anweisungen an die lokalen Klosterkommissionen angesprochen. Das galt für die naturwissenschaftlichen Sammlungen, Bibliotheken und Archive ebenso wie für die Galerien. Freilich hatten die Neuerwerbungen auch ihren Preis. Das Haus Wittelsbach konnte die Neuerwerbungen nicht in seine Privatsammlungen einordnen. Vielmehr wurden die vereinigten Sammlungen zu Staatssammlungen und Staatsanstalten. Spätestens seit der Verfassung 1818 konnte das Haus Wittelsbach nicht mehr über seine Sammlungen, ja selbst nicht mehr über seine Archive und seinen Hausschatz verfügen.

Der Erwerb von Klostergütern durch Mitglieder des Königshauses und die wirtschaftliche Nutzung dieser Güter hatte auch für München Rückwirkung, wenn der Ertrag aus spekulativem Verkauf oder wirtschaftlicher Nutzung wieder nach München floss. Die Herzöge in Bayern, die Kloster Banz kauften, steckten später einen Großteil ihrer dort erwirtschafteten Erträge in den Bau ihres Stadtpalais an der Ludwigstraße.

5. Die Kunst- und Wissenschaftsstadt München nur ein Werk der Wittelsbacher?

Abschließend sei noch die Frage gestellt, ob der Aufstieg der Stadt München zur europäischen Kunst- und Wissenschaftsmetropole im 19. Jahrhundert allein das Werk der Wittelsbacher gewesen ist. Angesichts der jahrhundertealten Sammelleidenschaft der Wittelsbacher und angesichts des Kulturkönigtums Ludwigs I., der nicht zuletzt mit seinen Museumsbauten den Ruhm und die Anziehungskraft Münchens als Kunststadt im 19. Jahr-

hundert begründete, muß gefragt werden, in welcher Weise die oben geschilderte „Kunstzufuhr" aus den säkularisierten Hochstiften und Klöstern zu diesem Ruhm Münchens beigetragen hat. Wie wichtig für die Alte Pinakothek die Kunstsammlungen der Mainzer Erzbischöfe in Aschaffenburg waren, braucht hier nicht weiter aufgeführt zu werden. Dass bei den altdeutschen Meistern der Alten Pinakothek die Pollinger Tafeln, die Meisterwerke Michael Pachers und viele andere Kunstwerke aus Säkularisationsgut stammen, bedarf ebenfalls keiner weiteren Kommentare. Auch dort, wo man es nicht vermuten würde, etwa bei den spanischen Sammlungen der Alten Pinakothek, ist Säkularisationsgut nach München gebracht worden. So stammen etwa zwei Gemälde des spanischen Hofmalers Juan Pantoja in der Alten Pinakothek aus dem Kloster Hohenwarth.[49]

Es wäre sicher übertrieben, wenn man den Wittelsbacher Herrschern des 19. Jahrhunderts, insbesondere Ludwig I. den Vorwurf machen würde, sie hätten mit ihren Münchner Museums-, Sammlungs- und Bibliotheksbauten nur den „geraubten" Kunstgegenständen und Sammlungen der Klöster in München einen schönen Rahmen geschaffen und das noch mit den Erträgen aus diesen ausgeplünderten Klöstern. Trotzdem muss festgehalten werden, dass Bauten wie die Staatsbibliothek ohne die Säkularisation von 1802/03 nicht entstanden wären. Insoweit bedarf es einer gewissen Korrektur der bisher geläufigen Meinung, dass der Aufstieg Münchens zur Kulturstadt von europäischer Bedeutung allein ein Werk der Wittelsbacher Könige war. Mitursächlich für diese Entwicklung war nicht zuletzt auch die grandiose „Umverteilung" von Kulturgut im Rahmen der Säkularisation! München leuchtete im 19. Jahrhundert also vor allem auch deswegen, weil in den Klöstern des Landes die Lichter ausgegangen waren.

Anmerkungen:

1 Vgl. vor allem: Sabine Arndt-Baerend, Die Klostersäkularisation in München 1802/03 (Miscellanea Bavarica Monacensia 95), München 1986; zur Stadtgeschichte vgl. Richard Bauer (Hrsg.), Geschichte der Stadt München, München 1992, S. 244 ff.

2 Arndt-Baerend (wie Anm. 1). – Dies., Die Aufhebung der nichtständischen Klöster in München. In: Josef Kiermeier – Manfred Treml (Hrsg.), Glanz und Ende der alten Klöster. Säkularisation im bayerischen Oberland 1803 (Veröffentlichungen zur Bayerischen Geschichte und Kultur 21/91), München 1991, S. 43–50.

3 Bayerisches Hauptstaatsarchiv (künftig BayHStA), GR Fasz.633.

4 BayHStA, GR Fasz.634; abgedruckt in Dokumente zur Geschichte von Staat und Gesellschaft in Bayern, hrsg. v. d. Kommission für Bayerische Landesgeschichte, Bd. III/8: Bayern im 19. und 20. Jahrhundert, Kultur und Kirche, München 1983, S. 363–367; vgl. allgemein: Eberhard Weis, Die Säkularisation der bayerischen Klöster 1802/03. Neue Forschungen zu Vorgeschichte und Ergebnissen (Bayerische Akademie der Wissenschaften, Philosophisch-historische Klasse, Sitzungsberichte 1983/6), München 1983.

5 Michael Schattenhofer, Die geistliche Stadt. In: Von Kirchen, Kurfürsten & Kaffeesiedern etcetera. Aus Münchens Vergangenheit, München 1974, S. 90.

6 Bavaria Franciscana Antiqua, Bd 3: Franziskaner in München, München 1957. – Wilhelm Kücker, Das alte Franziskanerkloster in München. Baugeschichte und Rekonstruktion. In: Oberbayerisches Archiv 86 (1963) S. 5–158.

7 Karlheinz Hemmeter, Das Denkmal für König Max I. Joseph in München von Christian Daniel Rauch. In: König Max I. Joseph. Modell und Monument (Arbeitshefte des Bayerischen Landesamtes für Denkmalpflege 86) (1963) S. 5–158.

8 Festschrift zum Gedächtnis des 300jährigen Bestehens des Institutes B. M. V. der Englischen Fräulein in Bayern 1626–1926, hrsg. v. Institut der Englischen Fräulein, München 1926.

9 Joseph Koegel, Geschichte der St.-Kajetans-Hofkirche, der Theatiner und des königlichen Hof- und Kollegialstiftes in München, München 1899.

10 M. Anders, Abhandlungen über die Beschäftigungs-Anstalt des königlichen Armeninstituts in München, München 1806.

11 Vgl. dazu das Häuserbuch der Stadt München, hrsg. vom Stadtarchiv München, 4 Bde. und Reg., München 1958–1977.

12 Schattenhofer (wie Anm. 5) S. 91.

13 BayHStA, Minn 31399, vgl. dazu Klaus Bäumler, Zur Münchner Stadtplanungsgeschichte und Kartographie. In: Franz Schiermeier – Klaus Bäumler, Ein Bild der Stadt. Der Kartograph Gustav Wening und sein Topographischer Atlas von München, München 2002, S. 15.

14 Heinrich Schnee, Die Familie Seligmann-Eichthal als Hoffinanziers an süddeutschen Fürstenhöfen. In: Zeitschrift für bayerische Landesgeschichte 25 (1962) S. 177.

15 Dietmar Stutzer, Die Entwicklung des ländlichen Investitions- und Existenzgründungskredites in Bayern seit dem 18. Jahrhundert. In: Zeitschrift für bayerische Sparkassengeschichte 2 (1988) S. 171–189.

16 Reinhard Heydenreuter, Die Forstorganisation im Königreich Bayern 1806–1908. In: Hans Bleymüller – Egon Gundermann – Roland Beck, 250 Jahre Bayerische Forstverwaltung – Rückblicke, Einblicke, Ausblicke (Mitteilungen aus der Bayerischen Staatsforstverwaltung 51), München 2002, S. 37; vgl. den Beitrag von Elisabeth Weinberger, Vom Klosterwald zum Staatsforst, in diesem Band.

17 Heinrich Huber, Die Brauerei des vormaligen Augustinerklosters in München. In: Jahrbuch der Gesellschaft für die Geschichte und Bibliographie des Brauwesens, Berlin 1934, S. 40–58; vgl. auch den Beitrag von Gerhard Fürmetz, Bayerns Klosterbrauereien und die Säkularisation. Praxis und Folgen der Privatisierung, in diesem Band.

18 Zur Geschichte der Bayerischen Akademie der Wissenschaften vgl. Lorenz Westenrieder, Geschichte der baierischen Akademie der Wissenschaften, Bd. 1: 1759–1777, München 1784, Bd. 2: 1778–1800, München 1807. – Karl Theodor von Heigel, Die Münchener Akademie 1759–1909. Festrede zum 150. Stiftungstag, München 1909. – Andreas Kraus, Die historische Forschung an der churbayerischen Akademie der Wissenschaften 1759–1806 (Schriftenreihe zur bayerischen Landesgeschichte 59), München 1959. – Ders., Die naturwissenschaftliche Forschung an der Bayerischen Akademie der Wissenschaften im Zeitalter der Aufklärung (Bayerische Akademie der Wissenschaften, Philosophisch-historische Klasse, Abhandlungen 82), München 1978. – Wolf Bachmann, Die Attribute der Bayerischen Akademie der Wissenschaften 1807–1823 (Münchener Historische Studien, Abt. Bayerische Geschichte 8), Kallmünz 1966. – Ludwig Hammermayer, Geschichte der Bayerischen Akademie der Wissenschaften 1759–1807, Bd. 1: Gründungs- und Frühgeschichte 1759–1769, 2. Aufl. München 1983, Bd. 2: Zwischen Stagnation, Aufschwung und Illuminatenkrise 1769–1786, München 1983.

19 Norbert Backmund, Die Chorherrenorden und ihre Stifte in Bayern, Passau 1966.

20 Vgl. zuletzt Ludwig Hammermayer, Das Augustiner-Chorherrenstift Polling und sein Anteil an Entstehung und Entfaltung von Aufklärung und Akademie- und Sozietätsbewegung im süddeutsch-katholischen Raum (ca. 1717–1787) (Schriftenreihe der Akademie der Augustiner-Chorherren von Windesheim 2), Paring 1997.

21 Bachmann (wie Anm. 18) S. 19 ff.

22 Vgl. Kraus, Historische Forschung (wie Anm. 18) S. 129 ff.

23 Archiv der Bayerischen Akademie der Wissenschaften (künftig ArchBAkW), Prot. 7, 228.

24 Anton Nagel (1742–1812) war Pfarrer in Rohr a.d. Ilm und wurde 1803 zum korrespondierenden Mitglied der Historischen Klasse ernannt. Vgl. Kraus, Historische Forschung (wie Anm. 18) S. 167.

25 ArchBAkW, Prot. 7, Bl. 229 v.

26 Der Historiker Roman Joseph Zirngibl (1740–1816) war seit 1777 ordentliches Mitglied der Historischen Klasse. Zu Zirngibl vgl. Kraus, Historische Forschung (wie Anm. 18) S. 108 ff. Seit 1803 ist Zirngibl als Archivar in Regensburg tätig.

27 Franz Dobmann, Georg Friedrich Freiherr von Zentner als bayerischer Staatsmann in den Jahren 1799–1821 (Münchener Historische Studien, Abt. Bayerische Geschichte 6), Kallmünz 1962.

28 Laetitia Boehm, Bildung und Wissenschaft in Bayern im Zeitalter Maximilian Josephs. Die Erneuerung des Universitäts- und Akademiewesens zwischen fürstlichem Absolutismus, französischem Reformgeist und deutscher Romantik. In: Hubert Glaser (Hrsg.), Wittelsbach und Bayern, Bd. III/1: Krone und Verfassung. König Max I. Joseph und der neue Staat. Beiträge zur Bayerischen Geschichte und Kunst 1799–1825, München-Zürich 1980, S. 186–220.

29 Bachmann (wie Anm. 18) S. 238 ff.

30 ArchBAkW, Prot. 7, Bl. 232.

31 Vom Königlichen Cabinet zur Staatssammlung 1807–1982. Ausstellung zur Geschichte der Staatlichen Münzsammlung München, München 1982, S. 62 ff.

32 Ebd. S. 82.

33 Ebd. S. 80.

34 Bachmann (wie Anm. 18) S. 102 ff.

35 Ebd. S. 106.

36 ArchBAkW, Prot. 7, Bl. 236 ff.

37 ArchBAkW, Prot. 7, Bl. 240.

38 ArchBAkW, Prot. 7, Bl. 245 v. – Zur Altertümersammlung in Seeon vgl. Ferdinand Steffan, „Vier Steine sind dort gefunden und nach Seeon ins Kloster überführt worden…" (Aventin). In: Hans von Malottki (Hrsg.), Kloster Seeon. Beiträge zu Geschichte, Kunst und Kultur der ehemaligen Benediktinerabtei, Weißenhorn 1993, S. 167–176.

39 ArchBAkW, Prot. 7, Bl. 238.

40 ArchBAkW, Prot. 7, Bl. 245.

41 P. Ildephons Kennedy (1722–1804) war seit 1761 Sekretär der Akademie.

42 Maximus Imhof (1758–1817) war zuletzt Prior des Münchner Augustinerklosters, bevor er 1800 die Leitung der Physikalischen Klasse der Akademie übernahm. Seit 1790 hielt er die öffentlichen Vorlesungen der Akademie über Experimentalphysik.

43 ArchBAkW, Prot. 7, Bl. 213 v.

44 ArchBAkW, Prot. 7, Bl. 247.

45 Hermann Hauke, Die Bedeutung der Säkularisation für die bayerischen Bibliotheken. In: Glanz und Ende der alten Klöster (wie Anm. 2) S. 28–35. – Paul Ruf, Säkularisation und Bayerische Staatsbibliothek, Bd. 1: Die Bibliotheken der Mendikanten und Theatiner, Wiesbaden 1962 (mehr nicht erschienen).

46 Königlich Bayerisches Intelligenzblatt 1806, Spalte 228.

47 Bauernfeind, Ulrich Schiegg. In: Allgemeine Deutsche Biographie, Bd. 31, Leipzig 1890, S. 180–183.

48 H. Veit, P. Ulrich Schiegg von Ottobeuren und die bayerische Landesvermessung. In: Ottobeuren 764–1964. Beiträge zur Geschichte der Abtei (Sonderband der Studien und Mitteilungen zur Geschichte des Benediktinerordens und seiner Zweige), Augsburg 1964, S. 153–167.

49 Gemäldekataloge der bayerischen Staatsgemäldesammlungen. Alte Pinakothek, Bd. 1, Spanische Meister, München, 1963, S. 139–145.

Die Säkularisation und die Entstehung
des modernen bayerischen Staates

Von *Walter Demel*

Was wäre geschehen, wenn es die Säkularisation in Bayern nicht gegeben hätte? Wäre auch dann das entstanden, was man den „modernen bayerischen Staat" genannt hat?[1] Gemeint ist damit ein Staatsgebilde, das sich seit der Ära Montgelas durch eine souveräne, relativ starke Staatsgewalt – d.h. eine ziemlich zentralistische Verwaltung sowie eine hierarchisierte und disziplinierte Bürokratie – ebenso auszeichnet wie durch eine Reihe von grundrechtlichen Garantien für seine Bürger (z. B. der Sicherheit von Person und Eigentum), das sich seit 1816 aber auch, jedenfalls rechtsrheinisch, territorial kaum mehr verändert hat und über ein einheitlich definiertes „Staatsvolk" verfügte.[2]

Diese Fragen zu stellen, bedeutet, sich auf methodisches Glatteis zu begeben. Denn es wird dabei ja die Annahme impliziert, dass man sich einfach ein historisches Ereignis – eben die Säkularisation – „wegdenken", dass man also in einem einzelnen Punkt – ceteris paribus – die Geschichte ungeschehen machen könnte.

Ungeschehene Geschichte – das klingt paradox, einfach unwissenschaftlich.[3] Und doch erschien bereits 1984 ein Buch, verfasst von dem Althistoriker Alexander Demandt, unter diesem Titel.[4] Inzwischen findet man in entsprechenden Katalogen unter dem Schlagwort „Alternativgeschichte" schon eine ganze Reihe an Darstellungen. Die Frage: Was wäre gewesen, wenn … bzw. wenn nicht …, mithin die Aufforderung, kontrafaktische Entwicklungen in die Überlegungen mit einzubeziehen, beschäftigt also durchaus auch seriöse Historiker. Freilich haben die einschlägigen Diskussionen, u.a. in einer Sektion des Deutschen Historikertages von 1994,[5] die begrenzte Reichweite derartiger Spekulationen deutlich gemacht. Je weiter man auf der chronologischen Achse von dem Zeitpunkt aus voranschreitet, an dem man ein bestimmtes Ereignis „ausblendet", desto spekulativer, willkürlicher erscheinen die Annahmen. Man kann begründete Vermutungen darüber anstellen, was in den folgenden Tagen und Wochen passiert wäre, wäre etwa Adolf Hitler dem Attentat im Münchner Bürgerbräukeller zum Opfer gefallen – denn für einen solchen Fall hatte die NSDAP-Führung gewisse Vorkehrungen getroffen. Ob dann aber der Krieg wesentlich kürzer oder vielleicht sogar noch länger gedauert hätte, das lässt sich schon kaum mehr mit einiger Sicherheit vermuten. Völlig müßig aber erscheint es, darüber zu spekulieren, wie es in diesem Falle heute in Deutschland und Europa aussehen würde.

Vor dem Hintergrund dieser Überlegungen nun also zurück zu der Frage: Was wäre gewesen, wenn es die Säkularisation nicht gegeben hätte? Genauer: Wie hätte der bayerische Staat in den Jahren nach 1802/03, etwa 1806, ausgesehen, und wie, wenn man das noch mit einem gewissen, wenn auch minimalen Anspruch auf Wahrscheinlichkeit in Vermutungen fassen will, 1815/16, nach dem Ende der Napoleonischen Ära? Hätte er dann überhaupt noch existiert?

Letztere Frage ist so unberechtigt nicht. Schließlich verschwanden zahlreiche Territorien im Zuge von französischer Expansion und Napoleonischer „Flurbereinigung" vorübergehend (wie z. B. Hessen-Kassel) oder für immer von der Landkarte – so wie es sämtlichen geistlichen Fürstentümern mit zusammen etwas weniger als 100.000 Quadratkilometern erging, auf denen rd. 3,2 Millionen Einwohner lebten.[6] Das war wesentlich mehr als das alte Kurbayern (samt Oberpfalz) mit seinen vielleicht 1,25 Mio. Einwohnern und ca. 43.000 Quadratkilometern aufzuweisen hatte.[7] Doch ist eine von Seiten Frankreichs betriebene völlige Aufgliederung Bayerns schwerlich zu vermuten. Dass die geistlichen Herrschaftsgebiete als „Entschädigungsmasse" wenigstens zu großen Teilen an diverse weltliche Fürsten vergeben werden sollten, war dagegen spätestens seit dem Rastatter Kongress zwischen den Großmächten ausgemachte Sache. Dass Frankreich die 1794 endgültig besetzten linksrheinischen Gebiete 1798/1801 annektierte, hatte nicht zuletzt mit der seit langem in der französischen Außenpolitik herumgeisternden Idee von der „natürlichen" Rhein-Grenze zu tun. Dass Napoleon dann 1806/07 noch Satellitenstaaten (Berg, Westfalen) rechts des Rheins schuf, hing damit zusammen, dass dies großenteils auf Kosten von Kriegsgegnern (England, Preußen) geschah.[8] Wenn man davon ausgeht, dass Bayern in jedem Fall den – mühsamen und riskanten – Bündniswechsel von 1805 zugunsten Frankreichs vollzogen hätte, gibt es jedoch keinen Grund anzunehmen, dass es nach einem Sieg Napoleons im Dritten Koalitionskrieg seine staatliche Existenz eingebüßt hätte. Sicherlich schonte Napoleon auch seine Verbündeten nicht, wenn ihm dies ratsam erschien. Selbst das Königreich Westfalen, an dessen Spitze er seinen Bruder Jérôme gestellt hatte, musste 1810/11 Land an das Empire abtreten, das Napoleon nunmehr von Nordwestdeutschland bis nach Lübeck ausdehnte. Aber das geschah, um die wichtigsten deutschen Häfen in die Hand zu bekommen, in der Hoffnung, damit den blühenden Schmuggel eindämmen und die Kontinentalsperre gegen England endlich effizient ausgestalten zu können.[9] Bayern wurde um die gleiche Zeit – großenteils ebenfalls aus wirtschaftspolitischen Gründen – gezwungen, Welschtirol an das Königreich Italien abzutreten, dessen König Napoleon hieß. Ansonsten aber lag es, langfristig betrachtet, schon seit den Zeiten Ludwigs XIV. stets im Interesse der französischen Politik, an der Grenze der anderen traditionell großen Kontinentalmacht, der Habsburgermonarchie, einen Verbündeten zu haben, der – für einen Vorstoß auf Wien – die Donaulinie kontrollierte und einerseits stark genug war, um einem österreichischen Einfall einen gewissen Widerstand entgegensetzen zu können, der aber andererseits natürlich nicht groß genug sein sollte, um seinerseits zum potentiellen Rivalen Frankreichs aufzusteigen. So lag eine (maßvolle) territoriale Ausweitung Bayerns – gerade auf Kosten Österreichs

– durchaus im Interesse Napoleons. Das zeigte sich schon 1805/06, als der französische Kaiser Bayern (im Austausch gegen Würzburg, das nun ein Habsburger erhielt) Tirol zusprach, und erst recht 1810, als er das Gleiche mit dem ehemaligen Erzstift und zwischenzeitlich habsburgischen Fürstentum Salzburg tat, während der führende bayerische Staatsmann Montgelas lieber eine gebietsmäßige Barriere gegenüber Österreich gehabt hätte.[10] Allenfalls ist denkbar, dass gerade dieses Österreich 1814/16 nicht nur Tirol gegen Würzburg zurückgetauscht und Salzburg unter Kriegsdrohungen (allerdings auch unter Entschädigung Bayerns durch die Rheinpfalz) zurückgefordert, sondern ein relativ kleines, politisch schwaches Bayern ganz oder wenigstens zum Teil annektiert hätte. Dies hätte nämlich wiederum auf der Linie der früheren habsburgischen Außenpolitik gelegen, vielleicht schon jener in einer gewissen Phase des Spanischen Erbfolgekrieges, jedenfalls derjenigen der Jahre nach 1777.[11] Wie es einem weniger bedeutenden Rheinbundstaat ergehen konnte, auf dessen Gebiete eine benachbarte Großmacht schon länger ihr begehrliches Auge geworfen hatte, zeigte auf dem Wiener Kongress das Beispiel Sachsen, das freilich auch einen rechtzeitigen Bündniswechsel versäumt hatte: Es wurde gezwungen, fast die Hälfte seines Staatsgebiets an Preußen abzutreten.[12]

Wäre Bayern aber ohne die Säkularisation nicht in seiner finanziellen Existenz gefährdet gewesen? Das führt uns zu der dornigen, schon unter Zeitgenossen strittigen Frage[13] nach dem finanziellen Gewinn des bayerischen Staates durch die Säkularisation und, ob dieser zur Abwendung des drohenden Staatsbankrotts unabdingbar notwendig war. Da in diesem Punkt in der Forschung der letzten Jahre – soweit ich sehe – keine neuen Argumente aufgetaucht sind,[14] möchte ich hier, mit einigen Modifikationen und Ergänzungen, diejenigen wiederholen, die ich schon früher, allerdings an recht versteckter Stelle, vorgebracht habe.[15]

Infolge der Herrschaftssäkularisation musste der bayerische Staat ebenso die Schulden der ehemals geistlichen Territorien wie auch bestimmte Pensionslasten für deren wichtigste Repräsentanten (Fürstbischöfe, Reichsäbte,

Domkapitulare etc.) sowie für – zumindest vorübergehend – nicht weiter verwendbare Beamte übernehmen.[16] Die erstgenannte Verpflichtung erwies sich als belastend genug, obwohl etwa das Fürstbistum Bamberg mit anscheinend „nur" 3,8 Mio. Gulden Schulden wesentlich weniger zur Explosion der bayerischen Staatsschulden beitrug als die 1806 mediatisierte Reichsstadt Nürnberg mit (mindestens) 11,7 Mio. Gulden. Zusammengenommen sollen sich die Schulden der geistlichen Reichs- und Landstände (ohne Würzburg, aber mit Salzburg und Tirol) jedenfalls auf die Summe von 41,9 Mio. Gulden belaufen haben, wobei zu bedenken ist, dass etwa noch im Finanzjahr 1819/20 der Sollbetrag sämtlicher bayerischer Staatseinnahmen lediglich bei knapp 31 Mio. Gulden lag.[17]

Auch der Anteil der geistlichen Fürstentümer an den neu übernommenen Pensionsverpflichtungen war beträchtlich, obgleich eine Reihe der größten Pensionsbezieher bald zum Segen des bayerischen Fiskus verstarb, so 1808 der einstige Würzburger Fürstbischof und Bamberger Koadjutor Fechenbach, der diesbezüglich mit 90.000 Gulden Jahrespension mit weitem Abstand geführt und einmal seinem Bruder geschrieben hatte, er sei, was seine finanzielle Ausstattung betreffe, noch nie in seinem Leben so reich gewesen.[18] Jedenfalls musste der Finanzreferendär F. S. (v.) Schilcher, dessen Bruder 1803 als Kommissar für die Verstaatlichung der Klosterwaldungen zuständig gewesen war,[19] im Jahre 1810 feststellen, dass infolge von Säkularisation und Mediatisierung zu den ohnehin auf rd. 50 Mio. Gulden geschätzten Schulden der sog. Entschädigungslande noch einmal mehr als die gleiche Summe hinzukam, wenn man die in Neubayern gezahlten Pensionen (die freilich teilweise auch aus mediatisierten weltlichen Territorien stammten) als Kapitalzinsen auffasste. „Diese Pensionslast", kommentierte Schilcher sarkastisch seinen Befund, „in Verbindung mit den Schulden haben beynahe den reinen Ertrag dieser Staaten verzehrt, und da auch … die Armee im Verhältniß der Ausdehnung dieser Staaten vermehrt werden mußte …, so würden, wenn die Regierung nicht zu einigen außerordentlichen Mitteln die

Zuflucht genommen hätte, die neuerworbenen Staaten vielmehr zur Beschädigung, als zur Entschädigung des Königes gedient haben."[20]

Bei den hier angesprochenen „außerordentlichen Mitteln" handelte es sich natürlich um Sondersteuern und auch diverse Finanzmanipulationen. Doch übte der Druck der Schulden auch eine zukunftsträchtige Wirkung aus. Nicht nur, dass das bayerische Staatsschuldenwesen auf eine völlig neue, moderne Basis gestellt wurde, auch in der Steuerpolitik musste die Regierung umdenken: 1808 fiel die Masse der bis dahin bestehenden Steuerprivilegien.[21] Das bedeutete einen wichtigen Schritt zur „bürgerlichen Gleichheit" des 19. Jahrhunderts.

Die Klostersäkularisation erbrachte ebenfalls bei weitem nicht den großen finanziellen Gewinn, den sich mancher bayerische Politiker – entgegen den Warnungen einzelner anderer wie des Finanzreferendärs Franz v. Krenner – erhofft hatte.[22] Das lag vornehmlich an den Pensionen für die bisherigen Klosterangehörigen sowie an der Übernahme diverser sozialer Verpflichtungen, die bisher die Klöster getragen hatten.[23] So soll die Summe aller Säkularisations- und Mediatisierungspensionen bis 1824 nach Angaben des damaligen Finanzministers Lerchenfeld rd. 21,5 Mio. Gulden betragen haben. Dabei hatte diese in den ersten Jahren anscheinend zwischen rd. 2 und 3,6 Mio. Gulden liegende außerordentliche Pensionslast inzwischen schon stark abgenommen – seit 1816/17 jährlich um ca. 200.000 Gulden.[24] Natürlich stand dem ein erhebliches Klostervermögen gegenüber – Dietmar Stutzer hat es für das alte Bayern von 1803 auf mindestens 21 Mio. Gulden geschätzt[25] –, das sich aber kurzfristig nur teilweise mobilisieren ließ. Verkäufe aus dem Immobilienbesitz der fast 400 säkularisierten alt- und neubayerischen Klöster trafen dabei, v.a. was die landwirtschaftlich nutzbaren Gründe betraf, vielfach durchaus auf rege Nachfrage. Beispielsweise wurden bei der Säkularisation der großen Benediktinerabtei Metten die Schätzwerte der Objekte durchweg – und zwar z.T. ganz erheblich – von den Versteigerungssummen übertroffen; nur wenige Grundstücke blieben unversteigert.

Hier wurden allein bei der Hauptversteigerung, Ende Oktober 1803, gut 50.000 Gulden erlöst, davon allerdings vorerst nur die Hälfte in bar, was aber der Kommission immerhin erlaubte, noch im selben Jahr rund 10.500 Gulden an die Zentralkasse nach München abzuliefern.[26] In der Hauptstadt selbst wurden ebenfalls weit größere Gewinne erzielt, als Sachverständige zuvor prognostiziert hatten. Dennoch blieb der Gesamterlös bei der Aufhebung der Münchner Klöster „eher gering".[27] Das könnte darauf hindeuten, dass manche Schätzpreise aus eigensüchtigen Interessen zu niedrig angesetzt wurden.[28] Vor allem aber muss man konstatieren, dass es mit dem Verkauf eben nicht überall so gut lief. Insbesondere große Gebäude und auch Teile der Mobilien – etwa die Weinvorräte des Klosters St. Nikola vor Passau oder die schönen Zinn-Nachttöpfe der Nonnen von Geisenfeld – erwiesen sich wegen des plötzlichen Überangebots auf dem lokalen Markt oder ihres hohen Materialwerts oftmals als allenfalls zu „Schleuderpreisen" absetzbar.[29] Ebenso fanden z. B. die Porträts früherer Äbte oder andere, religiöse Werke der Barockmalerei damals verständlicher Weise nicht viele Interessenten, auch wenn man heute eine Menge Geld für sie bekäme.[30] Immerhin mag gerade die Eile, die der bayerische Staat an den Tag legte, um wenigstens einen Teil des Kirchenbesitzes zu verflüssigen,[31] die Tatsache erklären, dass der finanzielle Gewinn eher bescheiden blieb: Auf nahezu 12 Mio. Gulden berechnete ihn 1970 Anton Schneider für die landständischen Klöster Altbayerns,[32] Eberhard Weis aber glaubte 1983 aufgrund einer sog. „Endabrechnung" der bayerischen „Centralcassa der aufgehobenen ständischen Klöster und Chorstifter 1803 …" aus dem Jahre 1825[33] sogar, dass die Gesamt-Nettoeinnahme des bayerischen Staates „kaum über 5 Millionen Gulden" gelegen habe.[34]

Betrachtet man das eine oder andere noch existierende mächtige Klostergebäude, manch prunkvolle Klosterkirche im Stil des süddeutschen Barock oder Rokoko, so klingt eine solche Äußerung zunächst wenig glaubwürdig. Sie lässt sich auch kaum dadurch erklären, dass sich Teile des Vermögens der bayerischen Klöster – etwa

Weinberge in Südtirol oder in der Wachau, aber auch Kapitalien auf Wiener Banken – im Ausland befanden und somit nicht vom bayerischen, sondern in diesem Fall vom österreichischen Staat eingezogen werden konnten. Immerhin trugen die zwischen Februar 1799 und Juli 1813 veräußerten Staatsrealitäten, die doch ganz überwiegend aus Säkularisationsbesitz stammen müssen, dem Fiskus laut Schilchers Angaben rd. 20 Mio. Gulden ein.[35] Dazu hatte der Staat noch erhebliche Mengen rentierlichen Vermögens erhalten – das sich im übrigen vielfach heute noch in seinem Besitz befindet. Speziell ein erheblicher Teil der heutigen bayerischen Staatsforsten besteht aus ehemaligen Klosterwäldern[36] – von der fortgesetzten Nutzung ehemaliger Klostergebäude z. B. als Landratsämter oder Gefängnisse einmal ganz zu schweigen. Strenggenommen lässt sich daher selbst heute noch keine endgültige Säkularisationsbilanz auf der staatlichen Einnahmeseite erstellen – und ebensowenig auf der Ausgabenseite.[37] Überdies müsste man die freilich überwiegend erst nach 1848 realisierten Ablösungssummen bei den Gefällerechten ins Auge fassen. Wertmäßig sollte man indes die an den Staat gefallenen Rechte der Klöster, speziell jene aus dem Obereigentum, gegenüber dem Besitz an Realitäten (Gebäuden, Meiereien, Brauereien, Einzelgrundstücken etc.) nicht unterschätzen.[38] Und doch könnten die Angaben von 1825 als Zwischenbilanz den Tatsachen entsprechen.

Bereits 1814/15 wurde nämlich im bayerischen Finanzministerium festgestellt, dass sich hauptsächlich infolge der Säkularisation der Ertrag der staatlichen Domanial- und Dominikalgefälle seit dem Regierungantritt Max Josephs von vormals kaum 1,2 Mio. Gulden auf fast 6,4 Mio. Gulden erhöht hatte. Betrachtet man die durch die Säkularisation verursachte Steigerung der Staatseinnahmen von, sagen wir, nur 4 Mio. Gulden nach dem damals landesüblichen Satz als fünfprozentigen Zins eines Grundkapitals, so ließe sich dieses auf 80 Mio. Gulden berechnen. Jedoch listete derselbe Bericht gleich eine ganze Anzahl von Verpflichtungen auf: für die Neudotation der Bistümer kaum weniger als 0,5 Mio. Gulden, für den Unterhalt und die Dotation von

Pfarreien, speziell ehemaliger Klosterpfarreien, im laufenden Etatjahr 0,71 Mio. Gulden, für Zuschüsse an Spitäler und Armeninstitute rd. 120.000 Gulden jährlicher Mehrausgaben etc. So verblieb nach Abzug von damals 3,6 Mio. Gulden Säkularisationspensionen und -sustentationen von allen staatlichen Vermögenswerten ein jährlicher Bruttobetrag von lediglich rd. 260.000 Gulden, wesentlich weniger als die Domänen des vormaligen, viel kleineren Kurfürstentums Bayern vor 1803 eingebracht hatten. „Es mag auffallen, aber es ist wahr und verläßig dargethan", resümierte der Berichterstatter – höchstwahrscheinlich wiederum Schilcher –, „daß die ganze Masse der dem Staat zugefallenen Besitzungen der Klöster, Dom= und Kollegiatstifter, so außerordentlich dieselbe auch scheinen mag, der Staatskasse … für den Unterhalt des Hofes – des Militärs – der Justiz- und Polizei Verwaltung etc. noch nicht den geringsten Vortheil gewährte, und auf lange Zeit nicht gewähren wird, indem diese Renten durch die darauf schon gelegenen, oder hierauf erst neu radizierten Lasten ganz verzehrt werden."[39]

Somit wäre es tatsächlich denkbar, dass angesichts jahrelang laufender Defizite zwischen den Einnahmen aus dem rentierlichen Säkularisationsvermögen und den darauf radizierten Verpflichtungen der obengenannte Erlös aus den Realitätenverkäufen im Jahre 1825 bis auf wenige Millionen Gulden aufgezehrt wurde. Dabei darf man allerdings eine Reihe von Faktoren nicht außer Acht lassen:

Erstens wurden auf das Säkularisationsgut, wie der Bericht sagt, „neue" Lasten radiziert – z.B. eine Dotation für die Akademie der Wissenschaften und jene der Künste –, welche die Klöster vormals nicht getragen hatten.

Zweitens ist zu bedenken, dass die Dotations- und Pensionslasten nach einer Reihe von Jahren zurückgehen und schließlich verschwinden mussten, wogegen die Einnahmen erhalten blieben. Es spricht einiges für die These, dass die Säkularisation dem bayerischen Staat kurzfristig finanzielle Gewinne, mittelfristig Verluste, aber langfristig wiederum Gewinne einbrachte. Politisch bedeutsam waren zunächst einmal die kurzfristigen Einnahmen.

Denn drittens halfen die Erlöse aus den – ganz überwiegend schon bis 1808 getätigten – Verkäufen dem bayerischen Staat, den freilich trotzdem rapiden Anstieg seiner Schulden um ein bestimmtes Quantum zu verringern bzw. durch Schuldentilgung für die Zukunft erhebliche Zinssummen zu sparen, die man bei späteren Bilanzen eigentlich berücksichtigen müsste. Man kann sich daher sogar fragen, ob die genannten 20 Mio. Gulden nicht absolut notwendig waren, um den bayerischen Staat nach 1803 vor dem Bankrott zu retten und seine politische und militärische Selbstbehauptung zu ermöglichen. Denn schon 1799 hatte Bayern 28,2 Mio. Gulden Schulden gehabt – von denen allerdings knapp 2/3 die bayerische Landschaft, also die Repräsentation der Stände, getragen hatte. 1803 kamen noch einmal 23,7 Mio. Staatsschulden hinzu. Schon im Dritten Koalitionskrieg 1805 hatte Bayern – trotz der Erlöse aus dem Verkauf der Säkularisationsgüter! – kaum das Geld aufbringen können, um seine Armee auf Kriegsfuß zu setzen. Ohne diese Erlöse aber wäre es dazu wahrscheinlich außerstande gewesen. Dann hätte es kein wichtiger Verbündeter für Napoleon sein können, und es ist die Frage, ob der Imperator in diesem Fall dem bayerischen Kurfürsten eine Königskrone und dessen Staat neue Gebietsgewinne vergönnt hätte. Dass diese territorialpolitischen (Arrondierungs-)Erfolge mit einer neuerlichen Ausweitung des Staatsschuldenstandes um ca. 31,8 Mio. Gulden verbunden waren, brachte den Staat freilich nun endgültig an den Rand des Ruins. Doch statt der aus den genannten Zahlen errechenbaren Gesamtsumme von 83,7 Mio. Gulden Schulden hatte der Ende 1806 ernannte Finanzminister Hompesch jun. eben, seinen eigenen Angaben zufolge, „nur" mit 32,3 Mio. bzw. – rechnet man die Schulden der bayerischen und der Tiroler Landschaft hinzu – mit 62,3–64,3 Mio. Gulden zu kämpfen. Das war bei einem zu erwartenden Staatsdefizit von 5½ Mio. Gulden im laufenden Finanzjahr 1806/07 eine wahrlich heroische Aufgabe.[40] Aber eben doch rd. 20 Mio. Gulden – (und) das ist nun offenbar nicht zufällig gerade die Summe der kurzfristigen Säkularisationsgewinne – und damit fast um ein Viertel weniger, als ohne den Verkauf der Klostergüter möglich gewesen wäre! Mit anderen Worten: Bayern hätte die Erwerbungen von 1805/06 – genannt seien nur die Markgrafschaft Ansbach, die Reichsstädte Nürnberg und Augsburg sowie Tirol und Vorarlberg – ohne die Säkularisation finanziell wahrscheinlich nicht verkraftet.

Mindestens ebenso wichtig ist jedoch ein vierter, machtpolitischer Gesichtspunkt: Die Säkularisation vergrößerte den Anteil des Staates am Bruttosozialprodukt ganz wesentlich. Dazu zunächst einige Bemerkungen. Man unterscheidet in der Forschung ein domänen- und ein fiskalpolitisches Säkularisationsmodell:[41] Während etwa Württemberg, Baden und Hessen-Darmstadt das säkularisierte Grundeigentum den Staatsdomänen eingegliedert, es dabei allerdings zumeist verpachtet hätten, sei es etwa in Westfalen, links des Rheins, aber eben auch in Bayern (mit Ausnahme der Klosterwaldungen) nach Möglichkeit verkauft worden, um möglichst schnell an Geld zu kommen. Allerdings stand dabei, neueren Schätzungen zufolge, in Bayern durchschnittlich lediglich 1 % der agrarischen Nutzfläche zum Verkauf.[42] Abgesehen davon, dass man auch hier häufiger zu Verpachtung schritt, muss man sich nämlich vor Augen halten, dass es sich dabei nur um die gewerblichen und landwirtschaftlichen Eigenbetriebe der Klöster handelte.[43] Anders verhielt es sich mit dem Obereigentum, das, Eberhard Weis und Winfried Müller zufolge, den Klöstern vor der Säkularisation über ca. 28 % der bayerischen Bauernhöfe zustand. Dazu bemerkte Harm Klueting, dieser Anteil sei – „entgegen der früher gelegentlich angegebenen gut 56 % – deutlich kleiner als in älteren Darstellungen mitunter behauptet".[44] Doch hier empfiehlt es sich, genau hinzusehen und auf die Quelle, die beiden Angaben zugrunde liegt, zurückzugehen, Joseph Hazzis „Statistische Aufschlüsse über das Herzogthum Bayern". Dieser gibt nämlich in der Tat an, dass der altbayerische Prälatenstand für 27,5 % der 115.777 altbayerischen „Bauern"familien Obereigentümer gewesen sei, nichtständische Klöster und geistli-

che Gemeinden seien dies über weitere 0,6 % gewesen. Damit kommt man in der Tat auf die genannten ca. 28 % – allerdings eher der familiären Betriebseinheiten als der „Höfe" (im Sinne von Hoffuß, was freilich mehr eine Ertrags- als eine Flächeneinheit darstellt), denn über diese hatten die Klöster, Hazzi zufolge, einen Anteil von 33 % des Obereigentums. Darüber hinaus aber waren Pfarreien und Benefiziate, Kirchen sowie ausländische Geistliche Grundherren über weitere insgesamt 22,7 % der (im weiteren Sinne) „bäuerlichen" Familien Altbayerns bzw. über 22,8 % der altbayerischen Höfe (Hoffuß). Nimmt man diese Kategorien kirchlicher Obereigentümer hinzu – und hier sprachen die staatlichen Behörden spätestens seit 1803 tatsächlich ein entscheidendes Wort mit bei allem, was den grundherrlichen Nexus betraf[45] –, so war der Staat in der Tat neuer Grundherr über rd. 56 % der bayerischen „Höfe" – und außerdem noch über jene 11,6 % der Familien bzw. 13,7 % der „Höfe", über die der Landesherr schon zuvor grundherrliche Rechte ausgeübt hatte. Dies aber bedeutete wirklich eine grundlegende Machtverschiebung: Von nun an vermochte die Regierung nämlich theoretisch auf gesetzgeberischem Wege, ohne Eingriff in irgendwelche „privaten" Rechtsverhältnisse, für rund zwei Drittel der Grundholden (6,4 % der Familien waren Allodialeigentümer von 3,9 % aller Höfe) bzw. 72,2 % des agrarisch genutzten Bodens Altbayerns Ablösungsmöglichkeiten zu schaffen.[46]

Dass sie diese Chance vor 1848 bei weitem nicht voll ausschöpfte, hängt schlichtweg damit zusammen, dass der Fiskus – zumindest bis in die 1820er Jahre hinein ständig vom Bankrott bedroht – Experimente scheute, die vielleicht Liquiditätsengpässe schaffen konnten, und umgekehrt den Landbewohnern, wiederum bis in den Vormärz, die finanziellen Mittel und die Kreditmöglichkeiten fehlten,[47] um neben den laufenden Abgaben Ablösungszahlungen vorzunehmen. Dieser letztere Grund erklärt – neben den rechtlichen Bedingungen, die auf alle Fälle den Fiskus vor Verlusten zu schützen suchten –, warum die schon im Sommer 1803 den Grunduntertanen der aufgehobenen ständischen Klöster eröffnete Möglichkeit, das nunmehr staatliche Obereigentum abzulösen, auf so wenig Gegenliebe stieß, dass nur wenige davon Gebrauch machten und bis 1807 von den erhofften rd. 5 Mio. Gulden kaum 300.000 Gulden in die Staatskasse flossen.[48] Das alles ändert aber nichts daran, dass nun eben der Staat „Herr" im unmittelbaren Sinne des Grundherrn über einen großen Teil der bayerischen Grundholden geworden war – ganz ohne Frage über viel mehr, als sie der Adel besaß. Dazu kam, bisher nicht quantifiziert, der Erwerb zahlreicher Gerichts-, Zehnt-, Patronats- und anderer Rechte.

Mit anderen Worten: Der Staat hatte sein Gewicht gegenüber den mächtigsten, privilegierten Gruppen der traditionellen ständischen Gesellschaft – dem Klerus und dem Adel – gewaltig vermehrt. Dieser politische Vorteil ist als der Hauptgewinn des bayerischen Staates aus der Säkularisation zu betrachten. Bleiben wir zunächst beim Adel. Die katholischen Reichsritter in Franken und Schwaben traf vor allem die Herrschaftssäkularisation hart. Denn die dortigen geistlichen Territorien hatten seit altersher zum großen Teil der Versorgung ihrer nachgeborenen Söhne gedient, nicht nur durch deren vielfache Mitgliedschaft in den Domkapiteln, sondern auch durch die Inhabe zahlreicher Ämter in der weltlichen Administration der Hochstifte.[49] Von den bayerischen Adelsfamilien vermochten zwar manche der wenigen wirklich reichen Geschlechter ihre Besitzungen durch den Kauf von Säkularisationsgut zu erweitern,[50] die Masse aber ging leer aus – und für sie wuchs die Konkurrenz durch die unter Max I. sehr zahlreichen Nobilitierungen verdienter bürgerlicher Beamter.[51] Kurz gesagt: Viele Adelige waren auf den bayerischen Staatsdienst angewiesen, und zwar mehr denn je und ausschließlicher denn je. Denn außer Angehörigen standesherrlicher Familien, denen innerhalb des Rheinbundes so etwas wie freier Aufenthalt zugestanden wurde, riskierte jeder Adelige nunmehr Sanktionen, wenn er ohne königliche Erlaubnis z. B. in österreichische oder preußische Dienste trat.[52]

Dass der Klerus an politischem Einfluss verlor, bedarf kaum eines Beweises: Der höheren Geistlichkeit gingen sämtliche Herrschaftsrechte verloren, auch als Wirtschaftsfaktor fiel die Kirche aus.[53] Zwar mündete der Prozess der „Entfeudalisierung" der Kirche in dem, was man die „kirchliche Selbstfindung im Konflikt um das geistliche Amt" genannt hat, also in einer neuen Sicht der Kirche, in deren inhaltlicher und institutioneller „Sakralisierung". Gleichzeitig begann man kirchlicherseits, dem Staat eine rein profane Rolle zuzuschreiben. Doch politisch bedeutete dies nur ein Bemühen um eine künftige Exklusivität des geistlichen Amtes.[54] Auf Reichsebene waren Fürstbischöfe und -äbte, abgesehen von dem nach Regensburg transferierten Mainzer, nicht mehr auf dem Reichstag vertreten. Auch die Domkapitel traten – mit Ausnahme des Regensburger Kapitels – praktisch außer Funktion.[55] Auf Landesebene verloren die Äbte der landständischen Klöster mit deren Auflösung auch ihre Positionen innerhalb der ständischen Repräsentationsorgane, insbesondere also auch jene in der altbayerischen Landschaftsverordnung. Damit fehlte dieser Ständevertretung ihre wichtigste, weil wahrscheinlich finanzkräftigste Gruppierung.[56] Opposition gegen die Regierung war seither nicht mehr möglich, der „Staatsabsolutismus" hatte sich auf der ganzen Linie durchgesetzt. Die Adels- und Städtevertreter, die sich nun u.a. über die Festlegung eines neuen Stimmenverhältnisses innerhalb der Landschaftsverordnung stritten, konnten eigentlich nur noch auf deren Auflösung warten, die schließlich 1807 erfolgte[57] – ein Jahr nach dem Ende des Alten Reiches, das seinerseits den Ruin einer seiner wichtigsten Stützen, der Reichskirche, nicht lange zu überleben vermochte.

Das war abzusehen. Ein Reich, das der Opferung vieler seiner eigenen Glieder zustimmte, konnte keine Autorität mehr entfalten. Als ein fremder Kaiser – Napoleon – zum 1. Januar 1806 einer Reihe von Reichsterritorien, darunter natürlich Bayern, die „Souveränität" zusprach, war dies schon unvereinbar mit der Reichsverfassung, deren Glieder bis dahin nur über eine (eingeschränktere) „Landeshoheit" verfügt hatten. Durch den Besitz der Souveränität aber waren sie nun, völkerrechtlich gesehen, echte „Staaten" geworden – wenn auch außenpolitisch gesehen als Alliierte eines übermächtigen Empire. Einige Monate später erklärten sie ihr Ausscheiden aus dem Reichsverband. Außerdem nutzten die Regierungen mehr oder minder schnell ihre neuen innenpolitischen Möglichkeiten, nachdem nun kein Reich mehr – durch reichsgerichtliches Urteil und gegebenenfalls Reichsexekution – die landständischen Verfassungen in den einzelnen Ländern schützen konnte. Immerhin: Der neue bayerische König versprach seinen Untertanen im Zuge der Aufhebung der alten Ständevertretung eine neue, zeitgemäßer zusammengesetzte „Nationalrepräsentation". Zwar hatte er es mit der Erfüllung dieses Versprechens nicht sehr eilig: Die in der Konstitution von 1808 vorgesehene neuorganisierte Ständeversammlung trat nämlich nie zusammen. Vielmehr schuf erst, nach einem gescheiterten Revisionsanlauf von 1814/15, die Verfassung von 1818 die Grundlage für den neuen „Landtag". Schon die Konstitution hatte jedoch sämtlichen bayerischen Untertanen gewisse Grundrechte garantiert, etwa die Glaubens- und Gewissensfreiheit.[58]

Auch dieses moderne Element der bayerischen Verfassung stand im Zusammenhang mit Säkularisation und Mediatisierung. Denn schon Anfang 1803, als man erst daran ging, in Franken und Schwaben katholische wie protestantische Gebiete unter dem bayerischen Szepter zu vereinen, hatte die Regierung das Prinzip der Toleranz verkündet.[59] Zu diesem Zweck ging man sogar so weit, an der Universität Würzburg Katholiken und Protestanten in einer einzigen theologischen Sektion zu vereinen.[60] Denn die Säkularisation implizierte auch eine durchgehende Verstaatlichung und Hierarchisierung des Bildungswesens: Universitäten wie Dillingen oder Bamberg wurden zu Lyzeen degradiert,[61] das Gymnasialwesen, das unter Karl Theodor den Prälatenorden übertragen worden war, und das Elementarschulwesen, in dessen Bereich in vieler Hinsicht bedauerlich zahlreiche Klosterschulen aufgelöst wurden, wurden staatlicherseits neu organisiert, erhielten staatliche Lehrpläne und via neugegründeter Lehrerbildungsanstalten mittelfristig einen professionellen, weltlichen, beamteten Volks- und Mittelschullehrerstand.[62] Schließlich sollten

selbst die Pfarrer primär nicht kirchlich gebundene Seelsorger, sondern beamtete „Volkserzieher" und Sittenlehrer sein; zwischen der Säkularisation und dem Konkordat von 1817 wurden sie dementsprechend ohne Konsultation höherer geistlicher Stellen von den Landrichtern eingesetzt.[63]

Kontrollierte damit der Staat mehr oder minder alle „Bildungsträger", so verfügte er in einem erheblich größeren Maße als je zuvor auch über die Kulturgüter. Was von dem Säkularisationsgut bedeutsam erschien an alten Büchern, Urkunden, Kunstschätzen, naturwissenschaftlichen Geräten usw. fand seinen Weg in staatliche Bibliotheken, Archive und Sammlungen – und sei es nur in deren Depots. Immerhin entsprach der kulturellen „Verödung" der Provinz die Konzentration des Kulturguts auf einzelne staatlich geförderte Zentren, wie die Staatsbibliotheken in Bamberg und München, wobei die Landeshauptstadt insgesamt am meisten profitierte.[64] Auf das künftige „Isar-Athen" konzentrierten sich denn bald auch Mäzenatentum und Kunstaufträge, die vor allem unter Ludwig I. ganz überwiegend von der Krone ausgingen, während sie im ländlichen Raum nunmehr in aller Regel fehlten.

Dieser war inzwischen mit möglichst gleichmäßig ausgedehnten und organisierten Landgerichtssprengeln überzogen worden, die als Unterinstanzen für Verwaltung und Justiz zuständig waren. 1808 wurden ihnen in vielerlei Hinsicht auch noch die verbliebenen (adeligen) Patrimonialgerichte unterstellt. Seit dem selben Jahr erhob sich darüber ein einheitliches System von Mittelbehörden, an der Spitze der straff zentralisierten Staatsverwaltung standen rein nach Sachprinzipien organisierte Zentralbehörden.[65] Säkularisation und Mediatisierung hatten dem bayerischen Staat aber auch eine Vielzahl von neuen „Staatsdienern" – darunter viele ehemalige Kloster- bzw. Hochstiftsbeamte – beschert, deren rechtliche Verhältnisse geklärt werden mussten. Dies geschah durch die sog. Staatsdienerpragmatik von 1805, die erstmals umfassend Qualifikation, Anstellung, Besoldung und Pensionierung der Beamten regelte. Sie galt in Bayern – aus finanziellen Gründen freilich schon seit 1808 auf einen relativ kleinen Kreis höherer Staatsdiener beschränkt – mehr als ein Jahrhundert lang und wirkte vorbildlich für andere deutsche Staaten. Zwei Jahre nach der Säkularisation bekam Bayern also ein höchst fortschrittliches Beamtenrecht.[66]

Wäre diese Entwicklung zum modernen, zentralistischen „Monopolstaat"[67] auch ohne die Säkularisation denkbar gewesen? Hier scheint mir etwas Vorsicht angebracht. Ein Teil der Entwicklungen – die sich verschärfende Krise des Reichs, der Macht- und Ansehensverlust der katholischen Kirche, das Vordringen von Toleranzideen, politischen Partizipationsforderungen, aber auch Zentralisierungstendenzen – waren langfristiger Natur. Sie bedingten die Säkularisation mit, erzwangen sie aber nicht automatisch. Praktische Toleranz etwa hatten gegen Ende des 18. Jahrhunderts durchaus auch schon manche Fürstbischöfe geübt.[68] „Ständeversammlungen" mit einem erweiterten Kreis von aktiv und passiv Wahlberechtigten wären grundsätzlich sogar in einem geistlichen Territorium denkbar gewesen – allerdings mussten gerade hier reformfreundliche Fürsten mit vielerlei Widerständen rechnen.[69] Das Gleiche dürfte auch für die bayerische Innenpolitik gelten, wenn die Macht der Äbte – und damit letztlich der Stände – nicht gebrochen worden wäre. Mit anderen Worten: Vielleicht hätte sich ohne die Säkularisation auch das „alte" (und erheblich kleinere) Bayern zu einem modernen Staat entwickelt. Aber vermutlich wäre es, vor allem 1814/16 in seiner (außen-)politischen Existenz bzw. territorialen Integrität noch stärker gefährdet gewesen, als dies ohnehin der Fall war. Und die Regierung Montgelas wäre mit ihren innenpolitischen Reformen vor allem von 1803–1808 sicherlich bei weitem nicht so schnell und nicht so (relativ) durchgreifend zum Erfolg gelangt, wie dies in der Realität geschah. Gerade der Vergleich mit Preußen legt zudem nahe, dass Bayern auch nicht so rasch eine konstitutionelle Monarchie geworden wäre, hätte sich die Staatsgewalt hier nicht so massiv gegen die kirchlichen und ständischen Gewalten durchgesetzt.[70]

ANMERKUNGEN:

[1] Eberhard Weis, Die Begründung des modernen bayerischen Staates unter König Max I. (1799–1825). In: Max Spindler (Hrsg.), Handbuch der bayerischen Geschichte, Bd. 4, München 1974, S. 3–86. Apodiktisch verneint hat die oben gestellte Frage Manfred Treml, Die Säkularisation und ihre Folgen. In: Josef Kirmeier – Manfred Treml (Hrsg.), Glanz und Ende der alten Klöster. Säkularisation im bayerischen Oberland (Veröffentlichungen zur Bayerischen Geschichte und Kultur 21/91), München 1991, S. 122–130, hier S. 122: „Ohne die Aufhebung der Klöster wäre das Reformwerk Montgelas' und damit das Entstehen des modernen bayerischen Staates unmöglich gewesen."

[2] Zur Staatsdefinition: Wolfgang Reinhard, Geschichte der Staatsgewalt. Eine vergleichende Verfassungsgeschichte Europas von den Anfängen bis zur Gegenwart, München 1999, S. 16.

[3] In diesem Sinne meint Rudolf Vierhaus, Säkularisation als Problem der neueren Geschichte. In: Irene Crusius (Hrsg.), Zur Säkularisation geistlicher Institutionen im 16. und 18./19. Jahrhundert (Veröffentlichungen des Max-Planck-Instituts für Geschichte 124), Göttingen 1996, S. 13–30, hier S. 29, eine Gesamtbilanz der kirchlichen Säkularisationsverluste lasse sich nicht ziehen, deren Aufrechnung gegen geistliche Gewinne sei problematisch, und überhaupt sei die Frage, wie die Entwicklung ohne Säkularisation verlaufen wäre, „eine müßige Frage". Nicht ganz konsequent vermutet er anschließend, dass sich in diesem Falle die geistlichen Territorien an die weltlichen Staaten angeglichen hätten.

[4] Alexander Demandt, Ungeschehene Geschichte. Ein Traktat über die Frage: Was wäre geschehen, wenn …?, Göttingen 1984.

[5] Die von Michael Salewski geleitete Sektion trug den Titel: Alternativ- und Parallelgeschichte. Brücken zwischen Phantasie und Wirklichkeit. Vgl. Bericht über die 40. Versammlung deutscher Historiker in Leipzig (28. September bis 1. Oktober 1994), Leipzig 1995, S. 150–155. Aus der damaligen Diskussion stammt auch das folgende Beispiel.

[6] Nach Winfried Müller, Die Säkularisation von 1803. In: Walter Brandmüller (Hrsg.), Handbuch der bayerischen Kirchengeschichte, Bd. 3: Vom Reichsdeputationshauptschluß bis zum Zweiten Vatikanischen Konzil, St. Ottilien 1991, S. 1–84, hier S. 2.

[7] Nach Eckehard J. Häberle, Zollpolitik und Integration im 18. Jahrhundert. Untersuchungen zur wirtschaftlichen und politischen Integration in Bayern von 1765–1811 (Miscellanea Bavarica Monacensia 52), München 1974, S. 7. – Manfred Rauh, Verwaltung, Stände und Finanzen. Studien zu Staatsaufbau und Staatsentwicklung Bayerns unter dem späteren Absolutismus (Studien zur bayerischen Verfassungs- und Sozialgeschichte 14), München 1988, S. 286, Anm. 6.

[8] Müller (wie Anm. 6) S. 13 f. – Dieter Stollwerck, Das Problem der Rheingrenze unter besonderer Berücksichtigung Ludwig XIV., phil. Diss. München 1972, S. 197; zu Westfalen und Berg vgl. z. B. Rainer Wohlfeil, Napoleonische Modellstaaten. In: Wolfgang von Groote (Hrsg.), Napoleon I. und die Staatenwelt seiner Zeit, Freiburg 1969, S. 33–53.

⁹ Hierzu Roger Dufraisse, L'Allemagne à l'époque napoléonienne (Pariser Historische Studien 34), Bonn-Berlin 1992, z. B. S. 245–269.

¹⁰ Walter Demel, Der bayerische Staatsabsolutismus 1806/08 – 1817. Staats- und gesellschaftspolitische Motivationen und Hintergründe der Reformära in der ersten Phase des Königreichs Bayern (Schriftenreihe zur bayerischen Landesgeschichte 76) München 1983, S. 55–58.

¹¹ Karl Otmar v. Aretin, Das Alte Reich 1648–1806, 4 Bde., Stuttgart 1993/2000, hier bes. Bd. 2, S. 121 f. und S. 147, und Bd. 3, S. 188–191 und S. 306–309. – Demel (wie Anm. 10) S. 58–60. Noch bei den Verhandlungen von Lunéville 1801 forderte Wien zumindest einen großen Teil Bayerns. Vgl. Eberhard Weis, Deutschland und Frankreich. Aufklärung – Revolution – Reform. Hrsg. von Walter Demel und Bernd Roeck, München 1990, S. 163.

¹² Wolfram Siemann, Vom Staatenbund zum Nationalstaat. Deutschland 1806–1871 (Neue Deutsche Geschichte, Bd. 7), München 1995, S. 314, meint sogar, es wäre „mehr als die Hälfte von Sachsen" gewesen.

¹³ Vgl. Müller (wie Anm. 6) S. 53.

¹⁴ Verwiesen sei allerdings auf den Beitrag von Gerhard Leidel im vorliegenden Band.

¹⁵ Vgl. Walter Demel, Die Begründung des modernen bayerischen Flächenstaates im Zusammenhang mit der Säkularisation. In: Kloster Langheim (Arbeitshefte des bayerischen Landesamtes für Denkmalpflege 65), 1994, S. 174–179, hier S. 175 f.

¹⁶ RDH §§ 47ff. In: Ernst Rudolf Huber (Hrsg.), Dokumente zur deutschen Verfassungsgeschichte, Bd. 1, 3. Aufl. Stuttgart u.a. 1978, S. 19–28; Auszüge auch in: Walter Demel – Uwe Puschner (Hrsg.), Deutsche Geschichte in Quellen und Darstellung, Bd. 6, Stuttgart 1995, S. 104– 107.

¹⁷ Christof Dipper, Probleme einer Wirtschafts- und Sozialgeschichte der Säkularisation in Deutschland (1803–1813). In: Armgard v. Reden-Dohna (Hrsg.), Deutschland und Italien im Zeitalter Napoleons, Wiesbaden 1979, S. 123–170, hier S. 154. – Demel (wie Anm. 10) S. 187 und S. 256.

¹⁸ Winfried Müller, Zwischen Säkularisation und Konkordat. Die Neuordnung des Verhältnisses von Staat und Kirche 1803–1821. In: Walter Brandmüller (Hrsg.), Handbuch der bayerischen Kirchengeschichte, Bd. 3 (wie Anm. 6) S. 85–129, hier S. 85 f. – Wolfgang Weiß, Kirche im Umbruch der Säkularisation. Die Diözese Würzburg in der ersten bayerischen Zeit (1802/1803–1806) (Quellen und Forschungen zur Geschichte des Bistums und Domstifts Würzburg 44), Würzburg 1993, S. 110, der S. 107 bemerkt, der Fürstbischof habe infolge der Schlampigkeit der Würzburger Finanzverwaltung zuvor gar kein klares Bild von seinen Einkünften gehabt.

¹⁹ Demel (wie Anm. 10) S. 259, Anm. 374. – Vgl. dazu den Beitrag von Elisabeth Weinberger in diesem Band.

²⁰ Schilcher, Vortrag über den Staatsschuldenstand, 18.2.1810, BayHStA, MF 19711. – Demel (wie Anm. 10) S. 185–189, wo S. 185 aufgrund einer späteren Quelle (BayHStA, MF 19671) die mit dem RDH übernommenen Schulden auf rd. 23,7 Mio. Gulden beziffert werden. Diese entstammten allerdings teilweise den 15 damals von Bayern mediatisierten Reichsstädten.

²¹ Hans-Peter Ullmann, Staatsschulden und Reformpolitik. Die Entstehung moderner öffentlicher Schulden in Bayern und Baden 1780–1820, 2 Bde., Göttingen 1976. – Demel (wie Anm. 10) S. 207–249.

²² Eberhard Weis, Die Säkularisation der bayerischen Klöster 1802/03. Neue Forschungen zu Vorgeschichte und Ergebnissen (Sitzungsbericht der Bayerischen Akademie der Wissenschaften, Phil.-hist. Klasse 6/83), München 1983, S. 32–37 und S. 54.

²³ Nach der staatlicherseits am 14.11.1803 erstellten Alimentationsberechnung wurde allein für das Personal der landständischen Klöster Altbayerns eine jährliche Pensionssumme von – zunächst – über 740.000 Gulden veranschlagt. Anton Schneider, Der Gewinn des bayerischen Staates von den säkularisierten landständischen Klöstern in Altbayern (Miscellanea Bavarica Monacensia 23), München 1970, S. 78–80. Zu den – z. T. sehr langfristigen – Verpflichtungen (Baulasten etc.) auch Frank Wittich, Die Verpflichtungen des Staates als Rechtsnachfolger der Klöster und Stifte. In: Kirmeier – Treml (wie Anm. 1) S. 116–121.

²⁴ Demel (wie Anm. 10) S. 181 und 184.

²⁵ Dietmar Stutzer, Die Säkularisation 1803. Der Sturm auf Bayerns Kirchen und Klöster, 3. Aufl. Rosenheim 1990, S. 138 nennt diese Summe und ca. 10.000 von der Säkularisation unmittelbar betroffene Personen.

²⁶ Michael Kaufmann, Säkularisation, Desolation und Restauration der Benediktinerabtei Metten (1803–1840), Metten 1993, S. 55–65, 89, 179 f. Ähnlich sah es im benachbarten Niederaltaich aus: Die Schätzwerte der hier bis zum 17.9.1803 – zumeist an Häusler, Tagwerker und Landhandwerker, kaum an Bauern – veräußerten Grundstücke betrugen 27.154 Gulden, der Versteigerungserlös dagegen 83.430 Gulden. Unversteigert blieben bis 28.3.1804 lediglich Objekte – vornehmlich Klostergebäude – im Schätzwert zu 23.550 Gulden. Andreas Schlittmeier, Die wirtschaftlichen Auswirkungen der Säkularisation in Niederbayern, untersucht am Beispiel der Abtei Niederaltaich und seiner Propsteien Rinchnach und Sankt Oswald. In: Verhandlungen des Historischen Vereins für Niederbayern 87 (1961) S. 1–147, hier S. 25, 59, 136 f.

²⁷ So das Urteil von Sabine Arndt-Baerend, Die Klostersäkularisation in München 1802/03 (Miscellanea Bavarica Monacensia 95), München 1986, S. 192.

²⁸ Freilich wurden als Sachverständige auch beruflich nicht immer einschlägig qualifizierte Privatpersonen herangezogen. Vgl. Schlittmeier (wie Anm. 26) S. 71.

²⁹ Stutzer (wie Anm. 25) S. 170–183.

³⁰ In Niederaltaich lag der durchschnittliche Preis pro versteigertem Gemälde – das Inventar des Klosters umfaßte 432 Einzelstücke – bei rd. ½ Gulden. Schlittmeier (wie Anm. 26) S. 71 f.

³¹ Rudolfine Freiin v. Oer, Die Säkularisation von 1803 – Durchführung und Auswirkungen. In: Albrecht Langner (Hrsg.), Säkularisation und

Säkularisierung im 19. Jahrhundert, München u.a. 1978, S. 9–29, hier S. 19–21.

[32] Schneider (wie Anm. 23), S. 238.

[33] Wiedergabe bei Rudolfine Freiin v. Oer (Hrsg.), Die Säkularisation von 1803. Vorbereitung – Diskussion – Durchführung, Göttingen 1970, S. 84–87.

[34] Weis, Säkularisation (wie Anm. 22) S. 53. Zu den widersprüchlichen Angaben auch Dipper (wie Anm.17) S. 152.

[35] Demel (wie Anm. 10) S. 204–207. – Weis, Säkularisation (wie Anm. 22) S. 52, vermutet, diese Angaben seien möglicherweise „nicht endgültig", vielleicht auch „zu optimistisch" gewesen. Doch kann ich nicht erkennen, welche Abzüge die – bis auf einen kleinen, noch ausstehenden Rest – offenbar schon realisierten Verkaufserlöse noch hätten reduzieren sollen.

[36] Hans Tremel, Die säkularisierten Klosterwaldungen in Altbayern, Diessen 1924. Vgl. dazu auch den Beitrag von Elisabeth Weinberger im vorliegenden Band.

[37] Das betonen auch Stutzer, Säkularisation (wie Anm. 25) S. 296, und in dessen Gefolge Kaufmann (wie Anm. 26) S. 183, wobei man aber nicht nur an Pensionszahlungen, Gebäudereparaturen, die Entwertung von Gütern infolge des Aufhebungsvorgangs, Markt- und Preisschäden sowie Kaufkraftverluste infolge der Vernichtung von Arbeitsplätzen denken sollte.

[38] Dies scheint mir auch in der Arbeit von Dietmar Stutzer, Klöster als Arbeitgeber um 1800. Die bayerischen Klöster als Unternehmenseinheiten und ihre Sozialsysteme zur Zeit der Säkularisation 1803, Göttingen 1986, geschehen zu sein. Stutzer errechnet (ebd. S. 380) aufgrund der Schätzungen der Staatsbeamten eine Übertragung von Vermögenswerten vom kirchlichen in den staatlichen Bereich in Höhe von ca. 37,87 Mio. Gulden in Altbayern und 5,75 Mio. Gulden in der Oberpfalz – jeweils brutto und ohne Berücksichtigung der Marktverluste. Von der erstgenannten Summe entfielen nach seinen Angaben 21,44 Mio. Gulden auf den Besitz von Boden, Anlagen und Sachen, nur 13,17 Mio. auf die nach dem zeitüblichen Verfahren kapitalisierten Abgaben- und Gefällrechte. Hierbei muss man jedoch – die Richtigkeit seiner Angaben vorausgesetzt (vgl. dazu die folgenden Ausführungen im Text) – zumindest zweierlei bedenken: 1. Der Wert des Forstbesitzes, den Stutzer, S. 381, allein mit 11,05 Mio. Gulden angibt, beruht – wie er selbst S. 106 bemerkt – auf sehr problematischen Schätzungen. Hier wurde offensichtlich häufig vom Holzverkauf ausgegangen, man vergaß dabei aber die Kosten für die Waldarbeiter, den Transport, die Forstpflege etc. Nach E. Weis, Säkularisation (wie Anm. 22) S. 51, stellten die Klosterwälder zu Beginn des 19. Jahrhunderts jedenfalls keine besondere Einnahmequelle dar. 2. Andererseits beruhte das zeitübliche Kapitalisierungsverfahren, wie Stutzer S. 382 zutreffend bemerkt, auf verschiedenen, auf eine Generation bezogenen Kapitalisierungsfaktoren. Obwohl dieses Verfahren auch bei der Ablösung von Feudalrechten allgemein angewandt wurde, stellt sich die Frage, ob sich eine juristische Person wie der Staat hier in der gleichen Lage befand wie eine natürliche Person. Jedenfalls kassierte der Fiskus zunächst noch jahrzehntelang die Gefälle und anschließend auch noch zur Ablösungszahlungen.

[39] BayHStA, MF 19676. Näheres Demel (wie Anm. 10) S. 183 f.

[40] Demel (wie Anm. 10) S. 185–188. Weis (wie Anm. 22) S. 54, gibt allerdings, möglicherweise aufgrund eines Druckfehlers bzw. eines Tippfehlers im Manuskript meiner Dissertation, schon für 1804 107 Mio. Gulden Schulden an.

[41] Dipper (wie Anm. 17) S. 130–136.

[42] Müller (wie Anm. 6) S. 48–50. In der ostschwäbischen Abteienlandschaft sollen es allerdings 2–3 % gewesen sein. Volker Dotterweich, Herrschafts- und Vermögenssäkularisation in Bayerisch-Schwaben. Politische, soziale und wirtschaftliche Aspekte. In: Pankraz Fried (Hrsg.), Probleme der Integration Ostschwabens im bayerischen Staat, Sigmaringen 1982, S. 135.

[43] Müller (wie Anm. 6) S. 80, 50.

[44] Harm Klueting, Die sozio-ökonomischen Folgen der Säkularisation des 19. Jahrhunderts im rechtsrheinischen Deutschland. In: Crusius (Hrsg.) (wie Anm. 3) S. 102–120, hier S. 112.

[45] Vgl. unten mit Anm. 63.

[46] Demel (wie Anm. 10) S. 64 mit Anm. 289 unter Verwendung der Zahlen von Joseph Hazzi, Statistische Aufschlüsse über das Herzogthum Bayern, 4 Bde., Nürnberg 1801/08, hier Bd. II/2, S. 125 f.

[47] Rudolfine Freiin v. Oer, Säkularisation und Kreditwesen – Beobachtungen in westfälischen Archiven. In: Crusius (Hrsg.) (wie Anm. 3) S. 121–129, hier S. 123 f., schätzt, dass bis um 1800 Stiftungen und Klöster gut 2/3 des bayerischen Kreditvolumens aufbrachten. Erst danach dürften sich in Altbayern Private, Kommunen und – via Zwangsanleihen – der Staat in größerem Umfang auf dem Kreditmarkt engagiert haben.

[48] Demel (wie Anm. 10) S. 458–462. – Friederike Hausmann, Die Agrarpolitik der Regierung Montgelas. Untersuchungen zum gesellschaftlichen Strukturwandel Bayerns um die Wende vom 18. zum 19. Jahrhundert, Bern-Frankfurt/M. 1975, S. 200–205.

[49] Das macht die zur Publikation anstehende, als Dissertation geplante eingehende Arbeit meines verstorbenen Schülers Claus Fackler deutlich (Ders., Stiftsadel und geistliche Staaten, ca. 1670–1803. Untersuchungen zur Amtstätigkeit und Entwicklung des Stiftsadels, besonders in den Territorien Salzburg, Bamberg und Ellwangen.

[50] Hans Christian Mempel, Die Vermögenssäkularisation 1803/10. Verkauf und Folgen der Kirchengutenteignung in verschiedenen deutschen Territorien (tuduv-Studien, Reihe Sozialwissenschaften, Bd. 15), 2 Tle., München 1979, Tl. 2, S. 40–43.

[51] Walter Demel, Struktur und Entwicklung des bayerischen Adels von der Mitte des 18. Jahrhunderts bis zur Reichsgründung. In: Zeitschrift für bayerische Landesgeschichte 61 (1998) S. 295–345, hier S. 309, s.a. Anm. 50.

[52] Vgl. Art. 31 der Rheinbunds-Akte v. 12.7.1806. In: Huber (Hrsg.) (wie Anm. 16) S. 33. – Walter Demel, Der bayerische Adel von 1750 bis 1871. In: Hans-Ulrich Wehler (Hrsg.), Europäischer Adel 1750–1950

(Geschichte und Gesellschaft, Sonderheft 13), Göttingen 1990, S. 126–143, hier S. 130.

[53] Treml (wie Anm. 1) S. 123.

[54] Weiß (wie Anm. 18) S. 197 und S. 295–297.

[55] Müller (wie Anm. 18) S. 87.

[56] Zumindest hatte der Prälatenstand regelmäßig mehr zu den Staatseinnahmen beigetragen als die beiden übrigen Stände zusammen. Vgl. Karl Otmar Frhr. v. Aretin, Bayerns Weg zum souveränen Staat. Landstände und konstitutionelle Monarchie 1714–1818, München 1976, S. 51 und 118. – Jutta Seitz, Die landständische Verordnung in Bayern im Übergang von der altständischen Repräsentation zum modernen Staat (Schriftenreihe der Historischen Kommission bei der Bayerischen Akademie der Wissenschaften 62), Göttingen 1999, S. 64 f., 84 f., 197, 213.

[57] Seitz (wie Anm. 56) S. 294–304.

[58] Weis (wie Anm. 1) S. 51–53, 79–82, 84. – Karl Möckl, Der moderne bayerische Staat. Eine Verfassungsgeschichte vom aufgeklärten Absolutismus bis zum Ende der Reformepoche (Dokumente zur Geschichte von Staat und Gesellschaft in Bayern, hrsg. von Karl Bosl, Abt. III, Bd. 1), München 1979, S. 152–190 und S. 238–281. Abgedruckt sind beide Verfassungstexte in: Rudolf Kiessling – Anton Schmid, Die bayerische Staatlichkeit (Dokumente zur Geschichte von Staat und Gesellschaft in Bayern, hrsg. von Karl Bosl, Abt. III, Bd. 2), S. 73–79 und S. 80–93.

[59] Edikt v. 10.1.1803. In: Churpfalzbaierisches Regierungsblatt 1803, Sp. 25–28. Näheres z. B. Gerhard Pfeifer, Die Umwandlung Bayerns in einen paritätischen Staat. In: Otto Schottenloher (Hrsg.), Bayern. Staat und Kirche, Land und Reich (Gedächtnisschrift für W. Winkler), München o.J. [1960], S. 35–109, v.a. S. 85–105.

[60] Weiß (wie Anm. 18) S. 200 f.

[61] Rainer A. Müller, Akademische Ausbildung zwischen Staat und Kirche. Das bayerische Lyzealwesen 1773–1849, 2 Bde., Paderborn u.a. 1986, Bd. 1, S. 102 f.

[62] Weis (wie Anm. 1) S. 55. – Albert Reble, Das Schulwesen. In: Spindler (wie Anm. 1) Bd. 4/2, S. 949–990, hier S. 954–961. – Vgl. dazu auch den Beitrag von Annelie Hopfenmüller in diesem Band.

[63] Müller (wie Anm. 18) S. 90 f.

[64] Vgl. z. B. die Aufsätze von Claus Grimm, Kunstbewahrung und Kulturverlust; Hermann Hauke, Die Bedeutung der Säkularisation für die bayerischen Bibliotheken; Walter Jaroschka, Die Klostersäkularisation und das Bayerische Hauptstaatsarchiv; Manfred Treml, Die Säkularisation und ihre Folgen. Alle in: Kirmeier – Treml (wie Anm. 1) S. 78–85, 87–97, 98–107 bzw. 122–130 sowie die einschlägigen Beiträge im vorliegenden Katalog.

[65] Demel (wie Anm. 10) S. 116–123 und S. 280–300. Näheres: Wilhelm Volkert (Hrsg.), Handbuch der bayerischen Ämter, Gemeinden und Gerichte 1799–1980, München 1983.

[66] Auszüge mit Kurzkommentar: Walter Demel – Uwe Puschner (Hrsg.), Deutsche Geschichte in Quellen und Darstellung, Bd. 6, Stuttgart 1995, S. 130–136. Näheres: Bernd Wunder, Privilegierung und Disziplinierung. Die Entstehung des Berufsbeamtentums in Bayern und Württemberg (1780–1825) (Fritz Fischer u.a. (Hrsg.), Studien zur modernen Geschichte 21), München-Wien 1978, bes. S. 230–234.

[67] So Karl Bosl, Bayerische Geschichte, 1. Aufl. München 1971, S. 216.

[68] Vgl. Heribert Raab, Toleranz im Kur- und Erzstift Trier. In: Ders., Reich und Kirche in der Frühen Neuzeit. Jansenismus, kirchliche Reunionsversuche, Reichskirche im 18. Jahrhundert, Säkularisation, Kirchengeschichte im Schlagwort. Ausgewählte Aufsätze, Freiburg/Schweiz 1989, S. 435–457. – Timothy C. W. Blanning, Reform and Revolution in Mainz, 1743–1803, Cambridge 1974, S. 170.

[69] Vgl. z. B. Aloys Winterling, Der Hof der Kurfürsten von Köln 1688–1794. Eine Fallstudie zur Bedeutung „absolutistischer" Hofhaltung (Veröffentlichungen des Histor. Vereins für den Niederrhein, insbesondere das Alte Erzbistum Köln 15) Bonn 1986, der S. 55 sogar von einem „Scheitern des Absolutismus" in Köln spricht. Für Trier: Wolf Ulrich Rapp, Stadtverfassung und Territorialverfassung. Koblenz und Trier unter Kurfürst Clemens Wenzeslaus (1768–1794) (Europ. Hochschulschriften, Reihe III, Bd. 667), Frankfurt/M. u.a. 1995, S. 372.

[70] Vgl. Paul Nolte, Staatsbildung als Gesellschaftsreform. Politische Reformen in Preußen und den süddeutschen Staaten 1800–1820 (Historische Studien 2), Frankfurt/M.-New York 1990, bes. S. 192–198.

Wieder neu anfangen? Die ehemaligen Benediktiner und die Neugründung von Klöstern durch König Ludwig I.

Von *Laurentius Koch OSB*

Zur Themenstellung

Von den elf Abteien der heutigen, 1854 wiederbelebten Bayerischen Benediktinerkongregation gehen sieben auf eine Wiederbegründung bzw. Neugründung König Ludwigs I. zurück. Zum Zeitpunkt der Restaurationsbemühungen des klosterfreundlichen Königs lebte noch eine namhafte Zahl ehemaliger bayerischer Benediktiner, denn die Säkularisation des Jahres 1803 lag erst ein rundes Vierteljahrhundert zurück. Mit diesen beiden grundlegenden Feststellungen, die absichtlich unverbunden nebeneinander gestellt wurden, sind die beiden Problemkreise angesprochen, die den Gegenstand des vorliegenden Beitrags ausmachen.

Zwar scheint es nach dem Urteil aller bisherigen Historiker völlig unstrittig zu sein, dass allein König Ludwig I. der Urheber der benediktinischen Klostergründungen des 19. Jahrhunderts war. Mit dieser Feststellung ist jedoch eine ganze Reihe von Fragen, die sich daraus von selbst ergeben, noch nicht beantwortet: welche Gedanken und Motive ihn, der als Siebzehnjähriger die Säkularisation sowie insgesamt die napoleonische Ära als prägende Ereignisse in seiner Kronprinzenzeit erlebt hatte, dabei bewegten; welche Aufgaben Ludwig seinen Neuschöpfungen zudachte; und welche Resonanz und Akzeptanz seinen Absichten entgegengebracht wurde. Auf der anderen Seite stehen im Jahr 1826 noch 293 ehemalige Benediktiner, meist schon recht betagt, seit 23 Jahren dem monastischen Leben entwöhnt und anderen Aufgaben zugewandt, denen ganz unvermutet und unerwartet von König Ludwig die Chance eröffnet wird, bei der Wiederbegründung von benediktinischen Konventen mitzuwirken. Ihr Verhalten, das mitentscheidend sein könnte, ob die Wiederbegründungen an alte Traditionen anknüpfen oder grundsätzlich anderem, neuem

Gedankengut unterliegen, muss eingehend auf seine Ursachen hin geprüft werden.

Die Quellenlage für unsere Themen erweist sich allerdings als problematisch. Während P. Placidus Sattler OSB (Scheyern) in seiner grundlegenden Untersuchung „Die Wiederherstellung des Benediktiner-Ordens durch König Ludwig I. von Bayern", die 1931 erschienen ist, sich noch auf eine breite Quellenbasis stützen konnte, hat der Zweite Weltkrieg die heutigen Historiker um vieles beraubt. Die zu Zeiten Sattlers in den Registraturen des Kultusministeriums befindlichen Akten des 19. Jahrhunderts zur Wiederbegründung der Benediktinerklöster und zu allen anderen Klöstern und Orden sind im Zweiten Weltkrieg ein Opfer der Bombardierung Münchens geworden.[1] So kommt heute der Arbeit Sattlers, die viele der von ihm eingesehenen und heute verlorenen Akten eingehend referiert, der Rang einer Ersatzquelle zu. Um so wichtiger sind angesichts dieser Verluste die bei den Bistümern und in den klösterlichen Neugründungen erwachsenen Akten geworden, auch wenn sie die Aussagekraft der Ministerialakten, die die Handlungsweise des autokratisch agierenden Königs umfassend widerspiegelten, nicht erreichen können.

Lebenswege der Konventualen seit 1803 am Beispiel des Klosters Ettal

Im Jahr 1803 musste die Auflösung der Klöster deren Konventualen als irreversible Maßnahme erscheinen, so dass eine Neuorientierung für sie unumgänglich war. Um Aufschluss darüber zu geben, wie sich die weitere äußere Existenz der Mitglieder eines aufgelösten Benediktinerkonvents vollzog, wird hier am Beispiel Ettals dargelegt, wie der Lebensweg der neunundzwanzig Mönche des dortigen Konvents nach der Säkularisation verlief.[2]

Aufsehenerregend endete der Aufenthalt des Abtes Alphons Hafner in Ettal. Nachdem ihm der zuständige Lokalkommissar Thoma vorgeworfen hatte, Wertgegenstände unterschlagen und Geld ins Ausland verschoben zu haben, floh er in seine Tiroler Heimat. Auch nach seiner Rehabilitation kehrte er jedoch nicht zurück, sondern fand Zuflucht in der Abtei S. Giorgio Maggiore bei Venedig und schließlich im Kloster S. Giustina in Padua, wo er am 7. Mai 1807 starb.[3]

P. Virgil Hellensteiner, der letzte Prior, suchte bereits 1803 um die Genehmigung an, sich nach Partenkirchen in das sog. Priesterhaus St. Anton begeben zu dürfen. Dort widmete er sich der Seelsorge und starb als Pensionär am 31. Juli 1822. P. Korbinian Streicher, Subprior des Klosters, erhielt die Erlaubnis, seine Pension in seinem Heimatort Weilheim zu genießen, wo er sich bis zu seinem Tod am 8. Dezember 1815 aufhielt.

P. Leonhard Niedermayr, zum Zeitpunkt der Aufhebung Senior des Konvents, konnte im Klostergebäude bleiben und starb dort am 10. Januar 1809. Auch P. Gregor Krätzler blieb zunächst im Kloster, siedelte allerdings wenige Monate vor seinem Tod am 25. August 1805 zu Freunden in Ettal um. P. Benno Elbel, vor der Säkularisation als Pfarrer in der Pfarrei Epfach eingesetzt, erhielt die Genehmigung, seine Pension bei Verwandten im heimatlichen Landsberg verzehren zu dürfen, wo er am 3. November 1813 verstarb. P. Franz Sales Steinhauser, vor 1803 Hilfspriester in Ettal, stellte mehrere Gesuche, Aushilfstätigkeiten in der Seelsorge übernehmen zu dürfen, bevor man ihm 1811 das Frühmessbenefizium in der vor 1803 Ettal inkorporierten Pfarrei Egling übertrug. 1819 wurde er Benefiziat in Spielberg, am 12. September 1825 starb er als Pensionär in Fürstenfeld. P. Benedikt Dätzl war zunächst Pfarrvikar, später Pfarrer in Egling und starb als solcher am 11. Dezember 1817. P. Kolumban Poppel hatte seit 1802 bis zum Ende seines Lebens am 6. Juni 1810[4] das bereits erwähnte Frühmessbenefizium in Egling inne. P. Edmund Gutmann begab sich noch im Jahr 1803 nach Oberammergau, wo er am 23. Dezember 1817 als Pensionär verstarb. P. Magnus Knipfelberger[5] trat zunächst eine Stelle als Hilfsgeistlicher in der Pfarrei

Stötten am Auerberg an. Erst 1813 war er, erneut als Hilfsgeistlicher, an der Stadtpfarrkirche Maria Himmelfahrt in Schongau tätig. Dort starb er schließlich am 14. Mai 1825. P. Placidus Neumayr kehrte 1806 nach Ettal zurück, nachdem das Amt eines Kooperators in Merching, das er schon vor der Säkularisation ausgeübt hatte, nach der definitiven Organisation dieser Pfarrei überflüssig geworden war. Er starb im Kloster am 19. Januar 1807. P. Maurus Stölzl, Doktor der Theologie, wurde 1805 zum Pfarrer in Merching ernannt, wo er bereits als Pfarrvikar gewirkt hatte.[6] 1811 wurde sein Resignationsgesuch angenommen und er starb als Pensionär in Schrobenhausen am 22. November 1828. P. Ägidius Miller wurde zunächst der Aufenthalt in seinem Heimatort Huglfing gestattet. Im Jahr 1812 wurde er dort Kaplan, später Expositus in Schöffau, wo er 1836 noch im Amt verstarb. P. Bernard Harrer, der seinen Gesundheitszustand schon 1803 als „schwächlich" bezeichnete, lebte bis 1811 im Kloster und starb am 7. Juli 1827 in Neubeuern. P. Wolfgang Mayr, der Kastner des Klosters, lebte ebenfalls weiterhin im Klostergebäude. Nachdem Joseph von Elbling dieses 1809 erworben hatte, war Mayr vorübergehend in dessen Auftrag als Verwalter tätig und starb schließlich in Ettal am 28. September 1820. Auch P. Gerard Polz konnte bis zu seinem Lebensende am 18. September 1823 im ehemaligen Kloster verbleiben. Dr. theol. P. Josef Lindauer[7] war seit 1795 Professor für Dogmatik, Patrologie und Liturgik, seit 1802 Vizerektor, Prokanzler und Bibliothekar sowie, nachdem ihm gestattet worden war, seine Lehrtätigkeit fortzusetzen, 1803–1804 und 1808–1809 Dekan der Theologischen Fakultät an der Universität Salzburg vor deren Auflösung durch das Königreich Bayern. Im Jahr 1811 erfolgte seine Pensionierung. Er verließ Salzburg aber nicht, sondern lebte im nahe der Universität gelegenen Franziskanerkloster bis zu seinem Tod am 8. Januar 1832. P. Ämilian Mannhart war in der Folge der Säkularisation zunächst Pfarrvikar in der ehemaligen Klosterpfarrei Eschenlohe und wurde dort 1805 als Pfarrer bestätigt. Kurz vor der Genehmigung seines Rücktrittsgesuchs verstarb er am 12. Mai 1827.[8] Der aus Tirol stammende P.

Veremund Kleinhans wiederum blieb bis zu seinem Tod am 6. Januar 1806 in Ettal. P. Ludwig Miller, ebenfalls aus Tirol, durfte sich zur Unterstützung des Ortspfarrers nach Epfach begeben und starb dort am 20. Februar 1805. P. Ottmar Weis, Doktor der Philosphie, verbrachte die Jahre nach der Säkularisation im Kloster und unterrichtete die Kinder im Ort Oberau. Nach dem Erwerb der Klostergebäude durch Joseph von Elbling war er dessen Verwalter in Ettal, bevor er 1811 Pfarrvikar in Unterammergau[9] und 1812 schließlich zum Pfarrer von Jesenwang ernannt wurde.[10] Im Jahr 1827 wurde er zum Distriktsschulinspektor für das Landgericht Bruck bestellt und starb in Jesenwang am 26. Januar 1843. P. Gallus Krinner, schon vor der Auflösung des Klosters Kaplan der Klosterpfarrei Murnau, wurde als solcher 1804 als überflüssig entlassen. Als Pensionär starb er am 7. Januar 1827 in Miesbach. P. Erembert Grießer[11] aus Tirol, im Kloster Professor und Chorregens, übernahm 1804 die Stelle des Präfekten am Studienseminar in München. Von 1806 bis 1808 vervollkommnete er in Paris seine Kenntnisse der französischen Sprache und wurde nach seiner Rückkehr nach München als Unteraufseher im „männlichen Erziehungshaus", später „Hollandeum" genannt, angestellt, wo er aber schnell wieder zum Präfekt aufstieg. Ab 1809 gab er – zunächst aushilfsweise – Französischunterricht am Gymnasium, 1812 erhielt er die Ernennung zum Professor für die Unterklasse des Gymnasiums. Wegen zunehmender Sehschwäche verließ er den Schuldienst und bewarb sich 1824 erfolgreich um die Obere Stadtpfarrei St. Peter in Neuburg an der Donau.[12] Seine folgenden Bemühungen, als dortiger Pfarrer abgelöst zu werden, waren bis zu seinem Tod am 27. Dezember 1829 vergeblich. P. Hermann Tribel, der aus der Steiermark stammte, war nach der Säkularisation kurzzeitig Kooperator in Seehausen, einer der ehemaligen Ettaler Pfarreien. Als Pensionär starb er schließlich in Wildsteig am 8. Januar 1821. Die Pfarrei Ettal versah nach 1803 P. Anselm Achmiller als Pfarrvikar, bevor er als Pfarrer bestätigt wurde[13]. 1821 wechselte er auf die Pfarrei Steingaden,[14] der er bis zu seinem Tod am 19. Januar 1833 vorstand. P. Ulrich Betz widmete sich der Seelsorge. So wurde er 1808 Expositus in Birkland[15] und von dort 1816 auf die Pfarrei Wildsteig versetzt.[16] 1830 wurde er Pfarrer in Peiting,[17] als der er am 25. November 1841 verstarb.

Außer den Genannten gehörten zum Konvent in Ettal auch zwei Laienbrüder: Andreas Mayr und Lukas Berchtold.[18] Beide stellten nach der Auflösung des Klosters das Gesuch, in ihren Heimatort bzw. zu ihrer Familie zurückkehren zu dürfen. Über das weitere Schicksal der 1802 ins Kloster Ettal eingewiesenen vier Mendikantenbrüder – es handelte sich dabei um drei Augustiner und einen Kapuziner – ist nichts bekannt.

Zusammenfassend lässt sich also feststellen, dass immerhin sieben Ettaler Mönche ihren Lebensabend zusammen im Kloster verbringen konnten. Acht weitere lebten nach 1803 als Pensionäre bei Verwandten oder waren anderweitig privat untergebracht. Zwölf widmeten sich bis zu ihrem Tod oder zumindest noch lange Jahre nach der Säkularisation der Seelsorge, während sich zwei zunächst der Lehrtätigkeit widmeten, bevor sie in Ruhestand gingen bzw. ebenfalls eine Pfarrstelle übernahmen. Diese Aufteilung dürfte für die Angehörigen eines aufgehobenen landständischen Männerklosters nicht untypisch sein. Bemühungen, das konventuale Leben möglichst lang aufrechtzuerhalten, sind – zumindest auf Anhieb – nicht erkennbar.

Zwischen 1803 und 1825

Die Generalinstruktion für die Aufhebungskommissare vom 11. März 1803, die Dietmar Stutzer als „Grundgesetz der Säkularisation" apostrophiert,[19] hatte den damit beauftragten Lokalkommissaren aufgegeben, als erstes das Kloster selbst und damit auch die klösterliche Lebensgemeinschaft aufzuheben.[20] Zwar wurde den Ordensleuten gestattet, bis auf weiteres im Klostergebäude zu verbleiben, doch die allmähliche Versteigerung aller Mobilien machte ein halbwegs akzeptables Leben immer schwieriger. Der Verkauf der Konventsgebäude selbst setzte in der Regel den zeitlichen Schlusspunkt für ein Ausharren vor Ort und zwang die Konventualen, sich definitiv nach einer neuen Bleibe umzusehen. Nachdem aber die Konventsgebäude zu unterschiedlichen Zeitpunkten ihre Käufer fanden – einige konnten erst nach Jahren losgeschlagen werden –, war es mancherorts möglich, noch diese Jahre in den weitgehend leeren Klostertrakten zu verbleiben.[21] Von solchen Ausnahmen abgesehen, die jedoch lediglich einen Aufschub bewirkten, hatte die Aufhebung für die Ordensleute eine doppelte Konsequenz: Das Ende der monastischen Lebensgemeinschaft entließ den Einzelnen in ein privates bürgerliches Leben und nötigte ihm zugleich die Entscheidung ab, sich nach einer neuen Beschäftigung umzusehen. Gewiss, die zugesicherte und stets auch gewährte Pension garantierte ein auskömmliches Leben. Den meisten war dies aber zu wenig; sie suchten nach einer neuen beruflichen Tätigkeit und fanden sie in der Seelsorge, im Schuldienst, in wissenschaftlichen Arbeiten, in der Publizistik. Nirgendwo bot sich eine echte Alternative zwischen klösterlicher Kommunität und bürgerlichem Leben: Die Frage war eigentlich nur, welche Variante bürgerlichen Lebens und beruflicher Tätigkeit dem Einzelnen offenstand. So sind die auf die Säkularisation folgenden Jahre für viele ehemalige Ordensleute geprägt von der Suche nach einer neuen Verwirklichungsform in Beruf und persönlicher Existenz. Es darf nicht verwundern, dass manchem dieser radikale Wechsel nicht gelang, und ein häufiger Wohnort- und Berufswechsel die Folge war.[22]

Lediglich im Kloster Tegernsee war es geglückt, einen Rest von Lebensgemeinschaft, wenn auch inoffiziell und kritisch von der Obrigkeit beäugt, bis zum Ableben des letztverstorbenen der Tegernseer Konventualen beizubehalten. Vielleicht auch deswegen hatte sich im Sommer 1803 bei der Bevölkerung des Tegernseer Tales die Meinung gehalten, die Klöster würden restituiert und die Güter an diese zurückgegeben.[23]

Im Oktober 1803 lebten von den ursprünglich 37 Patres noch 24 im Kloster Tegernsee. Drei Tegernseer Mönche waren auf den niederösterreichischen Besitzungen eingesetzt gewesen und dort verblieben; weitere zehn hatten inzwischen mit Erlaubnis der Landesdirektion von Bayern das Kloster verlassen und lebten nun bei den Eltern oder nahen Verwandten.[24] Die verbliebenen 24 Konventualen wurden im Oktober 1803 von der Landesdirektion förmlich befragt, ob sie in ein Zentralkloster eintreten wollten oder nicht, und womit sie sich zu beschäftigen gedächten. Hinter dieser Umfrage stand vermutlich der Tegernseer Lokalkomissar Puck,[25] denn in seinem Bericht vom 6. Oktober 1803 begründete er wortreich, warum es für das Kurfürstentum so wichtig und vorteilhaft wäre, dass diejenigen Konventualen, die nicht in anderen Berufen ihr Auskommen fänden, in Zentralklöstern untergebracht werden müssten.[26] Seine Voreingenommenheit gegen die Mönche im Allgemeinen und Tegernsee im Besonderen spricht deutlich aus seinen Worten: „Denn da sie noch ganz Benediktiner und wegen ihrer herabgestimmten Herrschaft gegen Staat und Regierung mit der bitterst heimlichen Rache erfüllet sind, so werden sie auf der Kanzel und besonders im Beichtstuhl nicht unterlassen, auf das gemeine Volk zu wirken und die weisesten Verfügungen der höchsten Regierung in einem verhaßten Licht darzustellen."[27] Pucks Vorschlag kopiert die bei der Aufhebung der Bettelordensklöster wenige Monate zuvor gewählte Regelung, die Patres in Zentralklöstern zusammenzufassen. Weil zwei Franziskaner-Laienbrüder seit dieser Zeit dem Kloster Tegernsee aufgebürdet worden waren, kannten die Tegernseer Konventualen die dortigen Verhältnisse recht genau. Die dem Bericht des Lokalkommissars Puck beigegebenen 21 Antworten der Tegernseer Mönche sprechen eine eindeutige Sprache und werfen ein klares Licht auf ihre innere Gesinnung: Alle wollen in Tegernsee verbleiben und keiner will in ein Zentralkloster eintreten.[28] P. Peter Hochenleitner, interimistischer „Vorstand" der Tegernseer Mönchsgemeinschaft, schreibt z.B.: „... so kann ich mich nie entschließen, in ein finsters Central-kloster zu gehen und meine besten Jahre unter kranken und mürischen Greisen in Unthätigkeit zu verschleidern". P. Korbinian Kleinhans formuliert knapp und bündig: „Concentral Kloster fliehe ich wie eine zischende Schlange. Demüthig flehe ich mein Leben in der Reihe meiner zu verehrenden Mitbrüder in Tegernsee zu enden." In warmen Farben kommt umgekehrt die große Anhänglichkeit an das Professkloster Tegernsee zum Ausdruck. Der älteste der Tegernseer Patres, Placidus Weinmann, schreibt nur wenige Zeilen: „In ein Concent [ral]kloster wird ich niemal tretten. Hoffe, daß ein hohe und höchste Landesregierung durch ihre höchste Gnad ein uralte Mutter, dergleichen Tegernsee ist, an ihren lieben Kindern zu berauben niemal gedenken werde." Solange Kloster Tegernsee keinen Käufer fand, konnten die zum Ausharren entschlossenen Patres zunächst am angestammten Ort verbleiben.

Kurz nachdem im Januar 1805 Karl Joseph Freiherr von Drechsel das Kloster um 44.000 Gulden erworben hatte,[29] gelang es der im Kloster verbliebenen Gemeinschaft von Tegernseer Mönchen, die Konventsgebäude mitsamt dem Konventsgarten dem neuen Eigentümer, der das Kloster ohnehin nur ausschlachten wollte, aus ihren privaten Geldmitteln abzukaufen.[30] Der Kauf wurde von der bayerischen Regierung nur unter der Auflage genehmigt, dass die Mönche kein gemeinsames Chorgebet halten und ihre Ordenskleidung ablegen.[31] Nachdem ihnen wenige Wochen zuvor bereits untersagt worden war, im Mönchschor der Kirche zum Chorgebet zusammenzukommen, war offenkundig das monastische Leben in Tegernsee fast unvermindert fortgesetzt und erst anlässlich des Kaufes ganz ins Private zurückgedrängt worden. Seit dem Jahr 1815 bemühte sich König Max I. Josef, Tegernsee für seine Gemahlin Karoline zu kaufen, die sich bei einem Besuch des Tegernsees in die idyllische Lage des Klosters verliebt hatte.[32] 1817 gelang der Erwerb, und nun mussten die letzten noch lebenden sechs Konventualen endgültig die Konventsgebäude räumen, nachdem sie sie zuvor an den König verkauft hatten. Statt ihrer bezogen sie das sog. Herrenhaus, das der Klosterkirche gegenüber lag, und beschlossen dort ihre Tage.[33] Das ehrenvolle Bemühen der Tegernseer Exkonventualen konnte nicht verhindern, dass die kurfürstliche Regierung jeden Anschein einer monastischen Lebensgemeinschaft unterdrückte. Und nachdem der König selbst Kloster Tegernsee gekauft und zum königlichen Sommersitz erkoren hatte, war an eine Wiedererrichtung am alten Ort ohnehin nicht mehr zu denken, obwohl im gleichen Jahr das Konkordat mit dem Heiligen Stuhl abgeschlossen wurde, das die Errichtung von Klöstern grundsätzlich wieder ermöglichte.

Ein durchaus vergleichbarer Versuch des Abtes von Kloster Metten und sechs weiterer Konventualen, den Senioratsstock und den Konventshof des säkularisierten Klosters überlassen zu bekommen, wurde entschieden abgelehnt, weil der Lokalkommissar wie die Generallandesdirektion befürchteten, die Antragsteller wollten für immer beisammen bleiben.[34]

Solange ein Minister Graf Montgelas die Staatsgeschäfte führte, war an einen Politikwechsel nicht zu denken. Aber auch König Max I. Josef hatte die Säkularisation nicht nur hingenommen, sondern gutgeheißen und mitgetragen.[35] Ein persönliches Interesse, die vom Konkordat von 1817 in Art. VII eröffneten Möglichkeiten einer Errichtung von Klöstern zu verwirklichen, war daher bei ihm nicht zu erwarten. Überhaupt entsprang Art. VII nicht einem Wunsch der bayerischen Regierung, sondern er stellte eine der Forderungen der Kurie dar, die von Bayern akzeptiert wurde, um das Konkordat als solches nicht zu gefährden.[36] Es schien daher gewiss, dass weder vom König noch von seiner Regierung Initiativen zu Klostererrichtungen ausgehen würden.

König Ludwig I.: hochfliegende Pläne und ernüchternde Gutachten

Als 1823 der Münchener Nuntius an Art. VII des Konkordats von 1817 erinnerte, veranlasste das Innenministerium am 27. Dezember 1823 über die Kreisregierungen eine Erhebung über die noch bestehenden Klöster und die Zahl ihrer Mitglieder.[37] Vom Ergebnis dieser Erhebung ließ das Ministerium zwei Jahre lang nichts verlauten; erst der Regierungsantritt Ludwigs I. im Oktober 1825 führte zu einer radikalen Wende in der Klosterpolitik.

Die Haltung des neuen König war eine ganz andere als die seines Vaters. Heinz Gollwitzer bringt sie auf den Punkt: „Die bekannteste, ganz und gar seiner Vorstellungswelt entsprungene und nur durch seine Willenskraft mögliche Leistung, die Ludwig seiner Landeskirche erbracht hat, war die bayerische Klösterrestauration."[38] Unter den vielen von ihm geförderten Orden schätzte Ludwig die Benediktiner am meisten. Am 20. September 1836 schrieb er in einem an das Innenministerium gerichteten Signat: „Sehr liegt mir am Herzen, daß fest sich gründen die Benedictiner in Bayern, wozu tüchtige, viele tüchtige Novizen notwendig."[39] Noch deutlicher wurde er in einer Audienz, die er am 17.5.1840 dem soeben zum Abt von Metten ernannten P. Gregor Scherr in Regensburg gewährte: „Der Benediktinerorden hat sich stets vor allen ausgezeichnet und ich schätze und liebe ihn am meisten. Man hätte ihn gar nicht auflösen sollen. Ich habe diese Maßregel stets mißbilligt."[40] In einer ganzen Reihe von Signaten nennt er nur eine, gleichbleibende Begründung: Bei Franziskanern und Kapuzinern genüge es, „wenn sie die Seelsorge gehörig besorgen und gutes Beispiel im Lebenswandel geben. Anders ist es aber hinsichtlich der Benediktiner, diesem eigentlich wissenschaftlichen ... Orden, nebstdem was von jedem Priester zu fordern ist, muß streng auf Wissenschaft gesehen werden".[41] Ganz im Geiste der Romantik und einer Verklärung des Mittelalters sah Ludwig in den Benediktinern einen „echt teutschen Orden"[42].

Kaum seinem verstorbenen Vater nachgefolgt, ging Ludwig mit großem Elan und hohem Tempo seine Idee der Ordens- und Klösterrestauration an, ohne die Realität und die möglichen Widerstände zu bedenken. Schon gar nicht sollte seiner Meinung nach der Heilige Stuhl eingeschaltet werden, der jedoch seine Umgehung stillschweigend hinnahm, um die im Prinzip gute Sache nicht zu gefährden.[43]

In der Anfangsphase nehmen zwei bayerische Politiker aufgrund ihrer dienstlichen Stellung entscheidenden Anteil an Ludwigs Restaurationsbemühungen: Armansperg und Schenk. Joseph Ludwig Graf von Armansperg (1787–1853) wurde zunächst in die noch im Oktober 1825 neu geschaffene „Einsparungskommission" berufen und stieg bereits am 1. Januar 1826 zum Innen- und Finanzminister auf.[44] Der durch sein Doppelamt mit großer

Machtfülle Ausgestattete war ein Staatsdiener vom Geist und der Prägung eines Graf Montgelas und schien somit keineswegs zum Restaurationsminister der Klöster geboren.[45] Ihm als Innenminister kam es gleich in seinen ersten Amtstagen zu, das Ergebnis der im Dezember 1823 in Auftrag gegebene Untersuchung vorzulegen: 409 männliche und 478 weibliche Ordensleute lebten in über 80 Ordensniederlassungen. Die Personenzahl scheint sich vielleicht zunächst verheißungsvoll auszunehmen; zu bedenken ist jedoch das Alter, das bei kaum einem der Ordensangehörigen unter 50 Jahren liegen konnte,[46] eine Realität, die 1826 wohl zu wenig in Rechnung gestellt wurde. Mit der Überreichung des Berichts an das Außenministerium verband Armansperg in einer Note die Darstellung seiner Haltung: Nach Art. VII könne von der Errichtung neuer Klöster durch Dotation aus Staatsmitteln keine Rede sein, sondern nur von der Erhaltung bestehender. Und grundsätzlich sei der Kurie keine Zusicherung über die Erhaltung der noch vorhandenen Klöster zu geben.[47] König Ludwig setzte sich über Armanspergs ablehnende Haltung völlig hinweg und beauftragte ihn unmittelbar darauf zu erheben, welche ehemaligen Klostergebäude noch in Staatseigentum seien, in welchem Zustand sie sich befänden und ob noch die Möglichkeit bestünde, über sie frei zu verfügen. Das Ergebnis der Erhebung, das Sattler in freier Paraphrase referiert, vermittelt einen deprimierenden Eindruck vom desolaten Zustand vieler Abteien und Stifte, die zum Zeitpunkt der Aufhebung in barocker Pracht die Kulturlandschaften Bayerns, Frankens und Schwabens geprägt hatten.[48]

Eduard von Schenk (1788-1841)[49] war völlig anders geartet als Armansperg. In seiner Landshuter Studienzeit wurde der angehende Jurist vom Geist eines Johann Michael Sailer nachhaltig geprägt, unter dessen Einfluss er 1817 zur katholischen Konfession konvertierte, und von dem bedeutenden Rechtsgelehrten Friedrich Carl von Savigny in seinen staatsrechtlichen Auffassungen geformt. Damit stand er den Auffassungen König Ludwigs sehr nahe, dem er sich in Geistesverwandtschaft verbunden fühlte. Zur Umsetzung seiner Pläne hatte

König Ludwig noch im Dezember 1825 einen „Obersten Kirchen- und Schulrat" innerhalb des Innenministeriums gegründet und diese neue Einrichtung Schenk anvertraut. Diesem kam nun die Aufgabe zu, aus dem vorgelegten Bericht über den Zustand der Klostergebäude eine Vorschlagsliste zu erstellen: 67 Klöster schienen für die Erhaltung bzw. Wiederherstellung tauglich. König Ludwig selbst reduzierte diese Liste auf 30 und sah für den Benediktinerorden Scheyern, Ettal, Regensburg (Schottenkloster), Ensdorf, Weltenburg, Michelfeld und Speyer vor. Den Zisterziensern waren drei Klöster zugedacht, den Prämonstratensern zwei; die Augustinerchorherren, die bis 1803 in Bayern eine bedeutende Rolle spielten, fehlen logischerweise ganz, weil sie sich schon vor 1803 einem Engagement im Schulwesen entzogen.

Kaum waren die Restaurationsabsichten König Ludwigs publik geworden, regte sich auch schon in der Bevölkerung der Wunsch nach Wiederbelebung oder Neuerrichtung von Benediktinerklöstern, die nun ganz andere Ortsnamen ins Spiel brachten. 1828 hatte die katholische Bevölkerung Augsburgs ein Benediktinerkloster für ihre Heimatstadt gewünscht.[50] Als 1835 tatsächlich dort die Abtei St. Stephan errichtet wurde, meldeten sich im selben Jahr die Städte Günzburg, Bamberg und Straubing[51], 1837 Aschaffenburg[52] und 1839 Amberg[53] mit gleichartigen Anliegen. König Ludwig favorisierte jedoch andere Ziele und auch diese konnte er nur zum Teil verwirklichen. Zwei Haupthindernisse schälten sich in kürzester Zeit heraus: die fehlende Dotierung und der Mangel an geeigneten Konventualen.

Die Umfrage bei den ehemaligen Benediktinern von 1826/27

Im Oktober[54] 1826 erging mit Hilfe der Ordinariate über die Kreisregierungen an 293 ehemalige Benediktiner die Bitte um eine Erklärung, ob sie bereit wären, in ein wiederzuerrichtendes Kloster einzutreten. Befragt wurden dabei nur die Priestermönche, nicht aber die – an Zahl ohnehin geringen – ehemaligen Laienbrüder (Konversen). Das Gesamtergebnis der Umfrage lag erst über ein Jahr später vor.[55] Einigermaßen verständlich war es wohl nur für Personen aus klerikalen Kreisen, auf Außenstehende musste es niederschmetternd wirken. So erklärten sich lediglich elf Befragte uneingeschränkt zu einem „Rücktritt" in ein Kloster bereit. Andere antworteten ausweichend oder äußerten Bedingungen, deren Erfüllung kaum möglich erschien und eine etwa ebenso große Gruppe verweigerte sich gänzlich.

Einige Beispiele sollen die konkreten Zahlenverhältnisse verdeutlichen:[56]

In Benediktbeuern erlebten die Klosteraufhebung im Jahr 1803 35 Patres, von denen 1826 noch 13 lebten. Von 12 Rückäußerungen waren sieben unentschieden oder bedingt positiv, fünf sprachen sich gegen die Rückkehr in ein Kloster aus. Von 26 Ettaler Konventualen lebten 1826 noch zehn, von denen neun antworteten. Zwei votierten unbedingt für Ettal, die übrigen lehnten ab. Aus dem Kreis der 19 Konventualen der Abtei St. Mang in Füssen im Jahr 1803 liefen 1826 sechs Äußerungen ein, von denen sich zwei für, vier entschieden gegen einen „Rücktritt" aussprachen. Sechs von den 25 Klosterangehörigen, die 1803 in Metten lebten, waren 1826 noch am Leben. Von ihnen reagierten fünf unentschieden, einer ablehnend. Von den 17 Patres des Klosters Reichenbach 1803 wurden 1826 neun Stellungnahmen registriert. Vier wollten das Klosterleben wieder aufnehmen, fünf hatten daran kein Interesse mehr. Vier ehemalige Tegernseer Mönche von den 1826 noch lebenden sieben – 1803 waren es 38 gewesen[57] –, äußerten sich lediglich bedingt bereit. In Scheyern gab es 1803 26 Patres, von denen 1826 vier ablehnend antworteten, vier weitere nur unter bestimmten Bedingungen wieder zurückkehren wollten. Sucht man die Motive für diese Haltung, so stellt man zunächst fest, dass für Benediktiner weniger ein allgemeiner „Ordensgeist" existierte, also eine Identifizierung mit dem Gesamtorden, den es nach dem damaligen Selbstverständnis gar nicht gab, sondern vielmehr – und der Akzent dürfte auch heute noch weitgehend so liegen – die Bindung an das eigene Professkloster, auf das hin man primär ausgerichtet war – und ist. Man trat nicht in einen ganzen, nach Regeln und Gesetzen der „kirchlichen Neuzeit" verfassten Orden ein, sondern in ein

Kloster, das in jeder Beziehung die stabile geistliche, geistige und materielle Heimat bildete und zudem in einer ganz bestimmten Region angesiedelt war, der man sich mental oder sogar landschaftlich verbunden fühlte. Bestand dieses Kloster nicht mehr, waren auch der Bezug zum Orden und das geleistete Gelübde weitgehend oder zur Gänze hinfällig.

Ein weiterer bisher kaum berücksichtigter Gesichtspunkt war, dass sich die auch für die Klosterinsassen bedeutungsvolle Identität der stabilen Klöster gravierend verändert hatte. Die nicht zu vernachlässigende Komponente der Ständevertretung (Landschaft) bei diesen Klöstern war weggefallen, ein herrschaftlich-repräsentatives Element, verbunden wiederum mit einer „Macht", die zwar patriarchalisch auf die engere oder weitere Umgebung ausstrahlte, sich aber auch in der verantwortungsvollen Sorge um die Menschen im Hoheitsbezirk der Klöster und ihre wirtschaftlichen, kulturellen und bildungsbezogenen Bedürfnisse äußerte und der sich die Mönche verpflichtet fühlten. So hatten viele der Antwortenden Bedenken, sich unter nunmehr gänzlich veränderten Umständen wieder zurechtfinden zu können.

Daneben wandelten sich in den auf die Säkularisation folgenden Jahren naturgemäß auch die persönlichen Verhältnisse der meisten ehemaligen Konventualen. Als Pfarrer – mit weiteren an den neu entstandenen Haushalt gebundenen und somit ebenfalls zu versorgenden Personen – hatten sie einen veränderten Tagesrhythmus und andere Lebensgewohnheiten angenommen, die abzulegen zweifellos wiederum einiger Anstrengung bedurft hätte. Auch ein Mangel an Weltpriestern, der etwa ab 1815 deutlich wurde,[58] nachdem diese unmittelbar nach der Säkularisation noch die Konkurrenz der freigesetzten Priestermönche gefürchtet hatten, mag die ehemaligen Konventualen, die sich der Seelsorge verpflichtet fühlten, an ihre Pfarrstelle gebunden haben. Schließlich hatten sie sich auch in eine neue geistliche und kulturelle Welt integriert, die sie nicht zu verlassen bereit waren.[59] So hatten nicht wenige Tätigkeit und Auskommen in Bildungseinrichtungen gefunden, als

Archivar oder als Bibliothekar, einzelne auch in der Bayerischen Akademie der Wissenschaften.

Bei einem ganz erheblichen Teil der ehemaligen Benediktiner schließlich erfolgte die Ablehnung auch aus gesundheitlichen Gründen. Sie fühlten sich zu geschwächt und zu hinfällig, um ihre jetzige Lebensweise noch einmal grundsätzlich ändern zu können oder zu wollen.[60]

Mühsame Verwirklichung

König Ludwig I. brachte seit seiner kurzen Landshuter Studentenzeit seinem damaligen Theologieprofessor Johann Michael Sailer hohe Verehrung entgegen, der ihm auch Privatunterricht über die Herrschertugenden erteilt hatte. Den nunmehrigen Regensburger Bischof-Coadiutor Sailer bat der eben an die Regierung gekommene Ludwig um ein Gutachten über die Wiedereinführung des Benediktinerordens. In seiner Antwort vom 9. September 1826 teilte dieser Ludwigs anfängliche Euphorie nicht und riet in realistischer Einschätzung der Lage, vorerst nur ein Benediktinerkloster zu errichten.[61] Er sah voraus, dass derart großzügige Restaurationspläne vor allem am Mangel an geeigneten und eintrittswilligen Mönchen scheitern könnten. Im Sommer 1826 stand die Errichtung von zwei Benediktinerklöstern, und zwar in Burghausen und Metten, zur Debatte.[62] Nachdem aber erst im November 1827 das Ergebnis der Umfrage bei den noch lebenden ehemaligen Benediktinern bekannt gemacht wurde, ging fast eineinhalb Jahre nichts voran. Am 31. Mai 1828 schrieb Ludwig erneut an Sailer und aus seinen Worten klang die große Sorge um die noch fehlende finanzielle Ausstattung, aber auch um den Mangel an Begeisterung bei den Exbenediktinern: „Hätten die ersten Begründer des Benedictiner Ordens ebenso gedacht, so würden die Säkularisationen in unserem Jahrhunderte sehr bald abgethan gewesen seyn. ... Gerade das Zusammentreten einer Gesellschaft von Benedictinern unter noch miszlichen Verhältnissen wird eine Bürgschaft für den ächt religiösen Sinn dieser Männer und ihr Vertrauen auf die Vorsehung und Mich als ihr Werkzeug seyn."[63] Ludwigs Hoffnung, die ehemaligen Benediktiner würden auch ohne gesicherte Dotierung in größerer Zahl in ein Kloster zurückkehren, war zu optimistisch. Lediglich zwei von ihnen, P. Ildephons Nebauer aus Andechs und P. Roman Raith aus Metten, gingen das Wagnis ein, als Männer im fortgeschrittenen Alter ihre Pfarreien, die ihnen ein sicheres Einkommen verschafften, aufzugeben und nach über 25 Jahren der Klosterferne einen Neuanfang in Metten zu wagen.[64] Trotz fast unüberwindlich scheinender Anfangsschwierigkeiten gelang der Neubeginn in Metten, vor allem durch die tatkräftige Hilfe des Eigentümers des Großteils der Klostergebäude Johann Baptist Herrn von Pronath auf Offenberg, der den Konventsstock zur Verfügung stellte und sich auch in den Folgejahren durch den Zickzack-Kurs König Ludwigs nicht beirren ließ. Als 1831 Fürst Oettingen-Wallerstein an die Stelle Schenks als Innenminister getreten war, verstand er es, andere Klostergründungspläne in den Vordergrund zu schieben, so vor allem Scheyern, aber auch Ottobeuren, Augsburg und Wallerstein, seinen Heimatort.[65] Diese Bemühungen fielen bei König Ludwig auf fruchtbaren Boden. In einem Signat v. 1. Mai 1833 verfügte er: „Scheyern als die uralte Stiftung Meines Hauses scheint mir das geeignetste Kloster für Benedictiner."[66] Die eigentlich zur Dotierung von Metten gedachten Mittel aus der königlichen Kabinettskasse sollten nun für Scheyern verwendet werden. Als sich aber der Erwerb der Klostergebäude, die sich in Privatbesitz befanden, immer weiter hinausschob, weil sich die Eigentümer renitent zeigten, gelang es Fürst Oettingen-Wallerstein, der zuvor Regierungspräsident des Oberdonaukreises gewesen war, die Restaurationsbemühungen auf St. Stephan in Augsburg zu lenken. Hier wurde allerdings ein grundsätzlich anderer Weg eingeschlagen. Zunächst wurde ein Abt gesucht und in der Person von P. Barnabas Huber, einem ehemaligen Konventualen von Ottobeuren, gefunden.[67] Da sich auch hier keine ehemaligen Benediktiner zur Rückkehr bewegen ließen, unternahmen Abt Barnabas und Bischof Riegg von Augsburg im Jahr 1835 eine Rundreise durch die Benediktinerabteien Österreichs und der Schweiz.

Wider Erwarten konnten sie dort 23 Patres gewinnen, die bereit waren, auf Zeit nach St. Stephan zu kommen, um einen Konvent aufbauen zu helfen. Diese machten es vor allem möglich, die dortige katholische Studienanstalt und das Studienseminar St. Joseph sofort mit geeigneten Lehrkräften zu versehen. Die überaus heterogene Zusammensetzung des Konvents war allerdings auch die Ursache, dass sich nur langsam und mit Mühen eine gemeinsame Linie und ein eigentliches klösterliches Leben einstellen wollte. Die fünf aus Metten abgeordneten Konventualen, die einem strengeren Ordensgeist huldigten als die Mitbrüder aus den reichen und nie aufgelösten Abteien Österreichs, strebten jedenfalls sehr rasch wieder nach Metten zurück.[68] Ottobeuren, das sich nach wie vor in Staatseigentum befand, wurde gleichzeitig mit der Errichtung von St. Stephan 1834 diesem als Priorat angegliedert; erst nach dem Ersten Weltkrieg erlangte es seine Erhebung zur Abtei.[69] Nicht St. Stephan, sondern Metten wurde schließlich das Mutterkloster der weiteren bayerischen Benediktinerklöster. Obwohl noch schwach an Zahl stellte es 1838 die Gründungsmannschaft für Kloster Scheyern, das schon 1842 zur Abtei erhoben werden konnte.[70] Weltenburg hatte schon bei den ersten Überlegungen 1826 zu den Stätten gehört, die Ludwig wiederbeleben wollte. 1842 zogen dort erneut Benediktiner ein und errichteten ein Priorat, ein Ereignis, an dem Abt Gregor Scherr von Metten entscheidenden Anteil hatte.[71] Die mächtigste und ganz auf den Ideen Ludwigs basierende Klostergründung war jedoch die Errichtung von St. Bonifaz in München.[72] Religion, Wissenschaft und Kunst sollten hier einen Dreiklang bilden, der äußerlich in der gewaltigen Basilika zum Ausdruck kam. 1835, am Tag seiner Silbernen Hochzeit, ließ König Ludwig den Grundstein legen, doch die Bauarbeiten zogen sich bis 1848 hin. Noch schwieriger gestaltete sich die Besetzung mit Konventualen, denn keines der schon errichteten jungen Benediktinerklöster Bayerns sah sich in der Lage, allein so viele Patres für die Neugründung abzustellen. Erst ein Zusammenwirken von St. Stephan in Augsburg, das in Paulus Birker den Gründungsabt stellte, Metten und Scheyern ermöglichte es, zu Ende des

Jahres 1850 die Gründung zu verwirklichen. Ludwigs letzte Gründung bildete Schäftlarn.[73] Erzbischof Gregor von Scherr, der frühere Abt von Metten, hatte Ludwig auf das ehemalige Prämonstratenserkloster im Isartal aufmerksam gemacht. Aus seinen Privatmitteln kaufte Ludwig die Gebäude und ernannte P. Benedikt Zenetti von St. Bonifaz zum Gründungsprior. 1910 wurde Schäftlarn zur selbständigen Abtei erhoben. Nicht zu vergessen sind die beiden Benediktinerinnenabteien St. Walburg in Eichstätt und Frauenwörth auf Frauenchiemsee, die ebenfalls von König Ludwig I. rechtlich wiederbegründet wurden.

Zusammenfassung

Wenn in den vorstehenden Ausführungen immer wieder von Wiedererrichtung, Neubegründung, Wiederbelebung o.ä. die Rede ist, so darf dabei nicht übersehen werden, dass es sich rechtlich durchwegs um Neugründungen handelte. Auch Ottobeuren, das einzige Benediktinerkloster, in dem zum Zeitpunkt der Neubegründung noch seit der Aufhebung 1803 ein Konventuale lebte (P. Basil Miller) und die Tradition der Reichsabtei in seiner Person verkörperte, hat nicht fortbestanden, sondern ist formal neu errichtet worden. Alle hier genannten Neugründungen gehen bis zum Jahr 1866 allein auf König Ludwig zurück. In einer unbeirrbaren Beharrlichkeit führte Ludwig seine Klosterpläne über 40 Jahre hinweg durch und dotierte die neu errichteten Benediktinerklöster ausschließlich aus seiner Privatschatulle. Nach Johann Nepomuk Sepp wandte König Ludwig insgesamt für die Benediktinerklöster 1.883.416 Gulden auf, wobei allein 1.234.468 Gulden für St. Bonifaz ausgegeben wurden.[74] Seinen benediktinischen Gründungen gab Ludwig auch ein Ziel, das in dieser Eindeutigkeit in der Benedikt-Regel nicht vorgegeben ist. Unterricht und Wissenschaft sollten die primären Aufgaben der neuen Benediktinerklöster sein, während die Pfarrseelsorge demgegenüber zurücktrat und in der Anfangsphase eher ein zunächst unentbehrliches Finanzierungsmittel wegen sonst zu geringer Dotation darstellte.

Wann im Kronprinzen Ludwig der Gedanke erwuchs, Benediktinerklöster wieder zu errichten, ist nicht eindeutig auszumachen. Immerhin bekannte Ludwig im Jahr 1840 anlässlich einer Audienz voller Stolz: „Ich - ich habe die Benediktiner von St. Peter in Salzburg erhalten!"[75] Diese Rettungstat Ludwigs kann nur in seine Salzburger Kronprinzenzeit fallen, am ehesten in das Jahr 1811.[76]

Die geringe Neigung der ehemaligen Benediktiner zum Eintritt in König Ludwigs neue Klöster hat schon Ludwig I. und seinen Mitstreiter Minister Schenk erstaunt. Sie ist jedoch aus der Sicht der früheren Benediktiner durchaus verständlich. Sie fühlten sich vor allem an ihr Professkloster gebunden und nicht an den Orden. Vielleicht noch entscheidender war aber die zwangsläufig eingetretene Anpassung an ein anderes, neues Leben. Seit über 25 Jahren wirkten die ehemaligen Benediktiner nun als Priester in einer Pfarrei oder als Lehrer an einer Schule. In diesen Positionen hatten sie sich an eine Freiheit der Lebensführung gewöhnt, die sie in vorgerücktem Alter nicht mehr aufgeben wollten. Die in den Anfangsjahren von Metten fehlende Dotierung des Klosters tat ein Übriges, nach den unguten und am eigenen Leib verspürten Erfahrungen der Säkularisation dem königlichen Angebot des Wiedereintritts sehr skeptisch gegenüber zu stehen.

Abgesehen von dem sofort zum Abt ernannten Barnabas Huber haben lediglich zwei Mönche den Wiedereintritt gewagt und Metten neu begründet. Aber nicht sie haben das benediktinische Mönchtum des 19. Jahrhunderts geprägt, sondern die Mönche der ersten Eintrittswelle, zumeist junge, bestens qualifizierte Weltpriester, die wie Leiß, Scherr, Haneberg und Gangauf rasch zur Abtwürde gelangten und in ihrer langen Amtszeit eine völlig neue Tradition begründeten, die – im Rückblick betrachtet – mit den alten Klöstern des ausgehenden 18. Jahrhunderts nur noch wenig gemein hatte.

Anmerkungen:

1 P. Placidus Sattler OSB, Die Wiederherstellung des Benediktiner-Ordens durch König Ludwig I. von Bayern (Studien und Mitteilungen zur Geschichte des Benediktinerordens und seiner Zweige,

Ergänzungsheft 7), München 1931. Dort erscheinen die im Kultus-ministerium befindlichen Akten mit der Sigle RKM. Er löst diese im Abkürzungverzeichnis auf mit: Registratur des Ministeriums der Finanzen, Registratur des Ministeriums des Innern, Registratur des Ministeriums für Unterricht und Kultus. Die beiden letzteren Deutungen verstehen sich von selbst, denn das Kultusministerium hat sich seit 1847 aus dem Innenministerium herausentwickelt und zunächst den Namen Staatsministerium des Innern für Kirchen und Schulangelegenheiten getragen. Es ist nicht auszuschließen, dass auch Akten des Finanzministeriums im Zuge von Kompetenzbereinigungen an das Kultusministerium übergegangen und dort in die Registratur integriert worden sind.

2 Vgl. Pirmin Lindner OSB, Album Ettalense, Verzeichniß aller Aebte und Religiosen des Benediktinerstiftes Ettal, welche seit der Stiftung bis nach der Aufhebung verstorben sind. In: Oberbayerisches Archiv 44 (1887) S. 247–285. – Alfons Maria Scheglmann, Geschichte der Säkularisation im rechtsrheinischen Bayern, Bd. 3: Die Säkularisation in den 1803 definitiv bayerisch gewesenen oder gewordenen Teilen, Teil 1, Regensburg 1906, S. 395–404. – Ferdinand Gahbauer OSB, Ettaler Benediktiner als Autoren (Ettaler Mandl 77, Sondernummer), Ettal 1998. – Winfrid Hahn OSB, Von der Säkularisation des Klosters Ettal im Jahre 1803 bis zu seiner feierlichen Wiedereröffnung am 6. August 1900. In: Barnabas Bögle (Hrsg.), Gründe uns im Frieden. Ettal 1900 – 2000. Festschrift zum Gedenken der Wiederbegründung des Klosters Ettal im Jahre 1900, Ettal 2000, S. 18–92, hier S. 46–54. – Vgl. auch Bayerisches Hauptstaatsarchiv (künftig BayHStA), KL Fasz. 196 Nr. 18. Ebenfalls unter dieser Signatur ist der gedruckte „Catalog" der Ettaler Konventualen aus dem Jahr 1800 zu finden, der die Personenfolge für den nächsten Abschnitt vorgab. – Bei Luise Jörissen, Über die Säkularisation der altbayerischen Prälatenklöster. Ihre finanziellen Gründe und Ergebnisse, München 1920 (Masch.schr.), wird am Beispiel Ettals der Ablauf der Aufhebung eines Prälatenklosters deutlich gemacht.

3 Dietmar Stutzer, Alphons Hafner. Der letzte Ettaler Abt in der Zeit der Säkularisation 1803. In: Festschrift zum Ettaler Doppeljubiläum, Ettal 1980, S. 133-148. – Vgl. auch den Beitrag von Wolfgang Winhard in diesem Band.

4 BayHStA, MK 24355.

5 Stephan Schaller OSB, Magnus Knipfelberger, Benediktiner von Ettal (1747-1825) und sein Oberammergauer Passionsspiel (Studien und Mitteilungen zur Geschichte des Benediktinerordens und seiner Zweige, Ergänzungsheft 28) St. Ottilien 1985.

6 BayHStA, MK 26196.

7 BayHStA, MInn 3638.

8 BayHStA, MK 24506.

9 BayHStA, MK 28290.

10 BayHStA, MK 25426.

11 BayHStA, MInn 23267.

12 BayHStA, MK 26684.

13 BayHStA, MK 24519.

14 BayHStA, MK 28028.

15 BayHStA, MK 23954.

16 BayHStA, MK 28689.

17 BayHStA, MK 27132.

18 Bei den Benediktinerklöstern vor 1803 gab es kaum Laienbrüder.

19 Dietmar Stutzer, Klöster als Arbeitgeber um 1800. Die bayerischen Klöster als Unternehmenseinheiten und ihre Sozialsysteme zur Zeit der Säkularisation 1803 (Schriftenreihe der Historischen Kommission bei der Bayerischen Akademie der Wissenschaften 28), Göttingen 1986, S. 97.

20 Die präziseste und zugleich differenzierend wertende Darstellung der Säkularisation bei Winfried Müller, Die Säkularisation von 1803. In: Walter Brandmüller (Hrsg.), Handbuch der bayerischen Kirchengeschichte, Bd. 3: Vom Reichsdeputationshauptschluß bis zum Zweiten Vatikanischen Konzil, St. Ottilien 1991, S. 38–54.

21 So z.B. in Andechs, wo die rasch wechselnden Käufer Abt und Konventualen zunächst ein Verbleiben bis zum Jahr 1806 gestatteten (Winfried Müller, Im Vorfeld der Säkularisation, Köln-Wien 1989, Nr. 206-211).

22 Vgl. hierzu die Ausführungen von Wolfgang Winhard in diesem Band.

23 BayHStA, KL Fasz. 742 Nr. 74 (Schreiben des Lokalkommissars Puck vom 11.7.1803 an die Generallandesdirektion).

24 BayHStA, KL Fasz. 731 Nr. 23.

25 Pucks Abneigung gegen das Mönchtum und Kloster Tegernsee schildert ausführlich P. Willibald Mathäser OSB, Chronik von Tegernsee, München 1981, S. 246–266. Der missionarische Eifer des Lokalkommissars wird in Johann Christoph von Aretins „Briefe über meine literarische Geschäftsreise in die baierischen Abteyen", München 1971, S. 59–66, besonders deutlich, indem er allen kriminalistischen Spürsinn anwendet, um von den Mönchen beiseite geschaffte Handschriften und Bücher zu entdecken.

26 BayHStA, KL Fasz. 742 Nr. 74 (Schreiben des Lokalkommissars Puck vom 11.7.1803 an die Generallandesdirektion).

27 Ebd.

28 Ebd.

29 Ebd.

30 Pirmin Lindner, Familia S. Quirini in Tegernsee. Die Äbte und Mönche der Benediktiner-Abtei Tegernsee von den ältesten Zeiten bis zu ihrem Aussterben (1861) und ihr literarischer Nachlass. In: Oberbayerisches Archiv 50 (Ergänzungsheft 1898) S. 207, Anm. 2. – Mathäser (wie Anm. 25).

31 Lindner (wie Anm. 30), dort jedoch ohne Quellenangabe.

32 Karl Spengler, Die Wittelsbacher am Tegernsee, München 1969, S. 11-16.

33 Lindner (wie Anm. 30).

34 P. Michael Kaufmann OSB, Säkularisation, Desolation und Restauration in der Benediktinerabtei Metten 1803–1840 (Entwicklungsgeschichte der Benediktinerabtei Metten IV), Metten 1993, S. 190.

35 Adalbert Prinz von Bayern, Max I. Joseph von Bayern. Pfalzgraf, Kurfürst und König, München 1957, S. 441–443.

36 Winfried Müller, Zwischen Säkularisation und Konkordat. Die Neuordnung des Verhältnisses von Staat und Kirche 1803 – 1821. In: Brandmüller (wie Anm. 20) S. 121–124. – Karl Hausberger, Staat und Kirche nach der Säkularisation. Zur bayerischen Konkordatspolitik im frühen 19. Jahrhundert (Münchener Theologische Studien, I. Historische Abt. Bd. 23), St. Ottilien 1983, S. 202–210.

37 Sattler (wie Anm. 1) S. 6–21. Seine Ausführungen müssen hier als Quelle dienen.

38 Heinz Gollwitzer, Ludwig I. von Bayern. Königtum im Vormärz. Eine politische Biographie, München 1997, S. 523.

39 Max Spindler – Andreas Kraus – Erwin Riedenauer (Hrsg.), Signate König Ludwig I. (Materialien zur bayerischen Landesgeschichte, Bde. 1-6), München 1987–1994, hier: Bd. 3, Nr. 424.

40 Zitat nach Kaufmann (wie Anm. 34) S. 366.

41 Signate (wie Anm. 39) Bd. 2, Nr. 304.

42 Sattler (wie Anm. 1) S. 2.

43 Rupert Hacker, Die Beziehungen zwischen Bayern und dem Heiligen Stuhl in der Regierungszeit Ludwigs I., (1825–1848) (Bibliothek des Deutschen Historischen Instituts in Rom 27), Tübingen 1967, S. 47 f.

44 Roswitha von Bary-Armansperg, Armansperg. In: Neue Deutsche Biographie, Bd. 1, München 1953, S. 353 f.

45 Sattler (wie Anm. 1) S. 9.

46 Schon vor der Säkularisation war der Eintritt von Novizen deutlich behindert und schließlich ganz untersagt worden.

47 Sattler (wie Anm. 1) S. 8 f.

48 Ebd. S. 9–14.

49 Lexikon für Theologie und Kirche, Bd. 9, 3. Aufl. 2000, Sp. 128.

50 Kaufmann (wie Anm. 34) S. 325. – Helmut Witetschek, Studien zur kirchlichen Erneuerung im Bistum Augsburg in der ersten Hälfte des 19. Jahrhunderts (Schwäbische Geschichtsquellen und Forschungen 7), Augburg 1965, S. 264. – P. Egino Weidenhiller, Abt Barnabas Huber. In: Ad sanctum Stephanum 969-1969, Augsburg 1969, S. 296.

51 Signate (wie Anm. 39) Bd. 2, 1835 Nr. 015, 266, 423.

52 Ebd. Bd. 3, 1837 Nr. 491.

53 Ebd. Bd. 4, 1839 Nr. 230.

54 Der genaue Termin ist nicht zu ermitteln, auch ist bisher kein Exemplar des Anschreibens – vermutlich in der Art eines Formulars – bekannt geworden.

55 Sattler (wie Anm. 1) S. 45.

56 Vgl. ebd. S. 46–67.

57 Nur der Niederalteicher Konvent war stärker.

58 Karl Hausberger – Benno Hubensteiner, Bayerische Kirchengeschichte, München 1985, S. 298.

59 Als Beispiel genannt sei P. Ägidius Miller von Ettal, der schon im Kloster hauptsächlich als Organist tätig war und von 1818 bis 1835 in Schöffau wirkte. – Vgl. Laurentius Koch, Musik in der Schöffau. Ein Bereich dörflicher Kultur im 19. und 20. Jahrhundert. In: Lech-Isar-Land 2001, S. 23–35.

60 Zahlreiche Zitate bei Sattler (wie Anm. 1), z.B. S. 66 (P. Gregor Gimpel aus Wessobrunn).

61 Hubert Schiel, Bischof Sailer und Ludwig I. von Bayern, Regensburg 1932, S. 67 f.

62 Signate (wie Anm. 39) Bd. 1, 1826 Nr. 89.

63 Schiel (wie Anm. 61) S. 131 Nr. 48.

64 Für das Folgende: Kaufmann (wie Anm. 34) S. 281–300.

65 Kaufmann (wie Anm. 34) S. 320–339. – P. Ildefons Kreuzer OSB, Die Wiedererrichtung der Benediktinerabtei Scheyern (Oberbayern). Ein Beitrag zur Geschichte der Klosterpolitik König Ludwigs I. von Bayern. In: Studien und Mitteilungen zur Geschichte des Benediktinerordens und seiner Zweige 71 (1960) S. 189–234, 72 (1961) S. 69–146.

66 Signate (wie Anm. 39) Bd. 2, 1833 Nr. 217.

67 Weidenhiller (wie Anm. 50).

68 Kaufmann (wie Anm. 34) S. 333–339.

69 A. Breitsamer, Aufhebung und Fortbestehen des Klosters. In: Ägidius Kolb (Hrsg.), Ottobeuren. Schicksal einer schwäbischen Reichsabtei, Augsburg 1964, S. 199–212.

70 Wie Anm. 65.

71 Otmar Rieß, Die Abtei Weltenburg zwischen Dreißigjährigem Krieg und Säkularisation (1626-1803) (Beiträge zur Geschichte des Bistums Regensburg 9), Regensburg 1975, S. 498.

72 Birgitta Klemenz – Peter Pfister – Maria Rita Sagstetter (Bearb.), Lebendige Steine. St. Bonifaz in München. 150 Jahre Benediktinerabtei und Pfarrei (Ausstellungskataloge der Staatlichen Archive Bayerns 42), München 2000.

73 P. Sigisbert Mitterer OSB, Die ersten 100 Jahre der 1866 wiedererrichteten Benediktinerabtei Schäftlarn, Schäftlarn 1966. – Mary Anne Eder, Die Säkularisation des Prämonstratenserklosters Schäftlarn mit einem Ausblick auf die Wiederbegründung als Benediktinerkloster. In: Oberbayerisches Archiv 119 (1995) S. 147–215.

74 Johann Nepomuk Sepp, Ludwig Augustus, König von Bayern und das Zeitalter der Wiedergeburt der Künste, 2. Aufl. Regensburg 1903, S. 805 f.

75 Kaufmann (wie Anm. 34) S. 366.

76 P. Friedrich Hermann OSB, St. Peter im 19. Jahrhundert. In: Das älteste Kloster im deutschen Sprachraum. St. Peter in Salzburg, Salzburg 1982, S. 212. – Gollwitzer (wie Anm. 36) S. 148 f.

Die neue Klosterlandschaft in Bayern

Von *Otto Weiß*

Die Ausgangslage

Artikel VII des Bayerischen Konkordats von 1817 laute-te: „Seine königliche Majestät werden in Anbetracht der Vorteile, welche die religiösen Orden der Kirche und dem Staate gebracht haben, und in der Folge noch brin-gen könnten, und um einen Beweis Allerhöchst-Ihrer Bereitwilligkeit gegen den Heiligen Stuhl zu geben, eini-ge Klöster der geistlichen Orden beiderlei Geschlechts entweder zum Unterricht der Jugend in der Religion und den Wissenschaften, oder zur Aushilfe in der Seelsor-ge, oder zur Krankenpflege, im Benehmen mit dem Hei-ligen Stuhle mit angemessener Dotation herstellen las-sen."[1]

Damit war ein Rechtstitel geschaffen, auf den die katho-lische Kirche und die religiösen Orden sich berufen konnten, auch wenn dieser Rechtstitel wegen des vom autokratischen König praktizierten monarchischen Prin-zips und der gültigen Staatskirchenhoheit nicht so leicht durchzusetzen war. Auf jeden Fall aber bedeutete Artikel VII des Konkordats, falls er umgesetzt würde, faktisch eine teilweise Zurücknahme der Säkularisation des Jahres 1803. Allerdings besagte er nicht eine Wieder-herstellung der bisherigen Klosterlandschaft Bayerns. Nur von „einigen Klöstern" war die Rede, deren Zweck genau bestimmt war. Dabei war immerhin neben der Pflege der Wissenschaft, neben Unterricht und Kranken-pflege auch die Aushilfe in der Seelsorge genannt, was auch den „nutzlosen" Bettelorden eine Chance gab. Dass der Heilige Stuhl sein Mitspracherecht zum Ausdruck brachte und zudem von Bayern eine finanzielle Siche-rung der neuen Gründungen verlangte, entsprach den Römischen Rechtsvorstellungen, war jedoch bei einem selbstherrlichen König wie Ludwig I., der die Kirche als sein Eigentum betrachtete, über das er seine Gnaden nach persönlichem Wohlwollen strömen ließ, nicht unbe-dingt hilfreich.[2]

Solange Max I. Joseph regierte, war allerdings an eine wirkliche Klosterrestauration – ohne oder mit Konkordat – in Bayern nicht zu denken. Zwar bestanden noch einige Klöster, doch handelte es sich im Grunde fast immer um so genannte „Zentralklöster" oder richtiger „Aussterbe-klöster", denen die Aufnahme neuer Mitglieder verboten war. Dazu kamen 19 Männer- und zwei Frauenklöster in Unterfranken[3] sowie drei Männer- und zwei Frauen-klöster in Regensburg, also in den Gebieten, die bis zum Pariser Frieden vom 30. Mai 1814 dem Großherzog von Toskana-Würzburg bzw. dem Kurerzkanzler Karl Theo-dor von Dalberg unterstanden. Die Klöster in diesen Territorien waren zu einem großen Teil faktisch niemals aufgehoben worden[4] und daher auch im Besitz ihres Vermögens verblieben. Doch durften sie nach der Einglie-derung in den bayerischen Staatsverband kein Noviziat führen.[5] Auch das Schottenkloster in Regensburg bestand nicht nur rechtlich weiter, sondern konnte später auch wieder Zöglinge und Novizen aufnehmen, aber erst, nachdem König Ludwig I. durch ein Reskript vom 22. Oktober 1828 den Bestand des Klosters gesichert hatte. Die komplizierte rechtliche Situation des Klosters, das in inneren Angelegenheiten den Apostolischen Vikaren Schottlands unterstand, dazu Zwistigkeiten im Kloster selbst und mangelnder Nachwuchs führten jedoch 1862 zur Auflösung.[6] Von den Frauenorden, die die Säkulari-sation überlebten, sind die Klöster der Dominikanerinnen und Klarissen in Regensburg zu erwähnen. Auch die mei-sten Häuser der Englischen Fräulein, die nicht als Ordensleute galten, durften fortbestehen.[7] Als eigentliche Neubegründung vor dem Regierungsantritt Ludwigs I. kann das 1821 in Indersdorf wieder genehmigte, seit 1784 bestehende Kloster der Salesianerinnen gelten, das zehn

Jahre später nach Dietramszell in das ehemalige Augustinerchorherrnstift verlegt wurde.[8]

Alles in allem gab es beim Regierungsantritt Ludwigs I., wie eine Übersicht vom 3. Dezember 1825 aufweist, im rechtsrheinischen Bayern noch immer 409 männliche und 478 weibliche Ordensmitglieder in insgesamt 98 Klöstern. Bei genauerem Zusehen zeigt jedoch gerade diese Übersicht das ganze Ausmaß der Säkularisation. Zwölf der genannten Klöster werden als – auf den Aussterbe-Etat gesetzte – „Zentralklöster" bezeichnet. Bereits aufgehobene Klöster, in denen noch einige alte Ordensleute leben durften, werden mitgezählt. Dies gilt etwa für das ehemalige Freie Prämonstratenser-Reichsstift Roggenburg, das gerade noch von drei in der Seelsorge tätigen Patres bewohnt war. Hinsichtlich des Alters der Religiosen zeigt sich, dass diese, von wenigen Ausnahmen abgesehen, das 40. Lebensjahr bereits weit überschritten hatten. Auch waren die meisten Klöster trotz der Konkordatsbestimmungen immer noch ohne Nachwuchs. Aufschlussreich ist ferner, dass nach dieser Übersicht von den 887 in Bayern lebenden Ordensleuten 376 im Untermainkreis und im Regenkreis wohnten, das heißt in Gebieten, die erst nach dem Pariser Frieden zu Bayern gekommen waren.[9]

Tatsächlich kam es in Bayern erst unter Ludwig I. und in der Folgezeit in größerem Umfang zur „Herstellung" (was nicht unbedingt „Wiederherstellung" bedeutete) von Klöstern. Von den Orden wurden dabei immer wieder die Bestimmungen des Konkordats ins Feld geführt, ausschlaggebend war jedoch, zum Mindesten unter Ludwig I., allein der Wille des Königs. Für ihn war nicht das Konkordat oder gar der Heilige Stuhl maßgebend, sondern seine ganz persönliche Sorge für „seine" Kirche. Dies wurde schon von den Zeitgenossen so gesehen. So schrieb 1846 die „Allgemeine Zeitung": „Die Sustentation der Mehrzahl der Klöster fließt aus den von den Orden übernommenen Dienstleistungen; eine gewisse Anzahl ist durch die Privatmunifizenz Sr. Majestät des Königs dotiert, können aber deßhalb … nur als freie Begründungen Sr. Majestät außerhalb der Concordatspflichtigkeit der Krone Bayerns angesehen werden."[10]

All dem sei in den folgenden Überlegungen nachgegangen. Dabei geht es nicht darum, eine möglichst erschöpfende Aufzählung der neuen Klostergründungen vorzulegen,[11] vielmehr sei an Hand einzelner Beispiele versucht aufzuzeigen, welche Motivationen hinter den Wiederbegründungen und Neugründungen standen, aber auch welche Hindernisse sich der Klosterrestauration entgegenstellten.

Die Wiederbegründung des Benediktinerordens und von Klöstern anderer monastischer Orden durch König Ludwig I.

„Die Benediktiner kamen von mir", äußerte Ludwig I. im Jahre 1842.[12] Damit brachte der König zum Ausdruck, dass nicht die Vorgaben des Konkordats seine Klosterrestauration bestimmt hatten, sondern allein sein königlicher Wille. Der König war es, der bestimmte, ob und auf welche Weise Klostergründungen vorzunehmen seien.[13] Im Vordergrund stand für ihn die Wiederherstellung der Bavaria Sancta, die er gegen die Mehrheit der Abgeordnetenkammer und die liberale Presse durchsetzte.[14] Dabei zeigte sich seine ausgesprochene Vorliebe für die Benediktiner. Der Grund lag sicher teilweise in dem, was man Ludwigs romantische Einstellung genannt hat, in seiner Vorliebe für das Althergebrachte, für das Mittelalter, das er im Benediktinerorden noch immer lebendig sah. Und es war vor allem der Blick auf das deutsche Mittelalter, der ihn, den glühenden Hasser Napoleons und Förderer des Deutschtums, dabei bewegte. Sein Bild vom Benediktinerorden war das Bild eines „echt teutschen" Ordens, den es zu fördern galt. Dies dürfte nach der einhelligen Meinung der heutigen Forschung unumstritten sein.[15] Hinzuzufügen wäre allerdings, dass Ludwig mit seiner Ansicht keineswegs allein stand. Bezeichnend sind die Äußerungen des langjährigen leitenden Ministers, des liberal-konservativen Ludwig von Oettingen-Wallerstein, der bei der Wiedereinführung der Benediktiner tatkräftig – wenn auch ganz im Sinne des Staatskirchentums[16] –, mitwirkte und der 1846 feststellte, die Benediktiner seien „ein im vollsten Sinn des Wortes teutscher Orden", der stets „an Berufsernst und höherer Weihe festgehalten" habe. Darum habe der König zu Recht „diesen Orden als den teutschesten unter allen geistlichen Orden, und als jenes Institut, dem Teutschland zunächst seine Civilisation verdankte", wieder neu begründet.[17] Selbst in Kreisen, die grundsätzlich dem Mönchtum kritisch gegenüberstanden, erschien der Benediktinerorden als das geringste Übel. So schrieb Johann Adam Möhler 1837 an Adam Gengler: „Wir werden beide schwerlich in den Orden des hl. B[enedikt] treten, aber ich halte es für Pflicht, ihn möglichst bei uns zu fördern – neben mehreren positiven Gründen aus dem Grunde –, dass wir keine Jesuiten bekommen, deren Einführung ich für höchst beklagenswert halte."[18] Dieses Urteil entsprach ganz den Vorstellungen des bayerischen Königs.

Wie sehr Ludwig den Benediktinerorden schätzte, das zeigte sich darin, dass er bereit war, für die Gründung von Benediktinerklöstern riesige Summen aus seiner Privatschatulle bereitzustellen, aber auch darin, dass er allen Ernstes erwog, ausgediente Staatsbeamte in den Klöstern unterzubringen.[19] Seine Hochschätzung geht schließlich aus dem Umfang der königlichen Gründungspläne hervor. Nicht weniger als 15 Benediktinerklöster, gleichmäßig verteilt über die acht Kreise Bayerns, sollten entstehen. Es war Johann Michael Sailer, der den König auf den Boden der Wirklichkeit zurückholte. Er riet ihm, zunächst ein einziges Kloster zu errichten. Wie recht er hatte, wird daraus ersichtlich, dass 1826 auf eine Anfrage des „Obersten Kirchen- und Schulrats" von den noch lebenden 293 Exbenediktinern lediglich elf bereit waren, wieder in ein Kloster einzutreten, und selbst von diesen trat später nur etwa eine Handvoll tatsächlich ein.[20] Es dauerte bis 1830, bis Eduard von Schenk in Verbindung mit Bischof Sailer eine genügende Anzahl von zukünftigen Mönchen gesammelt hatte, so dass am Pfingstsonntag dieses Jahres Sailer als Regensburger Bischof endlich das Kloster Metten wieder errichten konnte.[21] Ein anderes Kloster bestand de facto trotz Aufhebung fort, nämlich Ottobeuren. Ein großer Teil der Bibliothek und des Archivs, die sonst überall weggeführt wurden, waren an Ort und Stelle geblieben, obwohl das Kloster bayerischer Staatsbesitz geworden war. 18 Patres

hatten von der Möglichkeit Gebrauch gemacht, im Kloster zu verbleiben. Bei seiner Wiederbegründung 1834 mit Hilfe dreier Benediktiner aus Einsiedeln lebte noch einer dieser Mönche. Das Kloster wurde zunächst als Priorat der 1835 von Ludwig neu gegründeten Abtei St. Stephan in Augsburg unterstellt. Der erste Augsburger Abt Barnabas Huber war ein Professe des alten Ottobeurer Klosters.[22]

Zu den von Ludwig I. wieder hergestellten Benediktinerklöstern zählte auch die Abtei Scheyern mit der alten Grablege der Wittelsbacher Pfalzgrafen. Das Kloster konnte 1838 von Metten her neu begründet werden. Erster provisorischer Leiter des Klosters war der spätere Abt von Metten und Erzbischof von München Gregor Scherr[23]. 1842 folgte dann die Wiedererrichtung des Klosters Weltenburg an der Donau, dessen Anfänge in das frühe siebte Jahrhundert zurückgehen.[24] Eine Neugründung Ludwigs war die Abtei Sankt Bonifaz in München mit ihrer prächtigen Basilika. Bereits 1835 hatte der König den Grundstein zu ihr gelegt, 1850 konnten dann Kirche und Kloster eingeweiht werden.[25] Das Kloster wurde schon bald zu einem Zentrum religiösen und geistigen Lebens weit über München und Bayern hinaus. Bedeutende Gelehrte und Kirchenmänner wie Daniel Bonifaz Haneberg, Pius Gams, Odilo Rottmanner und Hugo Lang gingen aus ihm hervor. Als Landgut zur Fundation von St. Bonifaz diente das alte Kloster Andechs[26], das der König 1846 mit Privatmitteln erworben hatte und nun der Münchener Abtei schenkte. Schließlich schenkte Ludwig 1866 den Benediktinern das ehemalige Prämonstratenserkloster Schäftlarn[27], das seit 1845 vorübergehend von den Englischen Fräulein bewohnt war.[28] Gemäß dem Wunsche König Ludwigs I. war mit den neuen Klöstern jeweils eine Lateinschule oder ein Gymnasium verbunden. Zahlreiche führende Männer der verschiedensten Berufe gingen aus diesen Lehranstalten hervor.

Doch Ludwig I. kümmerte sich nicht nur um den männlichen Zweig des Benediktinerordens. Auch die Benediktinerinnen lagen ihm am Herzen. Seiner Initiative ist es zu verdanken, dass das auf eine Gründung Herzog Tassilos III. zurückgehende älteste bayerische Frauenkloster Frauenwörth im Chiemsee 1837 mit Mitteln aus der königlichen Privatkasse wieder eröffnet werden konnte.[29] Schon zuvor, nämlich 1835, ließ Ludwig das Benediktinerinnenkloster St. Walburg in Eichstätt neu erstehen.[30] Beide Klöster widmeten sich fortan der Erziehung der weiblichen Jugend.

Im Kontext der Restauration des Benediktinerordens ist auch die Wiedererrichtung der Zisterzienserinnenabtei Seligenthal in Landshut, ehemals Grablege und Hauskloster der Wittelsbacher, im Jahre 1835 zu sehen. Das seit 1232 nach der Regel des heiligen Benedikt und dem Rituale Cisterciense lebende Kloster war 1803 säkularisiert worden. Ludwig I. genehmigte die Neugründung mit der Auflage an die Schwestern, eine Schule zu eröffnen. Das Kloster wurde im Laufe der Zeit zu einem bedeutenden bayerischen Bildungszentrum und zum Ausgangspunkt mehrerer neuer Klostergründungen.[31] Ein ähnlicher Aufschwung blieb – wenigstens zunächst – dem schwäbischen Zisterzienserinnenkloster Oberschönenfeld versagt. König Ludwig I. genehmigte am 5. Juli 1836 die Neubegründung des 1211 gegründeten und 1803 säkularisierten Klosters lediglich als Priorat, das nunmehr dem Bischof von Augsburg unterstellt war, unter der Bedingung, dass die Schwestern sich dem Unterricht an einer „Industrieschule" widmen.[32]

Nichtmonastische Männerorden

Schon bevor Ludwig I. seine großangelegte Restauration des Benediktinerordens begonnen hatte, bemühten sich verschiedene religiöse Gemeinschaften, mit Berufung auf das Konkordat die Zulassung in Bayern zu erhalten. Die ersten dürften die Redemptoristen gewesen sein. Denn kaum war das Konkordat unterzeichnet, als auch schon der Generalvikar des Ordens, Klemens Maria Hofbauer, der den bayerischen Kronprinzen während des Wiener Kongresses kennen gelernt hatte, an diesen ein Bittgesuch richtete, in dem er mit Berufung auf das Konkordat um eine Niederlassung in Bayern nachsuchte, eine Bitte, der Ludwig als Kronprinz nicht nachkommen konnte.[33] Ein weiterer, von dem Münchener Erzbischof Anselm

Freiherr von Gebsattel unterstützter Versuch der Redemptoristen kurz nach Ludwigs Regierungsantritt scheiterte an den Bedenken des Innenministers Joseph Ludwig Graf von Armansperg, unter anderem deswegen, weil die Kongregation überhaupt noch nie in Bayern zugelassen war. Dazu kam, dass dem König eingeredet wurde, die von Alfons von Liguori gegründeten Redemptoristen seien verkappte Jesuiten, oder, wie der Münchener Nuntius Serrà Casano sich ausdrückte, „unter dem Mantel des seligen Alfonso sei die ganze Regel des heiligen Ignatius verborgen"[34].

Erfolgreicher waren die so genannten Mendikanten- oder Bettelorden, neben den Karmeliten und Augustinereremiten in erster Linie die Franziskaner und Kapuziner. Die letzteren hatten seit 1822 mit Hinweis auf Artikel VII des Konkordats die Regierung um die Erlaubnis zur Aufnahme von Novizen ersucht, „um der Religion, der Stütze der Staaten, wieder Aufnahme, Wachstum und Glanz zu verschaffen"[35]. Doch blieben die entsprechenden Eingaben zunächst ohne Erfolg, auch deswegen, weil sie von Seiten der Kurie, der andere Bestimmungen des Konkordats zunächst vorrangig erschienen, nicht unterstützt wurden.[36] Mit dem Regierungsantritt Ludwigs I. änderte sich die Situation. Fortan war der „Oberste Kirchen- und Schulrat" im Ministerium des Innern mit der Klosterrestauration betraut. Seit Januar 1826 verantwortlicher Leiter der Sektion und von 1828 bis 1831 Innenminister war der Sailerschüler Eduard von Schenk (1788–1841), der bereits am 20. September 1827 dem König eine Übersicht über die noch bestehenden Klöster vorlegen konnte, deren Restauration in Frage käme. Neben zahlreichen Frauenklöstern handelte es sich dabei vor allem um Klöster von Bettelorden, insbesondere im Untermainkreis.[37] Allerdings hatte es Eduard von Schenk mit seinem Vorgesetzten, dem Staatsminister von Armansperg (1787–1853), einem Mann, der noch immer den aufgeklärten Grundsätzen eines Montgelas huldigte, nicht immer leicht. So wollte dieser zwar die Zulassung der Karmeliten und Augustinereremiten genehmigen, nicht aber die der Franziskaner und Kapuziner, weil diese „unter allen Orden die gemeinsten wa-

religiöser Gemeinschaften im 19. Jahrhundert sich gewandelt hatte. Zeuge dafür ist kein Geringerer als Johann Nepomuk Ringseis, bewusster Katholik, Freund Sailers, Vertrauter des Königs und leitender Arzt im Allgemeinen Krankenhaus. Er fand es für notwendig, darauf hinzuweisen, dass die Schwestern mit den üblichen Frauenorden nichts zu tun hätten. Aus der Regel der Schwestern zitierte er zu deren Verteidigung: „Die barmherzigen Schwestern sind keine Klosterfrauen, sondern Jungfrauen, welche gehen und kommen, wie weltliche Personen."[85] Auch wies er darauf hin, dass die Schwestern von ihrer Regel ausdrücklich aufgefordert würden, selbst auf Gebetsübungen und die heilige Messe zu verzichten, wenn die Kranken sie benötigen, denn der Dienst an Kranken, Armen und Schwachen sei Dienst am Herrn.[86] So fand denn auch der bereits öfters genannte Fürst von Oettingen-Wallerstein für die Schwestern ein hohes Lob, weil sie den „aszetischen Uebungen nie den Vorzug vor den Werken christlicher Liebe" geben. Das „Walten der barmherzigen Schwestern", ihre „fromme Hingebung", ihre „Heiterkeit und heldenmüthige Begeisterung" verdiene Bewunderung.[87] Ähnlich dachte der König, der sogar in einem Gedicht seine Hochachtung für die Tätigkeit der Schwestern zum Ausdruck brachte:

Die barmherzigen Schwestern

Engel, die im irdischen Gefilde
Nur allein dem Wohl der Menschen leben,
Güte sind sie, sie sind Liebe, Milde
Haben sich den Leidenden gegeben.

Gott anbeten und die Kranken pflegen,
Ein ununterbrochenes Selbstverleugnen
Ist ihr Daseyn, keinen Wunsch sich hegen,
Sind sich gleich, was sich auch mag ereignen.

Nicht die Körper, die allein genesen,
Auch die Seelen ihr Bemühen rettet,
Sie verändern ganz des Menschen Wesen,
Lösen, was ihn an die Sünde kettet.

Endelos ihr gänzliches Entsagen,
Gehen dem Tode immerfort entgegen,
Unaufhörlich sie das Leben wagen,
Ueberall verbreitend Ruh' und Segen.

Heil'ge Jungfrau'n, Gottes muth'ge Schaaren,
Heldenhafter als des Krieges Helden;
Denn kein Ruhm, wie groß auch die Gefahren,
Ihre Todsverachtung wird vergelten.

Ihnen wird kein Lohn jemals auf Erden,
Was auch wären ihnen ird'sche Kronen!
Jenseits nur kann Lohn denselben werden,
Himmlisches sich bloß im Himmel lohnen.

Christus, Du nur kannst den Willen lenken,
Du nur kannst die Herzen so entzünden,
Daß, sich selbst vergessend, sie sich senken
Ganz in Liebe, die nicht zu ergründen.[88]

Auch die ersten Mitglieder der Kongregation der Schwestern „Unserer Lieben Frau von der Liebe des Guten Hirten", der aus dem von Jean Eudes gegründeten Orden „Unserer Lieben Frau von der Nächstenliebe" hervorgegangen war, kamen aus Straßburg, wo ihre Gemeinschaft seit kurzem eine Niederlassung hatte. Gründerin und Generaloberin der Gemeinschaft war Rose-Virginie (Ordensname Maria von der hl. Euphrasia) Pelletier (1796–1868), die das von ihr 1829 gegründete Kloster in Angers zum Mutterhaus einer neuen Kongregation gemacht hatte.[89] Die Generaloberin selbst hatte sich bei Ludwig I. um die Einführung ihrer Gemeinschaft verwendet, als deren Zweck angegeben wurde: „Besserung gefallener Mädchen, Frauen und Witwen und Bewahrung der jungen schutzlosen weiblichen Jugend vor Verführung". Der König genehmigte mit Erlass vom 13. Juli 1838 die Einführung. Doch stellte sich heraus, dass erst noch einige Hindernisse überwunden werden mussten, wobei das noch immer gültige Staatskirchenrecht eine nicht geringe Rolle spielte. Es zeigte sich nämlich, dass die Schwestern anders als die Vinzentinerinnen, die beim König und seinem Minister Oettingen-

Wallerstein von vornherein nicht als „Klosterverein" galten, nach ihren Konstitutionen Ewige Gelübde ablegen mussten, und zwar nicht erst nach dem 33. Lebensjahr, wie die Bestimmungen des Staates dies vorsahen. Erst nach zähen Verhandlungen, nachdem sowohl der König, der sich auf sein Gewissen berief, wie die Schwestern, Zugeständnisse gemacht hatten, konnte 1840 in der Münchener Vorstadt Haidhausen im „Preysing-Schlößchen" ein Institut der Schwestern eröffnet werden.[90] Bald darauf wurde mit dem Bau eines Institutsgebäudes und einer Kirche begonnen. 1845 beherbergte das Institut bereits 68 „Pönitentinnen", 78 Kinder in der „Bewahranstalt" und 40 Kinder im „Pensionat".[91]

Der dritte neue Frauenorden in Bayern war ein heimisches Gewächs und schon deswegen setzten sich nicht nur die Vertreter des Bayerischen Episkopats in Regensburg und München, sondern nach einigem Zögern auch der König für ihn ein. Es handelt sich um die Armen Schulschwestern,[92] den „einzigen großen Orden bayerischen Ursprungs",[93] den Karolina (Ordensname Maria Theresia) Gerhardinger (1797–1879) nach den pädagogischen Vorstellungen und im Geiste des frommen Regensburger Bischofs Michael Wittmann, versehen mit den Ordenssatzungen von Sebastian Job, im Jahre 1833 in Neunburg vorm Wald (OPf.), unterstützt von dem Priester und späteren Spiritual des Ordens Matthias Siegert (1804–1879) ins Leben rief.

Karoline Gerhardinger hatte zu den Lehramtskandidatinnen gehört, die nach den Plänen von Dompfarrer Michael Wittmann als katholische Lehrerinnen an die Stelle der 1809 von Montgelas aufgehobenen Chorfrauen von Notre Dame in Stadtamhof treten sollten. Sebastian Job, der am Kaiserhof in Wien tätig war, aber aus Neunburg vorm Wald stammte, hatte ihr und ihren gleichgesinnten späteren Mitschwestern durch finanzielle Unterstützung eine Bleibe ermöglicht. Fast jedoch wäre die Zulassung des Ordens am Einspruch des zuständigen Ministers von Oettingen-Wallerstein gescheitert. Dieser vertrat die Ansicht, dass nach Artikel VII des Konkordats klösterliche Institute, die sich nur dem Unterricht widmen, nicht vorgesehen seien, sondern nur

solche, die sich entweder der Krankenpflege oder aber dem Unterricht verbunden mit der Seelsorge widmen. Doch zeigte sich wieder einmal, dass die Klosterrestauration – und zwar nicht nur bei den Benediktinern – in Bayern ureigenste Angelegenheit des Königs war. Dieser genehmigte das Institut, wohl auch, weil sich seine Schwester, die österreichische Kaiserin, zur Fürsprecherin der Schwestern gemacht hatte, am 21. März 1833. Zusammen mit einem Geschenk von 1000 Gulden aus seinem Privatvermögen überreichte er zwei Tage später persönlich die Zulassungsurkunde. „Dem jungen Institut gehörte von dieser Zeit an die ganz besondere Teilnahme des edlen Monarchen, der es auch finanziell zu stützen wusste."[94] Und es blieb nicht bei der Spende des Königs. So organisierte die Gattin von Johann Nepomuk Ringseis in den ersten Jahren des Bestehens der Schulschwestern Sammlungen. „Ganze Frachtwagen von Geschenken", an denen sich auch die Familie des bekannten Professors Gotthilf Heinrich Schubert – eines Protestanten – beteiligte, gingen von München nach Neunburg.[95] 1843 wies dann der König den Schwestern das ehemalige Klarissenkloster Am Anger in München als Mutterhaus an.[96] 1845 zählte dieses Kloster bereits 27 Professschwestern und 40 Novizinnen. Dazu kamen weitere 25 Schwestern in der Münchener Diözese (Vorstadt Au, Freising, Lauterbach, Tölz, Wolfratshausen), 23 Schwestern in der Diözese Regensburg, 6 Schwestern in der Diözese Eichstätt. Die Schwestern waren schon bald in den verschiedensten Schulen von der Volkschule aufwärts, nicht nur in den Städten, sondern auch auf dem Land, als Lehrerinnen tätig. Mit Recht kann man von ihnen behaupten, dass sie wesentlich zum Aufbau eines geordneten Schulsystems in Bayern beigetragen haben Dazu kam die Betreuung von Waisenhäusern, „Kinderbewahranstalten" und Erziehungsheimen.

Wir haben uns etwas länger bei den drei in Bayern neu eingeführten Frauenkongregationen aufgehalten, auch deswegen, weil in ihrer Struktur und Zielsetzung erkennbar wird, dass die Wiederrichtung von Klöstern in Bayern nicht einfach ein Wiederanknüpfen an die Zeit vor der Säkularisation bedeutete. Doch sollten die

Frauenklöster nicht vergessen werden, die schon vor der Säkularisation bestanden und jetzt neu begründet wurden. Es waren relativ viele und manche derselben nahmen im Laufe des Jahrhunderts einen ungeahnten Aufschwung. Was jedoch vielfach übersehen wird, ist die Tatsache, dass es sich in der Regel auch bei diesen Klöstern nicht um eine Fortführung des Zustandes vor der Säkularisation handelte, sondern dass es – auch durch den Eingriff des Staates, was in Bayern trotz der oktroyierten Verfassung identisch war mit dem Willen des Königs – zu tiefgreifenden Reformen kam, die so weit gingen, dass es schwer fällt, eine Identität zwischen den Klöstern vor und nach der Säkularisation ausmachen zu können.

Als Musterbeispiel können die Dillinger Franziskanerinnen gelten.[97] Das Dillinger Kloster der regulierten Franziskanerinnen des III. Ordens, gegründet im Jahr 1241, ging auf die Anfänge der franziskanischen Bewegung zurück. Seit 1628 war es ein Kloster, das nur dem kontemplativen Leben gewidmet war. Der Augsburger Bischof, Kurfürst Klemens Wenzeslaus, hatte jedoch 1774 die Schwestern trotz ihres Widerstands verpflichtet, den Elementarschulunterricht zu übernehmen. Beginnend mit dem Reichsdeputationshauptschluss hatte dann die schrittweise Auflösung des Klosters begonnen, die vollendet wurde, als das Kloster 1805 zu Bayern kam.[98] Die Gemeinschaft wurde auf den „Aussterbeetat" gesetzt. Der Versuch der Schwestern, 1818 kurz nach Abschluss des Bayerischen Konkordats durch eine Bittschrift an die bayerische Königin Karolina die Wiederrichtung zu erreichen, scheiterte, ebenso ein weiterer Versuch im Jahre 1824. Erst als Ludwig I. die Regierung übernommen hatte – von den 20 Schwestern des Jahres 1805 lebten noch acht, davon waren nur noch fünf arbeitsfähig – änderte sich die Lage. Am 25. April 1827 genehmigte Ludwig I. „zum Zwecke des Unterrichts der weiblichen Jugend in den Elementar- und Industriegegenständen die Wiederherstellung des Klosters der Franziskanerinnen in Dillingen". Zugleich wurden die Schwestern dem Bischof von Augsburg unterstellt, hinsichtlich ihrer Tätigkeit aber den staatlichen Behörden. Neue Ordens-

statuten sollten erstellt werden, die den Bedürfnissen der Zeit entsprachen.[99] Ausgearbeitet wurden die neuen Konstitutionen von Kanonisten am Ordinariat Augsburg. Sie machten aus dem kontemplativen Orden einen Schulorden oder genauer eine Kongregation, die sich trotz Klausur und Gelübden nur mehr wenig von den neu entstandenen Kongregationen unterschied, auch wenn die Schwestern anfangs versuchten, die aktive Tätigkeit mit dem beschaulichen Leben und dem Chorgebet zu verbinden.

Bereits unmittelbar nach der Wiederherstellung des Dillinger Klosters meldeten sich die ersten beiden Kandidatinnen Anna Wille (1805–1881) und Clara Haselmayr (1808–1878). Nachdem sie die nötige Ausbildung erhalten hatten, konnten sie im Oktober 1828 ins Kloster einziehen. Am 22. Juni 1829 wurden sie eingekleidet. Am 4. Oktober 1830 legten sie die Profess ab. „Zum dankbaren Andenken an die allergnädigsten Wiederhersteller unseres heiligen Instituts" erhielten sie als Ordensnamen die Namen des bayerischen Herrscherpaares. Anna Wille hieß fortan Maria Ludovica, Clara Haselmayr Maria Theresia. Beide Schwestern haben später in führenden Positionen – Maria Theresia Haselmayr seit 1841 als Oberin der Kongregation – wesentlich zum Aufblühen der Gemeinschaft beigetragen.

In der Folgezeit nahmen die reformierten Dillinger Franziskanerinnen einen nicht vorhersehbaren Aufschwung. Einer der Gründe lag in der Tatsache, dass das von den Schwestern in Dillingen geführte Mädchenpensionat zu einer reichen Einnahmequelle wurde, da es nunmehr Sitte wurde, dass angesehene Bürger, Beamte und Offiziere ihre Töchter dort unterbrachten, um ihnen eine höhere Bildung angedeihen zu lassen.[100] Zu den ersten Filialklöstern in Höchstädt und Mödingen (im aufgehobenen, 1246 gegründeten Dominikanerinnenkloster Maria Medingen) kamen bald zahlreiche weitere Niederlassungen in ganz Bayern, ja die Dillinger Kongregation war dabei, über Bayern hinaus zu wachsen. Da jedoch den Schwestern von den staatlichen Behörden eine Gründung im „Ausland" untersagt wurde, konnte die Niederlassung in dem früheren Franziskaner-Tertiarinnenkloster Oggelsbeuren, 30 Kilometer südlich von Ehingen (Württemberg), nicht als Dillinger Filiale zustande kommen. Sie wurde 1854 zum Mutterhaus einer eigenen Kongregation, die sich 1860 im ehemaligen Sießener Dominikanerinnenkloster, unweit Saulgau, niederließ: die Sießener Franziskanerinnen. Sie blieben nicht die einzige württembergische Gründung, die ihre Wurzeln in Dillingen hatte. Tatsächlich standen Dillinger Franziskanerinnen auch an der Wiege zweier weiterer württembergischer Kongregationen, der Franziskanerinnen von Bonlanden und von Heiligenbronn.[101] Auch die 1853 gegründete Niederlassung in den Gebäuden der ehemaligen Propstei Au am Inn wurde zu einem selbständigen Mutterhaus. Oberin war seit 1854 Schwester Maria Ludovica Wille.

Mit der Zunahme an Niederlassungen und Mitgliedern vermehrte sich auch der Aufgabenbereich der Dillinger Franziskanerinnen. Zum Unterricht hinzu kam die Sorge um Kranke und Alte, um körperlich und geistig Behinderte, nachdem der Dillinger Professor und Regens Johann Evangelist Wagner (1807–1868)[102] den Schwestern dieses neue Betätigungsfeld eröffnet hatte. Erwähnt sei an erster Stelle die mit seiner Hilfe 1854 errichtete Taubstummenanstalt beim Mutterhaus in Dillingen, deren Anfänge bereits in das Jahr 1846 zurückreichen.

Ähnliche Probleme wie die Dillinger Franziskanerinnen hatten zahlreiche andere Frauenklöster, die von König Ludwig I. wieder errichtet worden waren. Fast alle wurden sie faktisch zu neuen Instituten oder es wurde zum mindesten von außen her entscheidend in die bisherigen Satzungen eingegriffen. Dies gilt für die Augsburger Franziskanerinnen von Maria Stern, die seit 1315 bis zu ihrer Aufhebung im Jahre 1804 ein rein beschauliches Leben geführt hatten, nun aber ihre Wiederzulassung (1828) nur erreichten, weil sie sich angeboten hatten, Schulunterricht zu übernehmen.[103] Es gilt in ähnlicher Weise von den ehemals streng klaustrierten Franziskanerinnen in Gnadenthal bei Ingolstadt (Wiederzulassung 1829)[104], von den Franziskanerinnen in Reutberg bei Bad Tölz (Eröffnung 1835)[105], von den sozialkaritativ ausgerichteten Franziskanerinnen in Mindelheim (Zulassung 1833)[106] und von den Franziskanerinnen in Kaufbeuren, denen die heilige Crescentia Höß (1682–1744) angehört hatte[107]. Seit 1831 durften die Schwestern in Kaufbeuren wieder Novizinnen aufnehmen. Sie unterrichteten sowohl katholische wie protestantische Mädchen und waren als Lehrerinnen auch bei den Nichtkatholiken sehr geschätzt.[108]

Und wie die Franziskanerinnen erkauften andere Frauengemeinschaften ihre Wiederrichtung um den Preis einer wesentlichen Veränderung ihrer Verfassung. So zum Beispiel die 1802 säkularisierten Dominikanerinnen von St. Ursula in Augsburg.[109] Das Kloster St. Ursula, das de facto als Aussterbekloster fortbestand, also keine Novizinnen aufnehmen durfte, wurde 1828 wieder begründet mit der Auflage, den Schulunterricht in zwei Augsburger Pfarreien zu übernehmen. Das Kloster, das bei seiner Wiederbegründung noch vier Schwestern zählte, konnte bereits 1839 ein Subpriorat in Donauwörth errichten. Außerdem konnte es schon bald gut ausgebildete Lehrschwestern zu den Dominikanerinnen nach Speyer und an das 1842 wieder errichtete Dominikanerinnenkloster in Wörishofen und später an weitere Klöster des Ordens schicken. Durch die Übernahme des Schulunterrichts sicherten sich so die Schwestern nicht nur ihre eigene Zukunft, sondern auch die anderer Klöster. Allerdings waren deren Veränderungen häufig beträchtlich, da vielfach die Übernahme des Unterrichts nur möglich war, wenn auch das ursprünglichen Ordensideal verändert wurde, so in Wörishofen, wo ein Dominikanerinnenkloster des strengeren beschaulichen Zweiten Ordens bestanden hatte, das nun Aufgaben des Dritten Ordens übernahm.[110]

Ein weiterer Orden, der sich den neuen Erfordernissen anpassen musste, waren die Servitinnen. Der streng kontemplative Orden war seit 1716 in München bei der Herzogspitalkirche ansässig. Mit der Auflage, das Alter für die Novizinnen auf 30 Jahre heraufzusetzen und eine Mädchenschule zu betreiben, durfte er seit 1826 wieder Novizinnen aufnehmen.[111] Weit weniger Schwierigkeiten hatten die Ursulinen, die sich immer schon der Mädchenerziehung gewidmet hatten. Das Aussterbekloster in

Landshut wurde 1826 wieder in ein ordentliches Kloster mit der Möglichkeit, Novizinnen aufzunehmen, umgewandelt. Eine weitere Niederlassung in Straubing wurde wieder gegründet.[112] Auch das niemals aufgehobene[113] Kloster der Schwestern in Würzburg war seit 1831 wieder voll anerkannt. Ähnliches wie von den Ursulinen gilt von den seit 1831 nach Dietramszell übersiedelten Salesianerinnen, die sich 1838 auch in Regenburg und später an anderen Orten in Bayern niederließen.[114]

Keine Probleme hinsichtlich ihrer Ordenssatzungen und ihres Ordenszwecks hatten auch die Elisabethinerinnen (Elisabethinnen). Die von Apollonia Radermecher (1571–1626) aus Aachen gegründete Ordensgemeinschaft war aus einer Gruppe von Frauen hervorgegangen, die sich den Kranken und Armen widmete, und hatte in gewisser Hinsicht die Entwicklung, die später von Frankreich her durch die Vinzentinerinnen nach Deutschland getragen wurde, bereits vorweg genommen. Durch Jahrhunderte hatte die Kongregation, angespornt vom Ideal der franziskanischen Bewegung und orientiert an der heiligen Elisabeth von Thüringen, den Dienst in Krankenhäusern versehen und sich als Trägerin der Frauenbewegung in der Kirche erwiesen.[115] Ihr Kloster in Azlburg bei Straubing konnte 1829 wieder eröffnet werden.[116] 1840 übernahmen die Elisabethinnen auch die Krankenpflege in Neuburg an der Donau.[117]

Beenden wir den Blick auf die Frauenorden mit dem Institut der Englischen Fräulein, das damals eine Sonderrolle spielte.[118] Denn das Institut, das kirchlich zwar anerkannt, aber nicht endgültig approbiert war, galt bei den staatlichen Stellen nicht als eigentlicher Orden und wurde deswegen in den Statistiken der Klöster meist nicht aufgeführt. Dennoch blieb es von der Säkularisation nicht völlig unberührt. Das Münchener Haus, in dem die Generaloberin residierte, wurde 1809 förmlich aufgehoben. Andere Klöster bestanden jedoch – zum mindesten de jure – weiter, doch war ihnen zunächst die Aufnahme neuer Mitglieder verboten. Die Sonderrolle des Instituts zeigte sich nun darin, dass das Augsburger Haus bereits 1816, also schon vor Abschluss des Konkordats, zwei Kandidatinnen aufnehmen durfte. Auch in den folgenden Jahren kam es in Augsburg zu Neuaufnahmen. Andere Niederlassungen (Mindelheim, Günzburg, Bamberg, Altötting) wurden von der Regierung bereits vor 1825 förmlich, wenn auch nicht als eigentliche Klöster, anerkannt. Mit dem Regierungsantritt Ludwigs I. kam es dann zur Neuaktivierung bzw. zur Neubesiedlung weiterer Häuser. Vor allem aber konnten die Schwestern nach München zurückkehren, wo ihnen der König 1835 im Nymphenburger Schloss eine Bleibe mit einem Erziehungsinstitut einrichten ließ. Wie sehr Ludwig I. die Schwestern am Herzen lagen, zeigt sich auch darin, dass er sich beim Heiligen Stuhl für ihre Anerkennung stark machte. Erstaunlich ist die Zunahme der Schwestern und ihrer Niederlassungen in Bayern. Obwohl man hätte glauben können, dass die neu entstandene Konkurrenz anderer Kongregationen, die sich der Lehrtätigkeit widmeten, das Wachstum des Instituts hätte beeinträchtigen können, war dies keineswegs der Fall. Im Gegenteil. Mehrere Klöster entwickelten sich sogar zu selbständigen Mutterhäusern mit zahlreichen Filialen. 1846 zählte die Gemeinschaft bereits wieder 230 Schwestern in 33 Niederlassungen.[119] In den folgenden Jahren kam es dann zu einer explosionsartigen Zunahme an Ordensberufen. So gehörten zur Altöttinger Kommunität 1846 30 Schwestern, 1879 waren es 160.[120]

Widerstände gegen die Klosterrestauration in Bayern

Obwohl in Bayern letztlich der Wille des Königs hinter den Klostergründungen stand, blieb dennoch die Kritik nicht aus. Außerhalb Bayerns erschienen die Gründungen vielen als besonders krasses Zeichen dafür, dass spätestens seit dem Amtsantritt des Ministers Karl von Abel und seit der Streitschrift „Athanasius" von Joseph Görres anlässlich des so genannten Kölner Ereignisses in Bayern der „Ultramontanismus" und „Jesuitismus" zum Zug gekommen sei. In einem 1841 und 1845 in zwei Bänden erschienenen Konversationslexikon konnte man lesen: „Das bayerische Concordat räumt dem Mönchtum einige Klöster ein, daraus sind bis jetzt an hundert geworden, und noch ist das Ende nicht abzusehen, und an diesem einen Beispiel kann man sehen, welche Anwendung die römische Curie von geringen Concessionen zu machen pflegt. In wenigen Jahren schien sie so glücklich in ihren geheimen Operationen zu seyn, daß sie glaubt, ohne Maske hervortreten zu können …"[121] Anderswo wurde betont, dies alles geschehe zu einer Zeit, wo in ganz Europa – Portugal, Spanien, Russland – die Klöster, diese „Nester der Finsterniß und Zügellosigkeit" aufgehoben würden.[122]

Auch in Bayern selbst fehlte es nicht an Gegnern der Klöster, nicht nur bei den liberalen Abgeordneten, sondern auch beim Säkularklerus, bis hin zu einem Mann wie Melchior von Diepenbrock.[123] Theologen und gebildete katholische Laien hatten noch lange Vorbehalte gegen das Wiedererstehen der Klöster. „Es ist begreiflich", schrieb 1839 ein streng katholischer geschichtskundiger Autor wie Max Prokop von Freyberg-Eisenberg (1789– 1851), der zugleich ein hoher Staatsbeamter war, „daß, wer die Klöster in ihrer früheren Ausartung[124] sich vor Augen stellt, für dieselben keine besondere Zuneigung fühlt; aber diese Klöster haben, ereilt von der gerechten Nemesis, aufgehört; es hat aufhören können, was in ihnen sterblich und vergänglich war; damit hat aber doch nicht der innere Lebenstrieb ein Ende finden können"[125]. Erhebliche Bedenken bestanden noch immer gegen Ordensgemeinschaften, die als undeutsch, den Aberglauben fördernd und staatsgefährlich empfunden wurden. Dies traf vor allem auf die Jesuiten und in geringerem Maße auf die Redemptoristen zu. Was die Jesuiten betrifft, war sich König Ludwig I. in seiner Abneigung einig mit zahlreichen katholischen Intellektuellen, nicht zuletzt mit dem späten Adam Möhler, der sich in seinen Münchener Vorlesungen 1837 entschieden gegen die Einführung der Jesuiten aussprach, die er als anachronistische Vertreter einer „verschollenen Zeit" ansah, die unmöglich „wohltätig in die neuere Zeit eingreifen" könnten.[126] Anders stand es mit den vom Monarchen geförderten Benediktinern, auch wenn Männer wie Oettingen-Wallerstein bei der Restauration dieses Ordens darüber wachten, dass in Scheyern und Metten ja nicht eine unaufgeklärte Askese von Patres „der sogenannten strikten Observanz" den

Auftrag des Ordens zur Wissensvermittlung und Erziehung verdunkelte.[127] Gleiches galt für die neuen religiösen Frauenkongregationen, die sich der karitativen Tätigkeit, der Kranken- und Armenpflege, der Erziehung und Sozialfürsorge widmeten. Sie galten nicht nur im Empfinden des bayerischen Königs, sondern auch des Volkes und bis hinein in die „aufgeklärte" Beamtenschaft und die liberalkonservative hohe Ministerialbürokratie von der Art eines Oettingen-Wallerstein, als Zeichen der neuen Zeit, die an die Stelle der übel beleumundeten weiblichen „Klostervereine" getreten waren.

Nirgends wurde die Ablehnung der Klosterrestauration, die sich im Grunde gegen den König selbst richtete, so deutlich wie in den Verhandlungen des Landtags, die sich in der Regierungszeit Ludwigs I. drei Mal ausführlich mit der „Klosterfrage" befassten, nämlich 1831, 1837 und vor allem 1846.

Im Jahre 1831 – es ist das Jahr der Julirevolution in Frankreich, die auch die französischen Klöster zu spüren bekamen – glaubten vor allem neubayerische und rheinpfälzische liberale Abgeordnete der Zweiten Kammer die Zeit dafür reif, dass Minister Eduard Schenk, dessen Handlungen „das Gepräge eines finsteren Geistes" tragen, abgelöst werde. Die Meinung sei allgemein, so der Abgeordnete Willich aus Frankenthal, „der Minister stehe mit diesem lichtscheuen, anticonstitutionellen Geiste, der uns aus dem gewonnenen Reiche des Lichts ins verlassene Reich der Finsternis zurückführen will, in engem Bunde".[128] Dies beweise unter anderem, wie mehrere Redner ausführten, „die unverantwortliche Wiederherstellung zu vieler Klöster" und „die Restauration der Bettelmönche". Auch nachdem Schenk bereits von seinem Amte entbunden war, diskutierte der Landtag weiter über die Klöster. Es zeigte sich dabei, dass die „überwiegende Mehrheit der Abgeordneten" von Klostergründungen nichts wissen wollte, denn die Klöster würden nach ihrer Ansicht „durchaus nicht mehr der Zeit entsprechen". Sie seien „Nester der Finsterniß" und „Asyle der Zügellosigkeit". Zu einer Änderung der königlichen Klosterpolitik führten jedoch diese Anwürfe auch unter dem Ministerium Oettingen-Wallerstein nicht.[129]

So wurde die Klosterfrage 1837 erneut Gegenstand der Landtagsverhandlungen. Mehrere in der Kammer der Abgeordneten eingereichte Anträge verlangten, es sei festzustellen, dass der Verpflichtung des Konkordats zur Errichtung von Klöstern Genüge getan sei. Mit anderen Worten, den Klostergründungen sollte ein Ende gemacht werden. Wenn allerdings wie schon 1831 die Dotation, also finanzielle Gründe, ins Feld geführt wurden, so lag ein Missverständnis vor. Tatschlich war bei keinem neugegründeten Kloster die Dotation – wie eigentlich vom Konkordat vorgesehen – aus der Staatskasse nötig gewesen, was die Zustimmung des Landtags erfordert hätte, vielmehr finanzierten sich diese Klöster entweder aus persönlichen Mitteln des Königs oder aus eigenen Mitteln. Wenn dennoch Staatsgelder in Ausgabenlisten aufschienen, so handelte es sich durchwegs nicht um Neugründungen, sondern um die niemals aufgehobenen Klöster im Untermainkreis oder in Regensburg, die auf Grund anderer Rechtstitel schon vor Geltung des Konkordats Anspruch auf diese Gelder hatten.[130] Doch die Redner, die sich gegen eine Dotierung aussprachen, kümmerte dies wenig. Ihnen ging es darum, dass möglichst gar keine Klöster in Bayern entstehen sollten. Ihre wirklichen Gründe hatten nichts mit erfüllten Konkordatsbestimmungen, sondern mit ihrem – keineswegs liberalen – weltanschaulichen Liberalismus zu tun. Sie richteten sich, wie sie selbst betonten, nach dem „Zeitgeist", der „die Klöster nicht mehr aufkommen lassen wird".[131] Wie schon 1831 zeigte sich nun bei den Abstimmungen, dass die Abgeordnetenkammer in der Mehrheit gegen die Klöster war. Die eingereichten Anträge wurden angenommen und an die Erste Kammer der Reichsräte weitergereicht. Hier erhielten sie jedoch nicht die nötige Mehrheit.

Die dritte Klosterdebatte im Landtag folgte 1846. Sie ging dieses Mal ausgerechnet von der Ersten Kammer aus, die bisher immer die Klosterpläne des Königs befürwortet hatte. Einer der Gründe für die äußerst hitzige Debatte war die Person des Ministers Karl von Abel, dem von liberaler Seite angelastet wurde, dass seit seiner Regierung in Bayern die rückschrittlichen Kräfte zum Sieg gekommen seien,[132] auch deswegen, weil er zahlreiche Klostergründungen befürwortet hatte. Und es war Abel gewesen, der die Berufung der Redemptoristen betrieben hatte, von deren finsteren Machenschaften die Presse seither zu berichten wusste, hatten sie doch bei ihren Volksmissionen angeblich damit begonnen, den längst überwunden geglaubten „ultramontanen" Aberglauben neu zu beleben.[133]

Im Dezember 1845 beklagte sich der Reichsrat Karl Theodor Fürst von Wrede, der älteste Sohn des langjährigen politischen Beraters des Königs, Karl Philipp Fürst von Wrede, ein scharfer Gegner Karl von Abels, in der Ersten Kammer über die „unmäßige Errichtung und Vermehrung der Klöster jeder Art, mit welchen das Land… überschwemmt worden ist".[134] Damit löste er eine Klosterdebatte in beiden Kammern aus, in der mit bisher unbekannter Heftigkeit das Für und Wider der Klostergründungen diskutiert wurde. Dass ausgerechnet der liberal-konservative Gegner Abels, Fürst von Oettingen-Wallerstein, der bei den Landtagsdebatten in scharfen Worten die Bestrebungen des „Ultramontanism" in Bayern zurückwies, sich zum Anwalt der bestehenden Klöster machte – auch wenn er wie Ludwig I. die Jesuiten ablehnte und wie dieser den Redemptoristen kritisch gegenüber stand –, zeigt, dass zum mindesten bei einigen liberal-konservativen Katholiken ein gewisser Mentalitätswandel erfolgt war. Klöster, die nur der Kontemplation, der Aszese oder gar – wie dies den Redemptoristen nachgesagt wurde – der angeblichen Verbreitung „abergläubischer Lehren" dienten, lehnten auch viele Katholiken nach wie vor entschieden ab, sie waren jedoch gleichzeitig der Ansicht, dass die neuen in Bayern errichteten Klöster – vielleicht abgesehen von denen der Redemptoristen – nicht zu dieser Kategorie zählten.[135]

In einem allerdings stimmte zum Mindesten die Mehrzahl der Abgeordneten in beiden bayerischen Kammern, angeführt von Oettingen-Wallerstein im Jahre 1846, überein, nämlich darin, dass man in Bayern nunmehr keine weiteren Klöster mehr brauche. Sie waren der Ansicht, die Verpflichtungen des Konkordats zur Errichtung einiger Klöster „zu Zwecken des Unterrichts und der Seelsorge wie Krankenpflege" seien zur vollen Genüge erfüllt. Mehr noch, sie forderten – mit Blick auf die Jesuiten – die Krone auf, sie möge keine geistliche Genossenschaft in Bayern zulassen, die geeignet erscheine, „den religiösen Frieden irgendwie zu gefährden".[136] Nun war es der König, der allen Debatten ein Ende machte und wieder einmal zu erkennen gab, die Errichtung oder Nichterrichtung von Klöstern sei ganz allein seine persönliche Angelegenheit. Mehr noch, er gab zu verstehen, dass die an die Krone gerichteten Anträge der Kammern eine unzulässige Einmischung in seine königlichen Rechte darstellten. Wie schon früher bei anderen Anlässen[137] wies er die Behinderung seiner Klosterpläne scharf zurück. Nicht nur, dass er den Anträgen der Abgeordneten nicht nachkam, er gab ihnen auch klar zu verstehen, dass sie ihre Befugnisse überschritten hätten.[138]

So entstanden auch in der Folgezeit zahlreiche neue Klöster, darunter bereits 1846 ein weiteres Dominikanerinnenkloster im Gebäude des ehemaligen niederbayerischen Augustiner-Eremitinnenklosters in Niederviehbach,[139] das der König ursprünglich den Frauen vom Guten Hirten zuweisen lassen wollte,[140] sowie ein zweites Kloster jenes Ordens, der in den Kammerdebatten in die Nähe der gefährlichen Jesuiten gerückt worden war, der Redemptoristen.[141] Und sogar für ein drittes beschauliches Frauenkloster wurde – nach dem Kloster der Zisterzienserinnen in Niederschönenfeld (1841) und dem wieder erstandenen Konvent der Birgittinnen in Altomünster (1841)[142] – in diesem Jahre die Existenz garantiert: für die Gemeinschaft der Unbeschuhten Karmelitinnen, die sich im 1804 aufgehobenen Zisterzienserinnenkloster Würzburg-Himmelspforten niederlassen konnten.[143] Die Kritik an den Klöstern verstummte jedoch nicht völlig. Insbesondere in der linksrheinischen bayerischen Pfalz gab es erhebliche Widerstände gegen die Errichtung von Klöstern.[144] So mühte sich Schwester Maria Theresia Gerhardinger seit 1838 vergeblich um die Einführung des Ordens in der Pfalz.[145] In den Jahren 1846 und 1847 sprach sich der Landrat der Pfalz (eine Institution vergleichbar dem heutigen Bezirkstag) sowohl gegen die Einführung der Barmherzigen Schwestern wie der Armen Schulschwestern aus, weil sie wegen

der konfessionellen Verhältnisse in der Pfalz für diese nicht geeignet seien.[146]

Die neue Klosterlandschaft im Jahre 1846

Der Argwohn König Ludwigs I. gegenüber den Jesuiten und Redemptoristen bildete eine Ausnahme. Aufs Ganze gesehen brachten die ersten zwanzig Regierungsjahre Ludwigs I. eine Vielzahl neuer Klostergründungen der verschiedensten Orden und Kongregationen, darunter auch solcher, die vor der Säkularisation in Bayern nicht eingeführt waren oder überhaupt noch nicht bestanden hatten. Im Jahre 1846 gab es in Bayern 23 geistliche Orden und Kongregationen: neun männliche, nämlich Benediktiner, Augustiner, Karmeliten (beschuhte und unbeschuhte), Franziskaner, Kapuziner, Minoriten, Redemptoristen, Barmherzige Brüder, sowie vierzehn weibliche, nämlich Augustinerinnen, Benediktinerinnen, Clarissen, Dominikanerinnen, Zisterzienserinnen, Arme Schulschwestern, Englische Fräulein, Franziskanerinnen, Servitinnen, Ursulinen, Barmherzige Schwestern, Elisabethinnen, Frauen vom Guten Hirten, Birgittinnen. Diese Gemeinschaften verteilten sich auf 132 Ordenshäuser (Stifte, Priorate, Klöster, Hospize, Exposituren usw …), davon 58 Männerklöster mit insgesamt 670 Mitgliedern, sowie 75 Frauenklöster mit insgesamt 1093 Mitgliedern.[147] Fragt man nach der Verteilung der Klöster in den einzelnen Diözesen, so steht bei den Männerorden Würzburg mit 15 Niederlassungen an erster Stelle, gefolgt von Augsburg mit 10 Niederlassungen; an letzter Stelle steht Speyer mit dem 1844 in Oggersheim errichteten und von Ludwig I. dotierten Kloster der Minoriten. Bei den Frauenorden steht die Diözese München und Freising mit 19 Klöstern, davon 12 in der Stadt München, an der Spitze. Die zweite Stelle nimmt die Diözese Regensburg mit 14 Klöstern ein. Das Schlusslicht bildete wiederum die Diözese Speyer mit dem 1826 wieder errichteten Speyrer Dominikanerinnenkloster.[148]

Doch nicht nur die Zahl der bayerischen Ordensniederlassungen erscheint bemerkenswert. Was tatsächlich die Klosterrestauration in Bayern bedeutete, erfährt man erst, wenn man die einzelnen Orden und Kongregationen nach ihrem Ordenszweck, ihrer rechtlichen Struktur und ihren hauptsächlichen Aufgaben – und zwar sowohl vor wie nach der Säkularisation – befragt. Nach einer Statistik aus dem Jahre 1846 sollen vor der Säkularisation neben 315 Männerklöstern 76 Häuser weiblicher Orden auf dem Gebiet des späteren Bayern bestanden haben, davon seien 61 Häuser dem beschaulichen Leben gewidmet gewesen, nur zwei Häuser (der Elisabethinnen) hätten sich der Krankenpflege gewidmet, 16 dem Unterricht und der Erziehung der weiblichen Jugend. Dazu kamen 7 Institute der Englischen Fräulein, die damals noch nicht als eigentliche Klöster galten. Von den jetzt bestehenden 75 Frauenklöstern jedoch widmeten sich alle, mit einer einzigen Ausnahme, dem Unterricht der Jugend, dem Krankendienst und der „sittlichen Besserung gefallener Personen".[149]

So war innerhalb von wenigen Jahrzehnten in Bayern eine völlig neue Klosterlandschaft entstanden, die weit bunter und vielfältiger war als diejenige vor der Säkularisation. Zahlreiche Klöster alter Orden waren allerdings nicht wieder errichtet worden. Dies gilt vor allem für die Frauenklöster, die sich dem beschaulichen Leben gewidmet hatten. Aber auch Männerklöster mit einer alten Tradition verschwanden aus der Klosterlandschaft Bayerns, auch solche, die sich, ganz im Sinne des Konkordats der Pflege der Wissenschaft, auch der modernen Naturwissenschaften, gewidmet hatten. Dies gilt insbesondere für die Stifte der Augustinerchorherrn und Prämonstratenser,[150] deren Mitglieder in der so genannten Akademiebewegung des 18. Jahrhunderts eine entscheidende Rolle gespielt hatten[151] und darum eigentlich berufen gewesen wären, den Wünschen des Konkordats entsprechend in Bayern erneut zu wirken. Und auch bei weitem nicht alle ehemaligen Benediktinerklöster wurden wieder von Benediktinern besetzt, wohl aber zogen im Laufe der Zeit in ehemalige alte Klöster neue Genossenschaften ein, die von ihrer Struktur und Zielsetzung her mit dem eigentlichen mönchischen Leben wenig zu tun hatten.[152]

Dass es dennoch in Bayern zur Wiederbelebung der alten monastischen Tradition kam, ist Ludwig I. zu verdanken, wobei allerdings der König den von ihm gestifteten Benediktinerklöstern ausdrücklich Betätigung in Schule und Unterricht zur Auflage machte. Ähnliches gilt auch für die kontemplativen Zisterzienserinnen von Niederschönenfeld. An die Seite der alten Orden aber traten nun Ordensgemeinschaften und Kongregationen, die sich nicht so sehr als Institute für die Selbstheiligung verstanden, sondern sich wenigstens nach außen hin von ihren aktiven Funktionen in Gesellschaft und Kirche her definierten. Von den bayerischen 59 Männerklöstern waren 1846 neun mit dem Unterricht der Jugend befasst, zwei (die der Barmherzigen Brüder) mit der Krankenpflege, 48 mit der Seelsorgsaushilfe. Von den 75 weiblichen Klöstern waren 53 für Unterricht und Erziehung errichtet worden, 19 für die Krankenpflege. Lediglich das Birgittinnenkloster in Altomünster (wieder errichtet 1841) mit insgesamt 17 Schwestern, das auf eine staatliche Dotation verzichtete, war dem rein kontemplativen Leben gewidmet.[153]

Dass sich anders als vor der Säkularisation, sieht man von der Seelsorgsaushilfe und der Abhaltung von Volksmissionen ab, die Klöster – und hier besonders die religiösen Frauengemeinschaften – fast ausschließlich der Erziehung und der Krankenpflege widmeten, lag freilich weniger an den Bestimmungen des Konkordats und auch nicht allein daran, dass der König kein Freund rein kontemplativer Orden war, als vielmehr in erster Linie an einem allgemeinen Trend, der sich auch außerhalb Bayerns feststellen lässt.[154] Zu beantworten bleibt die Frage, woher die Umorientierung im Verständnis des klösterlichen Lebens bei den Frauen kam, die zu einer völlig veränderten Klosterlandschaft in Bayern führte. Zwei Ursachen können genannt werden. Zum einen suchten die neuen Frauenorden – neben einigen Männerorden wie den Barmherzigen Brüdern und Schulbrüdern – auf neue Bedürfnisse und Anforderungen Antworten aus dem christlichen Glauben zu geben. Dazu gehörte die allgemeine Schulbildung, die im Gefolge der Aufklärung zur Norm wurde, genauso wie die nun auch vom Staat geförderte intensive Wohlfahrtspflege, wobei die Anfänge, etwa bei der Waisenerziehung, bis in das Ende des 17. Jahrhunderts zurückreichten.[155]

Die zweite Ursache ist in einer veränderten Sicht des klösterlichen Lebens zu sehen. Den jungen Frauen, die jetzt in eine Kongregation eintraten, ging es gewöhnlich nicht zuerst darum, sich aus der Welt und der Gesellschaft zurückzuziehen, sondern ganz im Gegenteil darum, in die Gesellschaft hinein zu wirken und sie so mitzugestalten.[156] Und diese Wirksamkeit verstanden sie zum einen, was dem wieder entdeckten karitativen Auftrag der Kirche entsprach,[157] als sozialen und erzieherischen Dienst an Kranken und Armen, an Schülern und Jugendlichen, zum andern aber auch im Sinne einer Art Seelsorge mit dem Ziel der Verchristlichung oder Rechristianisierung der Gesellschaft. Wenn Ludwig I. in seinem Gedicht über die Barmherzigen Schwestern hervorhob, sie kümmerten sich nicht nur um die Heilung des Körpers, sondern auch um die der Seele und um das ganze Wesen der Menschen, so hat er damit etwas zum Ausdruck gebracht, was sich auch in den Konstitutionen der neuen Frauenkongregationen und in den neuen Satzungen wieder hergestellter alter Orden findet. Es ging ihnen um die „Erweckung eines christlichen Lebens".[158] Damit hatte sich das Berufsbild der katholischen Ordensschwestern von Grund auf geändert. Man kann in dieser Entwicklung, wie dies heute geschieht, durchaus eine Form von Frauenemanzipation in der Kirche, darüber hinaus in der Gesellschaft überhaupt sehen[159] und wird daher der Ordenshistorikerin Relinde Meiwes zustimmen können, wenn sie feststellt: „Die Kongregationen boten qualifizierte Tätigkeiten an, die Frauen in der bürgerlichen Welt sonst kaum ausfüllen konnten. Sie hatten einen wesentlichen Anteil an der Entwicklung von Berufen für Frauen."[160]

Mehr noch: Wenn der französische Religionshistoriker Claude Langlois mit Blick auf die zahlreichen neuen Frauenkongregationen des 19. Jahrhunderts und ihre Wirksamkeit im sozialen Dienst, am Krankenbett, in der Vermittlung einer religiösen Bildung und der Weitergabe christlicher Wertvorstellungen davon spricht, dass die Religion in Frankreich im 19. Jahrhundert sich feminisiert

habe,[161] so gilt dies mit gewissen Einschränkungen auch für Bayern. Mit Einschränkungen deshalb, weil durch die Restauration der Benediktinerklöster durch Ludwig I. das männliche und traditionell monastische Element in Bayern relativ stark geblieben war. Fasst man vollends die von Ludwig I. mit großem Engagement geförderte Tätigkeit bayerischer Ordensleute bei der Betreuung deutscher Einwanderer in Nordamerika ins Auge, so scheint das Charakteristikum dieser Tätigkeit nicht so sehr Feminisierung zu sein, als vielmehr die enge Zusammenarbeit alter und neuer Männer- und Frauenorden, insbesondere der bayerischen Schulschwestern mit den bayerischen Benediktinern und Redemptoristen, ein Modell, das über die „Feminisierung" religiöser Erziehungsarbeit hinausweist.[162] Für Bayern selbst fehlen allerdings entsprechende Untersuchungen. Dass König Ludwig zudem auch rein kontemplativen Frauenorden die Tür nicht völlig verschloss, sollte nicht vergessen werden. Nicht zuletzt damit sprengte seine Klosterrestauration den durch den Trend der Zeit vorgegebenen Rahmen.

Erneute Kritik an den Klöstern (1848–1852)

Die Kritik an den Klöstern lebte in Bayern erneut auf im Revolutionsjahr 1848, als man auch hier von zahlreichen Klosterstürmen im Ausland lesen konnte. Wirklich getroffen hat es jedoch nur die Redemptoristen in Altötting, die seit ihrer Einführung von liberalen Kreisen immer wieder wegen ihrer Seelsorgsmethoden heftig kritisiert worden waren. Es kam zum Beschluss, das Kloster aufzulösen. Treibende Kraft dabei dürfte der noch einmal zum Minister avancierte Fürst von Oettingen-Wallerstein gewesen sein. Bereits bei den Landtagsdebatten des Jahres 1846 hatte er die Redemptoristen in die Nähe der Jesuiten gerückt. Jetzt als Minister drängte er auf Beseitigung des Ordens, in dem er „die Seele der ultramontanen und jesuitischen Partei" sah.[163] Die Möglichkeit hierzu ergab sich, wie mehrere glaubhafte Quellen beweisen, im Zusammenhang mit der so genannten Lola-Montez-Affäre. Dem König soll nämlich hinterbracht worden sein, dass die Altöttinger Redemptoristen gegen ihn wegen seiner Beziehung zu der übel beleumundeten Lola Montez in der Bevölkerung Stimmung gemacht hätten und als die Drahtzieher hinter dem Ministerprotest vom 11. Februar 1848 gestanden wären. Wie immer dem gewesen sein mag, sicher ist, dass der König am 17. Februar die Ministerialentschließung zur Auflösung des Altöttinger Klosters unterschrieb. Am gleichen Tag schrieb er seinem Sohn Maximilian: „Nachdem ich bereits im letzten oder vorletzten Monat schon angeregt, ob nicht die Redemptoristen aufhören sollten in Bayern, beschloß ich gestern im Ministerrate die Schließung ihres Collegiums (mit Lust verfügte ich solches). Sie sind der Jesuiten Vorhut."[164]

Ein Bruch des Königs mit seiner bisherigen Klosterpolitik war dies allerdings nicht. Ganz im Gegenteil. Der König, der immer betont hatte, die Redemptoristen seien ihm „beigebracht" worden und sie möchten sich wohl hüten, Ansichten zu vertreten, „wie weiland die Jesuiten",[165] verband nämlich mit der Auflösung des Redemptoristenkonvents den Wunsch, dass in Altötting eine Benediktinerabtei errichtet werden solle, für deren Dotation er aufkommen würde.[166] Das lag ganz auf der bisherigen Linie des Königs bei seiner Klosterrestauration. Die politischen Ereignisse des Jahres 1848, nicht zuletzt die Abdankung des Königs, ließen jedoch diese Beschlüsse nie zur Ausführung kommen,[167] und es war ausgerechnet der als „liberal" geltende Maximilian II., der gegen das tatsächliche Fortbestehen der Redemptoristen in Bayern nichts einzuwenden hatte.[168] Später stellte dann die bayerische Regierung fest, die Redemptoristen hätten, seit sie durch „Landeskinder" ergänzt worden seien, ihre anfänglichen Absonderlichkeiten abgelegt und unterschieden sich durch nichts von anderen in Bayern zugelassenen Orden wie den Franziskanern oder Kapuzinern,[169] ein Urteil, das sicher auch darin begründet war, dass die bayerischen Redemptoristen in mehreren Predigtreformen sich bemüht hatten, ihre Predigtweise den veränderten Verhältnissen anzupassen.[170] Als dann zu Beginn des Kulturkampfes die Redemptoristen als Affiliierte der Jesuiten aus Deutschland verwiesen werden sollten, war

es ausgerechnet der Vertreter Bayerns, der sich gegen diesen Beschluss wandte.[171] Und wiederum war es die bayerische Regierung, die seit 1892 die Rückkehr der Redemptoristen ins Deutsche Reich betrieb. Mit Erfolg. 1894 bereits konnten sie nach Bayern und wenig später in das übrige Deutsche Reich zurückkehren.[172]

Kurz nach der Abdankung Ludwigs I. gerieten die von ihm hoch geschätzten Barmherzigen Schwestern ins Visier, die nun in der Presse und in Broschüren angegriffen wurden. Es hieß, sie würden in den Krankenhäusern, in denen sie tätig seien, alle Kompetenz, bis hin zur Anstellung der Ärzte zum Schaden der medizinischen Versorgung der Patienten an sich reißen, sie würden die Kranken durch Animierung zum Beten und Fasten belästigen und die Krankenpflege nur als Nebensache betrachten. Im übrigen seien sie dem Jesuitenorden affiliiert. Von den Verteidigern der Schwestern wurden diese Vorwürfe zurückgewiesen.[173]

Was die Armen Schulschwestern anlangt, so dauerten die Probleme in der Rheinpfalz an. Als dann endlich durch die Initiative König Max' II. 1852 freie Bahn geschaffen war, mangelten die Mittel zu einer großangelegten Neugründung. So griff der Speyerer Bischof Nikolaus von Weis auf einen bereits früher erwogenen Plan zurück. An das Dominikanerinnenkloster St. Magdalena in Speyer wurde 1852 eine Anstalt für Schulschwestern angegliedert. Als selbständige „Arme Schulschwestern vom Dritten Orden des heiligen Dominikus ohne Klausur" kamen die Schwestern in der Pfalz fortan den gleichen Aufgaben nach wie die Schulschwestern der Mutter Maria Theresia Gerhardinger im übrigen Bayern.[174] 50 Jahre nach seiner Gründung zählte das neue Schwesterninstitut bereits 137 Professschwestern und 17 Novizinnen in 24 Niederlassungen.[175]

Doch noch waren die Probleme in der Pfalz nicht gelöst, als erneut Schwierigkeiten für die Armen Schulschwestern auftraten, die das Bestehen der Gemeinschaft ernsthaft bedrohten. Die Gefahr kam von einer Seite, von der man sie nicht erwartet hätte, vom Münchener Erzbischof und späteren Kardinal Karl August Graf von Reisach. Diesem waren seit seinem Amtsantritt im Jahre

1847 der Einfluss der Generaloberin Schwester Maria Theresia Gerhardinger und ihre Befugnisse über die Grenzen der Diözese hinweg ein Dorn im Auge. Kurzer Hand setzte er am 22. April 1852 die Generaloberin ab, drohte ihr mit der Exkommunikation, ersetzte die Regel der Kongregation durch andere Satzungen und übernahm selbst die Leitung des Instituts. Außerdem ordnete er an, dass die Klöster in anderen Diözesen vom Münchener Mutterhaus abgetrennt werden sollten. Tatsächlich wurden die Niederlassungen der Schwestern in Rottenburg (Württemberg)[176] und in Hirschau (Böhmen) zu selbständigen Mutterhäusern erklärt und einem Direktor unterstellt. Der Widerstand der Schwestern, die sich nach Rom wandten, hatte jedoch Erfolg, nicht zuletzt deswegen, weil sie in ihrem Anliegen von zahlreichen deutschen Bischöfen, insbesondere dem Passauer Bischof Heinrich von Hofstätter, aber auch von Ludwig I. und seinem nunmehr regierenden Sohn Maximilian II. unterstützt wurden. Am 23. Januar 1854 erklärte Rom die ursprüngliche Verfassung der Kongregation für rechtens; Schwester Theresia wurde Generaloberin auf Lebenszeit.[177]

Die genannten Bespiele zeigen, dass trotz des ungeahnten Aufschwungs des klösterlichen Lebens in Bayern die Errichtung von Klöstern im 19. Jahrhundert nicht etwas Selbstverständliches war. Sieht man ab von dem zuletzt genannten Fall, wo ein kurzsichtiger Bischof fast eine blühende Ordensgründung zerstört hätte, so gründeten die Widerstände – auch unter katholischen Akademikern und im katholischen Bürgertum – in einem weitverbreiteten Vorurteil gegen das Klosterleben, ein Vorurteil, das zweifellos seine Wurzeln in den Ideen der Aufklärung und in der nicht nur positiven Erfahrung mit Klöstern vor der Säkularisation hatte. Man akzeptierte die Klöster nicht mehr als selbstverständliche Lebensform im Dienst der Selbstvervollkommnung. Man sah vielmehr in ihnen vielfach Zentren der Bigotterie und des Rückschritts und fürchtete, dass ihre Mitglieder auch den Krankendienst zur Proselytenmacherei missbrauchten.[178]

Die Orden selbst – und hierin lag der große Unterschied zum 18. Jahrhundert – taten alles, solche Vorurteile zu zerstreuen und sich als zeitgemäß zu präsentieren. Auch in der kirchlichen Presse suchte man den Nutzen der Klöster herauszustellen. Ob die Begründungen immer glücklich waren, kann bezweifelt werden, etwa wenn allen Ernstes festgestellt wurde, die Klöster mit ihren zölibatären Mönchen und Nonnen seien notwendig, um eine drohende Überbevölkerung zu verhindern.[179] Mehr Eindruck machte es sicher, wenn die Tätigkeit der Schwestern in Krankenhäusern als nützlich für die Gesellschaft und ihren Fortschritt dargestellt und aufgezeigt wurde, dass Ordensfrauen keine faulen Müßiggängerinnen seien – ein Vorwurf, der früher gang und gäbe war –, sondern sich durchaus an dem modernen bürgerlich-aufgeklärten Leistungsprinzip messen lassen konnten.[180]

Weitere Entwicklung (Ausblick und Bilanz)

Mit dem Ende der Regierungszeit Ludwigs I. endete auch die erste große Phase der Klosterrestauration in Bayern. Vorüber war die Zeit, da der Herrscher persönlich und mit Mitteln aus seiner Privatkasse die Errichtung von Klöstern vorantrieb und den „teutschen" Benediktinern seine besondere Gunst erwies. Wenn jedoch gesagt wurde, dass die „klosterfeindliche Politik Bayerns nach dem Abtreten Ludwigs I. ihre Fortsetzung gefunden hat", so passt eine solche Behauptung zwar zu dem einseitigen Bild von Maximilian II. als eines „liberalen" Königs, der in kirchlichen Dingen ganz „unter dem Einfluss seiner ,Nordlichter' in Kabinett und ministerialen Ämtern" gestanden habe,[181] sie wird aber der Entwicklung des klösterlichen Lebens in Bayern nach 1848 genau so wenig gerecht wie der komplexen Persönlichkeit des Königs.[182] Von einer „klosterfeindlichen Politik" Max' II. wird man jedenfalls nicht reden können, sieht man davon ab, dass er wie sein Vater grundsätzlich keine Gründungen der Jesuiten – wohl aber Volksmissionen derselben – zuließ.[183] Viele der unter Ludwig I. in Bayern zugelassenen Männer- und Frauenorden erlebten unter Max II. und auch noch in den folgenden Jahren eine Blütezeit. Und selbst die Redemptoristen in Altötting wurden wieder zugelassen. Der König und der zuständige Minister, der Protestant Friedrich von Ringelmann, sprachen sich voll Achtung über den Orden aus.[184] Während der Regierungszeit Maximilians entstanden sechs neue Redemptoristenklöster in Bayern. 1858 zog der Orden in das ehemalige Augustinerchorherrenstift in Gars am Inn ein.[185]

Ähnliche Entwicklungen lassen sich bei den übrigen in Bayern existierenden Männerorden nachweisen. 1902, also etwa hundert Jahre nach der Säkularisation, waren laut Statistik die Klöster der in Bayern seit der Restauration Ludwigs I. bestehenden Männerorden auf 100 mit etwa 1850 Mitgliedern angewachsen. Seit 1846 hatte sich also die Zahl der Klöster fast verdoppelt, die der Ordensmitglieder nahezu verdreifacht. Von den Klöstern entfielen 1902 auf die Augustinereremiten 4 Klöster (87 Mitglieder), die Barmherzigen Brüder 13 (194), die Benediktiner (einschließlich der Missionsbenediktiner in St. Ottilien) 11 (457), die Franziskaner 27 (339), die Kapuziner 24 (443), die unbeschuhten Karmeliten 5 (84), die beschuhten Karmeliten 4 (37), die Minoriten 5 (72), die Redemptoristen (die mehrere Niederlassungen während der Verbannung aus dem Deutschen Reich aufgeben mussten) 7 (112).[186] Dazu kamen 25 in der Diözese Regensburg lebende Einsiedler, die 1842 vom Regensburger Bischof Valentin Riedl rechtlich als eine lose religiöse Gemeinschaft organisiert worden waren.[187] Auffällig ist, dass nach wie vor in der Pfalz nur ein einziges Männerkloster, nämlich das der Minoriten in Oggersheim, mit insgesamt sechs Mitgliedern, bestand.[188] Ein Kloster fehlt in den offiziellen Statistiken, nämlich das des einzigen Männerordens, der unter Ludwig I. noch nicht in Bayern ansässig war: die Niederlassung des Missionsordens der Missionare vom Kostbaren Blut in Baumgärtle bei Breitenbrunn (Schwaben). Dort hatte 1871 während des Kulturkampfes ein Pater des Ordens aus Trois-Épis (Drei Ähren) im Elsass Unterschlupf gefunden, der nun die vor der Säkularisation von Franziskanern betreute Wallfahrt versorgte und damit den Grundstein zur Niederlassung seiner Kongregation in Bayern legte.[189]

Noch deutlicher wird der Aufschwung des klösterlichen Lebens, wenn man einen Blick auf die Entwicklung der Frauengemeinschaften wirft, wobei neben dem explosionsartigen Anstieg der neuen Klöster und der Mitgliederzahlen ein besonderer Aspekt des „Kongregationsfrühlings" noch stärker ins Auge fällt als in der ersten Jahrhunderthälfte. Es ist die Konzentrierung der Schwesterngemeinschaften, und hier vor allem der neugegründeten Kongregationen auf die karitative und soziale Tätigkeit. Mit anderen Worten, das Ideal der Barmherzigen Schwestern, ihr Leben in den Dienst der Armen und Kranken zu stellen, machte Schule. Eine Reihe von Frauenkongregationen entstanden nun in Bayern, die sich den Schwächsten in der Gesellschaft zuwandten, den Blinden und Taubstummen, den körperlich und geistig Behinderten. Zu nennen sind besonders die von Dominikus Ringeisen (1835–1904) gegründeten Josephsschwestern, auch „Ursberger Schwestern" genannt (Franziskanerinnen des III. Ordens). Ringeisen, ein eifriger, sozial engagierter Seelsorger, eröffnete 1884 in dem ehemaligen Prämonstratenserstift Ursberg bei Krumbach (Schwaben) ein Heim für geistig behinderte Jungen und Männer, zu denen bald auch Blinde, Taubstumme und Körperbehinderte kamen. Von Anfang an halfen ihm dabei Frauen, aus denen die religiöse Gemeinschaft der Josephsschwestern hervorging, die 1897 die kirchliche Approbation erhielt.[190]

Nach der Jahrhundertmitte ließen sich auch die 1849 im Elsass gegründeten Niederbronner Schwestern (Schwestern vom Allerheiligsten Heiland) in Bayern nieder. Sie wirkten schon bald an verschiedenen bayerischen Orten in Krankenhäusern, Waisenhäusern, Handarbeitsschulen sowie in der ambulanten Krankenpflege und Altenfürsorge.[191] Ein ähnliches Betätigungsfeld übernahmen die Töchter vom Allerheiligsten Erlöser (seit 1969 Kongregation der Schwestern des Erlösers), die 1854 in Würzburg ebenfalls von Niederbronn aus ins Leben gerufen worden waren, aber 1866 durch den Diözesanbischof Georg Anton von Stahl verselbständigt wurden.[192] In die bayerische Pfalz fanden 1857 die von Klara Fey gegründeten Schwestern vom Armen Kinde Jesus

Eingang, die sich der Sorge für Waisenkinder verschrieben hatten und, wie eine neuere Untersuchung gezeigt hat, in hervorstechender Weise das Ideal der neuen religiösen Frauenbewegung verkörperten, die nicht mehr die Selbstheiligung, sondern den Dienst am Mitmenschen in den Mittelpunkt stellte.[193]

Hinzu kamen mehrere Neugründungen von Kongregationen, die alle als „Franziskanerinnen" gelten können. So die bis heute wohl populärste Kongregation in Altbayern, die Armen Franziskanerinnen von der heiligen Familie oder einfach Mallersdorfer Schwestern (1855 in Pirmasens gegründet, verlegten die Schwestern 1869 ihr Mutterhaus in das ehemalige Benediktinerkloster Mallersdorf).[194] Zu nennen sind ferner die Franziskanerinnen von Aiterhofen bei Straubing (1848), die Franziskanerinnen in Au am Inn (1854), die Franziskusschwestern von Vierzehnheiligen (1890) sowie die Schwestern des III. Ordens vom Heiligen Franziskus in Ecksberg bei Mühldorf (1871), eine „moderne" Genossenschaft ohne Ablegung von Gelübden, die sich ausschließlich der Sorge um geistige Behinderte verpflichtete.[195] Zu erwähnen sind schließlich die Schwestern der Marienanstalt von Maria Trost in München (1882), die nach der Regel des Dritten Ordens des heiligen Augustinus lebten.[196]

Die Gründungen neuer Schwesternkongregationen war damit in Bayern nicht abgeschlossen. Auch nach der Jahrhundertwende und besonders in den Zwischenkriegsjahren, ja, selbst noch nach dem Zweiten Weltkrieg entstanden neue Kongregationen.[197] Welt- und Ordensgeistliche, die ein besonderes soziales oder religiöses Ziel verfolgten, wurden nicht selten zu Ordensgründern. Zu den in Bayern neu entstandenen Kongregationen kamen zudem solche aus dem Ausland. So bereits 1896 die Menzinger Schwestern (Lehrschwestern vom Heiligen Kreuz).[198] Die meisten dieser Orden gehörten dem neuen Ordenstyp an, der bezeichnend ist für das 19. Jahrhundert und der sich, ganz wie das Bayerische Konkordat von 1817 dies nahe gelegt hatte, der Erziehung und der sozialen Fürsorge widmete. Mit der Gründung sogenannter Säkularinstitute kam dann eine Entwicklung zum Abschluss, deren Anfänge in das beginnende

17. Jahrhundert zurückreichen. Allerdings zeigte sich im 20. Jahrhundert auch, dass das Ideal des beschaulichen Lebens bei den Frauenorden mit der Säkularisation nicht erloschen war. So erlebten die Karmelitinnen in Bayern einen Zulauf, der in den Jahren nach der allgemeinen Klosteraufhebung kaum denkbar gewesen wäre.[199]

Zurück zum Beginn des 20. Jahrhunderts. Eine Statistik, erstellt hundert Jahre nach der Säkularisation, bestätigt den aufgezeigten Trend. Die Anzahl der Niederlassungen der Frauenorden und weiblichen religiösen Genossenschaften betrug 1902 1088 Niederlassungen mit 11165 Schwestern. Im Einzelnen ergaben sich folgende Zahlen: Barmherzige Schwestern 149 Niederlassungen (1026 Schwestern), Benediktinerinnen 5 (220), Birgittinnen 1 (36), Zisterzienserinnen 3 (236), Klarissinnen 3 (99), Dominikanerinnen 12 (540), Elisabethinerinnen 4 (68), Englische Fräulein 82 (2177), Franziskanerinnen 309 (2753), Frauen vom guten Hirten 2 (124), Karmelitinnen 2 (33), Salesianerinnen 5 (269), Arme Schulschwestern 188 (1723), Arme Schulschwestern vom III. Orden des hl. Dominikus 24 (154), Niederbronner Schwestern 65 (375), Schwestern vom Armen Kinde Jesus 2 (43), Servitinnen 1 (54), Töchter vom hl. Erlöser 135 (875), Ursulinen 3 (169), Ursberger Schwestern 4 (186). Im Vergleich zu 1846 hatten sich die Mitgliederzahlen der Orden und Kongregationen der Frauen mehr als verzehnfacht, die der Niederlassungen verfünfzehnfacht. Noch beeindruckender sind die Zahlen, wenn man die weiblichen religiösen Gemeinschaften mit denen der Männer vergleicht. Es gab 1902 fast 11 mal so viele Frauen- als Männerklöster und auch die Zahl der Schwestern überbot die der Ordensmänner um das sechs- bis siebenfache. Das Verhältnis der Mitgliederzahlen der Frauen- zu den Männerklöstern war also seit der Säkularisation weit mehr als nur umgekehrt worden.[200] Doch die nüchternen Daten der Statistik – vor allem, wenn man die einzelnen Gemeinschaften vergleicht – machen auch noch eine weitere Tatsache sichtbar. Es wird deutlich, dass die weiblichen religiösen Gemeinschaften, die sich der Schultätigkeit, vor allem aber der Sorge um Arme, Kranke und Schwache widmeten, im 19. Jahrhundert nicht über fehlenden Nachwuchs zu beklagen hatten. Ein neues (oder vielleicht auch nur wieder entdecktes) Verständnis des Ordenslebens, begriffen als helfender Dienst am Mitmenschen, aber auch die Möglichkeit für katholische Frauen, sich in der religiösen Gemeinschaft beruflich in wahrhaft emanzipatorischer Weise verwirklichen zu können, das waren die Hauptursachen dieser Entwicklung.

Alles in allem: Hundert Jahre nach der Säkularisation gab es in Bayern wieder eine blühende Klosterlandschaft, die sich mit der Zeit vor der Säkularisation messen konnte. Den Grund dazu hatte Ludwig I. gelegt. Er schuf das Fundament, auf dem spätere Generationen weiterbauen konnten. Gründend auf Ludwigs Klosterrestauration wurde nicht nur das Ordenswesen in Bayern, sondern der bayerische Katholizismus insgesamt erneuert und gefestigt wie in keinem anderen deutschen Staat.[201] Allerdings hatte sich die Klosterlandschaft von Grund auf verändert. Alte ehrwürdige Klöster und Stifte – der Augustinerchorherrn, Prämonstratenser, Zisterzienser – waren von der Landkarte verschwunden, oder aber sie waren zu Heimstätten neuer Klöster und Kongregationen geworden, und es mag schon sein, dass wegen der Neubesiedlung alter Klöster, allein schon auf Grund der alten Klostergebäude, ein wenig von dem monastischen Geist, der einst in diesen Mauern zu Hause war, auch auf die neuen Kongregationen abfärbte. Geblieben waren die Benediktiner, die „Bettelorden", dank König Ludwig I. Hinzugekommen war bei den Männern ein neuer Seelsorgeorden, die Redemptoristen, denen später eine Reihe ähnlicher neuer Kongregationen folgen sollte. Was sich jedoch völlig verändert hatte, war die Zunahme der weiblichen klösterlichen Gemeinschaften. Zum mindesten hinsichtlich der religiösen Kongregationen galt auch für Bayern, was von Frankreich gesagt wurde: Gott wurde im 19. Jahrhundert vor allem durch Frauen erfahrbar. Auch die Schwestern waren auf ihre Art nicht nur „Leibsorgerinnen", sondern „Seelsorgerinnen" und „Lebenssorgerinnen", und nirgends ist aufgeschrieben, wie oft sie auch zu „Beichtmüttern" wurden.[202] Nicht vergessen sei schließlich, dass König Ludwig I. entgegen den vorherrschenden Zeittendenzen auch den kontemplativen Frauenorden die Daseinsberechtigung nicht absprach. Aus heutiger Sicht wird man ihm angesichts der über den kirchlichen Bereich hinausreichenden Wiederentdeckung und Neubewertung von Meditation und Kontemplation einen Weitblick bestätigen dürfen, der vielen seiner Zeitgenossen mangelte.

ANMERKUNGEN:

1 Das Konkordat vom 5. Juni 1817. In: Gesetzblatt für das Königreich Bayern 1818, Stück XVIII [lateinischer und deutscher Text], Sp. 397–436; der lateinische Text zuletzt abgedruckt bei: Karl Hausberger, Staat und Kirche nach der Säkularisation. Zur bayerischen Konkordatspolitik im frühen 19. Jahrhundert (Münchener Theologische Studien, I. Hist. Abt., 23), St. Ottilien 1983, S. 309–318, hier S. 313; der deutsche Text bei: Hans Ammerich, Das bayerische Konkordat 1817, Weißenhorn 2000, S. I–VIII.

2 Rupert Hacker, Die Beziehungen zwischen Bayern und dem Hl. Stuhl in der Regierungszeit Ludwigs I. (1825–1848) (Bibliothek des Deutschen Historischen Instituts in Rom 27), Tübingen 1967, S. 47. – Vgl. Otto Weiß, Die Redemptoristen in Bayern (1790–1909). Ein Beitrag zur Geschichte des Ultramontanismus (Münchener Theologische Studien, I. Hist. Abt., 22), St. Ottilien 1983, S. 179–184, 192–195.

3 Vgl. Bernardin Lins, Geschichte der bayerischen Franziskanerprovinz des hl. Antonius von Padua, Bd. 3: Von ihrer Wiedererrichtung bis zur Gegenwart 1827–1938, Landshut 1939, S. 128, 189 f.

4 Dies gilt nicht für alle Klöster. In Regensburg wurden die Klöster der Augustinereremiten und Minoriten schon unter Dalberg de jure aufgelöst, bestanden jedoch de facto bis zur Übergabe des Fürstentums an Bayern 1810 fort. Mit dem Beginn der bayerischen Herrschaft wurden zudem in Regensburg die Kapuziner säkularisiert, de facto auch die Karmeliten. Die Benediktinerabtei St. Emeram bestand fort, doch bedeutete ihre Übergabe an das Haus Thurn und Taxis 1812 die Auflösung des Stifts. – Vgl. Karl Hausberger, Geschichte des Bistums Regensburg. Bd. 2: Vom Barock bis zur Gegenwart, Regensburg 1989, S. 101 f.

5 Vgl. Lins (wie Anm. 3) S. 128.

6 Ludwig Hammermayer, Das Regensburger Schottenkloster des 19. Jahrhunderts im Spannungsfeld zwischen Großbritannien, Bayern und Rom. Erneuerung, Existenzkampf, Säkularisierung. In: Beiträge zur Geschichte des Bistums Regensburg 5, Regensburg 1971, S. 241–483.

7 Dazu ausführlich unten.

8 Leonhard Hell, Dietramszell. In: Lexikon für Theologie und Kirche, 3. Aufl., Bd. 3, Freiburg i. Br. 1995, Sp. 222. – Andreas Höger, Dietramszell nach der Säkularisation. Im Spannungsfeld von Schlossherr, Kloster und Gemeinde (bis 1850) (Forschungen zur Landes- und Regionalgeschichte 6), St. Ottilien 1998.

9 Conspect des Personal- und Vermögensstandes der sämtlichen Klöster in den älteren sieben Kreisen des Königreiches Bayern 3. Dezember 1825. BayHStA, Abt. III Geheimes Hausarchiv, Kabinettsakten König Ludwigs I. XV 542. – Zum Zustandekommen dieser Übersicht: Placidus Sattler, Die Wiederherstellung des Benediktinerordens durch König Ludwig I. von Bayern. I. Die Restaurationsarbeit in der Zeit Eduard von Schenks (Studien und Mitteilungen aus der Geschichte des Benediktinerordens, Ergänzungsheft 7), München 1931, S. 6 f.

10 Zit. in: Sion 18 (1846) Sp. 172.

11 Vgl. hierzu mit umfangreicher weiterführender Literatur: Peter Rummel, Die nichtmonastischen Ordensgemeinschaften. In: Walter Brandmüller (Hrsg.), Handbuch der bayerischen Kirchengeschichte. Bd. 3: Vom Reichsdeputationshauptschluß bis zum Zweiten Vatikanischen Konzil, St. Ottilien 1991, S. 755–800. – Leider ist diese materialreiche Übersicht nicht immer zuverlässig.

12 Vgl. Weiß (wie Anm. 2) S. 215.

13 Vgl. zuletzt Georg Schwaiger, König Ludwig I. von Bayern (1825–1848). Ein Lebensbild. In: Zeitschrift für bayerische Landesgeschichte 58 (1995) S. 11–37, bes. S. 18–26.

14 Heinz Gollwitzer, Ludwig I. von Bayern. Eine politische Biographie, 2. Aufl. München 1987, S. 523–527.

15 Vgl. Sattler (wie Anm. 9) S. 2–5, 19.

16 Vgl. Anton Landersdorfer, Gregor von Scherr (1804–1877), Erzbischof von München und Freising in der Zeit des Ersten Vatikanums und des Kulturkampfes (Studien zur altbayerischen Kirchengeschichte 9), München 1995, S. 29 f.

17 Aechte Erläuterungen und Zusätze zu der Rede des Reichsraths-Referenten Fürsten Ludwig von Oettingen-Wallerstein, gelegentlich der Berathungen über die Klösterfrage. Der Kammer der Reichsräthe überreicht in ihrer achtundzwanzigsten Sitzung des Landtages 1845/46, [München 1846], S. CXXVII f.

18 Reinhold Rieger, Begriff und Bewertung des Mönchtums bei Johann Adam Möhler (1796–1838). In: Rottenburger Jahrbuch für Kirchengeschichte 6 (1987) S. 9–30, hier S. 27 f.

19 Sattler (wie Anm. 9) S. 19.

20 Vgl. Schwaiger (wie Anm. 13) S. 18–20. – Sattler (wie Anm. 9) S. 42. – Vgl. dazu den Beitrag von Laurentius Koch in diesem Band.

21 Wilhelm Fink, Geschichte der Benediktinerabtei Metten seit 1830. In: Studien und Mitteilungen zur Geschichte des Benediktinerordens 50 (1932) S. 278–314. – Michael Kaufmann, Säkularisation, Desolation und Restauration in der Benediktinerabtei Metten (1803–1840), Metten 1993. – Vgl. zum weiteren Geschick Mettens und anderer Gründungen (neben Landersdorfer, Gregor von Scherr, wie Anm. 16) auch: Winfried M. Hahn, Romantik und katholische Restauration. Das kirchliche und schulpolitische Wirken des Sailerschülers und Bischofs von Regensburg Franz Xaver von Schwäbl (1778–1841) unter der Regierung König Ludwigs I. von Bayern (Miscellanea Bavarica Monacensia 24), München 1970, S. 120–139.

22 Ulrich Faust, Ottobeuren. In: Lexikon für Theologie und Kirche, 3. Aufl., Bd. 7, Freiburg i. Br. 1998, Sp. 1226 (Lit.).

23 Vgl. Landersdorfer (wie Anm. 16) S. 31–34.

24 Lothar Altmann, Rupert Thürmer, Kloster (Benediktinerabtei) Weltenburg, Regensburg 1997.

25 Vgl. Hans Rall, Die Gründung von St. Bonifaz in München durch König Ludwig I. In: Studien und Mitteilungen zur Geschichte des Benediktinerordens und seiner Zweige 97 (1986) S. 126–133. – Anton Landersdorfer, Die Anfänge der Benediktinerabtei St. Bonifaz in München. In: Beiträge zur altbayerischen Kirchengeschichte 45 (2000) S. 155–177. – Birgitta Klemenz – Peter Pfister – Marita Sagstetter, Lebendige Steine. St. Bonifaz in München. 150 Jahre Benediktinerabtei und Pfarrei. Eine Ausstellung der Benediktinerabtei St. Bonifaz München und Andechs und des Bayerischen Hauptstaatsarchivs zum 150. Jubiläum der Gründung durch König Ludwig I. (Ausstellungskataloge der Staatlichen Archive Bayerns 42), München 2000.

26 Vgl. Angelika Fox, Das Benediktinerkloster Andechs zwischen Säkularisation und Wiederbegründung. In: Zeitschrift für bayerische Landesgeschichte 56 (1993) S. 341–458. – Anton Landersdorfer, Die Rückkehr der Benediktiner auf den Heiligen Berg. Zur Geschichte von Andechs um die Mitte des 19. Jahrhunderts. In: Beiträge zur altbayerischen Kirchengeschichte 45 (2000) S. 131–153.

27 Anselm Forster, König Ludwig I. und Schäftlarn. In: Unser Schäftlarn 1965/66, S. 35–41. – Wolfgang Winhard, Kloster Schäftlarn, Geschichte und Kunst, Passau 1993.

28 Vgl. Rede gehalten bei der Einführung der englischen Fräulein von Nymphenburg im Kloster zu Scheftlarn. In: Beilage zur Sion 14 (1845) Sp. 1561–1565. – Marie Anne Eder, Die Säkularisation des Prämonstratenserklosters Schäftlarn mit einem Ausblick auf die Wiederbegründung als Benediktinerkloster. In: Oberbayerisches Archiv 119 (1995) S. 147–215, hier S. 190–194.

29 Maria Natalia Holm, Die Abtei Frauenwörth im Chiemsee und König Ludwig I. von Bayern. In: Studien und Mitteilungen zur Geschichte des Benediktinerordens und seiner Zweige 97 (1986) S. 267–278.

30 Brigitta zu Münster, St. Walburg in Eichstätt und König Ludwig I. In: Ebd., S. 253–266.

31 Maria Theresia Ohagen, Cistercienserinnen-Abtei Seligenthal, Straßburg 1998.

32 Albert Kloth – Rudolf Oberländer, Abtei Oberschönenfeld. Ein Zisterzienserinnenkloster in Schwaben, Weißenhorn 1985. – Werner Schiedermayr (Hrsg.), Kloster Oberschönenfeld, Donauwörth 1995.

33 Weiß (wie Anm. 2) S. 178 f.

34 Ebd. S. 179–195.

35 Vgl. Angelikus Eberl, Geschichte der bayerischen Kapuziner-Ordensprovinz (1593–1902), Freiburg i.B. 1902, S. 502–507.

36 Vgl. Istruzioni per Monsignor Serra Arcivescovo di Nicea Nunzio apostolico presso S.M. il Re di Baviera. Avvertenze relative alla esecuzione del Concordato. Vatikanisches Archiv, Nunziatura di Monaco 10.

37 Übersicht über diejenigen Klöster, deren Wiederherstellung oder Fortbestand bereits ausgesprochen ist. Eduard von Schenk an König Ludwig I., BayHStA, Abt. III Geheimes Hausarchiv, Nachlass König Ludwig I, 47–4–19/5.

38 Signat Ludwigs I. vom 2. Juli 1826 zu den Bedenken des Grafen Armansperg. – Lins (wie Anm. 3) S. 10 f.

39 Oettingen-Wallerstein, Aechte Erläuterungen und Zusätze (wie Anm. 17) S. XX.

40 Vgl. Helmut Witetschek, Studien zur kirchlichen Erneuerung im Bistum Augsburg in der ersten Hälfte des 19. Jahrhunderts (Schwäbische Geschichtsquellen und Forschungen 7), Augsburg 1965, S. 286–295.

41 Nicht alle früheren Franziskanerklöster in Oberfranken wurden erneuert. So sollten entsprechend königlichen Reskripts die aufgehobenen Klöster in Forchheim und Kronach mit dem Tod der letzten dort lebenden Patres erlöschen. Zum andern wurde das ehemalige Kapuzinerkloster in Gößweinstein in ein Franziskanerhospiz umgewandelt. Ähnliche „Umwidmungen" kamen öfters vor. – Vgl. Lins (wie Anm. 3) S. 161.

42 Ebd. S. 146.

43 Eberl (wie Anm. 35) S. 49 f. – Vgl. Witetschek (wie Anm. 40) S. 287.

44 Vgl. die Tabelle (Liste aller Klöster) bei: Ludwig von Oettingen-Wallerstein, Vortrag im dritten Ausschusse der Kammer der Reichsräthe über den Antrag des Herrn Reichsrathes Fürsten von Wrede in Betreff der quarta pauperum & scholarum (Beilage XXXVII), Verhandlungen der Kammer der Reichräthe 1845/46, Beilagen-Bd. 2, S. 393.

45 Ludwig an Eduard von Schenk, 4. August 1826. Max Spindler (Hrsg.), Briefwechsel zwischen Ludwig I. von Bayern und Eduard von Schenk, 1823–1841, München 1930, S. 6–8.

46 Ebd. – Vgl. Lins (wie Anm. 3) S. 316 f.

47 Vgl. Otto Pfülf, Cardinal von Geissel, 2 Bde., Freiburg i. B. 1895–1896, Bd. 1, S. 349. – Franz Xaver Remling, Nikolaus von Weis, Bischof zu Speyer, im Leben und Wirken, 2 Bde., Speyer 1871, Bd. 1, S. 144–168. – Norbert Weis, Nikolaus von Weis (1842–1869). In: Hans Ammerich (Hrsg.), Lebensbilder der Bischöfe von Speyer seit der Wiedererrichtung des Bistums Speyer, Speyer 1992, S. 117–146.

48 Josef Hemmerle, Die Augustiner-Eremiten in Bayern. In: Augustiniana 6 (1956) S. 385–490. – Beda Bastgen, Bayern und der Heilige Stuhl, 2 Bde, München 1940, Bd. 2, S. 1023 (Lit).

49 Adalbert Brunner, Kirche und Kloster St. Joseph der Unbeschuhten Karmeliten in Regensburg. Eine geschichtliche Studie, Regensburg 1930.

50 Ansgar Sinnigen, Katholische Männerorden Deutschlands (außerhalb der Superiorenvereinigung), 2. Aufl. Düsseldorf 1934, S. 47. – Günter Benker, Die Gemeinschaften des Karmel, Mainz 1994 (Lit).

51 Gregor Schwab, Die bayerische Provinz der Barmherzigen Brüder, Neuburg an der Donau 1930. – Provinzialat des Ordens der Barmherzigen Brüder (Hrsg.), 350 Jahre Barmherzige Brüder in Bayern, Regensburg 1972. – Hermenegild Strohmayer, Der Hospitalorden des heiligen Johannes von Gott, Regensburg 1978.

52 Zuvor waren 1817 und 1826 die Bitten des Neuburger Magistrats abgewiesen worden. Erst als man fürchten musste, dass ein Teil des Klostervermögens, das in Österreich deponiert war, nach dem Aussterben des Klosters dem Land verloren gehen würde, erfolgte

53 Tabelle des Fürsten von Oettingen-Wallerstein (wie Anm. 44).

54 Sattler (wie Anm. 9) S. 17 f.

55 Ludwig I. 1835 an Oettingen-Wallerstein. Zit. Michael Doeberl, Entwicklungsgeschichte Bayerns. Bd. 3, hrsg. von Max Spindler, München 1931, S. 20.

56 So Johann Nepomuk Sepp, Ludwig Augustus, König von Bayern und das Zeitalter der Wiedergeburt der Künste, 2. Aufl., Regensburg 1903, S. 764 f.

57 Vgl. Beda Bastgen, Liberalismus und Jesuitenfurcht. In: Historisches Jahrbuch der Görresgesellschaft 49 (1929) S. 645–651. – Die rational kaum erklärbare Jesuitenangst des 19. Jahrhunderts bedürfte einer eingehenden Untersuchung. – Vgl. Christoph Weber, Kardinäle und Prälaten in den letzten Jahrzehnten des Kirchenstaates. Elite-Rekrutierung, Karriere-Muster und soziale Zusammensetzung der kurialen Führungsschicht zur Zeit Pius' IX. (1846–1989) (Päpste und Papsttum 13), Stuttgart 1978, 1. Halbbd., S. 330 f.

58 Bericht aus der bayerischen Ständeversammlung. VI. In: Sion 60 (1846) Sp. 585–589, hier Sp. 588.

59 Rieger (wie Anm. 18) 27 f.

60 Gemeint ist wahrscheinlich der Elsässer Jesuit Joseph Deharbe (1800–1871), Prediger und Pastoraltheologe, Verfasser eines Katechismus, Verbreiter der Herz-Jesu- und Herz-Marien-Verehrung, predigte um 1840 auch in Bayern. Zu ihm: Neue Deutsche Biographie, Bd. 3, Berlin 1957, S. 562. – Lexikon für Theologie und Kirche, 3. Auflage, Bd. 3, Freiburg i.Br. 1995, Sp. 58 f.

61 Oettingen-Wallerstein, Aechte Erläuterungen (wie Anm. 17) S. XCI.

62 Zu ihm: Heinz Gollwitzer, Ein Staatsmann des Vormärz. Karl von Abel 1788–1859 (Schriftenreihe der historischen Kommission bei der Bayerischen Akademie der Wissenschaften 50), Göttingen 1993, hier bes. S. 215–235, 524–528.

63 Michael Anton Strodl, Kirche und Staat in Bayern unter dem Ministerium Abel und seinen Nachfolgern, Schaffhausen 1849, S. 19 f., 259–261.

64 Weiß (wie Anm. 2) S. 202–209.

65 Ebd. S. 220–230.

66 Ebd. S. 277–279. – In seinem Triennalbericht an den Generaloberen für die Jahre 1859–1861 schreibt der Redemptoristenprovinzial P. Franz Ritter von Bruchmann: „Die Regierung betrachtet uns immer mit Mißtrauen und als ein nothwendiges Uebel, das eine Art Ableiter für die Jesuiten sein soll". Triennalbericht 1859–1861, Bogen 1, Archivum Generale Historicum Redemptoristarum Roma, Prov. Germ. Sup.

67 Oettingen-Wallerstein, Aechte Erläuterungen (wie Anm. 17) S. XCVI–CXI; CXVI. – Vgl. Anton Ruland, Der fränkische Klerus und die Redemptoristen, Würzburg 1846.

68 Vgl. Weiß (wie Anm. 2) S. 212–218.

69 Der Ausdruck findet sich in: Relinde Meiwes, Arbeiterinnen des Herrn. Katholische Frauenkongregationen im 19. Jahrhundert (Geschichte und Geschlechter 30), Frankfurt a. M. 2000, S. 25. – Die

vorzügliche Studie beschränkt sich auf Preußen, doch sind ihre Ergebnisse auch auf Bayern übertragbar. Eine entsprechende Untersuchung sei angeregt. – Vgl. Dies., Religiosität und Arbeit als Lebensform für katholische Frauen. Kongregationen im 19. Jahrhundert. In: Irmtraud Götz von Olenhusen, Frauen unter dem Patriarchat der Kirchen. Katholikinnen und Protestantinnen im 19. und 20. Jahrhundert, Stuttgart u.a. 1995, S. 69–88.

70 Rede des königlichen Ministers des Innern Fürsten von Oettingen-Wallerstein, gehalten in der öffentlichen Sitzung der Kammer der Abgeordneten vom 28. Juni 1837. Beilage III zu der XXVII Beilage (den Vortrag vom 16. Januar 1846 [...] betreffend), Verhandlungen der Kammer der Reichsräthe 1845/46, Beilagen-Bd. 2, S. 58 (hier findet sich auch ein besonderes Lob des „unübertrefflichen Instituts" der Englischen Fräulein).

71 Vgl. Maria Liobgid Ziegler, Die Armen Schulschwestern von Unserer Lieben Frau. Ein Beitrag zur bayerischen Bildungsgeschichte, München 1935, S. 41–49. – Immolata Wetter, Das Institut der Englischen Fräulein in Bayern. In: Walter Brandmüller (Hrsg.), Handbuch der bayerischen Kirchengeschichte. Bd. 3 (wie Anm. 11) S. 801–808, hier S. 802.

72 Marie Louise Metzger, Die Gemeinschaft der Barmherzigen Schwestern vom hl. Vinzenz von Paul in Untermarchtal. In: Rottenburger Jahrbuch für Kirchengeschichte 6 (1987) S. 99–114, hier S. 99 f.

73 Vgl. Paul Wesemann, Die Anfänge des Amtes der Generaloberin. Dargestellt an der verfassungsrechtlichen Entwicklung des Instituts der Englischen Fräulein bis zur Konstitution Papst Innozenz' XIV., München 1954.

74 Vinzenz von Paul, 2. Februar 1653. In: Pierre Coste (Hrsg.), Saint Vincent de Paul. Correspondance, Entretiens, Documents, Bd. 9, Paris 1920–1925, S. 581 f. – Metzger (wie Anm. 72) S. 99.

75 „Der allgemeine Zweck der barmherzigen Schwestern ist sich selbst zu heiligen, indem sie Gott in der Person der Armen dienen". Constitutionen der Barmherzigen Schwestern von Straßburg, [Straßburg] 1891, S. 1.

76 Clemens Brentano, Die barmherzigen Schwestern in Bezug auf die Armen- und Krankenpflege, 3. Aufl., Mainz 1856.

77 Vgl. Emil Clemens Scherer, Die Kongregation der Barmherzigen Schwestern von Straßburg, Kevelaer 1930.

78 Vgl. Das bayerische Innenministerium an die Regierung des Isarkreises, Kammer des Innern, 27. Juli 1827. Entwurf mit Ergänzungen und eigenhändiger Unterschrift des Königs, BayHStA, MInn 61673.

79 Scherer (wie Anm. 77). – Ders., Ignatia Jorth und die Einführung der Barmherzigen Schwestern in Bayern, Gebweiler 1933. – Gabriele Dischinger, Der Sendlinger-Tor-Platz in München. Eine Chronik in Bildern, München 1988, S. 44–53. – Erwin Gatz, Krankenfürsorge. In: Ders. (Hrsg.), Geschichte des kirchlichen Lebens in den deutschsprachigen Ländern seit dem Ende des 18. Jahrhunderts – Die katholische Kirche. – Bd. 5: Caritas und soziale Dienste, Freiburg u.a. 1997, S. 113–131, hier S. 120 f. (Lit.) – Wolfgang G. Locher – Peter Scriba (Hrsg.), Zum Abschied der Barmherzigen Schwestern. Feierstunde

zur Verabschiedung der Barmherzigen Schwestern vom heiligen Vinzenz von Paul aus der Medizinischen Klinik Innenstadt am 8. Juni 2000, München 2000, S. 7–15.

80 Tabelle des Fürsten Ludwig von Oettingen-Wallerstein (wie Anm. 44).

81 Dizionario degli Istituti di Perfezione, hrsg. von Guerrino Pelliccia und Giancarlo Rocca, Bd. 2, (Rom 1975), Sp. 366.

82 Meiwes, Religiosität und Arbeit (wie Anm. 69) S. 79. – Vgl. Hans-Peter Schaper, Krankenwartung und Krankenpflege. Tendenzen der Verberuflichung in der ersten Hälfte des 19. Jahrhunderts, Opladen 1987, S. 131 ff.

83 Meiwes, Arbeiterinnen (wie Anm. 69) S. 169. – Vgl. Fr. Bartholomae, Die barmherzigen Schwestern in München in Bezug auf Krankenpflege, Augsburg 1838.

84 Johann Nepomuk Ringseis, Die barmherzigen Schwestern in München und ihre Schmäher [1. Artikel]. In: Historisch-Politische Blätter 22 (1849) S. 511–525, hier S. 521.

85 Lebensregel für die barmherzigen Schwestern aus den eigenhändig geschriebenen Conferenzen ihres heil. Stifters, Vinzentius von Paula, ausgezogen und übersetzt von Michael Sinzel, München 1945, S. 18 f.

86 Johann Nepomuk Ringseis, Die barmherzigen Schwestern und ihre Gegner [2. Artikel]. In: Historisch-Politische Blätter 24 (1849) S. 91–103, hier S. 100 f. – Ders., Erinnerungen, hrsg. von Emilie Ringseis, Regensburg 1886–1891, Bd. 3, S. 319.

87 Oettingen-Wallerstein, Aechte Erläuterungen (wie Anm. 17) S. CXII.

88 Sion 13 (1844) Sp. 1305.

89 Karl Suso Frank, Pelletier. In: Lexikon für Theologie und Kirche, 3. Aufl., Bd. 8, Freiburg i. Br. 1999, S. 15 (Lit.).

90 Laetitia Scherer, Die Schwestern vom Guten Hirten. In: Georg Schwaiger (Hrsg.), Das Erzbistum München und Freising im 19. und 20. Jahrhundert, Bd. 2, München 1984, S. 612–620. – Vgl. auch Paul Sieweck, Lothar Anselm Freiherr von Gebsattel. Der erste Erzbischof von München und Freising. Ein Beitrag zur Geschichte der katholischen Restauration im Königreich Bayern (Münchener Theologische Studien, I. Historische Abt. 8), München 1955, S. 192–195.

91 Jahresbericht des Ordenshauses der „Frauen vom guten Hirten" zu Haidhausen. In: Sion 15 (1846) Sp. 485–487.

92 Zum Folgenden: Ziegler (wie Anm. 71). – Dies., „Mutter Theresia von Jesu Gerhardinger", Gründerin der armen Schulschwestern von Unserer Lieben Frau 1797–1879, München 1950. – Maria Alicia Blattenberger, Die Schifferstochter von Regensburg. Karolina Gerhardinger – Mutter Theresia von Jesu. Gründerin der Kongregation der Armen Schulschwestern Unserer Lieben Frau, St. Ottilien 1985. – Caroline Gigl, Förderung des Katholischen Kultus. In: Peter Pfister – Klaus Rupprecht – Marita Sagstetter, St. Ludwig in München. Kirchenpolitik, Kirchenbau und kirchliches Leben. Eine Ausstellung des Bayerischen Hauptstaatsarchivs und der Pfarrei St. Ludwig zum 150. Jubiläum der Gründung durch König Ludwig I. (Ausstellungskataloge der Staatlichen Archive Bayerns 35), München 1995, S. 62–79.

93 Ziegler (wie Anm. 71) S. IX.

94 Ebd. S. 47.

95 Bettina Ringseis, Lebensbild des Dr. Johann Nepomuk von Ringseis, Regensburg 1909, S. 213–215.

96 Bereits 1839 war die Übertragung des Mutterhauses in die Münchener Vorstadt Au erwogen worden. Vgl. BayHStA, MK 22100.

97 Vgl. zum Folgenden, wo nicht anders vermerkt: Maria Lioba Schreyer, Geschichte der Dillinger Franziskanerinnen. Bd. 1: Von der Gründung bis zur Restauration, Reimlingen 1982; Bd. 2: 19. Jahrhundert seit der Restauration, Reimlingen 1980. – Dillinger Franziskanerinnen 1291–1991. Festschrift, hrsg. vom Generalat der Dillinger Franziskanerinnen, Dillingen 1991.

98 Das Kloster wurde 1803 dem „Deutschen Orden" überschrieben und auf den „Aussterbeetat" gesetzt. 1805 verlor das Kloster jeden Besitz.

99 Dillingen, Zentralarchiv im Generalat der Dillinger Franziskanerinnen, Bestand „Wiedererrichtung".

100 Die jährliche Pension betrug 112 Gulden; vgl. Witetschek (wie Anm. 40) S. 279.

101 Zu den württembergischen Kongregationen: Die Kongregation der Schulschwestern vom dritten Orden des heiligen Franziskus in Sießen, Stuttgart 1954. – Schreyer (wie Anm. 97) Bd. 2, S. 218–221. – Ewald Gruber, Erziehungs- und Bildungsarbeit der Franziskanerinnen von Sießen in der Zeit von 1854 bis 1940, in: Rottenburger Jahrbuch für Kirchengeschichte 14 (1995) S. 153–176. – Paul Kopf, Faustin Mennel. Leben und Wirken. Zum 100. Todestag des Gründers der Kongregation der Franziskanerinnen von Bonlanden am 17. Juni 1989. In: Rottenburger Jahrbuch für Kirchengeschichte 8 (1989) S. 49–77. – Anton Windhar, David Fuchs und seine Gründung in Heiligenbronn, in: D'Kräz. Beiträge zur Geschichte der Stadt- und Raumschaft Schramberg, Heft 8 (1988) und Heft 12 (1992).

102 Peter Rummel, Johann Evangelist Wagner, ein begnadeter Priestererzieher und Anwalt der Behinderten. In: Jahrbuch des Vereins für Augsburger Bistumsgeschichte 20 (1986) S. 181–220. – Manfred Eder, Wagner. In: Lexikon für Theologie und Kirche, 3. Aufl., Bd. 11, Freiburg i. Br. 2001, Sp. 257f. (Lit).

103 Iso Baumann, Franziskanerinnenkloster Maria Stern. In: Bavaria Franciscana Antiqua, hrsg. von der Bayer. Franziskanerprovinz, Bd. 4, München 1958, S. 622–658.

104 Ansgar Sinnigen, Katholische Frauengenossenschaften Deutschlands, 2. Aufl. Düsseldorf 1933, S. 167. – Bavaria Franciscana Antiqua, Bd. 5, München 1961, S. 225.

105 Bavaria Franciscana Antiqua, Bd. 4 (wie Anm. 104) S. 443. – Petra Dilger, Die Franziskanerinnen in Reutberg und Spielberg. In: Georg Schwaiger (Hrsg.), Das Erzbistum München (wie Anm. 90), Bd. 2, S. 653–682.

106 Friedrich Zoepfl, Das Franziskanerinnenkloster in Mindelheim 1456–1956, Augsburg 1956. – Sinnigen (wie Anm.104) S. 168.

107 Ebd. S. 167f. – Vgl. Manfred Weitlauff, Die selige Crescentia Höß von Kaufbeuren (20. Oktober 1682 – 5. April 1744). In: Georg Schwaiger (Hrsg.), Bavaria Sancta. Zeugen christlichen Glaubens in Bayern, Bd. 2, Regensburg 1971, S. 242–282. – Karl Pörnbacher, Crescentia Höß begegnen, Augsburg 2001.

108 Witetschek (wie Anm. 40) S. 276f.

109 Formell nicht aufgehoben war das kleine Dominikanerinnenkloster in Fremdingen im ehemaligen Gebiet der Fürsten von Öttingen-Spielberg. Es war 1802 in den Besitz des fürstlichen Hauses übergegangen, das am Fortbestand des Klosters interessiert war. Ludwig I. gab 1826 seine Bestätigung, unter der Bedingung, dass die Schwestern den Mädchen-Unterricht an der Elementar- und Industrieschule übernehmen. Witetschek (wie Anm. 40) S. 279f.

110 Ebd. S. 277–279. – Vgl. Hieronymus Wilms, Geschichte der deutschen Dominikanerinnen 1206–1916, Dülmen 1920. – Rummel (wie Anm. 11) S. 775f. – Werner Schiedermair, Das Dominikanerinnenkloster zu Bad Wörishofen, Weißenhorn 1998.

111 Sinnigen (wie Anm. 104) S. 285. – Hacker (wie Anm. 2) S. 49f.

112 Hans Bleibrunner, Die Ursulinen in Landshut, München 1979. – 300 Jahre Ursulinen in Straubing 1691–1991. Festschrift zum 300jährigen Bestehen, hrsg. vom Kloster der Ursulinen, Straubing 1991.

113 Das Kloster war zwar 1804 de facto aufgelöst worden, ja, das gesamte Inventar wurde versteigert, doch konnte bereits 1807 der Schulbetrieb wieder aufgenommen werden. Das Klosterinventar wurde zurückgebracht. Chronik des Konvents.

114 Geschichte des Ordens von der Heimsuchung Mariä, genannt Salesianerinnen, in Bayern, von seiner ersten Niederlassung in München bis heute, München 1910. – Maximilian Heimbucher, Die Orden und Kongregationen der katholischen Kirche, 2 Bde., 3. Aufl. Paderborn 1932–34; Bd. 2, S. 641–646.

115 Vgl. Karl Suso Frank, Elisabethinnen. In: Lexikon für Theologie und Kirche, 3. Aufl. Bd. 3, Freiburg i. Br. 1995, S. 603f.

116 Kloster Azlburg 1748–1998. 250 Jahre Elisabethinnen in Straubing. Festschrift zum 250jährigen Jubiläum, hrsg. vom Kloster Azlburg der Elisabethinnen, Straubing 1998, bes. S. 67–71.

117 Sinnigen (wie Anm. 104) S. 97f. – Witetschek (wie Anm. 40) S. 299f.

118 Zum Folgenden: Wetter (wie Anm. 71) S. 803–808.

119 Liste des Fürsten Oettingen-Wallerstein (wie Anm. 44).

120 Wetter (wie Anm. 71) S. 803.

121 Conversations-Lexikon der neuesten Literatur, Völker- und Staatengeschichte in zwei Bänden, 1841–1845. Bd. 1, S. 124, 211, 474. Zitiert in: Joseph Görres, Ministerium, Reichsrath, rechte und unrechte Mitte. In: Historisch-Politische Blätter 17 (1846) S. 319–347, 393–422, 472–491, 542–565, 619–641, 687–721, 821–843, hier S. 339–343.

122 Ebd. S. 394. Vgl. ebd. S. 401, 481, 639.

123 Diepenbrock war grundsätzlich skeptisch gegenüber jeder Klosterrestauration; insbesondere war er gegen die Einführung der Jesuiten. Später änderte er seine Einstellung, Gollwitzer (wie Anm. 14) S. 664 f. (mit zahlreichen Quellenhinweisen).

124 Zu den Schauergeschichten über Klöster und Nonnen und deren Nachwirkungen bis weit ins 19. Jahrhundert: Wolfgang Pross, Mönch und Nonne in der europäischen Literatur des späten 18. und frühen 19. Jahrhunderts. In: Rottenburger Jahrbuch für Kirchengeschichte 6 (1987) S. 31–41. – Uwe Scharfenecker, Mönchtum und Ordenswesen im Spiegel der katholischen Publizistik Südwest-

deutschlands vom Ende des 18. bis zur Mitte des 19. Jahrhunderts. In: Ebd. 9 (1990) S. 235–246. – Zu Bayern und München: Joseph Staber, Katholische Kirche und bayerisches Volkstum in München. In: Der Mönch im Wappen. Aus Geschichte und Gegenwart des katholischen München, München 1960, S. 143–164, hier S. 150–156.

[125] Max Prokop Freiherr von Freyberg, Die geistlichen Orden. In: Historisch-Politische Blätter 4 (1839) S. 160–167, hier S. 163.

[126] Rieger (wie Anm. 18) S. 27 f.

[127] Oettingen-Wallerstein (wie Anm. 17) S. XXI f., CXXVII–CKLI. – [Konstantin Höfler], Erläuterungen und Zusätze zu der Rede, welche S.D. der Herr Fürst Ludwig von Oettingen-Wallerstein über die Klöster in Bayern gelegentlich der Berathungen über die Aufträge des Herrn Fürsten von Wrede gehalten hat, Augsburg 1846, S. 43–48. – Vgl. auch Gollwitzer (wie Anm. 14) S. 525, 865.

[128] Sitzung vom 7. Mai 1831, Verhandlungen der Kammer der Abgeordneten, Prot. XXV, Bd. 7, S. 29. – Vgl. Lins (wie Anm. 3) S. 191.

[129] Vgl. Lins (wie Anm. 3) S. 190–205.

[130] Verhandlungen der Kammer der Abgeordneten im Jahr 1837, Bd. 6, S. 587–602; Bd. 7 (Protokoll-Bd.), S. 381–492. – Vgl. Lins (wie Anm. 3) S. 206–219.

[131] So der Abgeordnete Willich in der Sitzung vom 22. Juni 1837. Verhandlungen der Kammer der Abgeordneten im Jahr 1837, Bd. 6, S. 587 f.

[132] Vgl. Gollwitzer, Staatsmann (wie Anm. 62) S. 501–508.

[133] Vgl. Weiß (wie Anm. 2) S. 202 f., 218–220; 726–738.

[134] Verhandlungen der Kammer der Reichsräthe 1845/46, Beilagen-Bd. II, S. 53. Vgl. ebd. S. 27.

[135] Vgl. zu den Verhandlungen beider Kammern die zusammenfassende Darstellung bei Weiß (wie Anm. 2) S. 231–239. – Zur öffentlichen Diskussion der Verhandlungen: [Höfler], Erläuterungen (wie Anm. 127). – Oettingen-Wallerstein (wie Anm. 17); Beleuchtung der Rede des Fürsten von Oettingen-Wallerstein gelegentlich der Berathung über die Anträge des Fürsten von Wrede in Betreff der Quarta und der Klöster. Aus der Augsburger Postzeitung besonders abgedruckt mit Zusätzen und Bemerkungen, Augsburg 1846.

[136] Vgl. Verhandlungen der Kammer der Reichsräthe 1845/46, Beilagen-Bd. II, S. 88. – Verhandlungen der Kammer der Abgeordneten, Bd. 8, S. 647.

[137] Vgl. Gollwitzer, Ludwig I. (wie Anm. 14) S. 524.

[138] Verhandlungen der Kammer der Abgeordneten, Bd. 4, S. 34 f. – Vgl. Weiß (wie Anm. 2) S. 238 f.

[139] Marianne Popp, Dominikanerinnen in Regensburg. In: Beiträge zur Geschichte des Bistums Regensburg 12 (1978) S. 261–308, hier S. 282–294.

[140] Vgl. Sion 7 (1838) Sp. 736.

[141] 1846 genehmigte der König eine Niederlassung der Redemptoristen in Vilsbiburg. Weiß (wie Anm. 2) S. 239 f., 243.

[142] Manfred Weitlauff, Die Wiedereröffnung des Klosters der Birgittinen zu Altomünster nach der Säkularisation von 1803. In: Festschrift Altomünster 1973. Birgitta von Schweden † 1373. Neuweihe

der Klosterkirche nach dem Umbau durch J. Michael Fischer 1773, hrsg. von Toni Grad, Aichach 1973, S. 341–377.

[143] Georg Burkard Link, Klosterbuch der Diözese Würzburg, 2 Bde, Würzburg 1875, 2. Bd., S. 661. – Doeberl (wie Anm. 55) S. 19.

[144] Im Unterschied zum übrigen Bayern waren in der „liberalen", konfessionell-gemischten Pfalz auch der Großteil der Bevölkerung und alle katholischen Mitglieder des Landrats mit einer einzigen Ausnahme gegen die Klosterrestauration. Gollwitzer, Ludwig I. (wie Anm. 14) S. 524.

[145] Ziegler (wie Anm. 71) S. 73–75.

[146] Der Landrath in der Rhein-Pfalz und die barmherzigen Schwestern. In: Sion 16 (1847) Sp. 481–483. – Der Landrath in der bayer.'schen Pfalz und die Schulschwestern. In: Ebd. 16 (1847) Sp. 1153–1156.

[147] Klosterliste bei Oettingen-Wallerstein (wie Anm. 44). Die Liste Oettingen-Wallersteins erscheint durchaus zuverlässig, im Unterschied zu einem vom Freiherrn von Hornthal 1837 vorgelegten Verzeichnis von Klöstern (Verhandlungen der Kammer der Abgeordneten im Jahre 1837. 4. Beilagen-Bd., S.162). – Vgl. Görres (wie Anm. 121); ferner: Ueber den Stand der Klöster in Bayern. In: Sion 15 (1846) Sp. 172 f. Allerdings wird dort mit Recht darauf hingewiesen: „Rechnet man aber, wie billig, die Institute [gemeint sind wohl Schwesternstationen, insbesondere die Niederlassungen der Englischen Fräulein], Filialen und Hospitien [kleine Häuser mit manchmal nur 2 Mitgliedern] ab, so bleiben nur noch 59 bis 60 eigentliche Klöster, von denen übrigens manche bei dem Tode ihrer jetzigen Bewohner bald ganz eingehen werden."

[148] Bischof Nikolaus von Weis hatte sich ursprünglich um eine Niederlassung der Redemptoristen bemüht. Ludwig I. verweigerte jedoch 1843 die Zusage. In der Begründung nannte er die Redemptoristen „Rigoristen". Pfülf, Geissel (wie Anm. 47), Bd. 2, S. 343.

[149] Ueber den Stand der Klöster in Bayern. In: Sion 18 (1846) Sp. 172 f.

[150] Diese kehrten erst 1924 in ihr Kloster Windberg bei Straubing zurück (1994 Abtei), von wo aus sie 1982 auch ihre ehemalige Reichsabtei Roggenburg (bei Weißenhorn) wieder besiedelten (1992 unabhängiges Priorat). Isnard Wilhelm Frank, Roggenburg. In: Lexikon für Theologie und Kirche, Bd. 8, 3. Aufl., Freiburg i. Br. 1999, S. 1237. – Ludger Horstkötter, Windberg. In: Ebd. Bd. 10, 3. Aufl., Freiburg i. Br. 2001, S. 1223.

[151] Vgl. Andreas Kraus, Die historische Forschung an der Churbayerischen Akademie der Wissenschaften 1759–1806, München 1959. – Ludwig Hammermayer, Geschichte der Bayerischen Akademie der Wissenschaften, Bd. 1: Gründung und Frühgeschichte, Kallmünz 1959 (Nachdruck München 1983); Bd. 2: Zwischen Stagnation, Aufschwung und Illuminatenkrise 1769–1786, München 1983.

[152] Erinnert sei bes. an das Augustinerchorherrenstift Gars am Inn (1858 Redemptoristen) und an die Benediktinerabtei Benediktbeuren (1930 Salesianer Don Boscos). Leo Weber, Benediktbeuren. In: Lexikon für Theologie und Kirche, Bd. 2, 3. Aufl., Freiburg i. Br. 1994, S. 211. – Stephan Haering, Gars. In: Ebd. Bd. 4, 3. Aufl., Freiburg i. Br. 1995, S. 296.

153 Klosterliste bei Oettingen-Wallerstein (wie Anm. 44).

154 Zu Preußen: Meiwes, Arbeiterinnen (wie Anm. 69). – Dies., Religiosität und Arbeit (wie Anm. 69).

155 Im evangelischen Raum sei an die „Frankeschen Stiftungen" erinnert. Dabei lassen sich zahlreiche Parallelen zur Armen- und Waisenfürsorge und religiösen Erziehung Klemens Maria Hofbauers im preußischen Warschau aufweisen. Vgl. Peter Menck, Die Erziehung der Jugend zur Ehre Gottes und zum Nutzen des Nächsten. Die Pädagogik August Hermann Franckes, Tübingen 2001. – Zu Hofbauer: Adam Owczarski, Redemptorisci-Bennonici w Warszawie, Kraków 2000.

156 Diese gesellschaftliche Funktion religiöser Kongregationen war nicht völlig neu, sondern lediglich seit dem Ende des Mittelalters vielfach in Vergessenheit geraten. Sie schloss selbstverständlich, wie die Statuten erweisen, die religiöse Verankerung dieser Kongregationen ein.

157 Vgl. Anton Laubbacher, Gelebte Caritas. Das Werk der Caritas in der Diözese Rottenburg-Stuttgart, Stuttgart-Aalen 1982. – Erwin Gatz (Hrsg.), Geschichte des kirchlichen Lebens in den deutschsprachigen Ländern seit dem Ende des 18. Jahrhunderts – Die katholische Kirche. Bd. 5: Caritas und soziale Dienste, Freiburg u.a. 1997.

158 Vgl. Meiwes, Arbeiterinnen (wie Anm. 69) S. 82.

159 Ebd. S. 86–88. – Metzger (wie Anm. 72) S. 99 f.

160 Meiwes, Arbeiterinnen (wie Anm. 69) S. 216.

161 Claude Langlois, Le catholicisme au féminin. Les congrégations françaises à supérieure générale au XIXe siècle (Les éditions du Cerf: Histoire 29), Paris 1984.

162 Vgl. Ziegler (wie Anm. 71) S. 197–208. – Mother Caroline [Frieß] and the School Sisters of Notre Dame, St. Louis 1926, S. 105–110. – Maria Dolorita Mast, Through Caroline's Consent, Baltimore 1957. – Willibald Mathäser (Hrsg.), Bonifaz Wimmer O.S.B. und König Ludwig I. von Bayern. Ihre Briefe als Beitrag zur Geschichte der kath. Kirche und des Deutschtums in den Vereinigten Staaten Nordamerikas, München 1938. – Ders., Der Ludwigs-Missionsverein in der Zeit König Ludwigs I. von Bayern. Seine Vor- und Gründungsgeschichte 1828–1838 und seine Entwicklung bis zum Jahre 1868, München 1939 (grundlegend, Literatur). – Ders., König Ludwig I. von Bayern als Förderer des Deutschtums und des Katholizismus in Nordamerika, Gelbe Hefte 2 (1924/25) S. 616–649. – Ders., The Proposed Mission Seminary at Altötting, Central Blatt and Social Justice 18, St. Louis 1935, S. 213 ff., 250 ff. – Martin Eichinger, Die Tätigkeit der Redemptoristen unter den Auslandsdeutschen Nordamerikas von 1832 bis 1860. In: Georg Brandhuber (Hrsg.), Die Redemptoristen 1732–1932, Bamberg 1932, S. 144–150. – Michael J. Curley, The Provincial Story. A History of the Baltimore Province of the Congregation of the Most Holy Redeemer, New York 1963, S. 114 f., 368.

163 Georg Brandhuber, Die süddeutsche Provinz. In: Ders., Die Redemptoristen (wie Anm. 162), S. 221–261; hier S. 229.

164 Egon Cesar Conte Corti, Ludwig I. von Bayern, München 1937, S. 549. – Weiß (wie Anm. 2) S. 247–251.

165 Weiß (wie Anm. 2) S. 212–218.

166 Ebd. S. 253.

167 Streng rechtlich handelte es sich nicht um die Aufhebung der Kongregation, sondern um die Auflösung des Konvents in Altötting, nicht jedoch des zweiten Klosters in Vilsbiburg. Ebd. S. 250–263.

168 Ebd. S. 274 f.

169 Ebd. S. 312–317.

170 Ebd. S. 987–1004.

171 Ebd. S. 316.

172 Ebd. S. 364–407.

173 Vgl. Johann Nepomuk Ringseis, Die barmherzigen Schwestern (wie Anm. 84 und 86).

174 Heimbucher (wie Anm. 114) Bd. 1, S. 531–533.

175 Joseph Schlecht, Die bayerischen Kirchen-Provinzen. Ein Ueberblick über Geschichte und gegenwärtigen Bestand der Katholischen Kirche im Königreich Bayern, München 1902, S. 136.

176 Direktor des Klosters in Rottenburg wurde Regens Joseph Mast, der den Schwestern, die 1896 nach Ravensburg übersiedelten, neue Regeln gab. Wie andere getrennte Klöster schlossen sich die Schwestern später wieder dem Münchener Mutterhaus an. Vgl. August Hagen, Joseph Mast. In: Ders., Gestalten aus dem schwäbischen Katholizismus, Bd. 2, Stuttgart 1950, S. 133–188, hier S. 144 f.

177 Schwaiger (wie Anm. 13) S. 24. (Lit.). – Ziegler (wie Anm. 71) S. 67–60. – Franz Xaver Zacher, Heinrich von Hofstätter, Bischof von Passau, Passau 1940, S. 212–214.

178 Vgl. Ringseis, Die barmherzigen Schwestern (wie Anm. 84 und Anm. 86).

179 J. A. R. in K., Was nützen die Klöster? Beantwortet für das Volk. In: Neue Sion 7 (1851) S. 637–639.

180 So Ringseis (wie Anm. 84 und Anm. 86). – Vgl. Meiwes, Arbeiterinnen (wie Anm. 69).

181 Frumentius Renner, Die Restauration des Benediktiner- und Zisterzienserordens seit 1830. In: Brandmüller (Hrsg.), Handbuch der bayerischen Kirchengeschichte, Bd. 3 (wie Anm. 11) S. 735–753, hier S. 742.

182 Vgl. hierzu die differenzierenden Ausführungen: Andreas Kraus, Ringen um kirchliche Freiheit. In: Ebd. S. 167–204, bes. S. 168–175.

183 Vgl. Bernhard Duhr, Aktenstücke zur Geschichte der Jesuiten-Missionen in Deutschland 1848–1878, Freiburg i. B., S. 360–362, 378–380, 421–448. – Die kirchliche Freiheit und die bayerische Gesetzgebung mit Rückblick auf die Jesuitenfrage in Regensburg, Regensburg 1867.

184 Vgl. Weiß (wie Anm. 2) S. 275–278.

185 Ebd. 280–287.

186 Schlecht (wie Anm. 175) S. 49, 51, 69, 76, 86, 96, 109, 117, 133, 136. – Die dort angeführten Statistiken differieren allerdings. So ergeben sich für die Mitglieder der Männerorden die unterschiedlichen Zahlen 1824, 1850 und 1862. Der Unterschied ergibt sich teilweise daraus, dass nicht immer die im Kloster lebenden „Oblaten" mitgezählt wurden. Auch die Zahl der Klöster differiert zwischen 100 und

105, was davon herrühren dürfte, dass an manchen Niederlassungen eine zweite getrennte Kommunität mit einem eigenen Obern bestand, die nicht immer eigens gezählt wurde.

[187] Vgl. Philipp Hofmeister, Eremiten in Deutschland. In: Wahrheit und Verkündigung. Festschrift für Michael Schmaus, 2. Bde., München 1967, Bd. 2, S. 1191–1214.

[188] Schlecht (wie Anm. 175) S. 136.

[189] 150 Jahre Missionäre vom Kostbaren Blut, Baumgärtle 1965. – Heimbucher (wie Anm. 114) Bd. 2, S. 611–613. – Dizionario degli Istituti di Perfezione (wie Anm. 81) 5 (1978) Sp. 1457–1460, 1594 f.

[190] Manfred Eder, „Helfen macht nicht ärmer", Altötting 1997, S. 194–214.

[191] Luzian Pfleger, Die Kongregation der Schwestern vom Allerheiligsten Heiland, genannt „Niederbronner Schwestern", Freiburg i. B. 1921. – Irene Grassl, Die Kongregation der Schwestern vom göttlichen Erlöser. In: Schwaiger (wie Anm. 90) S. 621–652.

[192] Theodor Kramer, Die Kongregation der Töchter des Allerheiligsten Erlösers 1866–1966. Eine Chronik, Würzburg 1966.

[193] Meiwes, Arbeiterinnen (wie Anm. 69). Vgl. Klaus Hemmerle, Wo Gott aufgeht, Aachen 1994.

[194] Ludwig Schranz, Die Kongregation der Armen Franziskanerinnen von Mallersdorf (1855–1925), Regensburg 1925. – Hundert Jahre Mallersdorfer Schwestern, Pirmasens 1955.

[195] Vgl. Karl Suso Frank, Franziskanerinnen. In: Lexikon für Theologie und Kirche, Bd. 4, 3. Aufl., Freiburg i. Br. 1995, S. 37–41 (Lit!).

[196] Heimbucher (wie Anm. 114) Bd. 2, S. 643 f.

[197] So die 1957 in Gars am Inn gegründeten Missionsschwestern vom Heiligsten Erlöser. Anneliese Herzig, Die Missionsschwestern vom Heiligsten Erlöser, eine Gemeinschaft der redemptoristischen Familie. In: Communicationes CSSR 69 (September 1989) S. 1–4.

[198] Veit Gadient, Der Caritasapostel Theodosius Florentini, 2. Aufl., Luzern 1946. – Karl Suso Frank, Menzinger Schwestern. In: Lexikon für Theologie und Kirche, Bd. 7, 3. Aufl., Freiburg i. Br. 1998 S. 139.

[199] 1965 gab es (neuere karmelitische Gemeinschaften nicht mit gerechnet) in Bayern ca. 150 Schwestern in 10 Klöstern. Brandmüller (wie Anm. 11) S. 925 f.

[200] Schlecht (wie Anm. 175) S. 49–52.

[201] Vgl. Gollwitzer (wie Anm.14) S. 527.

[202] In diesem Zusammenhang sei auf Joseph Bernhart und seine Erfahrungen mit seiner „Beichtmutter", der Oberin der Mallersdorfer Schwestern in Berchtesgaden, Schwester Maria Solana Weindl, verwiesen. Joseph Bernhart, Erinnerungen 1881–1930, hrsg. von Manfred Weitlauff, 2 Bde., Weißenhorn 1992, Bd. 1, S. 494 f. – Zu Schwester Solana auch: Otto Weiß, Der selige Kaspar Stanggassinger (1871–1899). In Selbstzeugnissen und im Urteil seiner Zeitgenossen (Bibliotheca Historica CSSR 16), Rom 1995, S. 111, 453, 489 f.

Säkularisierte Klosteranlagen in Bayern als Problem der Denkmalpflege

Von *Egon Johannes Greipl*

I. Forschungsstand

Am 2. Oktober 1921 fand in feierlichster Weise die Wiederbesiedlung des 1803 säkularisierten oberpfälzischen Benediktinerklosters Speinshart durch Chorherren aus dem böhmischen Stift Tepl statt. Der bayerische Staat hatte die Klostergebäude verkauft und war durch den Finanzminister Dr. Wilhelm Krauseneck vertreten. Bei der Mittagstafel sprach dieser „in geradezu glänzender, von einem Laien ganz unerwarteter Ausführung … über die Bedeutung religiöser Jugenderziehung, durch die einzig die gegenwärtigen traurigen Verhältnisse wieder gebessert werden könnten". Für das Haus Wittelsbach war Prinz Joseph Clemens gekommen, „der seine Anwesenheit als Sühne für die einstige Klosteraufhebung auffasste und am Montag vor allem Volke die hl. Kommunion empfing". Der Bischof von Regensburg schließlich ließ sich durch seinen Generalvikar Alfons Maria Scheglmann vertreten.[1] Diese Konstellation der Festgäste entfaltete einen gewissen symbolischen Reiz: Krauseneck war Amtsnachfolger des Säkularisationsministers Montgelas, der Prinz Nachkomme von Kurfürst Max IV. Joseph, der die Säkularisation als Staatsoberhaupt zu verantworten hatte, und der Regensburger Generalvikar wiederum hatte kürzlich mit der Säkularisation in Bayern schonungslos abgerechnet.

Alfons Maria Scheglmann steht in der Tat am Beginn der Forschungsgeschichte zur Säkularisation in Bayern. In seinem materialgesättigten, dreibändigen, 1903–1908 erschienenen Werk[2] schrieb er noch ganz aus dem ultramontanen Geist der Kulturkampfzeit heraus. Vermisst man auch ein differenziertes Urteil und den differenzierten Quellennachweis, so bleibt Scheglmanns Gesamtdarstellung der Säkularisation in Bayern noch immer wichtig, da sie auf Vollständigkeit abzielende Angaben zum mobilen und immobilen Klostervermögen und zum Schicksal der letzten Konventualen zusammentrug.

In den Jahrzehnten nach Scheglmann erweckte vor allem die Säkularisation von größeren geistlichen Staaten und Reichsstiften das – insgesamt eher geringe – Interesse der Forschung.[3] Erst nachdem die zentralistische, kirchen- und klosterfeindliche Epoche des Nationalsozialismus in einem Abgrund von Verbrechen und Zerstörung versunken war, widmeten sich die Geschichtsschreiber wieder vermehrt landes- und kirchengeschichtlichen Themen.[4] In den Fünfziger Jahren des vergangenen Jahrhunderts setzte die Säkularisationsforschung verstärkt ein.[5] Beflügelt vom Aufschwung der Sozialgeschichte in den Siebziger Jahren, lenkte Hans Christian Mempel seinen Blick weit über Bayern hinaus,[6] beschränkte sich jedoch auf die Frage der gewaltigen Vermögensumschichtungen. Um diese Zeit erschien auch eine Fülle von Einzeldarstellungen.[7] Im Jahr 1991 veranstaltete das Haus der Bayerischen Geschichte in Benediktbeuern eine Ausstellung zur Säkularisation der oberbayerischen Klöster.[8] Zweihundert Jahre nach dem Ereignis zeigte der überwältigende Publikumserfolg (mehr als 200.000 Besucher), wie interessant und emotional bedeutend das Säkularisationsthema immer noch war. Im dritten Band des Handbuchs der bayerischen Kirchengeschichte, erschienen ebenfalls 1991, gab Winfried Müller einen ausführlichen Überblick über die Vorgänge von 1802/03 und die einschlägige Literatur.[9] Unter den neueren Einzelstudien ragt die Untersuchung des Mettener Benediktiners Michael Kaufmann heraus. Der Autor versteht die Säkularisation nicht als Katastrophe und Endpunkt, sondern nur als eine Episode der Geschichte seines Klosters.[10]

Die Frage nach dem Schicksal der säkularisierten Klostergebäude behandelt in diesem Band ausführlich Rainer Braun.

II. Zahl und Art der säkularisierten Klosterbauten

Es scheint fast unglaublich, dass eine präzise Zahl der säkularisierten Klöster im Gebiet des heutigen Freistaates Bayern (Altbayern, Franken und Schwaben) nicht angegeben werden kann. Eine aktuelle Zusammenstellung[11] ergibt ziemlich genau 500 Konvente. In dieser Zahl sind jedoch auch Klöster enthalten, die bereits im Mittelalter, wie das rätselhafte Berg im Donaugau, in der Reformationszeit, wie viele Klöster beispielsweise in der Reichsstadt Augsburg, oder im 18. Jahrhundert, sozusagen im Rahmen der „Vorsäkularisation" ihr Ende fanden, wie das Prämonstratenserstift Osterhofen. Die Zahl dieser schon vor 1802/03 säkularisierten Klöster beträgt insgesamt etwa 100.

Wenn man von *Klosterbauten* spricht, geht es um das Schicksal der Klosterkirchen, der Konventbauten, der Wirtschafts- und Verwaltungsgebäude und der gelegentlich vorkommenden repräsentativen Sommersitze der Äbte und Amtshäuser wie dem Schloss Leitheim, ehemals zur schwäbischen Zisterzienser-Reichsabtei Kaisheim gehörig oder dem Schloss Tambach, einem Amtssitz der oberfränkischen Zisterzienserabtei Langheim. Zu betrachten wären auch die den Klöstern inkorporierten Pfarrkirchen mit ihren Pfarrhöfen und die zu den Klöstern gehörigen Wallfahrtskirchen, Kreuzwege und Feldkapellen: eine kaum zu überblicken Fülle von Funktionen.

Die baulichen Komponenten der Klöster und damit die potentiellen baulichen Überreste der säkularisierten Klosterlandschaft sind nicht standardisiert. In gewissem Maße hängen sie vom Profil des Ordens ab, der diese Anlagen errichtet hat. Die Prälatenorden der Benediktiner, Zisterzienser, Augustinerchorherren und Prämonstratenser stützten ihre Existenz auf das Stiftungsgut, das in Grundherrschaft, Gerichtsherrschaft, Forsten, Acker- und Wiesengründen und Gewässern bestand. Deshalb befinden sich diese Klöster mit wenigen Ausnahmen im ländlichen Bereich. Sie waren mit land-, teich- und forstwirtschaftlichen Eigenbetrieben, Weinbergen, Gärtnereien, Schmieden, Wagnereien, Schreinereien, Brauereien, Brennereien, Apotheken und Druckereien unternehmerisch tätig. Baulich prägten sich diese Verhältnisse in großen Meierhöfen, in Handwerkerhäusern, Mühlen, Teichanlagen, Brauereigebäuden, Bierkellern, ja Hammerwerken[12] aus. Die klösterliche Grundherrschaft, Gerichtsbarkeit und Verwaltung fanden ihren baulichen Ausdruck in den Getreidespeichern, Weinkellern, Gerichts- und Amtsgebäuden.

Das eigentliche Leben der Mönche und Chorherren spielte sich in den an die Klosterkirchen anschließenden Konventtrakten ab. Dort lebten sie, nachdem das Zeitalter der Dormitorien längst vorüber war, in einzelnen Zimmern von bescheidener Größe, im Falle des Kartäuserordens in kleinen Häuschen.[13] Der Abt verfügte, ebenso wie die Gäste, über ein eigenes Gebäude oder einen eigenen Gebäudeflügel. Daneben bestanden die Gemeinschafts- und Funktionsräume wie Küchen und Vorratsräume, Archiv, Bibliothek, Museen (das waren Räume für Kunst- aber auch naturwissenschaftliche Sammlungen), Refektorium, ggf. getrennt nach Winter- und Sommerrefektorium, Kapitelsaal und Kreuzgang, Räume für Theater- und Musikaufführungen. Reichsabteien wie Ottobeuren, Kaisheim oder Wettenhausen verwiesen mit ihren Kaisersälen architektonisch auf ihren reichsrechtlichen Status. Die Klöster der Prälatenorden sind die wirklich großen Anlagen gewesen, deren Nutzung und Erhaltung nach 1803 die neuen Eigentümer vor ebenso große Aufgaben und Probleme stellte, vor allem auch deshalb, weil sie meist auf dem flachen Lande und fern von den Zentren des wirtschaftlichen Lebens lagen.

Die im 13. Jahrhundert aufgekommenen Mendikantenorden und ihre Derivate waren vollkommen anders orientiert als die Prälatenorden. Sie stützten sich nicht auf Grundbesitz und gehörten nicht der agrarischen Welt an. Ihre Existenz ruhte auf Almosen, sie waren urban, auf die Seelsorge hin orientiert und sind ohne die aufblühenden Städte nicht zu verstehen. So lagen die baulichen

Hinterlassenschaften dieser Orden fast ausschließlich in den Städten und Märkten, womöglich noch an Wallfahrtsorten. Sie bestanden in der Regel nur aus Kirche und Konventgebäuden; Wirtschafts-, Verwaltungs- und Gerichtsgebäude fehlen. Wirklich große Bettelordenskirchen und -konvente blieben den wichtigen Städten des Landes vorbehalten. Die Dominikanerkirchen von Regensburg, Landshut und Augsburg mögen als Beispiel dienen. Neben dem Profil des jeweils tätigen Ordens spielten für Art und Umfang der baulichen Hinterlassenschaft auch die individuelle Baugeschichte des Klosters eine Rolle. Diese wiederum war abhängig von Vermögensverhältnissen, von Moden, vom Umfeld, von Auftraggeber- und Künstlerpersönlichkeiten.

In den meisten Fällen hat die Säkularisation barocke oder zumindest barock überformte Anlagen angetroffen, deren Errichtung den Bauherrn nicht selten in die wirtschaftliche Krise oder gar den Ruin geführt hatte. Dass das Bauen prächtiger Kirchen und Klöster Folgelasten mit sich bringt, welche die Wirtschaftskraft eines Konvents stark beanspruchen, ja überfordern konnten, wussten die Bauherren des 18. Jahrhunderts sehr wohl. Ein Schussenrieder Prämonstratenser drückte, bezogen auf den Bau der Wallfahrtskirche Steinhausen seine Sorgen so aus: „Item: Von wegen continuierlichen repariren dises weithschichtigen gebäw, also woran baldt außen, baldt innen, baldt oben, baldt unten was mancquiert und widerumb ergänzet, mithin aber zue ewigen Zeiten daran zue flickhen seyn wirdt."[14]

Ein interessanter Aspekt ist, dass gerade die an Wirtschaftskraft und wissenschaftlicher Produktion unbedeutenden Abteien es waren, die unter Überspannung ihrer Kräfte Bauwerke schufen, die zu ihrer Zeit von ungewohnter Modernität waren und heute als Spitzenwerke des süddeutschen Barock und Rokoko gelten: die Kirche der Benediktinerabtei Weltenburg, die von der Prämonstratenserabtei Steingaden errichtete Wallfahrtskirche in der Wies (auf der Unesco-Liste des Weltkulturerbes) oder die Benediktiner-Abteikirche von Rott am Inn. Reiche Abteien wie Niederalteich oder St. Emmeram in Regensburg beschränkten sich hingegen auf bescheidene Umbauten und eine Neugestaltung der Kirchenräume. So stand St. Emmeram nach der Neugestaltung der Klosterkirche durch Egid Quirin und Cosmas Damian Asam (1731–1733) schuldenfrei da, weil die Finanzierung im Rahmen des laufenden Haushaltes erfolgte. Die Asam hatten für ihre Tätigkeit 12.000 Gulden erhalten.[15] Hingegen kosteten Neubau und Ausstattung der Benediktinerabteikirche Rott am Inn 60.000 Gulden. Dieser horrende Betrag wurde zu 90 % über Darlehen finanziert. Als das Werk stand, musste der Abt zurücktreten und das Kloster galt als bankrott.[16] Rott schleppte die Schulden bis in die Säkularisation hinein. Dann übernahm die Schuldenlast, zusammen mit der Klosterkirche, die das Finanzdesaster ausgelöst hatte, das Kurfürstentum Bayern. Beim Bau der Wies[17] gerieten dem Architekten Dominikus Zimmermann die Kosten völlig außer Kontrolle. Rund 140.000 Gulden kostete der Neubau schließlich: Der Bauherr, das Kloster Steingaden, war finanziell ruiniert und Abt Marianus Mayer zog 1772 die Konsequenzen und trat zurück.[18]

Bei weniger wohlhabenden oder weniger risikofreudigen Klöstern konnte sich die barocke Überformung in engen Grenzen halten. Beispielsweise haben die Prämonstratenser im niederbayerischen Windberg, wie jetzt archäologisch nachgewiesen werden konnte, einen großzügigen barocken Umbau zwar begonnen, aber eingestellt, nachdem die Fundamente gelegt waren. So zeigte diese Abtei bei der Säkularisation ein spätmittelalterliches Erscheinungsbild.

III. Die Übernahme durch den Staat

Mit der Säkularisation wurden die Klostergebäude Staatseigentum. Dass der Staat an der Übernahme der Immobilien insgesamt ein gesteigertes Interesse gehabt hätte, ist wohl auszuschließen. Sie brachten nichts. Hingegen entsprach der Eintritt in die grundherrlichen und gerichtsherrlichen Rechte der ständischen Klöster den finanziellen Interessen des Staates langfristig und kam der modernen etatistischen Tendenz, alle öffentliche Gewalt in einer Hand zu vereinigen, entgegen. Auch die

Übernahme der Klosterforsten lag im fiskalpolitischen Interesse. Bei den Immobilien hingegen war die Lage anders: Da eine Nutzung durch den Staat nur in begrenztem Umfang in Frage kam, der Bauunterhalt aufwändig und die Finanzlage des Staates seit Jahrzehnten desaströs war, richtete sich das Interesse auf eine schnelle Verwertung. Von einer aufklärerischen Demolierungswut, die mit den Klöstern die baulichen Zeugnisse und Symbole eines abgetanen, alten und finsteren Systems hätte vernichten wollen, wird man in Bayern nur in Einzelfällen sprechen können. Bezeichnenderweise sind ja die großen Wallfahrtskirchen, Gößweinstein, Vierzehnheiligen, Bogenberg und die Wies, dann doch erhalten geblieben. Sie und der mit ihnen verbundene Wallfahrtsbetrieb hätten jedem rechten Aufklärer ein Dorn im Auge sein müssen.

Bei der bayerischen Säkularisation waren vor allem sorgfältige Buchhalter am Werk. Wenn die Bauten *auf Abbruch* geschätzt wurden, bedeutete dies nicht, dass für den Käufer der Abbruch verpflichtend gewesen wäre, sondern die Schätzung *auf Abbruch* sollte eine auf das wiederverwertbare Baumaterial gestützte objektive Grundlage der Aufrufpreise bei den Versteigerungen bilden. Der Denkmalwert oder der künstlerische Wert der barocken Immobilien waren kein Thema, nur von ihrem funktionalen Erfordernis war die Rede, von ihrem Nutzen. Um eine Vorstellung davon zu gewinnen, wie auch die Gebildeten in der ersten Hälfte des 19. Jahrhunderts die bauliche und künstlerische Hinterlassenschaft des 18. Jahrhunderts einschätzten, kann man die Beschreibungen und Bewertungen niederbayerischer Klosterbauten durch den Prager Architekturprofessor Bernhard Grueber und den Reiseschriftsteller Adalbert Müller heranziehen.[19] Diese Autoren urteilen hart über Barock und Rokoko, schildern aber auch die Verwahrlosung im Gefolge der Säkularisation. Niederaltaich etwa zeige „kaum noch schwache Spuren seiner früheren Herrlichkeit. Die ehedem sehr ausgedehnten und weitläufigen Gebäude sind großentheils niedergerissen, und was davon noch steht, entspricht keineswegs dem Bilde, das sich die Phantasie von einer reichen Prälatur vorzaubert. Auch die Kirche befriedigt die Erwartungen nicht.

Durch den im J. 1701 unter dem Abte Joscio vorgenommenen Umbau ward die alte Anlage gänzlich zerstört und das ehrwürdige Münster zum geschmacklosen Rokokotempel verballhornt. Nur an der Nordseite hat sich ein sehr schöner alter Eingang aus dem 12. Jahrhunderte erhalten. Die Hauptfacade, mit den zwei dicht an einander gerückten Spitzthürmen sieht sehr leer aus. Das Portal ist zwar spitzbogig, aber aus der spätesten Zeit. Die Malereien und Altarbilder sind unter der Mittelmäßigkeit".[20] Oberalteich wiederum sei eine „Mitleid erregende Halbruine, der demüthige Wohnsitz armen Volkes, das sich familienweise in die Prachtgemächer getheilt und die Korridore des Erdgeschosses in Viehställe umgeschaffen hat. Wo das Auge hinblickt – Unrath, Moder Verfall". Die Fresken der Kirche hätten eine gewisse Berühmtheit erlangt, seien aber „ein Chaos von mythologischen, biblischen und satyrischen Darstellungen … in ihrem Zusammenhange, wenn anders ein solcher je stattfand, dermal ganz unverständlich, als Kunstwerke aber ohne alle Bedeutung".[21]

IV. Verluste und Erhalt durch neue Nutzungen

Für das Schicksal klösterlicher Immobilien gab es theoretisch folgende Möglichkeiten: Den Totalabbruch, den Teilabbruch, den ungeschmälerten Erhalt, verbunden mit einer neuen Nutzung und dementsprechenden baulichen Veränderungen, es gab gar die Erweiterung, den Anbau und den Umbau. Alle diese Varianten konnten auch, bezogen auf einzelne Bauteile, eintreten. Ferner traten sie nicht schlagartig mit der Säkularisation ein, sondern im Verlauf vieler Jahrzehnte. Sie halten bis auf den heutigen Tag an.

Betrachtet man nun sämtliche 500 jemals säkularisierten Klöster in Bayern, so ergibt sich folgende Statistik: 59 Kirchen und 41 Klostergebäude wurden total abgebrochen, 8 Kirchen und 64 Klostergebäude erlitten Teilabbrüche. Die in der Denkmalbilanz katastrophalsten Verluste sind die bedeutenden Klosterkirchen von Wessobrunn, Langheim und Münsterschwarzach. Insgesamt sind also bei den Kirchen 67 und bei den Klostergebäuden 105 Abbruchvorgänge zu beobachten. Darin zeigt sich, dass es, wegen der sehr eingeschränkten profanen Nutzungsmöglichkeiten bei den Kirchen in der Regel *ganz* zur Sache ging, während bei den Klostergebäuden die *Teil*abbrüche überwiegen, mit denen die bauvolumenmäßige Anpassung an eine neue Nutzung bezweckt und überflüssiger Bauunterhalt vermieden werden sollte. Klostergebäude hatten ein umfassenderes Nutzungspotential als die Kirchen. Die eigentumsrechtliche Zerschlagung, verbunden mit Teilabbrüchen von Klosterbauten führte dazu, dass die einzelnen Bauteile sich auseinander entwickelten und mit der ursprünglichen Einheit der ästhetische Gesamteindruck und Wert irreparablen Schaden litt. Man empfindet beim Anblick derart fragmentierter Bauten durchaus „Phantomschmerzen"[22].

Die Statistik zeigt ferner, dass Abbruchvorgänge bei Klostergebäuden wesentlich häufiger waren als an Klosterkirchen. Dies liegt weniger am Respekt der Beamten vor dem klösterlichen Sakralraum oder vor dem kunst- und baugeschichtlichen Denkmal, sondern daran, dass die meisten Klosterkirchen zu Pfarr- oder Filialkirchen umgewidmet und in den Dienst der Seelsorge gestellt wurden. Dies hatte dort, wo das Kloster am Klosterort die pfarrlichen Rechte ausübte, in der Regel zur Folge, dass die ursprünglichen Klosterpfarrkirchen funktionslos wurden und dem Abbruch – man könnte ihn als Sekundärabbruch bezeichnen – zum Opfer fielen. Eines der seltenen Gegenbeispiele ist die oberbayerische Benediktinerabtei Wessobrunn. Hier wurde die barocke Klosterkirche abgebrochen und die kleine Klosterpfarrkirche überlebte bis heute. In Regensburg hat sich, als Ausnahme und im baulichen Zusammenhang begründet, neben der Klosterkirche St. Emmeram die zugehörige Pfarrkirche St. Rupert erhalten. Die zu Pfarrkirchen umgewidmeten ehemaligen Klosterkirchen verfügten über kein Stiftungsvermögen. Für den hauptsächlichen Bauunterhalt dieser staatlichen Kirchen kommt, was „Dach und Fach" betrifft, bis heute der Staat auf *(subsidiäre Baulast)*. Instandhaltung und Restaurierungen des Innenraums sind zunächst einmal Sache der Kirche. Werfen wir nun einen Blick auf die Nutzung der säkula-risierten Klosteranlagen, so zeigt sich zunächst, dass die Nutzungen nicht selten wechseln. Beispielsweise diente das Minoritenkloster in Regensburg zunächst als Kaserne und wurde später Museum. Die oberfränkische Benediktinerabtei Banz wurde Schloss der Herzöge in Bayern, dann wieder Kloster und ist heute Bildungsstätte der Hanns-Seidel-Stiftung. Etwa 120 der säkularisierten Klosteranlagen, mithin, wenn man den Stand von 1803 nimmt, weit mehr als ein Viertel, wurden nach einer säkularen Primärnutzung im Lauf des 19. und 20. Jahrhunderts wieder Klöster, wenn auch oft andere Orden es waren, die sich ansiedelten: Die ehemalige oberpfälzische Benediktinerabtei Reichenbach, zunächst Fabrikgebäude, ist heute ein Haus der Barmherzigen Brüder, die niederbayerische Benediktinerabtei Mallersdorf wurde Franziskanerinnenkloster.

Die Kirchen blieben in der Regel Pfarrkirchen mit einer subsidiären staatlichen Baulast. In der durch König Ludwig I. wieder gegründeten Benediktinerabtei Ottobeuren gehört der ganze Bau dem Staat und der Konvent ist lediglich Nutzer. Einer der es wissen muss, nämlich ein dortiger Benediktinerpater, verrät: „Der große Reichtum unserer Abtei ist die staatliche Baulast." Nicht alle wiedergegründeten Klöster sind heute mit ausreichendem Nachwuchs gesegnet. Dies trifft insbesondere die Frauenkonvente, die meist stark überaltert sind. Zunehmend stellt sich deshalb die Frage nach Erhalt und Nutzung von Klosteranlagen, die zum zweiten Mal verwaist sind.

V. Primäre und sekundäre staatliche bzw. öffentliche Nutzungen

Natürlich prüfte der Staat, inwieweit er selbst Verwendung für säkularisierte Klosterimmobilien hatte. Die Architektenaufgabe, ein Kloster zu bauen, bedeutete, viele Einzelwohnräume mit großen Gemeinschaftsräumen zu kombinieren. Insofern war der Klosterbau typologisch mit dem Bau von Strafanstalten, Psychiatrien, Behörden und Kasernen verwandt. In der Tat findet sich die militärische Nachnutzung häufig: Das schon erwähnte Minoritenkloster in Regensburg, das Dominikanerkloster in Bamberg, die Benediktiner-Reichsabtei St. Ulrich und Afra in Augsburg oder das Augustinerchorherrenstift St. Nikola in Passau sind gute Beispiele. Kasernen in Klöstern einzurichten war übrigens der schnellste und billigste Weg, in den 1803 bayerisch gewordenen Gebieten, Reichs- und Residenzstädten die militärische Präsenz des neuen Herrn herzustellen. Die Nutzung als Strafanstalt dauert bis heute in den schwäbischen Zisterzienserstiften Kaisheim und Niederschönenfeld und im oberfränkischen Ebrach an. Die Kartause Prüll, heute in Regensburg, beherbergt eine Bezirkspsychiatrie. Der Regierungspräsident von Niederbayern schließlich regiert seinen Bezirk aus dem Dominikanerkloster in Landshut. Klostergebäude dienten als Gerichte, Schulen, Pfarr- und Forstämter. Der Landrat des Landkreises Regensburg saß einst im ehemaligen Augustinerchorherrenstift St. Mang und der Landrat von Freising sitzt heute in der Prämonstratenserabtei Neustift, nachdem dort erst das Militär und dann eine Lodenfabrik ausgezogen waren. In den letzten zwei Jahrzehnten des 20. Jahrhunderts haben kommunale Gebietskörperschaften sich gelegentlich in Zweckverbänden zusammengetan und ehemalige Klosteranlagen zu Bildungshäusern umgeformt. Eine entscheidende Rolle spielten dabei die Bezirke. Ihnen ist die Revitalisierung und Rettung der Klosteranlagen in Seeon, Irsee und Roggenburg zu danken, bei letzterem unter Beteiligung des Prämonstratenserordens. Gelegentlich kommen auch kommunale Nutzungen vor. *Liebe macht kurze Prozesse* hieß das Stück, das man am 25. November 1803 in der Amberger Franziskanerkirche anschauen konnte, die jetzt kommunales Theater war.[23] Die Bürger von Pfaffenhofen an der Ilm schließlich weihten 1828 in der dortigen Franziskanerkirche einen Tanz- und Festsaal ein.[24]

VI. Private Nutzungen

Manche Klosteranlagen mutierten zu Adelsschlössern, entweder durch Kauf oder auf dem Wege der Entschädigung. Als Beispiele sind zu nennen die Benediktinerabteien Tegernsee (Haus Wittelsbach), St. Emmeram in Regensburg (Fürsten von Thurn und Taxis), Amorbach (Fürsten von Leiningen), die Zisterzienserabtei Aldersbach (Freiherrn von Aretin), das Kaisheimer Sommerschloss Leitheim (Freiherrn von Tucher) oder das schon erwähnte Tambach (Grafen von Ortenburg).

Bei den Versteigerungen stießen wirtschaftlich attraktive Klosterbetriebe auf großes Interesse sowohl lokaler wie auswärtiger Käufer. Beliebt waren die Braustätten und Wirtshäuser mit den zugehörigen Brau- und Schankrechten. Schon unter geistlicher Leitung hatten die Brauereien dicke schwarze Zahlen geschrieben, während es bei den landwirtschaftlichen Eigenbetrieben mit ihren meist gegen 100 Hektar Wiesen und Äckern schon immer hieß: „Was der Pflug gewinnt, verzehrt das Gesind." Deshalb war das Interesse an den Meierhöfen nicht ganz so groß wie an den Brauereien.

Grotesker Weise gerieten die Teile von Klostergebäuden, die zum Zeitpunkt der Säkularisation einigermaßen attraktive Kapitalanlagen dargestellt hatten, in der zweiten Hälfte des 20. Jahrhunderts in die von allgemeinen wirtschaftlichen Entwicklungen abhängige Krise: Das Mühlensterben erfasste auch die ehemaligen Klostermühlen, ehemalige Klosterbrauereien stellten ihren Betrieb ein, vor allem aber ging es mit der Landwirtschaft bergab und die in privatem oder wieder in klösterlichem Besitz befindlichen riesigen Meierhöfe verloren ihre Funktion: Kein Vieh mehr in den Gewölben der Ställe, kein Stroh und kein Heu mehr in den Städeln. Nutzungsideen waren und sind dringend gefragt: Die Wirtschaftsgebäude der ehemaligen Benediktinerabtei Thierhaupten bei Augsburg beherbergen heute u.a. das Bauteilearchiv des Bayerischen Landesamts für Denkmalpflege. In Roggenburg ist die Brauerei zum Veranstaltungsraum geworden, der Meierhof von Benediktbeuern ist in kultureller Mischnutzung, der Meierhof von Steingaden ist, jedenfalls zum Teil, Schule, Kindergarten und Gemeindeverwaltung geworden, für den wunderschönen Prielhof der Benediktinerabtei Scheyern hat sich bislang noch keine Perspektive ergeben. *Nutzungsneutrale* Sicherungen des Bestands finden dennoch statt: Es geht darum, den irreparablen baulichen Verfall der Vierseitanlage, der einem Nutzungsverlust sehr schnell folgt, zu verhindern.

VII. Denkmalschutz und Denkmalpflege

Die säkularisierten Klosteranlagen und ihre Kirchen sind, soweit sie überlebten, heute sämtlich Baudenkmäler im Sinne des Bayerischen Denkmalschutzgesetzes von 1973. Denkmal*schutz* ist eine gesetzliche Angelegenheit und Denkmal*pflege*, also der erhaltende Umgang mit dem baulichen Erbe, ist die Praxis. Den Denkmalschutz leisten die Denkmalschutzbehörden, indem sie das Gesetz vollziehen, Denkmalpfleger aber sind viele, Privatpersonen, die Kirchen, der Staat, die Kommunen, verschiedene Stiftungen und nicht zuletzt die mit dem Erhalt befassten Architekten, Fachplaner und Handwerker. Das bauliche Erbe der Klöster möglichst ungeschmälert in die Zukunft zu tragen, ist nicht einfach, schon allein wegen der Anzahl und der Größenordnung vieler Anlagen. Die Frage der Nutzung, insbesondere der ehemaligen Wirtschaftsgebäude, ist häufig schwer zu lösen. Problematisch ist es, wenn die Anlagen mehreren Eigentümern gehören. Die schon erwähnte ehemalige Benediktinerabtei Oberaltaich bei Straubing teilen sich der Staat, die Gemeinde, die Pfarrkirchenstiftung und vielleicht ein Dutzend Privatleute. Der Komplex sieht dementsprechend aus: Die Bandbreite reicht vom Schmuckstück der kommunalen Volkshochschule und des Pfarrhofs über einsturzgefährdete Bauteile bis zur hässlichen Lücke, die ein Abbruch bereits hinterlassen hat.

Große Ansprüche an die Denkmalpflege stellen die Kirchengebäude und die Repräsentationsräume. Insbesondere die bisweilen beängstigend leichten Konstruktionen der barocken Kirchen und ihrer Dekorationssysteme zeigen sich zunehmend verbraucht[25] und durch mangelnden Bauunterhalt, unzureichende Reparaturen der Vergangenheit oder altersbedingte Korrosion in vielfacher Hinsicht geschädigt. Gelegentlich sind es auch richtige Fehler von Architekten und Handwerkern der Bauzeit, die heute aufwändige Reparaturen erforderlich machen.[26] Der Erhaltungsaufwand ist beträchtlich und kann nur auf mehreren Schultern ruhen. Bei den großen Instandsetzungen wie der 2002 fertiggestellten Kirche von Rott am Inn sind die Pfarrkirchenstiftung, die politische Gemeinde, das Landratsamt, der Bezirk, die Erzdiözese, die Bayerische Landesstiftung, das Kultusministerium, das Wissenschaftsministerium, das Bayerische Landesamt für Denkmalpflege und mehr als ein Dutzend Firmen involviert. Das Landesamt leistet in erheblichem Umfang Fachberatung durch Kunsthistoriker, Architekten, Restauratoren und das physikalisch-chemische Zentrallabor. Maßgeblich wirkt es bei der Festlegung restauratorischer Konzepte und bei der Qualitätssicherung einer Maßnahme mit. Für die als freie Unternehmer tätigen Fachplaner, Restauratoren und Handwerker, hier insbesondere Zimmerleute, Schreiner, Maurer, Stukkateure, Steinmetzen, Kirchenmaler und Vergolder, bildet die bauliche Hinterlassenschaft der Klöster nicht nur fachliche Herausforderung, sondern sie ist überhaupt ein wesentlicher Beitrag zur Existenz dieser Betriebe. Nur Aufträge von vergleichbarer Größenordnung und Schwierigkeit stellen sicher, dass die einschlägige Kenntnis der historischen Materialien und Techniken in die Zukunft weitergetragen wird.

Um das Konzept einer Restaurierung zu definieren und Nachhaltigkeit der Maßnahme in größtmöglichem Umfang zu sichern, werden vorher umfangreiche archäologische, archivalische, kunsthistorische und materialkundliche Voruntersuchungen angestellt; Bauforscher beurteilen das Bauwerk hinsichtlich der baugeschichtlichen Veränderungen, hinsichtlich der Standsicherheit und hinsichtlich des Reparaturkonzepts. Bei diesen Voruntersuchungen fällt ein bedeutender wissenschaftlich Ertrag ab: für die Geschichte, die Geistesgeschichte, die Kunstgeschichte, für die Architektur- und Technikgeschichte ebenso wie für die Wissenschaft von den historischen Materialien und Techniken.

Die großen Erhaltungsmaßnahmen gelingen, wie gesagt, nur, wenn die Lasten auf mehrere Schultern verteilt sind. Den Löwenanteil tragen Staat und Kommunen. Allein im Haushalt des Kultusministeriums standen im Jahre 2002 17,6 Millionen Euro für den Erhalt kirchlicher Gebäude.

Addiert man die Denkmalpflegemittel und die Mittel anderer Ministerien, beispielsweise des Justizministeriums (für die als Strafanstalten genutzten Anlagen) und der kommunalen Gebietskörperschaften hinzu, wird man die jährlichen finanziellen Investitionen der Öffentlichen Hand für die säkularisierten Klosteranlagen mit etwa 25 Millionen Euro pro Jahr ansetzen können. In ebenso beträchtlicher Höhe liegen die Aufwendungen der bayerischen Diözesen – aus Kirchensteuermitteln – für Klosterkirchen und Klostergebäude.

VIII. Einige Beispiele

Dutzende von (ehemaligen) klösterlichen Gebäuden sind in den letzten Jahrzehnten im Rahmen größerer oder kleinerer Maßnahmen instand gesetzt worden. Im Folgenden sind fünf Beispiele ausgewählt, die zeigen, auf welchem Wege eine Realisierung gewährleistet war. Hinter den beeindruckenden, aber nackten Zahlen der gelungenen Finanzierungen steht das Ringen um nachhaltige, aber schonende Nutzungen, steht die oft mühsame Suche nach denkmalverträglichen technischen Lösungen und steht die Suche nach den restauratorischen Konzepten. Die Beispiele gehören der jüngeren Zeit an, die Maßnahmen sind z.T. noch nicht abgeschlossen. Deshalb zeigen die Tabellen Finanzierungspläne, die gelegentlich in geringem Maße von den nach Abschluss der jeweiligen Maßnahme festgestellten Kosten abweichen können.

1. Ehemalige Zisterzienserklosterkirche Ebrach, Landkreis Bamberg, Regierungsbezirk Oberfranken

Eine der aufwändigsten Maßnahmen läuft seit 1997 in der ehemaligen Zisterzienserklosterkirche in Ebrach. Die Kirche ist ein Bauwerk der frühen Gotik, hatte 1525 nach einem Brand ein neues Dachtragwerk und am Ende des 18. Jahrhunderts eine neue Raumschale erhalten. Nach der Säkularisation wurde in den Konventgebäuden eine Strafanstalt eingerichtet und die Klosterkirche zur Pfarrkirche umgewidmet. Aus diesen Gründen trägt der Staat noch heute 50 % der Baulast. Neben dem Staat ist der Nutzer, die katholische Pfarrkirchenstiftung Ebrach, Trä-

gerin der Baulast, bei größeren Maßnahmen damit aber vollkommen überfordert.

Alters- und konstruktionsbedingte, z.T. durch unzweckmäßige Reparaturen verursachte Schäden in der Dachkonstruktion hatten zu bedrohlichen Rissen und Verformungen im Mauerwerk und zur Ablösung von Stuckteilen geführt. Die Befestigungsdrähte des klassizistischen Deckenstucks waren korrodiert; auch hier drohten Stuckteile abzustürzen. Die Vergoldungen des Hochaltars blätterten großflächig ab.

Eine langjährige Gesamtinstandsetzung war erforderlich geworden, die, in mehrere Bauabschnitte gegliedert, eine statische Sicherung des Dachtragwerks, eine Konservierung der Raumschale, der Seitenaltäre, der Chororgeln und des Gestühls sowie die Restaurierung des Hochaltars umfassen sollte. Die Gesamtkosten waren mit 23,3 Millionen Mark veranschlagt.

In den Jahren 1997 bis 2002 wurden Maßnahmen in einem Kostenrahmen von fast fünf Millionen Mark durchgeführt. An der Finanzierung waren neun Institutionen beteiligt (Zahlen in Tausend Mark; Zahlen in 2002 aus Euro in Mark umgerechnet):

	1997	1998	1999	2000	2001	2002	Ges.(%)
Erzdiözese Bamberg	100	100	125	70	225	250	870 (18)
Bayerische Landesstiftung	80	90	80	50	120	100	520 (10)
Oberfranken-Stiftung	80	90	80	50	120	100	520 (10)
Kulturstiftung Kreissparkasse	60	60	60	–	–	–	180 (4)
Kath. Kirchenstiftung Ebrach	30	30	30	30	30	–	150 (3)
Bundesrepublik Deutschland	100	100	50	50	100	100	500 (10)
Deutsche Stiftung Denkmalschutz	–	100	50	50	100	–	300 (6)
Freistaat Bayern	–	–	–	300	725	700	1725(36)
Politische Gemeinde Ebrach	–	–	–	50	50	50	150 (3)
Gesamt	450	570	475	650	1.500	1.300	4.945

2. Klosteranlage der Benediktinerabtei Rohr, Landkreis Kelheim, Regierungsbezirk Niederbayern

Bis zur Säkularisation bestand im niederbayerischen Rohr ein Augustinerchorherrenstift. Nach 1803 erhielt die Klosterkirche Mariae Himmelfahrt mit dem bekannten Bühnenaltar von Egid Quirin Asam die Funktion einer Pfarrkirche für die Marktgemeinde Rohr, die Klostergebäude[27] wurden umgenutzt. Im Jahr 1946 siedelten sich in Rohr Benediktiner an, die aus dem Kloster Braunau in Ostböhmen vertrieben worden waren. Wie verwickelt die Fragen der Baulast nach der Säkularisation sein konnten, zeigte sich auch in Rohr. So diente ein Teil der Konventbauten als Pfarrhof und stand folglich im Eigentum der Pfarrpfründestiftung Rohr. Nachdem aber das Kloster seit 1946 die Pfarrei Rohr betreute, wurde die Baulast 1946 von der Pfarrpfründestiftung auf das Kloster übertragen.

Ab 1999 erweiterte die Abtei, die u.a. eine Internatsschule betreibt, die Klostergebäude und plante die Sanierung des Altbaus. Dort hatte eindringende Feuchte das Dachtragwerk massiv geschädigt, die Dachhaut war verbraucht, der Außenputz großflächig zerstört und deshalb das Mauerwerk bis in die Fundamente durchfeuchtet. An den Deckenkonstruktionen und Gewölben zeigten sich Schwachstellen. Die Schäden waren durch Alter, mangelhaften Bauunterhalt und unzweckmäßige Ein- und Umbauten sowie die Verwendung ungeeigneter Materialien (z. B. Dispersionsfarbe auf den Außenputzen) verursacht. Es erwies sich eine Sanierung der Fundamente, eine Verstärkung der Deckenbalken, eine Instandsetzung des Daches und der Fassaden und eine Entfernung der späteren Um- und Einbauten als dringend nötig.

Von den Gesamtkosten in Höhe von 12, 3 Millionen Mark hatte die Abtei Rohr 2,5 Millionen Mark alleine zu tragen, da es Leistungen betraf, die nicht als zuwendungsfähig eingestuft waren. Für die verbleibenden 9,8 Millionen wurde folgende Finanzierung aufgebaut:

Institution	Betrag in Tsd. DM	Anteil in %
Diözese Regensburg	4.246	43,3
Freistaat Bayern (Sozialministerium)	270	2,8
Sparkassenstiftung	350	3,6
Bayerische Landesstiftung	1.000	10,2
Freistaat Bayern (E-Fonds)	1.000	10,2
Landkreis Kelheim	500	5,1
Bezirk Niederbayern	200	2,0
Freundeskreis	70	0,7
Eigenmittel der Abtei	1.423	14,5
Darlehen der Diözese	746	7,6
Gesamt	9.805	100 %

3. Klosteranlage Weltenburg, Landkreis Kelheim, Regierungsbezirk Niederbayern

In Weltenburg, 1803 säkularisiert, zogen auf Initiative König Ludwigs I. 1842 wieder Benediktiner ein. Auch hier hatte die Säkularisation komplizierte Baulastverhältnisse begründet. So unterliegen der südlich an die Klosterkirche anschließende Flügel klösterlicher, alle anderen Bereiche jedoch, z.B. auch der Pfarrhoftrakt, staatlicher Baulast. In den Jahren 1997 bis 2000 unterstützte der Freistaat aus Mitteln der Denkmalpflege das Kloster mit ca. 60.000 Mark, ein im Vergleich zu den Gesamtkosten in Höhe von 1,6 Millionen Mark eher bescheidener Beitrag. Die Restaurierung des Hochaltars in der Kirche finanzierte eine private Stiftung.

An den Konventbauten, so weit sie klösterlicher Baulast unterlagen, fand 2001/02 eine statische Reparatur des Dachtragwerks, eine Neudeckung der Dächer sowie eine Reparatur der Natursteinteile der Fassade und eine Stabilisierung der durch das Pfingsthochwasser 1999 beeinträchtigten Fassadenputze statt. Die Gesamtkosten beliefen sich auf 2,5 Millionen Mark. Die Finanzierung sah so aus:

Institution	Betrag in Tsd. DM	Anteil in %
Diözese Regensburg	450	18
Stadt Kelheim	50	2
Landkreis Kelheim	100	4
Bezirk Niederbayern	100	4
Freistaat Bayern (E-Fonds)	500	20
Bundesrepublik Deutschland	100	4
Deutsche Stiftung Denkmalschutz	200	8
Bayerische Landesstiftung	325	13
Eigenmittel der Abtei	675	27
Gesamt	2.500	100 %

4. Klosteranlage Roggenburg, Landkreis Neu-Ulm, Regierungsbezirk Schwaben

Das ehemalige Prämonstratenser-Reichsstift Roggenburg ist ein gutes Beispiel dafür, wie es nur unter Anspannung aller Kräfte des kirchlichen, staatlichen, kommunalen und privatwirtschaftlichen Bereichs gelingen kann, einer monumentalen, historisch und kunsthistorisch hoch bedeutenden, aber ebenso hoch gefährdeten Klosteranlage durch Zuweisung einer neuen Funktion (Revitalisierung) und bauliche Instandsetzung das Überleben zu sichern. Eigentümerin ist die Diözese Augsburg, Nutzer und Betreiber des dortigen Zentrums für Familie und Umwelt der Prämonstratenserorden: Roggenburg wurde von der niederbayerischen Abtei Windberg aus wieder besiedelt. In die Sanierung von Dächern, der Bibliothek und der Sakristei waren bereits 800.000 Mark investiert worden (davon 170.000 Mark aus Mitteln des Bayerischen Landesamts für Denkmalpflege), als 1998–2002 der Orden die Instandsetzung des Westteils der ehemaligen Wirtschaftsgebäude, des sog. Prälatengartens (errichtet 1680/90, renoviert 1720/30), in Angriff nahm. Der Prälatengarten war nach der Säkularisation private Brauerei und Gasthof gewesen, Jahrzehnte standen die Gebäude leer und wegen der ständigen Vernachlässigung des Bauunterhalts bestand Einsturzgefahr. Die Kellergewölbe und das Erdgeschossmauerwerk waren

durchfeuchtet und statisch schwer geschädigt, im Obergeschoss hatte sich der Hausschwamm breit gemacht und das Dachtragwerk konnte seine Funktion nicht mehr erfüllen. Unter Berücksichtigung unvorhersehbarer Mehrkosten ergab sich folgendes Finanzierungsmosaik:

Institution	Betrag in Tsd. DM	Anteil in %
Diözese Augsburg	750	8,4
Landkreis Neu-Ulm	1.000	11,2
Städtebauförderung	250	2,8
Bezirk Schwaben	1.000	11,2
Freistaat Bayern (E-Fonds)	1.623	18,2
E-Fonds (Darlehen)	300	3,4
Sparkassenstiftung	1.000	11,2
Bayerische Landesstiftung	850	9,5
Städtebauförderung	250	–
Kulturfonds Bayern	1.000	11,2
Kulturfonds (Darlehen)	500	5,6
Spenden	124	1,4
Eigenmittel des Klosters	517	5,9
Gesamt	8.914	100 %

5. Klosteranlage Speinshart, Landkreis Neustadt a. d. Waldnaab, Regierungsbezirk Oberpfalz

Die Prämonstratenserabtei Speinshart blieb nach der Säkularisation im Staatseigentum, bis 1921 das böhmische Stift Tepl die Gebäude erwarb und dort wieder eine Prämonstratenserniederlassung errichtete.[28] Die barocke Klosteranlage hat sich in der beeindruckenden Geschlossenheit von Kirche, Konvent, Wirtschaftsgebäuden, Handwerkerhäusern und einer Umfriedung mit doppeltürmigem Tor erhalten. Die Abbrüche des 19. Jahrhunderts hielten sich in Grenzen. Noch in den achtziger Jahren des 20. Jahrhunderts trat die Gefährdung der wegen Mittelknappheit schwer vernachlässigten Anlage in das Bewusstsein der Öffentlichkeit. Nun entwickelte sich der Plan, teilweise eine neue Nutzung als Bildungsstätte ins Auge zu fassen und den gesamten Komplex zu sanieren. Zur Entwicklung des neuen Nutzungskonzepts und zu den baulichen Voruntersuchungen trat der Freistaat Bayern bei Gesamtkosten von 380.000 Mark mit 180.000 Mark in Vorleistung. Das Ergebnis der Bauwerksuntersuchung war zwar erschreckend, aber nicht unerwartet. Es bestätigten sich erhebliche konstruktive Schäden in den Fundamenten und den Dachwerken, die zu Verformungen und Rissen in den Mauern geführt hatten. Diese wiederum gefährdeten die hochrangigen barocken Stuckdecken, Gemälde, Fußböden und Türen. Erschreckend waren auch die auf der Basis der Voruntersuchung geschätzten Kosten für die Gesamtsanierung der drei Flügel des Konventbaus: 36 Millionen Mark. Ein solcher Betrag war nicht zu finanzieren. Die Beteiligten einigten sich deshalb darauf, aus dem Gesamtprojekt eine 16,65 Millionen teure Teilmaßnahme herauszuschälen, die auf jeden Fall einen weiteren Verfall der Gebäude verhinderte. Die Maßnahme umfasste die komplette Sanierung der Dächer, Fundamente, Mauern, Gewölbe und Decken in allen drei Flügeln, ferner die Instandsetzung des Ostflügels für die Zwecke des Konvents und öffentliche Nutzungen. Hier und in Teilen des Südflügels sollten auch die historischen Raumschalen und Ausstattungen restauriert werden.

Es gelang, für diesen ersten, für den Erhalt der Anlage entscheidenden Bauabschnitt in Speinshart folgende Finanzierung sicher zu stellen:

Institution	Betrag in Tsd. DM	Anteil in %
Diözese Regensburg	3.400	20,4
Gemeinde Speinshart	250	1,5
Landkreis Neustadt a. d. Waldnaab	1.000	6,0
Bezirk Oberpfalz	1.500	9,0
Bayern (Städtebauförderung)	2.800	16,9
Freistaat Bayern (E-Fonds)	2.400	14,4
E-Fonds (Darlehen)	1.000	6,0
Deutsche Stiftung Denkmalschutz	1.000	6,0
Bayerische Landesstiftung	1.500	9,0
Bundesrepublik Deutschland	1.000	6,0
Eigenmittel des Klosters	800	4,8
Gesamt	16.650	100 %

IX. Schluss

Zum Schluss sei doch noch die hypothetische Frage erlaubt: Wie wäre es mit den Klostergebäuden gegangen, wenn die Säkularisation nicht stattgefunden hätte?

Klosteranlagen, jedenfalls diejenigen der Prälatenklöster, haben die Dimensionen und die künstlerische Qualität wie große Schlösser. Man könnte also fragen, wie es den Familien des Adels heute gelingt, ihre Schlösser zu erhalten. Der Adel hatte zwar 1848 endgültig seine staatsrechtliche Sonderstellung verloren, jedoch seinen Mobilien- und Immobilienbesitz ungeschmälert weiterhin behalten. Adelssitze von der Dimension der Prälatenklöster sind beispielsweise die Schlösser St. Emmeram in Regensburg (Fürst Thurn und Taxis), Pommersfelden (Graf Schönborn), Wallerstein (Fürst Oettingen-Wallerstein), Kleinheubach (Fürst Löwenstein) oder Schillingsfürst (Fürst Hohenlohe). Für diese Familien ist es heute häufig nur mehr mit großen Opfern und mit erheblicher direkter (Zuschüsse) und indirekter staatlicher Hilfe (Steuervorteile) möglich, die Baudenkmäler zu erhalten. Mit der Konstruktion gemeinnütziger Stiftungen, mit Umnutzungen oder langfristigen Vermietungen suchen diese Eigentümer, die erheblichen finanziellen Probleme in einem überschaubaren Rahmen zu halten.

Wie beim Adel, beruhte auch bei den Klöstern die für die Errichtung und den Betrieb repräsentativer baulicher Anlagen erforderliche Finanzkraft auf den Erträgen aus dem Agrarsektor, auf den öffentlich-rechtlichen Erträgen aus Grundherrschaft und Gerichtsherrschaft sowie auf den Erträgen inkorporierter Pfarreien. Nach dem Wegfall der öffentlich-rechtlichen Einnahmen und der bis heute anhaltenden Entwertung land- und forstwirtschaftlichen Besitzes wäre für die Klöster der bauliche Unterhalt der großen Anlagen zum Problem geworden, das sie ganz aus eigener Kraft kaum mehr hätten lösen können.

Heute sehen sich der Staat, die Kommunen, Stiftungen, vor allem auch die bayerischen Diözesen in der Verantwortung für das bauliche Erbe der Klöster. Sie können auf viele und große Erhaltungsleistungen verweisen. Das Wort von der *Liberalitas Bavarica*, das ursprünglich die großzügige Förderung durch die bayerischen Fürsten meint, deren sich die Klöster erfreuten,[29] hat, wenn man so will, einen neuen Sinn erhalten. Die bayerischen Klosteranlagen bilden heute einen wesentlichen Teil der *baulichen Erkennbarkeit* Bayerns, seiner Identität und Attraktivität. Sie sind ein unübersehbares Zeugnis für die 1500-jährige politische, geistige und kulturelle Geschichte dieses Staates, aber auch Beleg dafür, wie dieser sich der Verantwortung für das Weitertragen dieses Erbes in die Zukunft stellt.

Immer jedoch sollte man sich vor Augen halten, dass die Klostergebäude nur den *Überrest* einer eindrucksvollen wirtschaftlichen, vor allem aber kulturellen Infrastruktur[30] bilden, die das ganze Land durchdrungen hatte. In der *Provinz*, in nach heutigem Verständnis *entlegenen Winkeln* und *Nestern* entstanden bis zur Säkularisation Kunstwerke von höchstem Rang, fanden sich umfassende Bibliotheken und Sammlungen, Schulen und Akademien, wurde komponiert, musiziert, wissenschaftlich gearbeitet, geschrieben, gedruckt, Theater gespielt.

Diese Infrastruktur hat die Säkularisation zerstört und damit einen ebenso gewaltigen wie irreparablen Schaden angerichtet. Im Vergleich dazu nehmen sich die Verluste bei den baulichen Anlagen der Klöster dann doch eher bescheiden aus.

ANMERKUNGEN:

1   Vgl. die Schilderung der Feierlichkeiten in der Klosterchronik, ediert in: Prämonstratenserabtei Speinshart und Diözesanmuseum Regensburg (Hrsg.), 850 Jahre Prämonstratenserabtei Speinshart, 75 Jahre Wiederbesiedelung durch Stift Tepl 1921–1996, Ausstellungskatalog (Kunstsammlungen des Bistums Regensburg, Diözesanmuseum Regensburg, Kataloge und Schriften 17), Regensburg 1996, S. 99–104. – Prämonstratenserabtei Speinshart (Hrsg.), 850 Jahre Prämonstratenserabtei Speinshart 1145–1995 (Speinshartensia. Beiträge zur Geschichte der Prämonstratenserabtei Speinshart 2), Pressath 1995.

2   Alfons Maria Scheglmann, Geschichte der Säkularisation im rechtsrheinischen Bayern, 3 Bde., Regensburg 1903–1908. Der erste Band behandelt die Vorgeschichte der Säkularisation, der zweite die Säkularisation in Kurpfalzbayern im Jahre 1802, der umfangreiche dritte Band schließlich die Säkularisation in den 1803 definitiv gewesenen oder gewordenen bayerischen Gebieten.

3   Max Pfeiffer, Beiträge zur Geschichte der Säkularisation in Bamberg,

Bamberg 1907. – Leo Günther, Übergang des Fürstbistums Würzburg an Bayern (Würzburger Studien zur Geschichte des Mittelalters und der Neuzeit 2), Leipzig 1910. – E. Bauernfeind, Die Säkularisationsperiode im Hochstift Eichstätt bis zum endgültigen Übergang an Bayern 1790–1806, Freising 1927. – Barnabas Schroeder, Die Aufhebung des Benediktiner-Reichsstiftes St. Ulrich und Afra in Augsburg 1802–1806 (Studien und Mitteilungen zur Geschichte des Benediktinerordens und seiner Zweige, Ergänzungsheft 3), München 1929. – Franz Hiltl, Die Geschichte der Säkularisation des Reichsstifts Obermünster in Regensburg (8. Jahresbericht des Vereins zur Erforschung der Regensburger Diözesangeschichte), Regensburg 1933. – Bernarda Wagner, Die Säkularisation der Klöster im Gebiet der heutigen Stadt Passau 1802–1836, phil. Diss. München 1935. – Edith Ringelmann, Die Säkularisation des Hochstifts und des Domkapitels Passau (Veröffentlichungen des Instituts für ostbayerische Heimatforschung 18), Passau 1939.

4   Am Anfang der Säkularisationsforschung nach 1945 steht Eleutherius Stellwag, Beiträge zur Geschichte der Abtei Münsterschwarzach am Main um die Zeit ihrer Aufhebung 1803, phil. Diss. Würzburg 1946. – Heinz Wolf Schlaich, Das Ende der Regensburger Reichsstifte St. Emmeram, Ober- und Niedermünster. In: Verhandlungen des Historischen Vereins für Oberpfalz und Regensburg 97 (1956) S. 163–376.

5   Beispiel einer umfassenden und aspektereichen Untersuchung ist die Arbeit von Schlaich (wie Anm. 4).

6   Hans Christian Mempel, Die Vermögenssäkularisation 1803/10. Verlauf und Folgen der Kirchengutenteignung in verschiedenen deutschen Territorien, 2 Bde., München 1979.

7   Den Forschungsstand reflektiert Eberhard Weis, Die Säkularisation der bayerischen Klöster 1802/03. Neue Forschungen zu Vorgeschichte und Ergebnissen (Bayerische Akademie der Wissenschaften, Philosophisch-historische Klasse, Sitzungsberichte 1983/6), München 1983.

8   Josef Kirmeier, Manfred Treml (Hrsg.), Glanz und Ende der alten Klöster. Säkularisation im bayerischen Oberland 1803 (Veröffentlichungen zur Bayerischen Geschichte und Kultur 21/91), München 1991.

9   Winfried Müller, Die Säkularisation von 1803. In: Walter Brandmüller (Hrsg.), Handbuch der bayerischen Kirchengeschichte, Bd. 3: Vom Reichsdeputationshauptschluß bis zum Zweiten Vatikanischen Konzil, St. Ottilien 1991, S. 1–84.

10 Michael Kaufmann, Säkularisation, Desolation und Restauration in der Benediktinerabtei Metten (1803–1840), Metten 1993.

11 Für die Überlassung dieser im Zusammenhang des Ausstellungsprojekts des Bayerischen Hauptstaatsarchivs entstandenen Liste danke ich herzlich Herrn Archivdirektor Dr. Rainer Braun.

12 Die oberpfälzischen Abteien Speinshart und Ensdorf besaßen Hammerwerke. Zur wirtschaftlichen Bedeutung des Ensdorfer Hammers vgl. Otto Schmidt, „Einnamb und Ausgab" unter Abt Anselm Meiller. Zur wirtschaftlichen Entwicklung des Klosters Ens-

dorf. In: Manfred Knedlik – Georg Schrott, Anselm Desing (1699–1772). Ein benediktinischer Universalgelehrter im Zeitalter der Aufklärung, Kallmünz 1999, S. 208–239, bes. S. 215–218.

13 Vgl. die Karthause Prüll in Regensburg.

14 Sixtus Lampl, Dominikus Zimmermann, wie ihn kaum jemand kennt, München 1987, S. 27.

15 Egon Johannes Greipl, Abt und Fürst. Leben und Leistung des Reichsprälaten Johann Baptist Kraus von St. Emmeram zu Regensburg (1700–1762), Regensburg 1980, S. 52 f.

16 Willi Birkmaier, Benedikt II. Lutz von Lutzenkirchen – Abt, Bauherr und „heiliger Verschwender". In: Ders. (Hrsg.), Rott am Inn. Beiträge zur Kunst und Geschichte der ehemaligen Benediktinerabtei, Weißenhorn 1983, S. 66–85, bes. S. 5–79.

17 Bayerisches Landesamt für Denkmalpflege, Die Wies. Geschichte und Restaurierung / history and restoration (Arbeitshefte des Bayerischen Landesamtes für Denkmalpflege, hrsg. von Michael Petzet, 55), München 1992.

18 Lampl (wie Anm 14).

19 Bernhard Grueber – Adalbert Müller, Der bayrische Wald (Böhmerwald), Regensburg 1846 (Neudruck Passau 1976).

20 Ebd. S. 96 f.

21 Ebd. S. 479.

22 Diesen Vergleich gebrauchte Johann Pörnbacher in einem am 15.11.2002 in Wechselburg (Sachsen) gehaltenen Vortrag über die Säkularisation von Rottenbuch und Steingaden.

23 Das Stadttheater Amberg und seine Bau- und Theatergeschichte, herausgegeben von der Stadt Amberg zur Wiedereröffnung am 12. Oktober 1978, Amberg 1978.

24 Bei dieser Gelegenheit soll bemerkt worden sein: „Obstupesce! Hic malitia nepotis saltat, ubi pietas avi adoravit." Vgl. Martin Sedlmeier, Kirche Johannes Baptista in Pfaffenhofen (D' Hopfakirm 31, hrsg. vom Landratsamt Pfaffenhofen), Pfaffenhofen 2002, S. 52.

25 Die in jüngerer Zeit durchgeführten Restaurierungen der ehem. Klosterkirchen Rott am Inn und Altomünster sind gute Beispiele dafür; natürlich auch in jeder Hinsicht umfassend dokumentierte Wies. Vgl. Anm. 17 sowie Staatliches Hochbauamt Rosenheim (Hrsg.), Ehemalige Klosterkirche Rott am Inn. Dokumentation der Restaurierung 1994–2002, Lindenberg 2002, bes. die Beiträge von Christian Baur und Norbert Bergmann.

26 Beispiele aus dem Werk vom Dominikus Zimmermann: Festsaal im Kloster Neresheim, Wieskirche, Frauenkirche Günzburg. In der Wallfahrtskirche Steinhausen (Bauherr: Prämonstratenserabtei Schussenried) traten neben immensen Kostensteigerungen kurz nach der Einweihung schon massive Bauschäden auf, so dass die Haare nicht nur den Chorherren, sondern, wie der zeitgenössische Chronist sarkastisch bemerkt, auch „dem damaligen Closterhundt zimblicher maßen außgingen". Vgl. Lampl (wie Anm. 14) S. 26.

27 Die intensive Bautätigkeit des Stiftes Rohr im 18. Jahrhundert umfasste die Klosterkirche (fertiggestellt 1722), einen Getreidespeicher (1738), einen Weinkeller (1739), eine Schmiede (1739) und schließlich die Konventgebäude (1749–1761). Beim Bau der Konventgebäude war der spätere Stadtmaurermeister von Abensberg und auch sonst in der Region als Baumeister tätige Johann Adam Hazzi (1735–1790), Vater des bekannten Statistikers Joseph von Hazzi, tätig. Vgl. Egon Johannes Greipl – Reinhard Heydenreuter, Die Jugenderinnerungen des Joseph von Hazzi. In: Konrad Ackermann – Alois Schmid – Wilhelm Volkert, Bayern. Vom Stamm zum Staat, Festschrift für Andreas Kraus zum 80. Geburtstag (Schriftenreihe zur bayerischen Landesgeschichte 140), Bd. 2, München 2002, S. 143–203, bes. S. 155.

28 Vgl. die in Anm. 1 angegebene Literatur.

29 Egon Johannes Greipl, Liberalitas Bavarica. Gedanken zu einem Schlagwort. In: Zeitschrift für bayerische Landesgeschichte 52 (1989) S. 145–151.

30 Klöster waren wichtige Auftrag- und Arbeitgeber, erzeugten Nachfrage nach „Gütern des gehobenen Bedarfs" und waren als Kreditgeber tätig. Das Augustinerchorherrenstift Polling hatte bei der Säkularisation 136.000 Gulden verliehen:, davon 50.000 an den Staat (Landschaft), 8000 an andere Klöster und 78 000 an etwa 300 Privatleute, insbesondere Bauern. Ein Kleinlandwirt charakterisiert gegenüber dem Landgericht Starnberg unmittelbar nach der Säkularisation die Rolle der Klöster für den Geldmarkt: „In den gegenwärtigen Zeiten, wo die äußerste Geldklemme einerseits und andererseits das äußerste Mißkredit herrscht, ist es für den Landmann eine glatte Unmöglichkeit, wenn er auch fünf- und sechsfache Sicherheiten herstellen könnte, ein Darlehen von ein paar hundert Gulden ausfindig zu machen, weil er keine so geläufige Zunge hat, die manchem Städter ohne gar aller Vermögensauszeige Summen Geldes von Tausenden herausschwätzen hilft. In diesen Nöten waren einst die Klöster und Kirchen, wohin man grundbar gehörte, der sicherste Zufluchtsort, denn sie kannten die Lage der Untertanen am besten." Vgl. Egon Johannes Greipl, Johann Nepomuk Daisenberger (1753–1820). Letzter Propst von Polling, Pfarrer zu Walleshausen. In: Walter Brandmüller (Hrsg.), Walleshausen. Das „kleine Polling", Weißenhorn 1985, S. 65–83, bes. S. 75 f.

Die Aufhebung der bayerischen Klöster: Versuch einer Bilanz

Von *Joachim Wild*

Die Säkularisation im Allgemeinen und die Aufhebung der Klöster im Besonderen ist in der bayerischen Geschichtsschreibung eindeutig negativ besetzt. Dies ist nicht selbstverständlich, denn die wesentlich radikalere Französische Revolution der Jahre ab 1789, die mit großem Fanatismus und zerstörerischer Sprengkraft die kirchlichen Einrichtungen und religiösen Symbole zu beseitigen begann, ist den Franzosen noch heute ein Ereignis nationaler Identität, wie das Festhalten an der Nationalhymne aus Revolutionstagen unterstreicht. In Bayern dagegen ist bis in unsere Generation hinein die Aufhebung der Klöster vor allem als Unrecht, als Verlust, ja als Vandalismus gesehen worden.[1] Die Feststellung, dass auch heute zwei ganz ähnlich gelagerte und durchaus vergleichbare Ereignisse so unterschiedlich empfunden und so gegensätzlich in das nationale Bewusstsein aufgenommen sind, fordert dazu heraus, im Gedenkjahr der Säkularisation erneut diese nach wie vor bewegende Frage bayerischer Geschichte aufzugreifen. Die vorausgehenden Beiträge dieses Bandes sind dazu bestimmt, auf breiter Quellengrundlage und unter intensivem Ausschöpfen der Quellen Ablauf und Folgen der Säkularisation differenziert und gegliedert nach einzelnen Aspekten darzustellen. Die vorliegende Studie möchte in Kenntnis und in Verwendung dieser Beiträge sich an den Versuch einer Bilanz heranwagen. Bilanzieren heißt, Gewinne und Verluste einander vergleichend gegenüberzustellen. Dies kann aber nicht mehr in Form einer quellengesättigten Untersuchung geschehen, sondern eine solche Bilanz wird sich der in der bisherigen Literatur vorgelegten Ergebnisse bedienen und diese werten müssen. Dabei soll der Blick von heute, dem Jahr 2003, auf das Jahr 1803 zurückgerichtet und in Bedacht genommen werden, was durch die Säkularisation langfristig zu Verlust geraten und was durch sie erst an neuen Entwicklungen möglich geworden ist.

Ein Thema aber will der Beitrag bewusst aussparen, nämlich die Frage, ob der Staat aus der Aufhebung der Klöster einen finanziellen Gewinn gezogen hat oder nicht.[2] Die Meinungen stehen hier nach wie vor zum Teil kontrovers einander gegenüber. Eine zuverlässige und mit Zahlen belegbare Antwort ist aber erst dann möglich, wenn Einnahmen und Ausgaben aus allen Veräußerungen exakt zusammengestellt und im Gegenzug die langfristigen Ausgaben für Pensionen der Religiosen und umgekehrt die Einnahmen aus der ehemaligen klösterlichen Grundherrschaft und aus den Klosterforsten aufaddiert worden sind. Diese Arbeit ist bisher noch von niemandem geleistet worden. Andererseits führt sie auf ein Geleise, das ich nicht befahren möchte, nämlich auf die Verkürzung der Sicht auf das rein Finanzielle. Die Säkularisation ist viel mehr als die Behebung staatlicher Finanznot. Die geistigen, geistlichen und kulturellen Brüche sind nachhaltiger und wirkmächtiger und sie sollen im Nachfolgenden gewürdigt werden.

Die klösterliche Gemeinschaft

Es ist ganz ohne Zweifel auf der Verlustseite zu verbuchen, dass mit einem Federstrich – genau genommen sind es mehrere kurz nacheinander – (fast) alle klösterlichen Gemeinschaften 1802/03 im Kurfürstentum Bayern aufgehoben worden sind. Hier soll nicht erneut die juristische Frage der Rechtmäßigkeit des Paragraphen 35 des Reichsdeputationshauptschlusses erörtert werden.[3] Doch dass der bayerische Landesherr, der über Jahrhunderte hinweg die in seinem Herzogtum gelegenen Klöster in seinen Schutz genommen und bei jedem Regierungsantritt entsprechend privilegiert hatte, so übrigens auch Kurfürst Max IV. Joseph 1799, ihnen nicht nur den Schutz verweigerte, sondern die Klöster in ihrer Existenz sogar vernichtete, kann auch heute nur als grobes moralisches Unrecht bezeichnet werden, unabhängig davon, dass § 35 des Reichsdeputationshauptschlusses diesem Tun ein legalistisches Mäntelchen umgehängt hat. Montgelas und die Reformer in seinem Umfeld hatten durchaus eine Reihe von wichtigen und nachvollziehbaren Gründen, die politische und wirtschaftliche Macht der Klöster zu beseitigen, um ein neues bayerisches Staatswesen formen zu können.[4] Aber eine Verfassungs- und Wirtschaftsreform hätte nicht zwingend und als einzige Möglichkeit die Aufhebung aller Klöster nach sich ziehen müssen, wie die konträre Diskussion in der Führungsspitze während der Planungsphase und die gegenteilige Position Herzog Wilhelms in Bayern deutlich zeigen.[5] Auch wäre das verschwenderische und unkontrollierte Finanzgebaren des kurfürstlichen Hofes, das bisher eher mit Stillschweigen übergangen wurde, einer kritischen Würdigung wert.[6] Bei allem Verständnis für die offenkundige Notlage des Kurfürstentums ist dennoch grundsätzlich zu bedauern, dass der Staat sich in einem auf die Spitze getriebenen Absolutismus[7] die Berechtigung anmaßte, über Wert oder Unwert, über Nutzen oder Nutzlosigkeit der Klöster zu befinden und sie schlechtweg aufzuheben. Eine Reform der politischen Stellung der Klöster und deren Einbindung in eine geänderte Verfassung ist letztlich nicht in Betracht gezogen worden.[8] Vor allem ist damit den Klöstern die Möglichkeit genommen worden, in einem eigenständigen Entwicklungsprozess entweder sich selbst zu reformieren oder, in letzter Konsequenz, die Selbstauflösung zu beschließen.[9] Denn dass nicht alle 1802/03 bestehenden klösterlichen Einrichtungen auf die Dauer eine Überlebenschance besaßen, liegt für uns Heutige, die wir die Geschichte der nachfolgenden 200 Jahre kennen, auf der Hand.[10]

Die Wieder- bzw. Neubegründung von Klöstern unter König Ludwig I. ist nicht als pure Restauration zu sehen. Zu vieles hatte sich in diesen rund 30 seit der Säkularisation verstrichenen Jahren geändert. Die Neubegründungen standen alle unter einem klaren staatspolitischen Auftrag: „zum Unterricht der Jugend in der Religion und

den Wissenschaften, oder zur Aushülfe in der Seelsorge, oder zur Kranken-Pflege", wie das Konkordat von 1817 formulierte.[11] Trotz dieser unübersehbaren staatlichen Reglementierung fanden die Neubegründungen einen überraschend fruchtbaren Boden. Nicht die noch lebenden und naturgemäß in weit vorgerücktem Alter stehenden Mönche der aufgehobenen Klöster waren die Stützen der neuen Konvente, sondern eine neue Generation, die aufgrund ihres Lebensalters die alten Klöster gar nicht mehr kennen gelernt haben konnte. Am meisten erstaunt jedoch der geradezu unglaubliche Aufschwung der weiblichen Ordensgemeinschaften,[12] die zu Ende des 19. Jahrhunderts nach der Zahl der Ordensangehörigen die Männerklöster bei weitem übertrafen und erst recht ein Vielfaches der relativ wenigen Frauenkonvente aus der Zeit vor 1803 ausmachten.[13] Im Ordensberuf stand den jungen Frauen eine qualifizierte schulische und berufliche Ausbildung offen, die sie in unterrichtlicher oder karitativer Tätigkeit einbringen konnten. Nicht Abkehr von der Welt, was in den beschaulichen Orden vor 1803 fast ausschließlich das Ziel war, bildete nun das klösterliche Lebensideal, sondern ein Hineinwirken in die Gesellschaft und insbesondere in jene Brennpunkte, wo christliches Handeln besonders gefragt war. Einhundert Jahre nach der Säkularisation bietet sich dem Betrachter eine völlig neue bayerische Ordenslandschaft, die mit der um 1800 nur noch wenig gemein hat. Grundsätzlich bleibt die überraschende Erkenntnis festzuhalten, dass der Verlust der Landstandschaft, der Verlust der politischen und wirtschaftlichen Machtstrukturen, die die alten fundierten Klöster kennzeichneten, zu einer Entwicklung beitrug, die die neue klösterliche Blüte des 19. Jahrhunderts erst möglich machte. Auch in heutigen kirchlichen Kreisen wird der Verlust weltlicher Macht als eine Befreiung von diesseitigen Fesseln und Hinführung zu den eigentlichen religiösen Aufgaben gesehen. Dass der Staat des Jahres 1803 durch die Säkularisation ungewollt und ganz gegenteilig zu seinen damaligen Intentionen zum Geburtshelfer einer neuen monastischen Bewegung wurde, ist eine Ironie des Schicksals. Andererseits hätten die Klöster, wie ihr hartnäckiger Verteidigungskampf im Vorfeld der Säkularisation zeigt,[14] wohl noch lange Zeit nicht die Einsicht entwickelt und die Kraft gefunden, von sich aus grundlegende Reformen im Sinne einer völligen Abwendung von jahrhundertealter weltlicher Macht durchzuführen.

Klöster als Träger weltlicher Herrschaft

Seit dem Frühmittelalter hatten die Klöster durch reiche Schenkungen der Gründer und weiterer Wohltäter, aber auch durch eigene Rodungsarbeit einen beträchtlichen Besitz urbaren Landes erworben. Im Laufe des Spätmittelalters gliederte sich der Grundbesitz in die Klosterökonomie im engeren Sinne und in zahlreiche Bauernhöfe, die zu Leiherecht an Bauern ausgegeben waren.[15] Am Ende des 18. Jahrhunderts standen auf diese Weise 28 % aller Bauernhöfe des Kurfürstentums Bayern im Obereigentum klösterlicher Grundherren.[16] Von den bayerischen Landesherren ab dem 13. Jahrhundert in die Landsässigkeit gezwungen, bildeten die Klöster zusammen mit dem Adel und den Städten und Märkten die Landstände, die das Privileg der Steuergenehmigung errangen und in den landständischen Freibriefen für ihren in Hofmarken organisierten Grundbesitz weitreichende Jurisdiktions- und Verwaltungsrechte erwarben. Auf diese Weise wurden und waren die fundierten Klöster auch in politischer und wirtschaftlicher Hinsicht tragendes Element des mittelalterlichen und frühneuzeitlichen bayerischen Herzogtums. Über die Jahrhunderte hinweg hatten sich die Klöster in diesen weit über das Ordensziel hinausreichenden Funktionen begreifen gelernt und ihre herausgehobene Stellung in dieser Welt durch Klosterbauten zeichenhaft verwirklicht, die vor allem Daseinsfreude und Macht, aber nicht Armut und Kontemplation zum Ausdruck brachten. Zum Zeitpunkt der Säkularisation waren sie daher außer Stande, sich eine andere Verwirklichungsform als eben die landständische vorstellen zu können.[17] Nun war es aber gerade das Ziel

„Abmarsch der Klosterfrauen zu Geisenfeld 1802", Komposition des Münchener Augustinermönchs Theodor Grünberger (1756–1820), Ausschnitt (Bayerische Staatsbibliothek, Mus. MS 4355/1)

Montgelas', die landständische Verfassung zu beseitigen und an ihrer Stelle moderne staatliche Strukturen zu schaffen ohne das Dazwischentreten mediater Gewalten wie der Klöster und des Adels. Weil die Klöster nach ihrem damaligen Selbstverständnis ihre Existenz untrennbar mit den jahrhundertealten Daseinsformen verknüpften, musste die Auseinandersetzung – man möchte sagen zwangsläufig – zu einer völligen Aufhebung führen.[18] Ohne Zweifel liegt in dem Nichterkennen dieser gegenseitigen Bedingungen und in der daraus resultierenden Reformunfähigkeit der Klöster des ausgehenden 18. Jahrhunderts, die dem revolutionären Änderungswillen der Ära Montgelas keine andere Antwort entgegenzusetzen wussten als ein striktes Festhalten am Überkommenen, eine besondere Tragik. Die neubegründeten Klöster des 19. Jahrhunderts fanden demgegenüber eine grundlegend andere Situation vor. Keine Einbindung in Verfassungsorgane, keine Ausübung politischer und wirtschaftlicher Macht konkurrierten mit den eigentlichen geistlich-monastischen Aufgaben. Zwar standen nicht wenige der Klöster wenigstens zu Zeiten König Ludwigs I. in einer zumindest finanziellen und damit moralisch verpflichtenden Abhängigkeit von ihrem Gründer und Stifter, wie viele Signate König Ludwigs beweisen, der die neu errichteten Klöster ganz eindeutig als seine Schöpfung empfand.[19] Außerdem gab ihnen die Gründung in Ausfüllung des Art. VII des Konkordats von 1817 einen klaren Auftrag mit auf den Weg. Eingebunden in den Staat, sollten sie für diesen nützliche Funktionen ausüben. Erst im Laufe des 20. Jahrhunderts machten sich die Klöster zunehmend von den anfänglichen Aufträgen frei und suchten sich ihre eigenen, zeitgenössisch notwendigen Wege. Während im 19. und 20. Jahrhundert der Weltklerus immer wieder mit einzelnen Repräsentanten sich in den politischen Parteien engagierte und seine weltanschaulichen Ziele über Parteien zu verwirklichen suchte,[20] hielten sich die Ordensgeistlichen aus dem politischen Tagesgeschehen weitgehend heraus. Diese Zurückhaltung kontrastiert scharf zu der durch das System der Landstandschaft notwendigen politischen Präsenz der Prälaten vor 1803.

Schulen

Es gehört zu den regelmäßig vorgebrachten Eckpunkten säkularisationsbedingter Verluste, dass durch die Aufhebung der Klöster eine reiche schulische Infrakultur zerstört worden sei. Auch hier ist es notwendig, genau zu untersuchen, was denn unter Schule verstanden wird, und Wertungen vorsichtig zu formulieren.[21]

Wohl jedes fundierte Kloster unterhielt vor 1803 in seinen Klosterhofmarksorten eine Elementarschule, auch „deutsche Schule" genannt, in denen ein weltlicher, vom Kloster angestellter Lehrer die Dorfkinder in Lesen, Schreiben und Rechnen unterrichtete. Im Unterhalt von Elementarschulen unterschieden sich die Klöster in keiner Weise von anderen, weltlichen Hofmarksherren, die ganz gleichartig für einen Minimalunterricht sorgten. Den Unterricht hielten mäßig ausgebildete und schlecht besoldete Lehrer, die alle auf Zusatzverdienste angewiesen waren. Ein besonderes Engagement der Klöster für den Elementarunterricht ist nicht zu erkennen.

Fast alle ständischen Klöster unterhielten darüber hinaus im Kloster selbst und zwar nur für Buben ab etwa sechs Jahren die sog. Eingangsklassen, die zu einer höheren Schulbildung hinführen sollten; hier wurden in drei bis vier Jahren neben Lesen und Schreiben die Anfangsgründe der lateinischen Sprache vermittelt. Besonderer Wert wurde auf die musikalische Ausbildung gelegt, denn im ausgehenden 18. Jahrhundert stand in den Klöstern die Kirchenmusik in hoher Blüte. Um vierstimmige Messen aufführen zu können, war man zwingend auf Sopran- und Altstimmen angewiesen, die aus den Singknaben rekrutiert wurden. An die Eingangsklassen schlossen sich bei relativ vielen Klöstern die sog. Grammatikklassen an, in denen verstärkt Latein unterrichtet wurde.[22]

Zur weiteren Ausbildung mussten die Kinder dann an die wenigen öffentlichen Gymnasien in den bayerischen Residenzstädten geschickt werden. Nur wenige große Klöster konnten sich den erheblichen finanziellen Aufwand des Unterrichts in den sog. Rhetorikklassen leisten. Und nur die ganz großen Abteien wie Niederaltaich oder Tegernsee unterhielten in Fortsetzung der gymnasialen

Ausbildung universitätsähnliche Seminarien, die aber vor allem zur Ausbildung des Ordensnachwuchses gedacht waren. Überhaupt war der erhebliche finanzielle Aufwand für gymnasiale Ausbildung, gleich welcher Stufe, primär unter dem Blickwinkel der Rekrutierung von geeignetem Ordensnachwuchs zu sehen. Dass indirekt dadurch einem hohen Teil der Bevölkerung die Chance geboten wurde, in meistens erreichbarer Nähe einen Anfang zu höherer schulischer Bildung zu nehmen, ist vor allem der in Altbayern hohen Zahl ständischer Klöster zu verdanken, die eine entsprechende räumliche Dichte an Schulen bewirkte. Montgelas trat 1799 mit einem anders gearteten Reformkonzept an. Er wollte vor allem die Elementarschulen stärken durch eine strikte Umsetzung der im Grunde schon seit 1770 bestehenden allgemeinen Schulpflicht. Durch die Aufhebung der Klöster kamen nicht wenige dörfliche Elementarschulen hinzu, die nun ebenfalls vom Staat unterhalten werden mussten. Die Zahl der Gymnasien wurde absichtlich verringert zugunsten der Einführung von sogenannten Mittel- oder Realschulen, denn anstelle der Elitebildung sollte das Schwergewicht auf eine solide, ganz auf das Praktische und Handwerkliche ausgerichtete Schulbildung breiter Bevölkerungskreise gelegt werden. „Die sogenannten lateinischen oder gelehrten Schulen (seien) zum Nachtheile der Real- und Bürgerschulen zu sehr begünstigt" und dadurch „den arbeitenden Klassen viele brauchbare Hände entzogen" worden.[23] Bei dieser Zielsetzung wurde die Schließung der klösterlichen Eingangs- und Grammatikklassen von den Reformern nicht als Verlust, sondern als Gewinn beurteilt. Alle noch so idealistischen Reformansätze der Regierung Montgelas litten jedoch unter der katastrophalen Finanznot des Schulwesens. Die Dotierung durch den Gewinn aus den aufgehobenen Bettelordensklöstern erwies sich als völliger Fehlschlag und noch über viele Jahre hinweg musste das staatliche Schulwesen mit bescheidensten finanziellen Mitteln auskommen. Ab etwa 1810 setzte auch insofern eine Umorientierung ein, als die humanistische gymnasiale Ausbildung eine Renaissance erlebte und den ursprünglichen Reformgedanken der Einführung

von Realschulen in den Hintergrund drängte. Es ist unbestritten, dass zu Klosterzeiten zumindest in Altbayern ein wesentlich dichteres Netz weiterführender Schulen bestand als während des ganzen 19. Jahrhunderts. Art und Umfang dieser Schulen war jedoch sehr unterschiedlich, keineswegs über längere Zeit konstant und nur eingeschränkt miteinander vergleichbar; die wenigsten erreichten den Grad eines Vollgymnasiums. Auch waren die meisten von ihnen erst im Zuge der katholischen Aufklärung im Laufe des 18. Jahrhunderts eingerichtet worden. Aber der Besuch einer gymnasialen Unterstufe war dennoch für die Landbevölkerung ein wertvoller Einstieg gewesen, um überhaupt eine höhere Schulbildung in Angriff zu nehmen. Durch die Säkularisation ergab sich als damals nicht vorhersehbare Folge ein erhebliches Ungleichgewicht, indem die ehemaligen Residenzstädte mit den einzigen weiterhin bestehenden Vollgymnasien Bayerns einen bemerkenswerten Bildungsvorteil gegenüber dem flachen Land erhielten. Seit den Klosterneugründungen durch König Ludwig I. ab 1830, die im Falle der Benediktiner mit der Errichtung eines Gymnasiums und Internats verbunden waren, trat schrittweise eine Erleichterung ein. Doch erst in der zweiten Hälfte des 20. Jahrhunderts dürfte die gymnasiale Dichte der Zeit um 1800 wieder erreicht und inzwischen deutlich übertroffen worden sein.

Pfarrorganisation

Mit der Säkularisation wurde eine sehr große Zahl von bisher den Klöstern inkorporierten und von Klostergeistlichen versehenen Pfarreien einer Neuregelung bedürftig.[24] Der bayerische Staat nahm diese Nebenfolge der Säkularisation zum Anlass, ab 1804 eine Neubeschreibung und Neueinteilung der Pfarrsprengel vorzunehmen, die zum Ziel hatte, zu große Unterschiede auszugleichen, ein gleichmäßig dichtes Pfarreiennetz herzustellen und die finanzielle Versorgung der Pfarrgeistlichen auf einem einheitlichen Niveau zu sichern. Der auffallende Eifer des bayerischen Staates diente nicht eigentlich der Seelsorge im engeren, kirchlich verstandenen Sinne einer religiösen Unterweisung des Volkes. Die Regierungsverordnung vom 7. Mai 1804 formulierte in aller Deutlichkeit, dass die Pfarrer als „Volkserzieher in Religion und Sittlichkeit, nicht als bloße Kirchendiener, sondern zugleich als Staatsbeamte zu betrachten seien".[25] Entsprechend wurden den Pfarrseelsorgern weltliche Aufgaben übertragen wie z.B. als Lokalschulinspektoren die staatliche Schulaufsicht. Die Neuregelung des Pfarrwesens bot dem Staat zugleich die Möglichkeit, viele der Exreligiosen, die nun den Status von Weltgeistlichen annahmen, als Ortspfarrer einzusetzen. Dadurch ersparte er sich zwar die Zahlung von Pensionen, entfachte aber beim Weltklerus erhebliche Missstimmung wegen der plötzlichen Konkurrenz bei Pfarrbesetzungen. Immerhin konnte durch den massiven Einsatz von ehemaligen Ordensgeistlichen das Problem eines immer spürbarer werdenden Priestermangels um etwa zwei Jahrzehnte hinausgeschoben werden. Außerdem hatte die Umwandlung der Klosterpfarreien in reguläre, mit Weltgeistlichen besetzte Pfarreien für den Staat den auch sonst so gewünschten Effekt der Vereinheitlichung und Ausmerzung von Sonderformen, die die Anhebung der Pfarrer auf die Stufe von Staatsbeamten deutlich erleichterten.

Die Gebäude

Der Abriss von Kirchen und Klöstern hat wohl am stärksten und nachhaltigsten die bayerische Volksseele getroffen. Noch heute wird dieses Faktum in großen Teilen der Bevölkerung als grober Verstoß des damaligen Staates und als Schande für das katholische Bayern empfunden und am Stammtisch in kräftigen Worten auch geäußert. Dabei vermischen sich diffus die Emotionen über den religiösen wie den kulturellen Verlust. Aber wollte der Staat wirklich die Klöster sinnlos zerstören? Dem Beitrag von Rainer Braun in diesem Band ist die klärende Richtigstellung zu verdanken, dass nicht Zerstörung, sondern eine ganze Skala nutzbringender Verwertungen der leerstehenden Klostergebäude das eigentliche Ziel war. Bei der durch Frankreich kurz vor 1800 in den deut-

schen Gebieten links des Rheins vorgenommenen Säkularisation war erfolgreich vorexerziert worden, dass große Klosteranlagen auch in abgelegeneren Gebieten sehr vorteilhaft und zu gutem Preis als Manufaktur- oder Fabrikgebäude an Unternehmer verkauft werden konnten.[26] Sicherlich durch dieses Vorbild angeregt – Montgelas hatte lang genug in Zweibrücken gewirkt und die Ereignisse links des Rheins gewiss genau beobachtet – war man auch in Bayern der Meinung, man könne viele der Klostergebäude in Fabriken umwandeln und dadurch in ganz anderem Umfang und in anderer Intensität die Produktion und den Handel anheben und dadurch zahlreiche Arbeitsplätze schaffen. Einigen wenigen einsichtigen Fachleuten war schon im Jahr 1803 bewusst, dass man nicht an der Marktsituation vorbei beliebig viele neue Fabriken und dazu noch an den abgelegensten Standorten gründen könne; aber ihre Mahnung wurde nicht beachtet. Kaufinteressenten, die vorgaben, gewerbliche Betriebe einrichten zu wollen, wurden die Klostergebäude weit unter Schätzpreis abgegeben. Das wohlmeinende staatspolitische Ziel, Betriebsansiedlungen nachhaltig zu fördern, machte für die Realität blind und führte zu großer Leichtgläubigkeit, so bei den Brüdern Mayer aus dem schweizerischen Aarau, die nach dem Kauf der Klöster Polling, Steingaden und Rottenbuch gar nicht daran dachten, sich an ihre Versprechung zu halten, sondern sofort mit dem Ausschlachten und Abbrechen begannen, um das gewonnene Baumaterial weiterzuverkaufen.[27] Im Endergebnis sind in Bayern mehr fehlgeschlagene Versuche zur Gründung von Manufakturen zu verzeichnen als geglückte.[28]

Noch in der Regierungszeit König Max' I. Joseph begann der Staat, Klosterkomplexe wieder zurückzukaufen, so 1816 das ehemalige Kloster Fürstenfeld als Militärinvalidenanstalt und Militärfohlenhof.[29] Ludwig I. setzte die Rückerwerbungen fort, allerdings nun mit dem erklärten Ziel, die profanierten Gebäude in Ordensniederlassungen zurückzuverwandeln. Gerne knüpften auch in der Folgezeit junge Ordensgemeinschaften an alte lokale Traditionen an und suchten bevorzugt in ehemaligen Klostergebäuden einen Neuanfang zu wagen.

Auf diese Weise sind bis zum Ende des 19. Jahrhunderts nicht wenige Klosterkomplexe wieder besiedelt worden, wenn auch meistens von einer anderen Ordensgemeinschaft als vor 1803. Nach dem Zweiten Weltkrieg setzte eine ganz anders geartete Rückkaufaktion ein, die nun von der öffentlichen Hand getragen wurde, im Wesentlichen von den Bezirken und den Landkreisen. Sie verfolgte das erklärte Ziel, die Klosterareale, die nun endlich als herausragende Kulturstätten erkannt und gewürdigt wurden, einer neuen und ihrem architektonischen Wert entsprechenden kulturellen Nutzung zuzuführen, um sie damit zugleich auch auf Dauer zu retten. Die enormen finanziellen Aufwendungen für die Sanierung und Restaurierung der Gebäude überstiegen die Finanzkraft einer einzelnen Institution bei weitem; sie konnten daher nur von Aktionsgemeinschaften staatlicher, kommunaler und kirchlicher Einrichtungen sowie von Bundes-, Landes- und Privatstiftungen gemeinsam geschultert werden. Dabei verdient eine besondere Erwähnung, dass in den letzten Jahrzehnten es immer besser gelingt, einträchtig und über tiefe alte Gräben hinweg gemeinsam Lösungen zu finden.

Wissenschaft und Kunst

Das 18. Jahrhundert ist für die bayerische Klosterlandschaft, und zwar ebenso in Altbayern wie in Schwaben und Franken, ein kultureller Höhepunkt. Eine geradezu exzessive Bautätigkeit brachte die schönsten Schöpfungen des Barock und Rokoko hervor und die Klöster wetteiferten untereinander in der Vergrößerung und in der kunstvollen Anlage ihrer Bibliotheken. Die Kirchenmusik stand in hoher Blüte, für die ein großer Aufwand zur Ausbildung von Sängern und Musikanten getrieben wurde. Vielleicht noch bedeutender waren die Bemühungen und Erfolge in den Wissenschaften. Viele Klöster entdeckten die Naturwissenschaften als Forschungsfeld, legten Herbarien, Holzbibliotheken, geologische und sonstige naturwissenschaftliche Sammlungen an und errichteten Sternwarten sowie physikalische Laboratorien. Theologie, Geschichte und Jurisprudenz waren

ohnehin klassische Felder wissenschaftlicher Betätigung. Deshalb war es nur folgerichtig, dass die 1759 errichtete Akademie der Wissenschaften in erheblichem Ausmaß von den besten Köpfen der bayerischen Prälatenklöster getragen wurde. Die Herausgabe der Monumenta Boica, im 18. Jahrhundert unmittelbar nach der Akademiegründung begonnen als Editionsreihe der Urkunden der altbayerischen Klöster, ist dafür ein signifikantes Beispiel. Mit der Säkularisation erlosch dieses blühende wissenschaftliche Leben, das ganz wesentlich auch ein Ergebnis der katholischen Aufklärung war, mit einem Schlage. Zwar gingen Konventualen und Klostervorsteher auch nach der Aufhebung ihren wissenschaftlichen Neigungen nach, doch fehlte der Rückhalt an der Klostergemeinschaft und die geeignete universitäre Plattform, wie sie zuvor in Salzburg in der dortigen Benediktiner-Universität bestanden hatte. Man mag zwar mit Recht darauf verweisen, dass die Klöster eigentlich nur den eigenen Konventualen eine hervorragende Forschungsmöglichkeit boten und nicht im modernen Sinne als regionale Forschungszentren zu bezeichnen sind, etwa als frei zugängliche Bibliotheken. Aber dennoch strahlte das rege wissenschaftliche Treiben in den Klöstern auf die Umgebung aus und zog zumindest junge Menschen motivierend und formend an. Nicht von ungefähr erfreuten sich die meisten Prälatenklöster gerade in den Jahrzehnten vor der Säkularisation eines großen und qualifizierten Ordensnachwuchses, der nicht unwesentlich im Faszinosum des blühenden kulturellen Klosterlebens zu erklären ist. Insofern hat die Säkularisation tatsächlich einen kulturellen Kahlschlag verursacht, der im 19. Jahrhundert erst ganz allmählich und schrittweise wieder aufgeholt werden konnte.

Ähnlich betrüblich ist der Umgang des Staates mit den klösterlichen Kunstschätzen zu beurteilen. Auch hier hat das revolutionäre Frankreich das Vorbild abgegeben. Eigens dafür ernannte Kommissare beschlagnahmten in den an Frankreich gefallenen Gebieten links des Rheins große Mengen an Kunstwerken aus Kirchen und Klöstern,[30] um sie nach Paris wegzuführen. Bei der bayerischen Säkularisation 1803 durften keine Kunstwerke von den lokalen Aufhebungskommissaren versteigert werden, bevor nicht Galeriedirektor Mannlich und Galerieinspektor Dillis eine Auswahl für München getroffen hatten.[31] Alles, was nicht für die kurfürstliche Gemäldegalerie ausgewählt wurde, konnte wie alles sonstige Mobiliar und bewegliche Inventar direkt vor Ort in einer Vielzahl von Auktionen veräußert werden. Der Übergang in eine (später öffentliche) Sammlung hing also entscheidend davon ab, was Mannlich und Dillis unter Kunst verstanden. Deren Entscheidungen wurden durch säkulare Wertvorstellungen bestimmt und liturgische oder religiöse Zusammenhänge, wie sie für Altargemälde oder Andachtsbilder kennzeichnend sind, spielten für sie keine Rolle.[32] Man wird davon ausgehen können, dass alle offenkundigen und damals als solche erkannten Spitzenwerke der Malerei und Bildhauerei erhalten geblieben und in öffentliche Kunstsammlungen übernommen worden sind. Das Schicksal aller übrigen Stücke, angefangen vom verkannten Kunstwerk bis hin zum schlichten Andachtsbildchen, bestimmte der Zufall namens Versteigerung.[33] Jedenfalls ist im Jahr 1803 unendlich viel Gebrauchskunst in die Hände der bürgerlichen und bäuerlichen Bieter gelangt. Der zu beklagende Verlust besteht demnach weniger in dem Faktum der Veräußerung an sich und schon gar nicht in vandalischer Vernichtung, die schon deswegen nicht vorkommen konnte und durfte, weil der säkularisierende Staat insbesondere an hohen Verkaufserlösen interessiert war. Zu beklagen ist das Herausreißen aus den Entstehungs- und Funktionszusammenhängen, für die die Kunstwerke geschaffen wurden und die einen konstituierenden Bestandteil ihrer Wirkung ausmachten. Umgekehrt erfuhren die staatlichen Gemäldesammlungen einen beträchtlichen Zuwachs an vorwiegend religiösen Kunstwerken, der zusammen mit anderen Faktoren zum künftigen Weltrang der sich abzeichnenden Kulturmetropole München beitrug.

Archive und Bibliotheken

Der kulturelle Aufstieg Münchens im 19. Jahrhundert ist in vielleicht noch stärkerem Ausmaß auf die Einziehung der Klosterarchive und Klosterbibliotheken zurückzuführen. Diese verliefen durchaus nicht gleichartig, denn die Durchführung lag bei verschiedenen Institutionen. Landesarchivar Samet ging nicht mit Begeisterung an die ihm erst im Sommer des Jahres 1803 übertragene Aufgabe heran, die unter Verschluss genommenen Klosterarchive zu prüfen und die für das Landesarchiv geeigneten Dokumente auszusuchen.[34] Seine Besuche der Klosterarchive dauerten bis ins Jahr 1807; es lag auf der Hand, dass in der Zwischenzeit aufgrund von Eigentümerwechseln, Abbrüchen und auch Missachtung und Nachlässigkeit manches bereits zu Verlust gegangen war. Nach dem zeitgenössischen Wertverständnis galten die Urkunden sehr viel dank ihrer ursprünglichen rechtlichen Auswirkungen und dank einer Gleichsetzung mit Mittelalter schlechthin. Samet übernahm deshalb aus allen Klöstern, zu denen er noch rechtzeitig kam, die Urkundenbestände in vollem Umfang. Aufgrund der desolaten Raumverhältnisse im Geheimen Landesarchiv in München nahm Samet dagegen bei den Amtsbücherserien und den Aktenbeständen eine um so schärfere Auswahl vor, denn die Akten galten in seinen Augen als kaum archivwürdig und bei den Amtsbüchern wurde dem Mittelalter der Vorzug gegeben, bei den neuzeitlichen Bänden dagegen scharf ausgewählt. Ein grundsätzliches Bemühen, die Geschichte jedes Klosters in einer repräsentativen und alle Jahrhunderte gleichermaßen abdeckenden Auswahl der Dokumente darzustellen, ist als Ziel nicht zu erkennen. Daher sind bei manchen, von Samet offensichtlich als bedeutend eingestuften Klöstern nennenswerte Teile auch der Amtsbücher und Akten übernommen worden (z.B. Benediktbeuern, Tegernsee), bei den meisten anderen jedoch nicht. Insbesondere ist eine Bevorzugung der weltlichen Herrschaftsgeschichte zu beobachten, während die Spiritualia, die Dokumente zum monastischen Leben und der Ordensdisziplin, gezielt ausgenommen wurden und meistens der Vernichtung anheim fielen.

Bei den Klosterbibliotheken hatte Bibliothekskommissar Aretin für die Auswahl bessere und objektivierbare Kriterien zur Hand.[35] Aber auch hier gilt vorneweg, dass eine komplette Übernahme der mehreren Hundert

Klosterbibliotheken allein aus Raumgründen gar nicht in Frage kommen konnte. Aretin wählte konsequent die Handschriften, Wiegen- und Frühdrucke und sonstige ihm wichtig erscheinende wissenschaftlichen Werke für die Hof- und Staatsbibliothek aus, denn diese sollte alle singulären oder sonst wie herausragenden Stücke erhalten. Für die wenigen Provinzial-, Universitäts- und Lycealbibliotheken wurde eine weitere Auswahl vorgenommen, aber hier ganz auf die unterrichtlichen Zwecke dieser Institutionen abgestellt. Hinzu kommt bei Aretin, einem kämpferischen Aufklärer und erklärten Klostergegner, eine Missachtung der geistlich-monastischen Ziele, die sich selbstverständlich auch in den Auswahlkriterien auswirken musste. Im Gegensatz zu den Archiven, die grundsätzlich singuläres Schriftgut verwahren, sind gängige und viel gelesene Druckerzeugnisse wohl in allen Klosterbibliotheken vorhanden gewesen. Aretin hatte sich mit Sicherheit einem Berg von Vielfachexemplaren ein und desselben Buches gegenüber gesehen. Die hohe Einstampfquote – die Bücher wurden als Altpapier an Papierhersteller verkauft – lässt sich zum Teil auch aus diesem Sachverhalt erklären. Die unbestreitbar hohen Verluste rühren, ähnlich wie bei den Archiven, im Wesentlichen aus einem revolutionär veränderten Nutzungskonzept. War bei allen Klöstern die religiöse und theologische Unterweisung im Vordergrund gestanden, die durch allgemeine wissenschaftliche Interessen ergänzt werden konnte, schob sich nun ein laikaler Wissenschaftsbegriff in den Vordergrund, der mit der Vielzahl theologischer Werke nichts mehr anzufangen wusste. Damit ging eine Verödung des Landes hinsichtlich der bisher vorhandenen Bibliotheken einher, die Aretin in Ansätzen auch umgehend erkannte. Sein durchaus erwägenswerter Vorschlag aus dem Jahr 1803, die (ausgedünnten) Klosterbibliotheken den Landdekanaten zu überlassen, hätte zwar den Abtransport der für München bestimmten Bücher nicht verhindert, aber doch dafür gesorgt, dass in etwa 70 Landdekanaten die bisherigen Klosterbibliotheken fortgelebt und weiterhin geistlichen Aufgaben gedient hätten.[36] Es ist nicht geschehen, weil auch in diesem Falle der große Geldhunger des Staates einer noch so unangemessenen Verwertung, sprich Einstampf, Vorschub geleistet hat.

Rechtliche Folgen

Die Säkularisation als ein im Grunde revolutionärer Akt warf für die Folgezeit zwangsläufig eine Reihe von rechtlichen Problemen auf, die zum Teil schon längst gelöst sind, zum Teil noch heute nachwirken. Der Unterhalt der ehemaligen Religiosen kann in diesem Zusammenhang als von Anfang an angemessen geregelt betrachtet werden, denn der Staat hatte von vornherein eine durchaus zufriedenstellende Unterhaltszahlung zugesagt und auch gewährleistet. Vorkommende Streitfälle bezogen sich lediglich auf Probleme bzw. Schikanen in der Durchführung.

Anders war die Lage bei den inkorporierten Klosterpfarreien.[37] Durch die Säkularisation wurde der Staat als neuer Eigentümer der Klostergüter zugleich der Verfügungsberechtigte über das (ausgewiesene oder nicht ausgewiesene) Pfründegut der inkorporierten Pfarreien. Aufgrund der Schutzklausel von § 63 des Reichsdeputationshauptschlusses zugunsten des Bestandes der Pfarreien und ihrer Vermögen musste der Staat die ehemaligen Klosterpfarreien neu dotieren und er nahm dies zum Anlass, ab 1804 eine Neuorganisation der Pfarreien durchzuführen. Sowohl die Pfarrbesoldung als insbesondere die Baulast an den Pfarrhäusern und Kirchen entwickelten sich zu einer zwischen Katholischer Kirche und Königreich Bayern grundsätzlich kontroversen Angelegenheit, bei der der Staat an seinem Standpunkt festhielt, keine generellen staatsrechtlichen Verpflichtungen ("Staatsleistungen") zum Tragen der Baulast zu haben. Im letzten Viertel des 19. Jahrhunderts wurde schließlich in jedem Einzelfall systematisch überprüft, ob und welche Rechtstitel für die Baulast vorliegen, und entweder durch Verhandlungen über eine Ablösung der „ärarialischen Baulast" oder notfalls auf dem Prozesswege eine Entscheidung herbeigeführt,[38] so dass um 1900 die Frage der Trägerschaft der Baulast als allgemein gelöst angesehen werden konnte. Dies hindert freilich nicht, auch heute noch über historische Recherchen in den Archiven Zweifelsfälle aufzugreifen und erneut zu prüfen. Unabhängig von juristischen Grundsatzfragen, die ungelöst im Raume stehen blieben, erfuhr die Einkommensregelung der Seelsorger in der Praxis eine großzügige Ausgestaltung, die auch von kirchlichen Kreisen als angemessen anerkannt wird.[39]

Es mag überraschen, dass auf dem Hintergrund der ehemaligen Klosterwaldungen noch immer Rechtsfragen kontrovers im Raume stehen. Eine erste Maßnahme des Staates als neuer Eigentümer der Klosterforste bestand in der Ablösung der auf Gewohnheitsrecht beruhenden Waldnutzungsrechte (Holzbezug, Waldweide, Streurechen u.a.) der klösterlichen Grunduntertanen, die eine langfristige und planvolle Bewirtschaftung des Waldes und erst recht einen Verkauf stark behinderten.[40] Zwar wurde bald eine im Allgemeinen die meisten Holzrechtler zufriedenstellende Ablösungsformel gefunden. Im Falle der Jachenauer Bauern, denen der Staat 1831 das Recht auf ihre Heimhölzer aberkannte, zogen sich die Prozesse gegen den Staat bis ins 20. Jahrhundert hin. Ein auf dieses Problem gemünztes Gesetz des Freistaats Bayern wurde 1999 erneut juristisch von den Jachenauer Bauern angefochten. Der Prozess ist bis heute nicht entschieden.

Im Zusammenhang der Rechtsfolgen ist auch an die Klosterbrauereien zu denken, die im Jahr 1803 als florierende Gewerbebetriebe einen hohen wirtschaftlichen Wert darstellten und in den Folgejahren zu guten Preisen in Privatbesitz übergingen.[41] Nach der Mitte des 19. Jahrhunderts entwickelten sich überaus populäre Klischeebilder von fröhlichen biertrinkenden Mönchen, die vor allem in der Malerei gepflegt wurden, und von der Überlegenheit jahrhundertealter klösterlicher Braukunst. Mit diesen Klischees ließ und lässt sich seitdem und ungebrochen andauernd bis heute sehr effiziente Werbung betreiben. Es fragt sich nur, was unter Klosterbrauereien zu verstehen ist: entweder nur diejenigen, die auch heute von einem Kloster betrieben werden wie etwa Andechs und Ettal, oder aber auch solche, die bis zur Säkularisation von Klöstern geführt waren, seitdem aber in weltliche Hände übergegangen sind. Auch Brauereien, die nie mit einem Kloster in Beziehung standen, versuchen immer wieder, sich der werbemächtigen Begriffe Kloster und Mönch zu bedienen. Der Werbeeffekt scheint so lukrativ zu sein, dass derzeit Wettbewerbsklagen vor den Gerichten anhängig sind, die voraussichtlich bis vor den Bundesgerichtshof gelangen werden. Eine ganz unerwartete und eher groteske Spätfolge der Säkularisation!

Allmähliches Ende der Polarisierung

In mehreren Beiträgen dieses Bandes wird die wissenschaftliche Behandlung der Säkularisation im zu Ende gegangenen 20. Jahrhundert angesprochen und dabei herausgestellt, dass die Anschauungen kirchlicher und weltlicher Autoren zunächst weit auseinander lagen.[42] Vor allem auf Seiten der katholischen Kirche war mit dem monumentalen Werk von Alfons Maria Scheglmann, damals Domvikar in Regensburg, das zwischen 1903 und 1908 erschien,[43] eine stark emotional gefärbte Sicht vorgegeben worden, bei der die Hochstifte und Klöster als vom Staat verfolgte, unschuldige Opfer dargestellt werden. Scheglmanns Sichtweise hat nicht nur sehr lange die wissenschaftliche Behandlung der Säkularisation beeinflusst, sondern auch das gesellschaftspolitische Verhältnis von Kirche und Staat nachhaltig als ein Opfer-Täter-Verhältnis in Schwarzweiß-Manier gezeichnet. In den letzten zwei Jahrzehnten des vorigen Jahrhunderts sind grundlegende Arbeiten zur Säkularisation erschienen, und zwar erfreulicherweise sowohl auf Seiten der katholischen Kirchengeschichte wie einer weltanschaulich nicht festgelegten vergleichenden Landes- und Wirtschaftsgeschichte, die so unvoreingenommen wie möglich Vorgeschichte, Abläufe und ansatzweise auch die Folgen untersucht haben. Die vertiefte Erkenntnis von Motiven und Zielen hat nicht nur eine weitgehende Übereinstimmung in der wissenschaftlichen Beurteilung gebracht, sie eröffnet auch die Chance, im gesellschaftspolitischen Diskurs die Standpunkte näher zu rücken. So beginnen Kirchenkreise offen zu äußern, dass Hochstifte und Klöster in Strukturen weltlicher Machtausübung und barocker Prachtentfaltung viel zu stark verhaftet waren und dass aus diesem Blickwinkel die Säkularisation die Kirche – zwar gegen deren Willen und gewaltsam – auf ihre geistlichen Ursprünge und eigentlichen Ziele zurückgeworfen hat. Der ungeheure Aufschwung männlicher wie weiblicher Ordensgemeinschaften bis zum Ende des 19. Jahrhunderts belegt, welche Kräfte aus der Reduktion freigesetzt werden konnten. Zudem hatten die neuen Orden schon in der Zeit um 1900, das bedeutet in maximal nur drei Generationen seit ihrer Wiederzulassung oder Neubegründung, eine wesentlich höhere Mitgliederzahl als die früheren Orden um 1800. Verluste sind auch aus heutiger Sicht in der weitgehend unter finanziellem Diktat erfolgten Veräußerung der kulturellen (und oft zugleich auch geistlichen) Güter zu beklagen. Aber gerade diese Verluste haben umgekehrt dazu verholfen, die Klöster auf ihre geistlichen Ziele zurückzuverweisen und ein Leben in Armut, tätiger Nächstenliebe und Seelsorge in weitestem Sinne wieder zu den Hauptaufgaben zu machen.

Das Ende einer grundsätzlichen Polarisierung wird auch in der Bündelung von kirchlichen und staatlichen Gremien zu Aktionsgemeinschaften sichtbar, um die Bauwerke ehemaliger Klöster einer neuen Nutzung zuzuführen und gleichzeitig eine Generalsanierung damit zu verbinden.[44] Aus Stätten weltabgeschiedener Beschaulichkeit entwickeln sich – gewiss gegenläufig zu ihrer damaligen Zweckbestimmung – Zentren der Begegnung, kultureller Veranstaltungen und Fortbildungstagungen, und zwar unabhängig von kulturellen, religiösen oder weltanschaulichen Festlegungen. Damit ist eine Entwicklung in Gang gekommen, die die Gebäude ehemaliger Klöster als vielfältig genutzte Zentren allen Bevölkerungsschichten öffnet. Erst dadurch werden sie in vollem Sinne kulturelles Allgemeingut, was sie vor 1803 noch nicht waren und auch nicht sein wollten.

ANMERKUNGEN:

1 Vgl. hierzu die Ausführungen von Winfried Müller in diesem Band.

2 Grundlegend hierzu Anton Schneider, Der Gewinn des bayerischen Staates von den säkularisierten landständischen Klöstern in Altbayern (Miscellanea Bavarica Monacensia 23), München 1970. – Neu die alte Frage prüfend und wertend der Beitrag von Walter Demel in diesem Band.

3 Klaus Dieter Hömig, Der Reichsdeputationshauptschluß vom 25. Februar 1803 und seine Bedeutung für Staat und Kirche (Juristische Studien 14), Tübingen 1969. – Ausführlich hierzu Winfried Müller, Im Vorfeld der Säkularisation. Briefe aus bayerischen Klöstern 1794–1803/1812 (Beihefte zum Archiv für Kulturgeschichte 30), Köln-Wien 1989, S. 11 f.

4 Siehe dazu vor allem die Beiträge von Winfried Müller, Reinhard Stauber und Walter Demel in diesem Band.

5 Siehe den Beitrag in diesem Band von Reinhard Stauber, Auf dem Weg zur Säkularisation. Entscheidungsprozesse in der bayerischen Regierung 1798–1802.

6 Zur Endphase Karl Theodors vgl. Winfried Müller, Universität und Orden. Die bayerische Landesuniversität Ingolstadt zwischen Aufhebung des Jesuitenordens und der Säkularisation 1773–1803 (Ludovico Maximilianea. Universität Ingolstadt-Landshut-München, Forschungen 11), Berlin 1986, S. 297–300.

7 Walter Demel, Der bayerische Staatsabsolutismus 1806/08–1817. Staats- und gesellschaftspolitische Motivationen und Hintergründe der Reformära in der ersten Phase des Königreichs Bayern (Schriftenreihe zur bayerischen Landesgeschichte 76), München 1983.

8 Müller (wie Anm. 3) S. 11 f.

9 Georg Schwaiger, Die altbayerischen Bistümer Freising, Passau und Regensburg zwischen Säkularisation und Konkordat, München 1959, S. 15, spricht davon, „dass die Klöster allzu zahlreich waren".

10 Im gleichen Sinne äußert sich Eberhard Weis, Die Säkularisation der bayerischen Klöster 1802/03. Neue Forschungen zu Vorgeschichte und Ergebnissen (Bayerische Akademie der Wissenschaften, Philosophisch-historische Klasse, Sitzungsberichte 1983/6), München 1983, S. 10.

11 Hans Ammerich, Das Bayerische Konkordat 1817, Weißenhorn 2000, S. IV Art. VII.

12 Vgl. hierzu die Ausführungen in diesem Band von Otto Weiß, Die neue Klosterlandschaft in Bayern.

13 Vgl. hierzu die beiden Karten Exponat Nr. 226.

14 Besonders deutlich zu sehen am Vorgehen des Benediktbeurer Abts und Präses der Bayerischen Benediktinerkongregation Karl Klocker. Vgl. hierzu Winfried Müller, Abt Karl Klocker von Benediktbeuern, Wissenschaftsorganisator und Repräsentant des bayerischen Prälatenstandes. In: Josef Kirmeier – Manfred Treml (Hrsg.), Glanz und Ende der alten Klöster. Säkularisation im bayerischen Oberland 1803 (Veröffentlichungen zur Bayerischen Geschichte und Kultur 21/91), München 1991, S. 62–69, hier S. 65–68.

15 Grundsätzlich hierzu der Beitrag in diesem Band von Gerhard Leidel, Die Auflösung der Eigenwirtschaft und der Grundherrschaft der ständischen Klöster, dargestellt insbesondere am Beispiel des Augustinerchorherrenstifts Rohr.

16 Weis (wie Anm. 10) S. 21 mit Anm. 22.

17 Jutta Seitz, Die landständische Verordnung in Bayern im Übergang von der altständischen Repräsentation zum modernen Staat (Schriftenreihe der Historischen Kommission bei der Bayerischen Akademie der Wissenschaften 62), Göttingen 1999, hier S. 251–254.

18 Müller (wie Anm. 3) S. 11 f.

19 Placidus Sattler, Die Wiederherstellung des Benediktiner-Ordens durch König Ludwig I. von Bayern (Studien und Mitteilungen zur Geschichte des Benediktinerordens und seiner Zweige, Ergänzungsheft 7), München 1931. – Vgl. den Beitrag von Laurentius Koch in diesem Band.

20 Friedrich Hartmannsgruber, Die bayerische Patriotenpartei 1868–1887 (Schriftenreihe zur bayerischen Landesgeschichte 82), München 1986.

21 Vgl. hierzu in diesem Band den Beitrag von Annelie Hopfenmüller, Schule und Säkularisation. Die bayerischen Schulen in den Jahren 1799 bis 1804. – Max Liedtke (Hrsg.), Handbuch der Geschichte des bayerischen Bildungswesens, 4 Bde., Bad Heilbrunn 1991–1997. – Winfried Müller, Zwischen Säkularisation und Konkordat. Die Neuordnung des Verhältnisses von Staat und Kirche 1803–1821. In: Walter Brandmüller (Hrsg.), Handbuch der bayerischen Kirchengeschichte, Bd. 3: Vom Reichsdeputationshauptschluß bis zum Zweiten Vatikanischen Konzil, St. Ottilien 1991, S. 85–129, hier S. 95–99.

22 Eine genaue neuere Untersuchung über Zahl und Art der klösterlichen Gymnasien steht noch aus. – Vgl. hierzu die Ausführungen von Hopfenmüller (wie Anm. 21).

23 Zitiert nach Müller (wie Anm. 21) S. 96.

24 Eine eingehende wissenschaftliche Untersuchung dieser Säkularisationsfolge steht noch aus. Eine knappe, aber treffende Zusammenfassung bei Müller (wie Anm. 21) S. 90–99.

25 Zitiert nach Müller (wie Anm. 21) S. 91.

26 Christof Dipper, Probleme einer Wirtschafts- und Sozialgeschichte der Säkularisation in Deutschland (1803–1813). In: Deutschland und Italien in Zeitalter Napoleons (Veröfflichungen des Instituts für europäische Geschichte Mainz, Abt. Universalgeschichte Beiheft 5), Wiesbaden 1979, S. 165–169. – Winfried Müller, Die Säkularisation im links- und rechtsrheinischen Deutschland 1802/03. In: Erwin Gatz (Hrsg.), Geschichte des kirchlichen Lebens in den deutschsprachigen Ländern seit dem Ende des 18. Jahrhunderts, Bd. 4: Die Kirchenfinanzen, Freiburg 2000, S. 53–60.

27 Winfried Müller, Die Säkularisation von 1803. In: Walter Brandmüller (wie Anm. 21) S. 1–84, hier S. 51.

28 Als gut untersuchtes Beispiel sei hier das Kloster Fürstenfeld genannt, bei dem der Käufer, Fabrikant Leitenberger aus Böhmen, bald von seiner Gründungsabsicht Abstand nahm. Vgl. hierzu Winfried Müller, Die Aufhebung von Kloster Fürstenfeld im Jahr 1803. In: Angelika Ehrmann u.a. (Hrsg.), In Tal und Einsamkeit. 725 Jahre Kloster Fürstenfeld. Die Zisterzienser im alten Bayern, Bd. 2: Aufsätze, Fürstenfeld 1988, S. 155–158. – Dipper (wie Anm. 26) S. 166.

29 Müller (wie Anm. 28) S. 157–159.

30 Paul Wescher, Kunstraub unter Napoleon, Berlin 1978, S. 40 f. – Claus Grimm, Kunstbewahrung und Kulturverlust. In: Kirmeier – Treml (wie Anm. 14) S. 81–85.

31 Schneider (wie Anm. 2) S. 215 f. – Müller (wie Anm. 27) S. 47 f.

32 Grimm (wie Anm. 30) S. 85.

33 Eine negativere Beurteilung bei Müller (wie Anm. 27) S. 47 f.

34 Walter Jaroschka, Die Klostersäkularisation und das Bayerische Hauptstaatsarchiv. In: Kirmeier – Treml (wie Anm. 14) S. 98–107. – Vgl. auch den Beitrag von Klaus Rupprecht über Bamberg in diesem Band.

35 Hermann Hauke, Die Bedeutung der Säkularisation für die bayerischen Bibliotheken. In: Kirmeier – Treml (wie Anm. 14) S. 87–97. – Vgl. auch den Beitrag von Johann Pörnbacher in diesem Band.

36 Hauke (wie Anm. 35) S. 93 f.

37 Zusammenfassende Darstellung bei Winfried Müller, Staatsleistungen an die Katholische Kirche in Bayern. In: Gatz (wie Anm. 26) S. 115–126.

38 Dominikus Lindner, Inkorporation und Baulast im Bistum Regensburg, München 1955, S. 126. – Müller (wie Anm. 37) S. 125 f.

39 Müller (wie Anm. 37) S. 115–120.

40 Ausführlich hierzu Elisabeth Weinberger in diesem Band.

41 Hierzu ausführlich Gerhard Fürmetz in diesem Band.

42 Vgl. hierzu vor allem die Beiträge von Winfried Müller und Egon Johannes Greipl in diesem Band.

43 Alfons Maria Scheglmann, Geschichte der Säkularisation im rechtsrheinischen Bayern, 3 Bde.in 4, Regensburg 1903–1908.

44 Ausführlich hierzu der Beitrag von Egon Johannes Greipl in diesem Band.

Ausstellungskataloge der Staatlichen Archive Bayerns,
herausgegeben von der Generaldirektion der Staatlichen Archive Bayerns (ISSN 0932-5042).

Schriftleitung: Albrecht Liess

Lieferbare Bände:

3: Reich und Länder in der Weimarer Republik, von Gerhard Heyl, 1969, 137 S., 8 Tf., Preis 2,60 EUR

7: Julius Echter von Mespelbrunn, Fürstbischof von Würzburg (1573–1617), von Hatto Kallfelz, 1973, 38 S., 8 Tf., Preis 2,00 EUR

9: Bayern und die USA. Deutsche Territorialstaaten und die Anfänge einer Weltmacht, von Hans Puchta, 1976, 46 S., 13 Abb. im Text, Preis 2,60 EUR

11: Aus 1200 Jahren. Das Bayerische Hauptstaatsarchiv zeigt seine Schätze, von Albrecht Liess, 3. erg. Auflage 1986, 300 S., 129 Tf., davon 10 farbig, Preis 25,50 EUR (ISBN 3-7686-9055-5)
Beiheft zu Nr. 11: Fälschungen und Fiktionen, von Karl-Ernst Lupprian, 1986, 48 S. Preis 2,60 EUR

12: Kloster Ebrach in Dokumenten, von Walter Scherzer, 1980, 28 S., 1 Farbtf., Preis 3,00 EUR

13: Recht, Verfassung und Verwaltung in Bayern 1505–1946, von Reinhard Heydenreuter, 1981, 176 S., 39 Abb. im Text, 10 Tf., Preis 12,50 EUR (ISBN 3-7686-9061-X)

14: Gustav Adolf, Wallenstein und der Dreißigjährige Krieg in Franken, von Günther Schuhmann, 1982, 138 S., zahlr. Abb. im Text, 3 Farbtf., Preis 5,00 EUR (ISBN 3-7686-4097-3)

17: Kirche in Bayern. Verhältnis zu Herrschaft und Staat im Wandel der Jahrhunderte, von Hildebrand Troll u.a., 1984, 275 S., zahlr. Abb. im Text, 4 Farbtf., Preis 15,50 EUR (ISBN 3-7686-9078-3)

19: Otto Hupp. Meister der Wappenkunst. 1859–1949, von Hans-Enno Korn, 1984, 84 S., zahlr. Abb. im Text, 7 Farbtf., Preis 10,50 EUR (ISBN 3-7686-8037-1)

20: Nürnberg – Kaiser und Reich, von Günther Schuhmann u.a., 1986, 180 S., zahlr. Abb. im Text, 12 Farbtf., Preis 10,50 EUR (ISBN 3-7686-4115-5)

21: Bayern und seine Armee. Eine Ausstellung [...] aus den Beständen des Kriegsarchivs, von Rainer Braun u.a., 1987, 338 S., zahlr. Abb. im Text, Preis 15,30 EUR (ISBN 3-921635-10-1)

22: Dr. Hans Ehard 1887–1980. Eine Ausstellung [...] aus dem Nachlaß des bayerischen Ministerpräsidenten anläßlich seines 100. Geburtstages, von Ludwig Morenz u.a., 1987, 107 S., 63 Abb., Preis 5,10 EUR (ISBN 3-921635-11-X)

25: Von der Academia Ottoniana zur Otto-Friedrich-Universität Bamberg, von Franz Machilek u.a., 1988, 106 S., 4 Farbtf., zahlr. Abb. im Text, Preis 2,60 EUR (ISBN 3-921635-14-4)

26: Gärten und Grünanlagen in Würzburg, von Hatto Kallfelz und Ulrich Wagner, 1990, 336 S., zahlr., auch farbige Abb. im Text, Preis 10,20 EUR (ISBN 3-921635-15-2)

27: Zeugnisse schwäbischer Geschichte kehren heim, von Joachim Wild, 1990, 48 S., zahlr. Abb. im Text, Preis 5,10 EUR (ISBN 3-921635-16-0)

29: Die Jesuiten in Bayern. 1549-1773, von Joachim Wild, Andrea Schwarz, Julius Oswald SJ u.a., 1991, 336 S., 20 Farbtf., zahlr. Abb. im Text, Preis 28,00 EUR (ISBN 3-87437-307-X)

30: Der Nürnberger Zeichner, Baumeister und Kartograph Hans Bien (1591-1632). Eine Ausstellung des Staatsarchivs Nürnberg zum 400. Geburtstag des Künstlers, von Peter Fleischmann, 1991, 191 S., 16 Farbtf., 41 Abb. im Text, Preis 15,30 EUR (ISBN 3-921635-20-9)

31: Armenfürsorge und Daseinsvorsorge. Dokumente zur Geschichte der Sozialgesetzgebung und des Sparkassenwesens in Bayern, von Reinhard Heydenreuter, Ingo Krüger, Hermann Rumschöttel, 1992, 143 S., zahlr. Abb. im Text, Preis 6,20 EUR (ISBN 3-921635-22-5)

32: Bayern und Sachsen in der Geschichte. Wege und Begegnungen in archivalischen Dokumenten, von Hermann Rumschöttel und Reiner Groß, 1994, 468 S., 7 Farbtf., zahlr. Abb. im Text, Preis 14,80 EUR (ISBN 3-921635-32-2)

33: Der Pfinzing-Atlas von 1594. Eine Ausstellung des Staatsarchivs Nürnberg anläßlich des 400jährigen Jubiläums der Entstehung, von Peter Fleischmann, 1994, 82 S., 1 Farbt., zahlr. Abb. im Text, Preis 13,00 EUR (ISBN 3-921635-30-6)

34: „Nicht durch Krieg, Kauf oder Erbschaft". Ausstellung des Staatsarchivs Coburg anläßlich der 75. Wiederkehr der Vereinigung Coburgs mit Bayern am 1. Juli 1920, von Rainer Hambrecht, 1995, 240 S., 3 Farbtf., zahlr. Abb. im Text, Preis 10,20 EUR (ISBN 3-921635-34-9)

36: Plakate als Spiegel der politischen Parteien in der Weimarer Republik. Ausstellung des Bayerischen Hauptstaatsarchivs, von Siegfried Wenisch, 1996, 152 S., 116 Farbabb., weitere Abb. im Text, Preis 13,80 EUR (ISBN 3-921635-36-5)

37: Altbayerische Flußlandschaften an Donau, Lech, Isar und Inn. Handgezeichnete Karten des 16. bis 18. Jahrhunderts aus dem Bayerischen Hauptstaatsarchiv, von Gerhard Leidel und Monika R. Franz, 1998, 342 S., 128 Farb- und sw. Abb., Preis 28,00 (gebunden), 29,80 EUR (Leinen) (ISBN 3-87437-413-0)

38: 1648 – 1748 – 1848 – 1948. Stationen bayerischer und deutscher Geschichte, von Gerhard Hetzer u.a., 1998, 225 S., zahlreiche Farb- und sw. Abb., Preis 10,20 EUR (ISBN 3-921635-43-8).

39: Friedrich Benedikt Wilhelm von Hermann (1795–1868). Ein Genie im Dienste der bayerischen Könige. Politik, Wirtschaft und Gesellschaft im Aufbruch, von Manfred Pix, Reinhard Heydenreuter, Ingo Krüger, 1999, 151 S., zahlr., sw. Abb., Preis 7,70 EUR (ISBN 3-921635-46-2)

40: Schrift-Stücke. Informationsträger aus fünf Jahrtausenden, von Elisabeth Noichl u.a., Katalogredaktion: Albrecht Liess, 2000, 264 S., zahlr. Farbabb., Preis 23,50 EUR (ISBN 3-921635-54-3)

41: Norenberc – Nürnberg 1050 bis 1806. Eine Ausstellung des Staatsarchivs Nürnberg zur Geschichte der Reichsstadt, von Peter Fleischmann, 2000, 335 S., ca. 150 Farb- und sw. Abb., Preis 20,00 EUR (ISBN 3-92163557-8)

42: Lebendige Steine. St. Bonifaz in München. 150 Jahre Benediktinerabtei und Pfarrei, von Birgitta Klemenz, Peter Pfister, Maria Rita Sagstetter, 2000, 428 S., zahlr. Farb- und sw. Abb., Preis 18,40 EUR (ISBN 3-921635-60-8)

44: Kardinal Michael von Faulhaber 1869-1952. Eine Ausstellung des Archivs des Erzbistums München und Freising, des Bayerischen Hauptstaatsarchivs und des Stadtarchivs München zum 50. Todestag, von Peter Pfister, Susanne Kornacker, Volker Laube u.a., 2002, 635 S., zahlr. Farb- und sw. Abb., Preis 18,00 EUR (ISBN 3-921635-67-5)

Nr. 3 und 7 Kommissionsverlag M. Laßleben, Postfach 20, 93183 Kallmünz; Nr. 9, 11, 13, 14, 17, 19, 20 Verlag Degener, Postfach 1340, 91403 Neustadt a.d. Aisch; Nr. 12 Marktgemeinde Ebrach, 96157 Ebrach; Nr. 29 und 37 Verlag Anton H. Konrad, Postfach 1206, 89259 Weißenhorn; Nr. 33 Altnürnberger Landschaft e.V., Tucherschloß, 91245 Simmelsdorf; Nr. 42 Archiv der Abtei St. Bonifaz, Karlstraße 34, 80333 München; Nr. 44 Archiv des Erzbistums München und Freising, Karmeliterstraße 1, 80333 München; Beiheft zu Nr. 11, Nr. 21, 22, 25–27, 30–32, 34, 36, 38–41 Bayerisches Hauptstaatsarchiv, Postfach 221152, 80501 München und bei den jeweiligen Staatsarchiven.

Alle Ausstellungskataloge auch über den Buchhandel erhältlich.